Second Edition

THE BIG BLUE BOOK OF FRENCH VERBS

David M. Stillman, Ph.D.
Ronni L. Gordon, Ph.D.

D1511391

McGraw Hill

New York Chicago San Francisco Lisbon London Madrid Mexico City
Milan New Delhi San Juan Seoul Singapore Sydney Toronto

2 3 4 5 6 7 8 9 0   QDB/QDB   14 13 12 (0-07-159148-6)
    4 5 6 7 8 9 0   QDB/QDB   14 13 12 (0-07-159151-6)

ISBN   978-0-07-159150-8
MHID   0-07-159150-8 (book and CD set)

ISBN   978-0-07-159151-5
MHID   0-07-159151-6 (book for set)

ISBN   978-0-07-159148-5
MHID   0-07-159148-6 (book alone)

Interior design by Village Bookworks, Inc.

CD-ROM for Windows
To install: Insert the CD-ROM into your CD-ROM drive. The CD-ROM will start automatically.
If it does not, double-click on MY COMPUTER; find and open your CD-ROM disk drive,
then double-click on the install.exe icon. The CD-ROM includes audio instructions to guide
you in using this program effectively.

CD-ROM for Mac
To install: Insert the CD-ROM into your CD-ROM drive. A window will open with the contents
of the CD. Drag the program icon to your Applications folder. For easy access, create an alias
of the program on your desktop or your dock.

Minimum System Requirements:
Computer: Windows 2000, XP, Vista / Mac OS X 10.3.x, 10.4.x, 10.5.x
Pentium II, AMD K6-2, or better / Power PC (G3 recommended) or better; any Intel processor
256 MB RAM
14″ color monitor
8× or better CD-ROM
Sound card
Installation: Necessary free hard-drive space: 300 MB
Settings: 800 × 600 screen resolution
256 (8-bit) colors (minimum)
Thousands (24- or 32-bit) of colors (preferred)

MP3 Downloads:
MP3 files in "Top 50 Verb Mini-Dialogues" can be downloaded from the CD-ROM. Select
Download All, save and then expand the compressed zip folder "All_French_Verb_MP3s."
To load onto your iPod, drag and drop the expanded folder into your LIBRARY in iTunes.
Once synced with your iPod, locate the files in Music/Artists under "French Verbs: Big Blue."

Call 800-722-4726 if the CD-ROM is missing from this book.
For technical support go to http://www.mhprofessional.com/support/technical/contact.php

Pour Mimi, Alex, Kathleen, et Juliana,
les *étoiles de notre firmament*

Contents

Preface

It was the Verb that mixed the hands, it was the Verb that lacked stability,
it was the Verb that had no permanent opinion about anything, it was the Verb
that was always dodging the issue and putting out the light and making all the
trouble . . . I must catch a Verb and tame it.

MARK TWAIN

The Big Blue Book of French Verbs, Second Edition sets a new standard for verb reference books with important enhancements that guide the learner toward mastery of the French verb system.

We have expanded the *French Tense Profiles,* ever a favorite with users of *The Big Blue Book of French Verbs,* to give the learner even more guidance than in the first edition on verb formation and how to use the tenses of the French verb correctly. To illustrate, we have added many new and interesting examples of tense usage.

The Big Blue Book of French Verbs, Second Edition, like the first edition, is designed to provide beginning through advanced learners of French with a powerful reference and practice tool. It can be used successfully by independent learners, in conjunction with any self-teaching program, as well as in a traditional classroom setting. Teachers who use our book report significant progress in their students' performance. In writing this second edition, we have taken into account and deeply appreciate the valuable feedback we have received from learners and teachers.

The Big Blue Book of French Verbs, Second Edition retains all the features that have made it so popular with users: 555 fully conjugated verbs and more than 2,700 verbs cross-referenced in the index, the Top 50 Verbs selected for their high frequency, and productive examples that make use of all tenses in the *Usage* sections. We have added hundreds of new examples in many fields to the *Usage* sections based on the contemporary language written and spoken by educated French speakers in French-speaking countries so that learners using *The Big Blue Book of French Verbs, Second Edition* are exposed to rich and expressive current, everyday French. Thus, learners are provided with even more examples of idiomatic French that they can incorporate into their own repertoire.

Easy-to-read verb charts are essential for a verb reference book. We have retained the highly accessible and manageable organization of verb tenses and paradigms you liked so much in the first edition and modified the appearance of the tables for even greater clarity and ease of use. The very useful English-French Verb Index, Irregular Verb Form Index, and French Verb Index remain important features of the second edition.

If you have the version with the CD-ROM, you will see that we have added to the CD-ROM hundreds of oral exercises that will take you from conjugation to conversation. These include conversational exchanges selected from the *Usage* sections of the Top 50 Verbs and read by native speakers of French, with pauses to allow you to repeat. These *Mini-Dialogues—Faisons de la conversation!* appear on screen with their English translations as they are read. They are indicated by this icon ❸ in the book. Also new is the Audio Practice section, *Vous comprenez?,* which includes 100 oral multiple choice questions that are read by native speakers of French. Immediate feedback is provided by means of a "correct/incorrect" screen that gives you the option of hearing the question again, seeing the question written out, or proceeding to the next question.

We have included another important and highly effective new feature, *Listening for Key Contrasts—Les sons du français.* These listening drills target some of the key sound contrasts in the French verb system. By learning to listen for subtle differences in spoken French, learners improve their comprehension so that they can understand everyday speech.

The Big Blue Book of French Verbs, Second Edition provides you with the information you need to conjugate and use any French verb you may encounter. Mastering the French verb system is the key first step to communicating with confidence. To that end, we recommend using our acclaimed texts, *The Ultimate French Review and Practice with CD-ROM* and *The Ultimate French Verb Review and Practice,* as companion texts for grammar review and the development of proficiency in French.

David M. Stillman, Ph.D.
Ronni L. Gordon, Ph.D.

French Tense Profiles

THE BASICS OF CONJUGATION

Conjugation is a list of the forms of the verb in a conventional order. The forms of the verb in a particular tense vary to show person and number. The three persons are: the speaker, or first person (I), the person spoken to, or second person (you), and the person or thing referred to, or third person (he, she, it). There are two numbers in English and French, singular and plural. The verb forms are designated by person and number, as summarized in the chart below:

	SINGULAR	PLURAL
FIRST PERSON	I	we
SECOND PERSON	you	you
THIRD PERSON	he, she, it	they

Thus, in the English conjugation of the verb *to be*

	SINGULAR	PLURAL
FIRST PERSON	I am	we are
SECOND PERSON	you are	you are
THIRD PERSON	he, she, it is	they are

We say that *am* is first-person singular, *is* is third-person singular. The form *are* is used for the second-person singular and plural as well as for the first- and third-persons plural. The above order of forms is called a conjugation paradigm, and is conventional in both English and French for the presentation of verb forms. This is the pattern that will be used to present the forms of French verbs in this book.

The Persons of the Verb in French

The subject pronouns in French do not correspond exactly to the English system.

	SINGULAR	PLURAL
FIRST PERSON	je	nous
SECOND PERSON	tu	vous
THIRD PERSON	il, elle, on	ils, elles

Note the following:

1 · French has two pronouns meaning you. **Tu** is used to address one person to signal an informal relationship: relatives, friends, fellow students, etc. **Vous** is used to address one person to signal a formal relationship: strangers, neighbors, adult colleagues (unless they are good friends), service personnel. **Vous** is also used to address more than one person whether the relationship is formal or informal.

2 · The third-person plural pronouns in French distinguish gender: **ils** vs. **elles**. The masculine form is used for groups of males or groups of males and females. The feminine form is used for groups consisting solely of females.

3 · In addition to **il** and **elle**, French has an additional third-person singular pronoun **on**. **On** means *one, people, they, you,* a pronoun that conveys the idea of an indefinite subject. In colloquial speech, **on** also means *we* and **on** + third-person singular verb often replaces **nous** + first-person plural verb.

4 · The pronouns **il** and **elle** can refer to people or things. **Il** replaces any masculine noun, **elle** replaces any feminine noun. **Il** can therefore mean either *he* or *it* and **elle** can mean either *she* or *it,* depending on the noun they refer to.

Verb Classes

French verbs have more endings than English verbs. These endings reflect the subject and show tense and mood.

There are three major classes, called conjugations. Each conjugation has its own set of endings, although there is some overlap among the three. The conjugation to which a verb belongs is shown by the *infinitive,* the form ending in **-er, -ir, -re**. The infinitive is not marked for person or tense. The verbs **parler** *to speak,* **finir** *to finish,* and **vendre** *to sell* represent the three conjugations. Notice the various ways these verbs are designated:

parler	first-conjugation verb OR -**er** verb
finir	second-conjugation verb OR -**ir** verb
vendre	third-conjugation verb OR -**re** verb

THE SIMPLE TENSES

These are the simple (single-word) tenses or moods in French:

The Present Tense	page 3
The Imperfect Tense	page 6
The Passé Simple	page 8
The Future Tense	page 10
The Conditional Tense	page 12
The Present Subjunctive	page 14
The Imperfect Subjunctive	page 18

The Present Tense

We can analyze the present tense forms of French verbs as consisting of two parts each: the stem, which carries the meaning of the verb, and the person ending, which shows the person who performs the action and the tense or mood. The stem is formed by dropping the ending of the infinitive: -**er**, -**ir**, -**re**.

INFINITIVE		STEM
parler	>	**parl-**
finir	>	**fin-**
vendre	>	**vend-**

Examine the conjugations of the three model verbs in the present tense:

parler *to speak*

je parl**e**	nous parl**ons**
tu parl**es**	vous parl**ez**
il/elle/on parl**e**	ils/elles parl**ent**

finir *to finish*

je fin**is**	nous fin**issons**
tu fin**is**	vous fin**issez**
il/elle/on fin**it**	ils/elles fin**issent**

vendre *to sell*

je vend**s**	nous vend**ons**
tu vend**s**	vous vend**ez**
il/elle/on vend	ils/elles vend**ent**

Note:

1 · The singular forms of each conjugation sound alike. In the first conjugation (-**er** verbs) the third-person plural form is identical in pronunciation to the singular.

2 · -**Ir** verbs add -**iss**- between the stem and the endings of the plural.

3 · -**Re** verbs in French have a third-person singular ending in -**t**. Verbs whose stems end in -**d** do not add a -**t** in the third-person singular.

4 · In -**ir** and -**re** verbs the third-person plural form ends in a pronounced consonant in speech that drops (is silent) in the singular. This dropping of the final consonant in speech in the singular forms of the present tense is characteristic of most French irregular verbs as well.

Two- and Three-Stem Verbs

Many irregular verbs in French have two stems in the present tense, one used in the **nous** and **vous** forms and a different stem in the other forms. This pattern is further complicated by the loss in the singular forms of the final consonant of the stem as it appears in the third-person plural. Examine the following conjugations:

vouloir *to want* (STEMS **voul-, veu(l)-**)

je **veux**	nous **voul**ons
tu **veux**	vous **voul**ez
il/elle/on **veut**	ils/elles **veul**ent

boire *to drink* (STEMS **buv-**, **boi(v)-**)	
je **bois**	nous **buvons**
tu **bois**	vous **buvez**
il/elle/on **boit**	ils/elles **boivent**

recevoir *to receive* (STEMS **recev-**, **reçoi(v)-**)	
je **reçois**	nous **recevons**
tu **reçois**	vous **recevez**
il/elle/on **reçoit**	ils/elles **reçoivent**

The verb **prendre** *to take* and its compounds have three stems in the present.

STEMS **pren-**, **prenn-**, **prend-**	
je **prends**	nous **pren**ons
tu **prends**	vous **pren**ez
il/elle/on **prend**	ils/elles **prenn**ent

Uses of the Present Tense

1 · The present tense is used to express ongoing or habitual actions in the present.

M. Duvalier **travaille** chez lui aujourd'hui.	Mr. Duvalier *is working* at home today.
Je **prends** un café tous les jours avant de rentrer.	I *have* a cup of coffee every day before going home.
Elle ne **commande** jamais de bière.	She never *orders* beer.
Nous **suivons** des cours d'informatique à l'université.	*We're taking* computer science courses at the university.

The English auxiliary verb *do/does* is not translated before French verb forms in questions and in negative sentences.

—Tu **comprends** la leçon?	*Do you **understand** the lesson?*
—Non, je **ne comprends pas** parce que je **ne travaille pas**.	*No, I **don't understand** because I **don't study**.*
—Tu **te sens** bien?	*Do you **feel all right**?*
—Non, je **ne me sens pas bien**. Je suis enrhumé.	*No, I **don't feel well**. I have a cold.*
—**Chante-t-elle** bien?	*Does she **sing** well?*
—Non, elle **ne chante pas** bien. Elle chante toujours faux.	*No, she **doesn't sing** well. She always sings off-key.*

2 · The present tense can express future time when another element of the sentence makes it clear that the future is being referred to.

—**Tu reviens** demain?	*Will **you return** tomorrow?*
—Non, **je reste** jusqu'à la semaine prochaine.	*No, **I'll stay** until next week.*
—Quand est-ce que l'avion **arrive**?	*When **will** the plane **arrive**?*
—Il **arrive** à deux heures de l'après-midi.	*It **will arrive** at two in the afternoon.*

3 · The present tense is used to indicate actions that began in the past but that continue into the present. English uses *have/has been doing something* to express this.

—Depuis combien de temps **habitez**-vous ici?	*How long **have** you **been living** here?*
—Nous **habitons** ici depuis un an.	*We've **been living** here for a year now.*

—Depuis quand Marthe **cherche**-t-elle du travail?

*Since when **has** Marthe **been looking** for a job?*

—Elle **cherche** du travail depuis janvier.

*She's **been looking** for work since January.*

—Il y a longtemps qu'il **veut** venir?

***Has** he **been wanting** to come for a long time?*

—Oui, ça fait trois ans qu'il **essaie** de faire le voyage.

*Yes, he's **been trying** to take the trip for three years.*

4 · The present tense can be used to refer to the past for dramatic effect. This is called the historical present.

Jacques Cartier **arrive** au Canada en 1534.

*Jacques Cartier **arrives** in Canada in 1534.*

La Révolution française **commence** en 1789.

*The French Revolution **begins** in 1789.*

Trois ans plus tard on **signe** le traité de paix.

*Three years later the peace treaty **is signed**.*

The Imperfect Tense

The imperfect tense is one of the most regular tenses in French. To form the imperfect of all verbs except **être** you add a special set of endings to the **nous**-form of the present without the **-ons** ending.

-er verbs (nous parlons > **parl-**)

je parl**ais**	nous parl**ions**
tu parl**ais**	vous parl**iez**
il/elle/on parl**ait**	ils/elles parl**aient**

-ir verbs (nous finissons > **finiss-**)

je finiss**ais**	nous finiss**ions**
tu finiss**ais**	vous finiss**iez**
il/elle/on finiss**ait**	ils/elles finiss**aient**

-re verbs (nous vendons > **vend-**)

je vend**ais**	nous vend**ions**
tu vend**ais**	vous vend**iez**
il/elle/on vend**ait**	ils/elles vend**aient**

Only **être** *to be* has an irregular imperfect stem: **ét-**.

j'**étais**	nous ét**ions**
tu ét**ais**	vous ét**iez**
il/elle/on ét**ait**	ils/elles ét**aient**

Uses of the Imperfect Tense

The imperfect tense expresses one of the two aspects of past time in French (the other is expressed by the passé composé). The imperfect is used to indicate actions that the speaker sees as continuing in the past, without reference to their beginning or end. The imperfect is therefore used to refer to:

1 · actions that are seen as backgrounds to other actions, such as time or weather; only the imperfect is used to tell what time it was in the past

Il **était** déjà **dix heures** quand nos amis sont arrivés.	*It **was** already **ten o'clock** when our friends arrived.*
Quand je suis sorti, **il faisait froid** et **il pleuvait**.	*When I left, **it was cold** and **it was raining**.*

2 · actions that were customary in the past with no reference to their beginning or end (English *used to*)

Quand nous **habitions** à Nice, on **allait** souvent à la plage.	*When we **lived** in Nice, we **used to go** to the beach a lot.*
On **dînait** toujours dans ce restaurant parce que l'on y **mangeait** très bien.	*We always **used to have dinner** at that restaurant because **the food was** very good.*

3 · descriptions of states or conditions that existed in the past (as opposed to events)

La maison **était** neuve et elle **avait** de grandes pièces confortables.	*The house **was** new and **had** big, comfortable rooms.*

Le soleil **se couchait** et les réverbères **s'allumaient**. Les gens **se promenaient** déjà dans les rues.	*The sun **was setting** and the streetlights **were being turned on**. People **were** already **strolling** in the streets.*

4 · actions that were repeated in the past with no reference to their beginning or end

Quand j'**étais** étudiant, j'**allais** tous les jours à la bibliothèque.	*When I **was** a student, I **went** to the library every day.*
Le dimanche mes amis et moi, on **se voyait** au café.	*On Sundays my friends and I **would see each other** at the café.*

5 · The imperfect tense is used in indirect discourse, that is, to report what someone said. It follows the past tenses of verbs such as **dire** *to say* and **écrire** *to write*.

Elle m'a dit qu'elle **allait** au cinéma.	*She told me she **was going** to the movies.*
Nous leur avons écrit que nous **voulions** les voir à Londres.	*We wrote them that we **wanted** to see them in London.*

The Passé Simple

The passé simple is a tense used primarily in written French.

-er verbs

je parlai	nous parlâmes
tu parlas	vous parlâtes
il/elle/on parla	ils/elles parlèrent

-ir verbs

je finis	nous finîmes
tu finis	vous finîtes
il/elle/on finit	ils/elles finirent

-re verbs

je vendis	nous vendîmes
tu vendis	vous vendîtes
il/elle/on vendit	ils/elles vendirent

Most irregular verbs in the passé simple pattern like -ir and -re verbs. Many irregular verbs in the passé simple have the vowel **u** before the endings.

avoir *to have*

j'eus	nous eûmes
tu eus	vous eûtes
il/elle/on eut	ils/elles eurent

lire *to read*

je lus	nous lûmes
tu lus	vous lûtes
il/elle/on lut	ils/elles lurent

Uses of the Passé Simple

Third-person singular and plural forms of the passé simple occur in newspaper writing as well as in more formal styles. In older stages of French, the passé simple was used to label a past action as completed in the past with no reference to the present. It is especially common in formal literary or historical writing.

Les Anglais **brûlèrent** Jeanne d'Arc à Rouen.	*The English **burned** Joan of Arc at Rouen.*
Jefferson **acheta** la Louisiane à la France en 1803.	*Jefferson **bought** Louisiana from France in 1803.*

Certain inverted forms of the passé simple are common in current prose to indicate who is speaking. The verbs **dire** and **faire** are frequent in this function.

« Je ne m'en irai pas », **dis-je**.	*"I won't leave," **I said**.*
« Sortez d'ici! » **cria-t-elle**.	*"Get out of here!" **she shouted**.*
« Nous sommes prêts », **fit-il**.	*"We are ready," **he said**.*

Third-person singular passé simple forms are common in formal and even journalistic writing. Other forms of the passé simple also may appear for stylistic effect.

MITTERRAND François (1916–1996)

Avocat au barreau de Paris, mobilisé en 1939, il **fut fait** prisonnier et, s'étant évadé, il **entra** dans la résistance.... il **fut** successivement ministre des Anciens combattants (1947–1948), de l'information (1948), de la France d'outre-mer (1950–1951), Ministre d'État dans le cabinet Laniel (1953); il **démissionna** en raison de son désaccord sur la politique coloniale... Il **devint** ministre de l'intérieur dans le cabinet Mendès-France. (*Short biography of François Mitterrand from a French government website about the officials of the Fourth Republic* (http://www.interieur.gouv.fr/sections/ a_l_interieur/le_ministere/histoire/ 4e-republique))	*A lawyer at the Paris bar, he was drafted in 1939, was taken prisoner and, once he escaped, joined the Resistance. . . . he was successively Minister for Veterans' Affairs (1947–1948), Information Minister (1948), Minister of Overseas French Territory (1950–1951), Secretary of State in the Laniel cabinet (1953); he resigned in disagreement with the colonial policy. . . . He became Minister of the Interior in Mendès-France's cabinet.*

The Future Tense

The future tense in French is formed not from the stem, but from the infinitive. A special set of endings is added to the infinitive. These endings are the same for *all* verbs. Note that **-re** verbs drop the final **-e** before adding endings.

parler

je parler**ai**	nous parler**ons**
tu parler**as**	vous parler**ez**
il/elle/on parler**a**	ils/elles parler**ont**

finir

je finir**ai**	nous finir**ons**
tu finir**as**	vous finir**ez**
il/elle/on finir**a**	ils/elles finir**ont**

vendre

je vendr**ai**	nous vendr**ons**
tu vendr**as**	vous vendr**ez**
il/elle/on vendr**a**	ils/elles vendr**ont**

Note the following irregular stems (modified infinitives) used to form the future tense:

accueillir	j'**accueiller**ai
aller	j'**ir**ai
avoir	j'**aur**ai
courir	je **courr**ai
cueillir	je **cueiller**ai
devoir	je **devr**ai
envoyer	j'**enverr**ai
être	je **ser**ai
faire	je **fer**ai
mourir	je **mourr**ai
pouvoir	je **pourr**ai
recevoir	je **recevr**ai
savoir	je **saur**ai
tenir	je **tiendr**ai
venir	je **viendr**ai
voir	je **verr**ai
vouloir	je **voudr**ai

Other irregular futures are presented in the verb charts of this book.

Uses of the Future Tense

The future tense marks events that will take place in the future.

Il **finira ses études** l'année prochaine.	*He'll **graduate** next year.*
Quand est-ce que tu **viendras** nous voir?	*When **will** you **come** to see us?*

The future serves as a polite command.

Vous m'aiderez, n'est-ce pas?	*You'll **help me**, won't you?*
Tu me pardonneras.	*You'll **forgive me**.*

The future tense can be used to speculate or conjecture.

C'est aujourd'hui lundi. Elle **sera** de retour.	*Today is Monday. She'll probably **be** back.*
Il **aura** son rhume des foins.	*It **must be** his hay fever.*

The future is also common after **ne pas savoir si** *not to know whether* when the main verb is in the present tense.

Je ne sais pas **si** je **pourrai** venir.	*I don't know **whether** I'll **be able** to come.*
Nous ne savons pas **s'**il **voudra** partir.	*We don't know **whether** he **will want** to leave.*

The future is common in reporting speech (*indirect discourse*) after verbs of communication, such as **dire** or **écrire**, when the main verb of the sentence is in the present tense.

Il dit qu'il **ne** le **fera pas**.	*He says that he **won't do** it.*
Elle écrit qu'elle **viendra**.	*She writes that she **will come**.*

In sentences expressing a hypothesis, the future is used in the main clause when the **si**-clause (*if*-clause)—that is, the subordinate or dependent clause—has the verb in the present tense.

Si vous **sortez**, je **sortirai** avec vous. (OR Je **sortirai** avec vous si vous **sortez**.)	*If you **go out**, I'll **go out** with you.*

The Conditional Tense

The conditional (English *would*) is formed by adding the endings of the imperfect tense to the infinitive. Note that **-re** verbs drop the final **-e** before adding endings.

parler

je parler**ais**	nous parler**ions**
tu parler**ais**	vous parler**iez**
il/elle/on parler**ait**	ils/elles parler**aient**

finir

je finir**ais**	nous finir**ions**
tu finir**ais**	vous finir**iez**
il/elle/on finir**ait**	ils/elles finir**aient**

vendre

je vendr**ais**	nous vendr**ions**
tu vendr**ais**	vous vendr**iez**
il/elle/on vendr**ait**	ils/elles vendr**aient**

Verbs that have modified infinitives in the future use the same modified form in the conditional.

accueillir	j'**accueiller**ais
aller	j'**ir**ais
avoir	j'**aur**ais
courir	je **courr**ais
cueillir	je **cueiller**ais
devoir	je **devr**ais
envoyer	j'**enverr**ais
être	je **ser**ais
faire	je **fer**ais
mourir	je **mourr**ais
pouvoir	je **pourr**ais
recevoir	je **recevr**ais
savoir	je **saur**ais
tenir	je **tiendr**ais
venir	je **viendr**ais
voir	je **verr**ais
vouloir	je **voudr**ais

Uses of the Conditional Tense

The conditional tells what *would* happen.

Dans ce cas-là, je te **prêterais** l'argent.	*In that case, I **would lend** you the money.*

The conditional is also common after a past tense form of **ne pas savoir si** *not to know whether.*

Je ne savais pas **si** tu **viendrais**.	*I didn't know **whether** you **were coming** / **would come**.*
Il ne savait pas **si** je **pourrais** l'aider.	*He didn't know **whether** I **would be able** to help him.*

The conditional is common to report speech (*indirect discourse*) after verbs of communication, such as **dire** or **écrire**, when the main verb of the sentence is in one of the past tenses.

Il a dit qu'il **ne** le **ferait pas.**	*He said that he **wouldn't do it.***
Elle a écrit qu'elle **viendrait.**	*She wrote that she **would come.***

The conditional may be used similarly after verbs of belief.

Je croyais qu'il **sortirait.**	*I thought he **would go out.***

Note that not every occurrence of *would* in English indicates a conditional in French. English often uses the verb *would* to indicate repeated actions in the past. That use of *would* requires an imperfect, not a conditional, in French.

Quand j'étais jeune, **j'allais** tous les jours à la plage.	*When I was young, **I would go** to the beach every day.*
Elle servait du gâteau quand elle recevait.	***She would serve** cake when she had company.*

The conditional tense is used in the main clause of a conditional sentence when the **si**-clause (*if*-clause)—that is, the subordinate or dependent clause—has the verb in the imperfect tense. (These are called contrary-to-fact clauses.)

Si vous **vous en alliez,** moi je **m'en irais** aussi. (OR Moi je **m'en irais** si vous **vous en alliez.**)	*If you **were to leave,** I **would leave** too.*

The conditional is also used to soften requests or suggestions.

Je voudrais un aller et retour sur Paris.	***I'd like** a round-trip ticket to Paris.*
Voudriez-vous prendre un café?	***Would you like** to have a cup of coffee?*
Pourriez-vous m'aider?	***Could you** help me?*
J'aimerais vous revoir demain.	***I'd like** to see you again tomorrow.*
Nous préférerions ne pas partir.	***We'd prefer** not to leave.*

In journalistic language, the conditional is used to indicate allegations or facts that are not yet verified but merely claimed.

Selon le porte-parole du gouvernement un accord commercial entre les deux pays **serait signé** cette semaine.	*According to the government spokesman, a commercial agreement between the two countries **will be signed** this week.*
La Corée du Nord **aurait fermé** son principal complexe nucléaire.	*North Korea **claims to have shut down** its main nuclear complex.*
Le gouvernement français **aurait entamé** des pourparlers avec les Japonais.	*The French government **is said to have begun** talks with the Japanese.*
Deux cents personnes **seraient mortes** dans un accident d'avion au Brésil.	*Two hundred people **are believed to have died** in a plane crash in Brazil.*

The Present Subjunctive

The stem of the present subjunctive is the same as that of the third-person plural of the present tense. The ending -**ent** is dropped and the subjunctive endings are added. All conjugations have the same endings in the subjunctive.

parler

que je parl**e**	que nous parl**ions**
que tu parl**es**	que vous parl**iez**
qu'il/elle/on parl**e**	qu'ils/elles parl**ent**

finir

que je finiss**e**	que nous finiss**ions**
que tu finiss**es**	que vous finiss**iez**
qu'il/elle/on finiss**e**	qu'ils/elles finiss**ent**

vendre

que je vend**e**	que nous vend**ions**
que tu vend**es**	que vous vend**iez**
qu'il/elle/on vend**e**	qu'ils/elles vend**ent**

Verbs with two stems show the same variety of stems in the subjunctive, except that the final consonant of the third-person plural appears in all singular forms.

boire *to drink* (STEMS **buv-, boi(v)-**)

que je **boive**	que nous **buv**ions
que tu **boive**s	que vous **buv**iez
qu'il/elle/on **boive**	qu'ils/elles **boiv**ent

recevoir *to receive* (STEMS **recev-, reçoi(v)-**)

que je **reçoive**	que nous **recev**ions
que tu **reçoive**s	que vous **recev**iez
qu'il/elle/on **reçoive**	qu'ils/elles **reçoiv**ent

The verb **prendre** *to take* and its compounds have two stems in the present subjunctive: **prenn-, pren-**.

que je **prenne**	que nous **pren**ions
que tu **prenne**s	que vous **pren**iez
qu'il/elle/on **prenne**	qu'ils/elles **prenn**ent

Some verbs have irregular stems in the present subjunctive. Check the subjunctive of **aller, avoir, être, faire, pouvoir, savoir,** and **vouloir** in the verb conjugation section of this book.

Uses of the Subjunctive

The subjunctive in French is not a tense, but a mood. Like the indicative, the French subjunctive has tenses. In modern French there are only two subjunctive tenses in use: the present subjunctive and the past subjunctive. The subjunctive is used largely in subordinate clauses (dependent clauses that are part of a larger sentence and introduced by the conjunction **que**). Most cases of the subjunctive in French are predictable.

To understand the subjunctive it is necessary to understand the role of clauses in forming sentences. Turning a sentence into a subordinate clause allows the sentence to function as a noun or an adjective or an adverb within a larger sentence.

Compare the following two sentences:

Je dis **la vérité**.	*I tell **the truth**.*
Je dis **que Jean arrivera aujourd'hui**.	*I say **that Jean will arrive today**.*

Both **la vérité** and **que Jean arrivera aujourd'hui** function as direct objects of the verb **dis**. Thus, the subordinate clause **que Jean arrivera aujourd'hui** functions as a noun, and is therefore called a noun clause.

Now compare the following two sentences:

Nous avons une programmeuse **française**.	*We have a **French** programmer.*
Nous avons une programmeuse **qui parle français**.	*We have a programmer **who speaks French**.*

Both **française** and **qui parle français** modify the noun **programmeuse**. The subordinate clause **qui parle français** functions like an adjective and is therefore called an adjective clause (or a relative clause).

Adverb clauses are introduced by conjunctions other than **que**. Compare the following two sentences:

Jacqueline arrive **à deux heures**.	*Jacqueline is arriving **at two**.*
Jacqueline arrive **quand elle veut**.	*Jacqueline arrives **when she wants**.*

Both **à deux heures** and the clause **quand elle veut** modify the verb in the same way: they tell when the action takes place. **Quand elle veut** is therefore called an adverb clause.

The question then arises: In which subordinate clauses is the subjunctive used instead of the indicative? The subjunctive is used when the subordinate clause is dependent on a verb that means or implies imposition of will, emotion, doubt, or non-existence.

Thus, the subjunctive is used in noun clauses dependent on verbs such as **vouloir que**, **tenir à ce que**, **préférer que**, **regretter que**, **douter que**, **nier que**, etc.

Je **ne veux pas** *que tu t'en ailles*.	*I **don't want** you to go away.*
Le professeur **tient à ce** *que nous fassions* le travail.	*The teacher **insists that we do** the work.*
Je **regrette** *que vous ne puissiez pas* venir.	*I'm **sorry that you can't** come.*
Je **préfère** *que tu prennes* le train.	*I **prefer that you take** the train.*
Je **doute** *qu'il soit* là.	*I **doubt that he's** there.*
Je **nie** *qu'il sache* la réponse.	*I **deny that he knows** the answer.*

The following expressions of emotion (among others) are followed by the subjunctive:

avoir peur que	*to be afraid that*
craindre que	*to fear that*
être content(e)/triste que	*to be happy/sad that*
être ravi(e)/heureux(se) que	*to be delighted/happy that*
(ne pas) aimer que	*(not) to like the fact that*
s'étonner que	*to be surprised that*
se réjouir que	*to rejoice that*
être désolé(e) que	*to be sorry that*

The subjunctive is used after the negative and interrogative of **croire** and **penser**.

Je **ne crois pas** *que tu puisses* m'aider.	*I **don't think you can** help me.*
Elle **ne pense pas** *que cela soit* vrai.	*She **doesn't think that's** true.*

The affirmatives of **croire** and **penser** are followed by the indicative.

Je **crois** *que tu peux* m'aider.	*I **think you can** help me.*
Elle **pense** *que c'est* vrai.	*She **thinks that's** true.*

The subjunctive is used in adjective clauses after indefinite or negative antecedents.

Je cherche un ami **qui puisse** m'aider.	*I'm looking for a friend **who can** help me.*
Il n'y a aucune émission **qui soit** intéressante.	*There's no TV program **that's interesting**.*
Il ne dit rien **que je puisse** comprendre.	*He doesn't say anything **that I can** understand.*

Note that when these antecedents are not negative or when they are definite, the indicative, not the subjunctive, is used in the adjective clause:

J'ai un ami **qui peut** m'aider.	*I have a friend **who can** help me.*
Il y a des émissions **qui sont** intéressantes.	*There are TV programs **that are interesting**.*
Il dit quelque chose **que je peux** comprendre.	*He says something **that I can** understand.*

Impersonal expressions followed by the subjunctive fall under the same categories:

Il faut que / Il est nécessaire que	*It's necessary that*
Il est important/essentiel que	*It's important/essential that*
Il est indispensable/souhaitable que	*It's indispensable/desirable that*
Il est douteux/invraisemblable que	*It's doubtful/unlikely that*
Il vaut mieux que	*It's better that*
Il est peu probable que	*It's improbable that*
Il n'est pas vrai/sûr/certain que	*It's not true/sure/certain that*
Il se peut que	*It may be that*

Some examples:

Il faut **que tu me le dises**.	*It's necessary **for you to tell me**.*
Il est peu probable **qu'elle nous reçoive**.	*It's improbable (unlikely) **that she will see us**.*
Il est douteux **que nous y arrivions** à l'heure.	*It's doubtful **that we'll get there** on time.*
Il n'est pas vrai **qu'il fasse froid** aujourd'hui.	*It's not true **that it's cold** today.*

Note that **il n'est pas douteux que**, **il est probable que**, and **il est vrai/sûr/certain que** do not express doubt or negation and therefore are followed by the indicative.

Il n'est pas douteux **que nous y arrivons** à l'heure.	*It's not doubtful **that we'll get there** on time.*
Il est vrai **qu'il fait froid** aujourd'hui.	*It's true **that it's cold** today.*

The subjunctive is used after superlatives.

C'est la ville la plus intéressante **que je connaisse**.	*It's the most interesting city **that I know**.*
Vous nous avez servi la meilleure tarte à citron **que nous ayons** jamais **mangée**.	*You have served us the best lemon tart **that we have** ever **eaten**.*
Je fais le travail le plus ennuyeux **que tu puisses** imaginer.	*I do the most boring work **that you can** imagine.*

The subjunctive is normally used after **premier**, **dernier**, and **seul**, especially in formal speech and writing.

Quel est le premier livre **que vous ayez écrit?**	*What is the first book **that you wrote?***
Lui, c'est le seul ingénieur **que l'entreprise veuille** engager.	*He's the only engineer **that the firm wants** to hire.*

The subjunctive is NOT used after **la première fois que, la dernière fois que**.

C'est la première fois **que nous sommes partis** ensemble.	*It's the first time **that we went away on vacation** together.*
Ce dîner à Marseille, c'était la dernière fois **que je l'ai vu**.	*That dinner in Marseilles was the last time **that I saw him**.*

When a clause beginning with **que** is moved to the head of the sentence for stylistic effect, the verb of the **que** clause is usually put into the subjunctive *whether or not the subjunctive was required when the **que** clause was in its original position.*

Subjunctive required in noun clause

Il est douteux **que cette théorie *soit* correcte.**
→ **Que cette théorie *soit* correcte** est douteux.

Il est important **que votre démonstration *soit* claire et concise.**
→ **Que votre démonstration *soit* claire et concise** est important.

Il est essentiel **que vous *preniez* une décision.**
→ **Que vous *preniez* une décision** est essentiel.

Il est merveilleux **qu'elle *ait* un nouvel ordinateur.**
→ **Qu'elle *ait* un nouvel ordinateur** est merveilleux.

Indicative in noun clause replaced by the subjunctive when clause is moved to the head of the sentence

Il est certain **que la situation *est* dangereuse.**
→ **Que la situation *soit* dangereuse** est certain.

Il est clair **que le gouvernement ne s'en *rend* pas compte.**
→ **Que le gouvernement ne s'en *rende* pas compte** est clair.

Il est évident **que notre société *doit* évoluer.**
→ **Que notre société *doive* évoluer** est évident.

Il est bien probable **qu'il *vient* demain.**
→ **Qu'il *vienne* demain**, c'est bien probable.

Note that the subjunctive is usually used after **Le fait que** *The fact that* at the beginning of a sentence.

Le fait qu'il **suive** des cours est encourageant.	*The fact that he **is taking** courses is encouraging.*

The Imperfect Subjunctive

To form the imperfect subjunctive, remove the last letter of the first-person singular form of the passé simple and add the imperfect subjunctive endings. (The first-person singular of the passé simple is the second of the four principal parts listed at each verb conjugation in this book.)

parler

que je parl**asse**	que nous parl**assions**
que tu parl**asses**	que vous parl**assiez**
qu'il/elle/on parl**ât**	qu'ils/elles parl**assent**

finir

que je fin**isse**	que nous fin**issions**
que tu fin**isses**	que vous fin**issiez**
qu'il/elle/on fin**ît**	qu'ils/elles fin**issent**

vendre

que je vend**isse**	que nous vend**issions**
que tu vend**isses**	que vous vend**issiez**
qu'il/elle/on vend**ît**	qu'ils/elles vend**issent**

Uses of the Imperfect Subjunctive

The imperfect subjunctive in French is a literary tense, limited to formal writing and older texts.

In very formal written French the imperfect subjunctive may replace the present subjunctive when the main verb is in the past.

Modern French (acceptable in most situations)

Il était essentiel qu'il le **sache**.	*It was essential for him **to know** that.*
Je ne voulais pas que tu le **fasses**.	*I didn't want you **to do** it.*
Je n'ai pas pensé qu'il **puisse** venir.	*I didn't think that he **could** come.*

Formal literary French

Il était essentiel qu'il le **sût**.	*It was essential for him **to know** that.*
Je ne voulais pas que tu le **fisses**.	*I didn't want you **to do** it.*
Je n'ai pas pensé qu'il **pût** venir.	*I didn't think that he **could** come.*

Certain imperfect subjunctive forms are used in modern French to lend a formal tone to the language.

fût-il, fût-elle *even if he/she were*

Elle (= La culture) n'est la propriété ni d'un ministère, **fût-il** installé rue de Valois, ni d'une classe, **fût-elle** la classe possédante, ni d'une ville, **fût-elle** notre capitale à tous, ni d'un seul secteur, **fût-il** le secteur public. (*Quoted from a speech of Jack Lang, former Minister of Culture to the Assemblée Nationale, 11/17/81. 3, rue de Valois in Paris is the address of the French Ministry of Culture.*)

*Culture is not the property of one Ministry, **even if** (that ministry) **were** housed at rue de Valois, nor of a single class, **even if** that class **were** the propertied class, nor of a single city, **even if** that city **were** our capital, nor of a single sector, **even if** it **were** the public sector.*

eût-il, eût-elle *even if he/she had*

Eût-il tous les mérites, un ambitieux ne peut être honnête qu'à la surface. N'ayez confiance que dans les indifférents. *(Quote from Emil Michel Cioran (1911–1995), a Rumanian philosopher and writer who wrote in French)*	***Even if he had*** *all good qualities, an ambitious person can only be superficially honest. Trust only those who don't care.*

THE COMPOUND TENSES

Compound tenses are formed by means of an auxiliary verb, either **avoir** or **être**, and the past participle. Most verbs form the passé composé with **avoir**; a small group of intransitive verbs of motion and change of state such as **aller, arriver, descendre, devenir, entrer, monter, mourir, naître, partir, sortir**, and **venir** form the compound tenses with **être**. In addition, all reflexive verbs form the compound tenses with **être**.

The past participle is formed as follows.

> **-Er** verbs replace the **-er** of the infinitive with **-é: parlé, allé, joué, arrivé**
> **-Ir** verbs replace the **-ir** of the infinitive with **-i: fini, choisi, parti, dormi**
> **-Re** verbs replace the **-re** of the infinitive with **-u: vendu, attendu, rompu, perdu**

Many verbs have irregular past participles. The past participles appear as the third principal part of each verb analyzed in this book and are found in the right-hand column of compound tenses.

These are the compound tenses in French:

The Passé Composé

The passé composé consists of the present tense of the appropriate auxiliary verb and the past participle (*I have spoken, sold, lived*, etc.). Here are examples of verbs of the three conjugations conjugated with **avoir**.

parler

j'**ai** parlé	nous **avons** parlé
tu **as** parlé	vous **avez** parlé
il/elle/on **a** parlé	ils/elles **ont** parlé

finir

j'**ai** fini	nous **avons** fini
tu **as** fini	vous **avez** fini
il/elle/on **a** fini	ils/elles **ont** fini

vendre

j'**ai** vend**u**	nous **avons** vend**u**
tu **as** vend**u**	vous **avez** vend**u**
il/elle/on **a** vend**u**	ils/elles **ont** vend**u**

Here are examples of the passé composé of verbs forming the compound tenses with **être**. Note that the past participle agrees with the subject in gender and number.

aller

je **suis** allé(**e**)	nous **sommes** allé(**e**)s
tu **es** allé(**e**)	vous **êtes** allé(**e**)(**s**)
il/elle/on **est** allé(**e**)	ils/elles **sont** allé(**e**)s

partir

je **suis** parti(**e**)	nous **sommes** parti(**e**)s
tu **es** parti(**e**)	vous **êtes** parti(**e**)(**s**)
il/elle/on **est** parti(**e**)	ils/elles **sont** parti(**e**)s

descendre

je **suis** descendu(**e**)	nous **sommes** descendu(**e**)s
tu **es** descendu(**e**)	vous **êtes** descendu(**e**)(**s**)
il/elle/on **est** descendu(**e**)	ils/elles **sont** descendu(**e**)s

The letters in parentheses are added depending on the gender and number of the subject. For instance, an entry such as **vous êtes allé(e)(s)** means that the form has four possibilities:

to a male	vous êtes all**é**
to a female	vous êtes all**ée**
to a group of males or males and females	vous êtes all**és**
to a group of females	vous êtes all**ées**

The third-person singular **on** form is often used informally in place of the **nous** form. In formal French, when the subject of the sentence is **on**, the past participle of **être** verbs is always masculine singular. In less formal writing there is a tendency to make the participle agree with whomever **on** refers to.

On est partis très tôt hier matin. *We left very early yesterday morning.*

Use of the Passé Composé

The passé composé expresses a past event or action that the speaker sees either as completed in the past or as related to or having consequences for the present.

Elle **a fait ses études** à Paris.	She **went to college** in Paris.
Regarde. J'**ai fini** mes devoirs.	Look. I'**ve finished** my homework.
Tu **as compris** ce que le professeur **a dit**?	**Did** you **understand** what the teacher **said?**
Oh, les enfants! Qu'est-ce que vous **avez fait?**	Children! What **have** you **done?**
Regardez cette chambre!	**Look at** this room!
Quelqu'un **a frappé**. Va ouvrir.	Someone **(has) knocked**. Go open the door.

Note that French prefers the present tense for actions beginning in the past and continuing into the present, especially in sentences where you specify how long the action has been going on.

—**Cela fait** combien de temps que vous **habitez** ici?	How long **have** you **been living** here?
—**Ça fait** un an que nous **sommes** dans cet appartement.	We'**ve been** in this apartment for one year.

The Pluperfect Tense

This tense consists of the imperfect tense of the auxiliary, either **avoir** or **être**, and the past participle (*I had spoken, finished, gone downstairs,* etc.).

parler

j'**avais** parlé	nous **avions** parlé
tu **avais** parlé	vous **aviez** parlé
il/elle/on **avait** parlé	ils/elles **avaient** parlé

finir

j'**avais** fini	nous **avions** fini
tu **avais** fini	vous **aviez** fini
il/elle/on **avait** fini	ils/elles **avaient** fini

descendre

j'**étais** descendu(e)	nous **étions** descendu(e)s
tu **étais** descendu(e)	vous **étiez** descendu(e)(s)
il/elle/on **était** descendu(e)	ils/elles **étaient** descendu(e)s

Use of the Pluperfect Tense

The pluperfect tense is used to specify an action or event as happening further back in the past than another action or event, which usually appears in the passé composé.

Eux, ils **avaient déjà fini** le travail quand vous avez téléphoné.

*They **had already finished** the job when you called. (Their finishing the work took place further back in the past (pluperfect) than your calling.)*

Jean **n'était pas encore arrivé** quand moi, j'ai commencé à manger.

*Jean **still hadn't arrived** when I began to eat. (Jean's arrival was expected, but did not happen, further back in the past than my beginning to eat.)*

The Past Anterior Tense

The past anterior tense consists of the passé simple of the auxiliary, either **avoir** or **être**, and the past participle (*I had spoken, sold, gone out,* etc.).

parler

j'**eus** parlé	nous **eûmes** parlé
tu **eus** parlé	vous **eûtes** parlé
il/elle/on **eut** parlé	ils/elles **eurent** parlé

vendre

j'**eus** vendu	nous **eûmes** vendu
tu **eus** vendu	vous **eûtes** vendu
il/elle/on **eut** vendu	ils/elles **eurent** vendu

sortir

je **fus** sorti(e)	nous **fûmes** sorti(e)s
tu **fus** sorti(e)	vous **fûtes** sorti(e)(s)
il/elle/on **fut** sorti(e)	ils/elles **furent** sorti(e)s

Use of the Past Anterior Tense

The past anterior tense is rarely used in speech. It is a feature of formal, literary French, where it may be used after the conjunctions **quand, lorsque** *when,* **aussitôt que, dès que, sitôt que** *as soon as,* **tant que** *as long as,* **après que** *after,* **une fois que** *once.*

J'ai fait les démarches nécessaires aussitôt qu'ils m'**eurent expliqué** l'affaire.	*I took the necessary measures as soon as they **had explained** the matter to me.*
Une fois qu'il **eut fini**, il est parti.	*Once he **had finished**, he left.*

In everyday language, the past anterior tense is replaced by the pluperfect or the passé composé.

Quand il **a fini**, il est parti.	*When he **finished**, he left.*

The Future Anterior Tense

The future anterior tense consists of the future of the auxiliary, either **avoir** or **être**, and the past participle (*I will have spoken, sold, gone out,* etc.).

parler

j'**aurai** parlé	nous **aurons** parlé
tu **auras** parlé	vous **aurez** parlé
il/elle/on **aura** parlé	ils/elles **auront** parlé

vendre

j'**aurai** vendu	nous **aurons** vendu
tu **auras** vendu	vous **aurez** vendu
il/elle/on **aura** vendu	ils/elles **auront** vendu

sortir

je **serai** sorti(e)	nous **serons** sorti(e)s
tu **seras** sorti(e)	vous **serez** sorti(e)(s)
il/elle/on **sera** sorti(e)	ils/elles **seront** sorti(e)s

Uses of the Future Anterior Tense

The future anterior is used to label a future action as completed before another future action takes place.

Nous **aurons fini** de dîner avant qu'il n'arrive.	*We **will have finished** eating before he arrives.*

The future anterior may express a conjecture or guess about what happened in the past before another past event occurred.

—Quelle surprise! Nos cousins sont déjà là.	*What a surprise! Our cousins are already here.*
—Il **auront pris** le train de dix heures.	*They **probably took** the ten o'clock train.*

The Past Conditional Tense

The past conditional (conditional perfect) tense consists of the conditional of the auxiliary, either **avoir** or **être**, and the past participle (*I would have spoken, finished, gone downstairs,* etc.).

parler

j'**aurais** parlé	nous **aurions** parlé
tu **aurais** parlé	vous **auriez** parlé
il/elle/on **aurait** parlé	ils/elles **auraient** parlé

finir

j'**aurais** fini	nous **aurions** fini
tu **aurais** fini	vous **auriez** fini
il/elle/on **aurait** fini	ils/elles **auraient** fini

descendre

je **serais** descendu(e)	nous **serions** descendu(e)s
tu **serais** descendu(e)	vous **seriez** descendu(e)(s)
il/elle/on **serait** descendu(e)	ils/elles **seraient** descendu(e)s

Uses of the Past Conditional Tense

The past conditional is most commonly used in conditional sentences that present hypotheses contrary to facts in the past, in other words, what *would have* taken place.

Fact

Jean n'est pas venu. On ne l'a donc pas vu.   *Jean didn't come. That's why we didn't see him.*

Contrary-to-fact conditional sentence

Si Jean était venu, on l'**aurait vu**.   *If Jean had come, we **would have seen** him.*

Fact

Je me suis réveillé tard. C'est pour ça que je ne suis pas arrivé à l'heure.   *I woke up late. That's why I didn't arrive on time.*

Contrary-to-fact conditional sentence

Si je ne m'étais pas réveillé tard, je **serais arrivé** à l'heure.   *If I hadn't woken up late, I **would have arrived** on time.*

The past conditional is used in reported speech to refer to completed actions in the future.

Elle a dit qu'avant vendredi elle les aurait aidés.   *She said that before Friday she would have helped them.*

Direct speech

Elle a dit, « Avant vendredi je les aurai aidés. »   *She said, "Before Friday I will have helped them."*

The past conditional is also used to express allegations in the past.

Le cambrioleur aurait travaillé avec des complices.   *The burglar allegedly worked with accomplices.*

The Past Subjunctive

The past subjunctive consists of the present subjunctive of the appropriate auxiliary, either **avoir** or **être**, plus the past participle.

parler

que j'**aie** parlé	que nous **ayons** parlé
que tu **aies** parlé	que vous **ayez** parlé
qu'il/elle/on **ait** parlé	qu'ils/elles **aient** parlé

finir

que j'**aie** fini	que nous **ayons** fini
que tu **aies** fini	que vous **ayez** fini
qu'il/elle/on **ait** fini	qu'ils/elles **aient** fini

descendre

que je **sois** descendu(e)	que nous **soyons** descendu(e)s
que tu **sois** descendu(e)	que vous **soyez** descendu(e)(s)
qu'il/elle/on **soit** descendu(e)	qu'ils/elles **soient** descendu(e)s

Use of the Past Subjunctive

The past subjunctive is used in subordinate clauses that require the subjunctive to express past events that happened *before* the action of the main clause. The present subjunctive expresses actions simultaneous with or subsequent to the action of the main clause. Compare the following pairs of sentences.

Je suis content **qu'elle vienne**.	*I'm happy **she's coming**.*
Je suis content **qu'elle soit venue**.	*I'm happy **she came**.*
Je ne crois pas **qu'il le fasse**.	*I don't think **he'll do it**.*
Je ne crois pas **qu'il l'ait fait**.	*I don't think **he did it**.*
Elle doute **qu'il comprenne**.	*She doubts **that he will understand**.*
Elle doute **qu'il ait compris**.	*She doubts **that he understood**.*
Nous regrettions **que vous partiez**.	*We were sorry **that you were leaving**.*
Nous regrettions **que vous soyez partis**.	*We were sorry **that you had left**.*

The Pluperfect Subjunctive

The pluperfect subjunctive consists of the imperfect subjunctive of the appropriate auxiliary, either **avoir** or **être**, plus the past participle.

parler

que j'**eusse** parlé	que nous **eussions** parlé
que tu **eusses** parlé	que vous **eussiez** parlé
qu'il/elle/on **eût** parlé	qu'ils/elles **eussent** parlé

vendre

que j'**eusse** vendu	que nous **eussions** vendu
que tu **eusses** vendu	que vous **eussiez** vendu
qu'il/elle/on **eût** vendu	qu'ils/elles **eussent** vendu

sortir

que je **fusse** sorti(e)	que nous **fussions** sorti(e)s
que tu **fusses** sorti(e)	que vous **fussiez** sorti(e)(s)
qu'il/elle/on **fût** sorti(e)	qu'ils/elles **fussent** sorti(e)s

Uses of the Pluperfect Subjunctive

The pluperfect subjunctive is limited to formal written French. It is used in place of the past subjunctive to express past events that happened *before* the action of the main clause when the main verb is in one of the past tenses.

Compare:

Modern spoken and written French

Nous regrettions que vous **soyez partis**.   *We were sorry that you **had left**.*

Formal written French

Nous regrettions que vous **fussiez partis**.   *We were sorry that you **had left**.*

Although rare in the modern language, the pluperfect subjunctive is sometimes used in both clauses of past contrary-to-fact conditional sentences for stylistic effect. Usually the pluperfect subjunctive is used only in the third-person singular.

Si le Président de la République **eût su** que la guerre allait éclater, il **ne fût pas parti** en mission.   *If the President of the Republic **had known** that war was going to break out, he **would not have left** on a diplomatic mission.*

In normal, current style the above sentence would be written as follows:

Si le Président de la République **avait su** que la guerre allait éclater, il **ne serait pas parti** en mission.

PRINCIPAL PARTS OF THE VERB

You can predict almost all the forms of all French verbs if you know the principal parts of the verb. The principal parts are the *infinitive*, the *first-person singular of the present tense*, the *first-person singular of the passé simple*, the *past participle*, and the *present participle*.

The principal parts look like this:

fermer
je ferme · je fermai · fermé · fermant

From the *infinitive* (**fermer**) you form the following tenses:

1 · The future: **je fermerai, tu fermeras, il/elle/on fermera, nous fermerons, vous fermerez, ils fermeront**

2 · The conditional: **je fermerais, tu fermerais, il/elle/on fermerait, nous fermerions, vous fermeriez, ils fermeraient**

From the *first-person singular of the present tense* (**je ferme**) you can derive the rest of the present tense for -**er** verbs: **tu fermes, il/elle/on ferme, nous fermons, vous fermez, ils/elles ferment**.

From the *passé simple* you can derive the imperfect subjunctive: **que je fermasse, que tu fermasses, qu'il/elle/on fermasse, que nous fermassions, que vous fermassiez, qu'ils/elles fermassent**.

The *past participle* is used to form the following compound tenses:

1 · the passé composé: **j'ai fermé**

2 · the pluperfect: **j'avais fermé**

3 · the past anterior: **j'eus fermé**

4 · the future anterior: **j'aurai fermé**

5 · the past conditional: **j'aurais fermé**

6 · the past subjunctive: **que j'aie fermé**

7 · the pluperfect subjunctive: **que j'eusse fermé**

8 · The past participle is also used with **être** to form the passive: **La porte a été fermée par le portier.**

The *present participle* provides the stem of the verbs (for all but a few irregulars). The verb stem is arrived at by removing the -**ant** of the present participle. The following forms may be derived from this verb stem:

1 · the imperfect: **je fermais, tu fermais, il/elle/on fermait, nous fermions, vous fermiez, ils/elles fermaient**

2 · the present subjunctive: **que je ferme, que tu fermes, qu'il/elle/on ferme, que nous fermions, que vous fermiez, qu'ils/elles ferment**

3 · the plural of the present tense forms for verbs other than -**er** verbs: **nous finissons, nous recevons, nous suivons, nous lisons**, etc.

COMMANDS (THE IMPERATIVE)

French command forms are identical to the present tense form of the verb minus the subject pronoun. The **tu** form of **-er** verbs drops the final **-s** of the present tense form.

Parle.	*Speak.*
Parlons.	*Let's speak.*
Parlez.	*Speak.*
Finis le travail.	*Finish the work.*
Finissons le travail.	*Let's finish the work.*
Finissez le travail.	*Finish the work.*
Attends-le.	*Wait for him.*
Attendons-le.	*Let's wait for him.*
Attendez-le.	*Wait for him.*

The **-s** is restored (and pronounced) before the pronouns **y** and **en**.

Montes-**y**.	*Go up there.*
Parles-**en**.	*Talk about it.*

The verbs **être**, **avoir**, and **savoir** have irregular imperatives:

être	**sois, soyons, soyez**
avoir	**aie, ayons, ayez**
savoir	**sache, sachons, sachez**

The negative command is formed by placing **ne** before the imperative and **pas** after it:

Ne parle **pas**.	***Don't** speak.*
Ne finissez **pas** le travail.	***Don't** finish the work.*
Ne l'attendons **pas**.	***Let's not** wait for him.*

Uses of Command Forms

Command forms are used to tell someone to do something or not to do something. Commands may be softened by the use of **Veuillez** (the irregular command form of **vouloir**) + the infinitive. **Veuillez** adds the idea of *please*.

Veuillez venir à 3 heures.	***Please** come at three o'clock.*

A subjunctive clause beginning with the word **que** can express a command directed at a third person.

Qu'il vienne avec nous.	***Let him (Have him) come** with us.*
Qu'elle apprenne le vocabulaire.	***Have her learn** the vocabulary.*
Qu'ils fassent leurs devoirs.	***Let them (Have them) do** their homework.*
Qu'elles vous le **rendent**.	***Have them give** it **back** to you.*

PRONOMINAL/REFLEXIVE VERBS

French has a large class of verbs known as pronominal or reflexive verbs. These verbs always appear with a reflexive pronoun referring back to the subject. Pronominal verbs occur in all tenses. Study the present tense of **se lever** *to get up.*

je me lève	**nous nous** levons
tu te lèves	**vous vous** levez
il/elle/on se lève	**ils/elles se** lèvent

Here is an example of a reflexive verb in the passé composé. Note that reflexive verbs are always conjugated with **être** in the compound tenses.

s'amuser *to have a good time*

je me **suis** amusé(e)	nous nous **sommes** amusé(e)s
tu t'es amusé(e)	vous vous **êtes** amusé(e)(s)
il/elle/on s'est amusé(e)	ils/elles se **sont** amusé(e)s

Note that in the passé composé the past participle of pronominal verbs agrees in gender and number with the reflexive pronoun if the reflexive pronoun is a direct object. This is the most common case. However, there are cases where the reflexive pronoun is an indirect object and a direct object noun follows the verb. In this case the participle does NOT agree. Study the conjugation of **se laver les mains** *to wash one's hands.* In these sentences **les mains** is the direct object of the verb.

Je **me suis lavé** les mains.	Nous **nous sommes lavé** les mains.
Tu **t'es lavé** les mains.	Vous **vous êtes lavé** les mains.
Il/elle/on **s'est lavé** les mains.	Ils/elles **se sont lavé** les mains.

Note that if **les mains** is replaced by the object pronoun **les**, which is placed before the verb, the past participle will agree with **les**.

Il **se les est lavées**.	He **washed them** (= his hands).

Uses of Reflexive Verbs

In English the number of reflexive verbs (*I hurt myself*) is relatively small. Reflexive verb forms in English are followed by a pronoun that ends in *-self* or *-selves* (*I cut myself.* / *They hurt themselves.*). Most reflexive verbs in French correspond to English intransitive verbs, that is, verbs that have no direct object, or to English verb constructions with *get* or *be.*

Elle **s'est réveillée** à sept heures.	*She **woke up** at seven o'clock.*
Tu **t'es fâché**.	*You **got angry**.*
Ils vont **se laver**.	*They're going **to wash up**.*

In some cases, the reflexive pronoun is an indirect object, not a direct object. These verbs can have a direct object as well as the reflexive pronoun. Some examples:

Je **me suis brossé les dents**.	*I **brushed my teeth**.*
(**les dents** = direct object)	
Les enfants **se sont lavé le visage**.	*The children **washed their faces**.*
(**le visage** = direct object)	

Note that French uses the *definite article* where English uses a possessive adjective for articles of clothing and parts of the body. Some common reflexive verbs used this way:

se casser + *part of the body*	*to break*
se couper + *part of the body*	*to cut*
se laver + *part of the body*	*to wash*

THE PASSIVE VOICE

The passive voice in French is formed as in English. It consists of **être** + the past participle. The past participle agrees in gender and number with the subject of the sentence. The passive may be used in any tense.

Cette famille **est** très **respectée**.	*That family **is** very **respected**.*
Les ordinateurs **ont été vendus** au rabais.	*The computers **were sold** at a discount.*

Passives often include a phrase beginning with **par** to tell who (or what) is performing the action.

La ville **fut brûlée par l'ennemi**.	*The city **was burned down by the enemy**.*
Beaucoup d'écoles **seront construites par le gouvernement**.	*Many schools **will be built by the government**.*
Le projet de loi **va être considéré par le Sénat**.	*The bill **is going to be considered by the Senate**.*
La décision **avait été prise par le conseil d'administration**.	*The decision **had been made by the board**.*

The Use of the Passive Voice

The passive voice is more common in written French than in spoken French. In active sentences (e.g., *The dog bites the man.*) the focus is on the performer of the action (the subject). In the passive, the focus is shifted from the performer of the action to the object, which becomes the grammatical subject of the sentence (e.g., *The man is bitten by the dog.*)

In spoken French the equivalent of the English passive is a construction consisting of the pronoun **on** + the third-person singular of the verb. In this construction, the performer of the action is not mentioned. A phrase with **par** cannot be added to the construction with **on**.

On respecte beaucoup cette famille.	*That family **is** very **respected**.*
On a vendu la maison.	*The house **was sold**.*
Quand est-ce qu'**on trouvera** une solution?	*When **will** a solution **be found**?*
On construira beaucoup d'écoles.	*Many schools **will be built**.*
Ici **on parle** français.	*French **is spoken** here.*

When the performer of the action must be mentioned, the active voice is used in spoken French.

L'ennemi **a brûlé** la ville.	*The enemy **burned down** the city.*
Le gouvernement **construira** beaucoup d'écoles.	*The government **will build** many schools.*
Le Sénat **va considérer** le projet de loi.	*The Senate **is going to consider** the bill.*

IMPERSONAL VERBS

A number of verbs in French can be used with an invariable subject **il**. These are called impersonal verbs. Many verbs appear in both personal and impersonal constructions but with differences in meaning. The most common set of impersonal verbs are those that express weather conditions.

Il **fait** beau.	*The weather is nice. / **It's** nice **out**.*
Il **fait** mauvais.	*The weather is bad. / **It's** nasty **out**.*
Il **fait** chaud/froid.	*It's warm/cold (**out**).*
Il **fait** (du) soleil / du vent.	*It's sunny/windy.*
Il **pleut**.	*It's raining.*
Il **neige**.	*It's snowing.*

The expression **il y a** *there is / there are* is an impersonal expression. It is used before both singular and plural nouns.

Il y a un avion / des avions pour Genève ce soir.	*There's a plane / There are planes for Geneva this evening.*

The verb **falloir** *to be necessary/needed* is used only as an impersonal verb. It can be followed by a singular or plural noun.

Il **faut** un combat sérieux contre la drogue.	*We need a serious war on drugs.*
Il **faut** de tout pour faire un monde.	*It takes all kinds to make a world.*
Il **faudra** des investissements pour réaliser ces objectifs.	*Investments **will be necessary** to reach these goals.*
Il **a fallu** des années pour construire ce quartier.	*It took years to build this neighborhood.*

Il faut is often followed by an infinitive.

Il **faut** payer ses dettes.	*One **must** pay one's debts.*
Il **faut** absolument voir ce film.	*You simply **must** see this film.*

Il faut may be followed by a subjunctive clause.

Il **faut** que vous fassiez un effort.	*You've got to try.*
Il **faut** que je lui écrive.	*I've got to write to him.*

Falloir, like most other impersonal verbs, may be used with an indirect object pronoun.

Il **me faut** le silence absolu pour travailler.	*I need absolute quiet to work.*
Il **lui faut** chercher un nouvel emploi.	*He needs to look for a new job.*

When **il faut** appears with an indirect object pronoun, a subjunctive clause cannot follow. It is replaced by an infinitive. Compare the following pairs of sentences:

Il **faut** que vous fassiez un effort.
Il **vous faut** faire un effort.

Il **faut** que je lui écrive.
Il **me faut** lui écrire.

The infinitive is more common than the subjunctive clause in modern French.

Here are some other common impersonal verbs used both with and without an indirect object.

arriver

Il **arrive** un moment où il faut prendre une décision.	*The time **comes** when you have to make a decision.*
Dans la vie **il arrive** souvent des problèmes difficiles à résoudre tout seul.	*Problems that are hard to solve by yourself often **come up** in life.*
Il **m'est arrivé** quelque chose d'extraordinaire aujourd'hui.	*Something extraordinary **happened to me** today.*
Il **lui est arrivé** de passer la nuit dans la voiture.	*He **actually** spent the night in the car.*

For additional examples of the personal and impersonal use of **arriver**, see verb 63.

manquer

Il **manque** des pages.	*Some pages **are missing**.*
Il **manque** des places de parking au centre.	*There's **a shortage** of parking spaces downtown.*
Il **vous manque** quoi?	*What **are you missing**? / What **don't you have**?*
Il **nous manque** un bon gardien de but.	*We **need** a good goalie.*

For additional examples of the personal and impersonal use of **manquer**, see verb 322.

paraître

Il paraît que is usually followed by the indicative.

Il **paraît que** les médias ne sont pas objectifs.	*It **seems that** the media is not objective.*

Il me paraît que is followed by the indicative. (*Compare* **je pense que, je crois que**.)

Il **me paraît que** mon idée vous déplaît.	*I **think that** you don't like my idea.*

Il ne me paraît pas que is followed by the subjunctive. (*Compare* **je ne pense pas que, je ne crois pas que**.)

Il **ne me paraît pas que** ces deux situations puissent être comparées.	*I **don't think that** these two situations can be compared.*

For additional examples of the personal and impersonal use of **paraître**, see verb 357.

rester

Il **reste** beaucoup à faire.	*There's a lot **left** to do.*
Il **ne reste rien** dans le frigo.	*There's **nothing left** in the fridge.*
Il **me reste** deux cents euros.	*I **have** 200 euros **left**.*
Il **leur reste** quatre semaines de travail.	*They **have** four weeks of work **left**.*

For additional examples of the personal and impersonal use of **rester**, see verb 459.

sembler

Il semble que is followed by the indicative or the subjunctive, depending on the degree of certainty.

Il **semble qu'**ils sont pressés.	*It **seems that** they are in a hurry.*
Il **semble qu'**elle sache un peu de français.	*It **seems that** she might know a little French.*

Il me semble que is followed by the indicative. (*Compare* **je pense que, je crois que**.)

Il me semble que ça fait une éternité qu'on ne s'est pas vus.	*It **seems that** it's been such a long time since we've seen each other.*

Il ne me semble pas que is followed by the subjunctive. (*Compare* **je ne pense pas que, je ne crois pas que**.)

Il ne me semble pas que ce logiciel soit compatible avec mon ordinateur.	*I **don't think that** this software is compatible with my computer.*

Other Impersonal Constructions

il s'agit de *it's a question of / it's about / it's a matter of* (**agir**: verb 34)

Il s'agit de la mise en place d'une boîte à idées.	*It's **a question of** setting up a suggestion box.*
Dans ce roman **il s'agit d'**un conflit social.	*This novel **is about** a social conflict.*
Il s'agit de faciliter l'accès aux nouvelles technologies à un prix réduit.	*It's **a matter of** simplifying access to new technologies at a reduced cost.*

il convient de + infinitive *it is suitable/appropriate/advisable to* (**convenir**: verb 133)

Il convient de tenir compte de ces faits.	*It's **advisable** to keep these facts in mind.*

il est as a formal substitute for **il y a** (**être**: verb 245)

Il est des événements qui restent gravés dans notre mémoire.	***There are** events that are engraved on our memory.*

venir (**venir**: verb 543)

Il viendra peu de touristes cet été.	*Few tourists **will come** this summer.*
Il m'est venu une idée.	***I've got** an idea.*

There are impersonal expressions with **être** that can appear with an indirect object. These expressions usually have the following structure: **il est** + adjective + **de** + infinitive.

Il est difficile de répondre à votre question.	*It's **difficult** to answer your question.*
Il m'est difficile de dire ce que je ressens.	*It's **hard for me** to say what I feel.*
Il est facile de sous estimer le mécontentement populaire.	*It **is easy** to underestimate popular discontent.*
Il ne leur sera pas facile de s'en sortir.	*It **won't be easy for them** to get out of this.*
Il est important de rester au courant de tout ce qui se passe au monde.	*It's **important** to stay abreast of everything that's going on in the world.*
Il vous est important de rester maître de la situation.	*It's **important for you** to stay in control of the situation.*
Il est nécessaire de construire un nouveau réacteur nucléaire.	*It's **necessary** to build a new nuclear reactor.*
Il me sera nécessaire de relire son courriel.	*I'**ll need** to reread his e-mail.*
Il est pénible de voir tant d'enfants vivre dans la misère.	*It's **painful** to see so many children living in poverty.*
Il m'est pénible de me séparer de ma famille.	*It's **hard for me** to be apart from my family.*

These additional impersonal expressions may appear either with or without an indirect object.

Il est agréable de + *infinitive*	*It's nice to*
Il est défendu de + *infinitive*	*It's forbidden to*
Il est interdit de + *infinitive*	*It's forbidden to*
Il est inutile de + *infinitive*	*It's useless to*
Il est préférable de + *infinitive*	*It's preferable to*
Il est utile de + *infinitive*	*It's useful to*

See the Tense Profile of the subjunctive for additional impersonal expressions.

THE INFINITIVE

The French infinitive has a broader range of functions than the English infinitive. French uses the infinitive as a verbal noun, not the present participle as English does.

Marcher est un bon exercice.	*Walking is good exercise.*
Programmer un ordinateur, c'est **construire** un algorithme.	*Programming a computer is building an algorithm.*
En politique, **gagner** c'est tout.	*In politics, winning is everything.*
Pour cette artiste, **peindre** c'est la vie.	*For that artist, painting is his life.*

The infinitive in French is used after prepositions. English, however, requires the *-ing* form in this context.

Mon fils rêve **de jouer** du violon.	*My son dreams of playing the violin.*
Ils sont entrés **sans** nous **dire** bonjour.	*They came in without saying hello to us.*
Il a commencé **par établir** des objectifs.	*He began by setting goals.*

The infinitive can be used for impersonal instructions.

Tenir la droite.	*Keep right.* (on road signs)
Ne pas prendre ce médicament pendant plus de 14 jours.	*Don't take this medication for more than 14 days.*
Ne pas déranger.	*Do not disturb.*

The infinitive can also serve as a complement of a verb. Some verbs take an infinitive complement without a preposition. (Note that in these lists **faire qqch** stands for any infinitive.)

adorer faire qqch	*to love to do something*
aimer faire qqch	*to like to do something*
aimer mieux faire qqch	*to prefer to do something*
aller faire qqch	*to be going to do something* (future meaning)
compter faire qqch	*to intend to do something*
désirer faire qqch	*to want to do something*
détester faire qqch	*to hate to do something*
devoir faire qqch	*should / must / ought to do something*
espérer faire qqch	*to hope to do something*
oser faire qqch	*to dare to do something*
pouvoir faire qqch	*to be able to do something*
préférer faire qqch	*to prefer to do something*
savoir faire qqch	*to know how to do something*
sembler faire qqch	*to appear/seem to do something*
vouloir faire qqch	*to want to do something*

—Je vais au cinéma. Tu **veux m'accompagner**?	*I'm going to the movies. **Do you want to go with me?***
—Je **ne peux pas sortir** maintenant. Je **dois finir** mon travail.	*I **can't go out** now. I **have to finish** my work.*
—Vous **comptez leur dire** ce qui est arrivé?	***Do you intend to tell them** what happened?*
—Je **n'ose pas leur en parler**.	*I **don't dare talk to them about it**.*

Verbs of motion are also followed by an infinitive complement.

aller faire qqch	*to be going to do something*
s'en aller faire qqch	*to go off to do something*
descendre faire qqch	*to go down to do something*
entrer faire qqch	*to go inside to do something*
monter faire qqch	*to go up to do something*

rentrer faire qqch	*to go home to do something*
revenir faire qqch	*to come back to do something*
sortir faire qqch	*to go out to do something*
venir faire qqch	*to come to do something*

—Tu **sors faire** les courses?

*Are you **going out to do** the shopping?*

—Oui, je **vais acheter** un poulet et des légumes.

*Yes, I'm **going to buy** a chicken and vegetables.*

Consult the usage of the verbs **amener** (verb 43) and **emmener** (verb 211) for additional examples.

Most French verbs require either the preposition **à** or **de** before an infinitive.

Here are the most common verbs requiring **à** before an infinitive complement:

apprendre à	*to learn how to*
s'apprêter à	*to get ready to*
arriver à	*to manage to*
s'attarder à	*to linger (doing something)*
s'attendre à	*to expect to*
chercher à	*to try to*
commencer à	*to begin to*
consentir à	*to consent to*
continuer à	*to continue to*
se décider à	*to make up one's mind to*
s'exercer à	*to practice (doing something)*
s'habituer à	*to get used to*
hésiter à	*to hesitate to*
se mettre à	*to begin to*
parvenir à	*to manage to / succeed in (doing something)*
passer son temps à	*to spend one's time (doing something)*
penser à	*to be thinking of (doing something)*
perdre son temps à	*to waste one's time (doing something)*
se plaire à	*to take pleasure in (doing something)*
se préparer à	*to get ready to*
renoncer à	*to give up (doing something)*
se résigner à	*to resign oneself to*
se résoudre à	*to resolve to*
réussir à	*to succeed in (doing something)*
tenir à	*to insist on (doing something)*

Here are some of the most common verbs requiring **de** before an infinitive complement:

accepter de	*to agree to*
s'arrêter de	*to stop (doing something)*
avoir peur de	*to be afraid of (doing something)*
cesser de	*to stop (doing something)*
décider de	*to decide to*
s'empêcher de	*to refrain / keep oneself from (doing something)*
s'empresser de	*to hurry/rush to*
essayer de	*to try to*
s'étonner de	*to marvel at (doing something)*
être forcé/obligé de	*to be forced/obliged to*
s'excuser de	*to apologize for (doing something)*
éviter de	*to avoid (doing something)*
faire semblant de	*to pretend to*
finir de	*to finish (doing something)*
manquer de	*to fail to*
négliger de	*to neglect to*

oublier de	*to forget to*
refuser de	*to refuse to*
regretter de	*to regret (doing something)*
se réjouir de	*to be delighted to*
se repentir de	*to regret (doing something)*
risquer de	*to risk / run the risk of (doing something)*

Note also **venir de faire qqch** *to have just done something.*

—Je vais **essayer de lui parler** quand il arrivera.

*I will **try to speak with him** when he gets here.*

—Bon, vas-y. Il **vient d'entrer**.

*Good, go ahead. He **has just come in**.*

—**J'ai l'intention de lui dire** exactement ce que je pense.

*I **intend to tell him** exactly what I think.*

—Fais attention. Tu **risques de l'offenser**.

*Be careful. You **run the risk of insulting him**.*

For all verbs taking an infinitive complement with or without a preposition, additional examples can be found in the Usage section of each verb.

THE PRESENT PARTICIPLE

The French present participle ends in -**ant**, which is added to the stem of the verb (the first-person plural of the present tense minus the -**ons** ending).

INFINITIVE	*nous* FORM	PRESENT PARTICIPLE
marcher	nous marchons	**marchant**
réfléchir	nous réfléchissons	**réfléchissant**
attendre	nous attendons	**attendant**
dire	nous disons	**disant**
prendre	nous prenons	**prenant**
suivre	nous suivons	**suivant**

Three very common verbs have irregular present participles:

avoir	**ayant**
être	**étant**
savoir	**sachant**

Many French present participles are used as adjectives and agree in gender and number with the nouns they modify.

un sourire **charmant** (< charmer)	*a **charming** smile*
de l'eau **courante** (< courir)	***running** water*
des matchs **passionnants** (< passionner)	***exciting** games*
des spectacles **payants** (< payer)	*shows **that charge admission***
les équipes **perdantes** (< perdre)	*the **losing** teams*

There are several verbal uses of the present participle.

The present participle may be used instead of a relative clause. In this case it is invariable. This construction is typical of formal speech and writing.

les avions **qui arrivent** d'Amérique
→ les avions **arrivant** d'Amérique   *planes **arriving** from America*

The French construction called **le gérondif** consists of **en** + present participle.

Il parle au téléphone **en conduisant.**   *He talks on the phone **while driving**.*
En lisant, on apprend beaucoup.   *You learn a lot **by reading**.*

DEFECTIVE VERBS

Some common verbs in French are "defective." They do not appear in all persons or in all tenses.

The verb **pleuvoir** *to rain* is used only in the third-person singular.

pleuvoir

PRESENT	il pleut
PASSÉ COMPOSÉ	il a plu
IMPERFECT	il pleuvait
PASSÉ SIMPLE	il plut
FUTURE	il pleuvra
CONDITIONAL	il pleuvrait
PRESENT SUBJUNCTIVE	qu'il pleuve
IMPERFECT SUBJUNCTIVE	qu'il plût

The present participle is **pleuvant**.

Examples:

Il pleut et je n'ai pas de parapluie!	*It's raining and I have no umbrella!*
—Je me demande s'il pleuvra.	*I wonder if it will rain.*
—La météo a dit qu'il pleuvrait.	*The weather report said it would rain.*
Il pleut des cordes.	*It's pouring.*
Il pleut à verse.	*It's pouring.*
Qu'il pleuve ou qu'il vente.	*Come what may, rain or shine.*

The verbs **neiger** *to snow* and **grêler** *to hail*, like **pleuvoir**, are used only in the third-person singular. **Neiger** has the spelling change of *g > ge/a*: **il neigea, il neigeait**.

The verb **falloir** *to be necessary / must* is used only in the third-person singular.

falloir

PRESENT	il faut
PASSÉ COMPOSÉ	il a fallu
IMPERFECT	il fallait
PASSÉ SIMPLE	il fallut
FUTURE	il faudra
CONDITIONAL	il faudrait
PRESENT SUBJUNCTIVE	qu'il faille
IMPERFECT SUBJUNCTIVE	qu'il fallût

Examples:

Il faut rentrer.	*We have to go home.*
Il fallait le lui dire.	*You should have told him.*
Il faut que tu sortes un peu.	*You must go out a little.*
s'il le faut	*if necessary*
Il faudra partir de bonne heure.	*We'll have to leave early.*
Il me faut travailler ce soir.	*I have to study this evening.*
Il faut de tout pour faire un monde.	*It takes all kinds.*

GUIDE TO IRREGULAR VERBS

Although French has many irregular verbs, there are patterns in the irregularities, so they may be learned in groups. The most important division in the French verb system is between verbs whose infinitive ends in **-er** and all other verbs. Verbs ending in **-er** have the same stem throughout their conjugation. All other verbs (with the exception of a few irregulars) lose the final consonant of the stem in the singular of the present tense. This may or may not be shown in the writing system, but is always apparent in speech. Also, all verbs other than **-er** verbs have the endings **-s**, **-s**, **-t** in the singular of the present tense.

Some examples:

1 · **ils finissent** vs. **il finit** (final consonant **s** [written **ss**] drops in both speech and writing)

2 · **ils vendent** vs. **il vend** (final consonant **d** is written in the singular but not pronounced; note that the ending **-t** is never added to **d**)

3 · **ils lisent** vs. **il lit** (final consonant **z** [written **s**] drops in both speech and writing)

4 · **ils reçoivent** vs. **il reçoit** (final consonant **v** drops in both speech and writing)

Note that in the present subjunctive the final consonant is written and pronounced in all persons of the singular.

Rare Irregular Verbs

The verb **assaillir** *to attack* is conjugated like an **-er** verb in the present, imperfect, and present subjunctive.

assaillir

PRESENT	j'assaille, tu assailles, il assaille, nous assaillons, etc.
PASSÉ COMPOSÉ	j'ai assailli
IMPERFECT	j'assaillais, etc.
PASSÉ SIMPLE	j'assaillis
FUTURE	j'assaillirai
CONDITIONAL	j'assaillirais
PRESENT SUBJUNCTIVE	que j'assaille
IMPERFECT SUBJUNCTIVE	que j'assaillisse

The present participle is **assaillant**.

The verb **clore** *to close* is rare in modern French, except in its past participle.

clore

PRESENT	je clos, tu clos, il clôt, ils closent (*nous* and *vous* forms not used)
PASSÉ COMPOSÉ	j'ai clos
IMPERFECT	—
PASSÉ SIMPLE	—
FUTURE	je clorai
CONDITIONAL	je clorais
PRESENT SUBJUNCTIVE	que je close
IMPERFECT SUBJUNCTIVE	—

The present participle is not used.

Compounds of **clore**, such as **éclore**, do not have a circumflex in the third-person singular of the present: **La fleur éclot.**

The verb **confire** *to preserve (food) in fat or sugar* is irregular.

confire

PRESENT	je confis, tu confis, il confit, nous confisons, vous confisez, ils confisent
PASSÉ COMPOSÉ	j'ai confit
IMPERFECT	je confisais
PASSÉ SIMPLE	je confis
FUTURE	je confirai
CONDITIONAL	je confirais
PRESENT SUBJUNCTIVE	que je confise
IMPERFECT SUBJUNCTIVE	que je confisse

The present participle is **confisant**.

The verb **déchoir** *to decline* is irregular; it is not used in the imperfect.

déchoir

PRESENT	je déchois, tu déchois, il déchoit, nous déchoyons, vous déchoyez, ils déchoient
PASSÉ COMPOSÉ	je suis déchu(e) OR j'ai déchu
IMPERFECT	—
PASSÉ SIMPLE	je déchus
FUTURE	je déchoirai
CONDITIONAL	je déchoirais
PRESENT SUBJUNCTIVE	que je déchoie, que tu déchoies, qu'il déchoie, que nous déchoyions, que vous déchoyiez, qu'ils déchoient
IMPERFECT SUBJUNCTIVE	que je déchusse

The present participle is not used.

The verb **faillir** *to almost/nearly do* is rarely if ever used in any tense except passé composé or passé simple.

faillir

PRESENT	—
PASSÉ COMPOSÉ	j'ai failli
IMPERFECT	je faillais
PASSÉ SIMPLE	je faillis
FUTURE	je faillirai
CONDITIONAL	je faillirais
PRESENT SUBJUNCTIVE	—
IMPERFECT SUBJUNCTIVE	—

The verb **gésir** *to lie (in a grave)* is used only in the present and imperfect.

gésir

PRESENT	je gis, tu gis, il gît, nous gisons, vous gisez, ils gisent
IMPERFECT	je gisais

The present participle of **gésir** is **gisant**. The verb is most commonly encountered in the phrase **ci-gît** *here lies*.

The verb **ouïr** *to hear* is obsolete. It is occasionally found in the infinitive and in the compound tenses: **j'ai ouï**.

The verb **pourvoir** *to provide* is conjugated like **voir**, except that its future and conditional are regular, and the vowel **u** is used in the passé simple and the imperfect subjunctive.

pourvoir

FUTURE	je pourvoirai
CONDITIONAL	je pourvoirais
PASSÉ SIMPLE	je pourvus
IMPERFECT SUBJUNCTIVE	que je pourvusse

The present participle is **pourvoyant**.

The verb **surseoir** *to postpone* is irregular.

surseoir

PRESENT	je sursois, tu sursois, il sursoit, nous sursoyons, vous sursoyez, ils sursoient
PASSÉ COMPOSÉ	j'ai sursis
IMPERFECT	je sursoyais
PASSÉ SIMPLE	je sursis
FUTURE	je surseoirai
CONDITIONAL	je surseoirais
PRESENT SUBJUNCTIVE	que je sursoie, que tu sursoies, qu'il sursoie, que nous sursoyions, que vous sursoyiez, qu'ils sursoient
IMPERFECT SUBJUNCTIVE	que je sursisse

The present participle is **sursoyant**.

The verb **traire** *to milk (a cow)* is irregular. It is not used in the simple past or the imperfect subjunctive.

traire

PRESENT	je trais, tu trais, il trait, nous trayons, vous trayez, ils traient
PASSÉ COMPOSÉ	j'ai trait
IMPERFECT	je trayais
PASSÉ SIMPLE	—
FUTURE	je trairai
CONDITIONAL	je trairais
PRESENT SUBJUNCTIVE	que je traie, que tu traies, qu'il traie, que nous trayions, que vous trayiez, qu'ils traient
IMPERFECT SUBJUNCTIVE	—

The present participle is **trayant**.

555

FULLY CONJUGATED VERBS

TOP 50 VERBS

The following fifty verbs have been selected for their high frequency and their use in many common idiomatic expressions. For each verb, a full page of example sentences and phrases providing guidance on correct usage immediately precedes or follows the conjugation table.

to abandon ## abandonner 1

regular -er verb

j'abandonne · j'abandonnai · abandonné · abandonnant

Present

j'abandonne	nous abandonnons
tu abandonnes	vous abandonnez
il/elle abandonne	ils/elles abandonnent

Passé Composé

j'ai abandonné	nous avons abandonné
tu as abandonné	vous avez abandonné
il/elle a abandonné	ils/elles ont abandonné

Imperfect

j'abandonnais	nous abandonnions
tu abandonnais	vous abandonniez
il/elle abandonnait	ils/elles abandonnaient

Pluperfect

j'avais abandonné	nous avions abandonné
tu avais abandonné	vous aviez abandonné
il/elle avait abandonné	ils/elles avaient abandonné

Passé Simple

j'abandonnai	nous abandonnâmes
tu abandonnas	vous abandonnâtes
il/elle abandonna	ils/elles abandonnèrent

Past Anterior

j'eus abandonné	nous eûmes abandonné
tu eus abandonné	vous eûtes abandonné
il/elle eut abandonné	ils/elles eurent abandonné

Future

j'abandonnerai	nous abandonnerons
tu abandonneras	vous abandonnerez
il/elle abandonnera	ils/elles abandonneront

Future Anterior

j'aurai abandonné	nous aurons abandonné
tu auras abandonné	vous aurez abandonné
il/elle aura abandonné	ils/elles auront abandonné

Conditional

j'abandonnerais	nous abandonnerions
tu abandonnerais	vous abandonneriez
il/elle abandonnerait	ils/elles abandonneraient

Past Conditional

j'aurais abandonné	nous aurions abandonné
tu aurais abandonné	vous auriez abandonné
il/elle aurait abandonné	ils/elles auraient abandonné

Present Subjunctive

que j'abandonne	que nous abandonnions
que tu abandonnes	que vous abandonniez
qu'il/elle abandonne	qu'ils/elles abandonnent

Past Subjunctive

que j'aie abandonné	que nous ayons abandonné
que tu aies abandonné	que vous ayez abandonné
qu'il/elle ait abandonné	qu'ils/elles aient abandonné

Imperfect Subjunctive

que j'abandonnasse	que nous abandonnassions
que tu abandonnasses	que vous abandonnassiez
qu'il/elle abandonnât	qu'ils/elles abandonnassent

Pluperfect Subjunctive

que j'eusse abandonné	que nous eussions abandonné
que tu eusses abandonné	que vous eussiez abandonné
qu'il/elle eût abandonné	qu'ils/elles eussent abandonné

Commands

	(nous) abandonnons
(tu) abandonne	(vous) abandonnez

USAGE

abandonner une propriété / des terres	to abandon a piece of property / land
abandonner sa famille	to abandon one's family
une maison abandonnée	an abandoned house
Les familles abandonnent les villes.	Families are leaving the cities (for good).
abandonner une méthode	to give up a method
abandonner son travail / le pouvoir	to give up one's job / political power
abandonner la lutte	to give up the struggle
abandonner la médecine	to give up medicine / a medical practice
abandonner la partie	to give up the project/undertaking
J'abandonne!	I give up! (games, etc.)
Essaie de le convaincre. N'abandonne pas!	Try to convince him. Don't give up!
L'entreprise a abandonné son offre.	The firm retracted its offer.
L'ennemi a abandonné toute idée de victoire.	The enemy has given up any thought of victory.
Ses forces l'ont abandonné.	His strength failed him.

2 (**abattre**) to knock down

j'abats · j'abattis · abattu · abattant

irregular verb; only one t
in the singular of the present tense

Present
j'abats	nous abattons
tu abats	vous abattez
il/elle abat	ils/elles abattent

Passé Composé
j'ai abattu	nous avons abattu
tu as abattu	vous avez abattu
il/elle a abattu	ils/elles ont abattu

Imperfect
j'abattais	nous abattions
tu abattais	vous abattiez
il/elle abattait	ils/elles abattaient

Pluperfect
j'avais abattu	nous avions abattu
tu avais abattu	vous aviez abattu
il/elle avait abattu	ils/elles avaient abattu

Passé Simple
j'abattis	nous abattîmes
tu abattis	vous abattîtes
il/elle abattit	ils/elles abattirent

Past Anterior
j'eus abattu	nous eûmes abattu
tu eus abattu	vous eûtes abattu
il/elle eut abattu	ils/elles eurent abattu

Future
j'abattrai	nous abattrons
tu abattras	vous abattrez
il/elle abattra	ils/elles abattront

Future Anterior
j'aurai abattu	nous aurons abattu
tu auras abattu	vous aurez abattu
il/elle aura abattu	ils/elles auront abattu

Conditional
j'abattrais	nous abattrions
tu abattrais	vous abattriez
il/elle abattrait	ils/elles abattraient

Past Conditional
j'aurais abattu	nous aurions abattu
tu aurais abattu	vous auriez abattu
il/elle aurait abattu	ils/elles auraient abattu

Present Subjunctive
que j'abatte	que nous abattions
que tu abattes	que vous abattiez
qu'il/elle abatte	qu'ils/elles abattent

Past Subjunctive
que j'aie abattu	que nous ayons abattu
que tu aies abattu	que vous ayez abattu
qu'il/elle ait abattu	qu'ils/elles aient abattu

Imperfect Subjunctive
que j'abattisse	que nous abattissions
que tu abattisses	que vous abattissiez
qu'il/elle abattît	qu'ils/elles abattissent

Pluperfect Subjunctive
que j'eusse abattu	que nous eussions abattu
que tu eusses abattu	que vous eussiez abattu
qu'il/elle eût abattu	qu'ils/elles eussent abattu

Commands
	(nous) abattons
(tu) abats	(vous) abattez

abattre une maison	to knock down / demolish a house
abattre un arbre	to chop down a tree
abattre un animal	to shoot an animal dead
Les terroristes ont abattu un avion.	The terrorists shot down a plane.
Je suis abattu par la chaleur.	The heat has gotten to me.
abattre de la besogne / du travail	to get a lot of work done
Tu abats de la besogne comme quatre!	You do the work of four people!
se laisser abattre	to let oneself get depressed
Ne te laisse pas abattre!	Keep your chin up!

RELATED WORDS AND EXPRESSIONS
l'abattement (m)	discouragement, depression
abattu(e)	in low spirits, discouraged

PROVERB
Petite pluie abat grand vent.	A little rain settles a great deal of dust.

regular -er verb

j'abîme · j'abîmai · abîmé · abîmant

Present		Passé Composé	
j'abîme	nous abîmons	j'ai abîmé	nous avons abîmé
tu abîmes	vous abîmez	tu as abîmé	vous avez abîmé
il/elle abîme	ils/elles abîment	il/elle a abîmé	ils/elles ont abîmé

Imperfect		Pluperfect	
j'abîmais	nous abîmions	j'avais abîmé	nous avions abîmé
tu abîmais	vous abîmiez	tu avais abîmé	vous aviez abîmé
il/elle abîmait	ils/elles abîmaient	il/elle avait abîmé	ils/elles avaient abîmé

Passé Simple		Past Anterior	
j'abîmai	nous abîmâmes	j'eus abîmé	nous eûmes abîmé
tu abîmas	vous abîmâtes	tu eus abîmé	vous eûtes abîmé
il/elle abîma	ils/elles abîmèrent	il/elle eut abîmé	ils/elles eurent abîmé

Future		Future Anterior	
j'abîmerai	nous abîmerons	j'aurai abîmé	nous aurons abîmé
tu abîmeras	vous abîmerez	tu auras abîmé	vous aurez abîmé
il/elle abîmera	ils/elles abîmeront	il/elle aura abîmé	ils/elles auront abîmé

Conditional		Past Conditional	
j'abîmerais	nous abîmerions	j'aurais abîmé	nous aurions abîmé
tu abîmerais	vous abîmeriez	tu aurais abîmé	vous auriez abîmé
il/elle abîmerait	ils/elles abîmeraient	il/elle aurait abîmé	ils/elles auraient abîmé

Present Subjunctive		Past Subjunctive	
que j'abîme	que nous abîmions	que j'aie abîmé	que nous ayons abîmé
que tu abîmes	que vous abîmiez	que tu aies abîmé	que vous ayez abîmé
qu'il/elle abîme	qu'ils/elles abîment	qu'il/elle ait abîmé	qu'ils/elles aient abîmé

Imperfect Subjunctive		Pluperfect Subjunctive	
que j'abîmasse	que nous abîmassions	que j'eusse abîmé	que nous eussions abîmé
que tu abîmasses	que vous abîmassiez	que tu eusses abîmé	que vous eussiez abîmé
qu'il/elle abîmât	qu'ils/elles abîmassent	qu'il/elle eût abîmé	qu'ils/elles eussent abîmé

Commands

	(nous) abîmons
(tu) abîme	(vous) abîmez

USAGE

La pluie a abîmé nos vêtements.	*The rain ruined our clothing.*
Ma chemise est complètement abîmée.	*My shirt is all soiled / completely ruined.*
Ce shampooing a abîmé mes cheveux.	*This shampoo ruined my hair.*
Ne lis pas sans tes lunettes. Tu vas t'abîmer les yeux.	*Don't read without your glasses. You're going to ruin your eyes.*
Ne mettez pas votre valise sur la table. Vous allez en abîmer la surface.	*Don't put your suitcase on the table. You'll ruin the surface.*
Ne jette pas tes jouets en l'air! Tu vas les abîmer!	*Don't throw your toys up in the air! You're going to ruin them!*
abîmer qqn	*to pull someone apart / criticize someone*
se faire abîmer le portrait	*to get one's face smashed/battered in a fight*

RELATED WORDS AND EXPRESSIONS

s'abîmer	*to spoil / go bad*
Les fruits se sont abîmés.	*The fruit went bad / spoiled.*
La soie s'abîme facilement.	*Silk is easily damaged.*

abolir · to abolish

j'abolis · j'abolis · aboli · abolissant   regular -ir verb

Present		Passé Composé	
j'abolis	nous abolissons	j'ai aboli	nous avons aboli
tu abolis	vous abolissez	tu as aboli	vous avez aboli
il/elle abolit	ils/elles abolissent	il/elle a aboli	ils/elles ont aboli

Imperfect		Pluperfect	
j'abolissais	nous abolissions	j'avais aboli	nous avions aboli
tu abolissais	vous abolissiez	tu avais aboli	vous aviez aboli
il/elle abolissait	ils/elles abolissaient	il/elle avait aboli	ils/elles avaient aboli

Passé Simple		Past Anterior	
j'abolis	nous abolîmes	j'eus aboli	nous eûmes aboli
tu abolis	vous abolîtes	tu eus aboli	vous eûtes aboli
il/elle abolit	ils/elles abolirent	il/elle eut aboli	ils/elles eurent aboli

Future		Future Anterior	
j'abolirai	nous abolirons	j'aurai aboli	nous aurons aboli
tu aboliras	vous abolirez	tu auras aboli	vous aurez aboli
il/elle abolira	ils/elles aboliront	il/elle aura aboli	ils/elles auront aboli

Conditional		Past Conditional	
j'abolirais	nous abolirions	j'aurais aboli	nous aurions aboli
tu abolirais	vous aboliriez	tu aurais aboli	vous auriez aboli
il/elle abolirait	ils/elles aboliraient	il/elle aurait aboli	ils/elles auraient aboli

Present Subjunctive		Past Subjunctive	
que j'abolisse	que nous abolissions	que j'aie aboli	que nous ayons aboli
que tu abolisses	que vous abolissiez	que tu aies aboli	que vous ayez aboli
qu'il/elle abolisse	qu'ils/elles abolissent	qu'il/elle ait aboli	qu'ils/elles aient aboli

Imperfect Subjunctive		Pluperfect Subjunctive	
que j'abolisse	que nous abolissions	que j'eusse aboli	que nous eussions aboli
que tu abolisses	que vous abolissiez	que tu eusses aboli	que vous eussiez aboli
qu'il/elle abolît	qu'ils/elles abolissent	qu'il/elle eût aboli	qu'ils/elles eussent aboli

Commands

	(nous) abolissons
(tu) abolis	(vous) abolissez

abolir une loi	to abolish a law
une loi abolie	an abolished law
abolir l'esclavage	to abolish slavery
abolir la peine de mort	to abolish the death penalty
L'Internet abolit les distances.	The Internet wipes out distance.

RELATED WORDS AND EXPRESSIONS

l'abolition (f) de la peine de mort	the abolition of the death penalty
Cet homme d'état préconise l'abolition des dettes des pays pauvres.	This statesman favors the cancellation of the debts of poor countries.
l'abolitionnisme (m)	abolitionism
un/une abolitionniste	an abolitionist

regular *-er* reflexive verb;
compound tenses with *être*

je m'abonne · je m'abonnai · s'étant abonné · s'abonnant

Present

je m'abonne	nous nous abonnons
tu t'abonnes	vous vous abonnez
il/elle s'abonne	ils/elles s'abonnent

Passé Composé

je me suis abonné(e)	nous nous sommes abonné(e)s
tu t'es abonné(e)	vous vous êtes abonné(e)(s)
il/elle s'est abonné(e)	ils/elles se sont abonné(e)s

Imperfect

je m'abonnais	nous nous abonnions
tu t'abonnais	vous vous abonniez
il/elle s'abonnait	ils/elles s'abonnaient

Pluperfect

je m'étais abonné(e)	nous nous étions abonné(e)s
tu t'étais abonné(e)	vous vous étiez abonné(e)(s)
il/elle s'était abonné(e)	ils/elles s'étaient abonné(e)s

Passé Simple

je m'abonnai	nous nous abonnâmes
tu t'abonnas	vous vous abonnâtes
il/elle s'abonna	ils/elles s'abonnèrent

Past Anterior

je me fus abonné(e)	nous nous fûmes abonné(e)s
tu te fus abonné(e)	vous vous fûtes abonné(e)(s)
il/elle se fut abonné(e)	ils/elles se furent abonné(e)s

Future

je m'abonnerai	nous nous abonnerons
tu t'abonneras	vous vous abonnerez
il/elle s'abonnera	ils/elles s'abonneront

Future Anterior

je me serai abonné(e)	nous nous serons abonné(e)s
tu te seras abonné(e)	vous vous serez abonné(e)(s)
il/elle se sera abonné(e)	ils/elles se seront abonné(e)s

Conditional

je m'abonnerais	nous nous abonnerions
tu t'abonnerais	vous vous abonneriez
il/elle s'abonnerait	ils/elles s'abonneraient

Past Conditional

je me serais abonné(e)	nous nous serions abonné(e)s
tu te serais abonné(e)	vous vous seriez abonné(e)(s)
il/elle se serait abonné(e)	ils/elles se seraient abonné(e)s

Present Subjunctive

que je m'abonne	que nous nous abonnions
que tu t'abonnes	que vous vous abonniez
qu'il/elle s'abonne	qu'ils/elles s'abonnent

Past Subjunctive

que je me sois abonné(e)	que nous nous soyons abonné(e)s
que tu te sois abonné(e)	que vous vous soyez abonné(e)(s)
qu'il/elle se soit abonné(e)	qu'ils/elles se soient abonné(e)s

Imperfect Subjunctive

que je m'abonnasse	que nous nous abonnassions
que tu t'abonnasses	que vous vous abonnassiez
qu'il/elle s'abonnât	qu'ils/elles s'abonnassent

Pluperfect Subjunctive

que je me fusse abonné(e)	que nous nous fussions abonné(e)s
que tu te fusses abonné(e)	que vous vous fussiez abonné(e)(s)
qu'il/elle se fût abonné(e)	qu'ils/elles se fussent abonné(e)s

Commands

	(nous) abonnons-nous
(tu) abonne-toi	(vous) abonnez-vous

USAGE

s'abonner à un magazine/journal	*to subscribe to a magazine/newspaper*
s'abonner au football/théâtre	*to get a season ticket for soccer / the theater*

RELATED WORDS AND EXPRESSIONS

l'abonnement *(m)*	*subscription / season ticket*
prendre un abonnement à un quotidien	*to subscribe to a daily newspaper*
un abonné / une abonnée	*a consumer/subscriber* (phone, gas, electricity)
être abonné(e) à	*to have a subscription or season ticket to*
abonner qqn à un magazine	*to give someone a subscription to a magazine*
abonner qqn à un sport / au théâtre	*to give someone a season ticket to a sport / the theater*
désabonner qqn de	*to cancel someone's subscription to*
se désabonner de	*to cancel one's (own) subscription to*
—Tu ne lis plus ce magazine?	*You don't read that magazine anymore?*
—Non, je m'en suis désabonné.	*No, I canceled my subscription.*
se réabonner à	*to renew one's subscription to*

SLANG

| Il y est abonné! | *That always happens to him!* |

aborder *to arrive at, approach, tackle (problem)*

j'aborde · j'abordai · abordé · abordant

regular -er verb

Present		**Passé Composé**	
j'aborde	nous abordons	j'ai abordé	nous avons abordé
tu abordes	vous abordez	tu as abordé	vous avez abordé
il/elle aborde	ils/elles abordent	il/elle a abordé	ils/elles ont abordé
Imperfect		**Pluperfect**	
j'abordais	nous abordions	j'avais abordé	nous avions abordé
tu abordais	vous abordiez	tu avais abordé	vous aviez abordé
il/elle abordait	ils/elles abordaient	il/elle avait abordé	ils/elles avaient abordé
Passé Simple		**Past Anterior**	
j'abordai	nous abordâmes	j'eus abordé	nous eûmes abordé
tu abordas	vous abordâtes	tu eus abordé	vous eûtes abordé
il/elle aborda	ils/elles abordèrent	il/elle eut abordé	ils/elles eurent abordé
Future		**Future Anterior**	
j'aborderai	nous aborderons	j'aurai abordé	nous aurons abordé
tu aborderas	vous aborderez	tu auras abordé	vous aurez abordé
il/elle abordera	ils/elles aborderont	il/elle aura abordé	ils/elles auront abordé
Conditional		**Past Conditional**	
j'aborderais	nous aborderions	j'aurais abordé	nous aurions abordé
tu aborderais	vous aborderiez	tu aurais abordé	vous auriez abordé
il/elle aborderait	ils/elles aborderaient	il/elle aurait abordé	ils/elles auraient abordé
Present Subjunctive		**Past Subjunctive**	
que j'aborde	que nous abordions	que j'aie abordé	que nous ayons abordé
que tu abordes	que vous abordiez	que tu aies abordé	que vous ayez abordé
qu'il/elle aborde	qu'ils/elles abordent	qu'il/elle ait abordé	qu'ils/elles aient abordé
Imperfect Subjunctive		**Pluperfect Subjunctive**	
que j'abordasse	que nous abordassions	que j'eusse abordé	que nous eussions abordé
que tu abordasses	que vous abordassiez	que tu eusses abordé	que vous eussiez abordé
qu'il/elle abordât	qu'ils/elles abordassent	qu'il/elle eût abordé	qu'ils/elles eussent abordé

Commands

	(nous) abordons
(tu) aborde	(vous) abordez

USAGE

J'ai abordé le patron avec inquiétude.	*I went nervously up to the boss.*
aborder une nouvelle activité	*to start a new activity*
aborder l'informatique	*to get into computers*
aborder une question avec qqn	*to bring up a question/matter with someone*

RELATED WORDS AND EXPRESSIONS

d'abord	*first*
de premier abord	*right away / right from the outset*
Il est d'un abord facile.	*He's very approachable.*
déborder	*to overflow / boil over*
C'est la goutte d'eau qui fait déborder le vase!	*It's the straw that breaks the camel's back!*

regular -*ir* verb   j'aboutis · j'aboutis · abouti · aboutissant

Present		Passé Composé	
j'aboutis	nous aboutissons	j'ai abouti	nous avons abouti
tu aboutis	vous aboutissez	tu as abouti	vous avez abouti
il/elle aboutit	ils/elles aboutissent	il/elle a abouti	ils/elles ont abouti

Imperfect		Pluperfect	
j'aboutissais	nous aboutissions	j'avais abouti	nous avions abouti
tu aboutissais	vous aboutissiez	tu avais abouti	vous aviez abouti
il/elle aboutissait	ils/elles aboutissaient	il/elle avait abouti	ils/elles avaient abouti

Passé Simple		Past Anterior	
j'aboutis	nous aboutîmes	j'eus abouti	nous eûmes abouti
tu aboutis	vous aboutîtes	tu eus abouti	vous eûtes abouti
il/elle aboutit	ils/elles aboutirent	il/elle eut abouti	ils/elles eurent abouti

Future		Future Anterior	
j'aboutirai	nous aboutirons	j'aurai abouti	nous aurons abouti
tu aboutiras	vous aboutirez	tu auras abouti	vous aurez abouti
il/elle aboutira	ils/elles aboutiront	il/elle aura abouti	ils/elles auront abouti

Conditional		Past Conditional	
j'aboutirais	nous aboutirions	j'aurais abouti	nous aurions abouti
tu aboutirais	vous aboutiriez	tu aurais abouti	vous auriez abouti
il/elle aboutirait	ils/elles aboutiraient	il/elle aurait abouti	ils/elles auraient abouti

Present Subjunctive		Past Subjunctive	
que j'aboutisse	que nous aboutissions	que j'aie abouti	que nous ayons abouti
que tu aboutisses	que vous aboutissiez	que tu aies abouti	que vous ayez abouti
qu'il/elle aboutisse	qu'ils/elles aboutissent	qu'il/elle ait abouti	qu'ils/elles aient abouti

Imperfect Subjunctive		Pluperfect Subjunctive	
que j'aboutisse	que nous aboutissions	que j'eusse abouti	que nous eussions abouti
que tu aboutisses	que vous aboutissiez	que tu eusses abouti	que vous eussiez abouti
qu'il/elle aboutît	qu'ils/elles aboutissent	qu'il/elle eût abouti	qu'ils/elles eussent abouti

Commands

	(nous) aboutissons
(tu) aboutis	(vous) aboutissez

(USAGE)

Cette rue aboutit dans la place centrale.	*This street dead-ends at the main square.*
Sa lutte a finalement abouti.	*His struggle finally came to a head.*
Je suis déçu. Mes projets n'ont pas abouti.	*I am disappointed. My plans came to nothing.*
Il est content. Ses efforts ont abouti.	*He is happy. His efforts were successful.*
faire aboutir	*to bring to a successful conclusion*
Comment faire aboutir ces pourparlers?	*How can we bring these talks to a successful conclusion?*
L'enquête de la police n'a pas abouti.	*The police investigation was a failure.*
Ces démarches n'ont abouti à rien.	*These measures achieved nothing.*

RELATED WORDS AND EXPRESSIONS

l'aboutissement (*m*)	*success; conclusion/end*
l'aboutissement des recherches	*the successful conclusion of the research*
les tenants (*mpl*) et aboutissants (*mpl*) d'une affaire	*the ins and outs of an issue*

s'abriter *to take shelter, take cover*

je m'abrite · je m'abritai · s'étant abrité · s'abritant

regular -er reflexive verb; compound tenses with être

Present

je m'abrite	nous nous abritons
tu t'abrites	vous vous abritez
il/elle s'abrite	ils/elles s'abritent

Passé Composé

je me suis abrité(e)	nous nous sommes abrité(e)s
tu t'es abrité(e)	vous vous êtes abrité(e)(s)
il/elle s'est abrité(e)	ils/elles se sont abrité(e)s

Imperfect

je m'abritais	nous nous abritions
tu t'abritais	vous vous abritiez
il/elle s'abritait	ils/elles s'abritaient

Pluperfect

je m'étais abrité(e)	nous nous étions abrité(e)s
tu t'étais abrité(e)	vous vous étiez abrité(e)(s)
il/elle s'était abrité(e)	ils/elles s'étaient abrité(e)s

Passé Simple

je m'abritai	nous nous abritâmes
tu t'abritas	vous vous abritâtes
il/elle s'abrita	ils/elles s'abritèrent

Past Anterior

je me fus abrité(e)	nous nous fûmes abrité(e)s
tu te fus abrité(e)	vous vous fûtes abrité(e)(s)
il/elle se fut abrité(e)	ils/elles se furent abrité(e)s

Future

je m'abriterai	nous nous abriterons
tu t'abriteras	vous vous abriterez
il/elle s'abritera	ils/elles s'abriteront

Future Anterior

je me serai abrité(e)	nous nous serons abrité(e)s
tu te seras abrité(e)	vous vous serez abrité(e)(s)
il/elle se sera abrité(e)	ils/elles se seront abrité(e)s

Conditional

je m'abriterais	nous nous abriterions
tu t'abriterais	vous vous abriteriez
il/elle s'abriterait	ils/elles s'abriteraient

Past Conditional

je me serais abrité(e)	nous nous serions abrité(e)s
tu te serais abrité(e)	vous vous seriez abrité(e)(s)
il/elle se serait abrité(e)	ils/elles se seraient abrité(e)s

Present Subjunctive

que je m'abrite	que nous nous abritions
que tu t'abrites	que vous vous abritiez
qu'il/elle s'abrite	qu'ils/elles s'abritent

Past Subjunctive

que je me sois abrité(e)	que nous nous soyons abrité(e)s
que tu te sois abrité(e)	que vous vous soyez abrité(e)(s)
qu'il/elle se soit abrité(e)	qu'ils/elles se soient abrité(e)s

Imperfect Subjunctive

que je m'abritasse	que nous nous abritassions
que tu t'abritasses	que vous vous abritassiez
qu'il/elle s'abritât	qu'ils/elles s'abritassent

Pluperfect Subjunctive

que je me fusse abrité(e)	que nous nous fussions abrité(e)s
que tu te fusses abrité(e)	que vous vous fussiez abrité(e)(s)
qu'il/elle se fût abrité(e)	qu'ils/elles se fussent abrité(e)s

Commands

	(nous) abritons-nous
(tu) abrite-toi	(vous) abritez-vous

USAGE

Pendant la guerre on s'abritait des bombes.	*During the war we took shelter from the bombs.*
On s'abritait dans les stations de métro.	*We took shelter in subway stations.*
s'abriter de l'orage / la pluie	*to take shelter from the storm/rain*
s'abriter derrière sa maladie	*to use his illness as a cover / an excuse*

RELATED WORDS AND EXPRESSIONS

l'abri *(m)*	*shelter*
se mettre à l'abri (de la tempête)	*to take shelter (from the storm)*
abriter	*to shelter*
abriter ses yeux du journal	*to shield one's eyes (from the sun) with a newspaper*
Viens, je t'abrite sous mon parapluie.	*Come, I'll protect you from the rain with my umbrella.*
Ce scientifique croit que Vénus pourrait abriter la vie.	*This scientist believes that Venus would be able to harbor life / that there may be life on Venus.*

irregular verb; feminine form of
the past participle *absous* is *absoute*

j'absous · j'absoudrai · absous · absolvant

Present	
j'absous	nous absolvons
tu absous	vous absolvez
il/elle absout	ils/elles absolvent

Passé Composé	
j'ai absous	nous avons absous
tu as absous	vous avez absous
il/elle a absous	ils/elles ont absous

Imperfect	
j'absolvais	nous absolvions
tu absolvais	vous absolviez
il/elle absolvait	ils/elles absolvaient

Pluperfect	
j'avais absous	nous avions absous
tu avais absous	vous aviez absous
il/elle avait absous	ils/elles avaient absous

Passé Simple not used

Past Anterior	
j'eus absous	nous eûmes absous
tu eus absous	vous eûtes absous
il/elle eut absous	ils/elles eurent absous

Future	
j'absoudrai	nous absoudrons
tu absoudras	vous absoudrez
il/elle absoudra	ils/elles absoudront

Future Anterior	
j'aurai absous	nous aurons absous
tu auras absous	vous aurez absous
il/elle aura absous	ils/elles auront absous

Conditional	
j'absoudrais	nous absoudrions
tu absoudrais	vous absoudriez
il/elle absoudrait	ils/elles absoudraient

Past Conditional	
j'aurais absous	nous aurions absous
tu aurais absous	vous auriez absous
il/elle aurait absous	ils/elles auraient absous

Present Subjunctive	
que j'absolve	que nous absolvions
que tu absolves	que vous absolviez
qu'il/elle absolve	qu'ils/elles absolvent

Past Subjunctive	
que j'aie absous	que nous ayons absous
que tu aies absous	que vous ayez absous
qu'il/elle ait absous	qu'ils/elles aient absous

Imperfect Subjunctive not used

Pluperfect Subjunctive	
que j'eusse absous	que nous eussions absous
que tu eusses absous	que vous eussiez absous
qu'il/elle eût absous	qu'ils/elles eussent absous

Commands

	(nous) absolvons
(tu) absous	(vous) absolvez

USAGE

Le prêtre a absous les pénitents.	*The priest absolved the penitents.*
Elle est absoute de tous ses péchés.	*She has been forgiven for all her sins.*
Ne t'en fais pas. Je t'absous! *(humorous)*	*Don't worry. I forgive you!*
Selon la loi, l'amnistie permet d'absoudre un coupable.	*According to the law, amnesty allows a guilty person to be pardoned.*

RELATED WORDS AND EXPRESSIONS

l'absolution *(f)*	*absolution / forgiveness of sin* (religious term)
donner l'absolution à qqn	*to give someone absolution* (religious term)
absolu(e)	*absolute*
absolument	*absolutely*
dissoudre	*to dissolve*

abuser *to abuse, misuse, take advantage of*

j'abuse · j'abusai · abusé · abusant

regular -er verb

Present		Passé Composé	
j'abuse	nous abusons	j'ai abusé	nous avons abusé
tu abuses	vous abusez	tu as abusé	vous avez abusé
il/elle abuse	ils/elles abusent	il/elle a abusé	ils/elles ont abusé

Imperfect		Pluperfect	
j'abusais	nous abusions	j'avais abusé	nous avions abusé
tu abusais	vous abusiez	tu avais abusé	vous aviez abusé
il/elle abusait	ils/elles abusaient	il/elle avait abusé	ils/elles avaient abusé

Passé Simple		Past Anterior	
j'abusai	nous abusâmes	j'eus abusé	nous eûmes abusé
tu abusas	vous abusâtes	tu eus abusé	vous eûtes abusé
il/elle abusa	ils/elles abusèrent	il/elle eut abusé	ils/elles eurent abusé

Future		Future Anterior	
j'abuserai	nous abuserons	j'aurai abusé	nous aurons abusé
tu abuseras	vous abuserez	tu auras abusé	vous aurez abusé
il/elle abusera	ils/elles abuseront	il/elle aura abusé	ils/elles auront abusé

Conditional		Past Conditional	
j'abuserais	nous abuserions	j'aurais abusé	nous aurions abusé
tu abuserais	vous abuseriez	tu aurais abusé	vous auriez abusé
il/elle abuserait	ils/elles abuseraient	il/elle aurait abusé	ils/elles auraient abusé

Present Subjunctive		Past Subjunctive	
que j'abuse	que nous abusions	que j'aie abusé	que nous ayons abusé
que tu abuses	que vous abusiez	que tu aies abusé	que vous ayez abusé
qu'il/elle abuse	qu'ils/elles abusent	qu'il/elle ait abusé	qu'ils/elles aient abusé

Imperfect Subjunctive		Pluperfect Subjunctive	
que j'abusasse	que nous abusassions	que j'eusse abusé	que nous eussions abusé
que tu abusasses	que vous abusassiez	que tu eusses abusé	que vous eussiez abusé
qu'il/elle abusât	qu'ils/elles abusassent	qu'il/elle eût abusé	qu'ils/elles eussent abusé

Commands

	(nous) abusons
(tu) abuse	(vous) abusez

USAGE

Il abuse de l'alcool.	He drinks too much.
Il ne faut pas abuser de ses amis.	One shouldn't exploit one's friends.
Vous abusez de sa bonté.	You are taking advantage of his kindness.
abuser de la situation	to take unfair advantage of the situation / go too far
Je ne voudrais pas abuser de votre hospitalité.	I don't want to overstay my welcome.
Notre cousin sait abuser de nos services.	Our cousin is good at imposing himself (on us).

RELATED WORDS AND EXPRESSIONS

l'abus (m)	abuse / excessive use of / misuse
Il a commis un abus de confiance avec l'argent de ses parents.	He misused his parents' money.
Hier soir tu a fait des abus.	You overdid it last night.
Là, il y a de l'abus, je trouve.	That's going a bit too far, I think.
désabuser qqn (de)	to disabuse / help someone see through a deception

-er verb; spelling change: é > è/mute e
except in the future and conditional

j'accélère · j'accélérai · accéléré · accélérant

Present

j'accélère	nous accélérons
tu accélères	vous accélérez
il/elle accélère	ils/elles accélèrent

Imperfect

j'accélérais	nous accélérions
tu accélérais	vous accélériez
il/elle accélérait	ils/elles accéléraient

Passé Simple

j'accélérai	nous accélérâmes
tu accéléras	vous accélérâtes
il/elle accéléra	ils/elles accélérèrent

Future

j'accélérerai	nous accélérerons
tu accéléreras	vous accélérerez
il/elle accélérera	ils/elles accéléreront

Conditional

j'accélérerais	nous accélérerions
tu accélérerais	vous accéléreriez
il/elle accélérerait	ils/elles accéléreraient

Passé Composé

j'ai accéléré	nous avons accéléré
tu as accéléré	vous avez accéléré
il/elle a accéléré	ils/elles ont accéléré

Pluperfect

j'avais accéléré	nous avions accéléré
tu avais accéléré	vous aviez accéléré
il/elle avait accéléré	ils/elles avaient accéléré

Past Anterior

j'eus accéléré	nous eûmes accéléré
tu eus accéléré	vous eûtes accéléré
il/elle eut accéléré	ils/elles eurent accéléré

Future Anterior

j'aurai accéléré	nous aurons accéléré
tu auras accéléré	vous aurez accéléré
il/elle aura accéléré	ils/elles auront accéléré

Past Conditional

j'aurais accéléré	nous aurions accéléré
tu aurais accéléré	vous auriez accéléré
il/elle aurait accéléré	ils/elles auraient accéléré

Present Subjunctive

que j'accélère	que nous accélérions
que tu accélères	que vous accélériez
qu'il/elle accélère	qu'ils/elles accélèrent

Imperfect Subjunctive

que j'accélérasse	que nous accélérassions
que tu accélérasses	que vous accélérassiez
qu'il/elle accélérât	qu'ils/elles accélérassent

Past Subjunctive

que j'aie accéléré	que nous ayons accéléré
que tu aies accéléré	que vous ayez accéléré
qu'il/elle ait accéléré	qu'ils/elles aient accéléré

Pluperfect Subjunctive

que j'eusse accéléré	que nous eussions accéléré
que tu eusses accéléré	que vous eussiez accéléré
qu'il/elle eût accéléré	qu'ils/elles eussent accéléré

Commands

	(nous) accélérons
(tu) accélère	(vous) accélérez

USAGE

accélérer le mouvement/pas	*to speed up the movement/pace*
accélérer les travaux	*to speed up the work*
accélérer la mise en œuvre du plan	*to speed up the implementation of the plan*
accélérer le transfert des données	*to speed up data transmission*
Ici tu peux accélérer parce que la route est bonne.	*Here you can go faster because the road is good.*
Accélérez!	*Step on the gas!*

RELATED WORDS AND EXPRESSIONS

l'accélérateur (m)	*accelerator* (car)
un accélérateur de particules	*particle accelerator* (physics)
l'accéléré (m)	*speeded-up footage in a film*
La danse des clowns en accéléré m'a fait rire.	*The speeded-up version of the clowns' dance made me laugh.*
l'accélération (f) de la vitesse	*increase in speed*
s'accélérer	*to move faster*
Le rythme de mon cœur s'accéléra.	*My heart started to beat faster.*

accepter *to accept*

j'accepte · j'acceptai · accepté · acceptant

regular -er verb

Present

j'accepte	nous acceptons
tu acceptes	vous acceptez
il/elle accepte	ils/elles acceptent

Passé Composé

j'ai accepté	nous avons accepté
tu as accepté	vous avez accepté
il/elle a accepté	ils/elles ont accepté

Imperfect

j'acceptais	nous acceptions
tu acceptais	vous acceptiez
il/elle acceptait	ils/elles acceptaient

Pluperfect

j'avais accepté	nous avions accepté
tu avais accepté	vous aviez accepté
il/elle avait accepté	ils/elles avaient accepté

Passé Simple

j'acceptai	nous acceptâmes
tu acceptas	vous acceptâtes
il/elle accepta	ils/elles acceptèrent

Past Anterior

j'eus accepté	nous eûmes accepté
tu eus accepté	vous eûtes accepté
il/elle eut accepté	ils/elles eurent accepté

Future

j'accepterai	nous accepterons
tu accepteras	vous accepterez
il/elle acceptera	ils/elles accepteront

Future Anterior

j'aurai accepté	nous aurons accepté
tu auras accepté	vous aurez accepté
il/elle aura accepté	ils/elles auront accepté

Conditional

j'accepterais	nous accepterions
tu accepterais	vous accepteriez
il/elle accepterait	ils/elles accepteraient

Past Conditional

j'aurais accepté	nous aurions accepté
tu aurais accepté	vous auriez accepté
il/elle aurait accepté	ils/elles auraient accepté

Present Subjunctive

que j'accepte	que nous acceptions
que tu acceptes	que vous acceptiez
qu'il/elle accepte	qu'ils/elles acceptent

Past Subjunctive

que j'aie accepté	que nous ayons accepté
que tu aies accepté	que vous ayez accepté
qu'il/elle ait accepté	qu'ils/elles aient accepté

Imperfect Subjunctive

que j'acceptasse	que nous acceptassions
que tu acceptasses	que vous acceptassiez
qu'il/elle acceptât	qu'ils/elles acceptassent

Pluperfect Subjunctive

que j'eusse accepté	que nous eussions accepté
que tu eusses accepté	que vous eussiez accepté
qu'il/elle eût accepté	qu'ils/elles eussent accepté

Commands

	(nous) acceptons
(tu) accepte	(vous) acceptez

USAGE

accepter une invitation	*to accept an invitation*
accepter un défi	*to accept a challenge*
Ce professeur accepte tout de ses élèves.	*That teacher puts up with anything from his students.*
Accepte cette perte comme une leçon.	*Take that loss as a lesson.*
Je n'accepte pas que ma vie soit ennuyeuse.	*I can't accept that my life might be boring.*
Il n'accepte pas que son fils abandonne ses études.	*He can't agree to his son's quitting school.*
Je n'accepte pas ton explication.	*I don't buy your explanation.*

RELATED WORDS AND EXPRESSIONS

l'acception (f)	*meaning of a word*
Ce mot a plusieurs acceptions.	*This word has several meanings.*
l'acceptation (f)	*acceptance/agreement*
Je me demande si j'obtiendrai son acceptation du projet.	*I wonder if I'll get his acceptance of the project.*

regular -er verb   j'accompagne · j'accompagnai · accompagné · accompagnant

Present

j'accompagne	nous accompagnons
tu accompagnes	vous accompagnez
il/elle accompagne	ils/elles accompagnent

Passé Composé

j'ai accompagné	nous avons accompagné
tu as accompagné	vous avez accompagné
il/elle a accompagné	ils/elles ont accompagné

Imperfect

j'accompagnais	nous accompagnions
tu accompagnais	vous accompagniez
il/elle accompagnait	ils/elles accompagnaient

Pluperfect

j'avais accompagné	nous avions accompagné
tu avais accompagné	vous aviez accompagné
il/elle avait accompagné	ils/elles avaient accompagné

Passé Simple

j'accompagnai	nous accompagnâmes
tu accompagnas	vous accompagnâtes
il/elle accompagna	ils/elles accompagnèrent

Past Anterior

j'eus accompagné	nous eûmes accompagné
tu eus accompagné	vous eûtes accompagné
il/elle eut accompagné	ils/elles eurent accompagné

Future

j'accompagnerai	nous accompagnerons
tu accompagneras	vous accompagnerez
il/elle accompagnera	ils/elles accompagneront

Future Anterior

j'aurai accompagné	nous aurons accompagné
tu auras accompagné	vous aurez accompagné
il/elle aura accompagné	ils/elles auront accompagné

Conditional

j'accompagnerais	nous accompagnerions
tu accompagnerais	vous accompagneriez
il/elle accompagnerait	ils/elles accompagneraient

Past Conditional

j'aurais accompagné	nous aurions accompagné
tu aurais accompagné	vous auriez accompagné
il/elle aurait accompagné	ils/elles auraient accompagné

Present Subjunctive

que j'accompagne	que nous accompagnions
que tu accompagnes	que vous accompagniez
qu'il/elle accompagne	qu'ils/elles accompagnent

Past Subjunctive

que j'aie accompagné	que nous ayons accompagné
que tu aies accompagné	que vous ayez accompagné
qu'il/elle ait accompagné	qu'ils/elles aient accompagné

Imperfect Subjunctive

que j'accompagnasse	que nous accompagnassions
que tu accompagnasses	que vous accompagnassiez
qu'il/elle accompagnât	qu'ils/elles accompagnassent

Pluperfect Subjunctive

que j'eusse accompagné	que nous eussions accompagné
que tu eusses accompagné	que vous eussiez accompagné
qu'il/elle eût accompagné	qu'ils/elles eussent accompagné

Commands

	(nous) accompagnons
(tu) accompagne	(vous) accompagnez

Un pianiste accompagne la flûtiste.	A pianist accompanies the flutist.
Je ne suis pas accompagné.	I'm alone. / I've come alone.
Il n'y a aucune carte qui accompagne ce cadeau?	There's no card with this gift?
un bifteck accompagné de champignons	a steak with mushrooms

RELATED WORDS AND EXPRESSIONS

l'accompagnement (m)	change management / management consulting
un accompagnateur / une accompagnatrice	a group leader; an accompanist (music)
raccompagner qqn	to walk someone home
—Bon, je m'en vais.	Well, I'm leaving.
—Attends, je te raccompagne.	Wait, I'll walk you home.

accomplir *to accomplish, achieve*

j'accomplis · j'accomplis · accompli · accomplissant

regular -ir verb

Present					

Present
j'accomplis	nous accomplissons
tu accomplis	vous accomplissez
il/elle accomplit	ils/elles accomplissent

Passé Composé
j'ai accompli	nous avons accompli
tu as accompli	vous avez accompli
il/elle a accompli	ils/elles ont accompli

Imperfect
j'accomplissais	nous accomplissions
tu accomplissais	vous accomplissiez
il/elle accomplissait	ils/elles accomplissaient

Pluperfect
j'avais accompli	nous avions accompli
tu avais accompli	vous aviez accompli
il/elle avait accompli	ils/elles avaient accompli

Passé Simple
j'accomplis	nous accomplîmes
tu accomplis	vous accomplîtes
il/elle accomplit	ils/elles accomplirent

Past Anterior
j'eus accompli	nous eûmes accompli
tu eus accompli	vous eûtes accompli
il/elle eut accompli	ils/elles eurent accompli

Future
j'accomplirai	nous accomplirons
tu accompliras	vous accomplirez
il/elle accomplira	ils/elles accompliront

Future Anterior
j'aurai accompli	nous aurons accompli
tu auras accompli	vous aurez accompli
il/elle aura accompli	ils/elles auront accompli

Conditional
j'accomplirais	nous accomplirions
tu accomplirais	vous accompliriez
il/elle accomplirait	ils/elles accompliraient

Past Conditional
j'aurais accompli	nous aurions accompli
tu aurais accompli	vous auriez accompli
il/elle aurait accompli	ils/elles auraient accompli

Present Subjunctive
que j'accomplisse	que nous accomplissions
que tu accomplisses	que vous accomplissiez
qu'il/elle accomplisse	qu'ils/elles accomplissent

Past Subjunctive
que j'aie accompli	que nous ayons accompli
que tu aies accompli	que vous ayez accompli
qu'il/elle ait accompli	qu'ils/elles aient accompli

Imperfect Subjunctive
que j'accomplisse	que nous accomplissions
que tu accomplisses	que vous accomplissiez
qu'il/elle accomplît	qu'ils/elles accomplissent

Pluperfect Subjunctive
que j'eusse accompli	que nous eussions accompli
que tu eusses accompli	que vous eussiez accompli
qu'il/elle eût accompli	qu'ils/elles eussent accompli

Commands

	(nous) accomplissons
(tu) accomplis	(vous) accomplissez

USAGE

accomplir une tâche	to accomplish/finish a task
accomplir une chose	to achieve/complete something
accomplir un devoir	to do/fulfill one's duty
Nous avons accompli ce qu'on a décidé de faire.	We carried out what we decided to do.
accomplir une promesse	to fulfill a promise
accomplir un geste en faveur de qqn	to make a gesture to help someone
accomplir une mauvaise action	to commit an evil act
accomplir un travail	to do/perform a job

RELATED WORDS AND EXPRESSIONS

l'accomplissement (m)	accomplishment/fulfillment/achievement
un fait accompli	a done deed / a fait accompli

regular -er verb

j'accorde · j'accordai · accordé · accordant

Present		Passé Composé	
j'accorde	nous accordons	j'ai accordé	nous avons accordé
tu accordes	vous accordez	tu as accordé	vous avez accordé
il/elle accorde	ils/elles accordent	il/elle a accordé	ils/elles ont accordé

Imperfect		Pluperfect	
j'accordais	nous accordions	j'avais accordé	nous avions accordé
tu accordais	vous accordiez	tu avais accordé	vous aviez accordé
il/elle accordait	ils/elles accordaient	il/elle avait accordé	ils/elles avaient accordé

Passé Simple		Past Anterior	
j'accordai	nous accordâmes	j'eus accordé	nous eûmes accordé
tu accordas	vous accordâtes	tu eus accordé	vous eûtes accordé
il/elle accorda	ils/elles accordèrent	il/elle eut accordé	ils/elles eurent accordé

Future		Future Anterior	
j'accorderai	nous accorderons	j'aurai accordé	nous aurons accordé
tu accorderas	vous accorderez	tu auras accordé	vous aurez accordé
il/elle accordera	ils/elles accorderont	il/elle aura accordé	ils/elles auront accordé

Conditional		Past Conditional	
j'accorderais	nous accorderions	j'aurais accordé	nous aurions accordé
tu accorderais	vous accorderiez	tu aurais accordé	vous auriez accordé
il/elle accorderait	ils/elles accorderaient	il/elle aurait accordé	ils/elles auraient accordé

Present Subjunctive		Past Subjunctive	
que j'accorde	que nous accordions	que j'aie accordé	que nous ayons accordé
que tu accordes	que vous accordiez	que tu aies accordé	que vous ayez accordé
qu'il/elle accorde	qu'ils/elles accordent	qu'il/elle ait accordé	qu'ils/elles aient accordé

Imperfect Subjunctive		Pluperfect Subjunctive	
que j'accordasse	que nous accordassions	que j'eusse accordé	que nous eussions accordé
que tu accordasses	que vous accordassiez	que tu eusses accordé	que vous eussiez accordé
qu'il/elle accordât	qu'ils/elles accordassent	qu'il/elle eût accordé	qu'ils/elles eussent accordé

Commands

	(nous) accordons
(tu) accorde	(vous) accordez

USAGE

accorder sa permission	to grant one's permission
accorder un piano	to tune a piano
accorder ses violons	to get one's story straight
Avant de parler aux journalistes, il faut que les ministres accordent leurs violons.	Before speaking with journalists, the government officials have to agree on what tack to take.
accorder les couleurs	to match colors

RELATED WORDS AND EXPRESSIONS

l'accord (m)	agreement
d'accord	OK/agreed
s'accorder pour	to agree / work together to do something
Les deux entreprises se sont accordées pour lancer un nouveau produit.	The two firms agreed to work together to bring out a new product.

16 (s'accouder) *to lean on one's elbows*

je m'accoude · je m'accoudai · s'étant accoudé · s'accoudant

regular -*er* reflexive verb; compound tenses with *être*

Present		Passé Composé	
je m'accoude	nous nous accoudons	je me suis accoudé(e)	nous nous sommes accoudé(e)s
tu t'accoudes	vous vous accoudez	tu t'es accoudé(e)	vous vous êtes accoudé(e)(s)
il/elle s'accoude	ils/elles s'accoudent	il/elle s'est accoudé(e)	ils/elles se sont accoudé(e)s

Imperfect		Pluperfect	
je m'accoudais	nous nous accoudions	je m'étais accoudé(e)	nous nous étions accoudé(e)s
tu t'accoudais	vous vous accoudiez	tu t'étais accoudé(e)	vous vous étiez accoudé(e)(s)
il/elle s'accoudait	ils/elles s'accoudaient	il/elle s'était accoudé(e)	ils/elles s'étaient accoudé(e)s

Passé Simple		Past Anterior	
je m'accoudai	nous nous accoudâmes	je me fus accoudé(e)	nous nous fûmes accoudé(e)s
tu t'accoudas	vous vous accoudâtes	tu te fus accoudé(e)	vous vous fûtes accoudé(e)(s)
il/elle s'accouda	ils/elles s'accoudèrent	il/elle se fut accoudé(e)	ils/elles se furent accoudé(e)s

Future		Future Anterior	
je m'accouderai	nous nous accouderons	je me serai accoudé(e)	nous nous serons accoudé(e)s
tu t'accouderas	vous vous accouderez	tu te seras accoudé(e)	vous vous serez accoudé(e)(s)
il/elle s'accoudera	ils/elles s'accouderont	il/elle se sera accoudé(e)	ils/elles se seront accoudé(e)s

Conditional		Past Conditional	
je m'accouderais	nous nous accouderions	je me serais accoudé(e)	nous nous serions accoudé(e)s
tu t'accouderais	vous vous accouderiez	tu te serais accoudé(e)	vous vous seriez accoudé(e)(s)
il/elle s'accouderait	ils/elles s'accouderaient	il/elle se serait accoudé(e)	ils/elles se seraient accoudé(e)s

Present Subjunctive		Past Subjunctive	
que je m'accoude	que nous nous accoudions	que je me sois accoudé(e)	que nous nous soyons accoudé(e)s
que tu t'accoudes	que vous vous accoudiez	que tu te sois accoudé(e)	que vous vous soyez accoudé(e)(s)
qu'il/elle s'accoude	qu'ils/elles s'accoudent	qu'il/elle se soit accoudé(e)	qu'ils/elles se soient accoudé(e)s

Imperfect Subjunctive		Pluperfect Subjunctive	
que je m'accoudasse	que nous nous accoudassions	que je me fusse accoudé(e)	que nous nous fussions accoudé(e)s
que tu t'accoudasses	que vous vous accoudassiez	que tu te fusses accoudé(e)	que vous vous fussiez accoudé(e)(s)
qu'il/elle s'accoudât	qu'ils/elles s'accoudassent	qu'il/elle se fût accoudé(e)	qu'ils/elles se fussent accoudé(e)s

Commands

	(nous) accoudons-nous
(tu) accoude-toi	(vous) accoudez-vous

s'accouder à la table	*to lean on one's elbows sitting at the table*
s'accouder à la fenêtre	*to look out the window resting one's elbows on the sill*
s'accouder au bord de la piscine	*to rest on one's elbows at the side of the pool*
s'accouder au comptoir	*to lean on one's elbows at the counter*

RELATED WORDS AND EXPRESSIONS

le coude	*elbow*
se frayer un chemin à coups de coude	*to elbow one's way through*
accoudé(e)	*leaning on one's elbows*
Je t'ai vue accoudée à ta fenêtre.	*I saw you leaning out your window (resting on your elbows).*
Il est toujours accoudé à sa table de café préférée, son journal devant lui.	*He's always seated at his favorite coffee table (resting on his elbows), with his newspaper in front of him.*

irregular verb; may be conjugated with *être* in passé
composé: either *j'ai accouru* or *je suis accouru(e)*

j'accours · j'accourus · accouru · accourant

Present
j'accours	nous accourons
tu accours	vous accourez
il/elle accourt	ils/elles accourent

Passé Composé
j'ai accouru	nous avons accouru
tu as accouru	vous avez accouru
il/elle a accouru	ils/elles ont accouru

Imperfect
j'accourais	nous accourions
tu accourais	vous accouriez
il/elle accourait	ils/elles accouraient

Pluperfect
j'avais accouru	nous avions accouru
tu avais accouru	vous aviez accouru
il/elle avait accouru	ils/elles avaient accouru

Passé Simple
j'accourus	nous accourûmes
tu accourus	vous accourûtes
il/elle accourut	ils/elles accoururent

Past Anterior
j'eus accouru	nous eûmes accouru
tu eus accouru	vous eûtes accouru
il/elle eut accouru	ils/elles eurent accouru

Future
j'accourrai	nous accourrons
tu accourras	vous accourrez
il/elle accourra	ils/elles accourront

Future Anterior
j'aurai accouru	nous aurons accouru
tu auras accouru	vous aurez accouru
il/elle aura accouru	ils/elles auront accouru

Conditional
j'accourrais	nous accourrions
tu accourrais	vous accourriez
il/elle accourrait	ils/elles accourraient

Past Conditional
j'aurais accouru	nous aurions accouru
tu aurais accouru	vous auriez accouru
il/elle aurait accouru	ils/elles auraient accouru

Present Subjunctive
que j'accoure	que nous accourions
que tu accoures	que vous accouriez
qu'il/elle accoure	qu'ils/elles accourent

Past Subjunctive
que j'aie accouru	que nous ayons accouru
que tu aies accouru	que vous ayez accouru
qu'il/elle ait accouru	qu'ils/elles aient accouru

Imperfect Subjunctive
que j'accourusse	que nous accourussions
que tu accourusses	que vous accourussiez
qu'il/elle accourût	qu'ils/elles accourussent

Pluperfect Subjunctive
que j'eusse accouru	que nous eussions accouru
que tu eusses accouru	que vous eussiez accouru
qu'il/elle eût accouru	qu'ils/elles eussent accouru

Commands
	(nous) accourons
(tu) accours	(vous) accourez

NOTE: This verb is more common in formal writing than in speech.

On est accourus quand on a entendu son cri.	We rushed over when we heard her cry out.
Les pompiers ont accouru à notre appel.	The firefighters answered our call.
J'ai crié, mais personne n'est accouru.	I screamed, but no one came to my aid.
Quand il a vu tomber la vieille dame, il est accouru pour l'aider.	When he saw the old woman fall, he ran over to help her.
À l'éclatement des émeutes le chef d'état est accouru pour gérer la crise.	When the riots broke out, the president rushed to the scene to manage the crisis.
Ses cris ont fait accourir la police.	Her cries brought out the police.
On a vu accourir les enfants de tous les immeubles pour voir le défilé.	We saw children run over from all the apartment buildings to see the parade.
Tous les fidèles sont accourus à l'église.	All the faithful rushed to church.
accourir à l'aide de quelqu'un	to rush to help someone
Philippe Auguste... accueillit les savants; les écoles de Paris devinrent célèbres; on y accourut des provinces et des pays étrangers. (St-Foix, Essais sur Paris, Œuvres, t. III, p. 16)	Philippe Auguste ... welcomed scholars; the schools of Paris became famous; people flocked there from the provinces and from foreign countries.

18 (accrocher) to hang, hang up, hang on a hook

j'accroche · j'accrochai · accroché · accrochant   regular -er verb

Present		Passé Composé	
j'accroche	nous accrochons	j'ai accroché	nous avons accroché
tu accroches	vous accrochez	tu as accroché	vous avez accroché
il/elle accroche	ils/elles accrochent	il/elle a accroché	ils/elles ont accroché

Imperfect		Pluperfect	
j'accrochais	nous accrochions	j'avais accroché	nous avions accroché
tu accrochais	vous accrochiez	tu avais accroché	vous aviez accroché
il/elle accrochait	ils/elles accrochaient	il/elle avait accroché	ils/elles avaient accroché

Passé Simple		Past Anterior	
j'accrochai	nous accrochâmes	j'eus accroché	nous eûmes accroché
tu accrochas	vous accrochâtes	tu eus accroché	vous eûtes accroché
il/elle accrocha	ils/elles accrochèrent	il/elle eut accroché	ils/elles eurent accroché

Future		Future Anterior	
j'accrocherai	nous accrocherons	j'aurai accroché	nous aurons accroché
tu accrocheras	vous accrocherez	tu auras accroché	vous aurez accroché
il/elle accrochera	ils/elles accrocheront	il/elle aura accroché	ils/elles auront accroché

Conditional		Past Conditional	
j'accrocherais	nous accrocherions	j'aurais accroché	nous aurions accroché
tu accrocherais	vous accrocheriez	tu aurais accroché	vous auriez accroché
il/elle accrocherait	ils/elles accrocheraient	il/elle aurait accroché	ils/elles auraient accroché

Present Subjunctive		Past Subjunctive	
que j'accroche	que nous accrochions	que j'aie accroché	que nous ayons accroché
que tu accroches	que vous accrochiez	que tu aies accroché	que vous ayez accroché
qu'il/elle accroche	qu'ils/elles accrochent	qu'il/elle ait accroché	qu'ils/elles aient accroché

Imperfect Subjunctive		Pluperfect Subjunctive	
que j'accrochasse	que nous accrochassions	que j'eusse accroché	que nous eussions accroché
que tu accrochasses	que vous accrochassiez	que tu eusses accroché	que vous eussiez accroché
qu'il/elle accrochât	qu'ils/elles accrochassent	qu'il/elle eût accroché	qu'ils/elles eussent accroché

Commands

	(nous) accrochons
(tu) accroche	(vous) accrochez

USAGE

accrocher des tableaux / une affiche au mur	to hang pictures / a poster on the wall
accrocher sa veste	to hang up one's jacket
accrocher un écriteau	to put up a sign
La voiture a accroché un camion.	The car collided with a truck.

RELATED WORDS AND EXPRESSIONS

le crochet	hook
s'accrocher	to hold on
s'accrocher à la vie	to cling to life
s'accrocher à un espoir de guérison	to cling to the hope of a cure
Accroche-toi bien!	Hold on tight!

SLANG

s'accrocher avec qqn	to pester someone
Il s'accroche au chef.	He's always hanging around the boss.
se l'accrocher	to kiss it good-bye
Tu peux te l'accrocher, tu sais!	You can kiss it good-bye, you know!

irregular verb

j'accrois · j'accrus · accru · accroissant

Present

j'accrois	nous accroissons
tu accrois	vous accroissez
il/elle accroît	ils/elles accroissent

Imperfect

j'accroissais	nous accroissions
tu accroissais	vous accroissiez
il/elle accroissait	ils/elles accroissaient

Passé Simple

j'accrus	nous accrûmes
tu accrus	vous accrûtes
il/elle accrut	ils/elles accrurent

Future

j'accroîtrai	nous accroîtrons
tu accroîtras	vous accroîtrez
il/elle accroîtra	ils/elles accroîtront

Conditional

j'accroîtrais	nous accroîtrions
tu accroîtrais	vous accroîtriez
il/elle accroîtrait	ils/elles accroîtraient

Passé Composé

j'ai accru	nous avons accru
tu as accru	vous avez accru
il/elle a accru	ils/elles ont accru

Pluperfect

j'avais accru	nous avions accru
tu avais accru	vous aviez accru
il/elle avait accru	ils/elles avaient accru

Past Anterior

j'eus accru	nous eûmes accru
tu eus accru	vous eûtes accru
il/elle eut accru	ils/elles eurent accru

Future Anterior

j'aurai accru	nous aurons accru
tu auras accru	vous aurez accru
il/elle aura accru	ils/elles auront accru

Past Conditional

j'aurais accru	nous aurions accru
tu aurais accru	vous auriez accru
il/elle aurait accru	ils/elles auraient accru

Present Subjunctive

que j'accroisse	que nous accroissions
que tu accroisses	que vous accroissiez
qu'il/elle accroisse	qu'ils/elles accroissent

Imperfect Subjunctive

que j'accrusse	que nous accrussions
que tu accrusses	que vous accrussiez
qu'il/elle accrût	qu'ils/elles accrussent

Past Subjunctive

que j'aie accru	que nous ayons accru
que tu aies accru	que vous ayez accru
qu'il/elle ait accru	qu'ils/elles aient accru

Pluperfect Subjunctive

que j'eusse accru	que nous eussions accru
que tu eusses accru	que vous eussiez accru
qu'il/elle eût accru	qu'ils/elles eussent accru

Commands

	(nous) accroissons
(tu) accrois	(vous) accroissez

USAGE

accroître la production agricole/industrielle	to increase agricultural/industrial production
Le propriétaire a accru la surface de l'usine.	The owner increased the floor space of the factory.

RELATED WORDS AND EXPRESSIONS

l'accroissement (m)	increase
l'accroissement (m) démographique	population growth
un accroissement de la production du pétrole	an increase in oil production
s'accroître	to increase
La richesse du pays s'est accrue.	The country's wealth increased.
Mon intérêt s'est accru.	My interest increased.
Sa fureur s'accroissait.	His fury was growing.
L'amitié entre les deux jeunes gens s'accrut.	The friendship between the two young men grew.
Le nombre de touristes s'accroîtra cette année.	The number of tourists will grow this year.
La popularité de cette chanteuse s'est énormément accrue.	The popularity of that singer has grown tremendously.

s'accroupir *to crouch down, squat*

je m'accroupis · je m'accroupis · s'étant accroupi · s'accroupissant

regular -ir reflexive verb; compound tenses with *être*

Present

je m'accroupis	nous nous accroupissons
tu t'accroupis	vous vous accroupissez
il/elle s'accroupit	ils/elles s'accroupissent

Imperfect

je m'accroupissais	nous nous accroupissions
tu t'accroupissais	vous vous accroupissiez
il/elle s'accroupissait	ils/elles s'accroupissaient

Passé Simple

je m'accroupis	nous nous accroupîmes
tu t'accroupis	vous vous accroupîtes
il/elle s'accroupit	ils/elles s'accroupirent

Future

je m'accroupirai	nous nous accroupirons
tu t'accroupiras	vous vous accroupirez
il/elle s'accroupira	ils/elles s'accroupiront

Conditional

je m'accroupirais	nous nous accroupirions
tu t'accroupirais	vous vous accroupiriez
il/elle s'accroupirait	ils/elles s'accroupiraient

Passé Composé

je me suis accroupi(e)	nous nous sommes accroupi(e)s
tu t'es accroupi(e)	vous vous êtes accroupi(e)(s)
il/elle s'est accroupi(e)	ils/elles se sont accroupi(e)s

Pluperfect

je m'étais accroupi(e)	nous nous étions accroupi(e)s
tu t'étais accroupi(e)	vous vous étiez accroupi(e)(s)
il/elle s'était accroupi(e)	ils/elles s'étaient accroupi(e)s

Past Anterior

je me fus accroupi(e)	nous nous fûmes accroupi(e)s
tu te fus accroupi(e)	vous vous fûtes accroupi(e)(s)
il/elle se fut accroupi(e)	ils/elles se furent accroupi(e)s

Future Anterior

je me serai accroupi(e)	nous nous serons accroupi(e)s
tu te seras accroupi(e)	vous vous serez accroupi(e)(s)
il/elle se sera accroupi(e)	ils/elles se seront accroupi(e)s

Past Conditional

je me serais accroupi(e)	nous nous serions accroupi(e)s
tu te serais accroupi(e)	vous vous seriez accroupi(e)(s)
il/elle se serait accroupi(e)	ils/elles se seraient accroupi(e)s

Present Subjunctive

que je m'accroupisse	que nous nous accroupissions
que tu t'accroupisses	que vous vous accroupissiez
qu'il/elle s'accroupisse	qu'ils/elles s'accroupissent

Imperfect Subjunctive

que je m'accroupisse	que nous nous accroupissions
que tu t'accroupisses	que vous vous accroupissiez
qu'il/elle s'accroupît	qu'ils/elles s'accroupissent

Past Subjunctive

que je me sois accroupi(e)	que nous nous soyons accroupi(e)s
que tu te sois accroupi(e)	que vous vous soyez accroupi(e)(s)
qu'il/elle se soit accroupi(e)	qu'ils/elles se soient accroupi(e)s

Pluperfect Subjunctive

que je me fusse accroupi(e)	que nous nous fussions accroupi(e)s
que tu te fusses accroupi(e)	que vous vous fussiez accroupi(e)(s)
qu'il/elle se fût accroupi(e)	qu'ils/elles se fussent accroupi(e)s

Commands

	(nous) accroupissons-nous
(tu) accroupis-toi	(vous) accroupissez-vous

Il s'est accroupi derrière la porte.	*He crouched (down) behind the door.*
Si tu veux te cacher, accroupis-toi.	*If you want to hide, crouch down.*
On s'est accroupis auprès du feu pour se chauffer.	*We crouched down next to the fire to warm up.*
L'enfant s'est accroupi derrière le dossier de la chaise.	*The child crouched down behind the back of the chair.*
Les prisonniers ont été forcés à s'accroupir.	*The prisoners were forced to squat.*
Le soldat s'est accroupi pour pointer son arme.	*The soldier squatted to aim his weapon.*

RELATED WORDS AND EXPRESSIONS

accroupi	*crouching/squatting*
être accroupi	*to be in a crouching position*
J'ai trouvé l'enfant accroupi sous la table.	*I found the child crouching under the table.*
J'ai vu au Louvre la statue égyptienne du scribe accroupi.	*I saw the Egyptian statue of the crouching scribe at the Louvre.*

j'accueille · j'accueillis · accueilli · accueillant

irregular verb

Present

j'accueille	nous accueillons
tu accueilles	vous accueillez
il/elle accueille	ils/elles accueillent

Imperfect

j'accueillais	nous accueillions
tu accueillais	vous accueilliez
il/elle accueillait	ils/elles accueillaient

Passé Simple

j'accueillis	nous accueillîmes
tu accueillis	vous accueillîtes
il/elle accueillit	ils/elles accueillirent

Future

j'accueillerai	nous accueillerons
tu accueilleras	vous accueillerez
il/elle accueillera	ils/elles accueilleront

Conditional

j'accueillerais	nous accueillerions
tu accueillerais	vous accueilleriez
il/elle accueillerait	ils/elles accueilleraient

Passé Composé

j'ai accueilli	nous avons accueilli
tu as accueilli	vous avez accueilli
il/elle a accueilli	ils/elles ont accueilli

Pluperfect

j'avais accueilli	nous avions accueilli
tu avais accueilli	vous aviez accueilli
il/elle avait accueilli	ils/elles avaient accueilli

Past Anterior

j'eus accueilli	nous eûmes accueilli
tu eus accueilli	vous eûtes accueilli
il/elle eut accueilli	ils/elles eurent accueilli

Future Anterior

j'aurai accueilli	nous aurons accueilli
tu auras accueilli	vous aurez accueilli
il/elle aura accueilli	ils/elles auront accueilli

Past Conditional

j'aurais accueilli	nous aurions accueilli
tu aurais accueilli	vous auriez accueilli
il/elle aurait accueilli	ils/elles auraient accueilli

Present Subjunctive

que j'accueille	que nous accueillions
que tu accueilles	que vous accueilliez
qu'il/elle accueille	qu'ils/elles accueillent

Imperfect Subjunctive

que j'accueillisse	que nous accueillissions
que tu accueillisses	que vous accueillissiez
qu'il/elle accueillît	qu'ils/elles accueillissent

Past Subjunctive

que j'aie accueilli	que nous ayons accueilli
que tu aies accueilli	que vous ayez accueilli
qu'il/elle ait accueilli	qu'ils/elles aient accueilli

Pluperfect Subjunctive

que j'eusse accueilli	que nous eussions accueilli
que tu eusses accueilli	que vous eussiez accueilli
qu'il/elle eût accueilli	qu'ils/elles eussent accueilli

Commands

	(nous) accueillons
(tu) accueille	(vous) accueillez

USAGE

Ils nous ont bien accueillis.	They gave us a warm welcome.
Des cris de joie ont accueilli l'équipe.	Cries of joy greeted the (victorious) team.
La France a accueilli de nombreux réfugiés.	France took in a good number of refugees.
Cette auberge accueille les jeunes voyageurs.	This hostel takes in / lodges young travelers.
Le peuple a mal accueilli la nouvelle loi.	The people gave a cool reception to the new law.

RELATED WORDS AND EXPRESSIONS

l'accueil (m)	welcome; reception office
Demandez à l'accueil.	Ask at the reception desk.
un accueil chaleureux	a warm welcome
Ses œuvres ont été bien/mal accueillies par le public.	His works were well/poorly received by the general public.
On leur a fait bon accueil.	They were given a warm welcome.
Les critiques ont fait un mauvais accueil au nouveau roman.	The critics received the new novel unfavorably.

accuser *to accuse*

j'accuse · j'accusai · accusé · accusant

regular -er verb

Present		Passé Composé	
j'accuse	nous accusons	j'ai accusé	nous avons accusé
tu accuses	vous accusez	tu as accusé	vous avez accusé
il/elle accuse	ils/elles accusent	il/elle a accusé	ils/elles ont accusé

Imperfect		Pluperfect	
j'accusais	nous accusions	j'avais accusé	nous avions accusé
tu accusais	vous accusiez	tu avais accusé	vous aviez accusé
il/elle accusait	ils/elles accusaient	il/elle avait accusé	ils/elles avaient accusé

Passé Simple		Past Anterior	
j'accusai	nous accusâmes	j'eus accusé	nous eûmes accusé
tu accusas	vous accusâtes	tu eus accusé	vous eûtes accusé
il/elle accusa	ils/elles accusèrent	il/elle eut accusé	ils/elles eurent accusé

Future		Future Anterior	
j'accuserai	nous accuserons	j'aurai accusé	nous aurons accusé
tu accuseras	vous accuserez	tu auras accusé	vous aurez accusé
il/elle accusera	ils/elles accuseront	il/elle aura accusé	ils/elles auront accusé

Conditional		Past Conditional	
j'accuserais	nous accuserions	j'aurais accusé	nous aurions accusé
tu accuserais	vous accuseriez	tu aurais accusé	vous auriez accusé
il/elle accuserait	ils/elles accuseraient	il/elle aurait accusé	ils/elles auraient accusé

Present Subjunctive		Past Subjunctive	
que j'accuse	que nous accusions	que j'aie accusé	que nous ayons accusé
que tu accuses	que vous accusiez	que tu aies accusé	que vous ayez accusé
qu'il/elle accuse	qu'ils/elles accusent	qu'il/elle ait accusé	qu'ils/elles aient accusé

Imperfect Subjunctive		Pluperfect Subjunctive	
que j'accusasse	que nous accusassions	que j'eusse accusé	que nous eussions accusé
que tu accusasses	que vous accusassiez	que tu eusses accusé	que vous eussiez accusé
qu'il/elle accusât	qu'ils/elles accusassent	qu'il/elle eût accusé	qu'ils/elles eussent accusé

Commands

	(nous) accusons
(tu) accuse	(vous) accusez

USAGE

accuser qqn d'un crime	to accuse someone of a crime
accuser qqn de vol	to accuse someone of theft
accuser qqn de meurtre	to accuse someone of murder
accuser qqn sans preuves	to accuse someone without proof
accuser le destin / le sort / les événements	to blame destiny/fate/events
Vous n'avez pas le droit de m'accuser!	You have no right to accuse me!
J'accuse!	I accuse! (title of the famous 1898 manifesto by Émile Zola in the Dreyfus case)

RELATED WORDS AND EXPRESSIONS

l'accusation (f)	accusation/charge
renoncer à l'accusation	to drop the charge
faire des accusations (fausses)	to make (false) charges
l'accusé(e)	the defendant/accused
On a interrogé l'accusé pendant dix heures.	The accused was interrogated for ten hours.
accusé(e)	marked/noticeable
un accent allemand très accusé	a very noticeable / strong German accent

-er verb; spelling change: e > è/mute e   j'achète · j'achetai · acheté · achetant

Present	
j'achète	nous achetons
tu achètes	vous achetez
il/elle achète	ils/elles achètent

Passé Composé	
j'ai acheté	nous avons acheté
tu as acheté	vous avez acheté
il/elle a acheté	ils/elles ont acheté

Imperfect	
j'achetais	nous achetions
tu achetais	vous achetiez
il/elle achetait	ils/elles achetaient

Pluperfect	
j'avais acheté	nous avions acheté
tu avais acheté	vous aviez acheté
il/elle avait acheté	ils/elles avaient acheté

Passé Simple	
j'achetai	nous achetâmes
tu achetas	vous achetâtes
il/elle acheta	ils/elles achetèrent

Past Anterior	
j'eus acheté	nous eûmes acheté
tu eus acheté	vous eûtes acheté
il/elle eut acheté	ils/elles eurent acheté

Future	
j'achèterai	nous achèterons
tu achèteras	vous achèterez
il/elle achètera	ils/elles achèteront

Future Anterior	
j'aurai acheté	nous aurons acheté
tu auras acheté	vous aurez acheté
il/elle aura acheté	ils/elles auront acheté

Conditional	
j'achèterais	nous achèterions
tu achèterais	vous achèteriez
il/elle achèterait	ils/elles achèteraient

Past Conditional	
j'aurais acheté	nous aurions acheté
tu aurais acheté	vous auriez acheté
il/elle aurait acheté	ils/elles auraient acheté

Present Subjunctive	
que j'achète	que nous achetions
que tu achètes	que vous achetiez
qu'il/elle achète	qu'ils/elles achètent

Past Subjunctive	
que j'aie acheté	que nous ayons acheté
que tu aies acheté	que vous ayez acheté
qu'il/elle ait acheté	qu'ils/elles aient acheté

Imperfect Subjunctive	
que j'achetasse	que nous achetassions
que tu achetasses	que vous achetassiez
qu'il/elle achetât	qu'ils/elles achetassent

Pluperfect Subjunctive	
que j'eusse acheté	que nous eussions acheté
que tu eusses acheté	que vous eussiez acheté
qu'il/elle eût acheté	qu'ils/elles eussent acheté

Commands

	(nous) achetons
(tu) achète	(vous) achetez

USAGE

NOTE: *Acheter* is often followed by the partitive, especially when talking about buying food.

acheter qqch	*to buy something*
acheter de la viande	*to buy meat*
acheter des légumes	*to buy vegetables*
acheter des fruits	*to buy fruit*
acheter du café	*to buy coffee*

RELATED WORDS AND EXPRESSIONS

l'achat *(m)*	*purchase*
le pouvoir d'achat	*purchasing power*
les achats *(mpl)*	*shopping*
un centre d'achats	*shopping center* (Canadian term)
le rachat	*repurchase; ransom*

(acheter) *to buy*

j'achète · j'achetai · acheté · achetant   -er verb; spelling change: e > è/mute e

---

Qu'est-ce qu'on achète?

acheter une maison/voiture	*to buy a house/car*
acheter des cadeaux de Noël	*to buy Christmas gifts*
acheter un bijou/diamant pour sa fiancée	*to buy a jewel/diamond for one's fiancée*

Les rapports entre acheteurs et vendeurs

acheter qqch à qqn	*to buy something for someone*
Regarde! Je t'ai acheté un pain au chocolat.	*Look! I've bought you a chocolate croissant.*
Ils ont acheté une mobylette à leur fils.	*They bought their son a moped.*
Les enfants sont contents parce que nous leur avons acheté des jouets.	*The children are happy because we bought toys for them.*
Si tu descends, achète-moi le journal.	*If you're going down, buy me the paper.*

(Notice that the same structure can have the opposite meaning.)

acheter qqch à qqn	*to buy something from someone*
J'ai acheté ces livres à un ancien étudiant.	*I bought these books from a former student.*
Nous achetons notre café à cet épicier.	*We buy our coffee from this grocer.*
✪ —À qui as-tu acheté cette vieille voiture?	*Whom did you buy that old car from?*
—Je l'ai achetée à mon voisin le mécanicien.	*I bought it from my neighbor the mechanic.*

Comment acheter?

acheter qqch bon marché	*to buy something cheap*
acheter qqch très cher	*to pay a lot for something*
acheter qqch d'occasion	*to buy something used, secondhand*
acheter en gros	*to buy wholesale*
acheter au détail	*to buy retail*
acheter à crédit	*to buy on credit*
acheter au comptant	*to buy with cash*

La joie d'acheter

Ma mère adore acheter.	*My mother loves to shop.*
Demain je vais faire des achats.	*Tomorrow I'm going to do some shopping.*
—En décembre les magasins son pleins d'acheteurs.	*In December, the stores are full of shoppers.*
—Tout le monde fait ses achats de Noël.	*Everyone is doing his Christmas shopping.*

acheter et la corruption

acheter des électeurs	*to buy votes*
acheter un juge/ministre	*to bribe a judge / high government official*
acheter la loyauté de qqn	*to buy someone's loyalty*
C'est un mauvais fonctionnaire qui se laisse acheter.	*He who can be bribed/bought is a bad official.*

racheter

racheter les droits à un rival	*to buy a rival out*
racheter une propriété	*to buy back a piece of property*
Il m'a racheté cette vieille maison.	*He took that old house off my hands.*
Je voudrais racheter mon indifférence.	*I'd like to make up for / atone for my indifference.*
racheter un prisonnier	*to ransom a prisoner*

-*er* verb; spelling change: *e* > *è*/mute *e*

j'achève · j'achevai · achevé · achevant

Present	
j'achève	nous achevons
tu achèves	vous achevez
il/elle achève	ils/elles achèvent

Passé Composé	
j'ai achevé	nous avons achevé
tu as achevé	vous avez achevé
il/elle a achevé	ils/elles ont achevé

Imperfect	
j'achevais	nous achevions
tu achevais	vous acheviez
il/elle achevait	ils/elles achevaient

Pluperfect	
j'avais achevé	nous avions achevé
tu avais achevé	vous aviez achevé
il/elle avait achevé	ils/elles avaient achevé

Passé Simple	
j'achevai	nous achevâmes
tu achevas	vous achevâtes
il/elle acheva	ils/elles achevèrent

Past Anterior	
j'eus achevé	nous eûmes achevé
tu eus achevé	vous eûtes achevé
il/elle eut achevé	ils/elles eurent achevé

Future	
j'achèverai	nous achèverons
tu achèveras	vous achèverez
il/elle achèvera	ils/elles achèveront

Future Anterior	
j'aurai achevé	nous aurons achevé
tu auras achevé	vous aurez achevé
il/elle aura achevé	ils/elles auront achevé

Conditional	
j'achèverais	nous achèverions
tu achèverais	vous achèveriez
il/elle achèverait	ils/elles achèveraient

Past Conditional	
j'aurais achevé	nous aurions achevé
tu aurais achevé	vous auriez achevé
il/elle aurait achevé	ils/elles auraient achevé

Present Subjunctive	
que j'achève	que nous achevions
que tu achèves	que vous acheviez
qu'il/elle achève	qu'ils/elles achèvent

Past Subjunctive	
que j'aie achevé	que nous ayons achevé
que tu aies achevé	que vous ayez achevé
qu'il/elle ait achevé	qu'ils/elles aient achevé

Imperfect Subjunctive	
que j'achevasse	que nous achevassions
que tu achevasses	que vous achevassiez
qu'il/elle achevât	qu'ils/elles achevassent

Pluperfect Subjunctive	
que j'eusse achevé	que nous eussions achevé
que tu eusses achevé	que vous eussiez achevé
qu'il/elle eût achevé	qu'ils/elles eussent achevé

Commands

	(nous) achevons
(tu) achève	(vous) achevez

USAGE

achever qqch	*to finish something*
achever son déjeuner	*to finish one's lunch*
achever la lecture du roman	*to finish reading the novel*
achever le travail	*to finish the work*
achever sa réponse	*to finish one's answer*
Le peintre a achevé son tableau.	*The painter finished his painting.*
L'écrivain a achevé son conte.	*The writer finished his short story.*
L'avocat a achevé son plaidoyer.	*The lawyer finished his plea.*
L'informaticien a achevé son logiciel.	*The computer specialist finished his software program.*
La nouvelle autoroute doit être achevée en trois ans.	*The new superhighway is supposed to be finished in three years.*
achever le projet / sa tâche	*to complete the project / one's task*

top 50 verb

24 (**achever**) to finish, complete

j'achève · j'achevai · achevé · achevant   -er verb; spelling change: *e > è/mute e*

achever qqch (le finir comme il faut)

Laissez-moi achever ma phrase!	*Let me finish my sentence!*
Si tu continues à le déranger, il n'achèvera jamais son article.	*If you keep on bothering him, he'll never finish his article.*
Malgré la mort de son père, elle a achevé ses études dans trois ans.	*In spite of the death of her father, she completed her studies in three years.*

sans achever (les choses qui ne s'achèvent pas)

Il s'en est allé sans achever son repas.	*He left without finishing his meal.*
Elle a arrêté de parler sans achever sa réponse.	*She stopped speaking without finishing her answer.*
Il a posé son stylo sans achever sa lettre.	*He put down his pen without finishing his letter.*

achever une action (achever de faire qqch)

Quand achèveras-tu de parler?	*When will you finish speaking?*
Il achevait de faire ses valises.	*He was just finishing packing.*
Les enfants ont achevé de se laver.	*The children have finished washing up.*
Elle n'a pas encore achevé de se plaindre.	*She hasn't yet finished complaining.*
Ta réponse a achevé de le fâcher.	*Your answer/response really made him angry.*
Cette nouvelle a achevé de nous faire repenser nos plans pour les vacances.	*That piece of news finally made us rethink our vacation plans.*
❸ —Est-ce que vous avez achevé d'écrire votre article?	*Have you finished writing your article?*
—Oui, maintenant il faut le parachever d'un beau titre.	*Yes, now I have to put the finishing touches on it with a nice title.*

achever qqn (le mettre à bout de sa patience, à bout de ses forces; le tuer)

Ses peines l'achevèrent.	*His sorrows killed him.*
Il a achevé le cheval malade d'un coup de fusil.	*He finished off the sick horse with a rifle shot.*
Le nettoyage de l'appartement nous a achevés.	*Cleaning the apartment finished us off.*
Cette conférence ennuyeuse m'a achevé.	*That boring lecture finished me off.*
La maladie de son fils l'achèvera.	*Her son's illness will be the end of her.*

s'achever (arriver à la fin)

Le jour s'achève.	*The day is ending.*
Les vacances s'achèvent.	*Vacation is ending.*
L'année scolaire s'achève.	*The school year is coming to an end.*
Sa vie s'acheva soudain.	*His life ended suddenly.*
Les pourparlers s'achèveront demain.	*The talks will be over tomorrow.*

RELATED WORDS AND EXPRESSIONS

l'achèvement (m)	*completion/culmination*
Les travaux sont en voie d'achèvement.	*The construction project is close to completion.*
inachevé(e)	*incomplete/unfinished*
Il a laissé son œuvre inachevée.	*He left his work incomplete.*
parachever	*to perfect / put the finishing touches on*
Le compositeur est en train de parachever sa symphonie.	*The composer is putting the finishing touches on his symphony.*

irregular verb

j'acquiers · j'acquis · acquis · acquérant

Present	
j'acquiers	nous acquérons
tu acquiers	vous acquérez
il/elle acquiert	ils/elles acquièrent

Passé Composé	
j'ai acquis	nous avons acquis
tu as acquis	vous avez acquis
il/elle a acquis	ils/elles ont acquis

Imperfect	
j'acquérais	nous acquérions
tu acquérais	vous acquériez
il/elle acquérait	ils/elles acquéraient

Pluperfect	
j'avais acquis	nous avions acquis
tu avais acquis	vous aviez acquis
il/elle avait acquis	ils/elles avaient acquis

Passé Simple	
j'acquis	nous acquîmes
tu acquis	vous acquîtes
il/elle acquit	ils/elles acquirent

Past Anterior	
j'eus acquis	nous eûmes acquis
tu eus acquis	vous eûtes acquis
il/elle eut acquis	ils/elles eurent acquis

Future	
j'acquerrai	nous acquerrons
tu acquerras	vous acquerrez
il/elle acquerra	ils/elles acquerront

Future Anterior	
j'aurai acquis	nous aurons acquis
tu auras acquis	vous aurez acquis
il/elle aura acquis	ils/elles auront acquis

Conditional	
j'acquerrais	nous acquerrions
tu acquerrais	vous acquerriez
il/elle acquerrait	ils/elles acquerraient

Past Conditional	
j'aurais acquis	nous aurions acquis
tu aurais acquis	vous auriez acquis
il/elle aurait acquis	ils/elles auraient acquis

Present Subjunctive	
que j'acquière	que nous acquérions
que tu acquières	que vous acquériez
qu'il/elle acquière	qu'ils/elles acquièrent

Past Subjunctive	
que j'aie acquis	que nous ayons acquis
que tu aies acquis	que vous ayez acquis
qu'il/elle ait acquis	qu'ils/elles aient acquis

Imperfect Subjunctive	
que j'acquisse	que nous acquissions
que tu acquisses	que vous acquissiez
qu'il/elle acquît	qu'ils/elles acquissent

Pluperfect Subjunctive	
que j'eusse acquis	que nous eussions acquis
que tu eusses acquis	que vous eussiez acquis
qu'il/elle eût acquis	qu'ils/elles eussent acquis

Commands

	(nous) acquérons
(tu) acquiers	(vous) acquérez

USAGE

acquérir une grande renommée	to acquire fame
acquérir un terrain	to purchase a piece of land
acquérir un terrain par succession	to inherit a piece of land

RELATED WORDS AND EXPRESSIONS

l'acquis (m), de l'acquis	acquired knowledge
Les langues sont un acquis important.	Languages are a valuable acquisition.
une acquisition	purchase/acquisition
faire l'acquisition d'un immeuble	to buy an apartment building
Voilà ma nouvelle acquisition.	There's my new acquisition.
l'acquisition du langage	language acquisition
acquis(e)	accepted/established
C'est un fait acquis.	It's an established fact.
Il est acquis que...	It's established that . . .
Je vous suis tout acquis/acquise.	I'm all yours.
Je suis acquis(e) à cette idée.	I've come to be an advocate of that idea.

(**admettre**) *to admit*

j'admets · j'admis · admis · admettant

irregular verb; only one t in the
singular of the present tense

Present		Passé Composé	
j'admets	nous admettons	j'ai admis	nous avons admis
tu admets	vous admettez	tu as admis	vous avez admis
il/elle admet	ils/elles admettent	il/elle a admis	ils/elles ont admis

Imperfect		Pluperfect	
j'admettais	nous admettions	j'avais admis	nous avions admis
tu admettais	vous admettiez	tu avais admis	vous aviez admis
il/elle admettait	ils/elles admettaient	il/elle avait admis	ils/elles avaient admis

Passé Simple		Past Anterior	
j'admis	nous admîmes	j'eus admis	nous eûmes admis
tu admis	vous admîtes	tu eus admis	vous eûtes admis
il/elle admit	ils/elles admirent	il/elle eut admis	ils/elles eurent admis

Future		Future Anterior	
j'admettrai	nous admettrons	j'aurai admis	nous aurons admis
tu admettras	vous admettrez	tu auras admis	vous aurez admis
il/elle admettra	ils/elles admettront	il/elle aura admis	ils/elles auront admis

Conditional		Past Conditional	
j'admettrais	nous admettrions	j'aurais admis	nous aurions admis
tu admettrais	vous admettriez	tu aurais admis	vous auriez admis
il/elle admettrait	ils/elles admettraient	il/elle aurait admis	ils/elles auraient admis

Present Subjunctive		Past Subjunctive	
que j'admette	que nous admettions	que j'aie admis	que nous ayons admis
que tu admettes	que vous admettiez	que tu aies admis	que vous ayez admis
qu'il/elle admette	qu'ils/elles admettent	qu'il/elle ait admis	qu'ils/elles aient admis

Imperfect Subjunctive		Pluperfect Subjunctive	
que j'admisse	que nous admissions	que j'eusse admis	que nous eussions admis
que tu admisses	que vous admissiez	que tu eusses admis	que vous eussiez admis
qu'il/elle admît	qu'ils/elles admissent	qu'il/elle eût admis	qu'ils/elles eussent admis

Commands

(nous) admettons
(tu) admets   (vous) admettez

USAGE

Il admet que nous avons raison.	He admits we are right.
Les animaux ne sont pas admis dans ce restaurant.	Animals are not allowed in this restaurant.
Le ton de son ordre n'admet pas d'objection.	The tone of his order doesn't allow any objections.
Cette règle n'admet pas d'exception.	This rule allows no exceptions.
Ma fille a été admise au concours!	My daughter passed the exam!
Admettons qu'il sache le faire.	Let's suppose he knows how to do it.
En admettant qu'il puisse apparaître...	Assuming that he might appear . . .
Il est admis que...	It's an accepted fact that . . .
se faire admettre à un club	to get accepted to a club

RELATED WORDS AND EXPRESSIONS

l'admission (f) au concours	passing the test
admissible	acceptable
Votre langage n'est pas admissible.	Your choice of words is unacceptable.

regular -er verb

j'admire · j'admirai · admiré · admirant

Present

j'admire	nous admirons
tu admires	vous admirez
il/elle admire	ils/elles admirent

Imperfect

j'admirais	nous admirions
tu admirais	vous admiriez
il/elle admirait	ils/elles admiraient

Passé Simple

j'admirai	nous admirâmes
tu admiras	vous admirâtes
il/elle admira	ils/elles admirèrent

Future

j'admirerai	nous admirerons
tu admireras	vous admirerez
il/elle admirera	ils/elles admireront

Conditional

j'admirerais	nous admirerions
tu admirerais	vous admireriez
il/elle admirerait	ils/elles admireraient

Passé Composé

j'ai admiré	nous avons admiré
tu as admiré	vous avez admiré
il/elle a admiré	ils/elles ont admiré

Pluperfect

j'avais admiré	nous avions admiré
tu avais admiré	vous aviez admiré
il/elle avait admiré	ils/elles avaient admiré

Past Anterior

j'eus admiré	nous eûmes admiré
tu eus admiré	vous eûtes admiré
il/elle eut admiré	ils/elles eurent admiré

Future Anterior

j'aurai admiré	nous aurons admiré
tu auras admiré	vous aurez admiré
il/elle aura admiré	ils/elles auront admiré

Past Conditional

j'aurais admiré	nous aurions admiré
tu aurais admiré	vous auriez admiré
il/elle aurait admiré	ils/elles auraient admiré

Present Subjunctive

que j'admire	que nous admirions
que tu admires	que vous admiriez
qu'il/elle admire	qu'ils/elles admirent

Imperfect Subjunctive

que j'admirasse	que nous admirassions
que tu admirasses	que vous admirassiez
qu'il/elle admirât	qu'ils/elles admirassent

Past Subjunctive

que j'aie admiré	que nous ayons admiré
que tu aies admiré	que vous ayez admiré
qu'il/elle ait admiré	qu'ils/elles aient admiré

Pluperfect Subjunctive

que j'eusse admiré	que nous eussions admiré
que tu eusses admiré	que vous eussiez admiré
qu'il/elle eût admiré	qu'ils/elles eussent admiré

Commands

	(nous) admirons
(tu) admire	(vous) admirez

USAGE

Jacquot admire son père.	Jacquot admires his father.
Les étudiants admirent leur professeur.	The students admire their teacher.
J'admire votre franchise.	I admire your frankness.
Nous admirons la compétence de ce joueur de football.	We admire the ability of this soccer player.

RELATED WORDS AND EXPRESSIONS

l'admiration (f)	admiration
Nous sommes remplis d'admiration pour nos soldats.	We are filled with admiration for our soldiers.
admirable	admirable
Je trouve que votre courage est admirable.	I find your courage admirable.
Sa maîtrise de la langue allemande est admirable.	His mastery/command of the German language is admirable.

adopter · to adopt

j'adopte · j'adoptai · adopté · adoptant

regular -er verb

Present		Passé Composé	
j'adopte	nous adoptons	j'ai adopté	nous avons adopté
tu adoptes	vous adoptez	tu as adopté	vous avez adopté
il/elle adopte	ils/elles adoptent	il/elle a adopté	ils/elles ont adopté

Imperfect		Pluperfect	
j'adoptais	nous adoptions	j'avais adopté	nous avions adopté
tu adoptais	vous adoptiez	tu avais adopté	vous aviez adopté
il/elle adoptait	ils/elles adoptaient	il/elle avait adopté	ils/elles avaient adopté

Passé Simple		Past Anterior	
j'adoptai	nous adoptâmes	j'eus adopté	nous eûmes adopté
tu adoptas	vous adoptâtes	tu eus adopté	vous eûtes adopté
il/elle adopta	ils/elles adoptèrent	il/elle eut adopté	ils/elles eurent adopté

Future		Future Anterior	
j'adopterai	nous adopterons	j'aurai adopté	nous aurons adopté
tu adopteras	vous adopterez	tu auras adopté	vous aurez adopté
il/elle adoptera	ils/elles adopteront	il/elle aura adopté	ils/elles auront adopté

Conditional		Past Conditional	
j'adopterais	nous adopterions	j'aurais adopté	nous aurions adopté
tu adopterais	vous adopteriez	tu aurais adopté	vous auriez adopté
il/elle adopterait	ils/elles adopteraient	il/elle aurait adopté	ils/elles auraient adopté

Present Subjunctive		Past Subjunctive	
que j'adopte	que nous adoptions	que j'aie adopté	que nous ayons adopté
que tu adoptes	que vous adoptiez	que tu aies adopté	que vous ayez adopté
qu'il/elle adopte	qu'ils/elles adoptent	qu'il/elle ait adopté	qu'ils/elles aient adopté

Imperfect Subjunctive		Pluperfect Subjunctive	
que j'adoptasse	que nous adoptassions	que j'eusse adopté	que nous eussions adopté
que tu adoptasses	que vous adoptassiez	que tu eusses adopté	que vous eussiez adopté
qu'il/elle adoptât	qu'ils/elles adoptassent	qu'il/elle eût adopté	qu'ils/elles eussent adopté

Commands

	(nous) adoptons
(tu) adopte	(vous) adoptez

USAGE

adopter un enfant	to adopt a child
adopter le catholicisme	to adopt / convert to Catholicism
Il a adopté une attitude hostile envers nous.	He adopted a hostile attitude toward us.
adopter une loi	to pass a law

RELATED WORDS AND EXPRESSIONS

l'adoption (f) d'un enfant	adoption of a child
l'adoption (f) d'une loi	the passing of a law
d'adoption	adopted / of adoption
Paris est ma ville d'adoption.	Paris is my adopted city.
adoptif/adoptive	adopted/adoptive
mon fils adoptif	my adopted son
ma fille adoptive	my adopted daughter
ses parents adoptifs	his adoptive parents

regular -er verb

j'adore · j'adorai · adoré · adorant

Present

j'adore	nous adorons
tu adores	vous adorez
il/elle adore	ils/elles adorent

Imperfect

j'adorais	nous adorions
tu adorais	vous adoriez
il/elle adorait	ils/elles adoraient

Passé Simple

j'adorai	nous adorâmes
tu adoras	vous adorâtes
il/elle adora	ils/elles adorèrent

Future

j'adorerai	nous adorerons
tu adoreras	vous adorerez
il/elle adorera	ils/elles adoreront

Conditional

j'adorerais	nous adorerions
tu adorerais	vous adoreriez
il/elle adorerait	ils/elles adoreraient

Passé Composé

j'ai adoré	nous avons adoré
tu as adoré	vous avez adoré
il/elle a adoré	ils/elles ont adoré

Pluperfect

j'avais adoré	nous avions adoré
tu avais adoré	vous aviez adoré
il/elle avait adoré	ils/elles avaient adoré

Past Anterior

j'eus adoré	nous eûmes adoré
tu eus adoré	vous eûtes adoré
il/elle eut adoré	ils/elles eurent adoré

Future Anterior

j'aurai adoré	nous aurons adoré
tu auras adoré	vous aurez adoré
il/elle aura adoré	ils/elles auront adoré

Past Conditional

j'aurais adoré	nous aurions adoré
tu aurais adoré	vous auriez adoré
il/elle aurait adoré	ils/elles auraient adoré

Present Subjunctive

que j'adore	que nous adorions
que tu adores	que vous adoriez
qu'il/elle adore	qu'ils/elles adorent

Imperfect Subjunctive

que j'adorasse	que nous adorassions
que tu adorasses	que vous adorassiez
qu'il/elle adorât	qu'ils/elles adorassent

Past Subjunctive

que j'aie adoré	que nous ayons adoré
que tu aies adoré	que vous ayez adoré
qu'il/elle ait adoré	qu'ils/elles aient adoré

Pluperfect Subjunctive

que j'eusse adoré	que nous eussions adoré
que tu eusses adoré	que vous eussiez adoré
qu'il/elle eût adoré	qu'ils/elles eussent adoré

Commands

	(nous) adorons
(tu) adore	(vous) adorez

adorer le Seigneur	to worship the Lord
J'adore ce chanteur.	I love that singer.
Cet enfant adore le pain au chocolat.	This child loves chocolate croissants.
adorer faire qqch	to love to do something
J'adore nager dans un lac.	I love to swim in a lake.
J'adore regarder les matchs à la télé.	I love watching sports on TV.
Elle adore recevoir des cadeaux.	She loves getting gifts.

RELATED WORDS AND EXPRESSIONS

l'adoration (f)	worship/adoration
adorable	adorable / very cute
Votre fille est adorable.	Your daughter is adorable.

s'adresser *to speak to, turn to, address oneself to*

je m'adresse · je m'adressai · s'étant adressé · s'adressant

regular -er reflexive verb;
compound tenses with *être*

Present

je m'adresse	nous nous adressons
tu t'adresses	vous vous adressez
il/elle s'adresse	ils/elles s'adressent

Imperfect

je m'adressais	nous nous adressions
tu t'adressais	vous vous adressiez
il/elle s'adressait	ils/elles s'adressaient

Passé Simple

je m'adressai	nous nous adressâmes
tu t'adressas	vous vous adressâtes
il/elle s'adressa	ils/elles s'adressèrent

Future

je m'adresserai	nous nous adresserons
tu t'adresseras	vous vous adresserez
il/elle s'adressera	ils/elles s'adresseront

Conditional

je m'adresserais	nous nous adresserions
tu t'adresserais	vous vous adresseriez
il/elle s'adresserait	ils/elles s'adresseraient

Passé Composé

je me suis adressé(e)	nous nous sommes adressé(e)s
tu t'es adressé(e)	vous vous êtes adressé(e)(s)
il/elle s'est adressé(e)	ils/elles se sont adressé(e)s

Pluperfect

je m'étais adressé(e)	nous nous étions adressé(e)s
tu t'étais adressé(e)	vous vous étiez adressé(e)(s)
il/elle s'était adressé(e)	ils/elles s'étaient adressé(e)s

Past Anterior

je me fus adressé(e)	nous nous fûmes adressé(e)s
tu te fus adressé(e)	vous vous fûtes adressé(e)(s)
il/elle se fut adressé(e)	ils/elles se furent adressé(e)s

Future Anterior

je me serai adressé(e)	nous nous serons adressé(e)s
tu te seras adressé(e)	vous vous serez adressé(e)(s)
il/elle se sera adressé(e)	ils/elles se seront adressé(e)s

Past Conditional

je me serais adressé(e)	nous nous serions adressé(e)s
tu te serais adressé(e)	vous vous seriez adressé(e)(s)
il/elle se serait adressé(e)	ils/elles se seraient adressé(e)s

Present Subjunctive

que je m'adresse	que nous nous adressions
que tu t'adresses	que vous vous adressiez
qu'il/elle s'adresse	qu'ils/elles s'adressent

Imperfect Subjunctive

que je m'adressasse	que nous nous adressassions
que tu t'adressasses	que vous vous adressassiez
qu'il/elle s'adressât	qu'ils/elles s'adressassent

Past Subjunctive

que je me sois adressé(e)	que nous nous soyons adressé(e)s
que tu te sois adressé(e)	que vous vous soyez adressé(e)(s)
qu'il/elle se soit adressé(e)	qu'ils/elles se soient adressé(e)s

Pluperfect Subjunctive

que je me fusse adressé(e)	que nous nous fussions adressé(e)s
que tu te fusses adressé(e)	que vous vous fussiez adressé(e)(s)
qu'il/elle se fût adressé(e)	qu'ils/elles se fussent adressé(e)s

Commands

	(nous) adressons-nous
(tu) adresse-toi	(vous) adressez-vous

USAGE

s'adresser à qqn	to speak to someone
Pour prendre rendez-vous avec le chef, il faut s'adresser à sa secrétaire.	To make an appointment with the boss, you must speak to his secretary.
Je m'adresse à vous.	I am turning to you. (for advice, help, etc.)
Ce livre s'adresse aux spécialistes.	This book is aimed at / intended for specialists.
Pour savoir où il habitait, je me suis adressé à la concierge.	To find out where he lived, I spoke to the concierge.
Le président s'est adressé au Sénat.	The president addressed the Senate.

RELATED WORDS AND EXPRESSIONS

l'adresse (f)	address
C'est une bonne adresse.	It's a good store/restaurant/hotel.
Il a fait une remarque à leur adresse.	He directed a remark at them.
adresser	to address
Adresser toute requête à...	Address all requests to . . .

regular -er verb

j'affole · j'affolai · affolé · affolant

Present

j'affole	nous affolons
tu affoles	vous affolez
il/elle affole	ils/elles affolent

Imperfect

j'affolais	nous affolions
tu affolais	vous affoliez
il/elle affolait	ils/elles affolaient

Passé Simple

j'affolai	nous affolâmes
tu affolas	vous affolâtes
il/elle affola	ils/elles affolèrent

Future

j'affolerai	nous affolerons
tu affoleras	vous affolerez
il/elle affolera	ils/elles affoleront

Conditional

j'affolerais	nous affolerions
tu affolerais	vous affoleriez
il/elle affolerait	ils/elles affoleraient

Present Subjunctive

que j'affole	que nous affolions
que tu affoles	que vous affoliez
qu'il/elle affole	qu'ils/elles affolent

Imperfect Subjunctive

que j'affolasse	que nous affolassions
que tu affolasses	que vous affolassiez
qu'il/elle affolât	qu'ils/elles affolassent

Passé Composé

j'ai affolé	nous avons affolé
tu as affolé	vous avez affolé
il/elle a affolé	ils/elles ont affolé

Pluperfect

j'avais affolé	nous avions affolé
tu avais affolé	vous aviez affolé
il/elle avait affolé	ils/elles avaient affolé

Past Anterior

j'eus affolé	nous eûmes affolé
tu eus affolé	vous eûtes affolé
il/elle eut affolé	ils/elles eurent affolé

Future Anterior

j'aurai affolé	nous aurons affolé
tu auras affolé	vous aurez affolé
il/elle aura affolé	ils/elles auront affolé

Past Conditional

j'aurais affolé	nous aurions affolé
tu aurais affolé	vous auriez affolé
il/elle aurait affolé	ils/elles auraient affolé

Past Subjunctive

que j'aie affolé	que nous ayons affolé
que tu aies affolé	que vous ayez affolé
qu'il/elle ait affolé	qu'ils/elles aient affolé

Pluperfect Subjunctive

que j'eusse affolé	que nous eussions affolé
que tu eusses affolé	que vous eussiez affolé
qu'il/elle eût affolé	qu'ils/elles eussent affolé

Commands

	(nous) affolons
(tu) affole	(vous) affolez

USAGE

Cela nous affole!	That scares us!
Son comportement a fini par affoler le professeur.	His conduct eventually horrified the teacher.

RELATED WORDS AND EXPRESSIONS

l'affolement (m)	panic/alarm
Tu as eu un moment d'affolement, je crois.	You were frightened there for a moment, I think.
affolant(e)	maddening / very upsetting / appalling
La situation au bureau est affolante.	The situation at the office is appalling.
Ton attitude est affolante.	Your attitude is maddening.
affolé(e)	horrified / panic-stricken / very upset
Nous sommes affolés d'entendre cela.	We are shocked to hear that.
Le chien affolé se mit à aboyer.	The frightened dog began to bark.
s'affoler	to go crazy / get very upset / lose one's head
Je m'affolais en lisant sa lettre.	I was getting alarmed as I read her letter.
Ne t'affole surtout pas!	Most of all, don't lose your head!

j'affranchis · j'affranchis · affranchi · affranchissant   regular -ir verb

Present

j'affranchis	nous affranchissons
tu affranchis	vous affranchissez
il/elle affranchit	ils/elles affranchissent

Imperfect

j'affranchissais	nous affranchissions
tu affranchissais	vous affranchissiez
il/elle affranchissait	ils/elles affranchissaient

Passé Simple

j'affranchis	nous affranchîmes
tu affranchis	vous affranchîtes
il/elle affranchit	ils/elles affranchirent

Future

j'affranchirai	nous affranchirons
tu affranchiras	vous affranchirez
il/elle affranchira	ils/elles affranchiront

Conditional

j'affranchirais	nous affranchirions
tu affranchirais	vous affranchiriez
il/elle affranchirait	ils/elles affranchiraient

Passé Composé

j'ai affranchi	nous avons affranchi
tu as affranchi	vous avez affranchi
il/elle a affranchi	ils/elles ont affranchi

Pluperfect

j'avais affranchi	nous avions affranchi
tu avais affranchi	vous aviez affranchi
il/elle avait affranchi	ils/elles avaient affranchi

Past Anterior

j'eus affranchi	nous eûmes affranchi
tu eus affranchi	vous eûtes affranchi
il/elle eut affranchi	ils/elles eurent affranchi

Future Anterior

j'aurai affranchi	nous aurons affranchi
tu auras affranchi	vous aurez affranchi
il/elle aura affranchi	ils/elles auront affranchi

Past Conditional

j'aurais affranchi	nous aurions affranchi
tu aurais affranchi	vous auriez affranchi
il/elle aurait affranchi	ils/elles auraient affranchi

Present Subjunctive

que j'affranchisse	que nous affranchissions
que tu affranchisses	que vous affranchissiez
qu'il/elle affranchisse	qu'ils/elles affranchissent

Imperfect Subjunctive

que j'affranchisse	que nous affranchissions
que tu affranchisses	que vous affranchissiez
qu'il/elle affranchît	qu'ils/elles affranchissent

Past Subjunctive

que j'aie affranchi	que nous ayons affranchi
que tu aies affranchi	que vous ayez affranchi
qu'il/elle ait affranchi	qu'ils/elles aient affranchi

Pluperfect Subjunctive

que j'eusse affranchi	que nous eussions affranchi
que tu eusses affranchi	que vous eussiez affranchi
qu'il/elle eût affranchi	qu'ils/elles eussent affranchi

Commands

	(nous) affranchissons
(tu) affranchis	(vous) affranchissez

USAGE

affranchir les esclaves	to free the slaves
Vous connaîtrez la vérité, et la vérité vous affranchira. *(Jean, 8.32)*	You shall know the truth, and the truth shall make you free. (John 8:32)
affranchir une lettre	to put the necessary stamps on a letter
machine à affranchir	postage meter
La poste renvoie les lettres non affranchies.	The post office sends back unstamped letters.
Cette enveloppe est insuffisamment affranchie.	This envelope has insufficient postage.

RELATED WORDS AND EXPRESSIONS

s'affranchir	to be freed/emancipated
Les transports ont du mal à s'affranchir du pétrole.	Transportation has trouble doing without oil.
s'affranchir des idées reçues	to cast off received ideas
Il faut aider les peuples à s'affranchir de la misère.	People must be helped to free themselves from poverty.

SLANG

un affranchi	a wild guy
Il se fait passer pour un affranchi.	He tries to act wild.

regular *-er* verb;
spelling change: c > ç/a, o

j'agace · j'agaçai · agacé · agaçant

Present	
j'agace	nous agaçons
tu agaces	vous agacez
il/elle agace	ils/elles agacent

Passé Composé	
j'ai agacé	nous avons agacé
tu as agacé	vous avez agacé
il/elle a agacé	ils/elles ont agacé

Imperfect	
j'agaçais	nous agacions
tu agaçais	vous agaciez
il/elle agaçait	ils/elles agaçaient

Pluperfect	
j'avais agacé	nous avions agacé
tu avais agacé	vous aviez agacé
il/elle avait agacé	ils/elles avaient agacé

Passé Simple	
j'agaçai	nous agaçâmes
tu agaças	vous agaçâtes
il/elle agaça	ils/elles agacèrent

Past Anterior	
j'eus agacé	nous eûmes agacé
tu eus agacé	vous eûtes agacé
il/elle eut agacé	ils/elles eurent agacé

Future	
j'agacerai	nous agacerons
tu agaceras	vous agacerez
il/elle agacera	ils/elles agaceront

Future Anterior	
j'aurai agacé	nous aurons agacé
tu auras agacé	vous aurez agacé
il/elle aura agacé	ils/elles auront agacé

Conditional	
j'agacerais	nous agacerions
tu agacerais	vous agaceriez
il/elle agacerait	ils/elles agaceraient

Past Conditional	
j'aurais agacé	nous aurions agacé
tu aurais agacé	vous auriez agacé
il/elle aurait agacé	ils/elles auraient agacé

Present Subjunctive	
que j'agace	que nous agacions
que tu agaces	que vous agaciez
qu'il/elle agace	qu'ils/elles agacent

Past Subjunctive	
que j'aie agacé	que nous ayons agacé
que tu aies agacé	que vous ayez agacé
qu'il/elle ait agacé	qu'ils/elles aient agacé

Imperfect Subjunctive	
que j'agaçasse	que nous agaçassions
que tu agaçasses	que vous agaçassiez
qu'il/elle agaçât	qu'ils/elles agaçassent

Pluperfect Subjunctive	
que j'eusse agacé	que nous eussions agacé
que tu eusses agacé	que vous eussiez agacé
qu'il/elle eût agacé	qu'ils/elles eussent agacé

Commands

	(nous) agaçons
(tu) agace	(vous) agacez

USAGE

Nous étions drôlement agacés de le voir. — We were pretty irritated at seeing him.
Arrête! Tu m'agaces! — Stop! You're getting on my nerves!
Ses remarques m'ont agacé les nerfs. — His remarks got on my nerves.
Le chahut de la rue commence à m'agacer. — The ruckus from the street is starting to get on my nerves.

agacer qqn — to pester someone / get on someone's nerves

RELATED WORDS AND EXPRESSIONS

l'agacement (*m*) — irritated annoyance
Le chef a répondu avec agacement. — The boss answered in an irritated manner.
agaçant(e) — irritating/annoying
Ce bruit est agaçant. — That noise is annoying.
Ses demandes sont agaçantes. — His requests are annoying.
Tous ces potins sont agaçants. — All this gossip is annoying.

agir *to act*

j'agis · j'agis · agi · agissant   regular -ir verb

agir librement / en toute liberté	*to act willingly*
J'ai agi de mon plein gré.	*I acted freely / of my own free will.*
agir bien/mal envers qqn	*to act well/badly toward someone*
Il faut bien agir envers ses proches.	*You have to act well toward members of your family.*
J'ai mal agi envers mon camarade.	*I acted badly toward my friend.*
Choisis! Agis ou renonce!	*Make a choice! Do something or give up!*
Choisis! Agis ou laisse ta place!	*Make a choice! Do something or make room for someone else!*
agir au nom de l'État	*to act in the name of the government*
agir au nom de l'entreprise	*to act in the name of the firm*
agir au nom d'un parti politique	*to act in the name of a political party*
Quelle façon d'agir!	*What a way to act!*
Je n'aime pas leur manière d'agir.	*I don't like the way they behave.*
Je ne comprends pas ce qui le fait agir.	*I don't understand what makes him tick.*

agir sur/contre

Agissez sur lui pour qu'il accepte.	*Try and influence him to agree.*
Il faut agir auprès du chef.	*You must use your influence with the boss.*
L'État agit contre le trafic de la drogue.	*The government is taking action against the drug trade.*

agir pour parler des remèdes

Ces aspirines n'agissent plus.	*These aspirin don't work anymore.*
Ce médicament agit sans effets secondaires.	*This medicine works without side effects.*
C'est un remède qui agit lentement.	*It's a slow-acting remedy.*
Il faut laisser au médicament le temps d'agir.	*You have to give the medicine time to take effect.*

s'agir

il s'agit de	*it's about / it's a question of*
De quoi s'agit-il?	*What's it about? / What is the issue?*
Dans cet article il s'agit des élections.	*This article is about the elections.*
S'il s'agit de vous, la nouvelle ne m'étonne pas.	*If the news is about you, then I'm not surprised.*
Pour vous, il s'agit de trouver un emploi.	*What you have to do is find a job.*
Il ne s'agit pas de bavarder maintenant.	*Now is not the time for chatter.*
Il s'agit de découvrir leurs intentions.	*What we have to do is discover their intentions.*
Pour moi il ne s'agit que de réussir à l'examen.	*All I have to do now is pass the test.*
Il s'agit de trouver une voiture d'occasion.	*It's a question of finding a used car.*
S'agissant de qqn/qqch...	*As far as X goes . . . / When it's a matter of X . . .*
S'agissant de vous, ça ne m'étonne pas.	*If it's about you / If you're the one, I'm not surprised.*
S'agissant d'une propriété tellement importante, il faut procéder avec prudence.	*When such an important piece of property is involved, you have to proceed with caution.*

RELATED WORDS AND EXPRESSIONS

les agissements *(mpl)*	*tricks/intrigues/schemes*
Je suis au courant de tes agissements.	*I'm informed about your schemes.*
agissant	*active/influential*
une organisation très agissante	*a very influential organization*

regular -ir verb

j'agis · j'agis · agi · agissant

Present			
j'agis	nous agissons		
tu agis	vous agissez		
il/elle agit	ils/elles agissent		

Passé Composé	
j'ai agi	nous avons agi
tu as agi	vous avez agi
il/elle a agi	ils/elles ont agi

Imperfect	
j'agissais	nous agissions
tu agissais	vous agissiez
il/elle agissait	ils/elles agissaient

Pluperfect	
j'avais agi	nous avions agi
tu avais agi	vous aviez agi
il/elle avait agi	ils/elles avaient agi

Passé Simple	
j'agis	nous agîmes
tu agis	vous agîtes
il/elle agit	ils/elles agirent

Past Anterior	
j'eus agi	nous eûmes agi
tu eus agi	vous eûtes agi
il/elle eut agi	ils/elles eurent agi

Future	
j'agirai	nous agirons
tu agiras	vous agirez
il/elle agira	ils/elles agiront

Future Anterior	
j'aurai agi	nous aurons agi
tu auras agi	vous aurez agi
il/elle aura agi	ils/elles auront agi

Conditional	
j'agirais	nous agirions
tu agirais	vous agiriez
il/elle agirait	ils/elles agiraient

Past Conditional	
j'aurais agi	nous aurions agi
tu aurais agi	vous auriez agi
il/elle aurait agi	ils/elles auraient agi

Present Subjunctive	
que j'agisse	que nous agissions
que tu agisses	que vous agissiez
qu'il/elle agisse	qu'ils/elles agissent

Past Subjunctive	
que j'aie agi	que nous ayons agi
que tu aies agi	que vous ayez agi
qu'il/elle ait agi	qu'ils/elles aient agi

Imperfect Subjunctive	
que j'agisse	que nous agissions
que tu agisses	que vous agissiez
qu'il/elle agît	qu'ils/elles agissent

Pluperfect Subjunctive	
que j'eusse agi	que nous eussions agi
que tu eusses agi	que vous eussiez agi
qu'il/elle eût agi	qu'ils/elles eussent agi

Commands

	(nous) agissons
(tu) agis	(vous) agissez

Il faut agir!	We have to act! / We have to do something!
agir à temps	to act / take action in time
agir seul(e)	to act alone / go it alone
agir sagement	to act wisely/intelligently
agir en ami	to act as a friend
agir en conseiller	to act / conduct oneself as an adviser/consultant
agir en chef	to behave the way a boss does/should
Mais tu agis comme un bébé.	But you're acting like a baby.
Quand est-ce que vous déciderez d'agir?	When will you decide to act / take action?
☻ —Il faut agir tout de suite!	We have to do something right away!
—Oui, tu as raison. C'est maintenant le moment d'agir.	Yes, you're right. Now is the time to act.

aider *to help*

j'aide · j'aidai · aidé · aidant

regular -er verb

Present		Passé Composé	
j'aide	nous aidons	j'ai aidé	nous avons aidé
tu aides	vous aidez	tu as aidé	vous avez aidé
il/elle aide	ils/elles aident	il/elle a aidé	ils/elles ont aidé

Imperfect		Pluperfect	
j'aidais	nous aidions	j'avais aidé	nous avions aidé
tu aidais	vous aidiez	tu avais aidé	vous aviez aidé
il/elle aidait	ils/elles aidaient	il/elle avait aidé	ils/elles avaient aidé

Passé Simple		Past Anterior	
j'aidai	nous aidâmes	j'eus aidé	nous eûmes aidé
tu aidas	vous aidâtes	tu eus aidé	vous eûtes aidé
il/elle aida	ils/elles aidèrent	il/elle eut aidé	ils/elles eurent aidé

Future		Future Anterior	
j'aiderai	nous aiderons	j'aurai aidé	nous aurons aidé
tu aideras	vous aiderez	tu auras aidé	vous aurez aidé
il/elle aidera	ils/elles aideront	il/elle aura aidé	ils/elles auront aidé

Conditional		Past Conditional	
j'aiderais	nous aiderions	j'aurais aidé	nous aurions aidé
tu aiderais	vous aideriez	tu aurais aidé	vous auriez aidé
il/elle aiderait	ils/elles aideraient	il/elle aurait aidé	ils/elles auraient aidé

Present Subjunctive		Past Subjunctive	
que j'aide	que nous aidions	que j'aie aidé	que nous ayons aidé
que tu aides	que vous aidiez	que tu aies aidé	que vous ayez aidé
qu'il/elle aide	qu'ils/elles aident	qu'il/elle ait aidé	qu'ils/elles aient aidé

Imperfect Subjunctive		Pluperfect Subjunctive	
que j'aidasse	que nous aidassions	que j'eusse aidé	que nous eussions aidé
que tu aidasses	que vous aidassiez	que tu eusses aidé	que vous eussiez aidé
qu'il/elle aidât	qu'ils/elles aidassent	qu'il/elle eût aidé	qu'ils/elles eussent aidé

Commands

(tu) aide | (nous) aidons
(vous) aidez

Je peux t'aider à laver la vaisselle? — Can I help you do the dishes?
le temps aidant — in the course of time
Le temps aidant, ils se sont raccommodés. — In the course of time, they made up.
La télé m'aide à passer le temps. — The TV helps me pass the time.

RELATED WORDS AND EXPRESSIONS

l'aide (f) — help
Je te remercie de ton aide. — I thank you for your help.
Il l'a fait sans notre aide. — He did it without our help.
un/une aide — assistant
un/une aide de laboratoire — a laboratory assistant

PROVERB

Aide-toi, le ciel t'aidera. — Heaven helps those who help themselves.

regular -er verb

Present		Passé Composé	
j'aime	nous aimons	j'ai aimé	nous avons aimé
tu aimes	vous aimez	tu as aimé	vous avez aimé
il/elle aime	ils/elles aiment	il/elle a aimé	ils/elles ont aimé

Imperfect		Pluperfect	
j'aimais	nous aimions	j'avais aimé	nous avions aimé
tu aimais	vous aimiez	tu avais aimé	vous aviez aimé
il/elle aimait	ils/elles aimaient	il/elle avait aimé	ils/elles avaient aimé

Passé Simple		Past Anterior	
j'aimai	nous aimâmes	j'eus aimé	nous eûmes aimé
tu aimas	vous aimâtes	tu eus aimé	vous eûtes aimé
il/elle aima	ils/elles aimèrent	il/elle eut aimé	ils/elles eurent aimé

Future		Future Anterior	
j'aimerai	nous aimerons	j'aurai aimé	nous aurons aimé
tu aimeras	vous aimerez	tu auras aimé	vous aurez aimé
il/elle aimera	ils/elles aimeront	il/elle aura aimé	ils/elles auront aimé

Conditional		Past Conditional	
j'aimerais	nous aimerions	j'aurais aimé	nous aurions aimé
tu aimerais	vous aimeriez	tu aurais aimé	vous auriez aimé
il/elle aimerait	ils/elles aimeraient	il/elle aurait aimé	ils/elles auraient aimé

Present Subjunctive		Past Subjunctive	
que j'aime	que nous aimions	que j'aie aimé	que nous ayons aimé
que tu aimes	que vous aimiez	que tu aies aimé	que vous ayez aimé
qu'il/elle aime	qu'ils/elles aiment	qu'il/elle ait aimé	qu'ils/elles aient aimé

Imperfect Subjunctive		Pluperfect Subjunctive	
que j'aimasse	que nous aimassions	que j'eusse aimé	que nous eussions aimé
que tu aimasses	que vous aimassiez	que tu eusses aimé	que vous eussiez aimé
qu'il/elle aimât	qu'ils/elles aimassent	qu'il/elle eût aimé	qu'ils/elles eussent aimé

Commands

	(nous) aimons
(tu) aime	(vous) aimez

USAGE

Il aime la bonne table.	He likes good food.
Tu aimes la natation?	Do you like swimming?
Il aime qu'on lui écrive.	He likes for people to write to him.
Je n'aime pas que tu me parles sur ce ton.	I don't like it when you speak to me in that tone of voice.
J'aime le cinéma.	I like the movies.
Je t'aime.	I love you.
Ils s'aiment beaucoup.	They love each other a lot.
J'aime mieux penser qu'il n'était pas au courant.	I prefer to think that he wasn't aware of the matter.
Il aimerait autant rester à la maison.	He'd just as soon stay home.

PROVERB

Qui aime bien, châtie bien.	Spare the rod and spoil the child.

ajouter *to add*

j'ajoute · j'ajoutai · ajouté · ajoutant

regular -er verb

Present		Passé Composé	
j'ajoute	nous ajoutons	j'ai ajouté	nous avons ajouté
tu ajoutes	vous ajoutez	tu as ajouté	vous avez ajouté
il/elle ajoute	ils/elles ajoutent	il/elle a ajouté	ils/elles ont ajouté

Imperfect		Pluperfect	
j'ajoutais	nous ajoutions	j'avais ajouté	nous avions ajouté
tu ajoutais	vous ajoutiez	tu avais ajouté	vous aviez ajouté
il/elle ajoutait	ils/elles ajoutaient	il/elle avait ajouté	ils/elles avaient ajouté

Passé Simple		Past Anterior	
j'ajoutai	nous ajoutâmes	j'eus ajouté	nous eûmes ajouté
tu ajoutas	vous ajoutâtes	tu eus ajouté	vous eûtes ajouté
il/elle ajouta	ils/elles ajoutèrent	il/elle eut ajouté	ils/elles eurent ajouté

Future		Future Anterior	
j'ajouterai	nous ajouterons	j'aurai ajouté	nous aurons ajouté
tu ajouteras	vous ajouterez	tu auras ajouté	vous aurez ajouté
il/elle ajoutera	ils/elles ajouteront	il/elle aura ajouté	ils/elles auront ajouté

Conditional		Past Conditional	
j'ajouterais	nous ajouterions	j'aurais ajouté	nous aurions ajouté
tu ajouterais	vous ajouteriez	tu aurais ajouté	vous auriez ajouté
il/elle ajouterait	ils/elles ajouteraient	il/elle aurait ajouté	ils/elles auraient ajouté

Present Subjunctive		Past Subjunctive	
que j'ajoute	que nous ajoutions	que j'aie ajouté	que nous ayons ajouté
que tu ajoutes	que vous ajoutiez	que tu aies ajouté	que vous ayez ajouté
qu'il/elle ajoute	qu'ils/elles ajoutent	qu'il/elle ait ajouté	qu'ils/elles aient ajouté

Imperfect Subjunctive		Pluperfect Subjunctive	
que j'ajoutasse	que nous ajoutassions	que j'eusse ajouté	que nous eussions ajouté
que tu ajoutasses	que vous ajoutassiez	que tu eusses ajouté	que vous eussiez ajouté
qu'il/elle ajoutât	qu'ils/elles ajoutassent	qu'il/elle eût ajouté	qu'ils/elles eussent ajouté

Commands

	(nous) ajoutons
(tu) ajoute	(vous) ajoutez

USAGE

Combien de carottes faut-il ajouter à la soupe? — *How many carrots do you have to add to the soup?*

—Tu n'as rien à ajouter? — *You have nothing more to add?*
—Si, je voudrais ajouter que... — *Yes, I'd like to add that . . .*
Je crois que ma fille veut ajouter un mot. — *I think my daughter would like to add something.*
Permettez-moi d'ajouter quelques remarques. — *Allow me to add a few remarks.*
Si vous ajoutez son manque d'intégrité à sa grossièreté, vous pouvez comprendre pourquoi on l'a renvoyé. — *If you add his lack of honesty to his coarseness, you can understand why he was fired.*
Son arrivée n'a fait qu'ajouter à la confusion. — *His arrival did nothing but add to the confusion.*
Son refus a ajouté à nos problèmes. — *His refusal added to our problems.*
Pour revenir à une page Web qui vous intéresse, utilisez la commande "Ajouter à vos favoris." — *To return to a web page that interests you, use the command "Add to favorites."*

-er verb; spelling changes: é > è/mute e except
in the future and conditional; g > ge/a, o

j'allège · j'allégeai · allégé · allégeant

Present		Passé Composé	
j'allège	nous allégeons	j'ai allégé	nous avons allégé
tu allèges	vous allégez	tu as allégé	vous avez allégé
il/elle allège	ils/elles allègent	il/elle a allégé	ils/elles ont allégé

Imperfect		Pluperfect	
j'allégeais	nous allégions	j'avais allégé	nous avions allégé
tu allégeais	vous allégiez	tu avais allégé	vous aviez allégé
il/elle allégeait	ils/elles allégeaient	il/elle avait allégé	ils/elles avaient allégé

Passé Simple		Past Anterior	
j'allégeai	nous allégeâmes	j'eus allégé	nous eûmes allégé
tu allégeas	vous allégeâtes	tu eus allégé	vous eûtes allégé
il/elle allégea	ils/elles allégèrent	il/elle eut allégé	ils/elles eurent allégé

Future		Future Anterior	
j'allégerai	nous allégerons	j'aurai allégé	nous aurons allégé
tu allégeras	vous allégerez	tu auras allégé	vous aurez allégé
il/elle allégera	ils/elles allégeront	il/elle aura allégé	ils/elles auront allégé

Conditional		Past Conditional	
j'allégerais	nous allégerions	j'aurais allégé	nous aurions allégé
tu allégerais	vous allégeriez	tu aurais allégé	vous auriez allégé
il/elle allégerait	ils/elles allégeraient	il/elle aurait allégé	ils/elles auraient allégé

Present Subjunctive		Past Subjunctive	
que j'allège	que nous allégions	que j'aie allégé	que nous ayons allégé
que tu allèges	que vous allégiez	que tu aies allégé	que vous ayez allégé
qu'il/elle allège	qu'ils/elles allègent	qu'il/elle ait allégé	qu'ils/elles aient allégé

Imperfect Subjunctive		Pluperfect Subjunctive	
que j'allégeasse	que nous allégeassions	que j'eusse allégé	que nous eussions allégé
que tu allégeasses	que vous allégeassiez	que tu eusses allégé	que vous eussiez allégé
qu'il/elle allégeât	qu'ils/elles allégeassent	qu'il/elle eût allégé	qu'ils/elles eussent allégé

Commands

	(nous) allégeons
(tu) allège	(vous) allégez

USAGE

alléger un emploi de temps trop chargé	*to lighten a schedule that's too heavy*
alléger la charge	*to lighten one's duties*
alléger un fardeau	*to lighten a burden*
Il faut alléger cette malle. Personne ne pourra la lever.	*You have to lighten that trunk. No one will be able to lift it.*
Il faut alléger les vidéo clips avant de les mettre sur votre portable.	*You have to lighten (reduce the file size of) the videos before putting them on your laptop.*
Tes mots ont allégé ma douleur.	*Your words have alleviated my sorrow.*
Votre présence va alléger sa peine.	*Your presence will lighten her pain.*
Je crois que mes remarques ont allégé l'atmosphère.	*I think my remarks helped clear the air.*
alléger les impôts	*to reduce taxes*
Il faut alléger la dette du Tiers-Monde.	*We have to reduce the debt of the Third World.*

aller *to go*

je vais · j'allai · allé · allant   irregular verb; compound tenses with *être*

aller pour la santé et l'état des choses

Ça va?	*How are things? (informal)*
—Comment allez-vous?	*How are you? (formal)*
—Je vais bien, merci.	*I'm fine, thanks.*
Tout va bien.	*Everything is OK.*
—Comment vont tes études?	*How are you doing at school?*
—Ça va mal.	*There's trouble. / Things are going badly.*

aller pour exprimer ce qui convient quant à la mesure, au style, etc.

⊗ —Est-ce que cette cravate va avec ma veste? — *Does this tie go with my jacket?*
—Non, et franchement, cette couleur ne te va pas du tout. — *No, and frankly that color doesn't look good on you at all.*
Cette chaleur ne me va pas. — *This heat doesn't agree with me.*
Tout le monde se retrouve au café à quatre heures. Ça te va? — *Everyone is meeting at the café at four. Is that OK for you?*
Ça va cahin-caha. — *Things are so-so.*
La situation va de mal en pis. — *The situation is going from bad to worse.*

aller + infinitive (le futur proche)

⊗ —Qu'est-ce tu vas faire aujourd'hui? — *What are you going to do today?*
—Je vais travailler à la bibliothèque. — *I'm going to study at the library.*
J'allais vous demander un service. — *I was going to ask you for a favor.*

aller chercher

Je vais chercher le médecin. — *I'm going to go get the doctor.*
Tu peux aller me chercher le journal? — *Can you go get me the newspaper?*

aller with *y* and *en*

On y va? — *Shall we go?*
Il faut y aller doucement. — *Easy does it.*
Il y va de ta carrière. — *Your career is at stake.*
Il en va de même pour nous. — *The same is true of us.*

aller aux activités

aller à la pêche — *to go fishing*
aller à la chasse — *to go hunting*
aller aux nouvelles — *to go find out what's happening*

RELATED WORDS AND EXPRESSIONS

Allons, allons! — *Come now!*
Il faut y aller de bon cœur. — *You have to go about it with good will / wholeheartedly.*
Il n'y est pas allé avec le dos de la cuillère. — *He laid it on thick.*
Ça va sans dire. — *That goes without saying.*
Ça va de soi. — *It's self-evident. / It goes without saying.*
aller loin dans la vie — *to go far in life*
se laisser aller — *to be unkempt / let oneself go*

irregular verb; compound tenses with *être* | je vais · j'allai · allé · allant

Present

je vais	nous allons
tu vas	vous allez
il/elle va	ils/elles vont

Passé Composé

je suis allé(e)	nous sommes allé(e)s
tu es allé(e)	vous êtes allé(e)(s)
il/elle est allé(e)	ils/elles sont allé(e)s

Imperfect

j'allais	nous allions
tu allais	vous alliez
il/elle allait	ils/elles allaient

Pluperfect

j'étais allé(e)	nous étions allé(e)s
tu étais allé(e)	vous étiez allé(e)(s)
il/elle était allé(e)	ils/elles étaient allé(e)s

Passé Simple

j'allai	nous allâmes
tu allas	vous allâtes
il/elle alla	ils/elles allèrent

Past Anterior

je fus allé(e)	nous fûmes allé(e)s
tu fus allé(e)	vous fûtes allé(e)(s)
il/elle fut allé(e)	ils/elles furent allé(e)s

Future

j'irai	nous irons
tu iras	vous irez
il/elle ira	ils/elles iront

Future Anterior

je serai allé(e)	nous serons allé(e)s
tu seras allé(e)	vous serez allé(e)(s)
il/elle sera allé(e)	ils/elles seront allé(e)s

Conditional

j'irais	nous irions
tu irais	vous iriez
il/elle irait	ils/elles iraient

Past Conditional

je serais allé(e)	nous serions allé(e)s
tu serais allé(e)	vous seriez allé(e)(s)
il/elle serait allé(e)	ils/elles seraient allé(e)s

Present Subjunctive

que j'aille	que nous allions
que tu ailles	que vous alliez
qu'il/elle aille	qu'ils/elles aillent

Past Subjunctive

que je sois allé(e)	que nous soyons allé(e)s
que tu sois allé(e)	que vous soyez allé(e)(s)
qu'il/elle soit allé(e)	qu'ils/elles soient allé(e)s

Imperfect Subjunctive

que j'allasse	que nous allassions
que tu allasses	que vous allassiez
qu'il/elle allât	qu'ils/elles allassent

Pluperfect Subjunctive

que je fusse allé(e)	que nous fussions allé(e)s
que tu fusses allé(e)	que vous fussiez allé(e)(s)
qu'il/elle fût allé(e)	qu'ils/elles fussent allé(e)s

Commands

	(nous) allons
(tu) va	(vous) allez

USAGE

aller à pied	to go on foot / walk somewhere
Je vais au bureau à pied.	I walk to the office.
aller en voiture	to go by car / drive somewhere
Elle va en voiture à la fac.	She goes by car to the university.
aller en avion	to go by plane / fly somewhere
Nous sommes allés à Rome en avion.	We flew to Rome.
aller à bicyclette	to go by bike / cycle somewhere
Nous sommes allés au village à bicyclette.	We cycled / rode our bikes to the village.
aller à pattes	to go on foot / hoof it (slang)
Mon vélo est en panne. Je suis allé à pattes.	My bike is broken. I had to walk.
Ça va dans le bon sens.	Things are moving in the right direction.

s'en aller *to go away, leave*

je me vais · je m'en allai · s'en étant allé · s'en allant

irregular verb;
compound tenses with *être*

Present

je m'en vais	nous nous en allons
tu t'en vas	vous vous en allez
il/elle s'en va	ils/elles s'en vont

Passé Composé

je m'en suis allé(e)	nous nous en sommes allé(e)s
tu t'en es allé(e)	vous vous en êtes allé(e)(s)
il/elle s'en est allé(e)	ils/elles s'en sont allé(e)s

Imperfect

je m'en allais	nous nous en allions
tu t'en allais	vous vous en alliez
il/elle s'en allait	ils/elles s'en allaient

Pluperfect

je m'en étais allé(e)	nous nous en étions allé(e)s
tu t'en étais allé(e)	vous vous en étiez allé(e)(s)
il/elle s'en était allé(e)	ils/elles s'en étaient allé(e)s

Passé Simple

je m'en allai	nous nous en allâmes
tu t'en allas	vous vous en allâtes
il/elle s'en alla	ils/elles s'en allèrent

Past Anterior

je m'en fus allé(e)	nous nous en fûmes allé(e)s
tu t'en fus allé(e)	vous vous en fûtes allé(e)(s)
il/elle s'en fut allé(e)	ils/elles s'en furent allé(e)s

Future

je m'en irai	nous nous en irons
tu t'en iras	vous vous en irez
il/elle s'en ira	ils/elles s'en iront

Future Anterior

je m'en serai allé(e)	nous nous en serons allé(e)s
tu t'en seras allé(e)	vous vous en serez allé(e)(s)
il/elle s'en sera allé(e)	ils/elles s'en seront allé(e)s

Conditional

je m'en irais	nous nous en irions
tu t'en irais	vous vous en iriez
il/elle s'en irait	ils/elles s'en iraient

Past Conditional

je m'en serais allé(e)	nous nous en serions allé(e)s
tu t'en serais allé(e)	vous vous en seriez allé(e)(s)
il/elle s'en serait allé(e)	ils/elles s'en seraient allé(e)s

Present Subjunctive

que je m'en aille	que nous nous en allions
que tu t'en ailles	que vous vous en alliez
qu'il/elle s'en aille	qu'ils/elles s'en aillent

Past Subjunctive

que je m'en sois allé(e)	que nous nous en soyons allé(e)s
que tu t'en sois allé(e)	que vous vous en soyez allé(e)(s)
qu'il/elle s'en soit allé(e)	qu'ils/elles s'en soient allé(e)s

Imperfect Subjunctive

que je m'en allasse	que nous nous en allassions
que tu t'en allasses	que vous vous en allassiez
qu'il/elle s'en allât	qu'ils/elles s'en allassent

Pluperfect Subjunctive

que je m'en fusse allé(e)	que nous nous en fussions allé(e)s
que tu t'en fusses allé(e)	que vous vous en fussiez allé(e)(s)
qu'il/elle s'en fût allé(e)	qu'ils/elles s'en fussent allé(e)s

Commands

	(nous) allons-nous-en
(tu) va-t'en	(vous) allez-vous-en

USAGE

Pour trouver un bon travail, il faut s'en aller à Paris.	To find a good job, you have to go away/off to Paris.
Ils s'en vont de Paris.	They are moving away from Paris.
—Tu t'en vas? Pourquoi?	You're leaving? Why?
—Il est tard. Il faut que je m'en aille.	It's late. I've got to go.
Je m'en suis allé furieux.	I left furious.
Tu t'en vas en vacances?	Are you leaving on vacation?
Le malade s'en est allé doucement.	The patient quietly slipped away / died.
Cette tache s'en ira au lavage.	This stain will come out in the wash.
Mes projets s'en sont allés en fumée.	My plans fizzled.
l'année qui s'en va	the year that is ending

regular -er verb

j'allume · j'allumai · allumé · allumant

Present		Passé Composé	
j'allume	nous allumons	j'ai allumé	nous avons allumé
tu allumes	vous allumez	tu as allumé	vous avez allumé
il/elle allume	ils/elles allument	il/elle a allumé	ils/elles ont allumé

Imperfect		Pluperfect	
j'allumais	nous allumions	j'avais allumé	nous avions allumé
tu allumais	vous allumiez	tu avais allumé	vous aviez allumé
il/elle allumait	ils/elles allumaient	il/elle avait allumé	ils/elles avaient allumé

Passé Simple		Past Anterior	
j'allumai	nous allumâmes	j'eus allumé	nous eûmes allumé
tu allumas	vous allumâtes	tu eus allumé	vous eûtes allumé
il/elle alluma	ils/elles allumèrent	il/elle eut allumé	ils/elles eurent allumé

Future		Future Anterior	
j'allumerai	nous allumerons	j'aurai allumé	nous aurons allumé
tu allumeras	vous allumerez	tu auras allumé	vous aurez allumé
il/elle allumera	ils/elles allumeront	il/elle aura allumé	ils/elles auront allumé

Conditional		Past Conditional	
j'allumerais	nous allumerions	j'aurais allumé	nous aurions allumé
tu allumerais	vous allumeriez	tu aurais allumé	vous auriez allumé
il/elle allumerait	ils/elles allumeraient	il/elle aurait allumé	ils/elles auraient allumé

Present Subjunctive		Past Subjunctive	
que j'allume	que nous allumions	que j'aie allumé	que nous ayons allumé
que tu allumes	que vous allumiez	que tu aies allumé	que vous ayez allumé
qu'il/elle allume	qu'ils/elles allument	qu'il/elle ait allumé	qu'ils/elles aient allumé

Imperfect Subjunctive		Pluperfect Subjunctive	
que j'allumasse	que nous allumassions	que j'eusse allumé	que nous eussions allumé
que tu allumasses	que vous allumassiez	que tu eusses allumé	que vous eussiez allumé
qu'il/elle allumât	qu'ils/elles allumassent	qu'il/elle eût allumé	qu'ils/elles eussent allumé

Commands

	(nous) allumons
(tu) allume	(vous) allumez

allumer le feu	to light the fire
Il y a une panne de courant. Je ne vois rien. Il faut allumer des bougies.	There's a power failure. I can't see a thing. We have to light candles.
allumer la lumière/radio	to turn on the light/radio
—Tu n'as pas allumé le poêle?	You didn't turn on the stove?
—Non, j'ai allumé la télé.	No, I turned on the TV.
Laissez la lampe allumée.	Leave the lamp on.
Mon ordinateur refuse de s'allumer.	My computer won't turn on.

RELATED WORDS AND EXPRESSIONS

une allumette	a match
une boîte d'allumettes	a box of matches
une pochette d'allumettes	a matchbook

aménager *to fix up, make livable*

j'aménage · j'aménageai · aménagé · aménageant

regular -er verb;
spelling change: *g > ge/a, o*

Present		Passé Composé	
j'aménage	nous aménageons	j'ai aménagé	nous avons aménagé
tu aménages	vous aménagez	tu as aménagé	vous avez aménagé
il/elle aménage	ils/elles aménagent	il/elle a aménagé	ils/elles ont aménagé

Imperfect		Pluperfect	
j'aménageais	nous aménagions	j'avais aménagé	nous avions aménagé
tu aménageais	vous aménagiez	tu avais aménagé	vous aviez aménagé
il/elle aménageait	ils/elles aménageaient	il/elle avait aménagé	ils/elles avaient aménagé

Passé Simple		Past Anterior	
j'aménageai	nous aménageâmes	j'eus aménagé	nous eûmes aménagé
tu aménageas	vous aménageâtes	tu eus aménagé	vous eûtes aménagé
il/elle aménagea	ils/elles aménagèrent	il/elle eut aménagé	ils/elles eurent aménagé

Future		Future Anterior	
j'aménagerai	nous aménagerons	j'aurai aménagé	nous aurons aménagé
tu aménageras	vous aménagerez	tu auras aménagé	vous aurez aménagé
il/elle aménagera	ils/elles aménageront	il/elle aura aménagé	ils/elles auront aménagé

Conditional		Past Conditional	
j'aménagerais	nous aménagerions	j'aurais aménagé	nous aurions aménagé
tu aménagerais	vous aménageriez	tu aurais aménagé	vous auriez aménagé
il/elle aménagerait	ils/elles aménageraient	il/elle aurait aménagé	ils/elles auraient aménagé

Present Subjunctive		Past Subjunctive	
que j'aménage	que nous aménagions	que j'aie aménagé	que nous ayons aménagé
que tu aménages	que vous aménagiez	que tu aies aménagé	que vous ayez aménagé
qu'il/elle aménage	qu'ils/elles aménagent	qu'il/elle ait aménagé	qu'ils/elles aient aménagé

Imperfect Subjunctive		Pluperfect Subjunctive	
que j'aménageasse	que nous aménageassions	que j'eusse aménagé	que nous eussions aménagé
que tu aménageasses	que vous aménageassiez	que tu eusses aménagé	que vous eussiez aménagé
qu'il/elle aménageât	qu'ils/elles aménageassent	qu'il/elle eût aménagé	qu'ils/elles eussent aménagé

Commands

	(nous) aménageons
(tu) aménage	(vous) aménagez

aménager sa chambre	*to fix up one's room*
—Vous allez aménager votre maison?	*Are you going to fix up your house?*
—Oui, on va aménager la mansarde en chambre à coucher.	*Yes, we're going to convert the attic into a bedroom.*
aménager la plage	*to improve the beach*
aménager le programme d'études	*to improve the curriculum*
aménager les conditions du travail	*to improve working conditions*

RELATED WORDS AND EXPRESSIONS

l'aménagement *(m)*	*fixing up / improvement / adjustment*
l'aménagement *(m)* du territoire	*national planning for use of space*
un aménagement fiscal	*a tax rebate*

-er verb; spelling change: e > è/mute e   j'amène · j'amenai · amené · amenant

Present	
j'amène	nous amenons
tu amènes	vous amenez
il/elle amène	ils/elles amènent

Passé Composé	
j'ai amené	nous avons amené
tu as amené	vous avez amené
il/elle a amené	ils/elles ont amené

Imperfect	
j'amenais	nous amenions
tu amenais	vous ameniez
il/elle amenait	ils/elles amenaient

Pluperfect	
j'avais amené	nous avions amené
tu avais amené	vous aviez amené
il/elle avait amené	ils/elles avaient amené

Passé Simple	
j'amenai	nous amenâmes
tu amenas	vous amenâtes
il/elle amena	ils/elles amenèrent

Past Anterior	
j'eus amené	nous eûmes amené
tu eus amené	vous eûtes amené
il/elle eut amené	ils/elles eurent amené

Future	
j'amènerai	nous amènerons
tu amèneras	vous amènerez
il/elle amènera	ils/elles amèneront

Future Anterior	
j'aurai amené	nous aurons amené
tu auras amené	vous aurez amené
il/elle aura amené	ils/elles auront amené

Conditional	
j'amènerais	nous amènerions
tu amènerais	vous amèneriez
il/elle amènerait	ils/elles amèneraient

Past Conditional	
j'aurais amené	nous aurions amené
tu aurais amené	vous auriez amené
il/elle aurait amené	ils/elles auraient amené

Present Subjunctive	
que j'amène	que nous amenions
que tu amènes	que vous ameniez
qu'il/elle amène	qu'ils/elles amènent

Past Subjunctive	
que j'aie amené	que nous ayons amené
que tu aies amené	que vous ayez amené
qu'il/elle ait amené	qu'ils/elles aient amené

Imperfect Subjunctive	
que j'amenasse	que nous amenassions
que tu amenasses	que vous amenassiez
qu'il/elle amenât	qu'ils/elles amenassent

Pluperfect Subjunctive	
que j'eusse amené	que nous eussions amené
que tu eusses amené	que vous eussiez amené
qu'il/elle eût amené	qu'ils/elles eussent amené

Commands	
	(nous) amenons
(tu) amène	(vous) amenez

USAGE

Qu'est-ce qui t'amène?	What brings you here?
Quel bon vent t'amène?	To what do I owe the pleasure of seeing you?
Voilà Richard qui s'amène.	There's Richard coming this way.
Ne m'amenez plus de gens comme ça.	Don't bring any more people like that to me.
Si vous voulez sortir, vous pouvez nous amener les enfants.	If you want to go out, you can bring the children to us.
Tu peux amener ta petite amie dîner avec nous.	You can bring your girlfriend to have dinner with us.
Rien ne m'amènera à cet avis.	Nothing will make me accept that opinion.
Ses arguments nous ont amenés à cette conclusion.	His arguments brought us to this conclusion.
Ses dépenses amèneront une crise.	His expenses will cause a crisis.

amorcer *to put bait on a hook; to begin a project; to boot (computer)*

j'amorce · j'amorçai · amorcé · amorçant

regular -er verb; spelling change: c > ç/a, o

Present		Passé Composé	
j'amorce	nous amorçons	j'ai amorcé	nous avons amorcé
tu amorces	vous amorcez	tu as amorcé	vous avez amorcé
il/elle amorce	ils/elles amorcent	il/elle a amorcé	ils/elles ont amorcé

Imperfect		Pluperfect	
j'amorçais	nous amorcions	j'avais amorcé	nous avions amorcé
tu amorçais	vous amorciez	tu avais amorcé	vous aviez amorcé
il/elle amorçait	ils/elles amorçaient	il/elle avait amorcé	ils/elles avaient amorcé

Passé Simple		Past Anterior	
j'amorçai	nous amorçâmes	j'eus amorcé	nous eûmes amorcé
tu amorças	vous amorçâtes	tu eus amorcé	vous eûtes amorcé
il/elle amorça	ils/elles amorcèrent	il/elle eut amorcé	ils/elles eurent amorcé

Future		Future Anterior	
j'amorcerai	nous amorcerons	j'aurai amorcé	nous aurons amorcé
tu amorceras	vous amorcerez	tu auras amorcé	vous aurez amorcé
il/elle amorcera	ils/elles amorceront	il/elle aura amorcé	ils/elles auront amorcé

Conditional		Past Conditional	
j'amorcerais	nous amorcerions	j'aurais amorcé	nous aurions amorcé
tu amorcerais	vous amorceriez	tu aurais amorcé	vous auriez amorcé
il/elle amorcerait	ils/elles amorceraient	il/elle aurait amorcé	ils/elles auraient amorcé

Present Subjunctive		Past Subjunctive	
que j'amorce	que nous amorcions	que j'aie amorcé	que nous ayons amorcé
que tu amorces	que vous amorciez	que tu aies amorcé	que vous ayez amorcé
qu'il/elle amorce	qu'ils/elles amorcent	qu'il/elle ait amorcé	qu'ils/elles aient amorcé

Imperfect Subjunctive		Pluperfect Subjunctive	
que j'amorçasse	que nous amorçassions	que j'eusse amorcé	que nous eussions amorcé
que tu amorçasses	que vous amorçassiez	que tu eusses amorcé	que vous eussiez amorcé
qu'il/elle amorçât	qu'ils/elles amorçassent	qu'il/elle eût amorcé	qu'ils/elles eussent amorcé

Commands

	(nous) amorçons
(tu) amorce	(vous) amorcez

USAGE

—Qu'est-ce que tu as pour amorcer l'hameçon?	*What do you have to put on the hook as bait?*
—J'amorce toujours au pain.	*I always use bread as bait.*
amorcer un projet	*to begin a project*
amorcer les travaux	*to begin construction/remodeling work*
amorcer une conversation	*to begin a conversation*
amorcer des pourparlers avec	*to begin talks with*
Après le virage, une pente s'amorça.	*After the turn, a slope began.*

RELATED WORDS AND EXPRESSIONS

l'amorce *(f)*	*cap (for a gun)*
un pistolet à amorces	*a cap pistol*
l'amorce *(f)*	*beginning*
Cette conversation est l'amorce d'une amitié.	*This conversation is the beginning of a friendship.*
réamorcer	*to reboot (computer)*

regular -er verb

j'amuse · j'amusai · amusé · amusant

Present		Passé Composé	
j'amuse	nous amusons	j'ai amusé	nous avons amusé
tu amuses	vous amusez	tu as amusé	vous avez amusé
il/elle amuse	ils/elles amusent	il/elle a amusé	ils/elles ont amusé

Imperfect		Pluperfect	
j'amusais	nous amusions	j'avais amusé	nous avions amusé
tu amusais	vous amusiez	tu avais amusé	vous aviez amusé
il/elle amusait	ils/elles amusaient	il/elle avait amusé	ils/elles avaient amusé

Passé Simple		Past Anterior	
j'amusai	nous amusâmes	j'eus amusé	nous eûmes amusé
tu amusas	vous amusâtes	tu eus amusé	vous eûtes amusé
il/elle amusa	ils/elles amusèrent	il/elle eut amusé	ils/elles eurent amusé

Future		Future Anterior	
j'amuserai	nous amuserons	j'aurai amusé	nous aurons amusé
tu amuseras	vous amuserez	tu auras amusé	vous aurez amusé
il/elle amusera	ils/elles amuseront	il/elle aura amusé	ils/elles auront amusé

Conditional		Past Conditional	
j'amuserais	nous amuserions	j'aurais amusé	nous aurions amusé
tu amuserais	vous amuseriez	tu aurais amusé	vous auriez amusé
il/elle amuserait	ils/elles amuseraient	il/elle aurait amusé	ils/elles auraient amusé

Present Subjunctive		Past Subjunctive	
que j'amuse	que nous amusions	que j'aie amusé	que nous ayons amusé
que tu amuses	que vous amusiez	que tu aies amusé	que vous ayez amusé
qu'il/elle amuse	qu'ils/elles amusent	qu'il/elle ait amusé	qu'ils/elles aient amusé

Imperfect Subjunctive		Pluperfect Subjunctive	
que j'amusasse	que nous amusassions	que j'eusse amusé	que nous eussions amusé
que tu amusasses	que vous amusassiez	que tu eusses amusé	que vous eussiez amusé
qu'il/elle amusât	qu'ils/elles amusassent	qu'il/elle eût amusé	qu'ils/elles eussent amusé

Commands

	(nous) amusons
(tu) amuse	(vous) amusez

—Ça t'amuse? *Does that amuse you?*
—Ça ne m'amuse pas du tout. Ça m'ennuie. *It doesn't amuse me at all. It bores me.*
Ne croyez pas que ses visites m'amusent. *Don't think that I enjoy his visits.*
L'idée de le revoir ne m'amuse point. *I don't enjoy the idea of seeing him again at all.*
Tes histoires ne m'amusent pas du tout. *I don't find your stories funny.*
Les matchs de football nous amusent. *We enjoy soccer games.*
Il a prononcé ce discours pour amuser ses concurrents. *He gave that speech as a distraction for his competitors.*

RELATED WORDS AND EXPRESSIONS

l'amuse-gueule (m) *snack/appetizer*
amusant(e) *funny/amusing*
Le plus amusant c'est qu'il n'est pas venu. *The funniest thing is that he didn't come.*

(**s'amuser**) *to have a good time*

je m'amuse · je m'amusai · s'étant amusé · s'amusant

regular -er reflexive verb;
compound tenses with être

Present		Passé Composé	
je m'amuse	nous nous amusons	je me suis amusé(e)	nous nous sommes amusé(e)s
tu t'amuses	vous vous amusez	tu t'es amusé(e)	vous vous êtes amusé(e)(s)
il/elle s'amuse	ils/elles s'amusent	il/elle s'est amusé(e)	ils/elles se sont amusé(e)s

Imperfect		Pluperfect	
je m'amusais	nous nous amusions	je m'étais amusé(e)	nous nous étions amusé(e)s
tu t'amusais	vous vous amusiez	tu t'étais amusé(e)	vous vous étiez amusé(e)(s)
il/elle s'amusait	ils/elles s'amusaient	il/elle s'était amusé(e)	ils/elles s'étaient amusé(e)s

Passé Simple		Past Anterior	
je m'amusai	nous nous amusâmes	je me fus amusé(e)	nous nous fûmes amusé(e)s
tu t'amusas	vous vous amusâtes	tu te fus amusé(e)	vous vous fûtes amusé(e)(s)
il/elle s'amusa	ils/elles s'amusèrent	il/elle se fut amusé(e)	ils/elles se furent amusé(e)s

Future		Future Anterior	
je m'amuserai	nous nous amuserons	je me serai amusé(e)	nous nous serons amusé(e)s
tu t'amuseras	vous vous amuserez	tu te seras amusé(e)	vous vous serez amusé(e)(s)
il/elle s'amusera	ils/elles s'amuseront	il/elle se sera amusé(e)	ils/elles se seront amusé(e)s

Conditional		Past Conditional	
je m'amuserais	nous nous amuserions	je me serais amusé(e)	nous nous serions amusé(e)s
tu t'amuserais	vous vous amuseriez	tu te serais amusé(e)	vous vous seriez amusé(e)(s)
il/elle s'amuserait	ils/elles s'amuseraient	il/elle se serait amusé(e)	ils/elles se seraient amusé(e)s

Present Subjunctive		Past Subjunctive	
que je m'amuse	que nous nous amusions	que je me sois amusé(e)	que nous nous soyons amusé(e)s
que tu t'amuses	que vous vous amusiez	que tu te sois amusé(e)	que vous vous soyez amusé(e)(s)
qu'il/elle s'amuse	qu'ils/elles s'amusent	qu'il/elle se soit amusé(e)	qu'ils/elles se soient amusé(e)s

Imperfect Subjunctive		Pluperfect Subjunctive	
que je m'amusasse	que nous nous amusassions	que je me fusse amusé(e)	que nous nous fussions amusé(e)s
que tu t'amusasses	que vous vous amusassiez	que tu te fusses amusé(e)	que vous vous fussiez amusé(e)(s)
qu'il/elle s'amusât	qu'ils/elles s'amusassent	qu'il/elle se fût amusé(e)	qu'ils/elles se fussent amusé(e)s

Commands

	(nous) amusons-nous
(tu) amuse-toi	(vous) amusez-vous

(**USAGE**)

Si je veux m'amuser, je vais danser.	*If I want to have fun, I go dancing.*
Nous nous sommes bien amusés en France.	*We had a very good time in France.*
Je m'amuse à faire du jardinage.	*I enjoy gardening.*
Je m'amuse à parler avec vous.	*I enjoy talking with you.*
Les enfants se sont amusés comme des fous.	*The children had a ball.*
Qu'est-ce qu'ils s'amusent!	*Boy, are they having fun!*
Il s'amuse à taquiner sa petite sœur.	*He thinks it's fun to tease his younger sister.*
Tu ne peux pas t'amuser avec toute la besogne qui te reste.	*You can't waste any time with all the work you have to do.*
Les jeunes viennent s'amuser au club.	*Young people come to have a good time at the club.*
Il fait les quatre cents coups à Paris et s'amuse comme un fou.	*He's living it up in Paris and having a ball.*

irregular verb; spelling change: c > ç/o, u

j'aperçois · j'aperçus · aperçu · apercevant

Present

j'aperçois	nous apercevons
tu aperçois	vous apercevez
il/elle aperçoit	ils/elles aperçoivent

Imperfect

j'apercevais	nous apercevions
tu apercevais	vous aperceviez
il/elle apercevait	ils/elles apercevaient

Passé Simple

j'aperçus	nous aperçûmes
tu aperçus	vous aperçûtes
il/elle aperçut	ils/elles aperçurent

Future

j'apercevrai	nous apercevrons
tu apercevras	vous apercevrez
il/elle apercevra	ils/elles apercevront

Conditional

j'apercevrais	nous apercevrions
tu apercevrais	vous apercevriez
il/elle apercevrait	ils/elles apercevraient

Passé Composé

j'ai aperçu	nous avons aperçu
tu as aperçu	vous avez aperçu
il/elle a aperçu	ils/elles ont aperçu

Pluperfect

j'avais aperçu	nous avions aperçu
tu avais aperçu	vous aviez aperçu
il/elle avait aperçu	ils/elles avaient aperçu

Past Anterior

j'eus aperçu	nous eûmes aperçu
tu eus aperçu	vous eûtes aperçu
il/elle eut aperçu	ils/elles eurent aperçu

Future Anterior

j'aurai aperçu	nous aurons aperçu
tu auras aperçu	vous aurez aperçu
il/elle aura aperçu	ils/elles auront aperçu

Past Conditional

j'aurais aperçu	nous aurions aperçu
tu aurais aperçu	vous auriez aperçu
il/elle aurait aperçu	ils/elles auraient aperçu

Present Subjunctive

que j'aperçoive	que nous apercevions
que tu aperçoives	que vous aperceviez
qu'il/elle aperçoive	qu'ils/elles aperçoivent

Imperfect Subjunctive

que j'aperçusse	que nous aperçussions
que tu aperçusses	que vous aperçussiez
qu'il/elle aperçût	qu'ils/elles aperçussent

Past Subjunctive

que j'aie aperçu	que nous ayons aperçu
que tu aies aperçu	que vous ayez aperçu
qu'il/elle ait aperçu	qu'ils/elles aient aperçu

Pluperfect Subjunctive

que j'eusse aperçu	que nous eussions aperçu
que tu eusses aperçu	que vous eussiez aperçu
qu'il/elle eût aperçu	qu'ils/elles eussent aperçu

Commands

	(nous) apercevons
(tu) aperçois	(vous) apercevez

USAGE

En descendant la montagne, nous avons aperçu le village.	Coming down the mountain we caught sight of the village.
Je t'ai aperçu dans la foule.	I caught sight of you in the crowd.
—Ma jupe s'est déchirée.	My skirt got torn.
—Ne t'en fais pas. Ça ne s'aperçoit pas.	Don't worry. You can't see it.

RELATED WORDS AND EXPRESSIONS

l'aperçu (m)	survey / general view
Le professeur nous a donné un aperçu de l'œuvre de ce philosophe.	The teacher gave us a survey of the work of that philosopher.
inaperçu(e)	unnoticed
Son erreur a passé inaperçue.	His error went unnoticed.
Ta générosité ne passera pas inaperçue.	Your generosity will not go unnoticed/unrewarded.

apparaître *to appear, seem*

j'apparais · j'apparus · apparu · apparaissant

irregular verb;
sometimes conjugated with *être*

Present

j'apparais	nous apparaissons
tu apparais	vous apparaissez
il/elle apparaît	ils/elles apparaissent

Passé Composé

j'ai apparu	nous avons apparu
tu as apparu	vous avez apparu
il/elle a apparu	ils/elles ont apparu

Imperfect

j'apparaissais	nous apparaissions
tu apparaissais	vous apparaissiez
il/elle apparaissait	ils/elles apparaissaient

Pluperfect

j'avais apparu	nous avions apparu
tu avais apparu	vous aviez apparu
il/elle avait apparu	ils/elles avaient apparu

Passé Simple

j'apparus	nous apparûmes
tu apparus	vous apparûtes
il/elle apparut	ils/elles apparurent

Past Anterior

j'eus apparu	nous eûmes apparu
tu eus apparu	vous eûtes apparu
il/elle eut apparu	ils/elles eurent apparu

Future

j'apparaîtrai	nous apparaîtrons
tu apparaîtras	vous apparaîtrez
il/elle apparaîtra	ils/elles apparaîtront

Future Anterior

j'aurai apparu	nous aurons apparu
tu auras apparu	vous aurez apparu
il/elle aura apparu	ils/elles auront apparu

Conditional

j'apparaîtrais	nous apparaîtrions
tu apparaîtrais	vous apparaîtriez
il/elle apparaîtrait	ils/elles apparaîtraient

Past Conditional

j'aurais apparu	nous aurions apparu
tu aurais apparu	vous auriez apparu
il/elle aurait apparu	ils/elles auraient apparu

Present Subjunctive

que j'apparaisse	que nous apparaissions
que tu apparaisses	que vous apparaissiez
qu'il/elle apparaisse	qu'ils/elles apparaissent

Past Subjunctive

que j'aie apparu	que nous ayons apparu
que tu aies apparu	que vous ayez apparu
qu'il/elle ait apparu	qu'ils/elles aient apparu

Imperfect Subjunctive

que j'apparusse	que nous apparussions
que tu apparusses	que vous apparussiez
qu'il/elle apparût	qu'ils/elles apparussent

Pluperfect Subjunctive

que j'eusse apparu	que nous eussions apparu
que tu eusses apparu	que vous eussiez apparu
qu'il/elle eût apparu	qu'ils/elles eussent apparu

Commands

	(nous) apparaissons
(tu) apparais	(vous) apparaissez

USAGE

Le jour apparaît.	*Day is breaking. / It's dawn.*
Il a apparu sans cravate.	*He showed up without a tie.*
Peu à peu les difficultés apparaissaient.	*Little by little, the difficulties appeared.*
Tout d'un coup, la vérité m'a apparu / m'est apparue.	*All of a sudden the truth became clear to me.*
Elle apparaît dans les restaurants de luxe.	*She is seen in fancy restaurants.*

RELATED WORDS AND EXPRESSIONS

l'apparence (f)	*appearance*
contre toute apparence	*in spite of what things seemed*
les apparences (fpl)	*appearance(s)*
sauver les apparences	*to keep up appearances*
apparent(e)	*apparent*
apparemment	*apparently*

Present

j'appartiens	nous appartenons
tu appartiens	vous appartenez
il/elle appartient	ils/elles appartiennent

Passé Composé

j'ai appartenu	nous avons appartenu
tu as appartenu	vous avez appartenu
il/elle a appartenu	ils/elles ont appartenu

Imperfect

j'appartenais	nous appartenions
tu appartenais	vous apparteniez
il/elle appartenait	ils/elles appartenaient

Pluperfect

j'avais appartenu	nous avions appartenu
tu avais appartenu	vous aviez appartenu
il/elle avait appartenu	ils/elles avaient appartenu

Passé Simple

j'appartins	nous appartînmes
tu appartins	vous appartîntes
il/elle appartint	ils/elles appartinrent

Past Anterior

j'eus appartenu	nous eûmes appartenu
tu eus appartenu	vous eûtes appartenu
il/elle eut appartenu	ils/elles eurent appartenu

Future

j'appartiendrai	nous appartiendrons
tu appartiendras	vous appartiendrez
il/elle appartiendra	ils/elles appartiendront

Future Anterior

j'aurai appartenu	nous aurons appartenu
tu auras appartenu	vous aurez appartenu
il/elle aura appartenu	ils/elles auront appartenu

Conditional

j'appartiendrais	nous appartiendrions
tu appartiendrais	vous appartiendriez
il/elle appartiendrait	ils/elles appartiendraient

Past Conditional

j'aurais appartenu	nous aurions appartenu
tu aurais appartenu	vous auriez appartenu
il/elle aurait appartenu	ils/elles auraient appartenu

Present Subjunctive

que j'appartienne	que nous appartenions
que tu appartiennes	que vous apparteniez
qu'il/elle appartienne	qu'ils/elles appartiennent

Past Subjunctive

que j'aie appartenu	que nous ayons appartenu
que tu aies appartenu	que vous ayez appartenu
qu'il/elle ait appartenu	qu'ils/elles aient appartenu

Imperfect Subjunctive

que j'appartinsse	que nous appartinssions
que tu appartinsses	que vous appartinssiez
qu'il/elle appartînt	qu'ils/elles appartinssent

Pluperfect Subjunctive

que j'eusse appartenu	que nous eussions appartenu
que tu eusses appartenu	que vous eussiez appartenu
qu'il/elle eût appartenu	qu'ils/elles eussent appartenu

Commands

	(nous) appartenons
(tu) appartiens	(vous) appartenez

USAGE

—Qu'est-ce qui t'appartient?	*What belongs to you?*
—Ces terrains m'appartiennent.	*These parcels of land belong to me.*
appartenir à un club	*to belong to a club*
Il ne m'appartient pas de vous critiquer.	*It is not for me to criticize you.*
Il ne nous appartient pas de le lui reprocher.	*It is not our right to reproach him.*
Il l'a fait pour des raisons qui lui appartiennent.	*He did it for reasons of his own.*
Il appartient au PDG de prendre cette décision.	*It is the province of the CEO to make that decision.*
Le droit de faire grâce appartient au président.	*The right to grant a pardon belongs to the president.*
Cette chanteuse appartient à une autre génération.	*This singer belongs to another generation.*
On l'accuse d'appartenir à une organisation terroriste.	*He is accused of belonging to a terrorist organization.*
Avec tout le travail qu'ils ont, ils ne s'appartiennent plus.	*With all the work they have, their time is no longer their own.*

appeler *to call*

j'appelle · j'appelai · appelé · appelant

-er verb; spelling change: l > ll/mute e

Present

j'appelle	nous appelons
tu appelles	vous appelez
il/elle appelle	ils/elles appellent

Passé Composé

j'ai appelé	nous avons appelé
tu as appelé	vous avez appelé
il/elle a appelé	ils/elles ont appelé

Imperfect

j'appelais	nous appelions
tu appelais	vous appeliez
il/elle appelait	ils/elles appelaient

Pluperfect

j'avais appelé	nous avions appelé
tu avais appelé	vous aviez appelé
il/elle avait appelé	ils/elles avaient appelé

Passé Simple

j'appelai	nous appelâmes
tu appelas	vous appelâtes
il/elle appela	ils/elles appelèrent

Past Anterior

j'eus appelé	nous eûmes appelé
tu eus appelé	vous eûtes appelé
il/elle eut appelé	ils/elles eurent appelé

Future

j'appellerai	nous appellerons
tu appelleras	vous appellerez
il/elle appellera	ils/elles appelleront

Future Anterior

j'aurai appelé	nous aurons appelé
tu auras appelé	vous aurez appelé
il/elle aura appelé	ils/elles auront appelé

Conditional

j'appellerais	nous appellerions
tu appellerais	vous appelleriez
il/elle appellerait	ils/elles appelleraient

Past Conditional

j'aurais appelé	nous aurions appelé
tu aurais appelé	vous auriez appelé
il/elle aurait appelé	ils/elles auraient appelé

Present Subjunctive

que j'appelle	que nous appelions
que tu appelles	que vous appeliez
qu'il/elle appelle	qu'ils/elles appellent

Past Subjunctive

que j'aie appelé	que nous ayons appelé
que tu aies appelé	que vous ayez appelé
qu'il/elle ait appelé	qu'ils/elles aient appelé

Imperfect Subjunctive

que j'appelasse	que nous appelassions
que tu appelasses	que vous appelassiez
qu'il/elle appelât	qu'ils/elles appelassent

Pluperfect Subjunctive

que j'eusse appelé	que nous eussions appelé
que tu eusses appelé	que vous eussiez appelé
qu'il/elle eût appelé	qu'ils/elles eussent appelé

Commands

	(nous) appelons
(tu) appelle	(vous) appelez

USAGE

Il appelle son chien.	He's calling his dog.
Elle m'appelle tous les jours.	She calls me up every day.
appeler les pompiers / la police / le SAMU	to call the fire department / the police / emergency rescue
Il m'appelle par mon prénom.	He calls me by my first name.
appeler un chat un chat	to call a spade a spade
Ça, c'est ce que j'appelle un repas!	That's what I call a meal!
Un mensonge en appelle un autre.	One lie leads to another.

RELATED WORDS AND EXPRESSIONS

l'appel (m)	call / roll call
Le professeur fait l'appel.	The teacher calls the roll / takes attendance.
l'appel (m) du devoir	the call of duty
un appel à l'aide	a call for help

-er verb; spelling change:
l > ll/mute *e*

je m'appelle · je m'appelai · s'étant appelé · s'appelant

Present		Passé Composé	
je m'appelle	nous nous appelons	je me suis appelé(e)	nous nous sommes appelé(e)s
tu t'appelles	vous vous appelez	tu t'es appelé(e)	vous vous êtes appelé(e)(s)
il/elle s'appelle	ils/elles s'appellent	il/elle s'est appelé(e)	ils/elles se sont appelé(e)s

Imperfect		Pluperfect	
je m'appelais	nous nous appelions	je m'étais appelé(e)	nous nous étions appelé(e)s
tu t'appelais	vous vous appeliez	tu t'étais appelé(e)	vous vous étiez appelé(e)(s)
il/elle s'appelait	ils/elles s'appelaient	il/elle s'était appelé(e)	ils/elles s'étaient appelé(e)s

Passé Simple		Past Anterior	
je m'appelai	nous nous appelâmes	je me fus appelé(e)	nous nous fûmes appelé(e)s
tu t'appelas	vous vous appelâtes	tu te fus appelé(e)	vous vous fûtes appelé(e)(s)
il/elle s'appela	ils/elles s'appelèrent	il/elle se fut appelé(e)	ils/elles se furent appelé(e)s

Future		Future Anterior	
je m'appellerai	nous nous appellerons	je me serai appelé(e)	nous nous serons appelé(e)s
tu t'appelleras	vous vous appellerez	tu te seras appelé(e)	vous vous serez appelé(e)(s)
il/elle s'appellera	ils/elles s'appelleront	il/elle se sera appelé(e)	ils/elles se seront appelé(e)s

Conditional		Past Conditional	
je m'appellerais	nous nous appellerions	je me serais appelé(e)	nous nous serions appelé(e)s
tu t'appellerais	vous vous appelleriez	tu te serais appelé(e)	vous vous seriez appelé(e)(s)
il/elle s'appellerait	ils/elles s'appelleraient	il/elle se serait appelé(e)	ils/elles se seraient appelé(e)s

Present Subjunctive		Past Subjunctive	
que je m'appelle	que nous nous appelions	que je me sois appelé(e)	que nous nous soyons appelé(e)s
que tu t'appelles	que vous vous appeliez	que tu te sois appelé(e)	que vous vous soyez appelé(e)(s)
qu'il/elle s'appelle	qu'ils/elles s'appellent	qu'il/elle se soit appelé(e)	qu'ils/elles se soient appelé(e)s

Imperfect Subjunctive		Pluperfect Subjunctive	
que je m'appelasse	que nous nous appelassions	que je me fusse appelé(e)	que nous nous fussions appelé(e)s
que tu t'appelasses	que vous vous appelassiez	que tu te fusses appelé(e)	que vous vous fussiez appelé(e)(s)
qu'il/elle s'appelât	qu'ils/elles s'appelassent	qu'il/elle se fût appelé(e)	qu'ils/elles se fussent appelé(e)s

Commands

	(nous) appelons-nous
(tu) appelle-toi	(vous) appelez-vous

(**USAGE**)

—Comment s'appellent les habitants de Cahors? — *What do you call the inhabitants of Cahors? (a city in southwestern France)*

—On les appelle "cadurciens". — *They're called "cadurciens."*

—Comment vous appelez-vous? — *What's your name?*

—Je m'appelle Marie-Christine Daumier. — *My name is Marie-Christine Daumier.*

Je ne sais pas comment il s'appelle. — *I don't know what his name is.*

Comment s'appelle ce village? — *What is the name of this village?*

Comment s'appelle cette machine en anglais? — *What is this machine called in English?*

Voilà ce qui s'appelle une bêtise! — *That's what I call a stupid thing to do!*

applaudir *to applaud*

j'applaudis · j'applaudis · applaudi · applaudissant

regular -ir verb

Present		Passé Composé	
j'applaudis	nous applaudissons	j'ai applaudi	nous avons applaudi
tu applaudis	vous applaudissez	tu as applaudi	vous avez applaudi
il/elle applaudit	ils/elles applaudissent	il/elle a applaudi	ils/elles ont applaudi

Imperfect		Pluperfect	
j'applaudissais	nous applaudissions	j'avais applaudi	nous avions applaudi
tu applaudissais	vous applaudissiez	tu avais applaudi	vous aviez applaudi
il/elle applaudissait	ils/elles applaudissaient	il/elle avait applaudi	ils/elles avaient applaudi

Passé Simple		Past Anterior	
j'applaudis	nous applaudîmes	j'eus applaudi	nous eûmes applaudi
tu applaudis	vous applaudîtes	tu eus applaudi	vous eûtes applaudi
il/elle applaudit	ils/elles applaudirent	il/elle eut applaudi	ils/elles eurent applaudi

Future		Future Anterior	
j'applaudirai	nous applaudirons	j'aurai applaudi	nous aurons applaudi
tu applaudiras	vous applaudirez	tu auras applaudi	vous aurez applaudi
il/elle applaudira	ils/elles applaudiront	il/elle aura applaudi	ils/elles auront applaudi

Conditional		Past Conditional	
j'applaudirais	nous applaudirions	j'aurais applaudi	nous aurions applaudi
tu applaudirais	vous applaudiriez	tu aurais applaudi	vous auriez applaudi
il/elle applaudirait	ils/elles applaudiraient	il/elle aurait applaudi	ils/elles auraient applaudi

Present Subjunctive		Past Subjunctive	
que j'applaudisse	que nous applaudissions	que j'aie applaudi	que nous ayons applaudi
que tu applaudisses	que vous applaudissiez	que tu aies applaudi	que vous ayez applaudi
qu'il/elle applaudisse	qu'ils/elles applaudissent	qu'il/elle ait applaudi	qu'ils/elles aient applaudi

Imperfect Subjunctive		Pluperfect Subjunctive	
que j'applaudisse	que nous applaudissions	que j'eusse applaudi	que nous eussions applaudi
que tu applaudisses	que vous applaudissiez	que tu eusses applaudi	que vous eussiez applaudi
qu'il/elle applaudît	qu'ils/elles applaudissent	qu'il/elle eût applaudi	qu'ils/elles eussent applaudi

Commands

	(nous) applaudissons
(tu) applaudis	(vous) applaudissez

USAGE

applaudir les acteurs	to applaud the actors
applaudir le gagnant	to applaud the winner
Le public a applaudi à tout rompre.	The audience brought the house down with their applause.

RELATED WORDS AND EXPRESSIONS

les applaudissements *(mpl)*	applause
L'actrice est sortie pour recevoir des applaudissements.	The actress came out to take a bow / receive the applause.
s'applaudir d'avoir fait qqch	to pat oneself on the back for having done something
Il s'applaudit d'avoir renoncé à ce travail avant la faillite de l'entreprise.	He's patting himself on the back for having quit that job before the company went bankrupt.
Ça s'applaudit!	That's something to be proud of!

regular -er verb

j'apporte · j'apportai · apporté · apportant

Present		Passé Composé	
j'apporte	nous apportons	j'ai apporté	nous avons apporté
tu apportes	vous apportez	tu as apporté	vous avez apporté
il/elle apporte	ils/elles apportent	il/elle a apporté	ils/elles ont apporté

Imperfect		Pluperfect	
j'apportais	nous apportions	j'avais apporté	nous avions apporté
tu apportais	vous apportiez	tu avais apporté	vous aviez apporté
il/elle apportait	ils/elles apportaient	il/elle avait apporté	ils/elles avaient apporté

Passé Simple		Past Anterior	
j'apportai	nous apportâmes	j'eus apporté	nous eûmes apporté
tu apportas	vous apportâtes	tu eus apporté	vous eûtes apporté
il/elle apporta	ils/elles apportèrent	il/elle eut apporté	ils/elles eurent apporté

Future		Future Anterior	
j'apporterai	nous apporterons	j'aurai apporté	nous aurons apporté
tu apporteras	vous apporterez	tu auras apporté	vous aurez apporté
il/elle apportera	ils/elles apporteront	il/elle aura apporté	ils/elles auront apporté

Conditional		Past Conditional	
j'apporterais	nous apporterions	j'aurais apporté	nous aurions apporté
tu apporterais	vous apporteriez	tu aurais apporté	vous auriez apporté
il/elle apporterait	ils/elles apporteraient	il/elle aurait apporté	ils/elles auraient apporté

Present Subjunctive		Past Subjunctive	
que j'apporte	que nous apportions	que j'aie apporté	que nous ayons apporté
que tu apportes	que vous apportiez	que tu aies apporté	que vous ayez apporté
qu'il/elle apporte	qu'ils/elles apportent	qu'il/elle ait apporté	qu'ils/elles aient apporté

Imperfect Subjunctive		Pluperfect Subjunctive	
que j'apportasse	que nous apportassions	que j'eusse apporté	que nous eussions apporté
que tu apportasses	que vous apportassiez	que tu eusses apporté	que vous eussiez apporté
qu'il/elle apportât	qu'ils/elles apportassent	qu'il/elle eût apporté	qu'ils/elles eussent apporté

Commands

	(nous) apportons
(tu) apporte	(vous) apportez

apporter qqch à qqn	to bring something to someone
Apporte-le-nous en descendant.	Bring it to us when you come downstairs.
Ce contrat va vous apporter des ennuis.	That contract will spell trouble for you.
Son discours n'a rien apporté d'intéressant.	His speech contributed nothing interesting.
Il a apporté sa contribution à l'informatique.	He made his contribution to computer science.
Sa déclaration apporte de l'eau à mon moulin.	His statement is grist for the mill.
Il faudra apporter du soin à cette tâche.	You will have to use care in this task.
Sa lettre m'a apporté beaucoup de satisfaction.	His letter brought me a great deal of satisfaction.
Le président de la République apporte le soutien de la France à ce pays déchiré par la guerre.	The president of France offers French support to this war-torn country.

RELATED WORDS AND EXPRESSIONS

l'apport (m)   contribution

apprendre *to learn*

j'apprends · j'appris · appris · apprenant   irregular verb

Present
j'apprends	nous apprenons
tu apprends	vous apprenez
il/elle apprend	ils/elles apprennent

Passé Composé
j'ai appris	nous avons appris
tu as appris	vous avez appris
il/elle a appris	ils/elles ont appris

Imperfect
j'apprenais	nous apprenions
tu apprenais	vous appreniez
il/elle apprenait	ils/elles apprenaient

Pluperfect
j'avais appris	nous avions appris
tu avais appris	vous aviez appris
il/elle avait appris	ils/elles avaient appris

Passé Simple
j'appris	nous apprîmes
tu appris	vous apprîtes
il/elle apprit	ils/elles apprirent

Past Anterior
j'eus appris	nous eûmes appris
tu eus appris	vous eûtes appris
il/elle eut appris	ils/elles eurent appris

Future
j'apprendrai	nous apprendrons
tu apprendras	vous apprendrez
il/elle apprendra	ils/elles apprendront

Future Anterior
j'aurai appris	nous aurons appris
tu auras appris	vous aurez appris
il/elle aura appris	ils/elles auront appris

Conditional
j'apprendrais	nous apprendrions
tu apprendrais	vous apprendriez
il/elle apprendrait	ils/elles apprendraient

Past Conditional
j'aurais appris	nous aurions appris
tu aurais appris	vous auriez appris
il/elle aurait appris	ils/elles auraient appris

Present Subjunctive
que j'apprenne	que nous apprenions
que tu apprennes	que vous appreniez
qu'il/elle apprenne	qu'ils/elles apprennent

Past Subjunctive
que j'aie appris	que nous ayons appris
que tu aies appris	que vous ayez appris
qu'il/elle ait appris	qu'ils/elles aient appris

Imperfect Subjunctive
que j'apprisse	que nous apprissions
que tu apprisses	que vous apprissiez
qu'il/elle apprît	qu'ils/elles apprissent

Pluperfect Subjunctive
que j'eusse appris	que nous eussions appris
que tu eusses appris	que vous eussiez appris
qu'il/elle eût appris	qu'ils/elles eussent appris

Commands
	(nous) apprenons
(tu) apprends	(vous) apprenez

USAGE

apprendre à faire qqch	to learn how to do something
J'ai appris à nager à l'âge de six ans.	I learned how to swim when I was six.
Ce programme s'apprend facilement.	This program is easily learned.
J'ai appris que votre mère était souffrante.	I learned that your mother was ill.
Nous avons appris la nouvelle par la télé.	We heard the news on the TV.
apprendre à qqn à faire qqch	to teach someone to do something
Il m'a appris à programmer.	He taught me how to program.
Je t'apprendrai à vivre!	I'll teach you (a lesson)! / I'll teach you a thing or two!
Je vais t'apprendre à me répondre sur ce ton!	I'll teach you to answer me in that tone of voice!

RELATED WORDS AND EXPRESSIONS

l'apprentissage (m)	learning
un apprenti / une apprentie	an apprentice; a learner

regular -er reflexive verb;
compound tenses with être

je m'approche · je m'approchai · s'étant approché · s'approchant

Present

je m'approche	nous nous approchons
tu t'approches	vous vous approchez
il/elle s'approche	ils/elles s'approchent

Passé Composé

je me suis approché(e)	nous nous sommes approché(e)s
tu t'es approché(e)	vous vous êtes approché(e)(s)
il/elle s'est approché(e)	ils/elles se sont approché(e)s

Imperfect

je m'approchais	nous nous approchions
tu t'approchais	vous vous approchiez
il/elle s'approchait	ils/elles s'approchaient

Pluperfect

je m'étais approché(e)	nous nous étions approché(e)s
tu t'étais approché(e)	vous vous étiez approché(e)(s)
il/elle s'était approché(e)	ils/elles s'étaient approché(e)s

Passé Simple

je m'approchai	nous nous approchâmes
tu t'approchas	vous vous approchâtes
il/elle s'approcha	ils/elles s'approchèrent

Past Anterior

je me fus approché(e)	nous nous fûmes approché(e)s
tu te fus approché(e)	vous vous fûtes approché(e)(s)
il/elle se fut approché(e)	ils/elles se furent approché(e)s

Future

je m'approcherai	nous nous approcherons
tu t'approcheras	vous vous approcherez
il/elle s'approchera	ils/elles s'approcheront

Future Anterior

je me serai approché(e)	nous nous serons approché(e)s
tu te seras approché(e)	vous vous serez approché(e)(s)
il/elle se sera approché(e)	ils/elles se seront approché(e)s

Conditional

je m'approcherais	nous nous approcherions
tu t'approcherais	vous vous approcheriez
il/elle s'approcherait	ils/elles s'approcheraient

Past Conditional

je me serais approché(e)	nous nous serions approché(e)s
tu te serais approché(e)	vous vous seriez approché(e)(s)
il/elle se serait approché(e)	ils/elles se seraient approché(e)s

Present Subjunctive

que je m'approche	que nous nous approchions
que tu t'approches	que vous vous approchiez
qu'il/elle s'approche	qu'ils/elles s'approchent

Past Subjunctive

que je me sois approché(e)	que nous nous soyons approché(e)s
que tu te sois approché(e)	que vous vous soyez approché(e)(s)
qu'il/elle se soit approché(e)	qu'ils/elles se soient approché(e)s

Imperfect Subjunctive

que je m'approchasse	que nous nous approchassions
que tu t'approchasses	que vous vous approchassiez
qu'il/elle s'approchât	qu'ils/elles s'approchassent

Pluperfect Subjunctive

que je me fusse approché(e)	que nous nous fussions approché(e)s
que tu te fusses approché(e)	que vous vous fussiez approché(e)(s)
qu'il/elle se fût approché(e)	qu'ils/elles se fussent approché(e)s

Commands

| | (nous) approchons-nous |
| (tu) approche-toi | (vous) approchez-vous |

USAGE

s'approcher de qqch/qqn	to approach / come close to / come near to
La voiture s'approcha de l'immeuble.	The car came close to the apartment house.
Ne vous approchez pas de nous!	Don't come near us!
Le chanteur s'est approché du micro.	The singer came up to the mike.
Ce poème s'approche de la perfection.	This poem comes close to perfection.
s'approcher de qqch à pas de loup	to sneak up on something stealthily
Il s'approche de la quarantaine.	He's getting close to forty.
Dis-moi si je m'approche.	Tell me if I'm getting close. (to the answer, to finding something)

RELATED WORDS AND EXPRESSIONS

l'approche (f)	approach
à l'approche des examens	when exam time draws near
être d'approche facile	to be approachable

approfondir *to deepen; to study thoroughly, go into deeply*

j'approfondis · j'approfondis · approfondi · approfondissant   regular -ir verb

Present

j'approfondis	nous approfondissons
tu approfondis	vous approfondissez
il/elle approfondit	ils/elles approfondissent

Passé Composé

j'ai approfondi	nous avons approfondi
tu as approfondi	vous avez approfondi
il/elle a approfondi	ils/elles ont approfondi

Imperfect

j'approfondissais	nous approfondissions
tu approfondissais	vous approfondissiez
il/elle approfondissait	ils/elles approfondissaient

Pluperfect

j'avais approfondi	nous avions approfondi
tu avais approfondi	vous aviez approfondi
il/elle avait approfondi	ils/elles avaient approfondi

Passé Simple

j'approfondis	nous approfondîmes
tu approfondis	vous approfondîtes
il/elle approfondit	ils/elles approfondirent

Past Anterior

j'eus approfondi	nous eûmes approfondi
tu eus approfondi	vous eûtes approfondi
il/elle eut approfondi	ils/elles eurent approfondi

Future

j'approfondirai	nous approfondirons
tu approfondiras	vous approfondirez
il/elle approfondira	ils/elles approfondiront

Future Anterior

j'aurai approfondi	nous aurons approfondi
tu auras approfondi	vous aurez approfondi
il/elle aura approfondi	ils/elles auront approfondi

Conditional

j'approfondirais	nous approfondirions
tu approfondirais	vous approfondiriez
il/elle approfondirait	ils/elles approfondiraient

Past Conditional

j'aurais approfondi	nous aurions approfondi
tu aurais approfondi	vous auriez approfondi
il/elle aurait approfondi	ils/elles auraient approfondi

Present Subjunctive

que j'approfondisse	que nous approfondissions
que tu approfondisses	que vous approfondissiez
qu'il/elle approfondisse	qu'ils/elles approfondissent

Past Subjunctive

que j'aie approfondi	que nous ayons approfondi
que tu aies approfondi	que vous ayez approfondi
qu'il/elle ait approfondi	qu'ils/elles aient approfondi

Imperfect Subjunctive

que j'approfondisse	que nous approfondissions
que tu approfondisses	que vous approfondissiez
qu'il/elle approfondît	qu'ils/elles approfondissent

Pluperfect Subjunctive

que j'eusse approfondi	que nous eussions approfondi
que tu eusses approfondi	que vous eussiez approfondi
qu'il/elle eût approfondi	qu'ils/elles eussent approfondi

Commands

	(nous) approfondissons
(tu) approfondis	(vous) approfondissez

USAGE

Les ingénieurs ont proposé d'approfondir le canal.	The engineers suggested deepening the canal.
Il faut approfondir ce puits.	This well has to be made deeper.
Il faut un examen approfondi de la question.	The matter requires thorough study.
Nous avons discuté du thème sans approfondir.	We discussed the subject superficially.
La police voudra approfondir ce sujet.	The police will want to delve further into this topic.
Notre équipe va approfondir la question.	Our team will go deeper into the matter.
Il est allé en France pour approfondir sa connaissance de la langue française.	He went to France to increase his knowledge of the French language.

RELATED WORDS AND EXPRESSIONS

l'approfondissement (m)	deepening/increasing (of knowledge)
l'approfondissement des connaissances	increase in knowledge

regular -er verb

j'approuve · j'approuvai · approuvé · approuvant

Present		Passé Composé	
j'approuve	nous approuvons	j'ai approuvé	nous avons approuvé
tu approuves	vous approuvez	tu as approuvé	vous avez approuvé
il/elle approuve	ils/elles approuvent	il/elle a approuvé	ils/elles ont approuvé

Imperfect		Pluperfect	
j'approuvais	nous approuvions	j'avais approuvé	nous avions approuvé
tu approuvais	vous approuviez	tu avais approuvé	vous aviez approuvé
il/elle approuvait	ils/elles approuvaient	il/elle avait approuvé	ils/elles avaient approuvé

Passé Simple		Past Anterior	
j'approuvai	nous approuvâmes	j'eus approuvé	nous eûmes approuvé
tu approuvas	vous approuvâtes	tu eus approuvé	vous eûtes approuvé
il/elle approuva	ils/elles approuvèrent	il/elle eut approuvé	ils/elles eurent approuvé

Future		Future Anterior	
j'approuverai	nous approuverons	j'aurai approuvé	nous aurons approuvé
tu approuveras	vous approuverez	tu auras approuvé	vous aurez approuvé
il/elle approuvera	ils/elles approuveront	il/elle aura approuvé	ils/elles auront approuvé

Conditional		Past Conditional	
j'approuverais	nous approuverions	j'aurais approuvé	nous aurions approuvé
tu approuverais	vous approuveriez	tu aurais approuvé	vous auriez approuvé
il/elle approuverait	ils/elles approuveraient	il/elle aurait approuvé	ils/elles auraient approuvé

Present Subjunctive		Past Subjunctive	
que j'approuve	que nous approuvions	que j'aie approuvé	que nous ayons approuvé
que tu approuves	que vous approuviez	que tu aies approuvé	que vous ayez approuvé
qu'il/elle approuve	qu'ils/elles approuvent	qu'il/elle ait approuvé	qu'ils/elles aient approuvé

Imperfect Subjunctive		Pluperfect Subjunctive	
que j'approuvasse	que nous approuvassions	que j'eusse approuvé	que nous eussions approuvé
que tu approuvasses	que vous approuvassiez	que tu eusses approuvé	que vous eussiez approuvé
qu'il/elle approuvât	qu'ils/elles approuvassent	qu'il/elle eût approuvé	qu'ils/elles eussent approuvé

Commands

	(nous) approuvons
(tu) approuve	(vous) approuvez

USAGE

Je n'approuve pas votre démarche.	I don't approve of the way you've gone about it.
Il n'approuve pas la conduite de sa sœur.	He doesn't approve of his sister's behavior.
Mon père n'approuve pas que nous sortions ensemble.	My father doesn't approve of our dating.
Elle ne se sent pas approuvée.	She doesn't feel she has the approval of others.
J'ai renoncé à mon poste. J'espère que vous m'approuvez.	I have quit my job. I hope you agree with me.
approuver un projet de loi	to pass a bill

RELATED WORDS AND EXPRESSIONS

l'approbation (f)	approval
Il désire notre approbation.	He wants our approval.
Ses idées ne sont pas dignes d'approbation.	His ideas are unworthy of approval / being approved.

s'appuyer *to lean on*

je m'appuie · je m'appuyai · s'appuyé · s'appuyant

regular -er reflexive verb; spelling change:
y > i/mute e; compound tenses with être

Present

je m'appuie	nous nous appuyons
tu t'appuies	vous vous appuyez
il/elle s'appuie	ils/elles s'appuient

Passé Composé

je me suis appuyé(e)	nous nous sommes appuyé(e)s
tu t'es appuyé(e)	vous vous êtes appuyé(e)(s)
il/elle s'est appuyé(e)	ils/elles se sont appuyé(e)s

Imperfect

je m'appuyais	nous nous appuyions
tu t'appuyais	vous vous appuyiez
il/elle s'appuyait	ils/elles s'appuyaient

Pluperfect

je m'étais appuyé(e)	nous nous étions appuyé(e)s
tu t'étais appuyé(e)	vous vous étiez appuyé(e)(s)
il/elle s'était appuyé(e)	ils/elles s'étaient appuyé(e)s

Passé Simple

je m'appuyai	nous nous appuyâmes
tu t'appuyas	vous vous appuyâtes
il/elle s'appuya	ils/elles s'appuyèrent

Past Anterior

je me fus appuyé(e)	nous nous fûmes appuyé(e)s
tu te fus appuyé(e)	vous vous fûtes appuyé(e)(s)
il/elle se fut appuyé(e)	ils/elles se furent appuyé(e)s

Future

je m'appuierai	nous nous appuierons
tu t'appuieras	vous vous appuierez
il/elle s'appuiera	ils/elles s'appuieront

Future Anterior

je me serai appuyé(e)	nous nous serons appuyé(e)s
tu te seras appuyé(e)	vous vous serez appuyé(e)(s)
il/elle se sera appuyé(e)	ils/elles se seront appuyé(e)s

Conditional

je m'appuierais	nous nous appuierions
tu t'appuierais	vous vous appuieriez
il/elle s'appuierait	ils/elles s'appuieraient

Past Conditional

je me serais appuyé(e)	nous nous serions appuyé(e)s
tu te serais appuyé(e)	vous vous seriez appuyé(e)(s)
il/elle se serait appuyé(e)	ils/elles se seraient appuyé(e)s

Present Subjunctive

que je m'appuie	que nous nous appuyions
que tu t'appuies	que vous vous appuyiez
qu'il/elle s'appuie	qu'ils/elles s'appuient

Past Subjunctive

que je me sois appuyé(e)	que nous nous soyons appuyé(e)s
que tu te sois appuyé(e)	que vous vous soyez appuyé(e)(s)
qu'il/elle se soit appuyé(e)	qu'ils/elles se soient appuyé(e)s

Imperfect Subjunctive

que je m'appuyasse	que nous nous appuyassions
que tu t'appuyasses	que vous vous appuyassiez
qu'il/elle s'appuyât	qu'ils/elles s'appuyassent

Pluperfect Subjunctive

que je me fusse appuyé(e)	que nous nous fussions appuyé(e)s
que tu te fusses appuyé(e)	que vous vous fussiez appuyé(e)(s)
qu'il/elle se fût appuyé(e)	qu'ils/elles se fussent appuyé(e)s

Commands

	(nous) appuyons-nous
(tu) appuie-toi	(vous) appuyez-vous

---

s'appuyer sur/contre qqch	to lean on something
Appuyez-vous à mon bras.	Lean on my arm.
Je m'appuie sur vous.	I'm counting on you.
Il s'appuie sur mon amitié.	He's counting on my friendship.
Je m'appuie sur votre article dans ma conférence.	I'm using your article as a basis for my lecture.
Aujourd'hui je m'appuie les courses.	I'll take on the errands today.
Je me suis appuyé une année de six cours.	I forced myself to take six courses in one year.

RELATED WORDS AND EXPRESSIONS

l'appui *(m)*	support/backing
à l'appui de sa thèse	in support of his thesis
appuyer	to press
appuyer sur le bouton	to press the button

regular -er verb | j'arrache · j'arrachai · arraché · arrachant

Present

j'arrache	nous arrachons
tu arraches	vous arrachez
il/elle arrache	ils/elles arrachent

Imperfect

j'arrachais	nous arrachions
tu arrachais	vous arrachiez
il/elle arrachait	ils/elles arrachaient

Passé Simple

j'arrachai	nous arrachâmes
tu arrachas	vous arrachâtes
il/elle arracha	ils/elles arrachèrent

Future

j'arracherai	nous arracherons
tu arracheras	vous arracherez
il/elle arrachera	ils/elles arracheront

Conditional

j'arracherais	nous arracherions
tu arracherais	vous arracheriez
il/elle arracherait	ils/elles arracheraient

Passé Composé

j'ai arraché	nous avons arraché
tu as arraché	vous avez arraché
il/elle a arraché	ils/elles ont arraché

Pluperfect

j'avais arraché	nous avions arraché
tu avais arraché	vous aviez arraché
il/elle avait arraché	ils/elles avaient arraché

Past Anterior

j'eus arraché	nous eûmes arraché
tu eus arraché	vous eûtes arraché
il/elle eut arraché	ils/elles eurent arraché

Future Anterior

j'aurai arraché	nous aurons arraché
tu auras arraché	vous aurez arraché
il/elle aura arraché	ils/elles auront arraché

Past Conditional

j'aurais arraché	nous aurions arraché
tu aurais arraché	vous auriez arraché
il/elle aurait arraché	ils/elles auraient arraché

Present Subjunctive

que j'arrache	que nous arrachions
que tu arraches	que vous arrachiez
qu'il/elle arrache	qu'ils/elles arrachent

Imperfect Subjunctive

que j'arrachasse	que nous arrachassions
que tu arrachasses	que vous arrachassiez
qu'il/elle arrachât	qu'ils/elles arrachassent

Past Subjunctive

que j'aie arraché	que nous ayons arraché
que tu aies arraché	que vous ayez arraché
qu'il/elle ait arraché	qu'ils/elles aient arraché

Pluperfect Subjunctive

que j'eusse arraché	que nous eussions arraché
que tu eusses arraché	que vous eussiez arraché
qu'il/elle eût arraché	qu'ils/elles eussent arraché

Commands

	(nous) arrachons
(tu) arrache	(vous) arrachez

USAGE

Les médecins l'ont arraché de la mort.	The doctors snatched him from death.
arracher un clou	to pull out a nail
arracher une dent	to pull a tooth
Il faut que je me fasse arracher une dent.	I've got to have a tooth pulled.
arracher les mauvaises herbes	to weed
Il m'a arraché une promesse de lui prêter de l'argent.	He wrung a promise from me to lend him money.
La police a réussi à lui arracher un aveu.	The police managed to get a confession out of him.
On adore ce groupe. On arrache leurs CD.	People love this group. Their CDs are selling like hotcakes.
Son coup de fil m'a arraché du lit à cinq heures.	His call got me out of bed at five o'clock.

RELATED WORDS AND EXPRESSIONS

s'arracher les cheveux	to pull one's hair out
s'arracher les yeux	to scratch each other's eyes out

60 (**arranger**) *to fix up, make livable*

j'arrange · j'arrangeai · arrangé · arrangeant

regular -er verb;
spelling change: g > ge/a, o

Present
j'arrange	nous arrangeons
tu arranges	vous arrangez
il/elle arrange	ils/elles arrangent

Passé Composé
j'ai arrangé	nous avons arrangé
tu as arrangé	vous avez arrangé
il/elle a arrangé	ils/elles ont arrangé

Imperfect
j'arrangeais	nous arrangions
tu arrangeais	vous arrangiez
il/elle arrangeait	ils/elles arrangeaient

Pluperfect
j'avais arrangé	nous avions arrangé
tu avais arrangé	vous aviez arrangé
il/elle avait arrangé	ils/elles avaient arrangé

Passé Simple
j'arrangeai	nous arrangeâmes
tu arrangeas	vous arrangeâtes
il/elle arrangea	ils/elles arrangèrent

Past Anterior
j'eus arrangé	nous eûmes arrangé
tu eus arrangé	vous eûtes arrangé
il/elle eut arrangé	ils/elles eurent arrangé

Future
j'arrangerai	nous arrangerons
tu arrangeras	vous arrangerez
il/elle arrangera	ils/elles arrangeront

Future Anterior
j'aurai arrangé	nous aurons arrangé
tu auras arrangé	vous aurez arrangé
il/elle aura arrangé	ils/elles auront arrangé

Conditional
j'arrangerais	nous arrangerions
tu arrangerais	vous arrangeriez
il/elle arrangerait	ils/elles arrangeraient

Past Conditional
j'aurais arrangé	nous aurions arrangé
tu aurais arrangé	vous auriez arrangé
il/elle aurait arrangé	ils/elles auraient arrangé

Present Subjunctive
que j'arrange	que nous arrangions
que tu arranges	que vous arrangiez
qu'il/elle arrange	qu'ils/elles arrangent

Past Subjunctive
que j'aie arrangé	que nous ayons arrangé
que tu aies arrangé	que vous ayez arrangé
qu'il/elle ait arrangé	qu'ils/elles aient arrangé

Imperfect Subjunctive
que j'arrangeasse	que nous arrangeassions
que tu arrangeasses	que vous arrangeassiez
qu'il/elle arrangeât	qu'ils/elles arrangeassent

Pluperfect Subjunctive
que j'eusse arrangé	que nous eussions arrangé
que tu eusses arrangé	que vous eussiez arrangé
qu'il/elle eût arrangé	qu'ils/elles eussent arrangé

Commands
	(nous) arrangeons
(tu) arrange	(vous) arrangez

USAGE

Il te faudra t'arranger du sofa pour dormir.	You'll have to make do with the sofa for sleeping.
arranger sa coiffure	to straighten up one's hair / put one's hair in place
arranger sa cravate	to straighten one's tie
arranger sa vie	to organize one's life
Ça m'arrange.	That suits me / is good for me.
Ça ne nous arrange pas.	That doesn't help us.
arranger une réunion / un match à l'avance	to arrange a meeting / a sporting event in advance
On lui a arrangé un rendez-vous avec Louis.	They fixed her up with Louis.
Tout ça va s'arranger, ne t'en fais pas.	Everything will work out all right, don't worry.
Arrange-toi pour finir tes devoirs.	Do what you have to do to get your homework done.
Il est très facile à vivre. Il s'arrange de tout.	He's easy to get along with. He's easygoing.
Je m'arrangerai pour que tout finisse bien.	I'll work things out so that everything ends well.

regular -er verb

j'arrête · j'arrêtai · arrêté · arrêtant

Present	
j'arrête	nous arrêtons
tu arrêtes	vous arrêtez
il/elle arrête	ils/elles arrêtent

Passé Composé	
j'ai arrêté	nous avons arrêté
tu as arrêté	vous avez arrêté
il/elle a arrêté	ils/elles ont arrêté

Imperfect	
j'arrêtais	nous arrêtions
tu arrêtais	vous arrêtiez
il/elle arrêtait	ils/elles arrêtaient

Pluperfect	
j'avais arrêté	nous avions arrêté
tu avais arrêté	vous aviez arrêté
il/elle avait arrêté	ils/elles avaient arrêté

Passé Simple	
j'arrêtai	nous arrêtâmes
tu arrêtas	vous arrêtâtes
il/elle arrêta	ils/elles arrêtèrent

Past Anterior	
j'eus arrêté	nous eûmes arrêté
tu eus arrêté	vous eûtes arrêté
il/elle eut arrêté	ils/elles eurent arrêté

Future	
j'arrêterai	nous arrêterons
tu arrêteras	vous arrêterez
il/elle arrêtera	ils/elles arrêteront

Future Anterior	
j'aurai arrêté	nous aurons arrêté
tu auras arrêté	vous aurez arrêté
il/elle aura arrêté	ils/elles auront arrêté

Conditional	
j'arrêterais	nous arrêterions
tu arrêterais	vous arrêteriez
il/elle arrêterait	ils/elles arrêteraient

Past Conditional	
j'aurais arrêté	nous aurions arrêté
tu aurais arrêté	vous auriez arrêté
il/elle aurait arrêté	ils/elles auraient arrêté

Present Subjunctive	
que j'arrête	que nous arrêtions
que tu arrêtes	que vous arrêtiez
qu'il/elle arrête	qu'ils/elles arrêtent

Past Subjunctive	
que j'aie arrêté	que nous ayons arrêté
que tu aies arrêté	que vous ayez arrêté
qu'il/elle ait arrêté	qu'ils/elles aient arrêté

Imperfect Subjunctive	
que j'arrêtasse	que nous arrêtassions
que tu arrêtasses	que vous arrêtassiez
qu'il/elle arrêtât	qu'ils/elles arrêtassent

Pluperfect Subjunctive	
que j'eusse arrêté	que nous eussions arrêté
que tu eusses arrêté	que vous eussiez arrêté
qu'il/elle eût arrêté	qu'ils/elles eussent arrêté

Commands

	(nous) arrêtons
(tu) arrête	(vous) arrêtez

USAGE

Il a arrêté la voiture devant le cinéma.	He stopped the car in front of the movie theater.
À quelle heure la station arrête-t-elle ses émissions?	At what time does the station sign off?
arrêter des dispositions générales	to lay down basic rules
arrêter un plan	to decide on / finalize a plan
arrêter une décision	to make a decision
arrêter ses études	to give up one's studies
arrêter le football	to give up soccer
arrêter de fumer	to stop smoking
Les enfants n'arrêtent pas de pleurer.	The children just won't stop crying.
On ne l'arrête pas de parler.	You just can't shut her up / get her to stop talking.
Rien ne peut les arrêter.	Nothing can stop them.
se faire arrêter	to get arrested
Je vous arrête!	I must interrupt you.
Arrête ton char! Il ne t'a pas dit ça.	Lay off, will you! He didn't tell you that.

s'arrêter *to stop*

je m'arrête · je m'arrêtai · s'étant arrêté · s'arrêtant

regular -er reflexive verb; compound tenses with être

Present

je m'arrête	nous nous arrêtons
tu t'arrêtes	vous vous arrêtez
il/elle s'arrête	ils/elles s'arrêtent

Passé Composé

je me suis arrêté(e)	nous nous sommes arrêté(e)s
tu t'es arrêté(e)	vous vous êtes arrêté(e)(s)
il/elle s'est arrêté(e)	ils/elles se sont arrêté(e)s

Imperfect

je m'arrêtais	nous nous arrêtions
tu t'arrêtais	vous vous arrêtiez
il/elle s'arrêtait	ils/elles s'arrêtaient

Pluperfect

je m'étais arrêté(e)	nous nous étions arrêté(e)s
tu t'étais arrêté(e)	vous vous étiez arrêté(e)(s)
il/elle s'était arrêté(e)	ils/elles s'étaient arrêté(e)s

Passé Simple

je m'arrêtai	nous nous arrêtâmes
tu t'arrêtas	vous vous arrêtâtes
il/elle s'arrêta	ils/elles s'arrêtèrent

Past Anterior

je me fus arrêté(e)	nous nous fûmes arrêté(e)s
tu te fus arrêté(e)	vous vous fûtes arrêté(e)(s)
il/elle se fut arrêté(e)	ils/elles se furent arrêté(e)s

Future

je m'arrêterai	nous nous arrêterons
tu t'arrêteras	vous vous arrêterez
il/elle s'arrêtera	ils/elles s'arrêteront

Future Anterior

je me serai arrêté(e)	nous nous serons arrêté(e)s
tu te seras arrêté(e)	vous vous serez arrêté(e)(s)
il/elle se sera arrêté(e)	ils/elles se seront arrêté(e)s

Conditional

je m'arrêterais	nous nous arrêterions
tu t'arrêterais	vous vous arrêteriez
il/elle s'arrêterait	ils/elles s'arrêteraient

Past Conditional

je me serais arrêté(e)	nous nous serions arrêté(e)s
tu te serais arrêté(e)	vous vous seriez arrêté(e)(s)
il/elle se serait arrêté(e)	ils/elles se seraient arrêté(e)s

Present Subjunctive

que je m'arrête	que nous nous arrêtions
que tu t'arrêtes	que vous vous arrêtiez
qu'il/elle s'arrête	qu'ils/elles s'arrêtent

Past Subjunctive

que je me sois arrêté(e)	que nous nous soyons arrêté(e)s
que tu te sois arrêté(e)	que vous vous soyez arrêté(e)(s)
qu'il/elle se soit arrêté(e)	qu'ils/elles se soient arrêté(e)s

Imperfect Subjunctive

que je m'arrêtasse	que nous nous arrêtassions
que tu t'arrêtasses	que vous vous arrêtassiez
qu'il/elle s'arrêtât	qu'ils/elles s'arrêtassent

Pluperfect Subjunctive

que je me fusse arrêté(e)	que nous nous fussions arrêté(e)s
que tu te fusses arrêté(e)	que vous vous fussiez arrêté(e)(s)
qu'il/elle se fût arrêté(e)	qu'ils/elles se fussent arrêté(e)s

---

Commands

	(nous) arrêtons-nous
(tu) arrête-toi	(vous) arrêtez-vous

USAGE

Le train s'est arrêté dans le village.	*The train stopped in the village.*
On va s'arrêter au prochain relais.	*We'll stop at the next service area.*
s'arrêter net/court	*to stop short/suddenly*
On s'arrête une semaine dans le Midi.	*We'll stay for a week in southern France.*
Tu dois t'arrêter pour te reposer.	*You ought to stop to rest.*
Dans notre bureau on s'arrête à cinq heures.	*In our office we stop work at five o'clock.*
On s'arrête aux détails.	*We're paying too much attention to details.*
Je me suis arrêté en cours de route pour consulter à nouveau ma carte.	*I stopped during my trip to look at my map again.*

RELATED WORDS AND EXPRESSIONS

l'arrêt *(m)*	*stop* (bus, train)
l'arrêt d'autobus	*bus stop*
On descend au prochain arrêt.	*We get off at the next stop.*

regular -er verb; compound tenses with être

j'arrive · j'arrivai · arrivé · arrivant

Present	
j'arrive	nous arrivons
tu arrives	vous arrivez
il/elle arrive	ils/elles arrivent

Passé Composé	
je suis arrivé(e)	nous sommes arrivé(e)s
tu es arrivé(e)	vous êtes arrivé(e)(s)
il/elle est arrivé(e)	ils/elles sont arrivé(e)s

Imperfect	
j'arrivais	nous arrivions
tu arrivais	vous arriviez
il/elle arrivait	ils/elles arrivaient

Pluperfect	
j'étais arrivé(e)	nous étions arrivé(e)s
tu étais arrivé(e)	vous étiez arrivé(e)(s)
il/elle était arrivé(e)	ils/elles étaient arrivé(e)s

Passé Simple	
j'arrivai	nous arrivâmes
tu arrivas	vous arrivâtes
il/elle arriva	ils/elles arrivèrent

Past Anterior	
je fus arrivé(e)	nous fûmes arrivé(e)s
tu fus arrivé(e)	vous fûtes arrivé(e)(s)
il/elle fut arrivé(e)	ils/elles furent arrivé(e)s

Future	
j'arriverai	nous arriverons
tu arriveras	vous arriverez
il/elle arrivera	ils/elles arriveront

Future Anterior	
je serai arrivé(e)	nous serons arrivé(e)s
tu seras arrivé(e)	vous serez arrivé(e)(s)
il/elle sera arrivé(e)	ils/elles seront arrivé(e)s

Conditional	
j'arriverais	nous arriverions
tu arriverais	vous arriveriez
il/elle arriverait	ils/elles arriveraient

Past Conditional	
je serais arrivé(e)	nous serions arrivé(e)s
tu serais arrivé(e)	vous seriez arrivé(e)(s)
il/elle serait arrivé(e)	ils/elles seraient arrivé(e)s

Present Subjunctive	
que j'arrive	que nous arrivions
que tu arrives	que vous arriviez
qu'il/elle arrive	qu'ils/elles arrivent

Past Subjunctive	
que je sois arrivé(e)	que nous soyons arrivé(e)s
que tu sois arrivé(e)	que vous soyez arrivé(e)(s)
qu'il/elle soit arrivé(e)	qu'ils/elles soient arrivé(e)s

Imperfect Subjunctive	
que j'arrivasse	que nous arrivassions
que tu arrivasses	que vous arrivassiez
qu'il/elle arrivât	qu'ils/elles arrivassent

Pluperfect Subjunctive	
que je fusse arrivé(e)	que nous fussions arrivé(e)s
que tu fusses arrivé(e)	que vous fussiez arrivé(e)(s)
qu'il/elle fût arrivé(e)	qu'ils/elles fussent arrivé(e)s

Commands

	(nous) arrivons
(tu) arrive	(vous) arrivez

USAGE

L'avion arrive à quelle heure?	What time does the plane arrive?
Il faut que vous arriviez à l'heure.	You have to arrive on time.
Nous sommes arrivés en taxi.	We came by cab.
Votre paquet n'est pas encore arrivé.	Your package hasn't gotten here yet.
Il commence à faire chaud. L'été arrive.	It's beginning to get warm. Summer is almost here.
Je suis arrivé chez moi à six heures.	I got home at six o'clock.
Quand êtes-vous arrivé à Paris?	When did you get to Paris?
☻ —Où est Jean-Christophe?	Where is Jean-Christophe?
—Il arrive.	He'll be here any minute.

RELATED WORDS AND EXPRESSIONS

l'arrivée (f)	arrival
Il se présentera à nous à notre arrivée.	He'll introduce himself to us when we get there.
Depuis son arrivée, il se plaint de tout.	He's been complaining about everything since he got here.

(arriver) *to arrive, get to*

j'arrive · j'arrivai · arrivé · arrivant   regular -er verb; compound tenses with être

---

arriver pour les déplacements

☻ —Tu es arrivé en autobus?	*Did you get here by bus?*
—Non, je suis arrivé à pied.	*No, I walked / got here on foot.*
☻ —Le train de Bordeaux arrive quand, s'il vous plaît?	*When does the train from Bordeaux get here, please?*
—Il arrive en gare maintenant, quai numéro huit.	*It's pulling into the station now on platform eight.*
☻ —C'est loin l'adresse que nous cherchons?	*Is the address we're looking for far away?*
—Non, je crois que nous arrivons. Ah, voilà le numéro 20. Nous sommes arrivés.	*No, I think we're almost there. Ah, there's number 20. We're here.*

arriver = s'approcher, venir

—Marie! J'ai besoin de toi.	*Marie! I need you.*
—J'arrive, Madame.	*I'm coming, ma'am.*
☻ —Nos copains ne sont pas encore là?	*Our friends aren't here yet?*
—Les voilà qui arrivent.	*Here they come now.*
☻ —Tu es plus grand que ton oncle.	*You're taller than your uncle.*
—Oui, il m'arrive au menton.	*Yes, he comes up to my chin.*
Ton rival ne t'arrive pas à la cheville.	*Your rival can't hold a candle to you.*

arriver = réussir

Il prétend que son fils est arrivé lui-même.	*He claims that his son is a self-made man.*
arriver à faire qqch	*to manage to do something*
Je n'arrive pas à le comprendre.	*I just can't understand him.*
☻ —Vous y arrivez, les enfants?	*Can you do it, children?*
—Non, maman, on n'y arrive pas.	*No, Mom, we can't do it.*

arriver = se passer, survenir

Sois prudent. Sinon, il t'arrivera malheur.	*Be careful. If you're not, something bad will happen to you.*
Cela n'arrive qu'à moi.	*Just my luck.*
Il nous arrive souvent des situations difficiles.	*We often find ourselves in difficult situations.*
Il m'arrive de dîner avec lui de temps en temps.	*I have dinner with him from time to time.*
S'il m'arrive de faire une gaffe, dites-le-moi.	*If I happen to make a blunder, tell me.*
Il peut arriver qu'il soit déjà parti.	*He may have left already.*

en arriver à

J'en arrive à me demander s'il pourra le faire.	*I'm beginning to wonder if he will be able to do it.*

RELATED WORDS AND EXPRESSIONS

l'arrivisme *(m)*	*pushiness / excessive ambition*
un/une arriviste	*an opportunist*
Les premiers arrivés seront les premiers servis.	*First come, first served.*

regular -er verb

j'arrose · j'arrosai · arrosé · arrosant

Present		Passé Composé	
j'arrose	nous arrosons	j'ai arrosé	nous avons arrosé
tu arroses	vous arrosez	tu as arrosé	vous avez arrosé
il/elle arrose	ils/elles arrosent	il/elle a arrosé	ils/elles ont arrosé

Imperfect		Pluperfect	
j'arrosais	nous arrosions	j'avais arrosé	nous avions arrosé
tu arrosais	vous arrosiez	tu avais arrosé	vous aviez arrosé
il/elle arrosait	ils/elles arrosaient	il/elle avait arrosé	ils/elles avaient arrosé

Passé Simple		Past Anterior	
j'arrosai	nous arrosâmes	j'eus arrosé	nous eûmes arrosé
tu arrosas	vous arrosâtes	tu eus arrosé	vous eûtes arrosé
il/elle arrosa	ils/elles arrosèrent	il/elle eut arrosé	ils/elles eurent arrosé

Future		Future Anterior	
j'arroserai	nous arroserons	j'aurai arrosé	nous aurons arrosé
tu arroseras	vous arroserez	tu auras arrosé	vous aurez arrosé
il/elle arrosera	ils/elles arroseront	il/elle aura arrosé	ils/elles auront arrosé

Conditional		Past Conditional	
j'arroserais	nous arroserions	j'aurais arrosé	nous aurions arrosé
tu arroserais	vous arroseriez	tu aurais arrosé	vous auriez arrosé
il/elle arroserait	ils/elles arroseraient	il/elle aurait arrosé	ils/elles auraient arrosé

Present Subjunctive		Past Subjunctive	
que j'arrose	que nous arrosions	que j'aie arrosé	que nous ayons arrosé
que tu arroses	que vous arrosiez	que tu aies arrosé	que vous ayez arrosé
qu'il/elle arrose	qu'ils/elles arrosent	qu'il/elle ait arrosé	qu'ils/elles aient arrosé

Imperfect Subjunctive		Pluperfect Subjunctive	
que j'arrosasse	que nous arrosassions	que j'eusse arrosé	que nous eussions arrosé
que tu arrosasses	que vous arrosassiez	que tu eusses arrosé	que vous eussiez arrosé
qu'il/elle arrosât	qu'ils/elles arrosassent	qu'il/elle eût arrosé	qu'ils/elles eussent arrosé

Commands

	(nous) arrosons
(tu) arrose	(vous) arrosez

USAGE

arroser les fleurs	to water the flowers
arroser le gazon	to water the lawn
arroser un succès	to drink to someone's success
Tu as trouvé un emploi? Ça s'arrose!	You found a job? Let's drink to that!
un dîner bien arrosé	a dinner at which a lot of wine was drunk
Elle arrosa le tombeau de ses larmes.	She wept profusely over the grave.
On n'avait pas de parapluie—on s'est donc fait arroser.	We had no umbrellas so we got soaked.
Le garçon a fait un faux pas et m'a arrosé de bière.	The waiter slipped and got beer all over me.
Ils ont arrosé la secrétaire pour être admis au bureau du PDG.	They bribed the secretary in order to be let in to see the CEO.
Le Rhône arrose Avignon.	The Rhône flows through Avignon.

s'asseoir *to sit down*

je m'assieds (*or* je m'assois) · je m'assis ·
s'étant assis · s'asseyant (*or* s'assoyant)

*irregular reflexive verb;
compound tenses with être*

Present

je m'assieds	nous nous asseyons
tu t'assieds	vous vous asseyez
il/elle s'assied	ils/elles s'asseyent

Passé Composé

je me suis assis(e)	nous nous sommes assis(es)
tu t'es assis(e)	vous vous êtes assis(e)/(es)
il/elle s'est assis(e)	ils/elles se sont assis(es)

Imperfect

je m'asseyais	nous nous asseyions
tu t'asseyais	vous vous asseyiez
il/elle s'asseyait	ils/elles s'asseyaient

Pluperfect

je m'étais assis(e)	nous nous étions assis(es)
tu t'étais assis(e)	vous vous étiez assis(e)/(es)
il/elle s'était assis(e)	ils/elles s'étaient assis(es)

Passé Simple

je m'assis	nous nous assîmes
tu t'assis	vous vous assîtes
il/elle s'assit	ils/elles s'assirent

Past Anterior

je me fus assis(e)	nous nous fûmes assis(es)
tu te fus assis(e)	vous vous fûtes assis(e)/(es)
il/elle se fut assis(e)	ils/elles se furent assis(es)

Future

je m'assiérai	nous nous assiérons
tu t'assiéras	vous vous assiérez
il/elle s'assiéra	ils/elles s'assiéront

Future Anterior

je me serai assis(e)	nous nous serons assis(es)
tu te seras assis(e)	vous vous serez assis(e)/(es)
il/elle se sera assis(e)	ils/elles se seront assis(es)

Conditional

je m'assiérais	nous nous assiérions
tu t'assiérais	vous vous assiériez
il/elle s'assiérait	ils/elles s'assiéraient

Past Conditional

je me serais assis(e)	nous nous serions assis(es)
tu te serais assis(e)	vous vous seriez assis(e)/(es)
il/elle se serait assis(e)	ils/elles se seraient assis(es)

Present Subjunctive

que je m'asseye	que nous nous asseyions
que tu t'asseyes	que vous vous asseyiez
qu'il/elle s'asseye	qu'ils/elles s'asseyent

Past Subjunctive

que je me sois assis(e)	que nous nous soyons assis(es)
que tu te sois assis(e)	que vous vous soyez assis(e)/(es)
qu'il/elle se soit assis(e)	qu'ils/elles se soient assis(es)

Imperfect Subjunctive

que je m'assisse	que nous nous assissions
que tu t'assisses	que vous vous assissiez
qu'il/elle s'assît	qu'ils/elles s'assissent

Pluperfect Subjunctive

que je me fusse assis(e)	que nous nous fussions assis(es)
que tu te fusses assis(e)	que vous vous fussiez assis(e)/(es)
qu'il/elle se fût assis(e)	qu'ils/elles se fussent assis(es)

Commands

	(nous) asseyons-nous
(tu) assieds-toi	(vous) asseyez-vous

Alternate Command Forms

	(nous) assoyons-nous
(tu) assois-toi	(vous) assoyez-vous

Alternate Forms

Present	je m'assieds *or* je m'assois
Imperfect	je m'asseyais *or* je m'assoyais
Future	je m'assiérai *or* je m'assoirai
Conditional	je m'assiérais *or* je m'assoirais
Present Subjunctive	que je m'asseye *or* que je m'assoie

USAGE

Je peux m'asseoir?	*May I sit down?*
Oui, asseyez-vous, s'il vous plaît.	*Yes, sit down, please.*
Asseyons-nous à table.	*Let's sit down at the table.*
s'asseoir sur une chaise / le canapé	*to sit down on a chair / the sofa*
Où s'est-elle assise?	*Where did she sit?*
Ils se sont assis à notre table.	*They sat down at our table.*

regular -er verb

j'assiste · j'assistai · assisté · assistant

Present		Passé Composé	
j'assiste	nous assistons	j'ai assisté	nous avons assisté
tu assistes	vous assistez	tu as assisté	vous avez assisté
il/elle assiste	ils/elles assistent	il/elle a assisté	ils/elles ont assisté

Imperfect		Pluperfect	
j'assistais	nous assistions	j'avais assisté	nous avions assisté
tu assistais	vous assistiez	tu avais assisté	vous aviez assisté
il/elle assistait	ils/elles assistaient	il/elle avait assisté	ils/elles avaient assisté

Passé Simple		Past Anterior	
j'assistai	nous assistâmes	j'eus assisté	nous eûmes assisté
tu assistas	vous assistâtes	tu eus assisté	vous eûtes assisté
il/elle assista	ils/elles assistèrent	il/elle eut assisté	ils/elles eurent assisté

Future		Future Anterior	
j'assisterai	nous assisterons	j'aurai assisté	nous aurons assisté
tu assisteras	vous assisterez	tu auras assisté	vous aurez assisté
il/elle assistera	ils/elles assisteront	il/elle aura assisté	ils/elles auront assisté

Conditional		Past Conditional	
j'assisterais	nous assisterions	j'aurais assisté	nous aurions assisté
tu assisterais	vous assisteriez	tu aurais assisté	vous auriez assisté
il/elle assisterait	ils/elles assisteraient	il/elle aurait assisté	ils/elles auraient assisté

Present Subjunctive		Past Subjunctive	
que j'assiste	que nous assistions	que j'aie assisté	que nous ayons assisté
que tu assistes	que vous assistiez	que tu aies assisté	que vous ayez assisté
qu'il/elle assiste	qu'ils/elles assistent	qu'il/elle ait assisté	qu'ils/elles aient assisté

Imperfect Subjunctive		Pluperfect Subjunctive	
que j'assistasse	que nous assistassions	que j'eusse assisté	que nous eussions assisté
que tu assistasses	que vous assistassiez	que tu eusses assisté	que vous eussiez assisté
qu'il/elle assistât	qu'ils/elles assistassent	qu'il/elle eût assisté	qu'ils/elles eussent assisté

Commands

	(nous) assistons
(tu) assiste	(vous) assistez

USAGE

assister à — to attend

—Ton frère assiste à toutes ses classes? — Does your brother attend all his classes?
—Non, mais il assiste à tous les concerts de rock. — No, but he attends all the rock concerts.

—Tu assistes aux matchs de football? — Do you attend soccer matches?
—Non, je n'assiste qu'aux matchs de tennis. — No, I attend only tennis matches.

RELATED WORDS AND EXPRESSIONS

l'assistance (f) — audience/attendance
un assistant / une assistante — an assistant
direction assistée — power steering
le dessin assisté par ordinateur — computer-aided design

assurer *to assure; to insure*

j'assure · j'assurai · assuré · assurant   regular -er verb

Present		Passé Composé	
j'assure	nous assurons	j'ai assuré	nous avons assuré
tu assures	vous assurez	tu as assuré	vous avez assuré
il/elle assure	ils/elles assurent	il/elle a assuré	ils/elles ont assuré

Imperfect		Pluperfect	
j'assurais	nous assurions	j'avais assuré	nous avions assuré
tu assurais	vous assuriez	tu avais assuré	vous aviez assuré
il/elle assurait	ils/elles assuraient	il/elle avait assuré	ils/elles avaient assuré

Passé Simple		Past Anterior	
j'assurai	nous assurâmes	j'eus assuré	nous eûmes assuré
tu assuras	vous assurâtes	tu eus assuré	vous eûtes assuré
il/elle assura	ils/elles assurèrent	il/elle eut assuré	ils/elles eurent assuré

Future		Future Anterior	
j'assurerai	nous assurerons	j'aurai assuré	nous aurons assuré
tu assureras	vous assurerez	tu auras assuré	vous aurez assuré
il/elle assurera	ils/elles assureront	il/elle aura assuré	ils/elles auront assuré

Conditional		Past Conditional	
j'assurerais	nous assurerions	j'aurais assuré	nous aurions assuré
tu assurerais	vous assureriez	tu aurais assuré	vous auriez assuré
il/elle assurerait	ils/elles assureraient	il/elle aurait assuré	ils/elles auraient assuré

Present Subjunctive		Past Subjunctive	
que j'assure	que nous assurions	que j'aie assuré	que nous ayons assuré
que tu assures	que vous assuriez	que tu aies assuré	que vous ayez assuré
qu'il/elle assure	qu'ils/elles assurent	qu'il/elle ait assuré	qu'ils/elles aient assuré

Imperfect Subjunctive		Pluperfect Subjunctive	
que j'assurasse	que nous assurassions	que j'eusse assuré	que nous eussions assuré
que tu assurasses	que vous assurassiez	que tu eusses assuré	que vous eussiez assuré
qu'il/elle assurât	qu'ils/elles assurassent	qu'il/elle eût assuré	qu'ils/elles eussent assuré

Commands

	(nous) assurons
(tu) assure	(vous) assurez

USAGE

assurer à qqn que	to assure someone that
Je vous assure que cet hôtel va vous plaire.	I assure you that you'll like this hotel.
assurer un service	to provide a service
Cette compagnie assure notre accès à l'Internet.	That company provides our Internet access.
assurer qqn (sur)	to insure someone
assurer qqn sur la vie	to insure someone's life
être assuré(e)	to be insured

RELATED WORDS AND EXPRESSIONS

l'assurance (f)	insurance
l'assurance sur la vie	life insurance
s'assurer contre qqch	to insure oneself against something
s'assurer sur la vie	to take out life insurance

irregular verb; stem is *atteign-* · j'atteins · j'atteignis · atteint · atteignant

Present		Passé Composé	
j'atteins	nous atteignons	j'ai atteint	nous avons atteint
tu atteins	vous atteignez	tu as atteint	vous avez atteint
il/elle atteint	ils/elles atteignent	il/elle a atteint	ils/elles ont atteint

Imperfect		Pluperfect	
j'atteignais	nous atteignions	j'avais atteint	nous avions atteint
tu atteignais	vous atteigniez	tu avais atteint	vous aviez atteint
il/elle atteignait	ils/elles atteignaient	il/elle avait atteint	ils/elles avaient atteint

Passé Simple		Past Anterior	
j'atteignis	nous atteignîmes	j'eus atteint	nous eûmes atteint
tu atteignis	vous atteignîtes	tu eus atteint	vous eûtes atteint
il/elle atteignit	ils/elles atteignirent	il/elle eut atteint	ils/elles eurent atteint

Future		Future Anterior	
j'atteindrai	nous atteindrons	j'aurai atteint	nous aurons atteint
tu atteindras	vous atteindrez	tu auras atteint	vous aurez atteint
il/elle atteindra	ils/elles atteindront	il/elle aura atteint	ils/elles auront atteint

Conditional		Past Conditional	
j'atteindrais	nous atteindrions	j'aurais atteint	nous aurions atteint
tu atteindrais	vous atteindriez	tu aurais atteint	vous auriez atteint
il/elle atteindrait	ils/elles atteindraient	il/elle aurait atteint	ils/elles auraient atteint

Present Subjunctive		Past Subjunctive	
que j'atteigne	que nous atteignions	que j'aie atteint	que nous ayons atteint
que tu atteignes	que vous atteigniez	que tu aies atteint	que vous ayez atteint
qu'il/elle atteigne	qu'ils/elles atteignent	qu'il/elle ait atteint	qu'ils/elles aient atteint

Imperfect Subjunctive		Pluperfect Subjunctive	
que j'atteignisse	que nous atteignissions	que j'eusse atteint	que nous eussions atteint
que tu atteignisses	que vous atteignissiez	que tu eusses atteint	que vous eussiez atteint
qu'il/elle atteignît	qu'ils/elles atteignissent	qu'il/elle eût atteint	qu'ils/elles eussent atteint

Commands

	(nous) atteignons
(tu) atteins	(vous) atteignez

USAGE

L'autocar a atteint Lyon.	The bus reached Lyons.
Les enfants ne peuvent pas atteindre les bonbons, parce que je les ai placés trop haut.	The children can't reach the candy, because I put it too high up.
atteindre un but/objectif	to reach a goal
La critique de son œuvre n'a pas atteint ce peintre.	The criticism of his work did not affect this painter.
Cette famille a été atteinte par une grande tragédie.	That family was struck by a great tragedy.
La balle l'a atteint au mollet.	The bullet struck him in the calf.
Dans ce pays pauvre, la population est atteinte de beaucoup de maladies.	In this poor country, the population suffers from many illnesses.
L'entreprise a atteint le milliard de bénéfices.	The company has reached the billion dollar mark in profits.

RELATED WORDS AND EXPRESSIONS

l'atteinte (f)	reach
hors d'atteinte	out of reach

attendre *to wait for*

regular -re verb

	Present
j'attends	nous attendons
tu attends	vous attendez
il/elle attend	ils/elles attendent

	Passé Composé
j'ai attendu	nous avons attendu
tu as attendu	vous avez attendu
il/elle a attendu	ils/elles ont attendu

	Imperfect
j'attendais	nous attendions
tu attendais	vous attendiez
il/elle attendait	ils/elles attendaient

	Pluperfect
j'avais attendu	nous avions attendu
tu avais attendu	vous aviez attendu
il/elle avait attendu	ils/elles avaient attendu

	Passé Simple
j'attendis	nous attendîmes
tu attendis	vous attendîtes
il/elle attendit	ils/elles attendirent

	Past Anterior
j'eus attendu	nous eûmes attendu
tu eus attendu	vous eûtes attendu
il/elle eut attendu	ils/elles eurent attendu

	Future
j'attendrai	nous attendrons
tu attendras	vous attendrez
il/elle attendra	ils/elles attendront

	Future Anterior
j'aurai attendu	nous aurons attendu
tu auras attendu	vous aurez attendu
il/elle aura attendu	ils/elles auront attendu

	Conditional
j'attendrais	nous attendrions
tu attendrais	vous attendriez
il/elle attendrait	ils/elles attendraient

	Past Conditional
j'aurais attendu	nous aurions attendu
tu aurais attendu	vous auriez attendu
il/elle aurait attendu	ils/elles auraient attendu

	Present Subjunctive
que j'attende	que nous attendions
que tu attendes	que vous attendiez
qu'il/elle attende	qu'ils/elles attendent

	Past Subjunctive
que j'aie attendu	que nous ayons attendu
que tu aies attendu	que vous ayez attendu
qu'il/elle ait attendu	qu'ils/elles aient attendu

	Imperfect Subjunctive
que j'attendisse	que nous attendissions
que tu attendisses	que vous attendissiez
qu'il/elle attendît	qu'ils/elles attendissent

	Pluperfect Subjunctive
que j'eusse attendu	que nous eussions attendu
que tu eusses attendu	que vous eussiez attendu
qu'il/elle eût attendu	qu'ils/elles eussent attendu

Commands

	(nous) attendons
(tu) attends	(vous) attendez

attendre l'autobus / le métro	*to wait for the bus/subway*
attendre un ami / le professeur	*to wait for a friend / the teacher*
attendre une heure / un mois	*to wait an hour / a month*
Attends-moi! Je descends tout de suite.	*Wait for me! I'll be right down.*
—J'attends qu'il s'en aille.	*I'm waiting for him to leave.*
—Moi aussi, j'attends son départ avec impatience.	*I'm also waiting impatiently for him to leave.*
Qu'attend-il pour t'inviter à dîner?	*What's he waiting for to ask you to dinner?*
Un grand avenir vous attend!	*A great future awaits you!*
Quand tu verras l'accueil qui t'attend!	*Wait till you see the welcome that's in store for you!*
J'attendais mieux de toi.	*I expected more of you.*
Il n'attend pas grand-chose de ces négociations.	*He doesn't expect much from these negotiations.*

RELATED WORDS AND EXPRESSIONS

l'attente *(f)*	*wait*
la salle d'attente	*waiting room*

to expect **s'attendre** 70

regular -re reflexive verb;
compound tenses with *être*

je m'attends · je m'attendis · s'étant attendu · s'attendant

Present

je m'attends	nous nous attendons
tu t'attends	vous vous attendez
il/elle s'attend	ils/elles s'attendent

Passé Composé

je me suis attendu(e)	nous nous sommes attendu(e)s
tu t'es attendu(e)	vous vous êtes attendu(e)(s)
il/elle s'est attendu(e)	ils/elles se sont attendu(e)s

Imperfect

je m'attendais	nous nous attendions
tu t'attendais	vous vous attendiez
il/elle s'attendait	ils/elles s'attendaient

Pluperfect

je m'étais attendu(e)	nous nous étions attendu(e)s
tu t'étais attendu(e)	vous vous étiez attendu(e)(s)
il/elle s'était attendu(e)	ils/elles s'étaient attendu(e)s

Passé Simple

je m'attendis	nous nous attendîmes
tu t'attendis	vous vous attendîtes
il/elle s'attendit	ils/elles s'attendirent

Past Anterior

je me fus attendu(e)	nous nous fûmes attendu(e)s
tu te fus attendu(e)	vous vous fûtes attendu(e)(s)
il/elle se fut attendu(e)	ils/elles se furent attendu(e)s

Future

je m'attendrai	nous nous attendrons
tu t'attendras	vous vous attendrez
il/elle s'attendra	ils/elles s'attendront

Future Anterior

je me serai attendu(e)	nous nous serons attendu(e)s
tu te seras attendu(e)	vous vous serez attendu(e)(s)
il/elle se sera attendu(e)	ils/elles se seront attendu(e)s

Conditional

je m'attendrais	nous nous attendrions
tu t'attendrais	vous vous attendriez
il/elle s'attendrait	ils/elles s'attendraient

Past Conditional

je me serais attendu(e)	nous nous serions attendu(e)s
tu te serais attendu(e)	vous vous seriez attendu(e)(s)
il/elle se serait attendu(e)	ils/elles se seraient attendu(e)s

Present Subjunctive

que je m'attende	que nous nous attendions
que tu t'attendes	que vous vous attendiez
qu'il/elle s'attende	qu'ils/elles s'attendent

Past Subjunctive

que je me sois attendu(e)	que nous nous soyons attendu(e)s
que tu te sois attendu(e)	que vous vous soyez attendu(e)(s)
qu'il/elle se soit attendu(e)	qu'ils/elles se soient attendu(e)s

Imperfect Subjunctive

que je m'attendisse	que nous nous attendissions
que tu t'attendisses	que vous vous attendissiez
qu'il/elle s'attendît	qu'ils/elles s'attendissent

Pluperfect Subjunctive

que je me fusse attendu(e)	que nous nous fussions attendu(e)s
que tu te fusses attendu(e)	que vous vous fussiez attendu(e)(s)
qu'il/elle se fût attendu(e)	qu'ils/elles se fussent attendu(e)s

Commands

	(nous) attendons-nous
(tu) attends-toi	(vous) attendez-vous

USAGE

s'attendre à qqch	to expect something
Je ne m'attendais pas à perdre tant d'argent.	I wasn't expecting to lose so much money.
Il faut s'attendre au pire.	We must expect the worst.
—On ne s'attendait pas à vous voir ici.	We didn't expect to see you here.
—Je ne m'attendais pas à pouvoir venir.	I didn't expect to be able to come.
Maman s'attend à ce que tu fasses tes devoirs.	Mother expects you to finish your homework.
Il ne s'attendait pas à ce que tu lui dises des mensonges.	He wasn't expecting that you would tell him lies.
On s'attendait à pire.	We were expecting worse.
Je me suis attendu à ce que mes efforts ne changent quoi que ce soit.	I expected that my efforts wouldn't change anything.

attirer *to attract, lure, entice*

j'attire · j'attirai · attiré · attirant

regular -er verb

Present		Passé Composé	
j'attire	nous attirons	j'ai attiré	nous avons attiré
tu attires	vous attirez	tu as attiré	vous avez attiré
il/elle attire	ils/elles attirent	il/elle a attiré	ils/elles ont attiré

Imperfect		Pluperfect	
j'attirais	nous attirions	j'avais attiré	nous avions attiré
tu attirais	vous attiriez	tu avais attiré	vous aviez attiré
il/elle attirait	ils/elles attiraient	il/elle avait attiré	ils/elles avaient attiré

Passé Simple		Past Anterior	
j'attirai	nous attirâmes	j'eus attiré	nous eûmes attiré
tu attiras	vous attirâtes	tu eus attiré	vous eûtes attiré
il/elle attira	ils/elles attirèrent	il/elle eut attiré	ils/elles eurent attiré

Future		Future Anterior	
j'attirerai	nous attirerons	j'aurai attiré	nous aurons attiré
tu attireras	vous attirerez	tu auras attiré	vous aurez attiré
il/elle attirera	ils/elles attireront	il/elle aura attiré	ils/elles auront attiré

Conditional		Past Conditional	
j'attirerais	nous attirerions	j'aurais attiré	nous aurions attiré
tu attirerais	vous attireriez	tu aurais attiré	vous auriez attiré
il/elle attirerait	ils/elles attireraient	il/elle aurait attiré	ils/elles auraient attiré

Present Subjunctive		Past Subjunctive	
que j'attire	que nous attirions	que j'aie attiré	que nous ayons attiré
que tu attires	que vous attiriez	que tu aies attiré	que vous ayez attiré
qu'il/elle attire	qu'ils/elles attirent	qu'il/elle ait attiré	qu'ils/elles aient attiré

Imperfect Subjunctive		Pluperfect Subjunctive	
que j'attirasse	que nous attirassions	que j'eusse attiré	que nous eussions attiré
que tu attirasses	que vous attirassiez	que tu eusses attiré	que vous eussiez attiré
qu'il/elle attirât	qu'ils/elles attirassent	qu'il/elle eût attiré	qu'ils/elles eussent attiré

Commands

	(nous) attirons
(tu) attire	(vous) attirez

USAGE

Sa tenue attira tous les regards.	Her outfit attracted everyone's glances.
Cette ville attire tous les congrès internationaux.	This city attracts all the international conventions.
Il l'attira dans la cuisine.	He drew her into the kitchen.
J'essaie de l'attirer dans un piège.	I'm trying to lure him into a trap.
C'est une belle femme qui attire tous les regards.	She's a beautiful woman who is the center of attention.
Le cirque attire des foules d'enfants.	The circus draws crowds of children.
Je ne veux pas leur attirer des ennuis.	I don't want to cause them any trouble.
Sa situation attira la pitié des voisins.	His situation gained him the neighbors' pity.
Permettez que j'attire votre attention sur ce fait.	Allow me to draw your attention to this fact.
Tu vas t'attirer la colère du patron.	You're going to make the boss angry at you.
C'est ça qui m'attire.	That's what I like about it.

regular -er verb

j'attrape · j'attrapai · attrapé · attrapant

Present

j'attrape	nous attrapons
tu attrapes	vous attrapez
il/elle attrape	ils/elles attrapent

Passé Composé

j'ai attrapé	nous avons attrapé
tu as attrapé	vous avez attrapé
il/elle a attrapé	ils/elles ont attrapé

Imperfect

j'attrapais	nous attrapions
tu attrapais	vous attrapiez
il/elle attrapait	ils/elles attrapaient

Pluperfect

j'avais attrapé	nous avions attrapé
tu avais attrapé	vous aviez attrapé
il/elle avait attrapé	ils/elles avaient attrapé

Passé Simple

j'attrapai	nous attrapâmes
tu attrapas	vous attrapâtes
il/elle attrapa	ils/elles attrapèrent

Past Anterior

j'eus attrapé	nous eûmes attrapé
tu eus attrapé	vous eûtes attrapé
il/elle eut attrapé	ils/elles eurent attrapé

Future

j'attraperai	nous attraperons
tu attraperas	vous attraperez
il/elle attrapera	ils/elles attraperont

Future Anterior

j'aurai attrapé	nous aurons attrapé
tu auras attrapé	vous aurez attrapé
il/elle aura attrapé	ils/elles auront attrapé

Conditional

j'attraperais	nous attraperions
tu attraperais	vous attraperiez
il/elle attraperait	ils/elles attraperaient

Past Conditional

j'aurais attrapé	nous aurions attrapé
tu aurais attrapé	vous auriez attrapé
il/elle aurait attrapé	ils/elles auraient attrapé

Present Subjunctive

que j'attrape	que nous attrapions
que tu attrapes	que vous attrapiez
qu'il/elle attrape	qu'ils/elles attrapent

Past Subjunctive

que j'aie attrapé	que nous ayons attrapé
que tu aies attrapé	que vous ayez attrapé
qu'il/elle ait attrapé	qu'ils/elles aient attrapé

Imperfect Subjunctive

que j'attrapasse	que nous attrapassions
que tu attrapasses	que vous attrapassiez
qu'il/elle attrapât	qu'ils/elles attrapassent

Pluperfect Subjunctive

que j'eusse attrapé	que nous eussions attrapé
que tu eusses attrapé	que vous eussiez attrapé
qu'il/elle eût attrapé	qu'ils/elles eussent attrapé

Commands

	(nous) attrapons
(tu) attrape	(vous) attrapez

USAGE

attraper un rhume / la grippe / une maladie	to catch a cold / the flu / a disease
Cours si tu veux attraper le train.	Run if you want to catch the train.
Qu'il t'y attrape!	Don't let him catch you!
La police a attrapé l'assassin.	The police caught the murderer.
On a attrapé le cambrioleur la main dans le sac.	They caught the burglar red-handed.
Je vais jeter la balle. Attrape!	I'm going to throw the ball. Catch!
Tu attrapes quelques mots quand on parle vite?	Do you catch a few words when we talk fast?
Cette infection s'attrape facilement.	This infection is very contagious.
Tu ne vas pas l'attraper avec une ruse comme ça.	You're not going to trap him with a trick like that.
Je commence à attraper le coup.	I'm beginning to get the hang of it.
Gare à toi si tes parents t'attrapent!	Just watch it if your parents get hold of you!

avertir *to warn, inform, notify*

j'avertis · j'avertis · averti · avertissant   regular -ir verb

Present

j'avertis	nous avertissons
tu avertis	vous avertissez
il/elle avertit	ils/elles avertissent

Passé Composé

j'ai averti	nous avons averti
tu as averti	vous avez averti
il/elle a averti	ils/elles ont averti

Imperfect

j'avertissais	nous avertissions
tu avertissais	vous avertissiez
il/elle avertissait	ils/elles avertissaient

Pluperfect

j'avais averti	nous avions averti
tu avais averti	vous aviez averti
il/elle avait averti	ils/elles avaient averti

Passé Simple

j'avertis	nous avertîmes
tu avertis	vous avertîtes
il/elle avertit	ils/elles avertirent

Past Anterior

j'eus averti	nous eûmes averti
tu eus averti	vous eûtes averti
il/elle eut averti	ils/elles eurent averti

Future

j'avertirai	nous avertirons
tu avertiras	vous avertirez
il/elle avertira	ils/elles avertiront

Future Anterior

j'aurai averti	nous aurons averti
tu auras averti	vous aurez averti
il/elle aura averti	ils/elles auront averti

Conditional

j'avertirais	nous avertirions
tu avertirais	vous avertiriez
il/elle avertirait	ils/elles avertiraient

Past Conditional

j'aurais averti	nous aurions averti
tu aurais averti	vous auriez averti
il/elle aurait averti	ils/elles auraient averti

Present Subjunctive

que j'avertisse	que nous avertissions
que tu avertisses	que vous avertissiez
qu'il/elle avertisse	qu'ils/elles avertissent

Past Subjunctive

que j'aie averti	que nous ayons averti
que tu aies averti	que vous ayez averti
qu'il/elle ait averti	qu'ils/elles aient averti

Imperfect Subjunctive

que j'avertisse	que nous avertissions
que tu avertisses	que vous avertissiez
qu'il/elle avertît	qu'ils/elles avertissent

Pluperfect Subjunctive

que j'eusse averti	que nous eussions averti
que tu eusses averti	que vous eussiez averti
qu'il/elle eût averti	qu'ils/elles eussent averti

Commands

	(nous) avertissons
(tu) avertis	(vous) avertissez

Tiens-toi pour averti. / Te voilà averti!	*Consider yourself notified/warned.*
C'est un public averti qui assiste à ces concerts.	*It's an informed audience that attends these concerts.*
Je vous avertis de son départ.	*I'm alerting you to his departure.*
Le chef m'a averti qu'il n'était pas content de mon travail.	*The boss let me know that he wasn't happy with my work.*
Je t'avertis que ta conduite est inacceptable.	*I'm alerting you that your behavior is unacceptable.*

RELATED WORDS AND EXPRESSIONS

l'avertissement (m)	*warning*
Les étudiants ont reçu un avertissement.	*The students received a warning.*
avertissement au lecteur	*foreword*

PROVERB

Un homme averti en vaut deux.	*Forewarned is forearmed.*

irregular verb

Present		Passé Composé	
j'ai	nous avons	j'ai eu	nous avons eu
tu as	vous avez	tu as eu	vous avez eu
il/elle a	ils/elles ont	il/elle a eu	ils/elles ont eu

Imperfect		Pluperfect	
j'avais	nous avions	j'avais eu	nous avions eu
tu avais	vous aviez	tu avais eu	vous aviez eu
il/elle avait	ils/elles avaient	il/elle avait eu	ils/elles avaient eu

Passé Simple		Past Anterior	
j'eus	nous eûmes	j'eus eu	nous eûmes eu
tu eus	vous eûtes	tu eus eu	vous eûtes eu
il/elle eut	ils/elles eurent	il/elle eut eu	ils/elles eurent eu

Future		Future Anterior	
j'aurai	nous aurons	j'aurai eu	nous aurons eu
tu auras	vous aurez	tu auras eu	vous aurez eu
il/elle aura	ils/elles auront	il/elle aura eu	ils/elles auront eu

Conditional		Past Conditional	
j'aurais	nous aurions	j'aurais eu	nous aurions eu
tu aurais	vous auriez	tu aurais eu	vous auriez eu
il/elle aurait	ils/elles auraient	il/elle aurait eu	ils/elles auraient eu

Present Subjunctive		Past Subjunctive	
que j'aie	que nous ayons	que j'aie eu	que nous ayons eu
que tu aies	que vous ayez	que tu aies eu	que vous ayez eu
qu'il/elle ait	qu'ils/elles aient	qu'il/elle ait eu	qu'ils/elles aient eu

Imperfect Subjunctive		Pluperfect Subjunctive	
que j'eusse	que nous eussions	que j'eusse eu	que nous eussions eu
que tu eusses	que vous eussiez	que tu eusses eu	que vous eussiez eu
qu'il/elle eût	qu'ils/elles eussent	qu'il/elle eût eu	qu'ils/elles eussent eu

Commands

	(nous) ayons
(tu) aie	(vous) ayez

- —Tu as des pièces de cinquante centimes? / *Do you have any fifty-cent coins?*
  —Non, je regrette, je n'ai pas de monnaie. / *No, sorry, I have no change.*
- —Tu as un stylo à me prêter? / *Do you have a pen to lend me?*
  —Je n'ai qu'un stylo, mais j'ai deux crayons. / *I have only one pen, but I have two pencils.*
- —J'ai rendez-vous avec Julie. / *I have a date with Julie.*
  —Tu as de la chance. / *You're lucky.*
- —Qu'est-ce que tu as? / *What's wrong with you?*
  —Ne t'en fais pas. Je n'ai rien. / *Don't worry. It's nothing.*
- —Nous n'avons pas de viande. / *We have no meat.*
  —Il faudra faire avec ce que nous avons. / *We'll have to make do with what we have.*
- —Il y a combien d'élèves dans cette classe? / *How many students are there in this class?*
  —Il y en a vingt-trois. / *There are twenty-three.*

avoir + noun to be + adjective

avoir faim	*to be hungry*
avoir soif	*to be thirsty*
avoir sommeil	*to be sleepy*
avoir chaud	*to be warm* (said of people)
avoir froid	*to be cold* (said of people)
avoir raison	*to be right*
avoir tort	*to be wrong*
avoir de la chance	*to be lucky*

avoir pour exprimer le rapport entre la personne et ses circonstances

avoir besoin de qqch	*to need something*
avoir hâte de faire qqch	*to be in a hurry to do something*
avoir envie de faire qqch	*to feel like doing something*
avoir du mal à faire qqch	*to have trouble/difficulty doing something*

en avoir pour

❸ —Tu en as pour longtemps? *Will you be long?*
—J'en ai pour cinq minutes. *It will take me five minutes.*

avoir à

Je n'ai rien à faire.	*I have nothing to do.*
On n'a pas à se plaindre.	*We can't complain.*
J'ai qqch à vous dire.	*I have something to tell you.*
Nous avons trois cents pages à lire.	*We have three hundred pages to read.*
Elle a à faire le ménage avant de sortir.	*She has to do the housework before going out.*

n'avoir qu'à all one has to do is

Tu n'as qu'à lui demander.	*All you have to do is ask him.*
On n'a qu'à patienter.	*All we have to do is be patient.*
Je n'avais qu'à ne pas sortir.	*I shouldn't have gone out in the first place.*

ne rien avoir

Je n'ai rien à te dire.	*I have nothing to say to you.*
Cela n'a rien à voir avec cette affaire.	*That has nothing to do with this matter.*
Il n'y a rien à faire.	*There's nothing to be done.*

avoir to get

J'ai eu un coup de fil de mon cousin.	*I got a call from my cousin.*
Vous pouvez m'avoir ce journal?	*Can you get that newspaper for me?*
J'ai eu ce livre pour dix euros.	*I got this book for ten euros.*
Essayez de m'avoir New York.	*Try to connect me with New York.*
Qui avais-tu au téléphone?	*Who were you on the phone with?*
On t'a eu!	*You were taken in. / You've been had.*
Qu'est-ce qu'il y a?	*What's the matter?*

regular -er verb

j'avoue · j'avouai · avoué · avouant

Present		Passé Composé	
j'avoue	nous avouons	j'ai avoué	nous avons avoué
tu avoues	vous avouez	tu as avoué	vous avez avoué
il/elle avoue	ils/elles avouent	il/elle a avoué	ils/elles ont avoué

Imperfect		Pluperfect	
j'avouais	nous avouions	j'avais avoué	nous avions avoué
tu avouais	vous avouiez	tu avais avoué	vous aviez avoué
il/elle avouait	ils/elles avouaient	il/elle avait avoué	ils/elles avaient avoué

Passé Simple		Past Anterior	
j'avouai	nous avouâmes	j'eus avoué	nous eûmes avoué
tu avouas	vous avouâtes	tu eus avoué	vous eûtes avoué
il/elle avoua	ils/elles avouèrent	il/elle eut avoué	ils/elles eurent avoué

Future		Future Anterior	
j'avouerai	nous avouerons	j'aurai avoué	nous aurons avoué
tu avoueras	vous avouerez	tu auras avoué	vous aurez avoué
il/elle avouera	ils/elles avoueront	il/elle aura avoué	ils/elles auront avoué

Conditional		Past Conditional	
j'avouerais	nous avouerions	j'aurais avoué	nous aurions avoué
tu avouerais	vous avoueriez	tu aurais avoué	vous auriez avoué
il/elle avouerait	ils/elles avoueraient	il/elle aurait avoué	ils/elles auraient avoué

Present Subjunctive		Past Subjunctive	
que j'avoue	que nous avouions	que j'aie avoué	que nous ayons avoué
que tu avoues	que vous avouiez	que tu aies avoué	que vous ayez avoué
qu'il/elle avoue	qu'ils/elles avouent	qu'il/elle ait avoué	qu'ils/elles aient avoué

Imperfect Subjunctive		Pluperfect Subjunctive	
que j'avouasse	que nous avouassions	que j'eusse avoué	que nous eussions avoué
que tu avouasses	que vous avouassiez	que tu eusses avoué	que vous eussiez avoué
qu'il/elle avouât	qu'ils/elles avouassent	qu'il/elle eût avoué	qu'ils/elles eussent avoué

Commands

	(nous) avouons
(tu) avoue	(vous) avouez

USAGE

Avoue! On sait que tu l'as fait!	Confess! We know you did it!
J'avoue que j'avais peur.	I admit I was afraid.
Il s'est avoué peu satisfait.	He admitted to being dissatisfied.
Je m'avoue déçu.	I admit I'm disappointed.
Nous nous sommes avoués vaincus.	We admitted defeat.
C'est une vérité que personne n'avoue.	It's a truth that no one admits.

RELATED WORDS AND EXPRESSIONS

un aveu (pl. des aveux)	a confession
Il a fait l'aveu de ses méfaits.	He confessed his misdeeds.
C'est un individu sans aveu.	He's a dubious/disreputable character.
Le prisonnier passa aux aveux.	The prisoner confessed.

(**baisser**) *to lower*

je baisse · je baissai · baissé · baissant

regular *-er* verb

Present		*Passé Composé*	
je baisse	nous baissons	j'ai baissé	nous avons baissé
tu baisses	vous baissez	tu as baissé	vous avez baissé
il/elle baisse	ils/elles baissent	il/elle a baissé	ils/elles ont baissé

Imperfect		*Pluperfect*	
je baissais	nous baissions	j'avais baissé	nous avions baissé
tu baissais	vous baissiez	tu avais baissé	vous aviez baissé
il/elle baissait	ils/elles baissaient	il/elle avait baissé	ils/elles avaient baissé

Passé Simple		*Past Anterior*	
je baissai	nous baissâmes	j'eus baissé	nous eûmes baissé
tu baissas	vous baissâtes	tu eus baissé	vous eûtes baissé
il/elle baissa	ils/elles baissèrent	il/elle eut baissé	ils/elles eurent baissé

Future		*Future Anterior*	
je baisserai	nous baisserons	j'aurai baissé	nous aurons baissé
tu baisseras	vous baisserez	tu auras baissé	vous aurez baissé
il/elle baissera	ils/elles baisseront	il/elle aura baissé	ils/elles auront baissé

Conditional		*Past Conditional*	
je baisserais	nous baisserions	j'aurais baissé	nous aurions baissé
tu baisserais	vous baisseriez	tu aurais baissé	vous auriez baissé
il/elle baisserait	ils/elles baisseraient	il/elle aurait baissé	ils/elles auraient baissé

Present Subjunctive		*Past Subjunctive*	
que je baisse	que nous baissions	que j'aie baissé	que nous ayons baissé
que tu baisses	que vous baissiez	que tu aies baissé	que vous ayez baissé
qu'il/elle baisse	qu'ils/elles baissent	qu'il/elle ait baissé	qu'ils/elles aient baissé

Imperfect Subjunctive		*Pluperfect Subjunctive*	
que je baissasse	que nous baissassions	que j'eusse baissé	que nous eussions baissé
que tu baissasses	que vous baissassiez	que tu eusses baissé	que vous eussiez baissé
qu'il/elle baissât	qu'ils/elles baissassent	qu'il/elle eût baissé	qu'ils/elles eussent baissé

Commands

	(nous) baissons
(tu) baisse	(vous) baissez

USAGE

baisser la tête	*to lower one's head*
Il est entré la tête baissée.	*He came in with his head lowered.*
baisser les yeux	*to lower one's eyes / look down*
La température baisse.	*The temperature is dropping.*
—Tu crois qu'il demande trop d'argent pour cette vieille voiture?	*Do you think he's asking too much for that old car?*
—Oui. Essaie de lui faire baisser le prix.	*Yes. Try to make him lower the price.*
Le rideau baisse.	*The curtain comes down.*
Le jour baisse.	*It's beginning to get dark.*
Vers cinq heures je baisse les stores.	*Around five o'clock I lower the blinds.*
Le boxeur a baissé les bras.	*The boxer threw in the towel.*
Sur l'autoroute il faut baisser les phares.	*On the highway you must dim your headlights.*

RELATED WORDS AND EXPRESSIONS

la baisse	*lowering/drop/fall*
être en baisse	*to be dropping*
La bourse est en baisse.	*The stock market is falling.*

to take a walk (**se balader**) 77

regular -er reflexive verb;
compound tenses with être

je me balade · je me baladai · s'étant baladé · se baladant

Present

je me balade	nous nous baladons
tu te balades	vous vous baladez
il/elle se balade	ils/elles se baladent

Imperfect

je me baladais	nous nous baladions
tu te baladais	vous vous baladiez
il/elle se baladait	ils/elles se baladaient

Passé Simple

je me baladai	nous nous baladâmes
tu te baladas	vous vous baladâtes
il/elle se balada	ils/elles se baladèrent

Future

je me baladerai	nous nous baladerons
tu te baladeras	vous vous baladerez
il/elle se baladera	ils/elles se baladeront

Conditional

je me baladerais	nous nous baladerions
tu te baladerais	vous vous baladeriez
il/elle se baladerait	ils/elles se baladeraient

Passé Composé

je me suis baladé(e)	nous nous sommes baladé(e)s
tu t'es baladé(e)	vous vous êtes baladé(e)(s)
il/elle s'est baladé(e)	ils/elles se sont baladé(e)s

Pluperfect

je m'étais baladé(e)	nous nous étions baladé(e)s
tu t'étais baladé(e)	vous vous étiez baladé(e)(s)
il/elle s'était baladé(e)	ils/elles s'étaient baladé(e)s

Past Anterior

je me fus baladé(e)	nous nous fûmes baladé(e)s
tu te fus baladé(e)	vous vous fûtes baladé(e)(s)
il/elle se fut baladé(e)	ils/elles se furent baladé(e)s

Future Anterior

je me serai baladé(e)	nous nous serons baladé(e)s
tu te seras baladé(e)	vous vous serez baladé(e)(s)
il/elle se sera baladé(e)	ils/elles se seront baladé(e)s

Past Conditional

je me serais baladé(e)	nous nous serions baladé(e)s
tu te serais baladé(e)	vous vous seriez baladé(e)(s)
il/elle se serait baladé(e)	ils/elles se seraient baladé(e)s

Present Subjunctive

que je me balade	que nous nous baladions
que tu te balades	que vous vous baladiez
qu'il/elle se balade	qu'ils/elles se baladent

Imperfect Subjunctive

que je me baladasse	que nous nous baladassions
que tu te baladasses	que vous vous baladassiez
qu'il/elle se baladât	qu'ils/elles se baladassent

Past Subjunctive

que je me sois baladé(e)	que nous nous soyons baladé(e)s
que tu te sois baladé(e)	que vous vous soyez baladé(e)(s)
qu'il/elle se soit baladé(e)	qu'ils/elles se soient baladé(e)s

Pluperfect Subjunctive

que je me fusse baladé(e)	que nous nous fussions baladé(e)s
que tu te fusses baladé(e)	que vous vous fussiez baladé(e)(s)
qu'il/elle se fût baladé(e)	qu'ils/elles se fussent baladé(e)s

Commands

	(nous) baladons-nous
(tu) balade-toi	(vous) baladez-vous

USAGE

se balader en ville	to take a walk/stroll around town
On va se balader dans le Midi.	We're going on a trip/jaunt to southern France.
Ce message s'est baladé de secrétaire en secrétaire.	This message was sent from secretary to secretary.
J'aime me balader.	I like to walk around.
Il ne fait que se balader.	All he does is idle about.

RELATED WORDS AND EXPRESSIONS

la balade	walk/drive
Aujourd'hui je suis en balade.	Today I'm out for a walk/drive.
On peut faire une balade ensemble.	We can go for a walk together.
le baladeur	Walkman

(**balayer**) *to sweep*

je balaie · je balayai · balayé · balayant

regular *-er* verb; spelling change: *y > i*/mute *e*

Present		Passé Composé	
je balaie	nous balayons	j'ai balayé	nous avons balayé
tu balaies	vous balayez	tu as balayé	vous avez balayé
il/elle balaie	ils/elles balaient	il/elle a balayé	ils/elles ont balayé

Imperfect		Pluperfect	
je balayais	nous balayions	j'avais balayé	nous avions balayé
tu balayais	vous balayiez	tu avais balayé	vous aviez balayé
il/elle balayait	ils/elles balayaient	il/elle avait balayé	ils/elles avaient balayé

Passé Simple		Past Anterior	
je balayai	nous balayâmes	j'eus balayé	nous eûmes balayé
tu balayas	vous balayâtes	tu eus balayé	vous eûtes balayé
il/elle balaya	ils/elles balayèrent	il/elle eut balayé	ils/elles eurent balayé

Future		Future Anterior	
je balaierai	nous balaierons	j'aurai balayé	nous aurons balayé
tu balaieras	vous balaierez	tu auras balayé	vous aurez balayé
il/elle balaiera	ils/elles balaieront	il/elle aura balayé	ils/elles auront balayé

Conditional		Past Conditional	
je balaierais	nous balaierions	j'aurais balayé	nous aurions balayé
tu balaierais	vous balaieriez	tu aurais balayé	vous auriez balayé
il/elle balaierait	ils/elles balaieraient	il/elle aurait balayé	ils/elles auraient balayé

Present Subjunctive		Past Subjunctive	
que je balaie	que nous balayions	que j'aie balayé	que nous ayons balayé
que tu balaies	que vous balayiez	que tu aies balayé	que vous ayez balayé
qu'il/elle balaie	qu'ils/elles balaient	qu'il/elle ait balayé	qu'ils/elles aient balayé

Imperfect Subjunctive		Pluperfect Subjunctive	
que je balayasse	que nous balayassions	que j'eusse balayé	que nous eussions balayé
que tu balayasses	que vous balayassiez	que tu eusses balayé	que vous eussiez balayé
qu'il/elle balayât	qu'ils/elles balayassent	qu'il/elle eût balayé	qu'ils/elles eussent balayé

Commands

	(nous) balayons
(tu) balaie	(vous) balayez

(**USAGE**)

NOTE: This verb is sometimes seen without the *y > i* change, such as *balaye*.

balayer le plancher / l'escalier / la cuisine	*to sweep the floor/stairs/kitchen*
balayer les feuilles / la poussière	*to sweep up the leaves/dust*
balayer les obstacles	*to sweep away all obstacles*
L'arrivée des enfants a balayé nos soucis.	*The arrival of the children made us forget our cares.*
L'orage a tout balayé sur son passage.	*The storm swept away everything in its path.*
Le chef a balayé une dizaine d'employés.	*The boss fired about ten employees.*

RELATED WORDS AND EXPRESSIONS

le balai	*broom*
Il y a des papiers par terre. Il faut donner un coup de balai.	*There are papers on the floor. We'll have to sweep.*
le balayeur	*street sweeper*

regular -ir verb

je bâtis · je bâtis · bâti · bâtissant

Present	
je bâtis	nous bâtissons
tu bâtis	vous bâtissez
il/elle bâtit	ils/elles bâtissent

Passé Composé	
j'ai bâti	nous avons bâti
tu as bâti	vous avez bâti
il/elle a bâti	ils/elles ont bâti

Imperfect	
je bâtissais	nous bâtissions
tu bâtissais	vous bâtissiez
il/elle bâtissait	ils/elles bâtissaient

Pluperfect	
j'avais bâti	nous avions bâti
tu avais bâti	vous aviez bâti
il/elle avait bâti	ils/elles avaient bâti

Passé Simple	
je bâtis	nous bâtîmes
tu bâtis	vous bâtîtes
il/elle bâtit	ils/elles bâtirent

Past Anterior	
j'eus bâti	nous eûmes bâti
tu eus bâti	vous eûtes bâti
il/elle eut bâti	ils/elles eurent bâti

Future	
je bâtirai	nous bâtirons
tu bâtiras	vous bâtirez
il/elle bâtira	ils/elles bâtiront

Future Anterior	
j'aurai bâti	nous aurons bâti
tu auras bâti	vous aurez bâti
il/elle aura bâti	ils/elles auront bâti

Conditional	
je bâtirais	nous bâtirions
tu bâtirais	vous bâtiriez
il/elle bâtirait	ils/elles bâtiraient

Past Conditional	
j'aurais bâti	nous aurions bâti
tu aurais bâti	vous auriez bâti
il/elle aurait bâti	ils/elles auraient bâti

Present Subjunctive	
que je bâtisse	que nous bâtissions
que tu bâtisses	que vous bâtissiez
qu'il/elle bâtisse	qu'ils/elles bâtissent

Past Subjunctive	
que j'aie bâti	que nous ayons bâti
que tu aies bâti	que vous ayez bâti
qu'il/elle ait bâti	qu'ils/elles aient bâti

Imperfect Subjunctive	
que je bâtisse	que nous bâtissions
que tu bâtisses	que vous bâtissiez
qu'il/elle bâtît	qu'ils/elles bâtissent

Pluperfect Subjunctive	
que j'eusse bâti	que nous eussions bâti
que tu eusses bâti	que vous eussiez bâti
qu'il/elle eût bâti	qu'ils/elles eussent bâti

Commands

(tu) bâtis
(nous) bâtissons
(vous) bâtissez

USAGE

bâtir un immeuble / une maison	to build an apartment house / a house
bâtir son avenir	to construct one's future
bâtir un plan	to draw up a plan
bâtir sa réputation	to build up one's reputation
(se) faire bâtir	to have something built
Nous (nous) faisons bâtir une maison à la campagne.	We're having a house built in the country.
un terrain à bâtir	a plot of land (to build on)

RELATED WORDS AND EXPRESSIONS

le bâtiment	building
Lui, il est du bâtiment.	He knows which end is up.

battre *to hit, beat*

je bats · je battis · battu · battant

irregular verb; only one t in the singular of the present tense

---

battre dans les combats et les matchs

Il a battu ses agresseurs à plâtre / à plate couture.	*He knocked the living daylights out of his attackers.*
Notre équipe a battu tous les records!	*Our team broke all records!*

battre pour parcourir ou explorer un lieu

Nos vendeurs ont battu la campagne pour trouver de nouveaux clients.	*Our salesmen scoured the countryside to find new customers.*
Perdus dans la ville, ils battaient le pavé.	*Lost in the town, they wandered the streets.*

battre pour les mouvements répétés

Le petit oiseau battait des ailes.	*The little bird flapped its wings.*
J'ai le cœur qui bat.	*My heart is racing.*
battre des paupières	*to blink one's eyelids*
battre du tambour	*to beat the drum*
se battre la poitrine	*to beat one's breast/chest*
battre l'eau de ses bras	*to thrash about in the water*

OTHER USES

Vers onze heures, la fête battait son plein.	*Toward eleven o'clock the party was in full swing.*
Ils se sont fâchés contre lui. C'est pour ça qu'ils le battent froid.	*They got angry with him. That's why they're giving him the cold shoulder.*
Il faisait tellement froid qu'on battait la semelle en attendant l'autobus.	*It was so cold that we were stamping our feet to keep warm while waiting for the bus.*
Le public battait la mesure de la musique.	*The audience was keeping time to the music.*
L'orage a battu les champs.	*The storm lashed the fields.*

se battre

Les deux hommes se sont battus.	*The two men had a fight.*
Ils se sont battus comme des chiffonniers.	*They fought like cats and dogs.*
Ils ne se sont pas battus en duel.	*They didn't fight a duel.*
Les deux pays se sont battus.	*The two countries fought.*
Notre pays s'est battu contre le pays voisin.	*Our country fought against its neighbor.*
—Notre armée s'est bien battue.	*Our army fought well.*
—Oui. Elle s'est battue même à la baïonnette.	*Yes. It even fought with bayonets.*
Nous nous battons contre des difficultés insurmontables.	*We are struggling against insurmountable difficulties.*

le battement

un battement de paupières	*a blink / flutter of the eyelids*
les battements du pouls	*the beating of the pulse*
les battements du cœur	*heartbeats / beating of the heart*
Ça me donne des battements de cœur.	*That makes my heart race / gives me palpitations.*

la batterie

la batterie	*percussion/drums*
Qui est à la batterie?	*Who's playing percussion?*

irregular verb; only one *t* in the
singular of the present tense

Present			
je bats	nous battons		
tu bats	vous battez		
il/elle bat	ils/elles battent		

Passé Composé	
j'ai battu	nous avons battu
tu as battu	vous avez battu
il/elle a battu	ils/elles ont battu

Imperfect	
je battais	nous battions
tu battais	vous battiez
il/elle battait	ils/elles battaient

Pluperfect	
j'avais battu	nous avions battu
tu avais battu	vous aviez battu
il/elle avait battu	ils/elles avaient battu

Passé Simple	
je battis	nous battîmes
tu battis	vous battîtes
il/elle battit	ils/elles battirent

Past Anterior	
j'eus battu	nous eûmes battu
tu eus battu	vous eûtes battu
il/elle eut battu	ils/elles eurent battu

Future	
je battrai	nous battrons
tu battras	vous battrez
il/elle battra	ils/elles battront

Future Anterior	
j'aurai battu	nous aurons battu
tu auras battu	vous aurez battu
il/elle aura battu	ils/elles auront battu

Conditional	
je battrais	nous battrions
tu battrais	vous battriez
il/elle battrait	ils/elles battraient

Past Conditional	
j'aurais battu	nous aurions battu
tu aurais battu	vous auriez battu
il/elle aurait battu	ils/elles auraient battu

Present Subjunctive	
que je batte	que nous battions
que tu battes	que vous battiez
qu'il/elle batte	qu'ils/elles battent

Past Subjunctive	
que j'aie battu	que nous ayons battu
que tu aies battu	que vous ayez battu
qu'il/elle ait battu	qu'ils/elles aient battu

Imperfect Subjunctive	
que je battisse	que nous battissions
que tu battisses	que vous battissiez
qu'il/elle battît	qu'ils/elles battissent

Pluperfect Subjunctive	
que j'eusse battu	que nous eussions battu
que tu eusses battu	que vous eussiez battu
qu'il/elle eût battu	qu'ils/elles eussent battu

Commands

	(nous) battons
(tu) bats	(vous) battez

battre qqn	to beat/hit someone
battre des œufs	to beat eggs
battre les cartes	to shuffle the deck
battre des mains	to clap one's hands
battre la retraite	to beat a retreat / have the army withdraw
Je ne bats jamais mes enfants.	I never hit my children.
On a battu la victime à mort.	The victim was beaten to death.
Elle sort les tapis au jardin pour les battre.	She takes the rugs out to the garden to beat them.
battre qqn / un rival	to defeat someone / a rival
Notre équipe a battu nos rivaux.	Our team beat our rivals.
Je ne me tiens pas pour battu!	I don't consider myself defeated.
Ils nous ont battus 10 à 6.	They beat us 10 to 6.

PROVERB

Il faut battre le fer pendant qu'il est chaud.	Strike while the iron is hot.

bavarder *to chat, chatter, gossip*

je bavarde · je bavardai · bavardé · bavardant

regular -er verb

Present		Passé Composé	
je bavarde	nous bavardons	j'ai bavardé	nous avons bavardé
tu bavardes	vous bavardez	tu as bavardé	vous avez bavardé
il/elle bavarde	ils/elles bavardent	il/elle a bavardé	ils/elles ont bavardé

Imperfect		Pluperfect	
je bavardais	nous bavardions	j'avais bavardé	nous avions bavardé
tu bavardais	vous bavardiez	tu avais bavardé	vous aviez bavardé
il/elle bavardait	ils/elles bavardaient	il/elle avait bavardé	ils/elles avaient bavardé

Passé Simple		Past Anterior	
je bavardai	nous bavardâmes	j'eus bavardé	nous eûmes bavardé
tu bavardas	vous bavardâtes	tu eus bavardé	vous eûtes bavardé
il/elle bavarda	ils/elles bavardèrent	il/elle eut bavardé	ils/elles eurent bavardé

Future		Future Anterior	
je bavarderai	nous bavarderons	j'aurai bavardé	nous aurons bavardé
tu bavarderas	vous bavarderez	tu auras bavardé	vous aurez bavardé
il/elle bavardera	ils/elles bavarderont	il/elle aura bavardé	ils/elles auront bavardé

Conditional		Past Conditional	
je bavarderais	nous bavarderions	j'aurais bavardé	nous aurions bavardé
tu bavarderais	vous bavarderiez	tu aurais bavardé	vous auriez bavardé
il/elle bavarderait	ils/elles bavarderaient	il/elle aurait bavardé	ils/elles auraient bavardé

Present Subjunctive		Past Subjunctive	
que je bavarde	que nous bavardions	que j'aie bavardé	que nous ayons bavardé
que tu bavardes	que vous bavardiez	que tu aies bavardé	que vous ayez bavardé
qu'il/elle bavarde	qu'ils/elles bavardent	qu'il/elle ait bavardé	qu'ils/elles aient bavardé

Imperfect Subjunctive		Pluperfect Subjunctive	
que je bavardasse	que nous bavardassions	que j'eusse bavardé	que nous eussions bavardé
que tu bavardasses	que vous bavardassiez	que tu eusses bavardé	que vous eussiez bavardé
qu'il/elle bavardât	qu'ils/elles bavardassent	qu'il/elle eût bavardé	qu'ils/elles eussent bavardé

Commands

	(nous) bavardons
(tu) bavarde	(vous) bavardez

USAGE

Ils se rencontrent pour le plaisir de bavarder ensemble.	They get together for the pleasure of chatting.
Tu perds tout ton temps à bavarder.	You're wasting all your time gabbing.
C'est affolant. Ils n'arrêtent pas de bavarder.	It's maddening. They don't stop talking.
Tout le monde est au courant! Qui aura bavardé?	Everyone knows about it! Who could have talked?

RELATED WORDS AND EXPRESSIONS

le bavardage	chatter/talk
Je ne peux pas travailler. Mes collègues n'arrêtent pas leur bavardage.	I can't work. My coworkers won't stop their talking.
bavard(e)	talkative
bavard(e) comme une pie	a real chatterbox
Lui, c'est un bavard intarissable.	He never gets tired of talking.

to stammer, stutter — **bégayer** — 82

regular -er verb;
spelling change: y > i/mute e

je bégaie · je bégayai · bégayé · bégayant

Present		Passé Composé	
je bégaie	nous bégayons	j'ai bégayé	nous avons bégayé
tu bégaies	vous bégayez	tu as bégayé	vous avez bégayé
il/elle bégaie	ils/elles bégaient	il/elle a bégayé	ils/elles ont bégayé

Imperfect		Pluperfect	
je bégayais	nous bégayions	j'avais bégayé	nous avions bégayé
tu bégayais	vous bégayiez	tu avais bégayé	vous aviez bégayé
il/elle bégayait	ils/elles bégayaient	il/elle avait bégayé	ils/elles avaient bégayé

Passé Simple		Past Anterior	
je bégayai	nous bégayâmes	j'eus bégayé	nous eûmes bégayé
tu bégayas	vous bégayâtes	tu eus bégayé	vous eûtes bégayé
il/elle bégaya	ils/elles bégayèrent	il/elle eut bégayé	ils/elles eurent bégayé

Future		Future Anterior	
je bégaierai	nous bégaierons	j'aurai bégayé	nous aurons bégayé
tu bégaieras	vous bégaierez	tu auras bégayé	vous aurez bégayé
il/elle bégaiera	ils/elles bégaieront	il/elle aura bégayé	ils/elles auront bégayé

Conditional		Past Conditional	
je bégaierais	nous bégaierions	j'aurais bégayé	nous aurions bégayé
tu bégaierais	vous bégaieriez	tu aurais bégayé	vous auriez bégayé
il/elle bégaierait	ils/elles bégaieraient	il/elle aurait bégayé	ils/elles auraient bégayé

Present Subjunctive		Past Subjunctive	
que je bégaie	que nous bégayions	que j'aie bégayé	que nous ayons bégayé
que tu bégaies	que vous bégayiez	que tu aies bégayé	que vous ayez bégayé
qu'il/elle bégaie	qu'ils/elles bégaient	qu'il/elle ait bégayé	qu'ils/elles aient bégayé

Imperfect Subjunctive		Pluperfect Subjunctive	
que je bégayasse	que nous bégayassions	que j'eusse bégayé	que nous eussions bégayé
que tu bégayasses	que vous bégayassiez	que tu eusses bégayé	que vous eussiez bégayé
qu'il/elle bégayât	qu'ils/elles bégayassent	qu'il/elle eût bégayé	qu'ils/elles eussent bégayé

Commands

	(nous) bégayons
(tu) bégaie	(vous) bégayez

USAGE

NOTE: This verb is sometimes seen without the *y > i* change, such as *bégaye*.

Il a bégayé une réponse.	He stammered out an answer.
Il a bégayé une excuse.	He stammered an apology.
La peur l'a fait bégayer.	He stammered out of fear.
L'enfant bégayait par timidité.	The child was stuttering out of shyness.
L'histoire ne se répète pas, elle bégaye.	History doesn't repeat itself, it stutters.

RELATED WORDS AND EXPRESSIONS

le bégaiement/bégayement	stammering
On comprenait mal les bégaiements de l'enfant.	It was hard for us to understand the child's babble.

bénir to bless

regular -ir verb

Present		Passé Composé	
je bénis	nous bénissons	j'ai béni	nous avons béni
tu bénis	vous bénissez	tu as béni	vous avez béni
il/elle bénit	ils/elles bénissent	il/elle a béni	ils/elles ont béni

Imperfect		Pluperfect	
je bénissais	nous bénissions	j'avais béni	nous avions béni
tu bénissais	vous bénissiez	tu avais béni	vous aviez béni
il/elle bénissait	ils/elles bénissaient	il/elle avait béni	ils/elles avaient béni

Passé Simple		Past Anterior	
je bénis	nous bénîmes	j'eus béni	nous eûmes béni
tu bénis	vous bénîtes	tu eus béni	vous eûtes béni
il/elle bénit	ils/elles bénirent	il/elle eut béni	ils/elles eurent béni

Future		Future Anterior	
je bénirai	nous bénirons	j'aurai béni	nous aurons béni
tu béniras	vous bénirez	tu auras béni	vous aurez béni
il/elle bénira	ils/elles béniront	il/elle aura béni	ils/elles auront béni

Conditional		Past Conditional	
je bénirais	nous bénirions	j'aurais béni	nous aurions béni
tu bénirais	vous béniriez	tu aurais béni	vous auriez béni
il/elle bénirait	ils/elles béniraient	il/elle aurait béni	ils/elles auraient béni

Present Subjunctive		Past Subjunctive	
que je bénisse	que nous bénissions	que j'aie béni	que nous ayons béni
que tu bénisses	que vous bénissiez	que tu aies béni	que vous ayez béni
qu'il/elle bénisse	qu'ils/elles bénissent	qu'il/elle ait béni	qu'ils/elles aient béni

Imperfect Subjunctive		Pluperfect Subjunctive	
que je bénisse	que nous bénissions	que j'eusse béni	que nous eussions béni
que tu bénisses	que vous bénissiez	que tu eusses béni	que vous eussiez béni
qu'il/elle bénît	qu'ils/elles bénissent	qu'il/elle eût béni	qu'ils/elles eussent béni

Commands

	(nous) bénissons
(tu) bénis	(vous) bénissez

USAGE

Le curé du village a béni leur mariage.	The village priest blessed their marriage.
Dieu vous bénisse!	God bless you! (said to someone who sneezes)
Dieu soit béni!	Praise the Lord!
Je bénis l'agent de police qui m'a sauvé.	I am thankful to the policeman who saved me.
Nous bénissons cette coïncidence.	We are so grateful for this coincidence.

RELATED WORDS AND EXPRESSIONS

le bénitier	holy water font
bénit(e)	blessed (when used as an adjective)
l'eau bénite	holy water

regular -er verb

je blague · je blaguai · blagué · blaguant

Present		Passé Composé	
je blague	nous blaguons	j'ai blagué	nous avons blagué
tu blagues	vous blaguez	tu as blagué	vous avez blagué
il/elle blague	ils/elles blaguent	il/elle a blagué	ils/elles ont blagué

Imperfect		Pluperfect	
je blaguais	nous blaguions	j'avais blagué	nous avions blagué
tu blaguais	vous blaguiez	tu avais blagué	vous aviez blagué
il/elle blaguait	ils/elles blaguaient	il/elle avait blagué	ils/elles avaient blagué

Passé Simple		Past Anterior	
je blaguai	nous blaguâmes	j'eus blagué	nous eûmes blagué
tu blaguas	vous blaguâtes	tu eus blagué	vous eûtes blagué
il/elle blagua	ils/elles blaguèrent	il/elle eut blagué	ils/elles eurent blagué

Future		Future Anterior	
je blaguerai	nous blaguerons	j'aurai blagué	nous aurons blagué
tu blagueras	vous blaguerez	tu auras blagué	vous aurez blagué
il/elle blaguera	ils/elles blagueront	il/elle aura blagué	ils/elles auront blagué

Conditional		Past Conditional	
je blaguerais	nous blaguerions	j'aurais blagué	nous aurions blagué
tu blaguerais	vous blagueriez	tu aurais blagué	vous auriez blagué
il/elle blaguerait	ils/elles blagueraient	il/elle aurait blagué	ils/elles auraient blagué

Present Subjunctive		Past Subjunctive	
que je blague	que nous blaguions	que j'aie blagué	que nous ayons blagué
que tu blagues	que vous blaguiez	que tu aies blagué	que vous ayez blagué
qu'il/elle blague	qu'ils/elles blaguent	qu'il/elle ait blagué	qu'ils/elles aient blagué

Imperfect Subjunctive		Pluperfect Subjunctive	
que je blaguasse	que nous blaguassions	que j'eusse blagué	que nous eussions blagué
que tu blaguasses	que vous blaguassiez	que tu eusses blagué	que vous eussiez blagué
qu'il/elle blaguât	qu'ils/elles blaguassent	qu'il/elle eût blagué	qu'ils/elles eussent blagué

Commands

	(nous) blaguons
(tu) blague	(vous) blaguez

USAGE

NOTE: *Blaguer* is colloquial for *plaisanter*.

Tu blagues!	*You're kidding!*
Sans blaguer.	*I'm not kidding.*
Ne t'offense pas. Je l'ai dit pour blaguer.	*Don't be offended. I said it as a joke.*
Tu ne blagues pas?	*Are you on the level?*

RELATED WORDS AND EXPRESSIONS

la blague	*joke/trick*
Sans blague?	*No kidding?*
Blague à part, dis-moi où ils sont.	*Stop kidding around and tell me where they are.*
—Il nous a fait une blague.	*He played a trick on us.*
—J'en ai marre de ses blagues, tu sais.	*You know, I've had enough of his tricks/jokes.*
Tout ça c'est de la blague.	*That's just hogwash.*
Quelle blague!	*What baloney!*
Arrête de raconter ces blagues!	*Stop telling those jokes!*
Mais tu prends tout ce que je te dis à blague!	*But you're taking everything I tell you as a joke!*
un blagueur / une blagueuse	*a kidder/jokester*

85 **blâmer** to blame

je blâme · je blâmai · blâmé · blâmant

regular -er verb

Present	
je blâme	nous blâmons
tu blâmes	vous blâmez
il/elle blâme	ils/elles blâment

Imperfect	
je blâmais	nous blâmions
tu blâmais	vous blâmiez
il/elle blâmait	ils/elles blâmaient

Passé Simple	
je blâmai	nous blâmâmes
tu blâmas	vous blâmâtes
il/elle blâma	ils/elles blâmèrent

Future	
je blâmerai	nous blâmerons
tu blâmeras	vous blâmerez
il/elle blâmera	ils/elles blâmeront

Conditional	
je blâmerais	nous blâmerions
tu blâmerais	vous blâmeriez
il/elle blâmerait	ils/elles blâmeraient

Passé Composé	
j'ai blâmé	nous avons blâmé
tu as blâmé	vous avez blâmé
il/elle a blâmé	ils/elles ont blâmé

Pluperfect	
j'avais blâmé	nous avions blâmé
tu avais blâmé	vous aviez blâmé
il/elle avait blâmé	ils/elles avaient blâmé

Past Anterior	
j'eus blâmé	nous eûmes blâmé
tu eus blâmé	vous eûtes blâmé
il/elle eut blâmé	ils/elles eurent blâmé

Future Anterior	
j'aurai blâmé	nous aurons blâmé
tu auras blâmé	vous aurez blâmé
il/elle aura blâmé	ils/elles auront blâmé

Past Conditional	
j'aurais blâmé	nous aurions blâmé
tu aurais blâmé	vous auriez blâmé
il/elle aurait blâmé	ils/elles auraient blâmé

Present Subjunctive	
que je blâme	que nous blâmions
que tu blâmes	que vous blâmiez
qu'il/elle blâme	qu'ils/elles blâment

Imperfect Subjunctive	
que je blâmasse	que nous blâmassions
que tu blâmasses	que vous blâmassiez
qu'il/elle blâmât	qu'ils/elles blâmassent

Past Subjunctive	
que j'aie blâmé	que nous ayons blâmé
que tu aies blâmé	que vous ayez blâmé
qu'il/elle ait blâmé	qu'ils/elles aient blâmé

Pluperfect Subjunctive	
que j'eusse blâmé	que nous eussions blâmé
que tu eusses blâmé	que vous eussiez blâmé
qu'il/elle eût blâmé	qu'ils/elles eussent blâmé

Commands

(tu) blâme
(nous) blâmons
(vous) blâmez

Il me blâme de son renvoi. — He blames me for his getting fired.
Je ne te blâme pas. Tu n'y es pour rien. — I don't blame you. You're not at fault.
Cet enfant n'est pas à blâmer. Il est à plaindre. — This child is not deserving of blame. He is to be pitied.
Qui est à blâmer pour cette situation? — Who's to blame for this situation?

RELATED WORDS AND EXPRESSIONS

le blâme — blame/reprimand (school or sports)
L'arbitre lui a donné un blâme. — The umpire gave him a reprimand.
Il mérite un blâme. — He deserves a formal reprimand.
Il a encouru un blâme. — He got a reprimand.
Votre collègue essaie de rejeter le blâme sur vous. — Your colleague is trying to make you look like the guilty party.
blâmable — blameful / deserving of blame

regular -ir verb

je blanchis · je blanchis · blanchi · blanchissant

Present
je blanchis	nous blanchissons
tu blanchis	vous blanchissez
il/elle blanchit	ils/elles blanchissent

Passé Composé
j'ai blanchi	nous avons blanchi
tu as blanchi	vous avez blanchi
il/elle a blanchi	ils/elles ont blanchi

Imperfect
je blanchissais	nous blanchissions
tu blanchissais	vous blanchissiez
il/elle blanchissait	ils/elles blanchissaient

Pluperfect
j'avais blanchi	nous avions blanchi
tu avais blanchi	vous aviez blanchi
il/elle avait blanchi	ils/elles avaient blanchi

Passé Simple
je blanchis	nous blanchîmes
tu blanchis	vous blanchîtes
il/elle blanchit	ils/elles blanchirent

Past Anterior
j'eus blanchi	nous eûmes blanchi
tu eus blanchi	vous eûtes blanchi
il/elle eut blanchi	ils/elles eurent blanchi

Future
je blanchirai	nous blanchirons
tu blanchiras	vous blanchirez
il/elle blanchira	ils/elles blanchiront

Future Anterior
j'aurai blanchi	nous aurons blanchi
tu auras blanchi	vous aurez blanchi
il/elle aura blanchi	ils/elles auront blanchi

Conditional
je blanchirais	nous blanchirions
tu blanchirais	vous blanchiriez
il/elle blanchirait	ils/elles blanchiraient

Past Conditional
j'aurais blanchi	nous aurions blanchi
tu aurais blanchi	vous auriez blanchi
il/elle aurait blanchi	ils/elles auraient blanchi

Present Subjunctive
que je blanchisse	que nous blanchissions
que tu blanchisses	que vous blanchissiez
qu'il/elle blanchisse	qu'ils/elles blanchissent

Past Subjunctive
que j'aie blanchi	que nous ayons blanchi
que tu aies blanchi	que vous ayez blanchi
qu'il/elle ait blanchi	qu'ils/elles aient blanchi

Imperfect Subjunctive
que je blanchisse	que nous blanchissions
que tu blanchisses	que vous blanchissiez
qu'il/elle blanchît	qu'ils/elles blanchissent

Pluperfect Subjunctive
que j'eusse blanchi	que nous eussions blanchi
que tu eusses blanchi	que vous eussiez blanchi
qu'il/elle eût blanchi	qu'ils/elles eussent blanchi

Commands
	(nous) blanchissons
(tu) blanchis	(vous) blanchissez

USAGE

blanchir un mur à la chaux	*to whitewash a wall*
La neige a blanchi la ville.	*The snow turned the city white.*
—Tu n'as pas de machine à laver?	*You have no washing machine?*
—Non, je donne mon linge à blanchir.	*No, I send my wash out to be laundered.*
Ses cheveux ont blanchi.	*His hair has turned white.*
blanchir de l'argent	*to launder money*

RELATED WORDS AND EXPRESSIONS

la blanchisserie	*laundry*
la blanchisserie automatique / laverie automatique	*coin laundry*
le blanchissage	*laundering*
J'envoie le linge au blanchissage.	*I send the linen to the laundry.*
le blanchiment/blanchissage de l'argent	*money laundering*

blesser *to wound*

je blesse · je blessai · blessé · blessant

regular -er verb

Present		Passé Composé	
je blesse	nous blessons	j'ai blessé	nous avons blessé
tu blesses	vous blessez	tu as blessé	vous avez blessé
il/elle blesse	ils/elles blessent	il/elle a blessé	ils/elles ont blessé

Imperfect		Pluperfect	
je blessais	nous blessions	j'avais blessé	nous avions blessé
tu blessais	vous blessiez	tu avais blessé	vous aviez blessé
il/elle blessait	ils/elles blessaient	il/elle avait blessé	ils/elles avaient blessé

Passé Simple		Past Anterior	
je blessai	nous blessâmes	j'eus blessé	nous eûmes blessé
tu blessas	vous blessâtes	tu eus blessé	vous eûtes blessé
il/elle blessa	ils/elles blessèrent	il/elle eut blessé	ils/elles eurent blessé

Future		Future Anterior	
je blesserai	nous blesserons	j'aurai blessé	nous aurons blessé
tu blesseras	vous blesserez	tu auras blessé	vous aurez blessé
il/elle blessera	ils/elles blesseront	il/elle aura blessé	ils/elles auront blessé

Conditional		Past Conditional	
je blesserais	nous blesserions	j'aurais blessé	nous aurions blessé
tu blesserais	vous blesseriez	tu aurais blessé	vous auriez blessé
il/elle blesserait	ils/elles blesseraient	il/elle aurait blessé	ils/elles auraient blessé

Present Subjunctive		Past Subjunctive	
que je blesse	que nous blessions	que j'aie blessé	que nous ayons blessé
que tu blesses	que vous blessiez	que tu aies blessé	que vous ayez blessé
qu'il/elle blesse	qu'ils/elles blessent	qu'il/elle ait blessé	qu'ils/elles aient blessé

Imperfect Subjunctive		Pluperfect Subjunctive	
que je blessasse	que nous blessassions	que j'eusse blessé	que nous eussions blessé
que tu blessasses	que vous blessassiez	que tu eusses blessé	que vous eussiez blessé
qu'il/elle blessât	qu'ils/elles blessassent	qu'il/elle eût blessé	qu'ils/elles eussent blessé

Commands

	(nous) blessons
(tu) blesse	(vous) blessez

USAGE

L'agresseur a blessé sa victime d'un coup de couteau.	The attacker stabbed his victim.
Il a été blessé dans un accident.	He was hurt in an accident.
Ma grand-mère s'est blessée en tombant.	My grandmother fell and hurt herself.
Je me suis blessé le bras.	I hurt my arm.
Cette musique blesse l'oreille!	This music hurts your ears!
Ces sacrées chaussures me blessent!	These darned shoes are hurting me!
Votre remarque m'a blessé au vif.	Your remark hurt me deeply.
Ça m'a profondément blessé.	That really hurt me.
Tu te blesses pour un rien.	You get offended too easily.
Votre commentaire a blessé mon amour-propre.	Your comment hurt my pride.

RELATED WORDS AND EXPRESSIONS

la blessure	wound
les blessés (mpl)	the wounded

irregular verb

je bois · je bus · bu · buvant

Present		Passé Composé	
je bois	nous buvons	j'ai bu	nous avons bu
tu bois	vous buvez	tu as bu	vous avez bu
il/elle boit	ils/elles boivent	il/elle a bu	ils/elles ont bu

Imperfect		Pluperfect	
je buvais	nous buvions	j'avais bu	nous avions bu
tu buvais	vous buviez	tu avais bu	vous aviez bu
il/elle buvait	ils/elles buvaient	il/elle avait bu	ils/elles avaient bu

Passé Simple		Past Anterior	
je bus	nous bûmes	j'eus bu	nous eûmes bu
tu bus	vous bûtes	tu eus bu	vous eûtes bu
il/elle but	ils/elles burent	il/elle eut bu	ils/elles eurent bu

Future		Future Anterior	
je boirai	nous boirons	j'aurai bu	nous aurons bu
tu boiras	vous boirez	tu auras bu	vous aurez bu
il/elle boira	ils/elles boiront	il/elle aura bu	ils/elles auront bu

Conditional		Past Conditional	
je boirais	nous boirions	j'aurais bu	nous aurions bu
tu boirais	vous boiriez	tu aurais bu	vous auriez bu
il/elle boirait	ils/elles boiraient	il/elle aurait bu	ils/elles auraient bu

Present Subjunctive		Past Subjunctive	
que je boive	que nous buvions	que j'aie bu	que nous ayons bu
que tu boives	que vous buviez	que tu aies bu	que vous ayez bu
qu'il/elle boive	qu'ils/elles boivent	qu'il/elle ait bu	qu'ils/elles aient bu

Imperfect Subjunctive		Pluperfect Subjunctive	
que je busse	que nous bussions	que j'eusse bu	que nous eussions bu
que tu busses	que vous bussiez	que tu eusses bu	que vous eussiez bu
qu'il/elle bût	qu'ils/elles bussent	qu'il/elle eût bu	qu'ils/elles eussent bu

---

Commands

	(nous) buvons
(tu) bois	(vous) buvez

boire du café / du thé / du vin / de la bière	to drink coffee/tea/wine/beer
Allons boire un verre!	Let's go have a drink.
Tu veux boire un coup?	Do you want to have a drink?
Tu as soif? Je vais te donner à boire.	Are you thirsty? I'll give you something to drink.
Chez nous on boit du vin à table.	We drink wine with our meals.
Nous allons boire à votre réussite.	We are going to drink to your health.
Le vin blanc se boit avec le poisson.	White wine is drunk with fish.
Ce n'est pas la mer à boire!	It's not really so hard to do!
Les étudiants buvaient les paroles du professeur.	The students were hanging on the professor's every word.

RELATED WORDS AND EXPRESSIONS

la buvette	refreshment area
la buvette de la gare	refreshment counter at the station
un buveur / une buveuse	a drinker
C'est un gros buveur.	He's a big drinker.
Ce café est imbuvable!	This coffee is undrinkable!

boucher *to plug, block, stuff, cork*

je bouche · je bouchai · bouché · bouchant

regular *-er* verb

Present		**Passé Composé**	
je bouche	nous bouchons	j'ai bouché	nous avons bouché
tu bouches	vous bouchez	tu as bouché	vous avez bouché
il/elle bouche	ils/elles bouchent	il/elle a bouché	ils/elles ont bouché
Imperfect		**Pluperfect**	
je bouchais	nous bouchions	j'avais bouché	nous avions bouché
tu bouchais	vous bouchiez	tu avais bouché	vous aviez bouché
il/elle bouchait	ils/elles bouchaient	il/elle avait bouché	ils/elles avaient bouché
Passé Simple		**Past Anterior**	
je bouchai	nous bouchâmes	j'eus bouché	nous eûmes bouché
tu bouchas	vous bouchâtes	tu eus bouché	vous eûtes bouché
il/elle boucha	ils/elles bouchèrent	il/elle eut bouché	ils/elles eurent bouché
Future		**Future Anterior**	
je boucherai	nous boucherons	j'aurai bouché	nous aurons bouché
tu boucheras	vous boucherez	tu auras bouché	vous aurez bouché
il/elle bouchera	ils/elles boucheront	il/elle aura bouché	ils/elles auront bouché
Conditional		**Past Conditional**	
je boucherais	nous boucherions	j'aurais bouché	nous aurions bouché
tu boucherais	vous boucheriez	tu aurais bouché	vous auriez bouché
il/elle boucherait	ils/elles boucheraient	il/elle aurait bouché	ils/elles auraient bouché
Present Subjunctive		**Past Subjunctive**	
que je bouche	que nous bouchions	que j'aie bouché	que nous ayons bouché
que tu bouches	que vous bouchiez	que tu aies bouché	que vous ayez bouché
qu'il/elle bouche	qu'ils/elles bouchent	qu'il/elle ait bouché	qu'ils/elles aient bouché
Imperfect Subjunctive		**Pluperfect Subjunctive**	
que je bouchasse	que nous bouchassions	que j'eusse bouché	que nous eussions bouché
que tu bouchasses	que vous bouchassiez	que tu eusses bouché	que vous eussiez bouché
qu'il/elle bouchât	qu'ils/elles bouchassent	qu'il/elle eût bouché	qu'ils/elles eussent bouché

Commands

	(nous) bouchons
(tu) bouche	(vous) bouchez

USAGE

Il faut boucher le trou: il y a une fuite d'eau. — We have to plug the hole: there's a leak.
Asseyez-vous! Vous bouchez la vue. — Sit down. You're blocking the view.
Ça sent mauvais! Les enfants se bouchent le nez. — It smells bad! The children are holding their noses.
Quel bruit! Je me bouche les oreilles. — What noise! I'm covering my ears.
J'ai le nez bouché. — I have a stuffy nose.
J'ai les oreilles bouchées. — My ears are stuffed.

RELATED WORDS AND EXPRESSIONS

le bouchon — cork / traffic jam
Il y a un bouchon sur l'autoroute. — There's a traffic jam on the highway.
le bouche-trou — stand-in/substitute

—On doit déboucher cette bouteille de vin. — We should uncork this bottle of wine.
—Voilà le tire-bouchon. Vas-y. — There's the corkscrew. Go to it.

regular -er verb

Present		Passé Composé	
je boude	nous boudons	j'ai boudé	nous avons boudé
tu boudes	vous boudez	tu as boudé	vous avez boudé
il/elle boude	ils/elles boudent	il/elle a boudé	ils/elles ont boudé

Imperfect		Pluperfect	
je boudais	nous boudions	j'avais boudé	nous avions boudé
tu boudais	vous boudiez	tu avais boudé	vous aviez boudé
il/elle boudait	ils/elles boudaient	il/elle avait boudé	ils/elles avaient boudé

Passé Simple		Past Anterior	
je boudai	nous boudâmes	j'eus boudé	nous eûmes boudé
tu boudas	vous boudâtes	tu eus boudé	vous eûtes boudé
il/elle bouda	ils/elles boudèrent	il/elle eut boudé	ils/elles eurent boudé

Future		Future Anterior	
je bouderai	nous bouderons	j'aurai boudé	nous aurons boudé
tu bouderas	vous bouderez	tu auras boudé	vous aurez boudé
il/elle boudera	ils/elles bouderont	il/elle aura boudé	ils/elles auront boudé

Conditional		Past Conditional	
je bouderais	nous bouderions	j'aurais boudé	nous aurions boudé
tu bouderais	vous bouderiez	tu aurais boudé	vous auriez boudé
il/elle bouderait	ils/elles bouderaient	il/elle aurait boudé	ils/elles auraient boudé

Present Subjunctive		Past Subjunctive	
que je boude	que nous boudions	que j'aie boudé	que nous ayons boudé
que tu boudes	que vous boudiez	que tu aies boudé	que vous ayez boudé
qu'il/elle boude	qu'ils/elles boudent	qu'il/elle ait boudé	qu'ils/elles aient boudé

Imperfect Subjunctive		Pluperfect Subjunctive	
que je boudasse	que nous boudassions	que j'eusse boudé	que nous eussions boudé
que tu boudasses	que vous boudassiez	que tu eusses boudé	que vous eussiez boudé
qu'il/elle boudât	qu'ils/elles boudassent	qu'il/elle eût boudé	qu'ils/elles eussent boudé

Commands

	(nous) boudons
(tu) boude	(vous) boudez

Cet enfant boude tout le temps.	This child is always sulking.
C'est un enfant qui boude sans cesse.	He's a child who sulks all the time.
Il nous arrive à tous de bouder de temps en temps.	All of us get into a bad mood from time to time.
Il boude la nourriture.	He doesn't want to eat.
Elle me boude.	She's looking cross at me.

RELATED WORDS AND EXPRESSIONS

la bouderie	sulking
boudeur/boudeuse	sullen
C'est un vrai boudeur.	He's always sullen.
Il a un air boudeur.	He looks sullen.
se bouder	to not be on speaking terms
On s'est brouillés et maintenant on se boude.	We had a fight and now we're not on speaking terms.

bouffer *to eat, gobble, gobble up*

je bouffe · je bouffai · bouffé · bouffant

regular -er verb

Present		Passé Composé	
je bouffe	nous bouffons	j'ai bouffé	nous avons bouffé
tu bouffes	vous bouffez	tu as bouffé	vous avez bouffé
il/elle bouffe	ils/elles bouffent	il/elle a bouffé	ils/elles ont bouffé

Imperfect		Pluperfect	
je bouffais	nous bouffions	j'avais bouffé	nous avions bouffé
tu bouffais	vous bouffiez	tu avais bouffé	vous aviez bouffé
il/elle bouffait	ils/elles bouffaient	il/elle avait bouffé	ils/elles avaient bouffé

Passé Simple		Past Anterior	
je bouffai	nous bouffâmes	j'eus bouffé	nous eûmes bouffé
tu bouffas	vous bouffâtes	tu eus bouffé	vous eûtes bouffé
il/elle bouffa	ils/elles bouffèrent	il/elle eut bouffé	ils/elles eurent bouffé

Future		Future Anterior	
je boufferai	nous boufferons	j'aurai bouffé	nous aurons bouffé
tu boufferas	vous boufferez	tu auras bouffé	vous aurez bouffé
il/elle bouffera	ils/elles boufferont	il/elle aura bouffé	ils/elles auront bouffé

Conditional		Past Conditional	
je boufferais	nous boufferions	j'aurais bouffé	nous aurions bouffé
tu boufferais	vous boufferiez	tu aurais bouffé	vous auriez bouffé
il/elle boufferait	ils/elles boufferaient	il/elle aurait bouffé	ils/elles auraient bouffé

Present Subjunctive		Past Subjunctive	
que je bouffe	que nous bouffions	que j'aie bouffé	que nous ayons bouffé
que tu bouffes	que vous bouffiez	que tu aies bouffé	que vous ayez bouffé
qu'il/elle bouffe	qu'ils/elles bouffent	qu'il/elle ait bouffé	qu'ils/elles aient bouffé

Imperfect Subjunctive		Pluperfect Subjunctive	
que je bouffasse	que nous bouffassions	que j'eusse bouffé	que nous eussions bouffé
que tu bouffasses	que vous bouffassiez	que tu eusses bouffé	que vous eussiez bouffé
qu'il/elle bouffât	qu'ils/elles bouffassent	qu'il/elle eût bouffé	qu'ils/elles eussent bouffé

Commands

(nous) bouffons
(tu) bouffe (vous) bouffez

USAGE

NOTE: *Bouffer* is a slang word for *manger*.

Comme ils ont bouffé la quiche! · *Boy, did they gobble up the quiche!*
Dans ce pays on bouffe des briques. · *In that country they have nothing to eat.*

—Tu n'aimes pas sortir avec eux? · *You don't like going out with them?*
—Pas du tout. Ils se bouffent le nez tout le temps. · *Not at all. They quarrel all the time.*

—On bouffe bien ici? · *Is the food good here?*
—Oui, on bouffe mieux que dans tous les autres restaurants. · *Yes, the food is better here than in all the other restaurants.*

RELATED WORDS AND EXPRESSIONS

la bouffe · *food/grub*
—Il ne pense qu'à la bouffe. · *All he thinks of is food.*
—Oui, mais au moins il sait faire la bouffe. · *Yes, but at least he knows how to cook.*

regular *-er* verb; spelling change: *g > ge/a, o*   je bouge · je bougeai · bougé · bougeant

Present		Passé Composé	
je bouge	nous bougeons	j'ai bougé	nous avons bougé
tu bouges	vous bougez	tu as bougé	vous avez bougé
il/elle bouge	ils/elles bougent	il/elle a bougé	ils/elles ont bougé

Imperfect		Pluperfect	
je bougeais	nous bougions	j'avais bougé	nous avions bougé
tu bougeais	vous bougiez	tu avais bougé	vous aviez bougé
il/elle bougeait	ils/elles bougeaient	il/elle avait bougé	ils/elles avaient bougé

Passé Simple		Past Anterior	
je bougeai	nous bougeâmes	j'eus bougé	nous eûmes bougé
tu bougeas	vous bougeâtes	tu eus bougé	vous eûtes bougé
il/elle bougea	ils/elles bougèrent	il/elle eut bougé	ils/elles eurent bougé

Future		Future Anterior	
je bougerai	nous bougerons	j'aurai bougé	nous aurons bougé
tu bougeras	vous bougerez	tu auras bougé	vous aurez bougé
il/elle bougera	ils/elles bougeront	il/elle aura bougé	ils/elles auront bougé

Conditional		Past Conditional	
je bougerais	nous bougerions	j'aurais bougé	nous aurions bougé
tu bougerais	vous bougeriez	tu aurais bougé	vous auriez bougé
il/elle bougerait	ils/elles bougeraient	il/elle aurait bougé	ils/elles auraient bougé

Present Subjunctive		Past Subjunctive	
que je bouge	que nous bougions	que j'aie bougé	que nous ayons bougé
que tu bouges	que vous bougiez	que tu aies bougé	que vous ayez bougé
qu'il/elle bouge	qu'ils/elles bougent	qu'il/elle ait bougé	qu'ils/elles aient bougé

Imperfect Subjunctive		Pluperfect Subjunctive	
que je bougeasse	que nous bougeassions	que j'eusse bougé	que nous eussions bougé
que tu bougeasses	que vous bougeassiez	que tu eusses bougé	que vous eussiez bougé
qu'il/elle bougeât	qu'ils/elles bougeassent	qu'il/elle eût bougé	qu'ils/elles eussent bougé

Commands

	(nous) bougeons
(tu) bouge	(vous) bougez

USAGE

Ne bouge pas! On va nous entendre!	*Don't move! They'll hear us!*
Tu peux venir à n'importe quelle heure. Je ne bouge pas de chez moi aujourd'hui.	*You can come at any time. I'm not budging from my house today.*
Le prix de l'essence n'a pas bougé.	*The price of gasoline has stayed the same.*
Elle n'a pas bougé le petit doigt.	*She didn't lift a finger (to help with the task).*

RELATED WORDS AND EXPRESSIONS

la bougeotte	*moving around / fidgetiness*
avoir la bougeotte	*to be always on the move*
Ils ont vécu un peu partout. Ils ont la bougeotte.	*They've lived almost everywhere. They're always on the move.*
Tu as la bougeotte aujourd'hui. Qu'est-ce qui t'arrive?	*You're fidgety today. What's the matter with you?*

bouillir *to boil*

je bous · je bouillis · bouilli · bouillant   irregular verb

Present		Passé Composé	
je bous	nous bouillons	j'ai bouilli	nous avons bouilli
tu bous	vous bouillez	tu as bouilli	vous avez bouilli
il/elle bout	ils/elles bouillent	il/elle a bouilli	ils/elles ont bouilli

Imperfect		Pluperfect	
je bouillais	nous bouillions	j'avais bouilli	nous avions bouilli
tu bouillais	vous bouilliez	tu avais bouilli	vous aviez bouilli
il/elle bouillait	ils/elles bouillaient	il/elle avait bouilli	ils/elles avaient bouilli

Passé Simple		Past Anterior	
je bouillis	nous bouillîmes	j'eus bouilli	nous eûmes bouilli
tu bouillis	vous bouillîtes	tu eus bouilli	vous eûtes bouilli
il/elle bouillit	ils/elles bouillirent	il/elle eut bouilli	ils/elles eurent bouilli

Future		Future Anterior	
je bouillirai	nous bouillirons	j'aurai bouilli	nous aurons bouilli
tu bouilliras	vous bouillirez	tu auras bouilli	vous aurez bouilli
il/elle bouillira	ils/elles bouilliront	il/elle aura bouilli	ils/elles auront bouilli

Conditional		Past Conditional	
je bouillirais	nous bouillirions	j'aurais bouilli	nous aurions bouilli
tu bouillirais	vous bouilliriez	tu aurais bouilli	vous auriez bouilli
il/elle bouillirait	ils/elles bouilliraient	il/elle aurait bouilli	ils/elles auraient bouilli

Present Subjunctive		Past Subjunctive	
que je bouille	que nous bouillions	que j'aie bouilli	que nous ayons bouilli
que tu bouilles	que vous bouilliez	que tu aies bouilli	que vous ayez bouilli
qu'il/elle bouille	qu'ils/elles bouillent	qu'il/elle ait bouilli	qu'ils/elles aient bouilli

Imperfect Subjunctive		Pluperfect Subjunctive	
que je bouillisse	que nous bouillissions	que j'eusse bouilli	que nous eussions bouilli
que tu bouillisses	que vous bouillissiez	que tu eusses bouilli	que vous eussiez bouilli
qu'il/elle bouillît	qu'ils/elles bouillissent	qu'il/elle eût bouilli	qu'ils/elles eussent bouilli

Commands

	(nous) bouillons
(tu) bous	(vous) bouillez

USAGE

L'eau bout.	*The water is boiling.*
Je vais faire bouillir l'eau pour la soupe.	*I'm going to bring the water to a boil for soup.*
de l'eau bouillie	*boiled water*
de l'eau bouillante	*boiling water*
faire bouillir à gros bouillons	*to bring to a full boil*
Il bout de colère.	*He's seething with anger.*

RELATED WORDS AND EXPRESSIONS

la bouillie	*baby's cereal*
C'est de la bouillie pour les chats.	*It's an illegible text. / This text is a mess.*
mettre/réduire en bouillie	*to beat to a pulp*
Son ennemi était réduit en bouillie.	*His enemy was beaten to a pulp.*
le bouillon	*broth/stock*

regular -er verb

je bourre · je bourrai · bourré · bourrant

Present		Passé Composé	
je bourre	nous bourrons	j'ai bourré	nous avons bourré
tu bourres	vous bourrez	tu as bourré	vous avez bourré
il/elle bourre	ils/elles bourrent	il/elle a bourré	ils/elles ont bourré

Imperfect		Pluperfect	
je bourrais	nous bourrions	j'avais bourré	nous avions bourré
tu bourrais	vous bourriez	tu avais bourré	vous aviez bourré
il/elle bourrait	ils/elles bourraient	il/elle avait bourré	ils/elles avaient bourré

Passé Simple		Past Anterior	
je bourrai	nous bourrâmes	j'eus bourré	nous eûmes bourré
tu bourras	vous bourrâtes	tu eus bourré	vous eûtes bourré
il/elle bourra	ils/elles bourrèrent	il/elle eut bourré	ils/elles eurent bourré

Future		Future Anterior	
je bourrerai	nous bourrerons	j'aurai bourré	nous aurons bourré
tu bourreras	vous bourrerez	tu auras bourré	vous aurez bourré
il/elle bourrera	ils/elles bourreront	il/elle aura bourré	ils/elles auront bourré

Conditional		Past Conditional	
je bourrerais	nous bourrerions	j'aurais bourré	nous aurions bourré
tu bourrerais	vous bourreriez	tu aurais bourré	vous auriez bourré
il/elle bourrerait	ils/elles bourreraient	il/elle aurait bourré	ils/elles auraient bourré

Present Subjunctive		Past Subjunctive	
que je bourre	que nous bourrions	que j'aie bourré	que nous ayons bourré
que tu bourres	que vous bourriez	que tu aies bourré	que vous ayez bourré
qu'il/elle bourre	qu'ils/elles bourrent	qu'il/elle ait bourré	qu'ils/elles aient bourré

Imperfect Subjunctive		Pluperfect Subjunctive	
que je bourrasse	que nous bourrassions	que j'eusse bourré	que nous eussions bourré
que tu bourrasses	que vous bourrassiez	que tu eusses bourré	que vous eussiez bourré
qu'il/elle bourrât	qu'ils/elles bourrassent	qu'il/elle eût bourré	qu'ils/elles eussent bourré

Commands

	(nous) bourrons
(tu) bourre	(vous) bourrez

bourrer une valise de vêtements	to stuff a suitcase with clothing
bourrer une tarte de fruits	to stuff a pie with fruit
bourrer sa serviette de papiers	to stuff one's briefcase with papers
bourrer un poêle de charbon	to fill a stove with coal
bourrer une pipe de tabac	to fill a pipe with tobacco
bourrer quelqu'un de coups	to pummel someone
Il a trop bu. Il était complètement bourré.	He drank too much. He got plastered.
Ta copie est bourrée de fautes.	Your composition is loaded with mistakes.
Les enfants se sont bourrés de bonbons.	The children stuffed themselves with candy.
Les malfaiteurs l'ont bourré de coups.	The criminals beat him up.

SLANG

Cette famille est bourrée de fric.	That family is loaded/rich.
Tu dois faire attention dans ce quartier la nuit. Tu peux te faire bourrer la gueule.	You should be careful in that neighborhood at night. You can get your head bashed in.

brancher *to plug in, connect*

je branche · je branchai · branché · branchant regular -er verb

Present

je branche	nous branchons
tu branches	vous branchez
il/elle branche	ils/elles branchent

Passé Composé

j'ai branché	nous avons branché
tu as branché	vous avez branché
il/elle a branché	ils/elles ont branché

Imperfect

je branchais	nous branchions
tu branchais	vous branchiez
il/elle branchait	ils/elles branchaient

Pluperfect

j'avais branché	nous avions branché
tu avais branché	vous aviez branché
il/elle avait branché	ils/elles avaient branché

Passé Simple

je branchai	nous branchâmes
tu branchas	vous branchâtes
il/elle brancha	ils/elles branchèrent

Past Anterior

j'eus branché	nous eûmes branché
tu eus branché	vous eûtes branché
il/elle eut branché	ils/elles eurent branché

Future

je brancherai	nous brancherons
tu brancheras	vous brancherez
il/elle branchera	ils/elles brancheront

Future Anterior

j'aurai branché	nous aurons branché
tu auras branché	vous aurez branché
il/elle aura branché	ils/elles auront branché

Conditional

je brancherais	nous brancherions
tu brancherais	vous brancheriez
il/elle brancherait	ils/elles brancheraient

Past Conditional

j'aurais branché	nous aurions branché
tu aurais branché	vous auriez branché
il/elle aurait branché	ils/elles auraient branché

Present Subjunctive

que je branche	que nous branchions
que tu branches	que vous branchiez
qu'il/elle branche	qu'ils/elles branchent

Past Subjunctive

que j'aie branché	que nous ayons branché
que tu aies branché	que vous ayez branché
qu'il/elle ait branché	qu'ils/elles aient branché

Imperfect Subjunctive

que je branchasse	que nous branchassions
que tu branchasses	que vous branchassiez
qu'il/elle branchât	qu'ils/elles branchassent

Pluperfect Subjunctive

que j'eusse branché	que nous eussions branché
que tu eusses branché	que vous eussiez branché
qu'il/elle eût branché	qu'ils/elles eussent branché

Commands

	(nous) branchons
(tu) branche	(vous) branchez

USAGE

—Cet ordinateur ne marche pas! — *This computer isn't working!*
—Tu ne l'as pas branché. — *You didn't plug it in.*

Sur quelle prise est-ce que je peux brancher la télé? — *What socket can I plug the TV into?*

Ça se branche où? — *Where do I plug this in?*

Dans notre bureau tous les ordinateurs sont branchés sur l'Internet. — *In our office, all the computers are connected to the Internet.*

C'est un jeune homme branché. — *He's a with-it young man.*

brancher qqn sur un sujet — *to get someone started on a topic*

Ne le branchez pas sur la politique. Il vous cassera les oreilles. — *Don't get him started on politics. He'll chew your ear off.*

regular -er verb   je brosse · je brossai · brossé · brossant

	Present		Passé Composé
je brosse	nous brossons	j'ai brossé	nous avons brossé
tu brosses	vous brossez	tu as brossé	vous avez brossé
il/elle brosse	ils/elles brossent	il/elle a brossé	ils/elles ont brossé

	Imperfect		Pluperfect
je brossais	nous brossions	j'avais brossé	nous avions brossé
tu brossais	vous brossiez	tu avais brossé	vous aviez brossé
il/elle brossait	ils/elles brossaient	il/elle avait brossé	ils/elles avaient brossé

	Passé Simple		Past Anterior
je brossai	nous brossâmes	j'eus brossé	nous eûmes brossé
tu brossas	vous brossâtes	tu eus brossé	vous eûtes brossé
il/elle brossa	ils/elles brossèrent	il/elle eut brossé	ils/elles eurent brossé

	Future		Future Anterior
je brosserai	nous brosserons	j'aurai brossé	nous aurons brossé
tu brosseras	vous brosserez	tu auras brossé	vous aurez brossé
il/elle brossera	ils/elles brosseront	il/elle aura brossé	ils/elles auront brossé

	Conditional		Past Conditional
je brosserais	nous brosserions	j'aurais brossé	nous aurions brossé
tu brosserais	vous brosseriez	tu aurais brossé	vous auriez brossé
il/elle brosserait	ils/elles brosseraient	il/elle aurait brossé	ils/elles auraient brossé

	Present Subjunctive		Past Subjunctive
que je brosse	que nous brossions	que j'aie brossé	que nous ayons brossé
que tu brosses	que vous brossiez	que tu aies brossé	que vous ayez brossé
qu'il/elle brosse	qu'ils/elles brossent	qu'il/elle ait brossé	qu'ils/elles aient brossé

	Imperfect Subjunctive		Pluperfect Subjunctive
que je brossasse	que nous brossassions	que j'eusse brossé	que nous eussions brossé
que tu brossasses	que vous brossassiez	que tu eusses brossé	que vous eussiez brossé
qu'il/elle brossât	qu'ils/elles brossassent	qu'il/elle eût brossé	qu'ils/elles eussent brossé

Commands

	(nous) brossons
(tu) brosse	(vous) brossez

USAGE

Brosse le manteau.	Brush (off) the coat.

RELATED WORDS AND EXPRESSIONS

la brosse à dents	toothbrush
la brosse à cheveux	hairbrush
la brosse à vêtements	clothing brush
donner un coup de brosse à	to brush (especially clothing)
avoir/porter les cheveux en brosse	to have a crew cut
se brosser les dents	to brush one's teeth
se brosser les cheveux	to brush one's hair

SLANG

Tu t'attends à ce qu'il te prête sa voiture?	You expect him to lend you his car?
Tu peux te brosser, tu sais.	You'd better not count on it, you know.

brûler *to burn*

je brûle · je brûlai · brûlé · brûlant

regular -er verb

Present		Passé Composé	
je brûle	nous brûlons	j'ai brûlé	nous avons brûlé
tu brûles	vous brûlez	tu as brûlé	vous avez brûlé
il/elle brûle	ils/elles brûlent	il/elle a brûlé	ils/elles ont brûlé

Imperfect		Pluperfect	
je brûlais	nous brûlions	j'avais brûlé	nous avions brûlé
tu brûlais	vous brûliez	tu avais brûlé	vous aviez brûlé
il/elle brûlait	ils/elles brûlaient	il/elle avait brûlé	ils/elles avaient brûlé

Passé Simple		Past Anterior	
je brûlai	nous brûlâmes	j'eus brûlé	nous eûmes brûlé
tu brûlas	vous brûlâtes	tu eus brûlé	vous eûtes brûlé
il/elle brûla	ils/elles brûlèrent	il/elle eut brûlé	ils/elles eurent brûlé

Future		Future Anterior	
je brûlerai	nous brûlerons	j'aurai brûlé	nous aurons brûlé
tu brûleras	vous brûlerez	tu auras brûlé	vous aurez brûlé
il/elle brûlera	ils/elles brûleront	il/elle aura brûlé	ils/elles auront brûlé

Conditional		Past Conditional	
je brûlerais	nous brûlerions	j'aurais brûlé	nous aurions brûlé
tu brûlerais	vous brûleriez	tu aurais brûlé	vous auriez brûlé
il/elle brûlerait	ils/elles brûleraient	il/elle aurait brûlé	ils/elles auraient brûlé

Present Subjunctive		Past Subjunctive	
que je brûle	que nous brûlions	que j'aie brûlé	que nous ayons brûlé
que tu brûles	que vous brûliez	que tu aies brûlé	que vous ayez brûlé
qu'il/elle brûle	qu'ils/elles brûlent	qu'il/elle ait brûlé	qu'ils/elles aient brûlé

Imperfect Subjunctive		Pluperfect Subjunctive	
que je brûlasse	que nous brûlassions	que j'eusse brûlé	que nous eussions brûlé
que tu brûlasses	que vous brûlassiez	que tu eusses brûlé	que vous eussiez brûlé
qu'il/elle brûlât	qu'ils/elles brûlassent	qu'il/elle eût brûlé	qu'ils/elles eussent brûlé

Commands

	(nous) brûlons
(tu) brûle	(vous) brûlez

USAGE

On brûle les ordures.	We burn the garbage.
Les soldats ont brûlé la ville.	The soldiers burned the city.
Il a le visage brûlé par le soleil.	His face is sunburned.
Au feu! La maison brûle!	Fire! The house is burning!
Fais attention au feu. Tu vas te brûler.	Careful of the fire. You're going to get burned.
Cet appareil brûle beaucoup d'électricité.	This machine consumes a lot of electricity.
Il a brûlé un feu rouge.	He went through a red light.
Tu brûles!	You're getting warmer! (children's guessing games)
brûler de faire qqch	to be dying to do something
Je brûle de l'interroger.	I am dying to question him.

RELATED WORDS AND EXPRESSIONS

Va voir ta tarte! Ça sent le brûlé!	Go check your pie. It smells like something is burning.
Faites attention. La soupe est brûlante.	Careful. The soup is very hot.
On a tiré à brûle-pourpoint.	They shot at point-blank range.

regular *-er* verb   je cache · je cachai · caché · cachant

Present		Passé Composé	
je cache	nous cachons	j'ai caché	nous avons caché
tu caches	vous cachez	tu as caché	vous avez caché
il/elle cache	ils/elles cachent	il/elle a caché	ils/elles ont caché

Imperfect		Pluperfect	
je cachais	nous cachions	j'avais caché	nous avions caché
tu cachais	vous cachiez	tu avais caché	vous aviez caché
il/elle cachait	ils/elles cachaient	il/elle avait caché	ils/elles avaient caché

Passé Simple		Past Anterior	
je cachai	nous cachâmes	j'eus caché	nous eûmes caché
tu cachas	vous cachâtes	tu eus caché	vous eûtes caché
il/elle cacha	ils/elles cachèrent	il/elle eut caché	ils/elles eurent caché

Future		Future Anterior	
je cacherai	nous cacherons	j'aurai caché	nous aurons caché
tu cacheras	vous cacherez	tu auras caché	vous aurez caché
il/elle cachera	ils/elles cacheront	il/elle aura caché	ils/elles auront caché

Conditional		Past Conditional	
je cacherais	nous cacherions	j'aurais caché	nous aurions caché
tu cacherais	vous cacheriez	tu aurais caché	vous auriez caché
il/elle cacherait	ils/elles cacheraient	il/elle aurait caché	ils/elles auraient caché

Present Subjunctive		Past Subjunctive	
que je cache	que nous cachions	que j'aie caché	que nous ayons caché
que tu caches	que vous cachiez	que tu aies caché	que vous ayez caché
qu'il/elle cache	qu'ils/elles cachent	qu'il/elle ait caché	qu'ils/elles aient caché

Imperfect Subjunctive		Pluperfect Subjunctive	
que je cachasse	que nous cachassions	que j'eusse caché	que nous eussions caché
que tu cachasses	que vous cachassiez	que tu eusses caché	que vous eussiez caché
qu'il/elle cachât	qu'ils/elles cachassent	qu'il/elle eût caché	qu'ils/elles eussent caché

Commands

	(nous) cachons
(tu) cache	(vous) cachez

USAGE

Ils ont caché l'argent au sous-sol.	*They hid the money in the basement.*
Il cache ses vraies intentions.	*He's hiding his real intentions.*
Pour réussir, il a caché son jeu.	*To succeed, he hid his intentions.*
Je ne leur ai pas caché ma colère.	*I didn't hide my anger from them.*
Tu n'as rien à cacher.	*You have nothing to hide.*
Il ne se cache pas de sa peur.	*He doesn't hide from the fact that he's afraid.*
Les enfants jouent à cache-cache. Ils se cachent derrière les arbres.	*The children are playing hide-and-seek. They're hiding behind the trees.*
un trésor caché	*a hidden treasure*
Les arbres cachent la plage.	*You can't see the beach because of the trees.*
Il fait frais ici. Les arbres cachent le soleil.	*It's cool here. The trees block the sun.*
Je ne vous cache pas que je suis inquiet.	*I won't pretend that I am not nervous.*
Il ne faut pas se cacher de ses sentiments.	*You mustn't deny your feelings.*

casser intransitif

Le câble a cassé.	*The cable broke.*
Fais attention! Ça casse.	*Careful! That can break.*

se casser

se casser le bras / la jambe	*to break one's arm/leg*
se casser un bras / une jambe	*to break one's arm/leg*
Ne te casse pas la tête (là-dessus).	*Don't worry about it.*
Tu vas te casser la figure!	*You'll break your neck / get killed!*
Tu vas te casser la gueule! *(vulgar)*	*You'll break your neck / get killed!*

Des mots composés avec casse-

le casse-cou	*daredevil*
être casse-cou	*to be reckless*
le casse-pieds	*pain in the neck*
le casse-tête	*puzzle/brainteaser*
le casse-noisette	*nutcracker*
Casse-Noisette	*Tchaikovsky's "Nutcracker Suite"*
le casse-croûte	*snack*
prendre son casse-croûte	*to take along one's snack*

RELATED WORDS AND EXPRESSIONS

la cassation d'un testament *(legal)*	*the annulling of a will*
la cour de cassation	*court of final appeal*
une voix cassée	*a hoarse, raspy voice*
cassant	*brittle; clipped/curt*
avoir les cheveux cassants	*to have brittle hair*
un matériau cassant	*a brittle material*
des paroles cassantes	*sharp words*
Le chef est cassant avec ses employés.	*The boss is curt with his employees.*
J'ai entendu un bruit à tout casser.	*I heard a deafening noise.*
On nous a servi un repas à tout casser.	*They served us a first-rate meal.*
casser la croûte	*to have a snack*

SLANG

Je vais te casser la figure!	*I'll break your neck!*
casser sa pipe	*to die / kick the bucket*
❸ —Je vois que tu ne t'es pas cassé la tête.	*I see you haven't overworked.*
—Et toi, tu t'es cassé?	*And you strained, I suppose?*
Tu me casses la tête avec tes histoires.	*You're boring me to tears with your stories.*
Ce plat ne casse rien.	*This dish is nothing special.*
Ce film ne casse pas des briques.	*This movie is no great shakes.*

regular -er verb

je casse · je cassai · cassé · cassant

Present		Passé Composé	
je casse	nous cassons	j'ai cassé	nous avons cassé
tu casses	vous cassez	tu as cassé	vous avez cassé
il/elle casse	ils/elles cassent	il/elle a cassé	ils/elles ont cassé

Imperfect		Pluperfect	
je cassais	nous cassions	j'avais cassé	nous avions cassé
tu cassais	vous cassiez	tu avais cassé	vous aviez cassé
il/elle cassait	ils/elles cassaient	il/elle avait cassé	ils/elles avaient cassé

Passé Simple		Past Anterior	
je cassai	nous cassâmes	j'eus cassé	nous eûmes cassé
tu cassas	vous cassâtes	tu eus cassé	vous eûtes cassé
il/elle cassa	ils/elles cassèrent	il/elle eut cassé	ils/elles eurent cassé

Future		Future Anterior	
je casserai	nous casserons	j'aurai cassé	nous aurons cassé
tu casseras	vous casserez	tu auras cassé	vous aurez cassé
il/elle cassera	ils/elles casseront	il/elle aura cassé	ils/elles auront cassé

Conditional		Past Conditional	
je casserais	nous casserions	j'aurais cassé	nous aurions cassé
tu casserais	vous casseriez	tu aurais cassé	vous auriez cassé
il/elle casserait	ils/elles casseraient	il/elle aurait cassé	ils/elles auraient cassé

Present Subjunctive		Past Subjunctive	
que je casse	que nous cassions	que j'aie cassé	que nous ayons cassé
que tu casses	que vous cassiez	que tu aies cassé	que vous ayez cassé
qu'il/elle casse	qu'ils/elles cassent	qu'il/elle ait cassé	qu'ils/elles aient cassé

Imperfect Subjunctive		Pluperfect Subjunctive	
que je cassasse	que nous cassassions	que j'eusse cassé	que nous eussions cassé
que tu cassasses	que vous cassassiez	que tu eusses cassé	que vous eussiez cassé
qu'il/elle cassât	qu'ils/elles cassassent	qu'il/elle eût cassé	qu'ils/elles eussent cassé

Commands

	(nous) cassons
(tu) casse	(vous) cassez

—J'ai cassé trois assiettes aujourd'hui.	I broke three plates today.
—Et moi, j'ai cassé un verre.	And I broke a glass.
Oh, cet enfant casse tout.	Oh, this child is always breaking something.
❸ —Jean-Marc a le bras dans le plâtre. Comment est-ce qu'il s'est cassé le bras?	Jean-Marc has his arm in a cast. How did he break his arm?
—Ils lui ont cassé le bras pendant une bagarre.	He got his arm broken in a fight.
casser un carreau	to smash a windowpane
Il a cassé le poste de télé en morceaux.	He smashed the TV to pieces.
Après Noël, les commerçants cassent les prix.	After Christmas, the storekeepers slash prices.

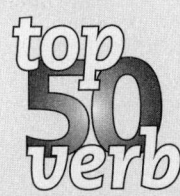

top 50 verb

causer *to cause; to chat*

je cause · je causai · causé · causant

regular -er verb

Present		Passé Composé	
je cause	nous causons	j'ai causé	nous avons causé
tu causes	vous causez	tu as causé	vous avez causé
il/elle cause	ils/elles causent	il/elle a causé	ils/elles ont causé

Imperfect		Pluperfect	
je causais	nous causions	j'avais causé	nous avions causé
tu causais	vous causiez	tu avais causé	vous aviez causé
il/elle causait	ils/elles causaient	il/elle avait causé	ils/elles avaient causé

Passé Simple		Past Anterior	
je causai	nous causâmes	j'eus causé	nous eûmes causé
tu causas	vous causâtes	tu eus causé	vous eûtes causé
il/elle causa	ils/elles causèrent	il/elle eut causé	ils/elles eurent causé

Future		Future Anterior	
je causerai	nous causerons	j'aurai causé	nous aurons causé
tu causeras	vous causerez	tu auras causé	vous aurez causé
il/elle causera	ils/elles causeront	il/elle aura causé	ils/elles auront causé

Conditional		Past Conditional	
je causerais	nous causerions	j'aurais causé	nous aurions causé
tu causerais	vous causeriez	tu aurais causé	vous auriez causé
il/elle causerait	ils/elles causeraient	il/elle aurait causé	ils/elles auraient causé

Present Subjunctive		Past Subjunctive	
que je cause	que nous causions	que j'aie causé	que nous ayons causé
que tu causes	que vous causiez	que tu aies causé	que vous ayez causé
qu'il/elle cause	qu'ils/elles causent	qu'il/elle ait causé	qu'ils/elles aient causé

Imperfect Subjunctive		Pluperfect Subjunctive	
que je causasse	que nous causassions	que j'eusse causé	que nous eussions causé
que tu causasses	que vous causassiez	que tu eusses causé	que vous eussiez causé
qu'il/elle causât	qu'ils/elles causassent	qu'il/elle eût causé	qu'ils/elles eussent causé

Commands

	(nous) causons
(tu) cause	(vous) causez

USAGE

Cet accident m'a causé beaucoup d'ennuis. — *That accident caused me a lot of trouble.*
Je ne veux pas vous causer de la peine. — *I don't want to hurt you / cause you grief.*
Les problèmes de sécurité peuvent causer la ruine financière d'une entreprise. — *Security problems can bring about a company's financial ruin.*

RELATED WORDS AND EXPRESSIONS

Quelle est la cause de l'accident? — *What is the cause of the accident?*
agir en connaissance de cause — *to act in full knowledge of what one is doing*

SLANG

causer — *to chat*
la causerie — *talking/chatting*
faire un petit bout de causette / faire un brin de causette — *to have a chat*

-er verb; spelling change: é > è/mute e
except in the future and conditional

je cède · je cédai · cédé · cédant

Present

je cède	nous cédons
tu cèdes	vous cédez
il/elle cède	ils/elles cèdent

Passé Composé

j'ai cédé	nous avons cédé
tu as cédé	vous avez cédé
il/elle a cédé	ils/elles ont cédé

Imperfect

je cédais	nous cédions
tu cédais	vous cédiez
il/elle cédait	ils/elles cédaient

Pluperfect

j'avais cédé	nous avions cédé
tu avais cédé	vous aviez cédé
il/elle avait cédé	ils/elles avaient cédé

Passé Simple

je cédai	nous cédâmes
tu cédas	vous cédâtes
il/elle céda	ils/elles cédèrent

Past Anterior

j'eus cédé	nous eûmes cédé
tu eus cédé	vous eûtes cédé
il/elle eut cédé	ils/elles eurent cédé

Future

je céderai	nous céderons
tu céderas	vous céderez
il/elle cédera	ils/elles céderont

Future Anterior

j'aurai cédé	nous aurons cédé
tu auras cédé	vous aurez cédé
il/elle aura cédé	ils/elles auront cédé

Conditional

je céderais	nous céderions
tu céderais	vous céderiez
il/elle céderait	ils/elles céderaient

Past Conditional

j'aurais cédé	nous aurions cédé
tu aurais cédé	vous auriez cédé
il/elle aurait cédé	ils/elles auraient cédé

Present Subjunctive

que je cède	que nous cédions
que tu cèdes	que vous cédiez
qu'il/elle cède	qu'ils/elles cèdent

Past Subjunctive

que j'aie cédé	que nous ayons cédé
que tu aies cédé	que vous ayez cédé
qu'il/elle ait cédé	qu'ils/elles aient cédé

Imperfect Subjunctive

que je cédasse	que nous cédassions
que tu cédasses	que vous cédassiez
qu'il/elle cédât	qu'ils/elles cédassent

Pluperfect Subjunctive

que j'eusse cédé	que nous eussions cédé
que tu eusses cédé	que vous eussiez cédé
qu'il/elle eût cédé	qu'ils/elles eussent cédé

Commands

	(nous) cédons
(tu) cède	(vous) cédez

USAGE

céder qqch à qqn	to yield something / give something up to someone
céder le pas à	to yield one's place / let someone get ahead of one
L'entreprise va céder un pan de ses activités financières à un fonds d'investissements japonais.	The firm is going to give up a part of its financial activities to a Japanese investment fund.
céder le haut du pavé	to give up a leadership position / top rank
L'industrie aérospatiale nationale a cédé le haut du pavé à ses concurrents allemands.	The domestic aerospace industry has given up its leadership position to its German competitors.
L'armée a cédé du terrain.	The army gave up ground.
Il a cédé à sa peur.	He gave in to his fear.
Je vous cède ma place.	You may have my seat.
Les problèmes économiques cèdent le pas maintenant aux problèmes de l'environnement.	Economic concerns are now taking a back seat to environmental problems.
Il m'a cédé son tour.	He gave me his turn.

célébrer *to celebrate, observe*

je célèbre · je célébrai · célébré · célébrant

-er verb; spelling change: é > è/mute e
except in the future and conditional

Present
je célèbre	nous célébrons
tu célèbres	vous célébrez
il/elle célèbre	ils/elles célèbrent

Passé Composé
j'ai célébré	nous avons célébré
tu as célébré	vous avez célébré
il/elle a célébré	ils/elles ont célébré

Imperfect
je célébrais	nous célébrions
tu célébrais	vous célébriez
il/elle célébrait	ils/elles célébraient

Pluperfect
j'avais célébré	nous avions célébré
tu avais célébré	vous aviez célébré
il/elle avait célébré	ils/elles avaient célébré

Passé Simple
je célébrai	nous célébrâmes
tu célébras	vous célébrâtes
il/elle célébra	ils/elles célébrèrent

Past Anterior
j'eus célébré	nous eûmes célébré
tu eus célébré	vous eûtes célébré
il/elle eut célébré	ils/elles eurent célébré

Future
je célébrerai	nous célébrerons
tu célébreras	vous célébrerez
il/elle célébrera	ils/elles célébreront

Future Anterior
j'aurai célébré	nous aurons célébré
tu auras célébré	vous aurez célébré
il/elle aura célébré	ils/elles auront célébré

Conditional
je célébrerais	nous célébrerions
tu célébrerais	vous célébreriez
il/elle célébrerait	ils/elles célébreraient

Past Conditional
j'aurais célébré	nous aurions célébré
tu aurais célébré	vous auriez célébré
il/elle aurait célébré	ils/elles auraient célébré

Present Subjunctive
que je célèbre	que nous célébrions
que tu célèbres	que vous célébriez
qu'il/elle célèbre	qu'ils/elles célèbrent

Past Subjunctive
que j'aie célébré	que nous ayons célébré
que tu aies célébré	que vous ayez célébré
qu'il/elle ait célébré	qu'ils/elles aient célébré

Imperfect Subjunctive
que je célébrasse	que nous célébrassions
que tu célébrasses	que vous célébrassiez
qu'il/elle célébrât	qu'ils/elles célébrassent

Pluperfect Subjunctive
que j'eusse célébré	que nous eussions célébré
que tu eusses célébré	que vous eussiez célébré
qu'il/elle eût célébré	qu'ils/elles eussent célébré

Commands
	(nous) célébrons
(tu) célèbre	(vous) célébrez

USAGE

Elle a célébré son anniversaire.	*She celebrated her birthday.*
célébrer un mariage	*to celebrate a marriage*
célébrer la messe	*to celebrate/conduct mass*
célébrer l'œuvre littéraire d'un auteur	*to celebrate an author's literary work*
célébrer la mémoire de qqn	*to celebrate/commemorate someone's memory*
Nous célébrerons la fête légale.	*We will observe the legal holiday.*

RELATED WORDS AND EXPRESSIONS

la célébration de la messe / d'un mariage	*the celebration of mass / of a marriage*
la célébrité	*fame/celebrity*
célèbre	*famous*
un artiste célèbre	*a famous artist*
se rendre / devenir célèbre	*to become famous*

regular -er verb

je cesse · je cessai · cessé · cessant

Present		Passé Composé	
je cesse	nous cessons	j'ai cessé	nous avons cessé
tu cesses	vous cessez	tu as cessé	vous avez cessé
il/elle cesse	ils/elles cessent	il/elle a cessé	ils/elles ont cessé

Imperfect		Pluperfect	
je cessais	nous cessions	j'avais cessé	nous avions cessé
tu cessais	vous cessiez	tu avais cessé	vous aviez cessé
il/elle cessait	ils/elles cessaient	il/elle avait cessé	ils/elles avaient cessé

Passé Simple		Past Anterior	
je cessai	nous cessâmes	j'eus cessé	nous eûmes cessé
tu cessas	vous cessâtes	tu eus cessé	vous eûtes cessé
il/elle cessa	ils/elles cessèrent	il/elle eut cessé	ils/elles eurent cessé

Future		Future Anterior	
je cesserai	nous cesserons	j'aurai cessé	nous aurons cessé
tu cesseras	vous cesserez	tu auras cessé	vous aurez cessé
il/elle cessera	ils/elles cesseront	il/elle aura cessé	ils/elles auront cessé

Conditional		Past Conditional	
je cesserais	nous cesserions	j'aurais cessé	nous aurions cessé
tu cesserais	vous cesseriez	tu aurais cessé	vous auriez cessé
il/elle cesserait	ils/elles cesseraient	il/elle aurait cessé	ils/elles auraient cessé

Present Subjunctive		Past Subjunctive	
que je cesse	que nous cessions	que j'aie cessé	que nous ayons cessé
que tu cesses	que vous cessiez	que tu aies cessé	que vous ayez cessé
qu'il/elle cesse	qu'ils/elles cessent	qu'il/elle ait cessé	qu'ils/elles aient cessé

Imperfect Subjunctive		Pluperfect Subjunctive	
que je cessasse	que nous cessassions	que j'eusse cessé	que nous eussions cessé
que tu cessasses	que vous cessassiez	que tu eusses cessé	que vous eussiez cessé
qu'il/elle cessât	qu'ils/elles cessassent	qu'il/elle eût cessé	qu'ils/elles eussent cessé

Commands

	(nous) cessons
(tu) cesse	(vous) cessez

Nous avons cessé nos efforts.	We stopped our efforts.
L'usine a cessé la production de cet article.	The factory stopped production of this item.
Les ouvriers ont cessé le travail.	The workers stopped work.
Le bruit a cessé.	The noise stopped.
Le travail a cessé.	Work stopped.
La pluie / Le vent a cessé.	The rain/wind stopped.
cesser de faire qqch	to stop doing something
Ils ont cessé de fumer.	They stopped smoking.
Il ne cesse pas de faire l'idiot.	He won't stop acting like an idiot.

RELATED WORDS AND EXPRESSIONS

la cessation	stopping
la cessation des hostilités	cease-fire
sans cesse	continually/constantly

changer *to change*

je change · je changeai · changé · changeant

regular -er verb;
spelling change: g > ge/a, o

---

changer = transformer

changer qqch en qqch	*to change something into something*
Il a changé son salle de séjour en cabinet de travail.	*He changed his living room into a study.*

Changer de l'argent

changer de l'argent	*to change money / convert currency*
le bureau de change	*foreign currency exchange office*
gagner/perdre au change	*to gain/lose money in an exchange operation*
une opération de change	*a foreign exchange operation*

changer de + noun (usually singular)

changer d'adresse	*to move / change address*
changer de train / d'autobus / d'avion	*to change trains/buses/planes*
changer de vêtements	*to change one's clothes*
changer d'avis/d'idée	*to change one's mind*
changer de ton	*to change one's tune*
changer de sujet	*to change the subject*
Quand elle a vu son ancien fiancé, elle a changé de couleur.	*When she saw her former fiancé, she changed color.*
Je l'ai pas reconnue parce qu'elle avait changé de coiffure.	*I didn't recognize her because she had changed her hairdo.*
Ce politicien a changé de camp.	*This politician has changed sides.*
Changeons de route pour qu'on ne nous poursuive pas.	*Let's go a different way so that they don't follow us.*

changer qqch

changer ses plans	*to change one's plans*
changer les draps	*to change the sheets*
changer sa voiture	*to get a different car*
changer sa façon de vivre	*to change one's way of life*
changer un enfant	*to change a child* (clothing, diapers)
changer les couches à un enfant	*to change a child's diapers*
changer qqch contre qqch	*to exchange something for something*
Il a changé sa vieille bicyclette contre une nouvelle.	*He exchanged his old bicycle for a new one.*

changer qqch de place *to move something*

☯ —Ah, vous avez changé le canapé de place.	*Oh, you've moved the sofa.*
—Oui, nous avons changé tous les meubles de place.	*Yes, we've moved all the furniture.*
On m'a changé de poste.	*They moved me to a different job.*
changer son fusil d'épaule	*to change one's tack; to have a change of heart*

se changer *to change one's clothes*

☯ —Tu vas te changer avant de sortir?	*Are you going to change before going out?*
—Oui. Le temps de me changer et je descends.	*Just give me enough time to change and I'll be right down.*

regular -er verb;
spelling change: g > ge/a, o

je change · je changeai · changé · changeant

Present		Passé Composé	
je change	nous changeons	j'ai changé	nous avons changé
tu changes	vous changez	tu as changé	vous avez changé
il/elle change	ils/elles changent	il/elle a changé	ils/elles ont changé

Imperfect		Pluperfect	
je changeais	nous changions	j'avais changé	nous avions changé
tu changeais	vous changiez	tu avais changé	vous aviez changé
il/elle changeait	ils/elles changeaient	il/elle avait changé	ils/elles avaient changé

Passé Simple		Past Anterior	
je changeai	nous changeâmes	j'eus changé	nous eûmes changé
tu changeas	vous changeâtes	tu eus changé	vous eûtes changé
il/elle changea	ils/elles changèrent	il/elle eut changé	ils/elles eurent changé

Future		Future Anterior	
je changerai	nous changerons	j'aurai changé	nous aurons changé
tu changeras	vous changerez	tu auras changé	vous aurez changé
il/elle changera	ils/elles changeront	il/elle aura changé	ils/elles auront changé

Conditional		Past Conditional	
je changerais	nous changerions	j'aurais changé	nous aurions changé
tu changerais	vous changeriez	tu aurais changé	vous auriez changé
il/elle changerait	ils/elles changeraient	il/elle aurait changé	ils/elles auraient changé

Present Subjunctive		Past Subjunctive	
que je change	que nous changions	que j'aie changé	que nous ayons changé
que tu changes	que vous changiez	que tu aies changé	que vous ayez changé
qu'il/elle change	qu'ils/elles changent	qu'il/elle ait changé	qu'ils/elles aient changé

Imperfect Subjunctive		Pluperfect Subjunctive	
que je changeasse	que nous changeassions	que j'eusse changé	que nous eussions changé
que tu changeasses	que vous changeassiez	que tu eusses changé	que vous eussiez changé
qu'il/elle changeât	qu'ils/elles changeassent	qu'il/elle eût changé	qu'ils/elles eussent changé

Commands

	(nous) changeons
(tu) change	(vous) changez

USAGE

Tout ça ne change rien.	All that changes nothing / makes no difference.
Je vois que rien ne te changera.	I see that nothing will change you.
changer une ampoule	to change a lightbulb
On ne peut pas le changer.	He'll never change.
changer les idées à qqn	to take someone's mind off things
Un dîner en ville te changera les idées.	A dinner out will take your mind off things.
Il a démissionné? Ça change tout!	He resigned? That makes all the difference.

PROVERBS

Plus ça change, plus c'est la même chose.	The more things change, the more they remain the same.
Ce n'est pas la peine de changer un cheval borgne pour un cheval aveugle.	We might as well choose the lesser of two evils. (lit., There's no sense exchanging a one-eyed horse for a blind horse.)

chanter *to sing*

je chante · je chantai · chanté · chantant

regular -er verb

Present		Passé Composé	
je chante	nous chantons	j'ai chanté	nous avons chanté
tu chantes	vous chantez	tu as chanté	vous avez chanté
il/elle chante	ils/elles chantent	il/elle a chanté	ils/elles ont chanté

Imperfect		Pluperfect	
je chantais	nous chantions	j'avais chanté	nous avions chanté
tu chantais	vous chantiez	tu avais chanté	vous aviez chanté
il/elle chantait	ils/elles chantaient	il/elle avait chanté	ils/elles avaient chanté

Passé Simple		Past Anterior	
je chantai	nous chantâmes	j'eus chanté	nous eûmes chanté
tu chantas	vous chantâtes	tu eus chanté	vous eûtes chanté
il/elle chanta	ils/elles chantèrent	il/elle eut chanté	ils/elles eurent chanté

Future		Future Anterior	
je chanterai	nous chanterons	j'aurai chanté	nous aurons chanté
tu chanteras	vous chanterez	tu auras chanté	vous aurez chanté
il/elle chantera	ils/elles chanteront	il/elle aura chanté	ils/elles auront chanté

Conditional		Past Conditional	
je chanterais	nous chanterions	j'aurais chanté	nous aurions chanté
tu chanterais	vous chanteriez	tu aurais chanté	vous auriez chanté
il/elle chanterait	ils/elles chanteraient	il/elle aurait chanté	ils/elles auraient chanté

Present Subjunctive		Past Subjunctive	
que je chante	que nous chantions	que j'aie chanté	que nous ayons chanté
que tu chantes	que vous chantiez	que tu aies chanté	que vous ayez chanté
qu'il/elle chante	qu'ils/elles chantent	qu'il/elle ait chanté	qu'ils/elles aient chanté

Imperfect Subjunctive		Pluperfect Subjunctive	
que je chantasse	que nous chantassions	que j'eusse chanté	que nous eussions chanté
que tu chantasses	que vous chantassiez	que tu eusses chanté	que vous eussiez chanté
qu'il/elle chantât	qu'ils/elles chantassent	qu'il/elle eût chanté	qu'ils/elles eussent chanté

Commands

	(nous) chantons
(tu) chante	(vous) chantez

USAGE

chanter une chanson	to sing a song
chanter juste	to sing in tune
chanter faux	to sing out of tune
Il chante en parlant.	He speaks in a singsong.
C'est comme si je chantais!	I see I'm wasting my breath!
Qu'est-ce que tu me chantes là?	What nonsense are you telling me?
On peut aller au cinéma si le film te chante.	We can go to the movies if the film appeals to you.
Ça ne me chante pas de passer la soirée avec eux.	I really don't feel like spending the evening with them.
Il téléphone à ses parents quand ça lui chante.	He calls his parents when he feels like it.

RELATED WORDS AND EXPRESSIONS

la chanson	song
la chanson de geste	epic poem
le chant	song/melody/singing
un chanteur / une chanteuse	a singer

regular -er verb;
spelling change: g > ge/a, o

je charge · je chargeai · chargé · chargeant

Present

je charge	nous chargeons
tu charges	vous chargez
il/elle charge	ils/elles chargent

Passé Composé

j'ai chargé	nous avons chargé
tu as chargé	vous avez chargé
il/elle a chargé	ils/elles ont chargé

Imperfect

je chargeais	nous chargions
tu chargeais	vous chargiez
il/elle chargeait	ils/elles chargeaient

Pluperfect

j'avais chargé	nous avions chargé
tu avais chargé	vous aviez chargé
il/elle avait chargé	ils/elles avaient chargé

Passé Simple

je chargeai	nous chargeâmes
tu chargeas	vous chargeâtes
il/elle chargea	ils/elles chargèrent

Past Anterior

j'eus chargé	nous eûmes chargé
tu eus chargé	vous eûtes chargé
il/elle eut chargé	ils/elles eurent chargé

Future

je chargerai	nous chargerons
tu chargeras	vous chargerez
il/elle chargera	ils/elles chargeront

Future Anterior

j'aurai chargé	nous aurons chargé
tu auras chargé	vous aurez chargé
il/elle aura chargé	ils/elles auront chargé

Conditional

je chargerais	nous chargerions
tu chargerais	vous chargeriez
il/elle chargerait	ils/elles chargeraient

Past Conditional

j'aurais chargé	nous aurions chargé
tu aurais chargé	vous auriez chargé
il/elle aurait chargé	ils/elles auraient chargé

Present Subjunctive

que je charge	que nous chargions
que tu charges	que vous chargiez
qu'il/elle charge	qu'ils/elles chargent

Past Subjunctive

que j'aie chargé	que nous ayons chargé
que tu aies chargé	que vous ayez chargé
qu'il/elle ait chargé	qu'ils/elles aient chargé

Imperfect Subjunctive

que je chargeasse	que nous chargeassions
que tu chargeasses	que vous chargeassiez
qu'il/elle chargeât	qu'ils/elles chargeassent

Pluperfect Subjunctive

que j'eusse chargé	que nous eussions chargé
que tu eusses chargé	que vous eussiez chargé
qu'il/elle eût chargé	qu'ils/elles eussent chargé

Commands

	(nous) chargeons
(tu) charge	(vous) chargez

charger le camion	to load the truck
Il a chargé le paquet sur son épaule.	He put the package on his shoulder.
Les escargots m'ont chargé l'estomac.	The snails upset my stomach.
avoir les bras chargés	to be loaded down / have a lot to carry
J'ai la mémoire chargée de détails.	My memory is overloaded with details.
J'ai l'horaire très chargé aujourd'hui.	I have a very full schedule today.
charger qqn de qqch	to put someone in charge of something
Il m'a chargé de la réunion d'affaires.	He put me in charge of the business meeting.
charger qqn de faire qqch	to give someone the responsibility for doing something
Il m'a chargé de préparer un compte-rendu.	He assigned me the responsibility of preparing a report.

RELATED WORDS AND EXPRESSIONS

télécharger	to download/upload

chasser *to hunt, chase*

je chasse · je chassai · chassé · chassant

regular -er verb

Present		Passé Composé	
je chasse	nous chassons	j'ai chassé	nous avons chassé
tu chasses	vous chassez	tu as chassé	vous avez chassé
il/elle chasse	ils/elles chassent	il/elle a chassé	ils/elles ont chassé

Imperfect		Pluperfect	
je chassais	nous chassions	j'avais chassé	nous avions chassé
tu chassais	vous chassiez	tu avais chassé	vous aviez chassé
il/elle chassait	ils/elles chassaient	il/elle avait chassé	ils/elles avaient chassé

Passé Simple		Past Anterior	
je chassai	nous chassâmes	j'eus chassé	nous eûmes chassé
tu chassas	vous chassâtes	tu eus chassé	vous eûtes chassé
il/elle chassa	ils/elles chassèrent	il/elle eut chassé	ils/elles eurent chassé

Future		Future Anterior	
je chasserai	nous chasserons	j'aurai chassé	nous aurons chassé
tu chasseras	vous chasserez	tu auras chassé	vous aurez chassé
il/elle chassera	ils/elles chasseront	il/elle aura chassé	ils/elles auront chassé

Conditional		Past Conditional	
je chasserais	nous chasserions	j'aurais chassé	nous aurions chassé
tu chasserais	vous chasseriez	tu aurais chassé	vous auriez chassé
il/elle chasserait	ils/elles chasseraient	il/elle aurait chassé	ils/elles auraient chassé

Present Subjunctive		Past Subjunctive	
que je chasse	que nous chassions	que j'aie chassé	que nous ayons chassé
que tu chasses	que vous chassiez	que tu aies chassé	que vous ayez chassé
qu'il/elle chasse	qu'ils/elles chassent	qu'il/elle ait chassé	qu'ils/elles aient chassé

Imperfect Subjunctive		Pluperfect Subjunctive	
que je chassasse	que nous chassassions	que j'eusse chassé	que nous eussions chassé
que tu chassasses	que vous chassassiez	que tu eusses chassé	que vous eussiez chassé
qu'il/elle chassât	qu'ils/elles chassassent	qu'il/elle eût chassé	qu'ils/elles eussent chassé

Commands

	(nous) chassons
(tu) chasse	(vous) chassez

USAGE

chasser le lapin/lion	to go rabbit/lion hunting
Ses rivaux politiques l'ont chassé du pays.	His political rivals made him leave the country.
Le bruit du chantier va me chasser de chez moi.	The noise from the construction site is going to drive me out of my house.
Un incendie les a chassés de chez eux.	A fire burned them out of their home.
Il est avocat comme son père; il chasse de race.	He's a lawyer like his father, following in the family tradition.

RELATED WORDS AND EXPRESSIONS

la chasse	the hunt
aller à la chasse	to go hunting
un chasseur / une chasseuse	a hunter; a bellhop
un chasseur / une chasseuse de têtes	a headhunter

regular -er reflexive verb;
compound tenses with être

je me chauffe · je me chauffai · s'étant chauffé · se chauffant

Present

je me chauffe	nous nous chauffons
tu te chauffes	vous vous chauffez
il/elle se chauffe	ils/elles se chauffent

Passé Composé

je me suis chauffé(e)	nous nous sommes chauffé(e)s
tu t'es chauffé(e)	vous vous êtes chauffé(e)(s)
il/elle s'est chauffé(e)	ils/elles se sont chauffé(e)s

Imperfect

je me chauffais	nous nous chauffions
tu te chauffais	vous vous chauffiez
il/elle se chauffait	ils/elles se chauffaient

Pluperfect

je m'étais chauffé(e)	nous nous étions chauffé(e)s
tu t'étais chauffé(e)	vous vous étiez chauffé(e)(s)
il/elle s'était chauffé(e)	ils/elles s'étaient chauffé(e)s

Passé Simple

je me chauffai	nous nous chauffâmes
tu te chauffas	vous vous chauffâtes
il/elle se chauffa	ils/elles se chauffèrent

Past Anterior

je me fus chauffé(e)	nous nous fûmes chauffé(e)s
tu te fus chauffé(e)	vous vous fûtes chauffé(e)(s)
il/elle se fut chauffé(e)	ils/elles se furent chauffé(e)s

Future

je me chaufferai	nous nous chaufferons
tu te chaufferas	vous vous chaufferez
il/elle se chauffera	ils/elles se chaufferont

Future Anterior

je me serai chauffé(e)	nous nous serons chauffé(e)s
tu te seras chauffé(e)	vous vous serez chauffé(e)(s)
il/elle se sera chauffé(e)	ils/elles se seront chauffé(e)s

Conditional

je me chaufferais	nous nous chaufferions
tu te chaufferais	vous vous chaufferiez
il/elle se chaufferait	ils/elles se chaufferaient

Past Conditional

je me serais chauffé(e)	nous nous serions chauffé(e)s
tu te serais chauffé(e)	vous vous seriez chauffé(e)(s)
il/elle se serait chauffé(e)	ils/elles se seraient chauffé(e)s

Present Subjunctive

que je me chauffe	que nous nous chauffions
que tu te chauffes	que vous vous chauffiez
qu'il/elle se chauffe	qu'ils/elles se chauffent

Past Subjunctive

que je me sois chauffé(e)	que nous nous soyons chauffé(e)s
que tu te sois chauffé(e)	que vous vous soyez chauffé(e)(s)
qu'il/elle se soit chauffé(e)	qu'ils/elles se soient chauffé(e)s

Imperfect Subjunctive

que je me chauffasse	que nous nous chauffassions
que tu te chauffasses	que vous vous chauffassiez
qu'il/elle se chauffât	qu'ils/elles se chauffassent

Pluperfect Subjunctive

que je me fusse chauffé(e)	que nous nous fussions chauffé(e)s
que tu te fusses chauffé(e)	que vous vous fussiez chauffé(e)(s)
qu'il/elle se fût chauffé(e)	qu'ils/elles se fussent chauffé(e)s

Commands

	(nous) chauffons-nous
(tu) chauffe-toi	(vous) chauffez-vous

USAGE

Le chat se chauffe au soleil.	*The cat is warming himself in the sun.*
—Nous, on se chauffe au bois.	*We use wood for heating.*
—Chez nous on se chauffe au gaz.	*We have gas heat.*
—Je veux me chauffer.	*I want to warm up.*
—Je vais te faire un thé.	*I'll make you a cup of tea.*
Je me chauffe avant de courir.	*I warm up before running.*

RELATED WORDS AND EXPRESSIONS

le chauffage électrique/solaire	*electric/solar heating*
le chauffe-eau	*water heater*
le chauffe-plats	*chafing dish*

chercher — to look for

je cherche · je cherchai · cherché · cherchant

verb of motion + *chercher*

aller chercher qqn	to go pick up / get someone
Tu peux aller chercher papa à la gare?	Can you go pick up Dad at the station?
Il faut aller chercher du secours.	We have to get help.
Va me chercher le journal, s'il te plaît.	Go get me the newspaper, please.
Qu'est-ce que tu viens chercher?	What have you come to get?
Le chasseur est monté chercher nos valises.	The bellhop went up to get our bags.
Maman est descendue chercher une baguette pour le dîner.	Mother went downstairs to get a baguette for dinner.
Sortons chercher la voiture.	Let's go out and pick up the car.
Je suis rentré chercher mon portefeuille.	I went back home to get my wallet.
Cherche! Cherche! / Va chercher!	Go get it! / Fetch! (to a dog)

OTHER USES

Il faut chercher un taxi pour y aller.	We have to get a cab to get there.
chercher à tâtons	to grope for
Je cherchais mes lunettes à tâtons dans le noir.	I was hunting around for my glasses in the dark.
Qu'est-ce que vous cherchez en disant cela?	What do you mean by that?
Il est assez méchant. Ne le cherchez pas!	He's rather nasty. Don't provoke him!
Ça va chercher dans les cinq mille euros.	That's going to cost about five thousand euros.

RELATED WORDS AND EXPRESSIONS

la recherche	research
à la recherche de	in search of
un chercheur / une chercheuse	a researcher
Ce type est pénible. Il cherche toujours midi à quatorze heures.	That guy is annoying. He's always looking for complications.
Il est toujours à chercher la bagarre.	He's always looking for a fight.
—Alors, comment s'appelle-t-elle?	So, what's her name?
—Attendez un peu, je cherche encore son nom.	Wait a minute, I'm still trying to remember her name.
C'est comme chercher une aiguille dans une botte de foin.	It's like looking for a needle in a haystack.
chercher la petite bête	to split hairs
Je la trouve fatigante. Elle cherche toujours des noises à tout le monde.	I find her tiresome. She's always trying to pick a quarrel with everyone.
Méfiez-vous de cet homme. Il vous cherche des histoires.	Be careful of that man. He's trying to make trouble for you.
Les agents de police lui ont cherché des poux/crosses.	The policemen gave him a hard time.
chercher ses mots	to have trouble finding words
Cherchez la femme.	Look for the woman. (as the explanation for events)

regular -er verb

je cherche · je cherchai · cherché · cherchant

Present		Passé Composé	
je cherche	nous cherchons	j'ai cherché	nous avons cherché
tu cherches	vous cherchez	tu as cherché	vous avez cherché
il/elle cherche	ils/elles cherchent	il/elle a cherché	ils/elles ont cherché

Imperfect		Pluperfect	
je cherchais	nous cherchions	j'avais cherché	nous avions cherché
tu cherchais	vous cherchiez	tu avais cherché	vous aviez cherché
il/elle cherchait	ils/elles cherchaient	il/elle avait cherché	ils/elles avaient cherché

Passé Simple		Past Anterior	
je cherchai	nous cherchâmes	j'eus cherché	nous eûmes cherché
tu cherchas	vous cherchâtes	tu eus cherché	vous eûtes cherché
il/elle chercha	ils/elles cherchèrent	il/elle eut cherché	ils/elles eurent cherché

Future		Future Anterior	
je chercherai	nous chercherons	j'aurai cherché	nous aurons cherché
tu chercheras	vous chercherez	tu auras cherché	vous aurez cherché
il/elle cherchera	ils/elles chercheront	il/elle aura cherché	ils/elles auront cherché

Conditional		Past Conditional	
je chercherais	nous chercherions	j'aurais cherché	nous aurions cherché
tu chercherais	vous chercheriez	tu aurais cherché	vous auriez cherché
il/elle chercherait	ils/elles chercheraient	il/elle aurait cherché	ils/elles auraient cherché

Present Subjunctive		Past Subjunctive	
que je cherche	que nous cherchions	que j'aie cherché	que nous ayons cherché
que tu cherches	que vous cherchiez	que tu aies cherché	que vous ayez cherché
qu'il/elle cherche	qu'ils/elles cherchent	qu'il/elle ait cherché	qu'ils/elles aient cherché

Imperfect Subjunctive		Pluperfect Subjunctive	
que je cherchasse	que nous cherchassions	que j'eusse cherché	que nous eussions cherché
que tu cherchasses	que vous cherchassiez	que tu eusses cherché	que vous eussiez cherché
qu'il/elle cherchât	qu'ils/elles cherchassent	qu'il/elle eût cherché	qu'ils/elles eussent cherché

Commands

	(nous) cherchons
(tu) cherche	(vous) cherchez

USAGE

chercher qqn	to look for someone
La mère cherche son enfant.	The mother is looking for her child.
chercher qqch	to look for something
chercher un objet perdu	to look for a lost object
chercher un emploi	to look for a job
chercher une solution / une excuse	to look for a solution / an excuse
chercher un mot dans le dictionnaire	to look up a word in the dictionary
chercher un logement	to be looking for a place to live
chercher partout	to look everywhere
J'ai cherché une pièce dans ma poche.	I looked for a coin in my pocket.
Tu n'as pas bien cherché!	You didn't look carefully.
chercher à faire qqch	to try to do something
Je vais chercher à savoir la date.	I'll try to find out the date.
Il cherche à nous persuader.	He's trying to persuade us.

110 (**chérir**) to cherish

je chéris · je chéris · chéri · chérissant

regular -ir verb

Present

je chéris	nous chérissons
tu chéris	vous chérissez
il/elle chérit	ils/elles chérissent

Passé Composé

j'ai chéri	nous avons chéri
tu as chéri	vous avez chéri
il/elle a chéri	ils/elles ont chéri

Imperfect

je chérissais	nous chérissions
tu chérissais	vous chérissiez
il/elle chérissait	ils/elles chérissaient

Pluperfect

j'avais chéri	nous avions chéri
tu avais chéri	vous aviez chéri
il/elle avait chéri	ils/elles avaient chéri

Passé Simple

je chéris	nous chérîmes
tu chéris	vous chérîtes
il/elle chérit	ils/elles chérirent

Past Anterior

j'eus chéri	nous eûmes chéri
tu eus chéri	vous eûtes chéri
il/elle eut chéri	ils/elles eurent chéri

Future

je chérirai	nous chérirons
tu chériras	vous chérirez
il/elle chérira	ils/elles chériront

Future Anterior

j'aurai chéri	nous aurons chéri
tu auras chéri	vous aurez chéri
il/elle aura chéri	ils/elles auront chéri

Conditional

je chérirais	nous chéririons
tu chérirais	vous chéririez
il/elle chérirait	ils/elles chériraient

Past Conditional

j'aurais chéri	nous aurions chéri
tu aurais chéri	vous auriez chéri
il/elle aurait chéri	ils/elles auraient chéri

Present Subjunctive

que je chérisse	que nous chérissions
que tu chérisses	que vous chérissiez
qu'il/elle chérisse	qu'ils/elles chérissent

Past Subjunctive

que j'aie chéri	que nous ayons chéri
que tu aies chéri	que vous ayez chéri
qu'il/elle ait chéri	qu'ils/elles aient chéri

Imperfect Subjunctive

que je chérisse	que nous chérissions
que tu chérisses	que vous chérissiez
qu'il/elle chérît	qu'ils/elles chérissent

Pluperfect Subjunctive

que j'eusse chéri	que nous eussions chéri
que tu eusses chéri	que vous eussiez chéri
qu'il/elle eût chéri	qu'ils/elles eussent chéri

Commands

(tu) chéris	(nous) chérissons
	(vous) chérissez

USAGE

chérir sa famille	to cherish one's family
chérir la mémoire de qqn	to cherish someone's memory
chérir son pays	to love one's country
Il faut chérir la liberté avant tout.	Freedom must be prized above everything else.
Oh, mon fils chéri!	Oh, my beloved son!
Sa fille chérie l'a soigné dans sa vieillesse.	His cherished daughter cared for him in his old age.

RELATED WORDS AND EXPRESSIONS

mon chéri / ma chérie	(my) darling
être le chéri de sa mère	to be his mother's favorite
Cet enfant est le chéri de ses parents.	His parents dote on this child.

regular -ir verb
je choisis · je choisis · choisi · choisissant

Present		Passé Composé	
je choisis	nous choisissons	j'ai choisi	nous avons choisi
tu choisis	vous choisissez	tu as choisi	vous avez choisi
il/elle choisit	ils/elles choisissent	il/elle a choisi	ils/elles ont choisi

Imperfect		Pluperfect	
je choisissais	nous choisissions	j'avais choisi	nous avions choisi
tu choisissais	vous choisissiez	tu avais choisi	vous aviez choisi
il/elle choisissait	ils/elles choisissaient	il/elle avait choisi	ils/elles avaient choisi

Passé Simple		Past Anterior	
je choisis	nous choisîmes	j'eus choisi	nous eûmes choisi
tu choisis	vous choisîtes	tu eus choisi	vous eûtes choisi
il/elle choisit	ils/elles choisirent	il/elle eut choisi	ils/elles eurent choisi

Future		Future Anterior	
je choisirai	nous choisirons	j'aurai choisi	nous aurons choisi
tu choisiras	vous choisirez	tu auras choisi	vous aurez choisi
il/elle choisira	ils/elles choisiront	il/elle aura choisi	ils/elles auront choisi

Conditional		Past Conditional	
je choisirais	nous choisirions	j'aurais choisi	nous aurions choisi
tu choisirais	vous choisiriez	tu aurais choisi	vous auriez choisi
il/elle choisirait	ils/elles choisiraient	il/elle aurait choisi	ils/elles auraient choisi

Present Subjunctive		Past Subjunctive	
que je choisisse	que nous choisissions	que j'aie choisi	que nous ayons choisi
que tu choisisses	que vous choisissiez	que tu aies choisi	que vous ayez choisi
qu'il/elle choisisse	qu'ils/elles choisissent	qu'il/elle ait choisi	qu'ils/elles aient choisi

Imperfect Subjunctive		Pluperfect Subjunctive	
que je choisisse	que nous choisissions	que j'eusse choisi	que nous eussions choisi
que tu choisisses	que vous choisissiez	que tu eusses choisi	que vous eussiez choisi
qu'il/elle choisît	qu'ils/elles choisissent	qu'il/elle eût choisi	qu'ils/elles eussent choisi

Commands

	(nous) choisissons
(tu) choisis	(vous) choisissez

USAGE

Tu n'as qu'à choisir.	All you have to do is choose.
Je ne sais pas pourquoi on m'a choisi pour ce travail.	I don't know why I got picked for this job.
Vous avez choisi, monsieur?	Have you decided, sir? (waiter to customer)

RELATED WORDS AND EXPRESSIONS

le choix	choice
l'embarras du choix	too much to choose from
Je n'avais pas le choix.	I had no choice.
question au choix	optional question
Tu peux louer la voiture de ton choix.	You can rent the car you like best.
des fruits de premier choix	choice fruit
—Allez! Il faut faire un choix.	Come on! You have to make a choice.
—Bon. Mon choix est fait.	OK. I've made up my mind.

chuchoter *to whisper*

je chuchote · je chuchotai · chuchoté · chuchotant

regular -er verb

Present		Passé Composé	
je chuchote	nous chuchotons	j'ai chuchoté	nous avons chuchoté
tu chuchotes	vous chuchotez	tu as chuchoté	vous avez chuchoté
il/elle chuchote	ils/elles chuchotent	il/elle a chuchoté	ils/elles ont chuchoté

Imperfect		Pluperfect	
je chuchotais	nous chuchotions	j'avais chuchoté	nous avions chuchoté
tu chuchotais	vous chuchotiez	tu avais chuchoté	vous aviez chuchoté
il/elle chuchotait	ils/elles chuchotaient	il/elle avait chuchoté	ils/elles avaient chuchoté

Passé Simple		Past Anterior	
je chuchotai	nous chuchotâmes	j'eus chuchoté	nous eûmes chuchoté
tu chuchotas	vous chuchotâtes	tu eus chuchoté	vous eûtes chuchoté
il/elle chuchota	ils/elles chuchotèrent	il/elle eut chuchoté	ils/elles eurent chuchoté

Future		Future Anterior	
je chuchoterai	nous chuchoterons	j'aurai chuchoté	nous aurons chuchoté
tu chuchoteras	vous chuchoterez	tu auras chuchoté	vous aurez chuchoté
il/elle chuchotera	ils/elles chuchoteront	il/elle aura chuchoté	ils/elles auront chuchoté

Conditional		Past Conditional	
je chuchoterais	nous chuchoterions	j'aurais chuchoté	nous aurions chuchoté
tu chuchoterais	vous chuchoteriez	tu aurais chuchoté	vous auriez chuchoté
il/elle chuchoterait	ils/elles chuchoteraient	il/elle aurait chuchoté	ils/elles auraient chuchoté

Present Subjunctive		Past Subjunctive	
que je chuchote	que nous chuchotions	que j'aie chuchoté	que nous ayons chuchoté
que tu chuchotes	que vous chuchotiez	que tu aies chuchoté	que vous ayez chuchoté
qu'il/elle chuchote	qu'ils/elles chuchotent	qu'il/elle ait chuchoté	qu'ils/elles aient chuchoté

Imperfect Subjunctive		Pluperfect Subjunctive	
que je chuchotasse	que nous chuchotassions	que j'eusse chuchoté	que nous eussions chuchoté
que tu chuchotasses	que vous chuchotassiez	que tu eusses chuchoté	que vous eussiez chuchoté
qu'il/elle chuchotât	qu'ils/elles chuchotassent	qu'il/elle eût chuchoté	qu'ils/elles eussent chuchoté

Commands

	(nous) chuchotons
(tu) chuchote	(vous) chuchotez

USAGE

Tout le monde chuchote pendant le film. Je n'entends rien.	*Everyone is whispering during the movie. I can't hear anything.*
Il voulait me chuchoter son idée.	*He wanted to whisper his idea to me.*
—J'ai quelque chose d'important à te dire, mais je ne veux que personne l'entende.	*I have something important to tell you, but I don't want anyone to hear.*
—Tu peux me le chuchoter à l'oreille.	*You can whisper it in my ear.*

RELATED WORDS AND EXPRESSIONS

la chuchoterie	*whispering / whispered information*
le chuchotement	*whispering*
—J'entends des chuchotements!	*I hear whispering!*
—Tu rêves. Il n'y a personne qui chuchote ici.	*You're dreaming. There's no one whispering here.*

regular -er verb

je circule · je circulai · circulé · circulant

Present

je circule	nous circulons
tu circules	vous circulez
il/elle circule	ils/elles circulent

Passé Composé

j'ai circulé	nous avons circulé
tu as circulé	vous avez circulé
il/elle a circulé	ils/elles ont circulé

Imperfect

je circulais	nous circulions
tu circulais	vous circuliez
il/elle circulait	ils/elles circulaient

Pluperfect

j'avais circulé	nous avions circulé
tu avais circulé	vous aviez circulé
il/elle avait circulé	ils/elles avaient circulé

Passé Simple

je circulai	nous circulâmes
tu circulas	vous circulâtes
il/elle circula	ils/elles circulèrent

Past Anterior

j'eus circulé	nous eûmes circulé
tu eus circulé	vous eûtes circulé
il/elle eut circulé	ils/elles eurent circulé

Future

je circulerai	nous circulerons
tu circuleras	vous circulerez
il/elle circulera	ils/elles circuleront

Future Anterior

j'aurai circulé	nous aurons circulé
tu auras circulé	vous aurez circulé
il/elle aura circulé	ils/elles auront circulé

Conditional

je circulerais	nous circulerions
tu circulerais	vous circuleriez
il/elle circulerait	ils/elles circuleraient

Past Conditional

j'aurais circulé	nous aurions circulé
tu aurais circulé	vous auriez circulé
il/elle aurait circulé	ils/elles auraient circulé

Present Subjunctive

que je circule	que nous circulions
que tu circules	que vous circuliez
qu'il/elle circule	qu'ils/elles circulent

Past Subjunctive

que j'aie circulé	que nous ayons circulé
que tu aies circulé	que vous ayez circulé
qu'il/elle ait circulé	qu'ils/elles aient circulé

Imperfect Subjunctive

que je circulasse	que nous circulassions
que tu circulasses	que vous circulassiez
qu'il/elle circulât	qu'ils/elles circulassent

Pluperfect Subjunctive

que j'eusse circulé	que nous eussions circulé
que tu eusses circulé	que vous eussiez circulé
qu'il/elle eût circulé	qu'ils/elles eussent circulé

Commands

	(nous) circulons
(tu) circule	(vous) circulez

Circulez, circulez!	*Move along!*
Les voitures circulent sur le pont.	*Cars are moving along the bridge.*
Aux heures de pointe rien ne circule.	*At rush hour, traffic just doesn't move.*
Il y a tant de rumeurs qui circulent à ce sujet.	*There are so many rumors going around about this.*
Très peu d'autobus circulent la nuit.	*Very few buses run all night long.*
Dans la plupart des pays on circule à droite.	*In most countries you drive on the right.*
Faites circuler la bouteille de vin.	*Pass around the bottle of wine.*

RELATED WORDS AND EXPRESSIONS

la circulation	*traffic*
la circulation du sang	*blood circulation*
mettre un nouveau produit en circulation	*to put a new product on the market*
la circulation aérienne	*air traffic*
circulatoire	*circulatory*
l'appareil circulatoire	*the circulatory system*

combattre *to fight*

je combats · je combattis · combattu · combattant

irregular verb; only one t in the singular of the present tense

Present		Passé Composé	
je combats	nous combattons	j'ai combattu	nous avons combattu
tu combats	vous combattez	tu as combattu	vous avez combattu
il/elle combat	ils/elles combattent	il/elle a combattu	ils/elles ont combattu

Imperfect		Pluperfect	
je combattais	nous combattions	j'avais combattu	nous avions combattu
tu combattais	vous combattiez	tu avais combattu	vous aviez combattu
il/elle combattait	ils/elles combattaient	il/elle avait combattu	ils/elles avaient combattu

Passé Simple		Past Anterior	
je combattis	nous combattîmes	j'eus combattu	nous eûmes combattu
tu combattis	vous combattîtes	tu eus combattu	vous eûtes combattu
il/elle combattit	ils/elles combattirent	il/elle eut combattu	ils/elles eurent combattu

Future		Future Anterior	
je combattrai	nous combattrons	j'aurai combattu	nous aurons combattu
tu combattras	vous combattrez	tu auras combattu	vous aurez combattu
il/elle combattra	ils/elles combattront	il/elle aura combattu	ils/elles auront combattu

Conditional		Past Conditional	
je combattrais	nous combattrions	j'aurais combattu	nous aurions combattu
tu combattrais	vous combattriez	tu aurais combattu	vous auriez combattu
il/elle combattrait	ils/elles combattraient	il/elle aurait combattu	ils/elles auraient combattu

Present Subjunctive		Past Subjunctive	
que je combatte	que nous combattions	que j'aie combattu	que nous ayons combattu
que tu combattes	que vous combattiez	que tu aies combattu	que vous ayez combattu
qu'il/elle combatte	qu'ils/elles combattent	qu'il/elle ait combattu	qu'ils/elles aient combattu

Imperfect Subjunctive		Pluperfect Subjunctive	
que je combattisse	que nous combattissions	que j'eusse combattu	que nous eussions combattu
que tu combattisses	que vous combattissiez	que tu eusses combattu	que vous eussiez combattu
qu'il/elle combattît	qu'ils/elles combattissent	qu'il/elle eût combattu	qu'ils/elles eussent combattu

Commands

	(nous) combattons
(tu) combats	(vous) combattez

USAGE

Les femmes ont combattu pour avoir leurs droits.	*Women fought to get their rights.*
Les soldats sont prêts à combattre.	*The soldiers are ready to fight.*
Ils combattront pour défendre nos frontières.	*They will fight to protect our borders.*
Les forces armées combattent l'ennemi.	*The armed forces are fighting the enemy.*
Ce malade combat le cancer.	*This patient is fighting cancer.*
Le président a promis de combattre la corruption.	*The president has promised to fight corruption.*

RELATED WORDS AND EXPRESSIONS

le combat	*fight*
Ce régiment n'est jamais allé au combat.	*This regiment never fought.*
le combat aérien/naval	*air/sea battle*
le combat corps à corps	*hand-to-hand combat*

regular -er verb | **je commande · je commandai · commandé · commandant**

Present

je commande	nous commandons
tu commandes	vous commandez
il/elle commande	ils/elles commandent

Passé Composé

j'ai commandé	nous avons commandé
tu as commandé	vous avez commandé
il/elle a commandé	ils/elles ont commandé

Imperfect

je commandais	nous commandions
tu commandais	vous commandiez
il/elle commandait	ils/elles commandaient

Pluperfect

j'avais commandé	nous avions commandé
tu avais commandé	vous aviez commandé
il/elle avait commandé	ils/elles avaient commandé

Passé Simple

je commandai	nous commandâmes
tu commandas	vous commandâtes
il/elle commanda	ils/elles commandèrent

Past Anterior

j'eus commandé	nous eûmes commandé
tu eus commandé	vous eûtes commandé
il/elle eut commandé	ils/elles eurent commandé

Future

je commanderai	nous commanderons
tu commanderas	vous commanderez
il/elle commandera	ils/elles commanderont

Future Anterior

j'aurai commandé	nous aurons commandé
tu auras commandé	vous aurez commandé
il/elle aura commandé	ils/elles auront commandé

Conditional

je commanderais	nous commanderions
tu commanderais	vous commanderiez
il/elle commanderait	ils/elles commanderaient

Past Conditional

j'aurais commandé	nous aurions commandé
tu aurais commandé	vous auriez commandé
il/elle aurait commandé	ils/elles auraient commandé

Present Subjunctive

que je commande	que nous commandions
que tu commandes	que vous commandiez
qu'il/elle commande	qu'ils/elles commandent

Past Subjunctive

que j'aie commandé	que nous ayons commandé
que tu aies commandé	que vous ayez commandé
qu'il/elle ait commandé	qu'ils/elles aient commandé

Imperfect Subjunctive

que je commandasse	que nous commandassions
que tu commandasses	que vous commandassiez
qu'il/elle commandât	qu'ils/elles commandassent

Pluperfect Subjunctive

que j'eusse commandé	que nous eussions commandé
que tu eusses commandé	que vous eussiez commandé
qu'il/elle eût commandé	qu'ils/elles eussent commandé

Commands

	(nous) commandons
(tu) commande	(vous) commandez

USAGE

—Est-ce que vous avez commandé?	*Have you ordered?* (in a restaurant)
—Nous avons commandé le poulet.	*We ordered chicken.*
commander à qqn de faire qqch	*to order someone to do something*
Qui commande ici?	*Who gives the orders here?*
Tu n'as pas le droit de me commander.	*You have no right to order me around.*
Chez eux c'est Madame qui commande.	*In their house it's the wife who gives the orders.*
commander des livres sur Internet	*to order books online*
Il faut faire ce que les circonstances commandent.	*We have to do what the circumstances require.*
Il ne se commande plus.	*He can't control himself anymore.*
Ce navigateur Web se commande à la voix.	*This web browser is voice operated.*

RELATED WORDS AND EXPRESSIONS

le commandement	*command/commandment*
les Dix Commandements	*the Ten Commandments*

commencer   *to begin*

je commence · je commençai · commencé · commençant

regular -er verb;
spelling change: c > ç/a, o

commencer qqch

commencer la classe en faisant l'appel	*to begin class by calling the roll*
Est-ce que tu as bien commencé le mois?	*Did you make a good start to the month?*
Quand est-ce que votre fils commence ses études?	*When does your son begin his studies?*
L'avion commence sa descente.	*The plane is beginning its descent.*
Par quoi est-ce qu'il faut commencer ce projet?	*How do we begin this project?*
J'ai commencé une lettre à mon chef.	*I started a letter to my boss.*
Il a commencé sa conférence avec des citations.	*He began his lecture with quotes.*
Quand est-ce qu'on commence les travaux chez toi?	*When are they beginning the work over at your house?*
Quelle façon de commencer le semestre!	*What a way to begin the semester!*

commencer intransitif

Ça commence!	*Here they go!*
Ça commence bien!	*Things are off to a good start!*
Il commence tard et finit tôt.	*He starts late and finishes early.*
La pluie commence.	*The rain is starting.*
À quelle heure est-ce que vous commencez?	*What time do you begin?*
On commence à trois heures.	*We'll start at three o'clock.*
Il faut commencer par le commencement.	*You have to begin at the beginning.*
Tous mes ennuis ont commencé quand j'ai changé de travail.	*All my trouble began when I changed jobs.*
Je ne sais pas ce qu'il faut faire pour commencer.	*I don't know what to do to begin.*
Tu dois commencer par lui téléphoner.	*You should begin by calling her.*
Il a commencé en disant aux élèves de s'asseoir.	*He began by telling the students to sit down.*
❽ —Ma fille commence dans la vie.	*My daughter is starting off in life.*
—Elle a donc fini ses études?	*So she's finished her studies?*
Pour commencer, une salade.	*I'll have a salad as a first course.*
Le film commence à quelle heure?	*What time does the film begin?*
Ces vélos commencent à 150 euros.	*These bikes start at 150 euros.*

commencer à faire qqch

Il commence à pleuvoir.	*It's beginning to rain.*
Il commence à neiger.	*It's beginning to snow.*
Je commence à me fâcher.	*I'm beginning to get angry.*
Elle commence à m'agacer.	*She's beginning to get on my nerves.*
Je commence à avoir peur.	*I'm beginning to be afraid.*
Je commence à en avoir marre. *(slang)*	*I'm beginning to get fed up.*
Les enfants commencent à s'impatienter.	*The children are beginning to get impatient.*
Ça commence à bien faire!	*That's enough!*
Demain on commence à travailler.	*Tomorrow we start to work.*

le commencement

Les commencements sont toujours durs.	*It's always hard to begin.*
J'étais là du commencement jusqu'à la fin.	*I was there from the beginning to the end.*
C'est le commencement de la fin.	*It's the beginning of the end.*

regular -er verb;
spelling change: c > ç/a, o

je commence · je commençai · commencé · commençant

Present		Passé Composé	
je commence	nous commençons	j'ai commencé	nous avons commencé
tu commences	vous commencez	tu as commencé	vous avez commencé
il/elle commence	ils/elles commencent	il/elle a commencé	ils/elles ont commencé

Imperfect		Pluperfect	
je commençais	nous commencions	j'avais commencé	nous avions commencé
tu commençais	vous commenciez	tu avais commencé	vous aviez commencé
il/elle commençait	ils/elles commençaient	il/elle avait commencé	ils/elles avaient commencé

Passé Simple		Past Anterior	
je commençai	nous commençâmes	j'eus commencé	nous eûmes commencé
tu commenças	vous commençâtes	tu eus commencé	vous eûtes commencé
il/elle commença	ils/elles commencèrent	il/elle eut commencé	ils/elles eurent commencé

Future		Future Anterior	
je commencerai	nous commencerons	j'aurai commencé	nous aurons commencé
tu commenceras	vous commencerez	tu auras commencé	vous aurez commencé
il/elle commencera	ils/elles commenceront	il/elle aura commencé	ils/elles auront commencé

Conditional		Past Conditional	
je commencerais	nous commencerions	j'aurais commencé	nous aurions commencé
tu commencerais	vous commenceriez	tu aurais commencé	vous auriez commencé
il/elle commencerait	ils/elles commenceraient	il/elle aurait commencé	ils/elles auraient commencé

Present Subjunctive		Past Subjunctive	
que je commence	que nous commencions	que j'aie commencé	que nous ayons commencé
que tu commences	que vous commenciez	que tu aies commencé	que vous ayez commencé
qu'il/elle commence	qu'ils/elles commencent	qu'il/elle ait commencé	qu'ils/elles aient commencé

Imperfect Subjunctive		Pluperfect Subjunctive	
que je commençasse	que nous commençassions	que j'eusse commencé	que nous eussions commencé
que tu commençasses	que vous commençassiez	que tu eusses commencé	que vous eussiez commencé
qu'il/elle commençât	qu'ils/elles commençassent	qu'il/elle eût commencé	qu'ils/elles eussent commencé

Commands

	(nous) commençons
(tu) commence	(vous) commencez

USAGE

commencer qqch	*to begin something*
commencer son travail	*to begin one's work*
commencer un projet	*to begin a project*
commencer le jeu	*to begin the game*
commencer le violon / la flûte	*to start taking violin/flute lessons*
—Qu'est-ce que tu attends? Commence la lessive.	*What are you waiting for? Get started on the laundry.*
—Ne commence pas. J'ai beaucoup à faire.	*Don't start in. I have a lot to do.*
commencer à faire qqch	*to begin to do something*
commencer à laver la voiture	*to begin washing the car*
commencer à travailler	*to begin working*

RELATED WORDS AND EXPRESSIONS

le commencement	*beginning*

commettre *to commit*

je commets · je commis · commis · commettant

irregular verb; only one t in the singular of the present tense

Present

je commets	nous commettons
tu commets	vous commettez
il/elle commet	ils/elles commettent

Passé Composé

j'ai commis	nous avons commis
tu as commis	vous avez commis
il/elle a commis	ils/elles ont commis

Imperfect

je commettais	nous commettions
tu commettais	vous commettiez
il/elle commettait	ils/elles commettaient

Pluperfect

j'avais commis	nous avions commis
tu avais commis	vous aviez commis
il/elle avait commis	ils/elles avaient commis

Passé Simple

je commis	nous commîmes
tu commis	vous commîtes
il/elle commit	ils/elles commirent

Past Anterior

j'eus commis	nous eûmes commis
tu eus commis	vous eûtes commis
il/elle eut commis	ils/elles eurent commis

Future

je commettrai	nous commettrons
tu commettras	vous commettrez
il/elle commettra	ils/elles commettront

Future Anterior

j'aurai commis	nous aurons commis
tu auras commis	vous aurez commis
il/elle aura commis	ils/elles auront commis

Conditional

je commettrais	nous commettrions
tu commettrais	vous commettriez
il/elle commettrait	ils/elles commettraient

Past Conditional

j'aurais commis	nous aurions commis
tu aurais commis	vous auriez commis
il/elle aurait commis	ils/elles auraient commis

Present Subjunctive

que je commette	que nous commettions
que tu commettes	que vous commettiez
qu'il/elle commette	qu'ils/elles commettent

Past Subjunctive

que j'aie commis	que nous ayons commis
que tu aies commis	que vous ayez commis
qu'il/elle ait commis	qu'ils/elles aient commis

Imperfect Subjunctive

que je commisse	que nous commissions
que tu commisses	que vous commissiez
qu'il/elle commît	qu'ils/elles commissent

Pluperfect Subjunctive

que j'eusse commis	que nous eussions commis
que tu eusses commis	que vous eussiez commis
qu'il/elle eût commis	qu'ils/elles eussent commis

Commands

	(nous) commettons
(tu) commets	(vous) commettez

USAGE

Il a commis un crime.	He committed a crime.
commettre un péché	to commit a sin
commettre une gaffe	to make a blunder
commettre une indiscrétion	to be indiscreet
commettre une maladresse	to do/say something awkward
commettre une erreur	to make a mistake
Il ne doit pas se commettre avec des gens pareils.	He shouldn't get involved with people like that.
Je crains d'avoir commis une imprudence.	I'm afraid I've done something unwise.
Il a commis un poème.	He wrote a terrible poem.
commettre un avocat	to appoint a lawyer

RELATED WORDS AND EXPRESSIONS

l'avocat *(m)* commis d'office	lawyer appointed by the court

regular -er verb

je compare · je comparai · comparé · comparant

Present		Passé Composé	
je compare	nous comparons	j'ai comparé	nous avons comparé
tu compares	vous comparez	tu as comparé	vous avez comparé
il/elle compare	ils/elles comparent	il/elle a comparé	ils/elles ont comparé

Imperfect		Pluperfect	
je comparais	nous comparions	j'avais comparé	nous avions comparé
tu comparais	vous compariez	tu avais comparé	vous aviez comparé
il/elle comparait	ils/elles comparaient	il/elle avait comparé	ils/elles avaient comparé

Passé Simple		Past Anterior	
je comparai	nous comparâmes	j'eus comparé	nous eûmes comparé
tu comparas	vous comparâtes	tu eus comparé	vous eûtes comparé
il/elle compara	ils/elles comparèrent	il/elle eut comparé	ils/elles eurent comparé

Future		Future Anterior	
je comparerai	nous comparerons	j'aurai comparé	nous aurons comparé
tu compareras	vous comparerez	tu auras comparé	vous aurez comparé
il/elle comparera	ils/elles compareront	il/elle aura comparé	ils/elles auront comparé

Conditional		Past Conditional	
je comparerais	nous comparerions	j'aurais comparé	nous aurions comparé
tu comparerais	vous compareriez	tu aurais comparé	vous auriez comparé
il/elle comparerait	ils/elles compareraient	il/elle aurait comparé	ils/elles auraient comparé

Present Subjunctive		Past Subjunctive	
que je compare	que nous comparions	que j'aie comparé	que nous ayons comparé
que tu compares	que vous compariez	que tu aies comparé	que vous ayez comparé
qu'il/elle compare	qu'ils/elles comparent	qu'il/elle ait comparé	qu'ils/elles aient comparé

Imperfect Subjunctive		Pluperfect Subjunctive	
que je comparasse	que nous comparassions	que j'eusse comparé	que nous eussions comparé
que tu comparasses	que vous comparassiez	que tu eusses comparé	que vous eussiez comparé
qu'il/elle comparât	qu'ils/elles comparassent	qu'il/elle eût comparé	qu'ils/elles eussent comparé

Commands

	(nous) comparons
(tu) compare	(vous) comparez

USAGE

comparer deux livres	to compare two books
comparer un article à un autre	to compare one article to another
Il faut comparer les prix avant d'acheter.	You should compare prices before buying.
On la compare toujours à Céline Dion.	People always compare her to Céline Dion.

RELATED WORDS AND EXPRESSIONS

la comparaison	comparison
Cette ville est sans comparaison avec Paris.	This city cannot be compared to Paris.
un adverbe de comparaison	an adverb of comparison
comparatif/comparative	comparative
Le comparatif se fait avec *plus* ou *moins*.	The comparative is formed with plus or moins.

comprendre *to understand*

je comprends · je compris · compris · comprenant   irregular verb

---

Ce qu'on comprend

Je ne comprends pas ce que vous dites. | I don't understand what you're saying.

 —Je veux que tu comprennes mon point de vue. | I want you to understand my point of view.
—Ne t'en fais pas. Je comprends! | Don't worry. I understand!

Mes parents ne comprennent pas les jeunes. | My parents don't understand young people.
Son attitude est difficile à comprendre. | His attitude is hard to understand.
Je comprends mal votre idée. | I find your idea hard to understand.
C'est comme ça que je comprends cette situation. | That's how I see this situation.

—Si je comprends bien, il nous a quitté. | If I understand correctly, he has left us.
—Vous avez mal compris. | You have misunderstood.

Je n'y comprends rien du tout. | I don't understand that at all.
Vous comprenez la gravité de ces pertes? | Do you understand the seriousness of these losses?
Tout ça c'est à n'y rien comprendre. | That's all incomprehensible.
Essayez de comprendre. | Try to understand.

se faire comprendre

Le prof nous a fait comprendre qu'il fallait faire attention en classe. | The teacher made us realize that we had to pay attention in class.
Tu ne t'es pas fait comprendre. | People didn't understand what you meant.

—Tu t'es débrouillé en Allemagne? | Did you get along all right in Germany?
—Je me suis fait comprendre. | I managed to make myself understood.

comprendre = inclure

Est-ce que le prix comprend les taxes? | Does the price include the tax?
Toutes taxes comprises. | All taxes included.
Le prix de la chambre comprend le petit déjeuner. | The price of the room includes breakfast.
Le service est compris? | Is the service charge included?
Ce manuel comprend deux volumes. | This textbook is made up of two volumes.
L'Europe comprend une grande variété de peuples et de langues. | Europe is comprised of a great variety of peoples and languages.

se comprendre

Ça se comprend. | That's understandable.

—Elle ne veut plus sortir avec lui. | She doesn't want to go out with him anymore.
—Après ce qu'il a fait, ça se comprend parfaitement. | After what he did, that's perfectly understandable.

Ils se sont mal compris. | They misunderstood each other.
Je crois qu'on se comprend maintenant. | I think we understand each other now.

irregular verb

je comprends · je compris · compris · comprenant

Present		Passé Composé	
je comprends	nous comprenons	j'ai compris	nous avons compris
tu comprends	vous comprenez	tu as compris	vous avez compris
il/elle comprend	ils/elles comprennent	il/elle a compris	ils/elles ont compris

Imperfect		Pluperfect	
je comprenais	nous comprenions	j'avais compris	nous avions compris
tu comprenais	vous compreniez	tu avais compris	vous aviez compris
il/elle comprenait	ils/elles comprenaient	il/elle avait compris	ils/elles avaient compris

Passé Simple		Past Anterior	
je compris	nous comprîmes	j'eus compris	nous eûmes compris
tu compris	vous comprîtes	tu eus compris	vous eûtes compris
il/elle comprit	ils/elles comprirent	il/elle eut compris	ils/elles eurent compris

Future		Future Anterior	
je comprendrai	nous comprendrons	j'aurai compris	nous aurons compris
tu comprendras	vous comprendrez	tu auras compris	vous aurez compris
il/elle comprendra	ils/elles comprendront	il/elle aura compris	ils/elles auront compris

Conditional		Past Conditional	
je comprendrais	nous comprendrions	j'aurais compris	nous aurions compris
tu comprendrais	vous comprendriez	tu aurais compris	vous auriez compris
il/elle comprendrait	ils/elles comprendraient	il/elle aurait compris	ils/elles auraient compris

Present Subjunctive		Past Subjunctive	
que je comprenne	que nous comprenions	que j'aie compris	que nous ayons compris
que tu comprennes	que vous compreniez	que tu aies compris	que vous ayez compris
qu'il/elle comprenne	qu'ils/elles comprennent	qu'il/elle ait compris	qu'ils/elles aient compris

Imperfect Subjunctive		Pluperfect Subjunctive	
que je comprisse	que nous comprissions	que j'eusse compris	que nous eussions compris
que tu comprisses	que vous comprissiez	que tu eusses compris	que vous eussiez compris
qu'il/elle comprît	qu'ils/elles comprissent	qu'il/elle eût compris	qu'ils/elles eussent compris

Commands

	(nous) comprenons
(tu) comprends	(vous) comprenez

comprendre le français	*to understand French*
comprendre le sens d'un mot	*to understand the meaning of a word*
comprendre l'importance de la situation	*to understand the importance of the situation*
comprendre une explication	*to understand an explanation*
comprendre une plaisanterie	*to understand a joke*
comprendre la blague	*to understand the joke* (slang)
comprendre le problème	*to understand the problem*
comprendre la vie	*to understand life*
comprendre les choses	*to understand things*

RELATED WORDS AND EXPRESSIONS

la compréhension	*comprehension*
la compréhension auditive	*listening comprehension*
l'incompréhension (f)	*lack of understanding*
compréhensif/compréhensive	*comprehensive/understanding*
Sa mère est très compréhensive.	*His mother is very understanding.*

compter to count; to intend to

je compte · je comptai · compté · comptant

regular -er verb

Present		Passé Composé	
je compte	nous comptons	j'ai compté	nous avons compté
tu comptes	vous comptez	tu as compté	vous avez compté
il/elle compte	ils/elles comptent	il/elle a compté	ils/elles ont compté

Imperfect		Pluperfect	
je comptais	nous comptions	j'avais compté	nous avions compté
tu comptais	vous comptiez	tu avais compté	vous aviez compté
il/elle comptait	ils/elles comptaient	il/elle avait compté	ils/elles avaient compté

Passé Simple		Past Anterior	
je comptai	nous comptâmes	j'eus compté	nous eûmes compté
tu comptas	vous comptâtes	tu eus compté	vous eûtes compté
il/elle compta	ils/elles comptèrent	il/elle eut compté	ils/elles eurent compté

Future		Future Anterior	
je compterai	nous compterons	j'aurai compté	nous aurons compté
tu compteras	vous compterez	tu auras compté	vous aurez compté
il/elle comptera	ils/elles compteront	il/elle aura compté	ils/elles auront compté

Conditional		Past Conditional	
je compterais	nous compterions	j'aurais compté	nous aurions compté
tu compterais	vous compteriez	tu aurais compté	vous auriez compté
il/elle compterait	ils/elles compteraient	il/elle aurait compté	ils/elles auraient compté

Present Subjunctive		Past Subjunctive	
que je compte	que nous comptions	que j'aie compté	que nous ayons compté
que tu comptes	que vous comptiez	que tu aies compté	que vous ayez compté
qu'il/elle compte	qu'ils/elles comptent	qu'il/elle ait compté	qu'ils/elles aient compté

Imperfect Subjunctive		Pluperfect Subjunctive	
que je comptasse	que nous comptassions	que j'eusse compté	que nous eussions compté
que tu comptasses	que vous comptassiez	que tu eusses compté	que vous eussiez compté
qu'il/elle comptât	qu'ils/elles comptassent	qu'il/elle eût compté	qu'ils/elles eussent compté

Commands

	(nous) comptons
(tu) compte	(vous) comptez

USAGE

Cet enfant sait compter de un à dix.	This child knows how to count from one to ten.
Comptez votre argent.	Count your money.
Comptez les étudiants dans ce cours.	Count the students in this class.
C'est le premier pas qui compte.	It's the first step that is the most important.
compter sur qqn	to rely on someone
—Je compte sur vous.	I'm counting on you.
—Et vous, vous pouvez compter sur moi.	And you can count on me.
compter faire qqch	to intend to do something
Nous comptons passer nos vacances à Baton Rouge.	We intend to spend our vacation in Baton Rouge.

RELATED WORDS AND EXPRESSIONS

le compte-rendu	report
un/une comptable	an accountant
la comptabilité	accountancy
la comptine	children's counting rhyme / nursery rhyme

irregular verb

je conclus · je conclus · conclu · concluant

Present		Passé Composé	
je conclus	nous concluons	j'ai conclu	nous avons conclu
tu conclus	vous concluez	tu as conclu	vous avez conclu
il/elle conclut	ils/elles concluent	il/elle a conclu	ils/elles ont conclu

Imperfect		Pluperfect	
je concluais	nous concluions	j'avais conclu	nous avions conclu
tu concluais	vous concluiez	tu avais conclu	vous aviez conclu
il/elle concluait	ils/elles concluaient	il/elle avait conclu	ils/elles avaient conclu

Passé Simple		Past Anterior	
je conclus	nous conclûmes	j'eus conclu	nous eûmes conclu
tu conclus	vous conclûtes	tu eus conclu	vous eûtes conclu
il/elle conclut	ils/elles conclurent	il/elle eut conclu	ils/elles eurent conclu

Future		Future Anterior	
je conclurai	nous conclurons	j'aurai conclu	nous aurons conclu
tu concluras	vous conclurez	tu auras conclu	vous aurez conclu
il/elle conclura	ils/elles concluront	il/elle aura conclu	ils/elles auront conclu

Conditional		Past Conditional	
je conclurais	nous conclurions	j'aurais conclu	nous aurions conclu
tu conclurais	vous concluriez	tu aurais conclu	vous auriez conclu
il/elle conclurait	ils/elles concluraient	il/elle aurait conclu	ils/elles auraient conclu

Present Subjunctive		Past Subjunctive	
que je conclue	que nous concluions	que j'aie conclu	que nous ayons conclu
que tu conclues	que vous concluiez	que tu aies conclu	que vous ayez conclu
qu'il/elle conclue	qu'ils/elles concluent	qu'il/elle ait conclu	qu'ils/elles aient conclu

Imperfect Subjunctive		Pluperfect Subjunctive	
que je conclusse	que nous conclussions	que j'eusse conclu	que nous eussions conclu
que tu conclusses	que vous conclussiez	que tu eusses conclu	que vous eussiez conclu
qu'il/elle conclût	qu'ils/elles conclussent	qu'il/elle eût conclu	qu'ils/elles eussent conclu

Commands

	(nous) concluons
(tu) conclus	(vous) concluez

USAGE

Il a conclu son discours avec un proverbe.	*He ended his speech with a proverb.*
conclure que	*to conclude that*
J'en conclus qu'ils ne veulent pas venir.	*I conclude that they don't want to come.*
Marché conclu!	*It's a deal!*
conclure la paix	*to make peace / sign a peace treaty*
conclure un traité	*to sign a treaty*

RELATED WORDS AND EXPRESSIONS

la conclusion	*conclusion*
Je suis arrivé à la conclusion que ce projet ne peut pas se réaliser.	*I have come to the conclusion that this project cannot be carried out.*
Nous pouvons tirer des conclusions de ces renseignements.	*We can draw conclusions from this information.*
Conclusion, nous ne pouvons pas partir.	*The result is that we can't leave on our trip.*

conduire *to drive*

je conduis · je conduisis · conduit · conduisant   irregular verb

Present
je conduis	nous conduisons
tu conduis	vous conduisez
il/elle conduit	ils/elles conduisent

Passé Composé
j'ai conduit	nous avons conduit
tu as conduit	vous avez conduit
il/elle a conduit	ils/elles ont conduit

Imperfect
je conduisais	nous conduisions
tu conduisais	vous conduisiez
il/elle conduisait	ils/elles conduisaient

Pluperfect
j'avais conduit	nous avions conduit
tu avais conduit	vous aviez conduit
il/elle avait conduit	ils/elles avaient conduit

Passé Simple
je conduisis	nous conduisîmes
tu conduisis	vous conduisîtes
il/elle conduisit	ils/elles conduisirent

Past Anterior
j'eus conduit	nous eûmes conduit
tu eus conduit	vous eûtes conduit
il/elle eut conduit	ils/elles eurent conduit

Future
je conduirai	nous conduirons
tu conduiras	vous conduirez
il/elle conduira	ils/elles conduiront

Future Anterior
j'aurai conduit	nous aurons conduit
tu auras conduit	vous aurez conduit
il/elle aura conduit	ils/elles auront conduit

Conditional
je conduirais	nous conduirions
tu conduirais	vous conduiriez
il/elle conduirait	ils/elles conduiraient

Past Conditional
j'aurais conduit	nous aurions conduit
tu aurais conduit	vous auriez conduit
il/elle aurait conduit	ils/elles auraient conduit

Present Subjunctive
que je conduise	que nous conduisions
que tu conduises	que vous conduisiez
qu'il/elle conduise	qu'ils/elles conduisent

Past Subjunctive
que j'aie conduit	que nous ayons conduit
que tu aies conduit	que vous ayez conduit
qu'il/elle ait conduit	qu'ils/elles aient conduit

Imperfect Subjunctive
que je conduisisse	que nous conduisissions
que tu conduisisses	que vous conduisissiez
qu'il/elle conduisît	qu'ils/elles conduisissent

Pluperfect Subjunctive
que j'eusse conduit	que nous eussions conduit
que tu eusses conduit	que vous eussiez conduit
qu'il/elle eût conduit	qu'ils/elles eussent conduit

Commands
	(nous) conduisons
(tu) conduis	(vous) conduisez

USAGE

conduire une voiture	to drive a car
savoir conduire	to know how to drive
Vous conduisez vite!	You drive fast!
conduire à droite/gauche	to drive on the right/left
passer son permis de conduire	to take one's driver's license test
Qu'est-ce qui vous a conduit à cette conclusion?	What led you to this conclusion?
Dutoit conduira l'orchestre.	Dutoit will conduct the orchestra.

RELATED WORDS AND EXPRESSIONS

la conduite	driving; conduct/behavior
Sa conduite n'est pas normale.	His behavior is not normal.
se conduire	to behave
—Il ose se conduire comme ça?	He dares to behave like that?
—Lui, il ne sait pas se conduire avec les gens.	He doesn't know how to behave with people.

Present		Passé Composé	
je connais	nous connaissons	j'ai connu	nous avons connu
tu connais	vous connaissez	tu as connu	vous avez connu
il/elle connaît	ils/elles connaissent	il/elle a connu	ils/elles ont connu

Imperfect		Pluperfect	
je connaissais	nous connaissions	j'avais connu	nous avions connu
tu connaissais	vous connaissiez	tu avais connu	vous aviez connu
il/elle connaissait	ils/elles connaissaient	il/elle avait connu	ils/elles avaient connu

Passé Simple		Past Anterior	
je connus	nous connûmes	j'eus connu	nous eûmes connu
tu connus	vous connûtes	tu eus connu	vous eûtes connu
il/elle connut	ils/elles connurent	il/elle eut connu	ils/elles eurent connu

Future		Future Anterior	
je connaîtrai	nous connaîtrons	j'aurai connu	nous aurons connu
tu connaîtras	vous connaîtrez	tu auras connu	vous aurez connu
il/elle connaîtra	ils/elles connaîtront	il/elle aura connu	ils/elles auront connu

Conditional		Past Conditional	
je connaîtrais	nous connaîtrions	j'aurais connu	nous aurions connu
tu connaîtrais	vous connaîtriez	tu aurais connu	vous auriez connu
il/elle connaîtrait	ils/elles connaîtraient	il/elle aurait connu	ils/elles auraient connu

Present Subjunctive		Past Subjunctive	
que je connaisse	que nous connaissions	que j'aie connu	que nous ayons connu
que tu connaisses	que vous connaissiez	que tu aies connu	que vous ayez connu
qu'il/elle connaisse	qu'ils/elles connaissent	qu'il/elle ait connu	qu'ils/elles aient connu

Imperfect Subjunctive		Pluperfect Subjunctive	
que je connusse	que nous connussions	que j'eusse connu	que nous eussions connu
que tu connusses	que vous connussiez	que tu eusses connu	que vous eussiez connu
qu'il/elle connût	qu'ils/elles connussent	qu'il/elle eût connu	qu'ils/elles eussent connu

Commands

	(nous) connaissons
(tu) connais	(vous) connaissez

connaître qqn	*to know someone*
Je connais votre père.	*I know your father.*
connaître un endroit	*to know / be familiar with a place*
Il connaît bien Paris.	*He knows Paris well.*
Je ne connais pas Lyon.	*I've never been to Lyons.*

RELATED WORDS AND EXPRESSIONS

la connaissance	*acquaintance*
faire la connaissance de qqn	*to make someone's acquaintance*
Je suis enchanté de faire votre connaissance, Mademoiselle.	*I'm delighted to meet you, Miss. (formal)*
les connaissances *(fpl)*	*knowledge*
Il a de bonnes connaissances en informatique.	*He has a good knowledge of computer science.*
connu(e)	*famous/well-known*
un auteur très connu	*a very famous author*

connaître

to know, be familiar with

je connais · je connus · connu · connaissant

irregular verb

connaître les gens

❸ —Est-ce que tu connais beaucoup de monde
à Montréal?

—Oui, je connais tout le monde, moi.

Do you know a lot of people in Montreal?

Yes, I know everyone.

❸ —Vous connaissez vos voisins?

—On ne les connaît qu'un peu.

Do you know your neighbors?

We know them only a little.

❸ —Je croyais que tu n'allais pas protester.

—Tu me connais mal.

I thought you were not going to protest.

You don't know me at all.

❸ —Tu connais le nouveau PDG?

—Non, mais présente-moi. Je voudrais le
connaître.

Do you know the new CEO?

No, but introduce me. I'd like to meet him.

❸ —Je le connais depuis longtemps.

—Où est-ce que tu l'as connu?

I've known him for a long time.

Where did you get to know / meet him?

Si tu ne m'invites pas, je ne te connais plus.

*If you don't invite me, I'll have nothing more
to do with you.*

Personne ne lui connaissait d'ennemis.

Je connais un peu la programmation.

He had no known enemies.

I know some programming.

connaître les endroits

Je connais Paris comme ma poche.

Je voudrais connaître la Louisiane.

Tu connais un bon restaurant dans le coin?

I know Paris like the back of my hand.

I'd like to visit Louisiana.

*Do you know a good restaurant in the
neighborhood?*

connaître les choses

❸ —Tu y connais quelque chose en bureautique?

—Je n'y connais rien.

Do you know anything about office automation?

I don't know anything about it.

Notre entreprise a connu des revers.

J'espère que vous ne connaîtrez jamais une telle
humiliation.

Our firm has had setbacks.

I hope you will never know such humiliation.

❸ —Il m'a promis de m'aider.

—Oh, ses promesses, on connaît.

He promised to help me.

Don't talk to us about his promises.

La pauvreté, il a connu ça.

He knows what poverty is.

faire connaître

Il nous fera connaître sa stratégie.

Je vous ferai connaître mon avis.

He will inform us of his strategy.

I'll let you know what I think.

se connaître

On a refusé de faire un vol en parapente.
On se connaît.

*We refused to take a hang glider / paraglider flight.
We know ourselves / our limits.*

s'y connaître

Il s'y connaît en littérature.

to be an expert / well-versed

He's well-versed in literature.

irregular verb   je conquiers · je conquis · conquis · conquérant

Present		
je conquiers	nous conquérons	
tu conquiers	vous conquérez	
il/elle conquiert	ils/elles conquièrent	

Passé Composé	
j'ai conquis	nous avons conquis
tu as conquis	vous avez conquis
il/elle a conquis	ils/elles ont conquis

Imperfect	
je conquérais	nous conquérions
tu conquérais	vous conquériez
il/elle conquérait	ils/elles conquéraient

Pluperfect	
j'avais conquis	nous avions conquis
tu avais conquis	vous aviez conquis
il/elle avait conquis	ils/elles avaient conquis

Passé Simple	
je conquis	nous conquîmes
tu conquis	vous conquîtes
il/elle conquit	ils/elles conquirent

Past Anterior	
j'eus conquis	nous eûmes conquis
tu eus conquis	vous eûtes conquis
il/elle eut conquis	ils/elles eurent conquis

Future	
je conquerrai	nous conquerrons
tu conquerras	vous conquerrez
il/elle conquerra	ils/elles conquerront

Future Anterior	
j'aurai conquis	nous aurons conquis
tu auras conquis	vous aurez conquis
il/elle aura conquis	ils/elles auront conquis

Conditional	
je conquerrais	nous conquerrions
tu conquerrais	vous conquerriez
il/elle conquerrait	ils/elles conquerraient

Past Conditional	
j'aurais conquis	nous aurions conquis
tu aurais conquis	vous auriez conquis
il/elle aurait conquis	ils/elles auraient conquis

Present Subjunctive	
que je conquière	que nous conquérions
que tu conquières	que vous conquériez
qu'il/elle conquière	qu'ils/elles conquièrent

Past Subjunctive	
que j'aie conquis	que nous ayons conquis
que tu aies conquis	que vous ayez conquis
qu'il/elle ait conquis	qu'ils/elles aient conquis

Imperfect Subjunctive	
que je conquisse	que nous conquissions
que tu conquisses	que vous conquissiez
qu'il/elle conquît	qu'ils/elles conquissent

Pluperfect Subjunctive	
que j'eusse conquis	que nous eussions conquis
que tu eusses conquis	que vous eussiez conquis
qu'il/elle eût conquis	qu'ils/elles eussent conquis

Commands

	(nous) conquérons
(tu) conquiers	(vous) conquérez

USAGE

conquérir le monde	to conquer the world
Notre produit a conquis dix pour cent du marché.	Our product has captured 10 percent of the market.

RELATED WORDS AND EXPRESSIONS

la conquête	conquest
faire la conquête du pays	to conquer the country
Il a fait ses conquêtes.	He's had his success with women.
être conquis(e) à	to be won over to
Je suis conquis à cette idée.	I have been won over to that idea.
Nos consommateurs sont conquis par le commerce en ligne.	Our consumers have been won over by online commerce.

conseiller *to advise*

regular -er verb

Present		Passé Composé	
je conseille	nous conseillons	j'ai conseillé	nous avons conseillé
tu conseilles	vous conseillez	tu as conseillé	vous avez conseillé
il/elle conseille	ils/elles conseillent	il/elle a conseillé	ils/elles ont conseillé

Imperfect		Pluperfect	
je conseillais	nous conseillions	j'avais conseillé	nous avions conseillé
tu conseillais	vous conseilliez	tu avais conseillé	vous aviez conseillé
il/elle conseillait	ils/elles conseillaient	il/elle avait conseillé	ils/elles avaient conseillé

Passé Simple		Past Anterior	
je conseillai	nous conseillâmes	j'eus conseillé	nous eûmes conseillé
tu conseillas	vous conseillâtes	tu eus conseillé	vous eûtes conseillé
il/elle conseilla	ils/elles conseillèrent	il/elle eut conseillé	ils/elles eurent conseillé

Future		Future Anterior	
je conseillerai	nous conseillerons	j'aurai conseillé	nous aurons conseillé
tu conseilleras	vous conseillerez	tu auras conseillé	vous aurez conseillé
il/elle conseillera	ils/elles conseilleront	il/elle aura conseillé	ils/elles auront conseillé

Conditional		Past Conditional	
je conseillerais	nous conseillerions	j'aurais conseillé	nous aurions conseillé
tu conseillerais	vous conseilleriez	tu aurais conseillé	vous auriez conseillé
il/elle conseillerait	ils/elles conseilleraient	il/elle aurait conseillé	ils/elles auraient conseillé

Present Subjunctive		Past Subjunctive	
que je conseille	que nous conseillions	que j'aie conseillé	que nous ayons conseillé
que tu conseilles	que vous conseilliez	que tu aies conseillé	que vous ayez conseillé
qu'il/elle conseille	qu'ils/elles conseillent	qu'il/elle ait conseillé	qu'ils/elles aient conseillé

Imperfect Subjunctive		Pluperfect Subjunctive	
que je conseillasse	que nous conseillassions	que j'eusse conseillé	que nous eussions conseillé
que tu conseillasses	que vous conseillassiez	que tu eusses conseillé	que vous eussiez conseillé
qu'il/elle conseillât	qu'ils/elles conseillassent	qu'il/elle eût conseillé	qu'ils/elles eussent conseillé

Commands

	(nous) conseillons
(tu) conseille	(vous) conseillez

USAGE

conseiller qqn	*to advise someone*
Il sait conseiller ses amis.	*He knows how to advise his friends.*
J'ai l'impression d'avoir été mal conseillé.	*I have the impression that I was ill-advised.*
conseiller qqch à qqn	*to suggest something to someone*
Le médecin lui a conseillé le repos.	*The doctor advised rest for him.*
conseiller à qqn de faire qqch	*to advise someone to do something*
On leur a conseillé de ne plus attendre.	*We advised them not to wait any longer.*

RELATED WORDS AND EXPRESSIONS

le conseil	*piece of advice*
La nuit porte conseil.	*Sleep on it.*
C'est une femme de bon conseil.	*She gives good advice.*
les conseils	*advice*
déconseiller	*to advise against*
déconseiller à qqn de faire qqch	*to advise someone not to do something*

irregular verb

je consens · je consentis · consenti · consentant

Present

je consens	nous consentons
tu consens	vous consentez
il/elle consent	ils/elles consentent

Imperfect

je consentais	nous consentions
tu consentais	vous consentiez
il/elle consentait	ils/elles consentaient

Passé Simple

je consentis	nous consentîmes
tu consentis	vous consentîtes
il/elle consentit	ils/elles consentirent

Future

je consentirai	nous consentirons
tu consentiras	vous consentirez
il/elle consentira	ils/elles consentiront

Conditional

je consentirais	nous consentirions
tu consentirais	vous consentiriez
il/elle consentirait	ils/elles consentiraient

Present Subjunctive

que je consente	que nous consentions
que tu consentes	que vous consentiez
qu'il/elle consente	qu'ils/elles consentent

Imperfect Subjunctive

que je consentisse	que nous consentissions
que tu consentisses	que vous consentissiez
qu'il/elle consentît	qu'ils/elles consentissent

Passé Composé

j'ai consenti	nous avons consenti
tu as consenti	vous avez consenti
il/elle a consenti	ils/elles ont consenti

Pluperfect

j'avais consenti	nous avions consenti
tu avais consenti	vous aviez consenti
il/elle avait consenti	ils/elles avaient consenti

Past Anterior

j'eus consenti	nous eûmes consenti
tu eus consenti	vous eûtes consenti
il/elle eut consenti	ils/elles eurent consenti

Future Anterior

j'aurai consenti	nous aurons consenti
tu auras consenti	vous aurez consenti
il/elle aura consenti	ils/elles auront consenti

Past Conditional

j'aurais consenti	nous aurions consenti
tu aurais consenti	vous auriez consenti
il/elle aurait consenti	ils/elles auraient consenti

Past Subjunctive

que j'aie consenti	que nous ayons consenti
que tu aies consenti	que vous ayez consenti
qu'il/elle ait consenti	qu'ils/elles aient consenti

Pluperfect Subjunctive

que j'eusse consenti	que nous eussions consenti
que tu eusses consenti	que vous eussiez consenti
qu'il/elle eût consenti	qu'ils/elles eussent consenti

Commands

	(nous) consentons
(tu) consens	(vous) consentez

consentir à faire qqch	to agree to do something
Je consens à y aller avec vous.	I agree to go there with you.
consentir à ce que qqn fasse qqch	to allow someone to do something
Je consens à ce qu'il y aille avec vous.	I allow him to go there with you.
—Vous y consentez?	Do you agree to it?
—Non, je n'y consentirai jamais.	No, I will never agree to it.
consentir qqch à qqn	to grant someone something
Je leur ai consenti un prêt.	I decided to make them a loan.

RELATED WORDS AND EXPRESSIONS

le consentement	consent
Elle se déplace avec/sans le consentement de son frère.	She's traveling with/without her brother's consent.
Ils ont donné leur consentement au mariage.	They gave their consent to the marriage.

(**construire**) to build, construct

je construis · je construisis · construit · construisant   irregular verb

---

Present

je construis	nous construisons
tu construis	vous construisez
il/elle construit	ils/elles construisent

Imperfect

je construisais	nous construisions
tu construisais	vous construisiez
il/elle construisait	ils/elles construisaient

Passé Simple

je construisis	nous construisîmes
tu construisis	vous construisîtes
il/elle construisit	ils/elles construisirent

Future

je construirai	nous construirons
tu construiras	vous construirez
il/elle construira	ils/elles construiront

Conditional

je construirais	nous construirions
tu construirais	vous construiriez
il/elle construirait	ils/elles construiraient

Passé Composé

j'ai construit	nous avons construit
tu as construit	vous avez construit
il/elle a construit	ils/elles ont construit

Pluperfect

j'avais construit	nous avions construit
tu avais construit	vous aviez construit
il/elle avait construit	ils/elles avaient construit

Past Anterior

j'eus construit	nous eûmes construit
tu eus construit	vous eûtes construit
il/elle eut construit	ils/elles eurent construit

Future Anterior

j'aurai construit	nous aurons construit
tu auras construit	vous aurez construit
il/elle aura construit	ils/elles auront construit

Past Conditional

j'aurais construit	nous aurions construit
tu aurais construit	vous auriez construit
il/elle aurait construit	ils/elles auraient construit

Present Subjunctive

que je construise	que nous construisions
que tu construises	que vous construisiez
qu'il/elle construise	qu'ils/elles construisent

Imperfect Subjunctive

que je construisisse	que nous construisissions
que tu construisisses	que vous construisissiez
qu'il/elle construisît	qu'ils/elles construisissent

Past Subjunctive

que j'aie construit	que nous ayons construit
que tu aies construit	que vous ayez construit
qu'il/elle ait construit	qu'ils/elles aient construit

Pluperfect Subjunctive

que j'eusse construit	que nous eussions construit
que tu eusses construit	que vous eussiez construit
qu'il/elle eût construit	qu'ils/elles eussent construit

Commands

	(nous) construisons
(tu) construis	(vous) construisez

(**USAGE**)

construire une maison	to build a house
faire construire une maison	to have a house built
construire une phrase	to construct/build a sentence
—Cette expression se construit avec le subjonctif?	Does this expression take the subjunctive?
—Non, elle se construit avec l'indicatif.	No, it takes the indicative.

RELATED WORDS AND EXPRESSIONS

la construction	building
la construction de navires	shipbuilding
les matériaux de construction	construction materials
de construction américaine	American-built
la construction de la phrase	the structure of the sentence
le constructeur / la constructrice	builder/manufacturer

irregular verb

je contiens · je contins · contenu · contenant

Present

je contiens	nous contenons
tu contiens	vous contenez
il/elle contient	ils/elles contiennent

Passé Composé

j'ai contenu	nous avons contenu
tu as contenu	vous avez contenu
il/elle a contenu	ils/elles ont contenu

Imperfect

je contenais	nous contenions
tu contenais	vous conteniez
il/elle contenait	ils/elles contenaient

Pluperfect

j'avais contenu	nous avions contenu
tu avais contenu	vous aviez contenu
il/elle avait contenu	ils/elles avaient contenu

Passé Simple

je contins	nous contînmes
tu contins	vous contîntes
il/elle contint	ils/elles continrent

Past Anterior

j'eus contenu	nous eûmes contenu
tu eus contenu	vous eûtes contenu
il/elle eut contenu	ils/elles eurent contenu

Future

je contiendrai	nous contiendrons
tu contiendras	vous contiendrez
il/elle contiendra	ils/elles contiendront

Future Anterior

j'aurai contenu	nous aurons contenu
tu auras contenu	vous aurez contenu
il/elle aura contenu	ils/elles auront contenu

Conditional

je contiendrais	nous contiendrions
tu contiendrais	vous contiendriez
il/elle contiendrait	ils/elles contiendraient

Past Conditional

j'aurais contenu	nous aurions contenu
tu aurais contenu	vous auriez contenu
il/elle aurait contenu	ils/elles auraient contenu

Present Subjunctive

que je contienne	que nous contenions
que tu contiennes	que vous conteniez
qu'il/elle contienne	qu'ils/elles contiennent

Past Subjunctive

que j'aie contenu	que nous ayons contenu
que tu aies contenu	que vous ayez contenu
qu'il/elle ait contenu	qu'ils/elles aient contenu

Imperfect Subjunctive

que je continsse	que nous continssions
que tu continsses	que vous continssiez
qu'il/elle contînt	qu'ils/elles continssent

Pluperfect Subjunctive

que j'eusse contenu	que nous eussions contenu
que tu eusses contenu	que vous eussiez contenu
qu'il/elle eût contenu	qu'ils/elles eussent contenu

Commands

	(nous) contenons
(tu) contiens	(vous) contenez

USAGE

—Cette bouteille contient un litre d'eau?	*Does this bottle hold a liter of water?*
—Non, elle en contient un litre et demi.	*No, it holds a liter and a half.*
La foule a été contenue par la barrière.	*The barrier held the crowd back.*
Cette composition contient des fautes.	*This composition contains mistakes.*
Son livre contient beaucoup d'idées importantes.	*His book contains many important ideas.*

RELATED WORDS AND EXPRESSIONS

le contenu	*content*
le contenu du livre	*the contents of the book*
le contenu bouleversant de son message	*the disturbing content of his message*
contenu(e)	*contained/restrained*
des sentiments contenus	*restrained feelings*
se contenir	*to control one's emotions*

continuer *to continue*

je continue · je continuai · continué · continuant

regular -er verb

Present		Passé Composé	
je continue	nous continuons	j'ai continué	nous avons continué
tu continues	vous continuez	tu as continué	vous avez continué
il/elle continue	ils/elles continuent	il/elle a continué	ils/elles ont continué

Imperfect		Pluperfect	
je continuais	nous continuions	j'avais continué	nous avions continué
tu continuais	vous continuiez	tu avais continué	vous aviez continué
il/elle continuait	ils/elles continuaient	il/elle avait continué	ils/elles avaient continué

Passé Simple		Past Anterior	
je continuai	nous continuâmes	j'eus continué	nous eûmes continué
tu continuas	vous continuâtes	tu eus continué	vous eûtes continué
il/elle continua	ils/elles continuèrent	il/elle eut continué	ils/elles eurent continué

Future		Future Anterior	
je continuerai	nous continuerons	j'aurai continué	nous aurons continué
tu continueras	vous continuerez	tu auras continué	vous aurez continué
il/elle continuera	ils/elles continueront	il/elle aura continué	ils/elles auront continué

Conditional		Past Conditional	
je continuerais	nous continuerions	j'aurais continué	nous aurions continué
tu continuerais	vous continueriez	tu aurais continué	vous auriez continué
il/elle continuerait	ils/elles continueraient	il/elle aurait continué	ils/elles auraient continué

Present Subjunctive		Past Subjunctive	
que je continue	que nous continuions	que j'aie continué	que nous ayons continué
que tu continues	que vous continuiez	que tu aies continué	que vous ayez continué
qu'il/elle continue	qu'ils/elles continuent	qu'il/elle ait continué	qu'ils/elles aient continué

Imperfect Subjunctive		Pluperfect Subjunctive	
que je continuasse	que nous continuassions	que j'eusse continué	que nous eussions continué
que tu continuasses	que vous continuassiez	que tu eusses continué	que vous eussiez continué
qu'il/elle continuât	qu'ils/elles continuassent	qu'il/elle eût continué	qu'ils/elles eussent continué

Commands

	(nous) continuons
(tu) continue	(vous) continuez

USAGE

Nous continuons nos traditions.	We are continuing our traditions.
Le gouvernement continue sa politique.	The government goes on with its policy.
Le nouveau président continue l'ancien.	The new president is picking up where the former one left off.
Gare à toi si tu continues comme ça!	You'd better watch it if you keep up like this!
continuer à/de faire qqch	to keep on doing something / continue to do something
Je continue à essayer de la contacter.	I'm continuing to try to get in touch with her.
L'autoroute continue jusqu'à La Nouvelle Orléans.	The highway continues until New Orleans.

RELATED WORDS AND EXPRESSIONS

la continuation	continuation
Bonne continuation!	All the best to you!
la continuité de la tradition	continuity of tradition
un problème continuel	a continual/constant problem

irregular verb

je contrains · je contraignis · contraint · contraignant

Present

je contrains	nous contraignons
tu contrains	vous contraignez
il/elle contraint	ils/elles contraignent

Passé Composé

j'ai contraint	nous avons contraint
tu as contraint	vous avez contraint
il/elle a contraint	ils/elles ont contraint

Imperfect

je contraignais	nous contraignions
tu contraignais	vous contraigniez
il/elle contraignait	ils/elles contraignaient

Pluperfect

j'avais contraint	nous avions contraint
tu avais contraint	vous aviez contraint
il/elle avait contraint	ils/elles avaient contraint

Passé Simple

je contraignis	nous contraignîmes
tu contraignis	vous contraignîtes
il/elle contraignit	ils/elles contraignirent

Past Anterior

j'eus contraint	nous eûmes contraint
tu eus contraint	vous eûtes contraint
il/elle eut contraint	ils/elles eurent contraint

Future

je contraindrai	nous contraindrons
tu contraindras	vous contraindrez
il/elle contraindra	ils/elles contraindront

Future Anterior

j'aurai contraint	nous aurons contraint
tu auras contraint	vous aurez contraint
il/elle aura contraint	ils/elles auront contraint

Conditional

je contraindrais	nous contraindrions
tu contraindrais	vous contraindriez
il/elle contraindrait	ils/elles contraindraient

Past Conditional

j'aurais contraint	nous aurions contraint
tu aurais contraint	vous auriez contraint
il/elle aurait contraint	ils/elles auraient contraint

Present Subjunctive

que je contraigne	que nous contraignions
que tu contraignes	que vous contraigniez
qu'il/elle contraigne	qu'ils/elles contraignent

Past Subjunctive

que j'aie contraint	que nous ayons contraint
que tu aies contraint	que vous ayez contraint
qu'il/elle ait contraint	qu'ils/elles aient contraint

Imperfect Subjunctive

que je contraignisse	que nous contraignissions
que tu contraignisses	que vous contraignissiez
qu'il/elle contraignît	qu'ils/elles contraignissent

Pluperfect Subjunctive

que j'eusse contraint	que nous eussions contraint
que tu eusses contraint	que vous eussiez contraint
qu'il/elle eût contraint	qu'ils/elles eussent contraint

Commands

	(nous) contraignons
(tu) contrains	(vous) contraignez

Les circonstances me contraignent à la frugalité.	*Circumstances are forcing me to be frugal.*
contraindre qqn à faire qqch	*to force someone to do something*
contraint et forcé	*under duress*
J'ai avoué contraint et forcé.	*I confessed under duress.*

RELATED WORDS AND EXPRESSIONS

la contrainte	*constraint/limitation*
Il m'a parlé sans contrainte.	*He spoke to me without any reservation.*
être contraint(e) de faire qqch	*to be obliged to do something*
Je suis contraint de partir en voyage.	*I'm obliged to leave on a trip.*
se contraindre	*to force oneself*
—Tu es allé avec lui chez son oncle?	*Did you go with him to his uncle's?*
—Je me suis contraint.	*I forced myself.*

contredire *to contradict*

je contredis · je contredis · contredit · contredisant

irregular verb

Present

je contredis	nous contredisons
tu contredis	vous contredisez
il/elle contredit	ils/elles contredisent

Imperfect

je contredisais	nous contredisions
tu contredisais	vous contredisiez
il/elle contredisait	ils/elles contredisaient

Passé Simple

je contredis	nous contredîmes
tu contredis	vous contredîtes
il/elle contredit	ils/elles contredirent

Future

je contredirai	nous contredirons
tu contrediras	vous contredirez
il/elle contredira	ils/elles contrediront

Conditional

je contredirais	nous contredirions
tu contredirais	vous contrediriez
il/elle contredirait	ils/elles contrediraient

Passé Composé

j'ai contredit	nous avons contredit
tu as contredit	vous avez contredit
il/elle a contredit	ils/elles ont contredit

Pluperfect

j'avais contredit	nous avions contredit
tu avais contredit	vous aviez contredit
il/elle avait contredit	ils/elles avaient contredit

Past Anterior

j'eus contredit	nous eûmes contredit
tu eus contredit	vous eûtes contredit
il/elle eut contredit	ils/elles eurent contredit

Future Anterior

j'aurai contredit	nous aurons contredit
tu auras contredit	vous aurez contredit
il/elle aura contredit	ils/elles auront contredit

Past Conditional

j'aurais contredit	nous aurions contredit
tu aurais contredit	vous auriez contredit
il/elle aurait contredit	ils/elles auraient contredit

Present Subjunctive

que je contredise	que nous contredisions
que tu contredises	que vous contredisiez
qu'il/elle contredise	qu'ils/elles contredisent

Imperfect Subjunctive

que je contredisse	que nous contredissions
que tu contredisses	que vous contredissiez
qu'il/elle contredît	qu'ils/elles contredissent

Past Subjunctive

que j'aie contredit	que nous ayons contredit
que tu aies contredit	que vous ayez contredit
qu'il/elle ait contredit	qu'ils/elles aient contredit

Pluperfect Subjunctive

que j'eusse contredit	que nous eussions contredit
que tu eusses contredit	que vous eussiez contredit
qu'il/elle eût contredit	qu'ils/elles eussent contredit

Commands

	(nous) contredisons
(tu) contredis	(vous) contredisez

USAGE

Tu oses contredire le professeur?	You dare to contradict the teacher?
—Arrête de me contredire.	Stop contradicting me.
—Je ne contredis personne.	I'm not contradicting anyone.
J'hésite à le contredire.	I am reluctant to contradict him.
Permettez-moi de vous contredire.	Allow me to contradict you.
Son explication contredit les faits.	His explanation contradicts the facts.

RELATED WORDS AND EXPRESSIONS

la contradiction	contradiction
avoir un esprit de contradiction	to be contrary
sans contredit	doubtlessly/certainly
se contredire	to contradict oneself / each other
Tu te contredis tout le temps.	You're contradicting yourself all the time.
Les deux déclarations se contredisent.	The two statements contradict each other.

irregular verb   je convaincs · je convainquis · convaincu · convainquant

Present	
je convaincs	nous convainquons
tu convaincs	vous convainquez
il/elle convainc	ils/elles convainquent

Passé Composé	
j'ai convaincu	nous avons convaincu
tu as convaincu	vous avez convaincu
il/elle a convaincu	ils/elles ont convaincu

Imperfect	
je convainquais	nous convainquions
tu convainquais	vous convainquiez
il/elle convainquait	ils/elles convainquaient

Pluperfect	
j'avais convaincu	nous avions convaincu
tu avais convaincu	vous aviez convaincu
il/elle avait convaincu	ils/elles avaient convaincu

Passé Simple	
je convainquis	nous convainquîmes
tu convainquis	vous convainquîtes
il/elle convainquit	ils/elles convainquirent

Past Anterior	
j'eus convaincu	nous eûmes convaincu
tu eus convaincu	vous eûtes convaincu
il/elle eut convaincu	ils/elles eurent convaincu

Future	
je convaincrai	nous convaincrons
tu convaincras	vous convaincrez
il/elle convaincra	ils/elles convaincront

Future Anterior	
j'aurai convaincu	nous aurons convaincu
tu auras convaincu	vous aurez convaincu
il/elle aura convaincu	ils/elles auront convaincu

Conditional	
je convaincrais	nous convaincrions
tu convaincrais	vous convaincriez
il/elle convaincrait	ils/elles convaincraient

Past Conditional	
j'aurais convaincu	nous aurions convaincu
tu aurais convaincu	vous auriez convaincu
il/elle aurait convaincu	ils/elles auraient convaincu

Present Subjunctive	
que je convainque	que nous convainquions
que tu convainques	que vous convainquiez
qu'il/elle convainque	qu'ils/elles convainquent

Past Subjunctive	
que j'aie convaincu	que nous ayons convaincu
que tu aies convaincu	que vous ayez convaincu
qu'il/elle ait convaincu	qu'ils/elles aient convaincu

Imperfect Subjunctive	
que je convainquisse	que nous convainquissions
que tu convainquisses	que vous convainquissiez
qu'il/elle convainquît	qu'ils/elles convainquissent

Pluperfect Subjunctive	
que j'eusse convaincu	que nous eussions convaincu
que tu eusses convaincu	que vous eussiez convaincu
qu'il/elle eût convaincu	qu'ils/elles eussent convaincu

Commands

	(nous) convainquons
(tu) convaincs	(vous) convainquez

convaincre qqn de qqch	to convince someone of something
Il m'a convaincu de l'importance de la programmation.	He convinced me of the importance of programming.
Je l'ai convaincu de nous accompagner.	I convinced him to accompany us.
Notre parti a réussi à convaincre l'opposition de soutenir notre projet d'abaisser les impôts.	Our party succeeded in convincing the opposition to support our plan to lower taxes.

RELATED WORDS AND EXPRESSIONS

convaincant(e)	convincing
un témoignage convaincant	a convincing testimony
une preuve convaincante	a convincing piece of evidence
convaincu(e)	convinced/dyed-in-the-wool
C'est un socialiste convaincu.	He's a socialist through and through.

convenir *to agree*

irregular verb

Present		Passé Composé	
je conviens	nous convenons	j'ai convenu	nous avons convenu
tu conviens	vous convenez	tu as convenu	vous avez convenu
il/elle convient	ils/elles conviennent	il/elle a convenu	ils/elles ont convenu

Imperfect		Pluperfect	
je convenais	nous convenions	j'avais convenu	nous avions convenu
tu convenais	vous conveniez	tu avais convenu	vous aviez convenu
il/elle convenait	ils/elles convenaient	il/elle avait convenu	ils/elles avaient convenu

Passé Simple		Past Anterior	
je convins	nous convînmes	j'eus convenu	nous eûmes convenu
tu convins	vous convîntes	tu eus convenu	vous eûtes convenu
il/elle convint	ils/elles convinrent	il/elle eut convenu	ils/elles eurent convenu

Future		Future Anterior	
je conviendrai	nous conviendrons	j'aurai convenu	nous aurons convenu
tu conviendras	vous conviendrez	tu auras convenu	vous aurez convenu
il/elle conviendra	ils/elles conviendront	il/elle aura convenu	ils/elles auront convenu

Conditional		Past Conditional	
je conviendrais	nous conviendrions	j'aurais convenu	nous aurions convenu
tu conviendrais	vous conviendriez	tu aurais convenu	vous auriez convenu
il/elle conviendrait	ils/elles conviendraient	il/elle aurait convenu	ils/elles auraient convenu

Present Subjunctive		Past Subjunctive	
que je convienne	que nous convenions	que j'aie convenu	que nous ayons convenu
que tu conviennes	que vous conveniez	que tu aies convenu	que vous ayez convenu
qu'il/elle convienne	qu'ils/elles conviennent	qu'il/elle ait convenu	qu'ils/elles aient convenu

Imperfect Subjunctive		Pluperfect Subjunctive	
que je convinsse	que nous convinssions	que j'eusse convenu	que nous eussions convenu
que tu convinsses	que vous convinssiez	que tu eusses convenu	que vous eussiez convenu
qu'il/elle convînt	qu'ils/elles convinssent	qu'il/elle eût convenu	qu'ils/elles eussent convenu

Commands

	(nous) convenons
(tu) conviens	(vous) convenez

USAGE

Nous convenons que c'est dangereux.	*We agree that it's dangerous.*
Vous n'en convenez pas?	*Do you disagree?*
Ça ne convient pas.	*That's not suitable.*
Tes vêtements ne conviennent pas à l'occasion.	*Your clothes are inappropriate for the occasion.*
—Il convient que vous partiez tout de suite.	*You ought to leave right away.*
—Je n'en conviens pas.	*I don't agree.*
convenir du prix	*to agree on the price*

RELATED WORDS AND EXPRESSIONS

convenable	*suitable*
une tenue convenable	*a suitable/appropriate outfit*
convenu(e)	*agreed upon*
C'est convenu, alors.	*Then it's agreed upon.*
les opinions convenues	*conventional opinion*

regular -er verb;
spelling change: g > ge/a, o

je corrige · je corrigeai · corrigé · corrigeant

Present		Passé Composé	
je corrige	nous corrigeons	j'ai corrigé	nous avons corrigé
tu corriges	vous corrigez	tu as corrigé	vous avez corrigé
il/elle corrige	ils/elles corrigent	il/elle a corrigé	ils/elles ont corrigé

Imperfect		Pluperfect	
je corrigeais	nous corrigions	j'avais corrigé	nous avions corrigé
tu corrigeais	vous corrigiez	tu avais corrigé	vous aviez corrigé
il/elle corrigeait	ils/elles corrigeaient	il/elle avait corrigé	ils/elles avaient corrigé

Passé Simple		Past Anterior	
je corrigeai	nous corrigeâmes	j'eus corrigé	nous eûmes corrigé
tu corrigeas	vous corrigeâtes	tu eus corrigé	vous eûtes corrigé
il/elle corrigea	ils/elles corrigèrent	il/elle eut corrigé	ils/elles eurent corrigé

Future		Future Anterior	
je corrigerai	nous corrigerons	j'aurai corrigé	nous aurons corrigé
tu corrigeras	vous corrigerez	tu auras corrigé	vous aurez corrigé
il/elle corrigera	ils/elles corrigeront	il/elle aura corrigé	ils/elles auront corrigé

Conditional		Past Conditional	
je corrigerais	nous corrigerions	j'aurais corrigé	nous aurions corrigé
tu corrigerais	vous corrigeriez	tu aurais corrigé	vous auriez corrigé
il/elle corrigerait	ils/elles corrigeraient	il/elle aurait corrigé	ils/elles auraient corrigé

Present Subjunctive		Past Subjunctive	
que je corrige	que nous corrigions	que j'aie corrigé	que nous ayons corrigé
que tu corriges	que vous corrigiez	que tu aies corrigé	que vous ayez corrigé
qu'il/elle corrige	qu'ils/elles corrigent	qu'il/elle ait corrigé	qu'ils/elles aient corrigé

Imperfect Subjunctive		Pluperfect Subjunctive	
que je corrigeasse	que nous corrigeassions	que j'eusse corrigé	que nous eussions corrigé
que tu corrigeasses	que vous corrigeassiez	que tu eusses corrigé	que vous eussiez corrigé
qu'il/elle corrigeât	qu'ils/elles corrigeassent	qu'il/elle eût corrigé	qu'ils/elles eussent corrigé

Commands

	(nous) corrigeons
(tu) corrige	(vous) corrigez

USAGE

Le professeur corrige les copies.	The teacher corrects the compositions.
—Vous permettez que je vous corrige?	May I correct you?
—Oui, corrigez-moi si je fais une faute en parlant.	Yes, correct me if I make a mistake while speaking.
Corrigeons le tir.	Let's make some adjustments.
Si tu continues comme ça, tu vas te faire corriger!	If you keep that up, you're going to get a spanking!

RELATED WORDS AND EXPRESSIONS

le correctif	qualifying statement
Permettez-moi d'apporter un correctif à votre compte-rendu.	Allow me to qualify what you said in your report.
la correction	correction/correctness; spanking
Le professeur fait ses corrections.	The teacher is marking papers.
J'admire la correction de ce rapport.	I admire the accuracy of this report.
agir avec correction	to act with good manners
Ce gosse a reçu une correction.	That kid got a spanking.

corrompre
to corrupt, bribe

je corromps · je corrompis · corrompu · corrompant

regular -re verb

Present

je corromps	nous corrompons
tu corromps	vous corrompez
il/elle corrompt	ils/elles corrompent

Passé Composé

j'ai corrompu	nous avons corrompu
tu as corrompu	vous avez corrompu
il/elle a corrompu	ils/elles ont corrompu

Imperfect

je corrompais	nous corrompions
tu corrompais	vous corrompiez
il/elle corrompait	ils/elles corrompaient

Pluperfect

j'avais corrompu	nous avions corrompu
tu avais corrompu	vous aviez corrompu
il/elle avait corrompu	ils/elles avaient corrompu

Passé Simple

je corrompis	nous corrompîmes
tu corrompis	vous corrompîtes
il/elle corrompit	ils/elles corrompirent

Past Anterior

j'eus corrompu	nous eûmes corrompu
tu eus corrompu	vous eûtes corrompu
il/elle eut corrompu	ils/elles eurent corrompu

Future

je corromprai	nous corromprons
tu corrompras	vous corromprez
il/elle corrompra	ils/elles corrompront

Future Anterior

j'aurai corrompu	nous aurons corrompu
tu auras corrompu	vous aurez corrompu
il/elle aura corrompu	ils/elles auront corrompu

Conditional

je corromprais	nous corromprions
tu corromprais	vous corrompriez
il/elle corromprait	ils/elles corrompraient

Past Conditional

j'aurais corrompu	nous aurions corrompu
tu aurais corrompu	vous auriez corrompu
il/elle aurait corrompu	ils/elles auraient corrompu

Present Subjunctive

que je corrompe	que nous corrompions
que tu corrompes	que vous corrompiez
qu'il/elle corrompe	qu'ils/elles corrompent

Past Subjunctive

que j'aie corrompu	que nous ayons corrompu
que tu aies corrompu	que vous ayez corrompu
qu'il/elle ait corrompu	qu'ils/elles aient corrompu

Imperfect Subjunctive

que je corrompisse	que nous corrompissions
que tu corrompisses	que vous corrompissiez
qu'il/elle corrompît	qu'ils/elles corrompissent

Pluperfect Subjunctive

que j'eusse corrompu	que nous eussions corrompu
que tu eusses corrompu	que vous eussiez corrompu
qu'il/elle eût corrompu	qu'ils/elles eussent corrompu

Commands

	(nous) corrompons
(tu) corromps	(vous) corrompez

Ce fichier est corrompu.	This file is corrupt.
On a accusé Socrate de corrompre la jeunesse.	Socrates was accused of corrupting the youth.
Son jugement est corrompu par sa colère.	His judgment is distorted by his anger.
La chaleur a corrompu la viande.	The heat spoiled the meat.
corrompre un témoin	to bribe a witness
Ce juge est corrompu.	That judge can be bribed.

RELATED WORDS AND EXPRESSIONS

la corruption	corruption/debasement
la corruption de la langue	the debasement/corruption of language
la corruption des mœurs	the corruption of conduct

to go to bed **se coucher** 136

regular -er reflexive verb;
compound tenses with *être*

je me couche · je me couchai · s'étant couché · se couchant

Present

je me couche	nous nous couchons
tu te couches	vous vous couchez
il/elle se couche	ils/elles se couchent

Passé Composé

je me suis couché(e)	nous nous sommes couché(e)s
tu t'es couché(e)	vous vous êtes couché(e)(s)
il/elle s'est couché(e)	ils/elles se sont couché(e)s

Imperfect

je me couchais	nous nous couchions
tu te couchais	vous vous couchiez
il/elle se couchait	ils/elles se couchaient

Pluperfect

je m'étais couché(e)	nous nous étions couché(e)s
tu t'étais couché(e)	vous vous étiez couché(e)(s)
il/elle s'était couché(e)	ils/elles s'étaient couché(e)s

Passé Simple

je me couchai	nous nous couchâmes
tu te couchas	vous vous couchâtes
il/elle se coucha	ils/elles se couchèrent

Past Anterior

je me fus couché(e)	nous nous fûmes couché(e)s
tu te fus couché(e)	vous vous fûtes couché(e)(s)
il/elle se fut couché(e)	ils/elles se furent couché(e)s

Future

je me coucherai	nous nous coucherons
tu te coucheras	vous vous coucherez
il/elle se couchera	ils/elles se coucheront

Future Anterior

je me serai couché(e)	nous nous serons couché(e)s
tu te seras couché(e)	vous vous serez couché(e)(s)
il/elle se sera couché(e)	ils/elles se seront couché(e)s

Conditional

je me coucherais	nous nous coucherions
tu te coucherais	vous vous coucheriez
il/elle se coucherait	ils/elles se coucheraient

Past Conditional

je me serais couché(e)	nous nous serions couché(e)s
tu te serais couché(e)	vous vous seriez couché(e)(s)
il/elle se serait couché(e)	ils/elles se seraient couché(e)s

Present Subjunctive

que je me couche	que nous nous couchions
que tu te couches	que vous vous couchiez
qu'il/elle se couche	qu'ils/elles se couchent

Past Subjunctive

que je me sois couché(e)	que nous nous soyons couché(e)s
que tu te sois couché(e)	que vous vous soyez couché(e)(s)
qu'il/elle se soit couché(e)	qu'ils/elles se soient couché(e)s

Imperfect Subjunctive

que je me couchasse	que nous nous couchassions
que tu te couchasses	que vous vous couchassiez
qu'il/elle se couchât	qu'ils/elles se couchassent

Pluperfect Subjunctive

que je me fusse couché(e)	que nous nous fussions couché(e)s
que tu te fusses couché(e)	que vous vous fussiez couché(e)(s)
qu'il/elle se fût couché(e)	qu'ils/elles se fussent couché(e)s

Commands

	(nous) couchons-nous
(tu) couche-toi	(vous) couchez-vous

USAGE

—Nous, on se couche tôt.
—Vous faites bien. Moi je me couche trop tard.

se coucher comme les poules
Va te coucher!
Je l'ai envoyé se coucher.
Le cyclist se couchait sur le guidon.
Le blé se couche sous le vent.
Il se couche mais n'arrive pas à trouver
le sommeil.

We go to bed early.
You're right to do so. I go to bed too late.

to go to bed early
Get out of here!
I sent him packing / told him where to get off.
The cyclist bent over the handlebars.
The wheat bends in the wind.
He goes to bed but cannot fall asleep.

(**coudre**) *to sew*

je couds · je cousis · cousu · cousant

irregular verb

Present		Passé Composé	
je couds	nous cousons	j'ai cousu	nous avons cousu
tu couds	vous cousez	tu as cousu	vous avez cousu
il/elle coud	ils/elles cousent	il/elle a cousu	ils/elles ont cousu

Imperfect		Pluperfect	
je cousais	nous cousions	j'avais cousu	nous avions cousu
tu cousais	vous cousiez	tu avais cousu	vous aviez cousu
il/elle cousait	ils/elles cousaient	il/elle avait cousu	ils/elles avaient cousu

Passé Simple		Past Anterior	
je cousis	nous cousîmes	j'eus cousu	nous eûmes cousu
tu cousis	vous cousîtes	tu eus cousu	vous eûtes cousu
il/elle cousit	ils/elles cousirent	il/elle eut cousu	ils/elles eurent cousu

Future		Future Anterior	
je coudrai	nous coudrons	j'aurai cousu	nous aurons cousu
tu coudras	vous coudrez	tu auras cousu	vous aurez cousu
il/elle coudra	ils/elles coudront	il/elle aura cousu	ils/elles auront cousu

Conditional		Past Conditional	
je coudrais	nous coudrions	j'aurais cousu	nous aurions cousu
tu coudrais	vous coudriez	tu aurais cousu	vous auriez cousu
il/elle coudrait	ils/elles coudraient	il/elle aurait cousu	ils/elles auraient cousu

Present Subjunctive		Past Subjunctive	
que je couse	que nous cousions	que j'aie cousu	que nous ayons cousu
que tu couses	que vous cousiez	que tu aies cousu	que vous ayez cousu
qu'il/elle couse	qu'ils/elles cousent	qu'il/elle ait cousu	qu'ils/elles aient cousu

Imperfect Subjunctive		Pluperfect Subjunctive	
que je cousisse	que nous cousissions	que j'eusse cousu	que nous eussions cousu
que tu cousisses	que vous cousissiez	que tu eusses cousu	que vous eussiez cousu
qu'il/elle cousît	qu'ils/elles cousissent	qu'il/elle eût cousu	qu'ils/elles eussent cousu

Commands

	(nous) cousons
(tu) couds	(vous) cousez

USAGE

—Tu sais coudre un bouton à un vêtement?	*Do you know how to sew a button on an article of clothing?*
—Non, je dois apprendre à coudre.	*No, I ought to learn how to sew.*
coudre à la main	*to sew by hand*
coudre à la machine	*to sew by machine*

RELATED WORDS AND EXPRESSIONS

la couture	*sewing; fashion; seam*
sans couture	*seamless*
la haute couture	*high fashion*
une maison de couture	*fashion house*
un couturier / une couturière	*a fashion designer*
être cousu(e) d'or	*to be very wealthy*

regular -er verb

je coupe · je coupai · coupé · coupant

Present		Passé Composé	
je coupe	nous coupons	j'ai coupé	nous avons coupé
tu coupes	vous coupez	tu as coupé	vous avez coupé
il/elle coupe	ils/elles coupent	il/elle a coupé	ils/elles ont coupé

Imperfect		Pluperfect	
je coupais	nous coupions	j'avais coupé	nous avions coupé
tu coupais	vous coupiez	tu avais coupé	vous aviez coupé
il/elle coupait	ils/elles coupaient	il/elle avait coupé	ils/elles avaient coupé

Passé Simple		Past Anterior	
je coupai	nous coupâmes	j'eus coupé	nous eûmes coupé
tu coupas	vous coupâtes	tu eus coupé	vous eûtes coupé
il/elle coupa	ils/elles coupèrent	il/elle eut coupé	ils/elles eurent coupé

Future		Future Anterior	
je couperai	nous couperons	j'aurai coupé	nous aurons coupé
tu couperas	vous couperez	tu auras coupé	vous aurez coupé
il/elle coupera	ils/elles couperont	il/elle aura coupé	ils/elles auront coupé

Conditional		Past Conditional	
je couperais	nous couperions	j'aurais coupé	nous aurions coupé
tu couperais	vous couperiez	tu aurais coupé	vous auriez coupé
il/elle couperait	ils/elles couperaient	il/elle aurait coupé	ils/elles auraient coupé

Present Subjunctive		Past Subjunctive	
que je coupe	que nous coupions	que j'aie coupé	que nous ayons coupé
que tu coupes	que vous coupiez	que tu aies coupé	que vous ayez coupé
qu'il/elle coupe	qu'ils/elles coupent	qu'il/elle ait coupé	qu'ils/elles aient coupé

Imperfect Subjunctive		Pluperfect Subjunctive	
que je coupasse	que nous coupassions	que j'eusse coupé	que nous eussions coupé
que tu coupasses	que vous coupassiez	que tu eusses coupé	que vous eussiez coupé
qu'il/elle coupât	qu'ils/elles coupassent	qu'il/elle eût coupé	qu'ils/elles eussent coupé

Commands

	(nous) coupons
(tu) coupe	(vous) coupez

couper le fromage	to cut the cheese
couper avec un couteau / des ciseaux	to cut with a knife / a pair of scissors
Ces ciseaux ne coupent plus.	This pair of scissors doesn't cut anymore.

RELATED WORDS AND EXPRESSIONS

la coupe de cheveux	haircut
la coupe au rasoir	razor cut
se couper les cheveux	to cut one's hair
se couper les ongles	to cut one's nails
se couper le doigt	to cut one's finger
—Tu saignes!	You're bleeding!
—Je me suis coupé la joue en me rasant.	I cut my cheek while shaving.
découper	to cut out
découper un article / une annonce	to cut out an article/ad

je cours · je courus · couru · courant   irregular verb

Present			
je cours	nous courons		
tu cours	vous courez		
il/elle court	ils/elles courent		

Passé Composé			
j'ai couru	nous avons couru
tu as couru	vous avez couru
il/elle a couru	ils/elles ont couru

Imperfect

je courais	nous courions
tu courais	vous couriez
il/elle courait	ils/elles couraient

Pluperfect

j'avais couru	nous avions couru
tu avais couru	vous aviez couru
il/elle avait couru	ils/elles avaient couru

Passé Simple

je courus	nous courûmes
tu courus	vous courûtes
il/elle courut	ils/elles coururent

Past Anterior

j'eus couru	nous eûmes couru
tu eus couru	vous eûtes couru
il/elle eut couru	ils/elles eurent couru

Future

je courrai	nous courrons
tu courras	vous courrez
il/elle courra	ils/elles courront

Future Anterior

j'aurai couru	nous aurons couru
tu auras couru	vous aurez couru
il/elle aura couru	ils/elles auront couru

Conditional

je courrais	nous courrions
tu courrais	vous courriez
il/elle courrait	ils/elles courraient

Past Conditional

j'aurais couru	nous aurions couru
tu aurais couru	vous auriez couru
il/elle aurait couru	ils/elles auraient couru

Present Subjunctive

que je coure	que nous courions
que tu coures	que vous couriez
qu'il/elle coure	qu'ils/elles courent

Past Subjunctive

que j'aie couru	que nous ayons couru
que tu aies couru	que vous ayez couru
qu'il/elle ait couru	qu'ils/elles aient couru

Imperfect Subjunctive

que je courusse	que nous courussions
que tu courusses	que vous courussiez
qu'il/elle courût	qu'ils/elles courussent

Pluperfect Subjunctive

que j'eusse couru	que nous eussions couru
que tu eusses couru	que vous eussiez couru
qu'il/elle eût couru	qu'ils/elles eussent couru

Commands

	(nous) courons
(tu) cours	(vous) courez

USAGE

courir vite	to run fast
courir chercher le médecin	to run off to get the doctor
J'ai couru partout pour trouver ce livre.	I ran everywhere to find this book.
Elle est entrée en courant.	She ran in.
Les enfants sont sortis au jardin en courant.	The children ran out into the garden.
La police est montée en courant.	The police ran upstairs.
—Tu as fini?	Did you finish?
—Oui, mais j'ai tout fait en courant.	Yes, but I rushed through everything.
Il y a un bruit qui court.	There's a rumor going around.
courir un risque	to run a risk
Un prof comme ça, ça ne court pas les rues.	You don't find teachers like him everywhere.
courir les magasins	to be an avid shopper

RELATED WORDS AND EXPRESSIONS

la course	running; race; errand
la course de fond	long-distance race
faire les courses	to do the shopping

irregular verb   **je couvre · je couvris · couvert · couvrant**

Present			
je couvre	nous couvrons		
tu couvres	vous couvrez		
il/elle couvre	ils/elles couvrent		

Passé Composé			
j'ai couvert	nous avons couvert		
tu as couvert	vous avez couvert		
il/elle a couvert	ils/elles ont couvert		

Imperfect	
je couvrais	nous couvrions
tu couvrais	vous couvriez
il/elle couvrait	ils/elles couvraient

Pluperfect	
j'avais couvert	nous avions couvert
tu avais couvert	vous aviez couvert
il/elle avait couvert	ils/elles avaient couvert

Passé Simple	
je couvris	nous couvrîmes
tu couvris	vous couvrîtes
il/elle couvrit	ils/elles couvrirent

Past Anterior	
j'eus couvert	nous eûmes couvert
tu eus couvert	vous eûtes couvert
il/elle eut couvert	ils/elles eurent couvert

Future	
je couvrirai	nous couvrirons
tu couvriras	vous couvrirez
il/elle couvrira	ils/elles couvriront

Future Anterior	
j'aurai couvert	nous aurons couvert
tu auras couvert	vous aurez couvert
il/elle aura couvert	ils/elles auront couvert

Conditional	
je couvrirais	nous couvririons
tu couvrirais	vous couvririez
il/elle couvrirait	ils/elles couvriraient

Past Conditional	
j'aurais couvert	nous aurions couvert
tu aurais couvert	vous auriez couvert
il/elle aurait couvert	ils/elles auraient couvert

Present Subjunctive	
que je couvre	que nous couvrions
que tu couvres	que vous couvriez
qu'il/elle couvre	qu'ils/elles couvrent

Past Subjunctive	
que j'aie couvert	que nous ayons couvert
que tu aies couvert	que vous ayez couvert
qu'il/elle ait couvert	qu'ils/elles aient couvert

Imperfect Subjunctive	
que je couvrisse	que nous couvrissions
que tu couvrisses	que vous couvrissiez
qu'il/elle couvrît	qu'ils/elles couvrissent

Pluperfect Subjunctive	
que j'eusse couvert	que nous eussions couvert
que tu eusses couvert	que vous eussiez couvert
qu'il/elle eût couvert	qu'ils/elles eussent couvert

Commands

	(nous) couvrons
(tu) couvre	(vous) couvrez

J'ai couvert les murs d'affiches.	I covered the walls with posters.
Couvrez la casserole de son couvercle.	Cover the pot with its lid.
Il fait froid aujourd'hui. Couvre-toi bien!	It's cold today. Dress warmly!
La mère a couvert sa fille de baisers.	The mother covered her daughter with kisses.
Il s'est couvert de honte.	He disgraced himself.
—Ne me demande pas de couvrir tes fautes.	Don't ask me to cover up for your mistakes.
—J'ai peur de me couvrir de ridicule.	I'm afraid to look ridiculous.

RELATED WORDS AND EXPRESSIONS

la couverture	blanket; coverage (press)
couvert(e)	overcast
Le ciel est couvert.	The sky is overcast.
couvert(e) de	covered with
Les rues sont couvertes de neige.	The streets are covered with snow.

(**craindre**) *to fear*

je crains · je craignis · craint · craignant   irregular verb

Present		Passé Composé	
je crains	nous craignons	j'ai craint	nous avons craint
tu crains	vous craignez	tu as craint	vous avez craint
il/elle craint	ils/elles craignent	il/elle a craint	ils/elles ont craint

Imperfect		Pluperfect	
je craignais	nous craignions	j'avais craint	nous avions craint
tu craignais	vous craigniez	tu avais craint	vous aviez craint
il/elle craignait	ils/elles craignaient	il/elle avait craint	ils/elles avaient craint

Passé Simple		Past Anterior	
je craignis	nous craignîmes	j'eus craint	nous eûmes craint
tu craignis	vous craignîtes	tu eus craint	vous eûtes craint
il/elle craignit	ils/elles craignirent	il/elle eut craint	ils/elles eurent craint

Future		Future Anterior	
je craindrai	nous craindrons	j'aurai craint	nous aurons craint
tu craindras	vous craindrez	tu auras craint	vous aurez craint
il/elle craindra	ils/elles craindront	il/elle aura craint	ils/elles auront craint

Conditional		Past Conditional	
je craindrais	nous craindrions	j'aurais craint	nous aurions craint
tu craindrais	vous craindriez	tu aurais craint	vous auriez craint
il/elle craindrait	ils/elles craindraient	il/elle aurait craint	ils/elles auraient craint

Present Subjunctive		Past Subjunctive	
que je craigne	que nous craignions	que j'aie craint	que nous ayons craint
que tu craignes	que vous craigniez	que tu aies craint	que vous ayez craint
qu'il/elle craigne	qu'ils/elles craignent	qu'il/elle ait craint	qu'ils/elles aient craint

Imperfect Subjunctive		Pluperfect Subjunctive	
que je craignisse	que nous craignissions	que j'eusse craint	que nous eussions craint
que tu craignisses	que vous craignissiez	que tu eusses craint	que vous eussiez craint
qu'il/elle craignît	qu'ils/elles craignissent	qu'il/elle eût craint	qu'ils/elles eussent craint

Commands

	(nous) craignons
(tu) crains	(vous) craignez

—Je crains qu'il soit déjà parti.	*I fear he has already left.*
—C'est exactement ce que je craignais!	*That's just what I was afraid of!*
Je craignais qu'il ne vienne.	*I was afraid he would come.*
Il craint que vous ne le sachiez pas.	*He fears that you won't know it.*
Je crains le pire.	*I fear the worst.*
Il ne craindra pas de vous le dire.	*He won't hesitate to tell you.*
C'est un danger à craindre.	*It's a danger one should be afraid of.*

RELATED WORDS AND EXPRESSIONS

la crainte	*fear*
Vous pouvez être sans crainte au sujet de votre fils.	*You have no reason to have any fear about your son.*
de crainte que	*for fear that*
Je l'ai caché de crainte qu'il ne le voie.	*I hid it for fear that he would see it.*

regular -er verb

je crée · je créai · créé · créant

Present		Passé Composé	
je crée	nous créons	j'ai créé	nous avons créé
tu crées	vous créez	tu as créé	vous avez créé
il/elle crée	ils/elles créent	il/elle a créé	ils/elles ont créé

Imperfect		Pluperfect	
je créais	nous créions	j'avais créé	nous avions créé
tu créais	vous créiez	tu avais créé	vous aviez créé
il/elle créait	ils/elles créaient	il/elle avait créé	ils/elles avaient créé

Passé Simple		Past Anterior	
je créai	nous créâmes	j'eus créé	nous eûmes créé
tu créas	vous créâtes	tu eus créé	vous eûtes créé
il/elle créa	ils/elles créèrent	il/elle eut créé	ils/elles eurent créé

Future		Future Anterior	
je créerai	nous créerons	j'aurai créé	nous aurons créé
tu créeras	vous créerez	tu auras créé	vous aurez créé
il/elle créera	ils/elles créeront	il/elle aura créé	ils/elles auront créé

Conditional		Past Conditional	
je créerais	nous créerions	j'aurais créé	nous aurions créé
tu créerais	vous créeriez	tu aurais créé	vous auriez créé
il/elle créerait	ils/elles créeraient	il/elle aurait créé	ils/elles auraient créé

Present Subjunctive		Past Subjunctive	
que je crée	que nous créions	que j'aie créé	que nous ayons créé
que tu crées	que vous créiez	que tu aies créé	que vous ayez créé
qu'il/elle crée	qu'ils/elles créent	qu'il/elle ait créé	qu'ils/elles aient créé

Imperfect Subjunctive		Pluperfect Subjunctive	
que je créasse	que nous créassions	que j'eusse créé	que nous eussions créé
que tu créasses	que vous créassiez	que tu eusses créé	que vous eussiez créé
qu'il/elle créât	qu'ils/elles créassent	qu'il/elle eût créé	qu'ils/elles eussent créé

Commands

	(nous) créons
(tu) crée	(vous) créez

(USAGE)

la nécessité de créer	the need to create
Ce type m'a créé des ennuis avec le chef.	That guy made trouble for me with the boss.
Ce commerçant a su se créer une clientèle.	This storekeeper was able to build up a clientele.
créer un mot	to coin a word
créer une histoire de toutes pièces	to make up a story from beginning to end

RELATED WORDS AND EXPRESSIONS

la création	creation
la créativité	creativity / creative spirit
un créateur / une créatrice	a creator/designer
créateur/créatrice	creative
des investissements créateurs d'emplois	investments that create jobs

crever *to burst, puncture; to wear out; to die (slang)*

je crève · je crevai · crevé · crevant regular -er verb; spelling change: *e > è/mute e*

	Present		Passé Composé
je crève	nous crevons	j'ai crevé	nous avons crevé
tu crèves	vous crevez	tu as crevé	vous avez crevé
il/elle crève	ils/elles crèvent	il/elle a crevé	ils/elles ont crevé

	Imperfect		Pluperfect
je crevais	nous crevions	j'avais crevé	nous avions crevé
tu crevais	vous creviez	tu avais crevé	vous aviez crevé
il/elle crevait	ils/elles crevaient	il/elle avait crevé	ils/elles avaient crevé

	Passé Simple		Past Anterior
je crevai	nous crevâmes	j'eus crevé	nous eûmes crevé
tu crevas	vous crevâtes	tu eus crevé	vous eûtes crevé
il/elle creva	ils/elles crevèrent	il/elle eut crevé	ils/elles eurent crevé

	Future		Future Anterior
je crèverai	nous crèverons	j'aurai crevé	nous aurons crevé
tu crèveras	vous crèverez	tu auras crevé	vous aurez crevé
il/elle crèvera	ils/elles crèveront	il/elle aura crevé	ils/elles auront crevé

	Conditional		Past Conditional
je crèverais	nous crèverions	j'aurais crevé	nous aurions crevé
tu crèverais	vous crèveriez	tu aurais crevé	vous auriez crevé
il/elle crèverait	ils/elles crèveraient	il/elle aurait crevé	ils/elles auraient crevé

	Present Subjunctive		Past Subjunctive
que je crève	que nous crevions	que j'aie crevé	que nous ayons crevé
que tu crèves	que vous creviez	que tu aies crevé	que vous ayez crevé
qu'il/elle crève	qu'ils/elles crèvent	qu'il/elle ait crevé	qu'ils/elles aient crevé

	Imperfect Subjunctive		Pluperfect Subjunctive
que je crevasse	que nous crevassions	que j'eusse crevé	que nous eussions crevé
que tu crevasses	que vous crevassiez	que tu eusses crevé	que vous eussiez crevé
qu'il/elle crevât	qu'ils/elles crevassent	qu'il/elle eût crevé	qu'ils/elles eussent crevé

Commands

	(nous) crevons
(tu) crève	(vous) crevez

USAGE

Le pneu de sa voiture a crevé.	The tire on his car burst / got punctured.
J'avais mis tant de papiers dans ma serviette qu'elle a crevé.	I had put so many papers into my briefcase that it broke.
Qu'il crève! *(vulgar)*	I hope he drops dead!
Il crève de faim.	He's famished/starving.
On crève de froid ici!	You could freeze to death here!
On crève de chaud!	We're dying of the heat!

RELATED WORDS AND EXPRESSIONS

une crevaison	a flat tire
crevé(e)	exhausted
Je suis crevé.	I'm beat.
un pneu crevé	a flat tire

SLANG

Ça crève les yeux!	It's obvious! / It's as plain as the nose on your face!

regular -er verb

je crie · je criai · crié · criant

Present

je crie	nous crions
tu cries	vous criez
il/elle crie	ils/elles crient

Passé Composé

j'ai crié	nous avons crié
tu as crié	vous avez crié
il/elle a crié	ils/elles ont crié

Imperfect

je criais	nous criions
tu criais	vous criiez
il/elle criait	ils/elles criaient

Pluperfect

j'avais crié	nous avions crié
tu avais crié	vous aviez crié
il/elle avait crié	ils/elles avaient crié

Passé Simple

je criai	nous criâmes
tu crias	vous criâtes
il/elle cria	ils/elles crièrent

Past Anterior

j'eus crié	nous eûmes crié
tu eus crié	vous eûtes crié
il/elle eut crié	ils/elles eurent crié

Future

je crierai	nous crierons
tu crieras	vous crierez
il/elle criera	ils/elles crieront

Future Anterior

j'aurai crié	nous aurons crié
tu auras crié	vous aurez crié
il/elle aura crié	ils/elles auront crié

Conditional

je crierais	nous crierions
tu crierais	vous crieriez
il/elle crierait	ils/elles crieraient

Past Conditional

j'aurais crié	nous aurions crié
tu aurais crié	vous auriez crié
il/elle aurait crié	ils/elles auraient crié

Present Subjunctive

que je crie	que nous criions
que tu cries	que vous criiez
qu'il/elle crie	qu'ils/elles crient

Past Subjunctive

que j'aie crié	que nous ayons crié
que tu aies crié	que vous ayez crié
qu'il/elle ait crié	qu'ils/elles aient crié

Imperfect Subjunctive

que je criasse	que nous criassions
que tu criasses	que vous criassiez
qu'il/elle criât	qu'ils/elles criassent

Pluperfect Subjunctive

que j'eusse crié	que nous eussions crié
que tu eusses crié	que vous eussiez crié
qu'il/elle eût crié	qu'ils/elles eussent crié

Commands

	(nous) crions
(tu) crie	(vous) criez

—Les enfants crient à tue-tête. — The children are screaming their heads off.
—Pourquoi est-ce qu'ils crient comme ça? — Why are they shouting like that?

Il crie fort. — He's screaming loudly.
Je lui ai crié de s'en aller. — I yelled at him to leave.
crier au loup — to cry wolf
crier à l'assassin — to cry murder

RELATED WORDS AND EXPRESSIONS

le cri — shout/scream
un cri de joie/douleur — a shout of joy/pain
C'est le dernier cri. — It's all the rage now. / It's the latest.
criard(e) — loud/gaudy
des couleurs criardes — gaudy colors

croire = penser, accepter comme vrai

Je crois que non.	*I don't think so.*
Je crois que oui.	*I think so.*

❸ —Elle n'est pas encore arrivée?   *Hasn't she arrived yet?*
  —Je crois que si.   *I think so.*

Je n'en crois pas mes yeux/oreilles!	*I can't believe my eyes/ears.*
Je crois bien qu'il est souffrant.	*I think he's ill.*
Vous pouvez m'en croire.	*You can take it from me.*
À l'en croire,...	*If he is to be believed, . . . / If you go by what he says, . . .*

❸ —Tu as vu? Il a sorti un pistolet!   *Did you see? He took out a gun!*
  —Oui, je croyais rêver.   *Yes, it was unbelievable.*

C'est à n'y pas croire.   *It's unbelievable.*

❸ —Je crois dur comme fer qu'elle m'aime   *I firmly believe that she loves me sincerely.*
     sincèrement.
  —Elle n'est pas celle que tu crois.   *She's not the kind of person you think she is.*

J'aime à croire qu'il nous avertira.	*I would like to think he will notify us.*
Je le crois capable de tout.	*I wouldn't put anything past him.*
Je le crois méchant et malhonnête.	*I think he is wicked and dishonest.*

croire à

Personne ne croit à son innocence.	*No one believes in his innocence.*
Je ne crois plus à ses promesses.	*I don't believe his promises anymore.*
Il faut croire à l'avenir.	*One must have faith in the future.*
Ils croient à l'astrologie.	*They believe in astrology.*
Tu crois aux fantômes?	*Do you believe in ghosts?*

croire en

croire en Dieu	*to believe in God*
Nous croyions en lui.	*We had confidence in him.*

faire croire

faire croire qqch à qqn	*to convince someone of something*
Je lui ai fait croire que je l'aiderais.	*I led him to believe that I would help him.*
Tu ne peux pas me faire croire qu'on a congédié tout le monde.	*You can't expect me to believe that everyone was fired.*

se croire

Tu te crois malin, toi!	*You think you're clever!*
Il se croit très important.	*He thinks he's very important.*
Il se croit une grosse tête.	*He thinks he's a genius.*

IDIOMS

Il croit encore au Père Noël, lui.	*He still believes in Santa Claus.* (He's naive.)
Il ne croit ni à Dieu ni au diable.	*He's a complete nonbeliever.*

PROVERB

Voir, c'est croire.	*Seeing is believing.*

irregular verb

je crois · je crus · cru · croyant

Present		Passé Composé	
je crois	nous croyons	j'ai cru	nous avons cru
tu crois	vous croyez	tu as cru	vous avez cru
il/elle croit	ils/elles croient	il/elle a cru	ils/elles ont cru

Imperfect		Pluperfect	
je croyais	nous croyions	j'avais cru	nous avions cru
tu croyais	vous croyiez	tu avais cru	vous aviez cru
il/elle croyait	ils/elles croyaient	il/elle avait cru	ils/elles avaient cru

Passé Simple		Past Anterior	
je crus	nous crûmes	j'eus cru	nous eûmes cru
tu crus	vous crûtes	tu eus cru	vous eûtes cru
il/elle crut	ils/elles crurent	il/elle eut cru	ils/elles eurent cru

Future		Future Anterior	
je croirai	nous croirons	j'aurai cru	nous aurons cru
tu croiras	vous croirez	tu auras cru	vous aurez cru
il/elle croira	ils/elles croiront	il/elle aura cru	ils/elles auront cru

Conditional		Past Conditional	
je croirais	nous croirions	j'aurais cru	nous aurions cru
tu croirais	vous croiriez	tu aurais cru	vous auriez cru
il/elle croirait	ils/elles croiraient	il/elle aurait cru	ils/elles auraient cru

---

Present Subjunctive		Past Subjunctive	
que je croie	que nous croyions	que j'aie cru	que nous ayons cru
que tu croies	que vous croyiez	que tu aies cru	que vous ayez cru
qu'il/elle croie	qu'ils/elles croient	qu'il/elle ait cru	qu'ils/elles aient cru

Imperfect Subjunctive		Pluperfect Subjunctive	
que je crusse	que nous crussions	que j'eusse cru	que nous eussions cru
que tu crusses	que vous crussiez	que tu eusses cru	que vous eussiez cru
qu'il/elle crût	qu'ils/elles crussent	qu'il/elle eût cru	qu'ils/elles eussent cru

---

Commands

	(nous) croyons
(tu) crois	(vous) croyez

USAGE

croire qqn	to believe someone
—Croyez-moi, c'était bien dangereux.	Believe me, it was very dangerous.
—Je vous crois.	I believe you.
croire que	to believe that
Je crois qu'il est là.	I think he's here.
Je ne crois pas qu'il comprendra.	I don't think he'll understand.
Je ne crois pas qu'il comprenne.	I (really) don't think he'll understand.
Croyez-vous qu'il comprenne?	Do you think he'll understand?
croire qqch	to believe something
Je ne crois pas cette explication.	I don't believe this explanation.
Elle ne croit pas ce que je lui dis.	She doesn't believe what I'm telling her.

RELATED WORDS AND EXPRESSIONS

la croyance	belief
croyant(e)	believing/religious

croître to grow

je croîs · je crûs · crû · croissant   irregular verb

	Present		Passé Composé
je croîs	nous croissons	j'ai crû	nous avons crû
tu croîs	vous croissez	tu as crû	vous avez crû
il/elle croît	ils/elles croissent	il/elle a crû	ils/elles ont crû

	Imperfect		Pluperfect
je croissais	nous croissions	j'avais crû	nous avions crû
tu croissais	vous croissiez	tu avais crû	vous aviez crû
il/elle croissait	ils/elles croissaient	il/elle avait crû	ils/elles avaient crû

	Passé Simple		Past Anterior
je crûs	nous crûmes	j'eus crû	nous eûmes crû
tu crûs	vous crûtes	tu eus crû	vous eûtes crû
il/elle crût	ils/elles crûrent	il/elle eut crû	ils/elles eurent crû

	Future		Future Anterior
je croîtrai	nous croîtrons	j'aurai crû	nous aurons crû
tu croîtras	vous croîtrez	tu auras crû	vous aurez crû
il/elle croîtra	ils/elles croîtront	il/elle aura crû	ils/elles auront crû

	Conditional		Past Conditional
je croîtrais	nous croîtrions	j'aurais crû	nous aurions crû
tu croîtrais	vous croîtriez	tu aurais crû	vous auriez crû
il/elle croîtrait	ils/elles croîtraient	il/elle aurait crû	ils/elles auraient crû

	Present Subjunctive		Past Subjunctive
que je croisse	que nous croissions	que j'aie crû	que nous ayons crû
que tu croisses	que vous croissiez	que tu aies crû	que vous ayez crû
qu'il/elle croisse	qu'ils/elles croissent	qu'il/elle ait crû	qu'ils/elles aient crû

	Imperfect Subjunctive		Pluperfect Subjunctive
que je crûsse	que nous crûssions	que j'eusse crû	que nous eussions crû
que tu crûsses	que vous crûssiez	que tu eusses crû	que vous eussiez crû
qu'il/elle crût	qu'ils/elles crûssent	qu'il/elle eût crû	qu'ils/elles eussent crû

Commands

	(nous) croissons
(tu) croîs	(vous) croissez

Les fleurs croissent dans notre jardin.	The flowers are growing in our garden.
croître en richesse	to grow in wealth
La pluie a fait croître le maïs.	The rain made the corn grow.
La chaleur n'arrête pas de croître.	The heat keeps increasing.
Les mises en chantier croissent cette année.	Housing starts are up this year.

RELATED WORDS AND EXPRESSIONS

la croissance	growth
être en pleine croissance	to be in a growth phase
Cet enfant est en pleine croissance.	This child is growing rapidly.
Cette entreprise est en pleine croissance.	This company is expanding steadily.

irregular verb

je cueille · je cueillis · cueilli · cueillant

Present		Passé Composé	
je cueille	nous cueillons	j'ai cueilli	nous avons cueilli
tu cueilles	vous cueillez	tu as cueilli	vous avez cueilli
il/elle cueille	ils/elles cueillent	il/elle a cueilli	ils/elles ont cueilli

Imperfect		Pluperfect	
je cueillais	nous cueillions	j'avais cueilli	nous avions cueilli
tu cueillais	vous cueilliez	tu avais cueilli	vous aviez cueilli
il/elle cueillait	ils/elles cueillaient	il/elle avait cueilli	ils/elles avaient cueilli

Passé Simple		Past Anterior	
je cueillis	nous cueillîmes	j'eus cueilli	nous eûmes cueilli
tu cueillis	vous cueillîtes	tu eus cueilli	vous eûtes cueilli
il/elle cueillit	ils/elles cueillirent	il/elle eut cueilli	ils/elles eurent cueilli

Future		Future Anterior	
je cueillerai	nous cueillerons	j'aurai cueilli	nous aurons cueilli
tu cueilleras	vous cueillerez	tu auras cueilli	vous aurez cueilli
il/elle cueillera	ils/elles cueilleront	il/elle aura cueilli	ils/elles auront cueilli

Conditional		Past Conditional	
je cueillerais	nous cueillerions	j'aurais cueilli	nous aurions cueilli
tu cueillerais	vous cueilleriez	tu aurais cueilli	vous auriez cueilli
il/elle cueillerait	ils/elles cueilleraient	il/elle aurait cueilli	ils/elles auraient cueilli

Present Subjunctive		Past Subjunctive	
que je cueille	que nous cueillions	que j'aie cueilli	que nous ayons cueilli
que tu cueilles	que vous cueilliez	que tu aies cueilli	que vous ayez cueilli
qu'il/elle cueille	qu'ils/elles cueillent	qu'il/elle ait cueilli	qu'ils/elles aient cueilli

Imperfect Subjunctive		Pluperfect Subjunctive	
que je cueillisse	que nous cueillissions	que j'eusse cueilli	que nous eussions cueilli
que tu cueillisses	que vous cueillissiez	que tu eusses cueilli	que vous eussiez cueilli
qu'il/elle cueillît	qu'ils/elles cueillissent	qu'il/elle eût cueilli	qu'ils/elles eussent cueilli

Commands

	(nous) cueillons
(tu) cueille	(vous) cueillez

cueillir des fleurs/pommes/fraises	to pick flowers/apples/strawberries
cueillir qqn	to nab someone
La police a cueilli le malfaiteur dans sa cachette.	The police caught the criminal in his hiding place.
cueillir qqn à froid	to catch someone off guard
Cet écrivain a cueilli tous les prix littéraires.	This writer won all the literary prizes.

RELATED WORDS AND EXPRESSIONS

la cueillette	picking/gathering
Les hommes primitifs pratiquaient la cueillette.	Primitive humans were gatherers.

148 (cuire) to cook

je cuis · je cuisis · cuit · cuisant *irregular verb*

Present		Passé Composé	
je cuis	nous cuisons	j'ai cuit	nous avons cuit
tu cuis	vous cuisez	tu as cuit	vous avez cuit
il/elle cuit	ils/elles cuisent	il/elle a cuit	ils/elles ont cuit

Imperfect		Pluperfect	
je cuisais	nous cuisions	j'avais cuit	nous avions cuit
tu cuisais	vous cuisiez	tu avais cuit	vous aviez cuit
il/elle cuisait	ils/elles cuisaient	il/elle avait cuit	ils/elles avaient cuit

Passé Simple		Past Anterior	
je cuisis	nous cuisîmes	j'eus cuit	nous eûmes cuit
tu cuisis	vous cuisîtes	tu eus cuit	vous eûtes cuit
il/elle cuisit	ils/elles cuisirent	il/elle eut cuit	ils/elles eurent cuit

Future		Future Anterior	
je cuirai	nous cuirons	j'aurai cuit	nous aurons cuit
tu cuiras	vous cuirez	tu auras cuit	vous aurez cuit
il/elle cuira	ils/elles cuiront	il/elle aura cuit	ils/elles auront cuit

Conditional		Past Conditional	
je cuirais	nous cuirions	j'aurais cuit	nous aurions cuit
tu cuirais	vous cuiriez	tu aurais cuit	vous auriez cuit
il/elle cuirait	ils/elles cuiraient	il/elle aurait cuit	ils/elles auraient cuit

Present Subjunctive		Past Subjunctive	
que je cuise	que nous cuisions	que j'aie cuit	que nous ayons cuit
que tu cuises	que vous cuisiez	que tu aies cuit	que vous ayez cuit
qu'il/elle cuise	qu'ils/elles cuisent	qu'il/elle ait cuit	qu'ils/elles aient cuit

Imperfect Subjunctive		Pluperfect Subjunctive	
que je cuisisse	que nous cuisissions	que j'eusse cuit	que nous eussions cuit
que tu cuisisses	que vous cuisissiez	que tu eusses cuit	que vous eussiez cuit
qu'il/elle cuisît	qu'ils/elles cuisissent	qu'il/elle eût cuit	qu'ils/elles eussent cuit

Commands

(nous) cuisons
(tu) cuis (vous) cuisez

USAGE

La viande cuit.	The meat is cooking.
Je fais cuire de la viande.	I'm cooking meat.
J'aime la viande bien cuite.	I like well-done meat.
Le poulet était cuit à point.	The chicken was done to perfection.
La climatisation ne marche pas. On cuit!	The air conditioning is not working. We're roasting!
Dans la politique il faut être un dur à cuir.	In politics you have to be thick-skinned.
Elle m'a dit d'aller me faire cuire un œuf.	She told me to go fly a kite.
Les carottes sont cuites!	That's it for us! / We're done for!
Nous sommes cuits!	We're done for!
Tu auras cet emploi. C'est du tout cuit.	You'll get that job. It's in the bag.
Si tu ne fais pas ce que je t'ordonne, il t'en cuira.	If you don't do what I order you to, you'll be in for it.

regular -er verb

je danse · je dansai · dansé · dansant

Present		Passé Composé	
je danse	nous dansons	j'ai dansé	nous avons dansé
tu danses	vous dansez	tu as dansé	vous avez dansé
il/elle danse	ils/elles dansent	il/elle a dansé	ils/elles ont dansé

Imperfect		Pluperfect	
je dansais	nous dansions	j'avais dansé	nous avions dansé
tu dansais	vous dansiez	tu avais dansé	vous aviez dansé
il/elle dansait	ils/elles dansaient	il/elle avait dansé	ils/elles avaient dansé

Passé Simple		Past Anterior	
je dansai	nous dansâmes	j'eus dansé	nous eûmes dansé
tu dansas	vous dansâtes	tu eus dansé	vous eûtes dansé
il/elle dansa	ils/elles dansèrent	il/elle eut dansé	ils/elles eurent dansé

Future		Future Anterior	
je danserai	nous danserons	j'aurai dansé	nous aurons dansé
tu danseras	vous danserez	tu auras dansé	vous aurez dansé
il/elle dansera	ils/elles danseront	il/elle aura dansé	ils/elles auront dansé

Conditional		Past Conditional	
je danserais	nous danserions	j'aurais dansé	nous aurions dansé
tu danserais	vous danseriez	tu aurais dansé	vous auriez dansé
il/elle danserait	ils/elles danseraient	il/elle aurait dansé	ils/elles auraient dansé

Present Subjunctive		Past Subjunctive	
que je danse	que nous dansions	que j'aie dansé	que nous ayons dansé
que tu danses	que vous dansiez	que tu aies dansé	que vous ayez dansé
qu'il/elle danse	qu'ils/elles dansent	qu'il/elle ait dansé	qu'ils/elles aient dansé

Imperfect Subjunctive		Pluperfect Subjunctive	
que je dansasse	que nous dansassions	que j'eusse dansé	que nous eussions dansé
que tu dansasses	que vous dansassiez	que tu eusses dansé	que vous eussiez dansé
qu'il/elle dansât	qu'ils/elles dansassent	qu'il/elle eût dansé	qu'ils/elles eussent dansé

Commands

	(nous) dansons
(tu) danse	(vous) dansez

USAGE

—Vous savez danser? — Do you know how to dance?
—Non, pas du tout. Je n'aime pas danser. — No, not at all. I don't like dancing.

Vous dansez? / On danse? — Would you like to dance?
Je ne savais pas sur quel pied danser en attendant ton coup de fil. — I was on pins and needles waiting for your call.

danser sur la corde raide — to walk a tightrope
C'est un empêcheur de danser en rond. — He's a spoilsport / wet blanket.
J'ai trop bu. Tout danse devant mes yeux. — I've had too much to drink. Everything is swimming before my eyes.

RELATED WORDS AND EXPRESSIONS

la danse — dance
C'est lui qui mène la danse. — He's the boss. / He calls the tune/shots.
entrer dans la danse — to join in
Les syndicats et les étudiants sont entrés dans la danse. — The unions and the students joined in.

débarrasser *to clear, unencumber*

je débarrasse · je débarrassai · débarrassé · débarrassant

regular -er verb

Present	
je débarrasse	nous débarrassons
tu débarrasses	vous débarrassez
il/elle débarrasse	ils/elles débarrassent

Passé Composé	
j'ai débarrassé	nous avons débarrassé
tu as débarrassé	vous avez débarrassé
il/elle a débarrassé	ils/elles ont débarrassé

Imperfect	
je débarrassais	nous débarrassions
tu débarrassais	vous débarrassiez
il/elle débarrassait	ils/elles débarrassaient

Pluperfect	
j'avais débarrassé	nous avions débarrassé
tu avais débarrassé	vous aviez débarrassé
il/elle avait débarrassé	ils/elles avaient débarrassé

Passé Simple	
je débarrassai	nous débarrassâmes
tu débarrassas	vous débarrassâtes
il/elle débarrassa	ils/elles débarrassèrent

Past Anterior	
j'eus débarrassé	nous eûmes débarrassé
tu eus débarrassé	vous eûtes débarrassé
il/elle eut débarrassé	ils/elles eurent débarrassé

Future	
je débarrasserai	nous débarrasserons
tu débarrasseras	vous débarrasserez
il/elle débarrassera	ils/elles débarrasseront

Future Anterior	
j'aurai débarrassé	nous aurons débarrassé
tu auras débarrassé	vous aurez débarrassé
il/elle aura débarrassé	ils/elles auront débarrassé

Conditional	
je débarrasserais	nous débarrasserions
tu débarrasserais	vous débarrasseriez
il/elle débarrasserait	ils/elles débarrasseraient

Past Conditional	
j'aurais débarrassé	nous aurions débarrassé
tu aurais débarrassé	vous auriez débarrassé
il/elle aurait débarrassé	ils/elles auraient débarrassé

Present Subjunctive	
que je débarrasse	que nous débarrassions
que tu débarrasses	que vous débarrassiez
qu'il/elle débarrasse	qu'ils/elles débarrassent

Past Subjunctive	
que j'aie débarrassé	que nous ayons débarrassé
que tu aies débarrassé	que vous ayez débarrassé
qu'il/elle ait débarrassé	qu'ils/elles aient débarrassé

Imperfect Subjunctive	
que je débarrassasse	que nous débarrassassions
que tu débarrassasses	que vous débarrassassiez
qu'il/elle débarrassât	qu'ils/elles débarrassassent

Pluperfect Subjunctive	
que j'eusse débarrassé	que nous eussions débarrassé
que tu eusses débarrassé	que vous eussiez débarrassé
qu'il/elle eût débarrassé	qu'ils/elles eussent débarrassé

Commands

	(nous) débarrassons
(tu) débarrasse	(vous) débarrassez

USAGE

débarrasser la table	to clear the table
—Je vais débarrasser la table.	I'm going to clear the table.
—Ne débarrassez pas mon assiette, s'il vous plaît.	Leave my plate (on the table), please.
débarrasser qqn de qqch	to take something off someone's hands
Il m'a débarrassé de mon vieux vélo.	He took my old bike off my hands.

RELATED WORDS AND EXPRESSIONS

le débarras	storage room
Bon débarras!	Good riddance!
se débarrasser de	to get rid of
Ils se sont débarrassés de leur vieille maison.	They got rid of their old house.

regular -er reflexive verb;
compound tenses with *être*

je me débrouille · je me débrouillai ·
s'étant débrouillé · se débrouillant

Present

je me débrouille	nous nous débrouillons
tu te débrouilles	vous vous débrouillez
il/elle se débrouille	ils/elles se débrouillent

Passé Composé

je me suis débrouillé(e)	nous nous sommes débrouillé(e)s
tu t'es débrouillé(e)	vous vous êtes débrouillé(e)(s)
il/elle s'est débrouillé(e)	ils/elles se sont débrouillé(e)s

Imperfect

je me débrouillais	nous nous débrouillions
tu te débrouillais	vous vous débrouilliez
il/elle se débrouillait	ils/elles se débrouillaient

Pluperfect

je m'étais débrouillé(e)	nous nous étions débrouillé(e)s
tu t'étais débrouillé(e)	vous vous étiez débrouillé(e)(s)
il/elle s'était débrouillé(e)	ils/elles s'étaient débrouillé(e)s

Passé Simple

je me débrouillai	nous nous débrouillâmes
tu te débrouillas	vous vous débrouillâtes
il/elle se débrouilla	ils/elles se débrouillèrent

Past Anterior

je me fus débrouillé(e)	nous nous fûmes débrouillé(e)s
tu te fus débrouillé(e)	vous vous fûtes débrouillé(e)(s)
il/elle se fut débrouillé(e)	ils/elles se furent débrouillé(e)s

Future

je me débrouillerai	nous nous débrouillerons
tu te débrouilleras	vous vous débrouillerez
il/elle se débrouillera	ils/elles se débrouilleront

Future Anterior

je me serai débrouillé(e)	nous nous serons débrouillé(e)s
tu te seras débrouillé(e)	vous vous serez débrouillé(e)(s)
il/elle se sera débrouillé(e)	ils/elles se seront débrouillé(e)s

Conditional

je me débrouillerais	nous nous débrouillerions
tu te débrouillerais	vous vous débrouilleriez
il/elle se débrouillerait	ils/elles se débrouilleraient

Past Conditional

je me serais débrouillé(e)	nous nous serions débrouillé(e)s
tu te serais débrouillé(e)	vous vous seriez débrouillé(e)(s)
il/elle se serait débrouillé(e)	ils/elles se seraient débrouillé(e)s

Present Subjunctive

que je me débrouille	que nous nous débrouillions
que tu te débrouilles	que vous vous débrouilliez
qu'il/elle se débrouille	qu'ils/elles se débrouillent

Past Subjunctive

que je me sois débrouillé(e)	que nous nous soyons débrouillé(e)s
que tu te sois débrouillé(e)	que vous vous soyez débrouillé(e)(s)
qu'il/elle se soit débrouillé(e)	qu'ils/elles se soient débrouillé(e)s

Imperfect Subjunctive

que je me débrouillasse	que nous nous débrouillassions
que tu te débrouillasses	que vous vous débrouillassiez
qu'il/elle se débrouillât	qu'ils/elles se débrouillassent

Pluperfect Subjunctive

que je me fusse débrouillé(e)	que nous nous fussions débrouillé(e)s
que tu te fusses débrouillé(e)	que vous vous fussiez débrouillé(e)(s)
qu'il/elle se fût débrouillé(e)	qu'ils/elles se fussent débrouillé(e)s

Commands

	(nous) débrouillons-nous
(tu) débrouille-toi	(vous) débrouillez-vous

USAGE

Le vieillard se débrouille mal après la mort de sa femme.	*The old man has had trouble managing since the death of his wife.*
Ils se sont débrouillés pour avoir des billets d'avion.	*They managed to get plane tickets.*
se débrouiller en français	*to get along in French*
—Tu parles couramment le français?	*Do you speak French fluently?*
—Non, mais je me débrouille.	*No, but I get along / manage.*

SLANG

un débrouillard / une débrouillarde	*a resourceful person / operator*
C'est un grand débrouillard, lui.	*He's very resourceful.*

(décevoir) _to disappoint_

je déçois · je déçus · déçu · décevant   irregular verb; spelling change: c > ç/o, u

Present		**Passé Composé**	
je déçois	nous décevons	j'ai déçu	nous avons déçu
tu déçois	vous décevez	tu as déçu	vous avez déçu
il/elle déçoit	ils/elles déçoivent	il/elle a déçu	ils/elles ont déçu
Imperfect		**Pluperfect**	
je décevais	nous décevions	j'avais déçu	nous avions déçu
tu décevais	vous déceviez	tu avais déçu	vous aviez déçu
il/elle décevait	ils/elles décevaient	il/elle avait déçu	ils/elles avaient déçu
Passé Simple		**Past Anterior**	
je déçus	nous déçûmes	j'eus déçu	nous eûmes déçu
tu déçus	vous déçûtes	tu eus déçu	vous eûtes déçu
il/elle déçut	ils/elles déçurent	il/elle eut déçu	ils/elles eurent déçu
Future		**Future Anterior**	
je décevrai	nous décevrons	j'aurai déçu	nous aurons déçu
tu décevras	vous décevrez	tu auras déçu	vous aurez déçu
il/elle décevra	ils/elles décevront	il/elle aura déçu	ils/elles auront déçu
Conditional		**Past Conditional**	
je décevrais	nous décevrions	j'aurais déçu	nous aurions déçu
tu décevrais	vous décevriez	tu aurais déçu	vous auriez déçu
il/elle décevrait	ils/elles décevraient	il/elle aurait déçu	ils/elles auraient déçu
Present Subjunctive		**Past Subjunctive**	
que je déçoive	que nous décevions	que j'aie déçu	que nous ayons déçu
que tu déçoives	que vous déceviez	que tu aies déçu	que vous ayez déçu
qu'il/elle déçoive	qu'ils/elles déçoivent	qu'il/elle ait déçu	qu'ils/elles aient déçu
Imperfect Subjunctive		**Pluperfect Subjunctive**	
que je déçusse	que nous déçussions	que j'eusse déçu	que nous eussions déçu
que tu déçusses	que vous déçussiez	que tu eusses déçu	que vous eussiez déçu
qu'il/elle déçût	qu'ils/elles déçussent	qu'il/elle eût déçu	qu'ils/elles eussent déçu

Commands

                 (nous) décevons
(tu) déçois   (vous) décevez

(USAGE)

—Le repas ne vous a pas déçu?   _You found the meal disappointing?_
—Non, ce restaurant ne déçoit jamais.   _No, this restaurant is consistently good._

Ma petite amie m'a déçu.   _My girlfriend disappointed me._
Les étudiants ont déçu leurs professeurs.   _The students disappointed their professors._
Ce voyage m'a déçu.   _That trip disappointed me._

RELATED WORDS AND EXPRESSIONS

la déception   _disappointment_
éprouver une déception   _to experience a disappointment_
Sa vie est pleine de cruelles déceptions.   _His life is full of bitter disappointments._
décevant(e)   _disappointing_
Les résultats sont assez décevants.   _The results are rather disappointing._
C'est un Noël décevant pour les commerçants.   _It's a disappointing Christmas for merchants._

regular -er verb;
spelling change: g > ge/a, o

je décharge · je déchargeai · déchargé · déchargeant

Present		Passé Composé	
je décharge	nous déchargeons	j'ai déchargé	nous avons déchargé
tu décharges	vous déchargez	tu as déchargé	vous avez déchargé
il/elle décharge	ils/elles déchargent	il/elle a déchargé	ils/elles ont déchargé

Imperfect		Pluperfect	
je déchargeais	nous déchargions	j'avais déchargé	nous avions déchargé
tu déchargeais	vous déchargiez	tu avais déchargé	vous aviez déchargé
il/elle déchargeait	ils/elles déchargeaient	il/elle avait déchargé	ils/elles avaient déchargé

Passé Simple		Past Anterior	
je déchargeai	nous déchargeâmes	j'eus déchargé	nous eûmes déchargé
tu déchargeas	vous déchargeâtes	tu eus déchargé	vous eûtes déchargé
il/elle déchargea	ils/elles déchargèrent	il/elle eut déchargé	ils/elles eurent déchargé

Future		Future Anterior	
je déchargerai	nous déchargerons	j'aurai déchargé	nous aurons déchargé
tu déchargeras	vous déchargerez	tu auras déchargé	vous aurez déchargé
il/elle déchargera	ils/elles déchargeront	il/elle aura déchargé	ils/elles auront déchargé

Conditional		Past Conditional	
je déchargerais	nous déchargerions	j'aurais déchargé	nous aurions déchargé
tu déchargerais	vous déchargeriez	tu aurais déchargé	vous auriez déchargé
il/elle déchargerait	ils/elles déchargeraient	il/elle aurait déchargé	ils/elles auraient déchargé

Present Subjunctive		Past Subjunctive	
que je décharge	que nous déchargions	que j'aie déchargé	que nous ayons déchargé
que tu décharges	que vous déchargiez	que tu aies déchargé	que vous ayez déchargé
qu'il/elle décharge	qu'ils/elles déchargent	qu'il/elle ait déchargé	qu'ils/elles aient déchargé

Imperfect Subjunctive		Pluperfect Subjunctive	
que je déchargeasse	que nous déchargeassions	que j'eusse déchargé	que nous eussions déchargé
que tu déchargeasses	que vous déchargeassiez	que tu eusses déchargé	que vous eussiez déchargé
qu'il/elle déchargeât	qu'ils/elles déchargeassent	qu'il/elle eût déchargé	qu'ils/elles eussent déchargé

Commands

	(nous) déchargeons
(tu) décharge	(vous) déchargez

décharger un véhicule	to unload a vehicle
décharger les caisses d'un camion	to unload the crates from a truck
—J'ai tant de bagages.	I have so much luggage.
—Permettez-moi de vous décharger.	Let me take your bags for you.
L'autobus déchargeait ses passagers.	The bus was letting off its passengers.
Nous pouvons vous décharger de cette responsabilité.	We can take that responsibility off your shoulders.
On l'a déchargé de ses fonctions.	He was fired.
La pile s'est déchargée.	The battery ran down.
Le juge a déchargé les policiers des accusations portées contre eux.	The judge acquitted the policemen of the charges brought against them.

RELATED WORDS AND EXPRESSIONS

le déchargement	unloading
la décharge	defense (legal)
témoin à décharge	witness for the defense

déchirer to tear, rip

je déchire · je déchirai · déchiré · déchirant

regular -er verb

Present

je déchire	nous déchirons
tu déchires	vous déchirez
il/elle déchire	ils/elles déchirent

Passé Composé

j'ai déchiré	nous avons déchiré
tu as déchiré	vous avez déchiré
il/elle a déchiré	ils/elles ont déchiré

Imperfect

je déchirais	nous déchirions
tu déchirais	vous déchiriez
il/elle déchirait	ils/elles déchiraient

Pluperfect

j'avais déchiré	nous avions déchiré
tu avais déchiré	vous aviez déchiré
il/elle avait déchiré	ils/elles avaient déchiré

Passé Simple

je déchirai	nous déchirâmes
tu déchiras	vous déchirâtes
il/elle déchira	ils/elles déchirèrent

Past Anterior

j'eus déchiré	nous eûmes déchiré
tu eus déchiré	vous eûtes déchiré
il/elle eut déchiré	ils/elles eurent déchiré

Future

je déchirerai	nous déchirerons
tu déchireras	vous déchirerez
il/elle déchirera	ils/elles déchireront

Future Anterior

j'aurai déchiré	nous aurons déchiré
tu auras déchiré	vous aurez déchiré
il/elle aura déchiré	ils/elles auront déchiré

Conditional

je déchirerais	nous déchirerions
tu déchirerais	vous déchireriez
il/elle déchirerait	ils/elles déchireraient

Past Conditional

j'aurais déchiré	nous aurions déchiré
tu aurais déchiré	vous auriez déchiré
il/elle aurait déchiré	ils/elles auraient déchiré

Present Subjunctive

que je déchire	que nous déchirions
que tu déchires	que vous déchiriez
qu'il/elle déchire	qu'ils/elles déchirent

Past Subjunctive

que j'aie déchiré	que nous ayons déchiré
que tu aies déchiré	que vous ayez déchiré
qu'il/elle ait déchiré	qu'ils/elles aient déchiré

Imperfect Subjunctive

que je déchirasse	que nous déchirassions
que tu déchirasses	que vous déchirassiez
qu'il/elle déchirât	qu'ils/elles déchirassent

Pluperfect Subjunctive

que j'eusse déchiré	que nous eussions déchiré
que tu eusses déchiré	que vous eussiez déchiré
qu'il/elle eût déchiré	qu'ils/elles eussent déchiré

Commands

	(nous) déchirons
(tu) déchire	(vous) déchirez

USAGE

—Elle a déchiré sa lettre?
—Oui, elle l'a déchirée en petits morceaux.

Did she tear up his letter?
Yes, she tore it into little pieces.

Regarde! Tu as déchiré ta chemise!
Tu ne peux pas sortir avec ce pantalon déchiré.

Look! You tore your shirt!
You can't go out in those torn pants.

RELATED WORDS AND EXPRESSIONS

la déchirure	*tear*
une déchirure musculaire	*a muscle tear*
le déchirement	*emotional pain*
le déchirement de la mort de ses parents	*the emotional trauma of the death of his parents*
se déchirer un muscle	*to tear a muscle*
Ta robe s'est déchirée.	*Your dress has gotten torn.*
Ils se déchirent.	*They're tearing each other apart / destroying each other.*

regular -er verb

je décide · je décidai · décidé · décidant

Present			
je décide	nous décidons		
tu décides	vous décidez		
il/elle décide	ils/elles décident		

Passé Composé			
j'ai décidé	nous avons décidé		
tu as décidé	vous avez décidé		
il/elle a décidé	ils/elles ont décidé		

Imperfect	
je décidais	nous décidions
tu décidais	vous décidiez
il/elle décidait	ils/elles décidaient

Pluperfect	
j'avais décidé	nous avions décidé
tu avais décidé	vous aviez décidé
il/elle avait décidé	ils/elles avaient décidé

Passé Simple	
je décidai	nous décidâmes
tu décidas	vous décidâtes
il/elle décida	ils/elles décidèrent

Past Anterior	
j'eus décidé	nous eûmes décidé
tu eus décidé	vous eûtes décidé
il/elle eut décidé	ils/elles eurent décidé

Future	
je déciderai	nous déciderons
tu décideras	vous déciderez
il/elle décidera	ils/elles décideront

Future Anterior	
j'aurai décidé	nous aurons décidé
tu auras décidé	vous aurez décidé
il/elle aura décidé	ils/elles auront décidé

Conditional	
je déciderais	nous déciderions
tu déciderais	vous décideriez
il/elle déciderait	ils/elles décideraient

Past Conditional	
j'aurais décidé	nous aurions décidé
tu aurais décidé	vous auriez décidé
il/elle aurait décidé	ils/elles auraient décidé

Present Subjunctive	
que je décide	que nous décidions
que tu décides	que vous décidiez
qu'il/elle décide	qu'ils/elles décident

Past Subjunctive	
que j'aie décidé	que nous ayons décidé
que tu aies décidé	que vous ayez décidé
qu'il/elle ait décidé	qu'ils/elles aient décidé

Imperfect Subjunctive	
que je décidasse	que nous décidassions
que tu décidasses	que vous décidassiez
qu'il/elle décidât	qu'ils/elles décidassent

Pluperfect Subjunctive	
que j'eusse décidé	que nous eussions décidé
que tu eusses décidé	que vous eussiez décidé
qu'il/elle eût décidé	qu'ils/elles eussent décidé

Commands

	(nous) décidons
(tu) décide	(vous) décidez

USAGE

—On a décidé de partir demain.	*We have decided to leave tomorrow.*
—Comment avez-vous décidé cela?	*How did you come to that decision?*
Rien n'est encore décidé.	*Nothing has been decided. / Everything is still up in the air.*
décider qqn à faire qqch	*to persuade someone to do something*
Il faut décider Pierre à nous aider.	*We've got to persuade Pierre to help us.*

RELATED WORDS AND EXPRESSIONS

la décision	*decision*
prendre une décision	*to make a decision*
un décideur / une décideuse	*a decision maker*
décidé(e)	*resolute/decisive*
se décider	*to make up one's mind*
Mais décidez-vous donc!	*Make up your mind already!*

déclarer *to declare*

je déclare · je déclarai · déclaré · déclarant

regular -er verb

	Present		
je déclare	nous déclarons		
tu déclares	vous déclarez		
il/elle déclare	ils/elles déclarent		

Passé Composé

j'ai déclaré	nous avons déclaré
tu as déclaré	vous avez déclaré
il/elle a déclaré	ils/elles ont déclaré

Imperfect

je déclarais	nous déclarions
tu déclarais	vous déclariez
il/elle déclarait	ils/elles déclaraient

Pluperfect

j'avais déclaré	nous avions déclaré
tu avais déclaré	vous aviez déclaré
il/elle avait déclaré	ils/elles avaient déclaré

Passé Simple

je déclarai	nous déclarâmes
tu déclaras	vous déclarâtes
il/elle déclara	ils/elles déclarèrent

Past Anterior

j'eus déclaré	nous eûmes déclaré
tu eus déclaré	vous eûtes déclaré
il/elle eut déclaré	ils/elles eurent déclaré

Future

je déclarerai	nous déclarerons
tu déclareras	vous déclarerez
il/elle déclarera	ils/elles déclareront

Future Anterior

j'aurai déclaré	nous aurons déclaré
tu auras déclaré	vous aurez déclaré
il/elle aura déclaré	ils/elles auront déclaré

Conditional

je déclarerais	nous déclarerions
tu déclarerais	vous déclareriez
il/elle déclarerait	ils/elles déclareraient

Past Conditional

j'aurais déclaré	nous aurions déclaré
tu aurais déclaré	vous auriez déclaré
il/elle aurait déclaré	ils/elles auraient déclaré

Present Subjunctive

que je déclare	que nous déclarions
que tu déclares	que vous déclariez
qu'il/elle déclare	qu'ils/elles déclarent

Past Subjunctive

que j'aie déclaré	que nous ayons déclaré
que tu aies déclaré	que vous ayez déclaré
qu'il/elle ait déclaré	qu'ils/elles aient déclaré

Imperfect Subjunctive

que je déclarasse	que nous déclarassions
que tu déclarasses	que vous déclarassiez
qu'il/elle déclarât	qu'ils/elles déclarassent

Pluperfect Subjunctive

que j'eusse déclaré	que nous eussions déclaré
que tu eusses déclaré	que vous eussiez déclaré
qu'il/elle eût déclaré	qu'ils/elles eussent déclaré

Commands

	(nous) déclarons
(tu) déclare	(vous) déclarez

USAGE

déclarer que	*to declare that*
Le Président a déclaré que l'économie est en pleine croissance.	*The president declared that the economy is growing apace.*
On déclare les enfants à la mairie.	*The births of children are registered at city hall.*
Le juge l'a déclaré coupable.	*The judge declared him guilty.*
déclarer la guerre (à)	*to declare war (on)*

RELATED WORDS AND EXPRESSIONS

la déclaration	*declaration*
la déclaration des impôts	*tax return/statement*
se déclarer	*to state one's opinion; to declare one's love*
Je ne veux pas me déclarer sur l'état de l'entreprise.	*I don't want to state my opinion about the condition of the firm.*
Marc s'est déclaré à Nicole.	*Marc told Nicole that he loved her.*

irregular verb

je découvre · je découvris · découvert · découvrant

Present

je découvre	nous découvrons
tu découvres	vous découvrez
il/elle découvre	ils/elles découvrent

Imperfect

je découvrais	nous découvrions
tu découvrais	vous découvriez
il/elle découvrait	ils/elles découvraient

Passé Simple

je découvris	nous découvrîmes
tu découvris	vous découvrîtes
il/elle découvrit	ils/elles découvrirent

Future

je découvrirai	nous découvrirons
tu découvriras	vous découvrirez
il/elle découvrira	ils/elles découvriront

Conditional

je découvrirais	nous découvririons
tu découvrirais	vous découvririez
il/elle découvrirait	ils/elles découvriraient

Passé Composé

j'ai découvert	nous avons découvert
tu as découvert	vous avez découvert
il/elle a découvert	ils/elles ont découvert

Pluperfect

j'avais découvert	nous avions découvert
tu avais découvert	vous aviez découvert
il/elle avait découvert	ils/elles avaient découvert

Past Anterior

j'eus découvert	nous eûmes découvert
tu eus découvert	vous eûtes découvert
il/elle eut découvert	ils/elles eurent découvert

Future Anterior

j'aurai découvert	nous aurons découvert
tu auras découvert	vous aurez découvert
il/elle aura découvert	ils/elles auront découvert

Past Conditional

j'aurais découvert	nous aurions découvert
tu aurais découvert	vous auriez découvert
il/elle aurait découvert	ils/elles auraient découvert

Present Subjunctive

que je découvre	que nous découvrions
que tu découvres	que vous découvriez
qu'il/elle découvre	qu'ils/elles découvrent

Imperfect Subjunctive

que je découvrisse	que nous découvrissions
que tu découvrisses	que vous découvrissiez
qu'il/elle découvrît	qu'ils/elles découvrissent

Past Subjunctive

que j'aie découvert	que nous ayons découvert
que tu aies découvert	que vous ayez découvert
qu'il/elle ait découvert	qu'ils/elles aient découvert

Pluperfect Subjunctive

que j'eusse découvert	que nous eussions découvert
que tu eusses découvert	que vous eussiez découvert
qu'il/elle eût découvert	qu'ils/elles eussent découvert

Commands

	(nous) découvrons
(tu) découvre	(vous) découvrez

USAGE

En voyageant dans le Midi nous avons découvert des petits villages charmants.
Traveling through the south of France we discovered delightful little villages.

Les médecins ont découvert la cause de sa maladie.
The doctors discovered the cause of his illness.

Christophe Colomb a découvert l'Amérique.
Christopher Columbus discovered America.

J'ai découvert quelqu'un que je connaissais dans l'amphithéâtre.
I spotted someone I knew in the lecture hall.

Le chien policier a découvert le criminel.
The police dog sniffed out the criminal.

Dans l'adversité on se découvre.
We get to know ourselves in adversity.

RELATED WORDS AND EXPRESSIONS

la découverte — *discovery*
la découverte de l'Amérique — *the discovery of America*
C'est une grande découverte scientifique. — *It's a great scientific discovery.*

IDIOM

découvrir St Pierre pour couvrir St Paul — *to rob Peter to pay Paul (lit., to uncover St. Peter in order to cover St. Paul)*

décrire to describe

je décris · je décrivis · décrit · décrivant

irregular verb

Present		Passé Composé	
je décris	nous décrivons	j'ai décrit	nous avons décrit
tu décris	vous décrivez	tu as décrit	vous avez décrit
il/elle décrit	ils/elles décrivent	il/elle a décrit	ils/elles ont décrit

Imperfect		Pluperfect	
je décrivais	nous décrivions	j'avais décrit	nous avions décrit
tu décrivais	vous décriviez	tu avais décrit	vous aviez décrit
il/elle décrivait	ils/elles décrivaient	il/elle avait décrit	ils/elles avaient décrit

Passé Simple		Past Anterior	
je décrivis	nous décrivîmes	j'eus décrit	nous eûmes décrit
tu décrivis	vous décrivîtes	tu eus décrit	vous eûtes décrit
il/elle décrivit	ils/elles décrivirent	il/elle eut décrit	ils/elles eurent décrit

Future		Future Anterior	
je décrirai	nous décrirons	j'aurai décrit	nous aurons décrit
tu décriras	vous décrirez	tu auras décrit	vous aurez décrit
il/elle décrira	ils/elles décriront	il/elle aura décrit	ils/elles auront décrit

Conditional		Past Conditional	
je décrirais	nous décririons	j'aurais décrit	nous aurions décrit
tu décrirais	vous décririez	tu aurais décrit	vous auriez décrit
il/elle décrirait	ils/elles décriraient	il/elle aurait décrit	ils/elles auraient décrit

Present Subjunctive		Past Subjunctive	
que je décrive	que nous décrivions	que j'aie décrit	que nous ayons décrit
que tu décrives	que vous décriviez	que tu aies décrit	que vous ayez décrit
qu'il/elle décrive	qu'ils/elles décrivent	qu'il/elle ait décrit	qu'ils/elles aient décrit

Imperfect Subjunctive		Pluperfect Subjunctive	
que je décrivisse	que nous décrivissions	que j'eusse décrit	que nous eussions décrit
que tu décrivisses	que vous décrivissiez	que tu eusses décrit	que vous eussiez décrit
qu'il/elle décrivît	qu'ils/elles décrivissent	qu'il/elle eût décrit	qu'ils/elles eussent décrit

Commands

	(nous) décrivons
(tu) décris	(vous) décrivez

USAGE

Décrivez vos amis.	*Describe your friends.*
Vous avez très bien décrit la situation.	*You have described the situation very well.*
Décrivez-moi l'arbre que vous avez vu.	*Describe for me the tree you saw.*
Il nous a décrit les animaux de l'Australie.	*He described the animals of Australia for us.*
Le chef a décrit le projet en détail.	*The boss gave a detailed description of the project.*
Ce site décrit le procédé de fabrication utilisée dans notre usine.	*This site describes the manufacturing process used in our factory.*

RELATED WORDS AND EXPRESSIONS

la description	*description*
J'ai lu la description du pays.	*I read the description of the country.*
L'agent nous a donné une description de la maison.	*The agent gave us a description of the house.*
descriptif/descriptive	*descriptive*

regular -er verb

je décroche · je décrochai · décroché · décrochant

Present
je décroche	nous décrochons
tu décroches	vous décrochez
il/elle décroche	ils/elles décrochent

Imperfect
je décrochais	nous décrochions
tu décrochais	vous décrochiez
il/elle décrochait	ils/elles décrochaient

Passé Simple
je décrochai	nous décrochâmes
tu décrochas	vous décrochâtes
il/elle décrocha	ils/elles décrochèrent

Future
je décrocherai	nous décrocherons
tu décrocheras	vous décrocherez
il/elle décrochera	ils/elles décrocheront

Conditional
je décrocherais	nous décrocherions
tu décrocherais	vous décrocheriez
il/elle décrocherait	ils/elles décrocheraient

Passé Composé
j'ai décroché	nous avons décroché
tu as décroché	vous avez décroché
il/elle a décroché	ils/elles ont décroché

Pluperfect
j'avais décroché	nous avions décroché
tu avais décroché	vous aviez décroché
il/elle avait décroché	ils/elles avaient décroché

Past Anterior
j'eus décroché	nous eûmes décroché
tu eus décroché	vous eûtes décroché
il/elle eut décroché	ils/elles eurent décroché

Future Anterior
j'aurai décroché	nous aurons décroché
tu auras décroché	vous aurez décroché
il/elle aura décroché	ils/elles auront décroché

Past Conditional
j'aurais décroché	nous aurions décroché
tu aurais décroché	vous auriez décroché
il/elle aurait décroché	ils/elles auraient décroché

Present Subjunctive
que je décroche	que nous décrochions
que tu décroches	que vous décrochiez
qu'il/elle décroche	qu'ils/elles décrochent

Imperfect Subjunctive
que je décrochasse	que nous décrochassions
que tu décrochasses	que vous décrochassiez
qu'il/elle décrochât	qu'ils/elles décrochassent

Past Subjunctive
que j'aie décroché	que nous ayons décroché
que tu aies décroché	que vous ayez décroché
qu'il/elle ait décroché	qu'ils/elles aient décroché

Pluperfect Subjunctive
que j'eusse décroché	que nous eussions décroché
que tu eusses décroché	que vous eussiez décroché
qu'il/elle eût décroché	qu'ils/elles eussent décroché

Commands
	(nous) décrochons
(tu) décroche	(vous) décrochez

USAGE

J'ai décroché ma veste.	I took my jacket off its hook.
décrocher	to answer the phone (lit., pick up the receiver)
Si tu ne veux pas parler, ne décroche pas.	If you don't feel like talking, don't pick up.
Son téléphone est décroché.	His phone is off the hook.
décrocher un bon emploi	to land a good job
décrocher	to give up (race, competition)
Quand j'ai vu que les autres vélos me dépassaient, j'ai décroché.	When I saw that the other bikes were passing me, I gave up.
Les agents de police suivaient le voleur, mais il a décroché.	The policemen were following the thief but he gave them the slip.

RELATED WORDS AND EXPRESSIONS

le décrochez-moi ça	secondhand clothing store
un décrocheur / une décrocheuse (Canada)	a high-school dropout

déduire *to deduce, deduct*

je déduis · je déduisis · déduit · déduisant

irregular verb

Present		Passé Composé	
je déduis	nous déduisons	j'ai déduit	nous avons déduit
tu déduis	vous déduisez	tu as déduit	vous avez déduit
il/elle déduit	ils/elles déduisent	il/elle a déduit	ils/elles ont déduit

Imperfect		Pluperfect	
je déduisais	nous déduisions	j'avais déduit	nous avions déduit
tu déduisais	vous déduisiez	tu avais déduit	vous aviez déduit
il/elle déduisait	ils/elles déduisaient	il/elle avait déduit	ils/elles avaient déduit

Passé Simple		Past Anterior	
je déduisis	nous déduisîmes	j'eus déduit	nous eûmes déduit
tu déduisis	vous déduisîtes	tu eus déduit	vous eûtes déduit
il/elle déduisit	ils/elles déduisirent	il/elle eut déduit	ils/elles eurent déduit

Future		Future Anterior	
je déduirai	nous déduirons	j'aurai déduit	nous aurons déduit
tu déduiras	vous déduirez	tu auras déduit	vous aurez déduit
il/elle déduira	ils/elles déduiront	il/elle aura déduit	ils/elles auront déduit

Conditional		Past Conditional	
je déduirais	nous déduirions	j'aurais déduit	nous aurions déduit
tu déduirais	vous déduiriez	tu aurais déduit	vous auriez déduit
il/elle déduirait	ils/elles déduiraient	il/elle aurait déduit	ils/elles auraient déduit

Present Subjunctive		Past Subjunctive	
que je déduise	que nous déduisions	que j'aie déduit	que nous ayons déduit
que tu déduises	que vous déduisiez	que tu aies déduit	que vous ayez déduit
qu'il/elle déduise	qu'ils/elles déduisent	qu'il/elle ait déduit	qu'ils/elles aient déduit

Imperfect Subjunctive		Pluperfect Subjunctive	
que je déduisisse	que nous déduisissions	que j'eusse déduit	que nous eussions déduit
que tu déduisisses	que vous déduisissiez	que tu eusses déduit	que vous eussiez déduit
qu'il/elle déduisît	qu'ils/elles déduisissent	qu'il/elle eût déduit	qu'ils/elles eussent déduit

Commands

	(nous) déduisons
(tu) déduis	(vous) déduisez

USAGE

—Il a dit qu'il veut partir. — *He said he wants to leave.*
—J'en déduis qu'il n'est pas content ici. — *I conclude therefore that he isn't happy here.*

déduire les frais de voyage de la somme — *to deduct travel expenses from the amount*
On a le droit de déduire fiscalement les frais de garde d'enfants. — *You can deduct child care expenses from your taxes.*

RELATED WORDS AND EXPRESSIONS

la déduction — *deduction/conclusion*
tirer des déductions — *to draw conclusions*
les déductions fiscales — *tax deductions*

Present		Passé Composé	
je défais	nous défaisons	j'ai défait	nous avons défait
tu défais	vous défaites	tu as défait	vous avez défait
il/elle défait	ils/elles défont	il/elle a défait	ils/elles ont défait

Imperfect		Pluperfect	
je défaisais	nous défaisions	j'avais défait	nous avions défait
tu défaisais	vous défaisiez	tu avais défait	vous aviez défait
il/elle défaisait	ils/elles défaisaient	il/elle avait défait	ils/elles avaient défait

Passé Simple		Past Anterior	
je défis	nous défîmes	j'eus défait	nous eûmes défait
tu défis	vous défîtes	tu eus défait	vous eûtes défait
il/elle défit	ils/elles défirent	il/elle eut défait	ils/elles eurent défait

Future		Future Anterior	
je déferai	nous déferons	j'aurai défait	nous aurons défait
tu déferas	vous déferez	tu auras défait	vous aurez défait
il/elle défera	ils/elles déferont	il/elle aura défait	ils/elles auront défait

Conditional		Past Conditional	
je déferais	nous déferions	j'aurais défait	nous aurions défait
tu déferais	vous déferiez	tu aurais défait	vous auriez défait
il/elle déferait	ils/elles déferaient	il/elle aurait défait	ils/elles auraient défait

Present Subjunctive		Past Subjunctive	
que je défasse	que nous défassions	que j'aie défait	que nous ayons défait
que tu défasses	que vous défassiez	que tu aies défait	que vous ayez défait
qu'il/elle défasse	qu'ils/elles défassent	qu'il/elle ait défait	qu'ils/elles aient défait

Imperfect Subjunctive		Pluperfect Subjunctive	
que je défisse	que nous défissions	que j'eusse défait	que nous eussions défait
que tu défisses	que vous défissiez	que tu eusses défait	que vous eussiez défait
qu'il/elle défît	qu'ils/elles défissent	qu'il/elle eût défait	qu'ils/elles eussent défait

Commands

	(nous) défaisons
(tu) défais	(vous) défaites

défaire sa cravate	to undo one's tie
défaire ses cheveux	to let one's hair down
avec les cheveux défaits	with one's hair down
défaire les valises	to unpack
défaire sa tente	to take down one's tent
défaire le lit	to unmake the bed
un lit défait	an unmade bed
un lit qui n'avait pas été défait	a bed which hadn't been slept in
un visage défait par la douleur	a face visibly affected by grief

RELATED WORDS AND EXPRESSIONS

se défaire de qqn/qqch	to get rid of someone/something
Je voudrais me défaire de cet imbécile.	I'd like to get that moron out of here.
Il ne réussit pas à se défaire de cette mauvaise habitude.	He can't get rid of that bad habit.

défendre *to defend; to prohibit*

je défends · je défendis · défendu · défendant

regular -re verb

Present		Passé Composé	
je défends	nous défendons	j'ai défendu	nous avons défendu
tu défends	vous défendez	tu as défendu	vous avez défendu
il/elle défend	ils/elles défendent	il/elle a défendu	ils/elles ont défendu

Imperfect		Pluperfect	
je défendais	nous défendions	j'avais défendu	nous avions défendu
tu défendais	vous défendiez	tu avais défendu	vous aviez défendu
il/elle défendait	ils/elles défendaient	il/elle avait défendu	ils/elles avaient défendu

Passé Simple		Past Anterior	
je défendis	nous défendîmes	j'eus défendu	nous eûmes défendu
tu défendis	vous défendîtes	tu eus défendu	vous eûtes défendu
il/elle défendit	ils/elles défendirent	il/elle eut défendu	ils/elles eurent défendu

Future		Future Anterior	
je défendrai	nous défendrons	j'aurai défendu	nous aurons défendu
tu défendras	vous défendrez	tu auras défendu	vous aurez défendu
il/elle défendra	ils/elles défendront	il/elle aura défendu	ils/elles auront défendu

Conditional		Past Conditional	
je défendrais	nous défendrions	j'aurais défendu	nous aurions défendu
tu défendrais	vous défendriez	tu aurais défendu	vous auriez défendu
il/elle défendrait	ils/elles défendraient	il/elle aurait défendu	ils/elles auraient défendu

Present Subjunctive		Past Subjunctive	
que je défende	que nous défendions	que j'aie défendu	que nous ayons défendu
que tu défendes	que vous défendiez	que tu aies défendu	que vous ayez défendu
qu'il/elle défende	qu'ils/elles défendent	qu'il/elle ait défendu	qu'ils/elles aient défendu

Imperfect Subjunctive		Pluperfect Subjunctive	
que je défendisse	que nous défendissions	que j'eusse défendu	que nous eussions défendu
que tu défendisses	que vous défendissiez	que tu eusses défendu	que vous eussiez défendu
qu'il/elle défendît	qu'ils/elles défendissent	qu'il/elle eût défendu	qu'ils/elles eussent défendu

Commands

	(nous) défendons
(tu) défends	(vous) défendez

USAGE

défendre les frontières du pays	*to defend the borders of the country*
défendre qqch à qqn	*to forbid someone to have something*
Le médecin lui a défendu le sel.	*The doctor took him off salt.*
défendre à qqn de faire qqch	*to forbid someone to do something*
Je te défends de me parler sur ce ton.	*I forbid you to speak to me in that tone.*

RELATED WORDS AND EXPRESSIONS

la défense	*defense*
la défense du pays	*the defense of the country*
Défense de fumer.	*No smoking.*
Défense d'afficher.	*Post no bills.*
Défense d'entrer.	*No admittance.*
se défendre bien	*to do well*
Mon grand-père se défend bien pour son âge.	*My grandfather is doing well for his age.*
se défendre de	*to refrain from; deny*
Je ne peux pas me défendre de me fâcher contre lui.	*I can't help getting angry with him.*
Il s'est défendu d'avoir fait ta connaissance.	*He denied having met you.*

regular -er verb

je déjeune · je déjeunai · déjeuné · déjeunant

Present		Passé Composé	
je déjeune	nous déjeunons	j'ai déjeuné	nous avons déjeuné
tu déjeunes	vous déjeunez	tu as déjeuné	vous avez déjeuné
il/elle déjeune	ils/elles déjeunent	il/elle a déjeuné	ils/elles ont déjeuné

Imperfect		Pluperfect	
je déjeunais	nous déjeunions	j'avais déjeuné	nous avions déjeuné
tu déjeunais	vous déjeuniez	tu avais déjeuné	vous aviez déjeuné
il/elle déjeunait	ils/elles déjeunaient	il/elle avait déjeuné	ils/elles avaient déjeuné

Passé Simple		Past Anterior	
je déjeunai	nous déjeunâmes	j'eus déjeuné	nous eûmes déjeuné
tu déjeunas	vous déjeunâtes	tu eus déjeuné	vous eûtes déjeuné
il/elle déjeuna	ils/elles déjeunèrent	il/elle eut déjeuné	ils/elles eurent déjeuné

Future		Future Anterior	
je déjeunerai	nous déjeunerons	j'aurai déjeuné	nous aurons déjeuné
tu déjeuneras	vous déjeunerez	tu auras déjeuné	vous aurez déjeuné
il/elle déjeunera	ils/elles déjeuneront	il/elle aura déjeuné	ils/elles auront déjeuné

Conditional		Past Conditional	
je déjeunerais	nous déjeunerions	j'aurais déjeuné	nous aurions déjeuné
tu déjeunerais	vous déjeuneriez	tu aurais déjeuné	vous auriez déjeuné
il/elle déjeunerait	ils/elles déjeuneraient	il/elle aurait déjeuné	ils/elles auraient déjeuné

Present Subjunctive		Past Subjunctive	
que je déjeune	que nous déjeunions	que j'aie déjeuné	que nous ayons déjeuné
que tu déjeunes	que vous déjeuniez	que tu aies déjeuné	que vous ayez déjeuné
qu'il/elle déjeune	qu'ils/elles déjeunent	qu'il/elle ait déjeuné	qu'ils/elles aient déjeuné

Imperfect Subjunctive		Pluperfect Subjunctive	
que je déjeunasse	que nous déjeunassions	que j'eusse déjeuné	que nous eussions déjeuné
que tu déjeunasses	que vous déjeunassiez	que tu eusses déjeuné	que vous eussiez déjeuné
qu'il/elle déjeunât	qu'ils/elles déjeunassent	qu'il/elle eût déjeuné	qu'ils/elles eussent déjeuné

Commands

	(nous) déjeunons
(tu) déjeune	(vous) déjeunez

USAGE

déjeuner au restaurant	to have lunch out
—Tu comptes déjeuner chez toi?	Do you intend to have lunch at home?
—Non, je vais déjeuner en ville.	No, I'm going to have lunch in town / eat out.
Je déjeune toujours d'une salade.	I always have a salad for lunch.
inviter qqn à déjeuner	to invite someone to (have) lunch
J'ai déjeuné avec un client à Lausanne.	I had lunch with a client in Lausanne.

RELATED WORDS AND EXPRESSIONS

le déjeuner	lunch
C'est l'heure du déjeuner.	It's lunchtime.
le petit déjeuner	breakfast
Pour commencer la journée du bon pied, rien ne vaut un bon petit déjeuner.	To start the day off right, nothing beats a good breakfast.

(**demander**) *to ask, ask for*

je demande · je demandai · demandé · demandant

regular -er verb

Present		Passé Composé	
je demande	nous demandons	j'ai demandé	nous avons demandé
tu demandes	vous demandez	tu as demandé	vous avez demandé
il/elle demande	ils/elles demandent	il/elle a demandé	ils/elles ont demandé

Imperfect		Pluperfect	
je demandais	nous demandions	j'avais demandé	nous avions demandé
tu demandais	vous demandiez	tu avais demandé	vous aviez demandé
il/elle demandait	ils/elles demandaient	il/elle avait demandé	ils/elles avaient demandé

Passé Simple		Past Anterior	
je demandai	nous demandâmes	j'eus demandé	nous eûmes demandé
tu demandas	vous demandâtes	tu eus demandé	vous eûtes demandé
il/elle demanda	ils/elles demandèrent	il/elle eut demandé	ils/elles eurent demandé

Future		Future Anterior	
je demanderai	nous demanderons	j'aurai demandé	nous aurons demandé
tu demanderas	vous demanderez	tu auras demandé	vous aurez demandé
il/elle demandera	ils/elles demanderont	il/elle aura demandé	ils/elles auront demandé

Conditional		Past Conditional	
je demanderais	nous demanderions	j'aurais demandé	nous aurions demandé
tu demanderais	vous demanderiez	tu aurais demandé	vous auriez demandé
il/elle demanderait	ils/elles demanderaient	il/elle aurait demandé	ils/elles auraient demandé

Present Subjunctive		Past Subjunctive	
que je demande	que nous demandions	que j'aie demandé	que nous ayons demandé
que tu demandes	que vous demandiez	que tu aies demandé	que vous ayez demandé
qu'il/elle demande	qu'ils/elles demandent	qu'il/elle ait demandé	qu'ils/elles aient demandé

Imperfect Subjunctive		Pluperfect Subjunctive	
que je demandasse	que nous demandassions	que j'eusse demandé	que nous eussions demandé
que tu demandasses	que vous demandassiez	que tu eusses demandé	que vous eussiez demandé
qu'il/elle demandât	qu'ils/elles demandassent	qu'il/elle eût demandé	qu'ils/elles eussent demandé

Commands

	(nous) demandons
(tu) demande	(vous) demandez

(**USAGE**)

Il m'a demandé si je voulais boire.	*He asked me if I wanted something to drink.*
Demandez-lui quand elle sera de retour.	*Ask her when she'll be back.*
demander le chemin	*to ask directions*
demander qqch à qqn	*to ask someone for something*
—Qu'est-ce qu'il a demandé à ses amis?	*What did he ask his friends for?*
—Il leur a demandé un prêt.	*He asked them for a loan.*
Il a demandé une voiture à ses parents.	*He asked his parents for a car.*
J'ai un service à vous demander.	*I have a favor to ask of you.*
demander à qqn de faire qqch	*to ask someone to do something*
Ils m'ont demandé de passer les voir.	*They asked me to stop by to see them.*
Je ne t'ai pas demandé de faire la vaisselle?	*Didn't I ask you to do the dishes?*

RELATED WORDS AND EXPRESSIONS

la demande	*request*
remplir une demande d'emploi	*to fill out a job application*
l'offre et la demande	*supply and demand*

regular -er verb;
spelling change: g > ge/a, o

je déménage · je déménageai · déménagé · déménageant

Present		Passé Composé	
je déménage	nous déménageons	j'ai déménagé	nous avons déménagé
tu déménages	vous déménagez	tu as déménagé	vous avez déménagé
il/elle déménage	ils/elles déménagent	il/elle a déménagé	ils/elles ont déménagé

Imperfect		Pluperfect	
je déménageais	nous déménagions	j'avais déménagé	nous avions déménagé
tu déménageais	vous déménagiez	tu avais déménagé	vous aviez déménagé
il/elle déménageait	ils/elles déménageaient	il/elle avait déménagé	ils/elles avaient déménagé

Passé Simple		Past Anterior	
je déménageai	nous déménageâmes	j'eus déménagé	nous eûmes déménagé
tu déménageas	vous déménageâtes	tu eus déménagé	vous eûtes déménagé
il/elle déménagea	ils/elles déménagèrent	il/elle eut déménagé	ils/elles eurent déménagé

Future		Future Anterior	
je déménagerai	nous déménagerons	j'aurai déménagé	nous aurons déménagé
tu déménageras	vous déménagerez	tu auras déménagé	vous aurez déménagé
il/elle déménagera	ils/elles déménageront	il/elle aura déménagé	ils/elles auront déménagé

Conditional		Past Conditional	
je déménagerais	nous déménagerions	j'aurais déménagé	nous aurions déménagé
tu déménagerais	vous déménageriez	tu aurais déménagé	vous auriez déménagé
il/elle déménagerait	ils/elles déménageraient	il/elle aurait déménagé	ils/elles auraient déménagé

Present Subjunctive		Past Subjunctive	
que je déménage	que nous déménagions	que j'aie déménagé	que nous ayons déménagé
que tu déménages	que vous déménagiez	que tu aies déménagé	que vous ayez déménagé
qu'il/elle déménage	qu'ils/elles déménagent	qu'il/elle ait déménagé	qu'ils/elles aient déménagé

Imperfect Subjunctive		Pluperfect Subjunctive	
que je déménageasse	que nous déménageassions	que j'eusse déménagé	que nous eussions déménagé
que tu déménageasses	que vous déménageassiez	que tu eusses déménagé	que vous eussiez déménagé
qu'il/elle déménageât	qu'ils/elles déménageassent	qu'il/elle eût déménagé	qu'ils/elles eussent déménagé

Commands

	(nous) déménageons
(tu) déménage	(vous) déménagez

USAGE

Nous déménageons demain.	We're moving tomorrow.
déménager le frigo	to move the refrigerator out of the house
déménager le salon	to move the furniture out of the living room
Il nous a fait déménager.	He threw us out / sent us on our merry way.

RELATED WORDS AND EXPRESSIONS

le déménagement	move
Le déménagement du bureau a été très difficile.	Moving the office was very hard.
faire un déménagement	to move
les déménageurs (mpl)	movers
Il faut toujours demander un devis au déménageurs.	One should always ask the movers for an estimate.
emménager	to move in

démolir to demolish

je démolis · je démolis · démoli · démolissant

regular -ir verb

Present

je démolis	nous démolissons
tu démolis	vous démolissez
il/elle démolit	ils/elles démolissent

Passé Composé

j'ai démoli	nous avons démoli
tu as démoli	vous avez démoli
il/elle a démoli	ils/elles ont démoli

Imperfect

je démolissais	nous démolissions
tu démolissais	vous démolissiez
il/elle démolissait	ils/elles démolissaient

Pluperfect

j'avais démoli	nous avions démoli
tu avais démoli	vous aviez démoli
il/elle avait démoli	ils/elles avaient démoli

Passé Simple

je démolis	nous démolîmes
tu démolis	vous démolîtes
il/elle démolit	ils/elles démolirent

Past Anterior

j'eus démoli	nous eûmes démoli
tu eus démoli	vous eûtes démoli
il/elle eut démoli	ils/elles eurent démoli

Future

je démolirai	nous démolirons
tu démoliras	vous démolirez
il/elle démolira	ils/elles démoliront

Future Anterior

j'aurai démoli	nous aurons démoli
tu auras démoli	vous aurez démoli
il/elle aura démoli	ils/elles auront démoli

Conditional

je démolirais	nous démolirions
tu démolirais	vous démoliriez
il/elle démolirait	ils/elles démoliraient

Past Conditional

j'aurais démoli	nous aurions démoli
tu aurais démoli	vous auriez démoli
il/elle aurait démoli	ils/elles auraient démoli

Present Subjunctive

que je démolisse	que nous démolissions
que tu démolisses	que vous démolissiez
qu'il/elle démolisse	qu'ils/elles démolissent

Past Subjunctive

que j'aie démoli	que nous ayons démoli
que tu aies démoli	que vous ayez démoli
qu'il/elle ait démoli	qu'ils/elles aient démoli

Imperfect Subjunctive

que je démolisse	que nous démolissions
que tu démolisses	que vous démolissiez
qu'il/elle démolît	qu'ils/elles démolissent

Pluperfect Subjunctive

que j'eusse démoli	que nous eussions démoli
que tu eusses démoli	que vous eussiez démoli
qu'il/elle eût démoli	qu'ils/elles eussent démoli

Commands

	(nous) démolissons
(tu) démolis	(vous) démolissez

USAGE

démolir un bâtiment	to demolish a building
—Qu'est-ce qu'on démolit par ici!	How much they're tearing down around here!
—Oui, on démolit toutes les vieilles maisons.	Yes, they're tearing down all the old houses.
Le bombardement a démoli le quartier.	The bombing demolished the neighborhood.
Sa voiture a été démolie.	His car was wrecked.
Son commentaire a démoli notre hypothèse.	His comments destroyed our hypothesis.
Les critiques ont démoli son nouveau roman.	The critics tore his new novel to pieces.
La randonnée m'a démoli.	The hike left me exhausted.
Pierrot! Ne démolis pas ta chambre!	Pierrot! Don't wreck your room!

RELATED WORDS AND EXPRESSIONS

la démolition	demolition/wrecking
une entreprise de démolition	a wrecking company
un démolisseur / une démolisseuse	a wrecker
les démolisseurs (mpl)	demolition crew

regular -er verb

je démonte · je démontai · démonté · démontant

Present		Passé Composé	
je démonte	nous démontons	j'ai démonté	nous avons démonté
tu démontes	vous démontez	tu as démonté	vous avez démonté
il/elle démonte	ils/elles démontent	il/elle a démonté	ils/elles ont démonté

Imperfect		Pluperfect	
je démontais	nous démontions	j'avais démonté	nous avions démonté
tu démontais	vous démontiez	tu avais démonté	vous aviez démonté
il/elle démontait	ils/elles démontaient	il/elle avait démonté	ils/elles avaient démonté

Passé Simple		Past Anterior	
je démontai	nous démontâmes	j'eus démonté	nous eûmes démonté
tu démontas	vous démontâtes	tu eus démonté	vous eûtes démonté
il/elle démonta	ils/elles démontèrent	il/elle eut démonté	ils/elles eurent démonté

Future		Future Anterior	
je démonterai	nous démonterons	j'aurai démonté	nous aurons démonté
tu démonteras	vous démonterez	tu auras démonté	vous aurez démonté
il/elle démontera	ils/elles démonteront	il/elle aura démonté	ils/elles auront démonté

Conditional		Past Conditional	
je démonterais	nous démonterions	j'aurais démonté	nous aurions démonté
tu démonterais	vous démonteriez	tu aurais démonté	vous auriez démonté
il/elle démonterait	ils/elles démonteraient	il/elle aurait démonté	ils/elles auraient démonté

Present Subjunctive		Past Subjunctive	
que je démonte	que nous démontions	que j'aie démonté	que nous ayons démonté
que tu démontes	que vous démontiez	que tu aies démonté	que vous ayez démonté
qu'il/elle démonte	qu'ils/elles démontent	qu'il/elle ait démonté	qu'ils/elles aient démonté

Imperfect Subjunctive		Pluperfect Subjunctive	
que je démontasse	que nous démontassions	que j'eusse démonté	que nous eussions démonté
que tu démontasses	que vous démontassiez	que tu eusses démonté	que vous eussiez démonté
qu'il/elle démontât	qu'ils/elles démontassent	qu'il/elle eût démonté	qu'ils/elles eussent démonté

Commands

	(nous) démontons
(tu) démonte	(vous) démontez

USAGE

démonter un meuble	to take apart a piece of furniture
démonter le pneu crevé	to remove the flat tire
Le cheval a démonté son cavalier.	The horse threw its rider off.
Cette mauvaise nouvelle m'a démonté.	That bad news disconcerted me.
Rien ne le démonte.	Nothing gets to him.

RELATED WORDS AND EXPRESSIONS

se démonter	to be disassembled / get taken apart
Cette étagère ne se démonte pas.	That bookcase can't be taken apart.
se démonter	to be disconcerted / get upset
—Je ne me démonterais pas pour si peu de chose.	I wouldn't get upset over so small a thing.
—Toi, tu ne te démontes jamais.	You never get upset.
Elle ne s'est pas laissé démonter.	She didn't get flustered.

démontrer *to prove, demonstrate, show*

je démontre · je démontrai · démontré · démontrant

regular -er verb

Present
je démontre	nous démontrons
tu démontres	vous démontrez
il/elle démontre	ils/elles démontrent

Passé Composé
j'ai démontré	nous avons démontré
tu as démontré	vous avez démontré
il/elle a démontré	ils/elles ont démontré

Imperfect
je démontrais	nous démontrions
tu démontrais	vous démontriez
il/elle démontrait	ils/elles démontraient

Pluperfect
j'avais démontré	nous avions démontré
tu avais démontré	vous aviez démontré
il/elle avait démontré	ils/elles avaient démontré

Passé Simple
je démontrai	nous démontrâmes
tu démontras	vous démontrâtes
il/elle démontra	ils/elles démontrèrent

Past Anterior
j'eus démontré	nous eûmes démontré
tu eus démontré	vous eûtes démontré
il/elle eut démontré	ils/elles eurent démontré

Future
je démontrerai	nous démontrerons
tu démontreras	vous démontrerez
il/elle démontrera	ils/elles démontreront

Future Anterior
j'aurai démontré	nous aurons démontré
tu auras démontré	vous aurez démontré
il/elle aura démontré	ils/elles auront démontré

Conditional
je démontrerais	nous démontrerions
tu démontrerais	vous démontreriez
il/elle démontrerait	ils/elles démontreraient

Past Conditional
j'aurais démontré	nous aurions démontré
tu aurais démontré	vous auriez démontré
il/elle aurait démontré	ils/elles auraient démontré

Present Subjunctive
que je démontre	que nous démontrions
que tu démontres	que vous démontriez
qu'il/elle démontre	qu'ils/elles démontrent

Past Subjunctive
que j'aie démontré	que nous ayons démontré
que tu aies démontré	que vous ayez démontré
qu'il/elle ait démontré	qu'ils/elles aient démontré

Imperfect Subjunctive
que je démontrasse	que nous démontrassions
que tu démontrasses	que vous démontrassiez
qu'il/elle démontrât	qu'ils/elles démontrassent

Pluperfect Subjunctive
que j'eusse démontré	que nous eussions démontré
que tu eusses démontré	que vous eussiez démontré
qu'il/elle eût démontré	qu'ils/elles eussent démontré

Commands
	(nous) démontrons
(tu) démontre	(vous) démontrez

démontrer un théorème	to prove a theorem
démontrer qqch à qqn	to prove something to someone
démontrer une vérité	to demonstrate a truth
Cet accident démontre qu'il faut un feu rouge au carrefour.	This accident shows they need a traffic light at the intersection.
Son visage démontrait sa peur.	His face revealed his fear.

RELATED WORDS AND EXPRESSIONS

démontrable — demonstrable

regular -er verb

je dépasse · je dépassai · dépassé · dépassant

Present		Passé Composé	
je dépasse	nous dépassons	j'ai dépassé	nous avons dépassé
tu dépasses	vous dépassez	tu as dépassé	vous avez dépassé
il/elle dépasse	ils/elles dépassent	il/elle a dépassé	ils/elles ont dépassé

Imperfect		Pluperfect	
je dépassais	nous dépassions	j'avais dépassé	nous avions dépassé
tu dépassais	vous dépassiez	tu avais dépassé	vous aviez dépassé
il/elle dépassait	ils/elles dépassaient	il/elle avait dépassé	ils/elles avaient dépassé

Passé Simple		Past Anterior	
je dépassai	nous dépassâmes	j'eus dépassé	nous eûmes dépassé
tu dépassas	vous dépassâtes	tu eus dépassé	vous eûtes dépassé
il/elle dépassa	ils/elles dépassèrent	il/elle eut dépassé	ils/elles eurent dépassé

Future		Future Anterior	
je dépasserai	nous dépasserons	j'aurai dépassé	nous aurons dépassé
tu dépasseras	vous dépasserez	tu auras dépassé	vous aurez dépassé
il/elle dépassera	ils/elles dépasseront	il/elle aura dépassé	ils/elles auront dépassé

Conditional		Past Conditional	
je dépasserais	nous dépasserions	j'aurais dépassé	nous aurions dépassé
tu dépasserais	vous dépasseriez	tu aurais dépassé	vous auriez dépassé
il/elle dépasserait	ils/elles dépasseraient	il/elle aurait dépassé	ils/elles auraient dépassé

Present Subjunctive		Past Subjunctive	
que je dépasse	que nous dépassions	que j'aie dépassé	que nous ayons dépassé
que tu dépasses	que vous dépassiez	que tu aies dépassé	que vous ayez dépassé
qu'il/elle dépasse	qu'ils/elles dépassent	qu'il/elle ait dépassé	qu'ils/elles aient dépassé

Imperfect Subjunctive		Pluperfect Subjunctive	
que je dépassasse	que nous dépassassions	que j'eusse dépassé	que nous eussions dépassé
que tu dépassasses	que vous dépassassiez	que tu eusses dépassé	que vous eussiez dépassé
qu'il/elle dépassât	qu'ils/elles dépassassent	qu'il/elle eût dépassé	qu'ils/elles eussent dépassé

Commands

	(nous) dépassons
(tu) dépasse	(vous) dépassez

USAGE

dépasser une voiture	to pass a car (while driving)
dépasser une personne en marchant	to walk past someone
dépasser tout le monde	to beat / be better than everyone
dépasser ses amis	to outshine/exceed his friends
dépasser une limite	to exceed / go beyond a limit
dépasser une frontière	to go beyond a border; to have prominence abroad
dépasser une certaine somme d'argent	to cost more than a certain amount of money

RELATED WORDS AND EXPRESSIONS

le dépassement	passing/overtaking another car while driving
Sur une pente le dépassement est dangereux.	Passing is dangerous on a hill.
le dépassement de crédit	overspending
dépassé(e)	old-fashioned / outmoded / out of date
se sentir dépassé(e)	to feel out of one's depth

top 50 verb

dépasser *to pass, exceed*

je dépasse · je dépassai · dépassé · dépassant

regular -er verb

dépasser dans l'espace et le temps

La flèche a dépassé sa cible. — The arrow overshot its target.
Je vais essayer de dépasser ce camion. — I'll try to pass that truck.
La voiture de police nous a dépassés comme un trait. — The police car shot ahead of us.
Défense de dépasser. — No passing.
—Pour arriver à la place centrale, s'il vous plaît? — How can I get to the main square, please?
—Dépassez le carrefour et prenez la première rue à droite. — Go through the intersection and take the first street on the right.
Dans la course, les cyclistes essaient de se dépasser. — In the race, the cyclists try to get ahead of each other.
La réputation de cette école dépasse les frontières. — This school's reputation reaches beyond the borders.
Notre visite a dépassé quatre heures. — Our visit lasted more than four hours.
Elle a dépassé la cinquantaine. — She's over fifty.

dépasser au figuré

Tout te dépasse. — Everything is too much for you.
La matière de ce cours me dépasse. — The subject matter of this course is too much for me.
Cela dépasse mes forces. — I'm not strong enough to do that.
Mais tu dépasses les bornes! — You're going too far!
Ce qu'il dit dépasse les limites du raisonnable. — What he is saying goes overboard / goes too far.
Il a bûché comme un fou et a dépassé tous les autres étudiants. — He crammed like a madman and did better than all the other students.
Quelle bonne année! Les bénéfices ont dépassé toutes nos prévisions. — What a good year! Earnings exceeded all our forecasts.
Pour le talent musical, elle dépasse tous les autres enfants. — She beats everyone in musical talent.
Avec les médicaments il faut faire attention à ne pas dépasser la dose prescrite. — With medication you must be careful not to exceed the prescribed dosage.

RELATED WORDS AND EXPRESSIONS

Le dépassement est interdit sur dix kilomètres. — Passing is not allowed over the next ten kilometers.
Dans notre entreprise on a découvert un dépassement de crédit de quatre millions d'euros. — At our firm they discovered four million euros of overspending.
Ses connaissances en informatique sont dépassées. — His knowledge of computer science is obsolete.
Les machines à écrire sont presque totalement dépassées aujourd'hui. — Typewriters are almost completely obsolete today.
Ces coutumes sont dépassées. — These customs are outmoded.

regular -er reflexive verb;
compound tenses with être **je me dépêche · je me dépêchai · s'étant dépêché · se dépêchant**

Present

je me dépêche	nous nous dépêchons
tu te dépêches	vous vous dépêchez
il/elle se dépêche	ils/elles se dépêchent

Passé Composé

je me suis dépêché(e)	nous nous sommes dépêché(e)s
tu t'es dépêché(e)	vous vous êtes dépêché(e)(s)
il/elle s'est dépêché(e)	ils/elles se sont dépêché(e)s

Imperfect

je me dépêchais	nous nous dépêchions
tu te dépêchais	vous vous dépêchiez
il/elle se dépêchait	ils/elles se dépêchaient

Pluperfect

je m'étais dépêché(e)	nous nous étions dépêché(e)s
tu t'étais dépêché(e)	vous vous étiez dépêché(e)(s)
il/elle s'était dépêché(e)	ils/elles s'étaient dépêché(e)s

Passé Simple

je me dépêchai	nous nous dépêchâmes
tu te dépêchas	vous vous dépêchâtes
il/elle se dépêcha	ils/elles se dépêchèrent

Past Anterior

je me fus dépêché(e)	nous nous fûmes dépêché(e)s
tu te fus dépêché(e)	vous vous fûtes dépêché(e)(s)
il/elle se fut dépêché(e)	ils/elles se furent dépêché(e)s

Future

je me dépêcherai	nous nous dépêcherons
tu te dépêcheras	vous vous dépêcherez
il/elle se dépêchera	ils/elles se dépêcheront

Future Anterior

je me serai dépêché(e)	nous nous serons dépêché(e)s
tu te seras dépêché(e)	vous vous serez dépêché(e)(s)
il/elle se sera dépêché(e)	ils/elles se seront dépêché(e)s

Conditional

je me dépêcherais	nous nous dépêcherions
tu te dépêcherais	vous vous dépêcheriez
il/elle se dépêcherait	ils/elles se dépêcheraient

Past Conditional

je me serais dépêché(e)	nous nous serions dépêché(e)s
tu te serais dépêché(e)	vous vous seriez dépêché(e)(s)
il/elle se serait dépêché(e)	ils/elles se seraient dépêché(e)s

Present Subjunctive

que je me dépêche	que nous nous dépêchions
que tu te dépêches	que vous vous dépêchiez
qu'il/elle se dépêche	qu'ils/elles se dépêchent

Past Subjunctive

que je me sois dépêché(e)	que nous nous soyons dépêché(e)s
que tu te sois dépêché(e)	que vous vous soyez dépêché(e)(s)
qu'il/elle se soit dépêché(e)	qu'ils/elles se soient dépêché(e)s

Imperfect Subjunctive

que je me dépêchasse	que nous nous dépêchassions
que tu te dépêchasses	que vous vous dépêchassiez
qu'il/elle se dépêchât	qu'ils/elles se dépêchassent

Pluperfect Subjunctive

que je me fusse dépêché(e)	que nous nous fussions dépêché(e)s
que tu te fusses dépêché(e)	que vous vous fussiez dépêché(e)(s)
qu'il/elle se fût dépêché(e)	qu'ils/elles se fussent dépêché(e)s

Commands

	(nous) dépêchons-nous
(tu) dépêche-toi	(vous) dépêchez-vous

USAGE

Je me suis dépêché de faire le ménage.
Dépêche-toi de préparer le dîner. Tout le monde a faim.
On s'est dépêchés de partir.
Dépêche-toi! Le train est déjà en gare.
Il faut que vous vous dépêchiez si vous voulez arriver à l'heure.

I hurried to do the housework.
Hurry and make dinner. Everyone is hungry.

We rushed away. / We hurried and left.
Hurry up! The train is already in the station.
You have to hurry up if you want to arrive on time.

dépendre *to depend*

je dépends · je dépendis · dépendu · dépendant

regular *-re* verb

Present		Passé Composé	
je dépends	nous dépendons	j'ai dépendu	nous avons dépendu
tu dépends	vous dépendez	tu as dépendu	vous avez dépendu
il/elle dépend	ils/elles dépendent	il/elle a dépendu	ils/elles ont dépendu

Imperfect		Pluperfect	
je dépendais	nous dépendions	j'avais dépendu	nous avions dépendu
tu dépendais	vous dépendiez	tu avais dépendu	vous aviez dépendu
il/elle dépendait	ils/elles dépendaient	il/elle avait dépendu	ils/elles avaient dépendu

Passé Simple		Past Anterior	
je dépendis	nous dépendîmes	j'eus dépendu	nous eûmes dépendu
tu dépendis	vous dépendîtes	tu eus dépendu	vous eûtes dépendu
il/elle dépendit	ils/elles dépendirent	il/elle eut dépendu	ils/elles eurent dépendu

Future		Future Anterior	
je dépendrai	nous dépendrons	j'aurai dépendu	nous aurons dépendu
tu dépendras	vous dépendrez	tu auras dépendu	vous aurez dépendu
il/elle dépendra	ils/elles dépendront	il/elle aura dépendu	ils/elles auront dépendu

Conditional		Past Conditional	
je dépendrais	nous dépendrions	j'aurais dépendu	nous aurions dépendu
tu dépendrais	vous dépendriez	tu aurais dépendu	vous auriez dépendu
il/elle dépendrait	ils/elles dépendraient	il/elle aurait dépendu	ils/elles auraient dépendu

Present Subjunctive		Past Subjunctive	
que je dépende	que nous dépendions	que j'aie dépendu	que nous ayons dépendu
que tu dépendes	que vous dépendiez	que tu aies dépendu	que vous ayez dépendu
qu'il/elle dépende	qu'ils/elles dépendent	qu'il/elle ait dépendu	qu'ils/elles aient dépendu

Imperfect Subjunctive		Pluperfect Subjunctive	
que je dépendisse	que nous dépendissions	que j'eusse dépendu	que nous eussions dépendu
que tu dépendisses	que vous dépendissiez	que tu eusses dépendu	que vous eussiez dépendu
qu'il/elle dépendît	qu'ils/elles dépendissent	qu'il/elle eût dépendu	qu'ils/elles eussent dépendu

Commands

	(nous) dépendons
(tu) dépends	(vous) dépendez

USAGE

Ça dépend.	It depends.
Tout dépend.	It all depends.
dépendre de qqch	to depend on something
—Notre succès dépend de quoi?	Our success depends on what?
—Tout dépend de leur décision.	Everything depends on their decision.
dépendre de qqn	to depend on someone
Tout le monde dépend de moi.	Everyone depends on me.
Tout cela ne dépend que de vous.	All of that is entirely up to you.
Il ne dépend que de lui-même.	He is self-sufficient.
—Est-ce que je dois lui téléphoner ou laisser tomber?	Shall I call him or just forget about it?
—Ça dépend de toi.	It's up to you.

regular *-er* verb

je dépense · je dépensai · dépensé · dépensant

Present		Passé Composé	
je dépense	nous dépensons	j'ai dépensé	nous avons dépensé
tu dépenses	vous dépensez	tu as dépensé	vous avez dépensé
il/elle dépense	ils/elles dépensent	il/elle a dépensé	ils/elles ont dépensé

Imperfect		Pluperfect	
je dépensais	nous dépensions	j'avais dépensé	nous avions dépensé
tu dépensais	vous dépensiez	tu avais dépensé	vous aviez dépensé
il/elle dépensait	ils/elles dépensaient	il/elle avait dépensé	ils/elles avaient dépensé

Passé Simple		Past Anterior	
je dépensai	nous dépensâmes	j'eus dépensé	nous eûmes dépensé
tu dépensas	vous dépensâtes	tu eus dépensé	vous eûtes dépensé
il/elle dépensa	ils/elles dépensèrent	il/elle eut dépensé	ils/elles eurent dépensé

Future		Future Anterior	
je dépenserai	nous dépenserons	j'aurai dépensé	nous aurons dépensé
tu dépenseras	vous dépenserez	tu auras dépensé	vous aurez dépensé
il/elle dépensera	ils/elles dépenseront	il/elle aura dépensé	ils/elles auront dépensé

Conditional		Past Conditional	
je dépenserais	nous dépenserions	j'aurais dépensé	nous aurions dépensé
tu dépenserais	vous dépenseriez	tu aurais dépensé	vous auriez dépensé
il/elle dépenserait	ils/elles dépenseraient	il/elle aurait dépensé	ils/elles auraient dépensé

Present Subjunctive		Past Subjunctive	
que je dépense	que nous dépensions	que j'aie dépensé	que nous ayons dépensé
que tu dépenses	que vous dépensiez	que tu aies dépensé	que vous ayez dépensé
qu'il/elle dépense	qu'ils/elles dépensent	qu'il/elle ait dépensé	qu'ils/elles aient dépensé

Imperfect Subjunctive		Pluperfect Subjunctive	
que je dépensasse	que nous dépensassions	que j'eusse dépensé	que nous eussions dépensé
que tu dépensasses	que vous dépensassiez	que tu eusses dépensé	que vous eussiez dépensé
qu'il/elle dépensât	qu'ils/elles dépensassent	qu'il/elle eût dépensé	qu'ils/elles eussent dépensé

Commands

	(nous) dépensons
(tu) dépense	(vous) dépensez

—Il a dépensé tout son argent à acheter des vêtements. *He spent all his money buying clothing.*

—Oui, il dépense sans compter. *Yes, he spends too freely.*

RELATED WORDS AND EXPRESSIONS

la dépense	*expense*
pouvoir se permettre une dépense	*to be able to afford an outlay of money*
les dépenses d'exploitation	*operating costs/expenses*
les dépenses du ménage	*household expenses*
une grande dépense de temps	*a big expenditure of time*
se dépenser	*to expend one's energy*
Tu te dépenses trop pour les autres.	*You overwork yourself too much for other people.*

173 (**déplacer**) *to move, shift, displace*

je déplace · je déplaçai · déplacé · déplaçant

regular -er verb; spelling change: c > ç/a, o

Present		Passé Composé	
je déplace	nous déplaçons	j'ai déplacé	nous avons déplacé
tu déplaces	vous déplacez	tu as déplacé	vous avez déplacé
il/elle déplace	ils/elles déplacent	il/elle a déplacé	ils/elles ont déplacé

Imperfect		Pluperfect	
je déplaçais	nous déplacions	j'avais déplacé	nous avions déplacé
tu déplaçais	vous déplaciez	tu avais déplacé	vous aviez déplacé
il/elle déplaçait	ils/elles déplaçaient	il/elle avait déplacé	ils/elles avaient déplacé

Passé Simple		Past Anterior	
je déplaçai	nous déplaçâmes	j'eus déplacé	nous eûmes déplacé
tu déplaças	vous déplaçâtes	tu eus déplacé	vous eûtes déplacé
il/elle déplaça	ils/elles déplacèrent	il/elle eut déplacé	ils/elles eurent déplacé

Future		Future Anterior	
je déplacerai	nous déplacerons	j'aurai déplacé	nous aurons déplacé
tu déplaceras	vous déplacerez	tu auras déplacé	vous aurez déplacé
il/elle déplacera	ils/elles déplaceront	il/elle aura déplacé	ils/elles auront déplacé

Conditional		Past Conditional	
je déplacerais	nous déplacerions	j'aurais déplacé	nous aurions déplacé
tu déplacerais	vous déplaceriez	tu aurais déplacé	vous auriez déplacé
il/elle déplacerait	ils/elles déplaceraient	il/elle aurait déplacé	ils/elles auraient déplacé

Present Subjunctive		Past Subjunctive	
que je déplace	que nous déplacions	que j'aie déplacé	que nous ayons déplacé
que tu déplaces	que vous déplaciez	que tu aies déplacé	que vous ayez déplacé
qu'il/elle déplace	qu'ils/elles déplacent	qu'il/elle ait déplacé	qu'ils/elles aient déplacé

Imperfect Subjunctive		Pluperfect Subjunctive	
que je déplaçasse	que nous déplaçassions	que j'eusse déplacé	que nous eussions déplacé
que tu déplaçasses	que vous déplaçassiez	que tu eusses déplacé	que vous eussiez déplacé
qu'il/elle déplaçât	qu'ils/elles déplaçassent	qu'il/elle eût déplacé	qu'ils/elles eussent déplacé

Commands

	(nous) déplaçons
(tu) déplace	(vous) déplacez

Déplacez le canapé vers la gauche. — *Move the sofa to the left.*
On a déplacé la date de la réunion. — *They moved the date of the meeting forward.*

RELATED WORDS AND EXPRESSIONS

le déplacement — *swing/shift/movement/travel/trip*
Ce film ne vaut pas le déplacement. — *That film is not worth going to.*
déplacé(e) — *out of place / uncalled for*
Vos propos déplacés ont agacé tout le monde. — *Your inappropriate remarks disturbed everyone.*
se déplacer — *to move / shift position / travel*
Avec Internet, on peut faire ses achats sans se déplacer. — *With the Internet, you can do your shopping without leaving the house.*
Après l'accident il se déplaçait avec une canne. — *After the accident he got around with a cane.*
Il se déplace beaucoup pour affaires. — *He travels a lot on business.*

irregular verb

je déplais · je déplus · déplu · déplaisant

Present

je déplais	nous déplaisons
tu déplais	vous déplaisez
il/elle déplaît	ils/elles déplaisent

Passé Composé

j'ai déplu	nous avons déplu
tu as déplu	vous avez déplu
il/elle a déplu	ils/elles ont déplu

Imperfect

je déplaisais	nous déplaisions
tu déplaisais	vous déplaisiez
il/elle déplaisait	ils/elles déplaisaient

Pluperfect

j'avais déplu	nous avions déplu
tu avais déplu	vous aviez déplu
il/elle avait déplu	ils/elles avaient déplu

Passé Simple

je déplus	nous déplûmes
tu déplus	vous déplûtes
il/elle déplut	ils/elles déplurent

Past Anterior

j'eus déplu	nous eûmes déplu
tu eus déplu	vous eûtes déplu
il/elle eut déplu	ils/elles eurent déplu

Future

je déplairai	nous déplairons
tu déplairas	vous déplairez
il/elle déplaira	ils/elles déplairont

Future Anterior

j'aurai déplu	nous aurons déplu
tu auras déplu	vous aurez déplu
il/elle aura déplu	ils/elles auront déplu

Conditional

je déplairais	nous déplairions
tu déplairais	vous déplairiez
il/elle déplairait	ils/elles déplairaient

Past Conditional

j'aurais déplu	nous aurions déplu
tu aurais déplu	vous auriez déplu
il/elle aurait déplu	ils/elles auraient déplu

Present Subjunctive

que je déplaise	que nous déplaisions
que tu déplaises	que vous déplaisiez
qu'il/elle déplaise	qu'ils/elles déplaisent

Past Subjunctive

que j'aie déplu	que nous ayons déplu
que tu aies déplu	que vous ayez déplu
qu'il/elle ait déplu	qu'ils/elles aient déplu

Imperfect Subjunctive

que je déplusse	que nous déplussions
que tu déplusses	que vous déplussiez
qu'il/elle déplût	qu'ils/elles déplussent

Pluperfect Subjunctive

que j'eusse déplu	que nous eussions déplu
que tu eusses déplu	que vous eussiez déplu
qu'il/elle eût déplu	qu'ils/elles eussent déplu

Commands

| | (nous) déplaisons |
| (tu) déplais | (vous) déplaisez |

Le trajet en autobus déplaît à tout le monde.	Nobody likes the bus trip.
Ce chef déplaît à tous ses employés.	This boss is disliked by all his employees.
Ça me déplaît qu'il ne vienne pas.	I don't like it that he is not coming.
Ça me déplaît que tu aies dit ça.	I don't like it that you said that.
Il ne te déplaît pas de te conduire comme ça.	You can't enjoy behaving like that.
Elle a rompu avec son petit ami. Elle dit qu'il lui avait déplu.	She broke it off with her boyfriend. She says that he no longer appealed to her.

RELATED WORDS AND EXPRESSIONS

déplaisant(e)	unpleasant
une conversation déplaisante	an unpleasant conversation
se déplaire (à)	to be unhappy (in a place) / not to like being (in a place)
—Ils se plaisaient à Marseille?	Did they like it in Marseilles?
—Ils ont déménagé à Paris parce qu'ils se déplaisaient à Marseille.	They moved to Paris because they didn't like it in Marseilles.
Elle s'est toujours déplu en Angleterre.	She never liked it in England.

déposer *to put down, drop off*

je dépose · je déposai · déposé · déposant

regular -er verb

Present		Passé Composé	
je dépose	nous déposons	j'ai déposé	nous avons déposé
tu déposes	vous déposez	tu as déposé	vous avez déposé
il/elle dépose	ils/elles déposent	il/elle a déposé	ils/elles ont déposé

Imperfect		Pluperfect	
je déposais	nous déposions	j'avais déposé	nous avions déposé
tu déposais	vous déposiez	tu avais déposé	vous aviez déposé
il/elle déposait	ils/elles déposaient	il/elle avait déposé	ils/elles avaient déposé

Passé Simple		Past Anterior	
je déposai	nous déposâmes	j'eus déposé	nous eûmes déposé
tu déposas	vous déposâtes	tu eus déposé	vous eûtes déposé
il/elle déposa	ils/elles déposèrent	il/elle eut déposé	ils/elles eurent déposé

Future		Future Anterior	
je déposerai	nous déposerons	j'aurai déposé	nous aurons déposé
tu déposeras	vous déposerez	tu auras déposé	vous aurez déposé
il/elle déposera	ils/elles déposeront	il/elle aura déposé	ils/elles auront déposé

Conditional		Past Conditional	
je déposerais	nous déposerions	j'aurais déposé	nous aurions déposé
tu déposerais	vous déposeriez	tu aurais déposé	vous auriez déposé
il/elle déposerait	ils/elles déposeraient	il/elle aurait déposé	ils/elles auraient déposé

Present Subjunctive		Past Subjunctive	
que je dépose	que nous déposions	que j'aie déposé	que nous ayons déposé
que tu déposes	que vous déposiez	que tu aies déposé	que vous ayez déposé
qu'il/elle dépose	qu'ils/elles déposent	qu'il/elle ait déposé	qu'ils/elles aient déposé

Imperfect Subjunctive		Pluperfect Subjunctive	
que je déposasse	que nous déposassions	que j'eusse déposé	que nous eussions déposé
que tu déposasses	que vous déposassiez	que tu eusses déposé	que vous eussiez déposé
qu'il/elle déposât	qu'ils/elles déposassent	qu'il/elle eût déposé	qu'ils/elles eussent déposé

Commands

	(nous) déposons
(tu) dépose	(vous) déposez

USAGE

Elle a déposé son sac sur la table.	She put her bag down on the table.
—Tu peux me déposer à la gare?	Can you drop me off at the train station?
—Je te déposerai devant la cathédrale. La gare est à 100 mètres.	I'll drop you off in front of the cathedral. The station is a block away.
—Qu'est-ce qu'on peut faire de toutes nos valises?	What can we do with all our suitcases?
—On peut les déposer à la consigne.	We can leave them at the baggage check.
—Tu sors de la banque, je vois.	You're just coming from the bank, I see.
—Oui, le vendredi je touche mon chèque. Je viens de le déposer.	Yes, I get my paycheck on Fridays. I've just deposited it.
déposer une plainte	to lodge a complaint

RELATED WORDS AND EXPRESSIONS

le dépôt	*deposit* (bank); *lodging* (of a complaint)
glisser-déposer	*drag and drop* (computer)

Present		Passé Composé	
je dérange	nous dérangeons	j'ai dérangé	nous avons dérangé
tu déranges	vous dérangez	tu as dérangé	vous avez dérangé
il/elle dérange	ils/elles dérangent	il/elle a dérangé	ils/elles ont dérangé

Imperfect		Pluperfect	
je dérangeais	nous dérangions	j'avais dérangé	nous avions dérangé
tu dérangeais	vous dérangiez	tu avais dérangé	vous aviez dérangé
il/elle dérangeait	ils/elles dérangeaient	il/elle avait dérangé	ils/elles avaient dérangé

Passé Simple		Past Anterior	
je dérangeai	nous dérangeâmes	j'eus dérangé	nous eûmes dérangé
tu dérangeas	vous dérangeâtes	tu eus dérangé	vous eûtes dérangé
il/elle dérangea	ils/elles dérangèrent	il/elle eut dérangé	ils/elles eurent dérangé

Future		Future Anterior	
je dérangerai	nous dérangerons	j'aurai dérangé	nous aurons dérangé
tu dérangeras	vous dérangerez	tu auras dérangé	vous aurez dérangé
il/elle dérangera	ils/elles dérangeront	il/elle aura dérangé	ils/elles auront dérangé

Conditional		Past Conditional	
je dérangerais	nous dérangerions	j'aurais dérangé	nous aurions dérangé
tu dérangerais	vous dérangeriez	tu aurais dérangé	vous auriez dérangé
il/elle dérangerait	ils/elles dérangeraient	il/elle aurait dérangé	ils/elles auraient dérangé

Present Subjunctive		Past Subjunctive	
que je dérange	que nous dérangions	que j'aie dérangé	que nous ayons dérangé
que tu déranges	que vous dérangiez	que tu aies dérangé	que vous ayez dérangé
qu'il/elle dérange	qu'ils/elles dérangent	qu'il/elle ait dérangé	qu'ils/elles aient dérangé

Imperfect Subjunctive		Pluperfect Subjunctive	
que je dérangeasse	que nous dérangeassions	que j'eusse dérangé	que nous eussions dérangé
que tu dérangeasses	que vous dérangeassiez	que tu eusses dérangé	que vous eussiez dérangé
qu'il/elle dérangeât	qu'ils/elles dérangeassent	qu'il/elle eût dérangé	qu'ils/elles eussent dérangé

Commands

	(nous) dérangeons
(tu) dérange	(vous) dérangez

USAGE

Ne vous dérangez pas.	*Don't bother.*
Tu peux baisser la radio? Le bruit me dérange.	*Can you turn down the radio? The noise is bothering me.*
Ne pas déranger, s'il vous plaît. / Prière de ne pas déranger.	*Please do not disturb. (sign)*
Vous travaillez. Je ne vous dérangerai pas.	*You're working. I won't disturb you.*
J'ai trop bien mangé et maintenant je suis un peu dérangé.	*I ate too much and now I've got an upset stomach.*

RELATED WORDS AND EXPRESSIONS

le dérangement	*bothering; malfunction*
Ce téléphone est en dérangement.	*This phone is out of order.*
Cette ligne téléphonique est en dérangement.	*This phone line is having problems.*
Désolé pour le dérangement.	*Sorry for the bother.*

177 (**désamorcer**) *to defuse*

je désamorce · je désamorçai · désamorcé · désamorçant

regular -er verb;
spelling change: c > ç/a, o

Present

je désamorce	nous désamorçons
tu désamorces	vous désamorcez
il/elle désamorce	ils/elles désamorcent

Imperfect

je désamorçais	nous désamorcions
tu désamorçais	vous désamorciez
il/elle désamorçait	ils/elles désamorçaient

Passé Simple

je désamorçai	nous désamorçâmes
tu désamorças	vous désamorçâtes
il/elle désamorça	ils/elles désamorcèrent

Future

je désamorcerai	nous désamorcerons
tu désamorceras	vous désamorcerez
il/elle désamorcera	ils/elles désamorceront

Conditional

je désamorcerais	nous désamorcerions
tu désamorcerais	vous désamorceriez
il/elle désamorcerait	ils/elles désamorceraient

Passé Composé

j'ai désamorcé	nous avons désamorcé
tu as désamorcé	vous avez désamorcé
il/elle a désamorcé	ils/elles ont désamorcé

Pluperfect

j'avais désamorcé	nous avions désamorcé
tu avais désamorcé	vous aviez désamorcé
il/elle avait désamorcé	ils/elles avaient désamorcé

Past Anterior

j'eus désamorcé	nous eûmes désamorcé
tu eus désamorcé	vous eûtes désamorcé
il/elle eut désamorcé	ils/elles eurent désamorcé

Future Anterior

j'aurai désamorcé	nous aurons désamorcé
tu auras désamorcé	vous aurez désamorcé
il/elle aura désamorcé	ils/elles auront désamorcé

Past Conditional

j'aurais désamorcé	nous aurions désamorcé
tu aurais désamorcé	vous auriez désamorcé
il/elle aurait désamorcé	ils/elles auraient désamorcé

Present Subjunctive

que je désamorce	que nous désamorcions
que tu désamorces	que vous désamorciez
qu'il/elle désamorce	qu'ils/elles désamorcent

Imperfect Subjunctive

que je désamorçasse	que nous désamorçassions
que tu désamorçasses	que vous désamorçassiez
qu'il/elle désamorçât	qu'ils/elles désamorçassent

Past Subjunctive

que j'aie désamorcé	que nous ayons désamorcé
que tu aies désamorcé	que vous ayez désamorcé
qu'il/elle ait désamorcé	qu'ils/elles aient désamorcé

Pluperfect Subjunctive

que j'eusse désamorcé	que nous eussions désamorcé
que tu eusses désamorcé	que vous eussiez désamorcé
qu'il/elle eût désamorcé	qu'ils/elles eussent désamorcé

Commands

	(nous) désamorçons
(tu) désamorce	(vous) désamorcez

USAGE

désamorcer une grenade	*to defuse a grenade*
désamorcer une situation	*to defuse a situation*
désamorcer une grève	*to defuse a strike*
désamorcer les conflits en situation professionnelle	*to defuse conflicts in the workplace*
désamorcer une pile	*to let a battery run down*
Le gouvernement essaie de désamorcer la grève des professeurs.	*The government is trying to avoid the teachers' strike.*

RELATED WORDS AND EXPRESSIONS

le désamorçage	*defusing*
le désamorçage d'une situation dangereuse	*the defusing of a dangerous situation*

regular -re verb; compound tenses with
être, with *avoir* when verb is transitive

je descends · je descendis · descendu · descendant

Present		Passé Composé	
je descends	nous descendons	je suis descendu(e)	nous sommes descendu(e)s
tu descends	vous descendez	tu es descendu(e)	vous êtes descendu(e)(s)
il/elle descend	ils/elles descendent	il/elle est descendu(e)	ils/elles sont descendu(e)s

Imperfect		Pluperfect	
je descendais	nous descendions	j'étais descendu(e)	nous étions descendu(e)s
tu descendais	vous descendiez	tu étais descendu(e)	vous étiez descendu(e)(s)
il/elle descendait	ils/elles descendaient	il/elle était descendu(e)	ils/elles étaient descendu(e)s

Passé Simple		Past Anterior	
je descendis	nous descendîmes	je fus descendu(e)	nous fûmes descendu(e)s
tu descendis	vous descendîtes	tu fus descendu(e)	vous fûtes descendu(e)(s)
il/elle descendit	ils/elles descendirent	il/elle fut descendu(e)	ils/elles furent descendu(e)s

Future		Future Anterior	
je descendrai	nous descendrons	je serai descendu(e)	nous serons descendu(e)s
tu descendras	vous descendrez	tu seras descendu(e)	vous serez descendu(e)(s)
il/elle descendra	ils/elles descendront	il/elle sera descendu(e)	ils/elles seront descendu(e)s

Conditional		Past Conditional	
je descendrais	nous descendrions	je serais descendu(e)	nous serions descendu(e)s
tu descendrais	vous descendriez	tu serais descendu(e)	vous seriez descendu(e)(s)
il/elle descendrait	ils/elles descendraient	il/elle serait descendu(e)	ils/elles seraient descendu(e)s

Present Subjunctive		Past Subjunctive	
que je descende	que nous descendions	que je sois descendu(e)	que nous soyons descendu(e)s
que tu descendes	que vous descendiez	que tu sois descendu(e)	que vous soyez descendu(e)(s)
qu'il/elle descende	qu'ils/elles descendent	qu'il/elle soit descendu(e)	qu'ils/elles soient descendu(e)s

Imperfect Subjunctive		Pluperfect Subjunctive	
que je descendisse	que nous descendissions	que je fusse descendu(e)	que nous fussions descendu(e)s
que tu descendisses	que vous descendissiez	que tu fusses descendu(e)	que vous fussiez descendu(e)(s)
qu'il/elle descendît	qu'ils/elles descendissent	qu'il/elle fût descendu(e)	qu'ils/elles fussent descendu(e)s

Commands

	(nous) descendons
(tu) descends	(vous) descendez

USAGE

Maman est descendue acheter du pain.	Mother went down to get bread.
descendre l'escalier	to go down the stairs
L'ascenseur est en panne. Nous avons descendu l'escalier.	The elevator is out of order. We took the stairs down.
descendre faire les courses	to go out to do the shopping
descendre qqch	to take/bring something down
—Est-ce le chasseur a descendu les valises?	Has the bellboy brought the suitcases down?
—Non, il ne les a pas encore descendues.	No, he hasn't brought them down yet.
descendre qqn	to shoot someone (down)
Le policier a descendu le cambrioleur.	The policeman shot the burglar dead.

RELATED WORDS AND EXPRESSIONS

la descente	descent
J'attends la descente de l'ascenseur.	I'm waiting for the elevator to come down.

(**désespérer**) *to lose hope, despair*

je désespère · je désespérai · désespéré · désespérant

-er verb; spelling change: *é > è*/mute *e*
except in the future and conditional

Present

je désespère	nous désespérons
tu désespères	vous désespérez
il/elle désespère	ils/elles désespèrent

Passé Composé

j'ai désespéré	nous avons désespéré
tu as désespéré	vous avez désespéré
il/elle a désespéré	ils/elles ont désespéré

Imperfect

je désespérais	nous désespérions
tu désespérais	vous désespériez
il/elle désespérait	ils/elles désespéraient

Pluperfect

j'avais désespéré	nous avions désespéré
tu avais désespéré	vous aviez désespéré
il/elle avait désespéré	ils/elles avaient désespéré

Passé Simple

je désespérai	nous désespérâmes
tu désespéras	vous désespérâtes
il/elle désespéra	ils/elles désespérèrent

Past Anterior

j'eus désespéré	nous eûmes désespéré
tu eus désespéré	vous eûtes désespéré
il/elle eut désespéré	ils/elles eurent désespéré

Future

je désespérerai	nous désespérerons
tu désespéreras	vous désespérerez
il/elle désespérera	ils/elles désespéreront

Future Anterior

j'aurai désespéré	nous aurons désespéré
tu auras désespéré	vous aurez désespéré
il/elle aura désespéré	ils/elles auront désespéré

Conditional

je désespérerais	nous désespérerions
tu désespérerais	vous désespéreriez
il/elle désespérerait	ils/elles désespéreraient

Past Conditional

j'aurais désespéré	nous aurions désespéré
tu aurais désespéré	vous auriez désespéré
il/elle aurait désespéré	ils/elles auraient désespéré

Present Subjunctive

que je désespère	que nous désespérions
que tu désespères	que vous désespériez
qu'il/elle désespère	qu'ils/elles désespèrent

Past Subjunctive

que j'aie désespéré	que nous ayons désespéré
que tu aies désespéré	que vous ayez désespéré
qu'il/elle ait désespéré	qu'ils/elles aient désespéré

Imperfect Subjunctive

que je désespérasse	que nous désespérassions
que tu désespérasses	que vous désespérassiez
qu'il/elle désespérât	qu'ils/elles désespérassent

Pluperfect Subjunctive

que j'eusse désespéré	que nous eussions désespéré
que tu eusses désespéré	que vous eussiez désespéré
qu'il/elle eût désespéré	qu'ils/elles eussent désespéré

Commands

	(nous) désespérons
(tu) désespère	(vous) désespérez

(USAGE)

—Je désespère de réussir à cet examen.	*I have given up on passing this exam.*
—Il ne faut jamais désespérer.	*You must never give up. / Never say die.*
Cet enfant me désespère!	*What am I going to do with that child?*
Elle ne désespère pas de retrouver son père.	*She still hopes to find her father.*

RELATED WORDS AND EXPRESSIONS

le désespoir	*despair*
être au désespoir	*to be desperate / have lost all hope*
désespéré(e)	*desperate*
Le malade est dans un état désespéré.	*The patient is in critical condition.*
désespérant(e)	*hopeless*
Il est d'une lenteur désespérante.	*He's hopelessly slow.*
L'hôpital recherche désespérément des infirmières.	*The hospital is desperately seeking nurses.*

regular *-er* reflexive verb;
compound tenses with *être*

je me déshabille · je me déshabillai ·
s'étant déshabillé · se déshabillant

Present

je me déshabille	nous nous déshabillons
tu te déshabilles	vous vous déshabillez
il/elle se déshabille	ils/elles se déshabillent

Passé Composé

je me suis déshabillé(e)	nous nous sommes déshabillé(e)s
tu t'es déshabillé(e)	vous vous êtes déshabillé(e)(s)
il/elle s'est déshabillé(e)	ils/elles se sont déshabillé(e)s

Imperfect

je me déshabillais	nous nous déshabillions
tu te déshabillais	vous vous déshabilliez
il/elle se déshabillait	ils/elles se déshabillaient

Pluperfect

je m'étais déshabillé(e)	nous nous étions déshabillé(e)s
tu t'étais déshabillé(e)	vous vous étiez déshabillé(e)(s)
il/elle s'était déshabillé(e)	ils/elles s'étaient déshabillé(e)s

Passé Simple

je me déshabillai	nous nous déshabillâmes
tu te déshabillas	vous vous déshabillâtes
il/elle se déshabilla	ils/elles se déshabillèrent

Past Anterior

je me fus déshabillé(e)	nous nous fûmes déshabillé(e)s
tu te fus déshabillé(e)	vous vous fûtes déshabillé(e)(s)
il/elle se fut déshabillé(e)	ils/elles se furent déshabillé(e)s

Future

je me déshabillerai	nous nous déshabillerons
tu te déshabilleras	vous vous déshabillerez
il/elle se déshabillera	ils/elles se déshabilleront

Future Anterior

je me serai déshabillé(e)	nous nous serons déshabillé(e)s
tu te seras déshabillé(e)	vous vous serez déshabillé(e)(s)
il/elle se sera déshabillé(e)	ils/elles se seront déshabillé(e)s

Conditional

je me déshabillerais	nous nous déshabillerions
tu te déshabillerais	vous vous déshabilleriez
il/elle se déshabillerait	ils/elles se déshabilleraient

Past Conditional

je me serais déshabillé(e)	nous nous serions déshabillé(e)s
tu te serais déshabillé(e)	vous vous seriez déshabillé(e)(s)
il/elle se serait déshabillé(e)	ils/elles se seraient déshabillé(e)s

Present Subjunctive

que je me déshabille	que nous nous déshabillions
que tu te déshabilles	que vous vous déshabilliez
qu'il/elle se déshabille	qu'ils/elles se déshabillent

Past Subjunctive

que je me sois déshabillé(e)	que nous nous soyons déshabillé(e)s
que tu te sois déshabillé(e)	que vous vous soyez déshabillé(e)(s)
qu'il/elle se soit déshabillé(e)	qu'ils/elles se soient déshabillé(e)s

Imperfect Subjunctive

que je me déshabillasse	que nous nous déshabillassions
que tu te déshabillasses	que vous vous déshabillassiez
qu'il/elle se déshabillât	qu'ils/elles se déshabillassent

Pluperfect Subjunctive

que je me fusse déshabillé(e)	que nous nous fussions déshabillé(e)s
que tu te fusses déshabillé(e)	que vous vous fussiez déshabillé(e)(s)
qu'il/elle se fût déshabillé(e)	qu'ils/elles se fussent déshabillé(e)s

Commands

	(nous) déshabillons-nous
(tu) déshabille-toi	(vous) déshabillez-vous

(USAGE)

—Le petit Jacquot ne peut pas encore
  se déshabiller.
—Allez le déshabiller. Je vous attends.

Les enfants se déshabillent pour se coucher.
Les invités peuvent se déshabiller dans
  l'entrée.

*Little Jacquot can't get undressed
  by himself.*
Go undress him. I'll wait for you.

The children are getting undressed to go to bed.
The guests can leave their things in the entryway.

RELATED WORDS AND EXPRESSIONS

être en déshabillé
déshabiller Pierre pour habiller Paul

to be in a negligee
to rob Peter to pay Paul (lit., *to undress Peter
  in order to dress/clothe Paul*)

désirer *to desire, want*

je désire · je désirai · désiré · désirant

regular -er verb

Present			
je désire	nous désirons		
tu désires	vous désirez		
il/elle désire	ils/elles désirent		

Passé Composé	
j'ai désiré	nous avons désiré
tu as désiré	vous avez désiré
il/elle a désiré	ils/elles ont désiré

Imperfect	
je désirais	nous désirions
tu désirais	vous désiriez
il/elle désirait	ils/elles désiraient

Pluperfect	
j'avais désiré	nous avions désiré
tu avais désiré	vous aviez désiré
il/elle avait désiré	ils/elles avaient désiré

Passé Simple	
je désirai	nous désirâmes
tu désiras	vous désirâtes
il/elle désira	ils/elles désirèrent

Past Anterior	
j'eus désiré	nous eûmes désiré
tu eus désiré	vous eûtes désiré
il/elle eut désiré	ils/elles eurent désiré

Future	
je désirerai	nous désirerons
tu désireras	vous désirerez
il/elle désirera	ils/elles désireront

Future Anterior	
j'aurai désiré	nous aurons désiré
tu auras désiré	vous aurez désiré
il/elle aura désiré	ils/elles auront désiré

Conditional	
je désirerais	nous désirerions
tu désirerais	vous désireriez
il/elle désirerait	ils/elles désireraient

Past Conditional	
j'aurais désiré	nous aurions désiré
tu aurais désiré	vous auriez désiré
il/elle aurait désiré	ils/elles auraient désiré

Present Subjunctive	
que je désire	que nous désirions
que tu désires	que vous désiriez
qu'il/elle désire	qu'ils/elles désirent

Past Subjunctive	
que j'aie désiré	que nous ayons désiré
que tu aies désiré	que vous ayez désiré
qu'il/elle ait désiré	qu'ils/elles aient désiré

Imperfect Subjunctive	
que je désirasse	que nous désirassions
que tu désirasses	que vous désirassiez
qu'il/elle désirât	qu'ils/elles désirassent

Pluperfect Subjunctive	
que j'eusse désiré	que nous eussions désiré
que tu eusses désiré	que vous eussiez désiré
qu'il/elle eût désiré	qu'ils/elles eussent désiré

Commands

	(nous) désirons
(tu) désire	(vous) désirez

USAGE

Votre rapport laisse beaucoup à désirer.	*Your report leaves a lot to be desired.*
Je désirais voir M. Durocher.	*I wanted to see Mr. Durocher.*
Cette famille a tout ce qu'elle peut désirer.	*That family has everything they could possibly want.*
Cette maison est formidable! Je ne pourrais désirer mieux.	*This house is terrific! I couldn't ask for anything better.*
Vous désirez?	*How can I help you?* (in stores, etc.)
Madame désire?	*How can I help you, Madam?* (in stores, etc.)

RELATED WORDS AND EXPRESSIONS

le désir	*desire*
Je n'ai jamais eu le désir de vivre à l'étranger.	*I never had the desire to live abroad.*
Il faut susciter le désir d'apprendre chez les enfants.	*You must awaken in children the desire to learn.*
prendre ses désirs pour la réalité	*to engage in wishful thinking*

regular -er verb

je dessine · je dessinai · dessiné · dessinant

Present		Passé Composé	
je dessine	nous dessinons	j'ai dessiné	nous avons dessiné
tu dessines	vous dessinez	tu as dessiné	vous avez dessiné
il/elle dessine	ils/elles dessinent	il/elle a dessiné	ils/elles ont dessiné

Imperfect		Pluperfect	
je dessinais	nous dessinions	j'avais dessiné	nous avions dessiné
tu dessinais	vous dessiniez	tu avais dessiné	vous aviez dessiné
il/elle dessinait	ils/elles dessinaient	il/elle avait dessiné	ils/elles avaient dessiné

Passé Simple		Past Anterior	
je dessinai	nous dessinâmes	j'eus dessiné	nous eûmes dessiné
tu dessinas	vous dessinâtes	tu eus dessiné	vous eûtes dessiné
il/elle dessina	ils/elles dessinèrent	il/elle eut dessiné	ils/elles eurent dessiné

Future		Future Anterior	
je dessinerai	nous dessinerons	j'aurai dessiné	nous aurons dessiné
tu dessineras	vous dessinerez	tu auras dessiné	vous aurez dessiné
il/elle dessinera	ils/elles dessineront	il/elle aura dessiné	ils/elles auront dessiné

Conditional		Past Conditional	
je dessinerais	nous dessinerions	j'aurais dessiné	nous aurions dessiné
tu dessinerais	vous dessineriez	tu aurais dessiné	vous auriez dessiné
il/elle dessinerait	ils/elles dessineraient	il/elle aurait dessiné	ils/elles auraient dessiné

Present Subjunctive		Past Subjunctive	
que je dessine	que nous dessinions	que j'aie dessiné	que nous ayons dessiné
que tu dessines	que vous dessiniez	que tu aies dessiné	que vous ayez dessiné
qu'il/elle dessine	qu'ils/elles dessinent	qu'il/elle ait dessiné	qu'ils/elles aient dessiné

Imperfect Subjunctive		Pluperfect Subjunctive	
que je dessinasse	que nous dessinassions	que j'eusse dessiné	que nous eussions dessiné
que tu dessinasses	que vous dessinassiez	que tu eusses dessiné	que vous eussiez dessiné
qu'il/elle dessinât	qu'ils/elles dessinassent	qu'il/elle eût dessiné	qu'ils/elles eussent dessiné

Commands

	(nous) dessinons
(tu) dessine	(vous) dessinez

—Tu dessines bien?	Are you good at drawing?
—Non, je suis nul en dessin.	No, I'm very bad at drawing.
dessiner à grands traits	to make a rough sketch of
—J'ai dessiné son visage à grands traits.	I sketched his/her face.
—Vous l'avez dessiné au crayon?	Did you draw in pencil?
—Non, à l'encre.	No, in ink.

RELATED WORDS AND EXPRESSIONS

le dessin	drawing
faire un dessin	to make a drawing
Tu n'as pas besoin de faire un dessin. Je comprends très bien.	You don't have to go to any great lengths to explain. I understand very well.
le dessin assisté par ordinateur (DAO)	computer-aided design (CAD)
bien dessiné(e)	well-defined
Il a des traits bien dessinés.	He has well-defined features.

se détendre *to relax*

je me détends · je me détendis · s'étant détendu · se détendant

regular -re reflexive verb;
compound tenses with *être*

Present

je me détends	nous nous détendons
tu te détends	vous vous détendez
il/elle se détend	ils/elles se détendent

Passé Composé

je me suis détendu(e)	nous nous sommes détendu(e)s
tu t'es détendu(e)	vous vous êtes détendu(e)(s)
il/elle s'est détendu(e)	ils/elles se sont détendu(e)s

Imperfect

je me détendais	nous nous détendions
tu te détendais	vous vous détendiez
il/elle se détendait	ils/elles se détendaient

Pluperfect

je m'étais détendu(e)	nous nous étions détendu(e)s
tu t'étais détendu(e)	vous vous étiez détendu(e)(s)
il/elle s'était détendu(e)	ils/elles s'étaient détendu(e)s

Passé Simple

je me détendis	nous nous détendîmes
tu te détendis	vous vous détendîtes
il/elle se détendit	ils/elles se détendirent

Past Anterior

je me fus détendu(e)	nous nous fûmes détendu(e)s
tu te fus détendu(e)	vous vous fûtes détendu(e)(s)
il/elle se fut détendu(e)	ils/elles se furent détendu(e)s

Future

je me détendrai	nous nous détendrons
tu te détendras	vous vous détendrez
il/elle se détendra	ils/elles se détendront

Future Anterior

je me serai détendu(e)	nous nous serons détendu(e)s
tu te seras détendu(e)	vous vous serez détendu(e)(s)
il/elle se sera détendu(e)	ils/elles se seront détendu(e)s

Conditional

je me détendrais	nous nous détendrions
tu te détendrais	vous vous détendriez
il/elle se détendrait	ils/elles se détendraient

Past Conditional

je me serais détendu(e)	nous nous serions détendu(e)s
tu te serais détendu(e)	vous vous seriez détendu(e)(s)
il/elle se serait détendu(e)	ils/elles se seraient détendu(e)s

Present Subjunctive

que je me détende	que nous nous détendions
que tu te détendes	que vous vous détendiez
qu'il/elle se détende	qu'ils/elles se détendent

Past Subjunctive

que je me sois détendu(e)	que nous nous soyons détendu(e)s
que tu te sois détendu(e)	que vous vous soyez détendu(e)(s)
qu'il/elle se soit détendu(e)	qu'ils/elles se soient détendu(e)s

Imperfect Subjunctive

que je me détendisse	que nous nous détendissions
que tu te détendisses	que vous vous détendissiez
qu'il/elle se détendît	qu'ils/elles se détendissent

Pluperfect Subjunctive

que je me fusse détendu(e)	que nous nous fussions détendu(e)s
que tu te fusses détendu(e)	que vous vous fussiez détendu(e)(s)
qu'il/elle se fût détendu(e)	qu'ils/elles se fussent détendu(e)s

Commands

	(nous) détendons-nous
(tu) détends-toi	(vous) détendez-vous

USAGE

Détendez-vous un peu!	*Relax a little!*
—Je me suis assis à côté du fleuve pour me détendre.	*I sat down next to the river to relax.*
—C'est bien. Il faut que vous vous détendiez.	*Good. You have to relax.*
Il faut bien se détendre après une journée de travail.	*You have to relax after a day of work.*

RELATED WORDS AND EXPRESSIONS

la détente	*relaxation; spring/trigger*
J'ai besoin d'une demi-heure de détente.	*I need a half hour of relaxation.*
Les employés n'ont pas une minute de détente.	*The employees don't have a minute to relax.*
appuyer sur la détente	*to pull the trigger*
Cet homme est dur à la détente. (*familiar*)	*That man is tightfisted.* (with money)

regular -er verb

je déteste · je détestai · détesté · détestant

Present		Passé Composé	
je déteste	nous détestons	j'ai détesté	nous avons détesté
tu détestes	vous détestez	tu as détesté	vous avez détesté
il/elle déteste	ils/elles détestent	il/elle a détesté	ils/elles ont détesté

Imperfect		Pluperfect	
je détestais	nous détestions	j'avais détesté	nous avions détesté
tu détestais	vous détestiez	tu avais détesté	vous aviez détesté
il/elle détestait	ils/elles détestaient	il/elle avait détesté	ils/elles avaient détesté

Passé Simple		Past Anterior	
je détestai	nous détestâmes	j'eus détesté	nous eûmes détesté
tu détestas	vous détestâtes	tu eus détesté	vous eûtes détesté
il/elle détesta	ils/elles détestèrent	il/elle eut détesté	ils/elles eurent détesté

Future		Future Anterior	
je détesterai	nous détesterons	j'aurai détesté	nous aurons détesté
tu détesteras	vous détesterez	tu auras détesté	vous aurez détesté
il/elle détestera	ils/elles détesteront	il/elle aura détesté	ils/elles auront détesté

Conditional		Past Conditional	
je détesterais	nous détesterions	j'aurais détesté	nous aurions détesté
tu détesterais	vous détesteriez	tu aurais détesté	vous auriez détesté
il/elle détesterait	ils/elles détesteraient	il/elle aurait détesté	ils/elles auraient détesté

Present Subjunctive		Past Subjunctive	
que je déteste	que nous détestions	que j'aie détesté	que nous ayons détesté
que tu détestes	que vous détestiez	que tu aies détesté	que vous ayez détesté
qu'il/elle déteste	qu'ils/elles détestent	qu'il/elle ait détesté	qu'ils/elles aient détesté

Imperfect Subjunctive		Pluperfect Subjunctive	
que je détestasse	que nous détestassions	que j'eusse détesté	que nous eussions détesté
que tu détestasses	que vous détestassiez	que tu eusses détesté	que vous eussiez détesté
qu'il/elle détestât	qu'ils/elles détestassent	qu'il/elle eût détesté	qu'ils/elles eussent détesté

Commands

	(nous) détestons
(tu) déteste	(vous) détestez

USAGE

détester qqn/qqch	*to hate someone/something*
Je déteste ce fonctionnaire.	*I hate that government official/worker.*
—Elle ne l'aime plus. Elle dit qu'elle le déteste.	*She doesn't like him anymore. She says she hates him.*
—Lui, il dit la même chose. Ils se détestent donc.	*He says the same thing. So they hate each other.*
Je déteste la chaleur.	*I hate the heat.*
Je déteste les légumes surgelés.	*I hate frozen vegetables.*
détester faire qqch	*to hate doing something*
Je déteste apporter mon déjeuner.	*I hate bringing my lunch.*

RELATED WORDS AND EXPRESSIONS

détestable	*detestable*

détourner *to divert, reroute, hijack; to distort*

je détourne · je détournai · détourné · détournant

regular -er verb

Present		Passé Composé	
je détourne	nous détournons	j'ai détourné	nous avons détourné
tu détournes	vous détournez	tu as détourné	vous avez détourné
il/elle détourne	ils/elles détournent	il/elle a détourné	ils/elles ont détourné

Imperfect		Pluperfect	
je détournais	nous détournions	j'avais détourné	nous avions détourné
tu détournais	vous détourniez	tu avais détourné	vous aviez détourné
il/elle détournait	ils/elles détournaient	il/elle avait détourné	ils/elles avaient détourné

Passé Simple		Past Anterior	
je détournai	nous détournâmes	j'eus détourné	nous eûmes détourné
tu détournas	vous détournâtes	tu eus détourné	vous eûtes détourné
il/elle détourna	ils/elles détournèrent	il/elle eut détourné	ils/elles eurent détourné

Future		Future Anterior	
je détournerai	nous détournerons	j'aurai détourné	nous aurons détourné
tu détourneras	vous détournerez	tu auras détourné	vous aurez détourné
il/elle détournera	ils/elles détourneront	il/elle aura détourné	ils/elles auront détourné

Conditional		Past Conditional	
je détournerais	nous détournerions	j'aurais détourné	nous aurions détourné
tu détournerais	vous détourneriez	tu aurais détourné	vous auriez détourné
il/elle détournerait	ils/elles détourneraient	il/elle aurait détourné	ils/elles auraient détourné

Present Subjunctive		Past Subjunctive	
que je détourne	que nous détournions	que j'aie détourné	que nous ayons détourné
que tu détournes	que vous détourniez	que tu aies détourné	que vous ayez détourné
qu'il/elle détourne	qu'ils/elles détournent	qu'il/elle ait détourné	qu'ils/elles aient détourné

Imperfect Subjunctive		Pluperfect Subjunctive	
que je détournasse	que nous détournassions	que j'eusse détourné	que nous eussions détourné
que tu détournasses	que vous détournassiez	que tu eusses détourné	que vous eussiez détourné
qu'il/elle détournât	qu'ils/elles détournassent	qu'il/elle eût détourné	qu'ils/elles eussent détourné

Commands

	(nous) détournons
(tu) détourne	(vous) détournez

USAGE

On a détourné notre train par Lyon.	Our train was rerouted through Lyons.
Ses amies l'ont détournée du droit chemin.	Her friends caused her to go astray.
Les terroristes ont détourné un avion.	The terrorists hijacked a plane.
détourner les yeux	to avert one's glance
détourner l'attention de qqn	to divert someone's attention
détourner des fonds	to embezzle money
Ne détournez pas le sens de mes mots.	Don't twist the meaning of my words.

RELATED WORDS AND EXPRESSIONS

le détournement d'un avion	the hijacking of a plane
le détournement des fonds	embezzlement

irregular verb
je détruis · je détruisis · détruit · détruisant

Present		Passé Composé	
je détruis	nous détruisons	j'ai détruit	nous avons détruit
tu détruis	vous détruisez	tu as détruit	vous avez détruit
il/elle détruit	ils/elles détruisent	il/elle a détruit	ils/elles ont détruit

Imperfect		Pluperfect	
je détruisais	nous détruisions	j'avais détruit	nous avions détruit
tu détruisais	vous détruisiez	tu avais détruit	vous aviez détruit
il/elle détruisait	ils/elles détruisaient	il/elle avait détruit	ils/elles avaient détruit

Passé Simple		Past Anterior	
je détruisis	nous détruisîmes	j'eus détruit	nous eûmes détruit
tu détruisis	vous détruisîtes	tu eus détruit	vous eûtes détruit
il/elle détruisit	ils/elles détruisirent	il/elle eut détruit	ils/elles eurent détruit

Future		Future Anterior	
je détruirai	nous détruirons	j'aurai détruit	nous aurons détruit
tu détruiras	vous détruirez	tu auras détruit	vous aurez détruit
il/elle détruira	ils/elles détruiront	il/elle aura détruit	ils/elles auront détruit

Conditional		Past Conditional	
je détruirais	nous détruirions	j'aurais détruit	nous aurions détruit
tu détruirais	vous détruiriez	tu aurais détruit	vous auriez détruit
il/elle détruirait	ils/elles détruiraient	il/elle aurait détruit	ils/elles auraient détruit

Present Subjunctive		Past Subjunctive	
que je détruise	que nous détruisions	que j'aie détruit	que nous ayons détruit
que tu détruises	que vous détruisiez	que tu aies détruit	que vous ayez détruit
qu'il/elle détruise	qu'ils/elles détruisent	qu'il/elle ait détruit	qu'ils/elles aient détruit

Imperfect Subjunctive		Pluperfect Subjunctive	
que je détruisisse	que nous détruisissions	que j'eusse détruit	que nous eussions détruit
que tu détruisisses	que vous détruisissiez	que tu eusses détruit	que vous eussiez détruit
qu'il/elle détruisît	qu'ils/elles détruisissent	qu'il/elle eût détruit	qu'ils/elles eussent détruit

Commands

	(nous) détruisons
(tu) détruis	(vous) détruisez

USAGE

—Le bombardement a détruit le port.	*The bombing destroyed the port.*
—Les alentours du port ont aussi été détruits.	*The area around the port was also destroyed.*
Le feu a détruit la maison.	*Fire destroyed the house.*
La grêle a détruit la récolte.	*The hail destroyed the harvest.*
La mort de leur enfant a détruit leur vie.	*The death of their child destroyed their lives.*

RELATED WORDS AND EXPRESSIONS

la destruction	*destruction*
Ils craignaient la destruction de leur pays.	*They feared the destruction of their country.*
destructeur/destructrice	*destructive*
une guerre destructrice	*a destructive/devastating war*

développer · *to develop*

je développe · je développai · développé · développant

regular -er verb

Present

je développe	nous développons
tu développes	vous développez
il/elle développe	ils/elles développent

Passé Composé

j'ai développé	nous avons développé
tu as développé	vous avez développé
il/elle a développé	ils/elles ont développé

Imperfect

je développais	nous développions
tu développais	vous développiez
il/elle développait	ils/elles développaient

Pluperfect

j'avais développé	nous avions développé
tu avais développé	vous aviez développé
il/elle avait développé	ils/elles avaient développé

Passé Simple

je développai	nous développâmes
tu développas	vous développâtes
il/elle développa	ils/elles développèrent

Past Anterior

j'eus développé	nous eûmes développé
tu eus développé	vous eûtes développé
il/elle eut développé	ils/elles eurent développé

Future

je développerai	nous développerons
tu développeras	vous développerez
il/elle développera	ils/elles développeront

Future Anterior

j'aurai développé	nous aurons développé
tu auras développé	vous aurez développé
il/elle aura développé	ils/elles auront développé

Conditional

je développerais	nous développerions
tu développerais	vous développeriez
il/elle développerait	ils/elles développeraient

Past Conditional

j'aurais développé	nous aurions développé
tu aurais développé	vous auriez développé
il/elle aurait développé	ils/elles auraient développé

Present Subjunctive

que je développe	que nous développions
que tu développes	que vous développiez
qu'il/elle développe	qu'ils/elles développent

Past Subjunctive

que j'aie développé	que nous ayons développé
que tu aies développé	que vous ayez développé
qu'il/elle ait développé	qu'ils/elles aient développé

Imperfect Subjunctive

que je développasse	que nous développassions
que tu développasses	que vous développassiez
qu'il/elle développât	qu'ils/elles développassent

Pluperfect Subjunctive

que j'eusse développé	que nous eussions développé
que tu eusses développé	que vous eussiez développé
qu'il/elle eût développé	qu'ils/elles eussent développé

Commands

	(nous) développons
(tu) développe	(vous) développez

USAGE

Ils ont développé mes photos.	They developed my photos.
Ce pays a besoin d'un soutien international pour développer son économie.	This country needs international support to develop its economy.
Il fait des exercices pour développer ses muscles.	He exercises to develop his muscles.
Elle a développé une application multi plate-forme.	She developed a cross-platform application.
Développer une entreprise, c'est innover.	To develop a business is to innovate.

RELATED WORDS AND EXPRESSIONS

le développement	development
le développement de la civilisation humaine	the development of human civilization
le développement de l'intelligence chez l'enfant	the development of intelligence in the child
pays en voie de développement	developing country
Ces outils facilitent le développement d'un site Web.	These tools make the development of a website easier.

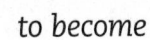

irregular verb;
compound tenses with *être*

je deviens · je devins · devenu · devenant

Present		Passé Composé	
je deviens	nous devenons	je suis devenu(e)	nous sommes devenu(e)s
tu deviens	vous devenez	tu es devenu(e)	vous êtes devenu(e)(s)
il/elle devient	ils/elles deviennent	il/elle est devenu(e)	ils/elles sont devenu(e)s

Imperfect		Pluperfect	
je devenais	nous devenions	j'étais devenu(e)	nous étions devenu(e)s
tu devenais	vous deveniez	tu étais devenu(e)	vous étiez devenu(e)(s)
il/elle devenait	ils/elles devenaient	il/elle était devenu(e)	ils/elles étaient devenu(e)s

Passé Simple		Past Anterior	
je devins	nous devînmes	je fus devenu(e)	nous fûmes devenu(e)s
tu devins	vous devîntes	tu fus devenu(e)	vous fûtes devenu(e)(s)
il/elle devint	ils/elles devinrent	il/elle fut devenu(e)	ils/elles furent devenu(e)s

Future		Future Anterior	
je deviendrai	nous deviendrons	je serai devenu(e)	nous serons devenu(e)s
tu deviendras	vous deviendrez	tu seras devenu(e)	vous serez devenu(e)(s)
il/elle deviendra	ils/elles deviendront	il/elle sera devenu(e)	ils/elles seront devenu(e)s

Conditional		Past Conditional	
je deviendrais	nous deviendrions	je serais devenu(e)	nous serions devenu(e)s
tu deviendrais	vous deviendriez	tu serais devenu(e)	vous seriez devenu(e)(s)
il/elle deviendrait	ils/elles deviendraient	il/elle serait devenu(e)	ils/elles seraient devenu(e)s

Present Subjunctive		Past Subjunctive	
que je devienne	que nous devenions	que je sois devenu(e)	que nous soyons devenu(e)s
que tu deviennes	que vous deveniez	que tu sois devenu(e)	que vous soyez devenu(e)(s)
qu'il/elle devienne	qu'ils/elles deviennent	qu'il/elle soit devenu(e)	qu'ils/elles soient devenu(e)s

Imperfect Subjunctive		Pluperfect Subjunctive	
que je devinsse	que nous devinssions	que je fusse devenu(e)	que nous fussions devenu(e)s
que tu devinsses	que vous devinssiez	que tu fusses devenu(e)	que vous fussiez devenu(e)(s)
qu'il/elle devînt	qu'ils/elles devinssent	qu'il/elle fût devenu(e)	qu'ils/elles fussent devenu(e)s

Commands

	(nous) devenons
(tu) deviens	(vous) devenez

devenir + *adjective*	to get/become + adjective
Il devient inquiet.	*He's getting upset/nervous.*
Les élèves deviennent paresseux.	*The pupils are getting lazy.*
La situation devenait grave.	*The situation was becoming serious.*
Ce film devient ennuyeux.	*The film is getting boring.*
devenir + *noun*	to become + noun
Après de longues études il est devenu chirurgien.	*After many years of study he became a surgeon.*
Notre candidat a gagné aux élections et est devenu président.	*Our candidate won the elections and became president.*
La grenouille devint un prince.	*The frog turned into a prince.*

RELATED WORDS AND EXPRESSIONS

le devenir	*becoming/evolution/transformation*
La vie est un constant devenir.	*Life is constant change.*

devenir   *to become*

je deviens · je devins · devenu · devenant

irregular verb;
compound tenses with *être*

❸ —On le cherchait partout sans pouvoir le trouver.	We were looking for him for a long time without being able to find him.
—Qu'est-ce qu'il était devenu?	Where in heaven had he gone? / What had become of him?
Ça fait longtemps que je n'ai pas vu ton cousin. Qu'est-ce qu'il devient?	It's been a long time since I've seen your cousin. How are things with him?
Tiens! C'est toi! Qu'est-ce que tu deviens?	Well! It's you! How have you been?
Que sont devenues mes clés?	What happened to my keys?
Je ne réussis pas à trouver mon stylo. Je ne sais pas ce qu'il est devenu.	I can't find my pen. I don't know what happened to it.
Que deviendrait ce vieillard sans ses enfants?	What would become of that old man without his children?
❸ —Cette conversation devient désagréable.	This conversation is getting unpleasant.
—C'est parce que toi, tu deviens grossier.	That's because you are getting rude.
❸ —Notre situation devient de plus en plus difficile.	Our situation is getting more and more difficult.
—Je ne sais pas si on va pouvoir tenir. C'est à devenir fou.	I don't know if we'll make it. It's enough to drive you mad.
❸ —Nos efforts deviennent inutiles.	Our efforts are becoming useless.
—Oui, le travail devient impossible.	Yes, the work is getting impossible.
Quand on lui a demandé si elle était amoureuse, elle est devenue toute rouge.	When they asked her if she was in love, she got all red.
Ces jeunes gens deviennent de plus en plus hostiles à la société.	Those young people are getting more and more hostile to society.
À l'armée il était devenu capitaine.	He had become a captain in the army.
Mon fils veut devenir professeur.	My son wants to become a teacher.
Le petit garçon que tu connaissais est devenu un homme maintenant.	The little boy you used to know has become a man.
Il devient utile de savoir plusieurs langues.	It's become useful to know several languages.
Il devient de plus en plus facile d'obtenir un prêt pour acheter une voiture.	It's becoming easier and easier to get a loan to buy a car.
Il devient impossible de trouver une chambre d'hôtel dans notre ville.	It's becoming impossible to find a hotel room in our town.
Lorsqu'on emploie trop de temps à voyager, on devient enfin étranger en son pays. *(René Descartes)*	When you spend too much time traveling, you wind up becoming a stranger in your own country.
N'imitez rien ni personne. Un lion qui copie un lion devient un singe. *(Victor Hugo)*	Don't imitate anything or anyone. A lion who imitates a lion becomes a monkey.

irregular verb; feminine form
of past participle *dû* is *due*

je dois · je dus · dû · devant

Present		Passé Composé	
je dois	nous devons	j'ai dû	nous avons dû
tu dois	vous devez	tu as dû	vous avez dû
il/elle doit	ils/elles doivent	il/elle a dû	ils/elles ont dû

Imperfect		Pluperfect	
je devais	nous devions	j'avais dû	nous avions dû
tu devais	vous deviez	tu avais dû	vous aviez dû
il/elle devait	ils/elles devaient	il/elle avait dû	ils/elles avaient dû

Passé Simple		Past Anterior	
je dus	nous dûmes	j'eus dû	nous eûmes dû
tu dus	vous dûtes	tu eus dû	vous eûtes dû
il/elle dut	ils/elles durent	il/elle eut dû	ils/elles eurent dû

Future		Future Anterior	
je devrai	nous devrons	j'aurai dû	nous aurons dû
tu devras	vous devrez	tu auras dû	vous aurez dû
il/elle devra	ils/elles devront	il/elle aura dû	ils/elles auront dû

Conditional		Past Conditional	
je devrais	nous devrions	j'aurais dû	nous aurions dû
tu devrais	vous devriez	tu aurais dû	vous auriez dû
il/elle devrait	ils/elles devraient	il/elle aurait dû	ils/elles auraient dû

Present Subjunctive		Past Subjunctive	
que je doive	que nous devions	que j'aie dû	que nous ayons dû
que tu doives	que vous deviez	que tu aies dû	que vous ayez dû
qu'il/elle doive	qu'ils/elles doivent	qu'il/elle ait dû	qu'ils/elles aient dû

Imperfect Subjunctive		Pluperfect Subjunctive	
que je dusse	que nous dussions	que j'eusse dû	que nous eussions du
que tu dusses	que vous dussiez	que tu eusses dû	que vous eussiez dû
qu'il/elle dût	qu'ils/elles dussent	qu'il/elle eût dû	qu'ils/elles eussent dû

Commands

	(nous) devons
(tu) dois	(vous) devez

Ce type me doit mille euros.	That guy owes me one thousand euros.
Il doit de grosses sommes d'argent à ses amis.	He owes his friends large sums of money.
Je ne demande que ce qui m'est dû.	I ask for only what is due me / what I am owed.
devoir + *infinitive*	to have to, ought to do something
Qu'est-ce qu'on doit faire?	What should we do?
Tu dois lui téléphoner de temps en temps.	You ought to call him/her from time to time.

RELATED WORDS AND EXPRESSIONS

le devoir	*duty*
C'est un homme de devoir.	*He's a man who does his duty.*
les devoirs *(mpl)*	*homework*
faire ses devoirs	*to do one's homework*
—Ces enfants doivent aller dormir.	*These children ought to go to sleep.*
—Il leur faut faire leurs devoirs avant de se coucher.	*They have to do their homework before going to bed.*

devoir *to owe; should, ought, must*

je dois · je dus · dû · devant

*irregular verb; feminine form
of past participle dû is due*

---

devoir = avoir une dette

❸ —Quand est-ce que tu me paieras ce que tu me dois?

—Comment? Je t'ai déjà remboursé. Je ne te dois plus rien.

❸ —Tu dois ta réussite à ce professeur?

—Oui, je lui dois tout.

Nous devons notre liberté aux soldats qui ont défendu le pays.

When will you pay me what you owe me?

What? I already paid you back. I don't owe you anything more.

Do you owe your success to that professor?
Yes, I owe everything to him.

We owe our freedom to the soldiers who defended the country.

devoir (present tense) + infinitive

❸ —Vous devez travailler un peu plus.

—Et vous, vous devez vous taire.

❸ —Il n'est pas encore arrivé?

—Pas encore. Son train doit avoir du retard.

Tu ne dois pas lui parler sur ce ton.

Je ne dois pas faire du jogging par cette chaleur.

You should work harder.
And you should keep quiet.

He hasn't arrived yet?
Not yet. His train must be delayed.

You shouldn't speak to him in that tone of voice.

I shouldn't jog in this heat.

devoir (passé composé tense) + infinitive

J'avais oublié mon portefeuille. J'ai dû rentrer.

La montre qu'ils m'ont vendue ne marchait pas. Ils ont dû me rendre mon argent.

I had forgotten my wallet. I had to go back home.

The watch they sold me didn't work. They had to give me my money back.

devoir (future tense) + infinitive

❸ —Regarde! Quelqu'un a essayé de crocheter la serrure!

—La police devra être mise au courant.

Look! Someone tried to pick the lock!

The police will have to be informed.

devoir (imperfect tense) + infinitive

En rentrant de l'école, je devais toujours aider ma mère.

Il est toujours là? Je croyais qu'il devait partir.

Cet hôtel ne devait pas être très bon.

When I would come home from school, I always had to help my mother.

He's still here? I thought he was supposed to leave.

I don't think the hotel was very good. / The hotel must not have been very good.

devoir (conditional) + infinitive

❸ —Il m'agace. Je devrais lui en parler.

—Tu devrais être plus gentil avec lui, tu sais?

He's irritating me. I should talk to him about it.
You should be kinder to him, you know.

devoir (past conditional) + infinitive

❸ —Tu n'aurais jamais dû venir sans prévenir.

—Oui, j'aurais dû leur téléphoner de la gare.

You should never have come without warning.
Yes, I should have called them from the train station.

se devoir de + infinitive to owe it to oneself to

Il se doit d'avouer ce qu'il sait.

He owes it to himself to admit what he knows.

regular -er verb

je dîne · je dînai · dîné · dînant

Present	
je dîne	nous dînons
tu dînes	vous dînez
il/elle dîne	ils/elles dînent

Passé Composé	
j'ai dîné	nous avons dîné
tu as dîné	vous avez dîné
il/elle a dîné	ils/elles ont dîné

Imperfect	
je dînais	nous dînions
tu dînais	vous dîniez
il/elle dînait	ils/elles dînaient

Pluperfect	
j'avais dîné	nous avions dîné
tu avais dîné	vous aviez dîné
il/elle avait dîné	ils/elles avaient dîné

Passé Simple	
je dînai	nous dînâmes
tu dînas	vous dînâtes
il/elle dîna	ils/elles dînèrent

Past Anterior	
j'eus dîné	nous eûmes dîné
tu eus dîné	vous eûtes dîné
il/elle eut dîné	ils/elles eurent dîné

Future	
je dînerai	nous dînerons
tu dîneras	vous dînerez
il/elle dînera	ils/elles dîneront

Future Anterior	
j'aurai dîné	nous aurons dîné
tu auras dîné	vous aurez dîné
il/elle aura dîné	ils/elles auront dîné

Conditional	
je dînerais	nous dînerions
tu dînerais	vous dîneriez
il/elle dînerait	ils/elles dîneraient

Past Conditional	
j'aurais dîné	nous aurions dîné
tu aurais dîné	vous auriez dîné
il/elle aurait dîné	ils/elles auraient dîné

Present Subjunctive	
que je dîne	que nous dînions
que tu dînes	que vous dîniez
qu'il/elle dîne	qu'ils/elles dînent

Past Subjunctive	
que j'aie dîné	que nous ayons dîné
que tu aies dîné	que vous ayez dîné
qu'il/elle ait dîné	qu'ils/elles aient dîné

Imperfect Subjunctive	
que je dînasse	que nous dînassions
que tu dînasses	que vous dînassiez
qu'il/elle dînât	qu'ils/elles dînassent

Pluperfect Subjunctive	
que j'eusse dîné	que nous eussions dîné
que tu eusses dîné	que vous eussiez dîné
qu'il/elle eût dîné	qu'ils/elles eussent dîné

Commands

	(nous) dînons
(tu) dîne	(vous) dînez

USAGE

—Vous dînez chez vous ce soir? *Are you having dinner at home this evening?*
—Non, nous dînons en ville. *No, we're eating out.*
—Tous les restaurants sont fermés! *All the restaurants are closed!*
Ce soir j'ai du monde à dîner. *This evening I have guests for dinner.*

RELATED WORDS AND EXPRESSIONS

le dîner *dinner*
C'est l'heure du dîner. *It's time for dinner.*
Un dîner dans un restaurant *Dinner in a fancy restaurant is expensive.*
 de luxe coûte cher.
Ce cabaret offre un dîner-spectacle *This nightclub is offering a dinner and show*
 samedi. *this Saturday.*

dire *to say, tell*

je dis · je dis · dit · disant

irregular verb

dire + noun

ce qu'on peut dire	*what one can say*
dire la vérité	*to tell the truth*
Je vous dirai mes projets.	*I'll tell you my plans.*
Dites-moi la nouvelle.	*Tell me the news.*

dire reporting information

Elle m'a dit que les enfants étaient fatigués.	*She told me that the children were tired.*
Il faut que tu me dises ce qui t'intéresse.	*You must tell me what interests you.*
Vous pouvez me dire où se trouve l'hôpital?	*Can you tell me where the hospital is?*
Dites-moi combien ça coûte.	*Tell me how much it is.*
Il m'a dit comment faire pour arriver chez lui.	*He told me how to get to his house.*

❸ —Vous pouvez me dire qui il est? — *Can you tell me who he is?*
—Je ne peux même pas vous dire comment il s'appelle. — *I can't even tell you what his name is.*

❸ —Je veux un de ces bonbons. — *I want one of these candies.*
—Dis-moi lequel tu veux. — *Tell me which one you want.*

dire à qqn de faire qqch or dire à qqn qu'il + subjunctive *to tell someone to do something*

Dis-lui de faire la lessive.	*Tell him to do the laundry.*
Dis-lui qu'il fasse la lessive.	*Tell him to do the laundry.*

dire = penser

On dirait un médecin.	*You'd think he/she was a doctor.*
On dirait qu'il avait travaillé à l'étranger.	*You'd think he had worked abroad.*
Dans ce restaurant, on se dirait en France.	*In this restaurant you'd think you were in France.*

dire = plaire, intéresser

❸ —Ça vous dit d'assister au concert? — *Do you feel like going to the concert?*
—Non, merci, ça ne me dit rien. — *No, I don't feel like it.*
Si le cœur vous en dit. — *If you really feel like it.*

RELATED WORDS AND EXPRESSIONS

À qui le dis-tu!	*You're telling me!*
À ce qu'il dit, la situation à l'entreprise est mauvaise.	*According to what he says, the situation at the firm is bad.*
Je ne te le fais pas dire.	*I'm not putting words in your mouth.*
Je ne me le fais pas dire deux fois.	*You don't have to tell me twice.*
dire la bonne aventure	*to tell fortunes*
la diseuse de bonne aventure	*the fortune-teller*
Je lui ai dit son fait.	*I told him off.*
C'est tout dire.	*There's nothing more to be said.*

❸ —Que veut dire ce mot? — *What does this word mean?*
—Je ne sais pas ce qu'il veut dire. — *I don't know what it means.*
Dis donc! Qu'est-ce que tu fais là? — *Well, now. What are you doing there?*
Ça en dit long. — *That tells you a lot about it.*

je dis · je dis · dit · disant

irregular verb

Present
je dis	nous disons
tu dis	vous dites
il/elle dit	ils/elles disent

Imperfect
je disais	nous disions
tu disais	vous disiez
il/elle disait	ils/elles disaient

Passé Simple
je dis	nous dîmes
tu dis	vous dîtes
il/elle dit	ils/elles dirent

Future
je dirai	nous dirons
tu diras	vous direz
il/elle dira	ils/elles diront

Conditional
je dirais	nous dirions
tu dirais	vous diriez
il/elle dirait	ils/elles diraient

Passé Composé
j'ai dit	nous avons dit
tu as dit	vous avez dit
il/elle a dit	ils/elles ont dit

Pluperfect
j'avais dit	nous avions dit
tu avais dit	vous aviez dit
il/elle avait dit	ils/elles avaient dit

Past Anterior
j'eus dit	nous eûmes dit
tu eus dit	vous eûtes dit
il/elle eut dit	ils/elles eurent dit

Future Anterior
j'aurai dit	nous aurons dit
tu auras dit	vous aurez dit
il/elle aura dit	ils/elles auront dit

Past Conditional
j'aurais dit	nous aurions dit
tu aurais dit	vous auriez dit
il/elle aurait dit	ils/elles auraient dit

Present Subjunctive
que je dise	que nous disions
que tu dises	que vous disiez
qu'il/elle dise	qu'ils/elles disent

Imperfect Subjunctive
que je disse	que nous dissions
que tu disses	que vous dissiez
qu'il/elle dît	qu'ils/elles dissent

Past Subjunctive
que j'aie dit	que nous ayons dit
que tu aies dit	que vous ayez dit
qu'il/elle ait dit	qu'ils/elles aient dit

Pluperfect Subjunctive
que j'eusse dit	que nous eussions dit
que tu eusses dit	que vous eussiez dit
qu'il/elle eût dit	qu'ils/elles eussent dit

Commands
	(nous) disons
(tu) dis	(vous) dites

USAGE

dire qqch	to say something
—Qu'est-ce qu'il en pense?	What does he think of it?
—Je ne sais pas. Il n'a rien dit.	I don't know. He didn't say anything.
dire que	to say that
Je t'ai dit que c'était lui le coupable!	I told you that he was the guilty one.
dire + *interrogative word*	to tell + interrogative word
Il ne m'a pas encore dit quand il arrivera.	He still hasn't told me when he will arrive.
Je lui ai dit pourquoi j'étais fâché.	I told him why I was angry.
dire + *ce qui or ce que*	to tell what
Dis-moi ce qui t'a plu.	Tell me what you liked.
Ils vont nous dire ce qu'ils veulent.	They're going to tell us what they want.
dire à qqn de faire qqch	to tell someone to do something
Je leur ai dit de sortir.	I told them to go out.
Je vous ai dit de ne pas me déranger.	I told you not to bother me.
Qu'est-ce qu'il t'a dit de faire?	What did he tell you to do?

discuter *to discuss, argue*

je discute · je discutai · discuté · discutant

regular -*er* verb

Present		Passé Composé	
je discute	nous discutons	j'ai discuté	nous avons discuté
tu discutes	vous discutez	tu as discuté	vous avez discuté
il/elle discute	ils/elles discutent	il/elle a discuté	ils/elles ont discuté

Imperfect		Pluperfect	
je discutais	nous discutions	j'avais discuté	nous avions discuté
tu discutais	vous discutiez	tu avais discuté	vous aviez discuté
il/elle discutait	ils/elles discutaient	il/elle avait discuté	ils/elles avaient discuté

Passé Simple		Past Anterior	
je discutai	nous discutâmes	j'eus discuté	nous eûmes discuté
tu discutas	vous discutâtes	tu eus discuté	vous eûtes discuté
il/elle discuta	ils/elles discutèrent	il/elle eut discuté	ils/elles eurent discuté

Future		Future Anterior	
je discuterai	nous discuterons	j'aurai discuté	nous aurons discuté
tu discuteras	vous discuterez	tu auras discuté	vous aurez discuté
il/elle discutera	ils/elles discuteront	il/elle aura discuté	ils/elles auront discuté

Conditional		Past Conditional	
je discuterais	nous discuterions	j'aurais discuté	nous aurions discuté
tu discuterais	vous discuteriez	tu aurais discuté	vous auriez discuté
il/elle discuterait	ils/elles discuteraient	il/elle aurait discuté	ils/elles auraient discuté

Present Subjunctive		Past Subjunctive	
que je discute	que nous discutions	que j'aie discuté	que nous ayons discuté
que tu discutes	que vous discutiez	que tu aies discuté	que vous ayez discuté
qu'il/elle discute	qu'ils/elles discutent	qu'il/elle ait discuté	qu'ils/elles aient discuté

Imperfect Subjunctive		Pluperfect Subjunctive	
que je discutasse	que nous discutassions	que j'eusse discuté	que nous eussions discuté
que tu discutasses	que vous discutassiez	que tu eusses discuté	que vous eussiez discuté
qu'il/elle discutât	qu'ils/elles discutassent	qu'il/elle eût discuté	qu'ils/elles eussent discuté

Commands

	(nous) discutons
(tu) discute	(vous) discutez

USAGE

discuter de qqch
Ces projets? Ils en discuteront longuement.

Viens au café. On va discuter le coup.
Qui est-il pour discuter mes ordres?
Il est inutile de discuter.
C'est une idée qui se discute.
Il est difficile de discuter de politique sans parti-pris.

to discuss something
These plans? They'll be talking about them for a long time.
Come to the café. We'll talk things over.
Who is he to question my orders?
There's no use arguing.
It's an idea people are discussing.
It is difficult to discuss politics without bias.

RELATED WORDS AND EXPRESSIONS

la discussion
Aucune discussion n'est possible avec eux.
Pourquoi tant de discussion?
être en pleine discussion

discussion/argument
There's no discussing things with them.
Why so much arguing?
to be in the middle of a discussion/debate

irregular verb

je disparais · je disparus · disparu · disparaissant

Present

je disparais	nous disparaissons
tu disparais	vous disparaissez
il/elle disparaît	ils/elles disparaissent

Passé Composé

j'ai disparu	nous avons disparu
tu as disparu	vous avez disparu
il/elle a disparu	ils/elles ont disparu

Imperfect

je disparaissais	nous disparaissions
tu disparaissais	vous disparaissiez
il/elle disparaissait	ils/elles disparaissaient

Pluperfect

j'avais disparu	nous avions disparu
tu avais disparu	vous aviez disparu
il/elle avait disparu	ils/elles avaient disparu

Passé Simple

je disparus	nous disparûmes
tu disparus	vous disparûtes
il/elle disparut	ils/elles disparurent

Past Anterior

j'eus disparu	nous eûmes disparu
tu eus disparu	vous eûtes disparu
il/elle eut disparu	ils/elles eurent disparu

Future

je disparaîtrai	nous disparaîtrons
tu disparaîtras	vous disparaîtrez
il/elle disparaîtra	ils/elles disparaîtront

Future Anterior

j'aurai disparu	nous aurons disparu
tu auras disparu	vous aurez disparu
il/elle aura disparu	ils/elles auront disparu

Conditional

je disparaîtrais	nous disparaîtrions
tu disparaîtrais	vous disparaîtriez
il/elle disparaîtrait	ils/elles disparaîtraient

Past Conditional

j'aurais disparu	nous aurions disparu
tu aurais disparu	vous auriez disparu
il/elle aurait disparu	ils/elles auraient disparu

Present Subjunctive

que je disparaisse	que nous disparaissions
que tu disparaisses	que vous disparaissiez
qu'il/elle disparaisse	qu'ils/elles disparaissent

Past Subjunctive

que j'aie disparu	que nous ayons disparu
que tu aies disparu	que vous ayez disparu
qu'il/elle ait disparu	qu'ils/elles aient disparu

Imperfect Subjunctive

que je disparusse	que nous disparussions
que tu disparusses	que vous disparussiez
qu'il/elle disparût	qu'ils/elles disparussent

Pluperfect Subjunctive

que j'eusse disparu	que nous eussions disparu
que tu eusses disparu	que vous eussiez disparu
qu'il/elle eût disparu	qu'ils/elles eussent disparu

Commands

	(nous) disparaissons
(tu) disparais	(vous) disparaissez

USAGE

Le train a disparu dans le tunnel.	The train disappeared into the tunnel.
Tous les documents ont disparu.	All the documents have disappeared.
C'est une coutume en voie de disparaître.	It's a custom that is disappearing.
Les ennemis du dictateur ont commencé à disparaître.	The dictator's enemies have begun to disappear.
Ma serviette a disparu.	My briefcase has disappeared. / I've lost my briefcase.
Votre message a fait disparaître mes soucis.	Your message relieved my anxiety.

RELATED WORDS AND EXPRESSIONS

la disparition	disappearance
La disparition de la stagiaire fait l'objet d'une enquête policière.	The intern's disappearance is the subject of a police investigation.
disparu(e)	disappeared
une civilisation disparue	a vanished civilization
un soldat porté disparu	a missing soldier

diviser *to divide*

je divise · je divisai · divisé · divisant

regular -er verb

	Present		**Passé Composé**
je divise	nous divisons	j'ai divisé	nous avons divisé
tu divises	vous divisez	tu as divisé	vous avez divisé
il/elle divise	ils/elles divisent	il/elle a divisé	ils/elles ont divisé

	Imperfect		**Pluperfect**
je divisais	nous divisions	j'avais divisé	nous avions divisé
tu divisais	vous divisiez	tu avais divisé	vous aviez divisé
il/elle divisait	ils/elles divisaient	il/elle avait divisé	ils/elles avaient divisé

	Passé Simple		**Past Anterior**
je divisai	nous divisâmes	j'eus divisé	nous eûmes divisé
tu divisas	vous divisâtes	tu eus divisé	vous eûtes divisé
il/elle divisa	ils/elles divisèrent	il/elle eut divisé	ils/elles eurent divisé

	Future		**Future Anterior**
je diviserai	nous diviserons	j'aurai divisé	nous aurons divisé
tu diviseras	vous diviserez	tu auras divisé	vous aurez divisé
il/elle divisera	ils/elles diviseront	il/elle aura divisé	ils/elles auront divisé

	Conditional		**Past Conditional**
je diviserais	nous diviserions	j'aurais divisé	nous aurions divisé
tu diviserais	vous diviseriez	tu aurais divisé	vous auriez divisé
il/elle diviserait	ils/elles diviseraient	il/elle aurait divisé	ils/elles auraient divisé

	Present Subjunctive		**Past Subjunctive**
que je divise	que nous divisions	que j'aie divisé	que nous ayons divisé
que tu divises	que vous divisiez	que tu aies divisé	que vous ayez divisé
qu'il/elle divise	qu'ils/elles divisent	qu'il/elle ait divisé	qu'ils/elles aient divisé

	Imperfect Subjunctive		**Pluperfect Subjunctive**
que je divisasse	que nous divisassions	que j'eusse divisé	que nous eussions divisé
que tu divisasses	que vous divisassiez	que tu eusses divisé	que vous eussiez divisé
qu'il/elle divisât	qu'ils/elles divisassent	qu'il/elle eût divisé	qu'ils/elles eussent divisé

Commands

	(nous) divisons
(tu) divise	(vous) divisez

USAGE

Douze divisé par quatre font trois.	Twelve divided by four equals three.
Divisez la pâtisserie en deux.	Divide the pastry in two.
Notre pays est divisé en cinquante états.	Our country is divided into fifty states.
Il savait diviser pour régner.	He knew how to divide and conquer.
un pays divisé	a divided country
Les chercheurs sont divisés sur ce sujet.	Researchers are in disagreement about this subject.

RELATED WORDS AND EXPRESSIONS

la division	division
faire une division	to do a division problem (math)
semer la division	to sow discord

regular -er verb

Present		Passé Composé	
je donne	nous donnons	j'ai donné	nous avons donné
tu donnes	vous donnez	tu as donné	vous avez donné
il/elle donne	ils/elles donnent	il/elle a donné	ils/elles ont donné

Imperfect		Pluperfect	
je donnais	nous donnions	j'avais donné	nous avions donné
tu donnais	vous donniez	tu avais donné	vous aviez donné
il/elle donnait	ils/elles donnaient	il/elle avait donné	ils/elles avaient donné

Passé Simple		Past Anterior	
je donnai	nous donnâmes	j'eus donné	nous eûmes donné
tu donnas	vous donnâtes	tu eus donné	vous eûtes donné
il/elle donna	ils/elles donnèrent	il/elle eut donné	ils/elles eurent donné

Future		Future Anterior	
je donnerai	nous donnerons	j'aurai donné	nous aurons donné
tu donneras	vous donnerez	tu auras donné	vous aurez donné
il/elle donnera	ils/elles donneront	il/elle aura donné	ils/elles auront donné

Conditional		Past Conditional	
je donnerais	nous donnerions	j'aurais donné	nous aurions donné
tu donnerais	vous donneriez	tu aurais donné	vous auriez donné
il/elle donnerait	ils/elles donneraient	il/elle aurait donné	ils/elles auraient donné

Present Subjunctive		Past Subjunctive	
que je donne	que nous donnions	que j'aie donné	que nous ayons donné
que tu donnes	que vous donniez	que tu aies donné	que vous ayez donné
qu'il/elle donne	qu'ils/elles donnent	qu'il/elle ait donné	qu'ils/elles aient donné

Imperfect Subjunctive		Pluperfect Subjunctive	
que je donnasse	que nous donnassions	que j'eusse donné	que nous eussions donné
que tu donnasses	que vous donnassiez	que tu eusses donné	que vous eussiez donné
qu'il/elle donnât	qu'ils/elles donnassent	qu'il/elle eût donné	qu'ils/elles eussent donné

Commands

	(nous) donnons
(tu) donne	(vous) donnez

USAGE

donner qqch à qqn	to give something to someone
Elle nous a donné de très beaux cadeaux.	She gave us very lovely gifts.
Elle a donné un baiser à son fiancé.	She gave her fiancé a kiss.
Elle a donné un coup de pied au chat.	She kicked the cat.
Donné c'est donné.	You can't take back a gift.
C'est à qui de donner?	Whose turn is it to deal? (cards)

RELATED WORDS AND EXPRESSIONS

le don	gift
avoir un don pour le dessin	to have a gift for drawing
doué(e)	gifted
Il est doué pour les langues.	He has a gift for languages.
C'est un enfant super doué.	He's an extremely gifted child.
se donner	to give oneself to
Le pays s'est donné un nouveau président.	The country chose a new president.

(donner) *to give*

je donne · je donnai · donné · donnant

regular -er verb

---

donner, donner qqch

🔊 —Tu vends ces meubles?
—Non, je les donne.

Les pommiers ont beaucoup donné cette année.
Ils ont donné une belle réception.
Je donnerais beaucoup pour savoir ce qu'il va faire.

Are you selling this furniture?
No, I'm giving it away.

The apple trees bore a lot of fruit this year.
They gave a beautiful reception.
I'd give anything to know what he is going to do.

donner qqch à qqn

🔊 —Qui t'a donné cette bicyclette?
—Personne ne me l'a donnée. Je l'ai achetée.

Le capitaine a donné l'ordre de partir.
Ils n'ont pas encore donné un nom à leur enfant.
Cette pluie me donne envie de dormir.
Il n'est pas donné à tout le monde de chanter comme ça.
donner un pourboire au serveur
donner libre cours à son imagination

Who gave you that bicycle?
No one gave it to me. I bought it.

The captain gave the order to leave.
They haven't yet named their child.
This rain makes me want to sleep.
Not everyone can sing like that.

to give the waiter a tip
to let one's imagination roam freely

donner à + infinitive

🔊 —L'enfant a faim et soif.
—Il faut lui donner à manger et à boire.

Son message m'a donné à entendre qu'il n'allait pas venir.
Ses réponses donnent à rire.
Son refus nous a donné à penser qu'il n'était pas sincère.
Cette situation donne à réfléchir.
Il faut que je donne mon costume à nettoyer.

The child is hungry and thirsty.
We have to feed him and give him something to drink.

His message led me to believe that he wasn't going to come.
His answers make people laugh.
His refusal made us think he was not sincere.

This situation has given me food for thought.
I have to give my suit to be cleaned.

RELATED WORDS AND EXPRESSIONS

On lui donnerait le bon Dieu sans confession.
Je vous le donne en mille.
Je donne ma langue au chat.
Ils ne se donnent pas la peine de nous contacter.
Le lapin a donné dans le piège.
Son arrivée a donné naissance à des bruits ridicules.

He looks as if butter wouldn't melt in his mouth.
You'll never guess.
I give up. (guessing games)
They don't take the trouble to get in touch with us.
The rabbit fell into the trap.
His arrival gave rise to ridiculous rumors.

PROVERB

Qui donne aux pauvres prête à Dieu.

He who gives to the poor lays up a treasure in heaven.

irregular verb

je dors · je dormis · dormi · dormant

Present
je dors	nous dormons
tu dors	vous dormez
il/elle dort	ils/elles dorment

Passé Composé
j'ai dormi	nous avons dormi
tu as dormi	vous avez dormi
il/elle a dormi	ils/elles ont dormi

Imperfect
je dormais	nous dormions
tu dormais	vous dormiez
il/elle dormait	ils/elles dormaient

Pluperfect
j'avais dormi	nous avions dormi
tu avais dormi	vous aviez dormi
il/elle avait dormi	ils/elles avaient dormi

Passé Simple
je dormis	nous dormîmes
tu dormis	vous dormîtes
il/elle dormit	ils/elles dormirent

Past Anterior
j'eus dormi	nous eûmes dormi
tu eus dormi	vous eûtes dormi
il/elle eut dormi	ils/elles eurent dormi

Future
je dormirai	nous dormirons
tu dormiras	vous dormirez
il/elle dormira	ils/elles dormiront

Future Anterior
j'aurai dormi	nous aurons dormi
tu auras dormi	vous aurez dormi
il/elle aura dormi	ils/elles auront dormi

Conditional
je dormirais	nous dormirions
tu dormirais	vous dormiriez
il/elle dormirait	ils/elles dormiraient

Past Conditional
j'aurais dormi	nous aurions dormi
tu aurais dormi	vous auriez dormi
il/elle aurait dormi	ils/elles auraient dormi

Present Subjunctive
que je dorme	que nous dormions
que tu dormes	que vous dormiez
qu'il/elle dorme	qu'ils/elles dorment

Past Subjunctive
que j'aie dormi	que nous ayons dormi
que tu aies dormi	que vous ayez dormi
qu'il/elle ait dormi	qu'ils/elles aient dormi

Imperfect Subjunctive
que je dormisse	que nous dormissions
que tu dormisses	que vous dormissiez
qu'il/elle dormît	qu'ils/elles dormissent

Pluperfect Subjunctive
que j'eusse dormi	que nous eussions dormi
que tu eusses dormi	que vous eussiez dormi
qu'il/elle eût dormi	qu'ils/elles eussent dormi

Commands
	(nous) dormons
(tu) dors	(vous) dormez

Dors bien!	*Sleep well!*
Il dort comme un loir.	*He sleeps like a log* (lit., *dormouse*).
J'ai mal/bien dormi.	*I slept badly/well.*
C'est une histoire à dormir debout.	*It's a cock and bull story.*
—Il dort encore?	*He's still sleeping?*
—Oui, il dort très tard.	*Yes, he sleeps late.*
—Tu as sommeil?	*Are you sleepy?*
—Oui, très. Je dors debout.	*Yes, very. I can hardly stand up.*
—Les problèmes de ton fils t'inquiètent?	*Do your son's problems worry you?*
—Oui, je n'en dors pas.	*Yes, I can't sleep because of them.*

PROVERB

Méfiez-vous de l'eau qui dort.	*Still waters run deep.*

douter) *to doubt*

je doute · je doutai · douté · doutant

regular *-er* verb

Present		Passé Composé	
je doute	nous doutons	j'ai douté	nous avons douté
tu doutes	vous doutez	tu as douté	vous avez douté
il/elle doute	ils/elles doutent	il/elle a douté	ils/elles ont douté

Imperfect		Pluperfect	
je doutais	nous doutions	j'avais douté	nous avions douté
tu doutais	vous doutiez	tu avais douté	vous aviez douté
il/elle doutait	ils/elles doutaient	il/elle avait douté	ils/elles avaient douté

Passé Simple		Past Anterior	
je doutai	nous doutâmes	j'eus douté	nous eûmes douté
tu doutas	vous doutâtes	tu eus douté	vous eûtes douté
il/elle douta	ils/elles doutèrent	il/elle eut douté	ils/elles eurent douté

Future		Future Anterior	
je douterai	nous douterons	j'aurai douté	nous aurons douté
tu douteras	vous douterez	tu auras douté	vous aurez douté
il/elle doutera	ils/elles douteront	il/elle aura douté	ils/elles auront douté

Conditional		Past Conditional	
je douterais	nous douterions	j'aurais douté	nous aurions douté
tu douterais	vous douteriez	tu aurais douté	vous auriez douté
il/elle douterait	ils/elles douteraient	il/elle aurait douté	ils/elles auraient douté

Present Subjunctive		Past Subjunctive	
que je doute	que nous doutions	que j'aie douté	que nous ayons douté
que tu doutes	que vous doutiez	que tu aies douté	que vous ayez douté
qu'il/elle doute	qu'ils/elles doutent	qu'il/elle ait douté	qu'ils/elles aient douté

Imperfect Subjunctive		Pluperfect Subjunctive	
que je doutasse	que nous doutassions	que j'eusse douté	que nous eussions douté
que tu doutasses	que vous doutassiez	que tu eusses douté	que vous eussiez douté
qu'il/elle doutât	qu'ils/elles doutassent	qu'il/elle eût douté	qu'ils/elles eussent douté

Commands

	(nous) doutons
(tu) doute	(vous) doutez

(**USAGE**)

douter de + *noun*	*to doubt something*
—Vous doutez de sa sincérité?	*Do you doubt his sincerity?*
—Oui, j'en doute.	*Yes, I have doubts about it.*
douter que + *subjunctive*	*to doubt that*
Je doute qu'elle puisse venir.	*I doubt that she can come.*
ne pas douter que + *indicative*	*not to doubt that*
Elle ne doute pas que nous l'appuyons.	*She doesn't doubt that we support her.*

RELATED WORDS AND EXPRESSIONS

le doute	*doubt*
avoir des doutes sur qqn	*to have doubts about someone*
sans aucun doute	*beyond the shadow of a doubt*
se douter de	*to suspect*
Je me doute de leurs intentions.	*I'm suspicious of their intentions.*

regular -er verb

j'échappe · j'échappai · échappé · échappant

Present

j'échappe	nous échappons
tu échappes	vous échappez
il/elle échappe	ils/elles échappent

Imperfect

j'échappais	nous échappions
tu échappais	vous échappiez
il/elle échappait	ils/elles échappaient

Passé Simple

j'échappai	nous échappâmes
tu échappas	vous échappâtes
il/elle échappa	ils/elles échappèrent

Future

j'échapperai	nous échapperons
tu échapperas	vous échapperez
il/elle échappera	ils/elles échapperont

Conditional

j'échapperais	nous échapperions
tu échapperais	vous échapperiez
il/elle échapperait	ils/elles échapperaient

Present Subjunctive

que j'échappe	que nous échappions
que tu échappes	que vous échappiez
qu'il/elle échappe	qu'ils/elles échappent

Imperfect Subjunctive

que j'échappasse	que nous échappassions
que tu échappasses	que vous échappassiez
qu'il/elle échappât	qu'ils/elles échappassent

Passé Composé

j'ai échappé	nous avons échappé
tu as échappé	vous avez échappé
il/elle a échappé	ils/elles ont échappé

Pluperfect

j'avais échappé	nous avions échappé
tu avais échappé	vous aviez échappé
il/elle avait échappé	ils/elles avaient échappé

Past Anterior

j'eus échappé	nous eûmes échappé
tu eus échappé	vous eûtes échappé
il/elle eut échappé	ils/elles eurent échappé

Future Anterior

j'aurai échappé	nous aurons échappé
tu auras échappé	vous aurez échappé
il/elle aura échappé	ils/elles auront échappé

Past Conditional

j'aurais échappé	nous aurions échappé
tu aurais échappé	vous auriez échappé
il/elle aurait échappé	ils/elles auraient échappé

Past Subjunctive

que j'aie échappé	que nous ayons échappé
que tu aies échappé	que vous ayez échappé
qu'il/elle ait échappé	qu'ils/elles aient échappé

Pluperfect Subjunctive

que j'eusse échappé	que nous eussions échappé
que tu eusses échappé	que vous eussiez échappé
qu'il/elle eût échappé	qu'ils/elles eussent échappé

Commands

	(nous) échappons
(tu) échappe	(vous) échappez

USAGE

Ils ont échappé à la mort.	*They escaped death.*
Je m'excuse, mais votre nom m'échappe.	*I'm sorry, but your name escapes me.*
Le chien a échappé à son maître.	*The dog got away from his master.*
Cette épidémie est terrible. Personne n'y échappe.	*This epidemic is terrible. No one is untouched by it.*
Il sera difficile d'échapper à ce danger.	*It will be difficult to avoid this danger.*
Ce pays a échappé à la crise économique internationale.	*This country has avoided the international economic crisis.*
Les paysans ont essayé d'échapper aux soldats.	*The peasants tried to get away from the soldiers.*
Le malfaiteur a échappé aux recherches de la police.	*The criminal was undetected by the police search.*
laisser échapper l'occasion	*to let the opportunity slip by*

RELATED WORDS AND EXPRESSIONS

l'échappatoire (f)	*escape / way out*
l'échappement (m)	*exhaust* (motor vehicle)
une échappée	*a brief moment*
faire les choses par échappées	*to do things by fits and starts*

IDIOM

l'échapper belle	*to have a narrow escape*

s'échapper *to escape, flee*

je m'échappe · je m'échappai · s'étant échappé · s'échappant

regular -er reflexive verb; compound tenses with être

Present

je m'échappe	nous nous échappons
tu t'échappes	vous vous échappez
il/elle s'échappe	ils/elles s'échappent

Passé Composé

je me suis échappé(e)	nous nous sommes échappé(e)s
tu t'es échappé(e)	vous vous êtes échappé(e)(s)
il/elle s'est échappé(e)	ils/elles se sont échappé(e)s

Imperfect

je m'échappais	nous nous échappions
tu t'échappais	vous vous échappiez
il/elle s'échappait	ils/elles s'échappaient

Pluperfect

je m'étais échappé(e)	nous nous étions échappé(e)s
tu t'étais échappé(e)	vous vous étiez échappé(e)(s)
il/elle s'était échappé(e)	ils/elles s'étaient échappé(e)s

Passé Simple

je m'échappai	nous nous échappâmes
tu t'échappas	vous vous échappâtes
il/elle s'échappa	ils/elles s'échappèrent

Past Anterior

je me fus échappé(e)	nous nous fûmes échappé(e)s
tu te fus échappé(e)	vous vous fûtes échappé(e)(s)
il/elle se fut échappé(e)	ils/elles se furent échappé(e)s

Future

je m'échapperai	nous nous échapperons
tu t'échapperas	vous vous échapperez
il/elle s'échappera	ils/elles s'échapperont

Future Anterior

je me serai échappé(e)	nous nous serons échappé(e)s
tu te seras échappé(e)	vous vous serez échappé(e)(s)
il/elle se sera échappé(e)	ils/elles se seront échappé(e)s

Conditional

je m'échapperais	nous nous échapperions
tu t'échapperais	vous vous échapperiez
il/elle s'échapperait	ils/elles s'échapperaient

Past Conditional

je me serais échappé(e)	nous nous serions échappé(e)s
tu te serais échappé(e)	vous vous seriez échappé(e)(s)
il/elle se serait échappé(e)	ils/elles se seraient échappé(e)s

Present Subjunctive

que je m'échappe	que nous nous échappions
que tu t'échappes	que vous vous échappiez
qu'il/elle s'échappe	qu'ils/elles s'échappent

Past Subjunctive

que je me sois échappé(e)	que nous nous soyons échappé(e)s
que tu te sois échappé(e)	que vous vous soyez échappé(e)(s)
qu'il/elle se soit échappé(e)	qu'ils/elles se soient échappé(e)s

Imperfect Subjunctive

que je m'échappasse	que nous nous échappassions
que tu t'échappasses	que vous vous échappassiez
qu'il/elle s'échappât	qu'ils/elles s'échappassent

Pluperfect Subjunctive

que je me fusse échappé(e)	que nous nous fussions échappé(e)s
que tu te fusses échappé(e)	que vous vous fussiez échappé(e)(s)
qu'il/elle se fût échappé(e)	qu'ils/elles se fussent échappé(e)s

Commands

	(nous) échappons-nous
(tu) échappe-toi	(vous) échappez-vous

Ça sent mauvais. J'ai l'impression que le gaz s'échappe.	It smells bad. I think gas is escaping.
Un prisonnier s'est échappé de la prison.	A prisoner escaped from jail.
—Tu es déjà là? Quel plaisir!	Already here? How delightful!
—Oui, j'ai réussi à m'échapper de bonne heure de l'usine.	Yes, I managed to slip away early from the factory.
—Maman! Où est notre perruche?	Mom! Where's our parakeet?
—Tu as laissé la cage ouverte. Elle s'est échappée.	You left the cage open. It flew away.
Je m'excuse. Je m'échappe un petit moment.	Excuse me. I'm going to leave the room for a moment.
S'il y a une attaque nucléaire, personne ne s'échappera vivant.	If there is a nuclear attack, no one will survive.

regular -er verb

j'échoue · j'échouai · échoué · échouant

Present

j'échoue	nous échouons
tu échoues	vous échouez
il/elle échoue	ils/elles échouent

Imperfect

j'échouais	nous échouions
tu échouais	vous échouiez
il/elle échouait	ils/elles échouaient

Passé Simple

j'échouai	nous échouâmes
tu échouas	vous échouâtes
il/elle échoua	ils/elles échouèrent

Future

j'échouerai	nous échouerons
tu échoueras	vous échouerez
il/elle échouera	ils/elles échoueront

Conditional

j'échouerais	nous échouerions
tu échouerais	vous échoueriez
il/elle échouerait	ils/elles échoueraient

Passé Composé

j'ai échoué	nous avons échoué
tu as échoué	vous avez échoué
il/elle a échoué	ils/elles ont échoué

Pluperfect

j'avais échoué	nous avions échoué
tu avais échoué	vous aviez échoué
il/elle avait échoué	ils/elles avaient échoué

Past Anterior

j'eus échoué	nous eûmes échoué
tu eus échoué	vous eûtes échoué
il/elle eut échoué	ils/elles eurent échoué

Future Anterior

j'aurai échoué	nous aurons échoué
tu auras échoué	vous aurez échoué
il/elle aura échoué	ils/elles auront échoué

Past Conditional

j'aurais échoué	nous aurions échoué
tu aurais échoué	vous auriez échoué
il/elle aurait échoué	ils/elles auraient échoué

Present Subjunctive

que j'échoue	que nous échouions
que tu échoues	que vous échouiez
qu'il/elle échoue	qu'ils/elles échouent

Imperfect Subjunctive

que j'échouasse	que nous échouassions
que tu échouasses	que vous échouassiez
qu'il/elle échouât	qu'ils/elles échouassent

Past Subjunctive

que j'aie échoué	que nous ayons échoué
que tu aies échoué	que vous ayez échoué
qu'il/elle ait échoué	qu'ils/elles aient échoué

Pluperfect Subjunctive

que j'eusse échoué	que nous eussions échoué
que tu eusses échoué	que vous eussiez échoué
qu'il/elle eût échoué	qu'ils/elles eussent échoué

Commands

	(nous) échouons
(tu) échoue	(vous) échouez

USAGE

échouer aux examens	to fail one's tests
échouer dans ses projets	to fail in one's plans
Les enfants qui ont des problèmes de comportement risquent d'échouer à l'école.	Children with conduct problems run the risk of failing in school.
On l'a mis à la porte parce qu'il a échoué dans son travail.	He was fired because he fell down on the job.
faire échouer	to thwart / frustrate / cause to fail
Nos concurrents ont fait échouer nos projets.	Our competitors thwarted our plans.
Vers deux heures du matin ils avaient échoué dans une petite boîte de nuit.	At about two in the morning they wound up in a small nightclub.

RELATED WORDS AND EXPRESSIONS

l'échec (m)	failure
subir un échec	to meet with failure

écouter to listen to

j'écoute · j'écoutai · écouté · écoutant

regular -er verb

Present

j'écoute	nous écoutons
tu écoutes	vous écoutez
il/elle écoute	ils/elles écoutent

Passé Composé

j'ai écouté	nous avons écouté
tu as écouté	vous avez écouté
il/elle a écouté	ils/elles ont écouté

Imperfect

j'écoutais	nous écoutions
tu écoutais	vous écoutiez
il/elle écoutait	ils/elles écoutaient

Pluperfect

j'avais écouté	nous avions écouté
tu avais écouté	vous aviez écouté
il/elle avait écouté	ils/elles avaient écouté

Passé Simple

j'écoutai	nous écoutâmes
tu écoutas	vous écoutâtes
il/elle écouta	ils/elles écoutèrent

Past Anterior

j'eus écouté	nous eûmes écouté
tu eus écouté	vous eûtes écouté
il/elle eut écouté	ils/elles eurent écouté

Future

j'écouterai	nous écouterons
tu écouteras	vous écouterez
il/elle écoutera	ils/elles écouteront

Future Anterior

j'aurai écouté	nous aurons écouté
tu auras écouté	vous aurez écouté
il/elle aura écouté	ils/elles auront écouté

Conditional

j'écouterais	nous écouterions
tu écouterais	vous écouteriez
il/elle écouterait	ils/elles écouteraient

Past Conditional

j'aurais écouté	nous aurions écouté
tu aurais écouté	vous auriez écouté
il/elle aurait écouté	ils/elles auraient écouté

Present Subjunctive

que j'écoute	que nous écoutions
que tu écoutes	que vous écoutiez
qu'il/elle écoute	qu'ils/elles écoutent

Past Subjunctive

que j'aie écouté	que nous ayons écouté
que tu aies écouté	que vous ayez écouté
qu'il/elle ait écouté	qu'ils/elles aient écouté

Imperfect Subjunctive

que j'écoutasse	que nous écoutassions
que tu écoutasses	que vous écoutassiez
qu'il/elle écoutât	qu'ils/elles écoutassent

Pluperfect Subjunctive

que j'eusse écouté	que nous eussions écouté
que tu eusses écouté	que vous eussiez écouté
qu'il/elle eût écouté	qu'ils/elles eussent écouté

Commands

	(nous) écoutons
(tu) écoute	(vous) écoutez

USAGE

écouter qqch/qqn	to listen to something/someone
écouter des cédés/chansons	to listen to CDs/songs
écouter le discours du Président	to listen to the president's speech
écouter le professeur	to listen to the teacher
Écoute(z)!	Listen!
C'est une personne qui ne sait pas écouter.	She's not a good listener.
Il m'a écouté jusqu'au bout.	He heard me out.
Fais attention. Ici il y a toujours quelqu'un qui écoute aux portes.	Be careful. There's always someone eavesdropping.
Écoute(z) ça un peu!	Can you believe what you're hearing?
faire écouter	to play (music, etc.)
Je vais te faire écouter la nouvelle chanson.	I'm going to play the new song for you.

RELATED WORDS AND EXPRESSIONS

s'écouter	to listen to oneself
Tu t'écoutes trop.	You're becoming a real hypochondriac.
Il aime s'écouter parler.	He likes to hear himself talk.

irregular verb

j'écris · j'écrivis · écrit · écrivant

Present

j'écris	nous écrivons
tu écris	vous écrivez
il/elle écrit	ils/elles écrivent

Imperfect

j'écrivais	nous écrivions
tu écrivais	vous écriviez
il/elle écrivait	ils/elles écrivaient

Passé Simple

j'écrivis	nous écrivîmes
tu écrivis	vous écrivîtes
il/elle écrivit	ils/elles écrivirent

Future

j'écrirai	nous écrirons
tu écriras	vous écrirez
il/elle écrira	ils/elles écriront

Conditional

j'écrirais	nous écririons
tu écrirais	vous écririez
il/elle écrirait	ils/elles écriraient

Passé Composé

j'ai écrit	nous avons écrit
tu as écrit	vous avez écrit
il/elle a écrit	ils/elles ont écrit

Pluperfect

j'avais écrit	nous avions écrit
tu avais écrit	vous aviez écrit
il/elle avait écrit	ils/elles avaient écrit

Past Anterior

j'eus écrit	nous eûmes écrit
tu eus écrit	vous eûtes écrit
il/elle eut écrit	ils/elles eurent écrit

Future Anterior

j'aurai écrit	nous aurons écrit
tu auras écrit	vous aurez écrit
il/elle aura écrit	ils/elles auront écrit

Past Conditional

j'aurais écrit	nous aurions écrit
tu aurais écrit	vous auriez écrit
il/elle aurait écrit	ils/elles auraient écrit

Present Subjunctive

que j'écrive	que nous écrivions
que tu écrives	que vous écriviez
qu'il/elle écrive	qu'ils/elles écrivent

Imperfect Subjunctive

que j'écrivisse	que nous écrivissions
que tu écrivisses	que vous écrivissiez
qu'il/elle écrivît	qu'ils/elles écrivissent

Past Subjunctive

que j'aie écrit	que nous ayons écrit
que tu aies écrit	que vous ayez écrit
qu'il/elle ait écrit	qu'ils/elles aient écrit

Pluperfect Subjunctive

que j'eusse écrit	que nous eussions écrit
que tu eusses écrit	que vous eussiez écrit
qu'il/elle eût écrit	qu'ils/elles eussent écrit

Commands

	(nous) écrivons
(tu) écris	(vous) écrivez

USAGE

écrire une lettre	to write a letter
écrire au crayon / à l'encre	to write in pencil/ink
écrire au tableau	to write on the board
écrire à la machine	to type
écrire un mot	to write a word
écrire ses coordonnées	to write down one's name and address
écrire dans la marge	to write in the margin
écrire qqch à qqn	to write something to someone
Écris-moi un petit mot.	Drop me a line.
Je lui ai écrit deux lettres, mais il ne m'a pas répondu.	I wrote two letters to him but he hasn't answered me.
Comment (est-ce que) ça s'écrit?	How do you spell that?
Le mot *ville* s'écrit avec deux *l*.	The word *ville* is spelled with two *l*s.
À l'âge de cinq ans elle savait déjà écrire.	She already knew how to write at the age of five.
Il m'a écrit qu'il arriverait jeudi prochain.	He wrote me that he would arrive next Thursday.

top 50 verb

écrire to write

j'écris · j'écrivis · écrit · écrivant

irregular verb

écrire des notes/commentaires	to write notes/comments
écrire une dissertation	to write a term paper
écrire sa thèse	to write one's thesis
Cet élève écrit mal.	This pupil writes poorly.
Ce stylo écrit mal.	This pen writes badly.

—Je ne réussis pas à ouvrir ce site Web. — *I can't open this website.*
—C'est que tu as écrit *a* au lieu de *e*. — *That's because you wrote* a *instead of* e.

Au bord de la mer les enfants écrivent leur nom dans le sable. — *At the seashore the children write their names in the sand.*

—Méfiez-vous si ce n'est pas écrit dans le contrat. — *Be careful if it is not written in the contract.*
—Ne vous en faites pas. C'est écrit noir sur blanc. — *Don't worry. It's written in black and white.*

—Tu as réservé une chambre? — *Did you reserve a room?*
—Oui. J'ai écrit à l'hôtel pour en réserver une. — *Yes. I wrote to the hotel to reserve one.*

—C'est ça que le chef a dit? — *Is that what the boss said?*
—Oui, je l'ai écrit sous la dictée. — *Yes, I took it down in dictation.*

—Ils s'écrivent? — *Do they write to each other?*
—Oui, ils s'écrivent par courrier électronique. — *Yes. They e-mail (each other).*

RELATED WORDS AND EXPRESSIONS

l'écriteau *(m)* *(pl.* les écriteaux)	sign/placard
l'écriture *(f)*	handwriting
Tu as une belle écriture.	You have nice handwriting.

—Tu as reconnu mon écriture? — *Did you recognize my handwriting?*
—Oui, ton écriture illisible est facile à reconnaître. — *Yes, your illegible handwriting is easy to recognize.*

les écritures *(fpl)*	bookkeeping entries
Qui tient les écritures ici?	Who keeps the books here?

—L'écriture arabe est compliquée. — *Arabic writing is complicated.*
—L'écriture russe est plus rapprochée à la notre. — *Russian writing is closer to ours.*

L'Écriture *(f)*	Scripture / the Bible
l'écrit *(m)*	written part of an exam
Il a eu 16 à l'écrit.	He got 16 on the written exam.
écrit(e)	written
Je vous donnerai vos ordres par écrit.	I'll give you your orders in writing.
la langue écrite	the written language
écrire comme un chat	to have terrible handwriting
Rien n'est écrit.	Nothing is set in stone.

regular -er verb; spelling change: c > ç/a, o   j'efface · j'effaçai · effacé · effaçant

---

Present
j'efface	nous effaçons
tu effaces	vous effacez
il/elle efface	ils/elles effacent

Passé Composé
j'ai effacé	nous avons effacé
tu as effacé	vous avez effacé
il/elle a effacé	ils/elles ont effacé

Imperfect
j'effaçais	nous effacions
tu effaçais	vous effaciez
il/elle effaçait	ils/elles effaçaient

Pluperfect
j'avais effacé	nous avions effacé
tu avais effacé	vous aviez effacé
il/elle avait effacé	ils/elles avaient effacé

Passé Simple
j'effaçai	nous effaçâmes
tu effaças	vous effaçâtes
il/elle effaça	ils/elles effacèrent

Past Anterior
j'eus effacé	nous eûmes effacé
tu eus effacé	vous eûtes effacé
il/elle eut effacé	ils/elles eurent effacé

Future
j'effacerai	nous effacerons
tu effaceras	vous effacerez
il/elle effacera	ils/elles effaceront

Future Anterior
j'aurai effacé	nous aurons effacé
tu auras effacé	vous aurez effacé
il/elle aura effacé	ils/elles auront effacé

Conditional
j'effacerais	nous effacerions
tu effacerais	vous effaceriez
il/elle effacerait	ils/elles effaceraient

Past Conditional
j'aurais effacé	nous aurions effacé
tu aurais effacé	vous auriez effacé
il/elle aurait effacé	ils/elles auraient effacé

Present Subjunctive
que j'efface	que nous effacions
que tu effaces	que vous effaciez
qu'il/elle efface	qu'ils/elles effacent

Past Subjunctive
que j'aie effacé	que nous ayons effacé
que tu aies effacé	que vous ayez effacé
qu'il/elle ait effacé	qu'ils/elles aient effacé

Imperfect Subjunctive
que j'effaçasse	que nous effaçassions
que tu effaçasses	que vous effaçassiez
qu'il/elle effaçât	qu'ils/elles effaçassent

Pluperfect Subjunctive
que j'eusse effacé	que nous eussions effacé
que tu eusses effacé	que vous eussiez effacé
qu'il/elle eût effacé	qu'ils/elles eussent effacé

Commands
	(nous) effaçons
(tu) efface	(vous) effacez

USAGE

Effacez ce que vous avez écrit.	Erase what you have written.
Effacez le tableau.	Erase the board.
J'espère que le temps effacera mes peines.	I hope that time will erase my sorrow.
Le bouton "Effacer l'historique" permet de vider instantanément l'historique du navigateur.	The "delete history" button allows you to instantly empty the browser history.
La secrétaire efface les données sensibles sur le disque dur.	The secretary deletes sensitive data on the hard drive.

RELATED WORDS AND EXPRESSIONS

s'effacer	to step aside
Je me suis effacé pour la laisser passer.	I stepped aside to let her pass.
Le candidat perdant s'est effacé devant l'autre.	The losing candidate conceded to the other one.

effrayer *to frighten*

j'effraie · j'effrayai · effrayé · effrayant

regular -er verb;
spelling change: y > i/mute *e*

Present

j'effraie	nous effrayons
tu effraies	vous effrayez
il/elle effraie	ils/elles effraient

Imperfect

j'effrayais	nous effrayions
tu effrayais	vous effrayiez
il/elle effrayait	ils/elles effrayaient

Passé Simple

j'effrayai	nous effrayâmes
tu effrayas	vous effrayâtes
il/elle effraya	ils/elles effrayèrent

Future

j'effraierai	nous effraierons
tu effraieras	vous effraierez
il/elle effraiera	ils/elles effraieront

Conditional

j'effraierais	nous effraierions
tu effraierais	vous effraieriez
il/elle effraierait	ils/elles effraieraient

Passé Composé

j'ai effrayé	nous avons effrayé
tu as effrayé	vous avez effrayé
il/elle a effrayé	ils/elles ont effrayé

Pluperfect

j'avais effrayé	nous avions effrayé
tu avais effrayé	vous aviez effrayé
il/elle avait effrayé	ils/elles avaient effrayé

Past Anterior

j'eus effrayé	nous eûmes effrayé
tu eus effrayé	vous eûtes effrayé
il/elle eut effrayé	ils/elles eurent effrayé

Future Anterior

j'aurai effrayé	nous aurons effrayé
tu auras effrayé	vous aurez effrayé
il/elle aura effrayé	ils/elles auront effrayé

Past Conditional

j'aurais effrayé	nous aurions effrayé
tu aurais effrayé	vous auriez effrayé
il/elle aurait effrayé	ils/elles auraient effrayé

Present Subjunctive

que j'effraie	que nous effrayions
que tu effraies	que vous effrayiez
qu'il/elle effraie	qu'ils/elles effraient

Imperfect Subjunctive

que j'effrayasse	que nous effrayassions
que tu effrayasses	que vous effrayassiez
qu'il/elle effrayât	qu'ils/elles effrayassent

Past Subjunctive

que j'aie effrayé	que nous ayons effrayé
que tu aies effrayé	que vous ayez effrayé
qu'il/elle ait effrayé	qu'ils/elles aient effrayé

Pluperfect Subjunctive

que j'eusse effrayé	que nous eussions effrayé
que tu eusses effrayé	que vous eussiez effrayé
qu'il/elle eût effrayé	qu'ils/elles eussent effrayé

Commands

	(nous) effrayons
(tu) effraie	(vous) effrayez

USAGE

NOTE: This verb is sometimes seen without the *y > i* change, such as *j'effraye*.

Ne te laisse pas effrayer par les rumeurs.	*Don't let yourself be frightened by the rumors.*
La tempête a effrayé les animaux.	*The storm scared the animals.*
La difficulté de cette tâche m'effraie un peu.	*I find the difficulty of this task a bit off-putting.*

RELATED WORDS AND EXPRESSIONS

effrayant(e)	*frightening/terrible*
Cette chaleur est effrayante!	*This heat is terrible!*
C'est effrayant la quantité qu'il boit.	*He drinks so much it's scary.*
s'effrayer	*to get frightened*
Il s'effraie de tout.	*He gets frightened at everything.*

-er verb; spelling change: *e > è*/mute *e*

j'élève · j'élevai · élevé · élevant

Present
j'élève	nous élevons
tu élèves	vous élevez
il/elle élève	ils/elles élèvent

Imperfect
j'élevais	nous élevions
tu élevais	vous éleviez
il/elle élevait	ils/elles élevaient

Passé Simple
j'élevai	nous élevâmes
tu élevas	vous élevâtes
il/elle éleva	ils/elles élevèrent

Future
j'élèverai	nous élèverons
tu élèveras	vous élèverez
il/elle élèvera	ils/elles élèveront

Conditional
j'élèverais	nous élèverions
tu élèverais	vous élèveriez
il/elle élèverait	ils/elles élèveraient

Present Subjunctive
que j'élève	que nous élevions
que tu élèves	que vous éleviez
qu'il/elle élève	qu'ils/elles élèvent

Imperfect Subjunctive
que j'élevasse	que nous élevassions
que tu élevasses	que vous élevassiez
qu'il/elle élevât	qu'ils/elles élevassent

Passé Composé
j'ai élevé	nous avons élevé
tu as élevé	vous avez élevé
il/elle a élevé	ils/elles ont élevé

Pluperfect
j'avais élevé	nous avions élevé
tu avais élevé	vous aviez élevé
il/elle avait élevé	ils/elles avaient élevé

Past Anterior
j'eus élevé	nous eûmes élevé
tu eus élevé	vous eûtes élevé
il/elle eut élevé	ils/elles eurent élevé

Future Anterior
j'aurai élevé	nous aurons élevé
tu auras élevé	vous aurez élevé
il/elle aura élevé	ils/elles auront élevé

Past Conditional
j'aurais élevé	nous aurions élevé
tu aurais élevé	vous auriez élevé
il/elle aurait élevé	ils/elles auraient élevé

Past Subjunctive
que j'aie élevé	que nous ayons élevé
que tu aies élevé	que vous ayez élevé
qu'il/elle ait élevé	qu'ils/elles aient élevé

Pluperfect Subjunctive
que j'eusse élevé	que nous eussions élevé
que tu eusses élevé	que vous eussiez élevé
qu'il/elle eût élevé	qu'ils/elles eussent élevé

Commands
	(nous) élevons
(tu) élève	(vous) élevez

C'est un enfant facile à élever.	He's a child who is easy to raise.
élever des vaches/chèvres	to raise cows/goats
élever la voix	to raise one's voice
élever un monument aux soldats tombés à la guerre	to erect a monument to the soldiers fallen in war
Vous ne devez pas élever votre fils dans le coton.	You mustn't overprotect your son.

RELATED WORDS AND EXPRESSIONS

l'élevage (m)	raising/breeding
l'élevage des vaches/chèvres	raising cows/goats
bien élevé(e)	well brought up / polite
mal élevé(e)	poorly brought up / impolite

élire to elect

j'élis · j'élus · élu · élisant

irregular verb

Present		Passé Composé	
j'élis	nous élisons	j'ai élu	nous avons élu
tu élis	vous élisez	tu as élu	vous avez élu
il/elle élit	ils/elles élisent	il/elle a élu	ils/elles ont élu

Imperfect		Pluperfect	
j'élisais	nous élisions	j'avais élu	nous avions élu
tu élisais	vous élisiez	tu avais élu	vous aviez élu
il/elle élisait	ils/elles élisaient	il/elle avait élu	ils/elles avaient élu

Passé Simple		Past Anterior	
j'élus	nous élûmes	j'eus élu	nous eûmes élu
tu élus	vous élûtes	tu eus élu	vous eûtes élu
il/elle élut	ils/elles élurent	il/elle eut élu	ils/elles eurent élu

Future		Future Anterior	
j'élirai	nous élirons	j'aurai élu	nous aurons élu
tu éliras	vous élirez	tu auras élu	vous aurez élu
il/elle élira	ils/elles éliront	il/elle aura élu	ils/elles auront élu

Conditional		Past Conditional	
j'élirais	nous élirions	j'aurais élu	nous aurions élu
tu élirais	vous éliriez	tu aurais élu	vous auriez élu
il/elle élirait	ils/elles éliraient	il/elle aurait élu	ils/elles auraient élu

Present Subjunctive		Past Subjunctive	
que j'élise	que nous élisions	que j'aie élu	que nous ayons élu
que tu élises	que vous élisiez	que tu aies élu	que vous ayez élu
qu'il/elle élise	qu'ils/elles élisent	qu'il/elle ait élu	qu'ils/elles aient élu

Imperfect Subjunctive		Pluperfect Subjunctive	
que j'élusse	que nous élussions	que j'eusse élu	que nous eussions élu
que tu élusses	que vous élussiez	que tu eusses élu	que vous eussiez élu
qu'il/elle élût	qu'ils/elles élussent	qu'il/elle eût élu	qu'ils/elles eussent élu

Commands

	(nous) élisons
(tu) élis	(vous) élisez

USAGE

On élit le président français pour cinq ans.	The French president is elected for five years.
Il a été élu à l'unanimité.	He was elected unanimously.
Les citoyens se sont rendus aux urnes pour élire 78 sénateurs.	The citizens went to the polls to elect 78 senators.

RELATED WORDS AND EXPRESSIONS

les élections (fpl)	election(s)
Aux États-Unis les élections sont en novembre.	In the United States, elections are in November.
réélire	to reelect
Il a été réélu président.	He was reelected president.

s'éloigner — to move away, go far away

regular -er reflexive verb; compound tenses with être

je m'éloigne · je m'éloignai · s'étant éloigné · s'éloignant

Present
je m'éloigne / nous nous éloignons
tu t'éloignes / vous vous éloignez
il/elle s'éloigne / ils/elles s'éloignent

Passé Composé
je me suis éloigné(e) / nous nous sommes éloigné(e)s
tu t'es éloigné(e) / vous vous êtes éloigné(e)(s)
il/elle s'est éloigné(e) / ils/elles se sont éloigné(e)s

Imperfect
je m'éloignais / nous nous éloignions
tu t'éloignais / vous vous éloigniez
il/elle s'éloignait / ils/elles s'éloignaient

Pluperfect
je m'étais éloigné(e) / nous nous étions éloigné(e)s
tu t'étais éloigné(e) / vous vous étiez éloigné(e)(s)
il/elle s'était éloigné(e) / ils/elles s'étaient éloigné(e)s

Passé Simple
je m'éloignai / nous nous éloignâmes
tu t'éloignas / vous vous éloignâtes
il/elle s'éloigna / ils/elles s'éloignèrent

Past Anterior
je me fus éloigné(e) / nous nous fûmes éloigné(e)s
tu te fus éloigné(e) / vous vous fûtes éloigné(e)(s)
il/elle se fut éloigné(e) / ils/elles se furent éloigné(e)s

Future
je m'éloignerai / nous nous éloignerons
tu t'éloigneras / vous vous éloignerez
il/elle s'éloignera / ils/elles s'éloigneront

Future Anterior
je me serai éloigné(e) / nous nous serons éloigné(e)s
tu te seras éloigné(e) / vous vous serez éloigné(e)(s)
il/elle se sera éloigné(e) / ils/elles se seront éloigné(e)s

Conditional
je m'éloignerais / nous nous éloignerions
tu t'éloignerais / vous vous éloigneriez
il/elle s'éloignerait / ils/elles s'éloigneraient

Past Conditional
je me serais éloigné(e) / nous nous serions éloigné(e)s
tu te serais éloigné(e) / vous vous seriez éloigné(e)(s)
il/elle se serait éloigné(e) / ils/elles se seraient éloigné(e)s

Present Subjunctive
que je m'éloigne / que nous nous éloignions
que tu t'éloignes / que vous vous éloigniez
qu'il/elle s'éloigne / qu'ils/elles s'éloignent

Past Subjunctive
que je me sois éloigné(e) / que nous nous soyons éloigné(e)s
que tu te sois éloigné(e) / que vous vous soyez éloigné(e)(s)
qu'il/elle se soit éloigné(e) / qu'ils/elles se soient éloigné(e)s

Imperfect Subjunctive
que je m'éloignasse / que nous nous éloignassions
que tu t'éloignasses / que vous vous éloignassiez
qu'il/elle s'éloignât / qu'ils/elles s'éloignassent

Pluperfect Subjunctive
que je me fusse éloigné(e) / que nous nous fussions éloigné(e)s
que tu te fusses éloigné(e) / que vous vous fussiez éloigné(e)(s)
qu'il/elle se fût éloigné(e) / qu'ils/elles se fussent éloigné(e)s

Commands
(nous) éloignons-nous
(tu) éloigne-toi / (vous) éloignez-vous

USAGE

Éloignez-vous! L'arbre va tomber! — Move back! The tree is going to fall!
L'autobus s'éloigne de la ville. — The bus rides away from the city.
L'avion s'éloigne vers l'horizon. — The plane flies off toward the horizon.
Il s'est éloigné de ses amis. — He drifted away from his friends.

RELATED WORDS AND EXPRESSIONS
éloigner qqch — to move something away
Éloignez la pensée! — Don't even think about it!
Éloignez un peu cette chaise. — Move that chair away a little.
éloigné(e) — far removed
La ferme est assez éloignée du village. — The farm is rather far from the village.
Ce qu'il dit est très éloigné de la réalité. — What he says is very far removed from reality.

embarrasser *to clutter; to put into a predicament*

j'embarrasse · j'embarrassai · embarrassé · embarrassant   regular -er verb

Present

j'embarrasse	nous embarrassons
tu embarrasses	vous embarrassez
il/elle embarrasse	ils/elles embarrassent

Passé Composé

j'ai embarrassé	nous avons embarrassé
tu as embarrassé	vous avez embarrassé
il/elle a embarrassé	ils/elles ont embarrassé

Imperfect

j'embarrassais	nous embarrassions
tu embarrassais	vous embarrassiez
il/elle embarrassait	ils/elles embarrassaient

Pluperfect

j'avais embarrassé	nous avions embarrassé
tu avais embarrassé	vous aviez embarrassé
il/elle avait embarrassé	ils/elles avaient embarrassé

Passé Simple

j'embarrassai	nous embarrassâmes
tu embarrassas	vous embarrassâtes
il/elle embarrassa	ils/elles embarrassèrent

Past Anterior

j'eus embarrassé	nous eûmes embarrassé
tu eus embarrassé	vous eûtes embarrassé
il/elle eut embarrassé	ils/elles eurent embarrassé

Future

j'embarrasserai	nous embarrasserons
tu embarrasseras	vous embarrasserez
il/elle embarrassera	ils/elles embarrasseront

Future Anterior

j'aurai embarrassé	nous aurons embarrassé
tu auras embarrassé	vous aurez embarrassé
il/elle aura embarrassé	ils/elles auront embarrassé

Conditional

j'embarrasserais	nous embarrasserions
tu embarrasserais	vous embarrasseriez
il/elle embarrasserait	ils/elles embarrasseraient

Past Conditional

j'aurais embarrassé	nous aurions embarrassé
tu aurais embarrassé	vous auriez embarrassé
il/elle aurait embarrassé	ils/elles auraient embarrassé

Present Subjunctive

que j'embarrasse	que nous embarrassions
que tu embarrasses	que vous embarrassiez
qu'il/elle embarrasse	qu'ils/elles embarrassent

Past Subjunctive

que j'aie embarrassé	que nous ayons embarrassé
que tu aies embarrassé	que vous ayez embarrassé
qu'il/elle ait embarrassé	qu'ils/elles aient embarrassé

Imperfect Subjunctive

que j'embarrassasse	que nous embarrassassions
que tu embarrassasses	que vous embarrassassiez
qu'il/elle embarrassât	qu'ils/elles embarrassassent

Pluperfect Subjunctive

que j'eusse embarrassé	que nous eussions embarrassé
que tu eusses embarrassé	que vous eussiez embarrassé
qu'il/elle eût embarrassé	qu'ils/elles eussent embarrassé

Commands

	(nous) embarrassons
(tu) embarrasse	(vous) embarrassez

USAGE

Nous ne t'embarrasserons plus!	*We will not darken your door again!*
Ça m'embarrasse de te dire que tu ne peux plus rester ici.	*It's unpleasant for me to tell you that you can't stay here anymore.*

RELATED WORDS AND EXPRESSIONS

l'embarras (m)	*embarrassment/burden*
l'embarras du choix	*too much to choose from*
l'embarras de richesse	*an overabundance of good things*
Cette famille est dans l'embarras.	*That family is in dire straits.*
les embarras des grandes villes	*the traffic congestion of big cities*
s'embarrasser de	*to load oneself down with / be troubled by*
Je me suis embarrassé de paquets.	*I loaded myself down with packages.*
Il ne s'embarrasse pas de questions morales.	*He is not bothered by moral questions.*

regular -er verb

j'embête · j'embêtai · embêté · embêtant

Present

j'embête	nous embêtons
tu embêtes	vous embêtez
il/elle embête	ils/elles embêtent

Passé Composé

j'ai embêté	nous avons embêté
tu as embêté	vous avez embêté
il/elle a embêté	ils/elles ont embêté

Imperfect

j'embêtais	nous embêtions
tu embêtais	vous embêtiez
il/elle embêtait	ils/elles embêtaient

Pluperfect

j'avais embêté	nous avions embêté
tu avais embêté	vous aviez embêté
il/elle avait embêté	ils/elles avaient embêté

Passé Simple

j'embêtai	nous embêtâmes
tu embêtas	vous embêtâtes
il/elle embêta	ils/elles embêtèrent

Past Anterior

j'eus embêté	nous eûmes embêté
tu eus embêté	vous eûtes embêté
il/elle eut embêté	ils/elles eurent embêté

Future

j'embêterai	nous embêterons
tu embêteras	vous embêterez
il/elle embêtera	ils/elles embêteront

Future Anterior

j'aurai embêté	nous aurons embêté
tu auras embêté	vous aurez embêté
il/elle aura embêté	ils/elles auront embêté

Conditional

j'embêterais	nous embêterions
tu embêterais	vous embêteriez
il/elle embêterait	ils/elles embêteraient

Past Conditional

j'aurais embêté	nous aurions embêté
tu aurais embêté	vous auriez embêté
il/elle aurait embêté	ils/elles auraient embêté

Present Subjunctive

que j'embête	que nous embêtions
que tu embêtes	que vous embêtiez
qu'il/elle embête	qu'ils/elles embêtent

Past Subjunctive

que j'aie embêté	que nous ayons embêté
que tu aies embêté	que vous ayez embêté
qu'il/elle ait embêté	qu'ils/elles aient embêté

Imperfect Subjunctive

que j'embêtasse	que nous embêtassions
que tu embêtasses	que vous embêtassiez
qu'il/elle embêtât	qu'ils/elles embêtassent

Pluperfect Subjunctive

que j'eusse embêté	que nous eussions embêté
que tu eusses embêté	que vous eussiez embêté
qu'il/elle eût embêté	qu'ils/elles eussent embêté

Commands

	(nous) embêtons
(tu) embête	(vous) embêtez

USAGE

Arrête! Tu m'embêtes!	*Cut it out! You're annoying me!*
Ça t'embête de descendre faire les courses?	*Do you mind going out to do the shopping?*
Ça m'embête de l'écouter toute la journée.	*I find it annoying to listen to him/her all day long.*

RELATED WORDS AND EXPRESSIONS

l'embêtement *(m)*	*annoyance/trouble*
Ce type m'a causé des embêtements.	*That guy made trouble for me.*
Tu te prépares des embêtements, je vois.	*I see you're looking for trouble.*
embêtant(e)	*annoying/boring*
Les voisins sont embêtants.	*The neighbors are annoying.*
Le film est embêtant.	*The film is boring.*
s'embêter	*to be bored*
Ce qu'on s'embête dans ce bled!	*It's such a drag in this little town!*

embrasser to kiss

j'embrasse · j'embrassai · embrassé · embrassant   regular -er verb

Present
j'embrasse	nous embrassons
tu embrasses	vous embrassez
il/elle embrasse	ils/elles embrassent

Passé Composé
j'ai embrassé	nous avons embrassé
tu as embrassé	vous avez embrassé
il/elle a embrassé	ils/elles ont embrassé

Imperfect
j'embrassais	nous embrassions
tu embrassais	vous embrassiez
il/elle embrassait	ils/elles embrassaient

Pluperfect
j'avais embrassé	nous avions embrassé
tu avais embrassé	vous aviez embrassé
il/elle avait embrassé	ils/elles avaient embrassé

Passé Simple
j'embrassai	nous embrassâmes
tu embrassas	vous embrassâtes
il/elle embrassa	ils/elles embrassèrent

Past Anterior
j'eus embrassé	nous eûmes embrassé
tu eus embrassé	vous eûtes embrassé
il/elle eut embrassé	ils/elles eurent embrassé

Future
j'embrasserai	nous embrasserons
tu embrasseras	vous embrasserez
il/elle embrassera	ils/elles embrasseront

Future Anterior
j'aurai embrassé	nous aurons embrassé
tu auras embrassé	vous aurez embrassé
il/elle aura embrassé	ils/elles auront embrassé

Conditional
j'embrasserais	nous embrasserions
tu embrasserais	vous embrasseriez
il/elle embrasserait	ils/elles embrasseraient

Past Conditional
j'aurais embrassé	nous aurions embrassé
tu aurais embrassé	vous auriez embrassé
il/elle aurait embrassé	ils/elles auraient embrassé

Present Subjunctive
que j'embrasse	que nous embrassions
que tu embrasses	que vous embrassiez
qu'il/elle embrasse	qu'ils/elles embrassent

Past Subjunctive
que j'aie embrassé	que nous ayons embrassé
que tu aies embrassé	que vous ayez embrassé
qu'il/elle ait embrassé	qu'ils/elles aient embrassé

Imperfect Subjunctive
que j'embrassasse	que nous embrassassions
que tu embrassasses	que vous embrassassiez
qu'il/elle embrassât	qu'ils/elles embrassassent

Pluperfect Subjunctive
que j'eusse embrassé	que nous eussions embrassé
que tu eusses embrassé	que vous eussiez embrassé
qu'il/elle eût embrassé	qu'ils/elles eussent embrassé

Commands
	(nous) embrassons
(tu) embrasse	(vous) embrassez

Embrasse ta mère pour moi.	Give your mother a kiss for me.
Jean et Marie s'embrassent.	Jean and Marie kiss (each other).
Je t'embrasse.	Love, (at the closing of a letter)
embrasser une cause	to embrace a cause
embrasser une carrière de journaliste	to go into journalism
Cet empire embrassait une grande partie du continent.	This empire covered a large part of the continent.
Ses connaissances embrassent tous les arts.	His knowledge encompasses all the arts.

-er verb; spelling change: *e > è*/mute *e*   **j'emmène · j'emmenai · emmené · emmenant**

Present	
j'emmène	nous emmenons
tu emmènes	vous emmenez
il/elle emmène	ils/elles emmènent

Passé Composé	
j'ai emmené	nous avons emmené
tu as emmené	vous avez emmené
il/elle a emmené	ils/elles ont emmené

Imperfect	
j'emmenais	nous emmenions
tu emmenais	vous emmeniez
il/elle emmenait	ils/elles emmenaient

Pluperfect	
j'avais emmené	nous avions emmené
tu avais emmené	vous aviez emmené
il/elle avait emmené	ils/elles avaient emmené

Passé Simple	
j'emmenai	nous emmenâmes
tu emmenas	vous emmenâtes
il/elle emmena	ils/elles emmenèrent

Past Anterior	
j'eus emmené	nous eûmes emmené
tu eus emmené	vous eûtes emmené
il/elle eut emmené	ils/elles eurent emmené

Future	
j'emmènerai	nous emmènerons
tu emmèneras	vous emmènerez
il/elle emmènera	ils/elles emmèneront

Future Anterior	
j'aurai emmené	nous aurons emmené
tu auras emmené	vous aurez emmené
il/elle aura emmené	ils/elles auront emmené

Conditional	
j'emmènerais	nous emmènerions
tu emmènerais	vous emmèneriez
il/elle emmènerait	ils/elles emmèneraient

Past Conditional	
j'aurais emmené	nous aurions emmené
tu aurais emmené	vous auriez emmené
il/elle aurait emmené	ils/elles auraient emmené

Present Subjunctive	
que j'emmène	que nous emmenions
que tu emmènes	que vous emmeniez
qu'il/elle emmène	qu'ils/elles emmènent

Past Subjunctive	
que j'aie emmené	que nous ayons emmené
que tu aies emmené	que vous ayez emmené
qu'il/elle ait emmené	qu'ils/elles aient emmené

Imperfect Subjunctive	
que j'emmenasse	que nous emmenassions
que tu emmenasses	que vous emmenassiez
qu'il/elle emmenât	qu'ils/elles emmenassent

Pluperfect Subjunctive	
que j'eusse emmené	que nous eussions emmené
que tu eusses emmené	que vous eussiez emmené
qu'il/elle eût emmené	qu'ils/elles eussent emmené

Commands

	(nous) emmenons
(tu) emmène	(vous) emmenez

USAGE

Tu vas en ville? Viens, je t'emmène.	*You're going downtown? Come on, I'll take you.*
Il m'a emmené dîner dans son restaurant préféré.	*He took me to dinner at his favorite restaurant.*
Cet endroit me déplaît. Emmenez-moi ailleurs.	*I don't like this place. Take me somewhere else.*
Le train emmenait les voyageurs à la frontière.	*The train was taking the travelers to the border.*
Tu ne te rends pas compte qu'on t'emmène en bateau.	*You don't realize you're being taken for a ride.*
Il l'emmenait en bateau avec ses promesses de mariage.	*He strung her along with his promises of marriage.*

s'émouvoir to be stirred/moved/upset/worried

je m'émeus · je m'émus · s'étant ému · s'émouvant

irregular reflexive verb;
compound tenses with *être*

Present

je m'émeus	nous nous émouvons
tu t'émeus	vous vous émouvez
il/elle s'émeut	ils/elles s'émeuvent

Passé Composé

je me suis ému(e)	nous nous sommes ému(e)s
tu t'es ému(e)	vous vous êtes ému(e)(s)
il/elle s'est ému(e)	ils/elles se sont ému(e)s

Imperfect

je m'émouvais	nous nous émouvions
tu t'émouvais	vous vous émouviez
il/elle s'émouvait	ils/elles s'émouvaient

Pluperfect

je m'étais ému(e)	nous nous étions ému(e)s
tu t'étais ému(e)	vous vous étiez ému(e)(s)
il/elle s'était ému(e)	ils/elles s'étaient ému(e)s

Passé Simple

je m'émus	nous nous émûmes
tu t'émus	vous vous émûtes
il/elle s'émut	ils/elles s'émurent

Past Anterior

je me fus ému(e)	nous nous fûmes ému(e)s
tu te fus ému(e)	vous vous fûtes ému(e)(s)
il/elle se fut ému(e)	ils/elles se furent ému(e)s

Future

je m'émouvrai	nous nous émouvrons
tu t'émouvras	vous vous émouvrez
il/elle s'émouvra	ils/elles s'émouvront

Future Anterior

je me serai ému(e)	nous nous serons ému(e)s
tu te seras ému(e)	vous vous serez ému(e)(s)
il/elle se sera ému(e)	ils/elles se seront ému(e)s

Conditional

je m'émouvrais	nous nous émouvrions
tu t'émouvrais	vous vous émouvriez
il/elle s'émouvrait	ils/elles s'émouvraient

Past Conditional

je me serais ému(e)	nous nous serions ému(e)s
tu te serais ému(e)	vous vous seriez ému(e)(s)
il/elle se serait ému(e)	ils/elles se seraient ému(e)s

Present Subjunctive

que je m'émeuve	que nous nous émouvions
que tu t'émeuves	que vous vous émouviez
qu'il/elle s'émeuve	qu'ils/elles s'émeuvent

Past Subjunctive

que je me sois ému(e)	que nous nous soyons ému(e)s
que tu te sois ému(e)	que vous vous soyez ému(e)(s)
qu'il/elle se soit ému(e)	qu'ils/elles se soient ému(e)s

Imperfect Subjunctive

que je m'émusse	que nous nous émussions
que tu t'émusses	que vous vous émussiez
qu'il/elle s'émût	qu'ils/elles s'émussent

Pluperfect Subjunctive

que je me fusse ému(e)	que nous nous fussions ému(e)s
que tu te fusses ému(e)	que vous vous fussiez ému(e)(s)
qu'il/elle se fût ému(e)	qu'ils/elles se fussent ému(e)s

Commands

	(nous) émouvons-nous
(tu) émeus-toi	(vous) émouvez-vous

USAGE

Nous nous sommes émus en écoutant le discours.	We were stirred as we listened to the speech.
Il me l'a dit sans s'émouvoir.	He told it to me calmly / without getting ruffled.
Elle ne s'émeut de rien.	Nothing upsets her.

RELATED WORDS AND EXPRESSIONS

l'émotion (*f*)	emotion; fright
Leur émotion était grande pendant le bombardement de la ville.	They had a terrible fright during the bombing of the city.
L'émotion est mauvaise conseillère.	Don't let yourself be guided by your emotions.
émouvoir qqn	to move/disturb someone
Les cris des blessés l'ont ému profondément.	The screams of the wounded troubled him deeply.
Le discours du président a ému la nation entière.	The president's speech moved the entire nation.

regular -er verb

j'empêche · j'empêchai · empêché · empêchant

Present		Passé Composé	
j'empêche	nous empêchons	j'ai empêché	nous avons empêché
tu empêches	vous empêchez	tu as empêché	vous avez empêché
il/elle empêche	ils/elles empêchent	il/elle a empêché	ils/elles ont empêché

Imperfect		Pluperfect	
j'empêchais	nous empêchions	j'avais empêché	nous avions empêché
tu empêchais	vous empêchiez	tu avais empêché	vous aviez empêché
il/elle empêchait	ils/elles empêchaient	il/elle avait empêché	ils/elles avaient empêché

Passé Simple		Past Anterior	
j'empêchai	nous empêchâmes	j'eus empêché	nous eûmes empêché
tu empêchas	vous empêchâtes	tu eus empêché	vous eûtes empêché
il/elle empêcha	ils/elles empêchèrent	il/elle eut empêché	ils/elles eurent empêché

Future		Future Anterior	
j'empêcherai	nous empêcherons	j'aurai empêché	nous aurons empêché
tu empêcheras	vous empêcherez	tu auras empêché	vous aurez empêché
il/elle empêchera	ils/elles empêcheront	il/elle aura empêché	ils/elles auront empêché

Conditional		Past Conditional	
j'empêcherais	nous empêcherions	j'aurais empêché	nous aurions empêché
tu empêcherais	vous empêcheriez	tu aurais empêché	vous auriez empêché
il/elle empêcherait	ils/elles empêcheraient	il/elle aurait empêché	ils/elles auraient empêché

Present Subjunctive		Past Subjunctive	
que j'empêche	que nous empêchions	que j'aie empêché	que nous ayons empêché
que tu empêches	que vous empêchiez	que tu aies empêché	que vous ayez empêché
qu'il/elle empêche	qu'ils/elles empêchent	qu'il/elle ait empêché	qu'ils/elles aient empêché

Imperfect Subjunctive		Pluperfect Subjunctive	
que j'empêchasse	que nous empêchassions	que j'eusse empêché	que nous eussions empêché
que tu empêchasses	que vous empêchassiez	que tu eusses empêché	que vous eussiez empêché
qu'il/elle empêchât	qu'ils/elles empêchassent	qu'il/elle eût empêché	qu'ils/elles eussent empêché

Commands	
	(nous) empêchons
(tu) empêche	(vous) empêchez

USAGE

empêcher qqn de faire qqch	to prevent someone from doing something
Le bruit m'empêche de travailler.	The noise is keeping me from studying.
Le mauvais temps nous a empêchés de partir.	The bad weather prevented us from leaving.
Ça ne m'empêche pas de dormir.	I'm not losing any sleep over it.
Nos soldats ont empêché l'ennemi de franchir la frontière.	Our soldiers prevented the enemy from crossing the border.
Il a empêché qu'une mauvaise situation se produise.	He kept a bad situation from happening.
Elle ne pouvait pas s'empêcher de pleurer.	She couldn't keep from crying.
—Il a parlé très sincèrement.	He spoke very sincerely.
—N'empêche qu'il a tort en tout.	All the same, he's wrong about everything.

RELATED WORDS AND EXPRESSIONS

l'empêchement (m)	hindrance/hitch
en cas d'empêchement	in case something goes wrong

(**employer**) *to use, employ*

j'emploie · j'employai · employé · employant

regular *-er* verb;
spelling change: y > i/mute e

Present

j'emploie	nous employons
tu emploies	vous employez
il/elle emploie	ils/elles emploient

Passé Composé

j'ai employé	nous avons employé
tu as employé	vous avez employé
il/elle a employé	ils/elles ont employé

Imperfect

j'employais	nous employions
tu employais	vous employiez
il/elle employait	ils/elles employaient

Pluperfect

j'avais employé	nous avions employé
tu avais employé	vous aviez employé
il/elle avait employé	ils/elles avaient employé

Passé Simple

j'employai	nous employâmes
tu employas	vous employâtes
il/elle employa	ils/elles employèrent

Past Anterior

j'eus employé	nous eûmes employé
tu eus employé	vous eûtes employé
il/elle eut employé	ils/elles eurent employé

Future

j'emploierai	nous emploierons
tu emploieras	vous emploierez
il/elle emploiera	ils/elles emploieront

Future Anterior

j'aurai employé	nous aurons employé
tu auras employé	vous aurez employé
il/elle aura employé	ils/elles auront employé

Conditional

j'emploierais	nous emploierions
tu emploierais	vous emploieriez
il/elle emploierait	ils/elles emploieraient

Past Conditional

j'aurais employé	nous aurions employé
tu aurais employé	vous auriez employé
il/elle aurait employé	ils/elles auraient employé

Present Subjunctive

que j'emploie	que nous employions
que tu emploies	que vous employiez
qu'il/elle emploie	qu'ils/elles emploient

Past Subjunctive

que j'aie employé	que nous ayons employé
que tu aies employé	que vous ayez employé
qu'il/elle ait employé	qu'ils/elles aient employé

Imperfect Subjunctive

que j'employasse	que nous employassions
que tu employasses	que vous employassiez
qu'il/elle employât	qu'ils/elles employassent

Pluperfect Subjunctive

que j'eusse employé	que nous eussions employé
que tu eusses employé	que vous eussiez employé
qu'il/elle eût employé	qu'ils/elles eussent employé

Commands

	(nous) employons
(tu) emploie	(vous) employez

USAGE

employer un stylo pour écrire	to use a pen to write
Il emploie son temps à se préparer pour les examens.	He's using his time to prepare himself for his exams.
Il emploie bien son temps.	He uses his time wisely.
—Est-ce que j'ai bien employé ce mot?	Did I use that word correctly?
—Non, tu l'emploies toujours mal.	No, you always use it incorrectly.

RELATED WORDS AND EXPRESSIONS

l'emploi (m)	use; job
mon emploi du temps	my schedule
chercher un nouvel emploi	to look for a new job
s'employer pour	to devote oneself to
Il s'est beaucoup employé pour la construction d'une nouvelle école.	He really went to great lengths to have a new school built.

regular -er verb

j'emprunte · j'empruntai · emprunté · empruntant

Present	
j'emprunte	nous empruntons
tu empruntes	vous empruntez
il/elle emprunte	ils/elles empruntent

Passé Composé	
j'ai emprunté	nous avons emprunté
tu as emprunté	vous avez emprunté
il/elle a emprunté	ils/elles ont emprunté

Imperfect	
j'empruntais	nous empruntions
tu empruntais	vous empruntiez
il/elle empruntait	ils/elles empruntaient

Pluperfect	
j'avais emprunté	nous avions emprunté
tu avais emprunté	vous aviez emprunté
il/elle avait emprunté	ils/elles avaient emprunté

Passé Simple	
j'empruntai	nous empruntâmes
tu empruntas	vous empruntâtes
il/elle emprunta	ils/elles empruntèrent

Past Anterior	
j'eus emprunté	nous eûmes emprunté
tu eus emprunté	vous eûtes emprunté
il/elle eut emprunté	ils/elles eurent emprunté

Future	
j'emprunterai	nous emprunterons
tu emprunteras	vous emprunterez
il/elle empruntera	ils/elles emprunteront

Future Anterior	
j'aurai emprunté	nous aurons emprunté
tu auras emprunté	vous aurez emprunté
il/elle aura emprunté	ils/elles auront emprunté

Conditional	
j'emprunterais	nous emprunterions
tu emprunterais	vous emprunteriez
il/elle emprunterait	ils/elles emprunteraient

Past Conditional	
j'aurais emprunté	nous aurions emprunté
tu aurais emprunté	vous auriez emprunté
il/elle aurait emprunté	ils/elles auraient emprunté

Present Subjunctive	
que j'emprunte	que nous empruntions
que tu empruntes	que vous empruntiez
qu'il/elle emprunte	qu'ils/elles empruntent

Past Subjunctive	
que j'aie emprunté	que nous ayons emprunté
que tu aies emprunté	que vous ayez emprunté
qu'il/elle ait emprunté	qu'ils/elles aient emprunté

Imperfect Subjunctive	
que j'empruntasse	que nous empruntassions
que tu empruntasses	que vous empruntassiez
qu'il/elle empruntât	qu'ils/elles empruntassent

Pluperfect Subjunctive	
que j'eusse emprunté	que nous eussions emprunté
que tu eusses emprunté	que vous eussiez emprunté
qu'il/elle eût emprunté	qu'ils/elles eussent emprunté

Commands

	(nous) empruntons
(tu) emprunte	(vous) empruntez

USAGE

emprunter une grosse somme d'argent	to borrow a large sum of money
emprunter qqch à qqn	to borrow something from someone
—Je peux t'emprunter ton vélo?	Can I borrow your bicycle?
—Tu as oublié? Tu me l'as emprunté hier et tu ne me l'as pas rendu.	You don't remember? You borrowed it from me yesterday and you haven't returned it.

RELATED WORDS AND EXPRESSIONS

l'emprunt (m)	borrowing/loan
J'ai fait un emprunt à 9 pour cent.	I got a 9 percent loan.
Le mot *croissant* en anglais est un emprunt au français.	The word croissant in English is a borrowing from French.

encaisser — to cash, collect money

j'encaisse · j'encaissai · encaissé · encaissant

regular -er verb

Present
j'encaisse	nous encaissons
tu encaisses	vous encaissez
il/elle encaisse	ils/elles encaissent

Passé Composé
j'ai encaissé	nous avons encaissé
tu as encaissé	vous avez encaissé
il/elle a encaissé	ils/elles ont encaissé

Imperfect
j'encaissais	nous encaissions
tu encaissais	vous encaissiez
il/elle encaissait	ils/elles encaissaient

Pluperfect
j'avais encaissé	nous avions encaissé
tu avais encaissé	vous aviez encaissé
il/elle avait encaissé	ils/elles avaient encaissé

Passé Simple
j'encaissai	nous encaissâmes
tu encaissas	vous encaissâtes
il/elle encaissa	ils/elles encaissèrent

Past Anterior
j'eus encaissé	nous eûmes encaissé
tu eus encaissé	vous eûtes encaissé
il/elle eut encaissé	ils/elles eurent encaissé

Future
j'encaisserai	nous encaisserons
tu encaisseras	vous encaisserez
il/elle encaissera	ils/elles encaisseront

Future Anterior
j'aurai encaissé	nous aurons encaissé
tu auras encaissé	vous aurez encaissé
il/elle aura encaissé	ils/elles auront encaissé

Conditional
j'encaisserais	nous encaisserions
tu encaisserais	vous encaisseriez
il/elle encaisserait	ils/elles encaisseraient

Past Conditional
j'aurais encaissé	nous aurions encaissé
tu aurais encaissé	vous auriez encaissé
il/elle aurait encaissé	ils/elles auraient encaissé

Present Subjunctive
que j'encaisse	que nous encaissions
que tu encaisses	que vous encaissiez
qu'il/elle encaisse	qu'ils/elles encaissent

Past Subjunctive
que j'aie encaissé	que nous ayons encaissé
que tu aies encaissé	que vous ayez encaissé
qu'il/elle ait encaissé	qu'ils/elles aient encaissé

Imperfect Subjunctive
que j'encaissasse	que nous encaissassions
que tu encaissasses	que vous encaissassiez
qu'il/elle encaissât	qu'ils/elles encaissassent

Pluperfect Subjunctive
que j'eusse encaissé	que nous eussions encaissé
que tu eusses encaissé	que vous eussiez encaissé
qu'il/elle eût encaissé	qu'ils/elles eussent encaissé

Commands
	(nous) encaissons
(tu) encaisse	(vous) encaissez

encaisser un chèque	to cash a check
encaisser une somme d'argent	to get a sum of money
Les consultants ont encaissé de grosses sommes d'argent.	The consultants collected major amounts of money.
Vous permettez que j'encaisse?	Can you please pay now? (said by waiters in café)
encaisser des coups	to take hits/blows
Dans la bagarre il a encaissé pas mal de coups.	In the brawl he got hit a lot.
Notre équipe a encaissé sa cinquième défaite consécutive.	Our team has taken its fifth consecutive defeat.
Dans la vie il faut savoir encaisser.	In life you have to know how to take your lumps.
Ce type-là, je ne peux pas l'encaisser.	I can't stand that guy.
Je ne peux plus encaisser ses mensonges.	I can't stomach his lies anymore.

regular -er verb;
spelling change: g > ge/a, o

j'encourage · j'encourageai · encouragé · encourageant

Present
j'encourage	nous encourageons
tu encourages	vous encouragez
il/elle encourage	ils/elles encouragent

Passé Composé
j'ai encouragé	nous avons encouragé
tu as encouragé	vous avez encouragé
il/elle a encouragé	ils/elles ont encouragé

Imperfect
j'encourageais	nous encouragions
tu encourageais	vous encouragiez
il/elle encourageait	ils/elles encourageaient

Pluperfect
j'avais encouragé	nous avions encouragé
tu avais encouragé	vous aviez encouragé
il/elle avait encouragé	ils/elles avaient encouragé

Passé Simple
j'encourageai	nous encourageâmes
tu encourageas	vous encourageâtes
il/elle encouragea	ils/elles encouragèrent

Past Anterior
j'eus encouragé	nous eûmes encouragé
tu eus encouragé	vous eûtes encouragé
il/elle eut encouragé	ils/elles eurent encouragé

Future
j'encouragerai	nous encouragerons
tu encourageras	vous encouragerez
il/elle encouragera	ils/elles encourageront

Future Anterior
j'aurai encouragé	nous aurons encouragé
tu auras encouragé	vous aurez encouragé
il/elle aura encouragé	ils/elles auront encouragé

Conditional
j'encouragerais	nous encouragerions
tu encouragerais	vous encourageriez
il/elle encouragerait	ils/elles encourageraient

Past Conditional
j'aurais encouragé	nous aurions encouragé
tu aurais encouragé	vous auriez encouragé
il/elle aurait encouragé	ils/elles auraient encouragé

Present Subjunctive
que j'encourage	que nous encouragions
que tu encourages	que vous encouragiez
qu'il/elle encourage	qu'ils/elles encouragent

Past Subjunctive
que j'aie encouragé	que nous ayons encouragé
que tu aies encouragé	que vous ayez encouragé
qu'il/elle ait encouragé	qu'ils/elles aient encouragé

Imperfect Subjunctive
que j'encourageasse	que nous encourageassions
que tu encourageasses	que vous encourageassiez
qu'il/elle encourageât	qu'ils/elles encourageassent

Pluperfect Subjunctive
que j'eusse encouragé	que nous eussions encouragé
que tu eusses encouragé	que vous eussiez encouragé
qu'il/elle eût encouragé	qu'ils/elles eussent encouragé

Commands
	(nous) encourageons
(tu) encourage	(vous) encouragez

USAGE

C'est un professeur qui encourage ses étudiants. — *He's a teacher who encourages his students.*
Les fanas encourageaient leur équipe. — *The fans cheered on their team.*
encourager qqn à faire qqch — *to encourage someone to do something*
Il m'a encouragé à poursuivre mes études. — *He encouraged me to continue my studies.*
Le professeur encourage les étudiants à s'exprimer. — *The teacher encourages the students to express themselves.*
Le gouvernement encourage la recherche scientifique. — *The government is encouraging scientific research.*

RELATED WORDS AND EXPRESSIONS

encourageant(e) — *encouraging*
Son attitude n'est pas très encourageante. — *His attitude is not very encouraging.*
Ces revers sont fort peu encourageants. — *These setbacks are not very encouraging.*

s'endormir *to fall asleep*

je m'endors · je m'endormis · s'étant endormi · s'endormant

irregular reflexive verb; compound tenses with *être*

Present

je m'endors	nous nous endormons
tu t'endors	vous vous endormez
il/elle s'endort	ils/elles s'endorment

Imperfect

je m'endormais	nous nous endormions
tu t'endormais	vous vous endormiez
il/elle s'endormait	ils/elles s'endormaient

Passé Simple

je m'endormis	nous nous endormîmes
tu t'endormis	vous vous endormîtes
il/elle s'endormit	ils/elles s'endormirent

Future

je m'endormirai	nous nous endormirons
tu t'endormiras	vous vous endormirez
il/elle s'endormira	ils/elles s'endormiront

Conditional

je m'endormirais	nous nous endormirions
tu t'endormirais	vous vous endormiriez
il/elle s'endormirait	ils/elles s'endormiraient

Passé Composé

je me suis endormi(e)	nous nous sommes endormi(e)s
tu t'es endormi(e)	vous vous êtes endormi(e)(s)
il/elle s'est endormi(e)	ils/elles se sont endormi(e)s

Pluperfect

je m'étais endormi(e)	nous nous étions endormi(e)s
tu t'étais endormi(e)	vous vous étiez endormi(e)(s)
il/elle s'était endormi(e)	ils/elles s'étaient endormi(e)s

Past Anterior

je me fus endormi(e)	nous nous fûmes endormi(e)s
tu te fus endormi(e)	vous vous fûtes endormi(e)(s)
il/elle se fut endormi(e)	ils/elles se furent endormi(e)s

Future Anterior

je me serai endormi(e)	nous nous serons endormi(e)s
tu te seras endormi(e)	vous vous serez endormi(e)(s)
il/elle se sera endormi(e)	ils/elles se seront endormi(e)s

Past Conditional

je me serais endormi(e)	nous nous serions endormi(e)s
tu te serais endormi(e)	vous vous seriez endormi(e)(s)
il/elle se serait endormi(e)	ils/elles se seraient endormi(e)s

Present Subjunctive

que je m'endorme	que nous nous endormions
que tu t'endormes	que vous vous endormiez
qu'il/elle s'endorme	qu'ils/elles s'endorment

Imperfect Subjunctive

que je m'endormisse	que nous nous endormissions
que tu t'endormisses	que vous vous endormissiez
qu'il/elle s'endormît	qu'ils/elles s'endormissent

Past Subjunctive

que je me sois endormi(e)	que nous nous soyons endormi(e)s
que tu te sois endormi(e)	que vous vous soyez endormi(e)(s)
qu'il/elle se soit endormi(e)	qu'ils/elles se soient endormi(e)s

Pluperfect Subjunctive

que je me fusse endormi(e)	que nous nous fussions endormi(e)s
que tu te fusses endormi(e)	que vous vous fussiez endormi(e)(s)
qu'il/elle se fût endormi(e)	qu'ils/elles se fussent endormi(e)s

Commands

	(nous) endormons-nous
(tu) endors-toi	(vous) endormez-vous

USAGE

—Tu as l'air fatigué, Claudette.
—Ça ne m'étonne pas. Je me suis endormie à trois heures du matin.

Le prof s'est fâché parce que Daniel s'est endormi en classe.

Le film était tellement ennuyeux que j'ai failli m'endormir.

You look tired, Claudette.
That doesn't surprise me. I fell asleep at three in the morning.

The teacher got angry because Daniel fell asleep in class.

The film was so boring that I almost fell asleep.

RELATED WORDS AND EXPRESSIONS

endormir	*to put to sleep / put to rest*
Je vais endormir les enfants.	*I'm going to put the children to sleep.*
Ce film endormira les spectateurs.	*This film will put the audience to sleep.*
J'ai besoin d'une pilule pour endormir la douleur.	*I need a pill to stop the pain.*

regular -er verb; spelling change: c > ç/a, o   j'enfonce · j'enfonçai · enfoncé · enfonçant

Present		Passé Composé	
j'enfonce	nous enfonçons	j'ai enfoncé	nous avons enfoncé
tu enfonces	vous enfoncez	tu as enfoncé	vous avez enfoncé
il/elle enfonce	ils/elles enfoncent	il/elle a enfoncé	ils/elles ont enfoncé

Imperfect		Pluperfect	
j'enfonçais	nous enfoncions	j'avais enfoncé	nous avions enfoncé
tu enfonçais	vous enfonciez	tu avais enfoncé	vous aviez enfoncé
il/elle enfonçait	ils/elles enfonçaient	il/elle avait enfoncé	ils/elles avaient enfoncé

Passé Simple		Past Anterior	
j'enfonçai	nous enfonçâmes	j'eus enfoncé	nous eûmes enfoncé
tu enfonças	vous enfonçâtes	tu eus enfoncé	vous eûtes enfoncé
il/elle enfonça	ils/elles enfoncèrent	il/elle eut enfoncé	ils/elles eurent enfoncé

Future		Future Anterior	
j'enfoncerai	nous enfoncerons	j'aurai enfoncé	nous aurons enfoncé
tu enfonceras	vous enfoncerez	tu auras enfoncé	vous aurez enfoncé
il/elle enfoncera	ils/elles enfonceront	il/elle aura enfoncé	ils/elles auront enfoncé

Conditional		Past Conditional	
j'enfoncerais	nous enfoncerions	j'aurais enfoncé	nous aurions enfoncé
tu enfoncerais	vous enfonceriez	tu aurais enfoncé	vous auriez enfoncé
il/elle enfoncerait	ils/elles enfonceraient	il/elle aurait enfoncé	ils/elles auraient enfoncé

Present Subjunctive		Past Subjunctive	
que j'enfonce	que nous enfoncions	que j'aie enfoncé	que nous ayons enfoncé
que tu enfonces	que vous enfonciez	que tu aies enfoncé	que vous ayez enfoncé
qu'il/elle enfonce	qu'ils/elles enfoncent	qu'il/elle ait enfoncé	qu'ils/elles aient enfoncé

Imperfect Subjunctive		Pluperfect Subjunctive	
que j'enfonçasse	que nous enfonçassions	que j'eusse enfoncé	que nous eussions enfoncé
que tu enfonçasses	que vous enfonçassiez	que tu eusses enfoncé	que vous eussiez enfoncé
qu'il/elle enfonçât	qu'ils/elles enfonçassent	qu'il/elle eût enfoncé	qu'ils/elles eussent enfoncé

Commands

	(nous) enfonçons
(tu) enfonce	(vous) enfoncez

USAGE

L'assassin lui a enfoncé un couteau dans le dos.	The murderer stuck a knife in his back.
enfoncer des clous	to hammer in nails
La police a enfoncé la porte.	The police broke the door down.
Il faut enfoncer le clou. (figurative)	You have to drive the point home.
Tu ne fais qu'enfoncer des portes ouvertes.	All you're doing is belaboring the point.
Nos troupes ont enfoncé les lignes ennemies.	Our troops broke through enemy lines.

RELATED WORDS AND EXPRESSIONS

s'enfoncer	to sink (into) / penetrate
Le bateau s'enfonçait dans le lac.	The boat sank into the lake.
On s'est enfoncés dans la boue jusqu'aux chevilles.	We sunk into the mud up to our ankles.
Je te conseille de ne plus rien dire. Tu t'enfonces avec chaque phrase.	I advise you not to say anything else. You're making things worse with each sentence.

s'enfuir *to flee, run away, escape*

je m'enfuis · je m'enfuis · s'étant enfui · s'enfuyant

irregular reflexive verb;
compound tenses with *être*

Present

je m'enfuis	nous nous enfuyons
tu t'enfuis	vous vous enfuyez
il/elle s'enfuit	ils/elles s'enfuient

Passé Composé

je me suis enfui(e)	nous nous sommes enfui(e)s
tu t'es enfui(e)	vous vous êtes enfui(e)(s)
il/elle s'est enfui(e)	ils/elles se sont enfui(e)s

Imperfect

je m'enfuyais	nous nous enfuyions
tu t'enfuyais	vous vous enfuyiez
il/elle s'enfuyait	ils/elles s'enfuyaient

Pluperfect

je m'étais enfui(e)	nous nous étions enfui(e)s
tu t'étais enfui(e)	vous vous étiez enfui(e)(s)
il/elle s'était enfui(e)	ils/elles s'étaient enfui(e)s

Passé Simple

je m'enfuis	nous nous enfuîmes
tu t'enfuis	vous vous enfuîtes
il/elle s'enfuit	ils/elles s'enfuirent

Past Anterior

je me fus enfui(e)	nous nous fûmes enfui(e)s
tu te fus enfui(e)	vous vous fûtes enfui(e)(s)
il/elle se fut enfui(e)	ils/elles se furent enfui(e)s

Future

je m'enfuirai	nous nous enfuirons
tu t'enfuiras	vous vous enfuirez
il/elle s'enfuira	ils/elles s'enfuiront

Future Anterior

je me serai enfui(e)	nous nous serons enfui(e)s
tu te seras enfui(e)	vous vous serez enfui(e)(s)
il/elle se sera enfui(e)	ils/elles se seront enfui(e)s

Conditional

je m'enfuirais	nous nous enfuirions
tu t'enfuirais	vous vous enfuiriez
il/elle s'enfuirait	ils/elles s'enfuiraient

Past Conditional

je me serais enfui(e)	nous nous serions enfui(e)s
tu te serais enfui(e)	vous vous seriez enfui(e)(s)
il/elle se serait enfui(e)	ils/elles se seraient enfui(e)s

Present Subjunctive

que je m'enfuie	que nous nous enfuyions
que tu t'enfuies	que vous vous enfuyiez
qu'il/elle s'enfuie	qu'ils/elles s'enfuient

Past Subjunctive

que je me sois enfui(e)	que nous nous soyons enfui(e)s
que tu te sois enfui(e)	que vous vous soyez enfui(e)(s)
qu'il/elle se soit enfui(e)	qu'ils/elles se soient enfui(e)s

Imperfect Subjunctive

que je m'enfuisse	que nous nous enfuissions
que tu t'enfuisses	que vous vous enfuissiez
qu'il/elle s'enfuît	qu'ils/elles s'enfuissent

Pluperfect Subjunctive

que je me fusse enfui(e)	que nous nous fussions enfui(e)s
que tu te fusses enfui(e)	que vous vous fussiez enfui(e)(s)
qu'il/elle se fût enfui(e)	qu'ils/elles se fussent enfui(e)s

Commands

	(nous) enfuyons-nous
(tu) enfuis-toi	(vous) enfuyez-vous

USAGE

Les prisonniers se sont enfuis.	*The prisoners fled.*
Pour éviter une peine de prison il s'est enfui au Brésil.	*To avoid a prison sentence he ran away to Brazil.*
Un criminel dangereux s'est enfui de la prison.	*A dangerous criminal escaped from jail.*
Tous les habitants ont réussi à s'enfuir à temps de l'immeuble en feu.	*All the residents were able to escape from the burning apartment building.*
Leurs parents s'opposaient à leur mariage. Ils se sont donc enfuis.	*Their parents were against their marriage. So they eloped.*

regular -er verb; spelling change: e > è/mute e   j'enlève · j'enlevai · enlevé · enlevant

Present		Passé Composé	
j'enlève	nous enlevons	j'ai enlevé	nous avons enlevé
tu enlèves	vous enlevez	tu as enlevé	vous avez enlevé
il/elle enlève	ils/elles enlèvent	il/elle a enlevé	ils/elles ont enlevé

Imperfect		Pluperfect	
j'enlevais	nous enlevions	j'avais enlevé	nous avions enlevé
tu enlevais	vous enleviez	tu avais enlevé	vous aviez enlevé
il/elle enlevait	ils/elles enlevaient	il/elle avait enlevé	ils/elles avaient enlevé

Passé Simple		Past Anterior	
j'enlevai	nous enlevâmes	j'eus enlevé	nous eûmes enlevé
tu enlevas	vous enlevâtes	tu eus enlevé	vous eûtes enlevé
il/elle enleva	ils/elles enlevèrent	il/elle eut enlevé	ils/elles eurent enlevé

Future		Future Anterior	
j'enlèverai	nous enlèverons	j'aurai enlevé	nous aurons enlevé
tu enlèveras	vous enlèverez	tu auras enlevé	vous aurez enlevé
il/elle enlèvera	ils/elles enlèveront	il/elle aura enlevé	ils/elles auront enlevé

Conditional		Past Conditional	
j'enlèverais	nous enlèverions	j'aurais enlevé	nous aurions enlevé
tu enlèverais	vous enlèveriez	tu aurais enlevé	vous auriez enlevé
il/elle enlèverait	ils/elles enlèveraient	il/elle aurait enlevé	ils/elles auraient enlevé

Present Subjunctive		Past Subjunctive	
que j'enlève	que nous enlevions	que j'aie enlevé	que nous ayons enlevé
que tu enlèves	que vous enleviez	que tu aies enlevé	que vous ayez enlevé
qu'il/elle enlève	qu'ils/elles enlèvent	qu'il/elle ait enlevé	qu'ils/elles aient enlevé

Imperfect Subjunctive		Pluperfect Subjunctive	
que j'enlevasse	que nous enlevassions	que j'eusse enlevé	que nous eussions enlevé
que tu enlevasses	que vous enlevassiez	que tu eusses enlevé	que vous eussiez enlevé
qu'il/elle enlevât	qu'ils/elles enlevassent	qu'il/elle eût enlevé	qu'ils/elles eussent enlevé

Commands

	(nous) enlevons
(tu) enlève	(vous) enlevez

USAGE

Il fait chaud ici. Je vais enlever ma veste.	It's warm here. I'm going to take my jacket off.
Enlevez cette chaise. Personne ne peut passer.	Take away that chair. No one can get by.
Enlevez ce mot de la phrase.	Take this word out of the sentence.
Enlève tes mains de ta poche quand je te parle!	Take your hands out of your pockets when I talk to you!
Enlève tes coudes de la table!	Get your elbows off the table!
enlever des taches	to get out stains
L'enfant a été enlevé.	The child was kidnapped.

RELATED WORDS AND EXPRESSIONS

l'enlèvement (m)	kidnapping

(**ennuyer**) *to bore; to annoy*

j'ennuie · j'ennuyai · ennuyé · ennuyant   regular -er verb; spelling change: y > i/mute e

Present	
j'ennuie	nous ennuyons
tu ennuies	vous ennuyez
il/elle ennuie	ils/elles ennuient

Passé Composé	
j'ai ennuyé	nous avons ennuyé
tu as ennuyé	vous avez ennuyé
il/elle a ennuyé	ils/elles ont ennuyé

Imperfect	
j'ennuyais	nous ennuyions
tu ennuyais	vous ennuyiez
il/elle ennuyait	ils/elles ennuyaient

Pluperfect	
j'avais ennuyé	nous avions ennuyé
tu avais ennuyé	vous aviez ennuyé
il/elle avait ennuyé	ils/elles avaient ennuyé

Passé Simple	
j'ennuyai	nous ennuyâmes
tu ennuyas	vous ennuyâtes
il/elle ennuya	ils/elles ennuyèrent

Past Anterior	
j'eus ennuyé	nous eûmes ennuyé
tu eus ennuyé	vous eûtes ennuyé
il/elle eut ennuyé	ils/elles eurent ennuyé

Future	
j'ennuierai	nous ennuierons
tu ennuieras	vous ennuierez
il/elle ennuiera	ils/elles ennuieront

Future Anterior	
j'aurai ennuyé	nous aurons ennuyé
tu auras ennuyé	vous aurez ennuyé
il/elle aura ennuyé	ils/elles auront ennuyé

Conditional	
j'ennuierais	nous ennuierions
tu ennuierais	vous ennuieriez
il/elle ennuierait	ils/elles ennuieraient

Past Conditional	
j'aurais ennuyé	nous aurions ennuyé
tu aurais ennuyé	vous auriez ennuyé
il/elle aurait ennuyé	ils/elles auraient ennuyé

Present Subjunctive	
que j'ennuie	que nous ennuyions
que tu ennuies	que vous ennuyiez
qu'il/elle ennuie	qu'ils/elles ennuient

Past Subjunctive	
que j'aie ennuyé	que nous ayons ennuyé
que tu aies ennuyé	que vous ayez ennuyé
qu'il/elle ait ennuyé	qu'ils/elles aient ennuyé

Imperfect Subjunctive	
que j'ennuyasse	que nous ennuyassions
que tu ennuyasses	que vous ennuyassiez
qu'il/elle ennuyât	qu'ils/elles ennuyassent

Pluperfect Subjunctive	
que j'eusse ennuyé	que nous eussions ennuyé
que tu eusses ennuyé	que vous eussiez ennuyé
qu'il/elle eût ennuyé	qu'ils/elles eussent ennuyé

Commands

	(nous) ennuyons
(tu) ennuie	(vous) ennuyez

(**USAGE**)

Ce nouveau film m'a tellement ennuyé.	*This new film bored me so much.*
Il m'ennuie avec ses accès de colère.	*He's annoying me with his fits of anger.*
Ça m'ennuie de te voir si triste.	*It bothers me to see you so sad.*
Ça t'ennuierait de m'accompagner?	*Would you mind going with me?*
Nous ne voudrions pas vous ennuyer.	*We would not want to cause you any trouble.*

RELATED WORDS AND EXPRESSIONS

l'ennui *(m)*	*boredom; trouble*
Ce roman est à mourir d'ennui.	*That novel can bore you to death.*
C'est un type qui vous cause toujours des ennuis.	*He's a guy who always gives you trouble.*
Elle a des ennuis avec sa fille.	*She's having trouble with her daughter.*
Si tu ne paies pas tes amendes, tu auras des ennuis avec la police.	*If you don't pay your fines, you'll have trouble with the police.*

je m'ennuie · je m'ennuyai ·
s'étant ennuyé · s'ennuyant

regular -er reflexive verb; spelling change:
i > y/mute e; compound tenses with être

Present

je m'ennuie	nous nous ennuyons
tu t'ennuies	vous vous ennuyez
il/elle s'ennuie	ils/elles s'ennuient

Imperfect

je m'ennuyais	nous nous ennuyions
tu t'ennuyais	vous vous ennuyiez
il/elle s'ennuyait	ils/elles s'ennuyaient

Passé Simple

je m'ennuyai	nous nous ennuyâmes
tu t'ennuyas	vous vous ennuyâtes
il/elle s'ennuya	ils/elles s'ennuyèrent

Future

je m'ennuierai	nous nous ennuierons
tu t'ennuieras	vous vous ennuierez
il/elle s'ennuiera	ils/elles s'ennuieront

Conditional

je m'ennuierais	nous nous ennuierions
tu t'ennuierais	vous vous ennuieriez
il/elle s'ennuierait	ils/elles s'ennuieraient

Present Subjunctive

que je m'ennuie	que nous nous ennuyions
que tu t'ennuies	que vous vous ennuyiez
qu'il/elle s'ennuie	qu'ils/elles s'ennuient

Imperfect Subjunctive

que je m'ennuyasse	que nous nous ennuyassions
que tu t'ennuyasses	que vous vous ennuyassiez
qu'il/elle s'ennuyât	qu'ils/elles s'ennuyassent

Passé Composé

je me suis ennuyé(e)	nous nous sommes ennuyé(e)s
tu t'es ennuyé(e)	vous vous êtes ennuyé(e)(s)
il/elle s'est ennuyé(e)	ils/elles se sont ennuyé(e)s

Pluperfect

je m'étais ennuyé(e)	nous nous étions ennuyé(e)s
tu t'étais ennuyé(e)	vous vous étiez ennuyé(e)(s)
il/elle s'était ennuyé(e)	ils/elles s'étaient ennuyé(e)s

Past Anterior

je me fus ennuyé(e)	nous nous fûmes ennuyé(e)s
tu te fus ennuyé(e)	vous vous fûtes ennuyé(e)(s)
il/elle se fut ennuyé(e)	ils/elles se furent ennuyé(e)s

Future Anterior

je me serai ennuyé(e)	nous nous serons ennuyé(e)s
tu te seras ennuyé(e)	vous vous serez ennuyé(e)(s)
il/elle se sera ennuyé(e)	ils/elles se seront ennuyé(e)s

Past Conditional

je me serais ennuyé(e)	nous nous serions ennuyé(e)s
tu te serais ennuyé(e)	vous vous seriez ennuyé(e)(s)
il/elle se serait ennuyé(e)	ils/elles se seraient ennuyé(e)s

Past Subjunctive

que je me sois ennuyé(e)	que nous nous soyons ennuyé(e)s
que tu te sois ennuyé(e)	que vous vous soyez ennuyé(e)(s)
qu'il/elle se soit ennuyé(e)	qu'ils/elles se soient ennuyé(e)s

Pluperfect Subjunctive

que je me fusse ennuyé(e)	que nous nous fussions ennuyé(e)s
que tu te fusses ennuyé(e)	que vous vous fussiez ennuyé(e)(s)
qu'il/elle se fût ennuyé(e)	qu'ils/elles se fussent ennuyé(e)s

Commands

| | (nous) ennuyons-nous |
| (tu) ennuie-toi | (vous) ennuyez-vous |

USAGE

Mon fils ne suit pas bien à l'école. Il dit qu'il s'y ennuie.
My son isn't keeping up at school. He says he's bored there.

Il s'ennuie à faire ses devoirs.
He gets bored doing his homework.

Ce film était vraiment horrible. Je m'ennuyais à mourir.
That film was really horrible. I was bored to death.

Je n'aime pas les vacances au village. Je m'y ennuie.
I don't like vacationing in a village. I get bored there.

J'aime sortir avec mes amis. Je ne m'ennuie jamais avec eux.
I like to go out with my friends. I never get bored with them.

Je ne savais pas que tu t'y ennuyais tellement.
I didn't know you were so bored there.

On ne s'ennuiera pas du tout avec eux.
We won't be bored at all with them.

224 (**enseigner**) to teach

j'enseigne · j'enseignai · enseigné · enseignant

regular -er verb

Present

j'enseigne	nous enseignons
tu enseignes	vous enseignez
il/elle enseigne	ils/elles enseignent

Imperfect

j'enseignais	nous enseignions
tu enseignais	vous enseigniez
il/elle enseignait	ils/elles enseignaient

Passé Simple

j'enseignai	nous enseignâmes
tu enseignas	vous enseignâtes
il/elle enseigna	ils/elles enseignèrent

Future

j'enseignerai	nous enseignerons
tu enseigneras	vous enseignerez
il/elle enseignera	ils/elles enseigneront

Conditional

j'enseignerais	nous enseignerions
tu enseignerais	vous enseigneriez
il/elle enseignerait	ils/elles enseigneraient

Passé Composé

j'ai enseigné	nous avons enseigné
tu as enseigné	vous avez enseigné
il/elle a enseigné	ils/elles ont enseigné

Pluperfect

j'avais enseigné	nous avions enseigné
tu avais enseigné	vous aviez enseigné
il/elle avait enseigné	ils/elles avaient enseigné

Past Anterior

j'eus enseigné	nous eûmes enseigné
tu eus enseigné	vous eûtes enseigné
il/elle eut enseigné	ils/elles eurent enseigné

Future Anterior

j'aurai enseigné	nous aurons enseigné
tu auras enseigné	vous aurez enseigné
il/elle aura enseigné	ils/elles auront enseigné

Past Conditional

j'aurais enseigné	nous aurions enseigné
tu aurais enseigné	vous auriez enseigné
il/elle aurait enseigné	ils/elles auraient enseigné

Present Subjunctive

que j'enseigne	que nous enseignions
que tu enseignes	que vous enseigniez
qu'il/elle enseigne	qu'ils/elles enseignent

Imperfect Subjunctive

que j'enseignasse	que nous enseignassions
que tu enseignasses	que vous enseignassiez
qu'il/elle enseignât	qu'ils/elles enseignassent

Past Subjunctive

que j'aie enseigné	que nous ayons enseigné
que tu aies enseigné	que vous ayez enseigné
qu'il/elle ait enseigné	qu'ils/elles aient enseigné

Pluperfect Subjunctive

que j'eusse enseigné	que nous eussions enseigné
que tu eusses enseigné	que vous eussiez enseigné
qu'il/elle eût enseigné	qu'ils/elles eussent enseigné

Commands

	(nous) enseignons
(tu) enseigne	(vous) enseignez

Elle enseigne les maths dans un lycée.	She teaches math in a secondary school.
enseigner à qqn une qualité	to teach someone a quality
Il faut enseigner la patience aux enfants.	Children have to be taught patience.
enseigner à qqn à faire qqch	to teach someone to do something
—Qui lui a enseigné à jouer du violon?	Who taught him to play the violin?
—Son grand-père lui a enseigné.	His grandfather taught him.

RELATED WORDS AND EXPRESSIONS

l'enseignement (m)	teaching/instruction
Il travaille dans l'enseignement.	He is a teacher.
l'enseignement publique	public education
l'enseignement primaire/secondaire	primary/secondary education
Elle a consacré sa vie à l'enseignement des enfants handicapés.	She devoted her life to teaching children with handicaps.

to hear, understand **entendre** 225

j'entends · j'entendis · entendu · entendant

regular *-re* verb

Present

j'entends	nous entendons
tu entends	vous entendez
il/elle entend	ils/elles entendent

Imperfect

j'entendais	nous entendions
tu entendais	vous entendiez
il/elle entendait	ils/elles entendaient

Passé Simple

j'entendis	nous entendîmes
tu entendis	vous entendîtes
il/elle entendit	ils/elles entendirent

Future

j'entendrai	nous entendrons
tu entendras	vous entendrez
il/elle entendra	ils/elles entendront

Conditional

j'entendrais	nous entendrions
tu entendrais	vous entendriez
il/elle entendrait	ils/elles entendraient

Present Subjunctive

que j'entende	que nous entendions
que tu entendes	que vous entendiez
qu'il/elle entende	qu'ils/elles entendent

Imperfect Subjunctive

que j'entendisse	que nous entendissions
que tu entendisses	que vous entendissiez
qu'il/elle entendît	qu'ils/elles entendissent

Passé Composé

j'ai entendu	nous avons entendu
tu as entendu	vous avez entendu
il/elle a entendu	ils/elles ont entendu

Pluperfect

j'avais entendu	nous avions entendu
tu avais entendu	vous aviez entendu
il/elle avait entendu	ils/elles avaient entendu

Past Anterior

j'eus entendu	nous eûmes entendu
tu eus entendu	vous eûtes entendu
il/elle eut entendu	ils/elles eurent entendu

Future Anterior

j'aurai entendu	nous aurons entendu
tu auras entendu	vous aurez entendu
il/elle aura entendu	ils/elles auront entendu

Past Conditional

j'aurais entendu	nous aurions entendu
tu aurais entendu	vous auriez entendu
il/elle aurait entendu	ils/elles auraient entendu

Past Subjunctive

que j'aie entendu	que nous ayons entendu
que tu aies entendu	que vous ayez entendu
qu'il/elle ait entendu	qu'ils/elles aient entendu

Pluperfect Subjunctive

que j'eusse entendu	que nous eussions entendu
que tu eusses entendu	que vous eussiez entendu
qu'il/elle eût entendu	qu'ils/elles eussent entendu

Commands

	(nous) entendons
(tu) entends	(vous) entendez

USAGE

J'entends de la musique.	*I hear music.*
Maintenant ils vont m'entendre!	*Now they're going to catch it from me!*
Je n'entends pas qu'il me parle sur ce ton.	*I won't stand for his speaking to me that way.*
—Tu y entends quelque chose?	*Do you understand this at all?*
—Non, je n'y entends rien.	*No, I don't understand anything about it.*
—Il sait que tu veux qu'il te rende l'argent?	*Does he know that you want him to return the money to you?*
—Je l'ai laissé entendre.	*I hinted at it.*

RELATED WORDS AND EXPRESSIONS

Entendu!	*Agreed!*
mal entendant(e)	*hard of hearing*

s'entendre *to get along; to hear oneself*

je m'entends · je m'entendis · s'étant entendu · s'entendant

regular -re reflexive verb;
compound tenses with *être*

Present

je m'entends	nous nous entendons
tu t'entends	vous vous entendez
il/elle s'entend	ils/elles s'entendent

Passé Composé

je me suis entendu(e)	nous nous sommes entendu(e)s
tu t'es entendu(e)	vous vous êtes entendu(e)(s)
il/elle s'est entendu(e)	ils/elles se sont entendu(e)s

Imperfect

je m'entendais	nous nous entendions
tu t'entendais	vous vous entendiez
il/elle s'entendait	ils/elles s'entendaient

Pluperfect

je m'étais entendu(e)	nous nous étions entendu(e)s
tu t'étais entendu(e)	vous vous étiez entendu(e)(s)
il/elle s'était entendu(e)	ils/elles s'étaient entendu(e)s

Passé Simple

je m'entendis	nous nous entendîmes
tu t'entendis	vous vous entendîtes
il/elle s'entendit	ils/elles s'entendirent

Past Anterior

je me fus entendu(e)	nous nous fûmes entendu(e)s
tu te fus entendu(e)	vous vous fûtes entendu(e)(s)
il/elle se fut entendu(e)	ils/elles se furent entendu(e)s

Future

je m'entendrai	nous nous entendrons
tu t'entendras	vous vous entendrez
il/elle s'entendra	ils/elles s'entendront

Future Anterior

je me serai entendu(e)	nous nous serons entendu(e)s
tu te seras entendu(e)	vous vous serez entendu(e)(s)
il/elle se sera entendu(e)	ils/elles se seront entendu(e)s

Conditional

je m'entendrais	nous nous entendrions
tu t'entendrais	vous vous entendriez
il/elle s'entendrait	ils/elles s'entendraient

Past Conditional

je me serais entendu(e)	nous nous serions entendu(e)s
tu te serais entendu(e)	vous vous seriez entendu(e)(s)
il/elle se serait entendu(e)	ils/elles se seraient entendu(e)s

Present Subjunctive

que je m'entende	que nous nous entendions
que tu t'entendes	que vous vous entendiez
qu'il/elle s'entende	qu'ils/elles s'entendent

Past Subjunctive

que je me sois entendu(e)	que nous nous soyons entendu(e)s
que tu te sois entendu(e)	que vous vous soyez entendu(e)(s)
qu'il/elle se soit entendu(e)	qu'ils/elles se soient entendu(e)s

Imperfect Subjunctive

que je m'entendisse	que nous nous entendissions
que tu t'entendisses	que vous vous entendissiez
qu'il/elle s'entendît	qu'ils/elles s'entendissent

Pluperfect Subjunctive

que je me fusse entendu(e)	que nous nous fussions entendu(e)s
que tu te fusses entendu(e)	que vous vous fussiez entendu(e)(s)
qu'il/elle se fût entendu(e)	qu'ils/elles se fussent entendu(e)s

Commands

	(nous) entendons-nous
(tu) entends-toi	(vous) entendez-vous

USAGE

s'entendre avec qqn	to get along with someone
Il ne s'entend pas avec les voisins.	He doesn't get along with his neighbors.
Est-ce que vous vous entendez bien avec votre belle-famille?	Do you get along with your in-laws?
s'entendre comme chien et chat	to not get along at all
s'entendre sur qqch	to agree upon something
Ils se sont entendus sur le plan à suivre.	They agreed upon the plan they would follow.
Il faut que nous nous entendions là-dessus.	We must come to an agreement about that.
Les deux entreprises s'entendent pour une fusion.	The two companies are in agreement about a merger.
On ne s'entend pas du tout avec tout ce bruit.	You can't hear yourself think with all this noise.

regular -er verb

Present

j'enterre	nous enterrons
tu enterres	vous enterrez
il/elle enterre	ils/elles enterrent

Imperfect

j'enterrais	nous enterrions
tu enterrais	vous enterriez
il/elle enterrait	ils/elles enterraient

Passé Simple

j'enterrai	nous enterrâmes
tu enterras	vous enterrâtes
il/elle enterra	ils/elles enterrèrent

Future

j'enterrerai	nous enterrerons
tu enterreras	vous enterrerez
il/elle enterrera	ils/elles enterreront

Conditional

j'enterrerais	nous enterrerions
tu enterrerais	vous enterreriez
il/elle enterrerait	ils/elles enterreraient

Passé Composé

j'ai enterré	nous avons enterré
tu as enterré	vous avez enterré
il/elle a enterré	ils/elles ont enterré

Pluperfect

j'avais enterré	nous avions enterré
tu avais enterré	vous aviez enterré
il/elle avait enterré	ils/elles avaient enterré

Past Anterior

j'eus enterré	nous eûmes enterré
tu eus enterré	vous eûtes enterré
il/elle eut enterré	ils/elles eurent enterré

Future Anterior

j'aurai enterré	nous aurons enterré
tu auras enterré	vous aurez enterré
il/elle aura enterré	ils/elles auront enterré

Past Conditional

j'aurais enterré	nous aurions enterré
tu aurais enterré	vous auriez enterré
il/elle aurait enterré	ils/elles auraient enterré

Present Subjunctive

que j'enterre	que nous enterrions
que tu enterres	que vous enterriez
qu'il/elle enterre	qu'ils/elles enterrent

Imperfect Subjunctive

que j'enterrasse	que nous enterrassions
que tu enterrasses	que vous enterrassiez
qu'il/elle enterrât	qu'ils/elles enterrassent

Past Subjunctive

que j'aie enterré	que nous ayons enterré
que tu aies enterré	que vous ayez enterré
qu'il/elle ait enterré	qu'ils/elles aient enterré

Pluperfect Subjunctive

que j'eusse enterré	que nous eussions enterré
que tu eusses enterré	que vous eussiez enterré
qu'il/elle eût enterré	qu'ils/elles eussent enterré

Commands

	(nous) enterrons
(tu) enterre	(vous) enterrez

Hier nous avons enterré notre oncle.	We buried our uncle yesterday.
Il faut enterrer la hache de guerre.	We have to bury the hatchet.
Il faut enterrer cette querelle.	We must forget this quarrel.
Il va enterrer sa vie de garçon lundi prochain.	Next Monday he's throwing a bachelor party for himself.
Cette vieille dame nous enterrera tous.	That old woman will outlive us all.

RELATED WORDS AND EXPRESSIONS

l'enterrement (m)	funeral
On a réservé un enterrement de première classe pour mon idée.	They voted thumbs down on my idea.
Pourquoi cette tête d'enterrement?	Why do you look so depressed?

(entreprendre) *to undertake*

j'entreprends · j'entrepris · entrepris · entreprenant   irregular verb

---

Present

j'entreprends	nous entreprenons
tu entreprends	vous entreprenez
il/elle entreprend	ils/elles entreprennent

Passé Composé

j'ai entrepris	nous avons entrepris
tu as entrepris	vous avez entrepris
il/elle a entrepris	ils/elles ont entrepris

Imperfect

j'entreprenais	nous entreprenions
tu entreprenais	vous entrepreniez
il/elle entreprenait	ils/elles entreprenaient

Pluperfect

j'avais entrepris	nous avions entrepris
tu avais entrepris	vous aviez entrepris
il/elle avait entrepris	ils/elles avaient entrepris

Passé Simple

j'entrepris	nous entreprîmes
tu entrepris	vous entreprîtes
il/elle entreprit	ils/elles entreprirent

Past Anterior

j'eus entrepris	nous eûmes entrepris
tu eus entrepris	vous eûtes entrepris
il/elle eut entrepris	ils/elles eurent entrepris

Future

j'entreprendrai	nous entreprendrons
tu entreprendras	vous entreprendrez
il/elle entreprendra	ils/elles entreprendront

Future Anterior

j'aurai entrepris	nous aurons entrepris
tu auras entrepris	vous aurez entrepris
il/elle aura entrepris	ils/elles auront entrepris

Conditional

j'entreprendrais	nous entreprendrions
tu entreprendrais	vous entreprendriez
il/elle entreprendrait	ils/elles entreprendraient

Past Conditional

j'aurais entrepris	nous aurions entrepris
tu aurais entrepris	vous auriez entrepris
il/elle aurait entrepris	ils/elles auraient entrepris

Present Subjunctive

que j'entreprenne	que nous entreprenions
que tu entreprennes	que vous entrepreniez
qu'il/elle entreprenne	qu'ils/elles entreprennent

Past Subjunctive

que j'aie entrepris	que nous ayons entrepris
que tu aies entrepris	que vous ayez entrepris
qu'il/elle ait entrepris	qu'ils/elles aient entrepris

Imperfect Subjunctive

que j'entreprisse	que nous entreprissions
que tu entreprisses	que vous entreprissiez
qu'il/elle entreprît	qu'ils/elles entreprissent

Pluperfect Subjunctive

que j'eusse entrepris	que nous eussions entrepris
que tu eusses entrepris	que vous eussiez entrepris
qu'il/elle eût entrepris	qu'ils/elles eussent entrepris

Commands

	(nous) entreprenons
(tu) entreprends	(vous) entreprenez

(USAGE)

entreprendre un nouveau travail	to undertake a new job
entreprendre de faire qqch	to undertake to do something
La police entreprit de ratisser la ville.	The police undertook to comb the city.
entreprendre un voyage	to begin a trip

RELATED WORDS AND EXPRESSIONS

un entrepreneur / une entrepreneuse	an entrepreneur; a contractor
l'entrepreneur de construction	building contractor
l'entrepreneur de pompes funèbres	undertaker
l'entreprise (f)	company/firm
L'entreprise a fait faillite.	The company went bankrupt.
Il travaille pour une grosse entreprise internationale.	He works for a big international company.

regular -er verb; compound tenses with *être*　　　　j'entre · j'entrai · entré · entrant

Present		Passé Composé	
j'entre	nous entrons	je suis entré(e)	nous sommes entré(e)s
tu entres	vous entrez	tu es entré(e)	vous êtes entré(e)(s)
il/elle entre	ils/elles entrent	il/elle est entré(e)	ils/elles sont entré(e)s

Imperfect		Pluperfect	
j'entrais	nous entrions	j'étais entré(e)	nous étions entré(e)s
tu entrais	vous entriez	tu étais entré(e)	vous étiez entré(e)(s)
il/elle entrait	ils/elles entraient	il/elle était entré(e)	ils/elles étaient entré(e)s

Passé Simple		Past Anterior	
j'entrai	nous entrâmes	je fus entré(e)	nous fûmes entré(e)s
tu entras	vous entrâtes	tu fus entré(e)	vous fûtes entré(e)(s)
il/elle entra	ils/elles entrèrent	il/elle fut entré(e)	ils/elles furent entré(e)s

Future		Future Anterior	
j'entrerai	nous entrerons	je serai entré(e)	nous serons entré(e)s
tu entreras	vous entrerez	tu seras entré(e)	vous serez entré(e)(s)
il/elle entrera	ils/elles entreront	il/elle sera entré(e)	ils/elles seront entré(e)s

Conditional		Past Conditional	
j'entrerais	nous entrerions	je serais entré(e)	nous serions entré(e)s
tu entrerais	vous entreriez	tu serais entré(e)	vous seriez entré(e)(s)
il/elle entrerait	ils/elles entreraient	il/elle serait entré(e)	ils/elles seraient entré(e)s

Present Subjunctive		Past Subjunctive	
que j'entre	que nous entrions	que je sois entré(e)	que nous soyons entré(e)s
que tu entres	que vous entriez	que tu sois entré(e)	que vous soyez entré(e)(s)
qu'il/elle entre	qu'ils/elles entrent	qu'il/elle soit entré(e)	qu'ils/elles soient entré(e)s

Imperfect Subjunctive		Pluperfect Subjunctive	
que j'entrasse	que nous entrassions	que je fusse entré(e)	que nous fussions entré(e)s
que tu entrasses	que vous entrassiez	que tu fusses entré(e)	que vous fussiez entré(e)(s)
qu'il/elle entrât	qu'ils/elles entrassent	qu'il/elle fût entré(e)	qu'ils/elles fussent entré(e)s

Commands

　　　　　　　　(nous) entrons
　(tu) entre　　(vous) entrez

NOTE: When *entrer* is transitive as in *entrer des données,* it forms its compound tenses with *avoir,* not *être.*

Nous avons entré toutes les données.	*We entered all the data.*
entrer dans	*to enter / go in / come in*
Entrez sans frapper.	*Enter without knocking.* (sign)
Elle est entrée dans l'enseignement.	*She entered the teaching profession.*
Il est entré dans son bureau.	*He went into his office.*
On y entre comme dans un moulin.	*Anyone can walk in.*
Ça n'entre pas! Qu'est-ce qu'on va faire?	*It doesn't fit! What are we going to do?*

RELATED WORDS AND EXPRESSIONS

　l'entrée *(f)*　　　　　　　　　　*entrance*

(**s'envoler**) *to fly away*

je m'envole · je m'envolai · s'étant envolé · s'envolant

regular -er reflexive verb;
compound tenses with être

Present

je m'envole	nous nous envolons
tu t'envoles	vous vous envolez
il/elle s'envole	ils/elles s'envolent

Passé Composé

je me suis envolé(e)	nous nous sommes envolé(e)s
tu t'es envolé(e)	vous vous êtes envolé(e)(s)
il/elle s'est envolé(e)	ils/elles se sont envolé(e)s

Imperfect

je m'envolais	nous nous envolions
tu t'envolais	vous vous envoliez
il/elle s'envolait	ils/elles s'envolaient

Pluperfect

je m'étais envolé(e)	nous nous étions envolé(e)s
tu t'étais envolé(e)	vous vous étiez envolé(e)(s)
il/elle s'était envolé(e)	ils/elles s'étaient envolé(e)s

Passé Simple

je m'envolai	nous nous envolâmes
tu t'envolas	vous vous envolâtes
il/elle s'envola	ils/elles s'envolèrent

Past Anterior

je me fus envolé(e)	nous nous fûmes envolé(e)s
tu te fus envolé(e)	vous vous fûtes envolé(e)(s)
il/elle se fut envolé(e)	ils/elles se furent envolé(e)s

Future

je m'envolerai	nous nous envolerons
tu t'envoleras	vous vous envolerez
il/elle s'envolera	ils/elles s'envoleront

Future Anterior

je me serai envolé(e)	nous nous serons envolé(e)s
tu te seras envolé(e)	vous vous serez envolé(e)(s)
il/elle se sera envolé(e)	ils/elles se seront envolé(e)s

Conditional

je m'envolerais	nous nous envolerions
tu t'envolerais	vous vous envoleriez
il/elle s'envolerait	ils/elles s'envoleraient

Past Conditional

je me serais envolé(e)	nous nous serions envolé(e)s
tu te serais envolé(e)	vous vous seriez envolé(e)(s)
il/elle se serait envolé(e)	ils/elles se seraient envolé(e)s

Present Subjunctive

que je m'envole	que nous nous envolions
que tu t'envoles	que vous vous envoliez
qu'il/elle s'envole	qu'ils/elles s'envolent

Past Subjunctive

que je me sois envolé(e)	que nous nous soyons envolé(e)s
que tu te sois envolé(e)	que vous vous soyez envolé(e)(s)
qu'il/elle se soit envolé(e)	qu'ils/elles se soient envolé(e)s

Imperfect Subjunctive

que je m'envolasse	que nous nous envolassions
que tu t'envolasses	que vous vous envolassiez
qu'il/elle s'envolât	qu'ils/elles s'envolassent

Pluperfect Subjunctive

que je me fusse envolé(e)	que nous nous fussions envolé(e)s
que tu te fusses envolé(e)	que vous vous fussiez envolé(e)(s)
qu'il/elle se fût envolé(e)	qu'ils/elles se fussent envolé(e)s

Commands

	(nous) envolons-nous
(tu) envole-toi	(vous) envolez-vous

USAGE

L'oiseau s'est envolé.	*The bird flew away.*
L'avion de Paris vient de s'envoler.	*The plane for Paris has just taken off.*
Avec le vent, son chapeau s'est envolé.	*With the wind, his hat blew off.*
Son désir de voyager s'est envolé.	*His desire to travel disappeared.*
La compagnie a vu ses bénéfices s'envoler.	*The company's profits soared.*

RELATED WORDS AND EXPRESSIONS

l'envol *(m)*	*taking off / taking flight*
L'oiseau a pris son envol.	*The bird took flight.*
l'envol de l'avion	*the plane's takeoff*

irregular verb; spelling change: y > i/mute *e*   j'envoie · j'envoyai · envoyé · envoyant

Present

j'envoie	nous envoyons
tu envoies	vous envoyez
il/elle envoie	ils/elles envoient

Passé Composé

j'ai envoyé	nous avons envoyé
tu as envoyé	vous avez envoyé
il/elle a envoyé	ils/elles ont envoyé

Imperfect

j'envoyais	nous envoyions
tu envoyais	vous envoyiez
il/elle envoyait	ils/elles envoyaient

Pluperfect

j'avais envoyé	nous avions envoyé
tu avais envoyé	vous aviez envoyé
il/elle avait envoyé	ils/elles avaient envoyé

Passé Simple

j'envoyai	nous envoyâmes
tu envoyas	vous envoyâtes
il/elle envoya	ils/elles envoyèrent

Past Anterior

j'eus envoyé	nous eûmes envoyé
tu eus envoyé	vous eûtes envoyé
il/elle eut envoyé	ils/elles eurent envoyé

Future

j'enverrai	nous enverrons
tu enverras	vous enverrez
il/elle enverra	ils/elles enverront

Future Anterior

j'aurai envoyé	nous aurons envoyé
tu auras envoyé	vous aurez envoyé
il/elle aura envoyé	ils/elles auront envoyé

Conditional

j'enverrais	nous enverrions
tu enverrais	vous enverriez
il/elle enverrait	ils/elles enverraient

Past Conditional

j'aurais envoyé	nous aurions envoyé
tu aurais envoyé	vous auriez envoyé
il/elle aurait envoyé	ils/elles auraient envoyé

Present Subjunctive

que j'envoie	que nous envoyions
que tu envoies	que vous envoyiez
qu'il/elle envoie	qu'ils/elles envoient

Past Subjunctive

que j'aie envoyé	que nous ayons envoyé
que tu aies envoyé	que vous ayez envoyé
qu'il/elle ait envoyé	qu'ils/elles aient envoyé

Imperfect Subjunctive

que j'envoyasse	que nous envoyassions
que tu envoyasses	que vous envoyassiez
qu'il/elle envoyât	qu'ils/elles envoyassent

Pluperfect Subjunctive

que j'eusse envoyé	que nous eussions envoyé
que tu eusses envoyé	que vous eussiez envoyé
qu'il/elle eût envoyé	qu'ils/elles eussent envoyé

Commands

	(nous) envoyons
(tu) envoie	(vous) envoyez

USAGE

envoyer une lettre / un paquet / un courriel	to send a letter / a package / an e-mail
envoyer qqch à qqn	to send something to someone
—Qu'est-ce que ta petite amie t'a envoyé pour ton anniversaire?	What did your girlfriend send you for your birthday?
—Elle m'a envoyé un appareil numérique.	She sent me a digital camera.
envoyer qqn quelque part	to send someone somewhere
Son entreprise l'a envoyée en Asie.	Her firm sent her to Asia.
envoyer chercher qqn pour qqch	to send someone for something
Je l'ai envoyé chercher une pizza.	I sent him to get a pizza.
Elle l'a envoyé promener.	She sent him packing. / She told him where to get off.

RELATED WORDS AND EXPRESSIONS

l'envoi (m)	shipment
l'envoi de devises	sending of currency

épouser *to marry*

j'épouse · j'épousai · épousé · épousant

regular -er verb

Present

j'épouse	nous épousons
tu épouses	vous épousez
il/elle épouse	ils/elles épousent

Passé Composé

j'ai épousé	nous avons épousé
tu as épousé	vous avez épousé
il/elle a épousé	ils/elles ont épousé

Imperfect

j'épousais	nous épousions
tu épousais	vous épousiez
il/elle épousait	ils/elles épousaient

Pluperfect

j'avais épousé	nous avions épousé
tu avais épousé	vous aviez épousé
il/elle avait épousé	ils/elles avaient épousé

Passé Simple

j'épousai	nous épousâmes
tu épousas	vous épousâtes
il/elle épousa	ils/elles épousèrent

Past Anterior

j'eus épousé	nous eûmes épousé
tu eus épousé	vous eûtes épousé
il/elle eut épousé	ils/elles eurent épousé

Future

j'épouserai	nous épouserons
tu épouseras	vous épouserez
il/elle épousera	ils/elles épouseront

Future Anterior

j'aurai épousé	nous aurons épousé
tu auras épousé	vous aurez épousé
il/elle aura épousé	ils/elles auront épousé

Conditional

j'épouserais	nous épouserions
tu épouserais	vous épouseriez
il/elle épouserait	ils/elles épouseraient

Past Conditional

j'aurais épousé	nous aurions épousé
tu aurais épousé	vous auriez épousé
il/elle aurait épousé	ils/elles auraient épousé

Present Subjunctive

que j'épouse	que nous épousions
que tu épouses	que vous épousiez
qu'il/elle épouse	qu'ils/elles épousent

Past Subjunctive

que j'aie épousé	que nous ayons épousé
que tu aies épousé	que vous ayez épousé
qu'il/elle ait épousé	qu'ils/elles aient épousé

Imperfect Subjunctive

que j'épousasse	que nous épousassions
que tu épousasses	que vous épousassiez
qu'il/elle épousât	qu'ils/elles épousassent

Pluperfect Subjunctive

que j'eusse épousé	que nous eussions épousé
que tu eusses épousé	que vous eussiez épousé
qu'il/elle eût épousé	qu'ils/elles eussent épousé

Commands

	(nous) épousons
(tu) épouse	(vous) épousez

USAGE

—Il a épousé sa voisine. — *He married his neighbor.*
—Quand est-ce qu'ils se sont épousés? — *When did they get married?*
—Il y a trois mois. — *Three months ago.*
—Elle l'a épousé par amour? — *Did she marry him for love?*
—Non, elle l'a épousé par intérêt. — *No, she married him out of self-interest.*
—Elle l'a donc épousé pour son argent? — *So she married him for his money?*
—Je crois. Elle a toujours voulu épouser une grosse somme d'argent. — *I think so. She always wanted to marry into money.*

RELATED WORDS AND EXPRESSIONS

l'époux *(m)*	*spouse/husband*
l'épouse *(f)*	*spouse/wife*
les époux *(mpl)*	*married couple*
s'épouser	*to get married*

irregular verb;
compound tenses with *être*

je m'éprends · je m'épris · s'étant épris · s'éprenant

Present

je m'éprends	nous nous éprenons
tu t'éprends	vous vous éprenez
il/elle s'éprend	ils/elles s'éprennent

Imperfect

je m'éprenais	nous nous éprenions
tu t'éprenais	vous vous épreniez
il/elle s'éprenait	ils/elles s'éprenaient

Passé Simple

je m'épris	nous nous éprîmes
tu t'épris	vous vous éprîtes
il/elle s'éprit	ils/elles s'éprirent

Future

je m'éprendrai	nous nous éprendrons
tu t'éprendras	vous vous éprendrez
il/elle s'éprendra	ils/elles s'éprendront

Conditional

je m'éprendrais	nous nous éprendrions
tu t'éprendrais	vous vous éprendriez
il/elle s'éprendrait	ils/elles s'éprendraient

Passé Composé

je me suis épris(e)	nous nous sommes épris(es)
tu t'es épris(e)	vous vous êtes épris(e)(s)
il/elle s'est épris(e)	ils/elles se sont épris(es)

Pluperfect

je m'étais épris(e)	nous nous étions épris(es)
tu t'étais épris(e)	vous vous étiez épris(e)(s)
il/elle s'était épris(e)	ils/elles s'étaient épris(es)

Past Anterior

je me fus épris(e)	nous nous fûmes épris(es)
tu te fus épris(e)	vous vous fûtes épris(e)(s)
il/elle se fut épris(e)	ils/elles se furent épris(es)

Future Anterior

je me serai épris(e)	nous nous serons épris(es)
tu te seras épris(e)	vous vous serez épris(e)(s)
il/elle se sera épris(e)	ils/elles se seront épris(es)

Past Conditional

je me serais épris(e)	nous nous serions épris(es)
tu te serais épris(e)	vous vous seriez épris(e)(s)
il/elle se serait épris(e)	ils/elles se seraient épris(es)

Present Subjunctive

que je m'éprenne	que nous nous éprenions
que tu t'éprennes	que vous vous épreniez
qu'il/elle s'éprenne	qu'ils/elles s'éprennent

Imperfect Subjunctive

que je m'éprisse	que nous nous éprissions
que tu t'éprisses	que vous vous éprissiez
qu'il/elle s'éprît	qu'ils/elles s'éprissent

Past Subjunctive

que je me sois épris(e)	que nous nous soyons épris(es)
que tu te sois épris(e)	que vous vous soyez épris(e)(s)
qu'il/elle se soit épris(e)	qu'ils/elles se soient épris(es)

Pluperfect Subjunctive

que je me fusse épris(e)	que nous nous fussions épris(es)
que tu te fusses épris(e)	que vous vous fussiez épris(e)(s)
qu'il/elle se fût épris(e)	qu'ils/elles se fussent épris(es)

Commands

	(nous) éprenons-nous
(tu) éprends-toi	(vous) éprenez-vous

USAGE

s'éprendre de qqn — to fall in love with someone (literary)
Elle s'est éprise de son professeur. — She fell in love with her teacher.
Ces touristes se sont épris de la beauté de l'Ouest américain. — These tourists fell in love with the beauty of the American West.
On voyait qu'il s'éprenait de son travail. — They saw he was becoming enamored of his work.
Il s'est épris de cette théorie. — He became impassioned with this theory.
C'est une femme éprise de sa profession. — She's a woman enamored of her profession.
Je te vois épris de ton métier. — I see you love your work.

(**éprouver**) *to experience, feel*

j'éprouve · j'éprouvai · éprouvé · éprouvant

regular -er verb

Present

j'éprouve	nous éprouvons
tu éprouves	vous éprouvez
il/elle éprouve	ils/elles éprouvent

Passé Composé

j'ai éprouvé	nous avons éprouvé
tu as éprouvé	vous avez éprouvé
il/elle a éprouvé	ils/elles ont éprouvé

Imperfect

j'éprouvais	nous éprouvions
tu éprouvais	vous éprouviez
il/elle éprouvait	ils/elles éprouvaient

Pluperfect

j'avais éprouvé	nous avions éprouvé
tu avais éprouvé	vous aviez éprouvé
il/elle avait éprouvé	ils/elles avaient éprouvé

Passé Simple

j'éprouvai	nous éprouvâmes
tu éprouvas	vous éprouvâtes
il/elle éprouva	ils/elles éprouvèrent

Past Anterior

j'eus éprouvé	nous eûmes éprouvé
tu eus éprouvé	vous eûtes éprouvé
il/elle eut éprouvé	ils/elles eurent éprouvé

Future

j'éprouverai	nous éprouverons
tu éprouveras	vous éprouverez
il/elle éprouvera	ils/elles éprouveront

Future Anterior

j'aurai éprouvé	nous aurons éprouvé
tu auras éprouvé	vous aurez éprouvé
il/elle aura éprouvé	ils/elles auront éprouvé

Conditional

j'éprouverais	nous éprouverions
tu éprouverais	vous éprouveriez
il/elle éprouverait	ils/elles éprouveraient

Past Conditional

j'aurais éprouvé	nous aurions éprouvé
tu aurais éprouvé	vous auriez éprouvé
il/elle aurait éprouvé	ils/elles auraient éprouvé

Present Subjunctive

que j'éprouve	que nous éprouvions
que tu éprouves	que vous éprouviez
qu'il/elle éprouve	qu'ils/elles éprouvent

Past Subjunctive

que j'aie éprouvé	que nous ayons éprouvé
que tu aies éprouvé	que vous ayez éprouvé
qu'il/elle ait éprouvé	qu'ils/elles aient éprouvé

Imperfect Subjunctive

que j'éprouvasse	que nous éprouvassions
que tu éprouvasses	que vous éprouvassiez
qu'il/elle éprouvât	qu'ils/elles éprouvassent

Pluperfect Subjunctive

que j'eusse éprouvé	que nous eussions éprouvé
que tu eusses éprouvé	que vous eussiez éprouvé
qu'il/elle eût éprouvé	qu'ils/elles eussent éprouvé

Commands

	(nous) éprouvons
(tu) éprouve	(vous) éprouvez

USAGE

éprouver un sentiment de détresse	to experience a feeling of distress
éprouver des difficultés à la faculté	to have difficulties at college
Il faut qu'on éprouve sa compétence.	We must test his competence.
Cette mission a éprouvé son courage.	That mission tested his courage.

RELATED WORDS AND EXPRESSIONS

l'épreuve (f)	test/difficulty
une épreuve de résistance	an endurance/resistance test
à l'épreuve de balles	bulletproof
Cette année a été pleine d'épreuves pour moi.	This year was full of problems for me.
mettre qqn/qqch à l'épreuve	to put someone/something to the test
Cette théorie n'a pas encore été mise à l'épreuve.	This theory has not yet been put to the test.
les épreuves d'un livre	the galleys/proofs of a book
corriger les épreuves	to proofread
éprouvé(e)	tested
une valeur éprouvée	a tested value

-er verb; spelling change: *é > è*/mute *e*
except in the future and conditional

j'espère · j'espérai · espéré · espérant

Present		Passé Composé	
j'espère	nous espérons	j'ai espéré	nous avons espéré
tu espères	vous espérez	tu as espéré	vous avez espéré
il/elle espère	ils/elles espèrent	il/elle a espéré	ils/elles ont espéré

Imperfect		Pluperfect	
j'espérais	nous espérions	j'avais espéré	nous avions espéré
tu espérais	vous espériez	tu avais espéré	vous aviez espéré
il/elle espérait	ils/elles espéraient	il/elle avait espéré	ils/elles avaient espéré

Passé Simple		Past Anterior	
j'espérai	nous espérâmes	j'eus espéré	nous eûmes espéré
tu espéras	vous espérâtes	tu eus espéré	vous eûtes espéré
il/elle espéra	ils/elles espérèrent	il/elle eut espéré	ils/elles eurent espéré

Future		Future Anterior	
j'espérerai	nous espérerons	j'aurai espéré	nous aurons espéré
tu espéreras	vous espérerez	tu auras espéré	vous aurez espéré
il/elle espérera	ils/elles espéreront	il/elle aura espéré	ils/elles auront espéré

Conditional		Past Conditional	
j'espérerais	nous espérerions	j'aurais espéré	nous aurions espéré
tu espérerais	vous espéreriez	tu aurais espéré	vous auriez espéré
il/elle espérerait	ils/elles espéreraient	il/elle aurait espéré	ils/elles auraient espéré

Present Subjunctive		Past Subjunctive	
que j'espère	que nous espérions	que j'aie espéré	que nous ayons espéré
que tu espères	que vous espériez	que tu aies espéré	que vous ayez espéré
qu'il/elle espère	qu'ils/elles espèrent	qu'il/elle ait espéré	qu'ils/elles aient espéré

Imperfect Subjunctive		Pluperfect Subjunctive	
que j'espérasse	que nous espérassions	que j'eusse espéré	que nous eussions espéré
que tu espérasses	que vous espérassiez	que tu eusses espéré	que vous eussiez espéré
qu'il/elle espérât	qu'ils/elles espérassent	qu'il/elle eût espéré	qu'ils/elles eussent espéré

Commands

	(nous) espérons
(tu) espère	(vous) espérez

USAGE

J'espère que tu pourras venir à la fête.	I hope you'll be able to come to the party.
Il espère trouver un emploi.	He hopes he'll find a job.
J'espère quand même qu'on retrouvera mon chat.	I'm hoping against hope that my cat will be found.
Il espère en l'avenir.	He has hope for the future.
Je l'espère bien.	I hope so.

RELATED WORDS AND EXPRESSIONS

l'espérance (f)	hope/expectations
Il a guéri contre toute espérance.	He got better contrary to all expectations.
Le succès de mon fils est toute mon espérance.	My son's success is my only hope.
l'espoir (m)	hope
Il n'y plus d'espoir de récupérer les biens perdus.	There's no hope of getting back our lost property.

essayer to try

j'essaie · j'essayai · essayé · essayant   regular -er verb; spelling change: y > i/mute e

Present
j'essaie	nous essayons
tu essaies	vous essayez
il/elle essaie	ils/elles essaient

Passé Composé
j'ai essayé	nous avons essayé
tu as essayé	vous avez essayé
il/elle a essayé	ils/elles ont essayé

Imperfect
j'essayais	nous essayions
tu essayais	vous essayiez
il/elle essayait	ils/elles essayaient

Pluperfect
j'avais essayé	nous avions essayé
tu avais essayé	vous aviez essayé
il/elle avait essayé	ils/elles avaient essayé

Passé Simple
j'essayai	nous essayâmes
tu essayas	vous essayâtes
il/elle essaya	ils/elles essayèrent

Past Anterior
j'eus essayé	nous eûmes essayé
tu eus essayé	vous eûtes essayé
il/elle eut essayé	ils/elles eurent essayé

Future
j'essaierai	nous essaierons
tu essaieras	vous essaierez
il/elle essaiera	ils/elles essaieront

Future Anterior
j'aurai essayé	nous aurons essayé
tu auras essayé	vous aurez essayé
il/elle aura essayé	ils/elles auront essayé

Conditional
j'essaierais	nous essaierions
tu essaierais	vous essaieriez
il/elle essaierait	ils/elles essaieraient

Past Conditional
j'aurais essayé	nous aurions essayé
tu aurais essayé	vous auriez essayé
il/elle aurait essayé	ils/elles auraient essayé

Present Subjunctive
que j'essaie	que nous essayions
que tu essaies	que vous essayiez
qu'il/elle essaie	qu'ils/elles essaient

Past Subjunctive
que j'aie essayé	que nous ayons essayé
que tu aies essayé	que vous ayez essayé
qu'il/elle ait essayé	qu'ils/elles aient essayé

Imperfect Subjunctive
que j'essayasse	que nous essayassions
que tu essayasses	que vous essayassiez
qu'il/elle essayât	qu'ils/elles essayassent

Pluperfect Subjunctive
que j'eusse essayé	que nous eussions essayé
que tu eusses essayé	que vous eussiez essayé
qu'il/elle eût essayé	qu'ils/elles eussent essayé

Commands
	(nous) essayons
(tu) essaie	(vous) essayez

USAGE

NOTE: This verb is sometimes seen without the y > i change, such as j'essaye.

essayer qqch	to try something / try something on / taste something
Je vais essayer cette robe.	I'm going to try this dress on.
Essaie cette soupe! Elle est vraiment bonne.	Taste this soup! It's really good.
essayer de faire qqch	to try to do something
J'essaierai d'arriver avant neuf heures.	I'll try to get there before nine o'clock.
Essayez de me comprendre.	Try to understand me.
Le prisonnier a essayé de s'enfuir.	The prisoner tried to escape.

RELATED WORDS AND EXPRESSIONS

l'essai (m)	testing/trying/try; essay
mettre qqch à l'essai	to try something out
faire deux essais	to have two tries
On m'a pris à l'essai.	I've been taken on for a trial period.
Nous avons lu des essais.	We read essays.

regular -er verb; spelling change: y > i/mute e

j'essuie · j'essuyai · essuyé · essuyant

Present
j'essuie	nous essuyons
tu essuies	vous essuyez
il/elle essuie	ils/elles essuient

Passé Composé
j'ai essuyé	nous avons essuyé
tu as essuyé	vous avez essuyé
il/elle a essuyé	ils/elles ont essuyé

Imperfect
j'essuyais	nous essuyions
tu essuyais	vous essuyiez
il/elle essuyait	ils/elles essuyaient

Pluperfect
j'avais essuyé	nous avions essuyé
tu avais essuyé	vous aviez essuyé
il/elle avait essuyé	ils/elles avaient essuyé

Passé Simple
j'essuyai	nous essuyâmes
tu essuyas	vous essuyâtes
il/elle essuya	ils/elles essuyèrent

Past Anterior
j'eus essuyé	nous eûmes essuyé
tu eus essuyé	vous eûtes essuyé
il/elle eut essuyé	ils/elles eurent essuyé

Future
j'essuierai	nous essuierons
tu essuieras	vous essuierez
il/elle essuiera	ils/elles essuieront

Future Anterior
j'aurai essuyé	nous aurons essuyé
tu auras essuyé	vous aurez essuyé
il/elle aura essuyé	ils/elles auront essuyé

Conditional
j'essuierais	nous essuierions
tu essuierais	vous essuieriez
il/elle essuierait	ils/elles essuieraient

Past Conditional
j'aurais essuyé	nous aurions essuyé
tu aurais essuyé	vous auriez essuyé
il/elle aurait essuyé	ils/elles auraient essuyé

Present Subjunctive
que j'essuie	que nous essuyions
que tu essuies	que vous essuyiez
qu'il/elle essuie	qu'ils/elles essuient

Past Subjunctive
que j'aie essuyé	que nous ayons essuyé
que tu aies essuyé	que vous ayez essuyé
qu'il/elle ait essuyé	qu'ils/elles aient essuyé

Imperfect Subjunctive
que j'essuyasse	que nous essuyassions
que tu essuyasses	que vous essuyassiez
qu'il/elle essuyât	qu'ils/elles essuyassent

Pluperfect Subjunctive
que j'eusse essuyé	que nous eussions essuyé
que tu eusses essuyé	que vous eussiez essuyé
qu'il/elle eût essuyé	qu'ils/elles eussent essuyé

Commands
	(nous) essuyons
(tu) essuie	(vous) essuyez

USAGE

Dis aux enfants de s'essuyer les pieds avant d'entrer. — Tell the children to wipe their feet before coming in.
Est-ce qu'il y a une serviette? Je veux m'essuyer les mains. — Is there a towel? I want to wipe my hands.
Viens m'aider. Essuie la vaisselle. — Come help me. Dry the dishes.
C'est à qui d'essuyer le tableau aujourd'hui? — Whose turn is it to erase the board today?

RELATED WORDS AND EXPRESSIONS

l'essuie-glace (m) — windshield wiper
l'essuie-mains (m) — hand towel
l'essuyage (m) — wiping

(**établir**) *to establish*

j'établis · j'établis · établi · établissant

regular -ir verb

Present

j'établis	nous établissons
tu établis	vous établissez
il/elle établit	ils/elles établissent

Passé Composé

j'ai établi	nous avons établi
tu as établi	vous avez établi
il/elle a établi	ils/elles ont établi

Imperfect

j'établissais	nous établissions
tu établissais	vous établissiez
il/elle établissait	ils/elles établissaient

Pluperfect

j'avais établi	nous avions établi
tu avais établi	vous aviez établi
il/elle avait établi	ils/elles avaient établi

Passé Simple

j'établis	nous établîmes
tu établis	vous établîtes
il/elle établit	ils/elles établirent

Past Anterior

j'eus établi	nous eûmes établi
tu eus établi	vous eûtes établi
il/elle eut établi	ils/elles eurent établi

Future

j'établirai	nous établirons
tu établiras	vous établirez
il/elle établira	ils/elles établiront

Future Anterior

j'aurai établi	nous aurons établi
tu auras établi	vous aurez établi
il/elle aura établi	ils/elles auront établi

Conditional

j'établirais	nous établirions
tu établirais	vous établiriez
il/elle établirait	ils/elles établiraient

Past Conditional

j'aurais établi	nous aurions établi
tu aurais établi	vous auriez établi
il/elle aurait établi	ils/elles auraient établi

Present Subjunctive

que j'établisse	que nous établissions
que tu établisses	que vous établissiez
qu'il/elle établisse	qu'ils/elles établissent

Past Subjunctive

que j'aie établi	que nous ayons établi
que tu aies établi	que vous ayez établi
qu'il/elle ait établi	qu'ils/elles aient établi

Imperfect Subjunctive

que j'établisse	que nous établissions
que tu établisses	que vous établissiez
qu'il/elle établît	qu'ils/elles établissent

Pluperfect Subjunctive

que j'eusse établi	que nous eussions établi
que tu eusses établi	que vous eussiez établi
qu'il/elle eût établi	qu'ils/elles eussent établi

Commands

	(nous) établissons
(tu) établis	(vous) établissez

(**USAGE**)

Sa culpabilité est bien établie.	*His guilt has been established.*
Vous n'avez pas encore établi l'innocence de votre client.	*You have not yet established your client's innocence.*
Ils ont établi leur domicile dans le Xe.	*They set up their home in the tenth arrondissement.*
J'ai aidé mon fils à s'établir.	*I helped my son get his start in life.*
Renault a établi une usine au Mexique.	*Renault has set up a factory in Mexico.*
Les colonisateurs ont établi un gouvernement.	*The colonizers set up a government.*
Lui et moi, nous avons établi une amitié solide.	*He and I have become true friends.*
Il est impossible d'établir une comparaison entre ces deux situations.	*It is impossible to draw a comparison between these two situations.*

RELATED WORDS AND EXPRESSIONS

l'établissement *(m)*	*establishment/establishing*
Notre établissement vous remercie.	*Our firm thanks you.*
un établissement scolaire	*a school*
l'établissement d'une usine	*the setting up of a factory*

regular -er verb; spelling change: y > i/mute e   j'étaie · j'étayai · étayé · étayant

Present		Passé Composé	
j'étaie	nous étayons	j'ai étayé	nous avons étayé
tu étaies	vous étayez	tu as étayé	vous avez étayé
il/elle étaie	ils/elles étaient	il/elle a étayé	ils/elles ont étayé

Imperfect		Pluperfect	
j'étayais	nous étayions	j'avais étayé	nous avions étayé
tu étayais	vous étayiez	tu avais étayé	vous aviez étayé
il/elle étayait	ils/elles étayaient	il/elle avait étayé	ils/elles avaient étayé

Passé Simple		Past Anterior	
j'étayai	nous étayâmes	j'eus étayé	nous eûmes étayé
tu étayas	vous étayâtes	tu eus étayé	vous eûtes étayé
il/elle étaya	ils/elles étayèrent	il/elle eut étayé	ils/elles eurent étayé

Future		Future Anterior	
j'étaierai	nous étaierons	j'aurai étayé	nous aurons étayé
tu étaieras	vous étaierez	tu auras étayé	vous aurez étayé
il/elle étaiera	ils/elles étaieront	il/elle aura étayé	ils/elles auront étayé

Conditional		Past Conditional	
j'étaierais	nous étaierions	j'aurais étayé	nous aurions étayé
tu étaierais	vous étaieriez	tu aurais étayé	vous auriez étayé
il/elle étaierait	ils/elles étaieraient	il/elle aurait étayé	ils/elles auraient étayé

Present Subjunctive		Past Subjunctive	
que j'étaie	que nous étayions	que j'aie étayé	que nous ayons étayé
que tu étaies	que vous étayiez	que tu aies étayé	que vous ayez étayé
qu'il/elle étaie	qu'ils/elles étaient	qu'il/elle ait étayé	qu'ils/elles aient étayé

Imperfect Subjunctive		Pluperfect Subjunctive	
que j'étayasse	que nous étayassions	que j'eusse étayé	que nous eussions étayé
que tu étayasses	que vous étayassiez	que tu eusses étayé	que vous eussiez étayé
qu'il/elle étayât	qu'ils/elles étayassent	qu'il/elle eût étayé	qu'ils/elles eussent étayé

Commands

	(nous) étayons
(tu) étaie	(vous) étayez

USAGE

NOTE: This verb is sometimes seen without the y > i change, such as *j'étaye*.

On a apporté des poutres pour étayer le mur.	*Beams were brought to prop up the wall.*
Les terroristes étayaient ce régime haï.	*Terrorists were propping up this hated regime.*
Rien n'étaie cette idée.	*Nothing supports that idea.*
Les données n'étayaient pas votre hypothèse.	*The data didn't support your hypothesis.*
La société doit étayer la relation mère-enfant.	*Society should support the mother-child relationship.*
Quels signes cliniques étaient ce diagnostic?	*What clinical signs support this diagnosis?*

RELATED WORDS AND EXPRESSIONS

l'étai (m)	*prop; stay*
des travaux d'étayage	*work done to prevent the collapse of a wall, etc.*

éteindre to extinguish, put out

j'éteins · j'éteignis · éteint · éteignant

irregular verb

Present

j'éteins	nous éteignons
tu éteins	vous éteignez
il/elle éteint	ils/elles éteignent

Imperfect

j'éteignais	nous éteignions
tu éteignais	vous éteigniez
il/elle éteignait	ils/elles éteignaient

Passé Simple

j'éteignis	nous éteignîmes
tu éteignis	vous éteignîtes
il/elle éteignit	ils/elles éteignirent

Future

j'éteindrai	nous éteindrons
tu éteindras	vous éteindrez
il/elle éteindra	ils/elles éteindront

Conditional

j'éteindrais	nous éteindrions
tu éteindrais	vous éteindriez
il/elle éteindrait	ils/elles éteindraient

Passé Composé

j'ai éteint	nous avons éteint
tu as éteint	vous avez éteint
il/elle a éteint	ils/elles ont éteint

Pluperfect

j'avais éteint	nous avions éteint
tu avais éteint	vous aviez éteint
il/elle avait éteint	ils/elles avaient éteint

Past Anterior

j'eus éteint	nous eûmes éteint
tu eus éteint	vous eûtes éteint
il/elle eut éteint	ils/elles eurent éteint

Future Anterior

j'aurai éteint	nous aurons éteint
tu auras éteint	vous aurez éteint
il/elle aura éteint	ils/elles auront éteint

Past Conditional

j'aurais éteint	nous aurions éteint
tu aurais éteint	vous auriez éteint
il/elle aurait éteint	ils/elles auraient éteint

Present Subjunctive

que j'éteigne	que nous éteignions
que tu éteignes	que vous éteigniez
qu'il/elle éteigne	qu'ils/elles éteignent

Imperfect Subjunctive

que j'éteignisse	que nous éteignissions
que tu éteignisses	que vous éteignissiez
qu'il/elle éteignît	qu'ils/elles éteignissent

Past Subjunctive

que j'aie éteint	que nous ayons éteint
que tu aies éteint	que vous ayez éteint
qu'il/elle ait éteint	qu'ils/elles aient éteint

Pluperfect Subjunctive

que j'eusse éteint	que nous eussions éteint
que tu eusses éteint	que vous eussiez éteint
qu'il/elle eût éteint	qu'ils/elles eussent éteint

Commands

	(nous) éteignons
(tu) éteins	(vous) éteignez

USAGE

éteindre le feu	to put out the fire
éteindre la lumière	to turn out the light
J'éteins.	I'll turn out the lights.
N'éteignez pas les phares. Il fait encore noir.	Don't turn off the headlights. It's still dark.
Rien ne pourra éteindre son souvenir.	Nothing can erase his memory.
C'est en tombant dans le fleuve qu'il a éteint sa bougie.	It was lights out for him when he fell into the river.

RELATED WORDS AND EXPRESSIONS

éteint(e)	off/out
Le feu est éteint.	The fire is out.
La radio est éteinte.	The radio is off.

to stretch out, lie down **s'étendre**

regular -re reflexive verb;
compound tenses with être

je m'étends · je m'étendis · s'étant étendu · s'étendant

Present
je m'étends	nous nous étendons
tu t'étends	vous vous étendez
il/elle s'étend	ils/elles s'étendent

Imperfect
je m'étendais	nous nous étendions
tu t'étendais	vous vous étendiez
il/elle s'étendait	ils/elles s'étendaient

Passé Simple
je m'étendis	nous nous étendîmes
tu t'étendis	vous vous étendîtes
il/elle s'étendit	ils/elles s'étendirent

Future
je m'étendrai	nous nous étendrons
tu t'étendras	vous vous étendrez
il/elle s'étendra	ils/elles s'étendront

Conditional
je m'étendrais	nous nous étendrions
tu t'étendrais	vous vous étendriez
il/elle s'étendrait	ils/elles s'étendraient

Passé Composé
je me suis étendu(e)	nous nous sommes étendu(e)s
tu t'es étendu(e)	vous vous êtes étendu(e)(s)
il/elle s'est étendu(e)	ils/elles se sont étendu(e)s

Pluperfect
je m'étais étendu(e)	nous nous étions étendu(e)s
tu t'étais étendu(e)	vous vous étiez étendu(e)(s)
il/elle s'était étendu(e)	ils/elles s'étaient étendu(e)s

Past Anterior
je me fus étendu(e)	nous nous fûmes étendu(e)s
tu te fus étendu(e)	vous vous fûtes étendu(e)(s)
il/elle se fut étendu(e)	ils/elles se furent étendu(e)s

Future Anterior
je me serai étendu(e)	nous nous serons étendu(e)s
tu te seras étendu(e)	vous vous serez étendu(e)(s)
il/elle se sera étendu(e)	ils/elles se seront étendu(e)s

Past Conditional
je me serais étendu(e)	nous nous serions étendu(e)s
tu te serais étendu(e)	vous vous seriez étendu(e)(s)
il/elle se serait étendu(e)	ils/elles se seraient étendu(e)s

Present Subjunctive
que je m'étende	que nous nous étendions
que tu t'étendes	que vous vous étendiez
qu'il/elle s'étende	qu'ils/elles s'étendent

Imperfect Subjunctive
que je m'étendisse	que nous nous étendissions
que tu t'étendisses	que vous vous étendissiez
qu'il/elle s'étendît	qu'ils/elles s'étendissent

Past Subjunctive
que je me sois étendu(e)	que nous nous soyons étendu(e)s
que tu te sois étendu(e)	que vous vous soyez étendu(e)(s)
qu'il/elle se soit étendu(e)	qu'ils/elles se soient étendu(e)s

Pluperfect Subjunctive
que je me fusse étendu(e)	que nous nous fussions étendu(e)s
que tu te fusses étendu(e)	que vous vous fussiez étendu(e)(s)
qu'il/elle se fût étendu(e)	qu'ils/elles se fussent étendu(e)s

Commands
	(nous) étendons-nous
(tu) étends-toi	(vous) étendez-vous

USAGE

Le lac s'étend jusqu'à l'horizon.	The lake stretches to the horizon.
s'étendre sur l'herbe	to lie down on the grass
Il s'est étendu sur l'herbe.	He lay down on the grass.
Je me suis étendu sur mon lit et je me suis endormi.	I lay down on my bed and fell asleep.
L'effort du chef s'étend à tous ses employés.	The boss's efforts extend to all his employees.

RELATED WORDS AND EXPRESSIONS

l'étendue (f)	area / expanse / surface area
sur une étendue de trois kilomètres carrés	over an area of three square kilometers
Il y aura de la neige sur toute l'étendue du pays.	There will be snow over the entire country.
Le projet s'est prolongé sur une étendue de cinq mois.	The project stretched over a span of five months.
étendre qqch	to stretch something
étendre la main	to reach out one's hand
étendre le linge	to hang the laundry

éternuer to sneeze

j'éternue · j'éternuai · éternué · éternuant

regular -er verb

Present		Passé Composé	
j'éternue	nous éternuons	j'ai éternué	nous avons éternué
tu éternues	vous éternuez	tu as éternué	vous avez éternué
il/elle éternue	ils/elles éternuent	il/elle a éternué	ils/elles ont éternué

Imperfect		Pluperfect	
j'éternuais	nous éternuions	j'avais éternué	nous avions éternué
tu éternuais	vous éternuiez	tu avais éternué	vous aviez éternué
il/elle éternuait	ils/elles éternuaient	il/elle avait éternué	ils/elles avaient éternué

Passé Simple		Past Anterior	
j'éternuai	nous éternuâmes	j'eus éternué	nous eûmes éternué
tu éternuas	vous éternuâtes	tu eus éternué	vous eûtes éternué
il/elle éternua	ils/elles éternuèrent	il/elle eut éternué	ils/elles eurent éternué

Future		Future Anterior	
j'éternuerai	nous éternuerons	j'aurai éternué	nous aurons éternué
tu éternueras	vous éternuerez	tu auras éternué	vous aurez éternué
il/elle éternuera	ils/elles éternueront	il/elle aura éternué	ils/elles auront éternué

Conditional		Past Conditional	
j'éternuerais	nous éternuerions	j'aurais éternué	nous aurions éternué
tu éternuerais	vous éternueriez	tu aurais éternué	vous auriez éternué
il/elle éternuerait	ils/elles éternueraient	il/elle aurait éternué	ils/elles auraient éternué

Present Subjunctive		Past Subjunctive	
que j'éternue	que nous éternuions	que j'aie éternué	que nous ayons éternué
que tu éternues	que vous éternuiez	que tu aies éternué	que vous ayez éternué
qu'il/elle éternue	qu'ils/elles éternuent	qu'il/elle ait éternué	qu'ils/elles aient éternué

Imperfect Subjunctive		Pluperfect Subjunctive	
que j'éternuasse	que nous éternuassions	que j'eusse éternué	que nous eussions éternué
que tu éternuasses	que vous éternuassiez	que tu eusses éternué	que vous eussiez éternué
qu'il/elle éternuât	qu'ils/elles éternuassent	qu'il/elle eût éternué	qu'ils/elles eussent éternué

Commands

	(nous) éternuons
(tu) éternue	(vous) éternuez

USAGE

—J'éternue et je tousse. — *I'm sneezing and coughing.*
—Tu dois être enrhumé. — *You must have caught a cold.*

RELATED WORDS AND EXPRESSIONS

l'éternuement *(m)* — *sneeze*
On écrit *atchoum* en français pour imiter le bruit de l'éternuement. — *You write* atchoum *in French to imitate the sound of a sneeze.*

—Tu pardonneras tous ces éternuements. — *Please excuse all this sneezing of mine.*
—Tout le monde éternue quand il est enrhumé. — *Everyone sneezes when he is sick / has a cold.*

regular -er reflexive verb;
compound tenses with être

je m'étonne · je m'étonnai · s'étant étonné · s'étonnant

Present		Passé Composé	
je m'étonne	nous nous étonnons	je me suis étonné(e)	nous nous sommes étonné(e)s
tu t'étonnes	vous vous étonnez	tu t'es étonné(e)	vous vous êtes étonné(e)(s)
il/elle s'étonne	ils/elles s'étonnent	il/elle s'est étonné(e)	ils/elles se sont étonné(e)s

Imperfect		Pluperfect	
je m'étonnais	nous nous étonnions	je m'étais étonné(e)	nous nous étions étonné(e)s
tu t'étonnais	vous vous étonniez	tu t'étais étonné(e)	vous vous étiez étonné(e)(s)
il/elle s'étonnait	ils/elles s'étonnaient	il/elle s'était étonné(e)	ils/elles s'étaient étonné(e)s

Passé Simple		Past Anterior	
je m'étonnai	nous nous étonnâmes	je me fus étonné(e)	nous nous fûmes étonné(e)s
tu t'étonnas	vous vous étonnâtes	tu te fus étonné(e)	vous vous fûtes étonné(e)(s)
il/elle s'étonna	ils/elles s'étonnèrent	il/elle se fut étonné(e)	ils/elles se furent étonné(e)s

Future		Future Anterior	
je m'étonnerai	nous nous étonnerons	je me serai étonné(e)	nous nous serons étonné(e)s
tu t'étonneras	vous vous étonnerez	tu te seras étonné(e)	vous vous serez étonné(e)(s)
il/elle s'étonnera	ils/elles s'étonneront	il/elle se sera étonné(e)	ils/elles se seront étonné(e)s

Conditional		Past Conditional	
je m'étonnerais	nous nous étonnerions	je me serais étonné(e)	nous nous serions étonné(e)s
tu t'étonnerais	vous vous étonneriez	tu te serais étonné(e)	vous vous seriez étonné(e)(s)
il/elle s'étonnerait	ils/elles s'étonneraient	il/elle se serait étonné(e)	ils/elles se seraient étonné(e)s

Present Subjunctive		Past Subjunctive	
que je m'étonne	que nous nous étonnions	que je me sois étonné(e)	que nous nous soyons étonné(e)s
que tu t'étonnes	que vous vous étonniez	que tu te sois étonné(e)	que vous vous soyez étonné(e)(s)
qu'il/elle s'étonne	qu'ils/elles s'étonnent	qu'il/elle se soit étonné(e)	qu'ils/elles se soient étonné(e)s

Imperfect Subjunctive		Pluperfect Subjunctive	
que je m'étonnasse	que nous nous étonnassions	que je me fusse étonné(e)	que nous nous fussions étonné(e)s
que tu t'étonnasses	que vous vous étonnassiez	que tu te fusses étonné(e)	que vous vous fussiez étonné(e)(s)
qu'il/elle s'étonnât	qu'ils/elles s'étonnassent	qu'il/elle se fût étonné(e)	qu'ils/elles se fussent étonné(e)s

Commands

	(nous) étonnons-nous
(tu) étonne-toi	(vous) étonnez-vous

s'étonner de
Il est très naïf. Il s'étonne de tout.
On s'est étonnés à l'annonce de sa démission.

to be surprised at
He's very naive. He is surprised at everything.
We were surprised at the announcement of
 his resignation.

s'étonner que + subjunctive
Je m'étonne qu'il soit encore là.
Ça m'étonnerait qu'il soit déjà parti.

to be surprised that
I'm surprised he's still here.
I'd be surprised if he had already left.

RELATED WORDS AND EXPRESSIONS

l'étonnement (m)
Ses mots ont causé de l'étonnement.
étonnant
—Je m'étonne qu'il ne comprenne pas.
—Ça n'a rien d'étonnant.

astonishment
His words caused astonishment.
surprising
I'm surprised he doesn't understand.
There's nothing surprising about that.

étourdir · *to stun, daze, make dizzy*

j'étourdis · j'étourdis · étourdi · étourdissant ··· regular -ir verb

Present
j'étourdis	nous étourdissons
tu étourdis	vous étourdissez
il/elle étourdit	ils/elles étourdissent

Passé Composé
j'ai étourdi	nous avons étourdi
tu as étourdi	vous avez étourdi
il/elle a étourdi	ils/elles ont étourdi

Imperfect
j'étourdissais	nous étourdissions
tu étourdissais	vous étourdissiez
il/elle étourdissait	ils/elles étourdissaient

Pluperfect
j'avais étourdi	nous avions étourdi
tu avais étourdi	vous aviez étourdi
il/elle avait étourdi	ils/elles avaient étourdi

Passé Simple
j'étourdis	nous étourdîmes
tu étourdis	vous étourdîtes
il/elle étourdit	ils/elles étourdirent

Past Anterior
j'eus étourdi	nous eûmes étourdi
tu eus étourdi	vous eûtes étourdi
il/elle eut étourdi	ils/elles eurent étourdi

Future
j'étourdirai	nous étourdirons
tu étourdiras	vous étourdirez
il/elle étourdira	ils/elles étourdiront

Future Anterior
j'aurai étourdi	nous aurons étourdi
tu auras étourdi	vous aurez étourdi
il/elle aura étourdi	ils/elles auront étourdi

Conditional
j'étourdirais	nous étourdirions
tu étourdirais	vous étourdiriez
il/elle étourdirait	ils/elles étourdiraient

Past Conditional
j'aurais étourdi	nous aurions étourdi
tu aurais étourdi	vous auriez étourdi
il/elle aurait étourdi	ils/elles auraient étourdi

Present Subjunctive
que j'étourdisse	que nous étourdissions
que tu étourdisses	que vous étourdissiez
qu'il/elle étourdisse	qu'ils/elles étourdissent

Past Subjunctive
que j'aie étourdi	que nous ayons étourdi
que tu aies étourdi	que vous ayez étourdi
qu'il/elle ait étourdi	qu'ils/elles aient étourdi

Imperfect Subjunctive
que j'étourdisse	que nous étourdissions
que tu étourdisses	que vous étourdissiez
qu'il/elle étourdît	qu'ils/elles étourdissent

Pluperfect Subjunctive
que j'eusse étourdi	que nous eussions étourdi
que tu eusses étourdi	que vous eussiez étourdi
qu'il/elle eût étourdi	qu'ils/elles eussent étourdi

Commands
	(nous) étourdissons
(tu) étourdis	(vous) étourdissez

USAGE

Il est tombé, étourdi par le coup.	He fell, dazed by the blow.
Le vin m'a étourdi.	The wine made me dizzy.
Du calme, les enfants! Vous m'étourdissez!	Quiet, children! You're making me dizzy!
Cette possibilité m'étourdit.	I find this possibility exhilarating.

RELATED WORDS AND EXPRESSIONS

l'étourderie (f)	carelessness / careless mistake
Il l'a fait par étourderie.	He did it without thinking.
étourdi(e)	scatterbrained
Elle donne l'impression d'être complètement étourdie.	She gives the impression of being completely scatterbrained.
—Je me sens étourdi.	I feel dizzy.
—Ça doit être le vin. Le vin t'étourdit toujours.	It must be the wine. Wine always make you dizzy.
étourdissant(e)	dizzying/deafening/stunning
Sa présentation était étourdissante.	He was terrific (on stage).

irregular verb

je suis · je fus · été · étant

Present

je suis	nous sommes
tu es	vous êtes
il/elle est	ils/elles sont

Imperfect

j'étais	nous étions
tu étais	vous étiez
il/elle était	ils/elles étaient

Passé Simple

je fus	nous fûmes
tu fus	vous fûtes
il/elle fut	ils/elles furent

Future

je serai	nous serons
tu seras	vous serez
il/elle sera	ils/elles seront

Conditional

je serais	nous serions
tu serais	vous seriez
il/elle serait	ils/elles seraient

Passé Composé

j'ai été	nous avons été
tu as été	vous avez été
il/elle a été	ils/elles ont été

Pluperfect

j'avais été	nous avions été
tu avais été	vous aviez été
il/elle avait été	ils/elles avaient été

Past Anterior

j'eus été	nous eûmes été
tu eus été	vous eûtes été
il/elle eut été	ils/elles eurent été

Future Anterior

j'aurai été	nous aurons été
tu auras été	vous aurez été
il/elle aura été	ils/elles auront été

Past Conditional

j'aurais été	nous aurions été
tu aurais été	vous auriez été
il/elle aurait été	ils/elles auraient été

Present Subjunctive

que je sois	que nous soyons
que tu sois	que vous soyez
qu'il/elle soit	qu'ils/elles soient

Imperfect Subjunctive

que je fusse	que nous fussions
que tu fusses	que vous fussiez
qu'il/elle fût	qu'ils/elles fussent

Past Subjunctive

que j'aie été	que nous ayons été
que tu aies été	que vous ayez été
qu'il/elle ait été	qu'ils/elles aient été

Pluperfect Subjunctive

que j'eusse été	que nous eussions été
que tu eusses été	que vous eussiez été
qu'il/elle eût été	qu'ils/elles eussent été

Commands

	(nous) soyons
(tu) sois	(vous) soyez

USAGE

Il est médecin.	He's a doctor.
C'est un médecin connu.	He's a famous doctor.
—Quelle heure est-il?	What time is it?
—Il est huit heures et demie.	It's eight thirty.
Ma fille est grande, belle et intelligente.	My daughter is tall, beautiful, and intelligent.
—Où est l'arrêt d'autobus?	Where is the bus stop?
—Il est devant le cinéma.	It's in front of the movie theater.
—Qui est cet homme?	Who's that man?
—C'est notre boucher. Tu ne le reconnais pas?	He's our butcher. Don't you recognize him?
—C'est pour quand, la conférence?	When is the lecture?
—La conférence est demain, à quatre heures.	The lecture is tomorrow at four o'clock.

être to be

je suis · je fus · été · étant   irregular verb

être pour exprimer l'existence

être ou ne pas être	*to be or not to be*
Il est ce qu'il est, et c'est tout.	*He is what he is and that's all.*
le logiciel le plus efficace qu'il soit	*the most efficient software there is*

être pour exprimer le temps et l'heure

être en retard / en avance / à l'heure	*to be late / early / on time*
être prêt(e)	*to be ready*

Où est-ce qu'on est?

Son père est à l'hôpital.	*His/Her father is in the hospital.*
Le chat est sous le lit.	*The cat is under the bed.*
J'ai été à la bibliothèque.	*I went to the library.*
Elle avait été au marché.	*She had gone to the market.*

être à

❸ —C'est à qui le tour? *Whose turn is it?*
  —C'est à vous de parler. *It's your turn to speak.*

❸ —Il t'embête? *Does he annoy you?*
  —Oui, il est toujours à me gronder. *Yes, he's always scolding me.*

être de

❸ —Vous êtes d'où? *Where are you from?*
  —Je suis de Guadeloupe. *I'm from Guadeloupe.*

être en

Je vois que ta montre est en or.	*I see your watch is gold.*
La maison est en briques.	*The house is made of brick.*
Il est en nage.	*He is bathed in sweat.*

en être and y être pour

❸ —Où en êtes-vous dans le manuel? *Where are you up to in the textbook?*
  —On en est à la page 15. *We're up to page 15.*
  J'en suis là! *Look what's happened to me! / I've come to this!*

❸ —Je m'excuse. C'est de ma faute. *I'm sorry. It's my fault.*
  —Non, vous n'y êtes pour rien. *No, it's not your fault at all.*

y être

  Ça y est! *There you go! / That's it!*

❸ —J'y suis! *I've got it! / I've solved it!*
  —Vous n'y êtes pas du tout. *You're way off base.*

RELATED WORDS AND EXPRESSIONS

être en vacances	*to be on vacation*
être de retour	*to be back*

j'étreins · j'étreignis · étreint · étreignant

irregular verb

Present

j'étreins	nous étreignons
tu étreins	vous étreignez
il/elle étreint	ils/elles étreignent

Passé Composé

j'ai étreint	nous avons étreint
tu as étreint	vous avez étreint
il/elle a étreint	ils/elles ont étreint

Imperfect

j'étreignais	nous étreignions
tu étreignais	vous étreigniez
il/elle étreignait	ils/elles étreignaient

Pluperfect

j'avais étreint	nous avions étreint
tu avais étreint	vous aviez étreint
il/elle avait étreint	ils/elles avaient étreint

Passé Simple

j'étreignis	nous étreignîmes
tu étreignis	vous étreignîtes
il/elle étreignit	ils/elles étreignirent

Past Anterior

j'eus étreint	nous eûmes étreint
tu eus étreint	vous eûtes étreint
il/elle eut étreint	ils/elles eurent étreint

Future

j'étreindrai	nous étreindrons
tu étreindras	vous étreindrez
il/elle étreindra	ils/elles étreindront

Future Anterior

j'aurai étreint	nous aurons étreint
tu auras étreint	vous aurez étreint
il/elle aura étreint	ils/elles auront étreint

Conditional

j'étreindrais	nous étreindrions
tu étreindrais	vous étreindriez
il/elle étreindrait	ils/elles étreindraient

Past Conditional

j'aurais étreint	nous aurions étreint
tu aurais étreint	vous auriez étreint
il/elle aurait étreint	ils/elles auraient étreint

Present Subjunctive

que j'étreigne	que nous étreignions
que tu étreignes	que vous étreigniez
qu'il/elle étreigne	qu'ils/elles étreignent

Past Subjunctive

que j'aie étreint	que nous ayons étreint
que tu aies étreint	que vous ayez étreint
qu'il/elle ait étreint	qu'ils/elles aient étreint

Imperfect Subjunctive

que j'étreignisse	que nous étreignissions
que tu étreignisses	que vous étreignissiez
qu'il/elle étreignît	qu'ils/elles étreignissent

Pluperfect Subjunctive

que j'eusse étreint	que nous eussions étreint
que tu eusses étreint	que vous eussiez étreint
qu'il/elle eût étreint	qu'ils/elles eussent étreint

Commands

	(nous) étreignons
(tu) étreins	(vous) étreignez

USAGE

étreindre qqn	to embrace someone
Il a étreint ses amis avant de partir.	He embraced his friends before leaving.
De sa main droite il a étreint mon bras.	With his right hand he gripped my arm.

RELATED WORDS AND EXPRESSIONS

l'étreinte (f)	embrace/hug/grip
Elle sentit un grand calme prise dans l'étreinte de son père.	She felt a tremendous calm while held in her father's embrace.
s'étreindre	to hug each other
Les fiancés se sont étreints.	The engaged couple embraced.
Les lutteurs se sont étreints.	The wrestlers had each other in a tight grip.

PROVERB

Qui trop embrasse, mal étreint.	Don't spread yourself too thin. / Don't bite off more than you can chew.

étudier to study

j'étudie · j'étudiai · étudié · étudiant

regular -er verb

Present

j'étudie	nous étudions
tu étudies	vous étudiez
il/elle étudie	ils/elles étudient

Passé Composé

j'ai étudié	nous avons étudié
tu as étudié	vous avez étudié
il/elle a étudié	ils/elles ont étudié

Imperfect

j'étudiais	nous étudiions
tu étudiais	vous étudiiez
il/elle étudiait	ils/elles étudiaient

Pluperfect

j'avais étudié	nous avions étudié
tu avais étudié	vous aviez étudié
il/elle avait étudié	ils/elles avaient étudié

Passé Simple

j'étudiai	nous étudiâmes
tu étudias	vous étudiâtes
il/elle étudia	ils/elles étudièrent

Past Anterior

j'eus étudié	nous eûmes étudié
tu eus étudié	vous eûtes étudié
il/elle eut étudié	ils/elles eurent étudié

Future

j'étudierai	nous étudierons
tu étudieras	vous étudierez
il/elle étudiera	ils/elles étudieront

Future Anterior

j'aurai étudié	nous aurons étudié
tu auras étudié	vous aurez étudié
il/elle aura étudié	ils/elles auront étudié

Conditional

j'étudierais	nous étudierions
tu étudierais	vous étudieriez
il/elle étudierait	ils/elles étudieraient

Past Conditional

j'aurais étudié	nous aurions étudié
tu aurais étudié	vous auriez étudié
il/elle aurait étudié	ils/elles auraient étudié

Present Subjunctive

que j'étudie	que nous étudiions
que tu étudies	que vous étudiiez
qu'il/elle étudie	qu'ils/elles étudient

Past Subjunctive

que j'aie étudié	que nous ayons étudié
que tu aies étudié	que vous ayez étudié
qu'il/elle ait étudié	qu'ils/elles aient étudié

Imperfect Subjunctive

que j'étudiasse	que nous étudiassions
que tu étudiasses	que vous étudiassiez
qu'il/elle étudiât	qu'ils/elles étudiassent

Pluperfect Subjunctive

que j'eusse étudié	que nous eussions étudié
que tu eusses étudié	que vous eussiez étudié
qu'il/elle eût étudié	qu'ils/elles eussent étudié

Commands

	(nous) étudions
(tu) étudie	(vous) étudiez

USAGE

étudier qqch	to study something
Il étudie ses verbes latins.	He's studying his Latin verbs.
étudier à la faculté de droit	to study at the law school
Nous allons étudier ces idées de près.	We're going to study these ideas closely.

RELATED WORDS AND EXPRESSIONS

l'étude (f)	study
les études (fpl)	course of study / university program / education
faire ses études	to be studying at the university
faire ses études d'administration	to be studying business administration
Je travaille pour payer mes études.	I'm working to pay for my education.
Elle fait ses études à Paris.	She's going to college in Paris.
les étudiants en droit/médecine	law/medical students
—Ta proposition est à l'étude?	Is your proposal under study?
—Oui. Ils ont mis ma proposition à l'étude.	Yes. They have begun to study my proposal.

regular -er reflexive verb;
compound tenses with être

je m'évade · je m'évadai · s'étant évadé · s'évadant

Present		Passé Composé	
je m'évade	nous nous évadons	je me suis évadé(e)	nous nous sommes évadé(e)s
tu t'évades	vous vous évadez	tu t'es évadé(e)	vous vous êtes évadé(e)(s)
il/elle s'évade	ils/elles s'évadent	il/elle s'est évadé(e)	ils/elles se sont évadé(e)s

Imperfect		Pluperfect	
je m'évadais	nous nous évadions	je m'étais évadé(e)	nous nous étions évadé(e)s
tu t'évadais	vous vous évadiez	tu t'étais évadé(e)	vous vous étiez évadé(e)(s)
il/elle s'évadait	ils/elles s'évadaient	il/elle s'était évadé(e)	ils/elles s'étaient évadé(e)s

Passé Simple		Past Anterior	
je m'évadai	nous nous évadâmes	je me fus évadé(e)	nous nous fûmes évadé(e)s
tu t'évadas	vous vous évadâtes	tu te fus évadé(e)	vous vous fûtes évadé(e)(s)
il/elle s'évada	ils/elles s'évadèrent	il/elle se fut évadé(e)	ils/elles se furent évadé(e)s

Future		Future Anterior	
je m'évaderai	nous nous évaderons	je me serai évadé(e)	nous nous serons évadé(e)s
tu t'évaderas	vous vous évaderez	tu te seras évadé(e)	vous vous serez évadé(e)(s)
il/elle s'évadera	ils/elles s'évaderont	il/elle se sera évadé(e)	ils/elles se seront évadé(e)s

Conditional		Past Conditional	
je m'évaderais	nous nous évaderions	je me serais évadé(e)	nous nous serions évadé(e)s
tu t'évaderais	vous vous évaderiez	tu te serais évadé(e)	vous vous seriez évadé(e)(s)
il/elle s'évaderait	ils/elles s'évaderaient	il/elle se serait évadé(e)	ils/elles se seraient évadé(e)s

Present Subjunctive		Past Subjunctive	
que je m'évade	que nous nous évadions	que je me sois évadé(e)	que nous nous soyons évadé(e)s
que tu t'évades	que vous vous évadiez	que tu te sois évadé(e)	que vous vous soyez évadé(e)(s)
qu'il/elle s'évade	qu'ils/elles s'évadent	qu'il/elle se soit évadé(e)	qu'ils/elles se soient évadé(e)s

Imperfect Subjunctive		Pluperfect Subjunctive	
que je m'évadasse	que nous nous évadassions	que je me fusse évadé(e)	que nous nous fussions évadé(e)s
que tu t'évadasses	que vous vous évadassiez	que tu te fusses évadé(e)	que vous vous fussiez évadé(e)(s)
qu'il/elle s'évadât	qu'ils/elles s'évadassent	qu'il/elle se fût évadé(e)	qu'ils/elles se fussent évadé(e)s

Commands

	(nous) évadons-nous
(tu) évade-toi	(vous) évadez-vous

USAGE

Le meurtrier s'est évadé de prison.	The murderer escaped from prison.
Je me suis évadé au bord de la mer.	I got away from things at the seashore.
De temps en temps il faut s'évader.	From time to time you have to get away from it all.
Si tu t'ennuies autant que moi, on peut essayer de s'évader.	If you're as bored as I am, we can try to get out of here.

RELATED WORDS AND EXPRESSIONS

l'évasion (f)	escape / getting away from it all; escapism
On a besoin d'évasion.	We need to get away from it all.
l'évasion de capitaux	flight of capital
La police a déjoué une tentative d'évasion des terroristes présumés.	The police thwarted an attempted escape by the suspected terrorists.
un évadé / une évadée	a person who has escaped; an escaped prisoner
La police a capturé les évadés.	The police captured the escaped convicts.

s'évanouir *to faint*

je m'évanouis · je m'évanouis · s'étant évanoui · s'évanouissant

regular -ir reflexive verb;
compound tenses with être

Present

je m'évanouis	nous nous évanouissons
tu t'évanouis	vous vous évanouissez
il/elle s'évanouit	ils/elles s'évanouissent

Imperfect

je m'évanouissais	nous nous évanouissions
tu t'évanouissais	vous vous évanouissiez
il/elle s'évanouissait	ils/elles s'évanouissaient

Passé Simple

je m'évanouis	nous nous évanouîmes
tu t'évanouis	vous vous évanouîtes
il/elle s'évanouit	ils/elles s'évanouirent

Future

je m'évanouirai	nous nous évanouirons
tu t'évanouiras	vous vous évanouirez
il/elle s'évanouira	ils/elles s'évanouiront

Conditional

je m'évanouirais	nous nous évanouirions
tu t'évanouirais	vous vous évanouiriez
il/elle s'évanouirait	ils/elles s'évanouiraient

Passé Composé

je me suis évanoui(e)	nous nous sommes évanoui(e)s
tu t'es évanoui(e)	vous vous êtes évanoui(e)(s)
il/elle s'est évanoui(e)	ils/elles se sont évanoui(e)s

Pluperfect

je m'étais évanoui(e)	nous nous étions évanoui(e)s
tu t'étais évanoui(e)	vous vous étiez évanoui(e)(s)
il/elle s'était évanoui(e)	ils/elles s'étaient évanoui(e)s

Past Anterior

je me fus évanoui(e)	nous nous fûmes évanoui(e)s
tu te fus évanoui(e)	vous vous fûtes évanoui(e)(s)
il/elle se fut évanoui(e)	ils/elles se furent évanoui(e)s

Future Anterior

je me serai évanoui(e)	nous nous serons évanoui(e)s
tu te seras évanoui(e)	vous vous serez évanoui(e)(s)
il/elle se sera évanoui(e)	ils/elles se seront évanoui(e)s

Past Conditional

je me serais évanoui(e)	nous nous serions évanoui(e)s
tu te serais évanoui(e)	vous vous seriez évanoui(e)(s)
il/elle se serait évanoui(e)	ils/elles se seraient évanoui(e)s

Present Subjunctive

que je m'évanouisse	que nous nous évanouissions
que tu t'évanouisses	que vous vous évanouissiez
qu'il/elle s'évanouisse	qu'ils/elles s'évanouissent

Imperfect Subjunctive

que je m'évanouisse	que nous nous évanouissions
que tu t'évanouisses	que vous vous évanouissiez
qu'il/elle s'évanouît	qu'ils/elles s'évanouissent

Past Subjunctive

que je me sois évanoui(e)	que nous nous soyons évanoui(e)s
que tu te sois évanoui(e)	que vous vous soyez évanoui(e)(s)
qu'il/elle se soit évanoui(e)	qu'ils/elles se soient évanoui(e)s

Pluperfect Subjunctive

que je me fusse évanoui(e)	que nous nous fussions évanoui(e)s
que tu te fusses évanoui(e)	que vous vous fussiez évanoui(e)(s)
qu'il/elle se fût évanoui(e)	qu'ils/elles se fussent évanoui(e)s

Commands

	(nous) évanouissons-nous
(tu) évanouis-toi	(vous) évanouissez-vous

USAGE

Elle s'est évanouie dans ses bras.	*She fainted in his arms.*
Il était tellement faible qu'on croyait qu'il allait s'évanouir.	*He was so weak we thought he was going to faint.*
En écoutant la mauvaise nouvelle, elle s'est évanouie d'émotion.	*When she heard the bad news, she fainted from the emotion.*
Va chercher le médecin! Grand-père s'est évanoui!	*Go get the doctor! Grandfather has fainted!*
Il s'est évanoui à la suite d'une malaise.	*He fainted after feeling sick for a bit.*
Elle s'est évanouie à cause de la chaleur.	*She fainted because of the heat.*
Notre espoir s'est évanoui avec ce revers.	*Our hope has disappeared with this setback.*
Toutes nos craintes se sont évanouies.	*All our fears vanished.*

regular -er verb

Present

j'évite	nous évitons
tu évites	vous évitez
il/elle évite	ils/elles évitent

Passé Composé

j'ai évité	nous avons évité
tu as évité	vous avez évité
il/elle a évité	ils/elles ont évité

Imperfect

j'évitais	nous évitions
tu évitais	vous évitiez
il/elle évitait	ils/elles évitaient

Pluperfect

j'avais évité	nous avions évité
tu avais évité	vous aviez évité
il/elle avait évité	ils/elles avaient évité

Passé Simple

j'évitai	nous évitâmes
tu évitas	vous évitâtes
il/elle évita	ils/elles évitèrent

Past Anterior

j'eus évité	nous eûmes évité
tu eus évité	vous eûtes évité
il/elle eut évité	ils/elles eurent évité

Future

j'éviterai	nous éviterons
tu éviteras	vous éviterez
il/elle évitera	ils/elles éviteront

Future Anterior

j'aurai évité	nous aurons évité
tu auras évité	vous aurez évité
il/elle aura évité	ils/elles auront évité

Conditional

j'éviterais	nous éviterions
tu éviterais	vous éviteriez
il/elle éviterait	ils/elles éviteraient

Past Conditional

j'aurais évité	nous aurions évité
tu aurais évité	vous auriez évité
il/elle aurait évité	ils/elles auraient évité

Present Subjunctive

que j'évite	que nous évitions
que tu évites	que vous évitiez
qu'il/elle évite	qu'ils/elles évitent

Past Subjunctive

que j'aie évité	que nous ayons évité
que tu aies évité	que vous ayez évité
qu'il/elle ait évité	qu'ils/elles aient évité

Imperfect Subjunctive

que j'évitasse	que nous évitassions
que tu évitasses	que vous évitassiez
qu'il/elle évitât	qu'ils/elles évitassent

Pluperfect Subjunctive

que j'eusse évité	que nous eussions évité
que tu eusses évité	que vous eussiez évité
qu'il/elle eût évité	qu'ils/elles eussent évité

Commands

	(nous) évitons
(tu) évite	(vous) évitez

USAGE

J'essaie d'éviter les désagréments.	I try to avoid unpleasant situations.
Il vaut mieux éviter les discussions politiques au travail.	It's best to avoid political arguments at work.
Il essaie d'éviter ses créanciers.	He is trying to avoid his creditors.
Je suis sûr qu'il est coupable. Tu as vu comme il évitait mon regard?	I'm sure he's guilty. Did you see how he avoided my glance?
C'est un risque à éviter.	It's a risk that should be avoided.
—Sors si tu veux éviter Stéphane.	Leave if you want to avoid Stéphane.
—Lui et moi, on s'évite depuis un an.	He and I have been avoiding each other for a year.
—Qu'est-ce qu'il doit faire pour éviter une maladie de cœur?	What is he supposed to do to avoid heart disease?
—Le médecin lui a conseillé d'éviter les boissons alcoolisées.	The doctor took him off alcoholic beverages.
Je voudrais que quelqu'un m'évite ce voyage.	I wish someone would save me the trouble of making this trip.
Répondez! Vous évitez la question!	Answer! You're begging the question!

excuser *to excuse, forgive*

j'excuse · j'excusai · excusé · excusant

regular -er verb

Present		Passé Composé	
j'excuse	nous excusons	j'ai excusé	nous avons excusé
tu excuses	vous excusez	tu as excusé	vous avez excusé
il/elle excuse	ils/elles excusent	il/elle a excusé	ils/elles ont excusé

Imperfect		Pluperfect	
j'excusais	nous excusions	j'avais excusé	nous avions excusé
tu excusais	vous excusiez	tu avais excusé	vous aviez excusé
il/elle excusait	ils/elles excusaient	il/elle avait excusé	ils/elles avaient excusé

Passé Simple		Past Anterior	
j'excusai	nous excusâmes	j'eus excusé	nous eûmes excusé
tu excusas	vous excusâtes	tu eus excusé	vous eûtes excusé
il/elle excusa	ils/elles excusèrent	il/elle eut excusé	ils/elles eurent excusé

Future		Future Anterior	
j'excuserai	nous excuserons	j'aurai excusé	nous aurons excusé
tu excuseras	vous excuserez	tu auras excusé	vous aurez excusé
il/elle excusera	ils/elles excuseront	il/elle aura excusé	ils/elles auront excusé

Conditional		Past Conditional	
j'excuserais	nous excuserions	j'aurais excusé	nous aurions excusé
tu excuserais	vous excuseriez	tu aurais excusé	vous auriez excusé
il/elle excuserait	ils/elles excuseraient	il/elle aurait excusé	ils/elles auraient excusé

Present Subjunctive		Past Subjunctive	
que j'excuse	que nous excusions	que j'aie excusé	que nous ayons excusé
que tu excuses	que vous excusiez	que tu aies excusé	que vous ayez excusé
qu'il/elle excuse	qu'ils/elles excusent	qu'il/elle ait excusé	qu'ils/elles aient excusé

Imperfect Subjunctive		Pluperfect Subjunctive	
que j'excusasse	que nous excusassions	que j'eusse excusé	que nous eussions excusé
que tu excusasses	que vous excusassiez	que tu eusses excusé	que vous eussiez excusé
qu'il/elle excusât	qu'ils/elles excusassent	qu'il/elle eût excusé	qu'ils/elles eussent excusé

Commands

	(nous) excusons
(tu) excuse	(vous) excusez

Je ne peux pas vous excuser de cette responsabilité.	I can't excuse you from this responsibility.
Excusez mon impatience, mais...	Forgive my impatience, but . . .
Il peut faire n'importe quoi, ses parents l'excuseront.	He can do anything, and his parents will forgive him.
—Nous devons mettre cet employé à la porte.	We should fire that employee.
—Excusez-moi, mais je ne suis pas de votre avis.	I'm sorry, but I don't agree with you.

RELATED WORDS AND EXPRESSIONS

les excuses (fpl)	apology
Je voulais vous présenter mes excuses.	I wanted to present my apologies to you.
Il a fait ses excuses.	He apologized.
Il a balbutié des excuses et il est sorti.	He muttered an apology and left.

regular -er reflexive verb;
compound tenses with être

je m'excuse · je m'excusai · s'étant excusé · s'excusant

Present

je m'excuse	nous nous excusons
tu t'excuses	vous vous excusez
il/elle s'excuse	ils/elles s'excusent

Imperfect

je m'excusais	nous nous excusions
tu t'excusais	vous vous excusiez
il/elle s'excusait	ils/elles s'excusaient

Passé Simple

je m'excusai	nous nous excusâmes
tu t'excusas	vous vous excusâtes
il/elle s'excusa	ils/elles s'excusèrent

Future

je m'excuserai	nous nous excuserons
tu t'excuseras	vous vous excuserez
il/elle s'excusera	ils/elles s'excuseront

Conditional

je m'excuserais	nous nous excuserions
tu t'excuserais	vous vous excuseriez
il/elle s'excuserait	ils/elles s'excuseraient

Passé Composé

je me suis excusé(e)	nous nous sommes excusé(e)s
tu t'es excusé(e)	vous vous êtes excusé(e)(s)
il/elle s'est excusé(e)	ils/elles se sont excusé(e)s

Pluperfect

je m'étais excusé(e)	nous nous étions excusé(e)s
tu t'étais excusé(e)	vous vous étiez excusé(e)(s)
il/elle s'était excusé(e)	ils/elles s'étaient excusé(e)s

Past Anterior

je me fus excusé(e)	nous nous fûmes excusé(e)s
tu te fus excusé(e)	vous vous fûtes excusé(e)(s)
il/elle se fut excusé(e)	ils/elles se furent excusé(e)s

Future Anterior

je me serai excusé(e)	nous nous serons excusé(e)s
tu te seras excusé(e)	vous vous serez excusé(e)(s)
il/elle se sera excusé(e)	ils/elles se seront excusé(e)s

Past Conditional

je me serais excusé(e)	nous nous serions excusé(e)s
tu te serais excusé(e)	vous vous seriez excusé(e)(s)
il/elle se serait excusé(e)	ils/elles se seraient excusé(e)s

Present Subjunctive

que je m'excuse	que nous nous excusions
que tu t'excuses	que vous vous excusiez
qu'il/elle s'excuse	qu'ils/elles s'excusent

Imperfect Subjunctive

que je m'excusasse	que nous nous excusassions
que tu t'excusasses	que vous vous excusassiez
qu'il/elle s'excusât	qu'ils/elles s'excusassent

Past Subjunctive

que je me sois excusé(e)	que nous nous soyons excusé(e)s
que tu te sois excusé(e)	que vous vous soyez excusé(e)(s)
qu'il/elle se soit excusé(e)	qu'ils/elles se soient excusé(e)s

Pluperfect Subjunctive

que je me fusse excusé(e)	que nous nous fussions excusé(e)s
que tu te fusses excusé(e)	que vous vous fussiez excusé(e)(s)
qu'il/elle se fût excusé(e)	qu'ils/elles se fussent excusé(e)s

Commands

	(nous) excusons-nous
(tu) excuse-toi	(vous) excusez-vous

USAGE

s'excuser auprès de qqn
Les étudiants se sont excusés auprès du directeur.
Ils se sont excusés d'être arrivés en retard.
Je m'excuse de vous déranger.
Je tiens à m'excuser de mon comportement.
Le ministre s'est excusé pour certains de ses
  propos.

to apologize to someone
The students apologized to the principal.
They apologized for being late.
I apologize for bothering you.
I insist on apologizing for my behavior.
The minister apologized for some of his remarks.

RELATED WORDS AND EXPRESSIONS

excusable
Ces bêtises sont excusables à son âge.
C'est une erreur excusable.

forgivable
Such foolishness is forgivable at his age.
It's an understandable mistake.

exiger *to demand*

j'exige · j'exigeai · exigé · exigeant

regular -er verb; spelling change: *g > ge/a, o*

Present

j'exige	nous exigeons
tu exiges	vous exigez
il/elle exige	ils/elles exigent

Passé Composé

j'ai exigé	nous avons exigé
tu as exigé	vous avez exigé
il/elle a exigé	ils/elles ont exigé

Imperfect

j'exigeais	nous exigions
tu exigeais	vous exigiez
il/elle exigeait	ils/elles exigeaient

Pluperfect

j'avais exigé	nous avions exigé
tu avais exigé	vous aviez exigé
il/elle avait exigé	ils/elles avaient exigé

Passé Simple

j'exigeai	nous exigeâmes
tu exigeas	vous exigeâtes
il/elle exigea	ils/elles exigèrent

Past Anterior

j'eus exigé	nous eûmes exigé
tu eus exigé	vous eûtes exigé
il/elle eut exigé	ils/elles eurent exigé

Future

j'exigerai	nous exigerons
tu exigeras	vous exigerez
il/elle exigera	ils/elles exigeront

Future Anterior

j'aurai exigé	nous aurons exigé
tu auras exigé	vous aurez exigé
il/elle aura exigé	ils/elles auront exigé

Conditional

j'exigerais	nous exigerions
tu exigerais	vous exigeriez
il/elle exigerait	ils/elles exigeraient

Past Conditional

j'aurais exigé	nous aurions exigé
tu aurais exigé	vous auriez exigé
il/elle aurait exigé	ils/elles auraient exigé

Present Subjunctive

que j'exige	que nous exigions
que tu exiges	que vous exigiez
qu'il/elle exige	qu'ils/elles exigent

Past Subjunctive

que j'aie exigé	que nous ayons exigé
que tu aies exigé	que vous ayez exigé
qu'il/elle ait exigé	qu'ils/elles aient exigé

Imperfect Subjunctive

que j'exigeasse	que nous exigeassions
que tu exigeasses	que vous exigeassiez
qu'il/elle exigeât	qu'ils/elles exigeassent

Pluperfect Subjunctive

que j'eusse exigé	que nous eussions exigé
que tu eusses exigé	que vous eussiez exigé
qu'il/elle eût exigé	qu'ils/elles eussent exigé

Commands

	(nous) exigeons
(tu) exige	(vous) exigez

USAGE

Il a exigé son argent.	He demanded his money.
J'exige de vous des excuses.	I demand an apology from you.
Le chef exige que tu finisses ce projet.	The boss demands that you finish this project.
Ce travail exige beaucoup de patience.	This work requires a lot of patience.
La connaissance de la programmation n'est pas exigée.	Knowledge of programming is not required.
Un titre universitaire est exigé.	A college degree is required.
Aucun passeport n'est exigé.	A passport is not required.
Mon nouveau poste exige trop de déplacements.	My new job requires too much traveling.

RELATED WORDS AND EXPRESSIONS

exigeant(e)	demanding
Ces études sont très exigeantes.	This major is very demanding. (school)
C'est un patron très exigeant.	He's a very demanding boss.

regular -er verb

j'explique · j'expliquai · expliqué · expliquant

Present	
j'explique	nous expliquons
tu expliques	vous expliquez
il/elle explique	ils/elles expliquent

Passé Composé	
j'ai expliqué	nous avons expliqué
tu as expliqué	vous avez expliqué
il/elle a expliqué	ils/elles ont expliqué

Imperfect	
j'expliquais	nous expliquions
tu expliquais	vous expliquiez
il/elle expliquait	ils/elles expliquaient

Pluperfect	
j'avais expliqué	nous avions expliqué
tu avais expliqué	vous aviez expliqué
il/elle avait expliqué	ils/elles avaient expliqué

Passé Simple	
j'expliquai	nous expliquâmes
tu expliquas	vous expliquâtes
il/elle expliqua	ils/elles expliquèrent

Past Anterior	
j'eus expliqué	nous eûmes expliqué
tu eus expliqué	vous eûtes expliqué
il/elle eut expliqué	ils/elles eurent expliqué

Future	
j'expliquerai	nous expliquerons
tu expliqueras	vous expliquerez
il/elle expliquera	ils/elles expliqueront

Future Anterior	
j'aurai expliqué	nous aurons expliqué
tu auras expliqué	vous aurez expliqué
il/elle aura expliqué	ils/elles auront expliqué

Conditional	
j'expliquerais	nous expliquerions
tu expliquerais	vous expliqueriez
il/elle expliquerait	ils/elles expliqueraient

Past Conditional	
j'aurais expliqué	nous aurions expliqué
tu aurais expliqué	vous auriez expliqué
il/elle aurait expliqué	ils/elles auraient expliqué

Present Subjunctive	
que j'explique	que nous expliquions
que tu expliques	que vous expliquiez
qu'il/elle explique	qu'ils/elles expliquent

Past Subjunctive	
que j'aie expliqué	que nous ayons expliqué
que tu aies expliqué	que vous ayez expliqué
qu'il/elle ait expliqué	qu'ils/elles aient expliqué

Imperfect Subjunctive	
que j'expliquasse	que nous expliquassions
que tu expliquasses	que vous expliquassiez
qu'il/elle expliquât	qu'ils/elles expliquassent

Pluperfect Subjunctive	
que j'eusse expliqué	que nous eussions expliqué
que tu eusses expliqué	que vous eussiez expliqué
qu'il/elle eût expliqué	qu'ils/elles eussent expliqué

Commands

	(nous) expliquons
(tu) explique	(vous) expliquez

USAGE

Expliquez-moi ce que vous voulez.	Explain to me what you want.
Il n'a pas expliqué pourquoi.	He didn't explain why.
expliquer qqch à qqn	to explain something to someone
Le directeur nous a expliqué le projet en détail.	The director explained the project to us in detail.
Ça explique tout!	That figures!
expliquer un texte	to analyze a text critically
Pour demain il nous faut expliquer ce poème.	Tomorrow we have to give a critical analysis of this poem.

RELATED WORDS AND EXPRESSIONS

l'explication (f)	explanation
l'explication de texte	critical textual explanation/analysis
s'expliquer	to explain oneself
Permettez-moi de m'expliquer.	Allow me to explain myself.
Ça s'explique.	That's perfectly understandable.

s'exprimer *to express oneself*

je m'exprime · je m'exprimai · s'étant exprimé · s'exprimant

regular -er reflexive verb; compound tenses with *être*

Present

je m'exprime	nous nous exprimons
tu t'exprimes	vous vous exprimez
il/elle s'exprime	ils/elles s'expriment

Passé Composé

je me suis exprimé(e)	nous nous sommes exprimé(e)s
tu t'es exprimé(e)	vous vous êtes exprimé(e)(s)
il/elle s'est exprimé(e)	ils/elles se sont exprimé(e)s

Imperfect

je m'exprimais	nous nous exprimions
tu t'exprimais	vous vous exprimiez
il/elle s'exprimait	ils/elles s'exprimaient

Pluperfect

je m'étais exprimé(e)	nous nous étions exprimé(e)s
tu t'étais exprimé(e)	vous vous étiez exprimé(e)(s)
il/elle s'était exprimé(e)	ils/elles s'étaient exprimé(e)s

Passé Simple

je m'exprimai	nous nous exprimâmes
tu t'exprimas	vous vous exprimâtes
il/elle s'exprima	ils/elles s'exprimèrent

Past Anterior

je me fus exprimé(e)	nous nous fûmes exprimé(e)s
tu te fus exprimé(e)	vous vous fûtes exprimé(e)(s)
il/elle se fut exprimé(e)	ils/elles se furent exprimé(e)s

Future

je m'exprimerai	nous nous exprimerons
tu t'exprimeras	vous vous exprimerez
il/elle s'exprimera	ils/elles s'exprimeront

Future Anterior

je me serai exprimé(e)	nous nous serons exprimé(e)s
tu te seras exprimé(e)	vous vous serez exprimé(e)(s)
il/elle se sera exprimé(e)	ils/elles se seront exprimé(e)s

Conditional

je m'exprimerais	nous nous exprimerions
tu t'exprimerais	vous vous exprimeriez
il/elle s'exprimerait	ils/elles s'exprimeraient

Past Conditional

je me serais exprimé(e)	nous nous serions exprimé(e)s
tu te serais exprimé(e)	vous vous seriez exprimé(e)(s)
il/elle se serait exprimé(e)	ils/elles se seraient exprimé(e)s

Present Subjunctive

que je m'exprime	que nous nous exprimions
que tu t'exprimes	que vous vous exprimiez
qu'il/elle s'exprime	qu'ils/elles s'expriment

Past Subjunctive

que je me sois exprimé(e)	que nous nous soyons exprimé(e)s
que tu te sois exprimé(e)	que vous vous soyez exprimé(e)(s)
qu'il/elle se soit exprimé(e)	qu'ils/elles se soient exprimé(e)s

Imperfect Subjunctive

que je m'exprimasse	que nous nous exprimassions
que tu t'exprimasses	que vous vous exprimassiez
qu'il/elle s'exprimât	qu'ils/elles s'exprimassent

Pluperfect Subjunctive

que je me fusse exprimé(e)	que nous nous fussions exprimé(e)s
que tu te fusses exprimé(e)	que vous vous fussiez exprimé(e)(s)
qu'il/elle se fût exprimé(e)	qu'ils/elles se fussent exprimé(e)s

Commands

	(nous) exprimons-nous
(tu) exprime-toi	(vous) exprimez-vous

USAGE

Vous vous exprimez très bien en français.
You express yourself very well in French.

On n'avait pas de langue en commun. On s'exprimait donc par gestes.
We had no common language. So we expressed ourselves with gestures.

Le professeur exige que nous nous exprimions correctement.
The teacher demands that we express ourselves correctly.

Il s'exprime difficilement en allemand.
He has trouble expressing himself in German.

—Je n'ai pas compris.
I didn't understand.

—Je me suis donc mal exprimé.
Then I didn't express myself correctly.

Elle s'exprime avec élégance.
She speaks elegantly.

Il a peur de s'exprimer en public.
He's afraid to speak publicly.

Elle s'exprime sans entrave sur les sujets controversés.
She speaks without hesitation or reluctance about controversial subjects.

regular -er reflexive verb;
compound tenses with être

je me fâche · je me fâchai · s'étant fâché · se fâchant

Present		Passé Composé	
je me fâche	nous nous fâchons	je me suis fâché(e)	nous nous sommes fâché(e)s
tu te fâches	vous vous fâchez	tu t'es fâché(e)	vous vous êtes fâché(e)(s)
il/elle se fâche	ils/elles se fâchent	il/elle s'est fâché(e)	ils/elles se sont fâché(e)s

Imperfect		Pluperfect	
je me fâchais	nous nous fâchions	je m'étais fâché(e)	nous nous étions fâché(e)s
tu te fâchais	vous vous fâchiez	tu t'étais fâché(e)	vous vous étiez fâché(e)(s)
il/elle se fâchait	ils/elles se fâchaient	il/elle s'était fâché(e)	ils/elles s'étaient fâché(e)s

Passé Simple		Past Anterior	
je me fâchai	nous nous fâchâmes	je me fus fâché(e)	nous nous fûmes fâché(e)s
tu te fâchas	vous vous fâchâtes	tu te fus fâché(e)	vous vous fûtes fâché(e)(s)
il/elle se fâcha	ils/elles se fâchèrent	il/elle se fut fâché(e)	ils/elles se furent fâché(e)s

Future		Future Anterior	
je me fâcherai	nous nous fâcherons	je me serai fâché(e)	nous nous serons fâché(e)s
tu te fâcheras	vous vous fâcherez	tu te seras fâché(e)	vous vous serez fâché(e)(s)
il/elle se fâchera	ils/elles se fâcheront	il/elle se sera fâché(e)	ils/elles se seront fâché(e)s

Conditional		Past Conditional	
je me fâcherais	nous nous fâcherions	je me serais fâché(e)	nous nous serions fâché(e)s
tu te fâcherais	vous vous fâcheriez	tu te serais fâché(e)	vous vous seriez fâché(e)(s)
il/elle se fâcherait	ils/elles se fâcheraient	il/elle se serait fâché(e)	ils/elles se seraient fâché(e)s

Present Subjunctive		Past Subjunctive	
que je me fâche	que nous nous fâchions	que je me sois fâché(e)	que nous nous soyons fâché(e)s
que tu te fâches	que vous vous fâchiez	que tu te sois fâché(e)	que vous vous soyez fâché(e)(s)
qu'il/elle se fâche	qu'ils/elles se fâchent	qu'il/elle se soit fâché(e)	qu'ils/elles se soient fâché(e)s

Imperfect Subjunctive		Pluperfect Subjunctive	
que je me fâchasse	que nous nous fâchassions	que je me fusse fâché(e)	que nous nous fussions fâché(e)s
que tu te fâchasses	que vous vous fâchassiez	que tu te fusses fâché(e)	que vous vous fussiez fâché(e)(s)
qu'il/elle se fâchât	qu'ils/elles se fâchassent	qu'il/elle se fût fâché(e)	qu'ils/elles se fussent fâché(e)s

Commands

	(nous) fâchons-nous
(tu) fâche-toi	(vous) fâchez-vous

USAGE

se fâcher contre qqn
Le prof s'est fâché tout rouge contre moi.
se fâcher avec qqn
Elle s'est fâchée avec Pierre.
Moi, je ne me fâcherais pas pour si peu.
Si ça arrive, je vais me fâcher.

to get angry at someone
The teacher got furious with me.
to get angry with / break off with someone
She got angry with Pierre.
I wouldn't get angry over something so insignificant.
If that happens, I'm going to put my foot down.

RELATED WORDS AND EXPRESSIONS

fâché(e)
Il est toujours fâché.
fâcheux/fâcheuse
Ils ont de fâcheuses habitudes.
Il est fâcheux que cette analyse n'ait pas
    été complétée.

angry
He's always angry.
annoying/irritating
They have annoying habits.
It's unfortunate that this analysis hasn't been
    completed.

je fais · je fis · fait · faisant   irregular verb

faire des études

faire sa médecine	*to study medicine*
faire son droit	*to study law*
faire du français / des langues	*to study French/languages*
faire des maths	*to study math*
faire du violon / du piano / de la flûte	*to study violin/piano/flute*

faire du sport

faire du vélo / de la voile	*to go bike riding / sailing*
faire de la varappe / du jogging	*to go rock climbing / jogging*

faire à la maison

faire le linge / la lessive	*to do the wash/laundry*
faire le ménage	*to do the housework*
faire la vaisselle / les carreaux / le parquet	*to do the dishes/windows/floor*

faire dans le domaine personnel

❸ —Pourquoi est-ce que tu fais la moue?   *Why are you pouting?*
—Parce que tu m'as fait de la peine.   *Because you hurt my feelings.*

❸ —Lui, il fait un beau gâchis de tout.   *He makes a mess of everything.*
—Oui, il fait toujours le singe.   *Yes, he's always acting the fool.*

❸ —Tu as vu la tête qu'il a faite?   *Did you see the face he made?*
—Laisse tomber. On ne va pas en faire toute une histoire.   *Forget about it. We're not going to make a federal case out of it.*

en faire à sa tête	*to act impulsively*
faire un clin d'œil à qqn	*to wink at someone*
faire l'enfant/l'idiot	*to act like a child / an idiot*
Qu'est-ce que ça peut bien te faire?	*What can that possibly matter to you?*
C'est bien fait pour toi!	*Serves you right!*

faire pour les voyages et les déplacements

❸ —Vous avez fait un voyage?   *Did you take a trip?*
—Oui, nous avons fait l'Europe cet été.   *Yes, we traveled through Europe this summer.*

faire une promenade / une promenade en voiture	*to go for a walk / car ride*
faire une fugue	*to run away from home*
faire la queue au guichet de la gare	*to stand in line at the station ticket window*

OTHER USES

❸ —Qu'est-ce que j'ai fait de mes gants?   *What did I do with my gloves?*
—Il n'y a rien à faire. Tu les as laissés dans le train.   *There's nothing you can do. You left them in the train.*

faire acte de présence	*to put in an appearance*
faire une gaffe	*to make a blunder*
faire semblant de faire qqch	*to pretend to do something*

❸ —Cet élève ne fait plus l'école buissonnière.   *This child doesn't play hookey anymore.*
—Non, il a fait peau neuve.   *No, he has turned over a new leaf.*

irregular verb

Present		Passé Composé	
je fais	nous faisons	j'ai fait	nous avons fait
tu fais	vous faites	tu as fait	vous avez fait
il/elle fait	ils/elles font	il/elle a fait	ils/elles ont fait

Imperfect		Pluperfect	
je faisais	nous faisions	j'avais fait	nous avions fait
tu faisais	vous faisiez	tu avais fait	vous aviez fait
il/elle faisait	ils/elles faisaient	il/elle avait fait	ils/elles avaient fait

Passé Simple		Past Anterior	
je fis	nous fîmes	j'eus fait	nous eûmes fait
tu fis	vous fîtes	tu eus fait	vous eûtes fait
il/elle fit	ils/elles firent	il/elle eut fait	ils/elles eurent fait

Future		Future Anterior	
je ferai	nous ferons	j'aurai fait	nous aurons fait
tu feras	vous ferez	tu auras fait	vous aurez fait
il/elle fera	ils/elles feront	il/elle aura fait	ils/elles auront fait

Conditional		Past Conditional	
je ferais	nous ferions	j'aurais fait	nous aurions fait
tu ferais	vous feriez	tu aurais fait	vous auriez fait
il/elle ferait	ils/elles feraient	il/elle aurait fait	ils/elles auraient fait

Present Subjunctive		Past Subjunctive	
que je fasse	que nous fassions	que j'aie fait	que nous ayons fait
que tu fasses	que vous fassiez	que tu aies fait	que vous ayez fait
qu'il/elle fasse	qu'ils/elles fassent	qu'il/elle ait fait	qu'ils/elles aient fait

Imperfect Subjunctive		Pluperfect Subjunctive	
que je fisse	que nous fissions	que j'eusse fait	que nous eussions fait
que tu fisses	que vous fissiez	que tu eusses fait	que vous eussiez fait
qu'il/elle fît	qu'ils/elles fissent	qu'il/elle eût fait	qu'ils/elles eussent fait

Commands

	(nous) faisons
(tu) fais	(vous) faites

faire qqch	to make something
faire une quiche	to make a quiche
faire qqch pour qqn	to make/do something for someone
Tu peux faire les courses pour moi?	Can you do the shopping for me?
faire qqch à qqn	to make/do something to/for someone
Je vais te faire un thé.	I'm going to make you a cup of tea.
Pourquoi tu pleures? Qu'est-ce que ton frère t'a fait?	Why are you crying? What did your brother do to you?
Qu'est-ce que vous faites dans la vie?	What do you do for a living?
Que feriez-vous dans ce cas?	What would you do in this case?
Quel temps fait-il?	What's the weather like?
Il fait beau/mauvais.	The weather's nice/bad.
Il fait chaud/froid.	The weather's warm/cold.
Il fait soleil.	The sun's out.
Il fait du vent.	It's windy.
Il faisait nuit quand je suis rentré.	It was dark when I got back.

se faire *to get something done to oneself*

je me fais · je me fis · s'étant fait · se faisant

irregular reflexive verb; compound tenses with être

Present

je me fais	nous nous faisons
tu te fais	vous vous faites
il/elle se fait	ils/elles se font

Passé Composé

je me suis fait(e)	nous nous sommes fait(e)s
tu t'es fait(e)	vous vous êtes fait(e)(s)
il/elle s'est fait(e)	ils/elles se sont fait(e)s

Imperfect

je me faisais	nous nous faisions
tu te faisais	vous vous faisiez
il/elle se faisait	ils/elles se faisaient

Pluperfect

je m'étais fait(e)	nous nous étions fait(e)s
tu t'étais fait(e)	vous vous étiez fait(e)(s)
il/elle s'était fait(e)	ils/elles s'étaient fait(e)s

Passé Simple

je me fis	nous nous fîmes
tu te fis	vous vous fîtes
il/elle se fit	ils/elles se firent

Past Anterior

je me fus fait(e)	nous nous fûmes fait(e)s
tu te fus fait(e)	vous vous fûtes fait(e)(s)
il/elle se fut fait(e)	ils/elles se furent fait(e)s

Future

je me ferai	nous nous ferons
tu te feras	vous vous ferez
il/elle se fera	ils/elles se feront

Future Anterior

je me serai fait(e)	nous nous serons fait(e)s
tu te seras fait(e)	vous vous serez fait(e)(s)
il/elle se sera fait(e)	ils/elles se seront fait(e)s

Conditional

je me ferais	nous nous ferions
tu te ferais	vous vous feriez
il/elle se ferait	ils/elles se feraient

Past Conditional

je me serais fait(e)	nous nous serions fait(e)s
tu te serais fait(e)	vous vous seriez fait(e)(s)
il/elle se serait fait(e)	ils/elles se seraient fait(e)s

Present Subjunctive

que je me fasse	que nous nous fassions
que tu te fasses	que vous vous fassiez
qu'il/elle se fasse	qu'ils/elles se fassent

Past Subjunctive

que je me sois fait(e)	que nous nous soyons fait(e)s
que tu te sois fait(e)	que vous vous soyez fait(e)(s)
qu'il/elle se soit fait(e)	qu'ils/elles se soient fait(e)s

Imperfect Subjunctive

que je me fisse	que nous nous fissions
que tu te fisses	que vous vous fissiez
qu'il/elle se fît	qu'ils/elles se fissent

Pluperfect Subjunctive

que je me fusse fait(e)	que nous nous fussions fait(e)s
que tu te fusses fait(e)	que vous vous fussiez fait(e)(s)
qu'il/elle se fût fait(e)	qu'ils/elles se fussent fait(e)s

Commands

	(nous) faisons-nous
(tu) fais-toi	(vous) faites-vous

USAGE

se faire seul/seule	*to be a self-made man/woman*
se faire mal	*to hurt oneself*
Il s'est fait mal à la jambe.	*He hurt his leg.*
Son chien s'est fait écraser.	*Her dog got run over.*
Il s'est fait payer.	*He got paid.*
se faire du mauvais sang / s'en faire	*to worry*
Ne t'en fais pas!	*Don't worry!*
Il s'est fait tuer dans une bagarre.	*He got killed in a brawl.*
Elle aime se faire attendre.	*She likes to keep people waiting.*
Il aime se faire prier.	*He likes to be begged to do things.*
Je me suis fait couper les cheveux.	*I got a haircut.*
Il faut savoir se faire respecter.	*You should know how to make people respect you.*
Comment (est-ce que) ça se fait?	*How come it's like that / things are like that?*
Ça ne se fait pas.	*That's not done. / You don't do that.*

Present

je feins	nous feignons
tu feins	vous feignez
il/elle feint	ils/elles feignent

Passé Composé

j'ai feint	nous avons feint
tu as feint	vous avez feint
il/elle a feint	ils/elles ont feint

Imperfect

je feignais	nous feignions
tu feignais	vous feigniez
il/elle feignait	ils/elles feignaient

Pluperfect

j'avais feint	nous avions feint
tu avais feint	vous aviez feint
il/elle avait feint	ils/elles avaient feint

Passé Simple

je feignis	nous feignîmes
tu feignis	vous feignîtes
il/elle feignit	ils/elles feignirent

Past Anterior

j'eus feint	nous eûmes feint
tu eus feint	vous eûtes feint
il/elle eut feint	ils/elles eurent feint

Future

je feindrai	nous feindrons
tu feindras	vous feindrez
il/elle feindra	ils/elles feindront

Future Anterior

j'aurai feint	nous aurons feint
tu auras feint	vous aurez feint
il/elle aura feint	ils/elles auront feint

Conditional

je feindrais	nous feindrions
tu feindrais	vous feindriez
il/elle feindrait	ils/elles feindraient

Past Conditional

j'aurais feint	nous aurions feint
tu aurais feint	vous auriez feint
il/elle aurait feint	ils/elles auraient feint

Present Subjunctive

que je feigne	que nous feignions
que tu feignes	que vous feigniez
qu'il/elle feigne	qu'ils/elles feignent

Past Subjunctive

que j'aie feint	que nous ayons feint
que tu aies feint	que vous ayez feint
qu'il/elle ait feint	qu'ils/elles aient feint

Imperfect Subjunctive

que je feignisse	que nous feignissions
que tu feignisses	que vous feignissiez
qu'il/elle feignît	qu'ils/elles feignissent

Pluperfect Subjunctive

que j'eusse feint	que nous eussions feint
que tu eusses feint	que vous eussiez feint
qu'il/elle eût feint	qu'ils/elles eussent feint

Commands

	(nous) feignons
(tu) feins	(vous) feignez

USAGE

Il me sera très difficile de feindre de la satisfaction.	It will be very difficult for me to pretend to be satisfied.
Sa joie est feinte.	Her joy is mere pretense.
feindre de faire qqch	to pretend to do something
Il feint de se soucier de nous.	He pretends to be concerned about us.

RELATED WORDS AND EXPRESSIONS

la feinte	faking/ruse/feint (sports)
feinter	to feint (sports)
feinter qqn	to fool someone
Il m'a feinté.	He tricked me.

260 (**féliciter**) *to congratulate*

je félicite · je félicitai · félicité · félicitant

Present		Passé Composé	
je félicite	nous félicitons	j'ai félicité	nous avons félicité
tu félicites	vous félicitez	tu as félicité	vous avez félicité
il/elle félicite	ils/elles félicitent	il/elle a félicité	ils/elles ont félicité

Imperfect		Pluperfect	
je félicitais	nous félicitions	j'avais félicité	nous avions félicité
tu félicitais	vous félicitiez	tu avais félicité	vous aviez félicité
il/elle félicitait	ils/elles félicitaient	il/elle avait félicité	ils/elles avaient félicité

Passé Simple		Past Anterior	
je félicitai	nous félicitâmes	j'eus félicité	nous eûmes félicité
tu félicitas	vous félicitâtes	tu eus félicité	vous eûtes félicité
il/elle félicita	ils/elles félicitèrent	il/elle eut félicité	ils/elles eurent félicité

Future		Future Anterior	
je féliciterai	nous féliciterons	j'aurai félicité	nous aurons félicité
tu féliciteras	vous féliciterez	tu auras félicité	vous aurez félicité
il/elle félicitera	ils/elles féliciteront	il/elle aura félicité	ils/elles auront félicité

Conditional		Past Conditional	
je féliciterais	nous féliciterions	j'aurais félicité	nous aurions félicité
tu féliciterais	vous féliciteriez	tu aurais félicité	vous auriez félicité
il/elle féliciterait	ils/elles féliciteraient	il/elle aurait félicité	ils/elles auraient félicité

Present Subjunctive		Past Subjunctive	
que je félicite	que nous félicitions	que j'aie félicité	que nous ayons félicité
que tu félicites	que vous félicitiez	que tu aies félicité	que vous ayez félicité
qu'il/elle félicite	qu'ils/elles félicitent	qu'il/elle ait félicité	qu'ils/elles aient félicité

Imperfect Subjunctive		Pluperfect Subjunctive	
que je félicitasse	que nous félicitassions	que j'eusse félicité	que nous eussions félicité
que tu félicitasses	que vous félicitassiez	que tu eusses félicité	que vous eussiez félicité
qu'il/elle félicitât	qu'ils/elles félicitassent	qu'il/elle eût félicité	qu'ils/elles eussent félicité

Commands

	(nous) félicitons
(tu) félicite	(vous) félicitez

Je vous félicite!	*I congratulate you!*
Le patron m'a félicité de mon succès.	*The boss congratulated me on my success.*
Je vous félicite de votre réussite à l'examen.	*I congratulate you on your success on the exam.*
Je ne te félicite pas!	*You'll get no thanks from me!*

RELATED WORDS AND EXPRESSIONS

la félicitation	*congratulations*
Toutes mes félicitations!	*My heartiest congratulations.*
se féliciter de	*to be happy about*
se féliciter d'avoir fait qqch	*to pat oneself on the back for having done something*
Il se félicite d'avoir fait ces investissements.	*He's pleased with himself for having made those investments.*

je fends · je fendis · fendu · fendant

regular -re verb

Present	
je fends	nous fendons
tu fends	vous fendez
il/elle fend	ils/elles fendent

Passé Composé	
j'ai fendu	nous avons fendu
tu as fendu	vous avez fendu
il/elle a fendu	ils/elles ont fendu

Imperfect	
je fendais	nous fendions
tu fendais	vous fendiez
il/elle fendait	ils/elles fendaient

Pluperfect	
j'avais fendu	nous avions fendu
tu avais fendu	vous aviez fendu
il/elle avait fendu	ils/elles avaient fendu

Passé Simple	
je fendis	nous fendîmes
tu fendis	vous fendîtes
il/elle fendit	ils/elles fendirent

Past Anterior	
j'eus fendu	nous eûmes fendu
tu eus fendu	vous eûtes fendu
il/elle eut fendu	ils/elles eurent fendu

Future	
je fendrai	nous fendrons
tu fendras	vous fendrez
il/elle fendra	ils/elles fendront

Future Anterior	
j'aurai fendu	nous aurons fendu
tu auras fendu	vous aurez fendu
il/elle aura fendu	ils/elles auront fendu

Conditional	
je fendrais	nous fendrions
tu fendrais	vous fendriez
il/elle fendrait	ils/elles fendraient

Past Conditional	
j'aurais fendu	nous aurions fendu
tu aurais fendu	vous auriez fendu
il/elle aurait fendu	ils/elles auraient fendu

Present Subjunctive	
que je fende	que nous fendions
que tu fendes	que vous fendiez
qu'il/elle fende	qu'ils/elles fendent

Past Subjunctive	
que j'aie fendu	que nous ayons fendu
que tu aies fendu	que vous ayez fendu
qu'il/elle ait fendu	qu'ils/elles aient fendu

Imperfect Subjunctive	
que je fendisse	que nous fendissions
que tu fendisses	que vous fendissiez
qu'il/elle fendît	qu'ils/elles fendissent

Pluperfect Subjunctive	
que j'eusse fendu	que nous eussions fendu
que tu eusses fendu	que vous eussiez fendu
qu'il/elle eût fendu	qu'ils/elles eussent fendu

Commands

	(nous) fendons
(tu) fends	(vous) fendez

USAGE

Le bûcheron fend du bois.	The woodsman splits wood.
C'est une histoire qui me fend le cœur.	It's a story that breaks my heart.
Le président a dû fendre la foule.	The president had to push his way through the crowd.
Il s'est fendu le crâne en tombant.	He broke his skull when he fell.
Il a poussé un cri à fendre le cœur.	He uttered a heart-rending scream.
J'ai fendu la noix de coco en deux.	I split the coconut in two.

RELATED WORDS AND EXPRESSIONS

la fente	crack/fissure
Il y a des fentes dangereuses dans la terre.	There are dangerous fissures in the earth.
se fendre la gueule	to laugh oneself sick
Je me suis fendu la gueule.	I nearly died laughing.

fermer to close

je ferme · je fermai · fermé · fermant

regular -er verb

Present		Passé Composé	
je ferme	nous fermons	j'ai fermé	nous avons fermé
tu fermes	vous fermez	tu as fermé	vous avez fermé
il/elle ferme	ils/elles ferment	il/elle a fermé	ils/elles ont fermé

Imperfect		Pluperfect	
je fermais	nous fermions	j'avais fermé	nous avions fermé
tu fermais	vous fermiez	tu avais fermé	vous aviez fermé
il/elle fermait	ils/elles fermaient	il/elle avait fermé	ils/elles avaient fermé

Passé Simple		Past Anterior	
je fermai	nous fermâmes	j'eus fermé	nous eûmes fermé
tu fermas	vous fermâtes	tu eus fermé	vous eûtes fermé
il/elle ferma	ils/elles fermèrent	il/elle eut fermé	ils/elles eurent fermé

Future		Future Anterior	
je fermerai	nous fermerons	j'aurai fermé	nous aurons fermé
tu fermeras	vous fermerez	tu auras fermé	vous aurez fermé
il/elle fermera	ils/elles fermeront	il/elle aura fermé	ils/elles auront fermé

Conditional		Past Conditional	
je fermerais	nous fermerions	j'aurais fermé	nous aurions fermé
tu fermerais	vous fermeriez	tu aurais fermé	vous auriez fermé
il/elle fermerait	ils/elles fermeraient	il/elle aurait fermé	ils/elles auraient fermé

Present Subjunctive		Past Subjunctive	
que je ferme	que nous fermions	que j'aie fermé	que nous ayons fermé
que tu fermes	que vous fermiez	que tu aies fermé	que vous ayez fermé
qu'il/elle ferme	qu'ils/elles ferment	qu'il/elle ait fermé	qu'ils/elles aient fermé

Imperfect Subjunctive		Pluperfect Subjunctive	
que je fermasse	que nous fermassions	que j'eusse fermé	que nous eussions fermé
que tu fermasses	que vous fermassiez	que tu eusses fermé	que vous eussiez fermé
qu'il/elle fermât	qu'ils/elles fermassent	qu'il/elle eût fermé	qu'ils/elles eussent fermé

Commands

	(nous) fermons
(tu) ferme	(vous) fermez

USAGE

Ça ferme à sept heures.	The store closes at seven o'clock.
On ferme en août.	We close in August.
fermer la porte / les fenêtres / son livre	to close the door / the windows / one's book
fermer la porte à clé	to lock the door
fermer la porte à verrou	to bolt the door
fermer la porte à double tour	to double-lock the door
Ils m'ont fermé la porte au nez.	They shut the door in my face.
fermer les yeux sur les abus	to turn a blind eye to the abuses
la fermer (colloquial)	to keep one's mouth shut
Ferme-la!	Shut up!
Tu aurais dû la fermer.	You should have kept your mouth shut.

RELATED WORDS AND EXPRESSIONS

la fermeture	closing
Fermeture annuelle du 1er au 15 août.	Closing for vacation from August 1 to 15. (sign on store)

regular -er reflexive verb;
compound tenses with être

je me fie · je me fiai · s'étant fié · se fiant

Present		Passé Composé	
je me fie	nous nous fions	je me suis fié(e)	nous nous sommes fié(e)s
tu te fies	vous vous fiez	tu t'es fié(e)	vous vous êtes fié(e)(s)
il/elle se fie	ils/elles se fient	il/elle s'est fié(e)	ils/elles se sont fié(e)s

Imperfect		Pluperfect	
je me fiais	nous nous fiions	je m'étais fié(e)	nous nous étions fié(e)s
tu te fiais	vous vous fiiez	tu t'étais fié(e)	vous vous étiez fié(e)(s)
il/elle se fiait	ils/elles se fiaient	il/elle s'était fié(e)	ils/elles s'étaient fié(e)s

Passé Simple		Past Anterior	
je me fiai	nous nous fiâmes	je me fus fié(e)	nous nous fûmes fié(e)s
tu te fias	vous vous fiâtes	tu te fus fié(e)	vous vous fûtes fié(e)(s)
il/elle se fia	ils/elles se fièrent	il/elle se fut fié(e)	ils/elles se furent fié(e)s

Future		Future Anterior	
je me fierai	nous nous fierons	je me serai fié(e)	nous nous serons fié(e)s
tu te fieras	vous vous fierez	tu te seras fié(e)	vous vous serez fié(e)(s)
il/elle se fiera	ils/elles se fieront	il/elle se sera fié(e)	ils/elles se seront fié(e)s

Conditional		Past Conditional	
je me fierais	nous nous fierions	je me serais fié(e)	nous nous serions fié(e)s
tu te fierais	vous vous fieriez	tu te serais fié(e)	vous vous seriez fié(e)(s)
il/elle se fierait	ils/elles se fieraient	il/elle se serait fié(e)	ils/elles se seraient fié(e)s

Present Subjunctive		Past Subjunctive	
que je me fie	que nous nous fiions	que je me sois fié(e)	que nous nous soyons fié(e)s
que tu te fies	que vous vous fiiez	que tu te sois fié(e)	que vous vous soyez fié(e)(s)
qu'il/elle se fie	qu'ils/elles se fient	qu'il/elle se soit fié(e)	qu'ils/elles se soient fié(e)s

Imperfect Subjunctive		Pluperfect Subjunctive	
que je me fiasse	que nous nous fiassions	que je me fusse fié(e)	que nous nous fussions fié(e)s
que tu te fiasses	que vous vous fiassiez	que tu te fusses fié(e)	que vous vous fussiez fié(e)(s)
qu'il/elle se fiât	qu'ils/elles se fiassent	qu'il/elle se fût fié(e)	qu'ils/elles se fussent fié(e)s

Commands

	(nous) fions-nous
(tu) fie-toi	(vous) fiez-vous

Personne ne se fie à lui.	No one trusts him.
Tous les employés se fient au chef de rayon.	All the employees trust the department head.
Il ne faut pas se fier aux apparences.	One must not judge by appearances.
Je ne me fie jamais à ce qu'il dit.	I never go by what he says.
Nous nous fions à votre discrétion.	We're relying on your discretion.
—Tu ne prends pas de notes?	You're not writing anything down?
—Non, je me fie à ma mémoire.	No, I'm relying on my memory.

RELATED WORDS AND EXPRESSIONS

la fiabilité	trustworthiness
Tout dépend de la fiabilité de nos fournisseurs.	Everything depends on the reliability of our suppliers.
fiable	trustworthy
Ces logiciels sont tout à fait fiables.	These software packages are completely reliable.

264 (**finir**) to finish

je finis · je finis · fini · finissant

Present		Passé Composé	
je finis	nous finissons	j'ai fini	nous avons fini
tu finis	vous finissez	tu as fini	vous avez fini
il/elle finit	ils/elles finissent	il/elle a fini	ils/elles ont fini

Imperfect		Pluperfect	
je finissais	nous finissions	j'avais fini	nous avions fini
tu finissais	vous finissiez	tu avais fini	vous aviez fini
il/elle finissait	ils/elles finissaient	il/elle avait fini	ils/elles avaient fini

Passé Simple		Past Anterior	
je finis	nous finîmes	j'eus fini	nous eûmes fini
tu finis	vous finîtes	tu eus fini	vous eûtes fini
il/elle finit	ils/elles finirent	il/elle eut fini	ils/elles eurent fini

Future		Future Anterior	
je finirai	nous finirons	j'aurai fini	nous aurons fini
tu finiras	vous finirez	tu auras fini	vous aurez fini
il/elle finira	ils/elles finiront	il/elle aura fini	ils/elles auront fini

Conditional		Past Conditional	
je finirais	nous finirions	j'aurais fini	nous aurions fini
tu finirais	vous finiriez	tu aurais fini	vous auriez fini
il/elle finirait	ils/elles finiraient	il/elle aurait fini	ils/elles auraient fini

Present Subjunctive		Past Subjunctive	
que je finisse	que nous finissions	que j'aie fini	que nous ayons fini
que tu finisses	que vous finissiez	que tu aies fini	que vous ayez fini
qu'il/elle finisse	qu'ils/elles finissent	qu'il/elle ait fini	qu'ils/elles aient fini

Imperfect Subjunctive		Pluperfect Subjunctive	
que je finisse	que nous finissions	que j'eusse fini	que nous eussions fini
que tu finisses	que vous finissiez	que tu eusses fini	que vous eussiez fini
qu'il/elle finît	qu'ils/elles finissent	qu'il/elle eût fini	qu'ils/elles eussent fini

Commands

	(nous) finissons
(tu) finis	(vous) finissez

—Maman! J'ai fini. Je veux sortir jouer. — *Mom! I finished. I want to go out to play.*
—Tu n'as pas fini tes légumes. Finis-les. — *You haven't finished your vegetables. Finish them.*
finir son travail / un livre / un article — *to finish one's work / a book / an article*
Le prisonnier a fini son temps. — *The prisoner finished serving his sentence.*
Tu vas finir sans travail si tu continues comme ça! — *You'll wind up without a job if you keep on like that!*
Il a fini chef de rayon. — *He wound up as department supervisor.*
Quand est-ce que tu finiras de m'embêter? — *When will you stop annoying me?*
Cet amour va mal finir. — *That love (affair) will have an unhappy ending.*
en finir avec qqch/qqn — *to be done with something/someone*
Je veux qu'on en finisse. — *I want us to be done with it.*
Il faut en finir avec ces discussions. — *We have to stop these discussions.*
C'est un roman à n'en plus finir. — *It's an endless novel.*

regular -er verb

je fonde · je fondai · fondé · fondant

Present		Passé Composé	
je fonde	nous fondons	j'ai fondé	nous avons fondé
tu fondes	vous fondez	tu as fondé	vous avez fondé
il/elle fonde	ils/elles fondent	il/elle a fondé	ils/elles ont fondé

Imperfect		Pluperfect	
je fondais	nous fondions	j'avais fondé	nous avions fondé
tu fondais	vous fondiez	tu avais fondé	vous aviez fondé
il/elle fondait	ils/elles fondaient	il/elle avait fondé	ils/elles avaient fondé

Passé Simple		Past Anterior	
je fondai	nous fondâmes	j'eus fondé	nous eûmes fondé
tu fondas	vous fondâtes	tu eus fondé	vous eûtes fondé
il/elle fonda	ils/elles fondèrent	il/elle eut fondé	ils/elles eurent fondé

Future		Future Anterior	
je fonderai	nous fonderons	j'aurai fondé	nous aurons fondé
tu fonderas	vous fonderez	tu auras fondé	vous aurez fondé
il/elle fondera	ils/elles fonderont	il/elle aura fondé	ils/elles auront fondé

Conditional		Past Conditional	
je fonderais	nous fonderions	j'aurais fondé	nous aurions fondé
tu fonderais	vous fonderiez	tu aurais fondé	vous auriez fondé
il/elle fonderait	ils/elles fonderaient	il/elle aurait fondé	ils/elles auraient fondé

Present Subjunctive		Past Subjunctive	
que je fonde	que nous fondions	que j'aie fondé	que nous ayons fondé
que tu fondes	que vous fondiez	que tu aies fondé	que vous ayez fondé
qu'il/elle fonde	qu'ils/elles fondent	qu'il/elle ait fondé	qu'ils/elles aient fondé

Imperfect Subjunctive		Pluperfect Subjunctive	
que je fondasse	que nous fondassions	que j'eusse fondé	que nous eussions fondé
que tu fondasses	que vous fondassiez	que tu eusses fondé	que vous eussiez fondé
qu'il/elle fondât	qu'ils/elles fondassent	qu'il/elle eût fondé	qu'ils/elles eussent fondé

Commands

	(nous) fondons
(tu) fonde	(vous) fondez

fonder une entreprise	*to found a firm*
fonder un parti politique	*to found a political party*
Maison fondée en 1963	*Business established in 1963*
Il a fondé ses espoirs sur ce mariage.	*He is pinning all his hopes on this marriage.*
fonder ses arguments sur des raisonnements solides	*to base one's arguments on solid reasoning*
Ce qu'il prétend n'est pas du tout fondé.	*What he claims is groundless.*

RELATED WORDS AND EXPRESSIONS

la fondation	*founding/foundation*
un fondateur / une fondatrice	*a founder*
le fondement	*solid ground / base*
Ton argumentation n'a pas le moindre fondement.	*You haven't a leg to stand on.*

fondre *to melt*

je fonds · je fondis · fondu · fondant

regular -*re* verb

Present		Passé Composé	
je fonds	nous fondons	j'ai fondu	nous avons fondu
tu fonds	vous fondez	tu as fondu	vous avez fondu
il/elle fond	ils/elles fondent	il/elle a fondu	ils/elles ont fondu

Imperfect		Pluperfect	
je fondais	nous fondions	j'avais fondu	nous avions fondu
tu fondais	vous fondiez	tu avais fondu	vous aviez fondu
il/elle fondait	ils/elles fondaient	il/elle avait fondu	ils/elles avaient fondu

Passé Simple		Past Anterior	
je fondis	nous fondîmes	j'eus fondu	nous eûmes fondu
tu fondis	vous fondîtes	tu eus fondu	vous eûtes fondu
il/elle fondit	ils/elles fondirent	il/elle eut fondu	ils/elles eurent fondu

Future		Future Anterior	
je fondrai	nous fondrons	j'aurai fondu	nous aurons fondu
tu fondras	vous fondrez	tu auras fondu	vous aurez fondu
il/elle fondra	ils/elles fondront	il/elle aura fondu	ils/elles auront fondu

Conditional		Past Conditional	
je fondrais	nous fondrions	j'aurais fondu	nous aurions fondu
tu fondrais	vous fondriez	tu aurais fondu	vous auriez fondu
il/elle fondrait	ils/elles fondraient	il/elle aurait fondu	ils/elles auraient fondu

Present Subjunctive		Past Subjunctive	
que je fonde	que nous fondions	que j'aie fondu	que nous ayons fondu
que tu fondes	que vous fondiez	que tu aies fondu	que vous ayez fondu
qu'il/elle fonde	qu'ils/elles fondent	qu'il/elle ait fondu	qu'ils/elles aient fondu

Imperfect Subjunctive		Pluperfect Subjunctive	
que je fondisse	que nous fondissions	que j'eusse fondu	que nous eussions fondu
que tu fondisses	que vous fondissiez	que tu eusses fondu	que vous eussiez fondu
qu'il/elle fondît	qu'ils/elles fondissent	qu'il/elle eût fondu	qu'ils/elles eussent fondu

Commands

	(nous) fondons
(tu) fonds	(vous) fondez

USAGE

La neige fond sous le soleil.	The snow melts in the sun.
La glace commence à fondre à 0°.	Ice begins to melt at zero degrees.
Cette viande fond dans la bouche.	This meat melts in your mouth.
faire fondre	to melt (transitive)
Selon cette recette il faut faire fondre 100 grammes de beurre.	For this recipe you have to melt 100 grams of butter.
fondre en larmes	to burst into tears
En entendant la nouvelle, elle a fondu en larmes.	Upon hearing the news, she burst into tears.
Mon Dieu! Tu as fondu! Combien de kilos as-tu perdus?	My gosh! You've lost weight! How many kilos have you lost?

regular -er verb; spelling change: c > ç/a, o

je force · je forçai · forcé · forçant

Present	
je force	nous forçons
tu forces	vous forcez
il/elle force	ils/elles forcent

Passé Composé	
j'ai forcé	nous avons forcé
tu as forcé	vous avez forcé
il/elle a forcé	ils/elles ont forcé

Imperfect	
je forçais	nous forcions
tu forçais	vous forciez
il/elle forçait	ils/elles forçaient

Pluperfect	
j'avais forcé	nous avions forcé
tu avais forcé	vous aviez forcé
il/elle avait forcé	ils/elles avaient forcé

Passé Simple	
je forçai	nous forçâmes
tu forças	vous forçâtes
il/elle força	ils/elles forcèrent

Past Anterior	
j'eus forcé	nous eûmes forcé
tu eus forcé	vous eûtes forcé
il/elle eut forcé	ils/elles eurent forcé

Future	
je forcerai	nous forcerons
tu forceras	vous forcerez
il/elle forcera	ils/elles forceront

Future Anterior	
j'aurai forcé	nous aurons forcé
tu auras forcé	vous aurez forcé
il/elle aura forcé	ils/elles auront forcé

Conditional	
je forcerais	nous forcerions
tu forcerais	vous forceriez
il/elle forcerait	ils/elles forceraient

Past Conditional	
j'aurais forcé	nous aurions forcé
tu aurais forcé	vous auriez forcé
il/elle aurait forcé	ils/elles auraient forcé

Present Subjunctive	
que je force	que nous forcions
que tu forces	que vous forciez
qu'il/elle force	qu'ils/elles forcent

Past Subjunctive	
que j'aie forcé	que nous ayons forcé
que tu aies forcé	que vous ayez forcé
qu'il/elle ait forcé	qu'ils/elles aient forcé

Imperfect Subjunctive	
que je forçasse	que nous forçassions
que tu forçasses	que vous forçassiez
qu'il/elle forçât	qu'ils/elles forçassent

Pluperfect Subjunctive	
que j'eusse forcé	que nous eussions forcé
que tu eusses forcé	que vous eussiez forcé
qu'il/elle eût forcé	qu'ils/elles eussent forcé

Commands

	(nous) forçons
(tu) force	(vous) forcez

USAGE

forcer la porte — to force open the door
Il a essayé de forcer la porte de la cuisine. — He tried to force open the kitchen door.
forcer la serrure — to break the lock
Le président a forcé la main du Parlement pour qu'ils approuvent sa proposition de loi. — The president rammed his bill through Parliament.
Écoute. Ne me force pas la main. — Listen. Don't twist my arm.
forcer qqn à faire qqch — to force someone to do something
L'agent l'a forcé à répondre. — The policeman forced him to answer.
Tu forces un peu la dose/note, je trouve. — You're overdoing it / dramatizing, I think.
Les motos ont forcé le passage à travers l'embouteillage. — The motorcycles forced their way through the traffic jam.
Je peux le faire sans forcer. — I can do it easily.

RELATED WORDS AND EXPRESSIONS

se forcer à faire qqch — to force oneself to do something
Je me force à prendre les médicaments. — I force myself to take the medication.

fouiller *to search, rummage (around)*

je fouille · je fouillai · fouillé · fouillant

regular -er verb

Present		Passé Composé	
je fouille	nous fouillons	j'ai fouillé	nous avons fouillé
tu fouilles	vous fouillez	tu as fouillé	vous avez fouillé
il/elle fouille	ils/elles fouillent	il/elle a fouillé	ils/elles ont fouillé

Imperfect		Pluperfect	
je fouillais	nous fouillions	j'avais fouillé	nous avions fouillé
tu fouillais	vous fouilliez	tu avais fouillé	vous aviez fouillé
il/elle fouillait	ils/elles fouillaient	il/elle avait fouillé	ils/elles avaient fouillé

Passé Simple		Past Anterior	
je fouillai	nous fouillâmes	j'eus fouillé	nous eûmes fouillé
tu fouillas	vous fouillâtes	tu eus fouillé	vous eûtes fouillé
il/elle fouilla	ils/elles fouillèrent	il/elle eut fouillé	ils/elles eurent fouillé

Future		Future Anterior	
je fouillerai	nous fouillerons	j'aurai fouillé	nous aurons fouillé
tu fouilleras	vous fouillerez	tu auras fouillé	vous aurez fouillé
il/elle fouillera	ils/elles fouilleront	il/elle aura fouillé	ils/elles auront fouillé

Conditional		Past Conditional	
je fouillerais	nous fouillerions	j'aurais fouillé	nous aurions fouillé
tu fouillerais	vous fouilleriez	tu aurais fouillé	vous auriez fouillé
il/elle fouillerait	ils/elles fouilleraient	il/elle aurait fouillé	ils/elles auraient fouillé

Present Subjunctive		Past Subjunctive	
que je fouille	que nous fouillions	que j'aie fouillé	que nous ayons fouillé
que tu fouilles	que vous fouilliez	que tu aies fouillé	que vous ayez fouillé
qu'il/elle fouille	qu'ils/elles fouillent	qu'il/elle ait fouillé	qu'ils/elles aient fouillé

Imperfect Subjunctive		Pluperfect Subjunctive	
que je fouillasse	que nous fouillassions	que j'eusse fouillé	que nous eussions fouillé
que tu fouillasses	que vous fouillassiez	que tu eusses fouillé	que vous eussiez fouillé
qu'il/elle fouillât	qu'ils/elles fouillassent	qu'il/elle eût fouillé	qu'ils/elles eussent fouillé

Commands

	(nous) fouillons
(tu) fouille	(vous) fouillez

USAGE

J'ai fouillé dans le tiroir.	I searched in the drawer.
J'ai fouillé le sous-sol de fond en comble.	I searched the basement top to bottom.
Il m'a fouillé du regard.	He gave me a searching look.
L'agent de police m'a fouillé.	The policeman frisked me.
Qui a fouillé dans ma serviette?	Who was rummaging in my briefcase?
Nous nous sommes rendu compte que quelqu'un avait fouillé notre appartement.	We realized that someone had ransacked our apartment.

RELATED WORDS AND EXPRESSIONS

la fouille	search
la fouille corporelle	body search
les fouilles archéologiques	archaeological dig(s)

regular *-er* verb

je foule · je foulai · foulé · foulant

Present			Passé Composé	
je foule	nous foulons		j'ai foulé	nous avons foulé
tu foules	vous foulez		tu as foulé	vous avez foulé
il/elle foule	ils/elles foulent		il/elle a foulé	ils/elles ont foulé

Imperfect			Pluperfect	
je foulais	nous foulions		j'avais foulé	nous avions foulé
tu foulais	vous fouliez		tu avais foulé	vous aviez foulé
il/elle foulait	ils/elles foulaient		il/elle avait foulé	ils/elles avaient foulé

Passé Simple			Past Anterior	
je foulai	nous foulâmes		j'eus foulé	nous eûmes foulé
tu foulas	vous foulâtes		tu eus foulé	vous eûtes foulé
il/elle foula	ils/elles foulèrent		il/elle eut foulé	ils/elles eurent foulé

Future			Future Anterior	
je foulerai	nous foulerons		j'aurai foulé	nous aurons foulé
tu fouleras	vous foulerez		tu auras foulé	vous aurez foulé
il/elle foulera	ils/elles fouleront		il/elle aura foulé	ils/elles auront foulé

Conditional			Past Conditional	
je foulerais	nous foulerions		j'aurais foulé	nous aurions foulé
tu foulerais	vous fouleriez		tu aurais foulé	vous auriez foulé
il/elle foulerait	ils/elles fouleraient		il/elle aurait foulé	ils/elles auraient foulé

Present Subjunctive			Past Subjunctive	
que je foule	que nous foulions		que j'aie foulé	que nous ayons foulé
que tu foules	que vous fouliez		que tu aies foulé	que vous ayez foulé
qu'il/elle foule	qu'ils/elles foulent		qu'il/elle ait foulé	qu'ils/elles aient foulé

Imperfect Subjunctive			Pluperfect Subjunctive	
que je foulasse	que nous foulassions		que j'eusse foulé	que nous eussions foulé
que tu foulasses	que vous foulassiez		que tu eusses foulé	que vous eussiez foulé
qu'il/elle foulât	qu'ils/elles foulassent		qu'il/elle eût foulé	qu'ils/elles eussent foulé

Commands

	(nous) foulons
(tu) foule	(vous) foulez

fouler qqch aux pieds — *to trample something*
Il a foulé mes espoirs aux pieds. — *He trampled on my hopes.*

RELATED WORDS AND EXPRESSIONS

foulant(e) — *back-breaking*
—Ce travail est vraiment foulant! — *This work is killing!*
—Ne t'en fais pas. Ce n'est pas trop foulant! — *Don't worry. It won't kill you!*

se fouler — *to sprain*
Je me suis foulé le poignet. — *I sprained my wrist.*
Comment est-ce que tu t'es foulé la cheville? — *How did you sprain your ankle?*
Tu ne te foules pas! — *You certainly don't overwork!*

fournir *to furnish, supply*

je fournis · je fournis · fourni · fournissant

regular -ir verb

Present

je fournis	nous fournissons
tu fournis	vous fournissez
il/elle fournit	ils/elles fournissent

Passé Composé

j'ai fourni	nous avons fourni
tu as fourni	vous avez fourni
il/elle a fourni	ils/elles ont fourni

Imperfect

je fournissais	nous fournissions
tu fournissais	vous fournissiez
il/elle fournissait	ils/elles fournissaient

Pluperfect

j'avais fourni	nous avions fourni
tu avais fourni	vous aviez fourni
il/elle avait fourni	ils/elles avaient fourni

Passé Simple

je fournis	nous fournîmes
tu fournis	vous fournîtes
il/elle fournit	ils/elles fournirent

Past Anterior

j'eus fourni	nous eûmes fourni
tu eus fourni	vous eûtes fourni
il/elle eut fourni	ils/elles eurent fourni

Future

je fournirai	nous fournirons
tu fourniras	vous fournirez
il/elle fournira	ils/elles fourniront

Future Anterior

j'aurai fourni	nous aurons fourni
tu auras fourni	vous aurez fourni
il/elle aura fourni	ils/elles auront fourni

Conditional

je fournirais	nous fournirions
tu fournirais	vous fourniriez
il/elle fournirait	ils/elles fourniraient

Past Conditional

j'aurais fourni	nous aurions fourni
tu aurais fourni	vous auriez fourni
il/elle aurait fourni	ils/elles auraient fourni

Present Subjunctive

que je fournisse	que nous fournissions
que tu fournisses	que vous fournissiez
qu'il/elle fournisse	qu'ils/elles fournissent

Past Subjunctive

que j'aie fourni	que nous ayons fourni
que tu aies fourni	que vous ayez fourni
qu'il/elle ait fourni	qu'ils/elles aient fourni

Imperfect Subjunctive

que je fournisse	que nous fournissions
que tu fournisses	que vous fournissiez
qu'il/elle fournît	qu'ils/elles fournissent

Pluperfect Subjunctive

que j'eusse fourni	que nous eussions fourni
que tu eusses fourni	que vous eussiez fourni
qu'il/elle eût fourni	qu'ils/elles eussent fourni

Commands

	(nous) fournissons
(tu) fournis	(vous) fournissez

USAGE

fournir qqch à qqn	to supply someone with something
fournir des livres aux étudiants	to supply the students with books
fournir du travail aux jeunes	to get work for young people
Il m'a fourni les moyens de réussir.	He gave me the means to succeed.
fournir un gros effort	to put forth a great effort
fournir à l'entretien de qqn	to support someone (financially)
Ses parents fournissent à son entretien.	His parents support him.
Je me fournis chez le traiteur au coin.	I shop (for food) at the caterer's/deli on the corner.

RELATED WORDS AND EXPRESSIONS

le fournisseur	supplier/purveyor
Cette viande n'est pas bonne. Il faut changer de fournisseur.	This meat isn't good. We have to shop elsewhere.

regular -er verb

je frappe · je frappai · frappé · frappant

Present		Passé Composé	
je frappe	nous frappons	j'ai frappé	nous avons frappé
tu frappes	vous frappez	tu as frappé	vous avez frappé
il/elle frappe	ils/elles frappent	il/elle a frappé	ils/elles ont frappé

Imperfect		Pluperfect	
je frappais	nous frappions	j'avais frappé	nous avions frappé
tu frappais	vous frappiez	tu avais frappé	vous aviez frappé
il/elle frappait	ils/elles frappaient	il/elle avait frappé	ils/elles avaient frappé

Passé Simple		Past Anterior	
je frappai	nous frappâmes	j'eus frappé	nous eûmes frappé
tu frappas	vous frappâtes	tu eus frappé	vous eûtes frappé
il/elle frappa	ils/elles frappèrent	il/elle eut frappé	ils/elles eurent frappé

Future		Future Anterior	
je frapperai	nous frapperons	j'aurai frappé	nous aurons frappé
tu frapperas	vous frapperez	tu auras frappé	vous aurez frappé
il/elle frappera	ils/elles frapperont	il/elle aura frappé	ils/elles auront frappé

Conditional		Past Conditional	
je frapperais	nous frapperions	j'aurais frappé	nous aurions frappé
tu frapperais	vous frapperiez	tu aurais frappé	vous auriez frappé
il/elle frapperait	ils/elles frapperaient	il/elle aurait frappé	ils/elles auraient frappé

Present Subjunctive		Past Subjunctive	
que je frappe	que nous frappions	que j'aie frappé	que nous ayons frappé
que tu frappes	que vous frappiez	que tu aies frappé	que vous ayez frappé
qu'il/elle frappe	qu'ils/elles frappent	qu'il/elle ait frappé	qu'ils/elles aient frappé

Imperfect Subjunctive		Pluperfect Subjunctive	
que je frappasse	que nous frappassions	que j'eusse frappé	que nous eussions frappé
que tu frappasses	que vous frappassiez	que tu eusses frappé	que vous eussiez frappé
qu'il/elle frappât	qu'ils/elles frappassent	qu'il/elle eût frappé	qu'ils/elles eussent frappé

Commands

	(nous) frappons
(tu) frappe	(vous) frappez

USAGE

frapper à la porte	to knock at the door
Excusez-moi. J'ai frappé à la mauvaise porte.	Excuse me. I knocked at the wrong door.
Entrez sans frapper. (sign)	Enter without knocking.
Frappez avant d'entrer. (sign)	Knock before entering.
Cette tragédie l'a frappé cruellement.	That tragedy was a cruel blow to him.
Tes observations ont frappé juste.	Your observations hit home.
Ce contrat est frappé de nullité.	That contract is declared null and void.
être frappé(e) d'horreur	to be horror-stricken

RELATED WORDS AND EXPRESSIONS

la force de frappe	nuclear strike force
frappé(e)	chilled with ice
frappant(e)	impressive/striking
Elle est d'une beauté frappante.	She's strikingly beautiful.

frémir *to tremble, shudder*

je frémis · je frémis · frémi · frémissant

regular -ir verb

Present		Passé Composé	
je frémis	nous frémissons	j'ai frémi	nous avons frémi
tu frémis	vous frémissez	tu as frémi	vous avez frémi
il/elle frémit	ils/elles frémissent	il/elle a frémi	ils/elles ont frémi

Imperfect		Pluperfect	
je frémissais	nous frémissions	j'avais frémi	nous avions frémi
tu frémissais	vous frémissiez	tu avais frémi	vous aviez frémi
il/elle frémissait	ils/elles frémissaient	il/elle avait frémi	ils/elles avaient frémi

Passé Simple		Past Anterior	
je frémis	nous frémîmes	j'eus frémi	nous eûmes frémi
tu frémis	vous frémîtes	tu eus frémi	vous eûtes frémi
il/elle frémit	ils/elles frémirent	il/elle eut frémi	ils/elles eurent frémi

Future		Future Anterior	
je frémirai	nous frémirons	j'aurai frémi	nous aurons frémi
tu frémiras	vous frémirez	tu auras frémi	vous aurez frémi
il/elle frémira	ils/elles frémiront	il/elle aura frémi	ils/elles auront frémi

Conditional		Past Conditional	
je frémirais	nous frémirions	j'aurais frémi	nous aurions frémi
tu frémirais	vous frémiriez	tu aurais frémi	vous auriez frémi
il/elle frémirait	ils/elles frémiraient	il/elle aurait frémi	ils/elles auraient frémi

Present Subjunctive		Past Subjunctive	
que je frémisse	que nous frémissions	que j'aie frémi	que nous ayons frémi
que tu frémisses	que vous frémissiez	que tu aies frémi	que vous ayez frémi
qu'il/elle frémisse	qu'ils/elles frémissent	qu'il/elle ait frémi	qu'ils/elles aient frémi

Imperfect Subjunctive		Pluperfect Subjunctive	
que je frémisse	que nous frémissions	que j'eusse frémi	que nous eussions frémi
que tu frémisses	que vous frémissiez	que tu eusses frémi	que vous eussiez frémi
qu'il/elle frémît	qu'ils/elles frémissent	qu'il/elle eût frémi	qu'ils/elles eussent frémi

Commands

	(nous) frémissons
(tu) frémis	(vous) frémissez

USAGE

C'est un événement à te faire frémir.	It's an event that will make you tremble.
En voyant les soldats morts, j'ai frémi d'horreur.	When I saw the dead soldiers, I shuddered with horror.
Le visage du malade m'a fait frémir.	The sick man's face made me shudder.
frémir de peur	to quake with fear
Le petit chat frémissait de peur.	The little cat was quaking with fear.
L'eau frémit; elle va bientôt bouillir.	The water is simmering; it is going to boil soon.

RELATED WORDS AND EXPRESSIONS

le frémissement	shudder/quiver
J'ai éprouvé un frémissement d'horreur.	I experienced a shudder of horror.
Un frémissement d'anticipation a parcouru la foule.	A thrill of anticipation ran through the crowd.

irregular verb   je fuis · je fuis · fui · fuyant

	Present		Passé Composé
je fuis	nous fuyons	j'ai fui	nous avons fui
tu fuis	vous fuyez	tu as fui	vous avez fui
il/elle fuit	ils/elles fuient	il/elle a fui	ils/elles ont fui

	Imperfect		Pluperfect
je fuyais	nous fuyions	j'avais fui	nous avions fui
tu fuyais	vous fuyiez	tu avais fui	vous aviez fui
il/elle fuyait	ils/elles fuyaient	il/elle avait fui	ils/elles avaient fui

	Passé Simple		Past Anterior
je fuis	nous fuîmes	j'eus fui	nous eûmes fui
tu fuis	vous fuîtes	tu eus fui	vous eûtes fui
il/elle fuit	ils/elles fuirent	il/elle eut fui	ils/elles eurent fui

	Future		Future Anterior
je fuirai	nous fuirons	j'aurai fui	nous aurons fui
tu fuiras	vous fuirez	tu auras fui	vous aurez fui
il/elle fuira	ils/elles fuiront	il/elle aura fui	ils/elles auront fui

	Conditional		Past Conditional
je fuirais	nous fuirions	j'aurais fui	nous aurions fui
tu fuirais	vous fuiriez	tu aurais fui	vous auriez fui
il/elle fuirait	ils/elles fuiraient	il/elle aurait fui	ils/elles auraient fui

	Present Subjunctive		Past Subjunctive
que je fuie	que nous fuyions	que j'aie fui	que nous ayons fui
que tu fuies	que vous fuyiez	que tu aies fui	que vous ayez fui
qu'il/elle fuie	qu'ils/elles fuient	qu'il/elle ait fui	qu'ils/elles aient fui

	Imperfect Subjunctive		Pluperfect Subjunctive
que je fuisse	que nous fuissions	que j'eusse fui	que nous eussions fui
que tu fuisses	que vous fuissiez	que tu eusses fui	que vous eussiez fui
qu'il/elle fuît	qu'ils/elles fuissent	qu'il/elle eût fui	qu'ils/elles eussent fui

Commands

	(nous) fuyons
(tu) fuis	(vous) fuyez

USAGE

L'ennemi a fui devant nos troupes.	The enemy fled from our troops.
Le voleur a fui à toutes jambes.	The thief fled in haste.
L'homme courageux ne fuit pas devant le danger.	The courageous man does not run away from danger.
Il n'est pas fiable. Il fuit toujours devant ses responsabilités.	He's not reliable. He runs away from his responsibilities.
Le temps fuit.	Time flies.
Ses années de jeunesse ont fui.	The years of his youth passed rapidly.
Il faut fuir ces gens-là. Ils sont vraiment casse-pieds.	You have to avoid those people. They are crashing bores.

RELATED WORDS AND EXPRESSIONS

la fuite	flight
Je n'approuve pas ta fuite devant tes responsabilités.	I don't approve of your running away from responsibilities.
prendre la fuite	to take to one's heels

fumer *to smoke*

je fume · je fumai · fumé · fumant

regular -er verb

Present		Passé Composé	
je fume	nous fumons	j'ai fumé	nous avons fumé
tu fumes	vous fumez	tu as fumé	vous avez fumé
il/elle fume	ils/elles fument	il/elle a fumé	ils/elles ont fumé

Imperfect		Pluperfect	
je fumais	nous fumions	j'avais fumé	nous avions fumé
tu fumais	vous fumiez	tu avais fumé	vous aviez fumé
il/elle fumait	ils/elles fumaient	il/elle avait fumé	ils/elles avaient fumé

Passé Simple		Past Anterior	
je fumai	nous fumâmes	j'eus fumé	nous eûmes fumé
tu fumas	vous fumâtes	tu eus fumé	vous eûtes fumé
il/elle fuma	ils/elles fumèrent	il/elle eut fumé	ils/elles eurent fumé

Future		Future Anterior	
je fumerai	nous fumerons	j'aurai fumé	nous aurons fumé
tu fumeras	vous fumerez	tu auras fumé	vous aurez fumé
il/elle fumera	ils/elles fumeront	il/elle aura fumé	ils/elles auront fumé

Conditional		Past Conditional	
je fumerais	nous fumerions	j'aurais fumé	nous aurions fumé
tu fumerais	vous fumeriez	tu aurais fumé	vous auriez fumé
il/elle fumerait	ils/elles fumeraient	il/elle aurait fumé	ils/elles auraient fumé

Present Subjunctive		Past Subjunctive	
que je fume	que nous fumions	que j'aie fumé	que nous ayons fumé
que tu fumes	que vous fumiez	que tu aies fumé	que vous ayez fumé
qu'il/elle fume	qu'ils/elles fument	qu'il/elle ait fumé	qu'ils/elles aient fumé

Imperfect Subjunctive		Pluperfect Subjunctive	
que je fumasse	que nous fumassions	que j'eusse fumé	que nous eussions fumé
que tu fumasses	que vous fumassiez	que tu eusses fumé	que vous eussiez fumé
qu'il/elle fumât	qu'ils/elles fumassent	qu'il/elle eût fumé	qu'ils/elles eussent fumé

Commands

	(nous) fumons
(tu) fume	(vous) fumez

Il fume deux paquets de cigarettes par jour.	*He smokes two packs a day.*
Défense de fumer.	*No smoking.*
Tu fumes?	*Would you like a cigarette?* (said offering cigarettes)
Il fume comme un pompier / une cheminée.	*He smokes like a chimney.* (pompier = *fireman*)
Je fumais de colère.	*I was fuming with anger.*

RELATED WORDS AND EXPRESSIONS

la fumée	*smoke*
Il n'y a pas de fumée sans feu.	*There's no smoke without fire.*
Tous nos projets sont partis en fumée.	*All our plans went up in smoke.*
un fumeur / une fumeuse	*a smoker*
un wagon non-fumeurs	*a nonsmoking railway car*

regular -er verb

je gâche · je gâchai · gâché · gâchant

Present		Passé Composé	
je gâche	nous gâchons	j'ai gâché	nous avons gâché
tu gâches	vous gâchez	tu as gâché	vous avez gâché
il/elle gâche	ils/elles gâchent	il/elle a gâché	ils/elles ont gâché

Imperfect		Pluperfect	
je gâchais	nous gâchions	j'avais gâché	nous avions gâché
tu gâchais	vous gâchiez	tu avais gâché	vous aviez gâché
il/elle gâchait	ils/elles gâchaient	il/elle avait gâché	ils/elles avaient gâché

Passé Simple		Past Anterior	
je gâchai	nous gâchâmes	j'eus gâché	nous eûmes gâché
tu gâchas	vous gâchâtes	tu eus gâché	vous eûtes gâché
il/elle gâcha	ils/elles gâchèrent	il/elle eut gâché	ils/elles eurent gâché

Future		Future Anterior	
je gâcherai	nous gâcherons	j'aurai gâché	nous aurons gâché
tu gâcheras	vous gâcherez	tu auras gâché	vous aurez gâché
il/elle gâchera	ils/elles gâcheront	il/elle aura gâché	ils/elles auront gâché

Conditional		Past Conditional	
je gâcherais	nous gâcherions	j'aurais gâché	nous aurions gâché
tu gâcherais	vous gâcheriez	tu aurais gâché	vous auriez gâché
il/elle gâcherait	ils/elles gâcheraient	il/elle aurait gâché	ils/elles auraient gâché

Present Subjunctive		Past Subjunctive	
que je gâche	que nous gâchions	que j'aie gâché	que nous ayons gâché
que tu gâches	que vous gâchiez	que tu aies gâché	que vous ayez gâché
qu'il/elle gâche	qu'ils/elles gâchent	qu'il/elle ait gâché	qu'ils/elles aient gâché

Imperfect Subjunctive		Pluperfect Subjunctive	
que je gâchasse	que nous gâchassions	que j'eusse gâché	que nous eussions gâché
que tu gâchasses	que vous gâchassiez	que tu eusses gâché	que vous eussiez gâché
qu'il/elle gâchât	qu'ils/elles gâchassent	qu'il/elle eût gâché	qu'ils/elles eussent gâché

Commands

	(nous) gâchons
(tu) gâche	(vous) gâchez

tout gâcher	to make a mess of everything
Le nouvel employé a tout gâché.	The new employee made a mess of everything.
Mon cousin a gâché mes vacances.	My cousin ruined my vacation.
Qu'elle ne vienne pas gâcher notre journée!	I hope she doesn't come over and ruin our day!
Tu as gâché ta vie.	You've wasted your life.
Tais-toi! Je regarde la télé. Tu gâches mon plaisir.	Be quiet! I'm watching TV. You're spoiling my fun.
gâcher le métier	to ruin things for others by accepting too low a salary
gâcher la besogne	to botch the job / do a sloppy job

RELATED WORDS AND EXPRESSIONS

le gâchis	mess
Quel gâchis!	What a mess!

gagner *to earn, win*

je gagne · je gagnai · gagné · gagnant

regular -er verb

Present

je gagne	nous gagnons
tu gagnes	vous gagnez
il/elle gagne	ils/elles gagnent

Passé Composé

j'ai gagné	nous avons gagné
tu as gagné	vous avez gagné
il/elle a gagné	ils/elles ont gagné

Imperfect

je gagnais	nous gagnions
tu gagnais	vous gagniez
il/elle gagnait	ils/elles gagnaient

Pluperfect

j'avais gagné	nous avions gagné
tu avais gagné	vous aviez gagné
il/elle avait gagné	ils/elles avaient gagné

Passé Simple

je gagnai	nous gagnâmes
tu gagnas	vous gagnâtes
il/elle gagna	ils/elles gagnèrent

Past Anterior

j'eus gagné	nous eûmes gagné
tu eus gagné	vous eûtes gagné
il/elle eut gagné	ils/elles eurent gagné

Future

je gagnerai	nous gagnerons
tu gagneras	vous gagnerez
il/elle gagnera	ils/elles gagneront

Future Anterior

j'aurai gagné	nous aurons gagné
tu auras gagné	vous aurez gagné
il/elle aura gagné	ils/elles auront gagné

Conditional

je gagnerais	nous gagnerions
tu gagnerais	vous gagneriez
il/elle gagnerait	ils/elles gagneraient

Past Conditional

j'aurais gagné	nous aurions gagné
tu aurais gagné	vous auriez gagné
il/elle aurait gagné	ils/elles auraient gagné

Present Subjunctive

que je gagne	que nous gagnions
que tu gagnes	que vous gagniez
qu'il/elle gagne	qu'ils/elles gagnent

Past Subjunctive

que j'aie gagné	que nous ayons gagné
que tu aies gagné	que vous ayez gagné
qu'il/elle ait gagné	qu'ils/elles aient gagné

Imperfect Subjunctive

que je gagnasse	que nous gagnassions
que tu gagnasses	que vous gagnassiez
qu'il/elle gagnât	qu'ils/elles gagnassent

Pluperfect Subjunctive

que j'eusse gagné	que nous eussions gagné
que tu eusses gagné	que vous eussiez gagné
qu'il/elle eût gagné	qu'ils/elles eussent gagné

Commands

	(nous) gagnons
(tu) gagne	(vous) gagnez

USAGE

Il gagne bien.	*He earns a good salary.*
Ils gagnent trois fois rien.	*They earn next to nothing.*
J'ai bien gagné cette semaine au bord de la mer.	*I have really earned this week at the seashore.*
gagner de l'argent / une grosse somme d'argent	*to make money / a lot of money*
Il est difficile de gagner sa vie dans ce pays.	*It's difficult to make a living in that country.*
On va voir si on gagne au change.	*We'll see if we'll make anything on the deal.*
Il gagne de l'argent sur Internet.	*He makes money on the Web.*
Mon travail est dur, mais je gagne ma croûte.	*My work is hard, but I eke out a living.*
gagner au casino	*to win at the casino*
On ne peut pas toujours gagner, tu sais.	*Win a few, lose a few, you know.*
Ce qu'il nous faut maintenant, c'est gagner du temps.	*What we have to do now is play for time.*
Quand il joue aux cartes, il joue pour gagner.	*When he plays cards, he plays for keeps.*
Qu'est-ce que tu y gagnes?	*What do you get out of it?*

to keep; to watch over **garder**

regular -er verb

je garde · je gardai · gardé · gardant

Present

je garde	nous gardons
tu gardes	vous gardez
il/elle garde	ils/elles gardent

Imperfect

je gardais	nous gardions
tu gardais	vous gardiez
il/elle gardait	ils/elles gardaient

Passé Simple

je gardai	nous gardâmes
tu gardas	vous gardâtes
il/elle garda	ils/elles gardèrent

Future

je garderai	nous garderons
tu garderas	vous garderez
il/elle gardera	ils/elles garderont

Conditional

je garderais	nous garderions
tu garderais	vous garderiez
il/elle garderait	ils/elles garderaient

Passé Composé

j'ai gardé	nous avons gardé
tu as gardé	vous avez gardé
il/elle a gardé	ils/elles ont gardé

Pluperfect

j'avais gardé	nous avions gardé
tu avais gardé	vous aviez gardé
il/elle avait gardé	ils/elles avaient gardé

Past Anterior

j'eus gardé	nous eûmes gardé
tu eus gardé	vous eûtes gardé
il/elle eut gardé	ils/elles eurent gardé

Future Anterior

j'aurai gardé	nous aurons gardé
tu auras gardé	vous aurez gardé
il/elle aura gardé	ils/elles auront gardé

Past Conditional

j'aurais gardé	nous aurions gardé
tu aurais gardé	vous auriez gardé
il/elle aurait gardé	ils/elles auraient gardé

Present Subjunctive

que je garde	que nous gardions
que tu gardes	que vous gardiez
qu'il/elle garde	qu'ils/elles gardent

Imperfect Subjunctive

que je gardasse	que nous gardassions
que tu gardasses	que vous gardassiez
qu'il/elle gardât	qu'ils/elles gardassent

Past Subjunctive

que j'aie gardé	que nous ayons gardé
que tu aies gardé	que vous ayez gardé
qu'il/elle ait gardé	qu'ils/elles aient gardé

Pluperfect Subjunctive

que j'eusse gardé	que nous eussions gardé
que tu eusses gardé	que vous eussiez gardé
qu'il/elle eût gardé	qu'ils/elles eussent gardé

Commands

	(nous) gardons
(tu) garde	(vous) gardez

USAGE

Je garde mes livres dans mon cabinet d'étude.	I keep my books in my study.
Ma petite amie a gardé toutes mes lettres.	My girlfriend kept all my letters.
J'ai eu du mal à garder mon sérieux.	I could hardly keep a straight face.
Il faut toujours garder sa présence d'esprit.	You must always keep your wits about you.
Tu vas garder cela pour toi.	You'll keep this under your hat.
garder un enfant	to take care of / baby-sit a child
Tu peux garder ma valise un instant?	Can you keep an eye on my suitcase for a minute?
Si tu veux, je garderai ton courrier pendant ton absence.	If you want, I'll take care of your mail while you're away.
garder un chien de sa chienne à qqn	to hold a grudge against someone
Je leur garde un chien de ma chienne.	I have a grudge against them.

RELATED WORDS AND EXPRESSIONS

se garder de faire qqch	to be careful not to do something
Gardez-vous de glisser! La pente est raide.	Be careful not to slip! The slope is steep.
Tu dois te garder du temps pour te détendre.	You should take time out to relax.

gâter *to spoil*

je gâte · je gâtai · gâté · gâtant

regular -er verb

Present	
je gâte	nous gâtons
tu gâtes	vous gâtez
il/elle gâte	ils/elles gâtent

Passé Composé	
j'ai gâté	nous avons gâté
tu as gâté	vous avez gâté
il/elle a gâté	ils/elles ont gâté

Imperfect	
je gâtais	nous gâtions
tu gâtais	vous gâtiez
il/elle gâtait	ils/elles gâtaient

Pluperfect	
j'avais gâté	nous avions gâté
tu avais gâté	vous aviez gâté
il/elle avait gâté	ils/elles avaient gâté

Passé Simple	
je gâtai	nous gâtâmes
tu gâtas	vous gâtâtes
il/elle gâta	ils/elles gâtèrent

Past Anterior	
j'eus gâté	nous eûmes gâté
tu eus gâté	vous eûtes gâté
il/elle eut gâté	ils/elles eurent gâté

Future	
je gâterai	nous gâterons
tu gâteras	vous gâterez
il/elle gâtera	ils/elles gâteront

Future Anterior	
j'aurai gâté	nous aurons gâté
tu auras gâté	vous aurez gâté
il/elle aura gâté	ils/elles auront gâté

Conditional	
je gâterais	nous gâterions
tu gâterais	vous gâteriez
il/elle gâterait	ils/elles gâteraient

Past Conditional	
j'aurais gâté	nous aurions gâté
tu aurais gâté	vous auriez gâté
il/elle aurait gâté	ils/elles auraient gâté

Present Subjunctive	
que je gâte	que nous gâtions
que tu gâtes	que vous gâtiez
qu'il/elle gâte	qu'ils/elles gâtent

Past Subjunctive	
que j'aie gâté	que nous ayons gâté
que tu aies gâté	que vous ayez gâté
qu'il/elle ait gâté	qu'ils/elles aient gâté

Imperfect Subjunctive	
que je gâtasse	que nous gâtassions
que tu gâtasses	que vous gâtassiez
qu'il/elle gâtât	qu'ils/elles gâtassent

Pluperfect Subjunctive	
que j'eusse gâté	que nous eussions gâté
que tu eusses gâté	que vous eussiez gâté
qu'il/elle eût gâté	qu'ils/elles eussent gâté

Commands

	(nous) gâtons
(tu) gâte	(vous) gâtez

gâter un enfant	to spoil a child
un enfant gâté / une enfant gâtée	a spoiled child
La grêle a gâté tous les fruits du verger.	The hail ruined all the fruit in the orchard.
On n'a pas été gâtés aujourd'hui.	Today was not our lucky day.
Elle est très intelligente, ce qui ne gâte rien.	She's very smart, which does her no harm.
L'âge a gâté la main à cet artiste.	Age has slowed this artist's hand.

RELATED WORDS AND EXPRESSIONS

se gâter	to spoil
Regarde. Les bananes se sont gâtées.	Look. The bananas spoiled.
Le temps se gâte.	The weather is getting nasty.
Quand il arrive, tout se gâte.	When he arrives, things get unpleasant.
Les rapports entre les deux familles se sont gâtés.	The relationship between the two families soured.
On a peur que la récolte se gâte cette année.	People are afraid that the harvest will be ruined this year.

je gèle · je gelai · gelé · gelant

-er verb; spelling change: *e > è*/mute *e*

Present	
je gèle	nous gelons
tu gèles	vous gelez
il/elle gèle	ils/elles gèlent

Passé Composé	
j'ai gelé	nous avons gelé
tu as gelé	vous avez gelé
il/elle a gelé	ils/elles ont gelé

Imperfect	
je gelais	nous gelions
tu gelais	vous geliez
il/elle gelait	ils/elles gelaient

Pluperfect	
j'avais gelé	nous avions gelé
tu avais gelé	vous aviez gelé
il/elle avait gelé	ils/elles avaient gelé

Passé Simple	
je gelai	nous gelâmes
tu gelas	vous gelâtes
il/elle gela	ils/elles gelèrent

Past Anterior	
j'eus gelé	nous eûmes gelé
tu eus gelé	vous eûtes gelé
il/elle eut gelé	ils/elles eurent gelé

Future	
je gèlerai	nous gèlerons
tu gèleras	vous gèlerez
il/elle gèlera	ils/elles gèleront

Future Anterior	
j'aurai gelé	nous aurons gelé
tu auras gelé	vous aurez gelé
il/elle aura gelé	ils/elles auront gelé

Conditional	
je gèlerais	nous gèlerions
tu gèlerais	vous gèleriez
il/elle gèlerait	ils/elles gèleraient

Past Conditional	
j'aurais gelé	nous aurions gelé
tu aurais gelé	vous auriez gelé
il/elle aurait gelé	ils/elles auraient gelé

Present Subjunctive	
que je gèle	que nous gelions
que tu gèles	que vous geliez
qu'il/elle gèle	qu'ils/elles gèlent

Past Subjunctive	
que j'aie gelé	que nous ayons gelé
que tu aies gelé	que vous ayez gelé
qu'il/elle ait gelé	qu'ils/elles aient gelé

Imperfect Subjunctive	
que je gelasse	que nous gelassions
que tu gelasses	que vous gelassiez
qu'il/elle gelât	qu'ils/elles gelassent

Pluperfect Subjunctive	
que j'eusse gelé	que nous eussions gelé
que tu eusses gelé	que vous eussiez gelé
qu'il/elle eût gelé	qu'ils/elles eussent gelé

Commands	
	(nous) gelons
(tu) gèle	(vous) gelez

USAGE

Quel froid! Je gèle!	*It's so cold! I'm freezing!*
Le moteur a gelé.	*The motor froze up.*
Cette nuit il va geler.	*There's going to be frost this evening.*
geler les salaires et les prix	*to freeze salaries and prices*
geler les négociations	*to halt negotiations*
geler les entretiens	*to halt talks*
geler les transferts bancaires pour éviter les escroqueries	*to freeze wire transfers to avoid fraud*

RELATED WORDS AND EXPRESSIONS

la gelure	*frostbite*
la gelée / le gel	*frost*
le gel des salaires	*freezing of salaries*
Toute notre récolte a été gâchée par le gel.	*The frost ruined our entire crop.*
être gelé(e) jusqu'aux os	*to be frozen stiff*

gémir *to moan, groan*

je gémis · je gémis · gémi · gémissant

regular -ir verb

Present

je gémis	nous gémissons
tu gémis	vous gémissez
il/elle gémit	ils/elles gémissent

Passé Composé

j'ai gémi	nous avons gémi
tu as gémi	vous avez gémi
il/elle a gémi	ils/elles ont gémi

Imperfect

je gémissais	nous gémissions
tu gémissais	vous gémissiez
il/elle gémissait	ils/elles gémissaient

Pluperfect

j'avais gémi	nous avions gémi
tu avais gémi	vous aviez gémi
il/elle avait gémi	ils/elles avaient gémi

Passé Simple

je gémis	nous gémîmes
tu gémis	vous gémîtes
il/elle gémit	ils/elles gémirent

Past Anterior

j'eus gémi	nous eûmes gémi
tu eus gémi	vous eûtes gémi
il/elle eut gémi	ils/elles eurent gémi

Future

je gémirai	nous gémirons
tu gémiras	vous gémirez
il/elle gémira	ils/elles gémiront

Future Anterior

j'aurai gémi	nous aurons gémi
tu auras gémi	vous aurez gémi
il/elle aura gémi	ils/elles auront gémi

Conditional

je gémirais	nous gémirions
tu gémirais	vous gémiriez
il/elle gémirait	ils/elles gémiraient

Past Conditional

j'aurais gémi	nous aurions gémi
tu aurais gémi	vous auriez gémi
il/elle aurait gémi	ils/elles auraient gémi

Present Subjunctive

que je gémisse	que nous gémissions
que tu gémisses	que vous gémissiez
qu'il/elle gémisse	qu'ils/elles gémissent

Past Subjunctive

que j'aie gémi	que nous ayons gémi
que tu aies gémi	que vous ayez gémi
qu'il/elle ait gémi	qu'ils/elles aient gémi

Imperfect Subjunctive

que je gémisse	que nous gémissions
que tu gémisses	que vous gémissiez
qu'il/elle gémît	qu'ils/elles gémissent

Pluperfect Subjunctive

que j'eusse gémi	que nous eussions gémi
que tu eusses gémi	que vous eussiez gémi
qu'il/elle eût gémi	qu'ils/elles eussent gémi

Commands

	(nous) gémissons
(tu) gémis	(vous) gémissez

USAGE

Il s'était cassé le bras et gémissait de douleur.	He had broken his arm and was moaning in pain.
Le vent gémissait horriblement sur la plaine.	The wind moaned horribly over the plain.
gémir sous le joug de l'oppression	to groan under the yoke of oppression
Le malade gémissait sans retenue.	The patient groaned uncontrollably.
Les ressorts du vieux lit gémissaient d'une façon affreuse.	The springs of the old bed creaked horribly.
gémir sur son sort	to lament over one's fate

RELATED WORDS AND EXPRESSIONS

le gémissement	moan/groan
pousser un gémissement	to let out a moan
un gémissement de douleur	a moan of pain

je gêne · je gênai · gêné · gênant

regular -er verb

Present

je gêne	nous gênons
tu gênes	vous gênez
il/elle gêne	ils/elles gênent

Passé Composé

j'ai gêné	nous avons gêné
tu as gêné	vous avez gêné
il/elle a gêné	ils/elles ont gêné

Imperfect

je gênais	nous gênions
tu gênais	vous gêniez
il/elle gênait	ils/elles gênaient

Pluperfect

j'avais gêné	nous avions gêné
tu avais gêné	vous aviez gêné
il/elle avait gêné	ils/elles avaient gêné

Passé Simple

je gênai	nous gênâmes
tu gênas	vous gênâtes
il/elle gêna	ils/elles gênèrent

Past Anterior

j'eus gêné	nous eûmes gêné
tu eus gêné	vous eûtes gêné
il/elle eut gêné	ils/elles eurent gêné

Future

je gênerai	nous gênerons
tu gêneras	vous gênerez
il/elle gênera	ils/elles gêneront

Future Anterior

j'aurai gêné	nous aurons gêné
tu auras gêné	vous aurez gêné
il/elle aura gêné	ils/elles auront gêné

Conditional

je gênerais	nous gênerions
tu gênerais	vous gêneriez
il/elle gênerait	ils/elles gêneraient

Past Conditional

j'aurais gêné	nous aurions gêné
tu aurais gêné	vous auriez gêné
il/elle aurait gêné	ils/elles auraient gêné

Present Subjunctive

que je gêne	que nous gênions
que tu gênes	que vous gêniez
qu'il/elle gêne	qu'ils/elles gênent

Past Subjunctive

que j'aie gêné	que nous ayons gêné
que tu aies gêné	que vous ayez gêné
qu'il/elle ait gêné	qu'ils/elles aient gêné

Imperfect Subjunctive

que je gênasse	que nous gênassions
que tu gênasses	que vous gênassiez
qu'il/elle gênât	qu'ils/elles gênassent

Pluperfect Subjunctive

que j'eusse gêné	que nous eussions gêné
que tu eusses gêné	que vous eussiez gêné
qu'il/elle eût gêné	qu'ils/elles eussent gêné

Commands

	(nous) gênons
(tu) gêne	(vous) gênez

USAGE

Je vous gêne?	Am I in your way? / Am I blocking your view?
Je crains de vous gêner.	I hope I'm not bothering you.
Ce bruit me gêne pour écouter mes CD.	That noise is bothering me when I listen to my CDs.
Ça vous gênerait d'aller à la poste pour moi?	Would it be too much trouble to go to the post office for me?
Je suis gêné de m'adresser à lui.	I feel funny approaching him (about it).

RELATED WORDS AND EXPRESSIONS

la gêne	annoyance/difficulty/bother
Il m'a causé de la gêne.	He was a bother to me.
Il a de la gêne à marcher.	He has difficulty walking.
vivre dans la gêne	to live in dire straits
se gêner	to put oneself out; to stand on ceremony
Je ne veux pas qu'elle se gêne pour moi.	I don't want her to go to any trouble for me.
Tu n'as pas pourquoi te gêner avec moi.	You have no reason to stand on ceremony with me.
Ne vous gênez pas!	Go right ahead!

goûter *to taste, eat*

je goûte · je goûtai · goûté · goûtant

regular -er verb

Present		Passé Composé	
je goûte	nous goûtons	j'ai goûté	nous avons goûté
tu goûtes	vous goûtez	tu as goûté	vous avez goûté
il/elle goûte	ils/elles goûtent	il/elle a goûté	ils/elles ont goûté

Imperfect		Pluperfect	
je goûtais	nous goûtions	j'avais goûté	nous avions goûté
tu goûtais	vous goûtiez	tu avais goûté	vous aviez goûté
il/elle goûtait	ils/elles goûtaient	il/elle avait goûté	ils/elles avaient goûté

Passé Simple		Past Anterior	
je goûtai	nous goûtâmes	j'eus goûté	nous eûmes goûté
tu goûtas	vous goûtâtes	tu eus goûté	vous eûtes goûté
il/elle goûta	ils/elles goûtèrent	il/elle eut goûté	ils/elles eurent goûté

Future		Future Anterior	
je goûterai	nous goûterons	j'aurai goûté	nous aurons goûté
tu goûteras	vous goûterez	tu auras goûté	vous aurez goûté
il/elle goûtera	ils/elles goûteront	il/elle aura goûté	ils/elles auront goûté

Conditional		Past Conditional	
je goûterais	nous goûterions	j'aurais goûté	nous aurions goûté
tu goûterais	vous goûteriez	tu aurais goûté	vous auriez goûté
il/elle goûterait	ils/elles goûteraient	il/elle aurait goûté	ils/elles auraient goûté

Present Subjunctive		Past Subjunctive	
que je goûte	que nous goûtions	que j'aie goûté	que nous ayons goûté
que tu goûtes	que vous goûtiez	que tu aies goûté	que vous ayez goûté
qu'il/elle goûte	qu'ils/elles goûtent	qu'il/elle ait goûté	qu'ils/elles aient goûté

Imperfect Subjunctive		Pluperfect Subjunctive	
que je goûtasse	que nous goûtassions	que j'eusse goûté	que nous eussions goûté
que tu goûtasses	que vous goûtassiez	que tu eusses goûté	que vous eussiez goûté
qu'il/elle goûtât	qu'ils/elles goûtassent	qu'il/elle eût goûté	qu'ils/elles eussent goûté

Commands

	(nous) goûtons
(tu) goûte	(vous) goûtez

USAGE

Goûte. C'est bon.	Taste (it). It's good.
Goûte la soupe et dis-moi s'il y a assez de poivre.	Taste the soup and tell me if there's enough pepper.
goûter à	to have a taste / have some of
Tu veux goûter à ma quiche?	Would you like to have some of my quiche?
goûter de	to have a taste of
J'ai goûté de la misère.	I had a taste of poverty.

RELATED WORDS AND EXPRESSIONS

le goût	taste
Ça n'a pas de goût.	It has no taste.
de bon/mauvais goût	in good/bad taste
Ce n'est pas à notre goût.	It's not to our taste.
Elle n'a pas de goût.	She has no taste.
le goûter	afternoon snack

PROVERB

Tous les goûts sont dans la nature.	It takes all kinds to make a world.

regular -ir verb

je grandis · je grandis · grandi · grandissant

Present	
je grandis	nous grandissons
tu grandis	vous grandissez
il/elle grandit	ils/elles grandissent

Passé Composé	
j'ai grandi	nous avons grandi
tu as grandi	vous avez grandi
il/elle a grandi	ils/elles ont grandi

Imperfect	
je grandissais	nous grandissions
tu grandissais	vous grandissiez
il/elle grandissait	ils/elles grandissaient

Pluperfect	
j'avais grandi	nous avions grandi
tu avais grandi	vous aviez grandi
il/elle avait grandi	ils/elles avaient grandi

Passé Simple	
je grandis	nous grandîmes
tu grandis	vous grandîtes
il/elle grandit	ils/elles grandirent

Past Anterior	
j'eus grandi	nous eûmes grandi
tu eus grandi	vous eûtes grandi
il/elle eut grandi	ils/elles eurent grandi

Future	
je grandirai	nous grandirons
tu grandiras	vous grandirez
il/elle grandira	ils/elles grandiront

Future Anterior	
j'aurai grandi	nous aurons grandi
tu auras grandi	vous aurez grandi
il/elle aura grandi	ils/elles auront grandi

Conditional	
je grandirais	nous grandirions
tu grandirais	vous grandiriez
il/elle grandirait	ils/elles grandiraient

Past Conditional	
j'aurais grandi	nous aurions grandi
tu aurais grandi	vous auriez grandi
il/elle aurait grandi	ils/elles auraient grandi

Present Subjunctive	
que je grandisse	que nous grandissions
que tu grandisses	que vous grandissiez
qu'il/elle grandisse	qu'ils/elles grandissent

Past Subjunctive	
que j'aie grandi	que nous ayons grandi
que tu aies grandi	que vous ayez grandi
qu'il/elle ait grandi	qu'ils/elles aient grandi

Imperfect Subjunctive	
que je grandisse	que nous grandissions
que tu grandisses	que vous grandissiez
qu'il/elle grandît	qu'ils/elles grandissent

Pluperfect Subjunctive	
que j'eusse grandi	que nous eussions grandi
que tu eusses grandi	que vous eussiez grandi
qu'il/elle eût grandi	qu'ils/elles eussent grandi

Commands

	(nous) grandissons
(tu) grandis	(vous) grandissez

USAGE

J'ai l'impression que votre fils grandit d'un jour à l'autre.
I have the impression that your son is growing before my eyes.

Je ne veux pas grandir les dangers et vous faire peur.
I don't want to exaggerate the dangers and frighten you.

Ma fille a grandi de huit centimètres cette année.
My daughter grew eight centimeters this year.

Cette expérience te grandira.
That experience will make you grow.

Tu vas grandir en sagesse.
You will grow in wisdom.

Le petit garçon essayait de se grandir en bombant sa poitrine.
The little boy tried to make himself look bigger by puffing out his chest.

Le pouvoir de l'armée allait grandissant.
The power of the army was growing.

La crainte de l'inflation grandit.
Fear of inflation is growing.

La menace d'un conflit armé grandit de jour en jour.
The threat of armed conflict is growing by the day.

On voit grandir le mécontentement populaire.
We see popular discontent growing.

gratter *to scratch*

je gratte · je grattai · gratté · grattant

regular -er verb

Present

je gratte	nous grattons
tu grattes	vous grattez
il/elle gratte	ils/elles grattent

Passé Composé

j'ai gratté	nous avons gratté
tu as gratté	vous avez gratté
il/elle a gratté	ils/elles ont gratté

Imperfect

je grattais	nous grattions
tu grattais	vous grattiez
il/elle grattait	ils/elles grattaient

Pluperfect

j'avais gratté	nous avions gratté
tu avais gratté	vous aviez gratté
il/elle avait gratté	ils/elles avaient gratté

Passé Simple

je grattai	nous grattâmes
tu grattas	vous grattâtes
il/elle gratta	ils/elles grattèrent

Past Anterior

j'eus gratté	nous eûmes gratté
tu eus gratté	vous eûtes gratté
il/elle eut gratté	ils/elles eurent gratté

Future

je gratterai	nous gratterons
tu gratteras	vous gratterez
il/elle grattera	ils/elles gratteront

Future Anterior

j'aurai gratté	nous aurons gratté
tu auras gratté	vous aurez gratté
il/elle aura gratté	ils/elles auront gratté

Conditional

je gratterais	nous gratterions
tu gratterais	vous gratteriez
il/elle gratterait	ils/elles gratteraient

Past Conditional

j'aurais gratté	nous aurions gratté
tu aurais gratté	vous auriez gratté
il/elle aurait gratté	ils/elles auraient gratté

Present Subjunctive

que je gratte	que nous grattions
que tu grattes	que vous grattiez
qu'il/elle gratte	qu'ils/elles grattent

Past Subjunctive

que j'aie gratté	que nous ayons gratté
que tu aies gratté	que vous ayez gratté
qu'il/elle ait gratté	qu'ils/elles aient gratté

Imperfect Subjunctive

que je grattasse	que nous grattassions
que tu grattasses	que vous grattassiez
qu'il/elle grattât	qu'ils/elles grattassent

Pluperfect Subjunctive

que j'eusse gratté	que nous eussions gratté
que tu eusses gratté	que vous eussiez gratté
qu'il/elle eût gratté	qu'ils/elles eussent gratté

Commands

	(nous) grattons
(tu) gratte	(vous) grattez

Il se grattait la tête en réfléchissant.	He scratched his head while thinking things over.
gratter	to work hard
Il a dû gratter pour gagner sa vie.	He had to sweat to earn his living.
Je gratte sur tout pour joindre les deux bouts.	I scrimp to make ends meet.
gratter quelques euros	to pocket a few euros
Ce serveur grattait sur les additions.	This waiter used to pocket some of the money from the bills.

RELATED WORDS AND EXPRESSIONS

le gratte-ciel	skyscraper

regular -er verb

je grimpe · je grimpai · grimpé · grimpant

Present
je grimpe	nous grimpons
tu grimpes	vous grimpez
il/elle grimpe	ils/elles grimpent

Imperfect
je grimpais	nous grimpions
tu grimpais	vous grimpiez
il/elle grimpait	ils/elles grimpaient

Passé Simple
je grimpai	nous grimpâmes
tu grimpas	vous grimpâtes
il/elle grimpa	ils/elles grimpèrent

Future
je grimperai	nous grimperons
tu grimperas	vous grimperez
il/elle grimpera	ils/elles grimperont

Conditional
je grimperais	nous grimperions
tu grimperais	vous grimperiez
il/elle grimperait	ils/elles grimperaient

Passé Composé
j'ai grimpé	nous avons grimpé
tu as grimpé	vous avez grimpé
il/elle a grimpé	ils/elles ont grimpé

Pluperfect
j'avais grimpé	nous avions grimpé
tu avais grimpé	vous aviez grimpé
il/elle avait grimpé	ils/elles avaient grimpé

Past Anterior
j'eus grimpé	nous eûmes grimpé
tu eus grimpé	vous eûtes grimpé
il/elle eut grimpé	ils/elles eurent grimpé

Future Anterior
j'aurai grimpé	nous aurons grimpé
tu auras grimpé	vous aurez grimpé
il/elle aura grimpé	ils/elles auront grimpé

Past Conditional
j'aurais grimpé	nous aurions grimpé
tu aurais grimpé	vous auriez grimpé
il/elle aurait grimpé	ils/elles auraient grimpé

Present Subjunctive
que je grimpe	que nous grimpions
que tu grimpes	que vous grimpiez
qu'il/elle grimpe	qu'ils/elles grimpent

Imperfect Subjunctive
que je grimpasse	que nous grimpassions
que tu grimpasses	que vous grimpassiez
qu'il/elle grimpât	qu'ils/elles grimpassent

Past Subjunctive
que j'aie grimpé	que nous ayons grimpé
que tu aies grimpé	que vous ayez grimpé
qu'il/elle ait grimpé	qu'ils/elles aient grimpé

Pluperfect Subjunctive
que j'eusse grimpé	que nous eussions grimpé
que tu eusses grimpé	que vous eussiez grimpé
qu'il/elle eût grimpé	qu'ils/elles eussent grimpé

Commands
	(nous) grimpons
(tu) grimpe	(vous) grimpez

USAGE

Le lierre est une plante qui grimpe.	Ivy is a climbing plant.
Les enfants grimpaient aux arbres.	The children were climbing trees.
Mon Dieu! L'enfant a grimpé sur l'évier.	My goodness! The child climbed up on the sink.
grimper l'escalier	to climb the stairs
Les loyers continuent à grimper.	Rents continue to climb.
Tu crois que tu grimpes l'échelle, je vois.	You think you're going places, I see.
C'est une route qui grimpe.	It's a road that goes uphill.
Tu me fais grimper dans les rideaux, toi!	You're driving me up a wall!
Avec le froid qui s'installe, on va voir grimper la demande pour le combustible de chauffage.	With the cold setting in, you are going to see the demand for heating fuel rise.

gronder *to scold; to growl, rumble*

je gronde · je grondai · grondé · grondant

regular -er verb

Present		Passé Composé	
je gronde	nous grondons	j'ai grondé	nous avons grondé
tu grondes	vous grondez	tu as grondé	vous avez grondé
il/elle gronde	ils/elles grondent	il/elle a grondé	ils/elles ont grondé

Imperfect		Pluperfect	
je grondais	nous grondions	j'avais grondé	nous avions grondé
tu grondais	vous grondiez	tu avais grondé	vous aviez grondé
il/elle grondait	ils/elles grondaient	il/elle avait grondé	ils/elles avaient grondé

Passé Simple		Past Anterior	
je grondai	nous grondâmes	j'eus grondé	nous eûmes grondé
tu grondas	vous grondâtes	tu eus grondé	vous eûtes grondé
il/elle gronda	ils/elles grondèrent	il/elle eut grondé	ils/elles eurent grondé

Future		Future Anterior	
je gronderai	nous gronderons	j'aurai grondé	nous aurons grondé
tu gronderas	vous gronderez	tu auras grondé	vous aurez grondé
il/elle grondera	ils/elles gronderont	il/elle aura grondé	ils/elles auront grondé

Conditional		Past Conditional	
je gronderais	nous gronderions	j'aurais grondé	nous aurions grondé
tu gronderais	vous gronderiez	tu aurais grondé	vous auriez grondé
il/elle gronderait	ils/elles gronderaient	il/elle aurait grondé	ils/elles auraient grondé

Present Subjunctive		Past Subjunctive	
que je gronde	que nous grondions	que j'aie grondé	que nous ayons grondé
que tu grondes	que vous grondiez	que tu aies grondé	que vous ayez grondé
qu'il/elle gronde	qu'ils/elles grondent	qu'il/elle ait grondé	qu'ils/elles aient grondé

Imperfect Subjunctive		Pluperfect Subjunctive	
que je grondasse	que nous grondassions	que j'eusse grondé	que nous eussions grondé
que tu grondasses	que vous grondassiez	que tu eusses grondé	que vous eussiez grondé
qu'il/elle grondât	qu'ils/elles grondassent	qu'il/elle eût grondé	qu'ils/elles eussent grondé

Commands

	(nous) grondons
(tu) gronde	(vous) grondez

USAGE

Le professeur a grondé les étudiants paresseux.	The teacher scolded the lazy students.
Si tu continues à te conduire comme ça tu vas te faire gronder par ton père.	If you keep on behaving like that, you are going to get scolded by your father.
On entendait gronder un loup dans le bois.	We heard a wolf growling in the woods.
Le tonnerre gronde.	The thunder is rumbling.
Sa colère grondait.	His anger was stirring.
Une émeute grondait.	A riot was brewing.

RELATED WORDS AND EXPRESSIONS

le grondement	rumbling
J'entends le grondement du tonnerre.	I hear the rumbling of thunder.
le grondement de l'insurrection	the approaching uprising

regular -ir verb

je grossis · je grossis · grossi · grossissant

Present

je grossis	nous grossissons
tu grossis	vous grossissez
il/elle grossit	ils/elles grossissent

Imperfect

je grossissais	nous grossissions
tu grossissais	vous grossissiez
il/elle grossissait	ils/elles grossissaient

Passé Simple

je grossis	nous grossîmes
tu grossis	vous grossîtes
il/elle grossit	ils/elles grossirent

Future

je grossirai	nous grossirons
tu grossiras	vous grossirez
il/elle grossira	ils/elles grossiront

Conditional

je grossirais	nous grossirions
tu grossirais	vous grossiriez
il/elle grossirait	ils/elles grossiraient

Passé Composé

j'ai grossi	nous avons grossi
tu as grossi	vous avez grossi
il/elle a grossi	ils/elles ont grossi

Pluperfect

j'avais grossi	nous avions grossi
tu avais grossi	vous aviez grossi
il/elle avait grossi	ils/elles avaient grossi

Past Anterior

j'eus grossi	nous eûmes grossi
tu eus grossi	vous eûtes grossi
il/elle eut grossi	ils/elles eurent grossi

Future Anterior

j'aurai grossi	nous aurons grossi
tu auras grossi	vous aurez grossi
il/elle aura grossi	ils/elles auront grossi

Past Conditional

j'aurais grossi	nous aurions grossi
tu aurais grossi	vous auriez grossi
il/elle aurait grossi	ils/elles auraient grossi

Present Subjunctive

que je grossisse	que nous grossissions
que tu grossisses	que vous grossissiez
qu'il/elle grossisse	qu'ils/elles grossissent

Imperfect Subjunctive

que je grossisse	que nous grossissions
que tu grossisses	que vous grossissiez
qu'il/elle grossît	qu'ils/elles grossissent

Past Subjunctive

que j'aie grossi	que nous ayons grossi
que tu aies grossi	que vous ayez grossi
qu'il/elle ait grossi	qu'ils/elles aient grossi

Pluperfect Subjunctive

que j'eusse grossi	que nous eussions grossi
que tu eusses grossi	que vous eussiez grossi
qu'il/elle eût grossi	qu'ils/elles eussent grossi

Commands

	(nous) grossissons
(tu) grossis	(vous) grossissez

USAGE

Mon Dieu, j'ai grossi!	My gosh, I've gained weight!
La pâtisserie fait grossir.	Pastry is fattening.
Ce manteau te grossit, je trouve.	I think that coat makes you look fatter.
La foule devant le palais grossissait.	The crowd in front of the palace was getting larger.
Le bruit grossissait.	The noise was getting louder.
Elle grossit le problème.	She's exaggerating the problem.
Les journaux ont grossi l'affaire.	The newspapers have exaggerated the importance of the matter.
Sous une loupe les objets grossissent.	Objects look larger under a magnifying glass.
Les étudiants ont grossi les rangs des manifestants.	Students joined the ranks of the demonstrators.

RELATED WORDS AND EXPRESSIONS

le grossissement	weight gain

(**guérir**) *to heal, cure; to get better*

je guéris · je guéris · guéri · guérissant

regular -ir verb

Present		Passé Composé	
je guéris	nous guérissons	j'ai guéri	nous avons guéri
tu guéris	vous guérissez	tu as guéri	vous avez guéri
il/elle guérit	ils/elles guérissent	il/elle a guéri	ils/elles ont guéri

Imperfect		Pluperfect	
je guérissais	nous guérissions	j'avais guéri	nous avions guéri
tu guérissais	vous guérissiez	tu avais guéri	vous aviez guéri
il/elle guérissait	ils/elles guérissaient	il/elle avait guéri	ils/elles avaient guéri

Passé Simple		Past Anterior	
je guéris	nous guérîmes	j'eus guéri	nous eûmes guéri
tu guéris	vous guérîtes	tu eus guéri	vous eûtes guéri
il/elle guérit	ils/elles guérirent	il/elle eut guéri	ils/elles eurent guéri

Future		Future Anterior	
je guérirai	nous guérirons	j'aurai guéri	nous aurons guéri
tu guériras	vous guérirez	tu auras guéri	vous aurez guéri
il/elle guérira	ils/elles guériront	il/elle aura guéri	ils/elles auront guéri

Conditional		Past Conditional	
je guérirais	nous guéririons	j'aurais guéri	nous aurions guéri
tu guérirais	vous guéririez	tu aurais guéri	vous auriez guéri
il/elle guérirait	ils/elles guériraient	il/elle aurait guéri	ils/elles auraient guéri

Present Subjunctive		Past Subjunctive	
que je guérisse	que nous guérissions	que j'aie guéri	que nous ayons guéri
que tu guérisses	que vous guérissiez	que tu aies guéri	que vous ayez guéri
qu'il/elle guérisse	qu'ils/elles guérissent	qu'il/elle ait guéri	qu'ils/elles aient guéri

Imperfect Subjunctive		Pluperfect Subjunctive	
que je guérisse	que nous guérissions	que j'eusse guéri	que nous eussions guéri
que tu guérisses	que vous guérissiez	que tu eusses guéri	que vous eussiez guéri
qu'il/elle guérît	qu'ils/elles guérissent	qu'il/elle eût guéri	qu'ils/elles eussent guéri

Commands

	(nous) guérissons
(tu) guéris	(vous) guérissez

Ma blessure a guéri.	*My wound healed.*
Elle est guérie de sa grippe.	*She has recovered from the flu.*
Jouer au casino, il en est guéri.	*He is through gambling at the casino.*

RELATED WORDS AND EXPRESSIONS

la guérison	*healing / getting better*
Bonne guérison!	*Get well!*
se guérir d'une mauvaise habitude	*to break a bad habit*
Quand se guérira-t-il de cet amour?	*When will he get over that love?*

PROVERB

Mieux vaut prévenir que guérir.	*An ounce of prevention is worth a pound of cure.*

regular -er reflexive verb;
compound tenses with être

je m'habille · je m'habillai · s'étant habillé · s'habillant

Present

je m'habille	nous nous habillons
tu t'habilles	vous vous habillez
il/elle s'habille	ils/elles s'habillent

Imperfect

je m'habillais	nous nous habillions
tu t'habillais	vous vous habilliez
il/elle s'habillait	ils/elles s'habillaient

Passé Simple

je m'habillai	nous nous habillâmes
tu t'habillas	vous vous habillâtes
il/elle s'habilla	ils/elles s'habillèrent

Future

je m'habillerai	nous nous habillerons
tu t'habilleras	vous vous habillerez
il/elle s'habillera	ils/elles s'habilleront

Conditional

je m'habillerais	nous nous habillerions
tu t'habillerais	vous vous habilleriez
il/elle s'habillerait	ils/elles s'habilleraient

Passé Composé

je me suis habillé(e)	nous nous sommes habillé(e)s
tu t'es habillé(e)	vous vous êtes habillé(e)(s)
il/elle s'est habillé(e)	ils/elles se sont habillé(e)s

Pluperfect

je m'étais habillé(e)	nous nous étions habillé(e)s
tu t'étais habillé(e)	vous vous étiez habillé(e)(s)
il/elle s'était habillé(e)	ils/elles s'étaient habillé(e)s

Past Anterior

je me fus habillé(e)	nous nous fûmes habillé(e)s
tu te fus habillé(e)	vous vous fûtes habillé(e)(s)
il/elle se fut habillé(e)	ils/elles se furent habillé(e)s

Future Anterior

je me serai habillé(e)	nous nous serons habillé(e)s
tu te seras habillé(e)	vous vous serez habillé(e)(s)
il/elle se sera habillé(e)	ils/elles se seront habillé(e)s

Past Conditional

je me serais habillé(e)	nous nous serions habillé(e)s
tu te serais habillé(e)	vous vous seriez habillé(e)(s)
il/elle se serait habillé(e)	ils/elles se seraient habillé(e)s

Present Subjunctive

que je m'habille	que nous nous habillions
que tu t'habilles	que vous vous habilliez
qu'il/elle s'habille	qu'ils/elles s'habillent

Imperfect Subjunctive

que je m'habillasse	que nous nous habillassions
que tu t'habillasses	que vous vous habillassiez
qu'il/elle s'habillât	qu'ils/elles s'habillassent

Past Subjunctive

que je me sois habillé(e)	que nous nous soyons habillé(e)s
que tu te sois habillé(e)	que vous vous soyez habillé(e)(s)
qu'il/elle se soit habillé(e)	qu'ils/elles se soient habillé(e)s

Pluperfect Subjunctive

que je me fusse habillé(e)	que nous nous fussions habillé(e)s
que tu te fusses habillé(e)	que vous vous fussiez habillé(e)(s)
qu'il/elle se fût habillé(e)	qu'ils/elles se fussent habillé(e)s

Commands

	(nous) habillons-nous
(tu) habille-toi	(vous) habillez-vous

USAGE

L'enfant s'habille déjà tout seul.	The child dresses himself already.
—Qu'est-ce que tu fais?	What are you doing?
—Je m'habille pour sortir.	I'm getting dressed to go out.
—Je ne t'avais pas reconnue.	I didn't recognize you.
—Je m'étais habillée en bohème.	I had dressed up as a Bohemian.
—Elle s'habille à la dernière mode.	She dresses according to the latest fashion.
—C'est surprenant, parce que sa sœur ne sait pas s'habiller du tout.	That's surprising, because her sister doesn't know how to dress at all.
Il s'habille bien/mal.	He dresses well/badly.
Ces enfants sont mal habillés.	These children are poorly dressed.

(**habiter**) *to live, reside*

j'habite · j'habitai · habité · habitant

regular -er verb

Present

j'habite	nous habitons
tu habites	vous habitez
il/elle habite	ils/elles habitent

Passé Composé

j'ai habité	nous avons habité
tu as habité	vous avez habité
il/elle a habité	ils/elles ont habité

Imperfect

j'habitais	nous habitions
tu habitais	vous habitiez
il/elle habitait	ils/elles habitaient

Pluperfect

j'avais habité	nous avions habité
tu avais habité	vous aviez habité
il/elle avait habité	ils/elles avaient habité

Passé Simple

j'habitai	nous habitâmes
tu habitas	vous habitâtes
il/elle habita	ils/elles habitèrent

Past Anterior

j'eus habité	nous eûmes habité
tu eus habité	vous eûtes habité
il/elle eut habité	ils/elles eurent habité

Future

j'habiterai	nous habiterons
tu habiteras	vous habiterez
il/elle habitera	ils/elles habiteront

Future Anterior

j'aurai habité	nous aurons habité
tu auras habité	vous aurez habité
il/elle aura habité	ils/elles auront habité

Conditional

j'habiterais	nous habiterions
tu habiterais	vous habiteriez
il/elle habiterait	ils/elles habiteraient

Past Conditional

j'aurais habité	nous aurions habité
tu aurais habité	vous auriez habité
il/elle aurait habité	ils/elles auraient habité

Present Subjunctive

que j'habite	que nous habitions
que tu habites	que vous habitiez
qu'il/elle habite	qu'ils/elles habitent

Past Subjunctive

que j'aie habité	que nous ayons habité
que tu aies habité	que vous ayez habité
qu'il/elle ait habité	qu'ils/elles aient habité

Imperfect Subjunctive

que j'habitasse	que nous habitassions
que tu habitasses	que vous habitassiez
qu'il/elle habitât	qu'ils/elles habitassent

Pluperfect Subjunctive

que j'eusse habité	que nous eussions habité
que tu eusses habité	que vous eussiez habité
qu'il/elle eût habité	qu'ils/elles eussent habité

Commands

	(nous) habitons
(tu) habite	(vous) habitez

Il habite Paris. / Il habite à Paris.	He lives in Paris. (The form without *à* is now more common.)
Vous habitez où?	*Where do you live?*
J'habite dans le XVIIe.	*I live in the 17th arrondissement of Paris.*
J'habite 9, rue Guy Patin.	*I live at 9, Guy Patin Street.*
Pendant qu'il faisait ses études à Toulouse, il habitait chez sa tante.	*While he was studying in Toulouse, he lived at his aunt's.*
—Tu n'habites plus la ville?	*You don't live in town anymore?*
—Non. J'habite (à) la campagne.	*No, I live in the country.*
Ils habitent sous le même toit.	*They live together.*

RELATED WORDS AND EXPRESSIONS

un habitant / une habitante	*an inhabitant*

je hais · je haïs · haï · haïssant

irregular verb

	Present		
je hais	nous haïssons		
tu hais	vous haïssez		
il/elle hait	ils/elles haïssent		

Passé Composé	
j'ai haï	nous avons haï
tu as haï	vous avez haï
il/elle a haï	ils/elles ont haï

Imperfect	
je haïssais	nous haïssions
tu haïssais	vous haïssiez
il/elle haïssait	ils/elles haïssaient

Pluperfect	
j'avais haï	nous avions haï
tu avais haï	vous aviez haï
il/elle avait haï	ils/elles avaient haï

Passé Simple	
je haïs	nous haïmes
tu haïs	vous haïtes
il/elle haït	ils/elles haïrent

Past Anterior	
j'eus haï	nous eûmes haï
tu eus haï	vous eûtes haï
il/elle eut haï	ils/elles eurent haï

Future	
je haïrai	nous haïrons
tu haïras	vous haïrez
il/elle haïra	ils/elles haïront

Future Anterior	
j'aurai haï	nous aurons haï
tu auras haï	vous aurez haï
il/elle aura haï	ils/elles auront haï

Conditional	
je haïrais	nous haïrions
tu haïrais	vous haïriez
il/elle haïrait	ils/elles haïraient

Past Conditional	
j'aurais haï	nous aurions haï
tu aurais haï	vous auriez haï
il/elle aurait haï	ils/elles auraient haï

Present Subjunctive	
que je haïsse	que nous haïssions
que tu haïsses	que vous haïssiez
qu'il/elle haïsse	qu'ils/elles haïssent

Past Subjunctive	
que j'aie haï	que nous ayons haï
que tu aies haï	que vous ayez haï
qu'il/elle ait haï	qu'ils/elles aient haï

Imperfect Subjunctive	
que je haïsse	que nous haïssions
que tu haïsses	que vous haïssiez
qu'il/elle haït	qu'ils/elles haïssent

Pluperfect Subjunctive	
que j'eusse haï	que nous eussions haï
que tu eusses haï	que vous eussiez haï
qu'il/elle eût haï	qu'ils/elles eussent haï

Commands

	(nous) haïssons
(tu) hais	(vous) haïssez

haïr qqn	to hate someone
Notre pays hait les traîtres.	Our country hates traitors.
Avant, il nous haïssait.	Previously he hated us.
haïr qqn d'avoir fait qqch	to hate someone for having done something
Il me hait de l'avoir dénoncé.	He hates me for having turned him in.
haïr qqch	to hate something
Je hais la cruauté.	I hate cruelty.
Il haïssait les injustices du régime.	He hated the injustices of the regime.

RELATED WORDS AND EXPRESSIONS

la haine	hatred
Il éprouve de la haine envers ses ennemis.	He feels hatred toward his enemies.
La haine du vice n'est pas forcément la vertu.	Hatred of vice is not necessarily virtue.

hésiter *to hesitate*

j'hésite · j'hésitai · hésité · hésitant

regular -er verb

Present

j'hésite	nous hésitons
tu hésites	vous hésitez
il/elle hésite	ils/elles hésitent

Passé Composé

j'ai hésité	nous avons hésité
tu as hésité	vous avez hésité
il/elle a hésité	ils/elles ont hésité

Imperfect

j'hésitais	nous hésitions
tu hésitais	vous hésitiez
il/elle hésitait	ils/elles hésitaient

Pluperfect

j'avais hésité	nous avions hésité
tu avais hésité	vous aviez hésité
il/elle avait hésité	ils/elles avaient hésité

Passé Simple

j'hésitai	nous hésitâmes
tu hésitas	vous hésitâtes
il/elle hésita	ils/elles hésitèrent

Past Anterior

j'eus hésité	nous eûmes hésité
tu eus hésité	vous eûtes hésité
il/elle eut hésité	ils/elles eurent hésité

Future

j'hésiterai	nous hésiterons
tu hésiteras	vous hésiterez
il/elle hésitera	ils/elles hésiteront

Future Anterior

j'aurai hésité	nous aurons hésité
tu auras hésité	vous aurez hésité
il/elle aura hésité	ils/elles auront hésité

Conditional

j'hésiterais	nous hésiterions
tu hésiterais	vous hésiteriez
il/elle hésiterait	ils/elles hésiteraient

Past Conditional

j'aurais hésité	nous aurions hésité
tu aurais hésité	vous auriez hésité
il/elle aurait hésité	ils/elles auraient hésité

Present Subjunctive

que j'hésite	que nous hésitions
que tu hésites	que vous hésitiez
qu'il/elle hésite	qu'ils/elles hésitent

Past Subjunctive

que j'aie hésité	que nous ayons hésité
que tu aies hésité	que vous ayez hésité
qu'il/elle ait hésité	qu'ils/elles aient hésité

Imperfect Subjunctive

que j'hésitasse	que nous hésitassions
que tu hésitasses	que vous hésitassiez
qu'il/elle hésitât	qu'ils/elles hésitassent

Pluperfect Subjunctive

que j'eusse hésité	que nous eussions hésité
que tu eusses hésité	que vous eussiez hésité
qu'il/elle eût hésité	qu'ils/elles eussent hésité

Commands

	(nous) hésitons
(tu) hésite	(vous) hésitez

USAGE

Si tu hésites trop, tu vas manquer cette occasion.	*If you hesitate too much, you're going to miss this opportunity.*
—Tu as hésité devant son offre?	*Did you hesitate when he made that offer?*
—Pas du tout. J'ai répondu «oui» sans hésiter.	*Not at all. I answered "yes" without hesitating.*
Ils hésitaient sur l'achat d'une maison.	*They were hesitating over the purchase of a house.*
Nous avons hésité entre ces deux possibilités.	*We hesitated between these two possibilities.*
Nous avons agi sans hésiter.	*We acted without hesitating.*
hésiter à faire qqch	*to hesitate to do something*
J'hésite à vous le dire.	*I hesitate telling it to you.*
Il hésitait à demander une augmentation.	*He was reluctant to ask for a raise.*
J'hésitais à vous déranger.	*I was reluctant to bother you.*

regular -er verb

j'impose · j'imposai · imposé · imposant

Present	
j'impose	nous imposons
tu imposes	vous imposez
il/elle impose	ils/elles imposent

Passé Composé	
j'ai imposé	nous avons imposé
tu as imposé	vous avez imposé
il/elle a imposé	ils/elles ont imposé

Imperfect	
j'imposais	nous imposions
tu imposais	vous imposiez
il/elle imposait	ils/elles imposaient

Pluperfect	
j'avais imposé	nous avions imposé
tu avais imposé	vous aviez imposé
il/elle avait imposé	ils/elles avaient imposé

Passé Simple	
j'imposai	nous imposâmes
tu imposas	vous imposâtes
il/elle imposa	ils/elles imposèrent

Past Anterior	
j'eus imposé	nous eûmes imposé
tu eus imposé	vous eûtes imposé
il/elle eut imposé	ils/elles eurent imposé

Future	
j'imposerai	nous imposerons
tu imposeras	vous imposerez
il/elle imposera	ils/elles imposeront

Future Anterior	
j'aurai imposé	nous aurons imposé
tu auras imposé	vous aurez imposé
il/elle aura imposé	ils/elles auront imposé

Conditional	
j'imposerais	nous imposerions
tu imposerais	vous imposeriez
il/elle imposerait	ils/elles imposeraient

Past Conditional	
j'aurais imposé	nous aurions imposé
tu aurais imposé	vous auriez imposé
il/elle aurait imposé	ils/elles auraient imposé

Present Subjunctive	
que j'impose	que nous imposions
que tu imposes	que vous imposiez
qu'il/elle impose	qu'ils/elles imposent

Past Subjunctive	
que j'aie imposé	que nous ayons imposé
que tu aies imposé	que vous ayez imposé
qu'il/elle ait imposé	qu'ils/elles aient imposé

Imperfect Subjunctive	
que j'imposasse	que nous imposassions
que tu imposasses	que vous imposassiez
qu'il/elle imposât	qu'ils/elles imposassent

Pluperfect Subjunctive	
que j'eusse imposé	que nous eussions imposé
que tu eusses imposé	que vous eussiez imposé
qu'il/elle eût imposé	qu'ils/elles eussent imposé

Commands

	(nous) imposons
(tu) impose	(vous) imposez

(USAGE)

Ils nous imposent des contributions.	They exact contributions from us.
Il sait imposer sa façon de penser.	He knows how to impose his way of thinking.
Pas moyen d'imposer ma volonté.	There's no way I can impose my will.
Le chef nous a imposé une tâche difficile.	The boss imposed a difficult task on us.
Je me suis imposé cette tâche.	I took this task upon myself.
Le père imposa ses mains sur la tête de son fils pour le bénir.	The father lay his hands on his son's head to bless him.
un peuple lourdement imposé	a heavily taxed people
en imposer	to be impressive
Sa réussite en impose.	His success is impressive.

RELATED WORDS AND EXPRESSIONS

l'impôt (m)	tax
imposant(e)	impressive/imposing

inclure *to include*

j'inclus · j'inclus · inclus · incluant · irregular verb

Present		Passé Composé	
j'inclus	nous incluons	j'ai inclus	nous avons inclus
tu inclus	vous incluez	tu as inclus	vous avez inclus
il/elle inclut	ils/elles incluent	il/elle a inclus	ils/elles ont inclus

Imperfect		Pluperfect	
j'incluais	nous incluions	j'avais inclus	nous avions inclus
tu incluais	vous incluiez	tu avais inclus	vous aviez inclus
il/elle incluait	ils/elles incluaient	il/elle avait inclus	ils/elles avaient inclus

Passé Simple		Past Anterior	
j'inclus	nous inclûmes	j'eus inclus	nous eûmes inclus
tu inclus	vous inclûtes	tu eus inclus	vous eûtes inclus
il/elle inclut	ils/elles inclurent	il/elle eut inclus	ils/elles eurent inclus

Future		Future Anterior	
j'inclurai	nous inclurons	j'aurai inclus	nous aurons inclus
tu incluras	vous inclurez	tu auras inclus	vous aurez inclus
il/elle inclura	ils/elles incluront	il/elle aura inclus	ils/elles auront inclus

Conditional		Past Conditional	
j'inclurais	nous inclurions	j'aurais inclus	nous aurions inclus
tu inclurais	vous incluriez	tu aurais inclus	vous auriez inclus
il/elle inclurait	ils/elles incluraient	il/elle aurait inclus	ils/elles auraient inclus

Present Subjunctive		Past Subjunctive	
que j'inclue	que nous incluions	que j'aie inclus	que nous ayons inclus
que tu inclues	que vous incluiez	que tu aies inclus	que vous ayez inclus
qu'il/elle inclue	qu'ils/elles incluent	qu'il/elle ait inclus	qu'ils/elles aient inclus

Imperfect Subjunctive		Pluperfect Subjunctive	
que j'inclusse	que nous inclussions	que j'eusse inclus	que nous eussions inclus
que tu inclusses	que vous inclussiez	que tu eusses inclus	que vous eussiez inclus
qu'il/elle inclût	qu'ils/elles inclussent	qu'il/elle eût inclus	qu'ils/elles eussent inclus

Commands

(tu) inclus · (nous) incluons · (vous) incluez

USAGE

Il faut inclure ce conte dans le recueil. — We have to include this story in the anthology.

J'ai inclus ces observations dans mon article. — I included those observations in my article.

Les impôts sont inclus dans le prix. — Taxes are included in the price.

Pour demain, lisez le manuel jusqu'au quatrième chapitre inclus. — For tomorrow, read the manual through chapter 4.

Ne m'inclus pas. Je n'irai pas. — Count me out. I won't go.

Les FAI (fournisseurs d'accès à Internet) incluront dans tous les kits de connexion un logiciel de contrôle parental. — Internet service providers will include parental control software in their start-up kits.

RELATED WORDS AND EXPRESSIONS

l'inclusion (f) — inclusion

L'inclusion de ce paragraphe ne peut pas se justifier. — You can't justify including this paragraph.

ci-inclus(e) — enclosed

Vous trouverez ci-incluse notre facture. — You will find our bill enclosed.

to indicate, point out indiquer 295

regular -er verb

j'indique · j'indiquai · indiqué · indiquant

Present

j'indique	nous indiquons
tu indiques	vous indiquez
il/elle indique	ils/elles indiquent

Imperfect

j'indiquais	nous indiquions
tu indiquais	vous indiquiez
il/elle indiquait	ils/elles indiquaient

Passé Simple

j'indiquai	nous indiquâmes
tu indiquas	vous indiquâtes
il/elle indiqua	ils/elles indiquèrent

Future

j'indiquerai	nous indiquerons
tu indiqueras	vous indiquerez
il/elle indiquera	ils/elles indiqueront

Conditional

j'indiquerais	nous indiquerions
tu indiquerais	vous indiqueriez
il/elle indiquerait	ils/elles indiqueraient

Passé Composé

j'ai indiqué	nous avons indiqué
tu as indiqué	vous avez indiqué
il/elle a indiqué	ils/elles ont indiqué

Pluperfect

j'avais indiqué	nous avions indiqué
tu avais indiqué	vous aviez indiqué
il/elle avait indiqué	ils/elles avaient indiqué

Past Anterior

j'eus indiqué	nous eûmes indiqué
tu eus indiqué	vous eûtes indiqué
il/elle eut indiqué	ils/elles eurent indiqué

Future Anterior

j'aurai indiqué	nous aurons indiqué
tu auras indiqué	vous aurez indiqué
il/elle aura indiqué	ils/elles auront indiqué

Past Conditional

j'aurais indiqué	nous aurions indiqué
tu aurais indiqué	vous auriez indiqué
il/elle aurait indiqué	ils/elles auraient indiqué

Present Subjunctive

que j'indique	que nous indiquions
que tu indiques	que vous indiquiez
qu'il/elle indique	qu'ils/elles indiquent

Imperfect Subjunctive

que j'indiquasse	que nous indiquassions
que tu indiquasses	que vous indiquassiez
qu'il/elle indiquât	qu'ils/elles indiquassent

Past Subjunctive

que j'aie indiqué	que nous ayons indiqué
que tu aies indiqué	que vous ayez indiqué
qu'il/elle ait indiqué	qu'ils/elles aient indiqué

Pluperfect Subjunctive

que j'eusse indiqué	que nous eussions indiqué
que tu eusses indiqué	que vous eussiez indiqué
qu'il/elle eût indiqué	qu'ils/elles eussent indiqué

Commands

	(nous) indiquons
(tu) indique	(vous) indiquez

USAGE

Le manuel indique des façons de nettoyer la machine.	The manual indicates ways to clean the machine.
Pourriez-vous m'indiquer le cabinet du docteur?	Can you point the doctor's office out to me?
Il m'a indiqué le chemin.	He pointed out the road to me.
Tu peux m'indiquer une agence de voyages?	Can you point out a travel agency to me?
Le départ du train est indiqué sur le tableau.	The departure of the train is listed on the board.
Qui peut nous indiquer la sortie?	Who can show us the exit?
Je vous indiquerai le lieu et l'heure de la réunion par courrier électronique.	I'll notify you of the place and time of the meeting by e-mail.
La route est mal indiquée.	The road is poorly marked.

RELATED WORDS AND EXPRESSIONS

les indications (fpl)	information
Tu m'a donné de fausses indications.	You misinformed me.

SLANG

l'indic	stool pigeon / rat / informer

s'inquiéter to worry, be nervous, be upset

je m'inquiète · je m'inquiétai ·
s'étant inquiété · s'inquiétant

regular -er reflexive verb; spelling change: é > è/mute e except
in the future and conditional; compound tenses with être

Present

je m'inquiète	nous nous inquiétons
tu t'inquiètes	vous vous inquiétez
il/elle s'inquiète	ils/elles s'inquiètent

Passé Composé

je me suis inquiété(e)	nous nous sommes inquiété(e)s
tu t'es inquiété(e)	vous vous êtes inquiété(e)(s)
il/elle s'est inquiété(e)	ils/elles se sont inquiété(e)s

Imperfect

je m'inquiétais	nous nous inquiétions
tu t'inquiétais	vous vous inquiétiez
il/elle s'inquiétait	ils/elles s'inquiétaient

Pluperfect

je m'étais inquiété(e)	nous nous étions inquiété(e)s
tu t'étais inquiété(e)	vous vous étiez inquiété(e)(s)
il/elle s'était inquiété(e)	ils/elles s'étaient inquiété(e)s

Passé Simple

je m'inquiétai	nous nous inquiétâmes
tu t'inquiétas	vous vous inquiétâtes
il/elle s'inquiéta	ils/elles s'inquiétèrent

Past Anterior

je me fus inquiété(e)	nous nous fûmes inquiété(e)s
tu te fus inquiété(e)	vous vous fûtes inquiété(e)(s)
il/elle se fut inquiété(e)	ils/elles se furent inquiété(e)s

Future

je m'inquiéterai	nous nous inquiéterons
tu t'inquiéteras	vous vous inquiéterez
il/elle s'inquiétera	ils/elles s'inquiéteront

Future Anterior

je me serai inquiété(e)	nous nous serons inquiété(e)s
tu te seras inquiété(e)	vous vous serez inquiété(e)(s)
il/elle se sera inquiété(e)	ils/elles se seront inquiété(e)s

Conditional

je m'inquiéterais	nous nous inquiéterions
tu t'inquiéterais	vous vous inquiéteriez
il/elle s'inquiéterait	ils/elles s'inquiéteraient

Past Conditional

je me serais inquiété(e)	nous nous serions inquiété(e)s
tu te serais inquiété(e)	vous vous seriez inquiété(e)(s)
il/elle se serait inquiété(e)	ils/elles se seraient inquiété(e)s

Present Subjunctive

que je m'inquiète	que nous nous inquiétions
que tu t'inquiètes	que vous vous inquiétiez
qu'il/elle s'inquiète	qu'ils/elles s'inquiètent

Past Subjunctive

que je me sois inquiété(e)	que nous nous soyons inquiété(e)s
que tu te sois inquiété(e)	que vous vous soyez inquiété(e)(s)
qu'il/elle se soit inquiété(e)	qu'ils/elles se soient inquiété(e)s

Imperfect Subjunctive

que je m'inquiétasse	que nous nous inquiétassions
que tu t'inquiétasses	que vous vous inquiétassiez
qu'il/elle s'inquiétât	qu'ils/elles s'inquiétassent

Pluperfect Subjunctive

que je me fusse inquiété(e)	que nous nous fussions inquiété(e)s
que tu te fusses inquiété(e)	que vous vous fussiez inquiété(e)(s)
qu'il/elle se fût inquiété(e)	qu'ils/elles se fussent inquiété(e)s

Commands

	(nous) inquiétons-nous
(tu) inquiète-toi	(vous) inquiétez-vous

USAGE

Elle s'inquiète pour ses enfants.	She worries about her children.
Personne ici ne s'inquiète pour moi.	No one here worries about me.
—De quoi est-ce que vous vous inquiétiez?	What were you upset about?
—Je m'inquiétais de votre santé.	I was concerned about your health.
s'inquiéter de faire qqch	to take the trouble to do something
Vous ne vous êtes pas inquiété de me mettre au courant.	You didn't bother to inform me.

RELATED WORDS AND EXPRESSIONS

l'inquiétude (f)	worry/concern/upset
On ne le voit jamais sans inquiétude.	You never see him not upset.
inquiétant/inquiétante	worrisome/upsetting
Les nouvelles sont inquiétantes.	The news is upsetting.
inquiéter qqn	to upset/worry someone
Dites-moi ce qui vous inquiète.	Tell me what's upsetting you.

to register **s'inscrire**

irregular reflexive verb;
compound tenses with *être*

je m'inscris · je m'inscrivis · s'étant inscrit · s'inscrivant

Present

je m'inscris	nous nous inscrivons
tu t'inscris	vous vous inscrivez
il/elle s'inscrit	ils/elles s'inscrivent

Passé Composé

je me suis inscrit(e)	nous nous sommes inscrit(e)s
tu t'es inscrit(e)	vous vous êtes inscrit(e)(s)
il/elle s'est inscrit(e)	ils/elles se sont inscrit(e)s

Imperfect

je m'inscrivais	nous nous inscrivions
tu t'inscrivais	vous vous inscriviez
il/elle s'inscrivait	ils/elles s'inscrivaient

Pluperfect

je m'étais inscrit(e)	nous nous étions inscrit(e)s
tu t'étais inscrit(e)	vous vous étiez inscrit(e)(s)
il/elle s'était inscrit(e)	ils/elles s'étaient inscrit(e)s

Passé Simple

je m'inscrivis	nous nous inscrivîmes
tu t'inscrivis	vous vous inscrivîtes
il/elle s'inscrivit	ils/elles s'inscrivirent

Past Anterior

je me fus inscrit(e)	nous nous fûmes inscrit(e)s
tu te fus inscrit(e)	vous vous fûtes inscrit(e)(s)
il/elle se fut inscrit(e)	ils/elles se furent inscrit(e)s

Future

je m'inscrirai	nous nous inscrirons
tu t'inscriras	vous vous inscrirez
il/elle s'inscrira	ils/elles s'inscriront

Future Anterior

je me serai inscrit(e)	nous nous serons inscrit(e)s
tu te seras inscrit(e)	vous vous serez inscrit(e)(s)
il/elle se sera inscrit(e)	ils/elles se seront inscrit(e)s

Conditional

je m'inscrirais	nous nous inscririons
tu t'inscrirais	vous vous inscririez
il/elle s'inscrirait	ils/elles s'inscriraient

Past Conditional

je me serais inscrit(e)	nous nous serions inscrit(e)s
tu te serais inscrit(e)	vous vous seriez inscrit(e)(s)
il/elle se serait inscrit(e)	ils/elles se seraient inscrit(e)s

Present Subjunctive

que je m'inscrive	que nous nous inscrivions
que tu t'inscrives	que vous vous inscriviez
qu'il/elle s'inscrive	qu'ils/elles s'inscrivent

Past Subjunctive

que je me sois inscrit(e)	que nous nous soyons inscrit(e)s
que tu te sois inscrit(e)	que vous vous soyez inscrit(e)(s)
qu'il/elle se soit inscrit(e)	qu'ils/elles se soient inscrit(e)s

Imperfect Subjunctive

que je m'inscrivisse	que nous nous inscrivissions
que tu t'inscrivisses	que vous vous inscrivissiez
qu'il/elle s'inscrivît	qu'ils/elles s'inscrivissent

Pluperfect Subjunctive

que je me fusse inscrit(e)	que nous nous fussions inscrit(e)s
que tu te fusses inscrit(e)	que vous vous fussiez inscrit(e)(s)
qu'il/elle se fût inscrit(e)	qu'ils/elles se fussent inscrit(e)s

Commands

	(nous) inscrivons-nous
(tu) inscris-toi	(vous) inscrivez-vous

USAGE

s'inscrire à la faculté	to register at the university
s'inscrire au club	to sign up at the club
Ne vous y inscrivez pas.	Don't sign up for it.
Cette proposition s'inscrit dans notre plan d'expansion.	This proposal comes under (the heading of) our expansion plan.
Ce compositeur s'inscrit dans la nouvelle vague de la chanson française.	This composer belongs to the new wave of French song.
Je m'inscris en faux contre ce que vous avez dit.	I challenge the validity of what you said.

RELATED WORDS AND EXPRESSIONS

l'inscription (f)	registration
les frais d'inscription	registration fees
lors de votre inscription	when you register

insister to insist

j'insiste · j'insistai · insisté · insistant

regular -er verb

Present		Passé Composé	
j'insiste	nous insistons	j'ai insisté	nous avons insisté
tu insistes	vous insistez	tu as insisté	vous avez insisté
il/elle insiste	ils/elles insistent	il/elle a insisté	ils/elles ont insisté

Imperfect		Pluperfect	
j'insistais	nous insistions	j'avais insisté	nous avions insisté
tu insistais	vous insistiez	tu avais insisté	vous aviez insisté
il/elle insistait	ils/elles insistaient	il/elle avait insisté	ils/elles avaient insisté

Passé Simple		Past Anterior	
j'insistai	nous insistâmes	j'eus insisté	nous eûmes insisté
tu insistas	vous insistâtes	tu eus insisté	vous eûtes insisté
il/elle insista	ils/elles insistèrent	il/elle eut insisté	ils/elles eurent insisté

Future		Future Anterior	
j'insisterai	nous insisterons	j'aurai insisté	nous aurons insisté
tu insisteras	vous insisterez	tu auras insisté	vous aurez insisté
il/elle insistera	ils/elles insisteront	il/elle aura insisté	ils/elles auront insisté

Conditional		Past Conditional	
j'insisterais	nous insisterions	j'aurais insisté	nous aurions insisté
tu insisterais	vous insisteriez	tu aurais insisté	vous auriez insisté
il/elle insisterait	ils/elles insisteraient	il/elle aurait insisté	ils/elles auraient insisté

Present Subjunctive		Past Subjunctive	
que j'insiste	que nous insistions	que j'aie insisté	que nous ayons insisté
que tu insistes	que vous insistiez	que tu aies insisté	que vous ayez insisté
qu'il/elle insiste	qu'ils/elles insistent	qu'il/elle ait insisté	qu'ils/elles aient insisté

Imperfect Subjunctive		Pluperfect Subjunctive	
que j'insistasse	que nous insistassions	que j'eusse insisté	que nous eussions insisté
que tu insistasses	que vous insistassiez	que tu eusses insisté	que vous eussiez insisté
qu'il/elle insistât	qu'ils/elles insistassent	qu'il/elle eût insisté	qu'ils/elles eussent insisté

Commands

	(nous) insistons
(tu) insiste	(vous) insistez

USAGE

Il insiste sur un départ immédiat.	He insists on an immediate departure.
Avec lui, il faut insister.	With him you have to insist.
Elle ne changera jamais d'avis. Inutile d'insister.	There's no use insisting. She'll never change her mind.
Ça suffit! N'insiste pas!	That's enough! Don't rub it in!
insister pour faire qqch	to insist on doing something
Il insiste pour nous accompagner.	He insists on accompanying us.
insister pour que + subjunctive	to insist that someone do something
J'insiste pour qu'il vienne.	I insist that he come.
insister que + indicative	to insist that someone is doing something
J'insiste qu'il vient.	I insist that he's coming.
—Comment ça se fait que tes enfants se tiennent tellement bien à table?	How is it that your children behave so well at the table?
—J'insiste là-dessus.	I insist on it.
—Il refuse toujours de le faire.	He still refuses to do it.
—Bon, je n'insisterai plus.	All right, I won't insist anymore.

irregular verb   j'instruis · j'instruisis · instruit · instruisant

Present		Passé Composé	
j'instruis	nous instruisons	j'ai instruit	nous avons instruit
tu instruis	vous instruisez	tu as instruit	vous avez instruit
il/elle instruit	ils/elles instruisent	il/elle a instruit	ils/elles ont instruit

Imperfect		Pluperfect	
j'instruisais	nous instruisions	j'avais instruit	nous avions instruit
tu instruisais	vous instruisiez	tu avais instruit	vous aviez instruit
il/elle instruisait	ils/elles instruisaient	il/elle avait instruit	ils/elles avaient instruit

Passé Simple		Past Anterior	
j'instruisis	nous instruisîmes	j'eus instruit	nous eûmes instruit
tu instruisis	vous instruisîtes	tu eus instruit	vous eûtes instruit
il/elle instruisit	ils/elles instruisirent	il/elle eut instruit	ils/elles eurent instruit

Future		Future Anterior	
j'instruirai	nous instruirons	j'aurai instruit	nous aurons instruit
tu instruiras	vous instruirez	tu auras instruit	vous aurez instruit
il/elle instruira	ils/elles instruiront	il/elle aura instruit	ils/elles auront instruit

Conditional		Past Conditional	
j'instruirais	nous instruirions	j'aurais instruit	nous aurions instruit
tu instruirais	vous instruiriez	tu aurais instruit	vous auriez instruit
il/elle instruirait	ils/elles instruiraient	il/elle aurait instruit	ils/elles auraient instruit

Present Subjunctive		Past Subjunctive	
que j'instruise	que nous instruisions	que j'aie instruit	que nous ayons instruit
que tu instruises	que vous instruisiez	que tu aies instruit	que vous ayez instruit
qu'il/elle instruise	qu'ils/elles instruisent	qu'il/elle ait instruit	qu'ils/elles aient instruit

Imperfect Subjunctive		Pluperfect Subjunctive	
que j'instruisisse	que nous instruisissions	que j'eusse instruit	que nous eussions instruit
que tu instruisisses	que vous instruisissiez	que tu eusses instruit	que vous eussiez instruit
qu'il/elle instruisît	qu'ils/elles instruisissent	qu'il/elle eût instruit	qu'ils/elles eussent instruit

Commands

	(nous) instruisons
(tu) instruis	(vous) instruisez

Ce professeur a instruit ses élèves en sciences.	This teacher instructed his students in science.
Il est instruit par les dures expériences de sa vie.	He has been taught a lesson by the difficult experiences of his life.
Beaucoup de parents instruisent leurs enfants à la maison.	Many parents are educating their children at home.
instruire une plainte	to lodge a complaint

RELATED WORDS AND EXPRESSIONS

l'instruction (f)	instruction/education
l'instruction publique	public education
C'est un jeune homme sans instruction.	He's an uneducated young man.
Lisez les instructions avant de commencer.	Read the instructions before beginning.
le juge d'instruction	examining magistrate (in the French legal system, the judge responsible for conducting the investigative hearings before a criminal trial)
s'instruire	to educate oneself
C'est un homme qui s'est instruit tout seul.	He's a man who taught himself.

300 (**interdire**) *to forbid, prohibit*

Present
j'interdis	nous interdisons
tu interdis	vous interdisez
il/elle interdit	ils/elles interdisent

Passé Composé
j'ai interdit	nous avons interdit
tu as interdit	vous avez interdit
il/elle a interdit	ils/elles ont interdit

Imperfect
j'interdisais	nous interdisions
tu interdisais	vous interdisiez
il/elle interdisait	ils/elles interdisaient

Pluperfect
j'avais interdit	nous avions interdit
tu avais interdit	vous aviez interdit
il/elle avait interdit	ils/elles avaient interdit

Passé Simple
j'interdis	nous interdîmes
tu interdis	vous interdîtes
il/elle interdit	ils/elles interdirent

Past Anterior
j'eus interdit	nous eûmes interdit
tu eus interdit	vous eûtes interdit
il/elle eut interdit	ils/elles eurent interdit

Future
j'interdirai	nous interdirons
tu interdiras	vous interdirez
il/elle interdira	ils/elles interdiront

Future Anterior
j'aurai interdit	nous aurons interdit
tu auras interdit	vous aurez interdit
il/elle aura interdit	ils/elles auront interdit

Conditional
j'interdirais	nous interdirions
tu interdirais	vous interdiriez
il/elle interdirait	ils/elles interdiraient

Past Conditional
j'aurais interdit	nous aurions interdit
tu aurais interdit	vous auriez interdit
il/elle aurait interdit	ils/elles auraient interdit

Present Subjunctive
que j'interdise	que nous interdisions
que tu interdises	que vous interdisiez
qu'il/elle interdise	qu'ils/elles interdisent

Past Subjunctive
que j'aie interdit	que nous ayons interdit
que tu aies interdit	que vous ayez interdit
qu'il/elle ait interdit	qu'ils/elles aient interdit

Imperfect Subjunctive
que j'interdisse	que nous interdissions
que tu interdisses	que vous interdissiez
qu'il/elle interdît	qu'ils/elles interdissent

Pluperfect Subjunctive
que j'eusse interdit	que nous eussions interdit
que tu eusses interdit	que vous eussiez interdit
qu'il/elle eût interdit	qu'ils/elles eussent interdit

Commands
	(nous) interdisons
(tu) interdis	(vous) interdisez

USAGE

interdire à qqn de faire qqch	to forbid someone to do something
On nous a interdit d'intervenir.	We have been forbidden to intervene.
On leur a interdit la faculté.	They have been forbidden to come to the university.
Entrée interdite	No entrance (sign)
C'est interdit.	It's not allowed.
Ce n'est pas interdit par la loi.	It's legal. / There's no law against it.
interdire le tabac à qqn	to take someone off tobacco / forbid someone to smoke
La police a interdit la manifestation.	The police did not allow the demonstration.
Mon bras cassé m'interdit le travail.	My broken arm doesn't allow me to work.
L'entrée est interdite aux voitures.	Cars cannot enter.
Interdit aux moins de treize ans	Children under thirteen not admitted (sign)
J'en suis resté interdit.	It left me speechless.

regular -er reflexive verb;
compound tenses with *être*   je m'intéresse · je m'intéressai · s'étant intéressé · s'intéressant

Present		Passé Composé	
je m'intéresse	nous nous intéressons	je me suis intéressé(e)	nous nous sommes intéressé(e)s
tu t'intéresses	vous vous intéressez	tu t'es intéressé(e)	vous vous êtes intéressé(e)(s)
il/elle s'intéresse	ils/elles s'intéressent	il/elle s'est intéressé(e)	ils/elles se sont intéressé(e)s

Imperfect		Pluperfect	
je m'intéressais	nous nous intéressions	je m'étais intéressé(e)	nous nous étions intéressé(e)s
tu t'intéressais	vous vous intéressiez	tu t'étais intéressé(e)	vous vous étiez intéressé(e)(s)
il/elle s'intéressait	ils/elles s'intéressaient	il/elle s'était intéressé(e)	ils/elles s'étaient intéressé(e)s

Passé Simple		Past Anterior	
je m'intéressai	nous nous intéressâmes	je me fus intéressé(e)	nous nous fûmes intéressé(e)s
tu t'intéressas	vous vous intéressâtes	tu te fus intéressé(e)	vous vous fûtes intéressé(e)(s)
il/elle s'intéressa	ils/elles s'intéressèrent	il/elle se fut intéressé(e)	ils/elles se furent intéressé(e)s

Future		Future Anterior	
je m'intéresserai	nous nous intéresserons	je me serai intéressé(e)	nous nous serons intéressé(e)s
tu t'intéresseras	vous vous intéresserez	tu te seras intéressé(e)	vous vous serez intéressé(e)(s)
il/elle s'intéressera	ils/elles s'intéresseront	il/elle se sera intéressé(e)	ils/elles se seront intéressé(e)s

Conditional		Past Conditional	
je m'intéresserais	nous nous intéresserions	je me serais intéressé(e)	nous nous serions intéressé(e)s
tu t'intéresserais	vous vous intéresseriez	tu te serais intéressé(e)	vous vous seriez intéressé(e)(s)
il/elle s'intéresserait	ils/elles s'intéresseraient	il/elle se serait intéressé(e)	ils/elles se seraient intéressé(e)s

Present Subjunctive		Past Subjunctive	
que je m'intéresse	que nous nous intéressions	que je me sois intéressé(e)	que nous nous soyons intéressé(e)s
que tu t'intéresses	que vous vous intéressiez	que tu te sois intéressé(e)	que vous vous soyez intéressé(e)(s)
qu'il/elle s'intéresse	qu'ils/elles s'intéressent	qu'il/elle se soit intéressé(e)	qu'ils/elles se soient intéressé(e)s

Imperfect Subjunctive		Pluperfect Subjunctive	
que je m'intéressasse	que nous nous intéressassions	que je me fusse intéressé(e)	que nous nous fussions intéressé(e)s
que tu t'intéressasses	que vous vous intéressassiez	que tu te fusses intéressé(e)	que vous vous fussiez intéressé(e)(s)
qu'il/elle s'intéressât	qu'ils/elles s'intéressassent	qu'il/elle se fût intéressé(e)	qu'ils/elles se fussent intéressé(e)s

Commands

	(nous) intéressons-nous
(tu) intéresse-toi	(vous) intéressez-vous

s'intéresser à qqch/qqn	*to be interested in something/someone*
Elle s'intéresse à l'histoire de l'Angleterre.	*She's interested in English history.*
Personne ne s'intéresse à nous.	*No one is interested in us.*
Je m'intéresse à tout ce que tu fais.	*I'm interested in everything you do.*
Il ne s'intéresse qu'à une seule chose.	*He has a one-track mind.*

RELATED WORDS AND EXPRESSIONS

l'intérêt *(m)*	*interest*
Je n'ai aucun intérêt à rester ici.	*There is no benefit for me to stay here.*
J'ai un intérêt à l'affaire.	*I have a stake in the business.*
Il faut savoir où se trouve son intérêt.	*You have to know which side your bread is buttered on.*
intéressant(e)	*interesting*
intéresser qqn	*to interest someone*
Ces conférences ne m'intéressent pas.	*These lectures don't interest me.*

interroger *to interrogate, question*

j'interroge · j'interrogeai · interrogé · interrogeant

regular -er verb;
spelling change: *g > ge/a, o*

Present		Passé Composé	
j'interroge	nous interrogeons	j'ai interrogé	nous avons interrogé
tu interroges	vous interrogez	tu as interrogé	vous avez interrogé
il/elle interroge	ils/elles interrogent	il/elle a interrogé	ils/elles ont interrogé

Imperfect		Pluperfect	
j'interrogeais	nous interrogions	j'avais interrogé	nous avions interrogé
tu interrogeais	vous interrogiez	tu avais interrogé	vous aviez interrogé
il/elle interrogeait	ils/elles interrogeaient	il/elle avait interrogé	ils/elles avaient interrogé

Passé Simple		Past Anterior	
j'interrogeai	nous interrogeâmes	j'eus interrogé	nous eûmes interrogé
tu interrogeas	vous interrogeâtes	tu eus interrogé	vous eûtes interrogé
il/elle interrogea	ils/elles interrogèrent	il/elle eut interrogé	ils/elles eurent interrogé

Future		Future Anterior	
j'interrogerai	nous interrogerons	j'aurai interrogé	nous aurons interrogé
tu interrogeras	vous interrogerez	tu auras interrogé	vous aurez interrogé
il/elle interrogera	ils/elles interrogeront	il/elle aura interrogé	ils/elles auront interrogé

Conditional		Past Conditional	
j'interrogerais	nous interrogerions	j'aurais interrogé	nous aurions interrogé
tu interrogerais	vous interrogeriez	tu aurais interrogé	vous auriez interrogé
il/elle interrogerait	ils/elles interrogeraient	il/elle aurait interrogé	ils/elles auraient interrogé

Present Subjunctive		Past Subjunctive	
que j'interroge	que nous interrogions	que j'aie interrogé	que nous ayons interrogé
que tu interroges	que vous interrogiez	que tu aies interrogé	que vous ayez interrogé
qu'il/elle interroge	qu'ils/elles interrogent	qu'il/elle ait interrogé	qu'ils/elles aient interrogé

Imperfect Subjunctive		Pluperfect Subjunctive	
que j'interrogeasse	que nous interrogeassions	que j'eusse interrogé	que nous eussions interrogé
que tu interrogeasses	que vous interrogeassiez	que tu eusses interrogé	que vous eussiez interrogé
qu'il/elle interrogeât	qu'ils/elles interrogeassent	qu'il/elle eût interrogé	qu'ils/elles eussent interrogé

Commands

	(nous) interrogeons
(tu) interroge	(vous) interrogez

USAGE

La police a interrogé le suspect.	*The police questioned the suspect.*
L'examinateur interroge les candidats.	*The examiner questions the people taking the test.*
interroger un étudiant	*to examine a student orally*
C'est un grand scientifique qui interroge les faits.	*He's a great scientist who questions the facts.*

RELATED WORDS AND EXPRESSIONS

l'interrogation (*f*)	*questioning*
l'interrogatoire (*m*)	*questioning* (in legal proceedings)
On a soumis le voyou à un interrogatoire serré.	*They grilled the hoodlum / gave the hoodlum the third degree.*
interrogatif/interrogative	*interrogative*
les adjectifs interrogatifs	*interrogative adjectives*
s'interroger sur qqch	*to have doubts about something / wonder about something*
Je m'interroge sur les possibilités de succès.	*I have my doubts about the possibilities for success.*

regular -re verb   j'interromps · j'interrompis · interrompu · interrompant

Present

j'interromps	nous interrompons
tu interromps	vous interrompez
il/elle interrompt	ils/elles interrompent

Passé Composé

j'ai interrompu	nous avons interrompu
tu as interrompu	vous avez interrompu
il/elle a interrompu	ils/elles ont interrompu

Imperfect

j'interrompais	nous interrompions
tu interrompais	vous interrompiez
il/elle interrompait	ils/elles interrompaient

Pluperfect

j'avais interrompu	nous avions interrompu
tu avais interrompu	vous aviez interrompu
il/elle avait interrompu	ils/elles avaient interrompu

Passé Simple

j'interrompis	nous interrompîmes
tu interrompis	vous interrompîtes
il/elle interrompit	ils/elles interrompirent

Past Anterior

j'eus interrompu	nous eûmes interrompu
tu eus interrompu	vous eûtes interrompu
il/elle eut interrompu	ils/elles eurent interrompu

Future

j'interromprai	nous interromprons
tu interrompras	vous interromprez
il/elle interrompra	ils/elles interrompront

Future Anterior

j'aurai interrompu	nous aurons interrompu
tu auras interrompu	vous aurez interrompu
il/elle aura interrompu	ils/elles auront interrompu

Conditional

j'interromprais	nous interromprions
tu interromprais	vous interrompriez
il/elle interromprait	ils/elles interrompraient

Past Conditional

j'aurais interrompu	nous aurions interrompu
tu aurais interrompu	vous auriez interrompu
il/elle aurait interrompu	ils/elles auraient interrompu

Present Subjunctive

que j'interrompe	que nous interrompions
que tu interrompes	que vous interrompiez
qu'il/elle interrompe	qu'ils/elles interrompent

Past Subjunctive

que j'aie interrompu	que nous ayons interrompu
que tu aies interrompu	que vous ayez interrompu
qu'il/elle ait interrompu	qu'ils/elles aient interrompu

Imperfect Subjunctive

que j'interrompisse	que nous interrompissions
que tu interrompisses	que vous interrompissiez
qu'il/elle interrompît	qu'ils/elles interrompissent

Pluperfect Subjunctive

que j'eusse interrompu	que nous eussions interrompu
que tu eusses interrompu	que vous eussiez interrompu
qu'il/elle eût interrompu	qu'ils/elles eussent interrompu

Commands

	(nous) interrompons
(tu) interromps	(vous) interrompez

USAGE

Tu ne dois pas interrompre les gens tout le temps.	You shouldn't keep interrupting people.
Il a dû interrompre ses études à l'étranger.	He had to interrupt his studies abroad.
Ils ont interrompu le concert.	They interrupted the concert.
Pardonnez-moi de vous avoir interrompu dans votre travail.	Forgive me for interrupting your work.
Je déteste la circulation sans cesse interrompue.	I hate stop-and-go traffic.

RELATED WORDS AND EXPRESSIONS

l'interruption (f)	interruption
l'interruption de courant	power failure
une interruption d'un mois	a month's break
Ils ont dansé deux heures sans interruption.	They danced for two hours straight.
l'interrupteur (m)	electric switch

introduire *to introduce, insert*

j'introduis · j'introduisis · introduit · introduisant   irregular verb

Present
j'introduis	nous introduisons
tu introduis	vous introduisez
il/elle introduit	ils/elles introduisent

Passé Composé
j'ai introduit	nous avons introduit
tu as introduit	vous avez introduit
il/elle a introduit	ils/elles ont introduit

Imperfect
j'introduisais	nous introduisions
tu introduisais	vous introduisiez
il/elle introduisait	ils/elles introduisaient

Pluperfect
j'avais introduit	nous avions introduit
tu avais introduit	vous aviez introduit
il/elle avait introduit	ils/elles avaient introduit

Passé Simple
j'introduisis	nous introduisîmes
tu introduisis	vous introduisîtes
il/elle introduisit	ils/elles introduisirent

Past Anterior
j'eus introduit	nous eûmes introduit
tu eus introduit	vous eûtes introduit
il/elle eut introduit	ils/elles eurent introduit

Future
j'introduirai	nous introduirons
tu introduiras	vous introduirez
il/elle introduira	ils/elles introduiront

Future Anterior
j'aurai introduit	nous aurons introduit
tu auras introduit	vous aurez introduit
il/elle aura introduit	ils/elles auront introduit

Conditional
j'introduirais	nous introduirions
tu introduirais	vous introduiriez
il/elle introduirait	ils/elles introduiraient

Past Conditional
j'aurais introduit	nous aurions introduit
tu aurais introduit	vous auriez introduit
il/elle aurait introduit	ils/elles auraient introduit

Present Subjunctive
que j'introduise	que nous introduisions
que tu introduises	que vous introduisiez
qu'il/elle introduise	qu'ils/elles introduisent

Past Subjunctive
que j'aie introduit	que nous ayons introduit
que tu aies introduit	que vous ayez introduit
qu'il/elle ait introduit	qu'ils/elles aient introduit

Imperfect Subjunctive
que j'introduisisse	que nous introduisissions
que tu introduisisses	que vous introduisissiez
qu'il/elle introduisît	qu'ils/elles introduisissent

Pluperfect Subjunctive
que j'eusse introduit	que nous eussions introduit
que tu eusses introduit	que vous eussiez introduit
qu'il/elle eût introduit	qu'ils/elles eussent introduit

Commands
	(nous) introduisons
(tu) introduis	(vous) introduisez

USAGE

introduire de nouvelles idées	*to introduce new ideas*
Il faut introduire un jeton.	*You have to insert a token.*
On m'a introduit dans le bureau du chef.	*I was ushered into the boss's office.*

RELATED WORDS AND EXPRESSIONS

l'introduction (f)	*inserting/introduction*
L'introduction au livre est très utile.	*The introduction to the book is very useful.*
Il y a deux chapitres d'introduction.	*There are two introductory chapters.*
s'introduire	*to work one's way into*
Il s'est introduit dans la réception.	*He crashed the party.*
Je n'aime pas ta façon de t'introduire dans mes conversations.	*I don't like the way you horn in on my conversations.*
s'introduire dans un endroit par effraction	*to break into a place*

regular -er verb

j'invite · j'invitai · invité · invitant

Present

j'invite	nous invitons
tu invites	vous invitez
il/elle invite	ils/elles invitent

Passé Composé

j'ai invité	nous avons invité
tu as invité	vous avez invité
il/elle a invité	ils/elles ont invité

Imperfect

j'invitais	nous invitions
tu invitais	vous invitiez
il/elle invitait	ils/elles invitaient

Pluperfect

j'avais invité	nous avions invité
tu avais invité	vous aviez invité
il/elle avait invité	ils/elles avaient invité

Passé Simple

j'invitai	nous invitâmes
tu invitas	vous invitâtes
il/elle invita	ils/elles invitèrent

Past Anterior

j'eus invité	nous eûmes invité
tu eus invité	vous eûtes invité
il/elle eut invité	ils/elles eurent invité

Future

j'inviterai	nous inviterons
tu inviteras	vous inviterez
il/elle invitera	ils/elles inviteront

Future Anterior

j'aurai invité	nous aurons invité
tu auras invité	vous aurez invité
il/elle aura invité	ils/elles auront invité

Conditional

j'inviterais	nous inviterions
tu inviterais	vous inviteriez
il/elle inviterait	ils/elles inviteraient

Past Conditional

j'aurais invité	nous aurions invité
tu aurais invité	vous auriez invité
il/elle aurait invité	ils/elles auraient invité

Present Subjunctive

que j'invite	que nous invitions
que tu invites	que vous invitiez
qu'il/elle invite	qu'ils/elles invitent

Past Subjunctive

que j'aie invité	que nous ayons invité
que tu aies invité	que vous ayez invité
qu'il/elle ait invité	qu'ils/elles aient invité

Imperfect Subjunctive

que j'invitasse	que nous invitassions
que tu invitasses	que vous invitassiez
qu'il/elle invitât	qu'ils/elles invitassent

Pluperfect Subjunctive

que j'eusse invité	que nous eussions invité
que tu eusses invité	que vous eussiez invité
qu'il/elle eût invité	qu'ils/elles eussent invité

Commands

	(nous) invitons
(tu) invite	(vous) invitez

Je t'invite chez moi.	*I'm inviting you over (to my house, apartment, etc.).*
inviter qqn à faire qqch	*to invite someone to do something*
Il a invité ma cousine à sortir.	*He asked my cousin out.*
Elle ne m'a pas invité à entrer.	*She didn't ask me in.*
Viens, on va prendre un verre. Je t'invite.	*Come, let's have a drink. My treat.*
Mes parents invitent souvent.	*My parents have a lot of company.*
Il est venu au dîner sans y être invité.	*He crashed the dinner.*

RELATED WORDS AND EXPRESSIONS

l'invitation (f)	*invitation*
accepter/décliner une invitation	*to accept / turn down an invitation*
sur invitation	*by invitation only*
Il a reçu une invitation.	*He received an invitation.*

jeter *to throw*

je jette · je jetai · jeté · jetant   regular -er verb; spelling change: t > tt/mute e

---

jeter qqch à qqn

J'ai jeté la balle à l'enfant.	I threw the ball to the child.
Elle m'a jeté les fleurs au nez.	She threw the flowers in my face.
Je leur ai jeté au nez leurs quatre vérités.	I told them off.
jeter la poudre aux yeux de qqn	to pull the wool over someone's eyes
Il a essayé de nous jeter la poudre aux yeux.	He tried to pull the wool over our eyes.
Le président a jeté une remarque mystérieuse aux journalistes.	The president tossed out a mysterious remark to the press.
jeter l'argent par les fenêtres	to waste money
jeter un coup d'œil sur qqch	to glance at something / have a look at something

 —Tu as vu le compte-rendu? — *Did you see the report?*
—Oui, j'y ai jeté un coup d'œil. — *Yes, I glanced at it.*

jeter un œil sur	to keep an eye on
Tu peux descendre. Je jetterai un œil sur les enfants.	You can go out. I'll keep an eye on the children.
jeter un voile sur	to gloss over
Ces fautes sont graves. Vous ne pourrez pas y jeter un voile.	Those mistakes are serious. You won't be able to gloss over them.

jeter pour les rapports humains

jeter feu et flamme	to be raging mad
Après l'avoir écouté, elle jetait feu et flamme.	After listening to him, she was fuming.
jeter feu et flamme contre qqn	to rake someone over the coals
Il a jeté feu et flamme contre ses adversaires.	He raked his opponents over the coals.
jeter de l'huile sur le feu	to fan the flames / exacerbate tensions/anger
Dans ce cas il ne faut pas jeter de l'huile sur le feu.	In this case one mustn't fan the flames.
Son fils passe l'année à jeter sa gourme.	Her son is spending the year sowing his wild oats.

se jeter

Il s'est jeté à corps perdu dans notre effort.	He jumped wholeheartedly into our effort.
Elle se jette tête baissée dans les conversations des autres.	She dives into other people's conversations without thinking.
Il s'est jeté du toit du bâtiment.	He jumped off the roof of the building.
Elle s'est jetée dans la foule et a disparu.	She plunged into the crowd and disappeared.

RELATED WORDS AND EXPRESSIONS

N'en jette plus!	Cool it! / Cut it out! / Can it!
jeter un pont au-dessus de la rivière	to build a bridge over the river

IDIOMS

jeter le bébé avec l'eau du bain	to throw the baby out with the bathwater
jeter l'éponge	to throw in the towel

top
50
verb

regular -er verb; spelling change: t > tt/mute e

je jette · je jetai · jeté · jetant

Present

je jette	nous jetons
tu jettes	vous jetez
il/elle jette	ils/elles jettent

Imperfect

je jetais	nous jetions
tu jetais	vous jetiez
il/elle jetait	ils/elles jetaient

Passé Simple

je jetai	nous jetâmes
tu jetas	vous jetâtes
il/elle jeta	ils/elles jetèrent

Future

je jetterai	nous jetterons
tu jetteras	vous jetterez
il/elle jettera	ils/elles jetteront

Conditional

je jetterais	nous jetterions
tu jetterais	vous jetteriez
il/elle jetterait	ils/elles jetteraient

Present Subjunctive

que je jette	que nous jetions
que tu jettes	que vous jetiez
qu'il/elle jette	qu'ils/elles jettent

Imperfect Subjunctive

que je jetasse	que nous jetassions
que tu jetasses	que vous jetassiez
qu'il/elle jetât	qu'ils/elles jetassent

Passé Composé

j'ai jeté	nous avons jeté
tu as jeté	vous avez jeté
il/elle a jeté	ils/elles ont jeté

Pluperfect

j'avais jeté	nous avions jeté
tu avais jeté	vous aviez jeté
il/elle avait jeté	ils/elles avaient jeté

Past Anterior

j'eus jeté	nous eûmes jeté
tu eus jeté	vous eûtes jeté
il/elle eut jeté	ils/elles eurent jeté

Future Anterior

j'aurai jeté	nous aurons jeté
tu auras jeté	vous aurez jeté
il/elle aura jeté	ils/elles auront jeté

Past Conditional

j'aurais jeté	nous aurions jeté
tu aurais jeté	vous auriez jeté
il/elle aurait jeté	ils/elles auraient jeté

Past Subjunctive

que j'aie jeté	que nous ayons jeté
que tu aies jeté	que vous ayez jeté
qu'il/elle ait jeté	qu'ils/elles aient jeté

Pluperfect Subjunctive

que j'eusse jeté	que nous eussions jeté
que tu eusses jeté	que vous eussiez jeté
qu'il/elle eût jeté	qu'ils/elles eussent jeté

Commands

	(nous) jetons
(tu) jette	(vous) jetez

USAGE

jeter une balle	to throw a ball
jeter une balle par-dessus le filet	to throw the ball over the net
jeter les papiers en l'air	to throw the papers up in the air
Le bébé a jeté sa cuillère par terre.	The baby threw his spoon on the ground.
jeter qqn en prison	to throw someone in jail
Les agents l'ont jeté en prison.	The policemen threw him into jail.
jeter les papiers	to throw out the papers
jeter qqch au panier / à la corbeille	to throw something into the wastebasket
jeter qqn à l'eau	to throw someone into the water
jeter qqn à la mer	to throw someone overboard
Ne jetez rien par terre.	Don't litter. / Don't throw anything on the ground.
jeter qqn à la porte	to fire someone
Le patron a jeté tous les employés à la porte.	The boss fired all the employees.

joindre *to join*

je joins · je joignis · joint · joignant

irregular verb

Present

je joins	nous joignons
tu joins	vous joignez
il/elle joint	ils/elles joignent

Passé Composé

j'ai joint	nous avons joint
tu as joint	vous avez joint
il/elle a joint	ils/elles ont joint

Imperfect

je joignais	nous joignions
tu joignais	vous joigniez
il/elle joignait	ils/elles joignaient

Pluperfect

j'avais joint	nous avions joint
tu avais joint	vous aviez joint
il/elle avait joint	ils/elles avaient joint

Passé Simple

je joignis	nous joignîmes
tu joignis	vous joignîtes
il/elle joignit	ils/elles joignirent

Past Anterior

j'eus joint	nous eûmes joint
tu eus joint	vous eûtes joint
il/elle eut joint	ils/elles eurent joint

Future

je joindrai	nous joindrons
tu joindras	vous joindrez
il/elle joindra	ils/elles joindront

Future Anterior

j'aurai joint	nous aurons joint
tu auras joint	vous aurez joint
il/elle aura joint	ils/elles auront joint

Conditional

je joindrais	nous joindrions
tu joindrais	vous joindriez
il/elle joindrait	ils/elles joindraient

Past Conditional

j'aurais joint	nous aurions joint
tu aurais joint	vous auriez joint
il/elle aurait joint	ils/elles auraient joint

Present Subjunctive

que je joigne	que nous joignions
que tu joignes	que vous joigniez
qu'il/elle joigne	qu'ils/elles joignent

Past Subjunctive

que j'aie joint	que nous ayons joint
que tu aies joint	que vous ayez joint
qu'il/elle ait joint	qu'ils/elles aient joint

Imperfect Subjunctive

que je joignisse	que nous joignissions
que tu joignisses	que vous joignissiez
qu'il/elle joignît	qu'ils/elles joignissent

Pluperfect Subjunctive

que j'eusse joint	que nous eussions joint
que tu eusses joint	que vous eussiez joint
qu'il/elle eût joint	qu'ils/elles eussent joint

Commands

	(nous) joignons
(tu) joins	(vous) joignez

USAGE

Je vais joindre ces deux ficelles.	*I'm going to tie these two strings together.*
joindre les deux bouts	*to make ends meet*
Je ne gagne pas assez. Je n'arrive pas à joindre les deux bouts.	*I don't earn enough. I can't make ends meet.*
J'ai joint une liste de mes articles à mon dossier.	*I added a list of my articles to my file.*
—Je pourrai vous joindre par téléphone au bureau?	*Will I be able to get in touch with you by phone at the office?*
—Non, je ne serai pas là. Essayez de me joindre par courrier électronique.	*No. I won't be there. Try to get in touch with me by e-mail.*

RELATED WORDS AND EXPRESSIONS

se joindre à	*to join in*
Il s'est joint à la discussion.	*He joined in the discussion.*
Je peux me joindre à vous?	*May I come along with you?*
Il veut se joindre à nous pour l'achat du vin.	*He wants to chip in with us for the purchase of the wine.*

regular *-er* verb

je joue · je jouai · joué · jouant

Present

je joue	nous jouons
tu joues	vous jouez
il/elle joue	ils/elles jouent

Imperfect

je jouais	nous jouions
tu jouais	vous jouiez
il/elle jouait	ils/elles jouaient

Passé Simple

je jouai	nous jouâmes
tu jouas	vous jouâtes
il/elle joua	ils/elles jouèrent

Future

je jouerai	nous jouerons
tu joueras	vous jouerez
il/elle jouera	ils/elles joueront

Conditional

je jouerais	nous jouerions
tu jouerais	vous joueriez
il/elle jouerait	ils/elles joueraient

Passé Composé

j'ai joué	nous avons joué
tu as joué	vous avez joué
il/elle a joué	ils/elles ont joué

Pluperfect

j'avais joué	nous avions joué
tu avais joué	vous aviez joué
il/elle avait joué	ils/elles avaient joué

Past Anterior

j'eus joué	nous eûmes joué
tu eus joué	vous eûtes joué
il/elle eut joué	ils/elles eurent joué

Future Anterior

j'aurai joué	nous aurons joué
tu auras joué	vous aurez joué
il/elle aura joué	ils/elles auront joué

Past Conditional

j'aurais joué	nous aurions joué
tu aurais joué	vous auriez joué
il/elle aurait joué	ils/elles auraient joué

Present Subjunctive

que je joue	que nous jouions
que tu joues	que vous jouiez
qu'il/elle joue	qu'ils/elles jouent

Imperfect Subjunctive

que je jouasse	que nous jouassions
que tu jouasses	que vous jouassiez
qu'il/elle jouât	qu'ils/elles jouassent

Past Subjunctive

que j'aie joué	que nous ayons joué
que tu aies joué	que vous ayez joué
qu'il/elle ait joué	qu'ils/elles aient joué

Pluperfect Subjunctive

que j'eusse joué	que nous eussions joué
que tu eusses joué	que vous eussiez joué
qu'il/elle eût joué	qu'ils/elles eussent joué

Commands

	(nous) jouons
(tu) joue	(vous) jouez

USAGE

Tu ne joues plus?	*Aren't you playing anymore?*
Elle joue avec moi comme un chat joue avec une souris.	*She's playing cat and mouse with me.*
Il ne faut pas jouer avec sa santé.	*People shouldn't fool around with their health.*
Je joue dans une pièce.	*I'm acting in a play.*
❷ —Les enfants jouent ensemble?	*Are the children playing together?*
—Oui, ils jouent dans le jardin.	*Yes, they're playing in the garden.*
❷ —Elle dit qu'elle est malade.	*She say's she's sick.*
—Elle joue.	*She's acting.*

RELATED WORDS AND EXPRESSIONS

le jeu (*pl.* les jeux)	*game/gambling*
le jeu vidéo (*pl.* les jeux vidéo)	*video game*
un joueur / une joueuse	*a player; a gambler*

je joue · je jouai · joué · jouant   regular -er verb

Les enfants jouent (*jouer à*)

jouer au ballon / à la balle	*to play ball*
jouer aux (petits) soldats	*to play toy soldiers*
jouer à la guerre	*to play war*
jouer à la poupée	*to play with dolls*
jouer au marchand	*to play shopkeeper/store*
jouer au docteur	*to play doctor*
jouer aux billes	*to play marbles*

Les jeux et les sports (*jouer à*)

jouer au football	*to play soccer*
jouer au basket-ball/rugby	*to play basketball/rugby*
jouer au base-ball/volley-ball	*to play baseball/volleyball*
jouer aux dames	*to play checkers*
jouer aux échecs	*to play chess*
jouer aux boules	*to play French bowling*
jouer aux cartes	*to play cards*

La musique (*jouer [de]*)

jouer d'un instrument	*to play an instrument*
jouer du piano / du violon / de la flûte	*to play the piano/violin/flute*
jouer de l'alto / du tambour / de la clarinette	*to play the viola/drum/clarinet*

☻ —Le violoniste a bien joué hier soir? — *Did the violinist play well last night?*
—Non, il a mal joué. Il a joué faux. — *No, he played badly. He played out of tune.*

jouer = jouer un rôle

☻ —Qu'est-ce qui a joué dans ta décision? — *What played a role in your decision?*
—Les prix ont joué un très grand rôle. — *Prices played a very big role.*

Dans ce concours, la nationalité joue peu. — *Nationality plays a small role in this competition.*
Il a fait jouer l'influence de ses amis pour — *He made use of the influence of his friends to get*
  obtenir ce poste. —   *that position.*

RELATED WORDS AND EXPRESSIONS

jouer un coup difficile	*to make a hard play (sports)*
jouer un mauvais tour à qqn	*to play a dirty trick on someone*
ne pas jouer franc jeu	*to not play fair*

☻ —À quel jeu jouez-vous? — *What game are you playing?*
—Je ne joue pas. — *I'm not playing.*

jouer au casino — *to gamble*
Je ne joue pas d'argent. — *I don't play for money.*
Il a joué de grosses sommes d'argent. — *He gambled huge sums of money.*

☻ —Qu'est-ce qu'on joue au théâtre en ce moment? — *What's playing at the theater now?*
—On joue Shakespeare en anglais. — *They're putting on Shakespeare in English.*

se jouer de — *to ignore/disregard*
Tu te joues de mes sentiments. — *You're toying with my feelings.*

regular -er verb; spelling change: *g > ge/a, o*

je juge · je jugeai · jugé · jugeant

Present	
je juge	nous jugeons
tu juges	vous jugez
il/elle juge	ils/elles jugent

Passé Composé	
j'ai jugé	nous avons jugé
tu as jugé	vous avez jugé
il/elle a jugé	ils/elles ont jugé

Imperfect	
je jugeais	nous jugions
tu jugeais	vous jugiez
il/elle jugeait	ils/elles jugeaient

Pluperfect	
j'avais jugé	nous avions jugé
tu avais jugé	vous aviez jugé
il/elle avait jugé	ils/elles avaient jugé

Passé Simple	
je jugeai	nous jugeâmes
tu jugeas	vous jugeâtes
il/elle jugea	ils/elles jugèrent

Past Anterior	
j'eus jugé	nous eûmes jugé
tu eus jugé	vous eûtes jugé
il/elle eut jugé	ils/elles eurent jugé

Future	
je jugerai	nous jugerons
tu jugeras	vous jugerez
il/elle jugera	ils/elles jugeront

Future Anterior	
j'aurai jugé	nous aurons jugé
tu auras jugé	vous aurez jugé
il/elle aura jugé	ils/elles auront jugé

Conditional	
je jugerais	nous jugerions
tu jugerais	vous jugeriez
il/elle jugerait	ils/elles jugeraient

Past Conditional	
j'aurais jugé	nous aurions jugé
tu aurais jugé	vous auriez jugé
il/elle aurait jugé	ils/elles auraient jugé

Present Subjunctive	
que je juge	que nous jugions
que tu juges	que vous jugiez
qu'il/elle juge	qu'ils/elles jugent

Past Subjunctive	
que j'aie jugé	que nous ayons jugé
que tu aies jugé	que vous ayez jugé
qu'il/elle ait jugé	qu'ils/elles aient jugé

Imperfect Subjunctive	
que je jugeasse	que nous jugeassions
que tu jugeasses	que vous jugeassiez
qu'il/elle jugeât	qu'ils/elles jugeassent

Pluperfect Subjunctive	
que j'eusse jugé	que nous eussions jugé
que tu eusses jugé	que vous eussiez jugé
qu'il/elle eût jugé	qu'ils/elles eussent jugé

Commands	
	(nous) jugeons
(tu) juge	(vous) jugez

USAGE

Le public va juger ce film.	The public will judge this film.
Le jury jugera ce malfaiteur.	The jury will judge this evildoer.
À juger par ces hors-d'œuvre, on ne va pas bien manger.	Judging by these hors d'œuvres, we're not going to eat very well.
Si j'en juge par ce rapport, tout est perdu.	If I judge things by this report, all is lost.
—Qu'est-ce qu'on doit faire?	What should we do?
—C'est à vous de juger.	You should decide.

RELATED WORDS AND EXPRESSIONS

le juge	judge
le juge d'instruction	examining magistrate
les juges du concours	the judges of the competition
le jugement	judgment
Le tribunal a rendu un jugement.	The court handed down its judgment.
avoir du jugement	to have good judgment
C'est une erreur de jugement.	It's an error in judgment.

jurer to swear

je jure · je jurai · juré · jurant

regular -er verb

Present			
je jure	nous jurons		
tu jures	vous jurez		
il/elle jure	ils/elles jurent		

Passé Composé	
j'ai juré	nous avons juré
tu as juré	vous avez juré
il/elle a juré	ils/elles ont juré

Imperfect	
je jurais	nous jurions
tu jurais	vous juriez
il/elle jurait	ils/elles juraient

Pluperfect	
j'avais juré	nous avions juré
tu avais juré	vous aviez juré
il/elle avait juré	ils/elles avaient juré

Passé Simple	
je jurai	nous jurâmes
tu juras	vous jurâtes
il/elle jura	ils/elles jurèrent

Past Anterior	
j'eus juré	nous eûmes juré
tu eus juré	vous eûtes juré
il/elle eut juré	ils/elles eurent juré

Future	
je jurerai	nous jurerons
tu jureras	vous jurerez
il/elle jurera	ils/elles jureront

Future Anterior	
j'aurai juré	nous aurons juré
tu auras juré	vous aurez juré
il/elle aura juré	ils/elles auront juré

Conditional	
je jurerais	nous jurerions
tu jurerais	vous jureriez
il/elle jurerait	ils/elles jureraient

Past Conditional	
j'aurais juré	nous aurions juré
tu aurais juré	vous auriez juré
il/elle aurait juré	ils/elles auraient juré

Present Subjunctive	
que je jure	que nous jurions
que tu jures	que vous juriez
qu'il/elle jure	qu'ils/elles jurent

Past Subjunctive	
que j'aie juré	que nous ayons juré
que tu aies juré	que vous ayez juré
qu'il/elle ait juré	qu'ils/elles aient juré

Imperfect Subjunctive	
que je jurasse	que nous jurassions
que tu jurasses	que vous jurassiez
qu'il/elle jurât	qu'ils/elles jurassent

Pluperfect Subjunctive	
que j'eusse juré	que nous eussions juré
que tu eusses juré	que vous eussiez juré
qu'il/elle eût juré	qu'ils/elles eussent juré

Commands

	(nous) jurons
(tu) jure	(vous) jurez

USAGE

jurer à qqn de faire qqch	to swear to someone that you'll do something
Il nous a juré de ne rien en savoir.	He swore to us that he knew nothing about it.
Son mari lui a juré de ne plus jouer au casino.	Her husband swore to her that he wouldn't gamble anymore.
jurer comme un charretier	to swear like a trooper
—Dites « je le jure ».	Do you swear?
—Je le jure.	I swear.
jurer sa fidélité	to pledge one's loyalty
Ces deux couleurs jurent.	These two colors clash.
Il est culotté, je vous jure!	My gosh, he's got a lot of nerve!

RELATED WORDS AND EXPRESSIONS

le juron	oath / swear word
Ses jurons font rougir.	His swear words make you blush.

regular -er verb

je lâche · je lâchai · lâché · lâchant

Present			
je lâche	nous lâchons		
tu lâches	vous lâchez		
il/elle lâche	ils/elles lâchent		

Passé Composé	
j'ai lâché	nous avons lâché
tu as lâché	vous avez lâché
il/elle a lâché	ils/elles ont lâché

Imperfect	
je lâchais	nous lâchions
tu lâchais	vous lâchiez
il/elle lâchait	ils/elles lâchaient

Pluperfect	
j'avais lâché	nous avions lâché
tu avais lâché	vous aviez lâché
il/elle avait lâché	ils/elles avaient lâché

Passé Simple	
je lâchai	nous lâchâmes
tu lâchas	vous lâchâtes
il/elle lâcha	ils/elles lâchèrent

Past Anterior	
j'eus lâché	nous eûmes lâché
tu eus lâché	vous eûtes lâché
il/elle eut lâché	ils/elles eurent lâché

Future	
je lâcherai	nous lâcherons
tu lâcheras	vous lâcherez
il/elle lâchera	ils/elles lâcheront

Future Anterior	
j'aurai lâché	nous aurons lâché
tu auras lâché	vous aurez lâché
il/elle aura lâché	ils/elles auront lâché

Conditional	
je lâcherais	nous lâcherions
tu lâcherais	vous lâcheriez
il/elle lâcherait	ils/elles lâcheraient

Past Conditional	
j'aurais lâché	nous aurions lâché
tu aurais lâché	vous auriez lâché
il/elle aurait lâché	ils/elles auraient lâché

Present Subjunctive	
que je lâche	que nous lâchions
que tu lâches	que vous lâchiez
qu'il/elle lâche	qu'ils/elles lâchent

Past Subjunctive	
que j'aie lâché	que nous ayons lâché
que tu aies lâché	que vous ayez lâché
qu'il/elle ait lâché	qu'ils/elles aient lâché

Imperfect Subjunctive	
que je lâchasse	que nous lâchassions
que tu lâchasses	que vous lâchassiez
qu'il/elle lâchât	qu'ils/elles lâchassent

Pluperfect Subjunctive	
que j'eusse lâché	que nous eussions lâché
que tu eusses lâché	que vous eussiez lâché
qu'il/elle eût lâché	qu'ils/elles eussent lâché

Commands

	(nous) lâchons
(tu) lâche	(vous) lâchez

USAGE

Elle lâcha sa serviette.	*She let go of her briefcase.*
Il a lâché sa main.	*He let go of her hand.*
Lâchez-moi!	*Let go of me!*
Le chat a lâché sa proie.	*The cat let go of its prey.*
Il est interdit de lâcher les chiens dans ce parc.	*It's not allowed to let dogs off their leash in this park.*
lâcher le morceau/paquet	*to spill the beans*
Lâche le morceau! Nous savons que tu sais tout.	*Out with it! We know you know everything.*
Tu crois qu'il finira par lâcher le paquet?	*Do you think he'll wind up spilling the beans?*
Nos amis commencent à nous lâcher.	*Our friends are growing distant.*
Il ne la lâche pas d'une semelle.	*He is hounding her.*
Il ne la lâche pas des yeux.	*He keeps staring at her.*

laisser *to let, allow*

je laisse · je laissai · laissé · laissant

regular -er verb

laisser + infinitive

Elle a laissé voir son émotion.	*She let her emotion be seen.*
Elle a trébuché et a laissé tomber ses paquets.	*She stumbled and dropped her packages.*
❷ —Il faut que je lui dise son fait.	*I've got to tell him off.*
—Laisse tomber.	*Forget about it.*

laisser qqn faire qqch

J'ai laissé les enfants manger dehors.	*I let the children eat outside.*
Vous me laisserez parler?	*Will you let me speak?*
Laissez venir à moi les petits enfants.	*Suffer the little children to come unto me. (Bible)*
Il sait ce qu'il fait. Laissez-le agir.	*He knows what he is doing. Let him act.*
Laisse-moi t'aider.	*Let me help you.*
Lâche le papillon! Laisse-le s'envoler.	*Let go of the butterfly! Let it fly away.*
Laisse-moi t'accompagner, papa!	*Let me go with you, Daddy!*
Laisse-moi dormir. Je suis crevé.	*Let me sleep. I'm exhausted.*
Ne faites pas tant de bruit! Laissez-moi travailler!	*Don't make so much noise! Let me study!*

laisser qqch

Tu as laissé des fautes dans ta copie.	*You left mistakes in your composition.*
La mère a laissé le plus beau morceau à son enfant.	*The mother left the best piece for her child.*
Beaucoup de soldats ont laissé la vie dans cette bataille.	*Many soldiers lost their lives in that battle.*
On peut laisser nos valises à la consigne.	*We can leave our suitcases at the baggage check.*
Je vous laisse ce vélo à cent euros.	*I'll let you have this bicycle for 100 euros.*
J'ai laissé ma clé à la réception.	*I left my key at the hotel desk.*

se laisser

Je me suis laissé convaincre.	*I let myself be convinced.*
Il ne se laisse pas faire, ce type-là.	*That guy sure doesn't let himself get pushed around.*

RELATED WORDS AND EXPRESSIONS

Ça se laisse manger!	*This doesn't taste half bad!*
Ce plan laisse à désirer.	*This plan leaves something to be desired.*
Ils essaient de vous laisser à l'écart.	*They're trying to exclude you.*
Ce ministre se laissait acheter.	*That government minister was on the take.*
Laissez-moi tranquille!	*Leave me alone!*
Les nouvelles données laissent beaucoup à penser.	*The new data give us a lot to think about.*
Laissez-moi vous faire une douce violence.	*Let me twist your arm a little.*
Le cambrioleur a disparu sans laisser de traces.	*The burglar disappeared without a trace.*
❷ —Il l'a laissée en plan, n'est-ce pas?	*He left her in the lurch, didn't he?*
—Oui. Elle en a été assez bouleversée, mais ne l'a pas laissé voir.	*Yes. She was quite upset by it, but she didn't let on.*
C'était à prendre ou à laisser.	*It was a case of take it or leave it.*
Ce groupe de rock laisse tout le monde derrière lui par son talent.	*This rock group outshines everyone in talent.*

regular -er verb

je laisse · je laissai · laissé · laissant

Present			
je laisse	nous laissons		
tu laisses	vous laissez		
il/elle laisse	ils/elles laissent		

Passé Composé

j'ai laissé	nous avons laissé
tu as laissé	vous avez laissé
il/elle a laissé	ils/elles ont laissé

Imperfect

je laissais	nous laissions
tu laissais	vous laissiez
il/elle laissait	ils/elles laissaient

Pluperfect

j'avais laissé	nous avions laissé
tu avais laissé	vous aviez laissé
il/elle avait laissé	ils/elles avaient laissé

Passé Simple

je laissai	nous laissâmes
tu laissas	vous laissâtes
il/elle laissa	ils/elles laissèrent

Past Anterior

j'eus laissé	nous eûmes laissé
tu eus laissé	vous eûtes laissé
il/elle eut laissé	ils/elles eurent laissé

Future

je laisserai	nous laisserons
tu laisseras	vous laisserez
il/elle laissera	ils/elles laisseront

Future Anterior

j'aurai laissé	nous aurons laissé
tu auras laissé	vous aurez laissé
il/elle aura laissé	ils/elles auront laissé

Conditional

je laisserais	nous laisserions
tu laisserais	vous laisseriez
il/elle laisserait	ils/elles laisseraient

Past Conditional

j'aurais laissé	nous aurions laissé
tu aurais laissé	vous auriez laissé
il/elle aurait laissé	ils/elles auraient laissé

Present Subjunctive

que je laisse	que nous laissions
que tu laisses	que vous laissiez
qu'il/elle laisse	qu'ils/elles laissent

Past Subjunctive

que j'aie laissé	que nous ayons laissé
que tu aies laissé	que vous ayez laissé
qu'il/elle ait laissé	qu'ils/elles aient laissé

Imperfect Subjunctive

que je laissasse	que nous laissassions
que tu laissasses	que vous laissassiez
qu'il/elle laissât	qu'ils/elles laissassent

Pluperfect Subjunctive

que j'eusse laissé	que nous eussions laissé
que tu eusses laissé	que vous eussiez laissé
qu'il/elle eût laissé	qu'ils/elles eussent laissé

Commands

	(nous) laissons
(tu) laisse	(vous) laissez

USAGE

Je vous laisse ma place.	You can have my seat.
Vous ne nous avez pas laissé assez de temps pour le faire.	You didn't leave us enough time to do it.
laisser qqch	to leave something (behind)
Ne laisse pas tes légumes, Robert!	Don't leave your vegetables, Robert!
J'ai laissé mon ordinateur dans le train.	I left my computer on the train.
Laisse ton journal et viens manger.	Put down your newspaper and come eat.
Il a laissé beaucoup d'argent dans cette affaire.	He lost a lot of money in this venture.
laisser qqn	to leave someone (behind)
Tu peux laisser le bébé avec moi.	You can leave the baby with me.
Je te laisse ici.	I'm going to leave you here.
Il m'a laissé dans le café.	He left me in the café.
laisser qqch à qqn	to leave something to/for someone
Elle nous a laissé tous les documents.	She left us all the documents.
Vous m'avez laissé trop de travail.	You left too much work for me.
Il a laissé sa fortune à ses enfants.	He left his fortune to his children.

top 50 verb

lancer *to launch, throw*

je lance · je lançai · lancé · lançant   regular -er verb; spelling change: c > ç/a, o

---

L'archer a lancé des flèches avec son arc.	The archer shot arrows from his bow.
Les deux armées se sont lancé des projectiles.	The two armies shot missiles at each other.
Les torpilles lancées par l'ennemi ont coulé le cuirassé.	The torpedoes shot by the enemy sank the battleship.
Le pêcheur a lancé sa ligne.	The fisherman cast his line.
Je lui ai lancé ses méfaits à la figure.	I threw his misdeeds up to him.
Le cambrioleur a lancé les détectives sur une fausse piste.	The burglar led the detectives on a wild goose chase.
Si tu l'embêtes, il va lancer son chien contre toi.	If you annoy him he'll set his dog on you.
Le chef a lancé une idée en l'air.	The boss threw out an idea.
Elle m'a lancé un regard furieux.	She directed a furious glance at me.
—Ils se sont battus?	Did they fight?
—Oui, ton copain lui a lancé un coup de poing.	Yes, your friend punched him.
Ils ont lancé le pays dans une crise économique.	They pushed the country into an economic crisis.
Cette chanson l'a lancée.	This song launched her career.
Après ce roman, cet écrivain est lancé.	After that novel, this writer is famous / on his way.

lancer par la voix et par écrit

lancer un cri	to utter a shout
lancer un appel	to call out
lancer un mandat d'arrêt	to issue a warrant for someone's arrest
lancer un emprunt	to float a loan
« Allez-vous-en! » lança-t-elle.	"Go away!" she called out.
Ne le lancez pas sur la politique.	Don't get him started talking about politics.

se lancer

se lancer des injures	to hurl insults at each other
Se lancer sur l'autoroute vendredi soir est une folie.	It's madness to take the superhighway on a Friday night.
Il a décidé de se lancer dans le théâtre.	He decided to make his career in the theater.
L'athlète recula d'un pas pour se lancer.	The athlete stepped back in order to get a running start.
Il s'est lancé dans le fleuve pour s'enfuir.	He threw himself into the river to get away.
Ne te lance pas dans cette bagarre.	Don't get into that fight.
Il cherche à se lancer dans le cinéma.	He's trying to make a name for himself in the movies.
Ils se sont lancés dans une affaire louche.	They got involved in a shady business deal.
Elle s'est lancée dans des accusations.	She embarked on (a series of) accusations.

regular -er verb; spelling change: c > ç/a, o

je lance · je lançai · lancé · lançant

Present		Passé Composé	
je lance	nous lançons	j'ai lancé	nous avons lancé
tu lances	vous lancez	tu as lancé	vous avez lancé
il/elle lance	ils/elles lancent	il/elle a lancé	ils/elles ont lancé

Imperfect		Pluperfect	
je lançais	nous lancions	j'avais lancé	nous avions lancé
tu lançais	vous lanciez	tu avais lancé	vous aviez lancé
il/elle lançait	ils/elles lançaient	il/elle avait lancé	ils/elles avaient lancé

Passé Simple		Past Anterior	
je lançai	nous lançâmes	j'eus lancé	nous eûmes lancé
tu lanças	vous lançâtes	tu eus lancé	vous eûtes lancé
il/elle lança	ils/elles lancèrent	il/elle eut lancé	ils/elles eurent lancé

Future		Future Anterior	
je lancerai	nous lancerons	j'aurai lancé	nous aurons lancé
tu lanceras	vous lancerez	tu auras lancé	vous aurez lancé
il/elle lancera	ils/elles lanceront	il/elle aura lancé	ils/elles auront lancé

Conditional		Past Conditional	
je lancerais	nous lancerions	j'aurais lancé	nous aurions lancé
tu lancerais	vous lanceriez	tu aurais lancé	vous auriez lancé
il/elle lancerait	ils/elles lanceraient	il/elle aurait lancé	ils/elles auraient lancé

Present Subjunctive		Past Subjunctive	
que je lance	que nous lancions	que j'aie lancé	que nous ayons lancé
que tu lances	que vous lanciez	que tu aies lancé	que vous ayez lancé
qu'il/elle lance	qu'ils/elles lancent	qu'il/elle ait lancé	qu'ils/elles aient lancé

Imperfect Subjunctive		Pluperfect Subjunctive	
que je lançasse	que nous lançassions	que j'eusse lancé	que nous eussions lancé
que tu lançasses	que vous lançassiez	que tu eusses lancé	que vous eussiez lancé
qu'il/elle lançât	qu'ils/elles lançassent	qu'il/elle eût lancé	qu'ils/elles eussent lancé

Commands

	(nous) lançons
(tu) lance	(vous) lancez

USAGE

L'ennemi a lancé des bombes sur notre ville.	The enemy dropped bombs on our city.
Dans ce jeu on lance la balle avec un bâton.	In this game you hit the ball with a stick.
lancer une balle à qqn	to throw a ball to someone
lancer le disque	to throw the discus
lancer le javelot	to throw the javelin
Il est défendu de lancer des pierres.	It is forbidden to throw stones.

RELATED WORDS AND EXPRESSIONS

le lancement	throwing/launching
la rampe de lancement	launching pad
le lancement du javelot	javelin throwing
le lance-flammes	flamethrower
le lance-fusées	rocket launcher
le lance-missiles	missile launcher
le lance-roquettes	handheld rocket launcher
le lance-satellites	satellite launcher
relancer	to restart (such as computers)

(laver) *to wash*

je lave · je lavai · lavé · lavant

regular -er verb

Present

je lave	nous lavons
tu laves	vous lavez
il/elle lave	ils/elles lavent

Imperfect

je lavais	nous lavions
tu lavais	vous laviez
il/elle lavait	ils/elles lavaient

Passé Simple

je lavai	nous lavâmes
tu lavas	vous lavâtes
il/elle lava	ils/elles lavèrent

Future

je laverai	nous laverons
tu laveras	vous laverez
il/elle lavera	ils/elles laveront

Conditional

je laverais	nous laverions
tu laverais	vous laveriez
il/elle laverait	ils/elles laveraient

Passé Composé

j'ai lavé	nous avons lavé
tu as lavé	vous avez lavé
il/elle a lavé	ils/elles ont lavé

Pluperfect

j'avais lavé	nous avions lavé
tu avais lavé	vous aviez lavé
il/elle avait lavé	ils/elles avaient lavé

Past Anterior

j'eus lavé	nous eûmes lavé
tu eus lavé	vous eûtes lavé
il/elle eut lavé	ils/elles eurent lavé

Future Anterior

j'aurai lavé	nous aurons lavé
tu auras lavé	vous aurez lavé
il/elle aura lavé	ils/elles auront lavé

Past Conditional

j'aurais lavé	nous aurions lavé
tu aurais lavé	vous auriez lavé
il/elle aurait lavé	ils/elles auraient lavé

Present Subjunctive

que je lave	que nous lavions
que tu laves	que vous laviez
qu'il/elle lave	qu'ils/elles lavent

Imperfect Subjunctive

que je lavasse	que nous lavassions
que tu lavasses	que vous lavassiez
qu'il/elle lavât	qu'ils/elles lavassent

Past Subjunctive

que j'aie lavé	que nous ayons lavé
que tu aies lavé	que vous ayez lavé
qu'il/elle ait lavé	qu'ils/elles aient lavé

Pluperfect Subjunctive

que j'eusse lavé	que nous eussions lavé
que tu eusses lavé	que vous eussiez lavé
qu'il/elle eût lavé	qu'ils/elles eussent lavé

Commands

	(nous) lavons
(tu) lave	(vous) lavez

USAGE

laver la voiture	*to wash the car*
laver le plancher	*to wash the floor*
laver la vaisselle	*to wash the dishes*
laver une tache	*to wash out a stain*
Ces savonnettes lavent très bien.	*These bars of soap really clean.*
Il faut laver son linge sale en famille.	*Don't wash your dirty linen in public.*

RELATED WORDS AND EXPRESSIONS

le lavage	*washing*
On leur a fait un lavage de cerveau.	*They were brainwashed.*
la machine à laver	*washing machine*
le lave-glace (*pl.* les lave-glaces)	*windshield washer*
le lave-vaisselle	*dishwasher*

regular -er reflexive verb;
compound tenses with être

je me lave · je me lavai · s'étant lavé · se lavant

Present

je me lave	nous nous lavons
tu te laves	vous vous lavez
il/elle se lave	ils/elles se lavent

Imperfect

je me lavais	nous nous lavions
tu te lavais	vous vous laviez
il/elle se lavait	ils/elles se lavaient

Passé Simple

je me lavai	nous nous lavâmes
tu te lavas	vous vous lavâtes
il/elle se lava	ils/elles se lavèrent

Future

je me laverai	nous nous laverons
tu te laveras	vous vous laverez
il/elle se lavera	ils/elles se laveront

Conditional

je me laverais	nous nous laverions
tu te laverais	vous vous laveriez
il/elle se laverait	ils/elles se laveraient

Passé Composé

je me suis lavé(e)	nous nous sommes lavé(e)s
tu t'es lavé(e)	vous vous êtes lavé(e)(s)
il/elle s'est lavé(e)	ils/elles se sont lavé(e)s

Pluperfect

je m'étais lavé(e)	nous nous étions lavé(e)s
tu t'étais lavé(e)	vous vous étiez lavé(e)(s)
il/elle s'était lavé(e)	ils/elles s'étaient lavé(e)s

Past Anterior

je me fus lavé(e)	nous nous fûmes lavé(e)s
tu te fus lavé(e)	vous vous fûtes lavé(e)(s)
il/elle se fut lavé(e)	ils/elles se furent lavé(e)s

Future Anterior

je me serai lavé(e)	nous nous serons lavé(e)s
tu te seras lavé(e)	vous vous serez lavé(e)(s)
il/elle se sera lavé(e)	ils/elles se seront lavé(e)s

Past Conditional

je me serais lavé(e)	nous nous serions lavé(e)s
tu te serais lavé(e)	vous vous seriez lavé(e)(s)
il/elle se serait lavé(e)	ils/elles se seraient lavé(e)s

Present Subjunctive

que je me lave	que nous nous lavions
que tu te laves	que vous vous laviez
qu'il/elle se lave	qu'ils/elles se lavent

Imperfect Subjunctive

que je me lavasse	que nous nous lavassions
que tu te lavasses	que vous vous lavassiez
qu'il/elle se lavât	qu'ils/elles se lavassent

Past Subjunctive

que je me sois lavé(e)	que nous nous soyons lavé(e)s
que tu te sois lavé(e)	que vous vous soyez lavé(e)(s)
qu'il/elle se soit lavé(e)	qu'ils/elles se soient lavé(e)s

Pluperfect Subjunctive

que je me fusse lavé(e)	que nous nous fussions lavé(e)s
que tu te fusses lavé(e)	que vous vous fussiez lavé(e)(s)
qu'il/elle se fût lavé(e)	qu'ils/elles se fussent lavé(e)s

Commands

	(nous) lavons-nous
(tu) lave-toi	(vous) lavez-vous

USAGE

Je me lave la tête tous les jours.	*I wash my hair every day.*
Lavez-vous les mains avant de manger.	*Wash your hands before eating.*
Après avoir mangé, elle s'est lavé les dents.	*After eating, she cleaned her teeth.*
Je vois que tu as joué dans la boue. Lave-toi les mains et la figure.	*I see you played in the mud. Wash your hands and face.*
Elle s'est lavée dans le lavabo.	*She washed up at the bathroom sink.*
C'est un tissu qui ne se lave pas bien.	*It's a fabric that is hard to wash.*
Ce pantalon se lave à l'eau froide.	*You wash that pair of pants in cold water.*
Regarde comme tu t'es sali! Va te laver.	*Look how dirty you've gotten! Go wash up.*
Le gouvernement s'en est lavé les mains.	*The government washed its hands of it.*

(**lever**) *to raise, lift*

je lève · je levai · levé · levant   regular -er verb; spelling change: e > è/mute e

---

Present
je lève	nous levons
tu lèves	vous levez
il/elle lève	ils/elles lèvent

Imperfect
je levais	nous levions
tu levais	vous leviez
il/elle levait	ils/elles levaient

Passé Simple
je levai	nous levâmes
tu levas	vous levâtes
il/elle leva	ils/elles levèrent

Future
je lèverai	nous lèverons
tu lèveras	vous lèverez
il/elle lèvera	ils/elles lèveront

Conditional
je lèverais	nous lèverions
tu lèverais	vous lèveriez
il/elle lèverait	ils/elles lèveraient

Passé Composé
j'ai levé	nous avons levé
tu as levé	vous avez levé
il/elle a levé	ils/elles ont levé

Pluperfect
j'avais levé	nous avions levé
tu avais levé	vous aviez levé
il/elle avait levé	ils/elles avaient levé

Past Anterior
j'eus levé	nous eûmes levé
tu eus levé	vous eûtes levé
il/elle eut levé	ils/elles eurent levé

Future Anterior
j'aurai levé	nous aurons levé
tu auras levé	vous aurez levé
il/elle aura levé	ils/elles auront levé

Past Conditional
j'aurais levé	nous aurions levé
tu aurais levé	vous auriez levé
il/elle aurait levé	ils/elles auraient levé

Present Subjunctive
que je lève	que nous levions
que tu lèves	que vous leviez
qu'il/elle lève	qu'ils/elles lèvent

Imperfect Subjunctive
que je levasse	que nous levassions
que tu levasses	que vous levassiez
qu'il/elle levât	qu'ils/elles levassent

Past Subjunctive
que j'aie levé	que nous ayons levé
que tu aies levé	que vous ayez levé
qu'il/elle ait levé	qu'ils/elles aient levé

Pluperfect Subjunctive
que j'eusse levé	que nous eussions levé
que tu eusses levé	que vous eussiez levé
qu'il/elle eût levé	qu'ils/elles eussent levé

Commands
	(nous) levons
(tu) lève	(vous) levez

(**USAGE**)

Si vous savez la réponse, levez le doigt.	*If you know the answer, raise your hand (lit., finger).*
lever les yeux	*to raise one's eyes*
Il a levé le poing pour m'effrayer.	*He raised his fist to frighten me.*
Impossible de le lever avant neuf heures.	*You just can't get him out of bed before nine o'clock.*
Elle ne lèvera pas le petit doigt pour t'aider.	*She won't lift a finger to help you.*
La police a levé le masque à l'escroc.	*The police unmasked the con man.*
Ne lève pas le nez là-dessus!	*Don't turn your nose up at it!*
Nous avons levé la séance à sept heures.	*We called it a day at seven o'clock.*

RELATED WORDS AND EXPRESSIONS

être levé(e)	*to be up*
—Je peux voir Philippe?	*May I see Philippe?*
—Je regrette, mais il n'est pas encore levé.	*I'm sorry, but he's not up yet.*

regular *-er* reflexive verb; spelling change:
e > è/mute *e*; compound tenses with *être*

je me lève · je me levai · s'étant levé · se levant

Present

je me lève	nous nous levons
tu te lèves	vous vous levez
il/elle se lève	ils/elles se lèvent

Passé Composé

je me suis levé(e)	nous nous sommes levé(e)s
tu t'es levé(e)	vous vous êtes levé(e)(s)
il/elle s'est levé(e)	ils/elles se sont levé(e)s

Imperfect

je me levais	nous nous levions
tu te levais	vous vous leviez
il/elle se levait	ils/elles se levaient

Pluperfect

je m'étais levé(e)	nous nous étions levé(e)s
tu t'étais levé(e)	vous vous étiez levé(e)(s)
il/elle s'était levé(e)	ils/elles s'étaient levé(e)s

Passé Simple

je me levai	nous nous levâmes
tu te levas	vous vous levâtes
il/elle se leva	ils/elles se levèrent

Past Anterior

je me fus levé(e)	nous nous fûmes levé(e)s
tu te fus levé(e)	vous vous fûtes levé(e)(s)
il/elle se fut levé(e)	ils/elles se furent levé(e)s

Future

je me lèverai	nous nous lèverons
tu te lèveras	vous vous lèverez
il/elle se lèvera	ils/elles se lèveront

Future Anterior

je me serai levé(e)	nous nous serons levé(e)s
tu te seras levé(e)	vous vous serez levé(e)(s)
il/elle se sera levé(e)	ils/elles se seront levé(e)s

Conditional

je me lèverais	nous nous lèverions
tu te lèverais	vous vous lèveriez
il/elle se lèverait	ils/elles se lèveraient

Past Conditional

je me serais levé(e)	nous nous serions levé(e)s
tu te serais levé(e)	vous vous seriez levé(e)(s)
il/elle se serait levé(e)	ils/elles se seraient levé(e)s

Present Subjunctive

que je me lève	que nous nous levions
que tu te lèves	que vous vous leviez
qu'il/elle se lève	qu'ils/elles se lèvent

Past Subjunctive

que je me sois levé(e)	que nous nous soyons levé(e)s
que tu te sois levé(e)	que vous vous soyez levé(e)(s)
qu'il/elle se soit levé(e)	qu'ils/elles se soient levé(e)s

Imperfect Subjunctive

que je me levasse	que nous nous levassions
que tu te levasses	que vous vous levassiez
qu'il/elle se levât	qu'ils/elles se levassent

Pluperfect Subjunctive

que je me fusse levé(e)	que nous nous fussions levé(e)s
que tu te fusses levé(e)	que vous vous fussiez levé(e)(s)
qu'il/elle se fût levé(e)	qu'ils/elles se fussent levé(e)s

Commands

	(nous) levons-nous
(tu) lève-toi	(vous) levez-vous

Ne restez plus assis. Levez-vous!	*Don't remain seated any longer. Get up!*
Je me lève tôt pour aller au travail.	*I get up early to go to work.*
Ils se sont levés de table pour passer au salon.	*They got up from the table to go to the living room.*
Je vois que tu t'es levé du pied gauche ce matin.	*I see you got up on the wrong side of the bed this morning.*
Le malade ne peut pas se lever sur son séant.	*The patient cannot sit up.*
Le soleil se lève.	*The sun is coming up.*
Le jour se lève.	*Day is breaking.*
Le brouillard s'est levé.	*The fog lifted.*
Tout d'un coup, le vent s'est levé.	*Suddenly, the wind came up.*

je lis · je lus · lu · lisant   *irregular verb*

Des lectures

J'ai lu tout le théâtre classique.	*I read all of classical theater.*
Cet auteur est beaucoup lu.	*This author is widely read.*
Ce sont des livres que se lisent partout.	*They're books that are read everywhere.*
lire en diagonale	*to skim through / scan*
J'ai lu le rapport en diagonale.	*I skimmed the report.*
Tu peux me lire les résultats au téléphone?	*Can you read the results to me over the phone?*
Ces contes se laissent lire.	*These stories are easy to read.*
C'est un poème qui se lit peu.	*It's a poem which is not often read.*
Cet enfant savait lire à l'âge de quatre ans.	*This child could read at the age of four.*
C'est un livre à lire.	*It's a book worth reading.*
Ses opinions méritent d'être lues.	*His opinions deserve to be read.*
Le délégué a lu son discours devant l'Assemblée Générale de l'ONU.	*The delegate read his speech before the General Assembly at the UN.*

Des lectures figurées

❧ —Cette lettre ne m'a pas bouleversé.	*This letter didn't upset me.*
—Il faut lire entre les lignes.	*You have to read between the lines.*
lire la haine dans le visage de qqn	*to read the hatred in someone's face*
lire dans le cœur de qqn	*to know what is in someone's heart*
lire l'avenir dans les lignes de la main	*to read the future in the lines of the hand*
La diseuse de bonne aventure lit les lignes de la main.	*The fortune-teller reads palms.*
lire l'avenir dans le marc de café	*to read the future in coffee grounds (equivalent of tea leaves)*
Je lis tes sentiments dans ton expression.	*I read your feelings in your expression.*
lire sur les lèvres	*to read lips*
Les sourds lisent sur les lèvres de ceux qui entendent bien.	*Deaf people read the lips of hearing people.*
Il se croit très fin, mais j'ai lu dans son jeu.	*He thinks he's very clever, but I saw through his little game.*

lire dans l'informatique

L'ordinateur lit une disquette.	*The computer reads a diskette.*
Le scanner lit les images.	*The scanner scans the pictures.*

RELATED WORDS AND EXPRESSIONS

la lecture	*reading/text*
Les lectures pour ce cours sont difficiles.	*The readings for this course are difficult.*
le lecteur / la lectrice	*reader*
le lecteur de cassettes	*cassette player*
le lecteur de disques compacts	*compact disc player*
le lecteur de disquettes	*disk drive*

irregular verb

Present		Passé Composé	
je lis	nous lisons	j'ai lu	nous avons lu
tu lis	vous lisez	tu as lu	vous avez lu
il/elle lit	ils/elles lisent	il/elle a lu	ils/elles ont lu

Imperfect		Pluperfect	
je lisais	nous lisions	j'avais lu	nous avions lu
tu lisais	vous lisiez	tu avais lu	vous aviez lu
il/elle lisait	ils/elles lisaient	il/elle avait lu	ils/elles avaient lu

Passé Simple		Past Anterior	
je lus	nous lûmes	j'eus lu	nous eûmes lu
tu lus	vous lûtes	tu eus lu	vous eûtes lu
il/elle lut	ils/elles lurent	il/elle eut lu	ils/elles eurent lu

Future		Future Anterior	
je lirai	nous lirons	j'aurai lu	nous aurons lu
tu liras	vous lirez	tu auras lu	vous aurez lu
il/elle lira	ils/elles liront	il/elle aura lu	ils/elles auront lu

Conditional		Past Conditional	
je lirais	nous lirions	j'aurais lu	nous aurions lu
tu lirais	vous liriez	tu aurais lu	vous auriez lu
il/elle lirait	ils/elles liraient	il/elle aurait lu	ils/elles auraient lu

Present Subjunctive		Past Subjunctive	
que je lise	que nous lisions	que j'aie lu	que nous ayons lu
que tu lises	que vous lisiez	que tu aies lu	que vous ayez lu
qu'il/elle lise	qu'ils/elles lisent	qu'il/elle ait lu	qu'ils/elles aient lu

Imperfect Subjunctive		Pluperfect Subjunctive	
que je lusse	que nous lussions	que j'eusse lu	que nous eussions lu
que tu lusses	que vous lussiez	que tu eusses lu	que vous eussiez lu
qu'il/elle lût	qu'ils/elles lussent	qu'il/elle eût lu	qu'ils/elles eussent lu

Commands

	(nous) lisons
(tu) lis	(vous) lisez

USAGE

lire un livre/roman/poème/article	to read a book/novel/poem/article
lire la nouvelle dans/sur le journal	to read the news in the newspaper
lire les messages qu'on a laissés	to read the messages that were left
lire l'écriteau	to read the sign
lire en français	to read in French
lire couramment l'hébreu	to read Hebrew fluently
savoir lire les partitions de musique	to be able to read musical scores
mettre ses lunettes pour lire	to put on one's glasses to read
Dans l'attente de vous lire,	Waiting for your reply, (at the closing of a formal letter)
En espérant vous lire bientôt,	Hoping to hear from you soon,
Tu as acheté quelque chose à lire pour le voyage?	Have you bought anything to read for the trip?

louer *to rent; to praise*

je loue · je louai · loué · louant

regular -er verb

Present
je loue	nous louons
tu loues	vous louez
il/elle loue	ils/elles louent

Passé Composé
j'ai loué	nous avons loué
tu as loué	vous avez loué
il/elle a loué	ils/elles ont loué

Imperfect
je louais	nous louions
tu louais	vous louiez
il/elle louait	ils/elles louaient

Pluperfect
j'avais loué	nous avions loué
tu avais loué	vous aviez loué
il/elle avait loué	ils/elles avaient loué

Passé Simple
je louai	nous louâmes
tu louas	vous louâtes
il/elle loua	ils/elles louèrent

Past Anterior
j'eus loué	nous eûmes loué
tu eus loué	vous eûtes loué
il/elle eut loué	ils/elles eurent loué

Future
je louerai	nous louerons
tu loueras	vous louerez
il/elle louera	ils/elles loueront

Future Anterior
j'aurai loué	nous aurons loué
tu auras loué	vous aurez loué
il/elle aura loué	ils/elles auront loué

Conditional
je louerais	nous louerions
tu louerais	vous loueriez
il/elle louerait	ils/elles loueraient

Past Conditional
j'aurais loué	nous aurions loué
tu aurais loué	vous auriez loué
il/elle aurait loué	ils/elles auraient loué

Present Subjunctive
que je loue	que nous louions
que tu loues	que vous louiez
qu'il/elle loue	qu'ils/elles louent

Past Subjunctive
que j'aie loué	que nous ayons loué
que tu aies loué	que vous ayez loué
qu'il/elle ait loué	qu'ils/elles aient loué

Imperfect Subjunctive
que je louasse	que nous louassions
que tu louasses	que vous louassiez
qu'il/elle louât	qu'ils/elles louassent

Pluperfect Subjunctive
que j'eusse loué	que nous eussions loué
que tu eusses loué	que vous eussiez loué
qu'il/elle eût loué	qu'ils/elles eussent loué

Commands
	(nous) louons
(tu) loue	(vous) louez

USAGE

—Tu vas louer un appartement à Paris? / *Are you going to rent an apartment in Paris?*

—Non, je vais louer une maison au bord d'un lac. / *No, I'm going to rent a lakeside house.*

louer une voiture pour faire un tour en Normandie / *to rent a car to travel around Normandy*

louer un film / *to rent a film*

Il faut louer Dieu. / *We must thank God.*

RELATED WORDS AND EXPRESSIONS

la location	*renting*
l'agence de location	*rental agency*
la location immobilière	*property rental / real estate rental*
la location de voitures	*car rental*
un/une locataire	*a tenant*
un/une colocataire	*an apartment mate; a roommate*

je maigris · je maigris · maigri · maigrissant

regular -ir verb

Present

je maigris	nous maigrissons
tu maigris	vous maigrissez
il/elle maigrit	ils/elles maigrissent

Imperfect

je maigrissais	nous maigrissions
tu maigrissais	vous maigrissiez
il/elle maigrissait	ils/elles maigrissaient

Passé Simple

je maigris	nous maigrîmes
tu maigris	vous maigrîtes
il/elle maigrit	ils/elles maigrirent

Future

je maigrirai	nous maigrirons
tu maigriras	vous maigrirez
il/elle maigrira	ils/elles maigriront

Conditional

je maigrirais	nous maigririons
tu maigrirais	vous maigririez
il/elle maigrirait	ils/elles maigriraient

Present Subjunctive

que je maigrisse	que nous maigrissions
que tu maigrisses	que vous maigrissiez
qu'il/elle maigrisse	qu'ils/elles maigrissent

Imperfect Subjunctive

que je maigrisse	que nous maigrissions
que tu maigrisses	que vous maigrissiez
qu'il/elle maigrît	qu'ils/elles maigrissent

Passé Composé

j'ai maigri	nous avons maigri
tu as maigri	vous avez maigri
il/elle a maigri	ils/elles ont maigri

Pluperfect

j'avais maigri	nous avions maigri
tu avais maigri	vous aviez maigri
il/elle avait maigri	ils/elles avaient maigri

Past Anterior

j'eus maigri	nous eûmes maigri
tu eus maigri	vous eûtes maigri
il/elle eut maigri	ils/elles eurent maigri

Future Anterior

j'aurai maigri	nous aurons maigri
tu auras maigri	vous aurez maigri
il/elle aura maigri	ils/elles auront maigri

Past Conditional

j'aurais maigri	nous aurions maigri
tu aurais maigri	vous auriez maigri
il/elle aurait maigri	ils/elles auraient maigri

Past Subjunctive

que j'aie maigri	que nous ayons maigri
que tu aies maigri	que vous ayez maigri
qu'il/elle ait maigri	qu'ils/elles aient maigri

Pluperfect Subjunctive

que j'eusse maigri	que nous eussions maigri
que tu eusses maigri	que vous eussiez maigri
qu'il/elle eût maigri	qu'ils/elles eussent maigri

Commands

	(nous) maigrissons
(tu) maigris	(vous) maigrissez

USAGE

J'ai maigri de trois kilos.
Il avait tellement maigri que je ne l'ai pas reconnu.
J'ai grossi. Il me faut un régime pour maigrir.
Le sport fait maigrir.
Elle cherche une robe qui maigrisse.

I've lost three kilos.
He had lost so much weight that I didn't recognize him.
I've gotten heavy. I need a diet to lose weight.
Playing sports makes you lose weight.
She's looking for a dress that makes her look thinner.

RELATED WORDS AND EXPRESSIONS

maigre
Il est maigre comme un clou.
Avant les catholiques faisaient maigre le vendredi.

thin/meager
He's thin as a rail (lit., a nail).
Previously, Catholics didn't eat meat on Friday.

manger to eat

je mange · je mangeai · mangé · mangeant

regular -er verb; spelling change: g > ge/a, o

Present		Passé Composé	
je mange	nous mangeons	j'ai mangé	nous avons mangé
tu manges	vous mangez	tu as mangé	vous avez mangé
il/elle mange	ils/elles mangent	il/elle a mangé	ils/elles ont mangé

Imperfect		Pluperfect	
je mangeais	nous mangions	j'avais mangé	nous avions mangé
tu mangeais	vous mangiez	tu avais mangé	vous aviez mangé
il/elle mangeait	ils/elles mangeaient	il/elle avait mangé	ils/elles avaient mangé

Passé Simple		Past Anterior	
je mangeai	nous mangeâmes	j'eus mangé	nous eûmes mangé
tu mangeas	vous mangeâtes	tu eus mangé	vous eûtes mangé
il/elle mangea	ils/elles mangèrent	il/elle eut mangé	ils/elles eurent mangé

Future		Future Anterior	
je mangerai	nous mangerons	j'aurai mangé	nous aurons mangé
tu mangeras	vous mangerez	tu auras mangé	vous aurez mangé
il/elle mangera	ils/elles mangeront	il/elle aura mangé	ils/elles auront mangé

Conditional		Past Conditional	
je mangerais	nous mangerions	j'aurais mangé	nous aurions mangé
tu mangerais	vous mangeriez	tu aurais mangé	vous auriez mangé
il/elle mangerait	ils/elles mangeraient	il/elle aurait mangé	ils/elles auraient mangé

Present Subjunctive		Past Subjunctive	
que je mange	que nous mangions	que j'aie mangé	que nous ayons mangé
que tu manges	que vous mangiez	que tu aies mangé	que vous ayez mangé
qu'il/elle mange	qu'ils/elles mangent	qu'il/elle ait mangé	qu'ils/elles aient mangé

Imperfect Subjunctive		Pluperfect Subjunctive	
que je mangeasse	que nous mangeassions	que j'eusse mangé	que nous eussions mangé
que tu mangeasses	que vous mangeassiez	que tu eusses mangé	que vous eussiez mangé
qu'il/elle mangeât	qu'ils/elles mangeassent	qu'il/elle eût mangé	qu'ils/elles eussent mangé

Commands

	(nous) mangeons
(tu) mange	(vous) mangez

USAGE

Nous mangeons dans un restaurant ce soir.	We're eating out this evening.
On mange la soupe dans une assiette creuse.	We eat soup from a bowl.
Cette soupe se mange froide.	That soup is eaten cold.
Viens manger un morceau chez nous.	Come over and have a bite with us.
Je n'ai pas eu le temps de déjeuner. J'ai mangé sur le pouce.	I didn't have time to have lunch. I had a quick snack.
Qu'est-ce que tu aimes boire en mangeant?	What do you like to drink with a meal?
Tu as donné à manger aux enfants?	Did you feed the children?
Cette classe mange tout mon temps.	That class is taking all my time.
Le prof l'a mangé tout cru.	The teacher made mincemeat of him.
Il a mangé la belle fille des yeux.	He stared intently at the beautiful girl.
Il a mangé la consigne.	He forgot what he was supposed to do.
Il a mangé la commission.	He forgot to do his errand.
Il mange toujours son blé en herbe.	Money burns a hole in his pocket.
Elle est bête à manger du foin.	She is really stupid. (le foin = hay)

regular -er verb

je manque · je manquai · manqué · manquant

Present

je manque	nous manquons
tu manques	vous manquez
il/elle manque	ils/elles manquent

Imperfect

je manquais	nous manquions
tu manquais	vous manquiez
il/elle manquait	ils/elles manquaient

Passé Simple

je manquai	nous manquâmes
tu manquas	vous manquâtes
il/elle manqua	ils/elles manquèrent

Future

je manquerai	nous manquerons
tu manqueras	vous manquerez
il/elle manquera	ils/elles manqueront

Conditional

je manquerais	nous manquerions
tu manquerais	vous manqueriez
il/elle manquerait	ils/elles manqueraient

Passé Composé

j'ai manqué	nous avons manqué
tu as manqué	vous avez manqué
il/elle a manqué	ils/elles ont manqué

Pluperfect

j'avais manqué	nous avions manqué
tu avais manqué	vous aviez manqué
il/elle avait manqué	ils/elles avaient manqué

Past Anterior

j'eus manqué	nous eûmes manqué
tu eus manqué	vous eûtes manqué
il/elle eut manqué	ils/elles eurent manqué

Future Anterior

j'aurai manqué	nous aurons manqué
tu auras manqué	vous aurez manqué
il/elle aura manqué	ils/elles auront manqué

Past Conditional

j'aurais manqué	nous aurions manqué
tu aurais manqué	vous auriez manqué
il/elle aurait manqué	ils/elles auraient manqué

Present Subjunctive

que je manque	que nous manquions
que tu manques	que vous manquiez
qu'il/elle manque	qu'ils/elles manquent

Imperfect Subjunctive

que je manquasse	que nous manquassions
que tu manquasses	que vous manquassiez
qu'il/elle manquât	qu'ils/elles manquassent

Past Subjunctive

que j'aie manqué	que nous ayons manqué
que tu aies manqué	que vous ayez manqué
qu'il/elle ait manqué	qu'ils/elles aient manqué

Pluperfect Subjunctive

que j'eusse manqué	que nous eussions manqué
que tu eusses manqué	que vous eussiez manqué
qu'il/elle eût manqué	qu'ils/elles eussent manqué

Commands

	(nous) manquons
(tu) manque	(vous) manquez

USAGE

Il manque encore des étudiants.	There are still some students missing.
Il manque une dent à cette fourchette.	This fork is missing a prong.
—Est-ce que je te manque?	Do you miss me?
—Tu me manques beaucoup.	I miss you a lot.
—J'ai manqué la conférence.	I missed the lecture.
—Ne t'en fais pas. Tu n'as rien manqué.	Don't worry. You didn't miss anything.
Il a manqué son bus.	He missed his bus.
Cet homme manque de bon sens.	That man has no common sense.
Rien ne me manque ici.	I want for nothing here.
Les mots me manquent pour vous remercier.	I don't have the words to thank you.
C'est tout ce qui manquait.	That's just what we needed.
Il ne manquait plus que ça!	That's the last straw!
manquer de faire qqch	to fail to do something
Ne manquez pas de m'aviser.	Don't fail to let me know.
Elle n'a pas manqué de me le dire.	She made sure to tell me.

marcher *to walk*

je marche · je marchai · marché · marchant

regular -er verb

Present			Passé Composé	
je marche	nous marchons		j'ai marché	nous avons marché
tu marches	vous marchez		tu as marché	vous avez marché
il/elle marche	ils/elles marchent		il/elle a marché	ils/elles ont marché

Imperfect			Pluperfect	
je marchais	nous marchions		j'avais marché	nous avions marché
tu marchais	vous marchiez		tu avais marché	vous aviez marché
il/elle marchait	ils/elles marchaient		il/elle avait marché	ils/elles avaient marché

Passé Simple			Past Anterior	
je marchai	nous marchâmes		j'eus marché	nous eûmes marché
tu marchas	vous marchâtes		tu eus marché	vous eûtes marché
il/elle marcha	ils/elles marchèrent		il/elle eut marché	ils/elles eurent marché

Future			Future Anterior	
je marcherai	nous marcherons		j'aurai marché	nous aurons marché
tu marcheras	vous marcherez		tu auras marché	vous aurez marché
il/elle marchera	ils/elles marcheront		il/elle aura marché	ils/elles auront marché

Conditional			Past Conditional	
je marcherais	nous marcherions		j'aurais marché	nous aurions marché
tu marcherais	vous marcheriez		tu aurais marché	vous auriez marché
il/elle marcherait	ils/elles marcheraient		il/elle aurait marché	ils/elles auraient marché

Present Subjunctive			Past Subjunctive	
que je marche	que nous marchions		que j'aie marché	que nous ayons marché
que tu marches	que vous marchiez		que tu aies marché	que vous ayez marché
qu'il/elle marche	qu'ils/elles marchent		qu'il/elle ait marché	qu'ils/elles aient marché

Imperfect Subjunctive			Pluperfect Subjunctive	
que je marchasse	que nous marchassions		que j'eusse marché	que nous eussions marché
que tu marchasses	que vous marchassiez		que tu eusses marché	que vous eussiez marché
qu'il/elle marchât	qu'ils/elles marchassent		qu'il/elle eût marché	qu'ils/elles eussent marché

Commands

	(nous) marchons
(tu) marche	(vous) marchez

USAGE

Il marche trop vite. Je ne peux pas le rattraper.
He walks too quickly. I can't catch up with him.

Il est défendu de marcher sur le gazon.
It's forbidden to walk on the lawn.

Son fils a marché sur ses pas.
His son followed in his footsteps.

Si Louis marche avec eux, je ne marche plus.
If Louis joins up with them, I'm out.

C'est marche ou crève.
It's sink or swim.

Il va falloir que tu marches au pas.
You'll have to toe the mark.

Il te fait marcher.
He's stringing you along.

Cela marche comme sur des roulettes.
Everything is going like clockwork.

Il est content. Ses affaires marchent bien.
He's happy. His business is going well.

Ses actions ont fait marcher les langues.
What he did started tongues wagging.

marcher à quatre pattes
to crawl

Ce téléphone ne marche pas.
This phone isn't working.

irregular verb

je maudis · je maudis · maudit · maudissant

Present

je maudis	nous maudissons
tu maudis	vous maudissez
il/elle maudit	ils/elles maudissent

Imperfect

je maudissais	nous maudissions
tu maudissais	vous maudissiez
il/elle maudissait	ils/elles maudissaient

Passé Simple

je maudis	nous maudîmes
tu maudis	vous maudîtes
il/elle maudit	ils/elles maudirent

Future

je maudirai	nous maudirons
tu maudiras	vous maudirez
il/elle maudira	ils/elles maudiront

Conditional

je maudirais	nous maudirions
tu maudirais	vous maudiriez
il/elle maudirait	ils/elles maudiraient

Passé Composé

j'ai maudit	nous avons maudit
tu as maudit	vous avez maudit
il/elle a maudit	ils/elles ont maudit

Pluperfect

j'avais maudit	nous avions maudit
tu avais maudit	vous aviez maudit
il/elle avait maudit	ils/elles avaient maudit

Past Anterior

j'eus maudit	nous eûmes maudit
tu eus maudit	vous eûtes maudit
il/elle eut maudit	ils/elles eurent maudit

Future Anterior

j'aurai maudit	nous aurons maudit
tu auras maudit	vous aurez maudit
il/elle aura maudit	ils/elles auront maudit

Past Conditional

j'aurais maudit	nous aurions maudit
tu aurais maudit	vous auriez maudit
il/elle aurait maudit	ils/elles auraient maudit

Present Subjunctive

que je maudisse	que nous maudissions
que tu maudisses	que vous maudissiez
qu'il/elle maudisse	qu'ils/elles maudissent

Imperfect Subjunctive

que je maudisse	que nous maudissions
que tu maudisses	que vous maudissiez
qu'il/elle maudît	qu'ils/elles maudissent

Past Subjunctive

que j'aie maudit	que nous ayons maudit
que tu aies maudit	que vous ayez maudit
qu'il/elle ait maudit	qu'ils/elles aient maudit

Pluperfect Subjunctive

que j'eusse maudit	que nous eussions maudit
que tu eusses maudit	que vous eussiez maudit
qu'il/elle eût maudit	qu'ils/elles eussent maudit

Commands

	(nous) maudissons
(tu) maudis	(vous) maudissez

USAGE

Le peuple maudit la guerre.	*The people curse war.*
Elle a maudit son fiancé.	*She cursed her fiancé.*
Maudit soit le jour où je l'ai connu.	*Cursed be the day I met him.*
Je te maudis!	*Damn you!*
Maudit soit-il!	*Damn him!*

RELATED WORDS AND EXPRESSIONS

la malédiction	*curse*

méconnaître *to not know, be unfamiliar with; to misjudge, underestimate*

je méconnais · je méconnus · méconnu · méconnaissant   irregular verb

Present		Passé Composé	
je méconnais	nous méconnaissons	j'ai méconnu	nous avons méconnu
tu méconnais	vous méconnaissez	tu as méconnu	vous avez méconnu
il/elle méconnaît	ils/elles méconnaissent	il/elle a méconnu	ils/elles ont méconnu

Imperfect		Pluperfect	
je méconnaissais	nous méconnaissions	j'avais méconnu	nous avions méconnu
tu méconnaissais	vous méconnaissiez	tu avais méconnu	vous aviez méconnu
il/elle méconnaissait	ils/elles méconnaissaient	il/elle avait méconnu	ils/elles avaient méconnu

Passé Simple		Past Anterior	
je méconnus	nous méconnûmes	j'eus méconnu	nous eûmes méconnu
tu méconnus	vous méconnûtes	tu eus méconnu	vous eûtes méconnu
il/elle méconnut	ils/elles méconnurent	il/elle eut méconnu	ils/elles eurent méconnu

Future		Future Anterior	
je méconnaîtrai	nous méconnaîtrons	j'aurai méconnu	nous aurons méconnu
tu méconnaîtras	vous méconnaîtrez	tu auras méconnu	vous aurez méconnu
il/elle méconnaîtra	ils/elles méconnaîtront	il/elle aura méconnu	ils/elles auront méconnu

Conditional		Past Conditional	
je méconnaîtrais	nous méconnaîtrions	j'aurais méconnu	nous aurions méconnu
tu méconnaîtrais	vous méconnaîtriez	tu aurais méconnu	vous auriez méconnu
il/elle méconnaîtrait	ils/elles méconnaîtraient	il/elle aurait méconnu	ils/elles auraient méconnu

Present Subjunctive		Past Subjunctive	
que je méconnaisse	que nous méconnaissions	que j'aie méconnu	que nous ayons méconnu
que tu méconnaisses	que vous méconnaissiez	que tu aies méconnu	que vous ayez méconnu
qu'il/elle méconnaisse	qu'ils/elles méconnaissent	qu'il/elle ait méconnu	qu'ils/elles aient méconnu

Imperfect Subjunctive		Pluperfect Subjunctive	
que je méconnusse	que nous méconnussions	que j'eusse méconnu	que nous eussions méconnu
que tu méconnusses	que vous méconnussiez	que tu eusses méconnu	que vous eussiez méconnu
qu'il/elle méconnût	qu'ils/elles méconnussent	qu'il/elle eût méconnu	qu'ils/elles eussent méconnu

Commands

	(nous) méconnaissons
(tu) méconnais	(vous) méconnaissez

USAGE

méconnaître le règlement	to be ignorant of the regulations
Il ne méconnaît pas que vous soyez en difficulté.	He is fully aware that you are having trouble.
C'est méconnaître le monde des affaires.	That's misjudging the business world.
Les critiques ont méconnu la qualité de son œuvre.	The critics underestimated the quality of his work.
On méconnaît la valeur de ses idées.	People underestimate the value of his ideas.

RELATED WORDS AND EXPRESSIONS

la méconnaissance	deliberate ignorance
Sa méconnaissance des lois a mené à sa perte.	His disregard of the laws led to his destruction.
Sa méconnaissance de son sujet est choquante pour un professeur.	His ignorance of his subject is shocking for a teacher.
C'est un méconnu.	He's an underrated person.

regular -er reflexive verb;
compound tenses with être

je me méfie · je me méfiai · s'étant méfié · se méfiant

Present	
je me méfie	nous nous méfions
tu te méfies	vous vous méfiez
il/elle se méfie	ils/elles se méfient

Passé Composé	
je me suis méfié(e)	nous nous sommes méfié(e)s
tu t'es méfié(e)	vous vous êtes méfié(e)(s)
il/elle s'est méfié(e)	ils/elles se sont méfié(e)s

Imperfect	
je me méfiais	nous nous méfiions
tu te méfiais	vous vous méfiiez
il/elle se méfiait	ils/elles se méfiaient

Pluperfect	
je m'étais méfié(e)	nous nous étions méfié(e)s
tu t'étais méfié(e)	vous vous étiez méfié(e)(s)
il/elle s'était méfié(e)	ils/elles s'étaient méfié(e)s

Passé Simple	
je me méfiai	nous nous méfiâmes
tu te méfias	vous vous méfiâtes
il/elle se méfia	ils/elles se méfièrent

Past Anterior	
je me fus méfié(e)	nous nous fûmes méfié(e)s
tu te fus méfié(e)	vous vous fûtes méfié(e)(s)
il/elle se fut méfié(e)	ils/elles se furent méfié(e)s

Future	
je me méfierai	nous nous méfierons
tu te méfieras	vous vous méfierez
il/elle se méfiera	ils/elles se méfieront

Future Anterior	
je me serai méfié(e)	nous nous serons méfié(e)s
tu te seras méfié(e)	vous vous serez méfié(e)(s)
il/elle se sera méfié(e)	ils/elles se seront méfié(e)s

Conditional	
je me méfierais	nous nous méfierions
tu te méfierais	vous vous méfieriez
il/elle se méfierait	ils/elles se méfieraient

Past Conditional	
je me serais méfié(e)	nous nous serions méfié(e)s
tu te serais méfié(e)	vous vous seriez méfié(e)(s)
il/elle se serait méfié(e)	ils/elles se seraient méfié(e)s

Present Subjunctive	
que je me méfie	que nous nous méfiions
que tu te méfies	que vous vous méfiiez
qu'il/elle se méfie	qu'ils/elles se méfient

Past Subjunctive	
que je me sois méfié(e)	que nous nous soyons méfié(e)s
que tu te sois méfié(e)	que vous vous soyez méfié(e)(s)
qu'il/elle se soit méfié(e)	qu'ils/elles se soient méfié(e)s

Imperfect Subjunctive	
que je me méfiasse	que nous nous méfiassions
que tu te méfiasses	que vous vous méfiassiez
qu'il/elle se méfiât	qu'ils/elles se méfiassent

Pluperfect Subjunctive	
que je me fusse méfié(e)	que nous nous fussions méfié(e)s
que tu te fusses méfié(e)	que vous vous fussiez méfié(e)(s)
qu'il/elle se fût méfié(e)	qu'ils/elles se fussent méfié(e)s

Commands

	(nous) méfions-nous
(tu) méfie-toi	(vous) méfiez-vous

se méfier de qqn/qqch	to be wary of someone/something
Je me méfie de ces gens-là.	I don't trust those people.
Méfiez-vous du chien.	Beware of the dog. (sign)
Je me méfie de ses promesses.	I don't trust his promises.
—Ce quartier est dangereux. Méfie-toi.	This neighborhood is dangerous. Be careful.
—Ne t'en fais pas. Je me méfie toujours.	Don't worry. I'm always on my guard.
Il faut se méfier des faux billets de banque.	Beware of counterfeit banknotes.
—Il faut se méfier de la nourriture dans cette ville.	You have to be careful about food in that city.
—Nous nous méfions aussi de l'eau.	We're leery of the water too.
Il faut se méfier des apparences.	One shouldn't trust appearances.

mener *to lead*

je mène · je menai · mené · menant

-er verb; spelling change: *e > è*/mute *e*

Present		Passé Composé	
je mène	nous menons	j'ai mené	nous avons mené
tu mènes	vous menez	tu as mené	vous avez mené
il/elle mène	ils/elles mènent	il/elle a mené	ils/elles ont mené

Imperfect		Pluperfect	
je menais	nous menions	j'avais mené	nous avions mené
tu menais	vous meniez	tu avais mené	vous aviez mené
il/elle menait	ils/elles menaient	il/elle avait mené	ils/elles avaient mené

Passé Simple		Past Anterior	
je menai	nous menâmes	j'eus mené	nous eûmes mené
tu menas	vous menâtes	tu eus mené	vous eûtes mené
il/elle mena	ils/elles menèrent	il/elle eut mené	ils/elles eurent mené

Future		Future Anterior	
je mènerai	nous mènerons	j'aurai mené	nous aurons mené
tu mèneras	vous mènerez	tu auras mené	vous aurez mené
il/elle mènera	ils/elles mèneront	il/elle aura mené	ils/elles auront mené

Conditional		Past Conditional	
je mènerais	nous mènerions	j'aurais mené	nous aurions mené
tu mènerais	vous mèneriez	tu aurais mené	vous auriez mené
il/elle mènerait	ils/elles mèneraient	il/elle aurait mené	ils/elles auraient mené

Present Subjunctive		Past Subjunctive	
que je mène	que nous menions	que j'aie mené	que nous ayons mené
que tu mènes	que vous meniez	que tu aies mené	que vous ayez mené
qu'il/elle mène	qu'ils/elles mènent	qu'il/elle ait mené	qu'ils/elles aient mené

Imperfect Subjunctive		Pluperfect Subjunctive	
que je menasse	que nous menassions	que j'eusse mené	que nous eussions mené
que tu menasses	que vous menassiez	que tu eusses mené	que vous eussiez mené
qu'il/elle menât	qu'ils/elles menassent	qu'il/elle eût mené	qu'ils/elles eussent mené

Commands

(tu) mène | (nous) menons
| (vous) menez

USAGE

Notre équipe mène 5 à 4.	Our team is leading 5 to 4.
Où mène cette rue?	Where does this street lead to?
Est-ce que cet autobus me mènera au musée d'art?	Will this bus take me to the art museum?
Cet enfant a de la fièvre. Il faut le mener chez le médecin.	This child has a fever. We have to take him to the doctor.
Il se laisse mener par ses passions.	He is the slave of his passions.
Elle a mené cette affaire à bien.	She saw this matter through.
L'informaticien a mené le projet à bon fin/terme.	The computer specialist brought the project to a successful conclusion.
Votre rapport avec lui peut mener loin.	Your relationship with him may get you into hot water.
L'argent mène le monde.	Money makes the world go round.

irregular verb

je mens · je mentis · menti · mentant

Present	
je mens	nous mentons
tu mens	vous mentez
il/elle ment	ils/elles mentent

Passé Composé	
j'ai menti	nous avons menti
tu as menti	vous avez menti
il/elle a menti	ils/elles ont menti

Imperfect	
je mentais	nous mentions
tu mentais	vous mentiez
il/elle mentait	ils/elles mentaient

Pluperfect	
j'avais menti	nous avions menti
tu avais menti	vous aviez menti
il/elle avait menti	ils/elles avaient menti

Passé Simple	
je mentis	nous mentîmes
tu mentis	vous mentîtes
il/elle mentit	ils/elles mentirent

Past Anterior	
j'eus menti	nous eûmes menti
tu eus menti	vous eûtes menti
il/elle eut menti	ils/elles eurent menti

Future	
je mentirai	nous mentirons
tu mentiras	vous mentirez
il/elle mentira	ils/elles mentiront

Future Anterior	
j'aurai menti	nous aurons menti
tu auras menti	vous aurez menti
il/elle aura menti	ils/elles auront menti

Conditional	
je mentirais	nous mentirions
tu mentirais	vous mentiriez
il/elle mentirait	ils/elles mentiraient

Past Conditional	
j'aurais menti	nous aurions menti
tu aurais menti	vous auriez menti
il/elle aurait menti	ils/elles auraient menti

Present Subjunctive	
que je mente	que nous mentions
que tu mentes	que vous mentiez
qu'il/elle mente	qu'ils/elles mentent

Past Subjunctive	
que j'aie menti	que nous ayons menti
que tu aies menti	que vous ayez menti
qu'il/elle ait menti	qu'ils/elles aient menti

Imperfect Subjunctive	
que je mentisse	que nous mentissions
que tu mentisses	que vous mentissiez
qu'il/elle mentît	qu'ils/elles mentissent

Pluperfect Subjunctive	
que j'eusse menti	que nous eussions menti
que tu eusses menti	que vous eussiez menti
qu'il/elle eût menti	qu'ils/elles eussent menti

Commands

	(nous) mentons
(tu) mens	(vous) mentez

USAGE

Vous mentez!	You're lying!
Il ment effrontément.	He lies shamelessly.
Il ment comme il respire.	He's a compulsive liar.
Il ment comme un arracheur de dents.	He lies through his teeth.
Il va te faire mentir.	He'll prove you wrong.
Ce politicien ment à sa réputation.	This politician doesn't live up to his reputation.
Tu te mens à toi-même.	You're fooling yourself.
Il fait mentir le proverbe.	He gives the lie to the proverb.

RELATED WORDS AND EXPRESSIONS

le mensonge	lie
un pieux mensonge	a white lie
vivre dans le mensonge	to live a lie
un menteur / une menteuse	a liar

se méprendre *to be mistaken*

je me méprends · je me mépris · s'étant mépris · se méprenant

*irregular verb;
compound tenses with être*

Present

je me méprends	nous nous méprenons
tu te méprends	vous vous méprenez
il/elle se méprend	ils/elles se méprennent

Passé Composé

je me suis mépris(e)	nous nous sommes mépris(es)
tu t'es mépris(e)	vous vous êtes mépris(e)(s)
il/elle s'est mépris(e)	ils/elles se sont mépris(es)

Imperfect

je me méprenais	nous nous méprenions
tu te méprenais	vous vous mépreniez
il/elle se méprenait	ils/elles se méprenaient

Pluperfect

je m'étais mépris(e)	nous nous étions mépris(es)
tu t'étais mépris(e)	vous vous étiez mépris(e)(s)
il/elle s'était mépris(e)	ils/elles s'étaient mépris(es)

Passé Simple

je me mépris	nous nous méprîmes
tu te mépris	vous vous méprîtes
il/elle se méprit	ils/elles se méprirent

Past Anterior

je me fus mépris(e)	nous nous fûmes mépris(es)
tu te fus mépris(e)	vous vous fûtes mépris(e)(s)
il/elle se fut mépris(e)	ils/elles se furent mépris(es)

Future

je me méprendrai	nous nous méprendrons
tu te méprendras	vous vous méprendrez
il/elle se méprendra	ils/elles se méprendront

Future Anterior

je me serai mépris(e)	nous nous serons mépris(es)
tu te seras mépris(e)	vous vous serez mépris(e)(s)
il/elle se sera mépris(e)	ils/elles se seront mépris(es)

Conditional

je me méprendrais	nous nous méprendrions
tu te méprendrais	vous vous méprendriez
il/elle se méprendrait	ils/elles se méprendraient

Past Conditional

je me serais mépris(e)	nous nous serions mépris(es)
tu te serais mépris(e)	vous vous seriez mépris(e)(s)
il/elle se serait mépris(e)	ils/elles se seraient mépris(es)

Present Subjunctive

que je me méprenne	que nous nous méprenions
que tu te méprennes	que vous vous mépreniez
qu'il/elle se méprenne	qu'ils/elles se méprennent

Past Subjunctive

que je me sois mépris(e)	que nous nous soyons mépris(es)
que tu te sois mépris(e)	que vous vous soyez mépris(e)(s)
qu'il/elle se soit mépris(e)	qu'ils/elles se soient mépris(es)

Imperfect Subjunctive

que je me méprisse	que nous nous méprissions
que tu te méprisses	que vous vous méprissiez
qu'il/elle se méprît	qu'ils/elles se méprissent

Pluperfect Subjunctive

que je me fusse mépris(e)	que nous nous fussions mépris(es)
que tu te fusses mépris(e)	que vous vous fussiez mépris(e)(s)
qu'il/elle se fût mépris(e)	qu'ils/elles se fussent mépris(es)

Commands

	(nous) méprenons-nous
(tu) méprends-toi	(vous) méprenez-vous

USAGE

Je me suis mépris sur le sens du courriel.	*I was mistaken about the meaning of the e-mail.*
Désolé si je me suis mépris.	*So sorry if I was mistaken.*
Je vois que je me suis mépris sur ses intentions.	*I see I was mistaken about his intentions.*
Ne vous méprenez pas sur ses mobiles.	*Don't be mistaken about his motives.*
Je vois que je me suis mépris sur vous.	*I see I was mistaken about you.*
Ils se ressemblent à s'y méprendre.	*They look so much alike you can't tell them apart.*
Ne vous méprenez pas à son accent.	*Don't be misled by his accent.*
J'espère qu'on ne se méprendra pas sur mes sentiments.	*I hope people won't get the wrong idea about my feelings.*

RELATED WORDS AND EXPRESSIONS

la méprise	*mistake/error*
On l'a choisie par méprise.	*She was chosen by mistake.*

je méprise · je méprisai · méprisé · méprisant

regular -er verb

Present		
je méprise	nous méprisons
tu méprises	vous méprisez
il/elle méprise	ils/elles méprisent

Passé Composé	
j'ai méprisé	nous avons méprisé
tu as méprisé	vous avez méprisé
il/elle a méprisé	ils/elles ont méprisé

Imperfect	
je méprisais	nous méprisions
tu méprisais	vous méprisiez
il/elle méprisait	ils/elles méprisaient

Pluperfect	
j'avais méprisé	nous avions méprisé
tu avais méprisé	vous aviez méprisé
il/elle avait méprisé	ils/elles avaient méprisé

Passé Simple	
je méprisai	nous méprisâmes
tu méprisas	vous méprisâtes
il/elle méprisa	ils/elles méprisèrent

Past Anterior	
j'eus méprisé	nous eûmes méprisé
tu eus méprisé	vous eûtes méprisé
il/elle eut méprisé	ils/elles eurent méprisé

Future	
je mépriserai	nous mépriserons
tu mépriseras	vous mépriserez
il/elle méprisera	ils/elles mépriseront

Future Anterior	
j'aurai méprisé	nous aurons méprisé
tu auras méprisé	vous aurez méprisé
il/elle aura méprisé	ils/elles auront méprisé

Conditional	
je mépriserais	nous mépriserions
tu mépriserais	vous mépriseriez
il/elle mépriserait	ils/elles mépriseraient

Past Conditional	
j'aurais méprisé	nous aurions méprisé
tu aurais méprisé	vous auriez méprisé
il/elle aurait méprisé	ils/elles auraient méprisé

Present Subjunctive	
que je méprise	que nous méprisions
que tu méprises	que vous méprisiez
qu'il/elle méprise	qu'ils/elles méprisent

Past Subjunctive	
que j'aie méprisé	que nous ayons méprisé
que tu aies méprisé	que vous ayez méprisé
qu'il/elle ait méprisé	qu'ils/elles aient méprisé

Imperfect Subjunctive	
que je méprisasse	que nous méprisassions
que tu méprisasses	que vous méprisassiez
qu'il/elle méprisât	qu'ils/elles méprisassent

Pluperfect Subjunctive	
que j'eusse méprisé	que nous eussions méprisé
que tu eusses méprisé	que vous eussiez méprisé
qu'il/elle eût méprisé	qu'ils/elles eussent méprisé

Commands

	(nous) méprisons
(tu) méprise	(vous) méprisez

(USAGE)

Ce gouvernement méprise la volonté du peuple.	*This government despises the will of the people.*
Pourquoi avez-vous méprisé mon offre?	*Why did you scorn my offer?*
C'est une personne que je méprise.	*He's a person I have contempt for.*
Il a méprisé le danger.	*He did not take the danger seriously.*
Elle méprise les conventions.	*She has no regard for convention.*

RELATED WORDS AND EXPRESSIONS

le mépris	*scorn/contempt*
Je n'éprouve que du mépris pour vous.	*I feel only contempt for you.*
un regard de mépris	*a scornful look*
le mépris des lois	*contempt for the law*

(**mettre**) *to put*

je mets · je mis · mis · mettant

mettre ce problème sur l'ordre du jour	*to put this problem on the agenda*
mettre le criminel en prison	*to put the criminal in jail*
Ils ont mis leurs enfants dans le privé.	*They are sending their children to private school.*
Les torpilles ont mis le navire de l'ennemi hors d'état.	*The torpedoes put the enemy ship out of commission.*

Mettre à table

mettre la table	*to set the table*
—Tu as déjà mis la soupe à cuire?	*Have you already put on the soup to cook?*
—Oui, et j'ai mis la sauce à réchauffer.	*Yes, and I'm reheating the sauce.*
On peut se mettre à table.	*We can sit down at the table.*
On a mis les petits plats dans les grands pour lui.	*We gave him the red carpet treatment.*
Il aime encore mettre la main à la pâte.	*He still likes to have a hand in things.*
Il ne faut pas mettre tous ses œufs dans le même panier.	*You mustn't put all your eggs in one basket.*
L'odeur du poulet me mettait l'eau à la bouche.	*The smell of the chicken made my mouth water.*

mettre pour les rapports humains et la personnalité

Je n'ai répondu que quand ils m'avaient mis au pied du mur.	*I answered only when they had nailed me down.*
Je ne savais plus où me mettre.	*I didn't know where to hide. (out of embarrassment)*
se mettre en colère/fureur	*to get angry/furious*
On peut facilement mettre ce ministre dans sa poche.	*This official is easy to buy off.*
Quelle idée est-ce que tu t'es mise dans la tête?	*What strange idea has gotten into your head?*
Ils se sont mis dans tous leurs états.	*They flew into a panic.*
Je n'aime pas la situation dans laquelle il nous a mis.	*I don't like the situation he's put us in.*
mettre qqn à la porte	*to fire someone / throw someone out*

Mettre de l'effort

Il s'est mis en quatre pour nous aider.	*He went all out to help us.*
Tu n'y mets pas du tien, je vois.	*I see you're not pulling your weight.*
Il faut que je me mette au boulot.	*I've got to buckle down to my work.*
Mettons-nous à la besogne pour la dépanner.	*Let's all pitch in to help her out.*
Elle a mis en œuvre tout son talent.	*She brought all her talent into play.*
Il a mis les étudiants au travail.	*He made the students work.*

Mettre des vêtements

mettre sa veste	*to put on one's jacket*
Il a mis son chapeau.	*He put on his hat.*
Je n'ai rien à me mettre.	*I have nothing to wear.*
Elle s'est mise en robe de soirée.	*She wore a gown.*
Le prof se met toujours en costume.	*The teacher always wears a suit.*
Je me mets toujours de l'après-rasage.	*I always put on aftershave.*

RELATED WORDS AND EXPRESSIONS

se mettre sur les rangs	*to declare one's candidacy*

irregular verb; only one t in the
singular of the present tense

je mets · je mis · mis · mettant

Present	
je mets	nous mettons
tu mets	vous mettez
il/elle met	ils/elles mettent

Passé Composé	
j'ai mis	nous avons mis
tu as mis	vous avez mis
il/elle a mis	ils/elles ont mis

Imperfect	
je mettais	nous mettions
tu mettais	vous mettiez
il/elle mettait	ils/elles mettaient

Pluperfect	
j'avais mis	nous avions mis
tu avais mis	vous aviez mis
il/elle avait mis	ils/elles avaient mis

Passé Simple	
je mis	nous mîmes
tu mis	vous mîtes
il/elle mit	ils/elles mirent

Past Anterior	
j'eus mis	nous eûmes mis
tu eus mis	vous eûtes mis
il/elle eut mis	ils/elles eurent mis

Future	
je mettrai	nous mettrons
tu mettras	vous mettrez
il/elle mettra	ils/elles mettront

Future Anterior	
j'aurai mis	nous aurons mis
tu auras mis	vous aurez mis
il/elle aura mis	ils/elles auront mis

Conditional	
je mettrais	nous mettrions
tu mettrais	vous mettriez
il/elle mettrait	ils/elles mettraient

Past Conditional	
j'aurais mis	nous aurions mis
tu aurais mis	vous auriez mis
il/elle aurait mis	ils/elles auraient mis

Present Subjunctive	
que je mette	que nous mettions
que tu mettes	que vous mettiez
qu'il/elle mette	qu'ils/elles mettent

Past Subjunctive	
que j'aie mis	que nous ayons mis
que tu aies mis	que vous ayez mis
qu'il/elle ait mis	qu'ils/elles aient mis

Imperfect Subjunctive	
que je misse	que nous missions
que tu misses	que vous missiez
qu'il/elle mît	qu'ils/elles missent

Pluperfect Subjunctive	
que j'eusse mis	que nous eussions mis
que tu eusses mis	que vous eussiez mis
qu'il/elle eût mis	qu'ils/elles eussent mis

Commands

	(nous) mettons
(tu) mets	(vous) mettez

USAGE

mettre qqch sur la table	to put something on the table
mettre qqch dans sa poche	to put something in one's pocket
—Est-ce que tu a mis la monnaie sur la table?	Did you put the change on the table?
—Non, je l'ai mise dans ma poche.	No, I put it in my pocket.
mettre les assiettes dans le placard	to put the plates in the cupboard
mettre la famille avant tout	to put family ahead of everything
mettre de l'argent à côté	to put money aside
J'ai mis 100 euros sur mon équipe.	I bet 100 euros on my team.
mettre qqn dans son train	to put someone on his train
J'ai mis ma montre à dix heures.	I set my watch to ten o'clock.
—Tu a mis la télé?	Did you turn on the TV?
—Oui, j'ai mis les informations.	Yes, I put on the news.
—Tu a mis de la moquette dans le salon?	Did you carpet the living room?
—Non, j'ai mis un tapis.	No, I put down a rug.

mincir *to lose weight*

je mincis · je mincis · minci · mincissant

regular -ir verb

Present		Passé Composé	
je mincis	nous mincissons	j'ai minci	nous avons minci
tu mincis	vous mincissez	tu as minci	vous avez minci
il/elle mincit	ils/elles mincissent	il/elle a minci	ils/elles ont minci

Imperfect		Pluperfect	
je mincissais	nous mincissions	j'avais minci	nous avions minci
tu mincissais	vous mincissiez	tu avais minci	vous aviez minci
il/elle mincissait	ils/elles mincissaient	il/elle avait minci	ils/elles avaient minci

Passé Simple		Past Anterior	
je mincis	nous mincîmes	j'eus minci	nous eûmes minci
tu mincis	vous mincîtes	tu eus minci	vous eûtes minci
il/elle mincit	ils/elles mincirent	il/elle eut minci	ils/elles eurent minci

Future		Future Anterior	
je mincirai	nous mincirons	j'aurai minci	nous aurons minci
tu minciras	vous mincirez	tu auras minci	vous aurez minci
il/elle mincira	ils/elles minciront	il/elle aura minci	ils/elles auront minci

Conditional		Past Conditional	
je mincirais	nous mincirions	j'aurais minci	nous aurions minci
tu mincirais	vous minciriez	tu aurais minci	vous auriez minci
il/elle mincirait	ils/elles minciraient	il/elle aurait minci	ils/elles auraient minci

Present Subjunctive		Past Subjunctive	
que je mincisse	que nous mincissions	que j'aie minci	que nous ayons minci
que tu mincisses	que vous mincissiez	que tu aies minci	que vous ayez minci
qu'il/elle mincisse	qu'ils/elles mincissent	qu'il/elle ait minci	qu'ils/elles aient minci

Imperfect Subjunctive		Pluperfect Subjunctive	
que je mincisse	que nous mincissions	que j'eusse minci	que nous eussions minci
que tu mincisses	que vous mincissiez	que tu eusses minci	que vous eussiez minci
qu'il/elle mincît	qu'ils/elles mincissent	qu'il/elle eût minci	qu'ils/elles eussent minci

Commands

	(nous) mincissons
(tu) mincis	(vous) mincissez

USAGE

Le médecin m'a conseillé de mincir.	The doctor advised me to lose weight.
Les fruits et les légumes mincissent.	Fruits and vegetables help you lose weight.
Ce style vous mincit.	That style makes you look slimmer.
J'essaie de mincir. Je suis au régime.	I'm trying to get thinner. I'm on a diet.

RELATED WORDS AND EXPRESSIONS

la minceur	slenderness/slimness
la cuisine minceur	diet cooking
mince	skinny/slim
Il est mince comme un fil.	He's as skinny as a rail (lit., a thread).
Un compte-rendu de trois pages, c'est un peu mince.	A three-page report is a bit skimpy.
Un seul gâteau pour douze invités, c'est un peu mince.	Just one cake for twelve guests, that may not be enough.

regular -er verb; compound tenses with *être* | je monte · je montai · monté · montant

Present		Passé Composé	
je monte	nous montons	je suis monté(e)	nous sommes monté(e)s
tu montes	vous montez	tu es monté(e)	vous êtes monté(e)(s)
il/elle monte	ils/elles montent	il/elle est monté(e)	ils/elles sont monté(e)s

Imperfect		Pluperfect	
je montais	nous montions	j'étais monté(e)	nous étions monté(e)s
tu montais	vous montiez	tu étais monté(e)	vous étiez monté(e)(s)
il/elle montait	ils/elles montaient	il/elle était monté(e)	ils/elles étaient monté(e)s

Passé Simple		Past Anterior	
je montai	nous montâmes	je fus monté(e)	nous fûmes monté(e)s
tu montas	vous montâtes	tu fus monté(e)	vous fûtes monté(e)(s)
il/elle monta	ils/elles montèrent	il/elle fut monté(e)	ils/elles furent monté(e)s

Future		Future Anterior	
je monterai	nous monterons	je serai monté(e)	nous serons monté(e)s
tu monteras	vous monterez	tu seras monté(e)	vous serez monté(e)(s)
il/elle montera	ils/elles monteront	il/elle sera monté(e)	ils/elles seront monté(e)s

Conditional		Past Conditional	
je monterais	nous monterions	je serais monté(e)	nous serions monté(e)s
tu monterais	vous monteriez	tu serais monté(e)	vous seriez monté(e)(s)
il/elle monterait	ils/elles monteraient	il/elle serait monté(e)	ils/elles seraient monté(e)s

Present Subjunctive		Past Subjunctive	
que je monte	que nous montions	que je sois monté(e)	que nous soyons monté(e)s
que tu montes	que vous montiez	que tu sois monté(e)	que vous soyez monté(e)(s)
qu'il/elle monte	qu'ils/elles montent	qu'il/elle soit monté(e)	qu'ils/elles soient monté(e)s

Imperfect Subjunctive		Pluperfect Subjunctive	
que je montasse	que nous montassions	que je fusse monté(e)	que nous fussions monté(e)s
que tu montasses	que vous montassiez	que tu fusses monté(e)	que vous fussiez monté(e)(s)
qu'il/elle montât	qu'ils/elles montassent	qu'il/elle fût monté(e)	qu'ils/elles fussent monté(e)s

Commands

	(nous) montons
(tu) monte	(vous) montez

USAGE

L'ascenseur monte?	Is the elevator going up?
C'est une rue qui monte.	It's a street that goes up (on an incline).
Le vin m'est monté à la tête.	The wine went to my head.
Le chat est monté sur le sofa.	The cat got up on the sofa.
Il faut monter l'escalier. L'ascenseur est en panne.	You have to go up the stairs. The escalator is out of order.
Les prix montent.	Prices are going up.
Le gouvernement essaie d'empêcher les prix de monter.	The government is trying to hold prices down.
Tu sais monter sur un cheval?	Do you know how to get on a horse?
Nous sommes montés dans le train.	We got on the train.
Le chasseur a monté mes bagages.	The bellhop took my luggage up.
Monte les livres un peu.	Put the books up a little higher.
On a monté le prix de l'essence.	They have raised the price of gasoline.

334 (**montrer**) *to show*

je montre · je montrai · montré · montrant   regular *-er* verb

Present		Passé Composé	
je montre	nous montrons	j'ai montré	nous avons montré
tu montres	vous montrez	tu as montré	vous avez montré
il/elle montre	ils/elles montrent	il/elle a montré	ils/elles ont montré

Imperfect		Pluperfect	
je montrais	nous montrions	j'avais montré	nous avions montré
tu montrais	vous montriez	tu avais montré	vous aviez montré
il/elle montrait	ils/elles montraient	il/elle avait montré	ils/elles avaient montré

Passé Simple		Past Anterior	
je montrai	nous montrâmes	j'eus montré	nous eûmes montré
tu montras	vous montrâtes	tu eus montré	vous eûtes montré
il/elle montra	ils/elles montrèrent	il/elle eut montré	ils/elles eurent montré

Future		Future Anterior	
je montrerai	nous montrerons	j'aurai montré	nous aurons montré
tu montreras	vous montrerez	tu auras montré	vous aurez montré
il/elle montrera	ils/elles montreront	il/elle aura montré	ils/elles auront montré

Conditional		Past Conditional	
je montrerais	nous montrerions	j'aurais montré	nous aurions montré
tu montrerais	vous montreriez	tu aurais montré	vous auriez montré
il/elle montrerait	ils/elles montreraient	il/elle aurait montré	ils/elles auraient montré

Present Subjunctive		Past Subjunctive	
que je montre	que nous montrions	que j'aie montré	que nous ayons montré
que tu montres	que vous montriez	que tu aies montré	que vous ayez montré
qu'il/elle montre	qu'ils/elles montrent	qu'il/elle ait montré	qu'ils/elles aient montré

Imperfect Subjunctive		Pluperfect Subjunctive	
que je montrasse	que nous montrassions	que j'eusse montré	que nous eussions montré
que tu montrasses	que vous montrassiez	que tu eusses montré	que vous eussiez montré
qu'il/elle montrât	qu'ils/elles montrassent	qu'il/elle eût montré	qu'ils/elles eussent montré

Commands

	(nous) montrons
(tu) montre	(vous) montrez

USAGE

montrer qqch à qqn	to show something to someone
Il nous a montré les cadeaux qu'il a reçus.	He showed us the gifts he got.
Montrez-moi ce foulard en soie, s'il vous plaît.	Show me that silk scarf, please.
Ne montre pas encore tes cartes.	Don't show your hand yet.
Je vais te montrer de quel bois je me chauffe!	I'll show you what sort of person I am!
Elle m'a montré la porte.	She showed me the door.
Montre-moi comment m'en servir.	Show me how to use it.
Ne montre pas les gens du doigt!	Don't point at people!
Pourriez-vous me montrer le chemin?	Could you show me the way?
Tu t'es montré à la hauteur de la mission.	You showed yourself to be up to the mission.
Il nous montrera ce dont il est capable.	He'll show us what he's capable of.
Il faut montrer patte blanche pour entrer.	You have to show credentials to get in.
Elle n'a pas montré le bout de son nez.	We haven't seen hide nor hair of her.

se moquer (de)

to make fun (of)

regular -er reflexive verb;
compound tenses with être

je me moque · je me moquai · s'étant moqué · se moquant

Present

je me moque	nous nous moquons
tu te moques	vous vous moquez
il/elle se moque	ils/elles se moquent

Passé Composé

je me suis moqué(e)	nous nous sommes moqué(e)s
tu t'es moqué(e)	vous vous êtes moqué(e)(s)
il/elle s'est moqué(e)	ils/elles se sont moqué(e)s

Imperfect

je me moquais	nous nous moquions
tu te moquais	vous vous moquiez
il/elle se moquait	ils/elles se moquaient

Pluperfect

je m'étais moqué(e)	nous nous étions moqué(e)s
tu t'étais moqué(e)	vous vous étiez moqué(e)(s)
il/elle s'était moqué(e)	ils/elles s'étaient moqué(e)s

Passé Simple

je me moquai	nous nous moquâmes
tu te moquas	vous vous moquâtes
il/elle se moqua	ils/elles se moquèrent

Past Anterior

je me fus moqué(e)	nous nous fûmes moqué(e)s
tu te fus moqué(e)	vous vous fûtes moqué(e)(s)
il/elle se fut moqué(e)	ils/elles se furent moqué(e)s

Future

je me moquerai	nous nous moquerons
tu te moqueras	vous vous moquerez
il/elle se moquera	ils/elles se moqueront

Future Anterior

je me serai moqué(e)	nous nous serons moqué(e)s
tu te seras moqué(e)	vous vous serez moqué(e)(s)
il/elle se sera moqué(e)	ils/elles se seront moqué(e)s

Conditional

je me moquerais	nous nous moquerions
tu te moquerais	vous vous moqueriez
il/elle se moquerait	ils/elles se moqueraient

Past Conditional

je me serais moqué(e)	nous nous serions moqué(e)s
tu te serais moqué(e)	vous vous seriez moqué(e)(s)
il/elle se serait moqué(e)	ils/elles se seraient moqué(e)s

Present Subjunctive

que je me moque	que nous nous moquions
que tu te moques	que vous vous moquiez
qu'il/elle se moque	qu'ils/elles se moquent

Past Subjunctive

que je me sois moqué(e)	que nous nous soyons moqué(e)s
que tu te sois moqué(e)	que vous vous soyez moqué(e)(s)
qu'il/elle se soit moqué(e)	qu'ils/elles se soient moqué(e)s

Imperfect Subjunctive

que je me moquasse	que nous nous moquassions
que tu te moquasses	que vous vous moquassiez
qu'il/elle se moquât	qu'ils/elles se moquassent

Pluperfect Subjunctive

que je me fusse moqué(e)	que nous nous fussions moqué(e)s
que tu te fusses moqué(e)	que vous vous fussiez moqué(e)(s)
qu'il/elle se fût moqué(e)	qu'ils/elles se fussent moqué(e)s

Commands

| | (nous) moquons-nous |
| (tu) moque-toi | (vous) moquez-vous |

USAGE

se moquer de qqn/qqch	to make fun of someone/something
Ils se moquent de sa tête.	They're making fun of him.
Ils se moquent de ma tenue.	They're making fun of my outfit.
Il se moquait du monde.	He made fun of everything.
se moquer de qqn/qqch	not to care about someone/something
Je me moque du qu'en-dira-t-on.	I don't care what people think.
Je me moque que tu aies raison.	I don't care whether you're right or not.
Je m'en moque comme de l'an quarante.	I don't give a hoot about it.
Il s'en moque pas mal.	He couldn't care less.
Je m'en moque éperdument.	I don't give a darn.
Je m'en moque comme de ma première chemise.	I don't care at all about it.

mordre to bite

regular -re verb

Present		Passé Composé	
je mords	nous mordons	j'ai mordu	nous avons mordu
tu mords	vous mordez	tu as mordu	vous avez mordu
il/elle mord	ils/elles mordent	il/elle a mordu	ils/elles ont mordu

Imperfect		Pluperfect	
je mordais	nous mordions	j'avais mordu	nous avions mordu
tu mordais	vous mordiez	tu avais mordu	vous aviez mordu
il/elle mordait	ils/elles mordaient	il/elle avait mordu	ils/elles avaient mordu

Passé Simple		Past Anterior	
je mordis	nous mordîmes	j'eus mordu	nous eûmes mordu
tu mordis	vous mordîtes	tu eus mordu	vous eûtes mordu
il/elle mordit	ils/elles mordirent	il/elle eut mordu	ils/elles eurent mordu

Future		Future Anterior	
je mordrai	nous mordrons	j'aurai mordu	nous aurons mordu
tu mordras	vous mordrez	tu auras mordu	vous aurez mordu
il/elle mordra	ils/elles mordront	il/elle aura mordu	ils/elles auront mordu

Conditional		Past Conditional	
je mordrais	nous mordrions	j'aurais mordu	nous aurions mordu
tu mordrais	vous mordriez	tu aurais mordu	vous auriez mordu
il/elle mordrait	ils/elles mordraient	il/elle aurait mordu	ils/elles auraient mordu

Present Subjunctive		Past Subjunctive	
que je morde	que nous mordions	que j'aie mordu	que nous ayons mordu
que tu mordes	que vous mordiez	que tu aies mordu	que vous ayez mordu
qu'il/elle morde	qu'ils/elles mordent	qu'il/elle ait mordu	qu'ils/elles aient mordu

Imperfect Subjunctive		Pluperfect Subjunctive	
que je mordisse	que nous mordissions	que j'eusse mordu	que nous eussions mordu
que tu mordisses	que vous mordissiez	que tu eusses mordu	que vous eussiez mordu
qu'il/elle mordît	qu'ils/elles mordissent	qu'il/elle eût mordu	qu'ils/elles eussent mordu

Commands

	(nous) mordons
(tu) mords	(vous) mordez

USAGE

Un chien lui a mordu la cheville.	A dog bit him on the ankle.
Approche-toi. Je ne mords pas.	Come closer. I don't bite.
mordre dans un fruit	to bite into a fruit
Il a mordu un petit bout de fromage.	He bit off a small piece of cheese.
Il a mordu dans le chocolat à belles dents.	He bit heartily into the chocolate.
Je m'en mords les doigts.	I regret it.
Tu vas t'en mordre les doigts!	You'll live to regret it.
Il ne pense qu'à elle. Il est mordu.	She's all he thinks about. He's hooked.
Cet étudiant ne mord pas au latin.	This student doesn't take to Latin.
Il a mordu (à l'hameçon).	He fell for it.
C'est un mordu du rock.	He's a real rock music devotee.

PROVERB

Chien qui aboie ne mord pas.	His bark is worse than his bite.

irregular verb

Present		Passé Composé	
je mouds	nous moulons	j'ai moulu	nous avons moulu
tu mouds	vous moulez	tu as moulu	vous avez moulu
il/elle moud	ils/elles moulent	il/elle a moulu	ils/elles ont moulu

Imperfect		Pluperfect	
je moulais	nous moulions	j'avais moulu	nous avions moulu
tu moulais	vous mouliez	tu avais moulu	vous aviez moulu
il/elle moulait	ils/elles moulaient	il/elle avait moulu	ils/elles avaient moulu

Passé Simple		Past Anterior	
je moulus	nous moulûmes	j'eus moulu	nous eûmes moulu
tu moulus	vous moulûtes	tu eus moulu	vous eûtes moulu
il/elle moulut	ils/elles moulurent	il/elle eut moulu	ils/elles eurent moulu

Future		Future Anterior	
je moudrai	nous moudrons	j'aurai moulu	nous aurons moulu
tu moudras	vous moudrez	tu auras moulu	vous aurez moulu
il/elle moudra	ils/elles moudront	il/elle aura moulu	ils/elles auront moulu

Conditional		Past Conditional	
je moudrais	nous moudrions	j'aurais moulu	nous aurions moulu
tu moudrais	vous moudriez	tu aurais moulu	vous auriez moulu
il/elle moudrait	ils/elles moudraient	il/elle aurait moulu	ils/elles auraient moulu

Present Subjunctive		Past Subjunctive	
que je moule	que nous moulions	que j'aie moulu	que nous ayons moulu
que tu moules	que vous mouliez	que tu aies moulu	que vous ayez moulu
qu'il/elle moule	qu'ils/elles moulent	qu'il/elle ait moulu	qu'ils/elles aient moulu

Imperfect Subjunctive		Pluperfect Subjunctive	
que je moulusse	que nous moulussions	que j'eusse moulu	que nous eussions moulu
que tu moulusses	que vous moulussiez	que tu eusses moulu	que vous eussiez moulu
qu'il/elle moulût	qu'ils/elles moulussent	qu'il/elle eût moulu	qu'ils/elles eussent moulu

Commands

	(nous) moulons
(tu) mouds	(vous) moulez

moudre du poivre	to grind pepper
moudre du blé	to grind/mill wheat
moudre du café	to grind coffee
donner du grain à moudre à qqn	to give someone food for thought
Ce moulin à café moud trop gros.	This coffee grinder doesn't grind the beans fine enough.

RELATED WORDS AND EXPRESSIONS

le moulin	mill
le moulin à vent	windmill
le moulin à eau	water mill
On y entre comme dans un moulin.	Anyone and everyone walks in and out of there.

(**mourir**) *to die*

je meurs · je mourus · mort · mourant   irregular verb; compound tenses with *être*

Present

je meurs	nous mourons
tu meurs	vous mourez
il/elle meurt	ils/elles meurent

Imperfect

je mourais	nous mourions
tu mourais	vous mouriez
il/elle mourait	ils/elles mouraient

Passé Simple

je mourus	nous mourûmes
tu mourus	vous mourûtes
il/elle mourut	ils/elles moururent

Future

je mourrai	nous mourrons
tu mourras	vous mourrez
il/elle mourra	ils/elles mourront

Conditional

je mourrais	nous mourrions
tu mourrais	vous mourriez
il/elle mourrait	ils/elles mourraient

Passé Composé

je suis mort(e)	nous sommes mort(e)s
tu es mort(e)	vous êtes mort(e)(s)
il/elle est mort(e)	ils/elles sont mort(e)s

Pluperfect

j'étais mort(e)	nous étions mort(e)s
tu étais mort(e)	vous étiez mort(e)(s)
il/elle était mort(e)	ils/elles étaient mort(e)s

Past Anterior

je fus mort(e)	nous fûmes mort(e)s
tu fus mort(e)	vous fûtes mort(e)(s)
il/elle fut mort(e)	ils/elles furent mort(e)s

Future Anterior

je serai mort(e)	nous serons mort(e)s
tu seras mort(e)	vous serez mort(e)(s)
il/elle sera mort(e)	ils/elles seront mort(e)s

Past Conditional

je serais mort(e)	nous serions mort(e)s
tu serais mort(e)	vous seriez mort(e)(s)
il/elle serait mort(e)	ils/elles seraient mort(e)s

Present Subjunctive

que je meure	que nous mourions
que tu meures	que vous mouriez
qu'il/elle meure	qu'ils/elles meurent

Imperfect Subjunctive

que je mourusse	que nous mourussions
que tu mourusses	que vous mourussiez
qu'il/elle mourût	qu'ils/elles mourussent

Past Subjunctive

que je sois mort(e)	que nous soyons mort(e)s
que tu sois mort(e)	que vous soyez mort(e)(s)
qu'il/elle soit mort(e)	qu'ils/elles soient mort(e)s

Pluperfect Subjunctive

que je fusse mort(e)	que nous fussions mort(e)s
que tu fusses mort(e)	que vous fussiez mort(e)(s)
qu'il/elle fût mort(e)	qu'ils/elles fussent mort(e)s

Commands

	(nous) mourons
(tu) meurs	(vous) mourez

(**USAGE**)

Elle est morte il y a un an.	She died a year ago.
La vieille dame est morte d'un cancer.	The elderly lady died of cancer.
Je meurs de faim.	I'm dying of hunger.
Montre-moi la lettre! Je meurs d'impatience.	Show me the letter! I'm dying to read it.
Il est mort avant l'âge.	He died young. / He met an untimely death.
C'est un film à mourir de rire.	You can die laughing with that film.
—Je mourais d'envie de me présenter à elle.	I was dying to introduce myself to her.
—Vas-y! Tu n'en mourras pas!	Go ahead! It won't kill you!
Je m'ennuyais à mourir.	I was bored to death.
Je meurs de froid.	I'm absolutely freezing.

RELATED WORDS AND EXPRESSIONS

la mort	death
un mort / une morte	a dead man/woman
mortel(le)	fatal/mortal
un coup mortel	a fatal blow
une blessure mortelle	a mortal wound

regular -ir verb

Present		Passé Composé	
je munis	nous munissons	j'ai muni	nous avons muni
tu munis	vous munissez	tu as muni	vous avez muni
il/elle munit	ils/elles munissent	il/elle a muni	ils/elles ont muni

Imperfect		Pluperfect	
je munissais	nous munissions	j'avais muni	nous avions muni
tu munissais	vous munissiez	tu avais muni	vous aviez muni
il/elle munissait	ils/elles munissaient	il/elle avait muni	ils/elles avaient muni

Passé Simple		Past Anterior	
je munis	nous munîmes	j'eus muni	nous eûmes muni
tu munis	vous munîtes	tu eus muni	vous eûtes muni
il/elle munit	ils/elles munirent	il/elle eut muni	ils/elles eurent muni

Future		Future Anterior	
je munirai	nous munirons	j'aurai muni	nous aurons muni
tu muniras	vous munirez	tu auras muni	vous aurez muni
il/elle munira	ils/elles muniront	il/elle aura muni	ils/elles auront muni

Conditional		Past Conditional	
je munirais	nous munirions	j'aurais muni	nous aurions muni
tu munirais	vous muniriez	tu aurais muni	vous auriez muni
il/elle munirait	ils/elles muniraient	il/elle aurait muni	ils/elles auraient muni

Present Subjunctive		Past Subjunctive	
que je munisse	que nous munissions	que j'aie muni	que nous ayons muni
que tu munisses	que vous munissiez	que tu aies muni	que vous ayez muni
qu'il/elle munisse	qu'ils/elles munissent	qu'il/elle ait muni	qu'ils/elles aient muni

Imperfect Subjunctive		Pluperfect Subjunctive	
que je munisse	que nous munissions	que j'eusse muni	que nous eussions muni
que tu munisses	que vous munissiez	que tu eusses muni	que vous eussiez muni
qu'il/elle munît	qu'ils/elles munissent	qu'il/elle eût muni	qu'ils/elles eussent muni

Commands

	(nous) munissons
(tu) munis	(vous) munissez

USAGE

munir qqn de qqch	to supply someone with something
Il a muni son fils d'un peu d'argent.	He supplied his son with a little money.
Je me suis mis en route muni d'une carte de la région.	I set out equipped with a map of the region.
Si tu vas travailler avec eux, munis-toi de patience.	If you're going to work with them, you'll need plenty of patience.
Je munissais toujours mes enfants d'un peu d'argent de poche.	I always make sure my children have some pocket money.
La médiathèque est munie d'une bonne collection de films.	The media resource center is stocked with a good collection of films.

RELATED WORDS AND EXPRESSIONS

les munitions (fpl)	ammunition
démunir	to deprive
prémunir qqn contre qqch	to protect someone from something

nager *to swim*

je nage · je nageai · nagé · nageant

regular -er verb; spelling change: g > ge/a, o

Present		Passé Composé	
je nage	nous nageons	j'ai nagé	nous avons nagé
tu nages	vous nagez	tu as nagé	vous avez nagé
il/elle nage	ils/elles nagent	il/elle a nagé	ils/elles ont nagé

Imperfect		Pluperfect	
je nageais	nous nagions	j'avais nagé	nous avions nagé
tu nageais	vous nagiez	tu avais nagé	vous aviez nagé
il/elle nageait	ils/elles nageaient	il/elle avait nagé	ils/elles avaient nagé

Passé Simple		Past Anterior	
je nageai	nous nageâmes	j'eus nagé	nous eûmes nagé
tu nageas	vous nageâtes	tu eus nagé	vous eûtes nagé
il/elle nagea	ils/elles nagèrent	il/elle eut nagé	ils/elles eurent nagé

Future		Future Anterior	
je nagerai	nous nagerons	j'aurai nagé	nous aurons nagé
tu nageras	vous nagerez	tu auras nagé	vous aurez nagé
il/elle nagera	ils/elles nageront	il/elle aura nagé	ils/elles auront nagé

Conditional		Past Conditional	
je nagerais	nous nagerions	j'aurais nagé	nous aurions nagé
tu nagerais	vous nageriez	tu aurais nagé	vous auriez nagé
il/elle nagerait	ils/elles nageraient	il/elle aurait nagé	ils/elles auraient nagé

Present Subjunctive		Past Subjunctive	
que je nage	que nous nagions	que j'aie nagé	que nous ayons nagé
que tu nages	que vous nagiez	que tu aies nagé	que vous ayez nagé
qu'il/elle nage	qu'ils/elles nagent	qu'il/elle ait nagé	qu'ils/elles aient nagé

Imperfect Subjunctive		Pluperfect Subjunctive	
que je nageasse	que nous nageassions	que j'eusse nagé	que nous eussions nagé
que tu nageasses	que vous nageassiez	que tu eusses nagé	que vous eussiez nagé
qu'il/elle nageât	qu'ils/elles nageassent	qu'il/elle eût nagé	qu'ils/elles eussent nagé

Commands

(nous) nageons
(tu) nage (vous) nagez

USAGE

Tu sais nager?	*Do you know how to swim?*
Cet enfant nage déjà comme un poisson!	*This child already swims so well / like a fish!*
nager le 100 mètres	*to swim the 100 meters*
nager à contre-courant	*to swim against the current* (also figuratively)
nager la brasse / le crawl	*to do the breaststroke/crawl*
Elle nage dans la tristesse.	*She is overcome with sadness.*
Il nage dans le mystère.	*He is totally bewildered.*
—Il a compris?	*Did he understand?*
—Non, il nage complètement.	*No, he is completely in the dark.*

RELATED WORDS AND EXPRESSIONS

la nage	*swimming*
être en nage	*to be sweaty*
un nageur / une nageuse	*a swimmer*

irregular verb; compound tenses with *être*

je nais · je naquis · né · naissant

Present		Passé Composé	
je nais	nous naissons	je suis né(e)	nous sommes né(e)s
tu nais	vous naissez	tu es né(e)	vous êtes né(e)(s)
il/elle naît	ils/elles naissent	il/elle est né(e)	ils/elles sont né(e)s

Imperfect		Pluperfect	
je naissais	nous naissions	j'étais né(e)	nous étions né(e)s
tu naissais	vous naissiez	tu étais né(e)	vous étiez né(e)(s)
il/elle naissait	ils/elles naissaient	il/elle était né(e)	ils/elles étaient né(e)s

Passé Simple		Past Anterior	
je naquis	nous naquîmes	je fus né(e)	nous fûmes né(e)s
tu naquis	vous naquîtes	tu fus né(e)	vous fûtes né(e)(s)
il/elle naquit	ils/elles naquirent	il/elle fut né(e)	ils/elles furent né(e)s

Future		Future Anterior	
je naîtrai	nous naîtrons	je serai né(e)	nous serons né(e)s
tu naîtras	vous naîtrez	tu seras né(e)	vous serez né(e)(s)
il/elle naîtra	ils/elles naîtront	il/elle sera né(e)	ils/elles seront né(e)s

Conditional		Past Conditional	
je naîtrais	nous naîtrions	je serais né(e)	nous serions né(e)s
tu naîtrais	vous naîtriez	tu serais né(e)	vous seriez né(e)(s)
il/elle naîtrait	ils/elles naîtraient	il/elle serait né(e)	ils/elles seraient né(e)s

Present Subjunctive		Past Subjunctive	
que je naisse	que nous naissions	que je sois né(e)	que nous soyons né(e)s
que tu naisses	que vous naissiez	que tu sois né(e)	que vous soyez né(e)(s)
qu'il/elle naisse	qu'ils/elles naissent	qu'il/elle soit né(e)	qu'ils/elles soient né(e)s

Imperfect Subjunctive		Pluperfect Subjunctive	
que je naquisse	que nous naquissions	que je fusse né(e)	que nous fussions né(e)s
que tu naquisses	que vous naquissiez	que tu fusses né(e)	que vous fussiez né(e)(s)
qu'il/elle naquît	qu'ils/elles naquissent	qu'il/elle fût né(e)	qu'ils/elles fussent né(e)s

Commands

	(nous) naissons
(tu) nais	(vous) naissez

USAGE

—Où es-tu né?	*Where were you born?*
—Je suis né à Bordeaux.	*I was born in Bordeaux.*
Sa sœur est née aveugle.	*His sister was born blind.*
Ils sont nés l'un pour l'autre.	*They were meant for each other.*
Elle est née coiffée.	*She was born with a silver spoon in her mouth.*
On est amis depuis très longtemps.	*We've been friends for a very long time.*
Je l'ai vu naître.	*We've known each other since we were children.*
Lui, il a réussi dans la vie, mais son frère était né sous une mauvaise étoile.	*He was successful in life but his brother was a born loser.*
Je ne suis pas né d'hier.	*I wasn't born yesterday.*

RELATED WORDS AND EXPRESSIONS

la naissance	*birth*
Votre date et lieu de naissance?	*Your date and place of birth?*

négliger *to neglect*

je néglige · je négligeai · négligé · négligeant

regular -er verb;
spelling change: g > ge/a, o

Present		Passé Composé	
je néglige	nous négligeons	j'ai négligé	nous avons négligé
tu négliges	vous négligez	tu as négligé	vous avez négligé
il/elle néglige	ils/elles négligent	il/elle a négligé	ils/elles ont négligé

Imperfect		Pluperfect	
je négligeais	nous négligions	j'avais négligé	nous avions négligé
tu négligeais	vous négligiez	tu avais négligé	vous aviez négligé
il/elle négligeait	ils/elles négligeaient	il/elle avait négligé	ils/elles avaient négligé

Passé Simple		Past Anterior	
je négligeai	nous négligeâmes	j'eus négligé	nous eûmes négligé
tu négligeas	vous négligeâtes	tu eus négligé	vous eûtes négligé
il/elle négligea	ils/elles négligèrent	il/elle eut négligé	ils/elles eurent négligé

Future		Future Anterior	
je négligerai	nous négligerons	j'aurai négligé	nous aurons négligé
tu négligeras	vous négligerez	tu auras négligé	vous aurez négligé
il/elle négligera	ils/elles négligeront	il/elle aura négligé	ils/elles auront négligé

Conditional		Past Conditional	
je négligerais	nous négligerions	j'aurais négligé	nous aurions négligé
tu négligerais	vous négligeriez	tu aurais négligé	vous auriez négligé
il/elle négligerait	ils/elles négligeraient	il/elle aurait négligé	ils/elles auraient négligé

Present Subjunctive		Past Subjunctive	
que je néglige	que nous négligions	que j'aie négligé	que nous ayons négligé
que tu négliges	que vous négligiez	que tu aies négligé	que vous ayez négligé
qu'il/elle néglige	qu'ils/elles négligent	qu'il/elle ait négligé	qu'ils/elles aient négligé

Imperfect Subjunctive		Pluperfect Subjunctive	
que je négligeasse	que nous négligeassions	que j'eusse négligé	que nous eussions négligé
que tu négligeasses	que vous négligeassiez	que tu eusses négligé	que vous eussiez négligé
qu'il/elle négligeât	qu'ils/elles négligeassent	qu'il/elle eût négligé	qu'ils/elles eussent négligé

Commands

	(nous) négligeons
(tu) néglige	(vous) négligez

USAGE

Il néglige ses études.	*He's neglecting his studies.*
Il ne faut pas négliger sa santé.	*You mustn't neglect your health.*
négliger de faire qqch	*to neglect to do something*
Ne négligez pas de m'avertir.	*Don't fail to notify me.*
Il a négligé de retirer les billets.	*He forgot to pick up the tickets.*
Elle néglige son talent musical.	*She doesn't develop her musical ability.*
Regarde comme tu es habillé! Tu te négliges!	*Look how you're dressed! You're letting yourself go!*
Elle est très négligée.	*She's careless about her looks.*
Cette offre n'est pas à négliger.	*This is not an offer to disregard.*
Elle ne néglige rien pour nous être utile.	*She leaves no stone unturned to be helpful to us.*

RELATED WORDS AND EXPRESSIONS

négligé(e)	*sloppy*
Ton écriture est assez négligée.	*Your writing is rather sloppy.*

regular -er verb;
spelling change: y > i/mute e

je nettoie · je nettoyai · nettoyé · nettoyant

Present		Passé Composé	
je nettoie	nous nettoyons	j'ai nettoyé	nous avons nettoyé
tu nettoies	vous nettoyez	tu as nettoyé	vous avez nettoyé
il/elle nettoie	ils/elles nettoient	il/elle a nettoyé	ils/elles ont nettoyé

Imperfect		Pluperfect	
je nettoyais	nous nettoyions	j'avais nettoyé	nous avions nettoyé
tu nettoyais	vous nettoyiez	tu avais nettoyé	vous aviez nettoyé
il/elle nettoyait	ils/elles nettoyaient	il/elle avait nettoyé	ils/elles avaient nettoyé

Passé Simple		Past Anterior	
je nettoyai	nous nettoyâmes	j'eus nettoyé	nous eûmes nettoyé
tu nettoyas	vous nettoyâtes	tu eus nettoyé	vous eûtes nettoyé
il/elle nettoya	ils/elles nettoyèrent	il/elle eut nettoyé	ils/elles eurent nettoyé

Future		Future Anterior	
je nettoierai	nous nettoierons	j'aurai nettoyé	nous aurons nettoyé
tu nettoieras	vous nettoierez	tu auras nettoyé	vous aurez nettoyé
il/elle nettoiera	ils/elles nettoieront	il/elle aura nettoyé	ils/elles auront nettoyé

Conditional		Past Conditional	
je nettoierais	nous nettoierions	j'aurais nettoyé	nous aurions nettoyé
tu nettoierais	vous nettoieriez	tu aurais nettoyé	vous auriez nettoyé
il/elle nettoierait	ils/elles nettoieraient	il/elle aurait nettoyé	ils/elles auraient nettoyé

Present Subjunctive		Past Subjunctive	
que je nettoie	que nous nettoyions	que j'aie nettoyé	que nous ayons nettoyé
que tu nettoies	que vous nettoyiez	que tu aies nettoyé	que vous ayez nettoyé
qu'il/elle nettoie	qu'ils/elles nettoient	qu'il/elle ait nettoyé	qu'ils/elles aient nettoyé

Imperfect Subjunctive		Pluperfect Subjunctive	
que je nettoyasse	que nous nettoyassions	que j'eusse nettoyé	que nous eussions nettoyé
que tu nettoyasses	que vous nettoyassiez	que tu eusses nettoyé	que vous eussiez nettoyé
qu'il/elle nettoyât	qu'ils/elles nettoyassent	qu'il/elle eût nettoyé	qu'ils/elles eussent nettoyé

Commands

	(nous) nettoyons
(tu) nettoie	(vous) nettoyez

USAGE

nettoyer la cuisine/maison	to clean the kitchen/house
nettoyer avec une éponge	to clean with a sponge
Les voleurs ont nettoyé l'appartement.	The thieves cleaned out the apartment.
L'armée a nettoyé la campagne.	The army cleaned the enemy out of the countryside.
faire nettoyer un vêtement à sec	to have a garment dry-cleaned
Quelqu'un m'a nettoyé les poches.	Someone went through my pockets.

RELATED WORDS AND EXPRESSIONS

le nettoyage	cleaning
le nettoyage de la maison	cleaning the house
le nettoyage des vitres	cleaning the windows
Pourquoi ne pas entreprendre un grand nettoyage de votre ordinateur en supprimant les fichiers temporaires?	Why not begin a major cleaning of your computer by erasing temporary files?

nier *to deny*

regular -er verb

Present		Passé Composé	
je nie	nous nions	j'ai nié	nous avons nié
tu nies	vous niez	tu as nié	vous avez nié
il/elle nie	ils/elles nient	il/elle a nié	ils/elles ont nié

Imperfect		Pluperfect	
je niais	nous niions	j'avais nié	nous avions nié
tu niais	vous niiez	tu avais nié	vous aviez nié
il/elle niait	ils/elles niaient	il/elle avait nié	ils/elles avaient nié

Passé Simple		Past Anterior	
je niai	nous niâmes	j'eus nié	nous eûmes nié
tu nias	vous niâtes	tu eus nié	vous eûtes nié
il/elle nia	ils/elles nièrent	il/elle eut nié	ils/elles eurent nié

Future		Future Anterior	
je nierai	nous nierons	j'aurai nié	nous aurons nié
tu nieras	vous nierez	tu auras nié	vous aurez nié
il/elle niera	ils/elles nieront	il/elle aura nié	ils/elles auront nié

Conditional		Past Conditional	
je nierais	nous nierions	j'aurais nié	nous aurions nié
tu nierais	vous nieriez	tu aurais nié	vous auriez nié
il/elle nierait	ils/elles nieraient	il/elle aurait nié	ils/elles auraient nié

Present Subjunctive		Past Subjunctive	
que je nie	que nous niions	que j'aie nié	que nous ayons nié
que tu nies	que vous niiez	que tu aies nié	que vous ayez nié
qu'il/elle nie	qu'ils/elles nient	qu'il/elle ait nié	qu'ils/elles aient nié

Imperfect Subjunctive		Pluperfect Subjunctive	
que je niasse	que nous niassions	que j'eusse nié	que nous eussions nié
que tu niasses	que vous niassiez	que tu eusses nié	que vous eussiez nié
qu'il/elle niât	qu'ils/elles niassent	qu'il/elle eût nié	qu'ils/elles eussent nié

Commands

	(nous) nions
(tu) nie	(vous) niez

USAGE

L'inculpé ne peut pas nier ces faits.	The accused cannot deny these facts.
L'accusé a tout nié.	The accused denied everything.
Il nie l'avoir battue.	He denies having hit her.
Il nie que nous soyons ses collègues.	He denies that we are his coworkers.
Il nie que vous ayez participé aux entretiens.	He denies that you have participated in the talks.
Je ne nie pas qu'il est intelligent.	I don't deny that he is intelligent.
Nous ne nions pas qu'elle veut partir.	We don't deny that she wants to leave.
Dire qu'il est innocent, c'est nier l'évidence.	Saying that he's innocent is to deny what is obvious.
Les hommes de sciences les plus importants nient la justesse de cette théorie.	The most important scientists deny the validity of this theory.
On ne peut pas nier la réalité.	You can't deny reality.

regular -ir verb

je nourris · je nourris · nourri · nourrissant

Present

je nourris	nous nourrissons
tu nourris	vous nourrissez
il/elle nourrit	ils/elles nourrissent

Imperfect

je nourrissais	nous nourrissions
tu nourrissais	vous nourrissiez
il/elle nourrissait	ils/elles nourrissaient

Passé Simple

je nourris	nous nourrîmes
tu nourris	vous nourrîtes
il/elle nourrit	ils/elles nourrirent

Future

je nourrirai	nous nourrirons
tu nourriras	vous nourrirez
il/elle nourrira	ils/elles nourriront

Conditional

je nourrirais	nous nourririons
tu nourrirais	vous nourririez
il/elle nourrirait	ils/elles nourriraient

Passé Composé

j'ai nourri	nous avons nourri
tu as nourri	vous avez nourri
il/elle a nourri	ils/elles ont nourri

Pluperfect

j'avais nourri	nous avions nourri
tu avais nourri	vous aviez nourri
il/elle avait nourri	ils/elles avaient nourri

Past Anterior

j'eus nourri	nous eûmes nourri
tu eus nourri	vous eûtes nourri
il/elle eut nourri	ils/elles eurent nourri

Future Anterior

j'aurai nourri	nous aurons nourri
tu auras nourri	vous aurez nourri
il/elle aura nourri	ils/elles auront nourri

Past Conditional

j'aurais nourri	nous aurions nourri
tu aurais nourri	vous auriez nourri
il/elle aurait nourri	ils/elles auraient nourri

Present Subjunctive

que je nourrisse	que nous nourrissions
que tu nourrisses	que vous nourrissiez
qu'il/elle nourrisse	qu'ils/elles nourrissent

Imperfect Subjunctive

que je nourrisse	que nous nourrissions
que tu nourrisses	que vous nourrissiez
qu'il/elle nourrît	qu'ils/elles nourrissent

Past Subjunctive

que j'aie nourri	que nous ayons nourri
que tu aies nourri	que vous ayez nourri
qu'il/elle ait nourri	qu'ils/elles aient nourri

Pluperfect Subjunctive

que j'eusse nourri	que nous eussions nourri
que tu eusses nourri	que vous eussiez nourri
qu'il/elle eût nourri	qu'ils/elles eussent nourri

Commands

	(nous) nourrissons
(tu) nourris	(vous) nourrissez

USAGE

Le fromage nourrit.	*Cheese is nourishing.*
Ce malade ne peut pas se nourrir.	*This patient can't feed himself.*
—Tu nourris ton bébé au biberon?	*Do your feed your baby with a bottle?*
—Non, je le nourris à la cuillère.	*No, I feed him with a spoon.*
Ils se nourrissaient de baies et de noix.	*They lived on berries and nuts.*
Les skieurs se nourrissent bien.	*Skiers eat well.*
La campagne nourrit les villes.	*The countryside feeds the cities.*
Il y a des gens mal nourris dans la ville.	*There are people who don't have enough to eat in the city.*
Il cherche un métier qui nourrisse l'esprit.	*He's looking for a line of work that satisfies the mind.*
C'est un métier qui ne nourrit pas son homme.	*You can't make a living in that line of work.*

RELATED WORDS AND EXPRESSIONS

la nourriture	*food*
La nourriture ici est très bonne.	*The food here is very good.*

nuire *to harm*

irregular verb

Present		Passé Composé	
je nuis	nous nuisons	j'ai nui	nous avons nui
tu nuis	vous nuisez	tu as nui	vous avez nui
il/elle nuit	ils/elles nuisent	il/elle a nui	ils/elles ont nui

Imperfect		Pluperfect	
je nuisais	nous nuisions	j'avais nui	nous avions nui
tu nuisais	vous nuisiez	tu avais nui	vous aviez nui
il/elle nuisait	ils/elles nuisaient	il/elle avait nui	ils/elles avaient nui

Passé Simple		Past Anterior	
je nuisis	nous nuisîmes	j'eus nui	nous eûmes nui
tu nuisis	vous nuisîtes	tu eus nui	vous eûtes nui
il/elle nuisit	ils/elles nuisirent	il/elle eut nui	ils/elles eurent nui

Future		Future Anterior	
je nuirai	nous nuirons	j'aurai nui	nous aurons nui
tu nuiras	vous nuirez	tu auras nui	vous aurez nui
il/elle nuira	ils/elles nuiront	il/elle aura nui	ils/elles auront nui

Conditional		Past Conditional	
je nuirais	nous nuirions	j'aurais nui	nous aurions nui
tu nuirais	vous nuiriez	tu aurais nui	vous auriez nui
il/elle nuirait	ils/elles nuiraient	il/elle aurait nui	ils/elles auraient nui

Present Subjunctive		Past Subjunctive	
que je nuise	que nous nuisions	que j'aie nui	que nous ayons nui
que tu nuises	que vous nuisiez	que tu aies nui	que vous ayez nui
qu'il/elle nuise	qu'ils/elles nuisent	qu'il/elle ait nui	qu'ils/elles aient nui

Imperfect Subjunctive		Pluperfect Subjunctive	
que je nuisisse	que nous nuisissions	que j'eusse nui	que nous eussions nui
que tu nuisisses	que vous nuisissiez	que tu eusses nui	que vous eussiez nui
qu'il/elle nuisît	qu'ils/elles nuisissent	qu'il/elle eût nui	qu'ils/elles eussent nui

Commands

	(nous) nuisons
(tu) nuis	(vous) nuisez

nuire à qqn	to harm someone
Il cherche à nuire à ses collègues.	He tries to do his coworkers harm.
nuire à qqch	to damage something
Cette affaire a nui à sa réputation.	This business deal harmed his reputation.
Ce travail a nui à sa santé.	That work harmed his health.
La crise économique a nui aux projets d'expansion de notre entreprise.	The economic downturn harmed our company's plans for expansion.
Les preuves lui ont beaucoup nui.	The evidence hurt him a lot.
Sa froideur lui nuit.	His coldness is a big disadvantage for him.

RELATED WORDS AND EXPRESSIONS

nuisible	harmful
L'excès d'alcool est nuisible à la santé.	Excessive use of alcohol is harmful to your health.
se nuire	to harm each other / work against each other
Ils se sont nui.	They did each other harm.

regular -ir verb

j'obéis · j'obéis · obéi · obéissant

Present	
j'obéis	nous obéissons
tu obéis	vous obéissez
il/elle obéit	ils/elles obéissent

Passé Composé	
j'ai obéi	nous avons obéi
tu as obéi	vous avez obéi
il/elle a obéi	ils/elles ont obéi

Imperfect	
j'obéissais	nous obéissions
tu obéissais	vous obéissiez
il/elle obéissait	ils/elles obéissaient

Pluperfect	
j'avais obéi	nous avions obéi
tu avais obéi	vous aviez obéi
il/elle avait obéi	ils/elles avaient obéi

Passé Simple	
j'obéis	nous obéîmes
tu obéis	vous obéîtes
il/elle obéit	ils/elles obéirent

Past Anterior	
j'eus obéi	nous eûmes obéi
tu eus obéi	vous eûtes obéi
il/elle eut obéi	ils/elles eurent obéi

Future	
j'obéirai	nous obéirons
tu obéiras	vous obéirez
il/elle obéira	ils/elles obéiront

Future Anterior	
j'aurai obéi	nous aurons obéi
tu auras obéi	vous aurez obéi
il/elle aura obéi	ils/elles auront obéi

Conditional	
j'obéirais	nous obéirions
tu obéirais	vous obéiriez
il/elle obéirait	ils/elles obéiraient

Past Conditional	
j'aurais obéi	nous aurions obéi
tu aurais obéi	vous auriez obéi
il/elle aurait obéi	ils/elles auraient obéi

Present Subjunctive	
que j'obéisse	que nous obéissions
que tu obéisses	que vous obéissiez
qu'il/elle obéisse	qu'ils/elles obéissent

Past Subjunctive	
que j'aie obéi	que nous ayons obéi
que tu aies obéi	que vous ayez obéi
qu'il/elle ait obéi	qu'ils/elles aient obéi

Imperfect Subjunctive	
que j'obéisse	que nous obéissions
que tu obéisses	que vous obéissiez
qu'il/elle obéît	qu'ils/elles obéissent

Pluperfect Subjunctive	
que j'eusse obéi	que nous eussions obéi
que tu eusses obéi	que vous eussiez obéi
qu'il/elle eût obéi	qu'ils/elles eussent obéi

Commands

	(nous) obéissons
(tu) obéis	(vous) obéissez

USAGE

obéir à qqn	to obey someone
Il obéit à ses parents.	He obeys his parents.
Il obéit au patron au doigt et à l'œil.	He does the boss's bidding.
obéir à qqch	to obey something
Un bon soldat obéit aux ordres.	A good soldier obeys orders.
Tu n'as qu'à obéir.	All you have to do is obey.
Le chef sait se faire obéir.	The boss knows how to get people to obey him.
Il n'obéit qu'à sa conscience.	He listens only to his conscience.
Je leur ai dit de venir mais ils n'ont pas obéi.	I told them to come but they didn't listen to me.

RELATED WORDS AND EXPRESSIONS

l'obéissance (f)	obedience
Ils ont juré obéissance au chef de bande.	They swore to obey the gang leader.

(**obliger**) *to oblige*

j'oblige · j'obligeai · obligé · obligeant   regular -er verb; spelling change: *g > ge/a, o*

Present		Passé Composé	
j'oblige	nous obligeons	j'ai obligé	nous avons obligé
tu obliges	vous obligez	tu as obligé	vous avez obligé
il/elle oblige	ils/elles obligent	il/elle a obligé	ils/elles ont obligé

Imperfect		Pluperfect	
j'obligeais	nous obligions	j'avais obligé	nous avions obligé
tu obligeais	vous obligiez	tu avais obligé	vous aviez obligé
il/elle obligeait	ils/elles obligeaient	il/elle avait obligé	ils/elles avaient obligé

Passé Simple		Past Anterior	
j'obligeai	nous obligeâmes	j'eus obligé	nous eûmes obligé
tu obligeas	vous obligeâtes	tu eus obligé	vous eûtes obligé
il/elle obligea	ils/elles obligèrent	il/elle eut obligé	ils/elles eurent obligé

Future		Future Anterior	
j'obligerai	nous obligerons	j'aurai obligé	nous aurons obligé
tu obligeras	vous obligerez	tu auras obligé	vous aurez obligé
il/elle obligera	ils/elles obligeront	il/elle aura obligé	ils/elles auront obligé

Conditional		Past Conditional	
j'obligerais	nous obligerions	j'aurais obligé	nous aurions obligé
tu obligerais	vous obligeriez	tu aurais obligé	vous auriez obligé
il/elle obligerait	ils/elles obligeraient	il/elle aurait obligé	ils/elles auraient obligé

Present Subjunctive		Past Subjunctive	
que j'oblige	que nous obligions	que j'aie obligé	que nous ayons obligé
que tu obliges	que vous obligiez	que tu aies obligé	que vous ayez obligé
qu'il/elle oblige	qu'ils/elles obligent	qu'il/elle ait obligé	qu'ils/elles aient obligé

Imperfect Subjunctive		Pluperfect Subjunctive	
que j'obligeasse	que nous obligeassions	que j'eusse obligé	que nous eussions obligé
que tu obligeasses	que vous obligeassiez	que tu eusses obligé	que vous eussiez obligé
qu'il/elle obligeât	qu'ils/elles obligeassent	qu'il/elle eût obligé	qu'ils/elles eussent obligé

Commands

	(nous) obligeons
(tu) oblige	(vous) obligez

(**USAGE**)

La loi nous oblige à respecter les droits des autres.	The law obliges us to respect other people's rights.
obliger qqn à faire qqch	to force someone to do something
Tu ne peux pas les obliger à revenir?	Can't you make them come back?
Il faut l'obliger à tenir sa promesse.	You have to make him keep his promise.
Sa conduite m'a obligé à me fâcher contre lui.	His behavior forced me to get angry with him.

RELATED WORDS AND EXPRESSIONS

l'obligation (f)	obligation
J'ai des obligations envers eux.	I am obliged to them.
sans obligation de votre part	with no obligation to you
C'est obligé. (colloquial)	It's inevitable.
C'est obligé qu'il revienne demain.	It's inevitable that he'll return tomorrow.
s'obliger à faire qqch	to commit oneself to do something
Je m'oblige à vous aider.	I promise to help you.
Nous vous serions obligés de bien vouloir nous répondre dans les plus brefs délais.	We would be grateful to you for your prompt reply. (formal letter)

irregular verb

Present

j'obtiens	nous obtenons
tu obtiens	vous obtenez
il/elle obtient	ils/elles obtiennent

Passé Composé

j'ai obtenu	nous avons obtenu
tu as obtenu	vous avez obtenu
il/elle a obtenu	ils/elles ont obtenu

Imperfect

j'obtenais	nous obtenions
tu obtenais	vous obteniez
il/elle obtenait	ils/elles obtenaient

Pluperfect

j'avais obtenu	nous avions obtenu
tu avais obtenu	vous aviez obtenu
il/elle avait obtenu	ils/elles avaient obtenu

Passé Simple

j'obtins	nous obtînmes
tu obtins	vous obtîntes
il/elle obtint	ils/elles obtinrent

Past Anterior

j'eus obtenu	nous eûmes obtenu
tu eus obtenu	vous eûtes obtenu
il/elle eut obtenu	ils/elles eurent obtenu

Future

j'obtiendrai	nous obtiendrons
tu obtiendras	vous obtiendrez
il/elle obtiendra	ils/elles obtiendront

Future Anterior

j'aurai obtenu	nous aurons obtenu
tu auras obtenu	vous aurez obtenu
il/elle aura obtenu	ils/elles auront obtenu

Conditional

j'obtiendrais	nous obtiendrions
tu obtiendrais	vous obtiendriez
il/elle obtiendrait	ils/elles obtiendraient

Past Conditional

j'aurais obtenu	nous aurions obtenu
tu aurais obtenu	vous auriez obtenu
il/elle aurait obtenu	ils/elles auraient obtenu

Present Subjunctive

que j'obtienne	que nous obtenions
que tu obtiennes	que vous obteniez
qu'il/elle obtienne	qu'ils/elles obtiennent

Past Subjunctive

que j'aie obtenu	que nous ayons obtenu
que tu aies obtenu	que vous ayez obtenu
qu'il/elle ait obtenu	qu'ils/elles aient obtenu

Imperfect Subjunctive

que j'obtinsse	que nous obtinssions
que tu obtinsses	que vous obtinssiez
qu'il/elle obtînt	qu'ils/elles obtinssent

Pluperfect Subjunctive

que j'eusse obtenu	que nous eussions obtenu
que tu eusses obtenu	que vous eussiez obtenu
qu'il/elle eût obtenu	qu'ils/elles eussent obtenu

Commands

	(nous) obtenons
(tu) obtiens	(vous) obtenez

USAGE

Est-ce que tu peux m'obtenir cet article sur Internet?	Can you get that article for me on the Web?
Je n'ai pas obtenu de réponse.	No one answered.
Je n'ai pas obtenu qu'on me réponde.	I could not get anyone to answer me.
Nous avons obtenu de bons résultats.	We got good results.
En mettant ces sommes ensemble, on obtient 3.000 euros.	Putting these amounts together, you get 3,000 euros.
Il n'a pas encore obtenu leur autorisation pour partir.	He has not yet gotten their authorization to leave.
J'ai obtenu la permission de mes parents.	I got my parents' permission.
Nous avons obtenu de lui qu'il nous rende l'argent.	We got him to agree to return the money.
Elle m'a obtenu un travail de programmeur.	She got me a job as a programmer.
Il faut que j'obtienne un nom de domaine pour mon site Web.	I must get a domain name for my website.

(s'occuper) *to take care of*

je m'occupe · je m'occupai · s'étant occupé · s'occupant

regular -er reflexive verb;
compound tenses with être

Present

je m'occupe	nous nous occupons
tu t'occupes	vous vous occupez
il/elle s'occupe	ils/elles s'occupent

Passé Composé

je me suis occupé(e)	nous nous sommes occupé(e)s
tu t'es occupé(e)	vous vous êtes occupé(e)(s)
il/elle s'est occupé(e)	ils/elles se sont occupé(e)s

Imperfect

je m'occupais	nous nous occupions
tu t'occupais	vous vous occupiez
il/elle s'occupait	ils/elles s'occupaient

Pluperfect

je m'étais occupé(e)	nous nous étions occupé(e)s
tu t'étais occupé(e)	vous vous étiez occupé(e)(s)
il/elle s'était occupé(e)	ils/elles s'étaient occupé(e)s

Passé Simple

je m'occupai	nous nous occupâmes
tu t'occupas	vous vous occupâtes
il/elle s'occupa	ils/elles s'occupèrent

Past Anterior

je me fus occupé(e)	nous nous fûmes occupé(e)s
tu te fus occupé(e)	vous vous fûtes occupé(e)(s)
il/elle se fut occupé(e)	ils/elles se furent occupé(e)s

Future

je m'occuperai	nous nous occuperons
tu t'occuperas	vous vous occuperez
il/elle s'occupera	ils/elles s'occuperont

Future Anterior

je me serai occupé(e)	nous nous serons occupé(e)s
tu te seras occupé(e)	vous vous serez occupé(e)(s)
il/elle se sera occupé(e)	ils/elles se seront occupé(e)s

Conditional

je m'occuperais	nous nous occuperions
tu t'occuperais	vous vous occuperiez
il/elle s'occuperait	ils/elles s'occuperaient

Past Conditional

je me serais occupé(e)	nous nous serions occupé(e)s
tu te serais occupé(e)	vous vous seriez occupé(e)(s)
il/elle se serait occupé(e)	ils/elles se seraient occupé(e)s

Present Subjunctive

que je m'occupe	que nous nous occupions
que tu t'occupes	que vous vous occupiez
qu'il/elle s'occupe	qu'ils/elles s'occupent

Past Subjunctive

que je me sois occupé(e)	que nous nous soyons occupé(e)s
que tu te sois occupé(e)	que vous vous soyez occupé(e)(s)
qu'il/elle se soit occupé(e)	qu'ils/elles se soient occupé(e)s

Imperfect Subjunctive

que je m'occupasse	que nous nous occupassions
que tu t'occupasses	que vous vous occupassiez
qu'il/elle s'occupât	qu'ils/elles s'occupassent

Pluperfect Subjunctive

que je me fusse occupé(e)	que nous nous fussions occupé(e)s
que tu te fusses occupé(e)	que vous vous fussiez occupé(e)(s)
qu'il/elle se fût occupé(e)	qu'ils/elles se fussent occupé(e)s

Commands

	(nous) occupons-nous
(tu) occupe-toi	(vous) occupez-vous

(USAGE)

s'occuper de qqch	to take care of / be in charge of something
Mon grand-père s'occupe du jardin.	My grandfather takes care of the garden.
Occupe-toi de tes affaires.	Mind your own business.
s'occuper de qqn	to take care of someone
On s'occupe de vous?	Are you being served? (in a store, etc.)
Qui s'occupe des enfants?	Who's watching the children?
Il y a trois infirmières qui s'occupent des malades.	There are three nurses taking care of the patients.
Je vais m'occuper de la voiture.	I'll see to the car.
Tu peux t'occuper de cette besogne?	Can you take care of this task?
Elle ne s'occupe que des affaires des autres.	She's always meddling in other people's affairs.
Un technicien s'occupe du site Web de notre entreprise.	A technician takes care of our company's website.
Je m'occupais de la sécurité et de l'exploitation du réseau.	I took care of the security and the use of the network.

irregular verb

j'offre · j'offris · offert · offrant

Present		Passé Composé	
j'offre	nous offrons	j'ai offert	nous avons offert
tu offres	vous offrez	tu as offert	vous avez offert
il/elle offre	ils/elles offrent	il/elle a offert	ils/elles ont offert

Imperfect		Pluperfect	
j'offrais	nous offrions	j'avais offert	nous avions offert
tu offrais	vous offriez	tu avais offert	vous aviez offert
il/elle offrait	ils/elles offraient	il/elle avait offert	ils/elles avaient offert

Passé Simple		Past Anterior	
j'offris	nous offrîmes	j'eus offert	nous eûmes offert
tu offris	vous offrîtes	tu eus offert	vous eûtes offert
il/elle offrit	ils/elles offrirent	il/elle eut offert	ils/elles eurent offert

Future		Future Anterior	
j'offrirai	nous offrirons	j'aurai offert	nous aurons offert
tu offriras	vous offrirez	tu auras offert	vous aurez offert
il/elle offrira	ils/elles offriront	il/elle aura offert	ils/elles auront offert

Conditional		Past Conditional	
j'offrirais	nous offririons	j'aurais offert	nous aurions offert
tu offrirais	vous offririez	tu aurais offert	vous auriez offert
il/elle offrirait	ils/elles offriraient	il/elle aurait offert	ils/elles auraient offert

Present Subjunctive		Past Subjunctive	
que j'offre	que nous offrions	que j'aie offert	que nous ayons offert
que tu offres	que vous offriez	que tu aies offert	que vous ayez offert
qu'il/elle offre	qu'ils/elles offrent	qu'il/elle ait offert	qu'ils/elles aient offert

Imperfect Subjunctive		Pluperfect Subjunctive	
que j'offrisse	que nous offrissions	que j'eusse offert	que nous eussions offert
que tu offrisses	que vous offrissiez	que tu eusses offert	que vous eussiez offert
qu'il/elle offrît	qu'ils/elles offrissent	qu'il/elle eût offert	qu'ils/elles eussent offert

Commands

	(nous) offrons
(tu) offre	(vous) offrez

(USAGE)

Il m'a offert dix mille euros.	*He offered me ten thousand euros.*
Ces cours offrent beaucoup d'avantages.	*These courses offer many advantages.*
Ils nous offriront l'hospitalité.	*They will offer us their hospitality.*
offrir qqch à qqn	*to give something to someone as a gift*
On m'a offert un nouveau téléphone portable pour mon anniversaire.	*They gave me a new cell phone for my birthday.*
Qu'est-ce qu'on va offrir aux enfants pour Noël?	*What are we going to give the children for Christmas?*
Je vous offre mes meilleurs vœux de succès.	*Please accept my best wishes for success.*
Ils se sont offert une semaine à Avignon.	*They treated themselves to a week in Avignon.*
Il nous a offert un verre.	*He treated us to a drink.*

RELATED WORDS AND EXPRESSIONS

l'offre (f)	*offer*
faire une offre de service	*to bid on a job*
lire les offres d'emploi	*to read the job ads*
l'offre et la demande	*supply and demand*

omettre *to omit*

j'omets · j'omis · omis · omettant

irregular verb; only one t in the singular of the present tense

---

Present

j'omets	nous omettons
tu omets	vous omettez
il/elle omet	ils/elles omettent

Passé Composé

j'ai omis	nous avons omis
tu as omis	vous avez omis
il/elle a omis	ils/elles ont omis

Imperfect

j'omettais	nous omettions
tu omettais	vous omettiez
il/elle omettait	ils/elles omettaient

Pluperfect

j'avais omis	nous avions omis
tu avais omis	vous aviez omis
il/elle avait omis	ils/elles avaient omis

Passé Simple

j'omis	nous omîmes
tu omis	vous omîtes
il/elle omit	ils/elles omirent

Past Anterior

j'eus omis	nous eûmes omis
tu eus omis	vous eûtes omis
il/elle eut omis	ils/elles eurent omis

Future

j'omettrai	nous omettrons
tu omettras	vous omettrez
il/elle omettra	ils/elles omettront

Future Anterior

j'aurai omis	nous aurons omis
tu auras omis	vous aurez omis
il/elle aura omis	ils/elles auront omis

Conditional

j'omettrais	nous omettrions
tu omettrais	vous omettriez
il/elle omettrait	ils/elles omettraient

Past Conditional

j'aurais omis	nous aurions omis
tu aurais omis	vous auriez omis
il/elle aurait omis	ils/elles auraient omis

Present Subjunctive

que j'omette	que nous omettions
que tu omettes	que vous omettiez
qu'il/elle omette	qu'ils/elles omettent

Past Subjunctive

que j'aie omis	que nous ayons omis
que tu aies omis	que vous ayez omis
qu'il/elle ait omis	qu'ils/elles aient omis

Imperfect Subjunctive

que j'omisse	que nous omissions
que tu omisses	que vous omissiez
qu'il/elle omît	qu'ils/elles omissent

Pluperfect Subjunctive

que j'eusse omis	que nous eussions omis
que tu eusses omis	que vous eussiez omis
qu'il/elle eût omis	qu'ils/elles eussent omis

Commands

	(nous) omettons
(tu) omets	(vous) omettez

USAGE

Vous avez omis quelques détails importants.	You have omitted some important details.
Il a omis de me mettre au courant.	He failed to keep me informed.
Ce document n'omet rien.	This document leaves nothing out.
Vous avez omis l'accent aigu du participe passé.	You left the acute accent off the past participle.
Vous avez omis quelqu'un sur cette liste.	You left someone off this list.

RELATED WORDS AND EXPRESSIONS

l'omission (f)	omission
Sa déclaration a trop d'omissions.	His statement has too many omissions.
Vous pardonnerez, j'espère, cette omission involontaire.	You will, I hope, forgive this accidental omission.
L'omission de *ne* est fréquente dans la langue parlée.	The omission of ne is common in the spoken language.
un péché d'omission	a sin of omission

regular -er verb

j'ose · j'osai · osé · osant

Present		Passé Composé	
j'ose	nous osons	j'ai osé	nous avons osé
tu oses	vous osez	tu as osé	vous avez osé
il/elle ose	ils/elles osent	il/elle a osé	ils/elles ont osé

Imperfect		Pluperfect	
j'osais	nous osions	j'avais osé	nous avions osé
tu osais	vous osiez	tu avais osé	vous aviez osé
il/elle osait	ils/elles osaient	il/elle avait osé	ils/elles avaient osé

Passé Simple		Past Anterior	
j'osai	nous osâmes	j'eus osé	nous eûmes osé
tu osas	vous osâtes	tu eus osé	vous eûtes osé
il/elle osa	ils/elles osèrent	il/elle eut osé	ils/elles eurent osé

Future		Future Anterior	
j'oserai	nous oserons	j'aurai osé	nous aurons osé
tu oseras	vous oserez	tu auras osé	vous aurez osé
il/elle osera	ils/elles oseront	il/elle aura osé	ils/elles auront osé

Conditional		Past Conditional	
j'oserais	nous oserions	j'aurais osé	nous aurions osé
tu oserais	vous oseriez	tu aurais osé	vous auriez osé
il/elle oserait	ils/elles oseraient	il/elle aurait osé	ils/elles auraient osé

Present Subjunctive		Past Subjunctive	
que j'ose	que nous osions	que j'aie osé	que nous ayons osé
que tu oses	que vous osiez	que tu aies osé	que vous ayez osé
qu'il/elle ose	qu'ils/elles osent	qu'il/elle ait osé	qu'ils/elles aient osé

Imperfect Subjunctive		Pluperfect Subjunctive	
que j'osasse	que nous osassions	que j'eusse osé	que nous eussions osé
que tu osasses	que vous osassiez	que tu eusses osé	que vous eussiez osé
qu'il/elle osât	qu'ils/elles osassent	qu'il/elle eût osé	qu'ils/elles eussent osé

Commands

	(nous) osons
(tu) ose	(vous) osez

USAGE

oser faire qqch	to dare (to) do something
Vous osez me parler sur ce ton!	You dare speak to me in that tone of voice?
Je n'ai pas osé le lui demander.	I didn't dare ask him for it.
Les enfants n'osaient pas se lever de table.	The children didn't dare leave the table.
Hésiter ne sert à rien. Il faut oser.	Hesitating is useless. You have to dare to act.
Je n'ose pas vous le dire.	I don't dare tell you.
Qui oserait faire cela?	Who would dare do that?

RELATED WORDS AND EXPRESSIONS

osé(e)	daring
Il a fait des remarques très osées.	He made some very daring remarks.
C'est un article très osé.	It's a very daring article.
Je trouve ses propos très osés.	I find his comments very daring.

j'oublie · j'oubliai · oublié · oubliant

regular -er verb

Present		Passé Composé	
j'oublie	nous oublions	j'ai oublié	nous avons oublié
tu oublies	vous oubliez	tu as oublié	vous avez oublié
il/elle oublie	ils/elles oublient	il/elle a oublié	ils/elles ont oublié

Imperfect		Pluperfect	
j'oubliais	nous oubliions	j'avais oublié	nous avions oublié
tu oubliais	vous oubliiez	tu avais oublié	vous aviez oublié
il/elle oubliait	ils/elles oubliaient	il/elle avait oublié	ils/elles avaient oublié

Passé Simple		Past Anterior	
j'oubliai	nous oubliâmes	j'eus oublié	nous eûmes oublié
tu oublias	vous oubliâtes	tu eus oublié	vous eûtes oublié
il/elle oublia	ils/elles oublièrent	il/elle eut oublié	ils/elles eurent oublié

Future		Future Anterior	
j'oublierai	nous oublierons	j'aurai oublié	nous aurons oublié
tu oublieras	vous oublierez	tu auras oublié	vous aurez oublié
il/elle oubliera	ils/elles oublieront	il/elle aura oublié	ils/elles auront oublié

Conditional		Past Conditional	
j'oublierais	nous oublierions	j'aurais oublié	nous aurions oublié
tu oublierais	vous oublieriez	tu aurais oublié	vous auriez oublié
il/elle oublierait	ils/elles oublieraient	il/elle aurait oublié	ils/elles auraient oublié

Present Subjunctive		Past Subjunctive	
que j'oublie	que nous oubliions	que j'aie oublié	que nous ayons oublié
que tu oublies	que vous oubliiez	que tu aies oublié	que vous ayez oublié
qu'il/elle oublie	qu'ils/elles oublient	qu'il/elle ait oublié	qu'ils/elles aient oublié

Imperfect Subjunctive		Pluperfect Subjunctive	
que j'oubliasse	que nous oubliassions	que j'eusse oublié	que nous eussions oublié
que tu oubliasses	que vous oubliassiez	que tu eusses oublié	que vous eussiez oublié
qu'il/elle oubliât	qu'ils/elles oubliassent	qu'il/elle eût oublié	qu'ils/elles eussent oublié

Commands

	(nous) oublions
(tu) oublie	(vous) oubliez

USAGE

J'ai oublié son nom.	*I forgot his name.*
J'ai oublié ce que vous vouliez.	*I forgot what you wanted.*
—Ne m'oubliez pas.	*Don't forget me.*
—Je ne t'oublierai jamais.	*I will never forget you.*
Il a oublié son allemand.	*He forgot his German.*
Il ne réussira pas à faire oublier ses actions.	*He will never be able to live down what he did.*
Tout ça, c'est oublié.	*All that is over with, gone and forgotten.*
Oublions le passé et recommençons.	*Let's forget the past and start over.*

RELATED WORDS AND EXPRESSIONS

inoubliable	*unforgettable*
Elle a chanté des chansons inoubliables.	*She sang unforgettable songs.*
Je garderai de votre visite un souvenir inoubliable.	*I will never forget your visit.*
tomber dans les oubliettes *(fpl)*	*to be forgotten about*

irregular verb

j'ouvre · j'ouvris · ouvert · ouvrant

Present		Passé Composé	
j'ouvre	nous ouvrons	j'ai ouvert	nous avons ouvert
tu ouvres	vous ouvrez	tu as ouvert	vous avez ouvert
il/elle ouvre	ils/elles ouvrent	il/elle a ouvert	ils/elles ont ouvert

Imperfect		Pluperfect	
j'ouvrais	nous ouvrions	j'avais ouvert	nous avions ouvert
tu ouvrais	vous ouvriez	tu avais ouvert	vous aviez ouvert
il/elle ouvrait	ils/elles ouvraient	il/elle avait ouvert	ils/elles avaient ouvert

Passé Simple		Past Anterior	
j'ouvris	nous ouvrîmes	j'eus ouvert	nous eûmes ouvert
tu ouvris	vous ouvrîtes	tu eus ouvert	vous eûtes ouvert
il/elle ouvrit	ils/elles ouvrirent	il/elle eut ouvert	ils/elles eurent ouvert

Future		Future Anterior	
j'ouvrirai	nous ouvrirons	j'aurai ouvert	nous aurons ouvert
tu ouvriras	vous ouvrirez	tu auras ouvert	vous aurez ouvert
il/elle ouvrira	ils/elles ouvriront	il/elle aura ouvert	ils/elles auront ouvert

Conditional		Past Conditional	
j'ouvrirais	nous ouvririons	j'aurais ouvert	nous aurions ouvert
tu ouvrirais	vous ouvririez	tu aurais ouvert	vous auriez ouvert
il/elle ouvrirait	ils/elles ouvriraient	il/elle aurait ouvert	ils/elles auraient ouvert

Present Subjunctive		Past Subjunctive	
que j'ouvre	que nous ouvrions	que j'aie ouvert	que nous ayons ouvert
que tu ouvres	que vous ouvriez	que tu aies ouvert	que vous ayez ouvert
qu'il/elle ouvre	qu'ils/elles ouvrent	qu'il/elle ait ouvert	qu'ils/elles aient ouvert

Imperfect Subjunctive		Pluperfect Subjunctive	
que j'ouvrisse	que nous ouvrissions	que j'eusse ouvert	que nous eussions ouvert
que tu ouvrisses	que vous ouvrissiez	que tu eusses ouvert	que vous eussiez ouvert
qu'il/elle ouvrît	qu'ils/elles ouvrissent	qu'il/elle eût ouvert	qu'ils/elles eussent ouvert

Commands

	(nous) ouvrons
(tu) ouvre	(vous) ouvrez

ouvrir la porte / les fenêtres	to open the door/windows
ouvrir la portière du wagon	to open the door of the train
ouvrir une séance	to open a meeting
Ouvrez vos livres à la page dix.	Open your books to page ten.
Cette clé n'ouvre pas la porte.	This key doesn't open the door.
Les soldats ont ouvert le feu.	The soldiers opened fire.
Les hors-d'œuvre ouvrent l'appétit.	Hors d'oeuvres stimulate the appetite.
Voilà son train. Ouvrez l'œil.	There's his train. Keep your eyes peeled for him.

RELATED WORDS AND EXPRESSIONS

l'ouverture (f)	opening
Le dimanche n'est pas un jour d'ouverture.	We're not open on Sundays.
Ouverture des portes à sept heures.	Doors open at seven o'clock.
L'ouverture du congrès a eu lieu hier.	The opening of the convention took place yesterday.
s'ouvrir	to open up
Elle s'est ouverte à sa sœur.	She opened up to her sister.

ouvrir · *to open*

j'ouvre · j'ouvris · ouvert · ouvrant

irregular verb

Des choses à ouvrir

Ouvrons les boîtes de conserves.	*Let's open the cans.*
Vous pouvez m'ouvrir cette bouteille?	*Can you open this bottle for me?*
Ouvrez la penderie et accrochez votre manteau.	*Open the closet and hang up your coat.*
Ouvrez au nom de la loi!	*Open in the name of the law!*
C'est moi, Daniel. Ouvre-moi!	*It's me, Daniel. Let me in!*
Ils nous ont ouvert leur maison.	*They opened their home to us.*
Il a ouvert sa bourse pour les aider.	*He chipped in to help them.*
On va ouvrir une autoroute à travers la région.	*They're going to build a highway through the region.*
Cette porte ouvre sur la cour.	*This door opens onto the courtyard.*
Le cambrioleur a ouvert la porte par effraction.	*The burglar forced the door.*
Le couvercle s'ouvre en dévissant.	*You open the lid by unscrewing it.*
Ne laissez pas la porte ouverte.	*Don't leave the door open.*
—On sonne.	*Someone's at the door.*
—Je vais ouvrir.	*I'll go let him in.*
—J'ai laissé mes clés au bureau.	*I left my keys at the office.*
—Tu peux te faire ouvrir par la concierge.	*You can have the concierge open your apartment for you.*

ouvrir dans le commerce et le monde du travail

—À quelle heure est-ce qu'on ouvre ce magasin?	*What time does this store open?*
—Il est ouvert à partir de dix heures.	*It's open from ten o'clock on.*
—Le boucher ouvre à quelle heure?	*What time does the butcher open?*
—Il ouvre de huit heures à six heures.	*He's open from eight to six.*
J'ai ouvert un compte dans cette banque.	*I opened an account at this bank.*
Notre bureau n'ouvre pas cet après-midi.	*Our office is not open this afternoon.*
Ce pays refuse d'ouvrir son marché à nos exportations.	*This country refuses to open its market to our exports.*
Cliquer pour ouvrir ou cacher le sous-menu.	*Click to open or hide the submenu.*

RELATED WORDS AND EXPRESSIONS

Votre courriel m'a ouvert les yeux.	*Your e-mail opened my eyes.*
Quel pays a ouvert les hostilités?	*Which country began the fighting?*
Je n'ai pas osé ouvrir la bouche.	*I didn't dare open my mouth.*
Une année à l'étranger lui ouvrira l'esprit.	*A year abroad will broaden her horizons.*
J'espère que le médecin ne voudra pas ouvrir.	*I hope the doctor won't want to operate.*
L'enfant a ouvert de grands yeux.	*The child was wide-eyed.*
Notre pays a ouvert ses frontières aux réfugiés.	*Our country opened its borders to refugees.*
Cette famille m'a ouvert ses bras.	*That family received me warmly.*

regular -ir verb

je pâlis · je pâlis · pâli · pâlissant

Present

je pâlis	nous pâlissons
tu pâlis	vous pâlissez
il/elle pâlit	ils/elles pâlissent

Passé Composé

j'ai pâli	nous avons pâli
tu as pâli	vous avez pâli
il/elle a pâli	ils/elles ont pâli

Imperfect

je pâlissais	nous pâlissions
tu pâlissais	vous pâlissiez
il/elle pâlissait	ils/elles pâlissaient

Pluperfect

j'avais pâli	nous avions pâli
tu avais pâli	vous aviez pâli
il/elle avait pâli	ils/elles avaient pâli

Passé Simple

je pâlis	nous pâlîmes
tu pâlis	vous pâlîtes
il/elle pâlit	ils/elles pâlirent

Past Anterior

j'eus pâli	nous eûmes pâli
tu eus pâli	vous eûtes pâli
il/elle eut pâli	ils/elles eurent pâli

Future

je pâlirai	nous pâlirons
tu pâliras	vous pâlirez
il/elle pâlira	ils/elles pâliront

Future Anterior

j'aurai pâli	nous aurons pâli
tu auras pâli	vous aurez pâli
il/elle aura pâli	ils/elles auront pâli

Conditional

je pâlirais	nous pâlirions
tu pâlirais	vous pâliriez
il/elle pâlirait	ils/elles pâliraient

Past Conditional

j'aurais pâli	nous aurions pâli
tu aurais pâli	vous auriez pâli
il/elle aurait pâli	ils/elles auraient pâli

Present Subjunctive

que je pâlisse	que nous pâlissions
que tu pâlisses	que vous pâlissiez
qu'il/elle pâlisse	qu'ils/elles pâlissent

Past Subjunctive

que j'aie pâli	que nous ayons pâli
que tu aies pâli	que vous ayez pâli
qu'il/elle ait pâli	qu'ils/elles aient pâli

Imperfect Subjunctive

que je pâlisse	que nous pâlissions
que tu pâlisses	que vous pâlissiez
qu'il/elle pâlît	qu'ils/elles pâlissent

Pluperfect Subjunctive

que j'eusse pâli	que nous eussions pâli
que tu eusses pâli	que vous eussiez pâli
qu'il/elle eût pâli	qu'ils/elles eussent pâli

Commands

	(nous) pâlissons
(tu) pâlis	(vous) pâlissez

USAGE

J'ai pâli de peur.	*I went pale with fear.*
Elle a pâli en le voyant.	*She turned pale when she saw him.*
Les enfants pâlissaient de froid.	*The children were turning pale with the cold.*
Son visage était pâli par sa maladie.	*His illness had made his face pale.*
Sa réponse m'a fait pâlir.	*His answer made me turn pale.*
Leur étoile pâlit.	*Their fame is waning.*
Le soleil fait pâlir les meubles.	*The sun is making the furniture fade.*
Le souvenir pâlissait avec le passage du temps.	*The memory of it grew dim as time went by.*
La couleur de la maison a pâli.	*The color of the house faded.*
En voyant notre nouvelle voiture, il a pâli d'envie.	*When he saw our new car, he turned green with envy.*

paraître *to appear, seem*

je parais · je parus · paru · paraissant   irregular verb

Present

je parais	nous paraissons
tu parais	vous paraissez
il/elle paraît	ils/elles paraissent

Passé Composé

j'ai paru	nous avons paru
tu as paru	vous avez paru
il/elle a paru	ils/elles ont paru

Imperfect

je paraissais	nous paraissions
tu paraissais	vous paraissiez
il/elle paraissait	ils/elles paraissaient

Pluperfect

j'avais paru	nous avions paru
tu avais paru	vous aviez paru
il/elle avait paru	ils/elles avaient paru

Passé Simple

je parus	nous parûmes
tu parus	vous parûtes
il/elle parut	ils/elles parurent

Past Anterior

j'eus paru	nous eûmes paru
tu eus paru	vous eûtes paru
il/elle eut paru	ils/elles eurent paru

Future

je paraîtrai	nous paraîtrons
tu paraîtras	vous paraîtrez
il/elle paraîtra	ils/elles paraîtront

Future Anterior

j'aurai paru	nous aurons paru
tu auras paru	vous aurez paru
il/elle aura paru	ils/elles auront paru

Conditional

je paraîtrais	nous paraîtrions
tu paraîtrais	vous paraîtriez
il/elle paraîtrait	ils/elles paraîtraient

Past Conditional

j'aurais paru	nous aurions paru
tu aurais paru	vous auriez paru
il/elle aurait paru	ils/elles auraient paru

Present Subjunctive

que je paraisse	que nous paraissions
que tu paraisses	que vous paraissiez
qu'il/elle paraisse	qu'ils/elles paraissent

Past Subjunctive

que j'aie paru	que nous ayons paru
que tu aies paru	que vous ayez paru
qu'il/elle ait paru	qu'ils/elles aient paru

Imperfect Subjunctive

que je parusse	que nous parussions
que tu parusses	que vous parussiez
qu'il/elle parût	qu'ils/elles parussent

Pluperfect Subjunctive

que j'eusse paru	que nous eussions paru
que tu eusses paru	que vous eussiez paru
qu'il/elle eût paru	qu'ils/elles eussent paru

Commands

	(nous) paraissons
(tu) parais	(vous) paraissez

USAGE

Il faudra qu'il paraisse en justice.	*He'll have to appear in court.*
Il paraît qu'on lui a offert le poste.	*It seems they offered him the job.*
À ce qu'il paraît, il a fait faillite.	*Apparently, he went bankrupt.*
Je l'attendais mais il n'a pas paru.	*I was waiting for him but he didn't show up.*
Dans ce discours il a laissé paraître ses vrais sentiments.	*In that speech he let his real feelings show through.*
Il me paraît nécessaire que vous partiez.	*I think it necessary for you to leave.*
Son livre vient de paraître.	*His book has just been published.*
Ce livre a paru l'année dernière.	*This book was published last year.*
Elle paraît plus âgée qu'elle ne l'est.	*She looks older than she is.*
Il leur a donné de l'argent sans qu'il y paraisse.	*He gave them money without making a show of it.*
Cet article est plus intéressant qu'il ne paraît.	*This article is more interesting than it seems.*
Elle ne paraît pas très bouleversée.	*She doesn't seem very upset.*

regular -*er* verb   je pardonne · je pardonnai · pardonné · pardonnant

Present

je pardonne	nous pardonnons
tu pardonnes	vous pardonnez
il/elle pardonne	ils/elles pardonnent

Passé Composé

j'ai pardonné	nous avons pardonné
tu as pardonné	vous avez pardonné
il/elle a pardonné	ils/elles ont pardonné

Imperfect

je pardonnais	nous pardonnions
tu pardonnais	vous pardonniez
il/elle pardonnait	ils/elles pardonnaient

Pluperfect

j'avais pardonné	nous avions pardonné
tu avais pardonné	vous aviez pardonné
il/elle avait pardonné	ils/elles avaient pardonné

Passé Simple

je pardonnai	nous pardonnâmes
tu pardonnas	vous pardonnâtes
il/elle pardonna	ils/elles pardonnèrent

Past Anterior

j'eus pardonné	nous eûmes pardonné
tu eus pardonné	vous eûtes pardonné
il/elle eut pardonné	ils/elles eurent pardonné

Future

je pardonnerai	nous pardonnerons
tu pardonneras	vous pardonnerez
il/elle pardonnera	ils/elles pardonneront

Future Anterior

j'aurai pardonné	nous aurons pardonné
tu auras pardonné	vous aurez pardonné
il/elle aura pardonné	ils/elles auront pardonné

Conditional

je pardonnerais	nous pardonnerions
tu pardonnerais	vous pardonneriez
il/elle pardonnerait	ils/elles pardonneraient

Past Conditional

j'aurais pardonné	nous aurions pardonné
tu aurais pardonné	vous auriez pardonné
il/elle aurait pardonné	ils/elles auraient pardonné

Present Subjunctive

que je pardonne	que nous pardonnions
que tu pardonnes	que vous pardonniez
qu'il/elle pardonne	qu'ils/elles pardonnent

Past Subjunctive

que j'aie pardonné	que nous ayons pardonné
que tu aies pardonné	que vous ayez pardonné
qu'il/elle ait pardonné	qu'ils/elles aient pardonné

Imperfect Subjunctive

que je pardonnasse	que nous pardonnassions
que tu pardonnasses	que vous pardonnassiez
qu'il/elle pardonnât	qu'ils/elles pardonnassent

Pluperfect Subjunctive

que j'eusse pardonné	que nous eussions pardonné
que tu eusses pardonné	que vous eussiez pardonné
qu'il/elle eût pardonné	qu'ils/elles eussent pardonné

Commands

	(nous) pardonnons
(tu) pardonne	(vous) pardonnez

USAGE

Il voudra se faire pardonner.	*He would like to be pardoned.*
pardonner à qqn	*to forgive someone*
pardonner qqch à qqn	*to forgive someone for something*
On ne lui pardonnera jamais cette trahison.	*We will never forgive him for that betrayal.*
Pardonnez-moi. Je cherche le musée d'art.	*Excuse me. I'm looking for the art museum.*
Pardonnez-moi de vous poser cette question.	*Forgive me for asking you this question.*
Il a une maladie qui ne pardonne pas.	*He has a terminal illness.*
Je ne vous pardonnerai jamais d'avoir fait cela.	*I can never forgive you for having done that.*
Dieu pardonnera ces péchés.	*God will forgive these sins.*
Je ne pourrai pas me le pardonner.	*I won't be able to forgive myself for it.*
Il me pardonne tout.	*He forgives me for everything.*
Il ne vous pardonnera jamais cette remarque.	*He'll never forgive you for that remark.*
Il ne se fera jamais pardonner ça.	*He'll never live that down.*
Que Dieu vous pardonne.	*May God forgive you.*

359 (parler) to speak, talk

je parle · je parlai · parlé · parlant

regular -er verb

C'est un homme qui parle peu.	He's a man who doesn't say much.
Je lui ai parlé au téléphone.	I spoke to him on the phone.
Nous avons parlé avec nos voisins.	We spoke with our neighbors.
Nous avons parlé pendant longtemps.	We talked for a long time.
Tu peux parler librement devant lui.	You can speak freely in his presence.
Parle-moi! Ça te fera du bien de parler.	Talk to me! You'll feel better if you talk.
Le président a parlé à la télé.	The president spoke on TV.
Quels gros mots! Comme tu parles!	What dirty words! How improperly you speak!
Vous osez me parler sur ce ton!	You dare to talk to me in that tone of voice!
Il parle sans savoir.	He speaks of things he doesn't know anything about.
Le professeur a parlé de la Révolution Française.	The teacher spoke about the French Revolution.
Voilà qui est parler!	That's telling them!
Elle ne voulait même pas me parler.	She wouldn't even talk to me.
Ils ne se parlent plus.	They are no longer on speaking terms.
N'en parlons plus!	That's enough!
Je te prie de n'en parler à personne.	I beg you to keep this quiet.
C'est une façon de parler.	It's a manner of speaking / an expression.
Ne parlons pas pour ne rien dire.	Let's not just talk for the sake of talking.
—Ce livre se lit beaucoup?	Is this book widely read?
—Oui, tout le monde en parle.	Yes, everybody is talking about it.
parler français comme une vache espagnole	to speak fractured French
parler à tort et à travers	to run off at the mouth
la langue parlée	the spoken language
Elle sait ce que parler veut dire.	She's no dope.
Tu as parlé d'or!	You said a mouthful!
Nous avons parlé de la pluie et du beau temps.	We made small talk.
Elles ont parlé à cœur ouvert.	They spoke openly / let their hair down.
C'est un type qui ne fera jamais parler de lui.	He's a guy who will never set the world on fire.
Si je suis fâché? Tu parles!	Am I angry? You bet your life!
Tu parles si je lui ai dit son fait!	You bet I told him off!
Sa stupidité est effrayante, sans parler de sa méchanceté.	His/Her stupidity is frightening, in addition to his/her nastiness.
Son intelligence? Parlons-en!	His/Her intelligence? You must be joking!
Un nouveau bureau, n'en parlons pas.	Let's forget about a new office.
Tu parles d'une trahison!	It was such a betrayal!
Ses poèmes ne me parlent pas.	His poems don't do much for me.
Qu'on ne vienne plus nous parler d'amitié.	We don't want to hear about friendship anymore.
Tu parles d'une aubaine!	Talk about a windfall!

regular -er verb

je parle · je parlai · parlé · parlant

Present		Passé Composé	
je parle	nous parlons	j'ai parlé	nous avons parlé
tu parles	vous parlez	tu as parlé	vous avez parlé
il/elle parle	ils/elles parlent	il/elle a parlé	ils/elles ont parlé

Imperfect		Pluperfect	
je parlais	nous parlions	j'avais parlé	nous avions parlé
tu parlais	vous parliez	tu avais parlé	vous aviez parlé
il/elle parlait	ils/elles parlaient	il/elle avait parlé	ils/elles avaient parlé

Passé Simple		Past Anterior	
je parlai	nous parlâmes	j'eus parlé	nous eûmes parlé
tu parlas	vous parlâtes	tu eus parlé	vous eûtes parlé
il/elle parla	ils/elles parlèrent	il/elle eut parlé	ils/elles eurent parlé

Future		Future Anterior	
je parlerai	nous parlerons	j'aurai parlé	nous aurons parlé
tu parleras	vous parlerez	tu auras parlé	vous aurez parlé
il/elle parlera	ils/elles parleront	il/elle aura parlé	ils/elles auront parlé

Conditional		Past Conditional	
je parlerais	nous parlerions	j'aurais parlé	nous aurions parlé
tu parlerais	vous parleriez	tu aurais parlé	vous auriez parlé
il/elle parlerait	ils/elles parleraient	il/elle aurait parlé	ils/elles auraient parlé

Present Subjunctive		Past Subjunctive	
que je parle	que nous parlions	que j'aie parlé	que nous ayons parlé
que tu parles	que vous parliez	que tu aies parlé	que vous ayez parlé
qu'il/elle parle	qu'ils/elles parlent	qu'il/elle ait parlé	qu'ils/elles aient parlé

Imperfect Subjunctive		Pluperfect Subjunctive	
que je parlasse	que nous parlassions	que j'eusse parlé	que nous eussions parlé
que tu parlasses	que vous parlassiez	que tu eusses parlé	que vous eussiez parlé
qu'il/elle parlât	qu'ils/elles parlassent	qu'il/elle eût parlé	qu'ils/elles eussent parlé

Commands

	(nous) parlons
(tu) parle	(vous) parlez

USAGE

parler français	to speak French
Ici on parle français.	French spoken here.
parler un beau français	to speak beautiful French
parler plusieurs langues	to speak several languages
❸ —Vous parlez trop vite.	You're speaking too quickly.
—Je vais essayer de parler lentement.	I'll try to speak slowly.
❸ —Vous parlez trop bas. Je ne vous entends pas.	You're speaking too softly. I can't hear you.
—Je vais parler plus haut/fort.	I'll speak louder.
parler par signes	to use sign language

RELATED WORDS AND EXPRESSIONS

le parler	local dialect
Je ne comprends pas le parler de ce village.	I can't understand the dialect of this village.
parlant	talking
un film parlant	a talking film

360 (**partir**) *to leave, depart*

je pars · je partis · parti · partant   irregular verb; compound tenses with *être*

Present

je pars	nous partons
tu pars	vous partez
il/elle part	ils/elles partent

Passé Composé

je suis parti(e)	nous sommes parti(e)s
tu es parti(e)	vous êtes parti(e)(s)
il/elle est parti(e)	ils/elles sont parti(e)s

Imperfect

je partais	nous partions
tu partais	vous partiez
il/elle partait	ils/elles partaient

Pluperfect

j'étais parti(e)	nous étions parti(e)s
tu étais parti(e)	vous étiez parti(e)(s)
il/elle était parti(e)	ils/elles étaient parti(e)s

Passé Simple

je partis	nous partîmes
tu partis	vous partîtes
il/elle partit	ils/elles partirent

Past Anterior

je fus parti(e)	nous fûmes parti(e)s
tu fus parti(e)	vous fûtes parti(e)(s)
il/elle fut parti(e)	ils/elles furent parti(e)s

Future

je partirai	nous partirons
tu partiras	vous partirez
il/elle partira	ils/elles partiront

Future Anterior

je serai parti(e)	nous serons parti(e)s
tu seras parti(e)	vous serez parti(e)(s)
il/elle sera parti(e)	ils/elles seront parti(e)s

Conditional

je partirais	nous partirions
tu partirais	vous partiriez
il/elle partirait	ils/elles partiraient

Past Conditional

je serais parti(e)	nous serions parti(e)s
tu serais parti(e)	vous seriez parti(e)(s)
il/elle serait parti(e)	ils/elles seraient parti(e)s

Present Subjunctive

que je parte	que nous partions
que tu partes	que vous partiez
qu'il/elle parte	qu'ils/elles partent

Past Subjunctive

que je sois parti(e)	que nous soyons parti(e)s
que tu sois parti(e)	que vous soyez parti(e)(s)
qu'il/elle soit parti(e)	qu'ils/elles soient parti(e)s

Imperfect Subjunctive

que je partisse	que nous partissions
que tu partisses	que vous partissiez
qu'il/elle partît	qu'ils/elles partissent

Pluperfect Subjunctive

que je fusse parti(e)	que nous fussions parti(e)s
que tu fusses parti(e)	que vous fussiez parti(e)(s)
qu'il/elle fût parti(e)	qu'ils/elles fussent parti(e)s

Commands

	(nous) partons
(tu) pars	(vous) partez

USAGE

—Tu pars?	*Are you leaving?*
—Non, je reste.	*No, I'm staying.*
—Le train pour Londres part à quelle heure?	*What time does the train to London leave?*
—Il part dans cinq minutes du quai numéro 5.	*It's leaving in five minutes from platform 5.*
—Vous partez en vacances?	*Are you leaving on vacation?*
—Oui, nous partirons pour la Côte.	*Yes, we'll be going to the Riviera.*
Il est parti à pied.	*He walked off / left on foot.*
Tous les jeunes gens sont partis à la guerre.	*All the young men have gone off to war.*
La tache partira avec ce produit.	*The stain will disappear if you use this.*
Son attitude part d'un bon naturel.	*His attitude is the sign of a kindly nature.*
Nous sommes partis de zéro.	*We started from scratch.*
J'ai maille à partir avec eux.	*I have a bone to pick with them.*
Il est mal parti.	*Things don't look good for him.*
À vos marques! Prêts! Partez!	*On your mark! Get set! Go!*

regular -er verb; compound tenses with être
when there is no direct object

je passe · je passai · passé · passant

Present	
je passe	nous passons
tu passes	vous passez
il/elle passe	ils/elles passent

Passé Composé	
je suis passé(e)	nous sommes passé(e)s
tu es passé(e)	vous êtes passé(e)(s)
il/elle est passé(e)	ils/elles sont passé(e)s

Imperfect	
je passais	nous passions
tu passais	vous passiez
il/elle passait	ils/elles passaient

Pluperfect	
j'étais passé(e)	nous étions passé(e)s
tu étais passé(e)	vous étiez passé(e)(s)
il/elle était passé(e)	ils/elles étaient passé(e)s

Passé Simple	
je passai	nous passâmes
tu passas	vous passâtes
il/elle passa	ils/elles passèrent

Past Anterior	
je fus passé(e)	nous fûmes passé(e)s
tu fus passé(e)	vous fûtes passé(e)(s)
il/elle fut passé(e)	ils/elles furent passé(e)s

Future	
je passerai	nous passerons
tu passeras	vous passerez
il/elle passera	ils/elles passeront

Future Anterior	
je serai passé(e)	nous serons passé(e)s
tu seras passé(e)	vous serez passé(e)(s)
il/elle sera passé(e)	ils/elles seront passé(e)s

Conditional	
je passerais	nous passerions
tu passerais	vous passeriez
il/elle passerait	ils/elles passeraient

Past Conditional	
je serais passé(e)	nous serions passé(e)s
tu serais passé(e)	vous seriez passé(e)(s)
il/elle serait passé(e)	ils/elles seraient passé(e)s

Present Subjunctive	
que je passe	que nous passions
que tu passes	que vous passiez
qu'il/elle passe	qu'ils/elles passent

Past Subjunctive	
que je sois passé(e)	que nous soyons passé(e)s
que tu sois passé(e)	que vous soyez passé(e)(s)
qu'il/elle soit passé(e)	qu'ils/elles soient passé(e)s

Imperfect Subjunctive	
que je passasse	que nous passassions
que tu passasses	que vous passassiez
qu'il/elle passât	qu'ils/elles passassent

Pluperfect Subjunctive	
que je fusse passé(e)	que nous fussions passé(e)s
que tu fusses passé(e)	que vous fussiez passé(e)(s)
qu'il/elle fût passé(e)	qu'ils/elles fussent passé(e)s

Commands

	(nous) passons
(tu) passe	(vous) passez

USAGE

passer voir qqn	to stop by to see someone
Je ne fais que passer.	I'm just stopping by.
passer en première/quatrième	to shift into first/high gear
Le train est déjà passé.	The train has already left / gone by.
passer une éponge sur la table	to clean the table with a sponge
Où sont passées mes clés?	Where have my keys gone?
Quel embouteillage! On ne passera pas.	What a traffic jam! We won't get through.
Le facteur est déjà passé?	Has the mailman been here yet?
Fais attention! Tu viens de passer au rouge!	Pay attention! You just went through a red light!
Le dîner est servi. Passez à table.	Dinner is served. Come to the table.
C'est un traître! Il est passé à l'ennemi.	He's a traitor! He's gone over to the enemy.
Pour arriver au centre, il faut passer sur le pont.	To get downtown, you have to go over the bridge.
J'aime regarder passer les gens.	I like to people-watch.

top 50 verb

passer · to pass

je passe · je passai · passé · passant

regular -er verb; compound tenses with être
when there is no direct object

Ça passe ou ça casse.	It's make or break time.
Tout le monde y passe.	It's something everyone goes through.
Quelle idée t'est passée par la tête?	What has gotten into you?
Ça passe mes forces.	I can't bear to do it.
On a passé le condamné par les armes.	The condemned man was shot.
Le patron m'a passé un savon.	The boss called me onto the carpet.
Il faut qu'on passe nos problèmes en revue.	We have to examine our problems.
Vous ne pourrez pas passer sous silence cette faute.	You won't be able to ignore this mistake.
Il s'est fait passer pour un étranger.	He passed himself off as a foreigner.
Nous avons dû nous passer de tout confort.	We had to do without all modern conveniences.
Je ne te suis pas. Tu passes du coq à l'âne.	I can't follow you. You're jumping from one subject to another.

passer = se déplacer, changer d'état, évoluer

La Seine passe à Paris.	The Seine goes through Paris.
Il faut que tu passes au bureau du directeur.	You have to report to the principal's office.
Passe la chercher, veux-tu?	Go by to look for her / pick her up, will you?
Où est-elle passée? Je l'ai vue il y a une minute.	Where did she go off to? I saw her just a minute ago.
La dictature ne passera pas!	No to dictatorship!
Le mot « café » est passé du français en anglais.	The word "café" came from French into English.
Il y a des gros mots qui sont passés dans le langage courant.	There are dirty words that have become part of everyday speech.
Le vin est passé.	The wine has soured.
Le temps passe vite quand on s'amuse.	Time flies when you're having fun.
L'orage sera passé avant notre départ.	The storm will have passed before we leave.
Ces blousons-là sont passés de mode.	Those jackets have gone out of fashion.

passer (compound tenses with avoir when transitive)

Passez-moi le sucre, s'il vous plaît.	Pass me the sugar, please.
Il ne m'a pas passé de coup de fil.	He didn't phone me.
J'ai passé l'été en Europe.	I spent the summer in Europe.
Nous avons passé une soirée agréable.	We spent a pleasant evening.
Il a passé son bras autour de sa taille.	He slipped his arm around her waist.
❸ —Mon fils a passé l'écrit.	My son has passed the written exam.
—J'espère qu'il passera aussi l'oral.	I hope he'll pass the oral exam too.
Je t'ai passé les détails.	I spared you the details.
On a déjà passé deux couches de peinture.	We've already applied two coats of paint.
Il faut passer les fruits sous l'eau.	We have to rinse the fruit.
❸ —Nicole est là?	Is Nicole there?
—Oui. Attends. Je te la passe.	Yes. Wait. I'll put her on.
On a passé de bons films dans ce cinéma.	They showed good movies at that theater.
J'ai passé mon pull et je suis sorti.	I put on my sweater and went out.
Mon colocataire passe toujours le même cédé.	My roommate plays the same CD over and over again.

IDIOM

Il a passé l'arme à gauche.	He kicked the bucket.

to pay **payer** 362

regular -er verb; spelling change: y > i/mute e

je paie · je payai · payé · payant

Present		Passé Composé	
je paie	nous payons	j'ai payé	nous avons payé
tu paies	vous payez	tu as payé	vous avez payé
il/elle paie	ils/elles paient	il/elle a payé	ils/elles ont payé

Imperfect		Pluperfect	
je payais	nous payions	j'avais payé	nous avions payé
tu payais	vous payiez	tu avais payé	vous aviez payé
il/elle payait	ils/elles payaient	il/elle avait payé	ils/elles avaient payé

Passé Simple		Past Anterior	
je payai	nous payâmes	j'eus payé	nous eûmes payé
tu payas	vous payâtes	tu eus payé	vous eûtes payé
il/elle paya	ils/elles payèrent	il/elle eut payé	ils/elles eurent payé

Future		Future Anterior	
je paierai	nous paierons	j'aurai payé	nous aurons payé
tu paieras	vous paierez	tu auras payé	vous aurez payé
il/elle paiera	ils/elles paieront	il/elle aura payé	ils/elles auront payé

Conditional		Past Conditional	
je paierais	nous paierions	j'aurais payé	nous aurions payé
tu paierais	vous paieriez	tu aurais payé	vous auriez payé
il/elle paierait	ils/elles paieraient	il/elle aurait payé	ils/elles auraient payé

Present Subjunctive		Past Subjunctive	
que je paie	que nous payions	que j'aie payé	que nous ayons payé
que tu paies	que vous payiez	que tu aies payé	que vous ayez payé
qu'il/elle paie	qu'ils/elles paient	qu'il/elle ait payé	qu'ils/elles aient payé

Imperfect Subjunctive		Pluperfect Subjunctive	
que je payasse	que nous payassions	que j'eusse payé	que nous eussions payé
que tu payasses	que vous payassiez	que tu eusses payé	que vous eussiez payé
qu'il/elle payât	qu'ils/elles payassent	qu'il/elle eût payé	qu'ils/elles eussent payé

Commands

	(nous) payons
(tu) paie	(vous) payez

USAGE

NOTE: This verb is sometimes seen without the y > i change, such as paye.

J'ai payé mille euros.	I paid one thousand euros.
payer qqch	to pay for something
❸ —Qui a payé les repas et l'hôtel?	Who paid for the meals and the hotel?
—Mon oncle a tout payé.	My uncle paid for everything.
❸ —Combien est-ce que tu as payé ton vélo?	How much did you pay for your bike?
—Je l'ai payé 180 euros.	I paid 180 euros for it.
❸ —Comment est-ce qu'on paie les ouvriers?	How are the workers paid?
—Ils sont payés à l'heure.	They are paid by the hour.
payer ses dettes	to pay one's debts
payer ses impôts	to pay one's taxes
payer la facture	to pay the bill
payer l'amende	to pay the fine

payer · to pay

je paie · je payai · payé · payant

regular -er verb; spelling change: y > i/mute e

payer = rembourser, rémunérer

payer en liquide / payer comptant	to pay cash
payer en espèces	to pay with money / pay cash
payer à crédit	to pay by credit
payer avec une carte de crédit	to pay with a credit card
payer par chèque	to pay by check
un travail bien payé	a job with a good salary
un travail mal payé	a poorly paid job
C'est un travail qui ne paie pas.	It's a job that doesn't pay.
C'est moi qui paie.	It's my treat.
Lui, il se fait toujours payer un verre.	He always gets someone to buy him a drink.
s'en payer	to have a ball
Ils sont allés à Rome et ils s'en sont payé.	They went to Rome and had a ball.
Ça c'est un luxe que je ne peux pas me payer.	That's a luxury I can't afford.
❷ —On dit qu'elle a payé son succès de sa santé.	They said her success was at the cost of her health.
—Ça s'appelle payer cher le succès.	That's what I call too high a price for success.
Le vin paie un droit de douane.	Wine is subject to duty at customs.
payer un témoin	to pay off a witness
❷ —Il t'a bien payé?	Did he pay you well?
—Penses-tu? Il m'a payé de belles paroles.	Are you kidding? He paid me off with sweet talk.

RELATED WORDS AND EXPRESSIONS

Je suis payé pour le savoir.	I know that from bitter experience.
Elle a toujours payé de sa personne.	She never spared herself.
payer les pots cassés	to pay the piper / be the fall guy
Ce type m'a laissé payer les pots cassés.	That guy left me holding the bag.
Tu vas me le payer cher, tu m'entends?	You'll pay for doing that, you hear me?
ne pas payer de mine	not to look so great
Cette vieille voiture ne paie pas de mine.	This old car doesn't look so hot.
se payer d'audace	to work up one's courage
Il s'est payé d'audace et l'a invitée à sortir.	He got up his courage and asked her out.
se payer de culot	to get up one's nerve
Je me suis payé de culot et j'ai demandé une augmentation.	I got up my nerve and asked for a raise.

SLANG

se payer qqn	to put up with / bear someone
On s'est payé cette famille tout l'après-midi.	We had to put up with that family all afternoon.
se payer la tête de qqn	to make fun of someone
Tu te paies ma tête!	You're making fun of me!
se payer qqch	to bang into something
Le gosse s'est payé la table en courant.	The kid banged into the table while running.

PROVERBS

Le crime ne paie pas.	Crime doesn't pay.
Qui paie ses dettes, s'enrichit.	He who pays off his debts gets richer.

to sin **pécher**

-er verb; spelling change: é > è/mute e
except in the future and conditional

je pèche · je péchai · péché · péchant

Present

je pèche	nous péchons
tu pèches	vous péchez
il/elle pèche	ils/elles pèchent

Passé Composé

j'ai péché	nous avons péché
tu as péché	vous avez péché
il/elle a péché	ils/elles ont péché

Imperfect

je péchais	nous péchions
tu péchais	vous péchiez
il/elle péchait	ils/elles péchaient

Pluperfect

j'avais péché	nous avions péché
tu avais péché	vous aviez péché
il/elle avait péché	ils/elles avaient péché

Passé Simple

je péchai	nous péchâmes
tu péchas	vous péchâtes
il/elle pécha	ils/elles péchèrent

Past Anterior

j'eus péché	nous eûmes péché
tu eus péché	vous eûtes péché
il/elle eut péché	ils/elles eurent péché

Future

je pécherai	nous pécherons
tu pécheras	vous pécherez
il/elle péchera	ils/elles pécheront

Future Anterior

j'aurai péché	nous aurons péché
tu auras péché	vous aurez péché
il/elle aura péché	ils/elles auront péché

Conditional

je pécherais	nous pécherions
tu pécherais	vous pécheriez
il/elle pécherait	ils/elles pécheraient

Past Conditional

j'aurais péché	nous aurions péché
tu aurais péché	vous auriez péché
il/elle aurait péché	ils/elles auraient péché

Present Subjunctive

que je pèche	que nous péchions
que tu pèches	que vous péchiez
qu'il/elle pèche	qu'ils/elles pèchent

Past Subjunctive

que j'aie péché	que nous ayons péché
que tu aies péché	que vous ayez péché
qu'il/elle ait péché	qu'ils/elles aient péché

Imperfect Subjunctive

que je péchasse	que nous péchassions
que tu péchasses	que vous péchassiez
qu'il/elle péchât	qu'ils/elles péchassent

Pluperfect Subjunctive

que j'eusse péché	que nous eussions péché
que tu eusses péché	que vous eussiez péché
qu'il/elle eût péché	qu'ils/elles eussent péché

Commands

	(nous) péchons
(tu) pèche	(vous) péchez

USAGE

Ce geste pèche contre la bienséance.	That gesture violates the rules of proper conduct.
Il n'a péché que par excès de confiance.	The only thing he did wrong was to be overly confident.
C'est par là que son raisonnement pèche.	There's the weak part of his argument.
Votre remarque pèche contre le bon goût.	Your remark goes against good taste.

RELATED WORDS AND EXPRESSIONS

le péché	sin
un péché de jeunesse	a youthful indiscretion
Les bonbons, c'est mon péché mignon.	Candy is my weakness.
commettre un péché	to commit a sin
un pécheur / une pécheresse	a sinner

PROVERB

Que celui qui n'a jamais péché jette la première pierre.	Let he who is without sin cast the first stone. (Bible)

pêcher *to fish*

je pêche · je pêchai · pêché · pêchant

regular -er verb

Present

je pêche	nous pêchons
tu pêches	vous pêchez
il/elle pêche	ils/elles pêchent

Passé Composé

j'ai pêché	nous avons pêché
tu as pêché	vous avez pêché
il/elle a pêché	ils/elles ont pêché

Imperfect

je pêchais	nous pêchions
tu pêchais	vous pêchiez
il/elle pêchait	ils/elles pêchaient

Pluperfect

j'avais pêché	nous avions pêché
tu avais pêché	vous aviez pêché
il/elle avait pêché	ils/elles avaient pêché

Passé Simple

je pêchai	nous pêchâmes
tu pêchas	vous pêchâtes
il/elle pêcha	ils/elles pêchèrent

Past Anterior

j'eus pêché	nous eûmes pêché
tu eus pêché	vous eûtes pêché
il/elle eut pêché	ils/elles eurent pêché

Future

je pêcherai	nous pêcherons
tu pêcheras	vous pêcherez
il/elle pêchera	ils/elles pêcheront

Future Anterior

j'aurai pêché	nous aurons pêché
tu auras pêché	vous aurez pêché
il/elle aura pêché	ils/elles auront pêché

Conditional

je pêcherais	nous pêcherions
tu pêcherais	vous pêcheriez
il/elle pêcherait	ils/elles pêcheraient

Past Conditional

j'aurais pêché	nous aurions pêché
tu aurais pêché	vous auriez pêché
il/elle aurait pêché	ils/elles auraient pêché

Present Subjunctive

que je pêche	que nous pêchions
que tu pêches	que vous pêchiez
qu'il/elle pêche	qu'ils/elles pêchent

Past Subjunctive

que j'aie pêché	que nous ayons pêché
que tu aies pêché	que vous ayez pêché
qu'il/elle ait pêché	qu'ils/elles aient pêché

Imperfect Subjunctive

que je pêchasse	que nous pêchassions
que tu pêchasses	que vous pêchassiez
qu'il/elle pêchât	qu'ils/elles pêchassent

Pluperfect Subjunctive

que j'eusse pêché	que nous eussions pêché
que tu eusses pêché	que vous eussiez pêché
qu'il/elle eût pêché	qu'ils/elles eussent pêché

Commands

	(nous) pêchons
(tu) pêche	(vous) pêchez

USAGE

Ici on pêche la truite.	*Here you can fish for trout.*
Où est-ce qu'on peut pêcher la morue?	*Where can we fish for cod?*
Fais voir le poisson que tu as pêché.	*Let's see the fish you caught.*
Arrêtez votre enquête. Vous pêchez en eau trouble.	*Stop your investigation. You're fishing in troubled waters.*
Où est-ce que tu as pêché cette histoire?	*Where did you get that story?*
Où avez-vous été pêcher cette idée?	*Where did you get that idea from?*

RELATED WORDS AND EXPRESSIONS

la pêche	*fishing*
aller à la pêche	*to go fishing*
la grande pêche au large	*deep-sea fishing*
la pêche aux coquillages	*gathering shellfish*
la pêche au thon	*fishing for tuna*
le pêcheur	*fisherman*

to comb one's hair **se peigner**

regular -er reflexive verb;
compound tenses with être

je me peigne · je me peignai · s'étant peigné · se peignant

Present

je me peigne	nous nous peignons
tu te peignes	vous vous peignez
il/elle se peigne	ils/elles se peignent

Passé Composé

je me suis peigné(e)	nous nous sommes peigné(e)s
tu t'es peigné(e)	vous vous êtes peigné(e)(s)
il/elle s'est peigné(e)	ils/elles se sont peigné(e)s

Imperfect

je me peignais	nous nous peignions
tu te peignais	vous vous peigniez
il/elle se peignait	ils/elles se peignaient

Pluperfect

je m'étais peigné(e)	nous nous étions peigné(e)s
tu t'étais peigné(e)	vous vous étiez peigné(e)(s)
il/elle s'était peigné(e)	ils/elles s'étaient peigné(e)s

Passé Simple

je me peignai	nous nous peignâmes
tu te peignas	vous vous peignâtes
il/elle se peigna	ils/elles se peignèrent

Past Anterior

je me fus peigné(e)	nous nous fûmes peigné(e)s
tu te fus peigné(e)	vous vous fûtes peigné(e)(s)
il/elle se fut peigné(e)	ils/elles se furent peigné(e)s

Future

je me peignerai	nous nous peignerons
tu te peigneras	vous vous peignerez
il/elle se peignera	ils/elles se peigneront

Future Anterior

je me serai peigné(e)	nous nous serons peigné(e)s
tu te seras peigné(e)	vous vous serez peigné(e)(s)
il/elle se sera peigné(e)	ils/elles se seront peigné(e)s

Conditional

je me peignerais	nous nous peignerions
tu te peignerais	vous vous peigneriez
il/elle se peignerait	ils/elles se peigneraient

Past Conditional

je me serais peigné(e)	nous nous serions peigné(e)s
tu te serais peigné(e)	vous vous seriez peigné(e)(s)
il/elle se serait peigné(e)	ils/elles se seraient peigné(e)s

Present Subjunctive

que je me peigne	que nous nous peignions
que tu te peignes	que vous vous peigniez
qu'il/elle se peigne	qu'ils/elles se peignent

Past Subjunctive

que je me sois peigné(e)	que nous nous soyons peigné(e)s
que tu te sois peigné(e)	que vous vous soyez peigné(e)(s)
qu'il/elle se soit peigné(e)	qu'ils/elles se soient peigné(e)s

Imperfect Subjunctive

que je me peignasse	que nous nous peignassions
que tu te peignasses	que vous vous peignassiez
qu'il/elle se peignât	qu'ils/elles se peignassent

Pluperfect Subjunctive

que je me fusse peigné(e)	que nous nous fussions peigné(e)s
que tu te fusses peigné(e)	que vous vous fussiez peigné(e)(s)
qu'il/elle se fût peigné(e)	qu'ils/elles se fussent peigné(e)s

Commands

	(nous) peignons-nous
(tu) peigne-toi	(vous) peignez-vous

USAGE

Elle s'est peignée devant la glace.	She combed her hair at the mirror.
Peigne-toi! Tu es tout échevelé.	Comb your hair! It's all messy.

RELATED WORDS AND EXPRESSIONS

le peigne	comb
se donner un coup de peigne	to run a comb through one's hair
passer au peigne fin	to comb (figurative)
La police a passé au peigne fin le quartier.	The police combed the neighborhood.
peigner qqn	to comb someone's hair
La mère peigne son enfant.	The mother combs her child's hair.
Elle est toujours mal peignée.	Her hair is always a mess.
peigner la girafe	to waste time / sit around doing nothing

peindre *to paint*

| irregular verb

	Present		Passé Composé
je peins	nous peignons	j'ai peint	nous avons peint
tu peins	vous peignez	tu as peint	vous avez peint
il/elle peint	ils/elles peignent	il/elle a peint	ils/elles ont peint

	Imperfect		Pluperfect
je peignais	nous peignions	j'avais peint	nous avions peint
tu peignais	vous peigniez	tu avais peint	vous aviez peint
il/elle peignait	ils/elles peignaient	il/elle avait peint	ils/elles avaient peint

	Passé Simple		Past Anterior
je peignis	nous peignîmes	j'eus peint	nous eûmes peint
tu peignis	vous peignîtes	tu eus peint	vous eûtes peint
il/elle peignit	ils/elles peignirent	il/elle eut peint	ils/elles eurent peint

	Future		Future Anterior
je peindrai	nous peindrons	j'aurai peint	nous aurons peint
tu peindras	vous peindrez	tu auras peint	vous aurez peint
il/elle peindra	ils/elles peindront	il/elle aura peint	ils/elles auront peint

	Conditional		Past Conditional
je peindrais	nous peindrions	j'aurais peint	nous aurions peint
tu peindrais	vous peindriez	tu aurais peint	vous auriez peint
il/elle peindrait	ils/elles peindraient	il/elle aurait peint	ils/elles auraient peint

	Present Subjunctive		Past Subjunctive
que je peigne	que nous peignions	que j'aie peint	que nous ayons peint
que tu peignes	que vous peigniez	que tu aies peint	que vous ayez peint
qu'il/elle peigne	qu'ils/elles peignent	qu'il/elle ait peint	qu'ils/elles aient peint

	Imperfect Subjunctive		Pluperfect Subjunctive
que je peignisse	que nous peignissions	que j'eusse peint	que nous eussions peint
que tu peignisses	que vous peignissiez	que tu eusses peint	que vous eussiez peint
qu'il/elle peignît	qu'ils/elles peignissent	qu'il/elle eût peint	qu'ils/elles eussent peint

Commands

(tu) peins
(nous) peignons
(vous) peignez

USAGE

peindre son appartement / sa maison	to paint one's apartment/house
J'ai peint ma chambre en bleu.	I painted my room blue.
peindre à l'huile	to paint with oils
peindre un portrait	to paint a portrait

RELATED WORDS AND EXPRESSIONS

le peintre	painter
David est mon peintre préféré.	David is my favorite painter.
le peintre en bâtiment	house painter
la peinture	paint/painting
la peinture au pistolet	spray painting
J'aime la peinture impressionniste/néoclassique.	I like impressionist/neoclassical painting.
Je suis un cours de peinture en ligne.	I'm taking an online painting course.

je pends · je pendis · pendu · pendant

regular -re verb

Present

je pends	nous pendons
tu pends	vous pendez
il/elle pend	ils/elles pendent

Imperfect

je pendais	nous pendions
tu pendais	vous pendiez
il/elle pendait	ils/elles pendaient

Passé Simple

je pendis	nous pendîmes
tu pendis	vous pendîtes
il/elle pendit	ils/elles pendirent

Future

je pendrai	nous pendrons
tu pendras	vous pendrez
il/elle pendra	ils/elles pendront

Conditional

je pendrais	nous pendrions
tu pendrais	vous pendriez
il/elle pendrait	ils/elles pendraient

Present Subjunctive

que je pende	que nous pendions
que tu pendes	que vous pendiez
qu'il/elle pende	qu'ils/elles pendent

Imperfect Subjunctive

que je pendisse	que nous pendissions
que tu pendisses	que vous pendissiez
qu'il/elle pendît	qu'ils/elles pendissent

Passé Composé

j'ai pendu	nous avons pendu
tu as pendu	vous avez pendu
il/elle a pendu	ils/elles ont pendu

Pluperfect

j'avais pendu	nous avions pendu
tu avais pendu	vous aviez pendu
il/elle avait pendu	ils/elles avaient pendu

Past Anterior

j'eus pendu	nous eûmes pendu
tu eus pendu	vous eûtes pendu
il/elle eut pendu	ils/elles eurent pendu

Future Anterior

j'aurai pendu	nous aurons pendu
tu auras pendu	vous aurez pendu
il/elle aura pendu	ils/elles auront pendu

Past Conditional

j'aurais pendu	nous aurions pendu
tu aurais pendu	vous auriez pendu
il/elle aurait pendu	ils/elles auraient pendu

Past Subjunctive

que j'aie pendu	que nous ayons pendu
que tu aies pendu	que vous ayez pendu
qu'il/elle ait pendu	qu'ils/elles aient pendu

Pluperfect Subjunctive

que j'eusse pendu	que nous eussions pendu
que tu eusses pendu	que vous eussiez pendu
qu'il/elle eût pendu	qu'ils/elles eussent pendu

Commands

	(nous) pendons
(tu) pends	(vous) pendez

USAGE

J'ai lavé le linge et je l'ai pendu.	I washed the laundry and hung it up.
pendre un condamné	to hang a condemned man
Nous étions pendus à ses lèvres.	We hung on every word he said.
Il est pendu au téléphone.	He spends hours on the phone.
Viens chez nous demain. On va pendre la crémaillère.	Come over tomorrow. We're going to have a housewarming party.
Qu'il aille se faire pendre!	The heck with him!
Va te faire pendre ailleurs!	Get lost!

RELATED WORDS AND EXPRESSIONS

la pendaison	hanging
la pendaison de la crémaillère	housewarming party
le pendu	the hanged man

penser *to think*

je pense · je pensai · pensé · pensant

regular -er verb

Il faut penser d'une façon logique.	*You must think in a logical way.*
Je ne comprends pas votre façon de penser.	*I don't understand your way of thinking.*
Il m'a dit ce qu'il pensait.	*He told me off.*
Est-ce que vous pensez en français?	*Do you think in French?*
Il faut penser avant d'agir.	*You have to think before you act.*
J'ai souvent l'impression que mon chien pense.	*I often have the impression that my dog can think.*
Ça me fait penser qu'il n'est pas sincère.	*That makes me think he's not sincere.*
Elle n'est pas si honnête qu'on le pense.	*She's not as honest as people think.*
C'est un message qui laisse à penser.	*It's a message that gives you food for thought.*
Cette solution est très bien pensée.	*This solution is very well thought out.*
Je te laisse à penser si le prof s'est fâché.	*I'll leave it to your imagination whether the teacher got angry or not.*
Il n'a jamais pensé comme vous.	*He never agreed much with you.*

penser à

🌎 —Penses-y. — *Think about it. / Keep it in mind.*
 —J'essaierai d'y penser. — *I'll try to think about it.*

Tu ne penses qu'à toi.	*You only think about yourself.*
Il faut penser aux autres.	*You have to think about other people.*
Fais-m'y penser, je t'en prie.	*Remind me, please.*
N'y pensons plus!	*Let's forget about it!*
Ce tableau me fait penser à Monet.	*That painting makes me think of Monet.*

penser de

Je ne veux pas que tu penses du mal de moi.	*I don't want you to think ill of me.*
Il pense du bien de vous deux.	*He thinks well of you two.*
Que pensez-vous de cette idée?	*What do you think of this idea?*
Que penserais-tu d'un dîner en ville?	*What would you think of dinner out?*

penser + infinitive

🌎 —Qu'est-ce que tu penses faire? — *What do you intend to do?*
 —Je pense démissionner. — *I intend to resign.*

Il pense avoir gagné.	*He thinks he's won.*

penser que

Je pense que oui.	*I think so.*
Je pense que non.	*I don't think so.*
Je pense qu'elle peut venir avec nous.	*I think she can come with us.*
Je ne pense pas qu'elle puisse venir avec nous.	*I don't think she can come with us.*

RELATED WORDS AND EXPRESSIONS

🌎 —Tu es allé en France? — *Did you go to France?*
 —Tu penses! J'y ai passé l'été. — *You bet! I spent the summer there.*

🌎 —Ils t'ont remercié? — *Did they thank you?*
 —Penses-tu! — *Are you kidding?*

regular -er verb

je pense · je pensai · pensé · pensant

Present		Passé Composé	
je pense	nous pensons	j'ai pensé	nous avons pensé
tu penses	vous pensez	tu as pensé	vous avez pensé
il/elle pense	ils/elles pensent	il/elle a pensé	ils/elles ont pensé

Imperfect		Pluperfect	
je pensais	nous pensions	j'avais pensé	nous avions pensé
tu pensais	vous pensiez	tu avais pensé	vous aviez pensé
il/elle pensait	ils/elles pensaient	il/elle avait pensé	ils/elles avaient pensé

Passé Simple		Past Anterior	
je pensai	nous pensâmes	j'eus pensé	nous eûmes pensé
tu pensas	vous pensâtes	tu eus pensé	vous eûtes pensé
il/elle pensa	ils/elles pensèrent	il/elle eut pensé	ils/elles eurent pensé

Future		Future Anterior	
je penserai	nous penserons	j'aurai pensé	nous aurons pensé
tu penseras	vous penserez	tu auras pensé	vous aurez pensé
il/elle pensera	ils/elles penseront	il/elle aura pensé	ils/elles auront pensé

Conditional		Past Conditional	
je penserais	nous penserions	j'aurais pensé	nous aurions pensé
tu penserais	vous penseriez	tu aurais pensé	vous auriez pensé
il/elle penserait	ils/elles penseraient	il/elle aurait pensé	ils/elles auraient pensé

Present Subjunctive		Past Subjunctive	
que je pense	que nous pensions	que j'aie pensé	que nous ayons pensé
que tu penses	que vous pensiez	que tu aies pensé	que vous ayez pensé
qu'il/elle pense	qu'ils/elles pensent	qu'il/elle ait pensé	qu'ils/elles aient pensé

Imperfect Subjunctive		Pluperfect Subjunctive	
que je pensasse	que nous pensassions	que j'eusse pensé	que nous eussions pensé
que tu pensasses	que vous pensassiez	que tu eusses pensé	que vous eussiez pensé
qu'il/elle pensât	qu'ils/elles pensassent	qu'il/elle eût pensé	qu'ils/elles eussent pensé

Commands

	(nous) pensons
(tu) pense	(vous) pensez

penser à qqch	to think about something / have something in mind
Je pense à mes vacances.	I'm thinking about my vacation.
Tu penses souvent à moi?	Do you often think about me?
❧ —Pensez-vous aux problèmes à résoudre?	Are you thinking of the problems to be solved?
—Oui, nous y pensons.	Yes, we're thinking about them.
penser de qqch	to think about something / have an opinion about something
Qu'est-ce que vous pensez de ce roman?	What do you think about this novel?
❧ —J'ai vu le nouveau film canadien.	I saw the new Canadian film.
—Qu'est-ce que tu en penses?	What do you think about it?

RELATED WORDS AND EXPRESSIONS

la pensée	thought
la pensée de Pascal	Pascal's thought / philosophical system
Éloignez la pensée.	Perish the thought.
le penseur	thinker
les grands penseurs de notre époque	the great thinkers of our time

je perds · je perdis · perdu · perdant   regular -re verb

perdre qqch

perdre la partie	to lose the game
perdre l'avantage qu'on avait	to lose the advantage one had
perdre au change	to lose out
perdre la parole	to lose one's voice
perdre la connaissance	to faint / pass out
perdre le goût	to lose one's sense of taste
Ne perds pas la tête.	Don't lose your head.
perdre qqch de vue	to lose sight of something
Ne perdez pas de vue que la bourse est à la hausse.	Don't lose sight of the fact that the stock market is showing an upward trend.
Il a osé le faire parce qu'il n'avait rien à perdre.	He dared to do it because he had nothing to lose.
perdre le nord	to become disoriented
Elle ne perd pas le nord, celle-là!	She's got her head screwed on right!
Ça te fera perdre le boire et le manger.	It's so sickening it will make you lose your appetite.
J'en ai perdu le boire et le manger.	It made me so sick I lost my appetite.
Tu as perdu ta langue?	Cat's got your tongue?
Il y perd son latin.	He's really mixed up / confused.
Si tu sors, tu vas perdre ta place.	If you go out, you will lose your seat.
J'ai perdu l'espoir de retrouver mon chat.	I've given up hope of finding my cat.
Il craint perdre la face.	He is afraid of losing face.
Il a perdu l'habitude d'aller à la bibliothèque.	He got out of the habit of going to the library.
De quoi tu te plains? Tu n'y as pas perdu au change.	What are you complaining about? You came out all right.
L'entreprise a perdu des millions sur ce projet.	The firm lost millions on this project.
Le chauffeur a perdu le contrôle du véhicule.	The driver lost control of the vehicle.
Il a perdu tous ses amis.	He lost all his friends.
Il n'y a pas de temps à perdre!	There's no time to waste!
Tu perds ton temps avec un type comme lui.	You're wasting your time with a guy like him.
J'ai perdu ma journée.	I wasted my whole day. / My whole day was ruined.
jouer à qui perd gagne	to play "loser takes all"
Un de perdu, dix de retrouvés!	There are plenty more fish in the sea!
Tu ne perds rien pour attendre!	You'll get yours, don't worry!
Je viendrai te voir ou j'y perdrai mon nom!	I'll come to see you or my name isn't _____!
Tu es perdu si le chef s'en rend compte!	You're a dead duck if the boss realizes!
Je ne peux plus dessiner. J'ai perdu la main.	I can't draw anymore. I've lost my touch.

se perdre

Il est facile de se perdre dans la vieille ville.	It's easy to get lost in the old part of the city.
🌑 —Tu es en retard.	You're late.
—Je me suis perdu.	I got lost.
Ils se sont perdus de vue.	They lost touch with each other.
C'est une façon de faire les choses qui se perd.	It's a way of doing things that is disappearing.
🌑 —Elle ne finit jamais rien.	She never finishes anything.
—Elle se perd dans les détails.	She gets bogged down in detail.
Il y a un bon coup de pied qui se perd!	Someone needs a swift kick!

je perds · je perdis · perdu · perdant

regular -re verb

Present		
je perds	nous perdons
tu perds	vous perdez
il/elle perd	ils/elles perdent

Passé Composé	
j'ai perdu	nous avons perdu
tu as perdu	vous avez perdu
il/elle a perdu	ils/elles ont perdu

Imperfect	
je perdais	nous perdions
tu perdais	vous perdiez
il/elle perdait	ils/elles perdaient

Pluperfect	
j'avais perdu	nous avions perdu
tu avais perdu	vous aviez perdu
il/elle avait perdu	ils/elles avaient perdu

Passé Simple	
je perdis	nous perdîmes
tu perdis	vous perdîtes
il/elle perdit	ils/elles perdirent

Past Anterior	
j'eus perdu	nous eûmes perdu
tu eus perdu	vous eûtes perdu
il/elle eut perdu	ils/elles eurent perdu

Future	
je perdrai	nous perdrons
tu perdras	vous perdrez
il/elle perdra	ils/elles perdront

Future Anterior	
j'aurai perdu	nous aurons perdu
tu auras perdu	vous aurez perdu
il/elle aura perdu	ils/elles auront perdu

Conditional	
je perdrais	nous perdrions
tu perdrais	vous perdriez
il/elle perdrait	ils/elles perdraient

Past Conditional	
j'aurais perdu	nous aurions perdu
tu aurais perdu	vous auriez perdu
il/elle aurait perdu	ils/elles auraient perdu

Present Subjunctive	
que je perde	que nous perdions
que tu perdes	que vous perdiez
qu'il/elle perde	qu'ils/elles perdent

Past Subjunctive	
que j'aie perdu	que nous ayons perdu
que tu aies perdu	que vous ayez perdu
qu'il/elle ait perdu	qu'ils/elles aient perdu

Imperfect Subjunctive	
que je perdisse	que nous perdissions
que tu perdisses	que vous perdissiez
qu'il/elle perdît	qu'ils/elles perdissent

Pluperfect Subjunctive	
que j'eusse perdu	que nous eussions perdu
que tu eusses perdu	que vous eussiez perdu
qu'il/elle eût perdu	qu'ils/elles eussent perdu

Commands

	(nous) perdons
(tu) perds	(vous) perdez

USAGE

perdre qqch
J'ai perdu mes clés.

to lose something
I lost my keys.

❸ —Où sont tes lunettes?
—Je les ai perdues.

Where are your glasses?
I lost them.

❸ —Tu as gagné à la loterie?
—Non, malheureusement. J'y ai perdu.

Did you win the lottery?
No, unfortunately. I lost.

Notre équipe a perdu le match.
Notre candidat a perdu aux élections.
Ce terrain a perdu dix pour cent de sa valeur.

Our team lost the game.
Our candidate lost the elections.
This piece of land has lost ten percent
 of its value.

Il a perdu son emploi.
Tu perds ton pantalon!
La voiture perd de l'huile.
Pardon. Vous perdez vos papiers.

He lost his job.
Your pants are falling down!
The car is leaking oil.
Excuse me. You've dropped your
 papers.

permettre *to permit, allow*

je permets · je permis · permis · permettant

irregular verb; only one t in the singular of the present tense

Present

je permets	nous permettons
tu permets	vous permettez
il/elle permet	ils/elles permettent

Passé Composé

j'ai permis	nous avons permis
tu as permis	vous avez permis
il/elle a permis	ils/elles ont permis

Imperfect

je permettais	nous permettions
tu permettais	vous permettiez
il/elle permettait	ils/elles permettaient

Pluperfect

j'avais permis	nous avions permis
tu avais permis	vous aviez permis
il/elle avait permis	ils/elles avaient permis

Passé Simple

je permis	nous permîmes
tu permis	vous permîtes
il/elle permit	ils/elles permirent

Past Anterior

j'eus permis	nous eûmes permis
tu eus permis	vous eûtes permis
il/elle eut permis	ils/elles eurent permis

Future

je permettrai	nous permettrons
tu permettras	vous permettrez
il/elle permettra	ils/elles permettront

Future Anterior

j'aurai permis	nous aurons permis
tu auras permis	vous aurez permis
il/elle aura permis	ils/elles auront permis

Conditional

je permettrais	nous permettrions
tu permettrais	vous permettriez
il/elle permettrait	ils/elles permettraient

Past Conditional

j'aurais permis	nous aurions permis
tu aurais permis	vous auriez permis
il/elle aurait permis	ils/elles auraient permis

Present Subjunctive

que je permette	que nous permettions
que tu permettes	que vous permettiez
qu'il/elle permette	qu'ils/elles permettent

Past Subjunctive

que j'aie permis	que nous ayons permis
que tu aies permis	que vous ayez permis
qu'il/elle ait permis	qu'ils/elles aient permis

Imperfect Subjunctive

que je permisse	que nous permissions
que tu permisses	que vous permissiez
qu'il/elle permît	qu'ils/elles permissent

Pluperfect Subjunctive

que j'eusse permis	que nous eussions permis
que tu eusses permis	que vous eussiez permis
qu'il/elle eût permis	qu'ils/elles eussent permis

Commands

	(nous) permettons
(tu) permets	(vous) permettez

USAGE

permettre qqch à qqn	to allow someone (to have/say/do) something
Le médecin ne lui permet pas de boissons alcoolisées.	The doctor doesn't allow him to have any alcoholic drinks.
permettre à qqn de faire qqch	to allow someone to do something
Je lui ai permis d'entrer.	I allowed him to come in.
Permettez-moi de vous présenter mon fils.	Allow me to introduce my son to you.
Qui vous a permis d'entrer?	Who allowed you to come in?
Rien ne permet de penser qu'il va réussir.	Nothing allows us to think he is going to succeed.
Il se croit tout permis.	He thinks he can do whatever he wants.
Vous permettez?	May I?

RELATED WORDS AND EXPRESSIONS

se permettre qqch	to allow oneself something / afford something
se permettre de faire qqch	to allow oneself to do something
Je me suis permis un dîner en ville.	I treated myself to a dinner out.
Il s'est permis de venir me voir.	He took the liberty of coming to see me.
Il se permet le luxe de voyager en première.	He indulges himself in the luxury of traveling first class.

regular -er verb

je persuade · je persuadai · persuadé · persuadant

Present		Passé Composé	
je persuade	nous persuadons	j'ai persuadé	nous avons persuadé
tu persuades	vous persuadez	tu as persuadé	vous avez persuadé
il/elle persuade	ils/elles persuadent	il/elle a persuadé	ils/elles ont persuadé

Imperfect		Pluperfect	
je persuadais	nous persuadions	j'avais persuadé	nous avions persuadé
tu persuadais	vous persuadiez	tu avais persuadé	vous aviez persuadé
il/elle persuadait	ils/elles persuadaient	il/elle avait persuadé	ils/elles avaient persuadé

Passé Simple		Past Anterior	
je persuadai	nous persuadâmes	j'eus persuadé	nous eûmes persuadé
tu persuadas	vous persuadâtes	tu eus persuadé	vous eûtes persuadé
il/elle persuada	ils/elles persuadèrent	il/elle eut persuadé	ils/elles eurent persuadé

Future		Future Anterior	
je persuaderai	nous persuaderons	j'aurai persuadé	nous aurons persuadé
tu persuaderas	vous persuaderez	tu auras persuadé	vous aurez persuadé
il/elle persuadera	ils/elles persuaderont	il/elle aura persuadé	ils/elles auront persuadé

Conditional		Past Conditional	
je persuaderais	nous persuaderions	j'aurais persuadé	nous aurions persuadé
tu persuaderais	vous persuaderiez	tu aurais persuadé	vous auriez persuadé
il/elle persuaderait	ils/elles persuaderaient	il/elle aurait persuadé	ils/elles auraient persuadé

Present Subjunctive		Past Subjunctive	
que je persuade	que nous persuadions	que j'aie persuadé	que nous ayons persuadé
que tu persuades	que vous persuadiez	que tu aies persuadé	que vous ayez persuadé
qu'il/elle persuade	qu'ils/elles persuadent	qu'il/elle ait persuadé	qu'ils/elles aient persuadé

Imperfect Subjunctive		Pluperfect Subjunctive	
que je persuadasse	que nous persuadassions	que j'eusse persuadé	que nous eussions persuadé
que tu persuadasses	que vous persuadassiez	que tu eusses persuadé	que vous eussiez persuadé
qu'il/elle persuadât	qu'ils/elles persuadassent	qu'il/elle eût persuadé	qu'ils/elles eussent persuadé

Commands

	(nous) persuadons
(tu) persuade	(vous) persuadez

USAGE

persuader qqn de qqch	to persuade someone of something
Je l'ai persuadé de l'urgence de l'affaire.	I convinced him of the urgency of the matter.
Je n'en suis pas complètement persuadé.	I'm not totally convinced.
Il n'est pas persuadé de notre bonne volonté.	He's not convinced of our goodwill.
persuader qqn de faire qqch	to persuade someone to do something
Je ne peux pas vous persuader de rester?	Can't I persuade you to stay?
Il nous a persuadé de l'aider.	He persuaded us to help him.

RELATED WORDS AND EXPRESSIONS

la persuasion	persuasion
J'admire son pouvoir de persuasion.	I admire his power of persuasion.
dissuader	to dissuade
Personne ne pourra l'en dissuader.	No one will be able to dissuade him (from doing it).

peser to weigh

je pèse · je pesai · pesé · pesant

-er verb; spelling change: e > è/mute e

Present		Passé Composé	
je pèse	nous pesons	j'ai pesé	nous avons pesé
tu pèses	vous pesez	tu as pesé	vous avez pesé
il/elle pèse	ils/elles pèsent	il/elle a pesé	ils/elles ont pesé

Imperfect		Pluperfect	
je pesais	nous pesions	j'avais pesé	nous avions pesé
tu pesais	vous pesiez	tu avais pesé	vous aviez pesé
il/elle pesait	ils/elles pesaient	il/elle avait pesé	ils/elles avaient pesé

Passé Simple		Past Anterior	
je pesai	nous pesâmes	j'eus pesé	nous eûmes pesé
tu pesas	vous pesâtes	tu eus pesé	vous eûtes pesé
il/elle pesa	ils/elles pesèrent	il/elle eut pesé	ils/elles eurent pesé

Future		Future Anterior	
je pèserai	nous pèserons	j'aurai pesé	nous aurons pesé
tu pèseras	vous pèserez	tu auras pesé	vous aurez pesé
il/elle pèsera	ils/elles pèseront	il/elle aura pesé	ils/elles auront pesé

Conditional		Past Conditional	
je pèserais	nous pèserions	j'aurais pesé	nous aurions pesé
tu pèserais	vous pèseriez	tu aurais pesé	vous auriez pesé
il/elle pèserait	ils/elles pèseraient	il/elle aurait pesé	ils/elles auraient pesé

Present Subjunctive		Past Subjunctive	
que je pèse	que nous pesions	que j'aie pesé	que nous ayons pesé
que tu pèses	que vous pesiez	que tu aies pesé	que vous ayez pesé
qu'il/elle pèse	qu'ils/elles pèsent	qu'il/elle ait pesé	qu'ils/elles aient pesé

Imperfect Subjunctive		Pluperfect Subjunctive	
que je pesasse	que nous pesassions	que j'eusse pesé	que nous eussions pesé
que tu pesasses	que vous pesassiez	que tu eusses pesé	que vous eussiez pesé
qu'il/elle pesât	qu'ils/elles pesassent	qu'il/elle eût pesé	qu'ils/elles eussent pesé

Commands

	(nous) pesons
(tu) pèse	(vous) pesez

USAGE

Combien est-ce que tu pèses?	How much do you weigh?
Il faut faire peser ce colis.	You have to have this package weighed.
Avant de décider, il faut peser le pour et le contre.	Before deciding you have to weigh the pros and cons.
Cette valise pèse trop.	This suitcase weighs too much.
Ce que je lui ai dit pèse sur ma conscience.	What I told her weighs on my conscience.
—Il dit toujours des bêtises.	He always says silly things.
—Il ne pèse pas ses mots.	He doesn't think about what he is going to say.
Tout bien pesé, je refuse.	After due consideration, I refuse.
Ses idées là-dessus ne pèsent pas lourd.	His ideas about it don't count for much.
Leur opinion a pesé lourd.	Their opinion counted for a great deal.
Des soupçons pèsent sur ces hommes.	Those men are under suspicion.
Mon Dieu, que ça pèse!	My gosh, that's heavy!

RELATED WORDS AND EXPRESSIONS

se peser	to weigh oneself
Je me pèse tous les jours.	I weigh myself every day.

regular -er verb; spelling change: c > ç/a, o

je place · je plaçai · placé · plaçant

Present		Passé Composé	
je place	nous plaçons	j'ai placé	nous avons placé
tu places	vous placez	tu as placé	vous avez placé
il/elle place	ils/elles placent	il/elle a placé	ils/elles ont placé

Imperfect		Pluperfect	
je plaçais	nous placions	j'avais placé	nous avions placé
tu plaçais	vous placiez	tu avais placé	vous aviez placé
il/elle plaçait	ils/elles plaçaient	il/elle avait placé	ils/elles avaient placé

Passé Simple		Past Anterior	
je plaçai	nous plaçâmes	j'eus placé	nous eûmes placé
tu plaças	vous plaçâtes	tu eus placé	vous eûtes placé
il/elle plaça	ils/elles placèrent	il/elle eut placé	ils/elles eurent placé

Future		Future Anterior	
je placerai	nous placerons	j'aurai placé	nous aurons placé
tu placeras	vous placerez	tu auras placé	vous aurez placé
il/elle placera	ils/elles placeront	il/elle aura placé	ils/elles auront placé

Conditional		Past Conditional	
je placerais	nous placerions	j'aurais placé	nous aurions placé
tu placerais	vous placeriez	tu aurais placé	vous auriez placé
il/elle placerait	ils/elles placeraient	il/elle aurait placé	ils/elles auraient placé

Present Subjunctive		Past Subjunctive	
que je place	que nous placions	que j'aie placé	que nous ayons placé
que tu places	que vous placiez	que tu aies placé	que vous ayez placé
qu'il/elle place	qu'ils/elles placent	qu'il/elle ait placé	qu'ils/elles aient placé

Imperfect Subjunctive		Pluperfect Subjunctive	
que je plaçasse	que nous plaçassions	que j'eusse placé	que nous eussions placé
que tu plaçasses	que vous plaçassiez	que tu eusses placé	que vous eussiez placé
qu'il/elle plaçât	qu'ils/elles plaçassent	qu'il/elle eût placé	qu'ils/elles eussent placé

Commands

	(nous) plaçons
(tu) place	(vous) placez

USAGE

J'ai placé ma main sur son épaule.	I placed my hand on his shoulder.
Tu es bien placé pour savoir ce qui se passe.	You're well placed to find out what's happening.
L'ouvreuse nous a placés.	The usher seated us.
Ne me place pas à côté de Christine.	Don't seat me next to Christine.
Je la place parmi les grandes chanteuses.	I rank her among the great singers.
Mes élèves n'arrivent pas à placer la Suisse sur une carte d'Europe.	My students can't locate Switzerland on a map of Europe.
On l'a placée comme réceptionniste.	They gave her a job as a receptionist.
Avec elle tu ne vas pas pouvoir placer un mot.	With her you won't be able to get a word in edgewise.
Le romancier a placé l'histoire au Brésil.	The novelist set the story in Brazil.
J'ai de l'argent à placer.	I have some money to invest.
Votre confiance est mal placée.	Your trust is misplaced.
Il m'a placé dans un beau pétrin.	He's gotten me in a fine fix.

RELATED WORDS AND EXPRESSIONS

se placer	to seat oneself / find oneself a place/position
Nous nous sommes placés autour de la table.	We took seats around the table.
Je voudrais me placer comme professeur.	I'd like to find a job as a teacher.

plaindre *to pity*

je plains · je plaignis · plaint · plaignant

irregular verb

Present		Passé Composé	
je plains	nous plaignons	j'ai plaint	nous avons plaint
tu plains	vous plaignez	tu as plaint	vous avez plaint
il/elle plaint	ils/elles plaignent	il/elle a plaint	ils/elles ont plaint

Imperfect		Pluperfect	
je plaignais	nous plaignions	j'avais plaint	nous avions plaint
tu plaignais	vous plaigniez	tu avais plaint	vous aviez plaint
il/elle plaignait	ils/elles plaignaient	il/elle avait plaint	ils/elles avaient plaint

Passé Simple		Past Anterior	
je plaignis	nous plaignîmes	j'eus plaint	nous eûmes plaint
tu plaignis	vous plaignîtes	tu eus plaint	vous eûtes plaint
il/elle plaignit	ils/elles plaignirent	il/elle eut plaint	ils/elles eurent plaint

Future		Future Anterior	
je plaindrai	nous plaindrons	j'aurai plaint	nous aurons plaint
tu plaindras	vous plaindrez	tu auras plaint	vous aurez plaint
il/elle plaindra	ils/elles plaindront	il/elle aura plaint	ils/elles auront plaint

Conditional		Past Conditional	
je plaindrais	nous plaindrions	j'aurais plaint	nous aurions plaint
tu plaindrais	vous plaindriez	tu aurais plaint	vous auriez plaint
il/elle plaindrait	ils/elles plaindraient	il/elle aurait plaint	ils/elles auraient plaint

Present Subjunctive		Past Subjunctive	
que je plaigne	que nous plaignions	que j'aie plaint	que nous ayons plaint
que tu plaignes	que vous plaigniez	que tu aies plaint	que vous ayez plaint
qu'il/elle plaigne	qu'ils/elles plaignent	qu'il/elle ait plaint	qu'ils/elles aient plaint

Imperfect Subjunctive		Pluperfect Subjunctive	
que je plaignisse	que nous plaignissions	que j'eusse plaint	que nous eussions plaint
que tu plaignisses	que vous plaignissiez	que tu eusses plaint	que vous eussiez plaint
qu'il/elle plaignît	qu'ils/elles plaignissent	qu'il/elle eût plaint	qu'ils/elles eussent plaint

Commands

	(nous) plaignons
(tu) plains	(vous) plaignez

USAGE

Cet enfant est à plaindre.	*This child is to be pitied.*
Je vous plains.	*I pity you.*
Je vous plains d'avoir un prof comme lui.	*I feel sorry for you having a teacher like him.*
Pour se faire plaindre, il est champion.	*He's really good at getting people to pity him.*
Elle est à plaindre avec un chef pareil.	*You can feel sorry for her with a boss like that.*
ne pas plaindre sa peine	*to work zealously*
—C'est un grand travailleur, lui.	*He's a really good worker.*
—Oui, il ne plaint pas sa peine.	*Yes, he is unstinting in his efforts.*
Je n'ai jamais plaint mon temps, tu sais.	*I never begrudged my time, you know.*

irregular reflexive verb;
compound tenses with *être*

je me plains · je me plaignis · s'étant plaint · se plaignant

Present

je me plains	nous nous plaignons
tu te plains	vous vous plaignez
il/elle se plaint	ils/elles se plaignent

Imperfect

je me plaignais	nous nous plaignions
tu te plaignais	vous vous plaigniez
il/elle se plaignait	ils/elles se plaignaient

Passé Simple

je me plaignis	nous nous plaignîmes
tu te plaignis	vous vous plaignîtes
il/elle se plaignit	ils/elles se plaignirent

Future

je me plaindrai	nous nous plaindrons
tu te plaindras	vous vous plaindrez
il/elle se plaindra	ils/elles se plaindront

Conditional

je me plaindrais	nous nous plaindrions
tu te plaindrais	vous vous plaindriez
il/elle se plaindrait	ils/elles se plaindraient

Passé Composé

je me suis plaint(e)	nous nous sommes plaint(e)s
tu t'es plaint(e)	vous vous êtes plaint(e)(s)
il/elle s'est plaint(e)	ils/elles se sont plaint(e)s

Pluperfect

je m'étais plaint(e)	nous nous étions plaint(e)s
tu t'étais plaint(e)	vous vous étiez plaint(e)(s)
il/elle s'était plaint(e)	ils/elles s'étaient plaint(e)s

Past Anterior

je me fus plaint(e)	nous nous fûmes plaint(e)s
tu te fus plaint(e)	vous vous fûtes plaint(e)(s)
il/elle se fut plaint(e)	ils/elles se furent plaint(e)s

Future Anterior

je me serai plaint(e)	nous nous serons plaint(e)s
tu te seras plaint(e)	vous vous serez plaint(e)(s)
il/elle se sera plaint(e)	ils/elles se seront plaint(e)s

Past Conditional

je me serais plaint(e)	nous nous serions plaint(e)s
tu te serais plaint(e)	vous vous seriez plaint(e)(s)
il/elle se serait plaint(e)	ils/elles se seraient plaint(e)s

Present Subjunctive

que je me plaigne	que nous nous plaignions
que tu te plaignes	que vous vous plaigniez
qu'il/elle se plaigne	qu'ils/elles se plaignent

Imperfect Subjunctive

que je me plaignisse	que nous nous plaignissions
que tu te plaignisses	que vous vous plaignissiez
qu'il/elle se plaignît	qu'ils/elles se plaignissent

Past Subjunctive

que je me sois plaint(e)	que nous nous soyons plaint(e)s
que tu te sois plaint(e)	que vous vous soyez plaint(e)(s)
qu'il/elle se soit plaint(e)	qu'ils/elles se soient plaint(e)s

Pluperfect Subjunctive

que je me fusse plaint(e)	que nous nous fussions plaint(e)s
que tu te fusses plaint(e)	que vous vous fussiez plaint(e)(s)
qu'il/elle se fût plaint(e)	qu'ils/elles se fussent plaint(e)s

Commands

	(nous) plaignons-nous
(tu) plains-toi	(vous) plaignez-vous

USAGE

Tu te plains constamment.	You complain constantly.
se plaindre de qqch	to complain about something
Il se plaint de tout.	He complains about everything.
Ils se plaignent de leur sort.	They complain about their fate.
Plains-toi, mon pote!	Go ahead and complain, buddy! / You'll get no pity from me!
Le malade se plaint d'une douleur au genou.	The patient is complaining of a pain in the knee.
Les ouvriers se sont plaints au contremaître.	The workers complained to the foreman.
De quoi se plaignent-ils?	What are they complaining about?
Ne viens pas te plaindre si tu ne réussis pas.	Don't come complaining if you don't pass.

RELATED WORDS AND EXPRESSIONS

la plainte	complaint
J'en ai marre de tes plaintes! (*familiar*)	I've had enough of your complaints!
Je vais porter plainte contre ce commerçant.	I'm going to lodge a complaint against that merchant.

plaire = aimer

Rien ne lui plaît.	*He doesn't like anything.*
Il ne plaît à personne.	*No one likes him.*
Ce restaurant ne plaît pas à nos associés.	*Our associates don't like this restaurant.*
Les blondes lui plaisent.	*He goes for blond girls.*
S'il s'habille comme ça, c'est qu'il n'a aucun désir de plaire.	*If he dresses like that, he has no desire to please people.*
Elle dit exactement ce qui lui plaît.	*She says just what she pleases.*
Et s'il lui plaît de nous accompagner?	*And what if he wants to accompany us?*
Faites comme il vous plaira.	*Do as you please.*
C'est un livre qui me plairait beaucoup à lire.	*It's a book I'd really like to read.*
Il lui plaît de croire que tout le monde le respecte.	*He likes to think that he is respected by everyone.*
Tu ne peux pas faire tout ce qui te plaît.	*You can't do whatever you like.*

❸ —Tu vas y aller?　　　　　　　　*Are you going to go there?*
　—Si ça me plaît.　　　　　　　　*If I feel like it.*

❸ —Qu'est-ce que je dois servir?　　*What should I serve?*
　—Fais ton gigot. Ça plaît toujours.　*Make your leg of lamb. It's always a hit.*

plaire pour exprimer des vœux

Plaise à Dieu qu'ils soient là!	*I hope to God that they are there!*
À Dieu ne plaise que vos parents le sachent.	*God forbid that your parents should find out.*
Plût au ciel qu'ils ne puissent venir!	*Would to God that they won't be able to come!*

se plaire

Il se plaît aux États-Unis.　　　　　*He likes it in the United States.*

❸ —Tu te plais ici?　　　　　　　　*Do you like it here?*
　—Avant je me plaisais dans ce quartier, mais je ne m'y plais plus.　*Previously I was happy in this neighborhood, but I don't like it here anymore.*

Elle se plaît avec sa nouvelle robe.	*She likes the way she looks in her new dress.*
Je me plais toujours avec eux.	*I always enjoy their company.*
se plaire à faire qqch	*to take delight in doing something*
Il se plaît à me taquiner.	*He takes delight in teasing me.*
Elles se plaisent à tout critiquer.	*They like to criticize everything.*
Deux personnes comme ça vont sûrement se plaire.	*Two people like that will hit it off.*

RELATED WORDS AND EXPRESSIONS

le plaisir　　　　　　　　　　　　*pleasure*

❸ —Je peux t'accompagner?　　　　*Can I go with you?*
　—Ça me ferait plaisir.　　　　　*I'd like that.*

déplaire	*to be disliked*
Il déplait à tout le monde.	*No one likes him.*
Elle a rompu avec lui parce qu'il lui a déplu.	*She broke off with him because she stopped liking him.*
Ils se sont déplu dès le premier moment.	*They disliked each other from the start.*

irregular verb

Present

je plais	nous plaisons
tu plais	vous plaisez
il/elle plaît	ils/elles plaisent

Passé Composé

j'ai plu	nous avons plu
tu as plu	vous avez plu
il/elle a plu	ils/elles ont plu

Imperfect

je plaisais	nous plaisions
tu plaisais	vous plaisiez
il/elle plaisait	ils/elles plaisaient

Pluperfect

j'avais plu	nous avions plu
tu avais plu	vous aviez plu
il/elle avait plu	ils/elles avaient plu

Passé Simple

je plus	nous plûmes
tu plus	vous plûtes
il/elle plut	ils/elles plurent

Past Anterior

j'eus plu	nous eûmes plu
tu eus plu	vous eûtes plu
il/elle eut plu	ils/elles eurent plu

Future

je plairai	nous plairons
tu plairas	vous plairez
il/elle plaira	ils/elles plairont

Future Anterior

j'aurai plu	nous aurons plu
tu auras plu	vous aurez plu
il/elle aura plu	ils/elles auront plu

Conditional

je plairais	nous plairions
tu plairais	vous plairiez
il/elle plairait	ils/elles plairaient

Past Conditional

j'aurais plu	nous aurions plu
tu aurais plu	vous auriez plu
il/elle aurait plu	ils/elles auraient plu

Present Subjunctive

que je plaise	que nous plaisions
que tu plaises	que vous plaisiez
qu'il/elle plaise	qu'ils/elles plaisent

Past Subjunctive

que j'aie plu	que nous ayons plu
que tu aies plu	que vous ayez plu
qu'il/elle ait plu	qu'ils/elles aient plu

Imperfect Subjunctive

que je plusse	que nous plussions
que tu plusses	que vous plussiez
qu'il/elle plût	qu'ils/elles plussent

Pluperfect Subjunctive

que j'eusse plu	que nous eussions plu
que tu eusses plu	que vous eussiez plu
qu'il/elle eût plu	qu'ils/elles eussent plu

Commands

	(nous) plaisons
(tu) plais	(vous) plaisez

USAGE

plaire à qqn	to be pleasing to someone
C'est le genre de garçon qui plaît aux filles.	He's the type of guy girls like.
Il cherche à plaire à ses supérieurs.	He tries to get in the good graces of his superiors.
s'il te plaît / s'il vous plaît	please
❷ —Cette chanson me plaît. Qu'en penses-tu?	I like this song. What do you think about it?
—Elle ne me plaît pas du tout.	I don't like it at all.
❷ —J'ai l'impression que Serge te plaît.	I think you like Serge.
—Tu as tort. Il ne me plaît pas.	You're wrong. He's not my cup of tea.
Mon nouvel emploi me plaît beaucoup.	I like my new job a lot.
Cette situation leur plaît.	They like this situation.
C'est un roman qui a beaucoup plu.	This novel was very popular.
Faites ce qui vous plaît.	Do as you wish.
Plaît-il?	What did you say? (very formal)

(**plier**) *to bend, fold*

je plie · je pliai · plié · pliant

regular -er verb

Present		Passé Composé	
je plie	nous plions	j'ai plié	nous avons plié
tu plies	vous pliez	tu as plié	vous avez plié
il/elle plie	ils/elles plient	il/elle a plié	ils/elles ont plié

Imperfect		Pluperfect	
je pliais	nous pliions	j'avais plié	nous avions plié
tu pliais	vous pliiez	tu avais plié	vous aviez plié
il/elle pliait	ils/elles pliaient	il/elle avait plié	ils/elles avaient plié

Passé Simple		Past Anterior	
je pliai	nous pliâmes	j'eus plié	nous eûmes plié
tu plias	vous pliâtes	tu eus plié	vous eûtes plié
il/elle plia	ils/elles plièrent	il/elle eut plié	ils/elles eurent plié

Future		Future Anterior	
je plierai	nous plierons	j'aurai plié	nous aurons plié
tu plieras	vous plierez	tu auras plié	vous aurez plié
il/elle pliera	ils/elles plieront	il/elle aura plié	ils/elles auront plié

Conditional		Past Conditional	
je plierais	nous plierions	j'aurais plié	nous aurions plié
tu plierais	vous plieriez	tu aurais plié	vous auriez plié
il/elle plierait	ils/elles plieraient	il/elle aurait plié	ils/elles auraient plié

Present Subjunctive		Past Subjunctive	
que je plie	que nous pliions	que j'aie plié	que nous ayons plié
que tu plies	que vous pliiez	que tu aies plié	que vous ayez plié
qu'il/elle plie	qu'ils/elles plient	qu'il/elle ait plié	qu'ils/elles aient plié

Imperfect Subjunctive		Pluperfect Subjunctive	
que je pliasse	que nous pliassions	que j'eusse plié	que nous eussions plié
que tu pliasses	que vous pliassiez	que tu eusses plié	que vous eussiez plié
qu'il/elle pliât	qu'ils/elles pliassent	qu'il/elle eût plié	qu'ils/elles eussent plié

Commands

	(nous) plions
(tu) plie	(vous) pliez

USAGE

Ne pas plier.	*Please do not bend.* (on envelopes)
Ne plie pas le coin de la page. Voici un signet.	*Don't bend the corner of the page. Here's a bookmark.*
plier sous le poids de	*to bend under the weight of*
Vous me voyez plié sous le poids de ces responsabilités.	*You see me bending under the weight of these responsibilities.*
plier les vêtements	*to fold the clothing*
plier bagage	*to pack up and leave*
Quand j'ai entendu ça, j'ai plié bagage.	*When I heard that, I packed up and left.*
J'étais plié en deux par le rire.	*I was doubled over in laughter.*
Ils ne me feront jamais plier.	*They'll never make me knuckle under.*
Je me suis effrayé en le voyant plié de douleur.	*I got scared when I saw him doubled over in pain.*

RELATED WORDS AND EXPRESSIONS

le pli	*fold/crease*
un vêtement plein de plis	*a creased garment*

regular -er verb

je porte · je portai · porté · portant

Present		Passé Composé	
je porte	nous portons	j'ai porté	nous avons porté
tu portes	vous portez	tu as porté	vous avez porté
il/elle porte	ils/elles portent	il/elle a porté	ils/elles ont porté

Imperfect		Pluperfect	
je portais	nous portions	j'avais porté	nous avions porté
tu portais	vous portiez	tu avais porté	vous aviez porté
il/elle portait	ils/elles portaient	il/elle avait porté	ils/elles avaient porté

Passé Simple		Past Anterior	
je portai	nous portâmes	j'eus porté	nous eûmes porté
tu portas	vous portâtes	tu eus porté	vous eûtes porté
il/elle porta	ils/elles portèrent	il/elle eut porté	ils/elles eurent porté

Future		Future Anterior	
je porterai	nous porterons	j'aurai porté	nous aurons porté
tu porteras	vous porterez	tu auras porté	vous aurez porté
il/elle portera	ils/elles porteront	il/elle aura porté	ils/elles auront porté

Conditional		Past Conditional	
je porterais	nous porterions	j'aurais porté	nous aurions porté
tu porterais	vous porteriez	tu aurais porté	vous auriez porté
il/elle porterait	ils/elles porteraient	il/elle aurait porté	ils/elles auraient porté

Present Subjunctive		Past Subjunctive	
que je porte	que nous portions	que j'aie porté	que nous ayons porté
que tu portes	que vous portiez	que tu aies porté	que vous ayez porté
qu'il/elle porte	qu'ils/elles portent	qu'il/elle ait porté	qu'ils/elles aient porté

Imperfect Subjunctive		Pluperfect Subjunctive	
que je portasse	que nous portassions	que j'eusse porté	que nous eussions porté
que tu portasses	que vous portassiez	que tu eusses porté	que vous eussiez porté
qu'il/elle portât	qu'ils/elles portassent	qu'il/elle eût porté	qu'ils/elles eussent porté

Commands

	(nous) portons
(tu) porte	(vous) portez

porter un sac sur le dos	*to carry a bag on one's back*
Je porte votre serviette?	*Shall I carry your briefcase?*
La mère portait son bébé dans ses bras.	*The mother was carrying her child in her arms.*
L'enfant a porté la cuillère à sa bouche.	*The child lifted the spoon to his mouth.*
Je vais porter ces chèques à la banque.	*I'll take these checks to the bank.*
Elle nous portera des nouvelles.	*She will bring us news.*
Le facteur nous a porté des colis.	*The mailman brought us some parcels.*
Ce compte-rendu porte la date de hier.	*This report has yesterday's date on it.*
❸ —Cette lettre ne porte pas de date.	*This letter is not dated.*
—Elle ne porte pas de signature non plus.	*It has no signature either.*
Il vous faut porter cette affaire sur la place publique.	*You must make this matter public.*
Il porte toujours une veste.	*He always wears a sport jacket.*

porter

to carry, wear

Il porte bien son nom.	*His name suits him.*
Accablé de soucis, il a porté sa main à son front.	*Overcome with worry, he put his hand on his forehead.*
Après le tremblement de terre, une centaine de personnes étaient portées manquantes.	*After the earthquake, about a hundred people were reported missing.*
Cela porte le nombre de maisons détruites à soixante-dix.	*That brings the number of destroyed houses to seventy.*
On a porté son roman à l'écran.	*They made a movie of his/her novel.*
On a porté son roman à la scène.	*They made a play of his/her novel.*
Je ne porte pas ce type dans mon cœur.	*That guy is not one of my favorite people.*
Il a porté son attention sur cette idée.	*He concentrated on this idea.*
La question portait sur les faits historiques.	*The question had to do with historical facts.*
Son genou a porté sur le rocher.	*He hit his knee against the rock.*
Les foules l'ont porté au pouvoir.	*The mobs brought him to a position of power.*
Il s'est fait porter malade.	*He reported sick / called in sick.*
On va se faire porter à manger.	*We'll send out for food.*
La lettre porte quelle date?	*What date is on the letter?*
Ça porte bonheur/malheur.	*That brings good/bad luck.*
Lui, il porte la poisse.	*He's a jinx.*
Lui offrir un livre, c'est porter de l'eau à la rivière.	*Giving him a book as a gift is like carrying coals to Newcastle.*
Il se porte comme le Pont Neuf.	*He's healthy as a horse.*
Chez eux c'est elle qui porte la culotte.	*At their house, she wears the pants.*
Nos collègues nous ont laissés porter le chapeau.	*Our coworkers left us holding the bag.*
Ton chef te porte aux nues.	*Your boss praises you to the skies.*
Ce mur porte à faux.	*This wall is not straight.*
Vos remarques portent à faux.	*Your remarks are out of place.*

se porter

❸ —Il est toujours crevé. Ses jambes ne le portent plus.	*He's always exhausted. He's about to fall over.*
—Il ne se porte pas bien.	*He's not in good health.*
À quatre-vingt-dix ans elle se porte comme un charme.	*At ninety she's in great health.*
Il s'est porté candidat aux élections municipales.	*He ran in the municipal elections.*
❸ —Les soupçons se sont portés sur lui.	*Suspicion fell on him.*
—Oui, mais il ne s'en est pas plus mal porté.	*Yes, but he was no worse off for it.*

RELATED WORDS AND EXPRESSIONS

le port	*wearing/carrying*
Le port du short est défendu à l'école.	*Wearing shorts is not allowed at school.*
Le port de la barbe n'est plus à la mode.	*Wearing a beard is no longer fashionable.*
un porte-bonheur	*a good-luck charm*
le porte-avions	*aircraft carrier*
en porte-à-faux	*slanting / out of balance*
un porteur / une porteuse	*a bearer*
des clandestins porteurs de faux papiers	*illegal immigrants carrying false papers*

regular -er verb

je pose · je posai · posé · posant

Present		Passé Composé	
je pose	nous posons	j'ai posé	nous avons posé
tu poses	vous posez	tu as posé	vous avez posé
il/elle pose	ils/elles posent	il/elle a posé	ils/elles ont posé

Imperfect		Pluperfect	
je posais	nous posions	j'avais posé	nous avions posé
tu posais	vous posiez	tu avais posé	vous aviez posé
il/elle posait	ils/elles posaient	il/elle avait posé	ils/elles avaient posé

Passé Simple		Past Anterior	
je posai	nous posâmes	j'eus posé	nous eûmes posé
tu posas	vous posâtes	tu eus posé	vous eûtes posé
il/elle posa	ils/elles posèrent	il/elle eut posé	ils/elles eurent posé

Future		Future Anterior	
je poserai	nous poserons	j'aurai posé	nous aurons posé
tu poseras	vous poserez	tu auras posé	vous aurez posé
il/elle posera	ils/elles poseront	il/elle aura posé	ils/elles auront posé

Conditional		Past Conditional	
je poserais	nous poserions	j'aurais posé	nous aurions posé
tu poserais	vous poseriez	tu aurais posé	vous auriez posé
il/elle poserait	ils/elles poseraient	il/elle aurait posé	ils/elles auraient posé

Present Subjunctive		Past Subjunctive	
que je pose	que nous posions	que j'aie posé	que nous ayons posé
que tu poses	que vous posiez	que tu aies posé	que vous ayez posé
qu'il/elle pose	qu'ils/elles posent	qu'il/elle ait posé	qu'ils/elles aient posé

Imperfect Subjunctive		Pluperfect Subjunctive	
que je posasse	que nous posassions	que j'eusse posé	que nous eussions posé
que tu posasses	que vous posassiez	que tu eusses posé	que vous eussiez posé
qu'il/elle posât	qu'ils/elles posassent	qu'il/elle eût posé	qu'ils/elles eussent posé

Commands

	(nous) posons
(tu) pose	(vous) posez

poser qqch sur la table	to put something on the table
poser ses affaires à l'abri de la pluie	to put one's things out of the way of the rain
poser la moquette	to lay carpet
J'ai posé ma candidature au poste.	I applied for the job.
Il pose à l'intellectuel.	He pretends to be an intellectual.
Il n'a pas le droit de se poser en capitaine.	He has no right to pretend to be the captain.
poser une question à qqn	to ask someone a question
Il m'a posé des questions difficiles.	He asked me hard questions.
Il se pose la question des documents.	The question of official papers comes up.
Je me posais la même question.	I was asking myself the same question.
Je vous expliquerai le problème qui se pose.	I'll explain to you the problem that has come up.
Un smoking pose un homme.	A tuxedo makes a man look his best.
Voici le problème qui se pose.	Here is the problem before us.

posséder to possess

je possède · je possédai · possédé · possédant

-er verb; spelling change: é > è/mute e
except in the future and conditional

Present		Passé Composé	
je possède	nous possédons	j'ai possédé	nous avons possédé
tu possèdes	vous possédez	tu as possédé	vous avez possédé
il/elle possède	ils/elles possèdent	il/elle a possédé	ils/elles ont possédé

Imperfect		Pluperfect	
je possédais	nous possédions	j'avais possédé	nous avions possédé
tu possédais	vous possédiez	tu avais possédé	vous aviez possédé
il/elle possédait	ils/elles possédaient	il/elle avait possédé	ils/elles avaient possédé

Passé Simple		Past Anterior	
je possédai	nous possédâmes	j'eus possédé	nous eûmes possédé
tu possédas	vous possédâtes	tu eus possédé	vous eûtes possédé
il/elle posséda	ils/elles possédèrent	il/elle eut possédé	ils/elles eurent possédé

Future		Future Anterior	
je posséderai	nous posséderons	j'aurai possédé	nous aurons possédé
tu posséderas	vous posséderez	tu auras possédé	vous aurez possédé
il/elle possédera	ils/elles posséderont	il/elle aura possédé	ils/elles auront possédé

Conditional		Past Conditional	
je posséderais	nous posséderions	j'aurais possédé	nous aurions possédé
tu posséderais	vous posséderiez	tu aurais possédé	vous auriez possédé
il/elle posséderait	ils/elles posséderaient	il/elle aurait possédé	ils/elles auraient possédé

Present Subjunctive		Past Subjunctive	
que je possède	que nous possédions	que j'aie possédé	que nous ayons possédé
que tu possèdes	que vous possédiez	que tu aies possédé	que vous ayez possédé
qu'il/elle possède	qu'ils/elles possèdent	qu'il/elle ait possédé	qu'ils/elles aient possédé

Imperfect Subjunctive		Pluperfect Subjunctive	
que je possédasse	que nous possédassions	que j'eusse possédé	que nous eussions possédé
que tu possédasses	que vous possédassiez	que tu eusses possédé	que vous eussiez possédé
qu'il/elle possédât	qu'ils/elles possédassent	qu'il/elle eût possédé	qu'ils/elles eussent possédé

Commands

	(nous) possédons
(tu) possède	(vous) possédez

USAGE

Cette famille ne possède plus rien.	That family no longer has anything.
Tu possèdes mon cœur.	You have captured my heart.
Cette chambre possède une belle vue.	This room has a beautiful view.
Nous possédions des propriétés dans le Midi.	We used to own properties in the south of France.
Il a donné tout ce qu'il possédait à ses enfants.	He gave everything he had to his children.
Il possède une licence de pilote.	He has a pilot's license.
Il s'est fait posséder.	He was had. / He was taken in.
Qu'est-ce qui t'arrive? Tu ne te possèdes plus.	What's gotten into you? You have lost all self-control.

RELATED WORDS AND EXPRESSIONS

la possession	possession
La possession de ce document sera très importante pour le juge.	Having that document in your possession will be very important for the judge.

irregular verb | **je poursuis · je poursuivis · poursuivi · poursuivant**

Present		Passé Composé	
je poursuis	nous poursuivons	j'ai poursuivi	nous avons poursuivi
tu poursuis	vous poursuivez	tu as poursuivi	vous avez poursuivi
il/elle poursuit	ils/elles poursuivent	il/elle a poursuivi	ils/elles ont poursuivi

Imperfect		Pluperfect	
je poursuivais	nous poursuivions	j'avais poursuivi	nous avions poursuivi
tu poursuivais	vous poursuiviez	tu avais poursuivi	vous aviez poursuivi
il/elle poursuivait	ils/elles poursuivaient	il/elle avait poursuivi	ils/elles avaient poursuivi

Passé Simple		Past Anterior	
je poursuivis	nous poursuivîmes	j'eus poursuivi	nous eûmes poursuivi
tu poursuivis	vous poursuivîtes	tu eus poursuivi	vous eûtes poursuivi
il/elle poursuivit	ils/elles poursuivirent	il/elle eut poursuivi	ils/elles eurent poursuivi

Future		Future Anterior	
je poursuivrai	nous poursuivrons	j'aurai poursuivi	nous aurons poursuivi
tu poursuivras	vous poursuivrez	tu auras poursuivi	vous aurez poursuivi
il/elle poursuivra	ils/elles poursuivront	il/elle aura poursuivi	ils/elles auront poursuivi

Conditional		Past Conditional	
je poursuivrais	nous poursuivrions	j'aurais poursuivi	nous aurions poursuivi
tu poursuivrais	vous poursuivriez	tu aurais poursuivi	vous auriez poursuivi
il/elle poursuivrait	ils/elles poursuivraient	il/elle aurait poursuivi	ils/elles auraient poursuivi

Present Subjunctive		Past Subjunctive	
que je poursuive	que nous poursuivions	que j'aie poursuivi	que nous ayons poursuivi
que tu poursuives	que vous poursuiviez	que tu aies poursuivi	que vous ayez poursuivi
qu'il/elle poursuive	qu'ils/elles poursuivent	qu'il/elle ait poursuivi	qu'ils/elles aient poursuivi

Imperfect Subjunctive		Pluperfect Subjunctive	
que je poursuivisse	que nous poursuivissions	que j'eusse poursuivi	que nous eussions poursuivi
que tu poursuivisses	que vous poursuivissiez	que tu eusses poursuivi	que vous eussiez poursuivi
qu'il/elle poursuivît	qu'ils/elles poursuivissent	qu'il/elle eût poursuivi	qu'ils/elles eussent poursuivi

Commands

	(nous) poursuivons
(tu) poursuis	(vous) poursuivez

USAGE

La police a poursuivi les terroristes.	_The police pursued the terrorists._
Un philosophe poursuit la vérité.	_A philosopher pursues truth._
Le chien poursuivait l'enfant.	_The dog was running after the child._
Nous sommes poursuivis par nos créanciers.	_Our creditors are after us._
Il poursuit la gloire.	_He's seeking fame._
Ça me plait qu'il poursuive des buts nobles.	_I like that he's striving for worthy goals._
poursuivre qqn en justice	_to prosecute/sue someone_
On l'a poursuivi pour ce crime.	_He was prosecuted for this crime._

RELATED WORDS AND EXPRESSIONS

la poursuite	_pursuit_
la poursuite du bonheur / d'un rêve	_the pursuit of happiness / a dream_
La police s'est lancée à la poursuite des émeutiers.	_The police ran in pursuit of rioters._
Ne vous exposez pas à des poursuites judiciaires.	_Don't open yourself up to legal action._

pousser to push, grow

je pousse · je poussai · poussé · poussant

regular -er verb

Present		Passé Composé	
je pousse	nous poussons	j'ai poussé	nous avons poussé
tu pousses	vous poussez	tu as poussé	vous avez poussé
il/elle pousse	ils/elles poussent	il/elle a poussé	ils/elles ont poussé

Imperfect		Pluperfect	
je poussais	nous poussions	j'avais poussé	nous avions poussé
tu poussais	vous poussiez	tu avais poussé	vous aviez poussé
il/elle poussait	ils/elles poussaient	il/elle avait poussé	ils/elles avaient poussé

Passé Simple		Past Anterior	
je poussai	nous poussâmes	j'eus poussé	nous eûmes poussé
tu poussas	vous poussâtes	tu eus poussé	vous eûtes poussé
il/elle poussa	ils/elles poussèrent	il/elle eut poussé	ils/elles eurent poussé

Future		Future Anterior	
je pousserai	nous pousserons	j'aurai poussé	nous aurons poussé
tu pousseras	vous pousserez	tu auras poussé	vous aurez poussé
il/elle poussera	ils/elles pousseront	il/elle aura poussé	ils/elles auront poussé

Conditional		Past Conditional	
je pousserais	nous pousserions	j'aurais poussé	nous aurions poussé
tu pousserais	vous pousseriez	tu aurais poussé	vous auriez poussé
il/elle pousserait	ils/elles pousseraient	il/elle aurait poussé	ils/elles auraient poussé

Present Subjunctive		Past Subjunctive	
que je pousse	que nous poussions	que j'aie poussé	que nous ayons poussé
que tu pousses	que vous poussiez	que tu aies poussé	que vous ayez poussé
qu'il/elle pousse	qu'ils/elles poussent	qu'il/elle ait poussé	qu'ils/elles aient poussé

Imperfect Subjunctive		Pluperfect Subjunctive	
que je poussasse	que nous poussassions	que j'eusse poussé	que nous eussions poussé
que tu poussasses	que vous poussassiez	que tu eusses poussé	que vous eussiez poussé
qu'il/elle poussât	qu'ils/elles poussassent	qu'il/elle eût poussé	qu'ils/elles eussent poussé

Commands

	(nous) poussons
(tu) pousse	(vous) poussez

USAGE

Ne me poussez pas!	Don't push me!
Qui t'a poussé à faire ça?	Who pushed you to do that?
Pousse la porte pour l'ouvrir.	Push the door to open it.
Tu pousses la blague un peu trop loin.	You're pushing the joke a bit too far.
Les élèves ont poussé le prof à bout.	The students pushed the teacher to the limit.
L'herbe pousse vite quand il pleut beaucoup.	The grass grows quickly when it rains a lot.
C'est l'intérêt qui le pousse.	He's motivated by self-interest.
Il a poussé les enchères.	He upped the ante.
Ne pousse pas, tu m'entends?	Don't press your luck, you hear?
pousser un cri	to utter a cry/shout / let out a yell
pousser un soupir	to utter a sigh

PROVERB

| Mauvaise herbe pousse toujours. | Weeds always grow quickly. |

irregular verb

je peux · je pus · pu · pouvant

Present

je peux	nous pouvons
tu peux	vous pouvez
il/elle peut	ils/elles peuvent

Passé Composé

j'ai pu	nous avons pu
tu as pu	vous avez pu
il/elle a pu	ils/elles ont pu

Imperfect

je pouvais	nous pouvions
tu pouvais	vous pouviez
il/elle pouvait	ils/elles pouvaient

Pluperfect

j'avais pu	nous avions pu
tu avais pu	vous aviez pu
il/elle avait pu	ils/elles avaient pu

Passé Simple

je pus	nous pûmes
tu pus	vous pûtes
il/elle put	ils/elles purent

Past Anterior

j'eus pu	nous eûmes pu
tu eus pu	vous eûtes pu
il/elle eut pu	ils/elles eurent pu

Future

je pourrai	nous pourrons
tu pourras	vous pourrez
il/elle pourra	ils/elles pourront

Future Anterior

j'aurai pu	nous aurons pu
tu auras pu	vous aurez pu
il/elle aura pu	ils/elles auront pu

Conditional

je pourrais	nous pourrions
tu pourrais	vous pourriez
il/elle pourrait	ils/elles pourraient

Past Conditional

j'aurais pu	nous aurions pu
tu aurais pu	vous auriez pu
il/elle aurait pu	ils/elles auraient pu

Present Subjunctive

que je puisse	que nous puissions
que tu puisses	que vous puissiez
qu'il/elle puisse	qu'ils/elles puissent

Past Subjunctive

que j'aie pu	que nous ayons pu
que tu aies pu	que vous ayez pu
qu'il/elle ait pu	qu'ils/elles aient pu

Imperfect Subjunctive

que je pusse	que nous pussions
que tu pusses	que vous pussiez
qu'il/elle pût	qu'ils/elles pussent

Pluperfect Subjunctive

que j'eusse pu	que nous eussions pu
que tu eusses pu	que vous eussiez pu
qu'il/elle eût pu	qu'ils/elles eussent pu

Commands not used

(USAGE)

NOTE: *Je puis* is an archaic alternate form for *je peux*. *Je puis* is used in very formal style.

pouvoir faire qqch	*to be able to do something*
Tu peux me donner un coup de main?	*Can you help me out?*
J'ai mal au pied. Je ne peux pas marcher.	*My foot hurts. I can't walk.*
Il ne peut pas comprendre votre inquiétude.	*He can't understand your uneasiness.*
Je peux vous aider?	*May I help you?*
Elle ne pourra plus voyager.	*She won't be able to travel anymore.*
❸ —Voulez-vous que je vous accompagne?	*Do you want me to go with you?*
—Si vous pouvez.	*If you can.*
Pourriez-vous me dire où se trouve le musée d'art?	*Can you tell me where the art museum is?*
Il pourrait être en difficulté.	*He might be in trouble.*
Elle est, si on peut le dire, un peu bornée.	*She is, to put it bluntly, a bit slow.*
❸ —On dit que la guerre peut éclater cette semaine.	*People are saying war might break out this week.*
—Qui sait ce qui peut arriver?	*Who knows what might happen?*
On peut voir l'écran du fond de la salle?	*Can you see the screen from the back of the theater?*

(**pouvoir**) *to be able to, can*

je peux · je pus · pu · pouvant

irregular verb

Je n'y peux rien.	There's nothing I can do about it.
Les étudiants peuvent sortir le samedi.	The students have permission to go out on Saturday.
Je peux aller jouer, maman?	May I go out to play, Mom?
On ne peut pas entrer dans son bureau.	Nobody is allowed to go into his office.
Téléphone-moi dès que tu pourras.	Call me as soon as you can.
Je ne peux pas le voir/sentir.	I can't stand him.
Je ne peux pas le voir en peinture.	I can't stand him.
Je n'ai pas pu m'empêcher de lui poser cette question.	I couldn't help but ask him that question.
ne pas pouvoir ne pas faire qqch	to really have to do something
Vous ne pouvez pas ne pas lire ce roman.	You absolutely must read that novel.
Tu ne peux (pas) ne pas venir.	You really have to come.
Nous pouvons toujours nous arranger.	We can always work things out / come to an agreement.
Appelle le médecin! Je ne peux pas respirer.	Call the doctor! I can't breathe.
Je n'en peux plus!	I can't take it anymore!

pouvoir (possibilité)

Il ne pouvait pas le savoir.	He couldn't know it.
Ça ne pourrait pas être vrai.	That couldn't be true.
Ça se peut.	That's possible.
Il se peut qu'elle veuille venir avec nous.	It's possible she may want to come with us.
Je n'ai pas pu le repérer.	I wasn't able to locate it.
Il a bien pu le faire.	He could very well have done it.
Avec cet accent, je ne crois pas qu'il puisse être anglais.	With that accent, I don't think he can be English.
Attention! Ce chien peut être méchant.	Careful! That dog can be nasty.
Notre candidat pourrait perdre aux élections.	Our candidate could lose the election.
Fais attention. Tu peux tomber.	Be careful. You might fall.

pouvoir pour suggérer

Tu pourrais nous aider!	You could help us!
Il peut bien te prêter les cent euros.	He can certainly lend you the one hundred euros.
Tu pourrais au moins dire que tu le regrettes.	You could at least say you're sorry.

RELATED WORDS AND EXPRESSIONS

le pouvoir	power
le pouvoir politique	political power
le pouvoir d'achat	purchasing power
le pouvoir des médias	the power of the media
les hommes au pouvoir	the men in power
le pouvoir central	the central government

PROVERBS

Vouloir, c'est pouvoir.	Where there's a will, there's a way.
Si la jeunesse savait, si la vieillesse pouvait.	If youth knew, if old age could.

regular -er verb

je pratique · je pratiquai · pratiqué · pratiquant

Present		Passé Composé	
je pratique	nous pratiquons	j'ai pratiqué	nous avons pratiqué
tu pratiques	vous pratiquez	tu as pratiqué	vous avez pratiqué
il/elle pratique	ils/elles pratiquent	il/elle a pratiqué	ils/elles ont pratiqué

Imperfect		Pluperfect	
je pratiquais	nous pratiquions	j'avais pratiqué	nous avions pratiqué
tu pratiquais	vous pratiquiez	tu avais pratiqué	vous aviez pratiqué
il/elle pratiquait	ils/elles pratiquaient	il/elle avait pratiqué	ils/elles avaient pratiqué

Passé Simple		Past Anterior	
je pratiquai	nous pratiquâmes	j'eus pratiqué	nous eûmes pratiqué
tu pratiquas	vous pratiquâtes	tu eus pratiqué	vous eûtes pratiqué
il/elle pratiqua	ils/elles pratiquèrent	il/elle eut pratiqué	ils/elles eurent pratiqué

Future		Future Anterior	
je pratiquerai	nous pratiquerons	j'aurai pratiqué	nous aurons pratiqué
tu pratiqueras	vous pratiquerez	tu auras pratiqué	vous aurez pratiqué
il/elle pratiquera	ils/elles pratiqueront	il/elle aura pratiqué	ils/elles auront pratiqué

Conditional		Past Conditional	
je pratiquerais	nous pratiquerions	j'aurais pratiqué	nous aurions pratiqué
tu pratiquerais	vous pratiqueriez	tu aurais pratiqué	vous auriez pratiqué
il/elle pratiquerait	ils/elles pratiqueraient	il/elle aurait pratiqué	ils/elles auraient pratiqué

Present Subjunctive		Past Subjunctive	
que je pratique	que nous pratiquions	que j'aie pratiqué	que nous ayons pratiqué
que tu pratiques	que vous pratiquiez	que tu aies pratiqué	que vous ayez pratiqué
qu'il/elle pratique	qu'ils/elles pratiquent	qu'il/elle ait pratiqué	qu'ils/elles aient pratiqué

Imperfect Subjunctive		Pluperfect Subjunctive	
que je pratiquasse	que nous pratiquassions	que j'eusse pratiqué	que nous eussions pratiqué
que tu pratiquasses	que vous pratiquassiez	que tu eusses pratiqué	que vous eussiez pratiqué
qu'il/elle pratiquât	qu'ils/elles pratiquassent	qu'il/elle eût pratiqué	qu'ils/elles eussent pratiqué

Commands

	(nous) pratiquons
(tu) pratique	(vous) pratiquez

USAGE

Ce peuple pratique ses coutumes anciennes.	This people practices its ancient customs.
Ce gouvernement pratique la censure.	This government practices censorship.
Il est musulman, mais il ne pratique pas.	He's a Muslim, but he doesn't practice.
C'est un catholique pratiquant.	He's an observant Catholic.
C'est un type qui pratique le chantage.	He's a guy who resorts to blackmail.
C'est bien de pratiquer un sport.	It's good to participate in a sport.
Nous pratiquons la natation.	We participate in swimming.
pratiquer une langue	to use a language
Le quart des salariés de cette entreprise pratiquent une langue étrangère au travail.	A fourth of the salaried workers of this firm use a foreign language at work.
pratiquer une recherche	to conduct research
Ces magasins pratiquent les prix qu'ils veulent.	These stores charge whatever prices they want.

NOTE: To practice French, especially in the sense of doing written exercises, is *travailler* or *réviser son français*. To practice speaking (as opposed to using the language for personal or professional reasons) is *s'exercer à parler français*.

se précipiter *to rush (into), throw oneself*

je me précipite · je me précipitai ·
s'étant précipité · se précipitant

regular -er reflexive verb;
compound tenses with être

Present

je me précipite	nous nous précipitons
tu te précipites	vous vous précipitez
il/elle se précipite	ils/elles se précipitent

Passé Composé

je me suis précipité(e)	nous nous sommes précipité(e)s
tu t'es précipité(e)	vous vous êtes précipité(e)(s)
il/elle s'est précipité(e)	ils/elles se sont précipité(e)s

Imperfect

je me précipitais	nous nous précipitions
tu te précipitais	vous vous précipitiez
il/elle se précipitait	ils/elles se précipitaient

Pluperfect

je m'étais précipité(e)	nous nous étions précipité(e)s
tu t'étais précipité(e)	vous vous étiez précipité(e)(s)
il/elle s'était précipité(e)	ils/elles s'étaient précipité(e)s

Passé Simple

je me précipitai	nous nous précipitâmes
tu te précipitas	vous vous précipitâtes
il/elle se précipita	ils/elles se précipitèrent

Past Anterior

je me fus précipité(e)	nous nous fûmes précipité(e)s
tu te fus précipité(e)	vous vous fûtes précipité(e)(s)
il/elle se fut précipité(e)	ils/elles se furent précipité(e)s

Future

je me précipiterai	nous nous précipiterons
tu te précipiteras	vous vous précipiterez
il/elle se précipitera	ils/elles se précipiteront

Future Anterior

je me serai précipité(e)	nous nous serons précipité(e)s
tu te seras précipité(e)	vous vous serez précipité(e)(s)
il/elle se sera précipité(e)	ils/elles se seront précipité(e)s

Conditional

je me précipiterais	nous nous précipiterions
tu te précipiterais	vous vous précipiteriez
il/elle se précipiterait	ils/elles se précipiteraient

Past Conditional

je me serais précipité(e)	nous nous serions précipité(e)s
tu te serais précipité(e)	vous vous seriez précipité(e)(s)
il/elle se serait précipité(e)	ils/elles se seraient précipité(e)s

Present Subjunctive

que je me précipite	que nous nous précipitions
que tu te précipites	que vous vous précipitiez
qu'il/elle se précipite	qu'ils/elles se précipitent

Past Subjunctive

que je me sois précipité(e)	que nous nous soyons précipité(e)s
que tu te sois précipité(e)	que vous vous soyez précipité(e)(s)
qu'il/elle se soit précipité(e)	qu'ils/elles se soient précipité(e)s

Imperfect Subjunctive

que je me précipitasse	que nous nous précipitassions
que tu te précipitasses	que vous vous précipitassiez
qu'il/elle se précipitât	qu'ils/elles se précipitassent

Pluperfect Subjunctive

que je me fusse précipité(e)	que nous nous fussions précipité(e)s
que tu te fusses précipité(e)	que vous vous fussiez précipité(e)(s)
qu'il/elle se fût précipité(e)	qu'ils/elles se fussent précipité(e)s

Commands

	(nous) précipitons-nous
(tu) précipite-toi	(vous) précipitez-vous

USAGE

Sa fiancée s'est précipitée dans ses bras.	*His fiancée rushed into his arms.*
Après l'orage, l'eau se précipitait du toit.	*After the storm, the water rushed down off the roof.*
Les gosses se sont précipités dans le jardin.	*The kids rushed into the garden.*
La foule s'est précipitée vers le palais.	*The crowd rushed toward the palace.*
Quand l'alerte aérienne a sonné, nous nous sommes précipités vers les abris.	*When the air raid warning sounded, we rushed to the shelters.*
Ayant peur de marcher seule la nuit, elle a précipité ses pas pour arriver plus vite chez elle.	*Being afraid to walk alone at night, she quickened her pace to get home faster.*
Les choses se précipitent.	*Things are moving quickly.*
Cette crise risque de précipiter le pays en récession.	*This crisis may push the country into a recession.*
La voiture s'est précipitée contre le mur.	*The car smashed into the wall.*

irregular verb

je prédis · je prédis · prédit · prédisant

Present		Passé Composé	
je prédis	nous prédisons	j'ai prédit	nous avons prédit
tu prédis	vous prédisez	tu as prédit	vous avez prédit
il/elle prédit	ils/elles prédisent	il/elle a prédit	ils/elles ont prédit

Imperfect		Pluperfect	
je prédisais	nous prédisions	j'avais prédit	nous avions prédit
tu prédisais	vous prédisiez	tu avais prédit	vous aviez prédit
il/elle prédisait	ils/elles prédisaient	il/elle avait prédit	ils/elles avaient prédit

Passé Simple		Past Anterior	
je prédis	nous prédîmes	j'eus prédit	nous eûmes prédit
tu prédis	vous prédîtes	tu eus prédit	vous eûtes prédit
il/elle prédit	ils/elles prédirent	il/elle eut prédit	ils/elles eurent prédit

Future		Future Anterior	
je prédirai	nous prédirons	j'aurai prédit	nous aurons prédit
tu prédiras	vous prédirez	tu auras prédit	vous aurez prédit
il/elle prédira	ils/elles prédiront	il/elle aura prédit	ils/elles auront prédit

Conditional		Past Conditional	
je prédirais	nous prédirions	j'aurais prédit	nous aurions prédit
tu prédirais	vous prédiriez	tu aurais prédit	vous auriez prédit
il/elle prédirait	ils/elles prédiraient	il/elle aurait prédit	ils/elles auraient prédit

Present Subjunctive		Past Subjunctive	
que je prédise	que nous prédisions	que j'aie prédit	que nous ayons prédit
que tu prédises	que vous prédisiez	que tu aies prédit	que vous ayez prédit
qu'il/elle prédise	qu'ils/elles prédisent	qu'il/elle ait prédit	qu'ils/elles aient prédit

Imperfect Subjunctive		Pluperfect Subjunctive	
que je prédisse	que nous prédissions	que j'eusse prédit	que nous eussions prédit
que tu prédisses	que vous prédissiez	que tu eusses prédit	que vous eussiez prédit
qu'il/elle prédît	qu'ils/elles prédissent	qu'il/elle eût prédit	qu'ils/elles eussent prédit

Commands

	(nous) prédisons
(tu) prédis	(vous) prédisez

USAGE

prédire l'avenir	to predict the future
La diseuse de bonne aventure prédit l'avenir.	The fortune-teller predicts the future.
On lui prédit un grand succès.	They predict he/she will be very successful.
Ils nous ont prédit une année difficile.	They predicted a difficult year for us.
C'est une guerre que personne n'avait prédite.	It's a war that no one had predicted.
Personne ne peut prédire les résultants.	No one can predict the results.
La science ne peut pas encore prédire les tremblements de terre.	Science cannot yet predict earthquakes.
Qui l'aurait prédit?	Who would have predicted it?
C'était à prédire.	It could have been predicted.
Je te l'avais prédit!	I told you it was going to happen!

préférer *to prefer*

je préfère · je préférai · préféré · préférant

-er verb; spelling change: *é* > *è*/mute *e*
except in the future and conditional

Present		Passé Composé	
je préfère	nous préférons	j'ai préféré	nous avons préféré
tu préfères	vous préférez	tu as préféré	vous avez préféré
il/elle préfère	ils/elles préfèrent	il/elle a préféré	ils/elles ont préféré

Imperfect		Pluperfect	
je préférais	nous préférions	j'avais préféré	nous avions préféré
tu préférais	vous préfériez	tu avais préféré	vous aviez préféré
il/elle préférait	ils/elles préféraient	il/elle avait préféré	ils/elles avaient préféré

Passé Simple		Past Anterior	
je préférai	nous préférâmes	j'eus préféré	nous eûmes préféré
tu préféras	vous préférâtes	tu eus préféré	vous eûtes préféré
il/elle préféra	ils/elles préférèrent	il/elle eut préféré	ils/elles eurent préféré

Future		Future Anterior	
je préférerai	nous préférerons	j'aurai préféré	nous aurons préféré
tu préféreras	vous préférerez	tu auras préféré	vous aurez préféré
il/elle préférera	ils/elles préféreront	il/elle aura préféré	ils/elles auront préféré

Conditional		Past Conditional	
je préférerais	nous préférerions	j'aurais préféré	nous aurions préféré
tu préférerais	vous préféreriez	tu aurais préféré	vous auriez préféré
il/elle préférerait	ils/elles préféreraient	il/elle aurait préféré	ils/elles auraient préféré

Present Subjunctive		Past Subjunctive	
que je préfère	que nous préférions	que j'aie préféré	que nous ayons préféré
que tu préfères	que vous préfériez	que tu aies préféré	que vous ayez préféré
qu'il/elle préfère	qu'ils/elles préfèrent	qu'il/elle ait préféré	qu'ils/elles aient préféré

Imperfect Subjunctive		Pluperfect Subjunctive	
que je préférasse	que nous préférassions	que j'eusse préféré	que nous eussions préféré
que tu préférasses	que vous préférassiez	que tu eusses préféré	que vous eussiez préféré
qu'il/elle préférât	qu'ils/elles préférassent	qu'il/elle eût préféré	qu'ils/elles eussent préféré

Commands

	(nous) préférons
(tu) préfère	(vous) préférez

USAGE

Je préfère le cinéma au théâtre.	I prefer the movies to the theater.
On passe deux films. Lequel préfères-tu?	They're showing two movies. Which do you prefer?
Voilà la solution que je préfère.	That's the solution I prefer.
Je préfère que vous me disiez la vérité.	I prefer that you tell me the truth.
—Quand est-ce que vous préféreriez régler la note?	When would you prefer to pay the bill?
—Je préférerais vous payer maintenant.	I'd just as soon pay you now.
Si tu préfères, on peut dîner en ville.	If you'd rather, we can eat out.
Se marier avec lui? Je préfère mourir.	Marry him? I'd rather die.
—Tu veux nous accompagner?	Do you want to go with us?
—Merci, je préfère rester seule.	No, thanks, I'd rather stay here by myself.
Tu préfères de l'eau minérale ou un jus?	Would you rather have mineral water or juice?
Je te préfère en jupe.	I think you look better in a skirt.

irregular verb

je prends · je pris · pris · prenant

Present

je prends	nous prenons
tu prends	vous prenez
il/elle prend	ils/elles prennent

Imperfect

je prenais	nous prenions
tu prenais	vous preniez
il/elle prenait	ils/elles prenaient

Passé Simple

je pris	nous prîmes
tu pris	vous prîtes
il/elle prit	ils/elles prirent

Future

je prendrai	nous prendrons
tu prendras	vous prendrez
il/elle prendra	ils/elles prendront

Conditional

je prendrais	nous prendrions
tu prendrais	vous prendriez
il/elle prendrait	ils/elles prendraient

Passé Composé

j'ai pris	nous avons pris
tu as pris	vous avez pris
il/elle a pris	ils/elles ont pris

Pluperfect

j'avais pris	nous avions pris
tu avais pris	vous aviez pris
il/elle avait pris	ils/elles avaient pris

Past Anterior

j'eus pris	nous eûmes pris
tu eus pris	vous eûtes pris
il/elle eut pris	ils/elles eurent pris

Future Anterior

j'aurai pris	nous aurons pris
tu auras pris	vous aurez pris
il/elle aura pris	ils/elles auront pris

Past Conditional

j'aurais pris	nous aurions pris
tu aurais pris	vous auriez pris
il/elle aurait pris	ils/elles auraient pris

Present Subjunctive

que je prenne	que nous prenions
que tu prennes	que vous preniez
qu'il/elle prenne	qu'ils/elles prennent

Imperfect Subjunctive

que je prisse	que nous prissions
que tu prisses	que vous prissiez
qu'il/elle prît	qu'ils/elles prissent

Past Subjunctive

que j'aie pris	que nous ayons pris
que tu aies pris	que vous ayez pris
qu'il/elle ait pris	qu'ils/elles aient pris

Pluperfect Subjunctive

que j'eusse pris	que nous eussions pris
que tu eusses pris	que vous eussiez pris
qu'il/elle eût pris	qu'ils/elles eussent pris

Commands

	(nous) prenons
(tu) prends	(vous) prenez

USAGE

Prenez votre sac à dos.
Take your backpack.

Il a pris ses affaires et il est parti.
He took his things and left.

❷ —Pour y aller, on peut prendre l'autobus.
We can take the bus to go there.
—Je préfère prendre le métro, moi.
I prefer to take the subway.

Quand j'ai mal à la tête, je prends de l'aspirine.
When I have a headache, I take aspirin.
La mère a pris son enfant dans ses bras.
The mother hugged her child.

❷ —Qu'est-ce que vous prenez, Madame?
What will you have, Madam? (waiter)
—Je prendrai un café et deux croissants.
I'll have coffee and two croissants.

❷ —Vous prenez toujours du vin avec les repas?
Do you always have wine with meals?
—Non, je n'ai pas le droit. Je prends de l'eau minérale.
No, the doctor forbade me to have it. I drink mineral water.

❷ —Tu peux sortir prendre une glace avec nous?
Can you go out to have some ice cream with us?

—Non, je regrette, mais je suis pris.
No, I'm sorry. I'm tied up.

prendre to take

Je descends prendre du pain.	*I'm going out to buy some bread.*
Il a pris sa fiancée par la taille.	*He put his arm around his fiancée.*
N'oublie pas de prendre ta serviette.	*Don't forget your briefcase.*
J'ai pris sur moi d'aller voir les malades.	*I took it upon myself to go see the patients.*
Je prends beaucoup de notes dans ce cours.	*I take a lot of notes in this course.*
Quand je voyage, je prends des tas de photos.	*When I travel I take loads of photos.*
Je vous invite à prendre un verre avec moi.	*I'd like to invite you to have a drink with me.*
Ça te prendra combien de temps?	*How long will that take you?*
Il prend son temps, lui.	*He sure takes his time.*
Prenez le temps d'y réfléchir.	*Take the time to think it over.*
C'est lui qui prend toutes les décisions.	*He's the one who makes all the decisions.*
J'ai pris un rhume.	*I've caught a cold.*
Tu vas prendre froid.	*You'll catch cold.*
J'ai pris du poids. Je me mettrai au régime.	*I've put on weight. I'll go on a diet.*
C'est à qui veut prendre.	*It's up for grabs.*
Je veux que tu prennes tout ton temps.	*I want you to take your time.*

prendre pour les déplacements

J'ai pris le mauvais bus.	*I took the wrong bus.*
Nous avons pris un auto-stoppeur.	*We picked up a hitchhiker.*
Il faut prendre l'autoroute.	*We have to take the highway.*
On prend la voiture ou un taxi?	*Shall we take our car or a cab?*
Prenez la troisième rue à gauche.	*Go three blocks and turn left.*
Prenez à droite au carrefour.	*Turn right at the intersection.*
La voiture a pris de la vitesse.	*The car picked up speed.*
Tu peux passer me prendre?	*Can you come by for me?*
Je connais un raccourci qu'on peut prendre.	*I know a shortcut we can take.*

prendre au sens figuré

Pour qui te prends-tu?	*Who do you think you are?*
Il se prend au sérieux.	*He takes himself seriously.*
Il t'a prise pour ta sœur.	*He thought you were your sister.*
Il faudra prendre des mesures.	*We'll have to take steps.*
Je t'y ai pris!	*I've caught you!*
On l'a pris la main dans le sac.	*He was caught red-handed.*
On ne m'y prendra plus!	*That's the last time they'll fool me!*
Le train a pris du retard.	*The train is late.*
Ça ne prend pas avec nous.	*We don't buy that.*
Je ne sais pas comment m'y prendre.	*I don't know how to go about it.*
Vous vous y prenez mal.	*You're going about it all wrong.*
Qu'est-ce qui te prend?	*What's gotten into you?*
Le fou rire m'a pris.	*I got the giggles.*
Ils ont pris leurs cliques et leurs claques et sont partis à la Martinique.	*They packed up everything and moved to Martinique.*

regular -er verb

je prépare · je préparai · préparé · préparant

Present

je prépare	nous préparons
tu prépares	vous préparez
il/elle prépare	ils/elles préparent

Passé Composé

j'ai préparé	nous avons préparé
tu as préparé	vous avez préparé
il/elle a préparé	ils/elles ont préparé

Imperfect

je préparais	nous préparions
tu préparais	vous prépariez
il/elle préparait	ils/elles préparaient

Pluperfect

j'avais préparé	nous avions préparé
tu avais préparé	vous aviez préparé
il/elle avait préparé	ils/elles avaient préparé

Passé Simple

je préparai	nous préparâmes
tu préparas	vous préparâtes
il/elle prépara	ils/elles préparèrent

Past Anterior

j'eus préparé	nous eûmes préparé
tu eus préparé	vous eûtes préparé
il/elle eut préparé	ils/elles eurent préparé

Future

je préparerai	nous préparerons
tu prépareras	vous préparerez
il/elle préparera	ils/elles prépareront

Future Anterior

j'aurai préparé	nous aurons préparé
tu auras préparé	vous aurez préparé
il/elle aura préparé	ils/elles auront préparé

Conditional

je préparerais	nous préparerions
tu préparerais	vous prépareriez
il/elle préparerait	ils/elles prépareraient

Past Conditional

j'aurais préparé	nous aurions préparé
tu aurais préparé	vous auriez préparé
il/elle aurait préparé	ils/elles auraient préparé

Present Subjunctive

que je prépare	que nous préparions
que tu prépares	que vous prépariez
qu'il/elle prépare	qu'ils/elles préparent

Past Subjunctive

que j'aie préparé	que nous ayons préparé
que tu aies préparé	que vous ayez préparé
qu'il/elle ait préparé	qu'ils/elles aient préparé

Imperfect Subjunctive

que je préparasse	que nous préparassions
que tu préparasses	que vous préparassiez
qu'il/elle préparât	qu'ils/elles préparassent

Pluperfect Subjunctive

que j'eusse préparé	que nous eussions préparé
que tu eusses préparé	que vous eussiez préparé
qu'il/elle eût préparé	qu'ils/elles eussent préparé

Commands

	(nous) préparons
(tu) prépare	(vous) préparez

USAGE

Qui prépare les repas chez toi?	Who prepares the meals at your house?
Le professeur prépare ses leçons.	The teacher is preparing his/her lessons.
Elle prépare son bac maintenant.	She is preparing for the baccalaureate exams now.
Chacun doit préparer son avenir.	Each of us has to prepare for his future.
Ils m'ont préparé une belle surprise.	They prepared a nice surprise for me.
Le gérant a préparé le terrain.	The manager got things ready / laid the groundwork.
La femme de chambre a préparé votre chambre.	The cleaning woman has gotten your room ready.
Son chef le prépare pour une mission importante.	His boss is grooming him for an important assignment.
Il nous a préparé un beau dîner.	He made a lovely dinner.

RELATED WORDS AND EXPRESSIONS

les préparatifs (mpl)	preparations
les préparatifs du voyage	preparations for the trip
se préparer	to get ready
On essaie de se préparer une retraite aisée.	We're trying to prepare a comfortable retirement.
Ces deux pays se préparent à la guerre.	These two countries are preparing for war.

présenter *to present, introduce*

je présente · je présentai · présenté · présentant

regular *-er* verb

Present

je présente	nous présentons
tu présentes	vous présentez
il/elle présente	ils/elles présentent

Passé Composé

j'ai présenté	nous avons présenté
tu as présenté	vous avez présenté
il/elle a présenté	ils/elles ont présenté

Imperfect

je présentais	nous présentions
tu présentais	vous présentiez
il/elle présentait	ils/elles présentaient

Pluperfect

j'avais présenté	nous avions présenté
tu avais présenté	vous aviez présenté
il/elle avait présenté	ils/elles avaient présenté

Passé Simple

je présentai	nous présentâmes
tu présentas	vous présentâtes
il/elle présenta	ils/elles présentèrent

Past Anterior

j'eus présenté	nous eûmes présenté
tu eus présenté	vous eûtes présenté
il/elle eut présenté	ils/elles eurent présenté

Future

je présenterai	nous présenterons
tu présenteras	vous présenterez
il/elle présentera	ils/elles présenteront

Future Anterior

j'aurai présenté	nous aurons présenté
tu auras présenté	vous aurez présenté
il/elle aura présenté	ils/elles auront présenté

Conditional

je présenterais	nous présenterions
tu présenterais	vous présenteriez
il/elle présenterait	ils/elles présenteraient

Past Conditional

j'aurais présenté	nous aurions présenté
tu aurais présenté	vous auriez présenté
il/elle aurait présenté	ils/elles auraient présenté

Present Subjunctive

que je présente	que nous présentions
que tu présentes	que vous présentiez
qu'il/elle présente	qu'ils/elles présentent

Past Subjunctive

que j'aie présenté	que nous ayons présenté
que tu aies présenté	que vous ayez présenté
qu'il/elle ait présenté	qu'ils/elles aient présenté

Imperfect Subjunctive

que je présentasse	que nous présentassions
que tu présentasses	que vous présentassiez
qu'il/elle présentât	qu'ils/elles présentassent

Pluperfect Subjunctive

que j'eusse présenté	que nous eussions présenté
que tu eusses présenté	que vous eussiez présenté
qu'il/elle eût présenté	qu'ils/elles eussent présenté

Commands

	(nous) présentons
(tu) présente	(vous) présentez

USAGE

J'ai présenté l'affaire telle que je la comprenais.	*I presented the situation as I understood it.*
présenter ses condoléances à qqn	*to present one's condolences to someone*
Monsieur Durand, permettez-moi de vous présenter ma femme.	*Mr. Durand, allow me to introduce my wife to you.*
Je l'ai présentée à lui.	*I introduced her to him.*
—Je vous présente Hélène.	*This is Hélène.*
—Enchanté, Hélène.	*Pleased to meet you, Hélène.*
Je vous présente mes meilleurs vœux.	*My best wishes to you.*
Voilà le contrôleur. Il faut lui présenter les billets.	*There's the conductor. We have to show him our tickets.*
J'ai présenté ma candidature à ce poste.	*I have applied for that job.*
On présente une émission intéressante à la télé ce soir.	*They're showing an interesting program on TV this evening.*
Comment se présente la situation?	*How does the situation look?*
Pourquoi ne s'est-il pas présenté?	*Why didn't he show up?*
Mlle Richard se présentera aux élections.	*Miss Richard will be a candidate in the next election.*
Ça se présentait mal pour nous.	*Thing weren't looking good for us.*
Qu'est-ce qui se présentera?	*What will happen?*

regular -er reflexive verb;
compound tenses with *être*

je me presse · je me pressai · s'étant pressé · se pressant

Present
je me presse	nous nous pressons
tu te presses	vous vous pressez
il/elle se presse	ils/elles se pressent

Passé Composé
je me suis pressé(e)	nous nous sommes pressé(e)s
tu t'es pressé(e)	vous vous êtes pressé(e)(s)
il/elle s'est pressé(e)	ils/elles se sont pressé(e)s

Imperfect
je me pressais	nous nous pressions
tu te pressais	vous vous pressiez
il/elle se pressait	ils/elles se pressaient

Pluperfect
je m'étais pressé(e)	nous nous étions pressé(e)s
tu t'étais pressé(e)	vous vous étiez pressé(e)(s)
il/elle s'était pressé(e)	ils/elles s'étaient pressé(e)s

Passé Simple
je me pressai	nous nous pressâmes
tu te pressas	vous vous pressâtes
il/elle se pressa	ils/elles se pressèrent

Past Anterior
je me fus pressé(e)	nous nous fûmes pressé(e)s
tu te fus pressé(e)	vous vous fûtes pressé(e)(s)
il/elle se fut pressé(e)	ils/elles se furent pressé(e)s

Future
je me presserai	nous nous presserons
tu te presseras	vous vous presserez
il/elle se pressera	ils/elles se presseront

Future Anterior
je me serai pressé(e)	nous nous serons pressé(e)s
tu te seras pressé(e)	vous vous serez pressé(e)(s)
il/elle se sera pressé(e)	ils/elles se seront pressé(e)s

Conditional
je me presserais	nous nous presserions
tu te presserais	vous vous presseriez
il/elle se presserait	ils/elles se presseraient

Past Conditional
je me serais pressé(e)	nous nous serions pressé(e)s
tu te serais pressé(e)	vous vous seriez pressé(e)(s)
il/elle se serait pressé(e)	ils/elles se seraient pressé(e)s

Present Subjunctive
que je me presse	que nous nous pressions
que tu te presses	que vous vous pressiez
qu'il/elle se presse	qu'ils/elles se pressent

Past Subjunctive
que je me sois pressé(e)	que nous nous soyons pressé(e)s
que tu te sois pressé(e)	que vous vous soyez pressé(e)(s)
qu'il/elle se soit pressé(e)	qu'ils/elles se soient pressé(e)s

Imperfect Subjunctive
que je me pressasse	que nous nous pressassions
que tu te pressasses	que vous vous pressassiez
qu'il/elle se pressât	qu'ils/elles se pressassent

Pluperfect Subjunctive
que je me fusse pressé(e)	que nous nous fussions pressé(e)s
que tu te fusses pressé(e)	que vous vous fussiez pressé(e)(s)
qu'il/elle se fût pressé(e)	qu'ils/elles se fussent pressé(e)s

Commands
	(nous) pressons-nous
(tu) presse-toi	(vous) pressez-vous

USAGE

La foule se pressaient vers les portes.	The crowd was rushing toward the doors.
Je me presse de finir ce projet.	I'm rushing to finish this project.
Pressons-nous, on va manquer le train.	Let's hurry or we'll miss the train.
Il faut se presser.	We'd better hurry.
Les enfants se pressaient contre leurs parents.	Children were hugging their parents tightly.
Les jeunes se pressaient autour de la chanteuse.	Young people were crowding around the singer.
Dans le métro, les usagers se pressent les uns contre les autres.	In the subway, the passengers crowd together.
Il ne se presse pas, lui.	He sure takes his time.
Cette affaire presse.	This is an urgent matter.
Le temps presse.	Time is running out.
Calme-toi. Rien ne presse.	Relax. Nothing is urgent.

prétendre *to claim*

je prétends · je prétendis · prétendu · prétendant

regular -re verb

Present		Passé Composé	
je prétends	nous prétendons	j'ai prétendu	nous avons prétendu
tu prétends	vous prétendez	tu as prétendu	vous avez prétendu
il/elle prétend	ils/elles prétendent	il/elle a prétendu	ils/elles ont prétendu

Imperfect		Pluperfect	
je prétendais	nous prétendions	j'avais prétendu	nous avions prétendu
tu prétendais	vous prétendiez	tu avais prétendu	vous aviez prétendu
il/elle prétendait	ils/elles prétendaient	il/elle avait prétendu	ils/elles avaient prétendu

Passé Simple		Past Anterior	
je prétendis	nous prétendîmes	j'eus prétendu	nous eûmes prétendu
tu prétendis	vous prétendîtes	tu eus prétendu	vous eûtes prétendu
il/elle prétendit	ils/elles prétendirent	il/elle eut prétendu	ils/elles eurent prétendu

Future		Future Anterior	
je prétendrai	nous prétendrons	j'aurai prétendu	nous aurons prétendu
tu prétendras	vous prétendrez	tu auras prétendu	vous aurez prétendu
il/elle prétendra	ils/elles prétendront	il/elle aura prétendu	ils/elles auront prétendu

Conditional		Past Conditional	
je prétendrais	nous prétendrions	j'aurais prétendu	nous aurions prétendu
tu prétendrais	vous prétendriez	tu aurais prétendu	vous auriez prétendu
il/elle prétendrait	ils/elles prétendraient	il/elle aurait prétendu	ils/elles auraient prétendu

Present Subjunctive		Past Subjunctive	
que je prétende	que nous prétendions	que j'aie prétendu	que nous ayons prétendu
que tu prétendes	que vous prétendiez	que tu aies prétendu	que vous ayez prétendu
qu'il/elle prétende	qu'ils/elles prétendent	qu'il/elle ait prétendu	qu'ils/elles aient prétendu

Imperfect Subjunctive		Pluperfect Subjunctive	
que je prétendisse	que nous prétendissions	que j'eusse prétendu	que nous eussions prétendu
que tu prétendisses	que vous prétendissiez	que tu eusses prétendu	que vous eussiez prétendu
qu'il/elle prétendît	qu'ils/elles prétendissent	qu'il/elle eût prétendu	qu'ils/elles eussent prétendu

Commands

	(nous) prétendons
(tu) prétends	(vous) prétendez

USAGE

Il prétend être millionnaire.	He claims to be a millionaire.
Il prétend être innocent.	He claims he's innocent.
Il avait prétendu savoir nager.	He had claimed he knew how to swim.
Qu'est-ce que tu prétends faire ici?	What do you intend to do here?
Il n'osait pas prétendre à la main de la fille de l'homme d'affaires.	He didn't dare ask for the hand of the businessman's daughter.

RELATED WORDS AND EXPRESSIONS

prétendu(e)	alleged/so-called/would-be/self-styled
Ce prétendu médecin n'était qu'un charlatan.	That self-styled doctor was nothing but a quack.
la prétendue égalité de ce pays	the so-called equality of that country

regular -er verb

je prête · je prêtai · prêté · prêtant

Present		Passé Composé	
je prête	nous prêtons	j'ai prêté	nous avons prêté
tu prêtes	vous prêtez	tu as prêté	vous avez prêté
il/elle prête	ils/elles prêtent	il/elle a prêté	ils/elles ont prêté

Imperfect		Pluperfect	
je prêtais	nous prêtions	j'avais prêté	nous avions prêté
tu prêtais	vous prêtiez	tu avais prêté	vous aviez prêté
il/elle prêtait	ils/elles prêtaient	il/elle avait prêté	ils/elles avaient prêté

Passé Simple		Past Anterior	
je prêtai	nous prêtâmes	j'eus prêté	nous eûmes prêté
tu prêtas	vous prêtâtes	tu eus prêté	vous eûtes prêté
il/elle prêta	ils/elles prêtèrent	il/elle eut prêté	ils/elles eurent prêté

Future		Future Anterior	
je prêterai	nous prêterons	j'aurai prêté	nous aurons prêté
tu prêteras	vous prêterez	tu auras prêté	vous aurez prêté
il/elle prêtera	ils/elles prêteront	il/elle aura prêté	ils/elles auront prêté

Conditional		Past Conditional	
je prêterais	nous prêterions	j'aurais prêté	nous aurions prêté
tu prêterais	vous prêteriez	tu aurais prêté	vous auriez prêté
il/elle prêterait	ils/elles prêteraient	il/elle aurait prêté	ils/elles auraient prêté

Present Subjunctive		Past Subjunctive	
que je prête	que nous prêtions	que j'aie prêté	que nous ayons prêté
que tu prêtes	que vous prêtiez	que tu aies prêté	que vous ayez prêté
qu'il/elle prête	qu'ils/elles prêtent	qu'il/elle ait prêté	qu'ils/elles aient prêté

Imperfect Subjunctive		Pluperfect Subjunctive	
que je prêtasse	que nous prêtassions	que j'eusse prêté	que nous eussions prêté
que tu prêtasses	que vous prêtassiez	que tu eusses prêté	que vous eussiez prêté
qu'il/elle prêtât	qu'ils/elles prêtassent	qu'il/elle eût prêté	qu'ils/elles eussent prêté

Commands

	(nous) prêtons
(tu) prête	(vous) prêtez

USAGE

prêter qqch à qqn	to lend something to someone
—Tu peux me prêter ton stylo?	Can you lend me your pen?
—Je ne peux pas te le prêter. Je n'en ai qu'un.	I can't lend it to you. I only have one.
Je lui ai prêté deux cents euros.	I lent her two hundred euros.
La banque prête à 8 pour cent.	The bank is lending at 8 percent interest.
Ils prêtent à gages.	They lend against collateral.
Elle a prêté sa voix à cette cause.	She lent her support to that cause.
Tu me prêtes des dons que je n'ai pas.	You are attributing gifts to me that I don't have.
Le SAMU a prêté secours aux blessés.	The emergency medics helped the wounded.

RELATED WORDS AND EXPRESSIONS

le prêt	loan
le prêt bancaire	bank loan
Cette bibliothèque n'a pas de service de prêt.	This library doesn't lend out books.
le prêteur d'argent	moneylender
le prêteur sur gages	pawnbroker
Cet enfant est peu prêteur.	This child doesn't share his toys.

prévenir *to notify, warn*

je préviens · je prévins · prévenu · prévenant   irregular verb

Present
je préviens	nous prévenons
tu préviens	vous prévenez
il/elle prévient	ils/elles préviennent

Passé Composé
j'ai prévenu	nous avons prévenu
tu as prévenu	vous avez prévenu
il/elle a prévenu	ils/elles ont prévenu

Imperfect
je prévenais	nous prévenions
tu prévenais	vous préveniez
il/elle prévenait	ils/elles prévenaient

Pluperfect
j'avais prévenu	nous avions prévenu
tu avais prévenu	vous aviez prévenu
il/elle avait prévenu	ils/elles avaient prévenu

Passé Simple
je prévins	nous prévînmes
tu prévins	vous prévîntes
il/elle prévint	ils/elles prévinrent

Past Anterior
j'eus prévenu	nous eûmes prévenu
tu eus prévenu	vous eûtes prévenu
il/elle eut prévenu	ils/elles eurent prévenu

Future
je préviendrai	nous préviendrons
tu préviendras	vous préviendrez
il/elle préviendra	ils/elles préviendront

Future Anterior
j'aurai prévenu	nous aurons prévenu
tu auras prévenu	vous aurez prévenu
il/elle aura prévenu	ils/elles auront prévenu

Conditional
je préviendrais	nous préviendrions
tu préviendrais	vous préviendriez
il/elle préviendrait	ils/elles préviendraient

Past Conditional
j'aurais prévenu	nous aurions prévenu
tu aurais prévenu	vous auriez prévenu
il/elle aurait prévenu	ils/elles auraient prévenu

Present Subjunctive
que je prévienne	que nous prévenions
que tu préviennes	que vous préveniez
qu'il/elle prévienne	qu'ils/elles préviennent

Past Subjunctive
que j'aie prévenu	que nous ayons prévenu
que tu aies prévenu	que vous ayez prévenu
qu'il/elle ait prévenu	qu'ils/elles aient prévenu

Imperfect Subjunctive
que je prévinsse	que nous prévinssions
que tu prévinsses	que vous prévinssiez
qu'il/elle prévînt	qu'ils/elles prévinssent

Pluperfect Subjunctive
que j'eusse prévenu	que nous eussions prévenu
que tu eusses prévenu	que vous eussiez prévenu
qu'il/elle eût prévenu	qu'ils/elles eussent prévenu

Commands
	(nous) prévenons
(tu) préviens	(vous) prévenez

USAGE

Vous avez été prévenu.	*Consider yourself on notice.*
Il faut prévenir la police.	*The police should be notified.*
Nous avons prévenu le médecin.	*We notified the doctor.*
N'allez pas chez lui sans prévenir.	*Don't go to his house without notifying him.*
Je vous préviens que je n'assisterai pas à la réunion.	*I want to let you know that I won't be at the meeting.*
Je ne vais rien faire sans vous prévenir.	*I won't do anything without informing you.*
Essayons de prévenir ce malheur.	*Let's try to prevent that misfortune.*
Je vous aurai prévenu!	*Mark my words!*

PROVERB

Mieux vaut prévenir que guérir.	*An ounce of prevention is worth a pound of cure.*

irregular verb   je prévois · je prévis · prévu · prévoyant

Present
je prévois	nous prévoyons
tu prévois	vous prévoyez
il/elle prévoit	ils/elles prévoient

Passé Composé
j'ai prévu	nous avons prévu
tu as prévu	vous avez prévu
il/elle a prévu	ils/elles ont prévu

Imperfect
je prévoyais	nous prévoyions
tu prévoyais	vous prévoyiez
il/elle prévoyait	ils/elles prévoyaient

Pluperfect
j'avais prévu	nous avions prévu
tu avais prévu	vous aviez prévu
il/elle avait prévu	ils/elles avaient prévu

Passé Simple
je prévis	nous prévîmes
tu prévis	vous prévîtes
il/elle prévit	ils/elles prévirent

Past Anterior
j'eus prévu	nous eûmes prévu
tu eus prévu	vous eûtes prévu
il/elle eut prévu	ils/elles eurent prévu

Future
je prévoirai	nous prévoirons
tu prévoiras	vous prévoirez
il/elle prévoira	ils/elles prévoiront

Future Anterior
j'aurai prévu	nous aurons prévu
tu auras prévu	vous aurez prévu
il/elle aura prévu	ils/elles auront prévu

Conditional
je prévoirais	nous prévoirions
tu prévoirais	vous prévoiriez
il/elle prévoirait	ils/elles prévoiraient

Past Conditional
j'aurais prévu	nous aurions prévu
tu aurais prévu	vous auriez prévu
il/elle aurait prévu	ils/elles auraient prévu

Present Subjunctive
que je prévoie	que nous prévoyions
que tu prévoies	que vous prévoyiez
qu'il/elle prévoie	qu'ils/elles prévoient

Past Subjunctive
que j'aie prévu	que nous ayons prévu
que tu aies prévu	que vous ayez prévu
qu'il/elle ait prévu	qu'ils/elles aient prévu

Imperfect Subjunctive
que je prévisse	que nous prévissions
que tu prévisses	que vous prévissiez
qu'il/elle prévît	qu'ils/elles prévissent

Pluperfect Subjunctive
que j'eusse prévu	que nous eussions prévu
que tu eusses prévu	que vous eussiez prévu
qu'il/elle eût prévu	qu'ils/elles eussent prévu

Commands
	(nous) prévoyons
(tu) prévois	(vous) prévoyez

USAGE

Nous n'avons pas pu prévoir ce contretemps.	*We couldn't foresee this hitch.*
Qui peut tout prévoir?	*Who can think of everything?*
Il faut prévoir le pire.	*We have to anticipate the worst.*
Je n'avais pas prévu qu'il viendrait.	*I didn't count on his coming.*
Essayons de prévoir toutes les éventualités.	*Let's try to allow for all possibilities.*
Tout est prévu pour la réunion d'affaires.	*Everything has been organized for the business meeting.*
Leur départ est prévu pour demain.	*Their departure is set for tomorrow.*
Rangez vos papiers dans les classeurs prévus à cet effet.	*Organize your papers in the binders provided.*
Tout s'est passé comme prévu.	*Everything happened as expected.*

RELATED WORDS AND EXPRESSIONS

les prévisions (*fpl*)	*forecasting*
les prévisions du temps	*weather forecasts*
l'imprévu (*m*)	*the unforeseen*

396 (prier) to request, ask, pray

je prie · je priai · prié · priant

regular -er verb

Present		Passé Composé	
je prie	nous prions	j'ai prié	nous avons prié
tu pries	vous priez	tu as prié	vous avez prié
il/elle prie	ils/elles prient	il/elle a prié	ils/elles ont prié

Imperfect		Pluperfect	
je priais	nous priions	j'avais prié	nous avions prié
tu priais	vous priiez	tu avais prié	vous aviez prié
il/elle priait	ils/elles priaient	il/elle avait prié	ils/elles avaient prié

Passé Simple		Past Anterior	
je priai	nous priâmes	j'eus prié	nous eûmes prié
tu prias	vous priâtes	tu eus prié	vous eûtes prié
il/elle pria	ils/elles prièrent	il/elle eut prié	ils/elles eurent prié

Future		Future Anterior	
je prierai	nous prierons	j'aurai prié	nous aurons prié
tu prieras	vous prierez	tu auras prié	vous aurez prié
il/elle priera	ils/elles prieront	il/elle aura prié	ils/elles auront prié

Conditional		Past Conditional	
je prierais	nous prierions	j'aurais prié	nous aurions prié
tu prierais	vous prieriez	tu aurais prié	vous auriez prié
il/elle prierait	ils/elles prieraient	il/elle aurait prié	ils/elles auraient prié

Present Subjunctive		Past Subjunctive	
que je prie	que nous priions	que j'aie prié	que nous ayons prié
que tu pries	que vous priiez	que tu aies prié	que vous ayez prié
qu'il/elle prie	qu'ils/elles prient	qu'il/elle ait prié	qu'ils/elles aient prié

Imperfect Subjunctive		Pluperfect Subjunctive	
que je priasse	que nous priassions	que j'eusse prié	que nous eussions prié
que tu priasses	que vous priassiez	que tu eusses prié	que vous eussiez prié
qu'il/elle priât	qu'ils/elles priassent	qu'il/elle eût prié	qu'ils/elles eussent prié

Commands

(nous) prions
(tu) prie (vous) priez

USAGE

prier qqn de faire qqch	to beg someone to do something
Vous êtes prié de venir à huit heures.	You are requested to come at eight o'clock.
Il m'a prié de passer le prendre.	He asked me to come by for him.
Elle priait devant l'autel.	She prayed at the altar.
Je t'en prie.	Please. / You're welcome.
se faire prier	to be coaxed
Elle aime se faire prier.	She likes to be coaxed/begged.
Je ne me suis pas fait prier.	I did it readily. / I didn't have to be asked.
—Je peux me servir?	May I help myself?
—Je vous en prie.	By all means.

RELATED WORDS AND EXPRESSIONS

la prière — prayer

regular -er reflexive verb;
compound tenses with être

je me prive · je me privai · s'étant privé · se privant

Present	
je me prive	nous nous privons
tu te prives	vous vous privez
il/elle se prive	ils/elles se privent

Passé Composé	
je me suis privé(e)	nous nous sommes privé(e)s
tu t'es privé(e)	vous vous êtes privé(e)(s)
il/elle s'est privé(e)	ils/elles se sont privé(e)s

Imperfect	
je me privais	nous nous privions
tu te privais	vous vous priviez
il/elle se privait	ils/elles se privaient

Pluperfect	
je m'étais privé(e)	nous nous étions privé(e)s
tu t'étais privé(e)	vous vous étiez privé(e)(s)
il/elle s'était privé(e)	ils/elles s'étaient privé(e)s

Passé Simple	
je me privai	nous nous privâmes
tu te privas	vous vous privâtes
il/elle se priva	ils/elles se privèrent

Past Anterior	
je me fus privé(e)	nous nous fûmes privé(e)s
tu te fus privé(e)	vous vous fûtes privé(e)(s)
il/elle se fut privé(e)	ils/elles se furent privé(e)s

Future	
je me priverai	nous nous priverons
tu te priveras	vous vous priverez
il/elle se privera	ils/elles se priveront

Future Anterior	
je me serai privé(e)	nous nous serons privé(e)s
tu te seras privé(e)	vous vous serez privé(e)(s)
il/elle se sera privé(e)	ils/elles se seront privé(e)s

Conditional	
je me priverais	nous nous priverions
tu te priverais	vous vous priveriez
il/elle se priverait	ils/elles se priveraient

Past Conditional	
je me serais privé(e)	nous nous serions privé(e)s
tu te serais privé(e)	vous vous seriez privé(e)(s)
il/elle se serait privé(e)	ils/elles se seraient privé(e)s

Present Subjunctive	
que je me prive	que nous nous privions
que tu te prives	que vous vous priviez
que il/elle se prive	que ils/elles se privent

Past Subjunctive	
que je me sois privé(e)	que nous nous soyons privé(e)s
que tu te sois privé(e)	que vous vous soyez privé(e)(s)
que il/elle se soit privé(e)	que ils/elles se soient privé(e)s

Imperfect Subjunctive	
que je me privasse	que nous nous privassions
que tu te privasses	que vous vous privassiez
que il/elle se privât	que ils/elles se privassent

Pluperfect Subjunctive	
que je me fusse privé(e)	que nous nous fussions privé(e)s
que tu te fusses privé(e)	que vous vous fussiez privé(e)(s)
que il/elle se fût privé(e)	que ils/elles se fussent privé(e)s

Commands

	(nous) privons-nous
(tu) prive-toi	(vous) privez-vous

se priver de qqch	to deprive oneself of something
Nous n'avons pas l'intention de nous priver.	We do not intend to do without.
Il se prive de boissons alcoolisées.	He avoids alcoholic drinks.
Je ne vais pas me priver du plaisir de la voir.	I won't deny myself the pleasure of seeing her.
C'est un type qui ne se prive de rien.	He's a guy who denies himself nothing.

RELATED WORDS AND EXPRESSIONS

la privation	deprivation
la privation des droits	taking away someone's rights
priver qqn de qqch	to deprive someone of something
Si tu n'es pas sage on te privera de dessert.	If you're not good you won't have dessert.
La ville est privée d'eau.	The city is without water.
J'ai été privé de sommeil.	I got no sleep.

procéder *to proceed, behave, act*

je procède · je procédai · procédé · procédant

-er verb; spelling change: é > è/mute e except in the future and conditional

---

Present

je procède	nous procédons
tu procèdes	vous procédez
il/elle procède	ils/elles procèdent

Passé Composé

j'ai procédé	nous avons procédé
tu as procédé	vous avez procédé
il/elle a procédé	ils/elles ont procédé

Imperfect

je procédais	nous procédions
tu procédais	vous procédiez
il/elle procédait	ils/elles procédaient

Pluperfect

j'avais procédé	nous avions procédé
tu avais procédé	vous aviez procédé
il/elle avait procédé	ils/elles avaient procédé

Passé Simple

je procédai	nous procédâmes
tu procédas	vous procédâtes
il/elle procéda	ils/elles procédèrent

Past Anterior

j'eus procédé	nous eûmes procédé
tu eus procédé	vous eûtes procédé
il/elle eut procédé	ils/elles eurent procédé

Future

je procéderai	nous procéderons
tu procéderas	vous procéderez
il/elle procédera	ils/elles procéderont

Future Anterior

j'aurai procédé	nous aurons procédé
tu auras procédé	vous aurez procédé
il/elle aura procédé	ils/elles auront procédé

Conditional

je procéderais	nous procéderions
tu procéderais	vous procéderiez
il/elle procéderait	ils/elles procéderaient

Past Conditional

j'aurais procédé	nous aurions procédé
tu aurais procédé	vous auriez procédé
il/elle aurait procédé	ils/elles auraient procédé

Present Subjunctive

que je procède	que nous procédions
que tu procèdes	que vous procédiez
qu'il/elle procède	qu'ils/elles procèdent

Past Subjunctive

que j'aie procédé	que nous ayons procédé
que tu aies procédé	que vous ayez procédé
qu'il/elle ait procédé	qu'ils/elles aient procédé

Imperfect Subjunctive

que je procédasse	que nous procédassions
que tu procédasses	que vous procédassiez
qu'il/elle procédât	qu'ils/elles procédassent

Pluperfect Subjunctive

que j'eusse procédé	que nous eussions procédé
que tu eusses procédé	que vous eussiez procédé
qu'il/elle eût procédé	qu'ils/elles eussent procédé

Commands

	(nous) procédons
(tu) procède	(vous) procédez

USAGE

Je ne vois pas comment procéder.	*I don't see how to proceed.*
—Est-ce qu'il faut procéder par ordre?	*Shall we do things one at a time?*
—Oui, et surtout procédons par prudence.	*Yes, and above all, let's act carefully.*
Sa façon de procéder me déplaît.	*I don't like his way of doing things.*
L'entreprise a procédé à une enquête.	*The company undertook a survey.*
Le conseil procédera au vote.	*The council will take a vote.*
Ces problèmes procèdent de l'indifférence.	*These problems stem from indifference.*

RELATED WORDS AND EXPRESSIONS

le procédé	*process; behavior/conduct/action*
Il comprend tous les procédés techniques.	*He understands all the technical processes.*
Ces procédés sont malhonnêtes.	*That behavior is dishonest.*

irregular verb   je produis · je produisis · produit · produisant

Present

je produis	nous produisons
tu produis	vous produisez
il/elle produit	ils/elles produisent

Passé Composé

j'ai produit	nous avons produit
tu as produit	vous avez produit
il/elle a produit	ils/elles ont produit

Imperfect

je produisais	nous produisions
tu produisais	vous produisiez
il/elle produisait	ils/elles produisaient

Pluperfect

j'avais produit	nous avions produit
tu avais produit	vous aviez produit
il/elle avait produit	ils/elles avaient produit

Passé Simple

je produisis	nous produisîmes
tu produisis	vous produisîtes
il/elle produisit	ils/elles produisirent

Past Anterior

j'eus produit	nous eûmes produit
tu eus produit	vous eûtes produit
il/elle eut produit	ils/elles eurent produit

Future

je produirai	nous produirons
tu produiras	vous produirez
il/elle produira	ils/elles produiront

Future Anterior

j'aurai produit	nous aurons produit
tu auras produit	vous aurez produit
il/elle aura produit	ils/elles auront produit

Conditional

je produirais	nous produirions
tu produirais	vous produiriez
il/elle produirait	ils/elles produiraient

Past Conditional

j'aurais produit	nous aurions produit
tu aurais produit	vous auriez produit
il/elle aurait produit	ils/elles auraient produit

Present Subjunctive

que je produise	que nous produisions
que tu produises	que vous produisiez
qu'il/elle produise	qu'ils/elles produisent

Past Subjunctive

que j'aie produit	que nous ayons produit
que tu aies produit	que vous ayez produit
qu'il/elle ait produit	qu'ils/elles aient produit

Imperfect Subjunctive

que je produisisse	que nous produisissions
que tu produisisses	que vous produisissiez
qu'il/elle produisît	qu'ils/elles produisissent

Pluperfect Subjunctive

que j'eusse produit	que nous eussions produit
que tu eusses produit	que vous eussiez produit
qu'il/elle eût produit	qu'ils/elles eussent produit

Commands

	(nous) produisons
(tu) produis	(vous) produisez

Ce pays produit du fer et du charbon.	This country produces iron and coal.
Cette province produit des vins très connus.	This province produces very famous wines.
—Est-ce que cette région produit du blé?	Does this region produce wheat?
—Elle en produit peu. La terre est mauvaise.	It produces very little. The soil is not good.
Cette région produit du pétrole.	This region produces oil.
Combien de tonnes d'acier ce pays produit-il par an?	How many tons of steel does this country produce each year?
L'électricité est produite par l'énergie atomique.	Electricity is produced by atomic energy.
Cet arbre produit de belles pommes.	This tree yields beautiful apples.
Ce poète produit beaucoup de poèmes.	This poet turns out a lot of poems.
L'humidité produit la rouille.	Humidity makes (things) rust.

produire *to produce*

je produis · je produisis · produit · produisant

irregular verb

---

produire pour l'économie

produire du maïs	*to produce corn*
produire de la viande pour l'exportation	*to produce meat for export*
produire une grande variété de fromages	*to produce a great variety of cheeses*
des investissements qui produisent	*profitable investments*
Ce musicien produit beaucoup.	*This musician composes a lot.*
☸ —Combien de pièces a-t-il produites?	*How many plays has he produced?*
—Il a produit une vingtaine de pièces tordantes.	*He has produced about twenty riotously funny plays.*

produire = causer, provoquer

produire une impression	*to make an impression / impress*
Ses mots ont produit sur moi une impression profonde.	*His words made a deep impression on me.*
Sa conduite a produit une très mauvaise impression sur ses professeurs.	*His conduct gave his teachers a very bad impression.*
Les rumeurs ont produit de l'effroi.	*The rumors caused fright.*
Cette nouvelle a produit une sensation d'angoisse.	*The news caused a feeling of anguish.*
L'effet produit par cette démarche a été désastreux.	*The effect caused by this measure was disastrous.*

produire = former

Cette école militaire produit tous les grands officiers du pays.	*This military school produces all of the country's great officers.*
Cette faculté a produit pas mal de professeurs.	*This department has produced a lot of teachers.*
Cette université a produit beaucoup de savants.	*This university has produced a lot of scholars/ scientists.*

se produire

Il peut se produire un incident désagréable.	*An unpleasant incident may occur.*
Je ne comprends pas le changement qui s'est produit en toi.	*I don't understand the change that has come over you.*
À cause de la neige il s'est produit un accident affreux.	*Because of the snow a terrible accident happened.*
Ce politicien n'ose plus se produire en public.	*That politician doesn't dare show his face in public anymore.*

RELATED WORDS AND EXPRESSIONS

la production	*production*
La production de blé a augmenté cette année.	*Wheat output has risen this year.*
le produit	*product*
les produits chimiques	*chemicals*
les produits de luxe	*luxury goods*
le produit pour la peau	*skin cream/powder, etc.*
le produit d'une semaine de travail	*the result of a week of work*
un producteur / une productrice	*a producer* (theater, film)
producteur/productrice	*producer/producing*
les pays producteurs de pétrole	*oil-producing countries*

-er verb; spelling change: t > tt/mute e

je projette · je projetai · projeté · projetant

Present
je projette	nous projetons
tu projettes	vous projetez
il/elle projette	ils/elles projettent

Imperfect
je projetais	nous projetions
tu projetais	vous projetiez
il/elle projetait	ils/elles projetaient

Passé Simple
je projetai	nous projetâmes
tu projetas	vous projetâtes
il/elle projeta	ils/elles projetèrent

Future
je projetterai	nous projetterons
tu projetteras	vous projetterez
il/elle projettera	ils/elles projetteront

Conditional
je projetterais	nous projetterions
tu projetterais	vous projetteriez
il/elle projetterait	ils/elles projetteraient

Passé Composé
j'ai projeté	nous avons projeté
tu as projeté	vous avez projeté
il/elle a projeté	ils/elles ont projeté

Pluperfect
j'avais projeté	nous avions projeté
tu avais projeté	vous aviez projeté
il/elle avait projeté	ils/elles avaient projeté

Past Anterior
j'eus projeté	nous eûmes projeté
tu eus projeté	vous eûtes projeté
il/elle eut projeté	ils/elles eurent projeté

Future Anterior
j'aurai projeté	nous aurons projeté
tu auras projeté	vous aurez projeté
il/elle aura projeté	ils/elles auront projeté

Past Conditional
j'aurais projeté	nous aurions projeté
tu aurais projeté	vous auriez projeté
il/elle aurait projeté	ils/elles auraient projeté

Present Subjunctive
que je projette	que nous projetions
que tu projettes	que vous projetiez
qu'il/elle projette	qu'ils/elles projettent

Imperfect Subjunctive
que je projetasse	que nous projetassions
que tu projetasses	que vous projetassiez
qu'il/elle projetât	qu'ils/elles projetassent

Past Subjunctive
que j'aie projeté	que nous ayons projeté
que tu aies projeté	que vous ayez projeté
qu'il/elle ait projeté	qu'ils/elles aient projeté

Pluperfect Subjunctive
que j'eusse projeté	que nous eussions projeté
que tu eusses projeté	que vous eussiez projeté
qu'il/elle eût projeté	qu'ils/elles eussent projeté

Commands
	(nous) projetons
(tu) projette	(vous) projetez

Il projette un voyage d'affaires au Canada.	He's planning a business trip to Canada.
Nous avons projeté une collaboration.	We planned to work together.
J'ai abandonné la sortie projetée.	I gave up my plans to go out.
Il a été projeté du bateau.	He was thrown out of the boat.
J'ai besoin d'un écran pour projeter mon film.	I need a screen to show my film.

RELATED WORDS AND EXPRESSIONS

le projet	plan
Quels sont vos projets?	What are your plans?
Cet étudiant fait ses projets d'avenir.	This student is planning for his future.
établir un projet de loi	to draw up a bill (legislation)
le projet de contrat	draft of a contract

(**prolonger**) *to prolong, extend*

je prolonge · je prolongeai · prolongé · prolongeant

regular -er verb;
spelling change: *g > ge/a, o*

Present		Passé Composé	
je prolonge	nous prolongeons	j'ai prolongé	nous avons prolongé
tu prolonges	vous prolongez	tu as prolongé	vous avez prolongé
il/elle prolonge	ils/elles prolongent	il/elle a prolongé	ils/elles ont prolongé

Imperfect		Pluperfect	
je prolongeais	nous prolongions	j'avais prolongé	nous avions prolongé
tu prolongeais	vous prolongiez	tu avais prolongé	vous aviez prolongé
il/elle prolongeait	ils/elles prolongeaient	il/elle avait prolongé	ils/elles avaient prolongé

Passé Simple		Past Anterior	
je prolongeai	nous prolongeâmes	j'eus prolongé	nous eûmes prolongé
tu prolongeas	vous prolongeâtes	tu eus prolongé	vous eûtes prolongé
il/elle prolongea	ils/elles prolongèrent	il/elle eut prolongé	ils/elles eurent prolongé

Future		Future Anterior	
je prolongerai	nous prolongerons	j'aurai prolongé	nous aurons prolongé
tu prolongeras	vous prolongerez	tu auras prolongé	vous aurez prolongé
il/elle prolongera	ils/elles prolongeront	il/elle aura prolongé	ils/elles auront prolongé

Conditional		Past Conditional	
je prolongerais	nous prolongerions	j'aurais prolongé	nous aurions prolongé
tu prolongerais	vous prolongeriez	tu aurais prolongé	vous auriez prolongé
il/elle prolongerait	ils/elles prolongeraient	il/elle aurait prolongé	ils/elles auraient prolongé

Present Subjunctive		Past Subjunctive	
que je prolonge	que nous prolongions	que j'aie prolongé	que nous ayons prolongé
que tu prolonges	que vous prolongiez	que tu aies prolongé	que vous ayez prolongé
qu'il/elle prolonge	qu'ils/elles prolongent	qu'il/elle ait prolongé	qu'ils/elles aient prolongé

Imperfect Subjunctive		Pluperfect Subjunctive	
que je prolongeasse	que nous prolongeassions	que j'eusse prolongé	que nous eussions prolongé
que tu prolongeasses	que vous prolongeassiez	que tu eusses prolongé	que vous eussiez prolongé
qu'il/elle prolongeât	qu'ils/elles prolongeassent	qu'il/elle eût prolongé	qu'ils/elles eussent prolongé

Commands

	(nous) prolongeons
(tu) prolonge	(vous) prolongez

(**USAGE**)

Est-il possible de prolonger la réunion?	*Can we extend the meeting?*
prolonger un mur	*to extend a wall*
prolonger une route	*to lengthen a road*
Cette rue se prolonge jusqu'à la banlieue.	*This street continues up to the suburbs.*

RELATED WORDS AND EXPRESSIONS

les prolongations *(fpl)*	*extra time / extra innings* (game)
le prolongement	*extension/continuation*
le prolongement d'une rue	*the continuation/extension of a street*
le prolongateur	*extension cord*
prolongé(e)	*extended/prolonged*
un arrêt prolongé	*a very long stop*
une exposition prolongée au froid	*prolonged exposure to cold*

to take a walk, go for a ride **se promener**

regular -er reflexive verb; spelling change:
e > è/mute e; compound tenses with être

je me promène · je me promenai ·
s'étant promené · se promenant

Present

je me promène	nous nous promenons
tu te promènes	vous vous promenez
il/elle se promène	ils/elles se promènent

Passé Composé

je me suis promené(e)	nous nous sommes promené(e)s
tu t'es promené(e)	vous vous êtes promené(e)(s)
il/elle s'est promené(e)	ils/elles se sont promené(e)s

Imperfect

je me promenais	nous nous promenions
tu te promenais	vous vous promeniez
il/elle se promenait	ils/elles se promenaient

Pluperfect

je m'étais promené(e)	nous nous étions promené(e)s
tu t'étais promené(e)	vous vous étiez promené(e)(s)
il/elle s'était promené(e)	ils/elles s'étaient promené(e)s

Passé Simple

je me promenai	nous nous promenâmes
tu te promenas	vous vous promenâtes
il/elle se promena	ils/elles se promenèrent

Past Anterior

je me fus promené(e)	nous nous fûmes promené(e)s
tu te fus promené(e)	vous vous fûtes promené(e)(s)
il/elle se fut promené(e)	ils/elles se furent promené(e)s

Future

je me promènerai	nous nous promènerons
tu te promèneras	vous vous promènerez
il/elle se promènera	ils/elles se promèneront

Future Anterior

je me serai promené(e)	nous nous serons promené(e)s
tu te seras promené(e)	vous vous serez promené(e)(s)
il/elle se sera promené(e)	ils/elles se seront promené(e)s

Conditional

je me promènerais	nous nous promènerions
tu te promènerais	vous vous promèneriez
il/elle se promènerait	ils/elles se promèneraient

Past Conditional

je me serais promené(e)	nous nous serions promené(e)s
tu te serais promené(e)	vous vous seriez promené(e)(s)
il/elle se serait promené(e)	ils/elles se seraient promené(e)s

Present Subjunctive

que je me promène	que nous nous promenions
que tu te promènes	que vous vous promeniez
qu'il/elle se promène	qu'ils/elles se promènent

Past Subjunctive

que je me sois promené(e)	que nous nous soyons promené(e)s
que tu te sois promené(e)	que vous vous soyez promené(e)(s)
qu'il/elle se soit promené(e)	qu'ils/elles se soient promené(e)s

Imperfect Subjunctive

que je me promenasse	que nous nous promenassions
que tu te promenasses	que vous vous promenassiez
qu'il/elle se promenât	qu'ils/elles se promenassent

Pluperfect Subjunctive

que je me fusse promené(e)	que nous nous fussions promené(e)s
que tu te fusses promené(e)	que vous vous fussiez promené(e)(s)
qu'il/elle se fût promené(e)	qu'ils/elles se fussent promené(e)s

Commands

	(nous) promenons-nous
(tu) promène-toi	(vous) promenez-vous

USAGE

Mes parents se promènent dans le jardin.	My parents are taking a walk in the garden.
On s'est promenés en ville.	We walked around town.
se promener sans but	to walk around aimlessly
Son regard se promenait sur les vitrines.	His gaze wandered over the store windows.

RELATED WORDS AND EXPRESSIONS

promener qqn	to take someone for a walk
promener son chien	to walk one's dog
promener ses amis	to take one's friends for a walk/ride
promener ses amis étrangers dans la ville	to show one's foreign friends the city
Je l'ai envoyé promener.	I told him off.
Il a envoyé promener ses soucis.	He shrugged off his concerns.

403 (**promettre**) to promise

je promets · je promis · promis · promettant

Present

je promets	nous promettons
tu promets	vous promettez
il/elle promet	ils/elles promettent

Passé Composé

j'ai promis	nous avons promis
tu as promis	vous avez promis
il/elle a promis	ils/elles ont promis

Imperfect

je promettais	nous promettions
tu promettais	vous promettiez
il/elle promettait	ils/elles promettaient

Pluperfect

j'avais promis	nous avions promis
tu avais promis	vous aviez promis
il/elle avait promis	ils/elles avaient promis

Passé Simple

je promis	nous promîmes
tu promis	vous promîtes
il/elle promit	ils/elles promirent

Past Anterior

j'eus promis	nous eûmes promis
tu eus promis	vous eûtes promis
il/elle eut promis	ils/elles eurent promis

Future

je promettrai	nous promettrons
tu promettras	vous promettrez
il/elle promettra	ils/elles promettront

Future Anterior

j'aurai promis	nous aurons promis
tu auras promis	vous aurez promis
il/elle aura promis	ils/elles auront promis

Conditional

je promettrais	nous promettrions
tu promettrais	vous promettriez
il/elle promettrait	ils/elles promettraient

Past Conditional

j'aurais promis	nous aurions promis
tu aurais promis	vous auriez promis
il/elle aurait promis	ils/elles auraient promis

Present Subjunctive

que je promette	que nous promettions
que tu promettes	que vous promettiez
qu'il/elle promette	qu'ils/elles promettent

Past Subjunctive

que j'aie promis	que nous ayons promis
que tu aies promis	que vous ayez promis
qu'il/elle ait promis	qu'ils/elles aient promis

Imperfect Subjunctive

que je promisse	que nous promissions
que tu promisses	que vous promissiez
qu'il/elle promît	qu'ils/elles promissent

Pluperfect Subjunctive

que j'eusse promis	que nous eussions promis
que tu eusses promis	que vous eussiez promis
qu'il/elle eût promis	qu'ils/elles eussent promis

Commands

	(nous) promettons
(tu) promets	(vous) promettez

USAGE

promettre qqch à qqn	to promise someone something
—Qu'est-ce que tu as promis aux enfants?	What did you promise the children?
—Je leur ai promis un nouvel ordinateur.	I promised them a new computer.
Il va te promettre la lune.	He'll promise you the moon.
Notre soirée promet d'être une réussite.	Our evening party promises to be a success.
promettre à qqn de faire qqch	to promise someone to do something
Elle lui a promis de partir.	She promised him that she would leave.
Ce ciel gris nous promet de la pluie.	This gray sky means rain.
promettre son amour	to pledge one's love
Ça promet!	Things are looking up! (often sarcastic)
Ça ne te promet rien de bon.	This doesn't look good for you.

RELATED WORDS AND EXPRESSIONS

la promesse	promise
Il faut que tu tiennes tes promesses.	You must keep your promises.
Ne te laisse pas endormir pas ses promesses.	Don't let him talk you into anything.

regular -er verb;
spelling change: c > ç/a, o

je prononce · je prononçai · prononcé · prononçant

Present

je prononce	nous prononçons
tu prononces	vous prononcez
il/elle prononce	ils/elles prononcent

Passé Composé

j'ai prononcé	nous avons prononcé
tu as prononcé	vous avez prononcé
il/elle a prononcé	ils/elles ont prononcé

Imperfect

je prononçais	nous prononcions
tu prononçais	vous prononciez
il/elle prononçait	ils/elles prononçaient

Pluperfect

j'avais prononcé	nous avions prononcé
tu avais prononcé	vous aviez prononcé
il/elle avait prononcé	ils/elles avaient prononcé

Passé Simple

je prononçai	nous prononçâmes
tu prononças	vous prononçâtes
il/elle prononça	ils/elles prononcèrent

Past Anterior

j'eus prononcé	nous eûmes prononcé
tu eus prononcé	vous eûtes prononcé
il/elle eut prononcé	ils/elles eurent prononcé

Future

je prononcerai	nous prononcerons
tu prononceras	vous prononcerez
il/elle prononcera	ils/elles prononceront

Future Anterior

j'aurai prononcé	nous aurons prononcé
tu auras prononcé	vous aurez prononcé
il/elle aura prononcé	ils/elles auront prononcé

Conditional

je prononcerais	nous prononcerions
tu prononcerais	vous prononceriez
il/elle prononcerait	ils/elles prononceraient

Past Conditional

j'aurais prononcé	nous aurions prononcé
tu aurais prononcé	vous auriez prononcé
il/elle aurait prononcé	ils/elles auraient prononcé

Present Subjunctive

que je prononce	que nous prononcions
que tu prononces	que vous prononciez
qu'il/elle prononce	qu'ils/elles prononcent

Past Subjunctive

que j'aie prononcé	que nous ayons prononcé
que tu aies prononcé	que vous ayez prononcé
qu'il/elle ait prononcé	qu'ils/elles aient prononcé

Imperfect Subjunctive

que je prononçasse	que nous prononçassions
que tu prononçasses	que vous prononçassiez
qu'il/elle prononçât	qu'ils/elles prononçassent

Pluperfect Subjunctive

que j'eusse prononcé	que nous eussions prononcé
que tu eusses prononcé	que vous eussiez prononcé
qu'il/elle eût prononcé	qu'ils/elles eussent prononcé

Commands

	(nous) prononçons
(tu) prononce	(vous) prononcez

prononcer correctement	to pronounce correctly
Ce mot est difficile à prononcer.	This word is hard to pronounce.
Ce nom se prononce comment?	How do you pronounce this name?
Elle est sortie sans prononcer un mot.	She left without saying a word.
Ne prononcez plus ce mot devant moi!	Don't say that word in my presence again!
Le président a prononcé un discours.	The president gave a speech.

RELATED WORDS AND EXPRESSIONS

se prononcer	to reach a decision or verdict
Le juge ne s'est pas encore prononcé.	The judge hasn't issued his decision yet.
Le gouvernement s'est prononcé pour la paix.	The government has pronounced itself in favor of peace.

proposer *to propose, suggest*

je propose · je proposai · proposé · proposant

regular *-er* verb

Present		Passé Composé	
je propose	nous proposons	j'ai proposé	nous avons proposé
tu proposes	vous proposez	tu as proposé	vous avez proposé
il/elle propose	ils/elles proposent	il/elle a proposé	ils/elles ont proposé

Imperfect		Pluperfect	
je proposais	nous proposions	j'avais proposé	nous avions proposé
tu proposais	vous proposiez	tu avais proposé	vous aviez proposé
il/elle proposait	ils/elles proposaient	il/elle avait proposé	ils/elles avaient proposé

Passé Simple		Past Anterior	
je proposai	nous proposâmes	j'eus proposé	nous eûmes proposé
tu proposas	vous proposâtes	tu eus proposé	vous eûtes proposé
il/elle proposa	ils/elles proposèrent	il/elle eut proposé	ils/elles eurent proposé

Future		Future Anterior	
je proposerai	nous proposerons	j'aurai proposé	nous aurons proposé
tu proposeras	vous proposerez	tu auras proposé	vous aurez proposé
il/elle proposera	ils/elles proposeront	il/elle aura proposé	ils/elles auront proposé

Conditional		Past Conditional	
je proposerais	nous proposerions	j'aurais proposé	nous aurions proposé
tu proposerais	vous proposeriez	tu aurais proposé	vous auriez proposé
il/elle proposerait	ils/elles proposeraient	il/elle aurait proposé	ils/elles auraient proposé

Present Subjunctive		Past Subjunctive	
que je propose	que nous proposions	que j'aie proposé	que nous ayons proposé
que tu proposes	que vous proposiez	que tu aies proposé	que vous ayez proposé
qu'il/elle propose	qu'ils/elles proposent	qu'il/elle ait proposé	qu'ils/elles aient proposé

Imperfect Subjunctive		Pluperfect Subjunctive	
que je proposasse	que nous proposassions	que j'eusse proposé	que nous eussions proposé
que tu proposasses	que vous proposassiez	que tu eusses proposé	que vous eussiez proposé
qu'il/elle proposât	qu'ils/elles proposassent	qu'il/elle eût proposé	qu'ils/elles eussent proposé

Commands

	(nous) proposons
(tu) propose	(vous) proposez

USAGE

proposer qqch à qqn	*to suggest something to someone*
Je vous propose une promenade en voiture.	*I suggest that we go for a ride.*
On m'a proposé un nouveau poste.	*I was offered a new job.*
proposer de faire qqch	*to suggest doing something*
Elle propose de faire la visite de la ville.	*She suggests touring the city.*
proposer à qqn de faire qqch	*to suggest that someone do something*
Il m'a proposé de dîner avec lui.	*He suggested I have dinner with him.*
Je leur ai proposé de rentrer.	*I suggested to them that we go home.*
proposer + *subjunctive*	*to suggest that something be done, etc.*
Nous proposons que ce projet soit abandonné.	*We suggest that this project be given up.*

PROVERB

L'homme propose et Dieu dispose.	*Man proposes, God disposes.*

-er verb; spelling change: *é > è*/mute *e*
except in the future and conditional

je prospère · je prospérai · prospéré · prospérant

Present		Passé Composé	
je prospère	nous prospérons	j'ai prospéré	nous avons prospéré
tu prospères	vous prospérez	tu as prospéré	vous avez prospéré
il/elle prospère	ils/elles prospèrent	il/elle a prospéré	ils/elles ont prospéré

Imperfect		Pluperfect	
je prospérais	nous prospérions	j'avais prospéré	nous avions prospéré
tu prospérais	vous prospériez	tu avais prospéré	vous aviez prospéré
il/elle prospérait	ils/elles prospéraient	il/elle avait prospéré	ils/elles avaient prospéré

Passé Simple		Past Anterior	
je prospérai	nous prospérâmes	j'eus prospéré	nous eûmes prospéré
tu prospéras	vous prospérâtes	tu eus prospéré	vous eûtes prospéré
il/elle prospéra	ils/elles prospérèrent	il/elle eut prospéré	ils/elles eurent prospéré

Future		Future Anterior	
je prospérerai	nous prospérerons	j'aurai prospéré	nous aurons prospéré
tu prospéreras	vous prospérerez	tu auras prospéré	vous aurez prospéré
il/elle prospérera	ils/elles prospéreront	il/elle aura prospéré	ils/elles auront prospéré

Conditional		Past Conditional	
je prospérerais	nous prospérerions	j'aurais prospéré	nous aurions prospéré
tu prospérerais	vous prospéreriez	tu aurais prospéré	vous auriez prospéré
il/elle prospérerait	ils/elles prospéreraient	il/elle aurait prospéré	ils/elles auraient prospéré

Present Subjunctive		Past Subjunctive	
que je prospère	que nous prospérions	que j'aie prospéré	que nous ayons prospéré
que tu prospères	que vous prospériez	que tu aies prospéré	que vous ayez prospéré
qu'il/elle prospère	qu'ils/elles prospèrent	qu'il/elle ait prospéré	qu'ils/elles aient prospéré

Imperfect Subjunctive		Pluperfect Subjunctive	
que je prospérasse	que nous prospérassions	que j'eusse prospéré	que nous eussions prospéré
que tu prospérasses	que vous prospérassiez	que tu eusses prospéré	que vous eussiez prospéré
qu'il/elle prospérât	qu'ils/elles prospérassent	qu'il/elle eût prospéré	qu'ils/elles eussent prospéré

Commands

	(nous) prospérons
(tu) prospère	(vous) prospérez

Avec le commerce, la ville prospéra.	*With trade, the city prospered.*
Dans cette terre fertile, le blé prospérera.	*In this fertile earth, wheat will thrive.*
Son entreprise a prospéré.	*His business flourished.*
Il n'a pas su faire prospérer son activité en ligne.	*He wasn't able to make a go of his online business.*

RELATED WORDS AND EXPRESSIONS

la prospérité	*prosperity*
Je vous souhaite de la prospérité.	*I wish you prosperity.*
Notre affaire est en pleine prospérité.	*Our business is thriving.*
prospère	*prosperous/successful*
Il est propriétaire d'un magasin prospère.	*He's the owner of a prosperous store.*
Cette région est très prospère.	*This region is very prosperous.*

protéger to protect

je protège · je protégeai · protégé · protégeant

-er verb; spelling change: é > è/mute e except in the future and conditional; g > ge/a, o

Present
je protège	nous protégeons
tu protèges	vous protégez
il/elle protège	ils/elles protègent

Passé Composé
j'ai protégé	nous avons protégé
tu as protégé	vous avez protégé
il/elle a protégé	ils/elles ont protégé

Imperfect
je protégeais	nous protégions
tu protégeais	vous protégiez
il/elle protégeait	ils/elles protégeaient

Pluperfect
j'avais protégé	nous avions protégé
tu avais protégé	vous aviez protégé
il/elle avait protégé	ils/elles avaient protégé

Passé Simple
je protégeai	nous protégeâmes
tu protégeas	vous protégeâtes
il/elle protégea	ils/elles protégèrent

Past Anterior
j'eus protégé	nous eûmes protégé
tu eus protégé	vous eûtes protégé
il/elle eut protégé	ils/elles eurent protégé

Future
je protégerai	nous protégerons
tu protégeras	vous protégerez
il/elle protégera	ils/elles protégeront

Future Anterior
j'aurai protégé	nous aurons protégé
tu auras protégé	vous aurez protégé
il/elle aura protégé	ils/elles auront protégé

Conditional
je protégerais	nous protégerions
tu protégerais	vous protégeriez
il/elle protégerait	ils/elles protégeraient

Past Conditional
j'aurais protégé	nous aurions protégé
tu aurais protégé	vous auriez protégé
il/elle aurait protégé	ils/elles auraient protégé

Present Subjunctive
que je protège	que nous protégions
que tu protèges	que vous protégiez
qu'il/elle protège	qu'ils/elles protègent

Past Subjunctive
que j'aie protégé	que nous ayons protégé
que tu aies protégé	que vous ayez protégé
qu'il/elle ait protégé	qu'ils/elles aient protégé

Imperfect Subjunctive
que je protégeasse	que nous protégeassions
que tu protégeasses	que vous protégeassiez
qu'il/elle protégeât	qu'ils/elles protégeassent

Pluperfect Subjunctive
que j'eusse protégé	que nous eussions protégé
que tu eusses protégé	que vous eussiez protégé
qu'il/elle eût protégé	qu'ils/elles eussent protégé

Commands
| | (nous) protégeons |
| (tu) protège | (vous) protégez |

USAGE

protéger qqn/qqch	to protect someone/something
La police nous protège.	The police protect us.
Ce mur nous protège.	That wall protects us.
La loi protège les droits des citoyens.	The law protects the rights of citizens.
protéger qqn de qqch	to protect someone from something
L'antivirus est un élément essentiel pour protéger votre ordinateur des programmes nocifs.	An antivirus program is an essential element to protect your computer from harmful programs.
Ce manteau vous protégera du froid.	This coat will protect you from the cold.
Que Dieu vous protège!	God keep you!

RELATED WORDS AND EXPRESSIONS

se protéger de qqch	to protect oneself from something
Il faut se protéger contre les moustiques.	We have to protect ourselves from mosquitoes.
Tu ne te protèges pas assez du froid.	You're not protecting yourself enough from the cold.

regular -er verb

je prouve · je prouvai · prouvé · prouvant

Present	**Passé Composé**

je prouve	nous prouvons	j'ai prouvé	nous avons prouvé
tu prouves	vous prouvez	tu as prouvé	vous avez prouvé
il/elle prouve	ils/elles prouvent	il/elle a prouvé	ils/elles ont prouvé

Imperfect — **Pluperfect**

je prouvais	nous prouvions	j'avais prouvé	nous avions prouvé
tu prouvais	vous prouviez	tu avais prouvé	vous aviez prouvé
il/elle prouvait	ils/elles prouvaient	il/elle avait prouvé	ils/elles avaient prouvé

Passé Simple — **Past Anterior**

je prouvai	nous prouvâmes	j'eus prouvé	nous eûmes prouvé
tu prouvas	vous prouvâtes	tu eus prouvé	vous eûtes prouvé
il/elle prouva	ils/elles prouvèrent	il/elle eut prouvé	ils/elles eurent prouvé

Future — **Future Anterior**

je prouverai	nous prouverons	j'aurai prouvé	nous aurons prouvé
tu prouveras	vous prouverez	tu auras prouvé	vous aurez prouvé
il/elle prouvera	ils/elles prouveront	il/elle aura prouvé	ils/elles auront prouvé

Conditional — **Past Conditional**

je prouverais	nous prouverions	j'aurais prouvé	nous aurions prouvé
tu prouverais	vous prouveriez	tu aurais prouvé	vous auriez prouvé
il/elle prouverait	ils/elles prouveraient	il/elle aurait prouvé	ils/elles auraient prouvé

Present Subjunctive — **Past Subjunctive**

que je prouve	que nous prouvions	que j'aie prouvé	que nous ayons prouvé
que tu prouves	que vous prouviez	que tu aies prouvé	que vous ayez prouvé
qu'il/elle prouve	qu'ils/elles prouvent	qu'il/elle ait prouvé	qu'ils/elles aient prouvé

Imperfect Subjunctive — **Pluperfect Subjunctive**

que je prouvasse	que nous prouvassions	que j'eusse prouvé	que nous eussions prouvé
que tu prouvasses	que vous prouvassiez	que tu eusses prouvé	que vous eussiez prouvé
qu'il/elle prouvât	qu'ils/elles prouvassent	qu'il/elle eût prouvé	qu'ils/elles eussent prouvé

Commands

	(nous) prouvons
(tu) prouve	(vous) prouvez

USAGE

Cela ne prouve rien.	That doesn't prove anything.
Il a prouvé son innocence par les faits.	He proved his innocence with the facts.
Il est prouvé qu'il est coupable.	It's proved that he is guilty.
L'utilité de cette machine reste à prouver.	The usefulness of this machine has not yet been demonstrated.

RELATED WORDS AND EXPRESSIONS

la preuve	piece of evidence / proof
les preuves	proof/evidence
Il croyait à leur innocence malgré les preuves.	He believed in their innocence in spite of the evidence.
faire preuve de	to show/demonstrate
Elle a fait preuve de patience.	She showed that she had patience.
se prouver	to prove oneself

punir to punish

je punis · je punis · puni · punissant

regular -ir verb

Present		Passé Composé	
je punis	nous punissons	j'ai puni	nous avons puni
tu punis	vous punissez	tu as puni	vous avez puni
il/elle punit	ils/elles punissent	il/elle a puni	ils/elles ont puni

Imperfect		Pluperfect	
je punissais	nous punissions	j'avais puni	nous avions puni
tu punissais	vous punissiez	tu avais puni	vous aviez puni
il/elle punissait	ils/elles punissaient	il/elle avait puni	ils/elles avaient puni

Passé Simple		Past Anterior	
je punis	nous punîmes	j'eus puni	nous eûmes puni
tu punis	vous punîtes	tu eus puni	vous eûtes puni
il/elle punit	ils/elles punirent	il/elle eut puni	ils/elles eurent puni

Future		Future Anterior	
je punirai	nous punirons	j'aurai puni	nous aurons puni
tu puniras	vous punirez	tu auras puni	vous aurez puni
il/elle punira	ils/elles puniront	il/elle aura puni	ils/elles auront puni

Conditional		Past Conditional	
je punirais	nous punirions	j'aurais puni	nous aurions puni
tu punirais	vous puniriez	tu aurais puni	vous auriez puni
il/elle punirait	ils/elles puniraient	il/elle aurait puni	ils/elles auraient puni

Present Subjunctive		Past Subjunctive	
que je punisse	que nous punissions	que j'aie puni	que nous ayons puni
que tu punisses	que vous punissiez	que tu aies puni	que vous ayez puni
qu'il/elle punisse	qu'ils/elles punissent	qu'il/elle ait puni	qu'ils/elles aient puni

Imperfect Subjunctive		Pluperfect Subjunctive	
que je punisse	que nous punissions	que j'eusse puni	que nous eussions puni
que tu punisses	que vous punissiez	que tu eusses puni	que vous eussiez puni
qu'il/elle punît	qu'ils/elles punissent	qu'il/elle eût puni	qu'ils/elles eussent puni

Commands

	(nous) punissons
(tu) punis	(vous) punissez

USAGE

punir un enfant/élève	to punish a child/pupil
Le juge l'a puni de prison.	The judge punished him with a prison sentence.
punir ces mauvaises actions	to punish these bad acts
Cet abus doit être puni par la loi.	This abuse should be punishable by law.
On a puni le meurtrier de mort.	The murderer was sentenced to death.

RELATED WORDS AND EXPRESSIONS

la punition	punishment
avoir une punition	to be punished (school, etc.)
Ton mal d'estomac est la punition de ta gourmandise.	Your stomachache is your punishment for overeating.
punissable	punishable
un crime punissable	a punishable crime

to leave **quitter** 410

regular -er verb

je quitte · je quittai · quitté · quittant

Present		Passé Composé	
je quitte	nous quittons	j'ai quitté	nous avons quitté
tu quittes	vous quittez	tu as quitté	vous avez quitté
il/elle quitte	ils/elles quittent	il/elle a quitté	ils/elles ont quitté

Imperfect		Pluperfect	
je quittais	nous quittions	j'avais quitté	nous avions quitté
tu quittais	vous quittiez	tu avais quitté	vous aviez quitté
il/elle quittait	ils/elles quittaient	il/elle avait quitté	ils/elles avaient quitté

Passé Simple		Past Anterior	
je quittai	nous quittâmes	j'eus quitté	nous eûmes quitté
tu quittas	vous quittâtes	tu eus quitté	vous eûtes quitté
il/elle quitta	ils/elles quittèrent	il/elle eut quitté	ils/elles eurent quitté

Future		Future Anterior	
je quitterai	nous quitterons	j'aurai quitté	nous aurons quitté
tu quitteras	vous quitterez	tu auras quitté	vous aurez quitté
il/elle quittera	ils/elles quitteront	il/elle aura quitté	ils/elles auront quitté

Conditional		Past Conditional	
je quitterais	nous quitterions	j'aurais quitté	nous aurions quitté
tu quitterais	vous quitteriez	tu aurais quitté	vous auriez quitté
il/elle quitterait	ils/elles quitteraient	il/elle aurait quitté	ils/elles auraient quitté

Present Subjunctive		Past Subjunctive	
que je quitte	que nous quittions	que j'aie quitté	que nous ayons quitté
que tu quittes	que vous quittiez	que tu aies quitté	que vous ayez quitté
qu'il/elle quitte	qu'ils/elles quittent	qu'il/elle ait quitté	qu'ils/elles aient quitté

Imperfect Subjunctive		Pluperfect Subjunctive	
que je quittasse	que nous quittassions	que j'eusse quitté	que nous eussions quitté
que tu quittasses	que vous quittassiez	que tu eusses quitté	que vous eussiez quitté
qu'il/elle quittât	qu'ils/elles quittassent	qu'il/elle eût quitté	qu'ils/elles eussent quitté

Commands

	(nous) quittons
(tu) quitte	(vous) quittez

USAGE

quitter un endroit	to leave a place
Il ne quitte pas sa chambre.	He never leaves his room.
La police l'a défendu de quitter la ville.	The police have forbidden him to leave the city.
Dans cet hôtel les clients doivent quitter leur chambre avant midi.	In this hotel, guests must check out of their rooms by noon.
Ça fait une semaine que je n'ai pas quitté l'appartement.	I haven't been out of my apartment in a week.
quitter qqn	to leave someone
Il a quitté sa femme.	He left his wife.
Il a quitté sa famille.	He abandoned his family.
J'ai quitté mes amis à deux heures.	I left my friends at two o'clock.
Il nous a quittés sans dire un mot.	He left us without saying a word.

quitter *to leave*

je quitte · je quittai · quitté · quittant

regular -er verb

---

quitter = laisser un endroit

À cause du verglas, la voiture a quitté la route.	*Because of the ice, the car went off the road.*
Ils ont quitté Calais pour le Midi.	*They moved from Calais to the south of France.*
L'avion n'a pas pu quitter la piste.	*The plane couldn't take off.*
Il a quitté l'école à seize ans.	*He left school at sixteen.*
La police nous a demandé de quitter ces lieux.	*The police asked us to leave the premises.*
quitter le monde	*to enter a convent/monastery*
quitter la vie	*to die*
Le témoin a quitté la barre.	*The witness stepped down.*
Je vous quitte ma place.	*You can have my seat.*
Elle a quitté le théâtre.	*She left the theater / is no longer an actress.*
Le serpent quitte sa peau.	*The snake sheds its skin.*

quitter = laisser qqn

☻ —Bon, il est tard. Je vous quitte.	*Well, it's late. I have to go.*
—C'est comme ça que vous me quittez?	*You mean you're leaving just like that?*
Je vous quitte pour dix minutes pour téléphoner.	*I'm going to leave you for ten minutes to make a call.*
Ne quittez pas!	*Hold on! (telephone)*
Je ne savais pas que sa femme l'avait quitté.	*I didn't know his wife had left him.*
Ses maux de tête ne la quittent pas.	*She always has headaches.*
Cette grippe ne me quitte pas!	*I can't get over this flu!*
Le détective ne le quitte pas d'un pas.	*The detective doesn't leave him for a second.*
☻ —Le voleur présumé a quitté le bâtiment.	*The suspected thief has left the building.*
—Mais je vous ai dit de ne pas le quitter des yeux.	*But I told you not to let him out of your sight.*
C'est une pensée qui ne me quitte pas.	*It's a thought that is always in my mind.*

se quitter

se quitter	*to leave each other*
Ces deux amis ne se quittent pas.	*Those two friends are always together.*

RELATED WORDS AND EXPRESSIONS

quitte	*even/square*
être quitte envers qqn	*to be even with / no longer in debt to someone*
Ils sont quittes envers nous.	*They're square with us now.*
Nous sommes quittes!	*We're even!*
tenir qqn quitte de	*to release someone from*
Je vous tiens quitte de cette dette.	*I release you from that debt.*
C'est jouer à quitte ou double.	*It's double or nothing.*
J'en suis quitte à bon compte.	*I got off lightly.*
On en est quittes pour la peur.	*We got away with a fright. / All that happened was that we got scared.*

irregular verb; only one t in the
singular of the present tense

je rabats · je rabattis · rabattu · rabattant

Present		Passé Composé	
je rabats	nous rabattons	j'ai rabattu	nous avons rabattu
tu rabats	vous rabattez	tu as rabattu	vous avez rabattu
il/elle rabat	ils/elles rabattent	il/elle a rabattu	ils/elles ont rabattu

Imperfect		Pluperfect	
je rabattais	nous rabattions	j'avais rabattu	nous avions rabattu
tu rabattais	vous rabattiez	tu avais rabattu	vous aviez rabattu
il/elle rabattait	ils/elles rabattaient	il/elle avait rabattu	ils/elles avaient rabattu

Passé Simple		Past Anterior	
je rabattis	nous rabattîmes	j'eus rabattu	nous eûmes rabattu
tu rabattis	vous rabattîtes	tu eus rabattu	vous eûtes rabattu
il/elle rabattit	ils/elles rabattirent	il/elle eut rabattu	ils/elles eurent rabattu

Future		Future Anterior	
je rabattrai	nous rabattrons	j'aurai rabattu	nous aurons rabattu
tu rabattras	vous rabattrez	tu auras rabattu	vous aurez rabattu
il/elle rabattra	ils/elles rabattront	il/elle aura rabattu	ils/elles auront rabattu

Conditional		Past Conditional	
je rabattrais	nous rabattrions	j'aurais rabattu	nous aurions rabattu
tu rabattrais	vous rabattriez	tu aurais rabattu	vous auriez rabattu
il/elle rabattrait	ils/elles rabattraient	il/elle aurait rabattu	ils/elles auraient rabattu

Present Subjunctive		Past Subjunctive	
que je rabatte	que nous rabattions	que j'aie rabattu	que nous ayons rabattu
que tu rabattes	que vous rabattiez	que tu aies rabattu	que vous ayez rabattu
qu'il/elle rabatte	qu'ils/elles rabattent	qu'il/elle ait rabattu	qu'ils/elles aient rabattu

Imperfect Subjunctive		Pluperfect Subjunctive	
que je rabattisse	que nous rabattissions	que j'eusse rabattu	que nous eussions rabattu
que tu rabattisses	que vous rabattissiez	que tu eusses rabattu	que vous eussiez rabattu
qu'il/elle rabattît	qu'ils/elles rabattissent	qu'il/elle eût rabattu	qu'ils/elles eussent rabattu

Commands

	(nous) rabattons
(tu) rabats	(vous) rabattez

USAGE

—Essaie de lui faire rabattre le prix.
—Je suis sûr qu'il ne rabattra pas un centime
  de la somme demandée.
Je suis prêt à rabattre 15 pour cent du prix.

rabattre le caquet à qqn
Il t'a certainement rabattu le caquet.
La remarque du prof a rabattu son orgueil.
À cause du froid j'ai rabattu ma casquette
  sur mes oreilles.
rabattre un strapontin
Tout compté, tout rabattu.

Try to get him to lower the price.
I'm sure he won't take a penny off his price.

*I'm ready to come down 15 percent
  on the price.*
to take someone down a peg or two
He sure fixed you.
The teacher's remark humbled him.
*Because of the cold I pulled my cap over
  my ears.*
to pull down / open a folding seat
All things considered.

raccrocher to hang up, hang back up

je raccroche · je raccrochai · raccroché · raccrochant

regular -er verb

Present

je raccroche	nous raccrochons
tu raccroches	vous raccrochez
il/elle raccroche	ils/elles raccrochent

Passé Composé

j'ai raccroché	nous avons raccroché
tu as raccroché	vous avez raccroché
il/elle a raccroché	ils/elles ont raccroché

Imperfect

je raccrochais	nous raccrochions
tu raccrochais	vous raccrochiez
il/elle raccrochait	ils/elles raccrochaient

Pluperfect

j'avais raccroché	nous avions raccroché
tu avais raccroché	vous aviez raccroché
il/elle avait raccroché	ils/elles avaient raccroché

Passé Simple

je raccrochai	nous raccrochâmes
tu raccrochas	vous raccrochâtes
il/elle raccrocha	ils/elles raccrochèrent

Past Anterior

j'eus raccroché	nous eûmes raccroché
tu eus raccroché	vous eûtes raccroché
il/elle eut raccroché	ils/elles eurent raccroché

Future

je raccrocherai	nous raccrocherons
tu raccrocheras	vous raccrocherez
il/elle raccrochera	ils/elles raccrocheront

Future Anterior

j'aurai raccroché	nous aurons raccroché
tu auras raccroché	vous aurez raccroché
il/elle aura raccroché	ils/elles auront raccroché

Conditional

je raccrocherais	nous raccrocherions
tu raccrocherais	vous raccrocheriez
il/elle raccrocherait	ils/elles raccrocheraient

Past Conditional

j'aurais raccroché	nous aurions raccroché
tu aurais raccroché	vous auriez raccroché
il/elle aurait raccroché	ils/elles auraient raccroché

Present Subjunctive

que je raccroche	que nous raccrochions
que tu raccroches	que vous raccrochiez
qu'il/elle raccroche	qu'ils/elles raccrochent

Past Subjunctive

que j'aie raccroché	que nous ayons raccroché
que tu aies raccroché	que vous ayez raccroché
qu'il/elle ait raccroché	qu'ils/elles aient raccroché

Imperfect Subjunctive

que je raccrochasse	que nous raccrochassions
que tu raccrochasses	que vous raccrochassiez
qu'il/elle raccrochât	qu'ils/elles raccrochassent

Pluperfect Subjunctive

que j'eusse raccroché	que nous eussions raccroché
que tu eusses raccroché	que vous eussiez raccroché
qu'il/elle eût raccroché	qu'ils/elles eussent raccroché

Commands

	(nous) raccrochons
(tu) raccroche	(vous) raccrochez

USAGE

Ne raccrochez pas!	*Don't hang up!*
Quand elle a entendu sa voix au téléphone, elle a raccroché le combiné.	*When she heard his voice on the phone, she hung up.*
Il a dit quelque chose de grossier en raccrochant.	*He said something gross as he hung up.*
On ne sort pas? Bon, je vais raccrocher mon manteau.	*We're not going out? OK, I'll hang my coat back up.*
Le boxeur a raccroché ses gants.	*The boxer gave up boxing.*

RELATED WORDS AND EXPRESSIONS

se raccrocher à	*to cling to / hang on to*
Il s'est raccroché à la branche pour ne pas tomber.	*He grabbed onto the branch to keep from falling.*
Tu te raccroches à des idées farfelues.	*You cling to crazy ideas.*
Elle se raccroche à la doctrine de sa foi.	*She clings to the doctrine of her faith.*
Ce paragraphe se raccroche mal au texte qui le précède.	*This paragraph doesn't follow from the text before it.*

regular -er verb

je raconte · je racontai · raconté · racontant

Present	
je raconte	nous racontons
tu racontes	vous racontez
il/elle raconte	ils/elles racontent

Passé Composé	
j'ai raconté	nous avons raconté
tu as raconté	vous avez raconté
il/elle a raconté	ils/elles ont raconté

Imperfect	
je racontais	nous racontions
tu racontais	vous racontiez
il/elle racontait	ils/elles racontaient

Pluperfect	
j'avais raconté	nous avions raconté
tu avais raconté	vous aviez raconté
il/elle avait raconté	ils/elles avaient raconté

Passé Simple	
je racontai	nous racontâmes
tu racontas	vous racontâtes
il/elle raconta	ils/elles racontèrent

Past Anterior	
j'eus raconté	nous eûmes raconté
tu eus raconté	vous eûtes raconté
il/elle eut raconté	ils/elles eurent raconté

Future	
je raconterai	nous raconterons
tu raconteras	vous raconterez
il/elle racontera	ils/elles raconteront

Future Anterior	
j'aurai raconté	nous aurons raconté
tu auras raconté	vous aurez raconté
il/elle aura raconté	ils/elles auront raconté

Conditional	
je raconterais	nous raconterions
tu raconterais	vous raconteriez
il/elle raconterait	ils/elles raconteraient

Past Conditional	
j'aurais raconté	nous aurions raconté
tu aurais raconté	vous auriez raconté
il/elle aurait raconté	ils/elles auraient raconté

Present Subjunctive	
que je raconte	que nous racontions
que tu racontes	que vous racontiez
qu'il/elle raconte	qu'ils/elles racontent

Past Subjunctive	
que j'aie raconté	que nous ayons raconté
que tu aies raconté	que vous ayez raconté
qu'il/elle ait raconté	qu'ils/elles aient raconté

Imperfect Subjunctive	
que je racontasse	que nous racontassions
que tu racontasses	que vous racontassiez
qu'il/elle racontât	qu'ils/elles racontassent

Pluperfect Subjunctive	
que j'eusse raconté	que nous eussions raconté
que tu eusses raconté	que vous eussiez raconté
qu'il/elle eût raconté	qu'ils/elles eussent raconté

Commands

	(nous) racontons
(tu) raconte	(vous) racontez

USAGE

Il nous a raconté l'histoire de sa vie.	*He told us the story of his life.*
—On raconte qu'on l'a mis à la porte.	*People say he's been fired.*
—Il m'a raconté ce qui s'est passé.	*He told me what happened.*
Tu racontes n'importe quoi, toi.	*You're talking nonsense.*
Qu'est-ce que tu racontes?	*Whatever are you talking about?*
Elle raconte des histoires.	*She's telling a tall story.*
Raconte-moi tout ce qui s'est passé.	*Tell me all that happened.*
C'est un incident qui ne se raconte pas devant les enfants.	*It's an incident you don't talk about in front of children.*

RELATED WORDS AND EXPRESSIONS

le racontar	*false piece of news*
Ce journal n'a que des racontars.	*This newspaper contains only lies.*
un raconteur / une raconteuse	*a storyteller*
racontable	*able to be told*
Cette blague n'est pas racontable.	*That joke can't be told in public.*

raffoler *to be crazy about*

je raffole · je raffolai · raffolé · raffolant

regular -er verb

Present		Passé Composé	
je raffole	nous raffolons	j'ai raffolé	nous avons raffolé
tu raffoles	vous raffolez	tu as raffolé	vous avez raffolé
il/elle raffole	ils/elles raffolent	il/elle a raffolé	ils/elles ont raffolé

Imperfect		Pluperfect	
je raffolais	nous raffolions	j'avais raffolé	nous avions raffolé
tu raffolais	vous raffoliez	tu avais raffolé	vous aviez raffolé
il/elle raffolait	ils/elles raffolaient	il/elle avait raffolé	ils/elles avaient raffolé

Passé Simple		Past Anterior	
je raffolai	nous raffolâmes	j'eus raffolé	nous eûmes raffolé
tu raffolas	vous raffolâtes	tu eus raffolé	vous eûtes raffolé
il/elle raffola	ils/elles raffolèrent	il/elle eut raffolé	ils/elles eurent raffolé

Future		Future Anterior	
je raffolerai	nous raffolerons	j'aurai raffolé	nous aurons raffolé
tu raffoleras	vous raffolerez	tu auras raffolé	vous aurez raffolé
il/elle raffolera	ils/elles raffoleront	il/elle aura raffolé	ils/elles auront raffolé

Conditional		Past Conditional	
je raffolerais	nous raffolerions	j'aurais raffolé	nous aurions raffolé
tu raffolerais	vous raffoleriez	tu aurais raffolé	vous auriez raffolé
il/elle raffolerait	ils/elles raffoleraient	il/elle aurait raffolé	ils/elles auraient raffolé

Present Subjunctive		Past Subjunctive	
que je raffole	que nous raffolions	que j'aie raffolé	que nous ayons raffolé
que tu raffoles	que vous raffoliez	que tu aies raffolé	que vous ayez raffolé
qu'il/elle raffole	qu'ils/elles raffolent	qu'il/elle ait raffolé	qu'ils/elles aient raffolé

Imperfect Subjunctive		Pluperfect Subjunctive	
que je raffolasse	que nous raffolassions	que j'eusse raffolé	que nous eussions raffolé
que tu raffolasses	que vous raffolassiez	que tu eusses raffolé	que vous eussiez raffolé
qu'il/elle raffolât	qu'ils/elles raffolassent	qu'il/elle eût raffolé	qu'ils/elles eussent raffolé

Commands

	(nous) raffolons
(tu) raffole	(vous) raffolez

USAGE

Elle raffole des tartes au citron. — *She is crazy about lemon tarts.*
—Tu aimes le chocolat? — *Do you like chocolate?*
—J'en raffole. — *I'm crazy about it.*
Cet enfant raffole des jeux vidéo. — *This child goes wild over video games.*
Le public raffole de ce pianiste. — *The audience is crazy about this pianist.*
Les bricoleurs vont raffoler de ce nouvel outil. — *Do-it-yourselfers will go wild over this new tool.*

regular -ir verb · je rafraîchis · je rafraîchis · rafraîchi · rafraîchissant

Present

je rafraîchis	nous rafraîchissons
tu rafraîchis	vous rafraîchissez
il/elle rafraîchit	ils/elles rafraîchissent

Passé Composé

j'ai rafraîchi	nous avons rafraîchi
tu as rafraîchi	vous avez rafraîchi
il/elle a rafraîchi	ils/elles ont rafraîchi

Imperfect

je rafraîchissais	nous rafraîchissions
tu rafraîchissais	vous rafraîchissiez
il/elle rafraîchissait	ils/elles rafraîchissaient

Pluperfect

j'avais rafraîchi	nous avions rafraîchi
tu avais rafraîchi	vous aviez rafraîchi
il/elle avait rafraîchi	ils/elles avaient rafraîchi

Passé Simple

je rafraîchis	nous rafraîchîmes
tu rafraîchis	vous rafraîchîtes
il/elle rafraîchit	ils/elles rafraîchirent

Past Anterior

j'eus rafraîchi	nous eûmes rafraîchi
tu eus rafraîchi	vous eûtes rafraîchi
il/elle eut rafraîchi	ils/elles eurent rafraîchi

Future

je rafraîchirai	nous rafraîchirons
tu rafraîchiras	vous rafraîchirez
il/elle rafraîchira	ils/elles rafraîchiront

Future Anterior

j'aurai rafraîchi	nous aurons rafraîchi
tu auras rafraîchi	vous aurez rafraîchi
il/elle aura rafraîchi	ils/elles auront rafraîchi

Conditional

je rafraîchirais	nous rafraîchirions
tu rafraîchirais	vous rafraîchiriez
il/elle rafraîchirait	ils/elles rafraîchiraient

Past Conditional

j'aurais rafraîchi	nous aurions rafraîchi
tu aurais rafraîchi	vous auriez rafraîchi
il/elle aurait rafraîchi	ils/elles auraient rafraîchi

Present Subjunctive

que je rafraîchisse	que nous rafraîchissions
que tu rafraîchisses	que vous rafraîchissiez
qu'il/elle rafraîchisse	qu'ils/elles rafraîchissent

Past Subjunctive

que j'aie rafraîchi	que nous ayons rafraîchi
que tu aies rafraîchi	que vous ayez rafraîchi
qu'il/elle ait rafraîchi	qu'ils/elles aient rafraîchi

Imperfect Subjunctive

que je rafraîchisse	que nous rafraîchissions
que tu rafraîchisses	que vous rafraîchissiez
qu'il/elle rafraîchît	qu'ils/elles rafraîchissent

Pluperfect Subjunctive

que j'eusse rafraîchi	que nous eussions rafraîchi
que tu eusses rafraîchi	que vous eussiez rafraîchi
qu'il/elle eût rafraîchi	qu'ils/elles eussent rafraîchi

Commands

	(nous) rafraîchissons
(tu) rafraîchis	(vous) rafraîchissez

USAGE

rafraîchir la mémoire à qqn	*to refresh someone's memory*
Ce message m'a rafraîchi la mémoire.	*That message refreshed my memory.*
La brise rafraîchit.	*The breeze is cooling things off.*
Le vent a rafraîchi la température.	*The wind brought down the temperature.*
Mets le vin à rafraîchir.	*Put the wine in to chill.*
Ce cours a rafraîchi mes connaissances en latin.	*This course helped me brush up my knowledge of Latin.*
Il faut rafraîchir cette chambre.	*We have to brighten up this room.*

RELATED WORDS AND EXPRESSIONS

rafraîchissant(e)	*refreshing*
Cette boisson est rafraîchissante.	*This drink is refreshing.*

ralentir *to slow down*

je ralentis · je ralentis · ralenti · ralentissant

regular -ir verb

Present		Passé Composé	
je ralentis	nous ralentissons	j'ai ralenti	nous avons ralenti
tu ralentis	vous ralentissez	tu as ralenti	vous avez ralenti
il/elle ralentit	ils/elles ralentissent	il/elle a ralenti	ils/elles ont ralenti

Imperfect		Pluperfect	
je ralentissais	nous ralentissions	j'avais ralenti	nous avions ralenti
tu ralentissais	vous ralentissiez	tu avais ralenti	vous aviez ralenti
il/elle ralentissait	ils/elles ralentissaient	il/elle avait ralenti	ils/elles avaient ralenti

Passé Simple		Past Anterior	
je ralentis	nous ralentîmes	j'eus ralenti	nous eûmes ralenti
tu ralentis	vous ralentîtes	tu eus ralenti	vous eûtes ralenti
il/elle ralentit	ils/elles ralentirent	il/elle eut ralenti	ils/elles eurent ralenti

Future		Future Anterior	
je ralentirai	nous ralentirons	j'aurai ralenti	nous aurons ralenti
tu ralentiras	vous ralentirez	tu auras ralenti	vous aurez ralenti
il/elle ralentira	ils/elles ralentiront	il/elle aura ralenti	ils/elles auront ralenti

Conditional		Past Conditional	
je ralentirais	nous ralentirions	j'aurais ralenti	nous aurions ralenti
tu ralentirais	vous ralentiriez	tu aurais ralenti	vous auriez ralenti
il/elle ralentirait	ils/elles ralentiraient	il/elle aurait ralenti	ils/elles auraient ralenti

Present Subjunctive		Past Subjunctive	
que je ralentisse	que nous ralentissions	que j'aie ralenti	que nous ayons ralenti
que tu ralentisses	que vous ralentissiez	que tu aies ralenti	que vous ayez ralenti
qu'il/elle ralentisse	qu'ils/elles ralentissent	qu'il/elle ait ralenti	qu'ils/elles aient ralenti

Imperfect Subjunctive		Pluperfect Subjunctive	
que je ralentisse	que nous ralentissions	que j'eusse ralenti	que nous eussions ralenti
que tu ralentisses	que vous ralentissiez	que tu eusses ralenti	que vous eussiez ralenti
qu'il/elle ralentît	qu'ils/elles ralentissent	qu'il/elle eût ralenti	qu'ils/elles eussent ralenti

Commands

	(nous) ralentissons
(tu) ralentis	(vous) ralentissez

USAGE

La voiture a ralenti.	The car slowed down.
Le train a ralenti en s'approchant de la gare.	The train slowed down as it approached the station.
Ralentissez! Vous conduisez trop vite!	Slow down! You're driving too fast!
Notre armée a ralenti l'avance de l'ennemi.	Our army slowed the enemy's advance.
J'ai ralenti ma marche.	I began to walk slower.

RELATED WORDS AND EXPRESSIONS

le ralenti	slow motion
une scène au ralenti	a scene in slow motion
Les affaires marchent au ralenti.	Business is in a slump.
se ralentir	to slow up / slacken
L'économie s'est ralentie.	The economy slowed.

regular -er verb;
spelling change: g > ge/a, o

je rallonge · je rallongeai · rallongé · rallongeant

Present		Passé Composé	
je rallonge	nous rallongeons	j'ai rallongé	nous avons rallongé
tu rallonges	vous rallongez	tu as rallongé	vous avez rallongé
il/elle rallonge	ils/elles rallongent	il/elle a rallongé	ils/elles ont rallongé

Imperfect		Pluperfect	
je rallongeais	nous rallongions	j'avais rallongé	nous avions rallongé
tu rallongeais	vous rallongiez	tu avais rallongé	vous aviez rallongé
il/elle rallongeait	ils/elles rallongeaient	il/elle avait rallongé	ils/elles avaient rallongé

Passé Simple		Past Anterior	
je rallongeai	nous rallongeâmes	j'eus rallongé	nous eûmes rallongé
tu rallongeas	vous rallongeâtes	tu eus rallongé	vous eûtes rallongé
il/elle rallongea	ils/elles rallongèrent	il/elle eut rallongé	ils/elles eurent rallongé

Future		Future Anterior	
je rallongerai	nous rallongerons	j'aurai rallongé	nous aurons rallongé
tu rallongeras	vous rallongerez	tu auras rallongé	vous aurez rallongé
il/elle rallongera	ils/elles rallongeront	il/elle aura rallongé	ils/elles auront rallongé

Conditional		Past Conditional	
je rallongerais	nous rallongerions	j'aurais rallongé	nous aurions rallongé
tu rallongerais	vous rallongeriez	tu aurais rallongé	vous auriez rallongé
il/elle rallongerait	ils/elles rallongeraient	il/elle aurait rallongé	ils/elles auraient rallongé

Present Subjunctive		Past Subjunctive	
que je rallonge	que nous rallongions	que j'aie rallongé	que nous ayons rallongé
que tu rallonges	que vous rallongiez	que tu aies rallongé	que vous ayez rallongé
qu'il/elle rallonge	qu'ils/elles rallongent	qu'il/elle ait rallongé	qu'ils/elles aient rallongé

Imperfect Subjunctive		Pluperfect Subjunctive	
que je rallongeasse	que nous rallongeassions	que j'eusse rallongé	que nous eussions rallongé
que tu rallongeasses	que vous rallongeassiez	que tu eusses rallongé	que vous eussiez rallongé
qu'il/elle rallongeât	qu'ils/elles rallongeassent	qu'il/elle eût rallongé	qu'ils/elles eussent rallongé

Commands

	(nous) rallongeons
(tu) rallonge	(vous) rallongez

USAGE

Il faut rallonger les manches de cette robe.	We have to lengthen the sleeves on that dress.
Je voudrais bien rallonger mon séjour.	I'd like to extend my time here.
Nous avons pu rallonger nos vacances.	We were able to extend our vacation.
Elle a rallongé sa robe.	She let down the hem of her dress.

RELATED WORDS AND EXPRESSIONS

la rallonge	leaf of a table / extension cord / extension of time
On sera douze pour dîner. Il faut mettre la rallonge.	We're twelve for dinner. We'd better put a leaf in the table.
Le prof m'a donné une rallonge d'une semaine.	The teacher gave me a week's extension.
La prise est trop loin de la lampe. Il faut ajouter une rallonge.	The outlet is too far from the lamp. We have to add an extension cord.

ramasser *to pick up*

je ramasse · je ramassai · ramassé · ramassant

regular -er verb

Present		Passé Composé	
je ramasse	nous ramassons	j'ai ramassé	nous avons ramassé
tu ramasses	vous ramassez	tu as ramassé	vous avez ramassé
il/elle ramasse	ils/elles ramassent	il/elle a ramassé	ils/elles ont ramassé

Imperfect		Pluperfect	
je ramassais	nous ramassions	j'avais ramassé	nous avions ramassé
tu ramassais	vous ramassiez	tu avais ramassé	vous aviez ramassé
il/elle ramassait	ils/elles ramassaient	il/elle avait ramassé	ils/elles avaient ramassé

Passé Simple		Past Anterior	
je ramassai	nous ramassâmes	j'eus ramassé	nous eûmes ramassé
tu ramassas	vous ramassâtes	tu eus ramassé	vous eûtes ramassé
il/elle ramassa	ils/elles ramassèrent	il/elle eut ramassé	ils/elles eurent ramassé

Future		Future Anterior	
je ramasserai	nous ramasserons	j'aurai ramassé	nous aurons ramassé
tu ramasseras	vous ramasserez	tu auras ramassé	vous aurez ramassé
il/elle ramassera	ils/elles ramasseront	il/elle aura ramassé	ils/elles auront ramassé

Conditional		Past Conditional	
je ramasserais	nous ramasserions	j'aurais ramassé	nous aurions ramassé
tu ramasserais	vous ramasseriez	tu aurais ramassé	vous auriez ramassé
il/elle ramasserait	ils/elles ramasseraient	il/elle aurait ramassé	ils/elles auraient ramassé

Present Subjunctive		Past Subjunctive	
que je ramasse	que nous ramassions	que j'aie ramassé	que nous ayons ramassé
que tu ramasses	que vous ramassiez	que tu aies ramassé	que vous ayez ramassé
qu'il/elle ramasse	qu'ils/elles ramassent	qu'il/elle ait ramassé	qu'ils/elles aient ramassé

Imperfect Subjunctive		Pluperfect Subjunctive	
que je ramassasse	que nous ramassassions	que j'eusse ramassé	que nous eussions ramassé
que tu ramassasses	que vous ramassassiez	que tu eusses ramassé	que vous eussiez ramassé
qu'il/elle ramassât	qu'ils/elles ramassassent	qu'il/elle eût ramassé	qu'ils/elles eussent ramassé

Commands

	(nous) ramassons
(tu) ramasse	(vous) ramassez

USAGE

ramasser les papiers par terre	*to pick up the papers on the floor*
Il l'a ramassée dans le ruisseau.	*He picked her up from the gutter.*
La police l'a ramassé.	*The police picked him up.*
ramasser les ordures	*to collect the garbage*
ramasser du bois pour le feu	*to collect wood for the fire*
On a ramassé mille euros d'amende.	*We got a thousand-euro fine.*
ramasser une bûche/pelle	*to fall flat on one's face*

RELATED WORDS AND EXPRESSIONS

le ramassage	*collection*
le ramassage scolaire	*school bus service*
le point de ramassage	*pick-up location*
se ramasser	*to pick oneself up*
L'enfant est tombé et a pu se ramasser.	*The child fell and was able to pick himself up.*

-er verb; spelling change: e > è/mute e **je ramène · je ramenai · ramené· ramenant**

Present		Passé Composé	
je ramène	nous ramenons	j'ai ramené	nous avons ramené
tu ramènes	vous ramenez	tu as ramené	vous avez ramené
il/elle ramène	ils/elles ramènent	il/elle a ramené	ils/elles ont ramené

Imperfect		Pluperfect	
je ramenais	nous ramenions	j'avais ramené	nous avions ramené
tu ramenais	vous rameniez	tu avais ramené	vous aviez ramené
il/elle ramenait	ils/elles ramenaient	il/elle avait ramené	ils/elles avaient ramené

Passé Simple		Past Anterior	
je ramenai	nous ramenâmes	j'eus ramené	nous eûmes ramené
tu ramenas	vous ramenâtes	tu eus ramené	vous eûtes ramené
il/elle ramena	ils/elles ramenèrent	il/elle eut ramené	ils/elles eurent ramené

Future		Future Anterior	
je ramènerai	nous ramènerons	j'aurai ramené	nous aurons ramené
tu ramèneras	vous ramènerez	tu auras ramené	vous aurez ramené
il/elle ramènera	ils/elles ramèneront	il/elle aura ramené	ils/elles auront ramené

Conditional		Past Conditional	
je ramènerais	nous ramènerions	j'aurais ramené	nous aurions ramené
tu ramènerais	vous ramèneriez	tu aurais ramené	vous auriez ramené
il/elle ramènerait	ils/elles ramèneraient	il/elle aurait ramené	ils/elles auraient ramené

Present Subjunctive		Past Subjunctive	
que je ramène	que nous ramenions	que j'aie ramené	que nous ayons ramené
que tu ramènes	que vous rameniez	que tu aies ramené	que vous ayez ramené
qu'il/elle ramène	qu'ils/elles ramènent	qu'il/elle ait ramené	qu'ils/elles aient ramené

Imperfect Subjunctive		Pluperfect Subjunctive	
que je ramenasse	que nous ramenassions	que j'eusse ramené	que nous eussions ramené
que tu ramenasses	que vous ramenassiez	que tu eusses ramené	que vous eussiez ramené
qu'il/elle ramenât	qu'ils/elles ramenassent	qu'il/elle eût ramené	qu'ils/elles eussent ramené

Commands

	(nous) ramenons
(tu) ramène	(vous) ramenez

USAGE

Il faudra ramener tous les candidats la semaine prochaine.
We'll have to bring back all the candidates next week.

Il faut que je ramène l'enfant chez le médecin.
I have to take the child back to the doctor.

Comment le ramener à la raison?
How can we bring him back to his senses?

J'ai ramené la conversation sur ce sujet.
I brought the conversation back to this subject.

Quand est-ce que tu vas ramener mon vélo?
When are you going to bring back my bicycle?

La Banque Centrale fera tout pour ramener l'inflation sous les deux pour cent.
The Central Bank will do everything to bring inflation back down below two percent.

Sa paie se ramène à peu de chose.
His salary doesn't amount to much.

On peut ramener toutes ces idées à une seule.
We can reduce all these ideas to a single one.

Tu peux me ramener en voiture?
Can you drive me home?

ranger *to straighten up, put away*

je range · je rangeai · rangé · rangeant

regular -er verb; spelling change: g > ge/a, o

Present		Passé Composé	
je range	nous rangeons	j'ai rangé	nous avons rangé
tu ranges	vous rangez	tu as rangé	vous avez rangé
il/elle range	ils/elles rangent	il/elle a rangé	ils/elles ont rangé

Imperfect		Pluperfect	
je rangeais	nous rangions	j'avais rangé	nous avions rangé
tu rangeais	vous rangiez	tu avais rangé	vous aviez rangé
il/elle rangeait	ils/elles rangeaient	il/elle avait rangé	ils/elles avaient rangé

Passé Simple		Past Anterior	
je rangeai	nous rangeâmes	j'eus rangé	nous eûmes rangé
tu rangeas	vous rangeâtes	tu eus rangé	vous eûtes rangé
il/elle rangea	ils/elles rangèrent	il/elle eut rangé	ils/elles eurent rangé

Future		Future Anterior	
je rangerai	nous rangerons	j'aurai rangé	nous aurons rangé
tu rangeras	vous rangerez	tu auras rangé	vous aurez rangé
il/elle rangera	ils/elles rangeront	il/elle aura rangé	ils/elles auront rangé

Conditional		Past Conditional	
je rangerais	nous rangerions	j'aurais rangé	nous aurions rangé
tu rangerais	vous rangeriez	tu aurais rangé	vous auriez rangé
il/elle rangerait	ils/elles rangeraient	il/elle aurait rangé	ils/elles auraient rangé

Present Subjunctive		Past Subjunctive	
que je range	que nous rangions	que j'aie rangé	que nous ayons rangé
que tu ranges	que vous rangiez	que tu aies rangé	que vous ayez rangé
qu'il/elle range	qu'ils/elles rangent	qu'il/elle ait rangé	qu'ils/elles aient rangé

Imperfect Subjunctive		Pluperfect Subjunctive	
que je rangeasse	que nous rangeassions	que j'eusse rangé	que nous eussions rangé
que tu rangeasses	que vous rangeassiez	que tu eusses rangé	que vous eussiez rangé
qu'il/elle rangeât	qu'ils/elles rangeassent	qu'il/elle eût rangé	qu'ils/elles eussent rangé

Commands

	(nous) rangeons
(tu) range	(vous) rangez

USAGE

Il faut que tu ranges ta chambre.	You must straighten up your room.
J'ai acheté des étagères pour ranger mes livres.	I bought some bookshelves to organize my books.
Range tes affaires avant de sortir.	Put your things away before going out.
Elle est bien rangée, ta maison.	Your house is really neat and tidy.
Rangez ces dossiers par ordre alphabétique.	Put these files in alphabetical order.
Je voudrais trouver le moyen de ranger tous les câbles et les fils qui traînent sur mon bureau.	I'd like to find a way to organize all the cables and wires lying around on my desk.

RELATED WORDS AND EXPRESSIONS

le rangement	storage
Nous avons acheté des housses de rangement pour ranger le linge.	We bought plastic storage covers to keep our linens in.
se ranger	to settle down / straighten out / agree with
Il s'est rangé après son mariage.	He settled down after he got married.
Tout le monde s'est rangé de mon côté.	Everyone sided with me.

-er verb; spelling change: l > ll/mute *e*   **je rappelle · je rappelai · rappelé · rappelant**

Present		Passé Composé	
je rappelle	nous rappelons	j'ai rappelé	nous avons rappelé
tu rappelles	vous rappelez	tu as rappelé	vous avez rappelé
il/elle rappelle	ils/elles rappellent	il/elle a rappelé	ils/elles ont rappelé

Imperfect		Pluperfect	
je rappelais	nous rappelions	j'avais rappelé	nous avions rappelé
tu rappelais	vous rappeliez	tu avais rappelé	vous aviez rappelé
il/elle rappelait	ils/elles rappelaient	il/elle avait rappelé	ils/elles avaient rappelé

Passé Simple		Past Anterior	
je rappelai	nous rappelâmes	j'eus rappelé	nous eûmes rappelé
tu rappelas	vous rappelâtes	tu eus rappelé	vous eûtes rappelé
il/elle rappela	ils/elles rappelèrent	il/elle eut rappelé	ils/elles eurent rappelé

Future		Future Anterior	
je rappellerai	nous rappellerons	j'aurai rappelé	nous aurons rappelé
tu rappelleras	vous rappellerez	tu auras rappelé	vous aurez rappelé
il/elle rappellera	ils/elles rappelleront	il/elle aura rappelé	ils/elles auront rappelé

Conditional		Past Conditional	
je rappellerais	nous rappellerions	j'aurais rappelé	nous aurions rappelé
tu rappellerais	vous rappelleriez	tu aurais rappelé	vous auriez rappelé
il/elle rappellerait	ils/elles rappelleraient	il/elle aurait rappelé	ils/elles auraient rappelé

Present Subjunctive		Past Subjunctive	
que je rappelle	que nous rappelions	que j'aie rappelé	que nous ayons rappelé
que tu rappelles	que vous rappeliez	que tu aies rappelé	que vous ayez rappelé
qu'il/elle rappelle	qu'ils/elles rappellent	qu'il/elle ait rappelé	qu'ils/elles aient rappelé

Imperfect Subjunctive		Pluperfect Subjunctive	
que je rappelasse	que nous rappelassions	que j'eusse rappelé	que nous eussions rappelé
que tu rappelasses	que vous rappelassiez	que tu eusses rappelé	que vous eussiez rappelé
qu'il/elle rappelât	qu'ils/elles rappelassent	qu'il/elle eût rappelé	qu'ils/elles eussent rappelé

Commands

(tu) rappelle (nous) rappelons (vous) rappelez

USAGE

On m'a rappelé pendant que je descendais l'escalier. — I was called back as I was going down the stairs.
Je te rappellerai demain matin. — I'll call you back tomorrow morning.
Je lui ai laissé plusieurs messages, mais il ne m'a pas rappelé. — I left him several messages, but he hasn't called me back.
Dieu l'a rappelée. — She departed this life. / God called her back. (formal euphemism)

On a rappelé plusieurs fois la chanteuse. — The singer had several curtain calls.
Rappelez-moi au bon souvenir de vos parents. — Remember me to your parents.
La France a rappelé son ambassadeur. — France recalled her ambassador.
Ce bâtiment me rappelle mon lycée. — This building reminds me of my high school.
Ça ne me rappelle rien. — This doesn't remind me of anything.

RELATED WORDS AND EXPRESSIONS

le rappel — recall / calling back
le rappel de l'ambassadeur — the recalling of the ambassador

se rappeler to *remember*

je me rappelle · je me rappelai ·
s'étant rappelé · se rappelant

-er reflexive verb; spelling change:
l > ll/mute e; compound tenses with *être*

Present

je me rappelle	nous nous rappelons
tu te rappelles	vous vous rappelez
il/elle se rappelle	ils/elles se rappellent

Passé Composé

je me suis rappelé(e)	nous nous sommes rappelé(e)s
tu t'es rappelé(e)	vous vous êtes rappelé(e)(s)
il/elle s'est rappelé(e)	ils/elles se sont rappelé(e)s

Imperfect

je me rappelais	nous nous rappelions
tu te rappelais	vous vous rappeliez
il/elle se rappelait	ils/elles se rappelaient

Pluperfect

je m'étais rappelé(e)	nous nous étions rappelé(e)s
tu t'étais rappelé(e)	vous vous étiez rappelé(e)(s)
il/elle s'était rappelé(e)	ils/elles s'étaient rappelé(e)s

Passé Simple

je me rappelai	nous nous rappelâmes
tu te rappelas	vous vous rappelâtes
il/elle se rappela	ils/elles se rappelèrent

Past Anterior

je me fus rappelé(e)	nous nous fûmes rappelé(e)s
tu te fus rappelé(e)	vous vous fûtes rappelé(e)(s)
il/elle se fut rappelé(e)	ils/elles se furent rappelé(e)s

Future

je me rappellerai	nous nous rappellerons
tu te rappelleras	vous vous rappellerez
il/elle se rappellera	ils/elles se rappelleront

Future Anterior

je me serai rappelé(e)	nous nous serons rappelé(e)s
tu te seras rappelé(e)	vous vous serez rappelé(e)(s)
il/elle se sera rappelé(e)	ils/elles se seront rappelé(e)s

Conditional

je me rappellerais	nous nous rappellerions
tu te rappellerais	vous vous rappelleriez
il/elle se rappellerait	ils/elles se rappelleraient

Past Conditional

je me serais rappelé(e)	nous nous serions rappelé(e)s
tu te serais rappelé(e)	vous vous seriez rappelé(e)(s)
il/elle se serait rappelé(e)	ils/elles se seraient rappelé(e)s

Present Subjunctive

que je me rappelle	que nous nous rappelions
que tu te rappelles	que vous vous rappeliez
qu'il/elle se rappelle	qu'ils/elles se rappellent

Past Subjunctive

que je me sois rappelé(e)	que nous nous soyons rappelé(e)s
que tu te sois rappelé(e)	que vous vous soyez rappelé(e)(s)
qu'il/elle se soit rappelé(e)	qu'ils/elles se soient rappelé(e)s

Imperfect Subjunctive

que je me rappelasse	que nous nous rappelassions
que tu te rappelasses	que vous vous rappelassiez
qu'il/elle se rappelât	qu'ils/elles se rappelassent

Pluperfect Subjunctive

que je me fusse rappelé(e)	que nous nous fussions rappelé(e)s
que tu te fusses rappelé(e)	que vous vous fussiez rappelé(e)(s)
qu'il/elle se fût rappelé(e)	qu'ils/elles se fussent rappelé(e)s

Commands

	(nous) rappelons-nous
(tu) rappelle-toi	(vous) rappelez-vous

USAGE

Excusez-moi, mais je ne me rappelle pas votre nom.	Forgive me, but I don't remember your name.
Rappelez-vous que vous avez rendez-vous.	Remember that you have an appointment.
Je ne me rappelle plus rien.	I can't remember anything anymore.
Je ne me rappelle pas cette histoire.	I don't remember that story.
Je me rappelle vous avoir parlé.	I remember having spoken with you.
Il s'est rappelé que c'est aujourd'hui votre anniversaire.	He remembered today is your birthday.
Tu te rappelles notre première conversation?	Do you remember our first conversation?
Permettez-moi de me rappeler à votre bon souvenir.	My best regards to you. (formal)

irregular verb; spelling change: c > ç/o, u

je reçois · je reçus · reçu · recevant

Present

je reçois	nous recevons
tu reçois	vous recevez
il/elle reçoit	ils/elles reçoivent

Passé Composé

j'ai reçu	nous avons reçu
tu as reçu	vous avez reçu
il/elle a reçu	ils/elles ont reçu

Imperfect

je recevais	nous recevions
tu recevais	vous receviez
il/elle recevait	ils/elles recevaient

Pluperfect

j'avais reçu	nous avions reçu
tu avais reçu	vous aviez reçu
il/elle avait reçu	ils/elles avaient reçu

Passé Simple

je reçus	nous reçûmes
tu reçus	vous reçûtes
il/elle reçut	ils/elles reçurent

Past Anterior

j'eus reçu	nous eûmes reçu
tu eus reçu	vous eûtes reçu
il/elle eut reçu	ils/elles eurent reçu

Future

je recevrai	nous recevrons
tu recevras	vous recevrez
il/elle recevra	ils/elles recevront

Future Anterior

j'aurai reçu	nous aurons reçu
tu auras reçu	vous aurez reçu
il/elle aura reçu	ils/elles auront reçu

Conditional

je recevrais	nous recevrions
tu recevrais	vous recevriez
il/elle recevrait	ils/elles recevraient

Past Conditional

j'aurais reçu	nous aurions reçu
tu aurais reçu	vous auriez reçu
il/elle aurait reçu	ils/elles auraient reçu

Present Subjunctive

que je reçoive	que nous recevions
que tu reçoives	que vous receviez
qu'il/elle reçoive	qu'ils/elles reçoivent

Past Subjunctive

que j'aie reçu	que nous ayons reçu
que tu aies reçu	que vous ayez reçu
qu'il/elle ait reçu	qu'ils/elles aient reçu

Imperfect Subjunctive

que je reçusse	que nous reçussions
que tu reçusses	que vous reçussiez
qu'il/elle reçût	qu'ils/elles reçussent

Pluperfect Subjunctive

que j'eusse reçu	que nous eussions reçu
que tu eusses reçu	que vous eussiez reçu
qu'il/elle eût reçu	qu'ils/elles eussent reçu

Commands

	(nous) recevons
(tu) reçois	(vous) recevez

USAGE

Cet auteur a reçu un prix pour son livre.	*This author received a prize for his book.*
J'ai reçu une lettre aujourd'hui.	*I got a letter today.*
Qu'est-ce que tu as reçu pour ton anniversaire?	*What did you get for your birthday?*
Le PDG reçoit aujourd'hui.	*The CEO is in his office today.*
—Nous recevons du monde dimanche.	*We're having people over on Sunday.*
—Vous recevez beaucoup?	*Do you often have company?*
On est toujours bien reçu chez lui.	*He's a wonderful host.*
Il a reçu des coups dans la bagarre.	*He got hit in the brawl.*
Qu'est-ce qu'il a reçu!	*Did he get beaten up!*
Ce médecin ne reçoit que sur rendez-vous.	*This doctor sees patients only by appointment.*
Je veux que ma fille reçoive de très bonnes notes au lycée.	*I want my daughter to get very good grades in (high) school.*

reconnaître *to recognize*

je reconnais · je reconnus · reconnu · reconnaissant   irregular verb

Present

je reconnais	nous reconnaissons
tu reconnais	vous reconnaissez
il/elle reconnaît	ils/elles reconnaissent

Imperfect

je reconnaissais	nous reconnaissions
tu reconnaissais	vous reconnaissiez
il/elle reconnaissait	ils/elles reconnaissaient

Passé Simple

je reconnus	nous reconnûmes
tu reconnus	vous reconnûtes
il/elle reconnut	ils/elles reconnurent

Future

je reconnaîtrai	nous reconnaîtrons
tu reconnaîtras	vous reconnaîtrez
il/elle reconnaîtra	ils/elles reconnaîtront

Conditional

je reconnaîtrais	nous reconnaîtrions
tu reconnaîtrais	vous reconnaîtriez
il/elle reconnaîtrait	ils/elles reconnaîtraient

Passé Composé

j'ai reconnu	nous avons reconnu
tu as reconnu	vous avez reconnu
il/elle a reconnu	ils/elles ont reconnu

Pluperfect

j'avais reconnu	nous avions reconnu
tu avais reconnu	vous aviez reconnu
il/elle avait reconnu	ils/elles avaient reconnu

Past Anterior

j'eus reconnu	nous eûmes reconnu
tu eus reconnu	vous eûtes reconnu
il/elle eut reconnu	ils/elles eurent reconnu

Future Anterior

j'aurai reconnu	nous aurons reconnu
tu auras reconnu	vous aurez reconnu
il/elle aura reconnu	ils/elles auront reconnu

Past Conditional

j'aurais reconnu	nous aurions reconnu
tu aurais reconnu	vous auriez reconnu
il/elle aurait reconnu	ils/elles auraient reconnu

Present Subjunctive

que je reconnaisse	que nous reconnaissions
que tu reconnaisses	que vous reconnaissiez
qu'il/elle reconnaisse	qu'ils/elles reconnaissent

Imperfect Subjunctive

que je reconnusse	que nous reconnussions
que tu reconnusses	que vous reconnussiez
qu'il/elle reconnût	qu'ils/elles reconnussent

Past Subjunctive

que j'aie reconnu	que nous ayons reconnu
que tu aies reconnu	que vous ayez reconnu
qu'il/elle ait reconnu	qu'ils/elles aient reconnu

Pluperfect Subjunctive

que j'eusse reconnu	que nous eussions reconnu
que tu eusses reconnu	que vous eussiez reconnu
qu'il/elle eût reconnu	qu'ils/elles eussent reconnu

Commands

	(nous) reconnaissons
(tu) reconnais	(vous) reconnaissez

USAGE

Je reconnais sa voix.	*I recognize his/her voice.*
Je te reconnaîtrais entre mille.	*I'd recognize you anywhere.*
Je ne les aurais jamais reconnus.	*I would never have recognized them.*
Je ne le reconnais plus.	*I don't know him anymore.*
On la reconnaît bien là.	*That's just like her.*
Le cambrioleur est venu reconnaître les lieux.	*The burglar came to case the place.*
Il faut reconnaître qu'elle avait raison.	*You must admit she was right.*

RELATED WORDS AND EXPRESSIONS

la reconnaissance	*gratitude*

PROVERB

On reconnaît l'arbre à ses fruits.	*By their fruits you shall know them.*

je recueille · je recueillis · recueilli · recueillant

irregular verb

Present

je recueille	nous recueillons
tu recueilles	vous recueillez
il/elle recueille	ils/elles recueillent

Passé Composé

j'ai recueilli	nous avons recueilli
tu as recueilli	vous avez recueilli
il/elle a recueilli	ils/elles ont recueilli

Imperfect

je recueillais	nous recueillions
tu recueillais	vous recueilliez
il/elle recueillait	ils/elles recueillaient

Pluperfect

j'avais recueilli	nous avions recueilli
tu avais recueilli	vous aviez recueilli
il/elle avait recueilli	ils/elles avaient recueilli

Passé Simple

je recueillis	nous recueillîmes
tu recueillis	vous recueillîtes
il/elle recueillit	ils/elles recueillirent

Past Anterior

j'eus recueilli	nous eûmes recueilli
tu eus recueilli	vous eûtes recueilli
il/elle eut recueilli	ils/elles eurent recueilli

Future

je recueillerai	nous recueillerons
tu recueilleras	vous recueillerez
il/elle recueillera	ils/elles recueilleront

Future Anterior

j'aurai recueilli	nous aurons recueilli
tu auras recueilli	vous aurez recueilli
il/elle aura recueilli	ils/elles auront recueilli

Conditional

je recueillerais	nous recueillerions
tu recueillerais	vous recueilleriez
il/elle recueillerait	ils/elles recueilleraient

Past Conditional

j'aurais recueilli	nous aurions recueilli
tu aurais recueilli	vous auriez recueilli
il/elle aurait recueilli	ils/elles auraient recueilli

Present Subjunctive

que je recueille	que nous recueillions
que tu recueilles	que vous recueilliez
qu'il/elle recueille	qu'ils/elles recueillent

Past Subjunctive

que j'aie recueilli	que nous ayons recueilli
que tu aies recueilli	que vous ayez recueilli
qu'il/elle ait recueilli	qu'ils/elles aient recueilli

Imperfect Subjunctive

que je recueillisse	que nous recueillissions
que tu recueillisses	que vous recueillissiez
qu'il/elle recueillît	qu'ils/elles recueillissent

Pluperfect Subjunctive

que j'eusse recueilli	que nous eussions recueilli
que tu eusses recueilli	que vous eussiez recueilli
qu'il/elle eût recueilli	qu'ils/elles eussent recueilli

Commands

	(nous) recueillons
(tu) recueille	(vous) recueillez

USAGE

Nous avons besoin de recueillir certaines informations relatives aux demandes que nous traitons.
Il me faut un moment pour me recueillir.
Ils ont recueilli mille euros pour les sinistrés.

recueillir les suffrages
L'avocat a recueilli tous les documents.
Notre candidat n'a pas recueilli assez de voix.
Quand recueillerons-nous le fruit de nos efforts?
Ce projet de loi n'a recueilli aucune voix.

We need to gather certain pieces of information about the requests that we deal with.
I need a moment to gather my thoughts.
They collected a thousand euros for the disaster victims.
to collect the ballots / get the votes
The lawyer assembled all the documents.
Our candidate did not receive enough votes.
When will we receive the fruits of our labors?

This bill didn't get a single vote.

RELATED WORDS AND EXPRESSIONS

le recueil
un recueil d'essais

anthology/collection
a collection of essays

426 (**reculer**) to move/step backwards

je recule · je reculai · reculé · reculant

Present		Passé Composé	
je recule	nous reculons	j'ai reculé	nous avons reculé
tu recules	vous reculez	tu as reculé	vous avez reculé
il/elle recule	ils/elles reculent	il/elle a reculé	ils/elles ont reculé

Imperfect		Pluperfect	
je reculais	nous reculions	j'avais reculé	nous avions reculé
tu reculais	vous reculiez	tu avais reculé	vous aviez reculé
il/elle reculait	ils/elles reculaient	il/elle avait reculé	ils/elles avaient reculé

Passé Simple		Past Anterior	
je reculai	nous reculâmes	j'eus reculé	nous eûmes reculé
tu reculas	vous reculâtes	tu eus reculé	vous eûtes reculé
il/elle recula	ils/elles reculèrent	il/elle eut reculé	ils/elles eurent reculé

Future		Future Anterior	
je reculerai	nous reculerons	j'aurai reculé	nous aurons reculé
tu reculeras	vous reculerez	tu auras reculé	vous aurez reculé
il/elle reculera	ils/elles reculeront	il/elle aura reculé	ils/elles auront reculé

Conditional		Past Conditional	
je reculerais	nous reculerions	j'aurais reculé	nous aurions reculé
tu reculerais	vous reculeriez	tu aurais reculé	vous auriez reculé
il/elle reculerait	ils/elles reculeraient	il/elle aurait reculé	ils/elles auraient reculé

Present Subjunctive		Past Subjunctive	
que je recule	que nous reculions	que j'aie reculé	que nous ayons reculé
que tu recules	que vous reculiez	que tu aies reculé	que vous ayez reculé
qu'il/elle recule	qu'ils/elles reculent	qu'il/elle ait reculé	qu'ils/elles aient reculé

Imperfect Subjunctive		Pluperfect Subjunctive	
que je reculasse	que nous reculassions	que j'eusse reculé	que nous eussions reculé
que tu reculasses	que vous reculassiez	que tu eusses reculé	que vous eussiez reculé
qu'il/elle reculât	qu'ils/elles reculassent	qu'il/elle eût reculé	qu'ils/elles eussent reculé

Commands

	(nous) reculons
(tu) recule	(vous) reculez

J'ai reculé d'un pas.	I took a step backwards.
L'ennemi a reculé devant notre armée.	The enemy withdrew before our army.
Il a reculé d'horreur en voyant le cadavre.	He drew back in horror when he saw the corpse.
Le chômage recule.	Unemployment is dropping.
La voiture a reculé.	The car backed up.
Rien ne nous fera reculer.	Nothing will stop us.
Nous ne reculerons pas même devant le danger.	We will not go back even in the face of danger.

RELATED WORDS AND EXPRESSIONS

aller à reculons	to go backwards
en recul	losing / losing ground
Ces idées politiques sont en recul.	Those political ideas are less popular now.
L'enseignement du grec ancien est en recul.	The teaching of classical Greek is in decline.

je recycle · je recyclai · recyclé · recyclant

regular -er verb

Present

je recycle	nous recyclons
tu recycles	vous recyclez
il/elle recycle	ils/elles recyclent

Imperfect

je recyclais	nous recyclions
tu recyclais	vous recycliez
il/elle recyclait	ils/elles recyclaient

Passé Simple

je recyclai	nous recyclâmes
tu recyclas	vous recyclâtes
il/elle recycla	ils/elles recyclèrent

Future

je recyclerai	nous recyclerons
tu recycleras	vous recyclerez
il/elle recyclera	ils/elles recycleront

Conditional

je recyclerais	nous recyclerions
tu recyclerais	vous recycleriez
il/elle recyclerait	ils/elles recycleraient

Passé Composé

j'ai recyclé	nous avons recyclé
tu as recyclé	vous avez recyclé
il/elle a recyclé	ils/elles ont recyclé

Pluperfect

j'avais recyclé	nous avions recyclé
tu avais recyclé	vous aviez recyclé
il/elle avait recyclé	ils/elles avaient recyclé

Past Anterior

j'eus recyclé	nous eûmes recyclé
tu eus recyclé	vous eûtes recyclé
il/elle eut recyclé	ils/elles eurent recyclé

Future Anterior

j'aurai recyclé	nous aurons recyclé
tu auras recyclé	vous aurez recyclé
il/elle aura recyclé	ils/elles auront recyclé

Past Conditional

j'aurais recyclé	nous aurions recyclé
tu aurais recyclé	vous auriez recyclé
il/elle aurait recyclé	ils/elles auraient recyclé

Present Subjunctive

que je recycle	que nous recyclions
que tu recycles	que vous recycliez
qu'il/elle recycle	qu'ils/elles recyclent

Imperfect Subjunctive

que je recyclasse	que nous recyclassions
que tu recyclasses	que vous recyclassiez
qu'il/elle recyclât	qu'ils/elles recyclassent

Past Subjunctive

que j'aie recyclé	que nous ayons recyclé
que tu aies recyclé	que vous ayez recyclé
qu'il/elle ait recyclé	qu'ils/elles aient recyclé

Pluperfect Subjunctive

que j'eusse recyclé	que nous eussions recyclé
que tu eusses recyclé	que vous eussiez recyclé
qu'il/elle eût recyclé	qu'ils/elles eussent recyclé

Commands

	(nous) recyclons
(tu) recycle	(vous) recyclez

USAGE

Nous recyclons le papier et le verre.
recycler les déchets
Cette entreprise recycle ses professionnels.

We recycle paper and glass.
to recycle waste/refuse
This firm gives its professionals refresher courses.

RELATED WORDS AND EXPRESSIONS

le recyclage
le recyclage des matériaux
le recyclage des ingénieurs
se recycler
Apres avoir perdu son poste, il a essayé de se recycler.

recycling
the recycling of materials
the retraining of engineers
to change professions/directions
After losing his job, he tried to retrain.

je réduis · je réduisis · réduit · réduisant

irregular verb

Present		Passé Composé	
je réduis	nous réduisons	j'ai réduit	nous avons réduit
tu réduis	vous réduisez	tu as réduit	vous avez réduit
il/elle réduit	ils/elles réduisent	il/elle a réduit	ils/elles ont réduit

Imperfect		Pluperfect	
je réduisais	nous réduisions	j'avais réduit	nous avions réduit
tu réduisais	vous réduisiez	tu avais réduit	vous aviez réduit
il/elle réduisait	ils/elles réduisaient	il/elle avait réduit	ils/elles avaient réduit

Passé Simple		Past Anterior	
je réduisis	nous réduisîmes	j'eus réduit	nous eûmes réduit
tu réduisis	vous réduisîtes	tu eus réduit	vous eûtes réduit
il/elle réduisit	ils/elles réduisirent	il/elle eut réduit	ils/elles eurent réduit

Future		Future Anterior	
je réduirai	nous réduirons	j'aurai réduit	nous aurons réduit
tu réduiras	vous réduirez	tu auras réduit	vous aurez réduit
il/elle réduira	ils/elles réduiront	il/elle aura réduit	ils/elles auront réduit

Conditional		Past Conditional	
je réduirais	nous réduirions	j'aurais réduit	nous aurions réduit
tu réduirais	vous réduiriez	tu aurais réduit	vous auriez réduit
il/elle réduirait	ils/elles réduiraient	il/elle aurait réduit	ils/elles auraient réduit

Present Subjunctive		Past Subjunctive	
que je réduise	que nous réduisions	que j'aie réduit	que nous ayons réduit
que tu réduises	que vous réduisiez	que tu aies réduit	que vous ayez réduit
qu'il/elle réduise	qu'ils/elles réduisent	qu'il/elle ait réduit	qu'ils/elles aient réduit

Imperfect Subjunctive		Pluperfect Subjunctive	
que je réduisisse	que nous réduisissions	que j'eusse réduit	que nous eussions réduit
que tu réduisisses	que vous réduisissiez	que tu eusses réduit	que vous eussiez réduit
qu'il/elle réduisît	qu'ils/elles réduisissent	qu'il/elle eût réduit	qu'ils/elles eussent réduit

Commands

	(nous) réduisons
(tu) réduis	(vous) réduisez

USAGE

Il faut réduire la consommation de l'eau.	*We have to reduce our use of water.*
La misère l'a réduit à vendre sa ferme.	*Poverty reduced him to selling his farm.*
J'ai fait réduire les photos.	*I had the photos reduced.*
Pourriez-vous réduire cette photo?	*Could you make this photo smaller?*
L'usine a réduit sa production.	*The factory cut back its production.*
L'État a réduit le budget de l'instruction publique.	*The State cut the budget for public education.*
Nous devons réduire nos frais.	*We have to cut back on our expenses.*
Il a réduit le texte du roman.	*He abridged the text of the novel.*
Voilà son argument, réduit à sa plus simple expression.	*There is his argument, expressed as simply as I know how.*
Tu vas trop vite. Réduis la vitesse.	*You're going too fast. Slow down.*

RELATED WORDS AND EXPRESSIONS

la réduction	*reduction*
Il faut profiter de cette réduction de prix.	*We must take advantage of this price cut.*

je réfléchis · je réfléchis · réfléchi · réfléchissant

regular -ir verb

Present

je réfléchis	nous réfléchissons
tu réfléchis	vous réfléchissez
il/elle réfléchit	ils/elles réfléchissent

Imperfect

je réfléchissais	nous réfléchissions
tu réfléchissais	vous réfléchissiez
il/elle réfléchissait	ils/elles réfléchissaient

Passé Simple

je réfléchis	nous réfléchîmes
tu réfléchis	vous réfléchîtes
il/elle réfléchit	ils/elles réfléchirent

Future

je réfléchirai	nous réfléchirons
tu réfléchiras	vous réfléchirez
il/elle réfléchira	ils/elles réfléchiront

Conditional

je réfléchirais	nous réfléchirions
tu réfléchirais	vous réfléchiriez
il/elle réfléchirait	ils/elles réfléchiraient

Passé Composé

j'ai réfléchi	nous avons réfléchi
tu as réfléchi	vous avez réfléchi
il/elle a réfléchi	ils/elles ont réfléchi

Pluperfect

j'avais réfléchi	nous avions réfléchi
tu avais réfléchi	vous aviez réfléchi
il/elle avait réfléchi	ils/elles avaient réfléchi

Past Anterior

j'eus réfléchi	nous eûmes réfléchi
tu eus réfléchi	vous eûtes réfléchi
il/elle eut réfléchi	ils/elles eurent réfléchi

Future Anterior

j'aurai réfléchi	nous aurons réfléchi
tu auras réfléchi	vous aurez réfléchi
il/elle aura réfléchi	ils/elles auront réfléchi

Past Conditional

j'aurais réfléchi	nous aurions réfléchi
tu aurais réfléchi	vous auriez réfléchi
il/elle aurait réfléchi	ils/elles auraient réfléchi

Present Subjunctive

que je réfléchisse	que nous réfléchissions
que tu réfléchisses	que vous réfléchissiez
qu'il/elle réfléchisse	qu'ils/elles réfléchissent

Imperfect Subjunctive

que je réfléchisse	que nous réfléchissions
que tu réfléchisses	que vous réfléchissiez
qu'il/elle réfléchît	qu'ils/elles réfléchissent

Past Subjunctive

que j'aie réfléchi	que nous ayons réfléchi
que tu aies réfléchi	que vous ayez réfléchi
qu'il/elle ait réfléchi	qu'ils/elles aient réfléchi

Pluperfect Subjunctive

que j'eusse réfléchi	que nous eussions réfléchi
que tu eusses réfléchi	que vous eussiez réfléchi
qu'il/elle eût réfléchi	qu'ils/elles eussent réfléchi

Commands

	(nous) réfléchissons
(tu) réfléchis	(vous) réfléchissez

USAGE

Le chien regarde son image réfléchie dans la glace.	The dog looks at his image reflected in the mirror.
Réfléchissez bien avant d'agir.	Think it over carefully before taking action.
Il ne faut pas parler sans réfléchir.	One mustn't speak without thinking.
réfléchir sur un sujet	to think about a subject
Ils ont réfléchi là-dessus.	They thought about it.
Il faut réfléchir sur les conséquences.	You have to think about the consequences.
Réfléchissez à ma demande.	Think over my request.
Réfléchissez un peu!	Use your head!
Il a pris une décision réfléchie.	He made a considered decision.
Tout bien réfléchi, je ne partirai pas.	All things considered, I'm not going away.

RELATED WORDS AND EXPRESSIONS

la réflexion	thinking/reflection
À la réflexion, je ne partirai pas.	On second thought, I won't leave.
Il a pris sa décision après dix minutes de réflexion.	He made his decision after thinking it over for ten minutes.

refouler *to drive back, repress*

je refoule · je refoulai · refoulé · refoulant

regular -er verb

Present
je refoule	nous refoulons
tu refoules	vous refoulez
il/elle refoule	ils/elles refoulent

Passé Composé
j'ai refoulé	nous avons refoulé
tu as refoulé	vous avez refoulé
il/elle a refoulé	ils/elles ont refoulé

Imperfect
je refoulais	nous refoulions
tu refoulais	vous refouliez
il/elle refoulait	ils/elles refoulaient

Pluperfect
j'avais refoulé	nous avions refoulé
tu avais refoulé	vous aviez refoulé
il/elle avait refoulé	ils/elles avaient refoulé

Passé Simple
je refoulai	nous refoulâmes
tu refoulas	vous refoulâtes
il/elle refoula	ils/elles refoulèrent

Past Anterior
j'eus refoulé	nous eûmes refoulé
tu eus refoulé	vous eûtes refoulé
il/elle eut refoulé	ils/elles eurent refoulé

Future
je refoulerai	nous refoulerons
tu refouleras	vous refoulerez
il/elle refoulera	ils/elles refouleront

Future Anterior
j'aurai refoulé	nous aurons refoulé
tu auras refoulé	vous aurez refoulé
il/elle aura refoulé	ils/elles auront refoulé

Conditional
je refoulerais	nous refoulerions
tu refoulerais	vous refouleriez
il/elle refoulerait	ils/elles refouleraient

Past Conditional
j'aurais refoulé	nous aurions refoulé
tu aurais refoulé	vous auriez refoulé
il/elle aurait refoulé	ils/elles auraient refoulé

Present Subjunctive
que je refoule	que nous refoulions
que tu refoules	que vous refouliez
qu'il/elle refoule	qu'ils/elles refoulent

Past Subjunctive
que j'aie refoulé	que nous ayons refoulé
que tu aies refoulé	que vous ayez refoulé
qu'il/elle ait refoulé	qu'ils/elles aient refoulé

Imperfect Subjunctive
que je refoulasse	que nous refoulassions
que tu refoulasses	que vous refoulassiez
qu'il/elle refoulât	qu'ils/elles refoulassent

Pluperfect Subjunctive
que j'eusse refoulé	que nous eussions refoulé
que tu eusses refoulé	que vous eussiez refoulé
qu'il/elle eût refoulé	qu'ils/elles eussent refoulé

Commands
	(nous) refoulons
(tu) refoule	(vous) refoulez

Le régiment a refoulé l'attaque de l'ennemi.	The regiment repulsed the enemy attack.
On refoule tous les immigrés à la frontière.	They are turning back all immigrants at the border.
Elle a essayé de refouler ses larmes.	She tried to hold back her tears.
Le gosse a refoulé un sanglot.	The kid stifled a sob.
Comment refouler ma colère?	How do you expect me to hold back my anger?
Il est illégal de refouler les demandeurs d'asile politique.	It is illegal to turn away people who request political asylum.
S'il s'habille comme ça il va se faire refouler à l'entrée du cabaret.	If he's dressed like that, he will get turned away at the night club door.
Il n'a pas pu refouler ce désir.	He was unable to repress this desire.

RELATED WORDS AND EXPRESSIONS

le refoulement	repression
le refoulement de la personnalité	the repression of one's personality
le refoulement d'un désir	the repression of a desire

je refuse · je refusai · refusé · refusant

regular -er verb

Present		Passé Composé	
je refuse	nous refusons	j'ai refusé	nous avons refusé
tu refuses	vous refusez	tu as refusé	vous avez refusé
il/elle refuse	ils/elles refusent	il/elle a refusé	ils/elles ont refusé

Imperfect		Pluperfect	
je refusais	nous refusions	j'avais refusé	nous avions refusé
tu refusais	vous refusiez	tu avais refusé	vous aviez refusé
il/elle refusait	ils/elles refusaient	il/elle avait refusé	ils/elles avaient refusé

Passé Simple		Past Anterior	
je refusai	nous refusâmes	j'eus refusé	nous eûmes refusé
tu refusas	vous refusâtes	tu eus refusé	vous eûtes refusé
il/elle refusa	ils/elles refusèrent	il/elle eut refusé	ils/elles eurent refusé

Future		Future Anterior	
je refuserai	nous refuserons	j'aurai refusé	nous aurons refusé
tu refuseras	vous refuserez	tu auras refusé	vous aurez refusé
il/elle refusera	ils/elles refuseront	il/elle aura refusé	ils/elles auront refusé

Conditional		Past Conditional	
je refuserais	nous refuserions	j'aurais refusé	nous aurions refusé
tu refuserais	vous refuseriez	tu aurais refusé	vous auriez refusé
il/elle refuserait	ils/elles refuseraient	il/elle aurait refusé	ils/elles auraient refusé

Present Subjunctive		Past Subjunctive	
que je refuse	que nous refusions	que j'aie refusé	que nous ayons refusé
que tu refuses	que vous refusiez	que tu aies refusé	que vous ayez refusé
qu'il/elle refuse	qu'ils/elles refusent	qu'il/elle ait refusé	qu'ils/elles aient refusé

Imperfect Subjunctive		Pluperfect Subjunctive	
que je refusasse	que nous refusassions	que j'eusse refusé	que nous eussions refusé
que tu refusasses	que vous refusassiez	que tu eusses refusé	que vous eussiez refusé
qu'il/elle refusât	qu'ils/elles refusassent	qu'il/elle eût refusé	qu'ils/elles eussent refusé

Commands

	(nous) refusons
(tu) refuse	(vous) refusez

USAGE

Il a refusé de me recevoir.	He refused to see me.
Je refuse de le croire.	I refuse to believe it.
Il refuse le risque.	He refuses to take risks.
On a refusé une augmentation aux employés.	They refused to give the employees a raise.
L'accusé a refusé de répondre aux questions.	The accused (man) refused to answer questions.
Mon chien refuse d'obéir.	My dog refuses to obey.
Ils refusent l'exploitation des étrangers.	They are against the exploitation of foreigners.
On a refusé mon manuscrit.	My manuscript was rejected.
Cette université refuse du monde.	This university turns people away.
Ne refusez pas son invitation.	Don't turn down his invitation.

RELATED WORDS AND EXPRESSIONS

le refus	refusal
Son refus était catégorique.	His refusal was categorical.

regarder to look at

je regarde · je regardai · regardé · regardant

regular -er verb

Present		Passé Composé	
je regarde	nous regardons	j'ai regardé	nous avons regardé
tu regardes	vous regardez	tu as regardé	vous avez regardé
il/elle regarde	ils/elles regardent	il/elle a regardé	ils/elles ont regardé

Imperfect		Pluperfect	
je regardais	nous regardions	j'avais regardé	nous avions regardé
tu regardais	vous regardiez	tu avais regardé	vous aviez regardé
il/elle regardait	ils/elles regardaient	il/elle avait regardé	ils/elles avaient regardé

Passé Simple		Past Anterior	
je regardai	nous regardâmes	j'eus regardé	nous eûmes regardé
tu regardas	vous regardâtes	tu eus regardé	vous eûtes regardé
il/elle regarda	ils/elles regardèrent	il/elle eut regardé	ils/elles eurent regardé

Future		Future Anterior	
je regarderai	nous regarderons	j'aurai regardé	nous aurons regardé
tu regarderas	vous regarderez	tu auras regardé	vous aurez regardé
il/elle regardera	ils/elles regarderont	il/elle aura regardé	ils/elles auront regardé

Conditional		Past Conditional	
je regarderais	nous regarderions	j'aurais regardé	nous aurions regardé
tu regarderais	vous regarderiez	tu aurais regardé	vous auriez regardé
il/elle regarderait	ils/elles regarderaient	il/elle aurait regardé	ils/elles auraient regardé

Present Subjunctive		Past Subjunctive	
que je regarde	que nous regardions	que j'aie regardé	que nous ayons regardé
que tu regardes	que vous regardiez	que tu aies regardé	que vous ayez regardé
qu'il/elle regarde	qu'ils/elles regardent	qu'il/elle ait regardé	qu'ils/elles aient regardé

Imperfect Subjunctive		Pluperfect Subjunctive	
que je regardasse	que nous regardassions	que j'eusse regardé	que nous eussions regardé
que tu regardasses	que vous regardassiez	que tu eusses regardé	que vous eussiez regardé
qu'il/elle regardât	qu'ils/elles regardassent	qu'il/elle eût regardé	qu'ils/elles eussent regardé

Commands

	(nous) regardons
(tu) regarde	(vous) regardez

USAGE

regarder qqch/qqn	to look at something/someone
J'aime regarder les vitrines.	I like to look at the store windows.
Elle nous regardait par la fenêtre.	She looked at us out the window.
Elle regardait tout le monde avec dédain.	She would look at everyone with contempt/disdain.
Assis au café, je regarde les gens qui passent.	Sitting at the café, I watch the people going by.
Je regarde l'actualité à la télé.	I watch the news on TV.
Mes enfants regardent la télé tous les soirs.	My children watch TV every evening.
Regarde voir s'il a fini le projet.	Go see if he has finished the project.
Je l'ai regardée à la dérobée.	I stole a glance at her.
Ça ne vous regarde pas.	It's none of your business.
Je les regarde comme des ennemis.	I consider them to be enemies.
Regardons les choses en face.	Let's face things.
Tu ne regardes pas à la dépense, toi!	You spend money like water!

regular -er verb

je regrette · je regrettai · regretté · regrettant

Present		Passé Composé	
je regrette	nous regrettons	j'ai regretté	nous avons regretté
tu regrettes	vous regrettez	tu as regretté	vous avez regretté
il/elle regrette	ils/elles regrettent	il/elle a regretté	ils/elles ont regretté

Imperfect		Pluperfect	
je regrettais	nous regrettions	j'avais regretté	nous avions regretté
tu regrettais	vous regrettiez	tu avais regretté	vous aviez regretté
il/elle regrettait	ils/elles regrettaient	il/elle avait regretté	ils/elles avaient regretté

Passé Simple		Past Anterior	
je regrettai	nous regrettâmes	j'eus regretté	nous eûmes regretté
tu regrettas	vous regrettâtes	tu eus regretté	vous eûtes regretté
il/elle regretta	ils/elles regrettèrent	il/elle eut regretté	ils/elles eurent regretté

Future		Future Anterior	
je regretterai	nous regretterons	j'aurai regretté	nous aurons regretté
tu regretteras	vous regretterez	tu auras regretté	vous aurez regretté
il/elle regrettera	ils/elles regretteront	il/elle aura regretté	ils/elles auront regretté

Conditional		Past Conditional	
je regretterais	nous regretterions	j'aurais regretté	nous aurions regretté
tu regretterais	vous regretteriez	tu aurais regretté	vous auriez regretté
il/elle regretterait	ils/elles regretteraient	il/elle aurait regretté	ils/elles auraient regretté

Present Subjunctive		Past Subjunctive	
que je regrette	que nous regrettions	que j'aie regretté	que nous ayons regretté
que tu regrettes	que vous regrettiez	que tu aies regretté	que vous ayez regretté
qu'il/elle regrette	qu'ils/elles regrettent	qu'il/elle ait regretté	qu'ils/elles aient regretté

Imperfect Subjunctive		Pluperfect Subjunctive	
que je regrettasse	que nous regrettassions	que j'eusse regretté	que nous eussions regretté
que tu regrettasses	que vous regrettassiez	que tu eusses regretté	que vous eussiez regretté
qu'il/elle regrettât	qu'ils/elles regrettassent	qu'il/elle eût regretté	qu'ils/elles eussent regretté

Commands

	(nous) regrettons
(tu) regrette	(vous) regrettez

USAGE

Je le regrette.	I'm sorry.
Je regrette de vous l'avoir dit.	I'm sorry I told you.
Je regrette de vous avoir fait attendre.	I'm sorry to have kept you waiting.
Je regrette qu'il ne puisse pas venir.	I regret that he can't come.
Il regrettera ce qu'il a dit.	He'll eat his words.
Je la regretterai longtemps.	I'll miss her for a long time to come.
Je regrette ma décision.	I regret my decision.

RELATED WORDS AND EXPRESSIONS

le regret	regret
J'ai un seul regret et c'est de lui avoir prêté de l'argent.	I have only one regret and that's having lent him/her money.
Il l'a fait à regret.	He did it with regret.
C'est regrettable.	That's really too bad.

rejeter *to reject, throw back*

je rejette · je rejetai · rejeté · rejetant

-er verb; spelling change: t > tt/mute e

Present		Passé Composé	
je rejette	nous rejetons	j'ai rejeté	nous avons rejeté
tu rejettes	vous rejetez	tu as rejeté	vous avez rejeté
il/elle rejette	ils/elles rejettent	il/elle a rejeté	ils/elles ont rejeté

Imperfect		Pluperfect	
je rejetais	nous rejetions	j'avais rejeté	nous avions rejeté
tu rejetais	vous rejetiez	tu avais rejeté	vous aviez rejeté
il/elle rejetait	ils/elles rejetaient	il/elle avait rejeté	ils/elles avaient rejeté

Passé Simple		Past Anterior	
je rejetai	nous rejetâmes	j'eus rejeté	nous eûmes rejeté
tu rejetas	vous rejetâtes	tu eus rejeté	vous eûtes rejeté
il/elle rejeta	ils/elles rejetèrent	il/elle eut rejeté	ils/elles eurent rejeté

Future		Future Anterior	
je rejetterai	nous rejetterons	j'aurai rejeté	nous aurons rejeté
tu rejetteras	vous rejetterez	tu auras rejeté	vous aurez rejeté
il/elle rejettera	ils/elles rejetteront	il/elle aura rejeté	ils/elles auront rejeté

Conditional		Past Conditional	
je rejetterais	nous rejetterions	j'aurais rejeté	nous aurions rejeté
tu rejetterais	vous rejetteriez	tu aurais rejeté	vous auriez rejeté
il/elle rejetterait	ils/elles rejetteraient	il/elle aurait rejeté	ils/elles auraient rejeté

Present Subjunctive		Past Subjunctive	
que je rejette	que nous rejetions	que j'aie rejeté	que nous ayons rejeté
que tu rejettes	que vous rejetiez	que tu aies rejeté	que vous ayez rejeté
qu'il/elle rejette	qu'ils/elles rejettent	qu'il/elle ait rejeté	qu'ils/elles aient rejeté

Imperfect Subjunctive		Pluperfect Subjunctive	
que je rejetasse	que nous rejetassions	que j'eusse rejeté	que nous eussions rejeté
que tu rejetasses	que vous rejetassiez	que tu eusses rejeté	que vous eussiez rejeté
qu'il/elle rejetât	qu'ils/elles rejetassent	qu'il/elle eût rejeté	qu'ils/elles eussent rejeté

Commands

	(nous) rejetons
(tu) rejette	(vous) rejetez

USAGE

Il a rejeté notre offre.	He rejected our offer.
L'université a rejeté ma demande.	The university rejected my request.
Le Congrès a rejeté ce projet de loi.	Congress rejected this bill.
Il se sent rejeté par sa famille.	He feels rejected by his family.
Ce poisson est trop petit. Rejette-le!	That fish is too small. Throw it back!
Rejette-moi la balle!	Throw the ball back to me!
J'ai rejeté ma tête en arrière.	I threw my head back.
J'ai rejeté les notes à la fin de mon essai.	I put the notes at the end of my essay.
Il a essayé de rejeter le blâme sur nous.	He tried to put the blame on us.
Notre armée a rejeté le forces armées de l'ennemi.	Our army pushed back the forces of the enemy.
Je rejette les appels anonymes sur mon mobile.	I block anonymous callers on my cell phone.

irregular verb

je rejoins · je rejoignis · rejoint · rejoignant

Present		Passé Composé	
je rejoins	nous rejoignons	j'ai rejoint	nous avons rejoint
tu rejoins	vous rejoignez	tu as rejoint	vous avez rejoint
il/elle rejoint	ils/elles rejoignent	il/elle a rejoint	ils/elles ont rejoint

Imperfect		Pluperfect	
je rejoignais	nous rejoignions	j'avais rejoint	nous avions rejoint
tu rejoignais	vous rejoigniez	tu avais rejoint	vous aviez rejoint
il/elle rejoignait	ils/elles rejoignaient	il/elle avait rejoint	ils/elles avaient rejoint

Passé Simple		Past Anterior	
je rejoignis	nous rejoignîmes	j'eus rejoint	nous eûmes rejoint
tu rejoignis	vous rejoignîtes	tu eus rejoint	vous eûtes rejoint
il/elle rejoignit	ils/elles rejoignirent	il/elle eut rejoint	ils/elles eurent rejoint

Future		Future Anterior	
je rejoindrai	nous rejoindrons	j'aurai rejoint	nous aurons rejoint
tu rejoindras	vous rejoindrez	tu auras rejoint	vous aurez rejoint
il/elle rejoindra	ils/elles rejoindront	il/elle aura rejoint	ils/elles auront rejoint

Conditional		Past Conditional	
je rejoindrais	nous rejoindrions	j'aurais rejoint	nous aurions rejoint
tu rejoindrais	vous rejoindriez	tu aurais rejoint	vous auriez rejoint
il/elle rejoindrait	ils/elles rejoindraient	il/elle aurait rejoint	ils/elles auraient rejoint

Present Subjunctive		Past Subjunctive	
que je rejoigne	que nous rejoignions	que j'aie rejoint	que nous ayons rejoint
que tu rejoignes	que vous rejoigniez	que tu aies rejoint	que vous ayez rejoint
qu'il/elle rejoigne	qu'ils/elles rejoignent	qu'il/elle ait rejoint	qu'ils/elles aient rejoint

Imperfect Subjunctive		Pluperfect Subjunctive	
que je rejoignisse	que nous rejoignissions	que j'eusse rejoint	que nous eussions rejoint
que tu rejoignisses	que vous rejoignissiez	que tu eusses rejoint	que vous eussiez rejoint
qu'il/elle rejoignît	qu'ils/elles rejoignissent	qu'il/elle eût rejoint	qu'ils/elles eussent rejoint

Commands

	(nous) rejoignons
(tu) rejoins	(vous) rejoignez

(**USAGE**)

Elle a rejoint son mari à l'étranger.	She joined her husband abroad.
Le sentier rejoint le chemin au bout de la forêt.	The path meets up with the road at the edge of the forest.
Il me faut rejoindre mon bureau.	I've got to get back to my office.
On se rejoindra en ville.	We'll get together in town.
Son argument rejoint le tien.	His argument has things in common with yours.
Cette lettre rejoindra les autres à la corbeille.	This letter will follow the others into the wastebasket.
Je vous donne nos coordonnées pour vous puissiez nous rejoindre.	I'll give you our contact details so that you can get in touch with us.
Le prof essaie d'utiliser l'argot des jeunes pour rejoindre ses étudiants.	The teacher tries to use young people's slang to connect with his students.

remarquer *to notice*

je remarque · je remarquai · remarqué · remarquant

regular -er verb

Present
je remarque	nous remarquons
tu remarques	vous remarquez
il/elle remarque	ils/elles remarquent

Passé Composé
j'ai remarqué	nous avons remarqué
tu as remarqué	vous avez remarqué
il/elle a remarqué	ils/elles ont remarqué

Imperfect
je remarquais	nous remarquions
tu remarquais	vous remarquiez
il/elle remarquait	ils/elles remarquaient

Pluperfect
j'avais remarqué	nous avions remarqué
tu avais remarqué	vous aviez remarqué
il/elle avait remarqué	ils/elles avaient remarqué

Passé Simple
je remarquai	nous remarquâmes
tu remarquas	vous remarquâtes
il/elle remarqua	ils/elles remarquèrent

Past Anterior
j'eus remarqué	nous eûmes remarqué
tu eus remarqué	vous eûtes remarqué
il/elle eut remarqué	ils/elles eurent remarqué

Future
je remarquerai	nous remarquerons
tu remarqueras	vous remarquerez
il/elle remarquera	ils/elles remarqueront

Future Anterior
j'aurai remarqué	nous aurons remarqué
tu auras remarqué	vous aurez remarqué
il/elle aura remarqué	ils/elles auront remarqué

Conditional
je remarquerais	nous remarquerions
tu remarquerais	vous remarqueriez
il/elle remarquerait	ils/elles remarqueraient

Past Conditional
j'aurais remarqué	nous aurions remarqué
tu aurais remarqué	vous auriez remarqué
il/elle aurait remarqué	ils/elles auraient remarqué

Present Subjunctive
que je remarque	que nous remarquions
que tu remarques	que vous remarquiez
qu'il/elle remarque	qu'ils/elles remarquent

Past Subjunctive
que j'aie remarqué	que nous ayons remarqué
que tu aies remarqué	que vous ayez remarqué
qu'il/elle ait remarqué	qu'ils/elles aient remarqué

Imperfect Subjunctive
que je remarquasse	que nous remarquassions
que tu remarquasses	que vous remarquassiez
qu'il/elle remarquât	qu'ils/elles remarquassent

Pluperfect Subjunctive
que j'eusse remarqué	que nous eussions remarqué
que tu eusses remarqué	que vous eussiez remarqué
qu'il/elle eût remarqué	qu'ils/elles eussent remarqué

Commands
	(nous) remarquons
(tu) remarque	(vous) remarquez

USAGE

Je n'ai rien remarqué d'étrange.	I didn't notice anything strange.
Personne n'a remarqué ma présence.	No one noticed that I was there.
Tu as remarqué sa façon de parler?	Did you notice her way of talking?
Le prof a remarqué que nous n'étions pas contents.	The teacher noticed we weren't happy.
Tu t'es vraiment fait remarquer, toi!	You really got noticed!
Il m'a fait remarquer qu'il voulait s'en aller.	He called it to my attention that he wanted to leave.
Elle cherche toujours à se faire remarquer.	She always tries to attract attention.

RELATED WORDS AND EXPRESSIONS

la remarque	remark
passer des remarques	to make remarks
Il passe toujours des remarques désobligeantes!	He's always making wisecracks.
remarquable	remarkable

regular -er verb

je remercie · je remerciai · remercié · remerciant

Present

je remercie	nous remercions
tu remercies	vous remerciez
il/elle remercie	ils/elles remercient

Imperfect

je remerciais	nous remerciions
tu remerciais	vous remerciiez
il/elle remerciait	ils/elles remerciaient

Passé Simple

je remerciai	nous remerciâmes
tu remercias	vous remerciâtes
il/elle remercia	ils/elles remercièrent

Future

je remercierai	nous remercierons
tu remercieras	vous remercierez
il/elle remerciera	ils/elles remercieront

Conditional

je remercierais	nous remercierions
tu remercierais	vous remercieriez
il/elle remercierait	ils/elles remercieraient

Passé Composé

j'ai remercié	nous avons remercié
tu as remercié	vous avez remercié
il/elle a remercié	ils/elles ont remercié

Pluperfect

j'avais remercié	nous avions remercié
tu avais remercié	vous aviez remercié
il/elle avait remercié	ils/elles avaient remercié

Past Anterior

j'eus remercié	nous eûmes remercié
tu eus remercié	vous eûtes remercié
il/elle eut remercié	ils/elles eurent remercié

Future Anterior

j'aurai remercié	nous aurons remercié
tu auras remercié	vous aurez remercié
il/elle aura remercié	ils/elles auront remercié

Past Conditional

j'aurais remercié	nous aurions remercié
tu aurais remercié	vous auriez remercié
il/elle aurait remercié	ils/elles auraient remercié

Present Subjunctive

que je remercie	que nous remerciions
que tu remercies	que vous remerciiez
qu'il/elle remercie	qu'ils/elles remercient

Imperfect Subjunctive

que je remerciasse	que nous remerciassions
que tu remerciasses	que vous remerciassiez
qu'il/elle remerciât	qu'ils/elles remerciassent

Past Subjunctive

que j'aie remercié	que nous ayons remercié
que tu aies remercié	que vous ayez remercié
qu'il/elle ait remercié	qu'ils/elles aient remercié

Pluperfect Subjunctive

que j'eusse remercié	que nous eussions remercié
que tu eusses remercié	que vous eussiez remercié
qu'il/elle eût remercié	qu'ils/elles eussent remercié

Commands

	(nous) remercions
(tu) remercie	(vous) remerciez

USAGE

Je vous remercie!	I thank you!
Vous les remercierez de notre part.	You'll thank them for us.
Tu dois remercier ta bonne étoile de ta réussite.	You should thank your lucky stars for your success.
Elle ne m'a pas remercié.	She didn't thank me.
Je vous remercie de votre attention.	I thank you for your attention.
Je remercie le bon Dieu d'être sauvé.	I thank heaven I was saved.
Elle m'a remercié du bout des lèvres.	She thanked me halfheartedly.
Ils m'ont remercié des services que je leur avais rendus.	They thanked me for the services I had rendered them.

RELATED WORDS AND EXPRESSIONS

le remerciement	thanking

remettre *to put back; to submit*

je remets · je remis · remis · remettant

irregular verb; only one t in the singular of the present tense

Present		Passé Composé	
je remets	nous remettons	j'ai remis	nous avons remis
tu remets	vous remettez	tu as remis	vous avez remis
il/elle remet	ils/elles remettent	il/elle a remis	ils/elles ont remis

Imperfect		Pluperfect	
je remettais	nous remettions	j'avais remis	nous avions remis
tu remettais	vous remettiez	tu avais remis	vous aviez remis
il/elle remettait	ils/elles remettaient	il/elle avait remis	ils/elles avaient remis

Passé Simple		Past Anterior	
je remis	nous remîmes	j'eus remis	nous eûmes remis
tu remis	vous remîtes	tu eus remis	vous eûtes remis
il/elle remit	ils/elles remirent	il/elle eut remis	ils/elles eurent remis

Future		Future Anterior	
je remettrai	nous remettrons	j'aurai remis	nous aurons remis
tu remettras	vous remettrez	tu auras remis	vous aurez remis
il/elle remettra	ils/elles remettront	il/elle aura remis	ils/elles auront remis

Conditional		Past Conditional	
je remettrais	nous remettrions	j'aurais remis	nous aurions remis
tu remettrais	vous remettriez	tu aurais remis	vous auriez remis
il/elle remettrait	ils/elles remettraient	il/elle aurait remis	ils/elles auraient remis

Present Subjunctive		Past Subjunctive	
que je remette	que nous remettions	que j'aie remis	que nous ayons remis
que tu remettes	que vous remettiez	que tu aies remis	que vous ayez remis
qu'il/elle remette	qu'ils/elles remettent	qu'il/elle ait remis	qu'ils/elles aient remis

Imperfect Subjunctive		Pluperfect Subjunctive	
que je remisse	que nous remissions	que j'eusse remis	que nous eussions remis
que tu remisses	que vous remissiez	que tu eusses remis	que vous eussiez remis
qu'il/elle remît	qu'ils/elles remissent	qu'il/elle eût remis	qu'ils/elles eussent remis

Commands

	(nous) remettons
(tu) remets	(vous) remettez

USAGE

Remettez ces dossiers dans le tiroir.	Put these files back in the drawer.
J'ai remis mon passeport dans ma poche.	I put my passport back in my pocket.
remettre qqn sur la bonne route	to put someone (back) on the right track
Le patron l'a remise à sa place.	The boss put her in her place.
J'ai remis la voiture en marche.	I started the car again.
Elle a remis ses gants.	She put her gloves back on.
Tout est remis en question à cause de sa démission.	His resignation throws everything into question again.
J'ai remis l'ordinateur en état.	I fixed the computer.
Je n'y ai jamais remis les pieds.	I never went back there.
Quand remettrez-vous votre rapport?	When will you hand in your report?

RELATED WORDS AND EXPRESSIONS

se remettre	to entrust oneself / recover
Je m'en remets à vous.	I'll leave it in your hands.
Elle s'est remise de sa grippe.	She has recovered from the flu.
Les enfants se sont remis à leur jeu.	The children went back to their game.

regular -er verb;
spelling change: c > ç/a, o

je remplace · je remplaçai · remplacé · remplaçant

Present	
je remplace	nous remplaçons
tu remplaces	vous remplacez
il/elle remplace	ils/elles remplacent

Passé Composé	
j'ai remplacé	nous avons remplacé
tu as remplacé	vous avez remplacé
il/elle a remplacé	ils/elles ont remplacé

Imperfect	
je remplaçais	nous remplacions
tu remplaçais	vous remplaciez
il/elle remplaçait	ils/elles remplaçaient

Pluperfect	
j'avais remplacé	nous avions remplacé
tu avais remplacé	vous aviez remplacé
il/elle avait remplacé	ils/elles avaient remplacé

Passé Simple	
je remplaçai	nous remplaçâmes
tu remplaças	vous remplaçâtes
il/elle remplaça	ils/elles remplacèrent

Past Anterior	
j'eus remplacé	nous eûmes remplacé
tu eus remplacé	vous eûtes remplacé
il/elle eut remplacé	ils/elles eurent remplacé

Future	
je remplacerai	nous remplacerons
tu remplaceras	vous remplacerez
il/elle remplacera	ils/elles remplaceront

Future Anterior	
j'aurai remplacé	nous aurons remplacé
tu auras remplacé	vous aurez remplacé
il/elle aura remplacé	ils/elles auront remplacé

Conditional	
je remplacerais	nous remplacerions
tu remplacerais	vous remplaceriez
il/elle remplacerait	ils/elles remplaceraient

Past Conditional	
j'aurais remplacé	nous aurions remplacé
tu aurais remplacé	vous auriez remplacé
il/elle aurait remplacé	ils/elles auraient remplacé

Present Subjunctive	
que je remplace	que nous remplacions
que tu remplaces	que vous remplaciez
qu'il/elle remplace	qu'ils/elles remplacent

Past Subjunctive	
que j'aie remplacé	que nous ayons remplacé
que tu aies remplacé	que vous ayez remplacé
qu'il/elle ait remplacé	qu'ils/elles aient remplacé

Imperfect Subjunctive	
que je remplaçasse	que nous remplaçassions
que tu remplaçasses	que vous remplaçassiez
qu'il/elle remplaçât	qu'ils/elles remplaçassent

Pluperfect Subjunctive	
que j'eusse remplacé	que nous eussions remplacé
que tu eusses remplacé	que vous eussiez remplacé
qu'il/elle eût remplacé	qu'ils/elles eussent remplacé

Commands

	(nous) remplaçons
(tu) remplace	(vous) remplacez

USAGE

—Qui t'a remplacé au bureau? *Who took your place at the office?*
—Je n'ai pas pu me faire remplacer. *I couldn't find a replacement.*
Il faut que je remplace ce canapé. *I've got to replace this couch.*
Ma voiture a une vitre cassée. Je vais la remplacer. *My car has a broken window. I'm going to replace it.*
Il faut remplacer ce pneu. *We'll have to replace this tire.*
Il sera difficile de vous remplacer. *It will be hard to replace you.*
rechercher et remplacer *search and replace*
La machine va-t-elle remplacer l'homme? *Will machines replace people?*
Les ONG ne pourront jamais remplacer les états. *NGOs will never be able to replace governments.*
Le fils ne pourra pas remplacer son père. *The son will never be able to fill his father's shoes.*
C'est à vous de remplacer la sentinelle. *It's your turn to relieve the sentry.*

je remplis · je remplis · rempli · remplissant

regular -ir verb

Present
je remplis	nous remplissons
tu remplis	vous remplissez
il/elle remplit	ils/elles remplissent

Passé Composé
j'ai rempli	nous avons rempli
tu as rempli	vous avez rempli
il/elle a rempli	ils/elles ont rempli

Imperfect
je remplissais	nous remplissions
tu remplissais	vous remplissiez
il/elle remplissait	ils/elles remplissaient

Pluperfect
j'avais rempli	nous avions rempli
tu avais rempli	vous aviez rempli
il/elle avait rempli	ils/elles avaient rempli

Passé Simple
je remplis	nous remplîmes
tu remplis	vous remplîtes
il/elle remplit	ils/elles remplirent

Past Anterior
j'eus rempli	nous eûmes rempli
tu eus rempli	vous eûtes rempli
il/elle eut rempli	ils/elles eurent rempli

Future
je remplirai	nous remplirons
tu rempliras	vous remplirez
il/elle remplira	ils/elles rempliront

Future Anterior
j'aurai rempli	nous aurons rempli
tu auras rempli	vous aurez rempli
il/elle aura rempli	ils/elles auront rempli

Conditional
je remplirais	nous remplirions
tu remplirais	vous rempliriez
il/elle remplirait	ils/elles rempliraient

Past Conditional
j'aurais rempli	nous aurions rempli
tu aurais rempli	vous auriez rempli
il/elle aurait rempli	ils/elles auraient rempli

Present Subjunctive
que je remplisse	que nous remplissions
que tu remplisses	que vous remplissiez
qu'il/elle remplisse	qu'ils/elles remplissent

Past Subjunctive
que j'aie rempli	que nous ayons rempli
que tu aies rempli	que vous ayez rempli
qu'il/elle ait rempli	qu'ils/elles aient rempli

Imperfect Subjunctive
que je remplisse	que nous remplissions
que tu remplisses	que vous remplissiez
qu'il/elle remplît	qu'ils/elles remplissent

Pluperfect Subjunctive
que j'eusse rempli	que nous eussions rempli
que tu eusses rempli	que vous eussiez rempli
qu'il/elle eût rempli	qu'ils/elles eussent rempli

Commands
	(nous) remplissons
(tu) remplis	(vous) remplissez

USAGE

Le serveur a rempli nos verres.	The waiter filled our glasses.
Ce chanteur remplit les salles.	This singer fills the concert halls.
L'accident l'a rempli de peur.	The accident left him full of fear.
Cette nouvelle m'a rempli de joie.	That piece of news filled me with joy.
Il a rempli sa lettre de belles phrases.	He filled his letter with beautiful phrases.
La foule remplissait les rues.	The crowd filled the streets.
Ses observations remplissaient des cahiers entiers.	His observations filled whole notebooks.
La bouteille est remplie d'eau minérale.	The bottle is filled with mineral water.
Remplissez ce questionnaire.	Fill out this questionnaire.
L'éducation de ses enfants remplit sa vie.	Raising his children fills his life.
Il te reste des devoirs à remplir.	You have some duties left to fulfill.
Elle remplit une fonction importante.	She performs an important function.
Nous cherchons un gérant qui remplisse toutes ses conditions.	We're looking for a manager who meets all of the requirements.

regular -er verb   je rencontre · je rencontrai · rencontré · rencontrant

Present		Passé Composé	
je rencontre	nous rencontrons	j'ai rencontré	nous avons rencontré
tu rencontres	vous rencontrez	tu as rencontré	vous avez rencontré
il/elle rencontre	ils/elles rencontrent	il/elle a rencontré	ils/elles ont rencontré

Imperfect		Pluperfect	
je rencontrais	nous rencontrions	j'avais rencontré	nous avions rencontré
tu rencontrais	vous rencontriez	tu avais rencontré	vous aviez rencontré
il/elle rencontrait	ils/elles rencontraient	il/elle avait rencontré	ils/elles avaient rencontré

Passé Simple		Past Anterior	
je rencontrai	nous rencontrâmes	j'eus rencontré	nous eûmes rencontré
tu rencontras	vous rencontrâtes	tu eus rencontré	vous eûtes rencontré
il/elle rencontra	ils/elles rencontrèrent	il/elle eut rencontré	ils/elles eurent rencontré

Future		Future Anterior	
je rencontrerai	nous rencontrerons	j'aurai rencontré	nous aurons rencontré
tu rencontreras	vous rencontrerez	tu auras rencontré	vous aurez rencontré
il/elle rencontrera	ils/elles rencontreront	il/elle aura rencontré	ils/elles auront rencontré

Conditional		Past Conditional	
je rencontrerais	nous rencontrerions	j'aurais rencontré	nous aurions rencontré
tu rencontrerais	vous rencontreriez	tu aurais rencontré	vous auriez rencontré
il/elle rencontrerait	ils/elles rencontreraient	il/elle aurait rencontré	ils/elles auraient rencontré

Present Subjunctive		Past Subjunctive	
que je rencontre	que nous rencontrions	que j'aie rencontré	que nous ayons rencontré
que tu rencontres	que vous rencontriez	que tu aies rencontré	que vous ayez rencontré
qu'il/elle rencontre	qu'ils/elles rencontrent	qu'il/elle ait rencontré	qu'ils/elles aient rencontré

Imperfect Subjunctive		Pluperfect Subjunctive	
que je rencontrasse	que nous rencontrassions	que j'eusse rencontré	que nous eussions rencontré
que tu rencontrasses	que vous rencontrassiez	que tu eusses rencontré	que vous eussiez rencontré
qu'il/elle rencontrât	qu'ils/elles rencontrassent	qu'il/elle eût rencontré	qu'ils/elles eussent rencontré

Commands

	(nous) rencontrons
(tu) rencontre	(vous) rencontrez

USAGE

Où est-ce que tu as rencontré les Duval?	*Where did you meet the Duvals?*
Ce projet de loi a rencontré de l'opposition.	*This bill met with opposition.*
Je le rencontre toujours au parc.	*I always run into him in the park.*
C'est un appartement comme on n'en rencontre plus.	*You just don't find apartments like this anymore.*

RELATED WORDS AND EXPRESSIONS

la rencontre	*meeting*
le site de rencontre	*online dating site*
Elle a rencontré son mari sur un site de rencontre.	*She met her husband on an online dating site.*
se rencontrer	*to meet (each other)*
Si l'on se rencontrait au restaurant?	*How about meeting at the restaurant?*
Les chefs d'état se rencontrent.	*The heads of state are meeting.*
Les grands esprits se rencontrent.	*Great minds think alike.*
Nos yeux se sont rencontrés.	*Our eyes met.*

rendre *to return, give back*

je rends · je rendis · rendu · rendant

regular -re verb

Present		Passé Composé	
je rends	nous rendons	j'ai rendu	nous avons rendu
tu rends	vous rendez	tu as rendu	vous avez rendu
il/elle rend	ils/elles rendent	il/elle a rendu	ils/elles ont rendu

Imperfect		Pluperfect	
je rendais	nous rendions	j'avais rendu	nous avions rendu
tu rendais	vous rendiez	tu avais rendu	vous aviez rendu
il/elle rendait	ils/elles rendaient	il/elle avait rendu	ils/elles avaient rendu

Passé Simple		Past Anterior	
je rendis	nous rendîmes	j'eus rendu	nous eûmes rendu
tu rendis	vous rendîtes	tu eus rendu	vous eûtes rendu
il/elle rendit	ils/elles rendirent	il/elle eut rendu	ils/elles eurent rendu

Future		Future Anterior	
je rendrai	nous rendrons	j'aurai rendu	nous aurons rendu
tu rendras	vous rendrez	tu auras rendu	vous aurez rendu
il/elle rendra	ils/elles rendront	il/elle aura rendu	ils/elles auront rendu

Conditional		Past Conditional	
je rendrais	nous rendrions	j'aurais rendu	nous aurions rendu
tu rendrais	vous rendriez	tu aurais rendu	vous auriez rendu
il/elle rendrait	ils/elles rendraient	il/elle aurait rendu	ils/elles auraient rendu

Present Subjunctive		Past Subjunctive	
que je rende	que nous rendions	que j'aie rendu	que nous ayons rendu
que tu rendes	que vous rendiez	que tu aies rendu	que vous ayez rendu
qu'il/elle rende	qu'ils/elles rendent	qu'il/elle ait rendu	qu'ils/elles aient rendu

Imperfect Subjunctive		Pluperfect Subjunctive	
que je rendisse	que nous rendissions	que j'eusse rendu	que nous eussions rendu
que tu rendisses	que vous rendissiez	que tu eusses rendu	que vous eussiez rendu
qu'il/elle rendît	qu'ils/elles rendissent	qu'il/elle eût rendu	qu'ils/elles eussent rendu

Commands

	(nous) rendons
(tu) rends	(vous) rendez

USAGE

rendre qqch à qqn	to give something back to someone
Quand vas-tu me rendre ma bicyclette?	When are you going to give my bicycle back to me?
J'ai rendu mon devoir en retard.	I submitted my homework late.
Ces vacances m'ont rendu mes forces.	This vacation made me strong again.
Je te rendrai la monnaie de ta pièce!	I'll get even with you!
Le médecin lui a rendu la vue.	The doctor restored her sight.
Tu peux me rendre un service?	Can you do me a favor?
Sa réponse m'a rendu malade.	His answer sickened me.
Je suis allé rendre mes derniers devoirs au défunt.	I went to pay my last respects to the deceased.

RELATED WORDS AND EXPRESSIONS

le rendez-vous	appointment
prendre rendez-vous avec qqn	to make an appointment with someone
J'ai rendez-vous à trois heures.	I have an appointment at three o'clock.
se rendre compte de	to realize

PROVERB

Rendre à César ce qui est à César.	Render unto Caesar that which is Caesar's.

regular -er verb; compound tenses with être

je rentre · je rentrai · rentré · rentrant

Present	
je rentre	nous rentrons
tu rentres	vous rentrez
il/elle rentre	ils/elles rentrent

Passé Composé	
je suis rentré(e)	nous sommes rentré(e)s
tu es rentré(e)	vous êtes rentré(e)(s)
il/elle est rentré(e)	ils/elles sont rentré(e)s

Imperfect	
je rentrais	nous rentrions
tu rentrais	vous rentriez
il/elle rentrait	ils/elles rentraient

Pluperfect	
j'étais rentré(e)	nous étions rentré(e)s
tu étais rentré(e)	vous étiez rentré(e)(s)
il/elle était rentré(e)	ils/elles étaient rentré(e)s

Passé Simple	
je rentrai	nous rentrâmes
tu rentras	vous rentrâtes
il/elle rentra	ils/elles rentrèrent

Past Anterior	
je fus rentré(e)	nous fûmes rentré(e)s
tu fus rentré(e)	vous fûtes rentré(e)(s)
il/elle fut rentré(e)	ils/elles furent rentré(e)s

Future	
je rentrerai	nous rentrerons
tu rentreras	vous rentrerez
il/elle rentrera	ils/elles rentreront

Future Anterior	
je serai rentré(e)	nous serons rentré(e)s
tu seras rentré(e)	vous serez rentré(e)(s)
il/elle sera rentré(e)	ils/elles seront rentré(e)s

Conditional	
je rentrerais	nous rentrerions
tu rentrerais	vous rentreriez
il/elle rentrerait	ils/elles rentreraient

Past Conditional	
je serais rentré(e)	nous serions rentré(e)s
tu serais rentré(e)	vous seriez rentré(e)(s)
il/elle serait rentré(e)	ils/elles seraient rentré(e)s

Present Subjunctive	
que je rentre	que nous rentrions
que tu rentres	que vous rentriez
qu'il/elle rentre	qu'ils/elles rentrent

Past Subjunctive	
que je sois rentré(e)	que nous soyons rentré(e)s
que tu sois rentré(e)	que vous soyez rentré(e)(s)
qu'il/elle soit rentré(e)	qu'ils/elles soient rentré(e)s

Imperfect Subjunctive	
que je rentrasse	que nous rentrassions
que tu rentrasses	que vous rentrassiez
qu'il/elle rentrât	qu'ils/elles rentrassent

Pluperfect Subjunctive	
que je fusse rentré(e)	que nous fussions rentré(e)s
que tu fusses rentré(e)	que vous fussiez rentré(e)(s)
qu'il/elle fût rentré(e)	qu'ils/elles fussent rentré(e)s

Commands

	(nous) rentrons
(tu) rentre	(vous) rentrez

USAGE

NOTE: *Rentrer* is conjugated with *avoir* in the compound tenses when it means "to take/bring in."

Tu rentres à quelle heure?	*What time are you coming home?*
Je rentre en métro.	*I take the subway home.*
Une averse! Il faut rentrer un moment.	*A shower! We should go indoors for a minute.*
Tous ces meubles ne vont pas rentrer dans l'appartement.	*All this furniture is not going to fit in the apartment.*
Le camion est rentré dans un immeuble.	*The truck crashed into an apartment house.*
Ça ne me rentre pas dans la tête.	*I just can't understand that.*
Elle aurait voulu rentrer sous terre.	*She could have died (of embarrassment).*
On espère rentrer dans notre argent.	*We hope to break even.*
Il veut rentrer dans la banque.	*He wants to get a bank job.*
rentrer	*to take/bring in*
Tu n'as pas rentré le chien?	*Didn't you bring the dog in?*
Il a rentré la voiture dans le garage.	*He put the car in the garage.*

RELATED WORDS AND EXPRESSIONS

la rentrée (scolaire)	*back-to-school time*

renvoyer to send back, send away, fire

je renvoie · je renvoyai · renvoyé · renvoyant

irregular verb;
spelling change: y > i/mute *e*

Present		Passé Composé	
je renvoie	nous renvoyons	j'ai renvoyé	nous avons renvoyé
tu renvoies	vous renvoyez	tu as renvoyé	vous avez renvoyé
il/elle renvoie	ils/elles renvoient	il/elle a renvoyé	ils/elles ont renvoyé

Imperfect		Pluperfect	
je renvoyais	nous renvoyions	j'avais renvoyé	nous avions renvoyé
tu renvoyais	vous renvoyiez	tu avais renvoyé	vous aviez renvoyé
il/elle renvoyait	ils/elles renvoyaient	il/elle avait renvoyé	ils/elles avaient renvoyé

Passé Simple		Past Anterior	
je renvoyai	nous renvoyâmes	j'eus renvoyé	nous eûmes renvoyé
tu renvoyas	vous renvoyâtes	tu eus renvoyé	vous eûtes renvoyé
il/elle renvoya	ils/elles renvoyèrent	il/elle eut renvoyé	ils/elles eurent renvoyé

Future		Future Anterior	
je renverrai	nous renverrons	j'aurai renvoyé	nous aurons renvoyé
tu renverras	vous renverrez	tu auras renvoyé	vous aurez renvoyé
il/elle renverra	ils/elles renverront	il/elle aura renvoyé	ils/elles auront renvoyé

Conditional		Past Conditional	
je renverrais	nous renverrions	j'aurais renvoyé	nous aurions renvoyé
tu renverrais	vous renverriez	tu aurais renvoyé	vous auriez renvoyé
il/elle renverrait	ils/elles renverraient	il/elle aurait renvoyé	ils/elles auraient renvoyé

Present Subjunctive		Past Subjunctive	
que je renvoie	que nous renvoyions	que j'aie renvoyé	que nous ayons renvoyé
que tu renvoies	que vous renvoyiez	que tu aies renvoyé	que vous ayez renvoyé
qu'il/elle renvoie	qu'ils/elles renvoient	qu'il/elle ait renvoyé	qu'ils/elles aient renvoyé

Imperfect Subjunctive		Pluperfect Subjunctive	
que je renvoyasse	que nous renvoyassions	que j'eusse renvoyé	que nous eussions renvoyé
que tu renvoyasses	que vous renvoyassiez	que tu eusses renvoyé	que vous eussiez renvoyé
qu'il/elle renvoyât	qu'ils/elles renvoyassent	qu'il/elle eût renvoyé	qu'ils/elles eussent renvoyé

Commands

	(nous) renvoyons
(tu) renvoie	(vous) renvoyez

USAGE

L'avocat m'a renvoyé tous les documents.	The lawyer sent back all the documents to me.
Renvoie l'ascenseur.	Send the elevator back down.
Quand ma fille s'est remise de son rhume, je l'ai renvoyée en classe.	When my daughter got over her cold, I sent her back to school.
Le joueur a renvoyé la balle.	The player kicked the ball back.
Avec cela je vous renvoie la balle.	With that, the ball is now in your court.
Le patron a renvoyé la secrétaire.	The boss fired the secretary.
Fais attention ou tu vas te faire renvoyer.	Be careful or you're going to get fired.
Cet étudiant a été renvoyé du lycée.	This student was expelled from high school.
Le dossier est renvoyé à la cour d'appel.	The case is referred to the appeals court.
Prière de nous fournir votre nom d'utilisateur afin que nous puissions vous renvoyer votre mot de passe par courriel.	Please furnish us with your user name so that we can send you your password by e-mail.

regular -re verb

je répands · je répandis · répandu · répandant

Present

je répands	nous répandons
tu répands	vous répandez
il/elle répand	ils/elles répandent

Passé Composé

j'ai répandu	nous avons répandu
tu as répandu	vous avez répandu
il/elle a répandu	ils/elles ont répandu

Imperfect

je répandais	nous répandions
tu répandais	vous répandiez
il/elle répandait	ils/elles répandaient

Pluperfect

j'avais répandu	nous avions répandu
tu avais répandu	vous aviez répandu
il/elle avait répandu	ils/elles avaient répandu

Passé Simple

je répandis	nous répandîmes
tu répandis	vous répandîtes
il/elle répandit	ils/elles répandirent

Past Anterior

j'eus répandu	nous eûmes répandu
tu eus répandu	vous eûtes répandu
il/elle eut répandu	ils/elles eurent répandu

Future

je répandrai	nous répandrons
tu répandras	vous répandrez
il/elle répandra	ils/elles répandront

Future Anterior

j'aurai répandu	nous aurons répandu
tu auras répandu	vous aurez répandu
il/elle aura répandu	ils/elles auront répandu

Conditional

je répandrais	nous répandrions
tu répandrais	vous répandriez
il/elle répandrait	ils/elles répandraient

Past Conditional

j'aurais répandu	nous aurions répandu
tu aurais répandu	vous auriez répandu
il/elle aurait répandu	ils/elles auraient répandu

Present Subjunctive

que je répande	que nous répandions
que tu répandes	que vous répandiez
qu'il/elle répande	qu'ils/elles répandent

Past Subjunctive

que j'aie répandu	que nous ayons répandu
que tu aies répandu	que vous ayez répandu
qu'il/elle ait répandu	qu'ils/elles aient répandu

Imperfect Subjunctive

que je répandisse	que nous répandissions
que tu répandisses	que vous répandissiez
qu'il/elle répandît	qu'ils/elles répandissent

Pluperfect Subjunctive

que j'eusse répandu	que nous eussions répandu
que tu eusses répandu	que vous eussiez répandu
qu'il/elle eût répandu	qu'ils/elles eussent répandu

Commands

	(nous) répandons
(tu) répands	(vous) répandez

USAGE

Le fermier a répandu de la paille sur le sol de l'étable.	The farmer scattered straw over the floor of the stable.
J'ai répandu mes lettres sur la table.	I spread my letters out on the table.
Les envahisseurs répandaient la terreur.	The invaders spread terror.
un style répandu par la télé	a style spread by television
Les journaux ont répandu la nouvelle.	The newspapers spread the news.
Il répand des bêtises.	He goes around saying stupid things.

RELATED WORDS AND EXPRESSIONS

se répandre	to be spilled/spread/scattered
Après le cours, les élèves se sont répandus dans la rue.	After class the students spilled out into the street.
La peur s'est répandue dans le pays.	Fear spread throughout the country.
Il s'est répandu en invectives.	He let out a torrent of abuse.
Elle s'est répandue en larmes.	She burst into tears.
L'épidémie s'est répandue dans la ville.	The epidemic spread throughout the city.

reparaître *to reappear*

je reparais · je reparus · reparu · reparaissant

irregular verb

Present		Passé Composé	
je reparais	nous reparaissons	j'ai reparu	nous avons reparu
tu reparais	vous reparaissez	tu as reparu	vous avez reparu
il/elle reparaît	ils/elles reparaissent	il/elle a reparu	ils/elles ont reparu

Imperfect		Pluperfect	
je reparaissais	nous reparaissions	j'avais reparu	nous avions reparu
tu reparaissais	vous reparaissiez	tu avais reparu	vous aviez reparu
il/elle reparaissait	ils/elles reparaissaient	il/elle avait reparu	ils/elles avaient reparu

Passé Simple		Past Anterior	
je reparus	nous reparûmes	j'eus reparu	nous eûmes reparu
tu reparus	vous reparûtes	tu eus reparu	vous eûtes reparu
il/elle reparut	ils/elles reparurent	il/elle eut reparu	ils/elles eurent reparu

Future		Future Anterior	
je reparaîtrai	nous reparaîtrons	j'aurai reparu	nous aurons reparu
tu reparaîtras	vous reparaîtrez	tu auras reparu	vous aurez reparu
il/elle reparaîtra	ils/elles reparaîtront	il/elle aura reparu	ils/elles auront reparu

Conditional		Past Conditional	
je reparaîtrais	nous reparaîtrions	j'aurais reparu	nous aurions reparu
tu reparaîtrais	vous reparaîtriez	tu aurais reparu	vous auriez reparu
il/elle reparaîtrait	ils/elles reparaîtraient	il/elle aurait reparu	ils/elles auraient reparu

Present Subjunctive		Past Subjunctive	
que je reparaisse	que nous reparaissions	que j'aie reparu	que nous ayons reparu
que tu reparaisses	que vous reparaissiez	que tu aies reparu	que vous ayez reparu
qu'il/elle reparaisse	qu'ils/elles reparaissent	qu'il/elle ait reparu	qu'ils/elles aient reparu

Imperfect Subjunctive		Pluperfect Subjunctive	
que je reparusse	que nous reparussions	que j'eusse reparu	que nous eussions reparu
que tu reparusses	que vous reparussiez	que tu eusses reparu	que vous eussiez reparu
qu'il/elle reparût	qu'ils/elles reparussent	qu'il/elle eût reparu	qu'ils/elles eussent reparu

Commands

	(nous) reparaissons
(tu) reparais	(vous) reparaissez

NOTE: *Reparaître* is sometimes conjugated with *être* in the compound tenses.

Regarde. Le soleil a reparu.	*Look. The sun is out again.*
Il n'osera pas reparaître devant moi.	*He won't dare to show his face to me again.*
Et il n'a jamais reparu.	*And he never showed up again.*
Ce trait reparaît chez eux dans toutes les générations.	*This trait recurs in their family in every generation.*
Ne reparais pas avant le dîner.	*Don't show up again before dinner.*
Le quotidien a reparu après six jours de grève.	*The daily newspaper resumed publishing after a six-day strike.*
Après ce traitement, ses douleurs n'ont pas reparu.	*After this treatment, his pains did not recur.*

regular -er verb

je répare · je réparai · réparé · réparant

Present

je répare	nous réparons
tu répares	vous réparez
il/elle répare	ils/elles réparent

Passé Composé

j'ai réparé	nous avons réparé
tu as réparé	vous avez réparé
il/elle a réparé	ils/elles ont réparé

Imperfect

je réparais	nous réparions
tu réparais	vous répariez
il/elle réparait	ils/elles réparaient

Pluperfect

j'avais réparé	nous avions réparé
tu avais réparé	vous aviez réparé
il/elle avait réparé	ils/elles avaient réparé

Passé Simple

je réparai	nous réparâmes
tu réparas	vous réparâtes
il/elle répara	ils/elles réparèrent

Past Anterior

j'eus réparé	nous eûmes réparé
tu eus réparé	vous eûtes réparé
il/elle eut réparé	ils/elles eurent réparé

Future

je réparerai	nous réparerons
tu répareras	vous réparerez
il/elle réparera	ils/elles répareront

Future Anterior

j'aurai réparé	nous aurons réparé
tu auras réparé	vous aurez réparé
il/elle aura réparé	ils/elles auront réparé

Conditional

je réparerais	nous réparerions
tu réparerais	vous répareriez
il/elle réparerait	ils/elles répareraient

Past Conditional

j'aurais réparé	nous aurions réparé
tu aurais réparé	vous auriez réparé
il/elle aurait réparé	ils/elles auraient réparé

Present Subjunctive

que je répare	que nous réparions
que tu répares	que vous répariez
qu'il/elle répare	qu'ils/elles réparent

Past Subjunctive

que j'aie réparé	que nous ayons réparé
que tu aies réparé	que vous ayez réparé
qu'il/elle ait réparé	qu'ils/elles aient réparé

Imperfect Subjunctive

que je réparasse	que nous réparassions
que tu réparasses	que vous réparassiez
qu'il/elle réparât	qu'ils/elles réparassent

Pluperfect Subjunctive

que j'eusse réparé	que nous eussions réparé
que tu eusses réparé	que vous eussiez réparé
qu'il/elle eût réparé	qu'ils/elles eussent réparé

Commands

	(nous) réparons
(tu) répare	(vous) réparez

USAGE

—Je ne sais pas réparer le moteur.	*I don't know how to fix the motor.*
—Ça ne fait rien. On le fera réparer.	*That's OK. We'll have it repaired.*
—Ma montre ne marche plus.	*My watch isn't working anymore.*
—Je sais où tu peux la faire réparer.	*I know where you can get it fixed.*
J'ai donné mon pantalon à réparer.	*I'm having my pants mended.*
Tu ne pourras jamais réparer.	*You'll never be able to make up for it.*
Comment va-t-il réparer le mal qu'il a fait?	*How will he be able to make up for the harm he has done?*

RELATED WORDS AND EXPRESSIONS

la réparation	*repair*
La moto est en réparation.	*The motorcycle is being repaired.*
Il y a des réparations à faire chez nous.	*Our place needs repair.*

repartir *to leave again*

je repars · je repartis · reparti · repartant   irregular verb; compound tenses with *être*

Present		Passé Composé	
je repars	nous repartons	je suis reparti(e)	nous sommes reparti(e)s
tu repars	vous repartez	tu es reparti(e)	vous êtes reparti(e)(s)
il/elle repart	ils/elles repartent	il/elle est reparti(e)	ils/elles sont reparti(e)s

Imperfect		Pluperfect	
je repartais	nous repartions	j'étais reparti(e)	nous étions reparti(e)s
tu repartais	vous repartiez	tu étais reparti(e)	vous étiez reparti(e)(s)
il/elle repartait	ils/elles repartaient	il/elle était reparti(e)	ils/elles étaient reparti(e)s

Passé Simple		Past Anterior	
je repartis	nous repartîmes	je fus reparti(e)	nous fûmes reparti(e)s
tu repartis	vous repartîtes	tu fus reparti(e)	vous fûtes reparti(e)(s)
il/elle repartit	ils/elles repartirent	il/elle fut reparti(e)	ils/elles furent reparti(e)s

Future		Future Anterior	
je repartirai	nous repartirons	je serai reparti(e)	nous serons reparti(e)s
tu repartiras	vous repartirez	tu seras reparti(e)	vous serez reparti(e)(s)
il/elle repartira	ils/elles repartiront	il/elle sera reparti(e)	ils/elles seront reparti(e)s

Conditional		Past Conditional	
je repartirais	nous repartirions	je serais reparti(e)	nous serions reparti(e)s
tu repartirais	vous repartiriez	tu serais reparti(e)	vous seriez reparti(e)(s)
il/elle repartirait	ils/elles repartiraient	il/elle serait reparti(e)	ils/elles seraient reparti(e)s

Present Subjunctive		Past Subjunctive	
que je reparte	que nous repartions	que je sois reparti(e)	que nous soyons reparti(e)s
que tu repartes	que vous repartiez	que tu sois reparti(e)	que vous soyez reparti(e)(s)
qu'il/elle reparte	qu'ils/elles repartent	qu'il/elle soit reparti(e)	qu'ils/elles soient reparti(e)s

Imperfect Subjunctive		Pluperfect Subjunctive	
que je repartisse	que nous repartissions	que je fusse reparti(e)	que nous fussions reparti(e)s
que tu repartisses	que vous repartissiez	que tu fusses reparti(e)	que vous fussiez reparti(e)(s)
qu'il/elle repartît	qu'ils/elles repartissent	qu'il/elle fût reparti(e)	qu'ils/elles fussent reparti(e)s

Commands

	(nous) repartons
(tu) repars	(vous) repartez

USAGE

Le train est reparti après les réparations.	*The train left again after repairs.*
Ils sont arrivés lundi et repartis mardi matin.	*They arrived on Monday and left on Tuesday morning.*
Après un bref séjour je suis reparti chez moi.	*After a brief stay, I left for home again.*
La conversation est repartie.	*The conversation has started up again.*
repartir à zéro	*to start over / from scratch*
Après sa faillite il est reparti à zéro.	*After his bankruptcy he started over from scratch.*
Tu dois repartir du bon pied.	*You must make a fresh start.*
L'action des banques centrales a fait repartir les marchés boursiers.	*The action taken by the central banks has jump-started the stock markets.*
L'immobilier de bureaux devrait repartir l'année prochaine.	*Commercial real estate is supposed to take off again next year.*

regular -ir verb

je répartis · je répartis · réparti · répartissant

Present	
je répartis	nous répartissons
tu répartis	vous répartissez
il/elle répartit	ils/elles répartissent

Passé Composé	
j'ai réparti	nous avons réparti
tu as réparti	vous avez réparti
il/elle a réparti	ils/elles ont réparti

Imperfect	
je répartissais	nous répartissions
tu répartissais	vous répartissiez
il/elle répartissait	ils/elles répartissaient

Pluperfect	
j'avais réparti	nous avions réparti
tu avais réparti	vous aviez réparti
il/elle avait réparti	ils/elles avaient réparti

Passé Simple	
je répartis	nous répartîmes
tu répartis	vous répartîtes
il/elle répartit	ils/elles répartirent

Past Anterior	
j'eus réparti	nous eûmes réparti
tu eus réparti	vous eûtes réparti
il/elle eut réparti	ils/elles eurent réparti

Future	
je répartirai	nous répartirons
tu répartiras	vous répartirez
il/elle répartira	ils/elles répartiront

Future Anterior	
j'aurai réparti	nous aurons réparti
tu auras réparti	vous aurez réparti
il/elle aura réparti	ils/elles auront réparti

Conditional	
je répartirais	nous répartirions
tu répartirais	vous répartiriez
il/elle répartirait	ils/elles répartiraient

Past Conditional	
j'aurais réparti	nous aurions réparti
tu aurais réparti	vous auriez réparti
il/elle aurait réparti	ils/elles auraient réparti

Present Subjunctive	
que je répartisse	que nous répartissions
que tu répartisses	que vous répartissiez
qu'il/elle répartisse	qu'ils/elles répartissent

Past Subjunctive	
que j'aie réparti	que nous ayons réparti
que tu aies réparti	que vous ayez réparti
qu'il/elle ait réparti	qu'ils/elles aient réparti

Imperfect Subjunctive	
que je répartisse	que nous répartissions
que tu répartisses	que vous répartissiez
qu'il/elle répartît	qu'ils/elles répartissent

Pluperfect Subjunctive	
que j'eusse réparti	que nous eussions réparti
que tu eusses réparti	que vous eussiez réparti
qu'il/elle eût réparti	qu'ils/elles eussent réparti

Commands

	(nous) répartissons
(tu) répartis	(vous) répartissez

On répartira le travail entre les ouvriers.	We'll divide the work up among the workers.
J'ai réparti les étudiants en deux équipes.	I divided the students into two teams.
Ce cours est réparti sur trois semestres.	This course is divided up over three semesters.
Elle a réparti son argent entre ses enfants.	She divided her money among her children.
Comment répartir les dépenses?	How can we divide the expenses?
Vous devez répartir vos actifs entre le risque et le rendement.	You should divide your assets between risk and return.
Le prof a réparti les examens sur l'année entière.	The teacher scheduled exams over the whole year.

RELATED WORDS AND EXPRESSIONS

se répartir	to divide up
Il faut se répartir en trois groupes.	We have to divide into three groups.
C'est comme ça que le travail s'est réparti.	That's how the work was divided up.
Les frais se sont répartis entre tous.	The expenses were divided among all concerned.
Les gendarmes se sont répartis dans le quartier.	The police spread out over the neighborhood.

repasser *to cross again; to take an exam again; to iron clothing*

je repasse · je repassai · repassé · repassant

regular -er verb

Present		Passé Composé	
je repasse	nous repassons	j'ai repassé	nous avons repassé
tu repasses	vous repassez	tu as repassé	vous avez repassé
il/elle repasse	ils/elles repassent	il/elle a repassé	ils/elles ont repassé

Imperfect		Pluperfect	
je repassais	nous repassions	j'avais repassé	nous avions repassé
tu repassais	vous repassiez	tu avais repassé	vous aviez repassé
il/elle repassait	ils/elles repassaient	il/elle avait repassé	ils/elles avaient repassé

Passé Simple		Past Anterior	
je repassai	nous repassâmes	j'eus repassé	nous eûmes repassé
tu repassas	vous repassâtes	tu eus repassé	vous eûtes repassé
il/elle repassa	ils/elles repassèrent	il/elle eut repassé	ils/elles eurent repassé

Future		Future Anterior	
je repasserai	nous repasserons	j'aurai repassé	nous aurons repassé
tu repasseras	vous repasserez	tu auras repassé	vous aurez repassé
il/elle repassera	ils/elles repasseront	il/elle aura repassé	ils/elles auront repassé

Conditional		Past Conditional	
je repasserais	nous repasserions	j'aurais repassé	nous aurions repassé
tu repasserais	vous repasseriez	tu aurais repassé	vous auriez repassé
il/elle repasserait	ils/elles repasseraient	il/elle aurait repassé	ils/elles auraient repassé

Present Subjunctive		Past Subjunctive	
que je repasse	que nous repassions	que j'aie repassé	que nous ayons repassé
que tu repasses	que vous repassiez	que tu aies repassé	que vous ayez repassé
qu'il/elle repasse	qu'ils/elles repassent	qu'il/elle ait repassé	qu'ils/elles aient repassé

Imperfect Subjunctive		Pluperfect Subjunctive	
que je repassasse	que nous repassassions	que j'eusse repassé	que nous eussions repassé
que tu repassasses	que vous repassassiez	que tu eusses repassé	que vous eussiez repassé
qu'il/elle repassât	qu'ils/elles repassassent	qu'il/elle eût repassé	qu'ils/elles eussent repassé

Commands

	(nous) repassons
(tu) repasse	(vous) repassez

USAGE

Nous avons repassé le fleuve.	We crossed back over the river.
Les étudiants ont repassé l'examen.	The students took the test again.
Je viens de repasser mon permis de conduire.	I've just taken my driver's exam again.
Elle repasse ses robes.	She's ironing her dresses.
un fer à repasser	a clothes iron
Je repasserai te voir.	I'll come by to see you again.
La semaine prochaine on repasse ce film.	That film will be shown again next week.
Je lui ai repassé le journal.	I handed the newspaper back to him.
Je vous repasse le patron.	I'll put the boss on again. (telephone)

RELATED WORDS AND EXPRESSIONS

la table à repassage	ironing board

-er verb; spelling change: é > è/mute e
except in the future and conditional

je repère · je repérai · repéré · repérant

Present		Passé Composé	
je repère	nous repérons	j'ai repéré	nous avons repéré
tu repères	vous repérez	tu as repéré	vous avez repéré
il/elle repère	ils/elles repèrent	il/elle a repéré	ils/elles ont repéré

Imperfect		Pluperfect	
je repérais	nous repérions	j'avais repéré	nous avions repéré
tu repérais	vous repériez	tu avais repéré	vous aviez repéré
il/elle repérait	ils/elles repéraient	il/elle avait repéré	ils/elles avaient repéré

Passé Simple		Past Anterior	
je repérai	nous repérâmes	j'eus repéré	nous eûmes repéré
tu repéras	vous repérâtes	tu eus repéré	vous eûtes repéré
il/elle repéra	ils/elles repérèrent	il/elle eut repéré	ils/elles eurent repéré

Future		Future Anterior	
je repérerai	nous repérerons	j'aurai repéré	nous aurons repéré
tu repéreras	vous repérerez	tu auras repéré	vous aurez repéré
il/elle repérera	ils/elles repéreront	il/elle aura repéré	ils/elles auront repéré

Conditional		Past Conditional	
je repérerais	nous repérerions	j'aurais repéré	nous aurions repéré
tu repérerais	vous repéreriez	tu aurais repéré	vous auriez repéré
il/elle repérerait	ils/elles repéreraient	il/elle aurait repéré	ils/elles auraient repéré

Present Subjunctive		Past Subjunctive	
que je repère	que nous repérions	que j'aie repéré	que nous ayons repéré
que tu repères	que vous repériez	que tu aies repéré	que vous ayez repéré
qu'il/elle repère	qu'ils/elles repèrent	qu'il/elle ait repéré	qu'ils/elles aient repéré

Imperfect Subjunctive		Pluperfect Subjunctive	
que je repérasse	que nous repérassions	que j'eusse repéré	que nous eussions repéré
que tu repérasses	que vous repérassiez	que tu eusses repéré	que vous eussiez repéré
qu'il/elle repérât	qu'ils/elles repérassent	qu'il/elle eût repéré	qu'ils/elles eussent repéré

Commands

	(nous) repérons
(tu) repère	(vous) repérez

USAGE

Je l'ai repérée dans la foule.	I spotted her in the crowd.
Avec tout ce bruit tu vas nous faire repérer.	With all that noise you're going to get us spotted.
On utilise des micropuces pour repérer des cellules cancéreuses.	They use microchips to locate cancer cells.
Ma mère a repéré un bon traiteur.	My mother discovered a good caterer/deli.
Les voleurs se sont fait repérer.	The thieves got themselves caught.
Je me repère facilement dans cette ville.	I find my way around easily in this city.

RELATED WORDS AND EXPRESSIONS

le repère	marker/landmark
Le menuisier a tracé des repères sur le bois.	The carpenter made marks on the wood.
le point de repère	landmark / point of reference
Ce parc nous servira de point de repère.	This park will serve as a reminder of how to get back.

répéter to repeat

je répète · je répétai · répété · répétant

regular -er verb; spelling change: é > è/mute e
except in the future and conditional

Present		Passé Composé	
je répète	nous répétons	j'ai répété	nous avons répété
tu répètes	vous répétez	tu as répété	vous avez répété
il/elle répète	ils/elles répètent	il/elle a répété	ils/elles ont répété

Imperfect		Pluperfect	
je répétais	nous répétions	j'avais répété	nous avions répété
tu répétais	vous répétiez	tu avais répété	vous aviez répété
il/elle répétait	ils/elles répétaient	il/elle avait répété	ils/elles avaient répété

Passé Simple		Past Anterior	
je répétai	nous répétâmes	j'eus répété	nous eûmes répété
tu répétas	vous répétâtes	tu eus répété	vous eûtes répété
il/elle répéta	ils/elles répétèrent	il/elle eut répété	ils/elles eurent répété

Future		Future Anterior	
je répéterai	nous répéterons	j'aurai répété	nous aurons répété
tu répéteras	vous répéterez	tu auras répété	vous aurez répété
il/elle répétera	ils/elles répéteront	il/elle aura répété	ils/elles auront répété

Conditional		Past Conditional	
je répéterais	nous répéterions	j'aurais répété	nous aurions répété
tu répéterais	vous répéteriez	tu aurais répété	vous auriez répété
il/elle répéterait	ils/elles répéteraient	il/elle aurait répété	ils/elles auraient répété

Present Subjunctive		Past Subjunctive	
que je répète	que nous répétions	que j'aie répété	que nous ayons répété
que tu répètes	que vous répétiez	que tu aies répété	que vous ayez répété
qu'il/elle répète	qu'ils/elles répètent	qu'il/elle ait répété	qu'ils/elles aient répété

Imperfect Subjunctive		Pluperfect Subjunctive	
que je répétasse	que nous répétassions	que j'eusse répété	que nous eussions répété
que tu répétasses	que vous répétassiez	que tu eusses répété	que vous eussiez répété
qu'il/elle répétât	qu'ils/elles répétassent	qu'il/elle eût répété	qu'ils/elles eussent répété

Commands

	(nous) répétons
(tu) répète	(vous) répétez

USAGE

Répétez après moi.	Repeat after me.
Combien de fois est-ce qu'il faut te répéter la même chose?	How many times do I have to repeat the same thing to you?
C'est un secret à ne pas répéter.	It's a secret that should not be repeated.
Le prisonnier a répété sa tentative d'évasion.	The prisoner repeated his escape attempt.
Je ne me le suis pas fait répéter.	I didn't have to be told twice.
Les musiciens répètent avant le concert.	The musicians rehearse before the concert.

RELATED WORDS AND EXPRESSIONS

la répétition	rehearsal
se répéter	to repeat oneself
Tu te répètes, tu sais?	Do you know you're repeating yourself?
L'histoire se répète.	History repeats itself.
Le même style de maison se répétait rue après rue.	The same style of house was found on street after street.

regular -re verb

je réponds · je répondis · répondu · répondant

Present

je réponds	nous répondons
tu réponds	vous répondez
il/elle répond	ils/elles répondent

Imperfect

je répondais	nous répondions
tu répondais	vous répondiez
il/elle répondait	ils/elles répondaient

Passé Simple

je répondis	nous répondîmes
tu répondis	vous répondîtes
il/elle répondit	ils/elles répondirent

Future

je répondrai	nous répondrons
tu répondras	vous répondrez
il/elle répondra	ils/elles répondront

Conditional

je répondrais	nous répondrions
tu répondrais	vous répondriez
il/elle répondrait	ils/elles répondraient

Passé Composé

j'ai répondu	nous avons répondu
tu as répondu	vous avez répondu
il/elle a répondu	ils/elles ont répondu

Pluperfect

j'avais répondu	nous avions répondu
tu avais répondu	vous aviez répondu
il/elle avait répondu	ils/elles avaient répondu

Past Anterior

j'eus répondu	nous eûmes répondu
tu eus répondu	vous eûtes répondu
il/elle eut répondu	ils/elles eurent répondu

Future Anterior

j'aurai répondu	nous aurons répondu
tu auras répondu	vous aurez répondu
il/elle aura répondu	ils/elles auront répondu

Past Conditional

j'aurais répondu	nous aurions répondu
tu aurais répondu	vous auriez répondu
il/elle aurait répondu	ils/elles auraient répondu

Present Subjunctive

que je réponde	que nous répondions
que tu répondes	que vous répondiez
qu'il/elle réponde	qu'ils/elles répondent

Imperfect Subjunctive

que je répondisse	que nous répondissions
que tu répondisses	que vous répondissiez
qu'il/elle répondît	qu'ils/elles répondissent

Past Subjunctive

que j'aie répondu	que nous ayons répondu
que tu aies répondu	que vous ayez répondu
qu'il/elle ait répondu	qu'ils/elles aient répondu

Pluperfect Subjunctive

que j'eusse répondu	que nous eussions répondu
que tu eusses répondu	que vous eussiez répondu
qu'il/elle eût répondu	qu'ils/elles eussent répondu

Commands

	(nous) répondons
(tu) réponds	(vous) répondez

USAGE

répondre que	to answer that
J'ai répondu qu'il était tard.	I answered that it was late.
Il a répondu qu'il voulait partir.	He answered that he wanted to leave.
Nous avons répondu que oui/non.	We answered yes/no.
répondre qqch	to answer (with) something
Il a répondu une bêtise.	He answered (with) something stupid.
Elle a répondu « présente » à l'appel.	She answered "present" when they called the roll.
répondre à qqch	to answer something
J'ai répondu à son message	I answered his message.
répondre à qqn	to answer someone
Je leur répondrai.	I'll answer them.

(**répondre**) *to answer*

je réponds · je répondis · répondu · répondant

regular -re verb

répondre + la réponse

Il a répondu quelque chose, mais je n'ai rien
   compris.

He answered something, but I didn't understand
   any of it.

répondre par qqch *to answer by/using*

J'ai répondu par des balbutiements.	I answered with stammers.
Je n'ai rien à répondre.	I have nothing to answer.
J'ai répondu par écrit.	I answered in writing.
Vous me répondrez par oui ou par non.	You'll answer yes or no.
L'enfant m'a répondu par un sourire.	The child answered me with a smile.

répondre à qqch

répondre au téléphone	to answer the phone
répondre au courrier électronique	to answer the e-mail
répondre à la porte	to answer the door
répondre à la sonnette	to answer the bell
répondre à une question	to answer a question

Les étudiants ont répondu à toutes les
   questions.

The students answered all of the questions.

Tu n'as pas répondu à son salut.	You didn't answer when she said "hello."
Il a répondu à toutes les objections du chef.	He answered all the boss's objections.
Son cœur ne répond plus aux excitations.	His heart no longer responds to stimuli.

🌐 —Est-ce qu'elle a répondu à cette annonce?   *Did she answer that ad?*
   —Oui, mais elle a découvert que le poste   *Yes, but she discovered that the job falls short*
      ne répond pas à ses espérances.   *of her expectations.*

Tu as entendu la question? Réponds-y.   *Did you hear the question? Answer it.*

répondre à qqn

🌐 —Elle m'a répondu en criant des mots   *She answered me by shouting coarse words.*
      grossiers.
   —Vous ne devez pas lui permettre de   *You shouldn't allow her to answer you in that*
      vous répondre sur ce ton.   *tone of voice.*

Il a une question. Réponds-lui.   *He has a question. Answer him.*

répondre (emploi absolu)

Ça ne répond pas.	There's no answer. (telephone)
Les freins ne répondent plus!	The brakes are failing!

RELATED WORDS AND EXPRESSIONS

la réponse	answer
le bulletin de réponse	reply slip
en réponse à votre demande	in response to your application
J'attends toujours sa réponse.	I'm still waiting for his reply.
le répondeur	answering machine

regular -er reflexive verb;
compound tenses with être

je me repose · je me reposai · s'étant reposé · se reposant

Present

je me repose	nous nous reposons
tu te reposes	vous vous reposez
il/elle se repose	ils/elles se reposent

Passé Composé

je me suis reposé(e)	nous nous sommes reposé(e)s
tu t'es reposé(e)	vous vous êtes reposé(e)(s)
il/elle s'est reposé(e)	ils/elles se sont reposé(e)s

Imperfect

je me reposais	nous nous reposions
tu te reposais	vous vous reposiez
il/elle se reposait	ils/elles se reposaient

Pluperfect

je m'étais reposé(e)	nous nous étions reposé(e)s
tu t'étais reposé(e)	vous vous étiez reposé(e)(s)
il/elle s'était reposé(e)	ils/elles s'étaient reposé(e)s

Passé Simple

je me reposai	nous nous reposâmes
tu te reposas	vous vous reposâtes
il/elle se reposa	ils/elles se reposèrent

Past Anterior

je me fus reposé(e)	nous nous fûmes reposé(e)s
tu te fus reposé(e)	vous vous fûtes reposé(e)(s)
il/elle se fut reposé(e)	ils/elles se furent reposé(e)s

Future

je me reposerai	nous nous reposerons
tu te reposeras	vous vous reposerez
il/elle se reposera	ils/elles se reposeront

Future Anterior

je me serai reposé(e)	nous nous serons reposé(e)s
tu te seras reposé(e)	vous vous serez reposé(e)(s)
il/elle se sera reposé(e)	ils/elles se seront reposé(e)s

Conditional

je me reposerais	nous nous reposerions
tu te reposerais	vous vous reposeriez
il/elle se reposerait	ils/elles se reposeraient

Past Conditional

je me serais reposé(e)	nous nous serions reposé(e)s
tu te serais reposé(e)	vous vous seriez reposé(e)(s)
il/elle se serait reposé(e)	ils/elles se seraient reposé(e)s

Present Subjunctive

que je me repose	que nous nous reposions
que tu te reposes	que vous vous reposiez
qu'il/elle se repose	qu'ils/elles se reposent

Past Subjunctive

que je me sois reposé(e)	que nous nous soyons reposé(e)s
que tu te sois reposé(e)	que vous vous soyez reposé(e)(s)
qu'il/elle se soit reposé(e)	qu'ils/elles se soient reposé(e)s

Imperfect Subjunctive

que je me reposasse	que nous nous reposassions
que tu te reposasses	que vous vous reposassiez
qu'il/elle se reposât	qu'ils/elles se reposassent

Pluperfect Subjunctive

que je me fusse reposé(e)	que nous nous fussions reposé(e)s
que tu te fusses reposé(e)	que vous vous fussiez reposé(e)(s)
qu'il/elle se fût reposé(e)	qu'ils/elles se fussent reposé(e)s

Commands

	(nous) reposons-nous
(tu) repose-toi	(vous) reposez-vous

USAGE

Je me repose après le travail.	I rest after work.
Avec ce bruit on ne peut pas se reposer.	We can't rest with this noise.
Laisse-moi me reposer.	Let me rest.
Ils se reposent sur leurs lauriers.	They're resting on their laurels.
Il se repose sur nous pour tout.	He relies on us for everything.
Je me repose sur vous.	I'm counting on you.

RELATED WORDS AND EXPRESSIONS

le repos	rest
Il faut que tu prennes un peu de repos.	You should take some time off.
J'ai un mois de repos.	I have a month off.

reprendre *to take up again, start again*

je reprends · je repris · repris · reprenant   irregular verb

Present
je reprends	nous reprenons
tu reprends	vous reprenez
il/elle reprend	ils/elles reprennent

Passé Composé
j'ai repris	nous avons repris
tu as repris	vous avez repris
il/elle a repris	ils/elles ont repris

Imperfect
je reprenais	nous reprenions
tu reprenais	vous repreniez
il/elle reprenait	ils/elles reprenaient

Pluperfect
j'avais repris	nous avions repris
tu avais repris	vous aviez repris
il/elle avait repris	ils/elles avaient repris

Passé Simple
je repris	nous reprîmes
tu repris	vous reprîtes
il/elle reprit	ils/elles reprirent

Past Anterior
j'eus repris	nous eûmes repris
tu eus repris	vous eûtes repris
il/elle eut repris	ils/elles eurent repris

Future
je reprendrai	nous reprendrons
tu reprendras	vous reprendrez
il/elle reprendra	ils/elles reprendront

Future Anterior
j'aurai repris	nous aurons repris
tu auras repris	vous aurez repris
il/elle aura repris	ils/elles auront repris

Conditional
je reprendrais	nous reprendrions
tu reprendrais	vous reprendriez
il/elle reprendrait	ils/elles reprendraient

Past Conditional
j'aurais repris	nous aurions repris
tu aurais repris	vous auriez repris
il/elle aurait repris	ils/elles auraient repris

Present Subjunctive
que je reprenne	que nous reprenions
que tu reprennes	que vous repreniez
qu'il/elle reprenne	qu'ils/elles reprennent

Past Subjunctive
que j'aie repris	que nous ayons repris
que tu aies repris	que vous ayez repris
qu'il/elle ait repris	qu'ils/elles aient repris

Imperfect Subjunctive
que je reprisse	que nous reprissions
que tu reprisses	que vous reprissiez
qu'il/elle reprît	qu'ils/elles reprissent

Pluperfect Subjunctive
que j'eusse repris	que nous eussions repris
que tu eusses repris	que vous eussiez repris
qu'il/elle eût repris	qu'ils/elles eussent repris

Commands
	(nous) reprenons
(tu) reprends	(vous) reprenez

USAGE

Il a repris sa place.	He took his seat again.
Je vais reprendre l'histoire dès le début.	I'll start the story all over again.
La neige a repris de plus belle.	It started snowing again, harder than before.
Tu as repris ta parole.	You went back on your word.
Le malade a repris le dessus.	The sick man recovered.
Vous reprenez de la salade?	Will you have some more salad?
Que je ne t'y reprenne pas!	Don't let me catch you doing it again!
Tu as repris tes mauvaises habitudes.	You've fallen back into your bad habits.
La police a repris le prisonnier évadé.	The police caught the escaped prisoner.
Les doutes m'ont repris.	I was beset by doubt again.
Il n'y a rien à reprendre dans votre thème.	There is nothing to correct in your composition.
Mais tu reprends toujours les mêmes idées!	But you just keep repeating the same ideas!

irregular verb

je résous · je résolus · résolu · résolvant

Present	
je résous	nous résolvons
tu résous	vous résolvez
il/elle résout	ils/elles résolvent

Passé Composé	
j'ai résolu	nous avons résolu
tu as résolu	vous avez résolu
il/elle a résolu	ils/elles ont résolu

Imperfect	
je résolvais	nous résolvions
tu résolvais	vous résolviez
il/elle résolvait	ils/elles résolvaient

Pluperfect	
j'avais résolu	nous avions résolu
tu avais résolu	vous aviez résolu
il/elle avait résolu	ils/elles avaient résolu

Passé Simple	
je résolus	nous résolûmes
tu résolus	vous résolûtes
il/elle résolut	ils/elles résolurent

Past Anterior	
j'eus résolu	nous eûmes résolu
tu eus résolu	vous eûtes résolu
il/elle eut résolu	ils/elles eurent résolu

Future	
je résoudrai	nous résoudrons
tu résoudras	vous résoudrez
il/elle résoudra	ils/elles résoudront

Future Anterior	
j'aurai résolu	nous aurons résolu
tu auras résolu	vous aurez résolu
il/elle aura résolu	ils/elles auront résolu

Conditional	
je résoudrais	nous résoudrions
tu résoudrais	vous résoudriez
il/elle résoudrait	ils/elles résoudraient

Past Conditional	
j'aurais résolu	nous aurions résolu
tu aurais résolu	vous auriez résolu
il/elle aurait résolu	ils/elles auraient résolu

Present Subjunctive	
que je résolve	que nous résolvions
que tu résolves	que vous résolviez
qu'il/elle résolve	qu'ils/elles résolvent

Past Subjunctive	
que j'aie résolu	que nous ayons résolu
que tu aies résolu	que vous ayez résolu
qu'il/elle ait résolu	qu'ils/elles aient résolu

Imperfect Subjunctive	
que je résolusse	que nous résolussions
que tu résolusses	que vous résolussiez
qu'il/elle résolût	qu'ils/elles résolussent

Pluperfect Subjunctive	
que j'eusse résolu	que nous eussions résolu
que tu eusses résolu	que vous eussiez résolu
qu'il/elle eût résolu	qu'ils/elles eussent résolu

Commands

	(nous) résolvons
(tu) résous	(vous) résolvez

USAGE

résoudre un problème	to solve a problem
résoudre une équation	to solve an equation
Je ne sais pas comment résoudre ce conflit.	I don't know how to settle this conflict.
Il reste des difficultés à résoudre.	There are still some difficulties to be worked through.
Il faut résoudre ce contrat.	This contract must be canceled.
résoudre de faire qqch	to decide to do something
Il faut que je résolve ce problème.	I have to solve this problem.
Nous avons résolu de partir.	We decided to leave.
résoudre qqn de faire qqch	to convince someone to do something
Ils m'ont résolu de leur venir en aide.	They prevailed upon me to come to their assistance.
Il est résolu à le faire.	He is determined to do it.

RELATED WORDS AND EXPRESSIONS

la résolution	resolution/solution
la résolution d'un problème	the resolution of a problem

ressembler *to resemble*

je ressemble · je ressemblai · ressemblé · ressemblant

regular -er verb

Present

je ressemble	nous ressemblons
tu ressembles	vous ressemblez
il/elle ressemble	ils/elles ressemblent

Passé Composé

j'ai ressemblé	nous avons ressemblé
tu as ressemblé	vous avez ressemblé
il/elle a ressemblé	ils/elles ont ressemblé

Imperfect

je ressemblais	nous ressemblions
tu ressemblais	vous ressembliez
il/elle ressemblait	ils/elles ressemblaient

Pluperfect

j'avais ressemblé	nous avions ressemblé
tu avais ressemblé	vous aviez ressemblé
il/elle avait ressemblé	ils/elles avaient ressemblé

Passé Simple

je ressemblai	nous ressemblâmes
tu ressemblas	vous ressemblâtes
il/elle ressembla	ils/elles ressemblèrent

Past Anterior

j'eus ressemblé	nous eûmes ressemblé
tu eus ressemblé	vous eûtes ressemblé
il/elle eut ressemblé	ils/elles eurent ressemblé

Future

je ressemblerai	nous ressemblerons
tu ressembleras	vous ressemblerez
il/elle ressemblera	ils/elles ressembleront

Future Anterior

j'aurai ressemblé	nous aurons ressemblé
tu auras ressemblé	vous aurez ressemblé
il/elle aura ressemblé	ils/elles auront ressemblé

Conditional

je ressemblerais	nous ressemblerions
tu ressemblerais	vous ressembleriez
il/elle ressemblerait	ils/elles ressembleraient

Past Conditional

j'aurais ressemblé	nous aurions ressemblé
tu aurais ressemblé	vous auriez ressemblé
il/elle aurait ressemblé	ils/elles auraient ressemblé

Present Subjunctive

que je ressemble	que nous ressemblions
que tu ressembles	que vous ressembliez
qu'il/elle ressemble	qu'ils/elles ressemblent

Past Subjunctive

que j'aie ressemblé	que nous ayons ressemblé
que tu aies ressemblé	que vous ayez ressemblé
qu'il/elle ait ressemblé	qu'ils/elles aient ressemblé

Imperfect Subjunctive

que je ressemblasse	que nous ressemblassions
que tu ressemblasses	que vous ressemblassiez
qu'il/elle ressemblât	qu'ils/elles ressemblassent

Pluperfect Subjunctive

que j'eusse ressemblé	que nous eussions ressemblé
que tu eusses ressemblé	que vous eussiez ressemblé
qu'il/elle eût ressemblé	qu'ils/elles eussent ressemblé

Commands

	(nous) ressemblons
(tu) ressemble	(vous) ressemblez

USAGE

ressembler à qqn	*to look like somebody*
Il ressemble à sa mère.	*He looks like his mother.*
Votre fille vous ressemble.	*Your daughter looks like you.*
Ça ne lui ressemble pas.	*That's not like him.*

RELATED WORDS AND EXPRESSIONS

ressemblant(e)	*true to life*
Je ne suis pas très ressemblant sur cette photo.	*This picture doesn't look like me.*
se ressembler	*to look like each other*
Les jumeaux se ressemblent comme deux gouttes d'eau.	*The twins are as alike as two peas in a pod.*
Tous les centres commerciaux se ressemblent.	*All shopping centers are alike.*

irregular verb

je ressens · je ressentis · ressenti · ressentant

Present		Passé Composé	
je ressens	nous ressentons	j'ai ressenti	nous avons ressenti
tu ressens	vous ressentez	tu as ressenti	vous avez ressenti
il/elle ressent	ils/elles ressentent	il/elle a ressenti	ils/elles ont ressenti

Imperfect		Pluperfect	
je ressentais	nous ressentions	j'avais ressenti	nous avions ressenti
tu ressentais	vous ressentiez	tu avais ressenti	vous aviez ressenti
il/elle ressentait	ils/elles ressentaient	il/elle avait ressenti	ils/elles avaient ressenti

Passé Simple		Past Anterior	
je ressentis	nous ressentîmes	j'eus ressenti	nous eûmes ressenti
tu ressentis	vous ressentîtes	tu eus ressenti	vous eûtes ressenti
il/elle ressentit	ils/elles ressentirent	il/elle eut ressenti	ils/elles eurent ressenti

Future		Future Anterior	
je ressentirai	nous ressentirons	j'aurai ressenti	nous aurons ressenti
tu ressentiras	vous ressentirez	tu auras ressenti	vous aurez ressenti
il/elle ressentira	ils/elles ressentiront	il/elle aura ressenti	ils/elles auront ressenti

Conditional		Past Conditional	
je ressentirais	nous ressentirions	j'aurais ressenti	nous aurions ressenti
tu ressentirais	vous ressentiriez	tu aurais ressenti	vous auriez ressenti
il/elle ressentirait	ils/elles ressentiraient	il/elle aurait ressenti	ils/elles auraient ressenti

Present Subjunctive		Past Subjunctive	
que je ressente	que nous ressentions	que j'aie ressenti	que nous ayons ressenti
que tu ressentes	que vous ressentiez	que tu aies ressenti	que vous ayez ressenti
qu'il/elle ressente	qu'ils/elles ressentent	qu'il/elle ait ressenti	qu'ils/elles aient ressenti

Imperfect Subjunctive		Pluperfect Subjunctive	
que je ressentisse	que nous ressentissions	que j'eusse ressenti	que nous eussions ressenti
que tu ressentisses	que vous ressentissiez	que tu eusses ressenti	que vous eussiez ressenti
qu'il/elle ressentît	qu'ils/elles ressentissent	qu'il/elle eût ressenti	qu'ils/elles eussent ressenti

Commands

	(nous) ressentons
(tu) ressens	(vous) ressentez

USAGE

Elle ressentait profondément la perte de ses parents.	She felt the loss of her parents deeply.
Nous ressentons une grande fierté.	We feel tremendous pride.
Je ressens un fourmillement aux doigts.	I feel tingling in my fingers.
Je ne ressens pas beaucoup de sympathie pour lui.	I don't have much of a liking for him.
Sa prose se ressent de sa colère.	His writing is showing the effects of his anger.
Je ne m'en ressens pas pour recommencer.	I don't have the strength to start over.

RELATED WORDS AND EXPRESSIONS

le ressentiment	resentment
éprouver du ressentiment	to feel resentment

459 (**rester**) *to remain, stay*

je reste · je restai · resté · restant

regular -er verb; compound tenses with être

Present

je reste	nous restons
tu restes	vous restez
il/elle reste	ils/elles restent

Passé Composé

je suis resté(e)	nous sommes resté(e)s
tu es resté(e)	vous êtes resté(e)(s)
il/elle est resté(e)	ils/elles sont resté(e)s

Imperfect

je restais	nous restions
tu restais	vous restiez
il/elle restait	ils/elles restaient

Pluperfect

j'étais resté(e)	nous étions resté(e)s
tu étais resté(e)	vous étiez resté(e)(s)
il/elle était resté(e)	ils/elles étaient resté(e)s

Passé Simple

je restai	nous restâmes
tu restas	vous restâtes
il/elle resta	ils/elles restèrent

Past Anterior

je fus resté(e)	nous fûmes resté(e)s
tu fus resté(e)	vous fûtes resté(e)(s)
il/elle fut resté(e)	ils/elles furent resté(e)s

Future

je resterai	nous resterons
tu resteras	vous resterez
il/elle restera	ils/elles resteront

Future Anterior

je serai resté(e)	nous serons resté(e)s
tu seras resté(e)	vous serez resté(e)(s)
il/elle sera resté(e)	ils/elles seront resté(e)s

Conditional

je resterais	nous resterions
tu resterais	vous resteriez
il/elle resterait	ils/elles resteraient

Past Conditional

je serais resté(e)	nous serions resté(e)s
tu serais resté(e)	vous seriez resté(e)(s)
il/elle serait resté(e)	ils/elles seraient resté(e)s

Present Subjunctive

que je reste	que nous restions
que tu restes	que vous restiez
qu'il/elle reste	qu'ils/elles restent

Past Subjunctive

que je sois resté(e)	que nous soyons resté(e)s
que tu sois resté(e)	que vous soyez resté(e)s
qu'il/elle soit resté(e)	qu'ils/elles soient resté(e)s

Imperfect Subjunctive

que je restasse	que nous restassions
que tu restasses	que vous restassiez
qu'il/elle restât	qu'ils/elles restassent

Pluperfect Subjunctive

que je fusse resté(e)	que nous fussions resté(e)s
que tu fusses resté(e)	que vous fussiez resté(e)(s)
qu'il/elle fût resté(e)	qu'ils/elles fussent resté(e)s

Commands

	(nous) restons
(tu) reste	(vous) restez

USAGE

Ne restez pas debout! Asseyez-vous!	*Don't remain standing! Sit down!*
Ça reste à voir.	*That remains to be seen.*
Il n'en reste pas moins qu'il a mal agi.	*The fact remains that he acted badly.*
On est restés trop longtemps au café.	*We stayed too long at the café.*
Je suis resté à Paris.	*I stayed in Paris.*
Vos insultes lui sont restées sur le cœur.	*Your insults cut him to the quick.*
Avance! Ne reste pas à la traîne!	*Come forward! Don't hang back!*
Avec les problèmes qu'on a, il faut rester unis.	*With all the problems we have, we should stick together.*
Mes conseils sont restés sans effet.	*My advice had no effect.*
On en est restés aux conversations.	*We got no further than conversation.*
Il reste un peu de poulet?	*Is there any chicken left?*
Il reste à savoir s'il est arrivé.	*We still have to find out if he got here.*

irregular verb

Present

je retiens	nous retenons
tu retiens	vous retenez
il/elle retient	ils/elles retiennent

Imperfect

je retenais	nous retenions
tu retenais	vous reteniez
il/elle retenait	ils/elles retenaient

Passé Simple

je retins	nous retînmes
tu retins	vous retîntes
il/elle retint	ils/elles retinrent

Future

je retiendrai	nous retiendrons
tu retiendras	vous retiendrez
il/elle retiendra	ils/elles retiendront

Conditional

je retiendrais	nous retiendrions
tu retiendrais	vous retiendriez
il/elle retiendrait	ils/elles retiendraient

Passé Composé

j'ai retenu	nous avons retenu
tu as retenu	vous avez retenu
il/elle a retenu	ils/elles ont retenu

Pluperfect

j'avais retenu	nous avions retenu
tu avais retenu	vous aviez retenu
il/elle avait retenu	ils/elles avaient retenu

Past Anterior

j'eus retenu	nous eûmes retenu
tu eus retenu	vous eûtes retenu
il/elle eut retenu	ils/elles eurent retenu

Future Anterior

j'aurai retenu	nous aurons retenu
tu auras retenu	vous aurez retenu
il/elle aura retenu	ils/elles auront retenu

Past Conditional

j'aurais retenu	nous aurions retenu
tu aurais retenu	vous auriez retenu
il/elle aurait retenu	ils/elles auraient retenu

Present Subjunctive

que je retienne	que nous retenions
que tu retiennes	que vous reteniez
qu'il/elle retienne	qu'ils/elles retiennent

Imperfect Subjunctive

que je retinsse	que nous retinssions
que tu retinsses	que vous retinssiez
qu'il/elle retînt	qu'ils/elles retinssent

Past Subjunctive

que j'aie retenu	que nous ayons retenu
que tu aies retenu	que vous ayez retenu
qu'il/elle ait retenu	qu'ils/elles aient retenu

Pluperfect Subjunctive

que j'eusse retenu	que nous eussions retenu
que tu eusses retenu	que vous eussiez retenu
qu'il/elle eût retenu	qu'ils/elles eussent retenu

Commands

	(nous) retenons
(tu) retiens	(vous) retenez

USAGE

Je l'ai retenu par le bras.	I held him back by his arm.
L'entreprise retient 7 pour cent de mon salaire pour le fisc.	The firm withholds 7 percent of my salary for the IRS.
La police a retenu la foule.	The police held back the crowd.
Sa jambe cassée l'a retenue à la maison.	Her broken leg kept her at home.
On m'a retenu plus d'une demi-heure.	They kept me there for over half an hour.
Mon travail m'a retenu à l'étranger.	My work kept me abroad.
Moi, on me retiendra!	They'll remember me, boy!
Il faut retenir nos places.	We have to reserve our seats.
En le voyant, je retins mon haleine.	When I saw him I held my breath.
Je ne retiens pas grand-chose de ce qu'on m'a dit.	I don't remember much of what they told me.

461 (**retirer**) *to remove, withdraw*

je retire · je retirai · retiré · retirant

Present
je retire	nous retirons
tu retires	vous retirez
il/elle retire	ils/elles retirent

Passé Composé
j'ai retiré	nous avons retiré
tu as retiré	vous avez retiré
il/elle a retiré	ils/elles ont retiré

Imperfect
je retirais	nous retirions
tu retirais	vous retiriez
il/elle retirait	ils/elles retiraient

Pluperfect
j'avais retiré	nous avions retiré
tu avais retiré	vous aviez retiré
il/elle avait retiré	ils/elles avaient retiré

Passé Simple
je retirai	nous retirâmes
tu retiras	vous retirâtes
il/elle retira	ils/elles retirèrent

Past Anterior
j'eus retiré	nous eûmes retiré
tu eus retiré	vous eûtes retiré
il/elle eut retiré	ils/elles eurent retiré

Future
je retirerai	nous retirerons
tu retireras	vous retirerez
il/elle retirera	ils/elles retireront

Future Anterior
j'aurai retiré	nous aurons retiré
tu auras retiré	vous aurez retiré
il/elle aura retiré	ils/elles auront retiré

Conditional
je retirerais	nous retirerions
tu retirerais	vous retireriez
il/elle retirerait	ils/elles retireraient

Past Conditional
j'aurais retiré	nous aurions retiré
tu aurais retiré	vous auriez retiré
il/elle aurait retiré	ils/elles auraient retiré

Present Subjunctive
que je retire	que nous retirions
que tu retires	que vous retiriez
qu'il/elle retire	qu'ils/elles retirent

Past Subjunctive
que j'aie retiré	que nous ayons retiré
que tu aies retiré	que vous ayez retiré
qu'il/elle ait retiré	qu'ils/elles aient retiré

Imperfect Subjunctive
que je retirasse	que nous retirassions
que tu retirasses	que vous retirassiez
qu'il/elle retirât	qu'ils/elles retirassent

Pluperfect Subjunctive
que j'eusse retiré	que nous eussions retiré
que tu eusses retiré	que vous eussiez retiré
qu'il/elle eût retiré	qu'ils/elles eussent retiré

Commands
	(nous) retirons
(tu) retire	(vous) retirez

Nos troupes se sont retirés du territoire ennemi.	Our troops withdrew from enemy territory.
Combien d'argent est-ce que tu as retiré de la banque?	How much money did you withdraw from the bank?
Retire ton manteau. Il ne fait pas si froid.	Take off your coat. It's not so cold.
La police lui a retiré son permis de conduire.	The police took his driver's license away.
Retirez le bouchon et on va boire.	Uncork the bottle and we'll have a drink.
Il faut retirer le poulet du four maintenant.	We have to take the chicken out of the oven now.
Je passerai au guichet pour retirer les billets.	I'll stop by the box office to pick up the tickets.
Il retire des avantages de son amitié avec le chef.	He draws advantages from his friendship with the boss.
Il retire un profit énorme de cette affaire.	He gets a huge profit from this business.
J'ai retiré ma promesse.	I took back my promise.
Je retire ce que j'ai dit.	I take back what I said.

regular -er verb;
compound tenses with être

je retourne · je retournai · retourné · retournant

Present	
je retourne	nous retournons
tu retournes	vous retournez
il/elle retourne	ils/elles retournent

Passé Composé	
je suis retourné(e)	nous sommes retourné(e)s
tu es retourné(e)	vous êtes retourné(e)(s)
il/elle est retourné(e)	ils/elles sont retourné(e)s

Imperfect	
je retournais	nous retournions
tu retournais	vous retourniez
il/elle retournait	ils/elles retournaient

Pluperfect	
j'étais retourné(e)	nous étions retourné(e)s
tu étais retourné(e)	vous étiez retourné(e)(s)
il/elle était retourné(e)	ils/elles étaient retourné(e)s

Passé Simple	
je retournai	nous retournâmes
tu retournas	vous retournâtes
il/elle retourna	ils/elles retournèrent

Past Anterior	
je fus retourné(e)	nous fûmes retourné(e)s
tu fus retourné(e)	vous fûtes retourné(e)(s)
il/elle fut retourné(e)	ils/elles furent retourné(e)s

Future	
je retournerai	nous retournerons
tu retourneras	vous retournerez
il/elle retournera	ils/elles retourneront

Future Anterior	
je serai retourné(e)	nous serons retourné(e)s
tu seras retourné(e)	vous serez retourné(e)(s)
il/elle sera retourné(e)	ils/elles seront retourné(e)s

Conditional	
je retournerais	nous retournerions
tu retournerais	vous retourneriez
il/elle retournerait	ils/elles retourneraient

Past Conditional	
je serais retourné(e)	nous serions retourné(e)s
tu serais retourné(e)	vous seriez retourné(e)(s)
il/elle serait retourné(e)	ils/elles seraient retourné(e)s

Present Subjunctive	
que je retourne	que nous retournions
que tu retournes	que vous retourniez
qu'il/elle retourne	qu'ils/elles retournent

Past Subjunctive	
que je sois retourné(e)	que nous soyons retourné(e)s
que tu sois retourné(e)	que vous soyez retourné(e)(s)
qu'il/elle soit retourné(e)	qu'ils/elles soient retourné(e)s

Imperfect Subjunctive	
que je retournasse	que nous retournassions
que tu retournasses	que vous retournassiez
qu'il/elle retournât	qu'ils/elles retournassent

Pluperfect Subjunctive	
que je fusse retourné(e)	que nous fussions retourné(e)s
que tu fusses retourné(e)	que vous fussiez retourné(e)(s)
qu'il/elle fût retourné(e)	qu'ils/elles fussent retourné(e)s

Commands

	(nous) retournons
(tu) retourne	(vous) retournez

USAGE

Les étudiants étrangers sont retournés dans leurs pays.	The foreign students returned to their countries.
Elle est retournée à sa place.	She went back to her seat.
retourner qqch	to turn something over (compound tenses conjugated with avoir)
Tu as retourné l'omelette?	Did you flip the omelet?
J'ai retourné ma chambre pour chercher la disquette.	I turned my room upside down to find the diskette.
Il a retourné ses poches pour nous montrer qu'il n'avait pas d'argent.	He turned his pockets inside out to show us that he had no money.
Je suis tout retourné.	I'm all shook up.
Je ne sais pas à qui me retourner.	I don't know who to turn to.

RELATED WORDS AND EXPRESSIONS

le retour	return
être de retour	to be back
se retourner	to turn around
Je me suis retourné en entendant sa voix.	I turned around when I heard his/her voice.

retrouver *to find, find again; to meet*

je retrouve · je retrouvai · retrouvé · retrouvant

regular -er verb

Present		Passé Composé	
je retrouve	nous retrouvons	j'ai retrouvé	nous avons retrouvé
tu retrouves	vous retrouvez	tu as retrouvé	vous avez retrouvé
il/elle retrouve	ils/elles retrouvent	il/elle a retrouvé	ils/elles ont retrouvé

Imperfect		Pluperfect	
je retrouvais	nous retrouvions	j'avais retrouvé	nous avions retrouvé
tu retrouvais	vous retrouviez	tu avais retrouvé	vous aviez retrouvé
il/elle retrouvait	ils/elles retrouvaient	il/elle avait retrouvé	ils/elles avaient retrouvé

Passé Simple		Past Anterior	
je retrouvai	nous retrouvâmes	j'eus retrouvé	nous eûmes retrouvé
tu retrouvas	vous retrouvâtes	tu eus retrouvé	vous eûtes retrouvé
il/elle retrouva	ils/elles retrouvèrent	il/elle eut retrouvé	ils/elles eurent retrouvé

Future		Future Anterior	
je retrouverai	nous retrouverons	j'aurai retrouvé	nous aurons retrouvé
tu retrouveras	vous retrouverez	tu auras retrouvé	vous aurez retrouvé
il/elle retrouvera	ils/elles retrouveront	il/elle aura retrouvé	ils/elles auront retrouvé

Conditional		Past Conditional	
je retrouverais	nous retrouverions	j'aurais retrouvé	nous aurions retrouvé
tu retrouverais	vous retrouveriez	tu aurais retrouvé	vous auriez retrouvé
il/elle retrouverait	ils/elles retrouveraient	il/elle aurait retrouvé	ils/elles auraient retrouvé

Present Subjunctive		Past Subjunctive	
que je retrouve	que nous retrouvions	que j'aie retrouvé	que nous ayons retrouvé
que tu retrouves	que vous retrouviez	que tu aies retrouvé	que vous ayez retrouvé
qu'il/elle retrouve	qu'ils/elles retrouvent	qu'il/elle ait retrouvé	qu'ils/elles aient retrouvé

Imperfect Subjunctive		Pluperfect Subjunctive	
que je retrouvasse	que nous retrouvassions	que j'eusse retrouvé	que nous eussions retrouvé
que tu retrouvasses	que vous retrouvassiez	que tu eusses retrouvé	que vous eussiez retrouvé
qu'il/elle retrouvât	qu'ils/elles retrouvassent	qu'il/elle eût retrouvé	qu'ils/elles eussent retrouvé

Commands

	(nous) retrouvons
(tu) retrouve	(vous) retrouvez

USAGE

On l'a retrouvé plus mort que vivant.	They found him more dead than alive.
J'ai retrouvé plusieurs fois la même faute dans l'article.	I found the same mistake several times in the article.
Il faut retrouver notre chemin.	We have to find our way again.
Elle ne retrouve pas son sac.	She can't find her handbag.
Quand est-ce qu'elle retrouvera la santé?	When will she be healthy again?
Je les ai retrouvés en ville.	I ran across them downtown.
Je ne retrouve plus leur adresse.	I can't recall their address for the moment.
Je retrouve bien là mon cousin!	That's my cousin all right!

RELATED WORDS AND EXPRESSIONS

se retrouver	to meet up with each other
On se retrouve à huit heures ce soir?	Shall we meet at eight o'clock this evening?
Il se retrouve sans emploi.	He finds himself unemployed again.
Ce type-là va se retrouver en prison.	That guy is going to wind up in prison.

je réussis · je réussis · réussi · réussissant

regular -ir verb

Present

je réussis	nous réussissons
tu réussis	vous réussissez
il/elle réussit	ils/elles réussissent

Imperfect

je réussissais	nous réussissions
tu réussissais	vous réussissiez
il/elle réussissait	ils/elles réussissaient

Passé Simple

je réussis	nous réussîmes
tu réussis	vous réussîtes
il/elle réussit	ils/elles réussirent

Future

je réussirai	nous réussirons
tu réussiras	vous réussirez
il/elle réussira	ils/elles réussiront

Conditional

je réussirais	nous réussirions
tu réussirais	vous réussiriez
il/elle réussirait	ils/elles réussiraient

Passé Composé

j'ai réussi	nous avons réussi
tu as réussi	vous avez réussi
il/elle a réussi	ils/elles ont réussi

Pluperfect

j'avais réussi	nous avions réussi
tu avais réussi	vous aviez réussi
il/elle avait réussi	ils/elles avaient réussi

Past Anterior

j'eus réussi	nous eûmes réussi
tu eus réussi	vous eûtes réussi
il/elle eut réussi	ils/elles eurent réussi

Future Anterior

j'aurai réussi	nous aurons réussi
tu auras réussi	vous aurez réussi
il/elle aura réussi	ils/elles auront réussi

Past Conditional

j'aurais réussi	nous aurions réussi
tu aurais réussi	vous auriez réussi
il/elle aurait réussi	ils/elles auraient réussi

Present Subjunctive

que je réussisse	que nous réussissions
que tu réussisses	que vous réussissiez
qu'il/elle réussisse	qu'ils/elles réussissent

Imperfect Subjunctive

que je réussisse	que nous réussissions
que tu réussisses	que vous réussissiez
qu'il/elle réussît	qu'ils/elles réussissent

Past Subjunctive

que j'aie réussi	que nous ayons réussi
que tu aies réussi	que vous ayez réussi
qu'il/elle ait réussi	qu'ils/elles aient réussi

Pluperfect Subjunctive

que j'eusse réussi	que nous eussions réussi
que tu eusses réussi	que vous eussiez réussi
qu'il/elle eût réussi	qu'ils/elles eussent réussi

Commands

	(nous) réussissons
(tu) réussis	(vous) réussissez

USAGE

Elle va réussir dans la vie.	She's going to succeed in life.
Les pourparlers ont réussi.	The talks were successful.
réussir à faire qqch	to succeed in doing something
Vous ne réussirez jamais à le persuader.	You will never succeed in persuading him.
Je n'ai pas encore réussi à trouver du travail.	I haven't succeeded in finding work yet.
La politesse réussit toujours.	Politeness will always get you what you want.
Cette ruse lui a mal réussi.	That trick didn't do him any good.
Cet élève réussit en allemand.	This student does well in German.
J'ai réussi à tous mes examens.	I passed all my exams.
Il a réussi dans cette affaire.	He made a go of this business.

RELATED WORDS AND EXPRESSIONS

la réussite	success
Il a eu une réussite bien méritée.	He had some well-deserved success.

se réveiller *to wake up*

je me réveille · je me réveillai · s'étant réveillé · se réveillant

regular -*er* reflexive verb;
compound tenses with *être*

Present

je me réveille	nous nous réveillons
tu te réveilles	vous vous réveillez
il/elle se réveille	ils/elles se réveillent

Passé Composé

je me suis réveillé(e)	nous nous sommes réveillé(e)s
tu t'es réveillé(e)	vous vous êtes réveillé(e)(s)
il/elle s'est réveillé(e)	ils/elles se sont réveillé(e)s

Imperfect

je me réveillais	nous nous réveillions
tu te réveillais	vous vous réveilliez
il/elle se réveillait	ils/elles se réveillaient

Pluperfect

je m'étais réveillé(e)	nous nous étions réveillé(e)s
tu t'étais réveillé(e)	vous vous étiez réveillé(e)(s)
il/elle s'était réveillé(e)	ils/elles s'étaient réveillé(e)s

Passé Simple

je me réveillai	nous nous réveillâmes
tu te réveillas	vous vous réveillâtes
il/elle se réveilla	ils/elles se réveillèrent

Past Anterior

je me fus réveillé(e)	nous nous fûmes réveillé(e)s
tu te fus réveillé(e)	vous vous fûtes réveillé(e)(s)
il/elle se fut réveillé(e)	ils/elles se furent réveillé(e)s

Future

je me réveillerai	nous nous réveillerons
tu te réveilleras	vous vous réveillerez
il/elle se réveillera	ils/elles se réveilleront

Future Anterior

je me serai réveillé(e)	nous nous serons réveillé(e)s
tu te seras réveillé(e)	vous vous serez réveillé(e)(s)
il/elle se sera réveillé(e)	ils/elles se seront réveillé(e)s

Conditional

je me réveillerais	nous nous réveillerions
tu te réveillerais	vous vous réveilleriez
il/elle se réveillerait	ils/elles se réveilleraient

Past Conditional

je me serais réveillé(e)	nous nous serions réveillé(e)s
tu te serais réveillé(e)	vous vous seriez réveillé(e)(s)
il/elle se serait réveillé(e)	ils/elles se seraient réveillé(e)s

Present Subjunctive

que je me réveille	que nous nous réveillions
que tu te réveilles	que vous vous réveilliez
qu'il/elle se réveille	qu'ils/elles se réveillent

Past Subjunctive

que je me sois réveillé(e)	que nous nous soyons réveillé(e)s
que tu te sois réveillé(e)	que vous vous soyez réveillé(e)(s)
qu'il/elle se soit réveillé(e)	qu'ils/elles se soient réveillé(e)s

Imperfect Subjunctive

que je me réveillasse	que nous nous réveillassions
que tu te réveillasses	que vous vous réveillassiez
qu'il/elle se réveillât	qu'ils/elles se réveillassent

Pluperfect Subjunctive

que je me fusse réveillé(e)	que nous nous fussions réveillé(e)s
que tu te fusses réveillé(e)	que vous vous fussiez réveillé(e)(s)
qu'il/elle se fût réveillé(e)	qu'ils/elles se fussent réveillé(e)s

Commands

	(nous) réveillons-nous
(tu) réveille-toi	(vous) réveillez-vous

USAGE

Réveille-toi! Il est tard!	*Wake up! It's late!*
Je me suis réveillé en sursaut avec ce bruit.	*I woke up with a start at that noise.*
Avec le bruit qu'ils font ils pourraient réveiller les morts.	*With the noise they make they could wake up the dead.*
Sa haine s'était réveillée.	*His hatred had been rekindled.*

RELATED WORDS AND EXPRESSIONS

le réveil	*awakening; alarm clock*
Mon réveil n'a pas sonné.	*My alarm clock didn't go off.*
J'ai le réveil difficile.	*I find it hard to wake up.*
Je travaille dès le réveil.	*I've been working since I woke up.*
réveiller qqn	*to wake someone up*
Il ne s'est pas encore réveillé? Réveille-le!	*He hasn't woken up yet? Wake him up!*

-er verb; spelling change: *é > è*/mute *e*
except in the future and conditional

je révèle · je révélai · révélé · révélant

Present

je révèle	nous révélons
tu révèles	vous révélez
il/elle révèle	ils/elles révèlent

Passé Composé

j'ai révélé	nous avons révélé
tu as révélé	vous avez révélé
il/elle a révélé	ils/elles ont révélé

Imperfect

je révélais	nous révélions
tu révélais	vous révéliez
il/elle révélait	ils/elles révélaient

Pluperfect

j'avais révélé	nous avions révélé
tu avais révélé	vous aviez révélé
il/elle avait révélé	ils/elles avaient révélé

Passé Simple

je révélai	nous révélâmes
tu révélas	vous révélâtes
il/elle révéla	ils/elles révélèrent

Past Anterior

j'eus révélé	nous eûmes révélé
tu eus révélé	vous eûtes révélé
il/elle eut révélé	ils/elles eurent révélé

Future

je révélerai	nous révélerons
tu révéleras	vous révélerez
il/elle révélera	ils/elles révéleront

Future Anterior

j'aurai révélé	nous aurons révélé
tu auras révélé	vous aurez révélé
il/elle aura révélé	ils/elles auront révélé

Conditional

je révélerais	nous révélerions
tu révélerais	vous révéleriez
il/elle révélerait	ils/elles révéleraient

Past Conditional

j'aurais révélé	nous aurions révélé
tu aurais révélé	vous auriez révélé
il/elle aurait révélé	ils/elles auraient révélé

Present Subjunctive

que je révèle	que nous révélions
que tu révèles	que vous révéliez
qu'il/elle révèle	qu'ils/elles révèlent

Past Subjunctive

que j'aie révélé	que nous ayons révélé
que tu aies révélé	que vous ayez révélé
qu'il/elle ait révélé	qu'ils/elles aient révélé

Imperfect Subjunctive

que je révélasse	que nous révélassions
que tu révélasses	que vous révélassiez
qu'il/elle révélât	qu'ils/elles révélassent

Pluperfect Subjunctive

que j'eusse révélé	que nous eussions révélé
que tu eusses révélé	que vous eussiez révélé
qu'il/elle eût révélé	qu'ils/elles eussent révélé

Commands

	(nous) révélons
(tu) révèle	(vous) révélez

USAGE

Cette épreuve révèle son caractère.	This difficult situation reveals his character.
Ses mots révèlent une grande sensibilité.	Her words reveal a tremendous sensitivity.
Ses idées révèlent un esprit borné.	His ideas reveal a small mind.
Son visage révèle sa générosité.	Her face reveals her generosity.
La police ne veut rien révéler.	The police don't want to disclose anything.
Les fouilles archéologiques ont révélé des trésors.	The archaeological dig turned up treasures.
Cette expérience m'a révélé à moi-même.	This experience helped me understand myself.
Le dictateur s'est révélé cruel et injuste.	The dictator showed himself to be cruel and unjust.

RELATED WORDS AND EXPRESSIONS

la révélation	revelation
Cet article est une véritable révélation.	This article is a real revelation.
révélateur/révélatrice	revealing
Sa remarque est révélatrice de son état d'âme.	His remark tells you a lot about his mental state.

revenir *to come back*

irregular verb

Present
je reviens	nous revenons
tu reviens	vous revenez
il/elle revient	ils/elles reviennent

Imperfect
je revenais	nous revenions
tu revenais	vous reveniez
il/elle revenait	ils/elles revenaient

Passé Simple
je revins	nous revînmes
tu revins	vous revîntes
il/elle revint	ils/elles revinrent

Future
je reviendrai	nous reviendrons
tu reviendras	vous reviendrez
il/elle reviendra	ils/elles reviendront

Conditional
je reviendrais	nous reviendrions
tu reviendrais	vous reviendriez
il/elle reviendrait	ils/elles reviendraient

Passé Composé
je suis revenu(e)	nous sommes revenu(e)s
tu es revenu(e)	vous êtes revenu(e)(s)
il/elle est revenu(e)	ils/elles sont revenu(e)s

Pluperfect
j'étais revenu(e)	nous étions revenu(e)s
tu étais revenu(e)	vous étiez revenu(e)(s)
il/elle était revenu(e)	ils/elles étaient revenu(e)s

Past Anterior
je fus revenu(e)	nous fûmes revenu(e)s
tu fus revenu(e)	vous fûtes revenu(e)(s)
il/elle fut revenu(e)	ils/elles furent revenu(e)s

Future Anterior
je serai revenu(e)	nous serons revenu(e)s
tu seras revenu(e)	vous serez revenu(e)(s)
il/elle sera revenu(e)	ils/elles seront revenu(e)s

Past Conditional
je serais revenu(e)	nous serions revenu(e)s
tu serais revenu(e)	vous seriez revenu(e)(s)
il/elle serait revenu(e)	ils/elles seraient revenu(e)s

Present Subjunctive
que je revienne	que nous revenions
que tu reviennes	que vous reveniez
qu'il/elle revienne	qu'ils/elles reviennent

Imperfect Subjunctive
que je revinsse	que nous revinssions
que tu revinsses	que vous revinssiez
qu'il/elle revînt	qu'ils/elles revinssent

Past Subjunctive
que je sois revenu(e)	que nous soyons revenu(e)s
que tu sois revenu(e)	que vous soyez revenu(e)(s)
qu'il/elle soit revenu(e)	qu'ils/elles soient revenu(e)s

Pluperfect Subjunctive
que je fusse revenu(e)	que nous fussions revenu(e)s
que tu fusses revenu(e)	que vous fussiez revenu(e)(s)
qu'il/elle fût revenu(e)	qu'ils/elles fussent revenu(e)s

Commands
	(nous) revenons
(tu) reviens	(vous) revenez

USAGE

Nous reviendrons demain à midi.	We'll come back tomorrow at noon.
Attends-moi. Je reviens tout de suite.	Wait for me. I'll be right back.
Je suis revenu sur mes pas.	I went back the way I had come.
Il n'est pas encore revenu de ces idées.	He has not yet put aside those ideas.
Ça revient à la même chose.	It amounts to the same thing.
Ça revient à une question de salaire.	It comes down to a question of salary.
Le logement revient à cent euros la nuit.	Lodging comes to one hundred euros a night.
Revenons à nos moutons.	Let's get back to what we were talking about.
Je suis revenu à la hâte.	I rushed back.
Cette idée revient souvent dans ses articles.	This idea comes up over and over again in his articles.

RELATED WORDS AND EXPRESSIONS

le revenu	income
l'impôt sur le revenu	income tax
le revenant	ghost

je revois · je revis · revu · revoyant

irregular verb

Present		Passé Composé	
je revois	nous revoyons	j'ai revu	nous avons revu
tu revois	vous revoyez	tu as revu	vous avez revu
il/elle revoit	ils/elles revoient	il/elle a revu	ils/elles ont revu

Imperfect		Pluperfect	
je revoyais	nous revoyions	j'avais revu	nous avions revu
tu revoyais	vous revoyiez	tu avais revu	vous aviez revu
il/elle revoyait	ils/elles revoyaient	il/elle avait revu	ils/elles avaient revu

Passé Simple		Past Anterior	
je revis	nous revîmes	j'eus revu	nous eûmes revu
tu revis	vous revîtes	tu eus revu	vous eûtes revu
il/elle revit	ils/elles revirent	il/elle eut revu	ils/elles eurent revu

Future		Future Anterior	
je reverrai	nous reverrons	j'aurai revu	nous aurons revu
tu reverras	vous reverrez	tu auras revu	vous aurez revu
il/elle reverra	ils/elles reverront	il/elle aura revu	ils/elles auront revu

Conditional		Past Conditional	
je reverrais	nous reverrions	j'aurais revu	nous aurions revu
tu reverrais	vous reverriez	tu aurais revu	vous auriez revu
il/elle reverrait	ils/elles reverraient	il/elle aurait revu	ils/elles auraient revu

Present Subjunctive		Past Subjunctive	
que je revoie	que nous revoyions	que j'aie revu	que nous ayons revu
que tu revoies	que vous revoyiez	que tu aies revu	que vous ayez revu
qu'il/elle revoie	qu'ils/elles revoient	qu'il/elle ait revu	qu'ils/elles aient revu

Imperfect Subjunctive		Pluperfect Subjunctive	
que je revisse	que nous revissions	que j'eusse revu	que nous eussions revu
que tu revisses	que vous revissiez	que tu eusses revu	que vous eussiez revu
qu'il/elle revît	qu'ils/elles revissent	qu'il/elle eût revu	qu'ils/elles eussent revu

Commands

	(nous) revoyons
(tu) revois	(vous) revoyez

—Vous allez vous revoir? — *Are you going to see each other again?*

—Oui, je la reverrai en été. — *Yes, I'll see her again in the summer.*

Depuis cet été, je ne l'ai plus revue. — *Since that summer, I haven't seen her again.*

Je ne l'ai pas encore revu. — *I have yet to see him again.*

Si la guerre éclate, on reverra une augmentation des impôts. — *If war breaks out, we will see a tax hike again.*

Au revoir! — *So long!*

Dis « au revoir » à ta tante, mon chou. — *Say good-bye to your aunt, dear.*

Avant de monter dans l'avion, elle m'a fait un au revoir de la main. — *Before boarding the plane, she waved good-bye to me.*

Je te revois encore devant ta classe. — *I can still visualize you in front of your class.*

édition revue — *revised edition*

rincer *to rinse*

je rince · je rinçai · rincé · rinçant

regular -er verb; spelling change: c > ç/a, o

Present		Passé Composé	
je rince	nous rinçons	j'ai rincé	nous avons rincé
tu rinces	vous rincez	tu as rincé	vous avez rincé
il/elle rince	ils/elles rincent	il/elle a rincé	ils/elles ont rincé

Imperfect		Pluperfect	
je rinçais	nous rincions	j'avais rincé	nous avions rincé
tu rinçais	vous rinciez	tu avais rincé	vous aviez rincé
il/elle rinçait	ils/elles rinçaient	il/elle avait rincé	ils/elles avaient rincé

Passé Simple		Past Anterior	
je rinçai	nous rinçâmes	j'eus rincé	nous eûmes rincé
tu rinças	vous rinçâtes	tu eus rincé	vous eûtes rincé
il/elle rinça	ils/elles rincèrent	il/elle eut rincé	ils/elles eurent rincé

Future		Future Anterior	
je rincerai	nous rincerons	j'aurai rincé	nous aurons rincé
tu rinceras	vous rincerez	tu auras rincé	vous aurez rincé
il/elle rincera	ils/elles rinceront	il/elle aura rincé	ils/elles auront rincé

Conditional		Past Conditional	
je rincerais	nous rincerions	j'aurais rincé	nous aurions rincé
tu rincerais	vous rinceriez	tu aurais rincé	vous auriez rincé
il/elle rincerait	ils/elles rinceraient	il/elle aurait rincé	ils/elles auraient rincé

Present Subjunctive		Past Subjunctive	
que je rince	que nous rincions	que j'aie rincé	que nous ayons rincé
que tu rinces	que vous rinciez	que tu aies rincé	que vous ayez rincé
qu'il/elle rince	qu'ils/elles rincent	qu'il/elle ait rincé	qu'ils/elles aient rincé

Imperfect Subjunctive		Pluperfect Subjunctive	
que je rinçasse	que nous rinçassions	que j'eusse rincé	que nous eussions rincé
que tu rinçasses	que vous rinçassiez	que tu eusses rincé	que vous eussiez rincé
qu'il/elle rinçât	qu'ils/elles rinçassent	qu'il/elle eût rincé	qu'ils/elles eussent rincé

Commands

	(nous) rinçons
(tu) rince	(vous) rincez

On va rincer la vaisselle. — *We'll rinse the dishes.*
Il faut que je rince le linge. — *I have to rinse the wash.*

RELATED WORDS AND EXPRESSIONS

le rinçage — *rinsing*
le rinçage des assiettes dans le lave-vaisselle — *the rinsing of the plates in the dishwasher*
se rincer la bouche — *to rinse one's mouth*
Il s'est rincé l'œil en regardant les filles qui passaient. — *He loved looking at the girls walking by.*
Je me suis rincé dans cette affaire. — *I lost everything in that business deal.*
Viens, on va se rincer le gosier. — *Come, let's go have a drink.*

irregular verb

je ris · je ris · ri · riant

Present		Passé Composé	
je ris	nous rions	j'ai ri	nous avons ri
tu ris	vous riez	tu as ri	vous avez ri
il/elle rit	ils/elles rient	il/elle a ri	ils/elles ont ri

Imperfect		Pluperfect	
je riais	nous riions	j'avais ri	nous avions ri
tu riais	vous riiez	tu avais ri	vous aviez ri
il/elle riait	ils/elles riaient	il/elle avait ri	ils/elles avaient ri

Passé Simple		Past Anterior	
je ris	nous rîmes	j'eus ri	nous eûmes ri
tu ris	vous rîtes	tu eus ri	vous eûtes ri
il/elle rit	ils/elles rirent	il/elle eut ri	ils/elles eurent ri

Future		Future Anterior	
je rirai	nous rirons	j'aurai ri	nous aurons ri
tu riras	vous rirez	tu auras ri	vous aurez ri
il/elle rira	ils/elles riront	il/elle aura ri	ils/elles auront ri

Conditional		Past Conditional	
je rirais	nous ririons	j'aurais ri	nous aurions ri
tu rirais	vous ririez	tu aurais ri	vous auriez ri
il/elle rirait	ils/elles riraient	il/elle aurait ri	ils/elles auraient ri

Present Subjunctive		Past Subjunctive	
que je rie	que nous riions	que j'aie ri	que nous ayons ri
que tu ries	que vous riiez	que tu aies ri	que vous ayez ri
qu'il/elle rie	qu'ils/elles rient	qu'il/elle ait ri	qu'ils/elles aient ri

Imperfect Subjunctive		Pluperfect Subjunctive	
que je risse	que nous rissions	que j'eusse ri	que nous eussions ri
que tu risses	que vous rissiez	que tu eusses ri	que vous eussiez ri
qu'il/elle rît	qu'ils/elles rissent	qu'il/elle eût ri	qu'ils/elles eussent ri

Commands

	(nous) rions
(tu) ris	(vous) riez

USAGE

Ils riaient à gorge déployée!	They were laughing so hard!
Je n'aime pas sa façon de rire dans sa barbe.	I don't like the way he laughs up his sleeve.
Elle a éclaté de rire.	She burst out laughing.
Il rit de bon cœur.	He laughs heartily.
Ne me fais pas rire!	Don't make me laugh!
Il m'a ri au nez.	He laughed in my face.
J'ai ri comme un fou.	I was hysterical with laughter.
C'est à mourir de rire.	It's hysterically funny.
Ses blagues nous ont faire rire aux éclats.	His jokes had us roaring with laughter.
Il n'y a pas de quoi rire.	It's not a laughing matter.

RELATED WORDS AND EXPRESSIONS

le rire	laugh/laughter
J'ai le fou rire.	I've got the giggles.
sourire	to smile
Elle a souri de bonheur.	She smiled with happiness.
Je lui ai souri.	I smiled at her.

(**rompre**) *to break*

je romps · je rompis · rompu · rompant

regular *-re* verb

Present		Passé Composé	
je romps	nous rompons	j'ai rompu	nous avons rompu
tu romps	vous rompez	tu as rompu	vous avez rompu
il/elle rompt	ils/elles rompent	il/elle a rompu	ils/elles ont rompu

Imperfect		Pluperfect	
je rompais	nous rompions	j'avais rompu	nous avions rompu
tu rompais	vous rompiez	tu avais rompu	vous aviez rompu
il/elle rompait	ils/elles rompaient	il/elle avait rompu	ils/elles avaient rompu

Passé Simple		Past Anterior	
je rompis	nous rompîmes	j'eus rompu	nous eûmes rompu
tu rompis	vous rompîtes	tu eus rompu	vous eûtes rompu
il/elle rompit	ils/elles rompirent	il/elle eut rompu	ils/elles eurent rompu

Future		Future Anterior	
je romprai	nous romprons	j'aurai rompu	nous aurons rompu
tu rompras	vous romprez	tu auras rompu	vous aurez rompu
il/elle rompra	ils/elles rompront	il/elle aura rompu	ils/elles auront rompu

Conditional		Past Conditional	
je romprais	nous romprions	j'aurais rompu	nous aurions rompu
tu romprais	vous rompriez	tu aurais rompu	vous auriez rompu
il/elle romprait	ils/elles rompraient	il/elle aurait rompu	ils/elles auraient rompu

Present Subjunctive		Past Subjunctive	
que je rompe	que nous rompions	que j'aie rompu	que nous ayons rompu
que tu rompes	que vous rompiez	que tu aies rompu	que vous ayez rompu
qu'il/elle rompe	qu'ils/elles rompent	qu'il/elle ait rompu	qu'ils/elles aient rompu

Imperfect Subjunctive		Pluperfect Subjunctive	
que je rompisse	que nous rompissions	que j'eusse rompu	que nous eussions rompu
que tu rompisses	que vous rompissiez	que tu eusses rompu	que vous eussiez rompu
qu'il/elle rompît	qu'ils/elles rompissent	qu'il/elle eût rompu	qu'ils/elles eussent rompu

Commands

	(nous) rompons
(tu) romps	(vous) rompez

USAGE

J'ai rompu le pain.	I took / broke off a piece of bread.
Ce pays a rompu les relations diplomatiques avec le nôtre.	That country broke off diplomatic relations with ours.
Nous avons rompu les pourparlers.	We broke off talks.
Il a rompu avec sa petite amie.	He broke off with his girlfriend.
Ils ont rompu tout contact avec nous.	They've broken off all contact with us.
Il faut savoir rompre la glace.	You have to know how to break the ice.
La corde s'est rompue.	The rope broke.
Ils ont parlé à bâtons rompus.	They jumped from topic to topic.
Le public a applaudi à tout rompre.	The audience's applause was thunderous.
rompre des lances pour qqn	to come to someone's defense
Il a rompu des lances pour son copain.	He came to his friend's defense.

RELATED WORDS AND EXPRESSIONS

corrompre	to corrupt

regular -er verb; spelling change: *g > ge/a, o*   **je ronge · je rongeai · rongé · rongeant**

Present		Passé Composé	
je ronge	nous rongeons	j'ai rongé	nous avons rongé
tu ronges	vous rongez	tu as rongé	vous avez rongé
il/elle ronge	ils/elles rongent	il/elle a rongé	ils/elles ont rongé

Imperfect		Pluperfect	
je rongeais	nous rongions	j'avais rongé	nous avions rongé
tu rongeais	vous rongiez	tu avais rongé	vous aviez rongé
il/elle rongeait	ils/elles rongeaient	il/elle avait rongé	ils/elles avaient rongé

Passé Simple		Past Anterior	
je rongeai	nous rongeâmes	j'eus rongé	nous eûmes rongé
tu rongeas	vous rongeâtes	tu eus rongé	vous eûtes rongé
il/elle rongea	ils/elles rongèrent	il/elle eut rongé	ils/elles eurent rongé

Future		Future Anterior	
je rongerai	nous rongerons	j'aurai rongé	nous aurons rongé
tu rongeras	vous rongerez	tu auras rongé	vous aurez rongé
il/elle rongera	ils/elles rongeront	il/elle aura rongé	ils/elles auront rongé

Conditional		Past Conditional	
je rongerais	nous rongerions	j'aurais rongé	nous aurions rongé
tu rongerais	vous rongeriez	tu aurais rongé	vous auriez rongé
il/elle rongerait	ils/elles rongeraient	il/elle aurait rongé	ils/elles auraient rongé

Present Subjunctive		Past Subjunctive	
que je ronge	que nous rongions	que j'aie rongé	que nous ayons rongé
que tu ronges	que vous rongiez	que tu aies rongé	que vous ayez rongé
qu'il/elle ronge	qu'ils/elles rongent	qu'il/elle ait rongé	qu'ils/elles aient rongé

Imperfect Subjunctive		Pluperfect Subjunctive	
que je rongeasse	que nous rongeassions	que j'eusse rongé	que nous eussions rongé
que tu rongeasses	que vous rongeassiez	que tu eusses rongé	que vous eussiez rongé
qu'il/elle rongeât	qu'ils/elles rongeassent	qu'il/elle eût rongé	qu'ils/elles eussent rongé

Commands

	(nous) rongeons
(tu) ronge	(vous) rongez

USAGE

Les souris ont rongé le fromage.	The mice gnawed at the cheese.
Quand personne ne me regarde, j'aime ronger les os du poulet.	When no one is looking, I like to eat the meat off / gnaw on the chicken bones.
Ce bois est rongé par les insectes.	The insects have eaten holes in this wood.
Son vélo est rongé par la rouille.	His bike is eaten away by rust.
—Qu'est-ce qui le ronge?	What's gotten into him?
—C'est le chagrin qui le ronge.	Sorrow is eating away at him.

RELATED WORDS AND EXPRESSIONS

le rongeur	rodent
se ronger les ongles	to bite one's nails
Quand je suis nerveux, je me ronge les ongles.	When I'm nervous, I bite my nails.

rôtir *to roast*

je rôtis · je rôtis · rôti · rôtissant

regular -ir verb

Present		Passé Composé	
je rôtis	nous rôtissons	j'ai rôti	nous avons rôti
tu rôtis	vous rôtissez	tu as rôti	vous avez rôti
il/elle rôtit	ils/elles rôtissent	il/elle a rôti	ils/elles ont rôti

Imperfect		Pluperfect	
je rôtissais	nous rôtissions	j'avais rôti	nous avions rôti
tu rôtissais	vous rôtissiez	tu avais rôti	vous aviez rôti
il/elle rôtissait	ils/elles rôtissaient	il/elle avait rôti	ils/elles avaient rôti

Passé Simple		Past Anterior	
je rôtis	nous rôtîmes	j'eus rôti	nous eûmes rôti
tu rôtis	vous rôtîtes	tu eus rôti	vous eûtes rôti
il/elle rôtit	ils/elles rôtirent	il/elle eut rôti	ils/elles eurent rôti

Future		Future Anterior	
je rôtirai	nous rôtirons	j'aurai rôti	nous aurons rôti
tu rôtiras	vous rôtirez	tu auras rôti	vous aurez rôti
il/elle rôtira	ils/elles rôtiront	il/elle aura rôti	ils/elles auront rôti

Conditional		Past Conditional	
je rôtirais	nous rôtirions	j'aurais rôti	nous aurions rôti
tu rôtirais	vous rôtiriez	tu aurais rôti	vous auriez rôti
il/elle rôtirait	ils/elles rôtiraient	il/elle aurait rôti	ils/elles auraient rôti

Present Subjunctive		Past Subjunctive	
que je rôtisse	que nous rôtissions	que j'aie rôti	que nous ayons rôti
que tu rôtisses	que vous rôtissiez	que tu aies rôti	que vous ayez rôti
qu'il/elle rôtisse	qu'ils/elles rôtissent	qu'il/elle ait rôti	qu'ils/elles aient rôti

Imperfect Subjunctive		Pluperfect Subjunctive	
que je rôtisse	que nous rôtissions	que j'eusse rôti	que nous eussions rôti
que tu rôtisses	que vous rôtissiez	que tu eusses rôti	que vous eussiez rôti
qu'il/elle rôtît	qu'ils/elles rôtissent	qu'il/elle eût rôti	qu'ils/elles eussent rôti

Commands

	(nous) rôtissons
(tu) rôtis	(vous) rôtissez

USAGE

du poulet rôti	roast chicken
On rôtit un dindon pour le réveillon.	We're roasting a turkey for the New Year's Eve party.
Le veau rôtit.	The veal is roasting.
Il fait chaud ici. On rôtit.	It's warm in here. We're roasting.
On rôtissait sous le soleil de Martinique.	We were roasting under the Martinique sun.
Je mettrai la viande à rôtir à cinq heures.	I'll begin roasting the meat at five o'clock.

RELATED WORDS AND EXPRESSIONS

le rôti	roast
le rôti de porc	pork roast
le rôti de veau	veal roast

je rougis · je rougis · rougi · rougissant

regular -ir verb

Present

je rougis	nous rougissons
tu rougis	vous rougissez
il/elle rougit	ils/elles rougissent

Passé Composé

j'ai rougi	nous avons rougi
tu as rougi	vous avez rougi
il/elle a rougi	ils/elles ont rougi

Imperfect

je rougissais	nous rougissions
tu rougissais	vous rougissiez
il/elle rougissait	ils/elles rougissaient

Pluperfect

j'avais rougi	nous avions rougi
tu avais rougi	vous aviez rougi
il/elle avait rougi	ils/elles avaient rougi

Passé Simple

je rougis	nous rougîmes
tu rougis	vous rougîtes
il/elle rougit	ils/elles rougirent

Past Anterior

j'eus rougi	nous eûmes rougi
tu eus rougi	vous eûtes rougi
il/elle eut rougi	ils/elles eurent rougi

Future

je rougirai	nous rougirons
tu rougiras	vous rougirez
il/elle rougira	ils/elles rougiront

Future Anterior

j'aurai rougi	nous aurons rougi
tu auras rougi	vous aurez rougi
il/elle aura rougi	ils/elles auront rougi

Conditional

je rougirais	nous rougirions
tu rougirais	vous rougiriez
il/elle rougirait	ils/elles rougiraient

Past Conditional

j'aurais rougi	nous aurions rougi
tu aurais rougi	vous auriez rougi
il/elle aurait rougi	ils/elles auraient rougi

Present Subjunctive

que je rougisse	que nous rougissions
que tu rougisses	que vous rougissiez
qu'il/elle rougisse	qu'ils/elles rougissent

Past Subjunctive

que j'aie rougi	que nous ayons rougi
que tu aies rougi	que vous ayez rougi
qu'il/elle ait rougi	qu'ils/elles aient rougi

Imperfect Subjunctive

que je rougisse	que nous rougissions
que tu rougisses	que vous rougissiez
qu'il/elle rougît	qu'ils/elles rougissent

Pluperfect Subjunctive

que j'eusse rougi	que nous eussions rougi
que tu eusses rougi	que vous eussiez rougi
qu'il/elle eût rougi	qu'ils/elles eussent rougi

Commands

	(nous) rougissons
(tu) rougis	(vous) rougissez

USAGE

Tant de compliments! J'en rougis.	So many compliments! They're making me blush.
Tes mots l'ont fait rougir.	Your words made him/her blush.
Je rougis pour un rien.	I blush at every little thing.
L'enfant a rougi jusqu'aux oreilles.	The child got red as a beet (lit., to his ears).
L'enfant a rougi jusqu'au blanc des yeux.	The child got red as a beet (lit., to the whites of his eyes).
Il a rougi de colère.	He turned red with rage.
Ce type ne rougit pour rien.	That guy isn't ashamed of anything.
Tu dois rougir de tes remarques.	You should be ashamed of what you said.
Il ne fait que rougir son eau.	He drinks his wine mixed with a lot of water.

rouler *to roll*

je roule · je roulai · roulé · roulant

regular -er verb

Present		Passé Composé	
je roule	nous roulons	j'ai roulé	nous avons roulé
tu roules	vous roulez	tu as roulé	vous avez roulé
il/elle roule	ils/elles roulent	il/elle a roulé	ils/elles ont roulé

Imperfect		Pluperfect	
je roulais	nous roulions	j'avais roulé	nous avions roulé
tu roulais	vous rouliez	tu avais roulé	vous aviez roulé
il/elle roulait	ils/elles roulaient	il/elle avait roulé	ils/elles avaient roulé

Passé Simple		Past Anterior	
je roulai	nous roulâmes	j'eus roulé	nous eûmes roulé
tu roulas	vous roulâtes	tu eus roulé	vous eûtes roulé
il/elle roula	ils/elles roulèrent	il/elle eut roulé	ils/elles eurent roulé

Future		Future Anterior	
je roulerai	nous roulerons	j'aurai roulé	nous aurons roulé
tu rouleras	vous roulerez	tu auras roulé	vous aurez roulé
il/elle roulera	ils/elles rouleront	il/elle aura roulé	ils/elles auront roulé

Conditional		Past Conditional	
je roulerais	nous roulerions	j'aurais roulé	nous aurions roulé
tu roulerais	vous rouleriez	tu aurais roulé	vous auriez roulé
il/elle roulerait	ils/elles rouleraient	il/elle aurait roulé	ils/elles auraient roulé

Present Subjunctive		Past Subjunctive	
que je roule	que nous roulions	que j'aie roulé	que nous ayons roulé
que tu roules	que vous rouliez	que tu aies roulé	que vous ayez roulé
qu'il/elle roule	qu'ils/elles roulent	qu'il/elle ait roulé	qu'ils/elles aient roulé

Imperfect Subjunctive		Pluperfect Subjunctive	
que je roulasse	que nous roulassions	que j'eusse roulé	que nous eussions roulé
que tu roulasses	que vous roulassiez	que tu eusses roulé	que vous eussiez roulé
qu'il/elle roulât	qu'ils/elles roulassent	qu'il/elle eût roulé	qu'ils/elles eussent roulé

Commands

	(nous) roulons
(tu) roule	(vous) roulez

USAGE

Ses affaires ont roulé en bas de la côte.	*His things rolled down the hill.*
Pierre qui roule n'amasse pas mousse.	*A rolling stone gathers no moss.*
Nous avons roulé jusqu'à dix heures.	*We drove until ten o'clock.*
Nous roulons à quatre-vingt-dix par heure.	*We're riding at ninety kilometers per hour.*
Mon vélo ne roule pas bien dans la boue.	*My bike doesn't ride well in the mud.*
Ça roule!	*OK!*
Il a roulé sa bosse un peu partout, lui.	*He's really been around / all over the world.*
Ils roulent sur l'or.	*They're very rich.*
On nous a roulés dans ce restaurant!	*We were cheated at that restaurant!*
Tu vas te faire rouler par cet escroc.	*You're going to get taken by that con man.*

RELATED WORDS AND EXPRESSIONS

la roulette	*small wheel*
une table à roulettes	*a table on wheels*
une valise à roulettes	*a suitcase on wheels*
un fauteuil roulant	*wheelchair*

regular -*ir* verb

je saisis · je saisis · saisi · saisissant

Present

je saisis	nous saisissons
tu saisis	vous saisissez
il/elle saisit	ils/elles saisissent

Passé Composé

j'ai saisi	nous avons saisi
tu as saisi	vous avez saisi
il/elle a saisi	ils/elles ont saisi

Imperfect

je saisissais	nous saisissions
tu saisissais	vous saisissiez
il/elle saisissait	ils/elles saisissaient

Pluperfect

j'avais saisi	nous avions saisi
tu avais saisi	vous aviez saisi
il/elle avait saisi	ils/elles avaient saisi

Passé Simple

je saisis	nous saisîmes
tu saisis	vous saisîtes
il/elle saisit	ils/elles saisirent

Past Anterior

j'eus saisi	nous eûmes saisi
tu eus saisi	vous eûtes saisi
il/elle eut saisi	ils/elles eurent saisi

Future

je saisirai	nous saisirons
tu saisiras	vous saisirez
il/elle saisira	ils/elles saisiront

Future Anterior

j'aurai saisi	nous aurons saisi
tu auras saisi	vous aurez saisi
il/elle aura saisi	ils/elles auront saisi

Conditional

je saisirais	nous saisirions
tu saisirais	vous saisiriez
il/elle saisirait	ils/elles saisiraient

Past Conditional

j'aurais saisi	nous aurions saisi
tu aurais saisi	vous auriez saisi
il/elle aurait saisi	ils/elles auraient saisi

Present Subjunctive

que je saisisse	que nous saisissions
que tu saisisses	que vous saisissiez
qu'il/elle saisisse	qu'ils/elles saisissent

Past Subjunctive

que j'aie saisi	que nous ayons saisi
que tu aies saisi	que vous ayez saisi
qu'il/elle ait saisi	qu'ils/elles aient saisi

Imperfect Subjunctive

que je saisisse	que nous saisissions
que tu saisisses	que vous saisissiez
qu'il/elle saisît	qu'ils/elles saisissent

Pluperfect Subjunctive

que j'eusse saisi	que nous eussions saisi
que tu eusses saisi	que vous eussiez saisi
qu'il/elle eût saisi	qu'ils/elles eussent saisi

Commands

	(nous) saisissons
(tu) saisis	(vous) saisissez

USAGE

On doit saisir la chance par les cheveux.	One must seize the opportunity when it arises.
Il m'a saisi le bras.	He grabbed my arm.
—As-tu saisi ça?	Did you understand that?
—Non, je n'ai pas saisi ce qu'elle voulait dire.	No, I couldn't grasp what she meant.
Cet élève saisit vite.	This pupil learns quickly.
Je commence à saisir le truc.	I'm beginning to get the hang of it.
J'ai saisi la chance au vol.	I jumped at the opportunity.
Il faut saisir la balle au bond.	You have to take advantage of a good opportunity.
Son air d'indifférence m'a saisi.	I was startled by his/her air of indifference.
J'ai été saisi de pitié.	I was overcome by pity.
Elle a été saisie par la peur.	She was overcome by fear.

se salir to get dirty

je me salis · je me salis · s'étant sali · se salissant

regular -ir reflexive verb;
compound tenses with *être*

Present

je me salis	nous nous salissons
tu te salis	vous vous salissez
il/elle se salit	ils/elles se salissent

Passé Composé

je me suis sali(e)	nous nous sommes sali(e)s
tu t'es sali(e)	vous vous êtes sali(e)(s)
il/elle s'est sali(e)	ils/elles se sont sali(e)s

Imperfect

je me salissais	nous nous salissions
tu te salissais	vous vous salissiez
il/elle se salissait	ils/elles se salissaient

Pluperfect

je m'étais sali(e)	nous nous étions sali(e)s
tu t'étais sali(e)	vous vous étiez sali(e)(s)
il/elle s'était sali(e)	ils/elles s'étaient sali(e)s

Passé Simple

je me salis	nous nous salîmes
tu te salis	vous vous salîtes
il/elle se salit	ils/elles se salirent

Past Anterior

je me fus sali(e)	nous nous fûmes sali(e)s
tu te fus sali(e)	vous vous fûtes sali(e)(s)
il/elle se fut sali(e)	ils/elles se furent sali(e)s

Future

je me salirai	nous nous salirons
tu te saliras	vous vous salirez
il/elle se salira	ils/elles se saliront

Future Anterior

je me serai sali(e)	nous nous serons sali(e)s
tu te seras sali(e)	vous vous serez sali(e)(s)
il/elle se sera sali(e)	ils/elles se seront sali(e)s

Conditional

je me salirais	nous nous salirions
tu te salirais	vous vous saliriez
il/elle se salirait	ils/elles se saliraient

Past Conditional

je me serais sali(e)	nous nous serions sali(e)s
tu te serais sali(e)	vous vous seriez sali(e)(s)
il/elle se serait sali(e)	ils/elles se seraient sali(e)s

Present Subjunctive

que je me salisse	que nous nous salissions
que tu te salisses	que vous vous salissiez
qu'il/elle se salisse	qu'ils/elles se salissent

Past Subjunctive

que je me sois sali(e)	que nous nous soyons sali(e)s
que tu te sois sali(e)	que vous vous soyez sali(e)(s)
qu'il/elle se soit sali(e)	qu'ils/elles se soient sali(e)s

Imperfect Subjunctive

que je me salisse	que nous nous salissions
que tu te salisses	que vous vous salissiez
qu'il/elle se salît	qu'ils/elles se salissent

Pluperfect Subjunctive

que je me fusse sali(e)	que nous nous fussions sali(e)s
que tu te fusses sali(e)	que vous vous fussiez sali(e)(s)
qu'il/elle se fût sali(e)	qu'ils/elles se fussent sali(e)s

Commands

	(nous) salissons-nous
(tu) salis-toi	(vous) salissez-vous

USAGE

Ne joue pas dans la boue! Tu vas te salir!	*Don't play in the mud! You'll get dirty!*
Fais attention! Ta chemise blanche se salit facilement.	*Be careful! Your white shirt gets dirty easily.*
Je me suis sali les mains en creusant dans le jardin.	*I got my hands dirty digging in the garden.*
Il ne se salirait pas les mains dans une escroquerie comme ça.	*He wouldn't dirty his hands in a swindle like that.*
Ce délit a sali sa réputation.	*This crime sullied his reputation.*

RELATED WORDS AND EXPRESSIONS

la saleté	*filth*
sale	*dirty*

irregular verb   je satisfais · je satisfis · satisfait · satisfaisant

Present		Passé Composé	
je satisfais	nous satisfaisons	j'ai satisfait	nous avons satisfait
tu satisfais	vous satisfaites	tu as satisfait	vous avez satisfait
il/elle satisfait	ils/elles satisfont	il/elle a satisfait	ils/elles ont satisfait

Imperfect		Pluperfect	
je satisfaisais	nous satisfaisions	j'avais satisfait	nous avions satisfait
tu satisfaisais	vous satisfaisiez	tu avais satisfait	vous aviez satisfait
il/elle satisfaisait	ils/elles satisfaisaient	il/elle avait satisfait	ils/elles avaient satisfait

Passé Simple		Past Anterior	
je satisfis	nous satisfîmes	j'eus satisfait	nous eûmes satisfait
tu satisfis	vous satisfîtes	tu eus satisfait	vous eûtes satisfait
il/elle satisfit	ils/elles satisfirent	il/elle eut satisfait	ils/elles eurent satisfait

Future		Future Anterior	
je satisferai	nous satisferons	j'aurai satisfait	nous aurons satisfait
tu satisferas	vous satisferez	tu auras satisfait	vous aurez satisfait
il/elle satisfera	ils/elles satisferont	il/elle aura satisfait	ils/elles auront satisfait

Conditional		Past Conditional	
je satisferais	nous satisferions	j'aurais satisfait	nous aurions satisfait
tu satisferais	vous satisferiez	tu aurais satisfait	vous auriez satisfait
il/elle satisferait	ils/elles satisferaient	il/elle aurait satisfait	ils/elles auraient satisfait

Present Subjunctive		Past Subjunctive	
que je satisfasse	que nous satisfassions	que j'aie satisfait	que nous ayons satisfait
que tu satisfasses	que vous satisfassiez	que tu aies satisfait	que vous ayez satisfait
qu'il/elle satisfasse	qu'ils/elles satisfassent	qu'il/elle ait satisfait	qu'ils/elles aient satisfait

Imperfect Subjunctive		Pluperfect Subjunctive	
que je satisfisse	que nous satisfissions	que j'eusse satisfait	que nous eussions satisfait
que tu satisfisses	que vous satisfissiez	que tu eusses satisfait	que vous eussiez satisfait
qu'il/elle satisfît	qu'ils/elles satisfissent	qu'il/elle eût satisfait	qu'ils/elles eussent satisfait

Commands

	(nous) satisfaisons
(tu) satisfais	(vous) satisfaites

(USAGE)

Cette réponse ne me satisfait point.	*That answer does not satisfy me at all.*
—Cette solution satisfera tout le monde.	*This solution will satisfy everyone.*
—Nous, on n'en est pas satisfaits.	*We are not happy with it.*
J'espère pouvoir satisfaire votre curiosité.	*I hope I can satisfy your curiosity.*
Cette petite usine ne peut pas satisfaire la demande.	*This small factory cannot keep up with demand.*
satisfaire à qqch	*to meet the requirements of something*
Il a satisfait à ses obligations.	*He fulfilled his obligations.*

RELATED WORDS AND EXPRESSIONS

la satisfaction	*satisfaction*
à la satisfaction générale	*to everyone's satisfaction*
satisfait	*satisfied*
Je suis satisfait de ta réponse.	*I'm satisfied with your answer.*
se satisfaire de	*to be happy with*
Le vieillard se satisfait de très peu.	*The old man is happy with very little.*

sauter *to jump*

je saute · je sautai · sauté · sautant

regular -er verb

Present		Passé Composé	
je saute	nous sautons	j'ai sauté	nous avons sauté
tu sautes	vous sautez	tu as sauté	vous avez sauté
il/elle saute	ils/elles sautent	il/elle a sauté	ils/elles ont sauté

Imperfect		Pluperfect	
je sautais	nous sautions	j'avais sauté	nous avions sauté
tu sautais	vous sautiez	tu avais sauté	vous aviez sauté
il/elle sautait	ils/elles sautaient	il/elle avait sauté	ils/elles avaient sauté

Passé Simple		Past Anterior	
je sautai	nous sautâmes	j'eus sauté	nous eûmes sauté
tu sautas	vous sautâtes	tu eus sauté	vous eûtes sauté
il/elle sauta	ils/elles sautèrent	il/elle eut sauté	ils/elles eurent sauté

Future		Future Anterior	
je sauterai	nous sauterons	j'aurai sauté	nous aurons sauté
tu sauteras	vous sauterez	tu auras sauté	vous aurez sauté
il/elle sautera	ils/elles sauteront	il/elle aura sauté	ils/elles auront sauté

Conditional		Past Conditional	
je sauterais	nous sauterions	j'aurais sauté	nous aurions sauté
tu sauterais	vous sauteriez	tu aurais sauté	vous auriez sauté
il/elle sauterait	ils/elles sauteraient	il/elle aurait sauté	ils/elles auraient sauté

Present Subjunctive		Past Subjunctive	
que je saute	que nous sautions	que j'aie sauté	que nous ayons sauté
que tu sautes	que vous sautiez	que tu aies sauté	que vous ayez sauté
qu'il/elle saute	qu'ils/elles sautent	qu'il/elle ait sauté	qu'ils/elles aient sauté

Imperfect Subjunctive		Pluperfect Subjunctive	
que je sautasse	que nous sautassions	que j'eusse sauté	que nous eussions sauté
que tu sautasses	que vous sautassiez	que tu eusses sauté	que vous eussiez sauté
qu'il/elle sautât	qu'ils/elles sautassent	qu'il/elle eût sauté	qu'ils/elles eussent sauté

Commands

	(nous) sautons
(tu) saute	(vous) sautez

USAGE

Il a sauté par la fenêtre.	*He jumped out the window.*
Il s'est fait mal en sautant d'une voiture en marche.	*He hurt himself jumping out of a moving car.*
Quand l'enfant a vu ses cadeaux, il a sauté de joie.	*When the child saw his gifts, he jumped for joy.*
sauter à la corde	*to jump rope*
Le cavalier a sauté en selle.	*The rider jumped into the saddle.*
Ça saute aux yeux.	*It's as plain as the nose on your face.*
Son refus m'a fait sauter au plafond.	*His refusal made me hit the ceiling.*
Les militaires ont sauté en parachute.	*The soldiers parachuted out.*
Il s'est fait sauter la cervelle.	*He blew his brains out.*
Tout le monde au travail! Et que ça saute!	*Everyone get to work! And I mean on the double!*
Il a sauté le niveau moyen.	*He skipped the intermediate level.*

regular -er verb   je sauvegarde · je sauvegardai · sauvegardé · sauvegardant

Present

je sauvegarde	nous sauvegardons
tu sauvegardes	vous sauvegardez
il/elle sauvegarde	ils/elles sauvegardent

Passé Composé

j'ai sauvegardé	nous avons sauvegardé
tu as sauvegardé	vous avez sauvegardé
il/elle a sauvegardé	ils/elles ont sauvegardé

Imperfect

je sauvegardais	nous sauvegardions
tu sauvegardais	vous sauvegardiez
il/elle sauvegardait	ils/elles sauvegardaient

Pluperfect

j'avais sauvegardé	nous avions sauvegardé
tu avais sauvegardé	vous aviez sauvegardé
il/elle avait sauvegardé	ils/elles avaient sauvegardé

Passé Simple

je sauvegardai	nous sauvegardâmes
tu sauvegardas	vous sauvegardâtes
il/elle sauvegarda	ils/elles sauvegardèrent

Past Anterior

j'eus sauvegardé	nous eûmes sauvegardé
tu eus sauvegardé	vous eûtes sauvegardé
il/elle eut sauvegardé	ils/elles eurent sauvegardé

Future

je sauvegarderai	nous sauvegarderons
tu sauvegarderas	vous sauvegarderez
il/elle sauvegardera	ils/elles sauvegarderont

Future Anterior

j'aurai sauvegardé	nous aurons sauvegardé
tu auras sauvegardé	vous aurez sauvegardé
il/elle aura sauvegardé	ils/elles auront sauvegardé

Conditional

je sauvegarderais	nous sauvegarderions
tu sauvegarderais	vous sauvegarderiez
il/elle sauvegarderait	ils/elles sauvegarderaient

Past Conditional

j'aurais sauvegardé	nous aurions sauvegardé
tu aurais sauvegardé	vous auriez sauvegardé
il/elle aurait sauvegardé	ils/elles auraient sauvegardé

Present Subjunctive

que je sauvegarde	que nous sauvegardions
que tu sauvegardes	que vous sauvegardiez
qu'il/elle sauvegarde	qu'ils/elles sauvegardent

Past Subjunctive

que j'aie sauvegardé	que nous ayons sauvegardé
que tu aies sauvegardé	que vous ayez sauvegardé
qu'il/elle ait sauvegardé	qu'ils/elles aient sauvegardé

Imperfect Subjunctive

que je sauvegardasse	que nous sauvegardassions
que tu sauvegardasses	que vous sauvegardassiez
qu'il/elle sauvegardât	qu'ils/elles sauvegardassent

Pluperfect Subjunctive

que j'eusse sauvegardé	que nous eussions sauvegardé
que tu eusses sauvegardé	que vous eussiez sauvegardé
qu'il/elle eût sauvegardé	qu'ils/elles eussent sauvegardé

Commands

	(nous) sauvegardons
(tu) sauvegarde	(vous) sauvegardez

USAGE

sauvegarder un fichier	*to save a (computer) file*
sauvegarder un programme	*to make a backup of a program*
Il n'a pas su sauvegarder son honneur.	*He couldn't preserve his honor.*

RELATED WORDS AND EXPRESSIONS

la sauvegarde	*saving*
la sauvegarde d'un fichier	*backing up a file*
Les alliés travaillent pour la sauvegarde de la paix.	*The allies are working to keep the peace.*

sauver *to save, rescue*

je sauve · je sauvai · sauvé · sauvant

regular -er verb

Present

je sauve	nous sauvons
tu sauves	vous sauvez
il/elle sauve	ils/elles sauvent

Passé Composé

j'ai sauvé	nous avons sauvé
tu as sauvé	vous avez sauvé
il/elle a sauvé	ils/elles ont sauvé

Imperfect

je sauvais	nous sauvions
tu sauvais	vous sauviez
il/elle sauvait	ils/elles sauvaient

Pluperfect

j'avais sauvé	nous avions sauvé
tu avais sauvé	vous aviez sauvé
il/elle avait sauvé	ils/elles avaient sauvé

Passé Simple

je sauvai	nous sauvâmes
tu sauvas	vous sauvâtes
il/elle sauva	ils/elles sauvèrent

Past Anterior

j'eus sauvé	nous eûmes sauvé
tu eus sauvé	vous eûtes sauvé
il/elle eut sauvé	ils/elles eurent sauvé

Future

je sauverai	nous sauverons
tu sauveras	vous sauverez
il/elle sauvera	ils/elles sauveront

Future Anterior

j'aurai sauvé	nous aurons sauvé
tu auras sauvé	vous aurez sauvé
il/elle aura sauvé	ils/elles auront sauvé

Conditional

je sauverais	nous sauverions
tu sauverais	vous sauveriez
il/elle sauverait	ils/elles sauveraient

Past Conditional

j'aurais sauvé	nous aurions sauvé
tu aurais sauvé	vous auriez sauvé
il/elle aurait sauvé	ils/elles auraient sauvé

Present Subjunctive

que je sauve	que nous sauvions
que tu sauves	que vous sauviez
qu'il/elle sauve	qu'ils/elles sauvent

Past Subjunctive

que j'aie sauvé	que nous ayons sauvé
que tu aies sauvé	que vous ayez sauvé
qu'il/elle ait sauvé	qu'ils/elles aient sauvé

Imperfect Subjunctive

que je sauvasse	que nous sauvassions
que tu sauvasses	que vous sauvassiez
qu'il/elle sauvât	qu'ils/elles sauvassent

Pluperfect Subjunctive

que j'eusse sauvé	que nous eussions sauvé
que tu eusses sauvé	que vous eussiez sauvé
qu'il/elle eût sauvé	qu'ils/elles eussent sauvé

Commands

	(nous) sauvons
(tu) sauve	(vous) sauvez

USAGE

Il a sauvé son magasin de la faillite.	*He saved his store from bankruptcy.*
Ton coup de fil peut tout sauver.	*A call from you could save everything.*
Tu m'as sauvé la vie!	*You saved my life! (literally or figuratively)*
Les chirurgiens ont pu le sauver.	*The surgeons were able to save him.*
Des célébrités ont organisé un concert pour sauver la planète.	*Some celebrities organized a concert to save the planet.*
Il faut sauver la face.	*We must save face.*
On a sauvé les sinistrés.	*They rescued the disaster victims.*
Il faut sauver les apparences.	*We must keep up appearances.*
Comment sauver la situation?	*How can we make the best of the situation?*
Sauve qui peut!	*Every man for himself.*
J'ai sauvé la mise à mon copain.	*I got my buddy out of a scrape/jam.*

regular -er reflexive verb;
compound tenses with être

je me sauve · je me sauvai · s'étant sauvé · se sauvant

Present

je me sauve	nous nous sauvons
tu te sauves	vous vous sauvez
il/elle se sauve	ils/elles se sauvent

Passé Composé

je me suis sauvé(e)	nous nous sommes sauvé(e)s
tu t'es sauvé(e)	vous vous êtes sauvé(e)(s)
il/elle s'est sauvé(e)	ils/elles se sont sauvé(e)s

Imperfect

je me sauvais	nous nous sauvions
tu te sauvais	vous vous sauviez
il/elle se sauvait	ils/elles se sauvaient

Pluperfect

je m'étais sauvé(e)	nous nous étions sauvé(e)s
tu t'étais sauvé(e)	vous vous étiez sauvé(e)(s)
il/elle s'était sauvé(e)	ils/elles s'étaient sauvé(e)s

Passé Simple

je me sauvai	nous nous sauvâmes
tu te sauvas	vous vous sauvâtes
il/elle se sauva	ils/elles se sauvèrent

Past Anterior

je me fus sauvé(e)	nous nous fûmes sauvé(e)s
tu te fus sauvé(e)	vous vous fûtes sauvé(e)(s)
il/elle se fut sauvé(e)	ils/elles se furent sauvé(e)s

Future

je me sauverai	nous nous sauverons
tu te sauveras	vous vous sauverez
il/elle se sauvera	ils/elles se sauveront

Future Anterior

je me serai sauvé(e)	nous nous serons sauvé(e)s
tu te seras sauvé(e)	vous vous serez sauvé(e)(s)
il/elle se sera sauvé(e)	ils/elles se seront sauvé(e)s

Conditional

je me sauverais	nous nous sauverions
tu te sauverais	vous vous sauveriez
il/elle se sauverait	ils/elles se sauveraient

Past Conditional

je me serais sauvé(e)	nous nous serions sauvé(e)s
tu te serais sauvé(e)	vous vous seriez sauvé(e)(s)
il/elle se serait sauvé(e)	ils/elles se seraient sauvé(e)s

Present Subjunctive

que je me sauve	que nous nous sauvions
que tu te sauves	que vous vous sauviez
que il/elle se sauve	que ils/elles se sauvent

Past Subjunctive

que je me sois sauvé(e)	que nous nous soyons sauvé(e)s
que tu te sois sauvé(e)	que vous vous soyez sauvé(e)(s)
que il/elle se soit sauvé(e)	que ils/elles se soient sauvé(e)s

Imperfect Subjunctive

que je me sauvasse	que nous nous sauvassions
que tu te sauvasses	que vous vous sauvassiez
que il/elle se sauvât	que ils/elles se sauvassent

Pluperfect Subjunctive

que je me fusse sauvé(e)	que nous nous fussions sauvé(e)s
que tu te fusses sauvé(e)	que vous vous fussiez sauvé(e)(s)
que il/elle se fût sauvé(e)	que ils/elles se fussent sauvé(e)s

Commands

	(nous) sauvons-nous
(tu) sauve-toi	(vous) sauvez-vous

Bon, il est tard. Je me sauve.	*Well, it's late. I've got to run.*
Sauvez-vous. Le dernier train part dans dix minutes.	*You'd better run. The last train leaves in ten minutes.*
Personne ne s'est sauvé du désastre.	*No one escaped from the disaster.*
Ils n'ont pas trouvé d'issue pour se sauver.	*They didn't find a way out by which to escape.*
Il s'est sauvé à toutes jambes.	*He fled.*
Fais attention! La soupe se sauve.	*Be careful! The soup is boiling over.*
Comment se sauver de ce danger?	*How can we save ourselves from this danger?*

irregular verb

savoir = s'en rendre compte

Je ne savais pas qu'il chômait.	*I didn't know he was unemployed.*
Tu sais qu'il ment, n'est-ce pas?	*You know he's lying, don't you?*
Il lui a fait mal sans le savoir.	*He hurt her without realizing it.*
J'ai su qu'elle était malade.	*I found out that she was sick.*

savoir = savoir qqch, avoir des notions de qqch

Il sait beaucoup d'espagnol.	*He knows a lot of Spanish.*
Je ne savais pas qu'elle était là.	*I didn't know she was there.*
Je ne sais pas quoi faire.	*I don't know what to do.*
Il m'a fait savoir l'heure de son arrivée.	*He informed me when he would be arriving.*
autant que je sache	*as far as I know*
pas que je sache	*not to my knowledge*
Elle, c'est madame je-sais-tout.	*She's a real know-it-all.*
Il n'est pas sans savoir que nous ne sommes pas contents de son travail.	*He is certainly aware that we are not happy with his work.*
Il ne sait rien de rien.	*He knows nothing at all.*

savoir + infinitive

Cet enfant ne sait pas attendre.	*This child is very impatient.*
Eux, ils savent vivre.	*They have real style and manners.*
Il sait plaire aux gens.	*He knows how to ingratiate himself with people.*
Je ne saurais pas vous le dire.	*I couldn't tell you.*
Je ne saurais pas vous renseigner.	*I wouldn't know how to direct you.*

savoir dans les expressions indéfinies

Il est allé habiter je ne sais où.	*He went off to live somewhere or other.*
Il l'a fait je ne sais comment.	*He did it somehow or other.*
Il a parlé pendant je ne sais pas combien de temps.	*He talked for I don't know how long.*
Elle reviendra je ne sais quand.	*She'll be back at sometime or other.*
Il sort avec je ne sais quelle voisine.	*He's going out with some neighbor or other.*
Elle a servi je ne sais quoi.	*She served something or other.*
On a reçu un coup de fil de je ne sais qui.	*We got a call from somebody or other.*

RELATED WORDS AND EXPRESSIONS

Il a du savoir-faire.	*He has social skills.*
Tu n'as aucun savoir-vivre, toi!	*You don't know how to behave with people!*
Il faut savoir s'y prendre.	*You have to know how to go about things.*

 —Elle se sait en difficulté mais elle ne sait pas quoi faire. — *She knows she is having problems, but she doesn't know what to do.*

—Oui, j'avais l'impression qu'elle ne savait pas où donner de la tête. — *Yes, I had the impression that she didn't know where to turn.*

On ne sait pas par quel bout le prendre.	*We don't know how to approach him.*
Il ne savait pas où se mettre.	*He didn't know where to hide.*
On mettra quelqu'un à la porte, à savoir, lui.	*They're going to fire someone, namely him.*

PROVERBS

Qui rien ne sait, rien ne doute.	*Ignorance is bliss.*
Si jeunesse savait, si vieillesse pouvait.	*If youth only knew, if old age only could.*

top 50 verb

irregular verb

Present		Passé Composé	
je sais	nous savons	j'ai su	nous avons su
tu sais	vous savez	tu as su	vous avez su
il/elle sait	ils/elles savent	il/elle a su	ils/elles ont su

Imperfect		Pluperfect	
je savais	nous savions	j'avais su	nous avions su
tu savais	vous saviez	tu avais su	vous aviez su
il/elle savait	ils/elles savaient	il/elle avait su	ils/elles avaient su

Passé Simple		Past Anterior	
je sus	nous sûmes	j'eus su	nous eûmes su
tu sus	vous sûtes	tu eus su	vous eûtes su
il/elle sut	ils/elles surent	il/elle eut su	ils/elles eurent su

Future		Future Anterior	
je saurai	nous saurons	j'aurai su	nous aurons su
tu sauras	vous saurez	tu auras su	vous aurez su
il/elle saura	ils/elles sauront	il/elle aura su	ils/elles auront su

Conditional		Past Conditional	
je saurais	nous saurions	j'aurais su	nous aurions su
tu saurais	vous sauriez	tu aurais su	vous auriez su
il/elle saurait	ils/elles sauraient	il/elle aurait su	ils/elles auraient su

Present Subjunctive		Past Subjunctive	
que je sache	que nous sachions	que j'aie su	que nous ayons su
que tu saches	que vous sachiez	que tu aies su	que vous ayez su
qu'il/elle sache	qu'ils/elles sachent	qu'il/elle ait su	qu'ils/elles aient su

Imperfect Subjunctive		Pluperfect Subjunctive	
que je susse	que nous sussions	que j'eusse su	que nous eussions su
que tu susses	que vous sussiez	que tu eusses su	que vous eussiez su
qu'il/elle sût	qu'ils/elles sussent	qu'il/elle eût su	qu'ils/elles eussent su

Commands

	(nous) sachons
(tu) sache	(vous) sachez

USAGE

❸ —Je ne sais pas son nom. — *I don't know his name.*
　—Moi, je le sais. Et je sais son adresse aussi. — *I know it. And I know his address too.*

　Tu sais la réponse? — *Do you know the answer?*
　Je sais ce que tu veux. — *I know what you want.*
　Elle ne sait pas ce qu'elle dit. — *She doesn't know what she is saying.*

❸ —Tu en sais quelque chose? — *Do you know anything about it?*
　—Oui, mais je veux en savoir davantage. — *Yes, but I want to know more about it.*

❸ —Vous saviez la nouvelle? — *Did you know the news?*
　—Oui, je la savais par mon voisin. — *Yes, I learned about it from my neighbor.*

　Cet enfant savait nager à l'âge de deux ans! — *This child knew how to swim at the age of two.*

❸ —Tu as pu savoir de quoi il s'agit? — *Were you able to find out what this is about?*
　—Non, je n'ai rien su. — *No, I didn't find out anything.*

top 50 verb

sécher *to dry*

je sèche · je séchai · séché · séchant

-er verb; spelling change: *é > è*/mute *e*
except in the future and conditional

Present		Passé Composé	
je sèche	nous séchons	j'ai séché	nous avons séché
tu sèches	vous séchez	tu as séché	vous avez séché
il/elle sèche	ils/elles sèchent	il/elle a séché	ils/elles ont séché

Imperfect		Pluperfect	
je séchais	nous séchions	j'avais séché	nous avions séché
tu séchais	vous séchiez	tu avais séché	vous aviez séché
il/elle séchait	ils/elles séchaient	il/elle avait séché	ils/elles avaient séché

Passé Simple		Past Anterior	
je séchai	nous séchâmes	j'eus séché	nous eûmes séché
tu séchas	vous séchâtes	tu eus séché	vous eûtes séché
il/elle sécha	ils/elles séchèrent	il/elle eut séché	ils/elles eurent séché

Future		Future Anterior	
je sécherai	nous sécherons	j'aurai séché	nous aurons séché
tu sécheras	vous sécherez	tu auras séché	vous aurez séché
il/elle séchera	ils/elles sécheront	il/elle aura séché	ils/elles auront séché

Conditional		Past Conditional	
je sécherais	nous sécherions	j'aurais séché	nous aurions séché
tu sécherais	vous sécheriez	tu aurais séché	vous auriez séché
il/elle sécherait	ils/elles sécheraient	il/elle aurait séché	ils/elles auraient séché

Present Subjunctive		Past Subjunctive	
que je sèche	que nous séchions	que j'aie séché	que nous ayons séché
que tu sèches	que vous séchiez	que tu aies séché	que vous ayez séché
qu'il/elle sèche	qu'ils/elles sèchent	qu'il/elle ait séché	qu'ils/elles aient séché

Imperfect Subjunctive		Pluperfect Subjunctive	
que je séchasse	que nous séchassions	que j'eusse séché	que nous eussions séché
que tu séchasses	que vous séchassiez	que tu eusses séché	que vous eussiez séché
qu'il/elle séchât	qu'ils/elles séchassent	qu'il/elle eût séché	qu'ils/elles eussent séché

Commands

	(nous) séchons
(tu) sèche	(vous) séchez

USAGE

sécher le linge	to dry the laundry
Je vais mettre le linge à sécher.	I'll hang the laundry up to dry.
sécher des fruits	to dry fruit
Sèche tes larmes.	Dry your tears.
sécher un cours	to cut class
Tu as séché tous tes cours hier.	You cut all your classes yesterday.
Cette question est vraiment difficile. Je sèche complètement.	That question is really difficult. I am completely stumped.

RELATED WORDS AND EXPRESSIONS

se sécher les cheveux	to dry one's hair
Je me suis séché les cheveux.	I dried my hair.
Tu es tout mouillé! Sèche-toi!	You're all wet! Dry yourself off!
Après m'être baigné dans la mer, j'aime me sécher au soleil.	After taking a dip in the ocean, I like to dry off in the sun.

regular -er verb

je secoue · je secouai · secoué · secouant

Present

je secoue	nous secouons
tu secoues	vous secouez
il/elle secoue	ils/elles secouent

Passé Composé

j'ai secoué	nous avons secoué
tu as secoué	vous avez secoué
il/elle a secoué	ils/elles ont secoué

Imperfect

je secouais	nous secouions
tu secouais	vous secouiez
il/elle secouait	ils/elles secouaient

Pluperfect

j'avais secoué	nous avions secoué
tu avais secoué	vous aviez secoué
il/elle avait secoué	ils/elles avaient secoué

Passé Simple

je secouai	nous secouâmes
tu secouas	vous secouâtes
il/elle secoua	ils/elles secouèrent

Past Anterior

j'eus secoué	nous eûmes secoué
tu eus secoué	vous eûtes secoué
il/elle eut secoué	ils/elles eurent secoué

Future

je secouerai	nous secouerons
tu secoueras	vous secouerez
il/elle secouera	ils/elles secoueront

Future Anterior

j'aurai secoué	nous aurons secoué
tu auras secoué	vous aurez secoué
il/elle aura secoué	ils/elles auront secoué

Conditional

je secouerais	nous secouerions
tu secouerais	vous secoueriez
il/elle secouerait	ils/elles secoueraient

Past Conditional

j'aurais secoué	nous aurions secoué
tu aurais secoué	vous auriez secoué
il/elle aurait secoué	ils/elles auraient secoué

Present Subjunctive

que je secoue	que nous secouions
que tu secoues	que vous secouiez
qu'il/elle secoue	qu'ils/elles secouent

Past Subjunctive

que j'aie secoué	que nous ayons secoué
que tu aies secoué	que vous ayez secoué
qu'il/elle ait secoué	qu'ils/elles aient secoué

Imperfect Subjunctive

que je secouasse	que nous secouassions
que tu secouasses	que vous secouassiez
qu'il/elle secouât	qu'ils/elles secouassent

Pluperfect Subjunctive

que j'eusse secoué	que nous eussions secoué
que tu eusses secoué	que vous eussiez secoué
qu'il/elle eût secoué	qu'ils/elles eussent secoué

Commands

	(nous) secouons
(tu) secoue	(vous) secouez

USAGE

Le tremblement de terre a secoué notre maison.	The earthquake shook our house.
J'ai secoué l'arbre pour faire tomber les pommes.	I shook the tree to make the apples drop.
Ce tapis est sale. Il faut le secouer.	This rug is dirty. We have to shake it out.
Il a secoué la tête.	He shook/nodded his head.
Le vent secouait les arbres.	The wind was shaking the trees.
—Pour qu'il travaille, il faut qu'on le secoue.	You have to shake him up if you want him to study.
—Oui, il faut lui secouer les puces.	Yes, you have to read him the riot act.
Cette mauvaise nouvelle nous a secoués.	That bad news shook us up.

RELATED WORDS AND EXPRESSIONS

la secousse	shake/shaking
Le train avança par secousses.	The train moved by fits and starts.
une secousse politique	a political shakeup

séduire *to seduce, charm*

je séduis · je séduisis · séduit · séduisant

irregular verb

Present
je séduis	nous séduisons
tu séduis	vous séduisez
il/elle séduit	ils/elles séduisent

Imperfect
je séduisais	nous séduisions
tu séduisais	vous séduisiez
il/elle séduisait	ils/elles séduisaient

Passé Simple
je séduisis	nous séduisîmes
tu séduisis	vous séduisîtes
il/elle séduisit	ils/elles séduisirent

Future
je séduirai	nous séduirons
tu séduiras	vous séduirez
il/elle séduira	ils/elles séduiront

Conditional
je séduirais	nous séduirions
tu séduirais	vous séduiriez
il/elle séduirait	ils/elles séduiraient

Present Subjunctive
que je séduise	que nous séduisions
que tu séduises	que vous séduisiez
qu'il/elle séduise	qu'ils/elles séduisent

Imperfect Subjunctive
que je séduisisse	que nous séduisissions
que tu séduisisses	que vous séduisissiez
qu'il/elle séduisît	qu'ils/elles séduisissent

Passé Composé
j'ai séduit	nous avons séduit
tu as séduit	vous avez séduit
il/elle a séduit	ils/elles ont séduit

Pluperfect
j'avais séduit	nous avions séduit
tu avais séduit	vous aviez séduit
il/elle avait séduit	ils/elles avaient séduit

Past Anterior
j'eus séduit	nous eûmes séduit
tu eus séduit	vous eûtes séduit
il/elle eut séduit	ils/elles eurent séduit

Future Anterior
j'aurai séduit	nous aurons séduit
tu auras séduit	vous aurez séduit
il/elle aura séduit	ils/elles auront séduit

Past Conditional
j'aurais séduit	nous aurions séduit
tu aurais séduit	vous auriez séduit
il/elle aurait séduit	ils/elles auraient séduit

Past Subjunctive
que j'aie séduit	que nous ayons séduit
que tu aies séduit	que vous ayez séduit
qu'il/elle ait séduit	qu'ils/elles aient séduit

Pluperfect Subjunctive
que j'eusse séduit	que nous eussions séduit
que tu eusses séduit	que vous eussiez séduit
qu'il/elle eût séduit	qu'ils/elles eussent séduit

Commands
	(nous) séduisons
(tu) séduis	(vous) séduisez

Il séduit tout le monde avec sa conversation. — *He charms everyone with his conversation.*
Tu ne séduiras personne avec tes idées farfelues. — *You won't charm anyone with your crazy ideas.*
Elle séduit les hommes avec sa tenue élégante. — *She charms men with her elegant outfits.*
Elle a été séduite par sa prestance. — *She was captivated by his bearing.*
Leur offre me séduit. — *Their offer is tempting me.*
Ce pays africain veut séduire les entreprises françaises et américaines. — *This African country wants to attract French and American firms.*

RELATED WORDS AND EXPRESSIONS

la séduction — *seduction/charm*
Ce genre de vie a ses séductions. — *That type of life has its charms.*
séduisant — *seductive/appealing/attractive*
Le paysage est séduisant. — *The scenery is lovely.*
Son offre est très séduisante. — *His offer is very appealing.*

regular -er verb

je séjourne · je séjournai · séjourné · séjournant

Present

je séjourne	nous séjournons
tu séjournes	vous séjournez
il/elle séjourne	ils/elles séjournent

Imperfect

je séjournais	nous séjournions
tu séjournais	vous séjourniez
il/elle séjournait	ils/elles séjournaient

Passé Simple

je séjournai	nous séjournâmes
tu séjournas	vous séjournâtes
il/elle séjourna	ils/elles séjournèrent

Future

je séjournerai	nous séjournerons
tu séjourneras	vous séjournerez
il/elle séjournera	ils/elles séjourneront

Conditional

je séjournerais	nous séjournerions
tu séjournerais	vous séjourneriez
il/elle séjournerait	ils/elles séjourneraient

Passé Composé

j'ai séjourné	nous avons séjourné
tu as séjourné	vous avez séjourné
il/elle a séjourné	ils/elles ont séjourné

Pluperfect

j'avais séjourné	nous avions séjourné
tu avais séjourné	vous aviez séjourné
il/elle avait séjourné	ils/elles avaient séjourné

Past Anterior

j'eus séjourné	nous eûmes séjourné
tu eus séjourné	vous eûtes séjourné
il/elle eut séjourné	ils/elles eurent séjourné

Future Anterior

j'aurai séjourné	nous aurons séjourné
tu auras séjourné	vous aurez séjourné
il/elle aura séjourné	ils/elles auront séjourné

Past Conditional

j'aurais séjourné	nous aurions séjourné
tu aurais séjourné	vous auriez séjourné
il/elle aurait séjourné	ils/elles auraient séjourné

Present Subjunctive

que je séjourne	que nous séjournions
que tu séjournes	que vous séjourniez
qu'il/elle séjourne	qu'ils/elles séjournent

Imperfect Subjunctive

que je séjournasse	que nous séjournassions
que tu séjournasses	que vous séjournassiez
qu'il/elle séjournât	qu'ils/elles séjournassent

Past Subjunctive

que j'aie séjourné	que nous ayons séjourné
que tu aies séjourné	que vous ayez séjourné
qu'il/elle ait séjourné	qu'ils/elles aient séjourné

Pluperfect Subjunctive

que j'eusse séjourné	que nous eussions séjourné
que tu eusses séjourné	que vous eussiez séjourné
qu'il/elle eût séjourné	qu'ils/elles eussent séjourné

Commands

	(nous) séjournons
(tu) séjourne	(vous) séjournez

USAGE

À Londres on séjourne chez des amis.	In London we stay with friends.
Je refuse de séjourner dans ce taudis.	I refuse to stay in this hovel.
Elle séjourne dans un hôtel de luxe.	She is staying at a luxury hotel.
Beaucoup d'artistes séjournent dans le Midi.	Many artists spend time in the South of France.
L'eau séjourne autour de cet arbre.	Water collects around this tree.

RELATED WORDS AND EXPRESSIONS

le séjour	stay; living room
un séjour de trois semaines en Suisse	a three-week stay in Switzerland
Il a fait un petit séjour en prison.	He did time in jail.
Notre séjour donne sur la rue.	Our living room faces the street.

semer *to sow*

je sème · je semai · semé · semant

-er verb; spelling change: *e > è*/mute *e*

Present

je sème	nous semons
tu sèmes	vous semez
il/elle sème	ils/elles sèment

Imperfect

je semais	nous semions
tu semais	vous semiez
il/elle semait	ils/elles semaient

Passé Simple

je semai	nous semâmes
tu semas	vous semâtes
il/elle sema	ils/elles semèrent

Future

je sèmerai	nous sèmerons
tu sèmeras	vous sèmerez
il/elle sèmera	ils/elles sèmeront

Conditional

je sèmerais	nous sèmerions
tu sèmerais	vous sèmeriez
il/elle sèmerait	ils/elles sèmeraient

Present Subjunctive

que je sème	que nous semions
que tu sèmes	que vous semiez
qu'il/elle sème	qu'ils/elles sèment

Imperfect Subjunctive

que je semasse	que nous semassions
que tu semasses	que vous semassiez
qu'il/elle semât	qu'ils/elles semassent

Passé Composé

j'ai semé	nous avons semé
tu as semé	vous avez semé
il/elle a semé	ils/elles ont semé

Pluperfect

j'avais semé	nous avions semé
tu avais semé	vous aviez semé
il/elle avait semé	ils/elles avaient semé

Past Anterior

j'eus semé	nous eûmes semé
tu eus semé	vous eûtes semé
il/elle eut semé	ils/elles eurent semé

Future Anterior

j'aurai semé	nous aurons semé
tu auras semé	vous aurez semé
il/elle aura semé	ils/elles auront semé

Past Conditional

j'aurais semé	nous aurions semé
tu aurais semé	vous auriez semé
il/elle aurait semé	ils/elles auraient semé

Past Subjunctive

que j'aie semé	que nous ayons semé
que tu aies semé	que vous ayez semé
qu'il/elle ait semé	qu'ils/elles aient semé

Pluperfect Subjunctive

que j'eusse semé	que nous eussions semé
que tu eusses semé	que vous eussiez semé
qu'il/elle eût semé	qu'ils/elles eussent semé

Commands

	(nous) semons
(tu) sème	(vous) semez

USAGE

Dans cette région on sème du blé.	They sow/plant wheat in this region.
Le chef a semé le doute dans mon esprit.	The boss sowed the seeds of doubt in my mind.
Il ne faut pas semer la discorde.	It's wrong to sow dissension.
On sème ces fleurs au printemps.	You plant these flowers in the spring.
Elle sème des faux bruits.	She spreads rumors.
Il sema son discours de citations.	He loaded his speech with quotes.
J'ai pu le semer.	I was able to give him the slip.
Paris offre au touriste beaucoup d'occasions de semer son argent.	Paris offers the tourist many opportunities to spend his money.
L'envahisseur semait la terreur dans le pays.	The invader spread terror across the land.

PROVERB

Qui sème le vent, récolte la tempête.	He who sows the wind shall reap the whirlwind.

irregular verb

je sens · je sentis · senti · sentant

Present
je sens	nous sentons
tu sens	vous sentez
il/elle sent	ils/elles sentent

Imperfect
je sentais	nous sentions
tu sentais	vous sentiez
il/elle sentait	ils/elles sentaient

Passé Simple
je sentis	nous sentîmes
tu sentis	vous sentîtes
il/elle sentit	ils/elles sentirent

Future
je sentirai	nous sentirons
tu sentiras	vous sentirez
il/elle sentira	ils/elles sentiront

Conditional
je sentirais	nous sentirions
tu sentirais	vous sentiriez
il/elle sentirait	ils/elles sentiraient

Passé Composé
j'ai senti	nous avons senti
tu as senti	vous avez senti
il/elle a senti	ils/elles ont senti

Pluperfect
j'avais senti	nous avions senti
tu avais senti	vous aviez senti
il/elle avait senti	ils/elles avaient senti

Past Anterior
j'eus senti	nous eûmes senti
tu eus senti	vous eûtes senti
il/elle eut senti	ils/elles eurent senti

Future Anterior
j'aurai senti	nous aurons senti
tu auras senti	vous aurez senti
il/elle aura senti	ils/elles auront senti

Past Conditional
j'aurais senti	nous aurions senti
tu aurais senti	vous auriez senti
il/elle aurait senti	ils/elles auraient senti

Present Subjunctive
que je sente	que nous sentions
que tu sentes	que vous sentiez
qu'il/elle sente	qu'ils/elles sentent

Imperfect Subjunctive
que je sentisse	que nous sentissions
que tu sentisses	que vous sentissiez
qu'il/elle sentît	qu'ils/elles sentissent

Past Subjunctive
que j'aie senti	que nous ayons senti
que tu aies senti	que vous ayez senti
qu'il/elle ait senti	qu'ils/elles aient senti

Pluperfect Subjunctive
que j'eusse senti	que nous eussions senti
que tu eusses senti	que vous eussiez senti
qu'il/elle eût senti	qu'ils/elles eussent senti

Commands
	(nous) sentons
(tu) sens	(vous) sentez

USAGE

Je sens un courant d'air. — *I feel a draft.*
Je ne me sens pas dans mon assiette. — *I'm not feeling well.*
Il se sent en forme. — *He feels great.*
Je ne me sens pas bien. — *I don't feel well.*
Elle a senti que quelqu'un la suivait. — *She felt that someone was following her.*
Ils nous ont fait sentir leur chagrin. — *They made us feel their sorrow.*
Je sens qu'il ne m'aime pas. — *I sense that he doesn't like me.*
Avec le rhume que j'ai, je ne sens plus rien. — *With the cold I have, I can't smell anything anymore.*

Ça sent bon! — *It smells good!*
Ça sent le brûlé. — *It smells like something's burning.*
Le chien sent mes chaussures. — *The dog is smelling my shoes.*
Cette chambre sent le moisi. — *This room smells musty.*
Je ne me sens pas d'attaque. — *I'm a bit out of sorts.*
Je ne peux pas la sentir. — *I can't stand her.*

séparer to separate

je sépare · je séparai · séparé · séparant

regular -er verb

Present		Passé Composé	
je sépare	nous séparons	j'ai séparé	nous avons séparé
tu sépares	vous séparez	tu as séparé	vous avez séparé
il/elle sépare	ils/elles séparent	il/elle a séparé	ils/elles ont séparé

Imperfect		Pluperfect	
je séparais	nous séparions	j'avais séparé	nous avions séparé
tu séparais	vous sépariez	tu avais séparé	vous aviez séparé
il/elle séparait	ils/elles séparaient	il/elle avait séparé	ils/elles avaient séparé

Passé Simple		Past Anterior	
je séparai	nous séparâmes	j'eus séparé	nous eûmes séparé
tu séparas	vous séparâtes	tu eus séparé	vous eûtes séparé
il/elle sépara	ils/elles séparèrent	il/elle eut séparé	ils/elles eurent séparé

Future		Future Anterior	
je séparerai	nous séparerons	j'aurai séparé	nous aurons séparé
tu sépareras	vous séparerez	tu auras séparé	vous aurez séparé
il/elle séparera	ils/elles sépareront	il/elle aura séparé	ils/elles auront séparé

Conditional		Past Conditional	
je séparerais	nous séparerions	j'aurais séparé	nous aurions séparé
tu séparerais	vous sépareriez	tu aurais séparé	vous auriez séparé
il/elle séparerait	ils/elles sépareraient	il/elle aurait séparé	ils/elles auraient séparé

Present Subjunctive		Past Subjunctive	
que je sépare	que nous séparions	que j'aie séparé	que nous ayons séparé
que tu sépares	que vous sépariez	que tu aies séparé	que vous ayez séparé
qu'il/elle sépare	qu'ils/elles séparent	qu'il/elle ait séparé	qu'ils/elles aient séparé

Imperfect Subjunctive		Pluperfect Subjunctive	
que je séparasse	que nous séparassions	que j'eusse séparé	que nous eussions séparé
que tu séparasses	que vous séparassiez	que tu eusses séparé	que vous eussiez séparé
qu'il/elle séparât	qu'ils/elles séparassent	qu'il/elle eût séparé	qu'ils/elles eussent séparé

Commands

	(nous) séparons
(tu) sépare	(vous) séparez

USAGE

Le Rhin sépare la France de l'Allemagne.	The Rhine separates France from Germany.
séparer le bon grain de l'ivraie	to separate the wheat from the chaff
Dans ce foyer d'étudiants on sépare les hommes et les femmes.	In this dorm men and women are separated.
Il faut séparer ces deux problèmes.	You have to keep these two problems separate.
Je croyais que rien ne pourrait séparer ces deux amis.	I thought that nothing would be able to separate those two friends.
Les envahisseurs ont séparé le pays en deux.	The invaders cut the country in two.
On s'est rendu compte que tout nous séparait.	We realized that we had nothing in common.
Ils se sont séparés sur le quai.	They parted on the platform.
Ne vous séparez pas de votre permis de conduire.	Keep your driver's license with you at all times.

regular -er verb

Present

je serre	nous serrons
tu serres	vous serrez
il/elle serre	ils/elles serrent

Passé Composé

j'ai serré	nous avons serré
tu as serré	vous avez serré
il/elle a serré	ils/elles ont serré

Imperfect

je serrais	nous serrions
tu serrais	vous serriez
il/elle serrait	ils/elles serraient

Pluperfect

j'avais serré	nous avions serré
tu avais serré	vous aviez serré
il/elle avait serré	ils/elles avaient serré

Passé Simple

je serrai	nous serrâmes
tu serras	vous serrâtes
il/elle serra	ils/elles serrèrent

Past Anterior

j'eus serré	nous eûmes serré
tu eus serré	vous eûtes serré
il/elle eut serré	ils/elles eurent serré

Future

je serrerai	nous serrerons
tu serreras	vous serrerez
il/elle serrera	ils/elles serreront

Future Anterior

j'aurai serré	nous aurons serré
tu auras serré	vous aurez serré
il/elle aura serré	ils/elles auront serré

Conditional

je serrerais	nous serrerions
tu serrerais	vous serreriez
il/elle serrerait	ils/elles serreraient

Past Conditional

j'aurais serré	nous aurions serré
tu aurais serré	vous auriez serré
il/elle aurait serré	ils/elles auraient serré

Present Subjunctive

que je serre	que nous serrions
que tu serres	que vous serriez
qu'il/elle serre	qu'ils/elles serrent

Past Subjunctive

que j'aie serré	que nous ayons serré
que tu aies serré	que vous ayez serré
qu'il/elle ait serré	qu'ils/elles aient serré

Imperfect Subjunctive

que je serrasse	que nous serrassions
que tu serrasses	que vous serrassiez
qu'il/elle serrât	qu'ils/elles serrassent

Pluperfect Subjunctive

que j'eusse serré	que nous eussions serré
que tu eusses serré	que vous eussiez serré
qu'il/elle eût serré	qu'ils/elles eussent serré

Commands

	(nous) serrons
(tu) serre	(vous) serrez

USAGE

Il a serré le nœud de sa cravate.	*He tightened the knot of his tie.*
La mère a serré son enfant dans ses bras.	*The mother clasped the child in her arms.*
J'ai serré la main à mon professeur.	*I shook my teacher's hand.*
Il avait le cœur serré par la peur.	*His heart was tense with fear.*
Le voleur était serré de près par les policiers.	*The police were in hot pursuit of the thief.*
une lutte serrée	*a close fight*
une discussion serrée	*a closely fought argument*
Cet élève est paresseux. Il faudra lui serrer la vis.	*This pupil is lazy. We'll have to whip him into shape.*
Où est-ce que tu as serré mon calepin?	*Where did you stash my notepad?*
Ils se sont serré la main.	*They shook hands.*
Ils doivent se serrer les coudes.	*They must stick together.*

servir un client, etc.

Ce restaurant sert des centaines de clients par semaine.	*This restaurant serves hundreds of customers a week.*
Elle sert dans un bistrot.	*She's a waitress in a bistro.*
Que vais-je vous servir?	*What would you like to have?*
En fait de problèmes, nous sommes bien servis.	*As far as problems go, we have loads of them.*
Le cognac se sert après le repas.	*Brandy is served after the meal.*
Ce libraire sert tous les médecins.	*All the doctors go to this bookseller.*
Tu voulais qu'il fasse chaud! Te voilà servi.	*You wanted it to be warm! You got what you wished for.*
C'est à qui de servir?	*Whose turn is it to serve?* (tennis)

servir (à) = être utile

À quoi (est-ce que) ça sert?	*What is that good for? / What is the use of that?*
Ça ne sert à rien.	*That is useless / good for nothing.*
Cet outil sert à beaucoup de choses.	*This tool has a lot of uses.*
Ça ne sert à rien de se plaindre.	*There's no use complaining.*
Ça ne se sert à rien de discuter avec eux.	*It doesn't pay to argue with them.*
Ça ne sert qu'à l'agacer.	*That only serves to irritate him/her.*
Vos conseils m'ont bien servi.	*Your advice was very useful.*
Cette veste peut encore servir.	*You can still get some use out of this jacket.*

servir de

Elle nous a servi de guide.	*She was our guide.*
Un indigène nous a servi d'interprète.	*A native served as our interpreter.*
Cette table me sert de bureau.	*This table serves as my desk.*
Que ça te serve de leçon!	*Let that be a lesson to you!*
Son courage nous a servi d'exemple.	*His courage was an example for us.*

se servir de

Je peux me servir de ton dictionnaire?	*May I use your dictionary?*
—Tu as eu tort de lui demander de faire le travail. Il ne sait pas se servir de l'ordinateur.	*You were wrong to ask him to do the job. He doesn't know how to use the computer.*
—Oui, je vois qu'on n'est jamais si bien servi que par soi-même.	*Yes, I see that if you want something done right, do it yourself.*
C'est un type qui se sert de ses amis.	*He's a guy who uses his friends.*

RELATED WORDS AND EXPRESSIONS

le service	*service / favor / service charge*
Service compris?	*Is the tip included?*
être de service	*to be on duty*
Où est le gardien de service?	*Where is the guard who's on duty?*
Tu peux me rendre un service?	*Can you do me a favor?*
Le service dans ce magasin est très soigneux.	*Service in that store is very attentive.*
desservir	*to stop at*
Ce car dessert tous les villages.	*This bus stops at all the villages.*

irregular verb

je sers · je servis · servi · servant

Present

je sers	nous servons
tu sers	vous servez
il/elle sert	ils/elles servent

Passé Composé

j'ai servi	nous avons servi
tu as servi	vous avez servi
il/elle a servi	ils/elles ont servi

Imperfect

je servais	nous servions
tu servais	vous serviez
il/elle servait	ils/elles servaient

Pluperfect

j'avais servi	nous avions servi
tu avais servi	vous aviez servi
il/elle avait servi	ils/elles avaient servi

Passé Simple

je servis	nous servîmes
tu servis	vous servîtes
il/elle servit	ils/elles servirent

Past Anterior

j'eus servi	nous eûmes servi
tu eus servi	vous eûtes servi
il/elle eut servi	ils/elles eurent servi

Future

je servirai	nous servirons
tu serviras	vous servirez
il/elle servira	ils/elles serviront

Future Anterior

j'aurai servi	nous aurons servi
tu auras servi	vous aurez servi
il/elle aura servi	ils/elles auront servi

Conditional

je servirais	nous servirions
tu servirais	vous serviriez
il/elle servirait	ils/elles serviraient

Past Conditional

j'aurais servi	nous aurions servi
tu aurais servi	vous auriez servi
il/elle aurait servi	ils/elles auraient servi

Present Subjunctive

que je serve	que nous servions
que tu serves	que vous serviez
qu'il/elle serve	qu'ils/elles servent

Past Subjunctive

que j'aie servi	que nous ayons servi
que tu aies servi	que vous ayez servi
qu'il/elle ait servi	qu'ils/elles aient servi

Imperfect Subjunctive

que je servisse	que nous servissions
que tu servisses	que vous servissiez
qu'il/elle servît	qu'ils/elles servissent

Pluperfect Subjunctive

que j'eusse servi	que nous eussions servi
que tu eusses servi	que vous eussiez servi
qu'il/elle eût servi	qu'ils/elles eussent servi

Commands

	(nous) servons
(tu) sers	(vous) servez

Elle a servi un bon repas.	*She served a good meal.*
À quelle heure est-ce qu'on sert le dîner?	*What time is dinner served?*
Ces serveurs ne savent pas servir.	*These waiters don't know how to serve.*
servir son pays	*to do military service*
La mère sert ses enfants à table.	*The mother serves her children (meals).*
Elle aime se faire servir.	*She likes to be served.*
Nous avons servi une salade de tomates comme entrée.	*We served sliced tomatoes as a first course.*
Madame est servie!	*Dinner is served! (cook addressing family)*
Il a été bien servi par sa prudence.	*His caution served him well.*
Ces articles servent nos intérêts.	*These articles serve our interests.*
—Vous avez servi une choucroute alsacienne. Mais j'adore ça!	*You've served Alsatian sauerkraut. I just love that!*
—Servez-vous-en alors.	*Well, then, help yourself.*
Je vais te servir à manger.	*I'll get you something to eat.*
Je vais te servir à boire.	*I'll get you something to drink.*

siffler *to whistle*

je siffle · je sifflai · sifflé · sifflant

regular -er verb

Present

je siffle	nous sifflons
tu siffles	vous sifflez
il/elle siffle	ils/elles sifflent

Passé Composé

j'ai sifflé	nous avons sifflé
tu as sifflé	vous avez sifflé
il/elle a sifflé	ils/elles ont sifflé

Imperfect

je sifflais	nous sifflions
tu sifflais	vous siffliez
il/elle sifflait	ils/elles sifflaient

Pluperfect

j'avais sifflé	nous avions sifflé
tu avais sifflé	vous aviez sifflé
il/elle avait sifflé	ils/elles avaient sifflé

Passé Simple

je sifflai	nous sifflâmes
tu sifflas	vous sifflâtes
il/elle siffla	ils/elles sifflèrent

Past Anterior

j'eus sifflé	nous eûmes sifflé
tu eus sifflé	vous eûtes sifflé
il/elle eut sifflé	ils/elles eurent sifflé

Future

je sifflerai	nous sifflerons
tu siffleras	vous sifflerez
il/elle sifflera	ils/elles siffleront

Future Anterior

j'aurai sifflé	nous aurons sifflé
tu auras sifflé	vous aurez sifflé
il/elle aura sifflé	ils/elles auront sifflé

Conditional

je sifflerais	nous sifflerions
tu sifflerais	vous siffleriez
il/elle sifflerait	ils/elles siffleraient

Past Conditional

j'aurais sifflé	nous aurions sifflé
tu aurais sifflé	vous auriez sifflé
il/elle aurait sifflé	ils/elles auraient sifflé

Present Subjunctive

que je siffle	que nous sifflions
que tu siffles	que vous siffliez
qu'il/elle siffle	qu'ils/elles sifflent

Past Subjunctive

que j'aie sifflé	que nous ayons sifflé
que tu aies sifflé	que vous ayez sifflé
qu'il/elle ait sifflé	qu'ils/elles aient sifflé

Imperfect Subjunctive

que je sifflasse	que nous sifflassions
que tu sifflasses	que vous sifflassiez
qu'il/elle sifflât	qu'ils/elles sifflassent

Pluperfect Subjunctive

que j'eusse sifflé	que nous eussions sifflé
que tu eusses sifflé	que vous eussiez sifflé
qu'il/elle eût sifflé	qu'ils/elles eussent sifflé

Commands

	(nous) sifflons
(tu) siffle	(vous) sifflez

USAGE

Le garçon sifflait en marchant.	*The boy whistled as he walked.*
Il sifflait un air que je ne reconnaissais pas.	*He was whistling a tune I didn't recognize.*
Le vent siffle dans les arbres.	*The wind is whistling in the trees.*
Siffle ton chien.	*Whistle for your dog.*
Tu dois aller voir le médecin si tu siffles en respirant.	*You should see the doctor if you're wheezing.*
Le serpent sifflait.	*The snake hissed.*
Le public a sifflé la pièce.	*The audience booed the play.*

RELATED WORDS AND EXPRESSIONS

le sifflet	*whistle*
le sifflet d'alarme	*alarm whistle*
L'acteur n'a pas pu supporter les sifflets.	*The actor couldn't take the booing.*
le sifflement	*whistling / whistling sound*
avoir des sifflements d'oreille	*to have a ringing in one's ears*

regular -er verb

je signale · je signalai · signalé · signalant

Present		Passé Composé	
je signale	nous signalons	j'ai signalé	nous avons signalé
tu signales	vous signalez	tu as signalé	vous avez signalé
il/elle signale	ils/elles signalent	il/elle a signalé	ils/elles ont signalé

Imperfect		Pluperfect	
je signalais	nous signalions	j'avais signalé	nous avions signalé
tu signalais	vous signaliez	tu avais signalé	vous aviez signalé
il/elle signalait	ils/elles signalaient	il/elle avait signalé	ils/elles avaient signalé

Passé Simple		Past Anterior	
je signalai	nous signalâmes	j'eus signalé	nous eûmes signalé
tu signalas	vous signalâtes	tu eus signalé	vous eûtes signalé
il/elle signala	ils/elles signalèrent	il/elle eut signalé	ils/elles eurent signalé

Future		Future Anterior	
je signalerai	nous signalerons	j'aurai signalé	nous aurons signalé
tu signaleras	vous signalerez	tu auras signalé	vous aurez signalé
il/elle signalera	ils/elles signaleront	il/elle aura signalé	ils/elles auront signalé

Conditional		Past Conditional	
je signalerais	nous signalerions	j'aurais signalé	nous aurions signalé
tu signalerais	vous signaleriez	tu aurais signalé	vous auriez signalé
il/elle signalerait	ils/elles signaleraient	il/elle aurait signalé	ils/elles auraient signalé

Present Subjunctive		Past Subjunctive	
que je signale	que nous signalions	que j'aie signalé	que nous ayons signalé
que tu signales	que vous signaliez	que tu aies signalé	que vous ayez signalé
qu'il/elle signale	qu'ils/elles signalent	qu'il/elle ait signalé	qu'ils/elles aient signalé

Imperfect Subjunctive		Pluperfect Subjunctive	
que je signalasse	que nous signalassions	que j'eusse signalé	que nous eussions signalé
que tu signalasses	que vous signalassiez	que tu eusses signalé	que vous eussiez signalé
qu'il/elle signalât	qu'ils/elles signalassent	qu'il/elle eût signalé	qu'ils/elles eussent signalé

Commands

	(nous) signalons
(tu) signale	(vous) signalez

USAGE

Un coup de sifflet signale le départ du car.	A blast of the whistle indicates that the bus is leaving.
Ce message signale qu'il est en difficulté.	This message tells me he's in trouble.
Je n'ai rien à signaler.	I have nothing to report.
Le stade n'est pas signalé sur le plan.	The stadium isn't marked on the street map.
J'ai signalé cette activité à la police.	I let the police know about that activity.
Permettez-moi de vous signaler que...	Please allow me to point out to you that . . .

RELATED WORDS AND EXPRESSIONS

le signalement	report/description
La police a le signalement de la voiture.	The police have a description of the car.
la signalisation	putting up a system of signals and signs
la signalisation des autoroutes	putting a system of signals and signs on the highway

signer *to sign*

je signe · je signai · signé · signant

regular -er verb

Present		Passé Composé	
je signe	nous signons	j'ai signé	nous avons signé
tu signes	vous signez	tu as signé	vous avez signé
il/elle signe	ils/elles signent	il/elle a signé	ils/elles ont signé

Imperfect		Pluperfect	
je signais	nous signions	j'avais signé	nous avions signé
tu signais	vous signiez	tu avais signé	vous aviez signé
il/elle signait	ils/elles signaient	il/elle avait signé	ils/elles avaient signé

Passé Simple		Past Anterior	
je signai	nous signâmes	j'eus signé	nous eûmes signé
tu signas	vous signâtes	tu eus signé	vous eûtes signé
il/elle signa	ils/elles signèrent	il/elle eut signé	ils/elles eurent signé

Future		Future Anterior	
je signerai	nous signerons	j'aurai signé	nous aurons signé
tu signeras	vous signerez	tu auras signé	vous aurez signé
il/elle signera	ils/elles signeront	il/elle aura signé	ils/elles auront signé

Conditional		Past Conditional	
je signerais	nous signerions	j'aurais signé	nous aurions signé
tu signerais	vous signeriez	tu aurais signé	vous auriez signé
il/elle signerait	ils/elles signeraient	il/elle aurait signé	ils/elles auraient signé

Present Subjunctive		Past Subjunctive	
que je signe	que nous signions	que j'aie signé	que nous ayons signé
que tu signes	que vous signiez	que tu aies signé	que vous ayez signé
qu'il/elle signe	qu'ils/elles signent	qu'il/elle ait signé	qu'ils/elles aient signé

Imperfect Subjunctive		Pluperfect Subjunctive	
que je signasse	que nous signassions	que j'eusse signé	que nous eussions signé
que tu signasses	que vous signassiez	que tu eusses signé	que vous eussiez signé
qu'il/elle signât	qu'ils/elles signassent	qu'il/elle eût signé	qu'ils/elles eussent signé

Commands

	(nous) signons
(tu) signe	(vous) signez

USAGE

—Avez-vous déjà signé le contrat?	*Have you already signed the contract?*
—Oui, j'ai signé au bas de la dernière page.	*Yes, I signed at the bottom of the last page.*
Tu dois signer le chèque avant de le toucher.	*You have to sign the check before cashing it.*
Signe ton nom.	*Sign your name.*
Les deux pays ont signé l'armistice.	*The two countries signed the armistice.*
Cet article était signé.	*This article carried his byline.*
C'est signé ton frère!	*This has your brother written all over it!*

RELATED WORDS AND EXPRESSIONS

la signature	*signature*
Tu arrives à lire cette signature?	*Can you read this signature?*
Cette peinture est sans signature.	*This painting is unsigned.*

regular -er verb; spelling change: g > ge/a, o **je songe · je songeai · songé · songeant**

Present		Passé Composé	
je songe	nous songeons	j'ai songé	nous avons songé
tu songes	vous songez	tu as songé	vous avez songé
il/elle songe	ils/elles songent	il/elle a songé	ils/elles ont songé

Imperfect		Pluperfect	
je songeais	nous songions	j'avais songé	nous avions songé
tu songeais	vous songiez	tu avais songé	vous aviez songé
il/elle songeait	ils/elles songeaient	il/elle avait songé	ils/elles avaient songé

Passé Simple		Past Anterior	
je songeai	nous songeâmes	j'eus songé	nous eûmes songé
tu songeas	vous songeâtes	tu eus songé	vous eûtes songé
il/elle songea	ils/elles songèrent	il/elle eut songé	ils/elles eurent songé

Future		Future Anterior	
je songerai	nous songerons	j'aurai songé	nous aurons songé
tu songeras	vous songerez	tu auras songé	vous aurez songé
il/elle songera	ils/elles songeront	il/elle aura songé	ils/elles auront songé

Conditional		Past Conditional	
je songerais	nous songerions	j'aurais songé	nous aurions songé
tu songerais	vous songeriez	tu aurais songé	vous auriez songé
il/elle songerait	ils/elles songeraient	il/elle aurait songé	ils/elles auraient songé

Present Subjunctive		Past Subjunctive	
que je songe	que nous songions	que j'aie songé	que nous ayons songé
que tu songes	que vous songiez	que tu aies songé	que vous ayez songé
qu'il/elle songe	qu'ils/elles songent	qu'il/elle ait songé	qu'ils/elles aient songé

Imperfect Subjunctive		Pluperfect Subjunctive	
que je songeasse	que nous songeassions	que j'eusse songé	que nous eussions songé
que tu songeasses	que vous songeassiez	que tu eusses songé	que vous eussiez songé
qu'il/elle songeât	qu'ils/elles songeassent	qu'il/elle eût songé	qu'ils/elles eussent songé

Commands

	(nous) songeons
(tu) songe	(vous) songez

USAGE

Je songeais qu'ils n'y parviendraient pas.	I thought they wouldn't manage to do it.
songer à	to think of / reflect on
Elle ne songe qu'à sa position sociale.	She thinks only of her position in society.
Songe à cette quantité d'argent!	Think of that amount of money!
Il ne songe qu'à lui-même.	He thinks only of himself.
Je n'ai jamais songé à faire cela.	It never occurred to me to do that.
Songez qu'il était au courant de l'affaire.	Consider that he was aware of the matter.

RELATED WORDS AND EXPRESSIONS

le songe	dream
interpréter les songes	to interpret dreams
un songeur / une songeuse	a dreamer
songeur/songeuse	pensive
Elle est songeuse aujourd'hui.	She's lost in thought today.

(**sonner**) *to ring*

je sonne · je sonnai · sonné · sonnant

regular *-er* verb

Present		Passé Composé	
je sonne	nous sonnons	j'ai sonné	nous avons sonné
tu sonnes	vous sonnez	tu as sonné	vous avez sonné
il/elle sonne	ils/elles sonnent	il/elle a sonné	ils/elles ont sonné

Imperfect		Pluperfect	
je sonnais	nous sonnions	j'avais sonné	nous avions sonné
tu sonnais	vous sonniez	tu avais sonné	vous aviez sonné
il/elle sonnait	ils/elles sonnaient	il/elle avait sonné	ils/elles avaient sonné

Passé Simple		Past Anterior	
je sonnai	nous sonnâmes	j'eus sonné	nous eûmes sonné
tu sonnas	vous sonnâtes	tu eus sonné	vous eûtes sonné
il/elle sonna	ils/elles sonnèrent	il/elle eut sonné	ils/elles eurent sonné

Future		Future Anterior	
je sonnerai	nous sonnerons	j'aurai sonné	nous aurons sonné
tu sonneras	vous sonnerez	tu auras sonné	vous aurez sonné
il/elle sonnera	ils/elles sonneront	il/elle aura sonné	ils/elles auront sonné

Conditional		Past Conditional	
je sonnerais	nous sonnerions	j'aurais sonné	nous aurions sonné
tu sonnerais	vous sonneriez	tu aurais sonné	vous auriez sonné
il/elle sonnerait	ils/elles sonneraient	il/elle aurait sonné	ils/elles auraient sonné

Present Subjunctive		Past Subjunctive	
que je sonne	que nous sonnions	que j'aie sonné	que nous ayons sonné
que tu sonnes	que vous sonniez	que tu aies sonné	que vous ayez sonné
qu'il/elle sonne	qu'ils/elles sonnent	qu'il/elle ait sonné	qu'ils/elles aient sonné

Imperfect Subjunctive		Pluperfect Subjunctive	
que je sonnasse	que nous sonnassions	que j'eusse sonné	que nous eussions sonné
que tu sonnasses	que vous sonnassiez	que tu eusses sonné	que vous eussiez sonné
qu'il/elle sonnât	qu'ils/elles sonnassent	qu'il/elle eût sonné	qu'ils/elles eussent sonné

Commands

	(nous) sonnons
(tu) sonne	(vous) sonnez

USAGE

Je lisais quand le téléphone a sonné.	*I was reading when the phone rang.*
Les cloches sonnent. Il est trois heures.	*The bells are ringing. It's three o'clock.*
On sonne! Va, ouvre.	*Someone's ringing (the doorbell)! Go open the door.*
On a sonné l'alarme.	*They sounded the alarm.*
Son entrée dans la salle nous a sonnés.	*His entrance into the room knocked us for a loop.*
Je vois que ton rhume t'a vraiment sonné.	*I see your cold has really knocked you out.*

RELATED WORDS AND EXPRESSIONS

la sonnette	*doorbell*
la sonnerie	*ringing*
La sonnerie du téléphone m'a réveillé.	*The ringing of the phone woke me up.*
le son	*sound*

SLANG

sonné	*crazy/nuts*
Il est complètement sonné, celui-là.	*That guy is completely nuts.*

irregular verb; compound tenses with *être*; when there is
a direct object, the passé composé is conjugated with *avoir*

je sors · je sortis · sorti · sortant

Present		Passé Composé	
je sors	nous sortons	je suis sorti(e)	nous sommes sorti(e)s
tu sors	vous sortez	tu es sorti(e)	vous êtes sorti(e)(s)
il/elle sort	ils/elles sortent	il/elle est sorti(e)	ils/elles sont sorti(e)s

Imperfect		Pluperfect	
je sortais	nous sortions	j'étais sorti(e)	nous étions sorti(e)s
tu sortais	vous sortiez	tu étais sorti(e)	vous étiez sorti(e)(s)
il/elle sortait	ils/elles sortaient	il/elle était sorti(e)	ils/elles étaient sorti(e)s

Passé Simple		Past Anterior	
je sortis	nous sortîmes	je fus sorti(e)	nous fûmes sorti(e)s
tu sortis	vous sortîtes	tu fus sorti(e)	vous fûtes sorti(e)(s)
il/elle sortit	ils/elles sortirent	il/elle fut sorti(e)	ils/elles furent sorti(e)s

Future		Future Anterior	
je sortirai	nous sortirons	je serai sorti(e)	nous serons sorti(e)s
tu sortiras	vous sortirez	tu seras sorti(e)	vous serez sorti(e)(s)
il/elle sortira	ils/elles sortiront	il/elle sera sorti(e)	ils/elles seront sorti(e)s

Conditional		Past Conditional	
je sortirais	nous sortirions	je serais sorti(e)	nous serions sorti(e)s
tu sortirais	vous sortiriez	tu serais sorti(e)	vous seriez sorti(e)(s)
il/elle sortirait	ils/elles sortiraient	il/elle serait sorti(e)	ils/elles seraient sorti(e)s

Present Subjunctive		Past Subjunctive	
que je sorte	que nous sortions	que je sois sorti(e)	que nous soyons sorti(e)s
que tu sortes	que vous sortiez	que tu sois sorti(e)	que vous soyez sorti(e)(s)
qu'il/elle sorte	qu'ils/elles sortent	qu'il/elle soit sorti(e)	qu'ils/elles soient sorti(e)s

Imperfect Subjunctive		Pluperfect Subjunctive	
que je sortisse	que nous sortissions	que je fusse sorti(e)	que nous fussions sorti(e)s
que tu sortisses	que vous sortissiez	que tu fusses sorti(e)	que vous fussiez sorti(e)(s)
qu'il/elle sortît	qu'ils/elles sortissent	qu'il/elle fût sorti(e)	qu'ils/elles fussent sorti(e)s

Commands

	(nous) sortons
(tu) sors	(vous) sortez

USAGE

—Tu sors ce soir?	*Are you going out this evening?*
—Oui, je sors danser avec Vincent.	*Yes, I'm going out dancing with Vincent.*
Je sors en bicyclette, maman.	*I'm going out for a ride on my bike, Mom.*
Elle n'est jamais sortie de son pays.	*She's never been out of her country.*
Il vient de sortir de l'hôpital.	*He's just gotten out of the hospital.*
Sortez de l'eau, les gosses!	*Come out of the water, kids!*
—Sors la voiture du garage.	*Take the car out of the garage.*
—Je l'ai déjà sortie.	*I already took it out.*
Ce rapport est tellement compliqué. Je n'en sors pas.	*This report is so complicated. There's no end to it.*
Il est sorti de ses gonds.	*He flew off the handle.*
Ils sortent de partout.	*They're coming out of the woodwork.*
Je ne sais pas si je pourrai m'en sortir.	*I don't know if I can get through this.*
Il s'en est bien sorti.	*He got away with it.*

souffler *to blow*

je souffle · je soufflai · soufflé · soufflant

regular -er verb

Present

je souffle	nous soufflons
tu souffles	vous soufflez
il/elle souffle	ils/elles soufflent

Passé Composé

j'ai soufflé	nous avons soufflé
tu as soufflé	vous avez soufflé
il/elle a soufflé	ils/elles ont soufflé

Imperfect

je soufflais	nous soufflions
tu soufflais	vous souffliez
il/elle soufflait	ils/elles soufflaient

Pluperfect

j'avais soufflé	nous avions soufflé
tu avais soufflé	vous aviez soufflé
il/elle avait soufflé	ils/elles avaient soufflé

Passé Simple

je soufflai	nous soufflâmes
tu soufflas	vous soufflâtes
il/elle souffla	ils/elles soufflèrent

Past Anterior

j'eus soufflé	nous eûmes soufflé
tu eus soufflé	vous eûtes soufflé
il/elle eut soufflé	ils/elles eurent soufflé

Future

je soufflerai	nous soufflerons
tu souffleras	vous soufflerez
il/elle soufflera	ils/elles souffleront

Future Anterior

j'aurai soufflé	nous aurons soufflé
tu auras soufflé	vous aurez soufflé
il/elle aura soufflé	ils/elles auront soufflé

Conditional

je soufflerais	nous soufflerions
tu soufflerais	vous souffleriez
il/elle soufflerait	ils/elles souffleraient

Past Conditional

j'aurais soufflé	nous aurions soufflé
tu aurais soufflé	vous auriez soufflé
il/elle aurait soufflé	ils/elles auraient soufflé

Present Subjunctive

que je souffle	que nous soufflions
que tu souffles	que vous souffliez
qu'il/elle souffle	qu'ils/elles soufflent

Past Subjunctive

que j'aie soufflé	que nous ayons soufflé
que tu aies soufflé	que vous ayez soufflé
qu'il/elle ait soufflé	qu'ils/elles aient soufflé

Imperfect Subjunctive

que je soufflasse	que nous soufflassions
que tu soufflasses	que vous soufflassiez
qu'il/elle soufflât	qu'ils/elles soufflassent

Pluperfect Subjunctive

que j'eusse soufflé	que nous eussions soufflé
que tu eusses soufflé	que vous eussiez soufflé
qu'il/elle eût soufflé	qu'ils/elles eussent soufflé

Commands

	(nous) soufflons
(tu) souffle	(vous) soufflez

USAGE

Il souffle sur son café.	He blows on his coffee.
Le vent souffle fort aujourd'hui.	The wind is blowing hard today.
Elle a soufflé dans sa flûte.	She blew into her flute.
—Je ne peux plus monter l'escalier sans souffler.	I can't walk up the stairs anymore without huffing and puffing.
—Moi aussi, je souffle comme un bœuf.	Me, too, I huff and puff like an ox.
Quand on le lui a dit, il en est resté soufflé.	When they told him that, he was openmouthed.

RELATED WORDS AND EXPRESSIONS

le souffle	breath
à bout de souffle	out of breath
Ca m'a coupé le souffle.	That took my breath away.
Il a retenu son souffle.	He held his breath.
un souffleur / une souffleuse	a prompter

irregular verb

je souffre · je souffris · souffert · souffrant

Present

je souffre	nous souffrons
tu souffres	vous souffrez
il/elle souffre	ils/elles souffrent

Passé Composé

j'ai souffert	nous avons souffert
tu as souffert	vous avez souffert
il/elle a souffert	ils/elles ont souffert

Imperfect

je souffrais	nous souffrions
tu souffrais	vous souffriez
il/elle souffrait	ils/elles souffraient

Pluperfect

j'avais souffert	nous avions souffert
tu avais souffert	vous aviez souffert
il/elle avait souffert	ils/elles avaient souffert

Passé Simple

je souffris	nous souffrîmes
tu souffris	vous souffrîtes
il/elle souffrit	ils/elles souffrirent

Past Anterior

j'eus souffert	nous eûmes souffert
tu eus souffert	vous eûtes souffert
il/elle eut souffert	ils/elles eurent souffert

Future

je souffrirai	nous souffrirons
tu souffriras	vous souffrirez
il/elle souffrira	ils/elles souffriront

Future Anterior

j'aurai souffert	nous aurons souffert
tu auras souffert	vous aurez souffert
il/elle aura souffert	ils/elles auront souffert

Conditional

je souffrirais	nous souffririons
tu souffrirais	vous souffririez
il/elle souffrirait	ils/elles souffriraient

Past Conditional

j'aurais souffert	nous aurions souffert
tu aurais souffert	vous auriez souffert
il/elle aurait souffert	ils/elles auraient souffert

Present Subjunctive

que je souffre	que nous souffrions
que tu souffres	que vous souffriez
qu'il/elle souffre	qu'ils/elles souffrent

Past Subjunctive

que j'aie souffert	que nous ayons souffert
que tu aies souffert	que vous ayez souffert
qu'il/elle ait souffert	qu'ils/elles aient souffert

Imperfect Subjunctive

que je souffrisse	que nous souffrissions
que tu souffrisses	que vous souffrissiez
qu'il/elle souffrît	qu'ils/elles souffrissent

Pluperfect Subjunctive

que j'eusse souffert	que nous eussions souffert
que tu eusses souffert	que vous eussiez souffert
qu'il/elle eût souffert	qu'ils/elles eussent souffert

Commands

	(nous) souffrons
(tu) souffre	(vous) souffrez

USAGE

Elle souffrait de maux de tête.	She suffered from headaches.
L'enfant a fait souffrir ses parents.	The child made his parents suffer.
La qualité du produit a souffert.	The quality of the product has suffered.
Ta réputation va en souffrir.	Your reputation will suffer for it.
Je souffre de l'estomac.	I've got stomach problems.
Ce prof te fera souffrir.	That teacher will give you trouble.
Je souffre de la chaleur.	I really don't like heat.
Tu vas souffrir pour lui faire entendre raison.	You'll have a hard time getting him to listen to reason.
Ils ont souffert de la faim.	They have known hunger.
Cette règle souffre de beaucoup d'exceptions.	This rule has many exceptions.
Je ne peux pas souffrir mon patron.	I can't bear my boss.
Il souffrait la douleur sans broncher.	He bore the pain without flinching.

souhaiter *to wish*

je souhaite · je souhaitai · souhaité · souhaitant

regular -er verb

Present			
je souhaite	nous souhaitons		
tu souhaites	vous souhaitez		
il/elle souhaite	ils/elles souhaitent		

Passé Composé	
j'ai souhaité	nous avons souhaité
tu as souhaité	vous avez souhaité
il/elle a souhaité	ils/elles ont souhaité

Imperfect	
je souhaitais	nous souhaitions
tu souhaitais	vous souhaitiez
il/elle souhaitait	ils/elles souhaitaient

Pluperfect	
j'avais souhaité	nous avions souhaité
tu avais souhaité	vous aviez souhaité
il/elle avait souhaité	ils/elles avaient souhaité

Passé Simple	
je souhaitai	nous souhaitâmes
tu souhaitas	vous souhaitâtes
il/elle souhaita	ils/elles souhaitèrent

Past Anterior	
j'eus souhaité	nous eûmes souhaité
tu eus souhaité	vous eûtes souhaité
il/elle eut souhaité	ils/elles eurent souhaité

Future	
je souhaiterai	nous souhaiterons
tu souhaiteras	vous souhaiterez
il/elle souhaitera	ils/elles souhaiteront

Future Anterior	
j'aurai souhaité	nous aurons souhaité
tu auras souhaité	vous aurez souhaité
il/elle aura souhaité	ils/elles auront souhaité

Conditional	
je souhaiterais	nous souhaiterions
tu souhaiterais	vous souhaiteriez
il/elle souhaiterait	ils/elles souhaiteraient

Past Conditional	
j'aurais souhaité	nous aurions souhaité
tu aurais souhaité	vous auriez souhaité
il/elle aurait souhaité	ils/elles auraient souhaité

Present Subjunctive	
que je souhaite	que nous souhaitions
que tu souhaites	que vous souhaitiez
qu'il/elle souhaite	qu'ils/elles souhaitent

Past Subjunctive	
que j'aie souhaité	que nous ayons souhaité
que tu aies souhaité	que vous ayez souhaité
qu'il/elle ait souhaité	qu'ils/elles aient souhaité

Imperfect Subjunctive	
que je souhaitasse	que nous souhaitassions
que tu souhaitasses	que vous souhaitassiez
qu'il/elle souhaitât	qu'ils/elles souhaitassent

Pluperfect Subjunctive	
que j'eusse souhaité	que nous eussions souhaité
que tu eusses souhaité	que vous eussiez souhaité
qu'il/elle eût souhaité	qu'ils/elles eussent souhaité

Commands

	(nous) souhaitons
(tu) souhaite	(vous) souhaitez

USAGE

Je vous souhaite une bonne année!	*I wish you a happy new year!*
On te souhaite le bonheur dans ton nouvel appartement.	*We wish you happiness in your new apartment.*
On lui a souhaité la bonne chance.	*We wished him luck.*
Il souhaitait travailler à son compte.	*He hoped to open his own business.*

RELATED WORDS AND EXPRESSIONS

le souhait	*wish*
les souhaits de bonne année	*New Year's wishes*
Il est intelligent à souhait.	*He's as intelligent as you could wish.*
Les enfants ont reçu des jouets à souhait.	*The children got as many toys as they could want.*
À tes souhaits!	*God bless you!* (after someone sneezes)
souhaitable	*desirable*
une qualité souhaitable	*a desirable quality*

regular -er verb   je souille · je souillai · souillé · souillant

Present		Passé Composé	
je souille	nous souillons	j'ai souillé	nous avons souillé
tu souilles	vous souillez	tu as souillé	vous avez souillé
il/elle souille	ils/elles souillent	il/elle a souillé	ils/elles ont souillé

Imperfect		Pluperfect	
je souillais	nous souillions	j'avais souillé	nous avions souillé
tu souillais	vous souilliez	tu avais souillé	vous aviez souillé
il/elle souillait	ils/elles souillaient	il/elle avait souillé	ils/elles avaient souillé

Passé Simple		Past Anterior	
je souillai	nous souillâmes	j'eus souillé	nous eûmes souillé
tu souillas	vous souillâtes	tu eus souillé	vous eûtes souillé
il/elle souilla	ils/elles souillèrent	il/elle eut souillé	ils/elles eurent souillé

Future		Future Anterior	
je souillerai	nous souillerons	j'aurai souillé	nous aurons souillé
tu souilleras	vous souillerez	tu auras souillé	vous aurez souillé
il/elle souillera	ils/elles souilleront	il/elle aura souillé	ils/elles auront souillé

Conditional		Past Conditional	
je souillerais	nous souillerions	j'aurais souillé	nous aurions souillé
tu souillerais	vous souilleriez	tu aurais souillé	vous auriez souillé
il/elle souillerait	ils/elles souilleraient	il/elle aurait souillé	ils/elles auraient souillé

Present Subjunctive		Past Subjunctive	
que je souille	que nous souillions	que j'aie souillé	que nous ayons souillé
que tu souilles	que vous souilliez	que tu aies souillé	que vous ayez souillé
qu'il/elle souille	qu'ils/elles souillent	qu'il/elle ait souillé	qu'ils/elles aient souillé

Imperfect Subjunctive		Pluperfect Subjunctive	
que je souillasse	que nous souillassions	que j'eusse souillé	que nous eussions souillé
que tu souillasses	que vous souillassiez	que tu eusses souillé	que vous eussiez souillé
qu'il/elle souillât	qu'ils/elles souillassent	qu'il/elle eût souillé	qu'ils/elles eussent souillé

Commands

	(nous) souillons
(tu) souille	(vous) souillez

USAGE

Le gazon est souillé de détritus.	The lawn is soiled with garbage.
La voiture qui passait nous a souillés de boue.	The passing car dirtied us with mud.
Les automobiles ont souillé l'air.	Cars have dirtied the air.
Cet article a souillé sa réputation.	This article tarnished his reputation.
Un écrivain qui souille les rapports humains.	A writer who defiles human relations.
On a voulu souiller la mémoire de ce général.	They wanted to tarnish the memory of this general.

RELATED WORDS AND EXPRESSIONS

la souillure	stain/blemish
la souillure du crime	the black mark of crime
une souillure à son honneur	a blot on his honor

(**soumettre**) *to submit*

je soumets · je soumis · soumis · soumettant

irregular verb; only one t in the singular of the present tense

Present

je soumets	nous soumettons
tu soumets	vous soumettez
il/elle soumet	ils/elles soumettent

Passé Composé

j'ai soumis	nous avons soumis
tu as soumis	vous avez soumis
il/elle a soumis	ils/elles ont soumis

Imperfect

je soumettais	nous soumettions
tu soumettais	vous soumettiez
il/elle soumettait	ils/elles soumettaient

Pluperfect

j'avais soumis	nous avions soumis
tu avais soumis	vous aviez soumis
il/elle avait soumis	ils/elles avaient soumis

Passé Simple

je soumis	nous soumîmes
tu soumis	vous soumîtes
il/elle soumit	ils/elles soumirent

Past Anterior

j'eus soumis	nous eûmes soumis
tu eus soumis	vous eûtes soumis
il/elle eut soumis	ils/elles eurent soumis

Future

je soumettrai	nous soumettrons
tu soumettras	vous soumettrez
il/elle soumettra	ils/elles soumettront

Future Anterior

j'aurai soumis	nous aurons soumis
tu auras soumis	vous aurez soumis
il/elle aura soumis	ils/elles auront soumis

Conditional

je soumettrais	nous soumettrions
tu soumettrais	vous soumettriez
il/elle soumettrait	ils/elles soumettraient

Past Conditional

j'aurais soumis	nous aurions soumis
tu aurais soumis	vous auriez soumis
il/elle aurait soumis	ils/elles auraient soumis

Present Subjunctive

que je soumette	que nous soumettions
que tu soumettes	que vous soumettiez
qu'il/elle soumette	qu'ils/elles soumettent

Past Subjunctive

que j'aie soumis	que nous ayons soumis
que tu aies soumis	que vous ayez soumis
qu'il/elle ait soumis	qu'ils/elles aient soumis

Imperfect Subjunctive

que je soumisse	que nous soumissions
que tu soumisses	que vous soumissiez
qu'il/elle soumît	qu'ils/elles soumissent

Pluperfect Subjunctive

que j'eusse soumis	que nous eussions soumis
que tu eusses soumis	que vous eussiez soumis
qu'il/elle eût soumis	qu'ils/elles eussent soumis

Commands

	(nous) soumettons
(tu) soumets	(vous) soumettez

USAGE

On ne se soumettra pas à sa volonté.	We won't submit to his will.
soumettre un article à une revue	to submit an article to a magazine
J'ai soumis mon projet au conseil.	I submitted my project to the board.
La police a soumis les insurgés.	The police put down the rebels.
La vente d'une propriété est soumise à l'impôt.	The sale of property is subject to tax.
L'ennemi a soumis le pays voisin.	The enemy subjugated the neighboring country.
Tout ce que vous gagnez est soumis à l'impôt.	Everything you earn is taxable.

RELATED WORDS AND EXPRESSIONS

la soumission	submission
Les rebelles ont fait acte de soumission.	The rebels capitulated.
soumis(e)	docile
Tu es trop soumis.	You're too docile.

irregular reflexive verb · je me souviens · je me souvins · s'étant souvenu · se souvenant

Present

je me souviens	nous nous souvenons
tu te souviens	vous vous souvenez
il/elle se souvient	ils/elles se souviennent

Imperfect

je me souvenais	nous nous souvenions
tu te souvenais	vous vous souveniez
il/elle se souvenait	ils/elles se souvenaient

Passé Simple

je me souvins	nous nous souvînmes
tu te souvins	vous vous souvîntes
il/elle se souvint	ils/elles se souvinrent

Future

je me souviendrai	nous nous souviendrons
tu te souviendras	vous vous souviendrez
il/elle se souviendra	ils/elles se souviendront

Conditional

je me souviendrais	nous nous souviendrions
tu te souviendrais	vous vous souviendriez
il/elle se souviendrait	ils/elles se souviendraient

Present Subjunctive

que je me souvienne	que nous nous souvenions
que tu te souviennes	que vous vous souveniez
qu'il/elle se souvienne	qu'ils/elles se souviennent

Imperfect Subjunctive

que je me souvinsse	que nous nous souvinssions
que tu te souvinsses	que vous vous souvinssiez
qu'il/elle se souvînt	qu'ils/elles se souvinssent

Passé Composé

je me suis souvenu(e)	nous nous sommes souvenu(e)s
tu t'es souvenu(e)	vous vous êtes souvenu(e)(s)
il/elle s'est souvenu(e)	ils/elles se sont souvenu(e)s

Pluperfect

je m'étais souvenu(e)	nous nous étions souvenu(e)s
tu t'étais souvenu(e)	vous vous étiez souvenu(e)(s)
il/elle s'était souvenu(e)	ils/elles s'étaient souvenu(e)s

Past Anterior

je me fus souvenu(e)	nous nous fûmes souvenu(e)s
tu te fus souvenu(e)	vous vous fûtes souvenu(e)(s)
il/elle se fut souvenu(e)	ils/elles se furent souvenu(e)s

Future Anterior

je me serai souvenu(e)	nous nous serons souvenu(e)s
tu te seras souvenu(e)	vous vous serez souvenu(e)(s)
il/elle se sera souvenu(e)	ils/elles se seront souvenu(e)s

Past Conditional

je me serais souvenu(e)	nous nous serions souvenu(e)s
tu te serais souvenu(e)	vous vous seriez souvenu(e)(s)
il/elle se serait souvenu(e)	ils/elles se seraient souvenu(e)s

Past Subjunctive

que je me sois souvenu(e)	que nous nous soyons souvenu(e)s
que tu te sois souvenu(e)	que vous vous soyez souvenu(e)(s)
qu'il/elle se soit souvenu(e)	qu'ils/elles se soient souvenu(e)s

Pluperfect Subjunctive

que je me fusse souvenu(e)	que nous nous fussions souvenu(e)s
que tu te fusses souvenu(e)	que vous vous fussiez souvenu(e)(s)
qu'il/elle se fût souvenu(e)	qu'ils/elles se fussent souvenu(e)s

Commands

	(nous) souvenons-nous
(tu) souviens-toi	(vous) souvenez-vous

Je me souviens de tout ce qu'il a dit.	I remember everything he said.
Tu te souviens de moi?	Do you remember me?
Il ne se souvient pas d'être entré dans le café.	He doesn't remember having gone into the café.
Je ne me souviens pas d'avoir lu cet article.	I don't remember having read that article.
Souvenez-vous qu'elle est souffrante.	Bear in mind that she is not feeling well.
On s'en souviendra!	We won't forget this!
Elle lui a flanqué une gifle dont il se souviendra.	She gave him a slap he won't forget.

RELATED WORDS AND EXPRESSIONS

le souvenir	memory; souvenir
des souvenirs d'enfance	childhood memories
Il faut que nous achetions des souvenirs.	We must buy some souvenirs.

sucer *to suck*

regular -er verb; spelling change: c > ç/a, o

Present		Passé Composé	
je suce	nous suçons	j'ai sucé	nous avons sucé
tu suces	vous sucez	tu as sucé	vous avez sucé
il/elle suce	ils/elles sucent	il/elle a sucé	ils/elles ont sucé

Imperfect		Pluperfect	
je suçais	nous sucions	j'avais sucé	nous avions sucé
tu suçais	vous suciez	tu avais sucé	vous aviez sucé
il/elle suçait	ils/elles suçaient	il/elle avait sucé	ils/elles avaient sucé

Passé Simple		Past Anterior	
je suçai	nous suçâmes	j'eus sucé	nous eûmes sucé
tu suças	vous suçâtes	tu eus sucé	vous eûtes sucé
il/elle suça	ils/elles sucèrent	il/elle eut sucé	ils/elles eurent sucé

Future		Future Anterior	
je sucerai	nous sucerons	j'aurai sucé	nous aurons sucé
tu suceras	vous sucerez	tu auras sucé	vous aurez sucé
il/elle sucera	ils/elles suceront	il/elle aura sucé	ils/elles auront sucé

Conditional		Past Conditional	
je sucerais	nous sucerions	j'aurais sucé	nous aurions sucé
tu sucerais	vous suceriez	tu aurais sucé	vous auriez sucé
il/elle sucerait	ils/elles suceraient	il/elle aurait sucé	ils/elles auraient sucé

Present Subjunctive		Past Subjunctive	
que je suce	que nous sucions	que j'aie sucé	que nous ayons sucé
que tu suces	que vous suciez	que tu aies sucé	que vous ayez sucé
qu'il/elle suce	qu'ils/elles sucent	qu'il/elle ait sucé	qu'ils/elles aient sucé

Imperfect Subjunctive		Pluperfect Subjunctive	
que je suçasse	que nous suçassions	que j'eusse sucé	que nous eussions sucé
que tu suçasses	que vous suçassiez	que tu eusses sucé	que vous eussiez sucé
qu'il/elle suçât	qu'ils/elles suçassent	qu'il/elle eût sucé	qu'ils/elles eussent sucé

Commands

	(nous) suçons
(tu) suce	(vous) sucez

USAGE

Si tu as soif, suce cette orange.	*If you're thirsty, suck on this orange.*
Ces pastilles sont à sucer.	*These tablets are to be sucked.*
Je suce un bonbon.	*I'm sucking a candy.*
Ton bébé suce son pouce.	*Your baby is sucking his thumb.*
Elle suçait un bonbon.	*She had a sucking candy in her mouth.*
Il a sucé cette doctrine avec le lait de sa mère.	*He absorbed that doctrine with his mother's milk.*

RELATED WORDS AND EXPRESSIONS

la sucette	*pacifier* (for babies)

irregular verb

je suis · je suivis · suivi · suivant

Present		Passé Composé	
je suis	nous suivons	j'ai suivi	nous avons suivi
tu suis	vous suivez	tu as suivi	vous avez suivi
il/elle suit	ils/elles suivent	il/elle a suivi	ils/elles ont suivi

Imperfect		Pluperfect	
je suivais	nous suivions	j'avais suivi	nous avions suivi
tu suivais	vous suiviez	tu avais suivi	vous aviez suivi
il/elle suivait	ils/elles suivaient	il/elle avait suivi	ils/elles avaient suivi

Passé Simple		Past Anterior	
je suivis	nous suivîmes	j'eus suivi	nous eûmes suivi
tu suivis	vous suivîtes	tu eus suivi	vous eûtes suivi
il/elle suivit	ils/elles suivirent	il/elle eut suivi	ils/elles eurent suivi

Future		Future Anterior	
je suivrai	nous suivrons	j'aurai suivi	nous aurons suivi
tu suivras	vous suivrez	tu auras suivi	vous aurez suivi
il/elle suivra	ils/elles suivront	il/elle aura suivi	ils/elles auront suivi

Conditional		Past Conditional	
je suivrais	nous suivrions	j'aurais suivi	nous aurions suivi
tu suivrais	vous suivriez	tu aurais suivi	vous auriez suivi
il/elle suivrait	ils/elles suivraient	il/elle aurait suivi	ils/elles auraient suivi

Present Subjunctive		Past Subjunctive	
que je suive	que nous suivions	que j'aie suivi	que nous ayons suivi
que tu suives	que vous suiviez	que tu aies suivi	que vous ayez suivi
qu'il/elle suive	qu'ils/elles suivent	qu'il/elle ait suivi	qu'ils/elles aient suivi

Imperfect Subjunctive		Pluperfect Subjunctive	
que je suivisse	que nous suivissions	que j'eusse suivi	que nous eussions suivi
que tu suivisses	que vous suivissiez	que tu eusses suivi	que vous eussiez suivi
qu'il/elle suivît	qu'ils/elles suivissent	qu'il/elle eût suivi	qu'ils/elles eussent suivi

Commands

	(nous) suivons
(tu) suis	(vous) suivez

USAGE

Suivez-moi, s'il vous plaît.	Follow me, please.
On les suivait de près.	We were following them closely.
Je vous suivrai à bicyclette.	I'll follow you on my bike.
Je le suivais comme une ombre.	I was following him like his shadow.
J'ai suivi du regard le train qui partait.	I followed the departing train with my eyes.
Voilà la ligne d'action à suivre.	There's the path of action to follow.
—Vous me suivez ou pas?	Do you get what I mean or not?
—Je ne vous suis pas.	I can't follow what you're saying.
Le beau temps suivra la pluie.	After the rain, the weather will be nice.
Quels cours suivez-vous?	What courses are you taking?
Il suit bien à l'école.	He's a good student at school.
On a fait suivre tout mon courrier.	They forwarded all my mail.
Descendez à l'arrêt qui suit le mien.	Get off at the stop after mine.
Ce souvenir me suit partout.	That memory haunts me.

supporter *to bear, stand*

je supporte · je supportai · supporté · supportant

regular -er verb

Present

je supporte	nous supportons
tu supportes	vous supportez
il/elle supporte	ils/elles supportent

Passé Composé

j'ai supporté	nous avons supporté
tu as supporté	vous avez supporté
il/elle a supporté	ils/elles ont supporté

Imperfect

je supportais	nous supportions
tu supportais	vous supportiez
il/elle supportait	ils/elles supportaient

Pluperfect

j'avais supporté	nous avions supporté
tu avais supporté	vous aviez supporté
il/elle avait supporté	ils/elles avaient supporté

Passé Simple

je supportai	nous supportâmes
tu supportas	vous supportâtes
il/elle supporta	ils/elles supportèrent

Past Anterior

j'eus supporté	nous eûmes supporté
tu eus supporté	vous eûtes supporté
il/elle eut supporté	ils/elles eurent supporté

Future

je supporterai	nous supporterons
tu supporteras	vous supporterez
il/elle supportera	ils/elles supporteront

Future Anterior

j'aurai supporté	nous aurons supporté
tu auras supporté	vous aurez supporté
il/elle aura supporté	ils/elles auront supporté

Conditional

je supporterais	nous supporterions
tu supporterais	vous supporteriez
il/elle supporterait	ils/elles supporteraient

Past Conditional

j'aurais supporté	nous aurions supporté
tu aurais supporté	vous auriez supporté
il/elle aurait supporté	ils/elles auraient supporté

Present Subjunctive

que je supporte	que nous supportions
que tu supportes	que vous supportiez
qu'il/elle supporte	qu'ils/elles supportent

Past Subjunctive

que j'aie supporté	que nous ayons supporté
que tu aies supporté	que vous ayez supporté
qu'il/elle ait supporté	qu'ils/elles aient supporté

Imperfect Subjunctive

que je supportasse	que nous supportassions
que tu supportasses	que vous supportassiez
qu'il/elle supportât	qu'ils/elles supportassent

Pluperfect Subjunctive

que j'eusse supporté	que nous eussions supporté
que tu eusses supporté	que vous eussiez supporté
qu'il/elle eût supporté	qu'ils/elles eussent supporté

Commands

	(nous) supportons
(tu) supporte	(vous) supportez

USAGE

Cette tragédie est dure à supporter.	This tragedy is hard to bear.
Je ne supporte pas qu'elle dise des bêtises comme ça.	I can't bear her saying stupid things like that.
Elle ne supporte pas les escargots.	She can't bear (to eat) snails.
Je l'ai supporté toute la semaine.	I put up with him all week.
Je ne supporte pas ce froid.	I can't stand this cold.
supporter les frais de	to foot the bill for
Qui va supporter les frais de cette réception?	Who's going to foot the bill for this reception?

RELATED WORDS AND EXPRESSIONS

le supporter	fan (sports)
insupportable	unbearable
C'est un type insupportable.	He's an unbearable man.

irregular verb   je surprends · je surpris · surpris · surprenant

Present

je surprends	nous surprenons
tu surprends	vous surprenez
il/elle surprend	ils/elles surprennent

Passé Composé

j'ai surpris	nous avons surpris
tu as surpris	vous avez surpris
il/elle a surpris	ils/elles ont surpris

Imperfect

je surprenais	nous surprenions
tu surprenais	vous surpreniez
il/elle surprenait	ils/elles surprenaient

Pluperfect

j'avais surpris	nous avions surpris
tu avais surpris	vous aviez surpris
il/elle avait surpris	ils/elles avaient surpris

Passé Simple

je surpris	nous surprîmes
tu surpris	vous surprîtes
il/elle surprit	ils/elles surprirent

Past Anterior

j'eus surpris	nous eûmes surpris
tu eus surpris	vous eûtes surpris
il/elle eut surpris	ils/elles eurent surpris

Future

je surprendrai	nous surprendrons
tu surprendras	vous surprendrez
il/elle surprendra	ils/elles surprendront

Future Anterior

j'aurai surpris	nous aurons surpris
tu auras surpris	vous aurez surpris
il/elle aura surpris	ils/elles auront surpris

Conditional

je surprendrais	nous surprendrions
tu surprendrais	vous surprendriez
il/elle surprendrait	ils/elles surprendraient

Past Conditional

j'aurais surpris	nous aurions surpris
tu aurais surpris	vous auriez surpris
il/elle aurait surpris	ils/elles auraient surpris

Present Subjunctive

que je surprenne	que nous surprenions
que tu surprennes	que vous surpreniez
qu'il/elle surprenne	qu'ils/elles surprennent

Past Subjunctive

que j'aie surpris	que nous ayons surpris
que tu aies surpris	que vous ayez surpris
qu'il/elle ait surpris	qu'ils/elles aient surpris

Imperfect Subjunctive

que je surprisse	que nous surprissions
que tu surprisses	que vous surprissiez
qu'il/elle surprît	qu'ils/elles surprissent

Pluperfect Subjunctive

que j'eusse surpris	que nous eussions surpris
que tu eusses surpris	que vous eussiez surpris
qu'il/elle eût surpris	qu'ils/elles eussent surpris

Commands

	(nous) surprenons
(tu) surprends	(vous) surprenez

USAGE

Sa réponse l'a surprise.	*His/Her answer surprised her.*
L'orage nous a surpris en pleine campagne.	*The storm took us by surprise in open country.*
Ne te laisse pas surprendre par la pluie.	*Don't let the rain catch you by surprise.*
Ils l'ont surpris dans une situation gênante.	*He was caught by surprise in an embarrassing moment.*
Je ne me laisse pas surprendre.	*No one catches me off guard.*
La police a surpris le cambrioleur.	*The police caught the burglar in the act.*
Mes cousins nous ont surpris hier soir.	*My cousins dropped in on us unexpectedly last night.*
J'ai surpris leur conversation.	*I overheard their conversation.*

RELATED WORDS AND EXPRESSIONS

la surprise	*surprise*
une surprise-partie	*party*
surprenant(e)	*surprising*

survivre *to survive*

je survis · je survécus · survécu · survivant   irregular verb

Present
je survis	nous survivons
tu survis	vous survivez
il/elle survit	ils/elles survivent

Passé Composé
j'ai survécu	nous avons survécu
tu as survécu	vous avez survécu
il/elle a survécu	ils/elles ont survécu

Imperfect
je survivais	nous survivions
tu survivais	vous surviviez
il/elle survivait	ils/elles survivaient

Pluperfect
j'avais survécu	nous avions survécu
tu avais survécu	vous aviez survécu
il/elle avait survécu	ils/elles avaient survécu

Passé Simple
je survécus	nous survécûmes
tu survécus	vous survécûtes
il/elle survécut	ils/elles survécurent

Past Anterior
j'eus survécu	nous eûmes survécu
tu eus survécu	vous eûtes survécu
il/elle eut survécu	ils/elles eurent survécu

Future
je survivrai	nous survivrons
tu survivras	vous survivrez
il/elle survivra	ils/elles survivront

Future Anterior
j'aurai survécu	nous aurons survécu
tu auras survécu	vous aurez survécu
il/elle aura survécu	ils/elles auront survécu

Conditional
je survivrais	nous survivrions
tu survivrais	vous survivriez
il/elle survivrait	ils/elles survivraient

Past Conditional
j'aurais survécu	nous aurions survécu
tu aurais survécu	vous auriez survécu
il/elle aurait survécu	ils/elles auraient survécu

Present Subjunctive
que je survive	que nous survivions
que tu survives	que vous surviviez
qu'il/elle survive	qu'ils/elles survivent

Past Subjunctive
que j'aie survécu	que nous ayons survécu
que tu aies survécu	que vous ayez survécu
qu'il/elle ait survécu	qu'ils/elles aient survécu

Imperfect Subjunctive
que je survécusse	que nous survécussions
que tu survécusses	que vous survécussiez
qu'il/elle survécût	qu'ils/elles survécussent

Pluperfect Subjunctive
que j'eusse survécu	que nous eussions survécu
que tu eusses survécu	que vous eussiez survécu
qu'il/elle eût survécu	qu'ils/elles eussent survécu

Commands
	(nous) survivons
(tu) survis	(vous) survivez

Rien ne survit de cette culture ancienne.	*Nothing survives of this ancient culture.*
Je ne sais pas si je pourrais survivre dans la nature.	*I don't know if I could survive in nature.*
Il a survécu à toutes les batailles.	*He survived all the battles.*
Il n'a pas survécu à l'opération.	*He didn't survive the operation.*
Heureusement qu'il a survécu à l'accident.	*Fortunately, he survived the accident.*
Je ne survivrai jamais à cette humiliation.	*I will never live through this humiliation.*
Il a survécu à ses parents.	*He outlived his parents.*

RELATED WORDS AND EXPRESSIONS

la survie	*survival*
Ce médicament lui a donné deux ans de survie.	*This medicine kept him alive for two years.*

regular -er verb

je survole · je survolai · survolé · survolant

Present		Passé Composé	
je survole	nous survolons	j'ai survolé	nous avons survolé
tu survoles	vous survolez	tu as survolé	vous avez survolé
il/elle survole	ils/elles survolent	il/elle a survolé	ils/elles ont survolé

Imperfect		Pluperfect	
je survolais	nous survolions	j'avais survolé	nous avions survolé
tu survolais	vous survoliez	tu avais survolé	vous aviez survolé
il/elle survolait	ils/elles survolaient	il/elle avait survolé	ils/elles avaient survolé

Passé Simple		Past Anterior	
je survolai	nous survolâmes	j'eus survolé	nous eûmes survolé
tu survolas	vous survolâtes	tu eus survolé	vous eûtes survolé
il/elle survola	ils/elles survolèrent	il/elle eut survolé	ils/elles eurent survolé

Future		Future Anterior	
je survolerai	nous survolerons	j'aurai survolé	nous aurons survolé
tu survoleras	vous survolerez	tu auras survolé	vous aurez survolé
il/elle survolera	ils/elles survoleront	il/elle aura survolé	ils/elles auront survolé

Conditional		Past Conditional	
je survolerais	nous survolerions	j'aurais survolé	nous aurions survolé
tu survolerais	vous survoleriez	tu aurais survolé	vous auriez survolé
il/elle survolerait	ils/elles survoleraient	il/elle aurait survolé	ils/elles auraient survolé

Present Subjunctive		Past Subjunctive	
que je survole	que nous survolions	que j'aie survolé	que nous ayons survolé
que tu survoles	que vous survoliez	que tu aies survolé	que vous ayez survolé
qu'il/elle survole	qu'ils/elles survolent	qu'il/elle ait survolé	qu'ils/elles aient survolé

Imperfect Subjunctive		Pluperfect Subjunctive	
que je survolasse	que nous survolassions	que j'eusse survolé	que nous eussions survolé
que tu survolasses	que vous survolassiez	que tu eusses survolé	que vous eussiez survolé
qu'il/elle survolât	qu'ils/elles survolassent	qu'il/elle eût survolé	qu'ils/elles eussent survolé

Commands

	(nous) survolons
(tu) survole	(vous) survolez

USAGE

Les oiseaux ont survolé le lac.	*The birds flew over the lake.*
Nous avons survolé la Manche.	*We flew over the English Channel.*
J'ai survolé les deux derniers chapitres.	*I skimmed the last two chapters.*
Nous avons survolé cette question.	*We dealt with this matter superficially.*

RELATED WORDS AND EXPRESSIONS

le survol	*flying over*
le survol de l'Atlantique	*transatlantic flying*
le survol d'un manuscrit	*skimming a manuscript*

(**se taire**) *to keep quiet*

je me tais · je me tus · s'étant tu · se taisant

*irregular reflexive verb;
compound tenses with être*

Present

je me tais	nous nous taisons
tu te tais	vous vous taisez
il/elle se tait	ils/elles se taisent

Imperfect

je me taisais	nous nous taisions
tu te taisais	vous vous taisiez
il/elle se taisait	ils/elles se taisaient

Passé Simple

je me tus	nous nous tûmes
tu te tus	vous vous tûtes
il/elle se tut	ils/elles se turent

Future

je me tairai	nous nous tairons
tu te tairas	vous vous tairez
il/elle se taira	ils/elles se tairont

Conditional

je me tairais	nous nous tairions
tu te tairais	vous vous tairiez
il/elle se tairait	ils/elles se tairaient

Passé Composé

je me suis tu(e)	nous nous sommes tu(e)s
tu t'es tu(e)	vous vous êtes tu(e)(s)
il/elle s'est tu(e)	ils/elles se sont tu(e)s

Pluperfect

je m'étais tu(e)	nous nous étions tu(e)s
tu t'étais tu(e)	vous vous étiez tu(e)(s)
il/elle s'était tu(e)	ils/elles s'étaient tu(e)s

Past Anterior

je me fus tu(e)	nous nous fûmes tu(e)s
tu te fus tu(e)	vous vous fûtes tu(e)(s)
il/elle se fut tu(e)	ils/elles se furent tu(e)s

Future Anterior

je me serai tu(e)	nous nous serons tu(e)s
tu te seras tu(e)	vous vous serez tu(e)(s)
il/elle se sera tu(e)	ils/elles se seront tu(e)s

Past Conditional

je me serais tu(e)	nous nous serions tu(e)s
tu te serais tu(e)	vous vous seriez tu(e)(s)
il/elle se serait tu(e)	ils/elles se seraient tu(e)s

Present Subjunctive

que je me taise	que nous nous taisions
que tu te taises	que vous vous taisiez
que il/elle se taise	que ils/elles se taisent

Imperfect Subjunctive

que je me tusse	que nous nous tussions
que tu te tusses	que vous vous tussiez
que il/elle se tût	que ils/elles se tussent

Past Subjunctive

que je me sois tu(e)	que nous nous soyons tu(e)s
que tu te sois tu(e)	que vous vous soyez tu(e)(s)
que il/elle se soit tu(e)	que ils/elles se soient tu(e)s

Pluperfect Subjunctive

que je me fusse tu(e)	que nous nous fussions tu(e)s
que tu te fusses tu(e)	que vous vous fussiez tu(e)(s)
que il/elle se fût tu(e)	que ils/elles se fussent tu(e)s

Commands

	(nous) taisons-nous
(tu) tais-toi	(vous) taisez-vous

(**USAGE**)

Tais-toi! Tu n'arrêtes pas de parler!	*Keep quiet! You don't stop talking!*
—Tu aurais dû te taire.	*You should have kept quiet.*
—Personne ne me fera taire!	*No one will silence me!*
J'ai perdu une belle occasion pour me taire.	*I should have kept my mouth closed.*
Pour réussir, il faut savoir se taire.	*To succeed, you must learn discretion.*
Je me tairai là-dessus.	*I won't say anything about that.*
Dans ces cas, il vaut mieux se taire.	*In these cases, it's better not to say anything.*
Quand il est entré, tout le monde s'est tu.	*When he walked in, everyone fell silent.*

RELATED WORDS AND EXPRESSIONS

taire qqch	*to keep something quiet*
Ils ont tu ces rapports commerciaux.	*They kept these business relations quiet.*

irregular verb

je teins · je teignis · teint · teignant

Present

je teins	nous teignons
tu teins	vous teignez
il/elle teint	ils/elles teignent

Imperfect

je teignais	nous teignions
tu teignais	vous teigniez
il/elle teignait	ils/elles teignaient

Passé Simple

je teignis	nous teignîmes
tu teignis	vous teignîtes
il/elle teignit	ils/elles teignirent

Future

je teindrai	nous teindrons
tu teindras	vous teindrez
il/elle teindra	ils/elles teindront

Conditional

je teindrais	nous teindrions
tu teindrais	vous teindriez
il/elle teindrait	ils/elles teindraient

Passé Composé

j'ai teint	nous avons teint
tu as teint	vous avez teint
il/elle a teint	ils/elles ont teint

Pluperfect

j'avais teint	nous avions teint
tu avais teint	vous aviez teint
il/elle avait teint	ils/elles avaient teint

Past Anterior

j'eus teint	nous eûmes teint
tu eus teint	vous eûtes teint
il/elle eut teint	ils/elles eurent teint

Future Anterior

j'aurai teint	nous aurons teint
tu auras teint	vous aurez teint
il/elle aura teint	ils/elles auront teint

Past Conditional

j'aurais teint	nous aurions teint
tu aurais teint	vous auriez teint
il/elle aurait teint	ils/elles auraient teint

Present Subjunctive

que je teigne	que nous teignions
que tu teignes	que vous teigniez
qu'il/elle teigne	qu'ils/elles teignent

Imperfect Subjunctive

que je teignisse	que nous teignissions
que tu teignisses	que vous teignissiez
qu'il/elle teignît	qu'ils/elles teignissent

Past Subjunctive

que j'aie teint	que nous ayons teint
que tu aies teint	que vous ayez teint
qu'il/elle ait teint	qu'ils/elles aient teint

Pluperfect Subjunctive

que j'eusse teint	que nous eussions teint
que tu eusses teint	que vous eussiez teint
qu'il/elle eût teint	qu'ils/elles eussent teint

Commands

	(nous) teignons
(tu) teins	(vous) teignez

USAGE

Elle a les cheveux teints.	She has dyed hair.
Je vais faire teindre ce chemisier.	I'm going to have this blouse dyed.
Je crois que cette étoffe est teinte.	I think this material is dyed.
Les cerises teignent les doigts.	Cherries stain your fingers.

RELATED WORDS AND EXPRESSIONS

la teinture	dye
Elle a une teinture de grammaire.	She has a smattering of grammar.
le teinturier	dry cleaner
le teinturier du coin	the neighborhood dry cleaner
se teindre	to dye one's hair
Elle se teint les cheveux.	She dyes her hair.
Il se teint la barbe.	He dyes his beard.

513 (**téléphoner**) *to phone*

je téléphone · je téléphonai · téléphoné · téléphonant

regular -er verb

Present		Passé Composé	
je téléphone	nous téléphonons	j'ai téléphoné	nous avons téléphoné
tu téléphones	vous téléphonez	tu as téléphoné	vous avez téléphoné
il/elle téléphone	ils/elles téléphonent	il/elle a téléphoné	ils/elles ont téléphoné

Imperfect		Pluperfect	
je téléphonais	nous téléphonions	j'avais téléphoné	nous avions téléphoné
tu téléphonais	vous téléphoniez	tu avais téléphoné	vous aviez téléphoné
il/elle téléphonait	ils/elles téléphonaient	il/elle avait téléphoné	ils/elles avaient téléphoné

Passé Simple		Past Anterior	
je téléphonai	nous téléphonâmes	j'eus téléphoné	nous eûmes téléphoné
tu téléphonas	vous téléphonâtes	tu eus téléphoné	vous eûtes téléphoné
il/elle téléphona	ils/elles téléphonèrent	il/elle eut téléphoné	ils/elles eurent téléphoné

Future		Future Anterior	
je téléphonerai	nous téléphonerons	j'aurai téléphoné	nous aurons téléphoné
tu téléphoneras	vous téléphonerez	tu auras téléphoné	vous aurez téléphoné
il/elle téléphonera	ils/elles téléphoneront	il/elle aura téléphoné	ils/elles auront téléphoné

Conditional		Past Conditional	
je téléphonerais	nous téléphonerions	j'aurais téléphoné	nous aurions téléphoné
tu téléphonerais	vous téléphoneriez	tu aurais téléphoné	vous auriez téléphoné
il/elle téléphonerait	ils/elles téléphoneraient	il/elle aurait téléphoné	ils/elles auraient téléphoné

Present Subjunctive		Past Subjunctive	
que je téléphone	que nous téléphonions	que j'aie téléphoné	que nous ayons téléphoné
que tu téléphones	que vous téléphoniez	que tu aies téléphoné	que vous ayez téléphoné
qu'il/elle téléphone	qu'ils/elles téléphonent	qu'il/elle ait téléphoné	qu'ils/elles aient téléphoné

Imperfect Subjunctive		Pluperfect Subjunctive	
que je téléphonasse	que nous téléphonassions	que j'eusse téléphoné	que nous eussions téléphoné
que tu téléphonasses	que vous téléphonassiez	que tu eusses téléphoné	que vous eussiez téléphoné
qu'il/elle téléphonât	qu'ils/elles téléphonassent	qu'il/elle eût téléphoné	qu'ils/elles eussent téléphoné

Commands

	(nous) téléphonons
(tu) téléphone	(vous) téléphonez

USAGE

téléphoner à qqn	to phone someone
Il nous a téléphoné les résultats.	He told us the results by phone.
Téléphonez-moi.	Phone me.
—Tu lui as téléphoné quand?	When did you call him?
—Hier. J'ai téléphoné à tout le monde hier.	Yesterday. I called everyone yesterday.

RELATED WORDS AND EXPRESSIONS

le téléphone	telephone
un coup de téléphone	a phone call
le téléphone mobile	cell phone
téléphonique	having to do with the phone
une cabine téléphonique	a phone booth
téléphoné *(colloquial)*	obvious/predictable
Sa réaction était téléphonée.	His reaction was predictable.

to stretch, tighten, extend **tendre**

regular -re verb

je tends · je tendis · tendu · tendant

Present			
je tends	nous tendons
tu tends	vous tendez
il/elle tend	ils/elles tendent

Passé Composé	
j'ai tendu	nous avons tendu
tu as tendu	vous avez tendu
il/elle a tendu	ils/elles ont tendu

Imperfect	
je tendais	nous tendions
tu tendais	vous tendiez
il/elle tendait	ils/elles tendaient

Pluperfect	
j'avais tendu	nous avions tendu
tu avais tendu	vous aviez tendu
il/elle avait tendu	ils/elles avaient tendu

Passé Simple	
je tendis	nous tendîmes
tu tendis	vous tendîtes
il/elle tendit	ils/elles tendirent

Past Anterior	
j'eus tendu	nous eûmes tendu
tu eus tendu	vous eûtes tendu
il/elle eut tendu	ils/elles eurent tendu

Future	
je tendrai	nous tendrons
tu tendras	vous tendrez
il/elle tendra	ils/elles tendront

Future Anterior	
j'aurai tendu	nous aurons tendu
tu auras tendu	vous aurez tendu
il/elle aura tendu	ils/elles auront tendu

Conditional	
je tendrais	nous tendrions
tu tendrais	vous tendriez
il/elle tendrait	ils/elles tendraient

Past Conditional	
j'aurais tendu	nous aurions tendu
tu aurais tendu	vous auriez tendu
il/elle aurait tendu	ils/elles auraient tendu

Present Subjunctive	
que je tende	que nous tendions
que tu tendes	que vous tendiez
qu'il/elle tende	qu'ils/elles tendent

Past Subjunctive	
que j'aie tendu	que nous ayons tendu
que tu aies tendu	que vous ayez tendu
qu'il/elle ait tendu	qu'ils/elles aient tendu

Imperfect Subjunctive	
que je tendisse	que nous tendissions
que tu tendisses	que vous tendissiez
qu'il/elle tendît	qu'ils/elles tendissent

Pluperfect Subjunctive	
que j'eusse tendu	que nous eussions tendu
que tu eusses tendu	que vous eussiez tendu
qu'il/elle eût tendu	qu'ils/elles eussent tendu

Commands

	(nous) tendons
(tu) tends	(vous) tendez

USAGE

Elle m'a tendu les bras.	She stretched out her arms to me.
Je lui ai tendu la main.	I offered my hand to him.
Ils ont tendu un piège à l'ennemi.	They set a trap for the enemy.
J'ai tendu des serviettes aux enfants quand ils sont sortis de la piscine.	I held out towels for the children when they came out of the pool.
Le chien a tendu l'oreille.	The dog pricked up his ears.
tendre le poing à qqn	to raise one's fist to someone
tendre à faire qqch	to tend to do something
Il tend à irriter les gens.	He tends to irritate people.
Les prix tendent à augmenter.	Prices tend to rise.

RELATED WORDS AND EXPRESSIONS

se tendre	to grow tense
Les rapports entre les deux collègues se sont tendus.	The relationship between the two coworkers grew tense.

tenir *to hold*

je tiens · je tins · tenu · tenant

irregular verb

tenir = être solide; rentrer

Ce mur ne va pas tenir.	*This wall is not going to hold.*
Ces livres ne tiennent pas dans la serviette.	*These books can't fit into the briefcase.*
Mon analyse tiendra en quelques pages.	*My analysis will take a few pages.*
Cette voiture tient bien la route.	*This car drives well / holds the road well.*
L'autocar tient toute la route.	*The bus takes up the whole road.*

tenir à qqn, tenir à qqch

Cet enfant tient beaucoup à son père.	*This child is very attached to his father.*
Le malade tenait à la vie.	*The sick man clung to life.*
Les conditions de vie tiennent au climat.	*The living conditions are related to the climate.*
Sa sagesse tient à son âge.	*His wisdom derives from his age.*

tenir à + infinitive

Je tiens à le voir.	*I'd really like to see him.*
Il tenait à me rappeler ma dette envers lui.	*He was insistent about reminding me of my debt to him.*
—Si tu tiens à dîner en ville, vas-y sans moi. Je suis sans le sou.	*If you insist on eating out, go without me. I'm broke.*
—Qu'à cela ne tienne. Je t'invite.	*That's not a problem. I'll treat.*

tenir à ce que + subjunctive

Je tiens à ce que tu reviennes avant dix heures.	*I insist you be back before ten o'clock.*
Je tiens à ce que vous sachiez que...	*I want you to know that . . .*

RELATED WORDS AND EXPRESSIONS

Vous osez me tenir pareil langage!	*How dare you speak to me like that!*
Tout le monde le tient pour un escroc.	*Everyone has him pegged as a swindler.*
On tient sa réussite pour assurée.	*People consider his success assured.*
Qu'à cela ne tienne.	*That doesn't matter.*
Ils tiennent la ferme de leurs grands-parents.	*They inherited the farm from their grandparents.*
Il ne tient qu'à vous de me tirer d'affaire.	*You're the only one who can help me out.*
—Les étudiants sont tenus de respecter le règlement du lycée.	*Students are expected to respect school rules.*
—Mais je vois qu'il y en a beaucoup qui ne savent pas se tenir en classe.	*But I see that many of them don't know how to behave in class.*
Il faut tenir compte de tout cela.	*You have to take all that into account.*
Il a pu tenir son rang dans cette discussion.	*He was able to hold his own in that discussion.*
Il a démissionné. Il n'a pas pu tenir le coup.	*He resigned. He couldn't take it.*
Tenez-vous-en là!	*Stop right there!*
Tu crois qu'on pourra tenir jusqu'au bout?	*Think we'll be able to stick it out?*
—Il ne tient jamais parole, lui.	*He never keeps his word.*
—Ça m'étonne que tu dises ça. Il a tenu tous ses engagements envers moi	*I'm surprised that you say that. He fulfilled all his obligations to me.*
Qui tient la tête?	*Who's in the lead?*
Ton raisonnement ne tient pas debout.	*Your argument doesn't hold water.*
Tiens-moi au courant.	*Keep me informed.*

PROVERB

Un tiens vaut mieux que deux tu l'auras.	*A bird in hand is worth two in the bush.*

irregular verb

Present	
je tiens	nous tenons
tu tiens	vous tenez
il/elle tient	ils/elles tiennent

Passé Composé	
j'ai tenu	nous avons tenu
tu as tenu	vous avez tenu
il/elle a tenu	ils/elles ont tenu

Imperfect	
je tenais	nous tenions
tu tenais	vous teniez
il/elle tenait	ils/elles tenaient

Pluperfect	
j'avais tenu	nous avions tenu
tu avais tenu	vous aviez tenu
il/elle avait tenu	ils/elles avaient tenu

Passé Simple	
je tins	nous tînmes
tu tins	vous tîntes
il/elle tint	ils/elles tinrent

Past Anterior	
j'eus tenu	nous eûmes tenu
tu eus tenu	vous eûtes tenu
il/elle eut tenu	ils/elles eurent tenu

Future	
je tiendrai	nous tiendrons
tu tiendras	vous tiendrez
il/elle tiendra	ils/elles tiendront

Future Anterior	
j'aurai tenu	nous aurons tenu
tu auras tenu	vous aurez tenu
il/elle aura tenu	ils/elles auront tenu

Conditional	
je tiendrais	nous tiendrions
tu tiendrais	vous tiendriez
il/elle tiendrait	ils/elles tiendraient

Past Conditional	
j'aurais tenu	nous aurions tenu
tu aurais tenu	vous auriez tenu
il/elle aurait tenu	ils/elles auraient tenu

Present Subjunctive	
que je tienne	que nous tenions
que tu tiennes	que vous teniez
qu'il/elle tienne	qu'ils/elles tiennent

Past Subjunctive	
que j'aie tenu	que nous ayons tenu
que tu aies tenu	que vous ayez tenu
qu'il/elle ait tenu	qu'ils/elles aient tenu

Imperfect Subjunctive	
que je tinsse	que nous tinssions
que tu tinsses	que vous tinssiez
qu'il/elle tînt	qu'ils/elles tinssent

Pluperfect Subjunctive	
que j'eusse tenu	que nous eussions tenu
que tu eusses tenu	que vous eussiez tenu
qu'il/elle eût tenu	qu'ils/elles eussent tenu

Commands

	(nous) tenons
(tu) tiens	(vous) tenez

tenir qqch dans la main	to hold something in one's hand
L'étudiant tient son livre dans la main.	The student is holding his book in his hand.
La mère tenait son enfant par la main.	The mother was holding her child by the hand.
Il tenait sa fiancée dans ses bras.	He was holding his fiancée in his arms.
C'est elle qui tient tout.	She's the one who holds it all together.
Cet amphithéâtre tient 300 étudiants.	This lecture hall holds 300 students.
tenir	to resist
Le filet n'a pas tenu.	The net didn't hold. / The net broke.
Notre armée a tenu bon.	Our army held the line.
Nos soldats ont tenu contre l'ennemi.	Our soldiers held out against the enemy.
Tiens mon dîner au chaud. J'arrive dans une demi-heure.	Keep my dinner warm. I'll be there in half an hour.
Ce prof ne sait pas tenir sa classe.	This teacher can't control his class.
Les Dupont tiennent un café près de la place.	The Duponts run a café near the square.
Sa maladie l'a tenu enfermé chez lui un mois.	His illness kept him shut in at home for a month.

top 50 verb

terminer *to finish*

je termine · je terminai · terminé · terminant

regular -er verb

Present

je termine	nous terminons
tu termines	vous terminez
il/elle termine	ils/elles terminent

Imperfect

je terminais	nous terminions
tu terminais	vous terminiez
il/elle terminait	ils/elles terminaient

Passé Simple

je terminai	nous terminâmes
tu terminas	vous terminâtes
il/elle termina	ils/elles terminèrent

Future

je terminerai	nous terminerons
tu termineras	vous terminerez
il/elle terminera	ils/elles termineront

Conditional

je terminerais	nous terminerions
tu terminerais	vous termineriez
il/elle terminerait	ils/elles termineraient

Present Subjunctive

que je termine	que nous terminions
que tu termines	que vous terminiez
qu'il/elle termine	qu'ils/elles terminent

Imperfect Subjunctive

que je terminasse	que nous terminassions
que tu terminasses	que vous terminassiez
qu'il/elle terminât	qu'ils/elles terminassent

Passé Composé

j'ai terminé	nous avons terminé
tu as terminé	vous avez terminé
il/elle a terminé	ils/elles ont terminé

Pluperfect

j'avais terminé	nous avions terminé
tu avais terminé	vous aviez terminé
il/elle avait terminé	ils/elles avaient terminé

Past Anterior

j'eus terminé	nous eûmes terminé
tu eus terminé	vous eûtes terminé
il/elle eut terminé	ils/elles eurent terminé

Future Anterior

j'aurai terminé	nous aurons terminé
tu auras terminé	vous aurez terminé
il/elle aura terminé	ils/elles auront terminé

Past Conditional

j'aurais terminé	nous aurions terminé
tu aurais terminé	vous auriez terminé
il/elle aurait terminé	ils/elles auraient terminé

Past Subjunctive

que j'aie terminé	que nous ayons terminé
que tu aies terminé	que vous ayez terminé
qu'il/elle ait terminé	qu'ils/elles aient terminé

Pluperfect Subjunctive

que j'eusse terminé	que nous eussions terminé
que tu eusses terminé	que vous eussiez terminé
qu'il/elle eût terminé	qu'ils/elles eussent terminé

Commands

	(nous) terminons
(tu) termine	(vous) terminez

USAGE

On en a terminé avec les Dupont.	We're finished with the Duponts.
Termine ça. Il faut partir.	Finish up. We have to leave.
Ce mot termine en « s ».	This word ends in "s."
J'en ai terminé avec ces voyages d'affaires.	I'm not going on any more business trips.
S'il continue comme ça, il terminera sa vie en prison.	If he keeps up like that, he'll spend the rest of his life in prison.
Nous avons terminé la journée au musée.	We ended the day at the museum.
La fête de l'indépendance a terminé avec des feux d'artifice.	The Independence Day celebration ended with fireworks.
Cette autoroute se termine aux alentours de Lille.	This highway ends outside of Lille.
La réunion d'affaires s'est mal terminée.	The business meeting ended badly.

RELATED WORDS AND EXPRESSIONS

le terminus	last stop
Terminus! Tout le monde descend!	Last stop! Everyone off!

regular -er verb

je tire · je tirai · tiré · tirant

Present		Passé Composé	
je tire	nous tirons	j'ai tiré	nous avons tiré
tu tires	vous tirez	tu as tiré	vous avez tiré
il/elle tire	ils/elles tirent	il/elle a tiré	ils/elles ont tiré

Imperfect		Pluperfect	
je tirais	nous tirions	j'avais tiré	nous avions tiré
tu tirais	vous tiriez	tu avais tiré	vous aviez tiré
il/elle tirait	ils/elles tiraient	il/elle avait tiré	ils/elles avaient tiré

Passé Simple		Past Anterior	
je tirai	nous tirâmes	j'eus tiré	nous eûmes tiré
tu tiras	vous tirâtes	tu eus tiré	vous eûtes tiré
il/elle tira	ils/elles tirèrent	il/elle eut tiré	ils/elles eurent tiré

Future		Future Anterior	
je tirerai	nous tirerons	j'aurai tiré	nous aurons tiré
tu tireras	vous tirerez	tu auras tiré	vous aurez tiré
il/elle tirera	ils/elles tireront	il/elle aura tiré	ils/elles auront tiré

Conditional		Past Conditional	
je tirerais	nous tirerions	j'aurais tiré	nous aurions tiré
tu tirerais	vous tireriez	tu aurais tiré	vous auriez tiré
il/elle tirerait	ils/elles tireraient	il/elle aurait tiré	ils/elles auraient tiré

Present Subjunctive		Past Subjunctive	
que je tire	que nous tirions	que j'aie tiré	que nous ayons tiré
que tu tires	que vous tiriez	que tu aies tiré	que vous ayez tiré
qu'il/elle tire	qu'ils/elles tirent	qu'il/elle ait tiré	qu'ils/elles aient tiré

Imperfect Subjunctive		Pluperfect Subjunctive	
que je tirasse	que nous tirassions	que j'eusse tiré	que nous eussions tiré
que tu tirasses	que vous tirassiez	que tu eusses tiré	que vous eussiez tiré
qu'il/elle tirât	qu'ils/elles tirassent	qu'il/elle eût tiré	qu'ils/elles eussent tiré

Commands

	(nous) tirons
(tu) tire	(vous) tirez

USAGE

Mon fils me tirait par la manche.	My son was pulling me by the sleeve.
Tire fort pour ouvrir ce placard.	Pull hard to open that cupboard.
Il a tiré son portefeuille de sa poche.	He pulled his wallet out of his pocket.
Le magicien a tiré un lapin de son chapeau.	The magician pulled a rabbit out of his hat.
Tirez les rideaux. Il fait déjà nuit.	Pull the curtains. It's dark already.
Il a sorti son pistolet, mais il n'a pas tiré.	He took out his gun but didn't shoot.
Le voleur a tiré deux coups de feu.	The thief shot twice.
Cet enfant m'a tiré la langue!	That child stuck his tongue out at me!
Les soldats ont tiré contre l'ennemi.	The soldiers shot at the enemy.
Il a fallu me tirer du lit ce matin.	I had to be dragged out of bed this morning.
Bien fait! Je vous tire mon chapeau!	Well done! I take my hat off to you!
C'est une vitrine qui tire l'œil.	It's an eye-catching store window.
tirer la chasse	to flush the toilet
Merci! Nous m'avez tiré du doute.	Thanks! You've removed my doubts.
Tirez dix copies du rapport.	Make ten copies of the report.

top 50 verb

tirer *to pull; to draw; to shoot*

je tire · je tirai · tiré · tirant

regular -er verb

J'ai déjà tiré mes conclusions.	*I have already drawn my conclusions.*
—Tu crois que notre collègue va nous tirer d'affaire?	*Do you think that our colleague will get us out of this?*
—Lui? Non, pas du tout. Il va tirer profit de notre mauvais pas.	*Him? Not at all. He'll manage to profit from our difficulty.*
—Qui va sortir le premier?	*Who's going out first?*
—On va tirer au sort.	*Let's draw lots.*
Je ne vais pas tirer mes marrons du feu pour toi.	*I'm not going to be the fall guy for you.*
Le joueur a tiré au but.	*The player shot for the goal.*
Il s'est fait tirer l'oreille pour le faire.	*We had to twist his arm to get him to do it.*
Qu'est-ce qui lui est arrivé? Il tire la jambe.	*What happened to him? He's limping.*
J'ai tiré ma carte du jeu.	*I've stopped playing.*
La sonnerie du réveil m'a tiré de mon rêve.	*The ringing of the alarm woke me up from my dream.*
En médecine on emploie beaucoup de mots tirés du grec.	*In medicine many words taken from Greek are used.*
tirer les rois	*to cut the Twelfth Night cake*
Il sait quand il faut tirer son épingle du jeu.	*He knows how to play the game well.*
Il faut tout tirer au clair.	*We have to clear up / shed light on all this.*
Essaie d'en tirer le meilleur parti.	*Try to make the best of it.*
Il tire le texte à lui.	*He interprets the text for his own purposes.*
Ça ne tire pas à conséquence.	*That's trivial.*
Il faudra leur tirer les vers du nez.	*You'll have to worm it out of them.*
Elle était tirée à quatre épingles.	*She was dressed to kill.*
Les enfants me tirent dans les jambes.	*The children make it impossible for me to get anything done.*
Ce journal tire à quatre cent mille.	*This newspaper has a circulation of 400,000.*
C'est la femme du PDG qui tire les ficelles.	*It's the CEO's wife who calls the shots.*
Tu tires trop sur la ficelle!	*You're pushing your luck!*

se tirer, s'en tirer

J'ai du mal à m'en tirer.	*It's hard for me to manage.*
Je me tire d'affaire.	*I'm getting along.*
On s'en est tirés de justesse.	*We had a narrow escape.*
On ne savait pas s'il allait s'en tirer.	*We didn't know if he'd pull through.*
—C'est remarquable. Il s'en est tiré avec une engueulade.	*It's remarkable. He got away with a scolding.*
—Lui, il s'en tire toujours à bon compte.	*He always gets away with everything.*

RELATED WORDS AND EXPRESSIONS

le tir	*shot/shooting*
faire des exercices de tir	*to practice shooting*
le tirage	*circulation (of a newspaper); developing (pictures); drawing (lottery)*
le tirage des photos	*development of pictures*
Ce roman a eu un gros tirage.	*This book sold a lot of copies.*
Demain il y des tirages.	*Tomorrow there are drawings.*

PROVERB

Le vin est tiré, il faut le boire.	*You have to pay the piper.*

-er verb; spelling change: é > è/mute e
except in the future and conditional

je tolère · je tolérai · toléré · tolérant

Present

je tolère	nous tolérons
tu tolères	vous tolérez
il/elle tolère	ils/elles tolèrent

Passé Composé

j'ai toléré	nous avons toléré
tu as toléré	vous avez toléré
il/elle a toléré	ils/elles ont toléré

Imperfect

je tolérais	nous tolérions
tu tolérais	vous tolériez
il/elle tolérait	ils/elles toléraient

Pluperfect

j'avais toléré	nous avions toléré
tu avais toléré	vous aviez toléré
il/elle avait toléré	ils/elles avaient toléré

Passé Simple

je tolérai	nous tolérâmes
tu toléras	vous tolérâtes
il/elle toléra	ils/elles tolérèrent

Past Anterior

j'eus toléré	nous eûmes toléré
tu eus toléré	vous eûtes toléré
il/elle eut toléré	ils/elles eurent toléré

Future

je tolérerai	nous tolérerons
tu toléreras	vous tolérerez
il/elle tolérera	ils/elles toléreront

Future Anterior

j'aurai toléré	nous aurons toléré
tu auras toléré	vous aurez toléré
il/elle aura toléré	ils/elles auront toléré

Conditional

je tolérerais	nous tolérerions
tu tolérerais	vous toléreriez
il/elle tolérerait	ils/elles toléreraient

Past Conditional

j'aurais toléré	nous aurions toléré
tu aurais toléré	vous auriez toléré
il/elle aurait toléré	ils/elles auraient toléré

Present Subjunctive

que je tolère	que nous tolérions
que tu tolères	que vous tolériez
qu'il/elle tolère	qu'ils/elles tolèrent

Past Subjunctive

que j'aie toléré	que nous ayons toléré
que tu aies toléré	que vous ayez toléré
qu'il/elle ait toléré	qu'ils/elles aient toléré

Imperfect Subjunctive

que je tolérasse	que nous tolérassions
que tu tolérasses	que vous tolérassiez
qu'il/elle tolérât	qu'ils/elles tolérassent

Pluperfect Subjunctive

que j'eusse toléré	que nous eussions toléré
que tu eusses toléré	que vous eussiez toléré
qu'il/elle eût toléré	qu'ils/elles eussent toléré

Commands

	(nous) tolérons
(tu) tolère	(vous) tolérez

USAGE

Le prof ne tolère pas l'impolitesse.	The teacher doesn't allow impolite behavior.
On tolère les marchands des quatre-saisons dans cette rue.	Pushcart vendors are allowed in this street.
Je ne tolère ça que de toi.	You're the only person I'd take that from.
Se tolérer n'est pas l'amour.	Putting up with each other is not love.
Je ne tolère plus les boissons alcoolisées.	I can't drink alcohol anymore.
Ça je ne tolérerai jamais.	I will never allow that.
Il ne tolérera pas que tu lui répondes sur ce ton.	He won't allow you to answer him in that tone of voice.

RELATED WORDS AND EXPRESSIONS

la tolérance	tolerance
la tolérance religieuse	religious tolerance
tolérable	bearable
une indifférence qui n'est pas tolérable	an indifference that we cannot accept

(**tomber**) *to fall*

je tombe · je tombai · tombé · tombant   regular -er verb; compound tenses with *être*

Le joueur de football est tombé en courant.	*The soccer player fell while running.*
Ne me pousse pas. Tu vas me faire tomber.	*Don't push me. You'll make me fall.*
Il est tombé raide mort.	*He dropped dead.*
Il s'est fait mal en tombant de la bicyclette.	*He got hurt falling off the bicycle.*
Il tombe de la pluie.	*It's raining.*
Ça tombe dru.	*It's raining hard.*
Elle est tombée dans ses bras.	*She fell into his arms.*
Les fruits tombent des arbres.	*The fruit is falling off the trees.*
❸ —Regarde! Il tombe des briques de ce bâtiment!	*Look! Bricks are falling from that building!*
—Oui, cette vieille usine tombe en ruines.	*Yes, that old factory is falling apart.*
Je suis tombé de tout mon long.	*I fell headlong.*
Il est tombé sur la tête.	*He's off his rocker.*
Cette famille est tombée dans la mouise.	*That family has lost everything.*
Laisse tomber. Ce n'est pas la peine d'en parler.	*Forget it. It doesn't pay to talk about it.*
Il a laissé tomber la photographie.	*He's given up photography.*
L'euro tombe.	*The euro is falling (in value).*
Les prix tombent.	*Prices are falling.*
Je tombe de sommeil.	*I'm falling over with fatigue.*
Il est tombé sur le champ de bataille.	*He fell on the battlefield.*
Le pauvre vieillard est tombé bien bas.	*The poor old man is at death's door.*
Ça tombe à pic!	*Perfect timing!*
La conversation est tombée sur le terrorisme.	*The conversation moved to the subject of terrorism.*

tomber = arriver par hasard

Tu tombes bien.	*You've come at the right moment.*
Tu tombes mal.	*You've come at a bad time.*
Ça tombe bien.	*That's lucky.*
Ça tombe à point / à pointe nommé.	*What perfect timing.*
Il tombe toujours au mauvais moment.	*His timing is always off.*
Les deux réunions tombent le même jour.	*The two meetings fall on the same day.*

RELATED WORDS AND EXPRESSIONS

Nous sommes tombés d'accord.	*We came to an agreement.*
❸ —Tous leurs projets sont tombés à l'eau.	*All their plans fell through.*
—Oui, et ils sont tombés dans la dèche.	*Yes, and they lost everything.*
Ils sont tombés sur nous à bras raccourcis.	*They started to beat us up.*
Elle n'est pas tombée de la dernière pluie.	*She wasn't born yesterday.*
Je tombe des nues.	*I'm stunned.*
Il vend tout ce qui lui tombe sous la main.	*He sells everything he gets his hands on.*
Ma voiture est tombée en panne.	*My car broke down.*
Ta robe tombe bien.	*Your dress fits/hangs well.*
J'espère qu'il ne tombera pas malade.	*I hope he doesn't fall ill.*
L'ennemi est tombé dans un piège.	*The enemy fell into a trap.*
Le pays est tombé dans le désespoir.	*The country fell into despair.*
Ce vêtement tombe en loques.	*That garment is falling apart.*
La pièce est tombée.	*The play flopped.*
Vous êtes tombé juste! C'est moi!	*You guessed right! I'm the one!*

regular -er verb; compound tenses with être

je tombe · je tombai · tombé · tombant

Present		Passé Composé	
je tombe	nous tombons	je suis tombé(e)	nous sommes tombé(e)s
tu tombes	vous tombez	tu es tombé(e)	vous êtes tombé(e)(s)
il/elle tombe	ils/elles tombent	il/elle est tombé(e)	ils/elles sont tombé(e)s

Imperfect		Pluperfect	
je tombais	nous tombions	j'étais tombé(e)	nous étions tombé(e)s
tu tombais	vous tombiez	tu étais tombé(e)	vous étiez tombé(e)(s)
il/elle tombait	ils/elles tombaient	il/elle était tombé(e)	ils/elles étaient tombé(e)s

Passé Simple		Past Anterior	
je tombai	nous tombâmes	je fus tombé(e)	nous fûmes tombé(e)s
tu tombas	vous tombâtes	tu fus tombé(e)	vous fûtes tombé(e)(s)
il/elle tomba	ils/elles tombèrent	il/elle fut tombé(e)	ils/elles furent tombé(e)s

Future		Future Anterior	
je tomberai	nous tomberons	je serai tombé(e)	nous serons tombé(e)s
tu tomberas	vous tomberez	tu seras tombé(e)	vous serez tombé(e)(s)
il/elle tombera	ils/elles tomberont	il/elle sera tombé(e)	ils/elles seront tombé(e)s

Conditional		Past Conditional	
je tomberais	nous tomberions	je serais tombé(e)	nous serions tombé(e)s
tu tomberais	vous tomberiez	tu serais tombé(e)	vous seriez tombé(e)(s)
il/elle tomberait	ils/elles tomberaient	il/elle serait tombé(e)	ils/elles seraient tombé(e)s

Present Subjunctive		Past Subjunctive	
que je tombe	que nous tombions	que je sois tombé(e)	que nous soyons tombé(e)s
que tu tombes	que vous tombiez	que tu sois tombé(e)	que vous soyez tombé(e)(s)
qu'il/elle tombe	qu'ils/elles tombent	qu'il/elle soit tombé(e)	qu'ils/elles soient tombé(e)s

Imperfect Subjunctive		Pluperfect Subjunctive	
que je tombasse	que nous tombassions	que je fusse tombé(e)	que nous fussions tombé(e)s
que tu tombasses	que vous tombassiez	que tu fusses tombé(e)	que vous fussiez tombé(e)(s)
qu'il/elle tombât	qu'ils/elles tombassent	qu'il/elle fût tombé(e)	qu'ils/elles fussent tombé(e)s

Commands

	(nous) tombons
(tu) tombe	(vous) tombez

Fais attention ! Tu vas tomber !	*Be careful! You'll fall!*
Elle est tombée en traversant la rue.	*She fell while crossing the street.*
La nuit tombe.	*Night is falling.*
Les feuilles tombent des arbres en automne.	*The leaves fall from the trees in the autumn.*
tomber amoureux/amoureuse	*to fall in love*
Il est tombé amoureux de sa collègue.	*He fell in love with his coworker.*
L'enfant est tombé de son lit.	*The child fell out of his bed.*
Le jour de l'an tombe un vendredi.	*New Year's Day falls on a Friday.*
—Regarde. Il tombe de la pluie. Et ça tombe dru.	*Look. It's raining. And it's raining hard.*
—Et la météo a dit que plus tard une averse de grêle tombera sur la ville.	*And the weather report said that later a hailstorm will fall on the city.*
Je suis tombée sur une vieille lettre.	*I came across an old letter.*
Les bras m'en tombent.	*I'm shocked. / I'm pleasantly surprised.*
On ne laisse pas tomber ses amis.	*You don't let down your friends.*
Il me tombe sur les nerfs.	*He gets on my nerves.*

tondre *to shear*

je tonds · je tondis · tondu · tondant

regular -re verb

Present		Passé Composé	
je tonds	nous tondons	j'ai tondu	nous avons tondu
tu tonds	vous tondez	tu as tondu	vous avez tondu
il/elle tond	ils/elles tondent	il/elle a tondu	ils/elles ont tondu

Imperfect		Pluperfect	
je tondais	nous tondions	j'avais tondu	nous avions tondu
tu tondais	vous tondiez	tu avais tondu	vous aviez tondu
il/elle tondait	ils/elles tondaient	il/elle avait tondu	ils/elles avaient tondu

Passé Simple		Past Anterior	
je tondis	nous tondîmes	j'eus tondu	nous eûmes tondu
tu tondis	vous tondîtes	tu eus tondu	vous eûtes tondu
il/elle tondit	ils/elles tondirent	il/elle eut tondu	ils/elles eurent tondu

Future		Future Anterior	
je tondrai	nous tondrons	j'aurai tondu	nous aurons tondu
tu tondras	vous tondrez	tu auras tondu	vous aurez tondu
il/elle tondra	ils/elles tondront	il/elle aura tondu	ils/elles auront tondu

Conditional		Past Conditional	
je tondrais	nous tondrions	j'aurais tondu	nous aurions tondu
tu tondrais	vous tondriez	tu aurais tondu	vous auriez tondu
il/elle tondrait	ils/elles tondraient	il/elle aurait tondu	ils/elles auraient tondu

Present Subjunctive		Past Subjunctive	
que je tonde	que nous tondions	que j'aie tondu	que nous ayons tondu
que tu tondes	que vous tondiez	que tu aies tondu	que vous ayez tondu
qu'il/elle tonde	qu'ils/elles tondent	qu'il/elle ait tondu	qu'ils/elles aient tondu

Imperfect Subjunctive		Pluperfect Subjunctive	
que je tondisse	que nous tondissions	que j'eusse tondu	que nous eussions tondu
que tu tondisses	que vous tondissiez	que tu eusses tondu	que vous eussiez tondu
qu'il/elle tondît	qu'ils/elles tondissent	qu'il/elle eût tondu	qu'ils/elles eussent tondu

Commands

	(nous) tondons
(tu) tonds	(vous) tondez

USAGE

tondre les moutons	to shear the sheep
—Je vais tondre le gazon.	I'm going to mow the lawn.
—N'oublie pas de tondre aussi la haie.	Don't forget to trim the hedge too.
Je vais me faire tondre.	I'm going to get my hair cut short.
Te voilà tondu!	Boy, have you gotten a short haircut!
On ne peut pas tondre un œuf.	You can't get blood out of a stone.
Il tond ses clients.	He fleeces his clients.

RELATED WORDS AND EXPRESSIONS

la tondeuse (à gazon)	lawn mower
la tondeuse à cheveux	hair clipper

regular -re verb

je tords · je tordis · tordu · tordant

Present	
je tords	nous tordons
tu tords	vous tordez
il/elle tord	ils/elles tordent

Passé Composé	
j'ai tordu	nous avons tordu
tu as tordu	vous avez tordu
il/elle a tordu	ils/elles ont tordu

Imperfect	
je tordais	nous tordions
tu tordais	vous tordiez
il/elle tordait	ils/elles tordaient

Pluperfect	
j'avais tordu	nous avions tordu
tu avais tordu	vous aviez tordu
il/elle avait tordu	ils/elles avaient tordu

Passé Simple	
je tordis	nous tordîmes
tu tordis	vous tordîtes
il/elle tordit	ils/elles tordirent

Past Anterior	
j'eus tordu	nous eûmes tordu
tu eus tordu	vous eûtes tordu
il/elle eut tordu	ils/elles eurent tordu

Future	
je tordrai	nous tordrons
tu tordras	vous tordrez
il/elle tordra	ils/elles tordront

Future Anterior	
j'aurai tordu	nous aurons tordu
tu auras tordu	vous aurez tordu
il/elle aura tordu	ils/elles auront tordu

Conditional	
je tordrais	nous tordrions
tu tordrais	vous tordriez
il/elle tordrait	ils/elles tordraient

Past Conditional	
j'aurais tordu	nous aurions tordu
tu aurais tordu	vous auriez tordu
il/elle aurait tordu	ils/elles auraient tordu

Present Subjunctive	
que je torde	que nous tordions
que tu tordes	que vous tordiez
qu'il/elle torde	qu'ils/elles tordent

Past Subjunctive	
que j'aie tordu	que nous ayons tordu
que tu aies tordu	que vous ayez tordu
qu'il/elle ait tordu	qu'ils/elles aient tordu

Imperfect Subjunctive	
que je tordisse	que nous tordissions
que tu tordisses	que vous tordissiez
qu'il/elle tordît	qu'ils/elles tordissent

Pluperfect Subjunctive	
que j'eusse tordu	que nous eussions tordu
que tu eusses tordu	que vous eussiez tordu
qu'il/elle eût tordu	qu'ils/elles eussent tordu

Commands

	(nous) tordons
(tu) tords	(vous) tordez

USAGE

Son visage était tordu par la douleur.	His face was twisted with pain.
Fais attention! Tu me tords le bras!	Be careful! You're twisting my arm!
Il ne faut pas tordre cette chemise.	Don't wring this shirt.
On se tordait de rire.	We were rolling on the floor laughing.
Il raconte des histoires à se tordre de rire.	He tells hysterically funny stories.

RELATED WORDS AND EXPRESSIONS

tordant(e)	hilarious
Il nous a raconté des histoires tordantes.	He told us very funny stories.
Tu es tordant, toi.	You're a riot.
tordu(e)	twisted
le tronc tordu d'un vieil arbre	the twisted trunk of an old tree
retordre	to twist again
Il me donne du fil à retordre, ce gosse!	This kid gives me a lot of trouble!

(**toucher**) *to touch*

je touche · je touchai · touché · touchant

regular -er verb

Present			Passé Composé	
je touche	nous touchons		j'ai touché	nous avons touché
tu touches	vous touchez		tu as touché	vous avez touché
il/elle touche	ils/elles touchent		il/elle a touché	ils/elles ont touché

Imperfect			Pluperfect	
je touchais	nous touchions		j'avais touché	nous avions touché
tu touchais	vous touchiez		tu avais touché	vous aviez touché
il/elle touchait	ils/elles touchaient		il/elle avait touché	ils/elles avaient touché

Passé Simple			Past Anterior	
je touchai	nous touchâmes		j'eus touché	nous eûmes touché
tu touchas	vous touchâtes		tu eus touché	vous eûtes touché
il/elle toucha	ils/elles touchèrent		il/elle eut touché	ils/elles eurent touché

Future			Future Anterior	
je toucherai	nous toucherons		j'aurai touché	nous aurons touché
tu toucheras	vous toucherez		tu auras touché	vous aurez touché
il/elle touchera	ils/elles toucheront		il/elle aura touché	ils/elles auront touché

Conditional			Past Conditional	
je toucherais	nous toucherions		j'aurais touché	nous aurions touché
tu toucherais	vous toucheriez		tu aurais touché	vous auriez touché
il/elle toucherait	ils/elles toucheraient		il/elle aurait touché	ils/elles auraient touché

Present Subjunctive			Past Subjunctive	
que je touche	que nous touchions		que j'aie touché	que nous ayons touché
que tu touches	que vous touchiez		que tu aies touché	que vous ayez touché
qu'il/elle touche	qu'ils/elles touchent		qu'il/elle ait touché	qu'ils/elles aient touché

Imperfect Subjunctive			Pluperfect Subjunctive	
que je touchasse	que nous touchassions		que j'eusse touché	que nous eussions touché
que tu touchasses	que vous touchassiez		que tu eusses touché	que vous eussiez touché
qu'il/elle touchât	qu'ils/elles touchassent		qu'il/elle eût touché	qu'ils/elles eussent touché

Commands

	(nous) touchons
(tu) touche	(vous) touchez

(**USAGE**)

Elle m'a touché la joue.	*She touched my cheek.*
Ne touchez pas les fruits, s.v.p.	*Please don't touch the fruit.*
Ne touchez pas à mes affaires.	*Don't touch my things.*
Je vais toucher ce chèque.	*I'm going to cash this check.*
Il touche 1500 dollars par semaine.	*He gets (paid) 1500 dollars a week.*
Je n'ai pas touché d'alcool depuis mon infarctus.	*I haven't had any alcohol since my heart attack.*
Sa lettre m'a profondément touché.	*His letter moved me deeply.*
Son refus m'a touché au vif.	*His refusal really hurt me.*
Il en a touché un mot avec moi.	*He mentioned it to me.*

RELATED WORDS AND EXPRESSIONS

touchant(e)	*touching*
Cette chanson est tellement touchante.	*This song is so moving.*
touche-à-tout	*meddling with everything / touching everything*
Quel enfant touche-à-tout.	*That child is into everything.*

regular *-er* verb

je tourne · je tournai · tourné · tournant

Present	
je tourne	nous tournons
tu tournes	vous tournez
il/elle tourne	ils/elles tournent

Passé Composé	
j'ai tourné	nous avons tourné
tu as tourné	vous avez tourné
il/elle a tourné	ils/elles ont tourné

Imperfect	
je tournais	nous tournions
tu tournais	vous tourniez
il/elle tournait	ils/elles tournaient

Pluperfect	
j'avais tourné	nous avions tourné
tu avais tourné	vous aviez tourné
il/elle avait tourné	ils/elles avaient tourné

Passé Simple	
je tournai	nous tournâmes
tu tournas	vous tournâtes
il/elle tourna	ils/elles tournèrent

Past Anterior	
j'eus tourné	nous eûmes tourné
tu eus tourné	vous eûtes tourné
il/elle eut tourné	ils/elles eurent tourné

Future	
je tournerai	nous tournerons
tu tourneras	vous tournerez
il/elle tournera	ils/elles tourneront

Future Anterior	
j'aurai tourné	nous aurons tourné
tu auras tourné	vous aurez tourné
il/elle aura tourné	ils/elles auront tourné

Conditional	
je tournerais	nous tournerions
tu tournerais	vous tourneriez
il/elle tournerait	ils/elles tourneraient

Past Conditional	
j'aurais tourné	nous aurions tourné
tu aurais tourné	vous auriez tourné
il/elle aurait tourné	ils/elles auraient tourné

Present Subjunctive	
que je tourne	que nous tournions
que tu tournes	que vous tourniez
qu'il/elle tourne	qu'ils/elles tournent

Past Subjunctive	
que j'aie tourné	que nous ayons tourné
que tu aies tourné	que vous ayez tourné
qu'il/elle ait tourné	qu'ils/elles aient tourné

Imperfect Subjunctive	
que je tournasse	que nous tournassions
que tu tournasses	que vous tournassiez
qu'il/elle tournât	qu'ils/elles tournassent

Pluperfect Subjunctive	
que j'eusse tourné	que nous eussions tourné
que tu eusses tourné	que vous eussiez tourné
qu'il/elle eût tourné	qu'ils/elles eussent tourné

Commands

	(nous) tournons
(tu) tourne	(vous) tournez

USAGE

Les roues tournaient vite.	The wheels were turning quickly.
Tournez la page.	Turn the page.
Elle a tourné ses yeux vers la porte qui s'ouvrait.	She turned her eyes to the door that was opening.
Tournez au coin.	Turn at the corner.
Il sait tout tourner à son avantage.	He can turn everything to his advantage.
La situation a mal tourné.	The situation was turning out badly.
Elle tourne tout en plaisanterie.	She turns everything into a joke.
Tournez à gauche au coin.	Turn left at the corner.
Il lui a tourné la tête.	He turned her head.
Le lait a tourné.	The milk soured.
Tu tournes en rond ici. Ce n'est pas bien.	You're just marking time here. That's not good.
J'ai la tête qui tourne.	I feel dizzy.
Il tourne autour du pot.	He's beating around the bush.
Ça m'a tourné le cœur.	It made me sick/nauseated.
Ne tourne pas le fer dans la plaie.	Don't rub it in.

tousser *to cough*

je tousse · je toussai · toussé · toussant

regular -er verb

Present		Passé Composé	
je tousse	nous toussons	j'ai toussé	nous avons toussé
tu tousses	vous toussez	tu as toussé	vous avez toussé
il/elle tousse	ils/elles toussent	il/elle a toussé	ils/elles ont toussé

Imperfect		Pluperfect	
je toussais	nous toussions	j'avais toussé	nous avions toussé
tu toussais	vous toussiez	tu avais toussé	vous aviez toussé
il/elle toussait	ils/elles toussaient	il/elle avait toussé	ils/elles avaient toussé

Passé Simple		Past Anterior	
je toussai	nous toussâmes	j'eus toussé	nous eûmes toussé
tu toussas	vous toussâtes	tu eus toussé	vous eûtes toussé
il/elle toussa	ils/elles toussèrent	il/elle eut toussé	ils/elles eurent toussé

Future		Future Anterior	
je tousserai	nous tousserons	j'aurai toussé	nous aurons toussé
tu tousseras	vous tousserez	tu auras toussé	vous aurez toussé
il/elle toussera	ils/elles tousseront	il/elle aura toussé	ils/elles auront toussé

Conditional		Past Conditional	
je tousserais	nous tousserions	j'aurais toussé	nous aurions toussé
tu tousserais	vous tousseriez	tu aurais toussé	vous auriez toussé
il/elle tousserait	ils/elles tousseraient	il/elle aurait toussé	ils/elles auraient toussé

Present Subjunctive		Past Subjunctive	
que je tousse	que nous toussions	que j'aie toussé	que nous ayons toussé
que tu tousses	que vous toussiez	que tu aies toussé	que vous ayez toussé
qu'il/elle tousse	qu'ils/elles toussent	qu'il/elle ait toussé	qu'ils/elles aient toussé

Imperfect Subjunctive		Pluperfect Subjunctive	
que je toussasse	que nous toussassions	que j'eusse toussé	que nous eussions toussé
que tu toussasses	que vous toussassiez	que tu eusses toussé	que vous eussiez toussé
qu'il/elle toussât	qu'ils/elles toussassent	qu'il/elle eût toussé	qu'ils/elles eussent toussé

Commands

	(nous) toussons
(tu) tousse	(vous) toussez

USAGE

Les fumeurs toussent souvent.	Smokers often cough.
Comme tu tousses! Tu dois être enrhumé.	How you're coughing! You must have a cold.
Quel rhume! Je tousse et j'éternue.	What a cold! I'm coughing and sneezing.
Le malade tousse par quintes.	The patient has fits of coughing.
Il a toussé pour attirer l'attention de la vendeuse.	He coughed to get the salesclerk's attention.
Elle a toussé avant de parler.	She cleared her throat before speaking.
La moto tousse.	The motorcycle is sputtering.

RELATED WORDS AND EXPRESSIONS

la toux	cough
un accès de toux	a coughing fit
une quinte de toux	a coughing fit
toussailler	to cough lightly and habitually

irregular verb
je traduis · je traduisis · traduit · traduisant

Present

je traduis	nous traduisons
tu traduis	vous traduisez
il/elle traduit	ils/elles traduisent

Passé Composé

j'ai traduit	nous avons traduit
tu as traduit	vous avez traduit
il/elle a traduit	ils/elles ont traduit

Imperfect

je traduisais	nous traduisions
tu traduisais	vous traduisiez
il/elle traduisait	ils/elles traduisaient

Pluperfect

j'avais traduit	nous avions traduit
tu avais traduit	vous aviez traduit
il/elle avait traduit	ils/elles avaient traduit

Passé Simple

je traduisis	nous traduisîmes
tu traduisis	vous traduisîtes
il/elle traduisit	ils/elles traduisirent

Past Anterior

j'eus traduit	nous eûmes traduit
tu eus traduit	vous eûtes traduit
il/elle eut traduit	ils/elles eurent traduit

Future

je traduirai	nous traduirons
tu traduiras	vous traduirez
il/elle traduira	ils/elles traduiront

Future Anterior

j'aurai traduit	nous aurons traduit
tu auras traduit	vous aurez traduit
il/elle aura traduit	ils/elles auront traduit

Conditional

je traduirais	nous traduirions
tu traduirais	vous traduiriez
il/elle traduirait	ils/elles traduiraient

Past Conditional

j'aurais traduit	nous aurions traduit
tu aurais traduit	vous auriez traduit
il/elle aurait traduit	ils/elles auraient traduit

Present Subjunctive

que je traduise	que nous traduisions
que tu traduises	que vous traduisiez
qu'il/elle traduise	qu'ils/elles traduisent

Past Subjunctive

que j'aie traduit	que nous ayons traduit
que tu aies traduit	que vous ayez traduit
qu'il/elle ait traduit	qu'ils/elles aient traduit

Imperfect Subjunctive

que je traduisisse	que nous traduisissions
que tu traduisisses	que vous traduisissiez
qu'il/elle traduisît	qu'ils/elles traduisissent

Pluperfect Subjunctive

que j'eusse traduit	que nous eussions traduit
que tu eusses traduit	que vous eussiez traduit
qu'il/elle eût traduit	qu'ils/elles eussent traduit

Commands

	(nous) traduisons
(tu) traduis	(vous) traduisez

USAGE

Il m'a traduit le document.	He translated the document for me.
Elle a traduit le roman du français en anglais.	She translated the novel from French into English.
Cette expression est mal traduite.	This expression is badly translated.
C'est une idée difficile à traduire en images.	It's an idea that's difficult to express in pictures.

RELATED WORDS AND EXPRESSIONS

la traduction	translation
la traduction automatique	machine translation
J'ai les œuvres de Racine en traduction.	I have Racine's work in translation.
un traducteur / une traductrice	a translator
Elle travaille comme traductrice.	She works as a translator.
intraduisible	untranslatable
Cette langue a des expressions intraduisibles.	This language has expressions you can't translate.

trahir *to betray*

je trahis · je trahis · trahi · trahissant

regular -ir verb

Present		Passé Composé	
je trahis	nous trahissons	j'ai trahi	nous avons trahi
tu trahis	vous trahissez	tu as trahi	vous avez trahi
il/elle trahit	ils/elles trahissent	il/elle a trahi	ils/elles ont trahi

Imperfect		Pluperfect	
je trahissais	nous trahissions	j'avais trahi	nous avions trahi
tu trahissais	vous trahissiez	tu avais trahi	vous aviez trahi
il/elle trahissait	ils/elles trahissaient	il/elle avait trahi	ils/elles avaient trahi

Passé Simple		Past Anterior	
je trahis	nous trahîmes	j'eus trahi	nous eûmes trahi
tu trahis	vous trahîtes	tu eus trahi	vous eûtes trahi
il/elle trahit	ils/elles trahirent	il/elle eut trahi	ils/elles eurent trahi

Future		Future Anterior	
je trahirai	nous trahirons	j'aurai trahi	nous aurons trahi
tu trahiras	vous trahirez	tu auras trahi	vous aurez trahi
il/elle trahira	ils/elles trahiront	il/elle aura trahi	ils/elles auront trahi

Conditional		Past Conditional	
je trahirais	nous trahirions	j'aurais trahi	nous aurions trahi
tu trahirais	vous trahiriez	tu aurais trahi	vous auriez trahi
il/elle trahirait	ils/elles trahiraient	il/elle aurait trahi	ils/elles auraient trahi

Present Subjunctive		Past Subjunctive	
que je trahisse	que nous trahissions	que j'aie trahi	que nous ayons trahi
que tu trahisses	que vous trahissiez	que tu aies trahi	que vous ayez trahi
qu'il/elle trahisse	qu'ils/elles trahissent	qu'il/elle ait trahi	qu'ils/elles aient trahi

Imperfect Subjunctive		Pluperfect Subjunctive	
que je trahisse	que nous trahissions	que j'eusse trahi	que nous eussions trahi
que tu trahisses	que vous trahissiez	que tu eusses trahi	que vous eussiez trahi
qu'il/elle trahît	qu'ils/elles trahissent	qu'il/elle eût trahi	qu'ils/elles eussent trahi

Commands

	(nous) trahissons
(tu) trahis	(vous) trahissez

USAGE

Il a trahi ses amis.	*He betrayed his friends.*
Il a trahi son pays.	*He betrayed his country.*
Il a trahi ma confiance.	*He betrayed my confidence.*
En choisissant ce mot, tu as trahi ta pensée.	*By choosing that word, you showed what you were really thinking.*
Il a trahi les intérêts de son entreprise.	*He acted against the interests of the company.*
En t'aidant j'ai trahi mes propres intérêts.	*By helping you, I went against my own interests.*
Son accent trahit son origine.	*His accent gives his background away.*
Son visage a trahi son émotion.	*His face gave away his emotion.*
Ne te trahis pas.	*Don't give yourself away.*

RELATED WORDS AND EXPRESSIONS

la trahison	*betrayal/treachery*
la haute trahison	*high treason*
commettre une trahison	*to commit treason*

regular -er verb

je traite · je traitai · traité · traitant

Present

je traite	nous traitons
tu traites	vous traitez
il/elle traite	ils/elles traitent

Passé Composé

j'ai traité	nous avons traité
tu as traité	vous avez traité
il/elle a traité	ils/elles ont traité

Imperfect

je traitais	nous traitions
tu traitais	vous traitiez
il/elle traitait	ils/elles traitaient

Pluperfect

j'avais traité	nous avions traité
tu avais traité	vous aviez traité
il/elle avait traité	ils/elles avaient traité

Passé Simple

je traitai	nous traitâmes
tu traitas	vous traitâtes
il/elle traita	ils/elles traitèrent

Past Anterior

j'eus traité	nous eûmes traité
tu eus traité	vous eûtes traité
il/elle eut traité	ils/elles eurent traité

Future

je traiterai	nous traiterons
tu traiteras	vous traiterez
il/elle traitera	ils/elles traiteront

Future Anterior

j'aurai traité	nous aurons traité
tu auras traité	vous aurez traité
il/elle aura traité	ils/elles auront traité

Conditional

je traiterais	nous traiterions
tu traiterais	vous traiteriez
il/elle traiterait	ils/elles traiteraient

Past Conditional

j'aurais traité	nous aurions traité
tu aurais traité	vous auriez traité
il/elle aurait traité	ils/elles auraient traité

Present Subjunctive

que je traite	que nous traitions
que tu traites	que vous traitiez
qu'il/elle traite	qu'ils/elles traitent

Past Subjunctive

que j'aie traité	que nous ayons traité
que tu aies traité	que vous ayez traité
qu'il/elle ait traité	qu'ils/elles aient traité

Imperfect Subjunctive

que je traitasse	que nous traitassions
que tu traitasses	que vous traitassiez
qu'il/elle traitât	qu'ils/elles traitassent

Pluperfect Subjunctive

que j'eusse traité	que nous eussions traité
que tu eusses traité	que vous eussiez traité
qu'il/elle eût traité	qu'ils/elles eussent traité

Commands

	(nous) traitons
(tu) traite	(vous) traitez

USAGE

Ses parents m'ont très bien traité.	His parents treated me very well.
Il traite sa fiancée comme une petite fille.	He treats his fiancée like a little girl.
Cette infection se traite avec des antibiotiques.	This infection can be treated with antibiotics.
Il m'a traité de tous les noms.	He cussed me out.
Je l'ai traité d'idiot.	I called him an idiot.
Il faut absolument traiter cette question.	We must positively deal with this matter.
J'aime votre façon de traiter ce sujet.	I like your way of examining this subject.
L'auteur traite des problèmes sociaux.	The author deals with social problems.
Tu es malade. Il faut que tu te fasses traiter.	You're sick. You've got to get some medical attention.
Je ne mange que des légumes non traités.	I only eat unsprayed vegetables.

RELATED WORDS AND EXPRESSIONS

le traitement	treatment
Quel mauvais traitement!	What poor treatment!
Le malade est sous traitement.	The patient is being treated.
le traitement de texte	word processing
le traitement de données	data processing
le traitement par lots	batch processing

travailler *to work*

je travaille · je travaillai · travaillé · travaillant   regular -er verb

Present		Passé Composé	
je travaille	nous travaillons	j'ai travaillé	nous avons travaillé
tu travailles	vous travaillez	tu as travaillé	vous avez travaillé
il/elle travaille	ils/elles travaillent	il/elle a travaillé	ils/elles ont travaillé

Imperfect		Pluperfect	
je travaillais	nous travaillions	j'avais travaillé	nous avions travaillé
tu travaillais	vous travailliez	tu avais travaillé	vous aviez travaillé
il/elle travaillait	ils/elles travaillaient	il/elle avait travaillé	ils/elles avaient travaillé

Passé Simple		Past Anterior	
je travaillai	nous travaillâmes	j'eus travaillé	nous eûmes travaillé
tu travaillas	vous travaillâtes	tu eus travaillé	vous eûtes travaillé
il/elle travailla	ils/elles travaillèrent	il/elle eut travaillé	ils/elles eurent travaillé

Future		Future Anterior	
je travaillerai	nous travaillerons	j'aurai travaillé	nous aurons travaillé
tu travailleras	vous travaillerez	tu auras travaillé	vous aurez travaillé
il/elle travaillera	ils/elles travailleront	il/elle aura travaillé	ils/elles auront travaillé

Conditional		Past Conditional	
je travaillerais	nous travaillerions	j'aurais travaillé	nous aurions travaillé
tu travaillerais	vous travailleriez	tu aurais travaillé	vous auriez travaillé
il/elle travaillerait	ils/elles travailleraient	il/elle aurait travaillé	ils/elles auraient travaillé

Present Subjunctive		Past Subjunctive	
que je travaille	que nous travaillions	que j'aie travaillé	que nous ayons travaillé
que tu travailles	que vous travailliez	que tu aies travaillé	que vous ayez travaillé
qu'il/elle travaille	qu'ils/elles travaillent	qu'il/elle ait travaillé	qu'ils/elles aient travaillé

Imperfect Subjunctive		Pluperfect Subjunctive	
que je travaillasse	que nous travaillassions	que j'eusse travaillé	que nous eussions travaillé
que tu travaillasses	que vous travaillassiez	que tu eusses travaillé	que vous eussiez travaillé
qu'il/elle travaillât	qu'ils/elles travaillassent	qu'il/elle eût travaillé	qu'ils/elles eussent travaillé

Commands

	(nous) travaillons
(tu) travaille	(vous) travaillez

Je ne travaille pas le dimanche.	I don't work on Sundays.
Il travaille avec son père.	He works with his father.
Les paysans travaillent la terre.	The peasants work the land.
Il fait travailler toute sa parenté dans son restaurant.	He put all his relatives to work in his restaurant.
Ma femme travaille dans les assurances.	My wife works in insurance.
Il faut que tu travailles un peu ta prose.	You've got to work on your writing a bit.
Cet élève ne fait pas travailler sa tête.	This student doesn't use his head.
Il travaille du chapeau.	He's nuts.
C'est une étudiante qui travaille bien en classe.	She's a student who does well in class.
Il y a quelque chose qui le travaille.	Something is bothering him.

RELATED WORDS AND EXPRESSIONS

le travail	work/job
Vous avez fait un travail excellent.	You've done an excellent job.
Elle n'aime pas son travail.	She doesn't like her job.
travaillé par	tormented by
Il est travaillé par la jalousie.	He's tormented by jealousy.
travailleur/travailleuse	hardworking

regular -er verb

je traverse · je traversai · traversé · traversant

Present		Passé Composé	
je traverse	nous traversons	j'ai traversé	nous avons traversé
tu traverses	vous traversez	tu as traversé	vous avez traversé
il/elle traverse	ils/elles traversent	il/elle a traversé	ils/elles ont traversé

Imperfect		Pluperfect	
je traversais	nous traversions	j'avais traversé	nous avions traversé
tu traversais	vous traversiez	tu avais traversé	vous aviez traversé
il/elle traversait	ils/elles traversaient	il/elle avait traversé	ils/elles avaient traversé

Passé Simple		Past Anterior	
je traversai	nous traversâmes	j'eus traversé	nous eûmes traversé
tu traversas	vous traversâtes	tu eus traversé	vous eûtes traversé
il/elle traversa	ils/elles traversèrent	il/elle eut traversé	ils/elles eurent traversé

Future		Future Anterior	
je traverserai	nous traverserons	j'aurai traversé	nous aurons traversé
tu traverseras	vous traverserez	tu auras traversé	vous aurez traversé
il/elle traversera	ils/elles traverseront	il/elle aura traversé	ils/elles auront traversé

Conditional		Past Conditional	
je traverserais	nous traverserions	j'aurais traversé	nous aurions traversé
tu traverserais	vous traverseriez	tu aurais traversé	vous auriez traversé
il/elle traverserait	ils/elles traverseraient	il/elle aurait traversé	ils/elles auraient traversé

Present Subjunctive		Past Subjunctive	
que je traverse	que nous traversions	que j'aie traversé	que nous ayons traversé
que tu traverses	que vous traversiez	que tu aies traversé	que vous ayez traversé
qu'il/elle traverse	qu'ils/elles traversent	qu'il/elle ait traversé	qu'ils/elles aient traversé

Imperfect Subjunctive		Pluperfect Subjunctive	
que je traversasse	que nous traversassions	que j'eusse traversé	que nous eussions traversé
que tu traversasses	que vous traversassiez	que tu eusses traversé	que vous eussiez traversé
qu'il/elle traversât	qu'ils/elles traversassent	qu'il/elle eût traversé	qu'ils/elles eussent traversé

Commands

	(nous) traversons
(tu) traverse	(vous) traversez

USAGE

—On peut traverser la rue ici.
We can cross the street here.
—Non, il faut traverser entre les clous.
No, we have to cross in the crosswalk.

—Ce navire traversait l'Atlantique.
This ship used to cross the Atlantic.
—Oui, il mettait une semaine à faire la traversée.
Yes, it took a week to make the crossing.

Le train traverse la Seine près de Rouen.
The train crosses the Seine near Rouen.

—Ils ont traversé le lac en bateau?
Did they cross the lake in a boat?
—Non, ils l'ont traversé à la nage.
No, they swam across it.

Une pensée m'a traversé l'esprit.
A thought crossed my mind.
Il va être difficile de traverser la foule.
It's going to be hard to get through the crowd.
Ce grand boulevard traverse la ville.
This wide boulevard goes through the whole city.
Notre région traverse un moment difficile.
Our region is going through a difficult time.
La torpille a traversé le flanc du cuirassé.
The torpedo went through the side of the battleship.

RELATED WORDS AND EXPRESSIONS

la traversée
crossing
Aux XVIIe siècle la traversée de l'Atlantique
durait trois mois.
*In the seventeenth century it took three months
to cross the Atlantic.*

trembler *to tremble*

je tremble · je tremblai · tremblé · tremblant

regular -er verb

Present		Passé Composé	
je tremble	nous tremblons	j'ai tremblé	nous avons tremblé
tu trembles	vous tremblez	tu as tremblé	vous avez tremblé
il/elle tremble	ils/elles tremblent	il/elle a tremblé	ils/elles ont tremblé

Imperfect		Pluperfect	
je tremblais	nous tremblions	j'avais tremblé	nous avions tremblé
tu tremblais	vous trembliez	tu avais tremblé	vous aviez tremblé
il/elle tremblait	ils/elles tremblaient	il/elle avait tremblé	ils/elles avaient tremblé

Passé Simple		Past Anterior	
je tremblai	nous tremblâmes	j'eus tremblé	nous eûmes tremblé
tu temblas	vous tremblâtes	tu eus tremblé	vous eûtes tremblé
il/elle trembla	ils/elles tremblèrent	il/elle eut tremblé	ils/elles eurent tremblé

Future		Future Anterior	
je tremblerai	nous tremblerons	j'aurai tremblé	nous aurons tremblé
tu trembleras	vous tremblerez	tu auras tremblé	vous aurez tremblé
il/elle tremblera	ils/elles trembleront	il/elle aura tremblé	ils/elles auront tremblé

Conditional		Past Conditional	
je tremblerais	nous tremblerions	j'aurais tremblé	nous aurions tremblé
tu tremblerais	vous trembleriez	tu aurais tremblé	vous auriez tremblé
il/elle tremblerait	ils/elles trembleraient	il/elle aurait tremblé	ils/elles auraient tremblé

Present Subjunctive		Past Subjunctive	
que je tremble	que nous tremblions	que j'aie tremblé	que nous ayons tremblé
que tu trembles	que vous trembliez	que tu aies tremblé	que vous ayez tremblé
qu'il/elle tremble	qu'ils/elles tremblent	qu'il/elle ait tremblé	qu'ils/elles aient tremblé

Imperfect Subjunctive		Pluperfect Subjunctive	
que je tremblasse	que nous tremblassions	que j'eusse tremblé	que nous eussions tremblé
que tu tremblasses	que vous tremblassiez	que tu eusses tremblé	que vous eussiez tremblé
qu'il/elle tremblât	qu'ils/elles tremblassent	qu'il/elle eût tremblé	qu'ils/elles eussent tremblé

Commands

	(nous) tremblons
(tu) tremble	(vous) tremblez

USAGE

Sa voix tremblait d'émotion.	*Her voice trembled with emotion.*
L'enfant tremblait de froid.	*The child was shivering with cold.*
Je tremblais de peur.	*I was quaking with fear.*
La terre a tremblé.	*There was an earthquake.*
Les camions qui passent font trembler les lampes.	*The trucks going by make our lamps shake.*
Ça me fait trembler.	*That makes me shudder.*
Le pays entier tremblait devant le tyran.	*The whole country was quaking before the tyrant.*
Je tremblais de tout mon corps.	*I was shaking all over.*

RELATED WORDS AND EXPRESSIONS

le tremblement	*shaking*
le tremblement de terre	*earthquake*
tremblant	*trembling/shaking*
ses doigts tremblants	*his trembling fingers*

regular -er verb

je triche · je trichai · triché · trichant

Present		Passé Composé	
je triche	nous trichons	j'ai triché	nous avons triché
tu triches	vous trichez	tu as triché	vous avez triché
il/elle triche	ils/elles trichent	il/elle a triché	ils/elles ont triché

Imperfect		Pluperfect	
je trichais	nous trichions	j'avais triché	nous avions triché
tu trichais	vous trichiez	tu avais triché	vous aviez triché
il/elle trichait	ils/elles trichaient	il/elle avait triché	ils/elles avaient triché

Passé Simple		Past Anterior	
je trichai	nous trichâmes	j'eus triché	nous eûmes triché
tu trichas	vous trichâtes	tu eus triché	vous eûtes triché
il/elle tricha	ils/elles trichèrent	il/elle eut triché	ils/elles eurent triché

Future		Future Anterior	
je tricherai	nous tricherons	j'aurai triché	nous aurons triché
tu tricheras	vous tricherez	tu auras triché	vous aurez triché
il/elle trichera	ils/elles tricheront	il/elle aura triché	ils/elles auront triché

Conditional		Past Conditional	
je tricherais	nous tricherions	j'aurais triché	nous aurions triché
tu tricherais	vous tricheriez	tu aurais triché	vous auriez triché
il/elle tricherait	ils/elles tricheraient	il/elle aurait triché	ils/elles auraient triché

Present Subjunctive		Past Subjunctive	
que je triche	que nous trichions	que j'aie triché	que nous ayons triché
que tu triches	que vous trichiez	que tu aies triché	que vous ayez triché
qu'il/elle triche	qu'ils/elles trichent	qu'il/elle ait triché	qu'ils/elles aient triché

Imperfect Subjunctive		Pluperfect Subjunctive	
que je trichasse	que nous trichassions	que j'eusse triché	que nous eussions triché
que tu trichasses	que vous trichassiez	que tu eusses triché	que vous eussiez triché
qu'il/elle trichât	qu'ils/elles trichassent	qu'il/elle eût triché	qu'ils/elles eussent triché

Commands

	(nous) trichons
(tu) triche	(vous) trichez

Ne joue pas aux cartes avec lui. Il triche.	Don't play cards with him. He cheats.
Il triche aux jeux de société.	He cheats at board games.
On dit qu'elle a triché à l'examen.	They say she cheated on the test.
Ce commerçant triche sur le poids de la marchandise.	This storekeeper cheats on the weight of his products.
Cette usine trichait sur la qualité.	This factory skimped on quality.

RELATED WORDS AND EXPRESSIONS

la tricherie	cheating/trickery
Tout ça, c'est de la tricherie.	That's all phony/trickery.
la triche	cheating
Il existe des sites Web qui facilitent la triche et le plagiat pour les étudiants.	There are websites that make cheating and plagiarism easy for students.
un tricheur / une tricheuse	a cheater
Elle est menteuse et tricheuse.	She's a liar and a cheater.

se tromper *to make a mistake*

je me trompe · je me trompai · s'étant trompé · se trompant

regular *-er* reflexive verb;
compound tenses with *être*

Present

je me trompe	nous nous trompons
tu te trompes	vous vous trompez
il/elle se trompe	ils/elles se trompent

Passé Composé

je me suis trompé(e)	nous nous sommes trompé(e)s
tu t'es trompé(e)	vous vous êtes trompé(e)(s)
il/elle s'est trompé(e)	ils/elles se sont trompé(e)s

Imperfect

je me trompais	nous nous trompions
tu te trompais	vous vous trompiez
il/elle se trompait	ils/elles se trompaient

Pluperfect

je m'étais trompé(e)	nous nous étions trompé(e)s
tu t'étais trompé(e)	vous vous étiez trompé(e)(s)
il/elle s'était trompé(e)	ils/elles s'étaient trompé(e)s

Passé Simple

je me trompai	nous nous trompâmes
tu te trompas	vous vous trompâtes
il/elle se trompa	ils/elles se trompèrent

Past Anterior

je me fus trompé(e)	nous nous fûmes trompé(e)s
tu te fus trompé(e)	vous vous fûtes trompé(e)(s)
il/elle se fut trompé(e)	ils/elles se furent trompé(e)s

Future

je me tromperai	nous nous tromperons
tu te tromperas	vous vous tromperez
il/elle se trompera	ils/elles se tromperont

Future Anterior

je me serai trompé(e)	nous nous serons trompé(e)s
tu te seras trompé(e)	vous vous serez trompé(e)(s)
il/elle se sera trompé(e)	ils/elles se seront trompé(e)s

Conditional

je me tromperais	nous nous tromperions
tu te tromperais	vous vous tromperiez
il/elle se tromperait	ils/elles se tromperaient

Past Conditional

je me serais trompé(e)	nous nous serions trompé(e)s
tu te serais trompé(e)	vous vous seriez trompé(e)(s)
il/elle se serait trompé(e)	ils/elles se seraient trompé(e)s

Present Subjunctive

que je me trompe	que nous nous trompions
que tu te trompes	que vous vous trompiez
que il/elle se trompe	que ils/elles se trompent

Past Subjunctive

que je me sois trompé(e)	que nous nous soyons trompé(e)s
que tu te sois trompé(e)	que vous vous soyez trompé(e)(s)
que il/elle se soit trompé(e)	que ils/elles se soient trompé(e)s

Imperfect Subjunctive

que je me trompasse	que nous nous trompassions
que tu te trompasses	que vous vous trompassiez
que il/elle se trompât	que ils/elles se trompassent

Pluperfect Subjunctive

que je me fusse trompé(e)	que nous nous fussions trompé(e)s
que tu te fusses trompé(e)	que vous vous fussiez trompé(e)(s)
que il/elle se fût trompé(e)	que ils/elles se fussent trompé(e)s

Commands

	(nous) trompons-nous
(tu) trompe-toi	(vous) trompez-vous

USAGE

Tout le monde peut se tromper.	*Anyone can make a mistake.*
Ne vous trompez pas sur ses intentions.	*Make no mistake about his intentions.*
Ne vous trompez pas à son égard.	*Make no mistake about him.*
Si je ne me trompe pas,...	*If I'm not mistaken, . . .*
Nous nous sommes trompés de rue.	*We've taken the wrong street.*
Nous nous sommes trompés de porte.	*We've gone to the wrong door.*
Nous nous sommes trompés de train.	*We've gotten on the wrong train.*
Vous vous êtes trompé de numéro.	*You've got the wrong number.*
Vous vous êtes trompé de cent euros.	*You're off by a hundred euros.*

RELATED WORDS AND EXPRESSIONS

la tromperie	*cheating/deceit*
Tout ce qu'il nous a dit, ce n'est que de la tromperie.	*Everything he told us is just smoke and mirrors.*
tromper	*to fool/trick/cheat*
Il trompe sa femme.	*He cheats on his wife.*
Je me suis fait tromper.	*I got cheated.*
On nous a trompé sur la qualité de ce restaurant.	*They fooled us about the quality of this restaurant.*

to find **trouver** 533

regular -er verb   je trouve · je trouvai · trouvé · trouvant

Present

je trouve	nous trouvons
tu trouves	vous trouvez
il/elle trouve	ils/elles trouvent

Imperfect

je trouvais	nous trouvions
tu trouvais	vous trouviez
il/elle trouvait	ils/elles trouvaient

Passé Simple

je trouvai	nous trouvâmes
tu trouvas	vous trouvâtes
il/elle trouva	ils/elles trouvèrent

Future

je trouverai	nous trouverons
tu trouveras	vous trouverez
il/elle trouvera	ils/elles trouveront

Conditional

je trouverais	nous trouverions
tu trouverais	vous trouveriez
il/elle trouverait	ils/elles trouveraient

Passé Composé

j'ai trouvé	nous avons trouvé
tu as trouvé	vous avez trouvé
il/elle a trouvé	ils/elles ont trouvé

Pluperfect

j'avais trouvé	nous avions trouvé
tu avais trouvé	vous aviez trouvé
il/elle avait trouvé	ils/elles avaient trouvé

Past Anterior

j'eus trouvé	nous eûmes trouvé
tu eus trouvé	vous eûtes trouvé
il/elle eut trouvé	ils/elles eurent trouvé

Future Anterior

j'aurai trouvé	nous aurons trouvé
tu auras trouvé	vous aurez trouvé
il/elle aura trouvé	ils/elles auront trouvé

Past Conditional

j'aurais trouvé	nous aurions trouvé
tu aurais trouvé	vous auriez trouvé
il/elle aurait trouvé	ils/elles auraient trouvé

Present Subjunctive

que je trouve	que nous trouvions
que tu trouves	que vous trouviez
qu'il/elle trouve	qu'ils/elles trouvent

Imperfect Subjunctive

que je trouvasse	que nous trouvassions
que tu trouvasses	que vous trouvassiez
qu'il/elle trouvât	qu'ils/elles trouvassent

Past Subjunctive

que j'aie trouvé	que nous ayons trouvé
que tu aies trouvé	que vous ayez trouvé
qu'il/elle ait trouvé	qu'ils/elles aient trouvé

Pluperfect Subjunctive

que j'eusse trouvé	que nous eussions trouvé
que tu eusses trouvé	que vous eussiez trouvé
qu'il/elle eût trouvé	qu'ils/elles eussent trouvé

Commands

	(nous) trouvons
(tu) trouve	(vous) trouvez

USAGE

Tu as trouvé ton cahier?	*Did you find your notebook?*
Elle a trouvé du travail.	*She found a job.*
Je trouve cette pièce ennuyeuse.	*I find this play boring.*
☻ —Comment est-ce que vous trouvez la soupe?	*How do you find the soup?*
—J'en trouve le goût un peu trop relevé.	*I find the taste a bit too spicy.*
☻ —Comment est-ce que tu as trouvé ton oncle?	*How did you find your uncle?*
—Je l'ai trouvé complètement abattu.	*I found him totally despondent.*
Il faut trouver une solution à ce problème.	*We've got to find a solution to this problem. / A solution to this problem must be found.*
Où est-ce que je peux trouver une pharmacie par ici?	*Where can I find a drugstore around here?*
Elle a trouvé un prétexte pour venir me voir.	*She found an excuse to come see me.*
Il est important de trouver de la satisfaction dans le travail.	*It's important to find satisfaction in one's work.*
Je ne trouve pas le mot.	*I can't think of the word.*
Je trouve que tu te trompes.	*I think you're mistaken.*

top 50 verb

533 (**trouver**) *to find*

je trouve · je trouvai · trouvé · trouvant

regular -er verb

Trouver qqch de perdu ou que l'on veut avoir

Les soldats ont trouvé refuge dans le quartier de la gare.	*The soldiers found refuge in the neighborhood around the railway station.*
J'ai trouvé tous les livres dont j'avais besoin.	*I found all the books I needed.*
La police a fini par trouver le voleur.	*The police finally found the thief.*
—Ils ont trouvé quelqu'un pour faire les travaux?	*Did they find someone to do the repairs?*
—Oui, ils ont trouvé un entrepreneur excellent.	*Yes, they found a terrific contractor.*
Je ne trouve plus le temps de lire.	*I can't find the time to read anymore.*
Il n'a pas trouvé le courage de répondre.	*He couldn't muster the courage to answer.*
Tu as trouvé le moyen de lui faire entendre raison?	*Have you found the means to make him listen to reason?*
Elle a trouvé une place assise dans le dernier wagon du train.	*She found a seat in the last car of the train.*
On trouve beaucoup de librairies dans ce quartier.	*You can find a lot of bookstores in this neighborhood.*
Il faut trouver un hôtel.	*We have to find a hotel.*
Tant de gens ont trouvé la mort pendant la guerre.	*So many people were killed during the war.*
le bureau des objets trouvés	*the lost and found*

trouver à + infinitive

Elle trouve toujours à redire.	*She's always finding fault.*
Je trouve un malin plaisir à l'embêter.	*I get a mischievous pleasure in annoying him/her.*
Je ne trouve aucun plaisir à parler avec lui.	*I get no satisfaction out of speaking with him.*
On trouve toujours à faire à la ferme.	*You always find something to do on the farm.*

se trouver

Où se trouve l'hôtel de ville, s.v.p.?	*Where is the city hall, please?*
Je me trouve dans une mauvaise situation.	*I'm in a bad situation.*
Il se trouve que j'ai l'après-midi libre.	*It just so happens I have the afternoon off.*
Je me trouvais travailler dans le même bureau qu'elle.	*It just so happened that I found myself working in the same office as she.*
Je me trouve dans l'impossibilité de venir vous voir.	*I find that I can't come to see you.*
Si ça se trouve, l'entreprise fera faillite.	*It may be that the firm will go bankrupt.*
Ton nom ne se trouve pas sur la liste des inscriptions.	*Your name isn't on the registration list.*

RELATED WORDS AND EXPRESSIONS

Je la trouve sympathique.	*I find her very nice.*
Je ne trouve aucun mérite à cet ouvrage.	*I can't find anything worthwhile in this work.*
On te trouve ridicule.	*People think you're ridiculous.*
Avec elle, il a trouvé à qui parler.	*He met his match with her.*
Comment trouver le joint?	*How can we find a way out (of this mess)?*
J'ai trouvé bon de vous contacter.	*I saw fit to contact you.*
—Elle est vraiment belle.	*She's really beautiful.*
—Vous trouvez?	*Do you really think so?*

top 50 verb

regular -er verb

je tue · je tuai · tué · tuant

Present		Passé Composé	
je tue	nous tuons	j'ai tué	nous avons tué
tu tues	vous tuez	tu as tué	vous avez tué
il/elle tue	ils/elles tuent	il/elle a tué	ils/elles ont tué

Imperfect		Pluperfect	
je tuais	nous tuions	j'avais tué	nous avions tué
tu tuais	vous tuiez	tu avais tué	vous aviez tué
il/elle tuait	ils/elles tuaient	il/elle avait tué	ils/elles avaient tué

Passé Simple		Past Anterior	
je tuai	nous tuâmes	j'eus tué	nous eûmes tué
tu tuas	vous tuâtes	tu eus tué	vous eûtes tué
il/elle tua	ils/elles tuèrent	il/elle eut tué	ils/elles eurent tué

Future		Future Anterior	
je tuerai	nous tuerons	j'aurai tué	nous aurons tué
tu tueras	vous tuerez	tu auras tué	vous aurez tué
il/elle tuera	ils/elles tueront	il/elle aura tué	ils/elles auront tué

Conditional		Past Conditional	
je tuerais	nous tuerions	j'aurais tué	nous aurions tué
tu tuerais	vous tueriez	tu aurais tué	vous auriez tué
il/elle tuerait	ils/elles tueraient	il/elle aurait tué	ils/elles auraient tué

Present Subjunctive		Past Subjunctive	
que je tue	que nous tuions	que j'aie tué	que nous ayons tué
que tu tues	que vous tuiez	que tu aies tué	que vous ayez tué
qu'il/elle tue	qu'ils/elles tuent	qu'il/elle ait tué	qu'ils/elles aient tué

Imperfect Subjunctive		Pluperfect Subjunctive	
que je tuasse	que nous tuassions	que j'eusse tué	que nous eussions tué
que tu tuasses	que vous tuassiez	que tu eusses tué	que vous eussiez tué
qu'il/elle tuât	qu'ils/elles tuassent	qu'il/elle eût tué	qu'ils/elles eussent tué

Commands

	(nous) tuons
(tu) tue	(vous) tuez

USAGE

Ces courses me tuent.	These errands are killing me.
Je me tuais à finir mes devoirs.	I was killing myself to finish my homework.
Il s'est tué.	He killed himself.
Il s'est fait tuer dans un accident de route.	He got killed in a car accident.
Les hypermarchés ont tué le petit commerce.	The big supermarkets killed off the small stores.
—Qu'est-ce que tu fais?	What are you doing?
—Je tue le temps.	I'm killing time.
On l'a tué à coups de couteau.	He was stabbed to death.
On l'a tué d'une balle.	He was shot to death.
C'est un type qui est bon à tuer.	He's an insufferable guy.
Son travail la tue.	Her work is exhausting.

RELATED WORDS AND EXPRESSIONS

la tuerie	killing/massacre
Il a tué la poule aux œufs d'or.	He killed the goose that lays the golden egg.

PROVERB

Tu ne tueras point.	Thou shalt not kill. (Bible)

535 (**tutoyer**) *to use the familiar form* tu *to someone*

je tutoie · je tutoyai · tutoyé · tutoyant

regular -er verb; spelling change: y > i/mute e

Present		Passé Composé	
je tutoie	nous tutoyons	j'ai tutoyé	nous avons tutoyé
tu tutoies	vous tutoyez	tu as tutoyé	vous avez tutoyé
il/elle tutoie	ils/elles tutoient	il/elle a tutoyé	ils/elles ont tutoyé

Imperfect		Pluperfect	
je tutoyais	nous tutoyions	j'avais tutoyé	nous avions tutoyé
tu tutoyais	vous tutoyiez	tu avais tutoyé	vous aviez tutoyé
il/elle tutoyait	ils/elles tutoyaient	il/elle avait tutoyé	ils/elles avaient tutoyé

Passé Simple		Past Anterior	
je tutoyai	nous tutoyâmes	j'eus tutoyé	nous eûmes tutoyé
tu tutoyas	vous tutoyâtes	tu eus tutoyé	vous eûtes tutoyé
il/elle tutoya	ils/elles tutoyèrent	il/elle eut tutoyé	ils/elles eurent tutoyé

Future		Future Anterior	
je tutoierai	nous tutoierons	j'aurai tutoyé	nous aurons tutoyé
tu tutoieras	vous tutoierez	tu auras tutoyé	vous aurez tutoyé
il/elle tutoiera	ils/elles tutoieront	il/elle aura tutoyé	ils/elles auront tutoyé

Conditional		Past Conditional	
je tutoierais	nous tutoierions	j'aurais tutoyé	nous aurions tutoyé
tu tutoierais	vous tutoieriez	tu aurais tutoyé	vous auriez tutoyé
il/elle tutoierait	ils/elles tutoieraient	il/elle aurait tutoyé	ils/elles auraient tutoyé

Present Subjunctive		Past Subjunctive	
que je tutoie	que nous tutoyions	que j'aie tutoyé	que nous ayons tutoyé
que tu tutoies	que vous tutoyiez	que tu aies tutoyé	que vous ayez tutoyé
qu'il/elle tutoie	qu'ils/elles tutoient	qu'il/elle ait tutoyé	qu'ils/elles aient tutoyé

Imperfect Subjunctive		Pluperfect Subjunctive	
que je tutoyasse	que nous tutoyassions	que j'eusse tutoyé	que nous eussions tutoyé
que tu tutoyasses	que vous tutoyassiez	que tu eusses tutoyé	que vous eussiez tutoyé
qu'il/elle tutoyât	qu'ils/elles tutoyassent	qu'il/elle eût tutoyé	qu'ils/elles eussent tutoyé

Commands

	(nous) tutoyons
(tu) tutoie	(vous) tutoyez

USAGE

Nous ne tutoyons pas le professeur.	*We don't say* tu *to the teacher.*
Est-ce qu'on peut se tutoyer?	*How about our saying* tu *to each other?*
On ne tutoie pas les serveurs.	*You don't say* tu *to waiters.*
—Ils se connaissent bien?	*Do they know each other well?*
—Je crois. Ils se tutoient.	*I think so. They say* tu *to each other.*
Si vous désirez faire carrière dans cette compagnie, ne tutoyez jamais en premier votre supérieur.	*If you want to work your way up in this company, never be the first to use* tu *to your superior.*
On tutoie les animaux.	*You use the familiar form with animals.*

RELATED WORDS AND EXPRESSIONS

le tutoiement	*use of the familiar* tu *instead of the formal* vous
Le tutoiement est de rigueur ici.	*You have to use* tu *here.*

j'unis · j'unis · uni · unissant

regular -ir verb

Present

j'unis	nous unissons
tu unis	vous unissez
il/elle unit	ils/elles unissent

Passé Composé

j'ai uni	nous avons uni
tu as uni	vous avez uni
il/elle a uni	ils/elles ont uni

Imperfect

j'unissais	nous unissions
tu unissais	vous unissiez
il/elle unissait	ils/elles unissaient

Pluperfect

j'avais uni	nous avions uni
tu avais uni	vous aviez uni
il/elle avait uni	ils/elles avaient uni

Passé Simple

j'unis	nous unîmes
tu unis	vous unîtes
il/elle unit	ils/elles unirent

Past Anterior

j'eus uni	nous eûmes uni
tu eus uni	vous eûtes uni
il/elle eut uni	ils/elles eurent uni

Future

j'unirai	nous unirons
tu uniras	vous unirez
il/elle unira	ils/elles uniront

Future Anterior

j'aurai uni	nous aurons uni
tu auras uni	vous aurez uni
il/elle aura uni	ils/elles auront uni

Conditional

j'unirais	nous unirions
tu unirais	vous uniriez
il/elle unirait	ils/elles uniraient

Past Conditional

j'aurais uni	nous aurions uni
tu aurais uni	vous auriez uni
il/elle aurait uni	ils/elles auraient uni

Present Subjunctive

que j'unisse	que nous unissions
que tu unisses	que vous unissiez
qu'il/elle unisse	qu'ils/elles unissent

Past Subjunctive

que j'aie uni	que nous ayons uni
que tu aies uni	que vous ayez uni
qu'il/elle ait uni	qu'ils/elles aient uni

Imperfect Subjunctive

que j'unisse	que nous unissions
que tu unisses	que vous unissiez
qu'il/elle unît	qu'ils/elles unissent

Pluperfect Subjunctive

que j'eusse uni	que nous eussions uni
que tu eusses uni	que vous eussiez uni
qu'il/elle eût uni	qu'ils/elles eussent uni

Commands

	(nous) unissons
(tu) unis	(vous) unissez

USAGE

Les ouvriers se sont unis contre les mauvaises conditions de travail.	The workers united against poor working conditions.
Leur mariage a uni leurs deux familles.	Their two families were united by their marriage.
Je voudrais unir ma voix à la vôtre.	I would like to join my voice with yours.
Ils se sont unis en mariage.	They got married.
Cette route unit notre région à la capitale.	This road links our region to the capital.
Un tunnel sous la Manche unit la France et l'Angleterre.	France and England are linked by a tunnel under the English Channel.
Les deux frères sont très unis.	The two brothers are very close.
une chemise de couleur unie	a solid-colored shirt

RELATED WORDS AND EXPRESSIONS

l'union	union
L'union fait la force.	United we stand.

user to use; to wear out

j'use · j'usai · usé · usant   regular -er verb

Present		Passé Composé	
j'use	nous usons	j'ai usé	nous avons usé
tu uses	vous usez	tu as usé	vous avez usé
il/elle use	ils/elles usent	il/elle a usé	ils/elles ont usé

Imperfect		Pluperfect	
j'usais	nous usions	j'avais usé	nous avions usé
tu usais	vous usiez	tu avais usé	vous aviez usé
il/elle usait	ils/elles usaient	il/elle avait usé	ils/elles avaient usé

Passé Simple		Past Anterior	
j'usai	nous usâmes	j'eus usé	nous eûmes usé
tu usas	vous usâtes	tu eus usé	vous eûtes usé
il/elle usa	ils/elles usèrent	il/elle eut usé	ils/elles eurent usé

Future		Future Anterior	
j'userai	nous userons	j'aurai usé	nous aurons usé
tu useras	vous userez	tu auras usé	vous aurez usé
il/elle usera	ils/elles useront	il/elle aura usé	ils/elles auront usé

Conditional		Past Conditional	
j'userais	nous userions	j'aurais usé	nous aurions usé
tu userais	vous useriez	tu aurais usé	vous auriez usé
il/elle userait	ils/elles useraient	il/elle aurait usé	ils/elles auraient usé

Present Subjunctive		Past Subjunctive	
que j'use	que nous usions	que j'aie usé	que nous ayons usé
que tu uses	que vous usiez	que tu aies usé	que vous ayez usé
qu'il/elle use	qu'ils/elles usent	qu'il/elle ait usé	qu'ils/elles aient usé

Imperfect Subjunctive		Pluperfect Subjunctive	
que j'usasse	que nous usassions	que j'eusse usé	que nous eussions usé
que tu usasses	que vous usassiez	que tu eusses usé	que vous eussiez usé
qu'il/elle usât	qu'ils/elles usassent	qu'il/elle eût usé	qu'ils/elles eussent usé

Commands

	(nous) usons
(tu) use	(vous) usez

Le président ne sait pas user de son pouvoir.	The president doesn't know how to use his power.
Les enfants ont usé leurs pantalons.	The children have worn out their pants.
Ma veste est usée.	My jacket is worn.
Elle use trois manteaux par an.	She wears out three coats a year.
Avec cette lampe tu vas t'user les yeux.	You'll wear out your eyes with that lamp.
Ce tissu s'use vite.	This material wears through quickly.
Son manteau était usé jusqu'à la corde.	His coat was threadbare.
Les manifestants ont usé de la violence.	The demonstrators used violence.
Le cognac, je n'en use jamais.	I never drink brandy.

RELATED WORDS AND EXPRESSIONS

l'usure (f)	wear and tear; usury
l'usage (m)	usage
C'est une expression d'usage courant.	It's a common expression.
d'usage	customarily

to use, utilize **utiliser** 538

regular -er verb

j'utilise · j'utilisai · utilisé · utilisant

Present

j'utilise	nous utilisons
tu utilises	vous utilisez
il/elle utilise	ils/elles utilisent

Imperfect

j'utilisais	nous utilisions
tu utilisais	vous utilisiez
il/elle utilisait	ils/elles utilisaient

Passé Simple

j'utilisai	nous utilisâmes
tu utilisas	vous utilisâtes
il/elle utilisa	ils/elles utilisèrent

Future

j'utiliserai	nous utiliserons
tu utiliseras	vous utiliserez
il/elle utilisera	ils/elles utiliseront

Conditional

j'utiliserais	nous utiliserions
tu utiliserais	vous utiliseriez
il/elle utiliserait	ils/elles utiliseraient

Passé Composé

j'ai utilisé	nous avons utilisé
tu as utilisé	vous avez utilisé
il/elle a utilisé	ils/elles ont utilisé

Pluperfect

j'avais utilisé	nous avions utilisé
tu avais utilisé	vous aviez utilisé
il/elle avait utilisé	ils/elles avaient utilisé

Past Anterior

j'eus utilisé	nous eûmes utilisé
tu eus utilisé	vous eûtes utilisé
il/elle eut utilisé	ils/elles eurent utilisé

Future Anterior

j'aurai utilisé	nous aurons utilisé
tu auras utilisé	vous aurez utilisé
il/elle aura utilisé	ils/elles auront utilisé

Past Conditional

j'aurais utilisé	nous aurions utilisé
tu aurais utilisé	vous auriez utilisé
il/elle aurait utilisé	ils/elles auraient utilisé

Present Subjunctive

que j'utilise	que nous utilisions
que tu utilises	que vous utilisiez
qu'il/elle utilise	qu'ils/elles utilisent

Imperfect Subjunctive

que j'utilisasse	que nous utilisassions
que tu utilisasses	que vous utilisassiez
qu'il/elle utilisât	qu'ils/elles utilisassent

Past Subjunctive

que j'aie utilisé	que nous ayons utilisé
que tu aies utilisé	que vous ayez utilisé
qu'il/elle ait utilisé	qu'ils/elles aient utilisé

Pluperfect Subjunctive

que j'eusse utilisé	que nous eussions utilisé
que tu eusses utilisé	que vous eussiez utilisé
qu'il/elle eût utilisé	qu'ils/elles eussent utilisé

Commands

| | (nous) utilisons |
| (tu) utilise | (vous) utilisez |

USAGE

Je ne sais pas utiliser cet appareil.
Un bon administrateur sait utiliser les compétences de ses employés.
Quel produit utilises-tu pour la peau?
Ce soir on va utiliser les restes pour le dîner.
Il l'a utilisé comme espion.
Nous avons utilisé notre argent pour lancer une affaire.

I don't know how to use this device.
A good manager knows how to use his employees' abilities.
What cream do you use for your skin?
This evening we'll use up leftovers for dinner.
He used him as a spy.
We used our money to set up a business.

RELATED WORDS AND EXPRESSIONS

utilisable
Ce document n'est pas utilisable.
inutilisable
Ma bicyclette est inutilisable.

usable
This document is not usable.
unusable
My bicycle is unusable.

(**vaincre**) *to conquer*

je vaincs · je vainquis · vaincu · vainquant   irregular verb

Present		Passé Composé	
je vaincs	nous vainquons	j'ai vaincu	nous avons vaincu
tu vaincs	vous vainquez	tu as vaincu	vous avez vaincu
il/elle vainc	ils/elles vainquent	il/elle a vaincu	ils/elles ont vaincu

Imperfect		Pluperfect	
je vainquais	nous vainquions	j'avais vaincu	nous avions vaincu
tu vainquais	vous vainquiez	tu avais vaincu	vous aviez vaincu
il/elle vainquait	ils/elles vainquaient	il/elle avait vaincu	ils/elles avaient vaincu

Passé Simple		Past Anterior	
je vainquis	nous vainquîmes	j'eus vaincu	nous eûmes vaincu
tu vainquis	vous vainquîtes	tu eus vaincu	vous eûtes vaincu
il/elle vainquit	ils/elles vainquirent	il/elle eut vaincu	ils/elles eurent vaincu

Future		Future Anterior	
je vaincrai	nous vaincrons	j'aurai vaincu	nous aurons vaincu
tu vaincras	vous vaincrez	tu auras vaincu	vous aurez vaincu
il/elle vaincra	ils/elles vaincront	il/elle aura vaincu	ils/elles auront vaincu

Conditional		Past Conditional	
je vaincrais	nous vaincrions	j'aurais vaincu	nous aurions vaincu
tu vaincrais	vous vaincriez	tu aurais vaincu	vous auriez vaincu
il/elle vaincrait	ils/elles vaincraient	il/elle aurait vaincu	ils/elles auraient vaincu

Present Subjunctive		Past Subjunctive	
que je vainque	que nous vainquions	que j'aie vaincu	que nous ayons vaincu
que tu vainques	que vous vainquiez	que tu aies vaincu	que vous ayez vaincu
qu'il/elle vainque	qu'ils/elles vainquent	qu'il/elle ait vaincu	qu'ils/elles aient vaincu

Imperfect Subjunctive		Pluperfect Subjunctive	
que je vainquisse	que nous vainquissions	que j'eusse vaincu	que nous eussions vaincu
que tu vainquisses	que vous vainquissiez	que tu eusses vaincu	que vous eussiez vaincu
qu'il/elle vainquît	qu'ils/elles vainquissent	qu'il/elle eût vaincu	qu'ils/elles eussent vaincu

Commands

	(nous) vainquons
(tu) vaincs	(vous) vainquez

USAGE

Notre équipe va vaincre.	Our team is going to win.
Pendant la Deuxième Guerre mondiale, les Alliés ont vaincu les Nazis.	In the Second World War, the Allies defeated the Nazis.
Ils se sont avoués vaincus.	They admitted defeat.
L'armée a vaincu l'insurrection.	The army put down the uprising.
Il nous reste beaucoup d'obstacles à vaincre.	We have a lot of obstacles left to overcome.
Elle n'a pas pu vaincre sa peur.	She couldn't overcome her fear.

RELATED WORDS AND EXPRESSIONS

les vaincus (mpl)	the conquered
le vainqueur	victor/conqueror
Il est sorti vainqueur du match.	He won the game.
Il parle en vainqueur.	He speaks as conqueror.

irregular verb

je vaux · je valus · valu · valant

Present

je vaux	nous valons
tu vaux	vous valez
il/elle vaut	ils/elles valent

Imperfect

je valais	nous valions
tu valais	vous valiez
il/elle valait	ils/elles valaient

Passé Simple

je valus	nous valûmes
tu valus	vous valûtes
il/elle valut	ils/elles valurent

Future

je vaudrai	nous vaudrons
tu vaudras	vous vaudrez
il/elle vaudra	ils/elles vaudront

Conditional

je vaudrais	nous vaudrions
tu vaudrais	vous vaudriez
il/elle vaudrait	ils/elles vaudraient

Passé Composé

j'ai valu	nous avons valu
tu as valu	vous avez valu
il/elle a valu	ils/elles ont valu

Pluperfect

j'avais valu	nous avions valu
tu avais valu	vous aviez valu
il/elle avait valu	ils/elles avaient valu

Past Anterior

j'eus valu	nous eûmes valu
tu eus valu	vous eûtes valu
il/elle eut valu	ils/elles eurent valu

Future Anterior

j'aurai valu	nous aurons valu
tu auras valu	vous aurez valu
il/elle aura valu	ils/elles auront valu

Past Conditional

j'aurais valu	nous aurions valu
tu aurais valu	vous auriez valu
il/elle aurait valu	ils/elles auraient valu

Present Subjunctive

que je vaille	que nous valions
que tu vailles	que vous valiez
qu'il/elle vaille	qu'ils/elles vaillent

Imperfect Subjunctive

que je valusse	que nous valussions
que tu valusses	que vous valussiez
qu'il/elle valût	qu'ils/elles valussent

Past Subjunctive

que j'aie valu	que nous ayons valu
que tu aies valu	que vous ayez valu
qu'il/elle ait valu	qu'ils/elles aient valu

Pluperfect Subjunctive

que j'eusse valu	que nous eussions valu
que tu eusses valu	que vous eussiez valu
qu'il/elle eût valu	qu'ils/elles eussent valu

Commands

	(nous) valons
(tu) vaux	(vous) valez

USAGE

Cette entreprise ne vaut rien.	This firm is worthless.
Ses idées ne valent rien.	His ideas are worthless.
C'est une réponse qui en vaut une autre.	It's as good an answer as any.
Un service en vaut un autre.	One good turn deserves another.
Tu dois te faire valoir auprès du patron.	You should get in good with the boss.
Il a su faire valoir ses idées.	He knew how to present his ideas.

RELATED WORDS AND EXPRESSIONS

la valeur	value
Le vin prend de la valeur en vieillissant.	Wine improves with age.
Ce billet n'a plus de valeur.	That banknote has no more value.
valable	valid
Son passeport n'est plus valable.	His passport isn't valid anymore.
Mieux vaut avoir affaire au bon dieu qu'à ses saints.	Always go to the top man.

PROVERB

Un homme averti en vaut deux.	Forewarned is forearmed.

vendre *to sell*

je vends · je vendis · vendu · vendant

regular *-re* verb

Present		Passé Composé	
je vends	nous vendons	j'ai vendu	nous avons vendu
tu vends	vous vendez	tu as vendu	vous avez vendu
il/elle vend	ils/elles vendent	il/elle a vendu	ils/elles ont vendu

Imperfect		Pluperfect	
je vendais	nous vendions	j'avais vendu	nous avions vendu
tu vendais	vous vendiez	tu avais vendu	vous aviez vendu
il/elle vendait	ils/elles vendaient	il/elle avait vendu	ils/elles avaient vendu

Passé Simple		Past Anterior	
je vendis	nous vendîmes	j'eus vendu	nous eûmes vendu
tu vendis	vous vendîtes	tu eus vendu	vous eûtes vendu
il/elle vendit	ils/elles vendirent	il/elle eut vendu	ils/elles eurent vendu

Future		Future Anterior	
je vendrai	nous vendrons	j'aurai vendu	nous aurons vendu
tu vendras	vous vendrez	tu auras vendu	vous aurez vendu
il/elle vendra	ils/elles vendront	il/elle aura vendu	ils/elles auront vendu

Conditional		Past Conditional	
je vendrais	nous vendrions	j'aurais vendu	nous aurions vendu
tu vendrais	vous vendriez	tu aurais vendu	vous auriez vendu
il/elle vendrait	ils/elles vendraient	il/elle aurait vendu	ils/elles auraient vendu

Present Subjunctive		Past Subjunctive	
que je vende	que nous vendions	que j'aie vendu	que nous ayons vendu
que tu vendes	que vous vendiez	que tu aies vendu	que vous ayez vendu
qu'il/elle vende	qu'ils/elles vendent	qu'il/elle ait vendu	qu'ils/elles aient vendu

Imperfect Subjunctive		Pluperfect Subjunctive	
que je vendisse	que nous vendissions	que j'eusse vendu	que nous eussions vendu
que tu vendisses	que vous vendissiez	que tu eusses vendu	que vous eussiez vendu
qu'il/elle vendît	qu'ils/elles vendissent	qu'il/elle eût vendu	qu'ils/elles eussent vendu

Commands

	(nous) vendons
(tu) vends	(vous) vendez

USAGE

Il a vendu sa maison.	*He sold his house.*
Lui, il vendrait père et mère.	*He'd sell his mother if it would help him.*
Ma voiture est à vendre.	*I'm selling my car.*
—Ils vendent à crédit?	*Do they sell on credit?*
—Oui, et leur magasin vend.	*Yes, and their store does a brisk business.*
—On y vend des livres anciens?	*Do they sell old books there?*
—Oui, mais on les vend cher.	*Yes, but their prices are high.*
Les œufs se vendent à la douzaine.	*Eggs are sold by the dozen.*
Ce roman se vend bien.	*This novel is a good seller.*
Son roman se vend comme des petits pains.	*Her novel is selling like hotcakes.*
Qu'est-ce que tu vends?	*What's your game?*
Lui, c'est un homme vendu à l'ennemi.	*He's on the enemy's payroll.*
Il a vendu la mèche.	*He let the cat out of the bag.*

PROVERB

Il ne faut pas vendre la peau de l'ours avant de le tuer.	*Don't count your chickens before they hatch.*

regular -er verb; spelling change: g > ge/a, o   je venge · je vengeai · vengé · vengeant

Present		Passé Composé	
je venge	nous vengeons	j'ai vengé	nous avons vengé
tu venges	vous vengez	tu as vengé	vous avez vengé
il/elle venge	ils/elles vengent	il/elle a vengé	ils/elles ont vengé

Imperfect		Pluperfect	
je vengeais	nous vengions	j'avais vengé	nous avions vengé
tu vengeais	vous vengiez	tu avais vengé	vous aviez vengé
il/elle vengeait	ils/elles vengeaient	il/elle avait vengé	ils/elles avaient vengé

Passé Simple		Past Anterior	
je vengeai	nous vengeâmes	j'eus vengé	nous eûmes vengé
tu vengeas	vous vengeâtes	tu eus vengé	vous eûtes vengé
il/elle vengea	ils/elles vengèrent	il/elle eut vengé	ils/elles eurent vengé

Future		Future Anterior	
je vengerai	nous vengerons	j'aurai vengé	nous aurons vengé
tu vengeras	vous vengerez	tu auras vengé	vous aurez vengé
il/elle vengera	ils/elles vengeront	il/elle aura vengé	ils/elles auront vengé

Conditional		Past Conditional	
je vengerais	nous vengerions	j'aurais vengé	nous aurions vengé
tu vengerais	vous vengeriez	tu aurais vengé	vous auriez vengé
il/elle vengerait	ils/elles vengeraient	il/elle aurait vengé	ils/elles auraient vengé

Present Subjunctive		Past Subjunctive	
que je venge	que nous vengions	que j'aie vengé	que nous ayons vengé
que tu venges	que vous vengiez	que tu aies vengé	que vous ayez vengé
qu'il/elle venge	qu'ils/elles vengent	qu'il/elle ait vengé	qu'ils/elles aient vengé

Imperfect Subjunctive		Pluperfect Subjunctive	
que je vengeasse	que nous vengeassions	que j'eusse vengé	que nous eussions vengé
que tu vengeasses	que vous vengeassiez	que tu eusses vengé	que vous eussiez vengé
qu'il/elle vengeât	qu'ils/elles vengeassent	qu'il/elle eût vengé	qu'ils/elles eussent vengé

Commands

             (nous) vengeons
(tu) venge   (vous) vengez

USAGE

Qui vengera cette injustice?	Who will avenge this injustice?
Rien ne pourra venger ce crime.	Nothing will be able to avenge this crime.
Sa femme a vengé l'honneur de son mari.	The wife avenged her husband's honor.
Leur échec nous venge.	Their failure is our revenge.

RELATED WORDS AND EXPRESSIONS

la vengeance	vengeance/revenge
vengeur/vengeresse	vengeful
se venger de	to take revenge on
Elle s'est vengée de lui.	She got her revenge on him.
On se vengera, ne t'en fais pas.	We'll get our revenge, don't worry.
Je vais me venger.	I'll get even.
Elle se venge par son succès.	Her success is her revenge.

venir *to come*

je viens · je vins · venu · venant   irregular verb

venir = arriver

Le facteur n'est pas encore venu.	*The mailman hasn't come yet.*
Ce mot vient du grec.	*This word comes from the Greek.*
Ce fromage vient de Suisse.	*This cheese comes from Switzerland.*
L'orage venait vite.	*The storm was approaching quickly.*
L'idée ne m'est jamais venu à l'esprit.	*The idea never occurred to me.*
Il ne m'est jamais venu à l'esprit de l'avertir.	*It never occurred to me to notify him.*
Je ne me suis pas donné la peine de venir.	*I didn't even bother to show up.*
Ce projet vient mal à propos.	*This project comes at the wrong time.*
D'où vient que tu n'es pas au courant?	*How come you're not in the know?*
D'où vient cette impatience?	*Why so impatient?*
Je ne fais qu'aller et venir.	*I'll be right back. / I'm just going out for a moment.*

faire venir

Le bébé a de la fièvre. Fais venir le médecin.	*The baby has a fever. Send for the doctor.*
J'ai fait venir ces CD de France.	*I got these CDs from France.*
Le directeur m'a fait venir dans son bureau.	*The principal called me into his office.*
Je crains vous avoir fait venir pour rien.	*I fear I have brought you here for nothing.*
Il viendra te prendre dans une demi-heure.	*He'll come pick you up in half an hour.*

venir de + infinitive

Il vient de sortir.	*He has just left.*
Te voilà! Je viens de te téléphoner.	*Here you are! I just called you.*
Tu viens d'arriver?	*Did you just get here?*
Il vient de se coucher.	*He has just gone to bed.*

RELATED WORDS AND EXPRESSIONS

Cet arbre vient bien.	*This tree is coming along nicely.*
Il veut toujours savoir d'où vient le vent.	*He always wants to know which way the wind is blowing.*
Je te vois venir.	*I know what you're up to.*
Tout le monde y viendra. Ne t'en fais pas.	*Everyone will come around. Don't worry.*
Alors, le dîner, ça vient?	*Will dinner be ready soon? (brusque)*
Viens-en aux faits!	*Get to the point!*
les générations à venir	*future generations*
Comment leurs rapports en sont-ils venus là?	*How did their relationship deteriorate to this point?*
—J'espère qu'elle en viendra au fait.	*I hope she'll get down to business.*
—Elle? Elle n'en vient jamais aux choses sérieuses.	*Her? She never gets serious.*
—Comment venir à bout de ce compte rendu?	*How can we get through this report?*
—J'en viens à me demander si on pourra.	*I'm beginning to wonder if we'll be able to.*
—Qu'est-ce que vous feriez si je venais à démissionner?	*What would you do if I were ever to resign?*
—Où voulez-vous en venir?	*What are you getting at?*

PROVERB

Un malheur ne vient jamais seul.	*It never rains but it pours.*

irregular verb

Present		Passé Composé	
je viens	nous venons	je suis venu(e)	nous sommes venu(e)s
tu viens	vous venez	tu es venu(e)	vous êtes venu(e)(s)
il/elle vient	ils/elles viennent	il/elle est venu(e)	ils/elles sont venu(e)s

Imperfect		Pluperfect	
je venais	nous venions	j'étais venu(e)	nous étions venu(e)s
tu venais	vous veniez	tu étais venu(e)	vous étiez venu(e)(s)
il/elle venait	ils/elles venaient	il/elle était venu(e)	ils/elles étaient venu(e)s

Passé Simple		Past Anterior	
je vins	nous vînmes	je fus venu(e)	nous fûmes venu(e)s
tu vins	vous vîntes	tu fus venu(e)	vous fûtes venu(e)(s)
il/elle vint	ils/elles vinrent	il/elle fut venu(e)	ils/elles furent venu(e)s

Future		Future Anterior	
je viendrai	nous viendrons	je serai venu(e)	nous serons venu(e)s
tu viendras	vous viendrez	tu seras venu(e)	vous serez venu(e)(s)
il/elle viendra	ils/elles viendront	il/elle sera venu(e)	ils/elles seront venu(e)s

Conditional		Past Conditional	
je viendrais	nous viendrions	je serais venu(e)	nous serions venu(e)s
tu viendrais	vous viendriez	tu serais venu(e)	vous seriez venu(e)(s)
il/elle viendrait	ils/elles viendraient	il/elle serait venu(e)	ils/elles seraient venu(e)s

Present Subjunctive		Past Subjunctive	
que je vienne	que nous venions	que je sois venu(e)	que nous soyons venu(e)s
que tu viennes	que vous veniez	que tu sois venu(e)	que vous soyez venu(e)(s)
qu'il/elle vienne	qu'ils/elles viennent	qu'il/elle soit venu(e)	qu'ils/elles soient venu(e)s

Imperfect Subjunctive		Pluperfect Subjunctive	
que je vinsse	que nous vinssions	que je fusse venu(e)	que nous fussions venu(e)s
que tu vinsses	que vous vinssiez	que tu fusses venu(e)	que vous fussiez venu(e)(s)
qu'il/elle vînt	qu'ils/elles vinssent	qu'il/elle fût venu(e)	qu'ils/elles fussent venu(e)s

Commands

	(nous) venons
(tu) viens	(vous) venez

USAGE

Tu viens avec nous?	*Are you coming with us?*
Elle est venue me voir à trois heures.	*She came to see me at three o'clock.*
Je ne sais pas s'il viendra.	*I don't know whether he'll come.*
☻ —Tu es venu en avance.	*You've come early.*
—J'allais venir en autobus, mais je suis venu en taxi.	*I was going to come by bus, but I came by cab.*
☻ —Elle n'est pas encore venue?	*She hasn't come yet?*
—Non. Je doute qu'elle vienne.	*No. I doubt she's coming.*
L'enfant est venu vers moi.	*The child came over to me.*
Tu ne viens pas à la bibliothèque?	*Aren't you coming along to the library?*
Elle ne vient jamais aux conférences.	*She never comes to the lectures.*
Les copains viennent ce soir.	*My friends are coming over this evening.*
Demain vous viendrez chez nous.	*You'll come to our house tomorrow.*
Il est venu me tenir compagnie.	*He came over to keep me company.*

je vérifie · je vérifiai · vérifié · vérifiant

regular -er verb

Present		Passé Composé	
je vérifie	nous vérifions	j'ai vérifié	nous avons vérifié
tu vérifies	vous vérifiez	tu as vérifié	vous avez vérifié
il/elle vérifie	ils/elles vérifient	il/elle a vérifié	ils/elles ont vérifié

Imperfect		Pluperfect	
je vérifiais	nous vérifiions	j'avais vérifié	nous avions vérifié
tu vérifiais	vous vérifiiez	tu avais vérifié	vous aviez vérifié
il/elle vérifiait	ils/elles vérifiaient	il/elle avait vérifié	ils/elles avaient vérifié

Passé Simple		Past Anterior	
je vérifiai	nous vérifiâmes	j'eus vérifié	nous eûmes vérifié
tu vérifias	vous vérifiâtes	tu eus vérifié	vous eûtes vérifié
il/elle vérifia	ils/elles vérifièrent	il/elle eut vérifié	ils/elles eurent vérifié

Future		Future Anterior	
je vérifierai	nous vérifierons	j'aurai vérifié	nous aurons vérifié
tu vérifieras	vous vérifierez	tu auras vérifié	vous aurez vérifié
il/elle vérifiera	ils/elles vérifieront	il/elle aura vérifié	ils/elles auront vérifié

Conditional		Past Conditional	
je vérifierais	nous vérifierions	j'aurais vérifié	nous aurions vérifié
tu vérifierais	vous vérifieriez	tu aurais vérifié	vous auriez vérifié
il/elle vérifierait	ils/elles vérifieraient	il/elle aurait vérifié	ils/elles auraient vérifié

Present Subjunctive		Past Subjunctive	
que je vérifie	que nous vérifiions	que j'aie vérifié	que nous ayons vérifié
que tu vérifies	que vous vérifiiez	que tu aies vérifié	que vous ayez vérifié
qu'il/elle vérifie	qu'ils/elles vérifient	qu'il/elle ait vérifié	qu'ils/elles aient vérifié

Imperfect Subjunctive		Pluperfect Subjunctive	
que je vérifiasse	que nous vérifiassions	que j'eusse vérifié	que nous eussions vérifié
que tu vérifiasses	que vous vérifiassiez	que tu eusses vérifié	que vous eussiez vérifié
qu'il/elle vérifiât	qu'ils/elles vérifiassent	qu'il/elle eût vérifié	qu'ils/elles eussent vérifié

Commands

	(nous) vérifions
(tu) vérifie	(vous) vérifiez

USAGE

Vérifie de quel quai on part, veux-tu?	Check what platform we're leaving from, would you?
Il faut faire vérifier le niveau de l'huile.	We have to check the oil.
Le mécanicien a vérifié les freins?	Did the mechanic check the brakes?
Il faut vérifier si le magasin est ouvert.	We have to check whether the store is open.
Tu a vérifié leur adresse?	Did you check their address?
On a vérifié les comptes de cette entreprise.	They audited the books of that firm.
Sa réponse vérifia nos craintes.	His answer confirmed our fears.

RELATED WORDS AND EXPRESSIONS

la vérification	checking
la vérification du scrutin	ballot checking
une vérification au hasard	a spot check
la vérification de l'hypothèse	the verification of the hypothesis

regular -er verb

je verse · je versai · versé · versant

Present		Passé Composé	
je verse	nous versons	j'ai versé	nous avons versé
tu verses	vous versez	tu as versé	vous avez versé
il/elle verse	ils/elles versent	il/elle a versé	ils/elles ont versé

Imperfect		Pluperfect	
je versais	nous versions	j'avais versé	nous avions versé
tu versais	vous versiez	tu avais versé	vous aviez versé
il/elle versait	ils/elles versaient	il/elle avait versé	ils/elles avaient versé

Passé Simple		Past Anterior	
je versai	nous versâmes	j'eus versé	nous eûmes versé
tu versas	vous versâtes	tu eus versé	vous eûtes versé
il/elle versa	ils/elles versèrent	il/elle eut versé	ils/elles eurent versé

Future		Future Anterior	
je verserai	nous verserons	j'aurai versé	nous aurons versé
tu verseras	vous verserez	tu auras versé	vous aurez versé
il/elle versera	ils/elles verseront	il/elle aura versé	ils/elles auront versé

Conditional		Past Conditional	
je verserais	nous verserions	j'aurais versé	nous aurions versé
tu verserais	vous verseriez	tu aurais versé	vous auriez versé
il/elle verserait	ils/elles verseraient	il/elle aurait versé	ils/elles auraient versé

Present Subjunctive		Past Subjunctive	
que je verse	que nous versions	que j'aie versé	que nous ayons versé
que tu verses	que vous versiez	que tu aies versé	que vous ayez versé
qu'il/elle verse	qu'ils/elles versent	qu'il/elle ait versé	qu'ils/elles aient versé

Imperfect Subjunctive		Pluperfect Subjunctive	
que je versasse	que nous versassions	que j'eusse versé	que nous eussions versé
que tu versasses	que vous versassiez	que tu eusses versé	que vous eussiez versé
qu'il/elle versât	qu'ils/elles versassent	qu'il/elle eût versé	qu'ils/elles eussent versé

Commands

	(nous) versons
(tu) verse	(vous) versez

USAGE

verser le vin dans les verres	*to pour the wine into the glasses*
Versez-moi à boire, s.v.p.	*Pour me something to drink, please.*
verser des larmes	*to shed tears*
J'ai versé cent dollars à son compte.	*I put one hundred dollars into his account.*
Il verse des intérêts à ses créanciers.	*He pays his creditors interest.*
J'ai versé des arrhes à l'entrepreneur.	*I paid a deposit to the contractor.*
J'ai versé cette lettre à votre dossier.	*I added this letter to your file.*

RELATED WORDS AND EXPRESSIONS

le versement	*payment*
Nous acceptons les versements par chèques.	*We accept payment by check.*
renverser	*to knock over*
Le chat a renversé la bouteille.	*The cat knocked over the bottle.*
Le vent a renversé la poussette.	*The wind knocked over the stroller.*

se vêtir *to get dressed*

je me vêts · je me vêtis · s'étant vêtu · se vêtant

irregular reflexive verb;
compound tenses with *être*

Present		Passé Composé	
je me vêts	nous nous vêtons	je me suis vêtu(e)	nous nous sommes vêtu(e)s
tu te vêts	vous vous vêtez	tu t'es vêtu(e)	vous vous êtes vêtu(e)(s)
il/elle se vêt	ils/elles se vêtent	il/elle s'est vêtu(e)	ils/elles se sont vêtu(e)s

Imperfect		Pluperfect	
je me vêtais	nous nous vêtions	je m'étais vêtu(e)	nous nous étions vêtu(e)s
tu te vêtais	vous vous vêtiez	tu t'étais vêtu(e)	vous vous étiez vêtu(e)(s)
il/elle se vêtait	ils/elles se vêtaient	il/elle s'était vêtu(e)	ils/elles s'étaient vêtu(e)s

Passé Simple		Past Anterior	
je me vêtis	nous nous vêtîmes	je me fus vêtu(e)	nous nous fûmes vêtu(e)s
tu te vêtis	vous vous vêtîtes	tu te fus vêtu(e)	vous vous fûtes vêtu(e)(s)
il/elle se vêtit	ils/elles se vêtirent	il/elle se fut vêtu(e)	ils/elles se furent vêtu(e)s

Future		Future Anterior	
je me vêtirai	nous nous vêtirons	je me serai vêtu(e)	nous nous serons vêtu(e)s
tu te vêtiras	vous vous vêtirez	tu te seras vêtu(e)	vous vous serez vêtu(e)(s)
il/elle se vêtira	ils/elles se vêtiront	il/elle se sera vêtu(e)	ils/elles se seront vêtu(e)s

Conditional		Past Conditional	
je me vêtirais	nous nous vêtirions	je me serais vêtu(e)	nous nous serions vêtu(e)s
tu te vêtirais	vous vous vêtiriez	tu te serais vêtu(e)	vous vous seriez vêtu(e)(s)
il/elle se vêtirait	ils/elles se vêtiraient	il/elle se serait vêtu(e)	ils/elles se seraient vêtu(e)s

Present Subjunctive		Past Subjunctive	
que je me vêtisse	que nous nous vêtissions	que je me sois vêtu(e)	que nous nous soyons vêtu(e)s
que tu te vêtisses	que vous vous vêtissiez	que tu te sois vêtu(e)	que vous vous soyez vêtu(e)(s)
qu'il/elle se vêtisse	qu'ils/elles se vêtissent	qu'il/elle se soit vêtu(e)	qu'ils/elles se soient vêtu(e)s

Imperfect Subjunctive		Pluperfect Subjunctive	
que je me vêtisse	que nous nous vêtissions	que je me fusse vêtu(e)	que nous nous fussions vêtu(e)s
que tu te vêtisses	que vous vous vêtissiez	que tu te fusses vêtu(e)	que vous vous fussiez vêtu(e)(s)
qu'il/elle se vêtît	qu'ils/elles se vêtissent	qu'il/elle se fût vêtu(e)	qu'ils/elles se fussent vêtu(e)s

Commands

	(nous) vêtons-nous
(tu) vêts-toi	(vous) vêtez-vous

USAGE

Aidons notre tante à se vêtir.	*Let's help our aunt get dressed.*
Il est toujours mal vêtu.	*He's always poorly dressed.*
Elle vêtait une robe verte.	*She had a green dress.*

RELATED WORDS AND EXPRESSIONS

le vêtement	*article of clothing*
des vêtements usagés	*used clothing*
Il travaille dans le vêtement.	*He works in the clothing industry.*
dévêtir	*to undress*
se dévêtir	*to get undressed*

regular -ir verb

je vieillis · je vieillis · vieilli · vieillissant

Present		Passé Composé	
je vieillis	nous vieillissons	j'ai vieilli	nous avons vieilli
tu vieillis	vous vieillissez	tu as vieilli	vous avez vieilli
il/elle vieillit	ils/elles vieillissent	il/elle a vieilli	ils/elles ont vieilli

Imperfect		Pluperfect	
je vieillissais	nous vieillissions	j'avais vieilli	nous avions vieilli
tu vieillissais	vous vieillissiez	tu avais vieilli	vous aviez vieilli
il/elle vieillissait	ils/elles vieillissaient	il/elle avait vieilli	ils/elles avaient vieilli

Passé Simple		Past Anterior	
je vieillis	nous vieillîmes	j'eus vieilli	nous eûmes vieilli
tu vieillis	vous vieillîtes	tu eus vieilli	vous eûtes vieilli
il/elle vieillit	ils/elles vieillirent	il/elle eut vieilli	ils/elles eurent vieilli

Future		Future Anterior	
je vieillirai	nous vieillirons	j'aurai vieilli	nous aurons vieilli
tu vieilliras	vous vieillirez	tu auras vieilli	vous aurez vieilli
il/elle vieillira	ils/elles vieilliront	il/elle aura vieilli	ils/elles auront vieilli

Conditional		Past Conditional	
je vieillirais	nous vieillirions	j'aurais vieilli	nous aurions vieilli
tu vieillirais	vous vieilliriez	tu aurais vieilli	vous auriez vieilli
il/elle vieillirait	ils/elles vieilliraient	il/elle aurait vieilli	ils/elles auraient vieilli

Present Subjunctive		Past Subjunctive	
que je vieillisse	que nous vieillissions	que j'aie vieilli	que nous ayons vieilli
que tu vieillisses	que vous vieillissiez	que tu aies vieilli	que vous ayez vieilli
qu'il/elle vieillisse	qu'ils/elles vieillissent	qu'il/elle ait vieilli	qu'ils/elles aient vieilli

Imperfect Subjunctive		Pluperfect Subjunctive	
que je vieillisse	que nous vieillissions	que j'eusse vieilli	que nous eussions vieilli
que tu vieillisses	que vous vieillissiez	que tu eusses vieilli	que vous eussiez vieilli
qu'il/elle vieillît	qu'ils/elles vieillissent	qu'il/elle eût vieilli	qu'ils/elles eussent vieilli

Commands

	(nous) vieillissons
(tu) vieillis	(vous) vieillissez

USAGE

Elle a vieilli.	*She has gotten old.*
Elle vieillit bien, cette femme.	*That woman is aging well.*
Il a vieilli dans l'enseignement.	*He spent his whole life teaching.*
Ce style vous vieillit.	*That style makes you look older.*
Tu ne vieillis pas!	*You don't look any older!*
Cette méthode a vieilli.	*This method is outdated.*
—Vous avez trente ans, n'est-ce pas?	*You're thirty, aren't you?*
—Vous me vieillissez de trois ans.	*You've made me three years older than I am.*
des vins vieillis dans nos caves	*wines aged in our cellars*
Je me suis vieilli pour qu'on m'embauche.	*I said I was older than I was so they would hire me.*

viser *to aim*

je vise · je visai · visé · visant

regular -er verb

Present		Passé Composé	
je vise	nous visons	j'ai visé	nous avons visé
tu vises	vous visez	tu as visé	vous avez visé
il/elle vise	ils/elles visent	il/elle a visé	ils/elles ont visé

Imperfect		Pluperfect	
je visais	nous visions	j'avais visé	nous avions visé
tu visais	vous visiez	tu avais visé	vous aviez visé
il/elle visait	ils/elles visaient	il/elle avait visé	ils/elles avaient visé

Passé Simple		Past Anterior	
je visai	nous visâmes	j'eus visé	nous eûmes visé
tu visas	vous visâtes	tu eus visé	vous eûtes visé
il/elle visa	ils/elles visèrent	il/elle eut visé	ils/elles eurent visé

Future		Future Anterior	
je viserai	nous viserons	j'aurai visé	nous aurons visé
tu viseras	vous viserez	tu auras visé	vous aurez visé
il/elle visera	ils/elles viseront	il/elle aura visé	ils/elles auront visé

Conditional		Past Conditional	
je viserais	nous viserions	j'aurais visé	nous aurions visé
tu viserais	vous viseriez	tu aurais visé	vous auriez visé
il/elle viserait	ils/elles viseraient	il/elle aurait visé	ils/elles auraient visé

Present Subjunctive		Past Subjunctive	
que je vise	que nous visions	que j'aie visé	que nous ayons visé
que tu vises	que vous visiez	que tu aies visé	que vous ayez visé
qu'il/elle vise	qu'ils/elles visent	qu'il/elle ait visé	qu'ils/elles aient visé

Imperfect Subjunctive		Pluperfect Subjunctive	
que je visasse	que nous visassions	que j'eusse visé	que nous eussions visé
que tu visasses	que vous visassiez	que tu eusses visé	que vous eussiez visé
qu'il/elle visât	qu'ils/elles visassent	qu'il/elle eût visé	qu'ils/elles eussent visé

Commands

	(nous) visons
(tu) vise	(vous) visez

USAGE

Il vise très haut.	*He aims high.*
Dans la vie, il faut viser haut.	*You have to aim high in life.*
Le malfaiteur a visé au passant innocent.	*The criminal aimed at the innocent passerby.*
Il faut viser avant de tirer.	*You must take aim before shooting.*
À quoi vise ce compte-rendu?	*What is the purpose of this report?*
Mes remarques ne visaient personne.	*My remarks were not referring to anyone in particular.*
Cette nouvelle loi vise les immigrés.	*This new law concerns immigrants.*
C'est celui-là le poste qu'il vise.	*That's the job he's after.*

RELATED WORDS AND EXPRESSIONS

les visées *(fpl)*	*aim/goal*
Elle a de hautes visées dans la vie.	*She aims high in life.*
Il a ses visées sur cette propriété.	*He's aiming to acquire that piece of land.*

regular -er verb

	Present		Passé Composé
je visite	nous visitons	j'ai visité	nous avons visité
tu visites	vous visitez	tu as visité	vous avez visité
il/elle visite	ils/elles visitent	il/elle a visité	ils/elles ont visité

	Imperfect		Pluperfect
je visitais	nous visitions	j'avais visité	nous avions visité
tu visitais	vous visitiez	tu avais visité	vous aviez visité
il/elle visitait	ils/elles visitaient	il/elle avait visité	ils/elles avaient visité

	Passé Simple		Past Anterior
je visitai	nous visitâmes	j'eus visité	nous eûmes visité
tu visitas	vous visitâtes	tu eus visité	vous eûtes visité
il/elle visita	ils/elles visitèrent	il/elle eut visité	ils/elles eurent visité

	Future		Future Anterior
je visiterai	nous visiterons	j'aurai visité	nous aurons visité
tu visiteras	vous visiterez	tu auras visité	vous aurez visité
il/elle visitera	ils/elles visiteront	il/elle aura visité	ils/elles auront visité

	Conditional		Past Conditional
je visiterais	nous visiterions	j'aurais visité	nous aurions visité
tu visiterais	vous visiteriez	tu aurais visité	vous auriez visité
il/elle visiterait	ils/elles visiteraient	il/elle aurait visité	ils/elles auraient visité

	Present Subjunctive		Past Subjunctive
que je visite	que nous visitions	que j'aie visité	que nous ayons visité
que tu visites	que vous visitiez	que tu aies visité	que vous ayez visité
qu'il/elle visite	qu'ils/elles visitent	qu'il/elle ait visité	qu'ils/elles aient visité

	Imperfect Subjunctive		Pluperfect Subjunctive
que je visitasse	que nous visitassions	que j'eusse visité	que nous eussions visité
que tu visitasses	que vous visitassiez	que tu eusses visité	que vous eussiez visité
qu'il/elle visitât	qu'ils/elles visitassent	qu'il/elle eût visité	qu'ils/elles eussent visité

Commands

	(nous) visitons
(tu) visite	(vous) visitez

USAGE

L'inspecteur visitera tous les lycées.	The inspector will visit all the schools.
Le curé visite les prisonniers.	The priest visits the prisoners.
Ces bénévoles visitent l'hôpital.	These volunteers visit the hospital.
Combien de pays as-tu visités?	How many countries did you visit?
Nous avons visité le Louvre.	We visited the Louvre.
Le chagrin visite tout le monde.	Sorrow comes to everyone.

RELATED WORDS AND EXPRESSIONS

la visite	visit
rendre visite à qqn	to visit someone
Nous avons rendu visite à notre oncle.	We visited our uncle.
Sa visite était interminable.	I thought her visit would never end.

550 (**vivre**) *to live*

je vis · je vécus · vécu · vivant

irregular verb

Present

je vis	nous vivons
tu vis	vous vivez
il/elle vit	ils/elles vivent

Imperfect

je vivais	nous vivions
tu vivais	vous viviez
il/elle vivait	ils/elles vivaient

Passé Simple

je vécus	nous vécûmes
tu vécus	vous vécûtes
il/elle vécut	ils/elles vécurent

Future

je vivrai	nous vivrons
tu vivras	vous vivrez
il/elle vivra	ils/elles vivront

Conditional

je vivrais	nous vivrions
tu vivrais	vous vivriez
il/elle vivrait	ils/elles vivraient

Passé Composé

j'ai vécu	nous avons vécu
tu as vécu	vous avez vécu
il/elle a vécu	ils/elles ont vécu

Pluperfect

j'avais vécu	nous avions vécu
tu avais vécu	vous aviez vécu
il/elle avait vécu	ils/elles avaient vécu

Past Anterior

j'eus vécu	nous eûmes vécu
tu eus vécu	vous eûtes vécu
il/elle eut vécu	ils/elles eurent vécu

Future Anterior

j'aurai vécu	nous aurons vécu
tu auras vécu	vous aurez vécu
il/elle aura vécu	ils/elles auront vécu

Past Conditional

j'aurais vécu	nous aurions vécu
tu aurais vécu	vous auriez vécu
il/elle aurait vécu	ils/elles auraient vécu

Present Subjunctive

que je vive	que nous vivions
que tu vives	que vous viviez
qu'il/elle vive	qu'ils/elles vivent

Imperfect Subjunctive

que je vécusse	que nous vécussions
que tu vécusses	que vous vécussiez
qu'il/elle vécût	qu'ils/elles vécussent

Past Subjunctive

que j'aie vécu	que nous ayons vécu
que tu aies vécu	que vous ayez vécu
qu'il/elle ait vécu	qu'ils/elles aient vécu

Pluperfect Subjunctive

que j'eusse vécu	que nous eussions vécu
que tu eusses vécu	que vous eussiez vécu
qu'il/elle eût vécu	qu'ils/elles eussent vécu

Commands

	(nous) vivons
(tu) vis	(vous) vivez

USAGE

vivre sa vie	to live one's life
J'ai su que sa mère vit encore.	I found out that his mother is still living.
Il vit de ses rentes.	He lives off his private income.
Cette famille n'a pas de quoi vivre.	That family does not have enough to live on.
Il lui reste peu de temps à vivre.	He doesn't have much time left to live.
Il vit aux crochets de cette femme.	He's living off that woman.
Il a toujours vécu d'expédients.	He's always lived by his wits.
—J'ai l'impression qu'ils vivent au jour le jour.	I have the impression that they live from hand to mouth.
—Oui, ils vivent dans la mouise.	Yes, they live in poverty.
On ne peut pas vivre d'amour et d'eau fraîche.	You can't live on love.
Son souvenir vivra à jamais.	His memory will live on forever.
la joie de vivre	the joy of living
C'est un mode qui a vécu.	It's a style that people don't use anymore.
Il n'est pas très facile à vivre.	He's not very easy to get along with.

RELATED WORDS AND EXPRESSIONS

être sur le qui-vive	to be on one's guard

PROVERB

Qui vivra, verra.	Time will tell.

irregular verb

je vois · je vis · vu · voyant

	Present		
je vois	nous voyons		
tu vois	vous voyez		
il/elle voit	ils/elles voient		

Passé Composé	
j'ai vu	nous avons vu
tu as vu	vous avez vu
il/elle a vu	ils/elles ont vu

Imperfect

je voyais	nous voyions
tu voyais	vous voyiez
il/elle voyait	ils/elles voyaient

Pluperfect

j'avais vu	nous avions vu
tu avais vu	vous aviez vu
il/elle avait vu	ils/elles avaient vu

Passé Simple

je vis	nous vîmes
tu vis	vous vîtes
il/elle vit	ils/elles virent

Past Anterior

j'eus vu	nous eûmes vu
tu eus vu	vous eûtes vu
il/elle eut vu	ils/elles eurent vu

Future

je verrai	nous verrons
tu verras	vous verrez
il/elle verra	ils/elles verront

Future Anterior

j'aurai vu	nous aurons vu
tu auras vu	vous aurez vu
il/elle aura vu	ils/elles auront vu

Conditional

je verrais	nous verrions
tu verrais	vous verriez
il/elle verrait	ils/elles verraient

Past Conditional

j'aurais vu	nous aurions vu
tu aurais vu	vous auriez vu
il/elle aurait vu	ils/elles auraient vu

Present Subjunctive

que je voie	que nous voyions
que tu voies	que vous voyiez
qu'il/elle voie	qu'ils/elles voient

Past Subjunctive

que j'aie vu	que nous ayons vu
que tu aies vu	que vous ayez vu
qu'il/elle ait vu	qu'ils/elles aient vu

Imperfect Subjunctive

que je visse	que nous vissions
que tu visses	que vous vissiez
qu'il/elle vît	qu'ils/elles vissent

Pluperfect Subjunctive

que j'eusse vu	que nous eussions vu
que tu eusses vu	que vous eussiez vu
qu'il/elle eût vu	qu'ils/elles eussent vu

Commands

	(nous) voyons
(tu) vois	(vous) voyez

USAGE

Regarde. Tu vois ce vieux bâtiment? — *Look. You see that old building?*
Je ne vois rien sans mes lunettes. — *I can't see anything without my glasses.*

● —Tu as vu Thérèse en ville? — *Did you see Thérèse in town?*
—Non, je n'ai vu personne. — *No, I didn't see anyone.*

● —Je passerai te voir demain soir. — *I'll come by to see you tomorrow evening.*
—Nous pouvons aller voir un film. — *We can go see a movie.*

Venez nous voir un de ces jours. — *Come see us one of these days.*
Je ne vois pas pourquoi tu l'as invité. — *I don't see why you invited him.*
Je l'ai vu de mes propres yeux. — *I saw it with my own eyes.*
C'est une pièce à voir. — *It's a play you should see.*
Toi et moi, nous voyons les choses de la même manière. — *You and I see things the same way.*

Il ne voit que d'un œil. — *He's blind in one eye.*
Notre pays a vu beaucoup de crises. — *Our country has lived through a lot of crises.*
Je n'y vois pas clair. — *I can't make head or tail of it.*

voir = connaître à travers les yeux

Je ne vois absolument rien.	*I don't see anything at all.*
Je les ai vus arriver.	*I saw them arrive.*
Je n'ai jamais vu pareille cruauté.	*I never saw such cruelty.*
se voir	*to see each other*

 —Quand est-ce qu'on se verra? — *When will we see each other?*
—Viens me voir au bureau demain. — *Come see me at the office tomorrow.*

faire voir	*to show*
Fais voir tes photos.	*Show me your photos.*
Après être tombé, il voyait trouble.	*After falling, he had blurred vision.*
Je n'avais jamais rien vu de semblable.	*I'd never seen anything like that.*
Je crois que j'ai laissé voir ma colère.	*I think I showed that I was angry.*
Je vois le chirurgien la semaine prochaine.	*I'm seeing the surgeon next week.*
Je voudrais te voir plus à l'aise.	*I'd like to see you more at ease.*

voir = étudier, examiner, comprendre

Je ne vois pas de solution au problème.	*I don't see any solution to the problem.*
Essayez de voir les choses de mon point de vue.	*Try to see things from my point of view.*
Voyons la question de plus près.	*Let's look at the matter more closely.*

 —Je ne voyais pas clair ce qu'il voulait dire par là. — *I didn't understand what he meant by that.*
—Moi, j'ai vu clair dans son jeu. — *I saw through his game.*

RELATED WORDS AND EXPRESSIONS

Il n'y voyait que du feu.	*He was completely bamboozled.*
Je ne peux pas le voir.	*I can't stand him.*
Cet enfant m'en a fait voir!	*That child gave me a hard time!*
Cet enfant m'en a fait voir des vertes et des mûres!	*That child gave me a hard time!*
Toi et moi, on ne voit pas les choses du même œil.	*You and I don't see things the same way.*
Il faisait tellement noir qu'on n'y voyait pas à deux pas devant soi.	*It was so dark you couldn't see your hand in front of your face.*
Il ne voit que par son frère aîné.	*He thinks the world of his older brother.*
Il m'a donné un coup de poing et j'en ai vu 36 chandelles.	*He gave me a punch that made me see stars.*
Regardez voir si je t'ai acheté le bon journal.	*Have a look to see if I bought you the right paper.*
Mais tu n'as rien a y voir!	*But it's none of your business!*
Qu'est-ce que cela a à voir avec nous?	*What does that have to do with us?*
Ça n'a rien à voir avec la question.	*That has nothing to do with the matter.*
On aura tout vu!	*Wouldn't that be something?*
Tu ne vois pas plus loin que le bout de ton nez.	*You don't see any further than the tip of your nose.*
Rien qu'à le voir, je dirais qu'il est malade.	*Just by looking at him I can tell he's sick.*
Je vois la vie en rose.	*I look on the bright side.*

regular -*er* verb   je vole · je volai · volé · volant

Present		Passé Composé	
je vole	nous volons	j'ai volé	nous avons volé
tu voles	vous volez	tu as volé	vous avez volé
il/elle vole	ils/elles volent	il/elle a volé	ils/elles ont volé

Imperfect		Pluperfect	
je volais	nous volions	j'avais volé	nous avions volé
tu volais	vous voliez	tu avais volé	vous aviez volé
il/elle volait	ils/elles volaient	il/elle avait volé	ils/elles avaient volé

Passé Simple		Past Anterior	
je volai	nous volâmes	j'eus volé	nous eûmes volé
tu volas	vous volâtes	tu eus volé	vous eûtes volé
il/elle vola	ils/elles volèrent	il/elle eut volé	ils/elles eurent volé

Future		Future Anterior	
je volerai	nous volerons	j'aurai volé	nous aurons volé
tu voleras	vous volerez	tu auras volé	vous aurez volé
il/elle volera	ils/elles voleront	il/elle aura volé	ils/elles auront volé

Conditional		Past Conditional	
je volerais	nous volerions	j'aurais volé	nous aurions volé
tu volerais	vous voleriez	tu aurais volé	vous auriez volé
il/elle volerait	ils/elles voleraient	il/elle aurait volé	ils/elles auraient volé

Present Subjunctive		Past Subjunctive	
que je vole	que nous volions	que j'aie volé	que nous ayons volé
que tu voles	que vous voliez	que tu aies volé	que vous ayez volé
qu'il/elle vole	qu'ils/elles volent	qu'il/elle ait volé	qu'ils/elles aient volé

Imperfect Subjunctive		Pluperfect Subjunctive	
que je volasse	que nous volassions	que j'eusse volé	que nous eussions volé
que tu volasses	que vous volassiez	que tu eusses volé	que vous eussiez volé
qu'il/elle volât	qu'ils/elles volassent	qu'il/elle eût volé	qu'ils/elles eussent volé

Commands

	(nous) volons
(tu) vole	(vous) volez

(USAGE)

Les oiseaux volent vers le sud.	*The birds are flying southwards.*
L'avion vole entre la France et les USA.	*The plane flies between France and the United States.*
voler qqch à qqn	*to steal something from someone*
On m'a volé ma bicyclette.	*My bicycle was stolen.*
Quelqu'un a volé mon idée.	*Someone stole my idea.*
Ma mère s'est fait voler son sac à main.	*My mother had her handbag stolen.*
On entendait une mouche voler.	*You could hear a pin drop.*
L'assiette a volé en éclats.	*The plate shattered.*
Il m'a volé dans les plumes.	*He let me have it.*
Ce malheur, il ne l'a pas volé.	*That misfortune was just what he deserved.*
On n'est pas volé.	*We got our money's worth.*

RELATED WORDS AND EXPRESSIONS

le vol	*flight/theft*
des vols à l'étalage	*shoplifting*
le voleur	*thief*
Au voleur!	*Stop, thief!*

vouloir *to want*

je veux · je voulus · voulu · voulant   irregular verb

vouloir = désirer

L'enfant veut de nouveaux jouets.	*The child wants new toys.*
Qu'est-ce que tu veux boire?	*What do you want to drink?*
Comment voulez-vous votre bifteck?	*How do you want your steak?*
Je veux une bouteille de lait.	*I want a bottle of milk.*
Que tu le veuilles ou non, on y va.	*Whether you want to or not, we're going.*
Il veut de moi un prêt.	*He wants a loan from me.*
Je ne veux plus de ce pantalon.	*I don't want these pants anymore.*

vouloir + infinitive

J'ai voulu partir très tôt.	*I wanted to leave very early (and did).*
Pourquoi tu ne veux pas venir?	*Why don't you want to come?*
Il voudrait nous accompagner.	*He'd like to go with us.*
Je ne veux pas voir ce film.	*I don't want to see that movie.*
Veux-tu te taire?	*Would you shut up?*
Veuillez travailler en silence.	*Please work quietly.*
Veux-tu arrêter de m'embêter?	*Will you stop annoying me?*

vouloir que + subjunctive

Je veux que vous me disiez la vérité.	*I want you to tell me the truth.*
Il ne voulait pas que tu le saches.	*He didn't want you to know.*
Je voudrais que tu sois plus gentil avec tout le monde.	*I want you to be friendlier with everyone.*
Comment vouliez-vous que je le fasse?	*How did you expect me to do it?*
Que voulez-vous? Ils sont comme ça.	*What do you expect? That's the way they are.*

RELATED WORDS AND EXPRESSIONS

Il m'en veut.	*He has a grudge against me.*
Elle m'en veut d'avoir oublié son anniversaire.	*She's mad at me for having forgotten her birthday.*
Ne m'en voulez pas, je vous en prie.	*Please don't hold it against me.*
Je voudrais bien vous y voir!	*I'd like to see you do it!*
Il nous a donné des livres en veux-tu en voilà.	*You can't imagine how many books he gave us.*
De quoi tu te plains? Tu l'as voulu.	*What are you complaining about? It's your fault.*
Je m'en veux de ne pas être parti avec eux.	*I'm kicking myself for not having gone away with them.*
Il nous fera savoir en temps voulu.	*He'll let us know in due time.*
—Je crois qu'il nous veut du mal.	*I think he's ill-disposed toward us.*
—Il ne nous veut certainement pas de bien.	*He certainly doesn't wish us well.*
Que veut dire ce mot?	*What does that word mean?*
Qu'est-ce que tu veux dire?	*What do you mean?*
Je ne savais pas ce qu'il voulait dire.	*I didn't know what he meant.*
Je veux être pendu s'il accepte.	*I'll be damned if he'll say yes.*

PROVERB

Vouloir, c'est pouvoir.	*Where there's a will there's a way.*

irregular verb

je veux · je voulus · voulu · voulant

Present

je veux	nous voulons
tu veux	vous voulez
il/elle veut	ils/elles veulent

Passé Composé

j'ai voulu	nous avons voulu
tu as voulu	vous avez voulu
il/elle a voulu	ils/elles ont voulu

Imperfect

je voulais	nous voulions
tu voulais	vous vouliez
il/elle voulait	ils/elles voulaient

Pluperfect

j'avais voulu	nous avions voulu
tu avais voulu	vous aviez voulu
il/elle avait voulu	ils/elles avaient voulu

Passé Simple

je voulus	nous voulûmes
tu voulus	vous voulûtes
il/elle voulut	ils/elles voulurent

Past Anterior

j'eus voulu	nous eûmes voulu
tu eus voulu	vous eûtes voulu
il/elle eut voulu	ils/elles eurent voulu

Future

je voudrai	nous voudrons
tu voudras	vous voudrez
il/elle voudra	ils/elles voudront

Future Anterior

j'aurai voulu	nous aurons voulu
tu auras voulu	vous aurez voulu
il/elle aura voulu	ils/elles auront voulu

Conditional

je voudrais	nous voudrions
tu voudrais	vous voudriez
il/elle voudrait	ils/elles voudraient

Past Conditional

j'aurais voulu	nous aurions voulu
tu aurais voulu	vous auriez voulu
il/elle aurait voulu	ils/elles auraient voulu

Present Subjunctive

que je veuille	que nous voulions
que tu veuilles	que vous vouliez
qu'il/elle veuille	qu'ils/elles veuillent

Past Subjunctive

que j'aie voulu	que nous ayons voulu
que tu aies voulu	que vous ayez voulu
qu'il/elle ait voulu	qu'ils/elles aient voulu

Imperfect Subjunctive

que je voulusse	que nous voulussions
que tu voulusses	que vous voulussiez
qu'il/elle voulût	qu'ils/elles voulussent

Pluperfect Subjunctive

que j'eusse voulu	que nous eussions voulu
que tu eusses voulu	que vous eussiez voulu
qu'il/elle eût voulu	qu'ils/elles eussent voulu

Commands

	(nous) veuillons *or* voulons
(tu) veuille *or* veux	(vous) veuillez *or* voulez

USAGE

❷ —Qu'est-ce que tu veux? — *What do you want?*
—Je veux du jus de pommes. — *I want some apple juice.*

❷ —Qu'est-ce qu'il veut faire? — *What does he want to do?*
—Il veut jouer au football. — *He wants to play soccer.*

❷ —Vous ne vouliez pas me voir? — *Didn't you want to see me?*
—Non, je voulais parler avec Mlle Boisvert. — *No, I wanted to speak with Ms. Boisvert.*

❷ —Je ne sais pas s'il voudra descendre. — *I don't know if he'll want to go out.*
—Qu'il veuille descendre ou non, il faudra qu'il aille poster ses lettres. — *Whether he wants to or not, he'll have to go mail his letters.*

❷ —Il n'a pas voulu attendre. — *He refused to wait.*
—Mais je voulais parler avec lui. — *But I wanted to speak with him.*

❷ —Vous ne voudriez pas rentrer? — *Wouldn't you like to go back home?*
—Merci, je voudrais rester un peu plus. — *No, thank you. I'd like to stay a little longer.*

❷ —Que veux-tu que j'y fasse? — *What do you want me to do about it?*
—Je veux que tu cesses de nous embêter. — *I want you to stop annoying us.*

top 50 verb

vouvoyer *to use the formal form vous to someone*

je vouvoie · je vouvoyai · vouvoyé · vouvoyant

regular -er verb;
spelling change: y > i/mute e

Present

je vouvoie	nous vouvoyons
tu vouvoies	vous vouvoyez
il/elle vouvoie	ils/elles vouvoient

Passé Composé

j'ai vouvoyé	nous avons vouvoyé
tu as vouvoyé	vous avez vouvoyé
il/elle a vouvoyé	ils/elles ont vouvoyé

Imperfect

je vouvoyais	nous vouvoyions
tu vouvoyais	vous vouvoyiez
il/elle vouvoyait	ils/elles vouvoyaient

Pluperfect

j'avais vouvoyé	nous avions vouvoyé
tu avais vouvoyé	vous aviez vouvoyé
il/elle avait vouvoyé	ils/elles avaient vouvoyé

Passé Simple

je vouvoyai	nous vouvoyâmes
tu vouvoyas	vous vouvoyâtes
il/elle vouvoya	ils/elles vouvoyèrent

Past Anterior

j'eus vouvoyé	nous eûmes vouvoyé
tu eus vouvoyé	vous eûtes vouvoyé
il/elle eut vouvoyé	ils/elles eurent vouvoyé

Future

je vouvoierai	nous vouvoierons
tu vouvoieras	vous vouvoierez
il/elle vouvoiera	ils/elles vouvoieront

Future Anterior

j'aurai vouvoyé	nous aurons vouvoyé
tu auras vouvoyé	vous aurez vouvoyé
il/elle aura vouvoyé	ils/elles auront vouvoyé

Conditional

je vouvoierais	nous vouvoierions
tu vouvoierais	vous vouvoieriez
il/elle vouvoierait	ils/elles vouvoieraient

Past Conditional

j'aurais vouvoyé	nous aurions vouvoyé
tu aurais vouvoyé	vous auriez vouvoyé
il/elle aurait vouvoyé	ils/elles auraient vouvoyé

Present Subjunctive

que je vouvoie	que nous vouvoyions
que tu vouvoies	que vous vouvoyiez
qu'il/elle vouvoie	qu'ils/elles vouvoient

Past Subjunctive

que j'aie vouvoyé	que nous ayons vouvoyé
que tu aies vouvoyé	que vous ayez vouvoyé
qu'il/elle ait vouvoyé	qu'ils/elles aient vouvoyé

Imperfect Subjunctive

que je vouvoyasse	que nous vouvoyassions
que tu vouvoyasses	que vous vouvoyassiez
qu'il/elle vouvoyât	qu'ils/elles vouvoyassent

Pluperfect Subjunctive

que j'eusse vouvoyé	que nous eussions vouvoyé
que tu eusses vouvoyé	que vous eussiez vouvoyé
qu'il/elle eût vouvoyé	qu'ils/elles eussent vouvoyé

Commands

	(nous) vouvoyons
(tu) vouvoie	(vous) vouvoyez

USAGE

Nous vouvoyons nos professeurs.	*We say vous to our teachers.*
On vouvoie les serveurs et les vendeurs.	*You say vous to waiters and salesclerks.*
—Ils se connaissent bien?	*Do they know each other well?*
—Je ne crois pas. Ils se vouvoient.	*I don't think so. They say vous to each other.*
Dans ce bureau tout le monde se vouvoie.	*In this office everyone uses vous.*
Si un inconnu m'interpelle dans la rue en me tutoyant, je réponds en vouvoyant pour garder mes distances.	*If a stranger calls out to me in the street using the tu form, I answer using vous in order to keep my distance.*

RELATED WORDS AND EXPRESSIONS

le vouvoiement	*use of the formal vous instead of the familiar tu*

regular -er verb;
spelling change: g > ge/a, o

je voyage · je voyageai · voyagé · voyageant

Present

je voyage	nous voyageons
tu voyages	vous voyagez
il/elle voyage	ils/elles voyagent

Passé Composé

j'ai voyagé	nous avons voyagé
tu as voyagé	vous avez voyagé
il/elle a voyagé	ils/elles ont voyagé

Imperfect

je voyageais	nous voyagions
tu voyageais	vous voyagiez
il/elle voyageait	ils/elles voyageaient

Pluperfect

j'avais voyagé	nous avions voyagé
tu avais voyagé	vous aviez voyagé
il/elle avait voyagé	ils/elles avaient voyagé

Passé Simple

je voyageai	nous voyageâmes
tu voyageas	vous voyageâtes
il/elle voyagea	ils/elles voyagèrent

Past Anterior

j'eus voyagé	nous eûmes voyagé
tu eus voyagé	vous eûtes voyagé
il/elle eut voyagé	ils/elles eurent voyagé

Future

je voyagerai	nous voyagerons
tu voyageras	vous voyagerez
il/elle voyagera	ils/elles voyageront

Future Anterior

j'aurai voyagé	nous aurons voyagé
tu auras voyagé	vous aurez voyagé
il/elle aura voyagé	ils/elles auront voyagé

Conditional

je voyagerais	nous voyagerions
tu voyagerais	vous voyageriez
il/elle voyagerait	ils/elles voyageraient

Past Conditional

j'aurais voyagé	nous aurions voyagé
tu aurais voyagé	vous auriez voyagé
il/elle aurait voyagé	ils/elles auraient voyagé

Present Subjunctive

que je voyage	que nous voyagions
que tu voyages	que vous voyagiez
qu'il/elle voyage	qu'ils/elles voyagent

Past Subjunctive

que j'aie voyagé	que nous ayons voyagé
que tu aies voyagé	que vous ayez voyagé
qu'il/elle ait voyagé	qu'ils/elles aient voyagé

Imperfect Subjunctive

que je voyageasse	que nous voyageassions
que tu voyageasses	que vous voyageassiez
qu'il/elle voyageât	qu'ils/elles voyageassent

Pluperfect Subjunctive

que j'eusse voyagé	que nous eussions voyagé
que tu eusses voyagé	que vous eussiez voyagé
qu'il/elle eût voyagé	qu'ils/elles eussent voyagé

Commands

	(nous) voyageons
(tu) voyage	(vous) voyagez

USAGE

J'ai voyagé en autocar.	I traveled by bus.
Ils voyagent toujours en première.	They always travel first class.
Elle voyage pour affaires.	She travels on business.
Ces vins voyagent mal. Ils s'abîment.	It's hard to ship these wines. They spoil.
Le colis voyage aux risques et périls de l'expéditeur.	Any damage to the package during transit is the responsibility of the shipper.

RELATED WORDS AND EXPRESSIONS

le voyage	trip
faire un voyage	to take a trip
Le voyage en TGV est assez commode.	The trip by high-speed train is very comfortable.
Ce train fait le voyage Londres-Paris.	This train is on the London-Paris run.
Il t'a emmené en voyage.	He sold you a bill of goods.

English-French
Verb Index

Use the following index to look up the corresponding French verb conjugation chart by the English meaning. Some English verbs have more than one French equivalent. The usage notes in the verb charts will help you determine if you have located the appropriate French verb. Italic numbers preceded by "*p.*" refer to pages in the French Tense Profiles section at the beginning of the book.

Irregular Verb Form Index

It can sometimes be difficult to derive the infinitive of a particularly irregular verb form. The following will guide you to the infinitive and model verb number so that you can see these irregular forms as part of a complete program. Italic numbers preceded by *"p."* refer to pages in the French Tense Profiles section at the beginning of the book.

French Verb
Index

This index contains more than 2,700 verbs that are cross-referenced to a fully conjugated verb that follows the same pattern. Verbs that are models appear in bold type. Italic numbers preceded by *"p."* refer to pages in the French Tense Profiles section at the beginning of the book.

aguicher *to entice, tantalize* 359

ahurir *to dumbfound, stupefy* 264

aider *to help* 35

aigrir *to embitter, turn sour* 264

aiguiller *to orient, direct* 359

aiguillonner *to goad* 359

aimanter *to magnetize* 359

aimer *to love, like* 36

ajouter *to add* 37

ajuster *to adjust* 359

alarmer *to alarm* 359

aligner *to align, bring into line* 359

allaiter *to nurse* (a baby) 359

alléger *to lighten, soothe, relieve* 38

aller *to go* 39

s'en aller *to go away, leave* 40

allier *to unite, ally* 247

allonger *to lengthen* 321

allouer *to allocate* 359

allumer *to kindle; to light; to turn on* 41

alourdir *to make heavy* 264

altérer *to make thirsty; to falsify, distort* 316

alterner *to alternate* 359

alunir *to land on the moon* 264

amadouer *to cajole, coax* 359

amarrer *to moor* 359

amasser *to accumulate* 359

améliorer *to improve* 359

aménager *to fix up, make livable* 42

amener *to bring* (someone somewhere) 43

ameuter *to incite to riot* 359

amidonner *to starch* 359

amincir *to make someone look thinner* 359

amnistier *to grant amnesty* 247

amocher *to make ugly, make a mess of* 359

amonceler *to pile up* 50

amorcer *to bait; to begin; to boot* (computer) 44

amortir *to absorb, cushion* 264

amputer *to amputate* 359

amuser *to amuse* 45

s'amuser *to have a good time* 46

ancrer *to anchor* 359

anéantir *to annihilate* 264

angliciser *to anglicize* 359

animer *to lead, direct, cheer on* 359

annexer *to annex* 359

annoncer *to announce* 373

annuler *to invalidate, annul, cancel* 359

anoblir *to ennoble* 264

ânonner *to drone, mumble* 359

anticiper *to anticipate* 359

antidater *to backdate* 359

apaiser *to calm down, soothe, pacify* 359

apercevoir *to perceive* 47

apitoyer *to move to pity, sympathy* 343

aplanir *to smooth out, level* 264

aplatir *to flatten* 264

apostropher *to address someone brusquely* 359

apparaître *to appear, seem* 48

appartenir *to belong* 49

appauvrir *to make poor, impoverish* 264

appeler *to call* 50

s'appeler *to be called/ named* 51

appesantir *to make heavy, load down* 264

applaudir *to applaud* 52

appliquer *to apply* 359

apporter *to bring* 53

apprécier *to evaluate, assess* 247

approprier *to appropriate* 247

apprendre *to learn* 54

s'approcher *to approach* 55

approfondir *to deepen; to study thoroughly* 56

approuver *to approve* 57

approvisionner *to supply, stock* 359

s'appuyer *to lean on* 58

arabiser *to Arabize* 359

arc-bouter *to buttress* 359

archiver *to archive, file* 359

arguer *to argue, offer an argument* 129

armer *to arm* 359

arnaquer *to swindle* 359

arpenter *to survey* (land) 359

arquer *to arch* 359

arracher *to snatch* 59

arraisonner *to inspect a boat* 359

arranger *to arrange* 60

arrêter *to stop* 61

s'arrêter *to stop* 62

arrimer *to tie, secure* 359

arriver *to arrive* 63

s'arroger *to claim without basis* 321

arrondir *to make round* 264

arroser *to water* 64

articuler *to articulate* 359

asperger *to sprinkle* 321

asphyxier *to asphyxiate* 247

aspirer *to inhale; to aspire* 359

assaillir *to attack* p. 42

assainir *to purify, clean up* 264

assaisonner *to season, spice* 359

assécher *to drain* 101

assembler *to gather, bring together* 359

s'asseoir *to sit down* 65

asservir *to reduce to slavery* 264

assiéger *to lay siege to* 38

assigner *to assign* 359

assimiler *to assimilate* 359

assister *to attend; to assist* 66

associer *to associate, include* 247

assombrir *to make dark, darken* 264

assommer *to knock someone out* 359

assortir *to match; to supply* 264

s'assoupir *to grow drowsy* 264

assourdir *to deafen* 264

assurer *to assure; to insure* 67

atomiser *to atomize* 359

attacher *to tie up* 359

attaquer *to attack* 359

s'attarder *to be late, get behind schedule* 359

atteindre *to reach, attain* 68

atteler *to hitch* 50

attendre *to wait for* 70

s'attendre à *to expect* 69

attendrir *to soften, move to pity* 264

attiédir *to make lukewarm* 264

attirer *to attract; to lure, entice* 71

attraper *to catch* 72

attribuer *to attribute* 129

attrister *to sadden* 359

augmenter *to increase* 359

ausculter *to listen with a stethoscope* 359

automatiser *to make automatic* 359

autoriser *to grant permission* 359

avachir *to make sloppy* 264

avaler *to swallow* 359

avancer *to move forward* 373

avantager *to give an advantage* 321

s'avérer *to prove true* 101

avertir *to warn, inform, notify* 73

aveugler *to blind* 359

avilir *to make vile, make contemptible* 264

aviser *to inform* 359

aviver *to enliven* 359

avoir *to have* 74

avoisiner *to neighbor, be neighboring* 359

avorter *to abort* 359

avouer *to confess* 75

B

bâcher *to cover with a tarp* 359

bachoter *to cram for an exam* 359

bâcler *to botch up* 359

badauder *to stroll around* 359

badigeonner *to paint, daub, smear* 359

bâfrer *to eat gluttonously* 359

baigner *to bathe, soak* 359

bâiller *to yawn* 359

bâillonner *to gag* 359

baisser *to lower* 76

se balader *to take a walk* 77

balafrer *to slash, scar* 359

balancer *to swing* 373

balayer *to sweep* 78
balbutier *to mumble, stammer* 247
baliser *to mark a path, road* 359
ballotter *to shake about, give a rough ride to* 359
bannir *to banish* 264
baptiser *to baptize* 359
baragouiner *to murder* (a language) 359
baratiner *to give someone a sales talk* 359
barbouiller *to smear, scribble* 359
barrer *to block, bar* 359
basculer *to topple* 359
baser *to base* 359
batailler *to struggle, battle, fight* 359
bâtir *to build* 79
battre *to hit, beat* 80
bavarder *to chat, chatter, gossip* 81
baver *to dribble, drool* 359
bayer *to daydream, stare into space* 362
bêcher *to dig up the earth* 359
becqueter *to peck at* 306
bégayer *to stammer* 82
bénéficier *to benefit* 247
bénir *to bless* 83
bercer *to rock in a cradle* 373
beugler *to bellow* 359
beurrer *to butter* 359
se bidonner *to laugh a lot* 359
bifurquer *to split in two* 359
blaguer *to kid, joke* 84
blâmer *to blame* 85
blanchir *to whiten* 86
blesser *to wound* 87
blinder *to put armor plating on* 359
blondir *to become more blond* 359
se blottir *to snuggle, curl up* 264
boire *to drink* 88
boiter *to limp* 359
bombarder *to bomb* 359
bondir *to leap* 264
bonifier *to improve* 247
border *to embroider* 359
borner *to limit* 359
bosser *to work* 359
botter *to put boots on* 359
boucher *to plug, block, stuff, cork* 89
boucler *to buckle* 359
bouder *to sulk* 90
bouffer *to eat, gobble, gobble up* 91
bouger *to move* 92
bouillir *to boil* 93
bouillonner *to bubble, seethe* 359
bouler *to roll* 359
bouleverser *to upset* 359
bourdonner *to buzz* 359
bourgeonner *to bud* 359
bourrer *to cram, stuff* 94

bousculer *to jostle, push* 359
bousiller *to mess up, botch* 359
bouter *to chase away, expel* 359
boutonner *to button* 359
boxer *to box* 359
boycotter *to boycott* 359
brader *to sell off, sell cheap* 359
brancher *to plug in, connect* 95
brailler *to yell, squawk* 359
brandir *to brandish* 264
branler *to shake* 359
braquer *to aim* 359
brasser *to brew* 359
braver *to defy* 359
bredouiller *to stammer, mumble* 359
bricoler *to putter* 359
brider *to bridle* 359
briller *to shine* 359
brimer *to browbeat, bully* 359
briquer *to scrub, scrub clean* 359
briser *to shatter* 359
broder *to embroider* 359
bronzer *to tan* 359
brosser *to brush* 96
brouiller *to muddle, confuse* 359
brouter *to graze* 359
broyer *to grind* 343
bruiner *to drizzle* 359
brûler *to burn* 97
brunir *to tan, make swarthy* 264
bûcher *to cram, work hard* 359
buriner *to engrave, chisel* 359
buter *to stumble, trip* 359

C

cabosser *to dent* 359
cabrer *to rear* (horse) 359
cacher *to hide* 98
cacheter *to seal* 306
cadrer *to fit in with* 359
cafouiller *to be all messed up* (organization) 359
cahoter *to jolt, shake up* 359
calcifier *to calcify* 247
calculer *to figure, calculate* 359
caler *to stall* (motor) 359
calibrer *to calibrate* 359
calmer *to calm* 359
calomnier *to slander* 247
cambrer *to arch* 359
se camer *to take drugs* 359
camoufler *to camouflage* 359
camper *to camp* 359
canaliser *to channel* 359
canoniser *to canonize* 359
canonner *to attack with heavy artillery* 359
canoter *to go rowing* 359
cantonner *to quarter troops* 359
caoutchouter *to rubberize* 359
capoter *to overturn* 359
capituler *to capitulate* 359
captiver *to captivate* 359

caractériser *to characterize* 359
carboniser *to burn to a crisp* 359
caresser *to caress, pet* 359
caricaturer *to caricature* 359
carillonner *to ring, peal, chime* 359
carreler *to tile* 50
carrer *to square* 359
caser *to shove, stuff one's things in* 359
casser *to break* 99
catéchiser *to indoctrinate* 359
causer *to cause* 100
caviarder *to ink out, to censor* 359
céder *to yield* 101
ceindre *to encircle, gird* 259
célébrer *to celebrate* 102
celer *to hide* 316
censurer *to censor, censure* 359
centraliser *to centralize* 359
cercler *to circle* 359
cerner *to ring, circle* 359
certifier *to certify* 247
cesser *to cease, stop* 103
chagriner *to sadden, cause grief* 359
chambarder *to turn upside down, mess up* 359
chanceler *to totter* 50
changer *to change* 104
chanter *to sing* 105
chaparder *to pilfer* 359
charger *to load* 106
charmer *to charm* 359
chasser *to hunt, chase* 107
chatouiller *to tickle* 359
se chauffer *to warm up* 108
chausser *to put shoes on* 359
chavirer *to capsize* 359
chercher *to look for* 109
chérir *to cherish* 110
chevaucher *to straddle, stride over* 359
cheviller *to affix with pegs* 359
chicaner *to quibble, argue over petty things* 359
chiffonner *to crumple* 359
chiffrer *to encode* 359
chiper *to swipe, steal* 359
chiquer *to chew tobacco* 359
choir *to fall* see *déchoir, p. 43*
choisir *to choose* 111
chômer *to be unemployed* 359
choper *to swipe* 359
choquer *to shock* 359
choyer *to pamper* 359
chuchoter *to whisper* 112
cimenter *to cement* 359
cingler *to lash* 359
cintrer *to arch* 359
circonscrire *to delimit, mark off* 202
circuler *to move along, circulate* 113